LAROUSSE

TASCHENWÖRTERBUCH

DEUTSCH-ENGLISCH
ENGLISCH-DEUTSCH

LAROUSSE

Herausgegeben von / Produced by

LAROUSSE

ISBN 2-03-420703-3
Sales : Larousse Kingfisher Chambers Inc., New York

Library of Congress Catalog Card Number
98-066275

LAROUSSE
POCKET

GERMAN-ENGLISH
ENGLISH-GERMAN

DICTIONARY

LAROUSSE

VORBEMERKUNG

Die zweisprachigen Taschenwörterbücher von Larousse richten sich vor allem an Anfänger und Reisende.

Über 45.000 Übersetzungen von mehr als 32.000 Stichwörtern und Wendungen geben daher nicht nur Auskunft über den allgemeinen Wortschatz, sondern helfen auch, Schilder und Speisekarten zu verstehen.

Klare typographische Aufmachung und benutzerfreundliches Format erleichtern die Orientierung im Wörterbuch. Zahlreiche Bedeutungsanzeiger ermöglichen ein sicheres Auffinden der gewünschten Übersetzung. Viele Stichwörter werden durch Beispielsätze erläutert.

Das Taschenwörterbuch Englisch-Deutsch ist handlich, zuverlässig und übersichtlich und wird damit zum idealen Ratgeber und Reisebegleiter.

Vorschläge, die zu einer weiteren Verbesserung des Wörterbuchs beitragen können, sind jederzeit willkommen. "Good luck!"

DER HERAUSGEBER

TO OUR READERS

The Larousse POCKET dictionary has been designed with beginners and travellers in mind.

With over 32,000 references and 45,000 translations, this new dictionary gives thorough coverage of general vocabulary plus extensive treatment of the language found on street signs and menus.

Clear sense markers are provided throughout, while special emphasis has been placed on basic words, with many examples of usage and a particularly user-friendly layout.

Easy to use and comprehensive, this handy book packs a lot of wordpower for users at school, at home and on the move. "Viel Spaß", and don't hesitate to send us your comments.

THE PUBLISHER

ABKÜRZUNGEN _____ ABBREVIATIONS

Akkusativ	*A*	accusative
Abkürzung	*abk /abbr*	abbreviation
abwertend	*abw*	pejorative
Adjektiv	*adj*	adjective
Adverb	*adv*	adverb
amerikanisches Englisch	*Am*	American English
amtssprachlich, formell	*amt*	administrative, formal
Anatomie	ANAT	anatomy
Kfz-Technik	AUT(O)	automobile, cars
Hilfsverb	*aux*	auxiliary
britisches Englisch	*Br*	British English
Handel	COMM	commerce, business
Komparativ	*compar*	comparative
Datenverarbeitung	COMPUT	computers
Konjunktion	*conj*	conjunction
Verlaufsform	*cont*	continuous
Kochkunst	CULIN	culinary, cooking
Dativ	*D*	dative
Determinant	*det*	determiner
Datenverarbeitung	EDV	computers
etwas	*etw*	
Interjektion	*excl*	exclamation
Femininum	*f*	feminine
umgangssprachlich	*fam*	informal
übertragene Bedeutung	*fig*	figurative
Finanzen	FIN	finance, financial
gehoben	*fml*	formal
nicht trennbar	*fus*	inseparable
Genitiv	*G*	genitive
gehoben	*geh*	formal
generell	*gen*	generally
Grammatik	GRAMM	grammar
umgangssprachlich	*inf*	informal
Interjektion	*interj*	exclamation
unveränderlich	*inv*	invariable
jemand	*jd*	someone (nominative)
jemandem	*jm*	someone (dative)
jemanden	*jn*	someone (accusative)
jemandes	*js*	someone (genitive)
Rechtswesen	JUR	juridical, legal
Komparativ	*komp*	comparative
Konjunktion	*konj*	conjunction
Kochkunst	KÜCHE	culinary, cooking
Mathematik	MATH	mathematics

Medizin	MED	medicine
Militärwesen	MIL	military
Musik	MUS	music
Schiffahrt	NAVIG	nautical, maritime
Norddeutsch	*Norddt*	northern German
Neutrum	*nt*	neuter noun (countries and towns) not used with an article
Zahlwort	*num*	numeral
	o.s.	oneself
Ostdeutsch	*Ostdt*	East German
Österreichisch	*Österr*	Austrian German
abwertend	*pej*	pejorative
Plural	*pl*	plural
Politik	POL	politics
Partizip Perfekt	*pp*	past participle
Präposition	*präp*	preposition
Präsens	*präs*	present
Präteritum	*prät*	preterite
Präposition	*prep*	preposition
Pronomen	*pron*	pronoun
Vergangenheitsform	*pt*	past tense
Warenzeichen	®	registered trademark
reflexives Verb	*ref*	reflexive verb
Religion	RELIG	religion
	sb	someone, somebody
Subjekt	*sbj*	subject
Schule	SCHULE/SCH	school
Schweizerdeutsch	*Schweiz*	Swiss German
Singular	*sg*	singular
	sthg	something
Süddeutsch	*Süddt*	southern German
Superlativ	*superl*	superlative
Technik, Technologie	TECH	technology
Fernsehen	TV	television
unregelmäßig	*unr*	irregular
Verb	*v/vb*	verb
intransitives Verb	*vi*	intransitive verb
unpersönliches Verb	*vimp/v impers*	impersonal verb
vor Substantiv	*vor Subst*	before noun
transitives Verb	*vt*	transitive verb
vulgär	*vulg*	vulgar
kulturelle Entsprechung	≈	cultural equivalent
Trennbarkeit des deutschen Verbs			indicates separable German verb

LAUTSCHRIFT	PHONETIC TRANSCRIPTION
Deutsche Vokale	**English vowels**

[a] Affe, Banane	[ɑ:] barn, car, laugh
[ɑ:] Arzt, Antrag	[æ] pat, bag, mad
[e] Beton	[ɒ] pot, log
[e:] edel	[e] pet, tend
[ɛ] echt, Händler	[ɜ:] burn, learn, bird
[ɛ:] Rätsel, Dessert	[ə] mother, suppose
[ə] Aktie	[i:] bean, weed
[i:] Vier	[ɪ] pit, big, rid
[i] Radio	[ɔ:] born, lawn
[ɪ] Winter	[u:] loop, loose
[o] Melodie	[ʌ] run, cut
[o:] apropos	[ʊ] put, full
[ɔ] sollen	
[ø] Ökologisch	
[ø:] Öl	
[œ] Köchin, Pumps	
[u] Kuvert, aktuell	
[u:] Kuh	
[ʊ] Kunst	
[y] Büchse, System	
[y:] Tür	

Deutsche Diphthonge	**English diphthongs**
[aɪ] Deichsel	[aɪ] buy, light, aisle
[aʊ] Auge	[aʊ] now, shout, town
[ɔy] EuroCity	[eɪ] bay, late, great
	[ɔɪ] boy, foil
Deutsche Nasale	[əʊ] no, road, blow
	[ɪə] peer, fierce, idea
[ã] Chanson	[eə] pair, bear, share
[ã:] Abonnement	[ʊə] poor, sure, tour
[ɛ̃:] Pointe	
[ɔ̃] Chanson	

Halbvokale	**Semi-vowels**
Jubiläum [j]	you, spaniel
Hardware [w]	wet, why, twin

Konsonanten	**Consonants**
Baby [b]	bottle, bib
Chemie [ç]	
Achse, Kaviar [k]	come, kitchen
Duett, Medien [d]	dog, did
Gin [dʒ]	jet, fridge
Phantasie, Vier [f]	fib, physical
Algerien, gut [g]	gag, great
Hobby [h]	how, perhaps

alphabetisch, La**s**er	[l]	li**tt**le, he**lp**	
Material, Alar**m**	[m]	**m**etal, co**mb**	
November, A**n**gabe	[n]	**n**ight, di**nn**er	
Si**ng**en	[ŋ]	su**ng**, parki**ng**	
Pony, Pa**pp**e	[p]	**p**op, peo**p**le	
A**pf**el	[pf]		
Revue, **r**ot	[r]	**r**ight, ca**rr**y	
S**l**alom, Sau**s**e	[s]	**s**eal, pea**ce**	
Stadion, **Sch**ule	[ʃ]	**sh**eep, ma**ch**ine	
Toast, Vol**t**	[t]	**tr**ain, **t**ip	
Konversa**ti**on	[ts]		
Chili	[tʃ]	**ch**ain, wre**tch**ed	
	[θ]	**th**ink, fif**th**	
	[ð]	**th**is, wi**th**	
Vase, **W**agen	[v]	**v**ine, li**v**id	
Ma**ch**t, la**ch**en	[x]		
Sau**s**e, **S**onne	[z]	**z**ip, hi**s**	
Eta**g**e	[ʒ]	u**s**ual, mea**s**ure	

Die Betonung der deutschen Stichwörter wird mit einem Punkt für einen kurzen betonten Vokal (z.B. **Berg**) und mit einem Strich für einen langen betonten Vokal (z.B. **Magen**) angegeben.

German headwords have the stress marked either by a dot for a short stressed vowel (e.g. **Berg**) or by an underscore for a long stressed vowel (e.g. **Magen**).

Der Haupton eines englischen Wortes ist durch ein vorangestelltes ['] markiert, der Nebenton durch ein vorangestelltes [ˌ].

The symbol ['] indicates that the following syllable carries primary stress and the symbol [ˌ] that the following syllable carries secondary stress.

Das Zeichen [ʳ] zeigt in der englischen Phonetik an, daß der Endkonsonant "r" ausgesprochen wird, wenn das folgende Wort mit einem Vokal beginnt. Im amerikanischen Englisch wird dieses "r" so gut wie immer mitgesprochen.

The symbol [ʳ] in English phonetics indicates that the final "r" is pronounced only when followed by a word beginning with a vowel. Note that it is nearly always pronounced in American English.

ENGLISCHE KOMPOSITA

Als Komposita werden aus mehreren Wörten bestehende Einheiten bezeichnet, die eine eigenständige Bedeutung haben, wie z.B. **point of view**, **kiss of life**, **virtual reality** und **West Indies**. Sie sind daher in diesem Wörterbuch als eigene Einträge alphabetisch eingeordnet; so folgt das Kompositum **blood test** dem Eintrag **bloodshot**, der seinerseits hinter **blood pressure** steht.

ENGLISH COMPOUNDS

A compound is a word or expression which has a single meaning but is made up of more than one word, e.g. **point of view, kiss of life, virtual reality** and **West Indies**. It is a feature of this dictionary that English compounds appear in the A–Z list in strict alphabetical order. The compound **blood test** will therefore come after **bloodshot** which itself follows **blood pressure**.

Hinweise zum Deutschen

ATTRIBUTIV GEBRAUCHTE ADJEKTIVE

Adjektive dieser Art werden in ihrer femininen Form angegeben, direkt gefolgt von den Endungen des Maskulinums und des Neutrums; z.B.: **letzte, -r, -s** (eine letzte Zigarette, ein letzter Kuß, ein letztes Mal).

SUBSTANTIVIERTE ADJEKTIVE

Die substantivierten Adjektive sind wie alle anderen Substantive mit dem bestimmten Artikel aufgeführt. In Verbindung mit einem unbestimmten Artikel verändert sich daher die Endung entsprechend des Genus; z.B.: **Angestellte** *der, die* wird zu **ein Angestellter** und **eine Angestellte**.

GENUS DER SUBSTANTIVE IN ZUSAMMENGESETZTEN AUSDRÜCKEN (ALS ÜBERSETZUNGEN)

Wenn das Substantiv von einem Adjektiv begleitet wird, trägt dieses den Genus des Substantives; z.B. zeigt die Übersetzung von **first class**, "**erste Klasse**", durch die feminine Endung des Adjektives an, daß das Wort **Klasse** ein Femininum ist.

Notes on German

ADJECTIVES ONLY USED ATTRIBUTIVELY

With German adjectives of this type, the feminine form is shown first, followed by the masculine and neuter endings, e.g. **letzte, -r, -s** (eine letzte Zigarette, ein letzter Kuß, ein letztes Mal).

ADJECTIVES USED AS NOUNS

Nominalized German adjectives are, like all other nouns, labelled with the definite article. When used with an indefinite article, the ending of this type of noun changes according to the gender, e.g. **Angestellte** *der, die* becomes **ein Angestellter** and **eine Angestellte**.

GENDER OF COMPOUND NOUNS IN TRANSLATIONS

When a noun translation is accompanied by an adjective, the adjective ending indicates the gender of the noun. For example, the translation of **first class** is "**erste Klasse**", where the "e" ending of the adjective shows that "**Klasse**" is feminine.

COMMON GERMAN IRREGULAR VERBS

Infinitive	Präsens	Präteritum	Perfekt
beginnen	beginnt	begann	hat begonnen
beißen	beißt	biß	hat gebissen
bitten	bittet	bat	hat gebeten
bleiben	bleibt	blieb	ist geblieben
bringen	bringt	brachte	hat gebracht
denken	denkt	dachte	hat gedacht
dürfen	darf	durfte	hat gedurft/dürfen
essen	ißt	aß	hat gegessen
fahren	fährt	fuhr	hat/ist gefahren
finden	findet	fand	hat gefunden
fliegen	fliegt	flog	hat/ist geflogen
fließen	fließt	floß	ist geflossen
geben	gibt	gab	hat gegeben
gehen	geht	ging	ist gegangen
gelten	gilt	galt	hat gegolten
geschehen	geschieht	geschah	ist geschehen
gießen	gießt	goß	hat gegossen
greifen	greift	griff	hat gegriffen
haben	hat	hatte	hat gehabt
halten	hält	hielt	hat gehalten
heben	hebt	hob	hat gehoben
heißen	heißt	hieß	hat geheißen
helfen	hilft	half	hat geholfen
kennen	kennt	kannte	hat gekannt
kommen	kommt	kam	ist gekommen
können	kann	konnte	hat können/gekonnt
lassen	läßt	ließ	hat gelassen/lassen
laufen	läuft	lief	hat/ist gelaufen
leihen	leiht	lieh	hat geliehen
lesen	liest	las	hat gelesen
liegen	liegt	lag	hat gelegen
lügen	lügt	log	hat gelogen
messen	mißt	maß	hat gemessen
mögen	mag	mochte	hat gemocht/mögen
müssen	muß	mußte	hat gemußt/müssen
nehmen	nimmt	nahm	hat genommen
nennen	nennt	nannte	hat genannt
raten	rät	riet	hat geraten
reißen	reißt	riß	hat/ist gerissen
rennen	rennt	rannte	ist gerannt
riechen	riecht	roch	hat gerochen

Infinitive	Präsens	Präteritum	Perfekt
rufen	ruft	rief	hat gerufen
schieben	schiebt	schob	hat geschoben
schießen	schießt	schoß	hat/ist geschossen
schlafen	schläft	schlief	hat geschlafen
schlagen	schlägt	schlug	hat/ist geschlagen
schließen	schließt	schloß	hat geschlossen
schneiden	schneidet	schnitt	hat geschnitten
schreiben	schreibt	schrieb	hat geschrieben
schreien	schreit	schrie	hat geschrie(e)n
schwimmen	schwimmt	schwamm	hat/ist geschwommen
sehen	sieht	sah	hat gesehen
sein	ist	war	ist gewesen
singen	singt	sang	hat gesungen
sitzen	sitzt	saß	hat gesessen
sprechen	spricht	sprach	hat gesprochen
springen	springt	sprang	hat/ist gesprungen
stehen	steht	stand	hat gestanden
stehlen	stiehlt	stahl	hat gestohlen
sterben	stirbt	starb	ist gestorben
stoßen	stößt	stieß	hat/ist gestoßen
streiten	streitet	stritt	hat gestritten
tragen	trägt	trug	hat getragen
treffen	trifft	traf	hat getroffen
treten	tritt	trat	hat getreten
trinken	trinkt	trank	hat getrunken
tun	tut	tat	hat getan
verlieren	verliert	verlor	hat verloren
waschen	wäscht	wusch	hat gewaschen
werden	wird	wurde	ist geworden/worden
werfen	wirft	warf	hat geworfen
wissen	weiß	wußte	hat gewußt
wollen	will	wollte	hat gewollt/wollen

UNREGELMÄßIGE ENGLISCHE VERBEN

Infinitive	Past Tense	Past Participle	Infinitive	Past Tense	Past Participle
arise	arose	arisen	feed	fed	fed
awake	awoke	awoken	feel	felt	felt
be	was /were	been	fight	fought	fought
			find	found	found
bear	bore	born(e)	fling	flung	flung
beat	beat	beaten	fly	flew	flown
begin	began	begun	forget	forgot	forgotten
bend	bent	bent	freeze	froze	frozen
bet	bet /betted	bet /betted	get	got	got (Am gotten)
bid	bid	bid	give	gave	given
bind	bound	bound	go	went	gone
bite	bit	bitten	grind	ground	ground
bleed	bled	bled	grow	grew	grown
blow	blew	blown	hang	hung	hung
break	broke	broken		/ hanged	/ hanged
breed	bred	bred	have	had	had
bring	brought	brought	hear	heard	heard
build	built	built	hide	hid	hidden
burn	burnt /burned	burnt /burned	hit	hit	hit
			hold	held	held
burst	burst	burst	hurt	hurt	hurt
buy	bought	bought	keep	kept	kept
can	could	–	kneel	knelt	knelt
cast	cast	cast		/ kneeled	/ kneeled
catch	caught	caught	know	knew	known
choose	chose	chosen	lay	laid	laid
come	came	come	lead	led	led
cost	cost	cost	lean	leant	leant
creep	crept	crept		/ leaned	/ leaned
cut	cut	cut	leap	leapt	leapt
deal	dealt	dealt		/ leaped	/ leaped
dig	dug	dug	learn	learnt	learnt
do	did	done		/ learned	/ learned
draw	drew	drawn	leave	left	left
dream	dreamed /dreamt	dreamed /dreamt	lend	lent	lent
			let	let	let
drink	drank	drunk	lie	lay	lain
drive	drove	driven	light	lit	lit
eat	ate	eaten		/ lighted	/ lighted
fall	fell	fallen	lose	lost	lost

Infinitive	Past Tense	Past Participle	Infinitive	Past Tense	Past Participle
make	made	made	spell	spelt /spelled	spelt /spelled
may	might	–			
mean	meant	meant	spend	spent	spent
meet	met	met	spill	spilt /spilled	spilt /spilled
mow	mowed	mown /mowed	spin	spun	spun
			spit	spat	spat
pay	paid	paid	split	split	split
put	put	put	spoil	spoiled /spoilt	spoiled /spoilt
quit	quit /quitted	quit /quitted			
			spread	spread	spread
read	read	read	spring	sprang	sprung
rid	rid	rid	stand	stood	stood
ride	rode	ridden	steal	stole	stolen
ring	rang	rung	stick	stuck	stuck
rise	rose	risen	sting	stung	stung
run	ran	run	stink	stank	stunk
saw	sawed	sawn	strike	struck	struck /stricken
say	said	said			
see	saw	seen	swear	swore	sworn
seek	sought	sought	sweep	swept	swept
sell	sold	sold	swell	swelled	swollen /swelled
send	sent	sent			
set	set	set	swim	swam	swum
shake	shook	shaken	swing	swung	swung
shall	should	–	take	took	taken
shed	shed	shed	teach	taught	taught
shine	shone	shone	tear	tore	torn
shoot	shot	shot	tell	told	told
show	showed	shown	think	thought	thought
shrink	shrank	shrunk	throw	threw	thrown
shut	shut	shut	tread	trod	trodden
sing	sang	sung	wake	woke /waked	woken /waked
sink	sank	sunk			
sit	sat	sat	wear	wore	worn
sleep	slept	slept	weave	wove /weaved	woven /weaved
slide	slid	slid			
sling	slung	slung	weep	wept	wept
smell	smelt /smelled	smelt /smelled	win	won	won
			wind	wound	wound
sow	sowed	sown /sowed	wring	wrung	wrung
speak	spoke	spoken	write	wrote	written
speed	sped /speeded	sped /speeded			

Note on German Spelling Reform

In order to simplify and standardize German spelling rules, a recent reform has been agreed by the governments of the German-speaking countries. This creates more general rules with fewer exceptions, and allows for alternative spellings for some words. Since the reform will not be fully implemented until 2005, these changes have not been incorporated into this dictionary. However, some of the key points of the reform are noted below:

➤ **Double and triple consonants**
 – Consonants will be doubled after a short vowel, e.g. **Tip → Tipp**
 – Compounds will retain triple consonants, e.g. **Schiffahrt → Schifffahrt**

➤ **Use of ss and ß**
 – **ß** will only be used following a long vowel sound or diphthong, e.g. **Straße, draußen**
 – Otherwise, **ss** will be used, e.g. **Fluß → Fluss, daß → dass**

➤ **Words of foreign origin**
 – Many of these will have a choice of two spellings, e.g. **essenziell** OR **essentiell, grafisch** OR **gra*ph*isch, Pan*th*er** OR **Panter, *Ch*icorée** OR **S*ch*ikoree, Jog*h*urt** OR **Jogurt**

➤ **Use of capital letters**
 In general, any word used as a noun will take a capital letter:
 – Nouns combined with a verb, e.g. **radfahren → Rad fahren** *(see also note on separation of compounds)*
 – Time of day, e.g. **heute abend → heute Abend** *(note however:* **Sonntag abends → sonntagabends***)*
 – Languages, e.g. **auf englisch → auf Englisch**
 – Words preceded by an article or preposition + article, e.g. **das letzte → das Letzte, im allgemeinen → im Allgemeinen**
 – Colours, e.g. **in grau und schwarz → in Grau und Schwarz**
 – Undeclined adjectives describing people, e.g. **jung und alt → Jung und Alt**
 – Note that in correspondence, lower case will now be used for pronouns and possessive adjectives, e.g. **Wie geht es Dir? → Wie geht es dir?**

➤ **Separation of compounds**
 – Verbs made up of two verbs will be split, e.g. **spazierengehen → spazieren gehen**
 – Verbs made up of noun + verb will be split, e.g. **schuldgeben → Schuld geben**
 – Verbs constructed with **einander** will be split, e.g. **auseinanderstoßen → auseinander stoßen**
 – Adjectives with **so-, wie-** and **zu-** will be split, e.g. **zuwenig → zu wenig**

à *präp* (+A) at; **15 Stück ~ 2,95 DM** 15, at 2.95 marks each.

A (*pl -*) *die (abk für Autobahn)* M (*Br*), I (*Am*).

ab ◇ *präp* (+D) **1.** *(zeitlich)* from; **~ 8 Uhr** from 8 o'clock; **~ 18 (Jahren)** over (the age of) 18. **2.** *(räumlich)* from; **~ Dortmund 12.35 Uhr** leaving Dortmund at 12.35.
◇ *adv (los, weg)* off; **~ ins Bett!** off you go to bed!
◆ **ab und zu** *adv* now and then.

Abb. *abk* = **Abbildung**.

ab|bestellen *vt* to cancel.

ab|biegen *vi unr ist (mit Auto)* to turn off; **nach rechts/links ~** to turn right/left.

Abbiegespur (*pl -en*) *die* filter lane.

ab|bilden *vt* to illustrate.

Abbildung (*pl -en*) *die* illustration.

ab|blenden *vi* to dip one's headlights (*Br*), to dim one's headlights (*Am*).

Abblendlicht *das* dipped headlights (*Br*) (*pl*), dimmed headlights (*Am*) (*pl*).

ab|brechen ◇ *vt unr hat* to break off. ◇ *vi unr ist* to break off; *(aufhören)* to stop.

ab|buchen *vt* to debit.

ab|dichten *vt (gegen kalte Luft)* to insulate; *(gegen Wasser)* to waterproof.

Abdichtung *die (gegen kalte Luft)* insulation; *(gegen Wasser)* waterproofing.

abend *adv*: **heute/gestern/morgen ~** this/yesterday/tomorrow evening.

Abend (*pl -e*) *der* evening; **Guten ~!** good evening!; **am ~** in the evening; **zu ~ essen** to have one's evening meal.

Abendessen (*pl -*) *das* evening meal.

Abendgarderobe (*pl -n*) *die* evening dress.

Abendkasse (*pl -n*) *die* box office *(open just before performance)*.

Abendmahl (*pl -e*) *das* Holy Communion.

abends *adv* in the evening; **spät ~** late in the evening.

Abenteuer (*pl -*) *das* adventure.

Abenteuerurlaub (*pl -e*) *der* adventure holiday.

aber ◇ *konj* but. ◇ *adv*: **jetzt ist ~ Schluß!** that's enough now!; **das ist ~ nett!** how nice!; **~ gerne!** of course!; **du kommst ~ spät!** you're a bit late, aren't you?; **~ bitte!** go ahead!

Aberglaube *der* superstition.

aberglaubisch *adj* superstitious.

ab|fahren ◊ *vi unr ist* to leave; *(von Autobahn)* to turn off. ◊ *vt unr hat (Reifen)* to wear down; *(Weg, Strecke)* to drive along.

Abfahrt *(pl -en) die (von Zug, Bus)* departure; *(von Autobahn)* exit; *(von Skifahrer)* descent.

Abfall *(pl Abfälle) der (Müll)* rubbish *(Br)*, garbage *(Am)*.

Abfalleimer *(pl -) der* rubbish bin *(Br)*, garbage can *(Am)*.

ab|fallen *vi unr ist die (Straße)* to dip; *(Obst, Blätter)* to fall.

ab|färben *vi (Material)* to run.

Abfertigungsschalter *(pl -) der* check-in desk.

ab|fliegen *vi unr ist (Flugzeug)* to depart; *(Person)* to fly.

Abflug *(pl -flüge) der* departure.

Abflughalle *(pl -n) die* departure lounge.

Abflugzeit *(pl -en) die* departure time.

Abfluß *(pl -flüsse) der (im Waschbecken)* plughole.

Abführmittel *(pl -) das* laxative.

Abgase *pl* exhaust fumes.

ab|geben *vt unr (einreichen)* to hand in; *(übergeben)* to hand over; *(an der Garderobe)* to leave; *(verkaufen)* to sell; *(Wärme, Feuchtigkeit)* to give off; *(Erklärung, Urteil)* to make; **jm etw ~** to give sb sthg.

abgebildet *adj*: **wie ~** as illustrated.

abgekocht *adj* boiled.

abgelaufen *adj (Paß)* expired; *(Zeit)* up, over.

abgemacht *adj* fixed.

abgenutzt *adj* worn out.

abgepackt *adj* packed.

abgeschlossen ◊ *pp* → **abschließen**. ◊ *adj*: **~e Berufsausbildung** *German vocational qualification obtained after three years'* study on a day-release basis.

ab|gewöhnen *vt*: **sich** *(D)* **etw ~** to give sthg up.

abgezählt *adj (Kleingeld)* correct, exact.

abhaken *vt* to tick off.

Abhang *(pl -hänge) der* slope.

ab|hängen ◊ *vt (Anhänger)* to unhitch; *(Verfolger)* to shake off. ◊ *vi*: **~ von** to depend on; **das hängt davon ab, ob ...** that depends on whether ...

abhängig *adj (süchtig)* addicted; **~ sein von** *(von Hilfe)* to be dependent on; *(von Bedingungen)* to depend on.

ab|heben ◊ *vt unr (Hörer)* to pick up; *(Geld)* to withdraw. ◊ *vi unr (Flugzeug)* to take off.

ab|heften *vt* to file.

ab|holen *vt* to collect.

Abitur *das* ≈ A levels *(Br)*, ≈ SATs *(Am)*.

ab|klappern *vt* to search.

Abkommen *(pl -) das* agreement.

ab|kühlen ◊ *vi ist* to cool down. ◊ *vimp*: **es kühlt ab** *(Wetter)* it's getting cooler.

ab|kürzen *vt (Wort)* to abbreviate; **den Weg ~** to take a short cut.

Abkürzung *(pl -en) die (von Strecke)* short cut; *(von Wort)* abbreviation.

ab|legen ◊ *vt (Mantel)* to take off; *(Gewohnheit, Charakterzug)* to get rid of; *(Prüfung)* to take; *(Akten)* to file. ◊ *vi (Schiff)* to cast off; *(Person)* to take off one's coat/jacket.

ab|lehnen *vt (Vorschlag, Bitte)* to reject; *(Geschenk, Einladung)* to refuse; *(Person, Ansicht)* to disapprove of.

ab|lenken *vt* to distract.

ab|lesen *vt (Temperatur, Kilometerstand)* to read; *(Text)* to read out.

ab|liefern *vt* to deliver.

ab|lösen *vt (Etikett, Pflaster)* to peel off; *(Person)* to take over from.

♦ **sich ablösen** *ref (Personen)* to take turns; *(Tapete, Etikett)* to come off.

ab|machen *vt (entfernen)* to remove; *(vereinbaren)* to agree on, to fix; **mit jm einen Termin ~** to make an appointment with sb.

ab|melden *vt (Telefon)* to have disconnected; *(Auto)* to take off the road; *(Person)* to cancel the membership of.

♦ **sich abmelden** *ref (bei der Polizei)* to give notice that one is moving away.

ab|nehmen ◇ *vt unr (Bild, Wäsche)* to take down; *(Brille, Hut)* to take off; *(Hörer)* to pick up; *(Fahrzeug, Maschine)* to inspect; *(amputieren)* to amputate; *(Blut)* to take. ◇ *vi unr (Anzahl)* to decrease; *(an Gewicht)* to lose weight; **jm etw ~** *(Arbeit, Last)* to relieve sb of sthg; *(fam: glauben)* to buy sthg from sb; *(abkaufen)* to buy sthg from sb; **fünf Kilo ~** to lose five kilos.

Abonnement *(pl -s) das (für Zeitung)* subscription; *(im Theater)* season ticket.

abonnieren *vt* to subscribe to.

ab|raten *vi unr (+D):* **(jm) von etw ~** to advise (sb) against sthg.

ab|räumen *vt (Tisch)* to clear; *(Geschirr)* to clear away.

ab|reagieren *vt (Wut)* to take out.

♦ **sich abreagieren** *ref:* **sich an jm ~** to take it out on sb.

ab|rechnen ◇ *vi (mit Rechnung)* to settle up; *(fam: sich rächen)* to get even. ◇ *vt (subtrahieren)* to deduct.

Abrechnung *(pl -en) die:* **die ~ machen** to do the accounts.

ab|reiben *vt unr (Fläche, Gegen-* *stand)* to rub clean; *(Schmutz)* to rub off.

Abreise *die* departure.

ab|reisen *vi* to depart.

ab|reißen ◇ *vt unr hat (Pflaster, Zettel)* to tear off; *(Haus)* to tear down. ◇ *vi unr ist (Seil)* to break; *(Verbindung)* to end.

ab|richten *vt* to train *(an animal)*.

ab|runden *vt (Zahl)* to round down; *(Kante, Ecke)* to round off.

abrupt ◇ *adj* abrupt. ◇ *adv* abruptly.

Abs. *abk* = **Absender, Absatz**.

ab|sagen *vt & vi* to cancel; **jm ~** to tell sb one can't come.

Absatz *der (vom Schuh)* heel; *(im Text)* paragraph.

ab|schalten *vt & vi* to switch off.

abscheulich *adj* disgusting.

ab|schicken *vt* to post.

ab|schieben *vt unr (Flüchtling)* to deport.

Abschied *(pl -e) der* parting.

Abschleppdienst *(pl -e) der* *(vehicle)* recovery service.

ab|schleppen *vt (Auto)* to tow away; *(fam: aus Disco, von Party)* to pick up.

Abschleppseil *(pl -e) das* towrope.

Abschleppwagen *(pl -) der* recovery vehicle.

abschließbar *adj (Schrank)* lockable.

ab|schließen ◇ *vt unr (Tür, Wohnung)* to lock; *(beenden)* to complete; *(Vertrag)* to conclude; *(von Außenwelt)* to cut off. ◇ *vi* to lock up.

ab|schmecken *vt* to season *(according to taste)*.

ab|schminken *vt* to remove the make-up from.

♦ **sich abschminken** *ref* to remove one's make-up.

ab|schneiden ◇ *vt unr* to cut off.

◇ *vi unr:* **gut/schlecht ~** to do well/badly; **jm/sich** (*D*) **etw ~** to cut sthg off for sb/o.s.

Abschnitt (*pl* -e) *der (von Eintrittskarte, Ticket)* stub; *(im Text; von Strecke)* section; *(Zeitraum)* period.

ab|schrauben *vt* to unscrew.

absehbar *adj* foreseeable; **in ~er Zeit** in the foreseeable future.

abseits *adv* (SPORT) offside; **~ stehen** *(entfernt)* to stand a little way away.

Absender (*pl* -) *der (auf Brief)* sender's name and address; *(Person)* sender.

ab|setzen *vt (Hut, Brille, Theaterstück)* to take off; *(Tasche, Glas)* to put down; *(Mitfahrer)* to drop off; *(Medikament)* to come off; *(von der Steuer)* to deduct.

◆ **sich absetzen** *ref (Kalk, Schlamm)* to be deposited, to build up; *(fam: fliehen)* to take off.

ab|sichern *vt* to make safe.

◆ **sich absichern** *ref* to cover o.s.

Absicht (*pl* -en) *die* intention; **mit ~** intentionally, on purpose.

absichtlich ◇ *adj* intentional. ◇ *adv* intentionally, on purpose.

absolut ◇ *adj* absolute. ◇ *adv* completely.

ab|sperren ◇ *vt (Straße)* to block off; *(Tür, Wohnung)* to lock. ◇ *vi* to lock up.

Absperrung (*pl* -en) *die* barrier.

ab|sprechen *vt unr* to agree on; **~ mit** to arrange with.

◆ **sich absprechen** *ref* to come to an agreement.

Abstand (*pl* -stände) *der (räumlich)* distance; *(zeitlich)* interval; *(innere Distanz)* reserve; **mit ~** by far; **~ halten** to keep one's distance.

Abstecher (*pl* -) *der* detour; **einen ~ machen** to make a detour.

ab|stellen *vt (Gerät)* to turn off; *(Fahrrad, Auto)* to put; *(Tasche, Tablett)* to put down; *(Mißstand, Problem)* to put an end to.

Abstellraum (*pl* -räume) *der* storage room.

Abstieg *der (ins Tal)* descent; (SPORT) relegation.

ab|stimmen ◇ *vi* to vote. ◇ *vt:* **etw auf etw** (+*A*) **~** to adapt sthg to sthg; **~ über** (+*A*) to vote on.

Abstimmung (*pl* -en) *die (Wahl)* ballot.

abstrakt *adj* abstract.

ab|streiten *vt unr* to deny.

ab|stürzen *vi ist* to crash.

absurd *adj* absurd.

Abt. *(abk für Abteilung)* dept.

Abtei (*pl* -en) *die* abbey.

Abteil (*pl* -e) *das (im Zug)* compartment.

Abteilung (*pl* -en) *die (in Firma, Kaufhaus)* department.

Abtreibung (*pl* -en) *die* abortion.

ab|trocknen *vt* to dry; **sich** (*D*) **die Hände ~** to dry one's hands.

◆ **sich abtrocknen** *ref* to dry o.s.

abwärts *adv* downwards.

Abwasch *der* washing-up.

ab|waschen ◇ *vt unr (Geschirr, Kacheln)* to wash; *(Schmutz)* to wash off. ◇ *vi unr* to wash up *(Br)*, to wash the dishes *(Am)*.

Abwasser (*pl* -wässer) *das (häuslich)* sewage; *(industriell)* effluent.

ab|wechseln: sich abwechseln *ref (Personen)* to take turns; *(Zustände, Landschaften)* to alternate.

abwechselnd *adv* alternately.

Abwechslung *die* change.

abweisend *adj* unfriendly.

ab|werten *vt (Person, Idee)* to belittle; *(Währung)* to devalue.

Abwertung (*pl* -en) *die (von Währung)* devaluation.

abwesend ◇ *adj* absent. ◇ *adv* absently.

ab|wickeln *vt (Schnur)* to unwind.

ab|wischen *vt (Tisch)* to wipe; *(Schmutz)* to wipe off.

Abzeichen *(pl -) das* badge.

ab|ziehen ◇ *vt unr (Hülle)* to take off; *(Bett)* to strip; *(Stimme, Anzahl)* to take away; *(kopieren)* to copy; *(Foto)* to print. ◇ *vi unr (Rauch)* to clear; *(fam: weggehen)* to clear off.

Abzug *(pl -züge) der (Foto)* print.

abzüglich *präp* (+G) minus; ~ 15% Skonto less a 15% discount.

Abzweigung *(pl -en) die* turning.

ach *interj* oh!; **ach ja!** oh, yes!; **ach so!** (oh,) I see!

Achse *(pl -n) die* (AUTO) axle.

Achsel *(pl -n) die* armpit.

acht *num* eight, → **sechs**.

achte, -r, -s *adj* eighth, → **sechste**.

Achtel *(pl -) das* eighth.

achten ◇ *vt* to respect. ◇ *vi:* ~ **auf** (+A) *(sich konzentrieren auf)* to pay attention to; *(aufpassen auf)* to look after.

Achterbahn *(pl -en) die* roller coaster.

acht|geben *vi unr* to take care.

Achtung ◇ *die (Respekt)* respect. ◇ *interj* look out!; **alle ~!** well done!

achtzehn *num* eighteen, → **sechs**.

achtzig *num* eighty, → **sechs**.

Acker *(pl Äcker) der* field.

ADAC *der* = AA *(Br)*, = AAA *(Am)*.

Adapter *(pl -) der* adapter.

addieren *vt & vi* to add.

ade *interj* cheerio!

Ader *(pl -n) die* vein.

Adler *(pl -) der* eagle.

adoptieren *vt* to adopt.

Adoptivkind *(pl -er) das* adopted child.

Adreßbuch *(pl -bücher) das (persönlich)* address book; *(von Stadt)* (local address) directory.

Adresse *(pl -n) die* address.

Advent *der* Advent.

Adventskranz *(pl -kränze) der* Advent wreath.

Aerobic *das* aerobics *(sg)*.

Affäre *(pl -n) die* affair.

Affe *(pl -n) der (klein)* monkey; *(groß)* ape.

Afrika *nt* Africa.

Afrikaner, -in *(mpl -) der, die* African.

afrikanisch *adj* African.

After *(pl -) der* anus.

AG *(pl -s) die* = plc *(Br)*, = corp. *(Am)*.

aggressiv ◇ *adj* aggressive. ◇ *adv* aggressively.

Ägypten *nt* Egypt.

ah *interj* oh!; ~ **so!** (oh,) I see!; ~ **ja!** (oh,) I see!

ähneln *vi* (+D) to be similar to, to be like.

ähnlich ◇ *adj* similar. ◇ *adv* similarly; **jm/etw ~ sein** to be similar to sb/sthg; **jm/etw ~ sehen** to look like sb/sthg.

Ähnlichkeit *(pl -en) die* similarity.

Ahnung *(pl -en) die (Vorgefühl)* feeling; **keine ~!** no idea!

ahnungslos ◇ *adj* unsuspecting. ◇ *adv* unsuspectingly.

Aids *nt* AIDS.

Aids-Handschuh *(pl -e) der* surgical glove.

Airbag *(pl -s) der* airbag.

Akkordeon *(pl -s) das* accordion.

Akku *(pl -s) der* (rechargeable) battery.

Akkusativ *(pl -e) der* accusative.

Akne *die* acne.

Akt *(pl -e) der (Handlung, von Drama)* act; *(Bild)* nude; *(Zeremo-*

nie) ceremony.

Akte (*pl* **-n**) *die* file.

Aktenkoffer (*pl* **-**) *der* attaché case.

Aktie (*pl* **-n**) *die* share.

Aktiengesellschaft (*pl* **-en**) *die* public limited company *(Br)*, corporation *(Am)*.

aktiv ◇ *adj* active. ◇ *adv* actively.

aktuell *adj (modisch)* fashionable; *(Thema, Problem)* current; *(Theaterstück, Buch)* topical.

Akustik *die* acoustics *(pl)*.

Akzent (*pl* **-e**) *der* accent.

Alarm *der* alarm; **~ schlagen** to raise the alarm.

Alarmanlage (*pl* **-n**) *die (von Gebäude)* burglar alarm; *(von Auto)* car alarm.

albern ◇ *adj* silly. ◇ *adv* in a silly way.

alias *adv* alias.

Alkohol *der* alcohol.

alkoholarm *adj* low-alcohol.

alkoholfrei *adj* alcohol-free.

Alkoholiker, -in (*mpl* **-**) *der, die* alcoholic.

alkoholisch *adj* alcoholic.

alkoholkrank *adj* alcoholic.

all *det* all (of); **~ das Warten hat mich müde gemacht** all this waiting has made me tired.

All *das* space.

alle, -r, -s ◇ *det* **1.** *(sämtliche)* all; **~ Kleider** all the clothes; **~ beide** both; **~s Gute!** all the best! **2.** *(völlig)* all; **in ~r Ruhe** in peace. **3.** *(jede)* all; **Getränke ~r Art** all kinds of drinks. **4.** *(im Abstand von)* every; **~ 50 Meter** every 50 metres; **~ zwei Wochen** every two weeks. ◇ *pron* all; **das ist ~s** that's all; **~ sind da** everyone's here; **trotz ~m** in spite of everything; **vor ~m** above all. ◇ *adj (fam)*: **die Butter ist ~** there's

no more butter.

Allee (*pl* **-n**) *die* avenue.

allein ◇ *adj (ohne andere)* alone; *(einsam)* lonely. ◇ *adv (ohne andere)* alone; *(einsam)* alone; *(selbständig)* on one's own; *(nur)* only; **von ~** by oneself/itself etc.

alleinerziehend *adj* single *(parent)*.

Alleingang (*pl* **-gänge**) *der* single-handed effort; **im ~** single-handedly.

alleinstehend *adj (Person)* single; *(Haus)* detached.

allemal *adv (sicher)* definitely.

allenfalls *adv* at most.

allerdings *adv (aber)* though; *(ja)* certainly.

allererste, -r, -s *adj* very first.

Allergie (*pl* **-n**) *die* (MED) allergy.

allergisch ◇ *adj* allergic. ◇ *adv* allergically; **~ gegen** (+A) allergic to.

allerhand *pron* all sorts of things.

Allerheiligen *nt* All Saints' Day.

alles *pron* → **alle**.

Alleskleber (*pl* **-**) *der* all-purpose glue.

allgemein ◇ *adj (allen gemeinsam, unspezifisch)* general; *(alle betreffend)* universal. ◇ *adv* generally; **im ~en** in general.

alljährlich ◇ *adj* annual. ◇ *adv* annually.

allmählich ◇ *adj* gradual. ◇ *adv* gradually.

Alltag *der (Normalität)* everyday life.

alltäglich *adj* everyday.

allzu *adv* far too.

allzusehr *adv* far too much.

allzuviel *adv* far too much.

Allzweckreiniger (*pl* **-**) *der* multi-purpose cleaner.

Alm (*pl* **-en**) *die* mountain pasture.

Alpen *pl*: **die ~** the Alps.

Alpenverein *der* organization *which promotes study of the Alps and organizes mountain hikes etc.*

Alpenvorland *das* foothills of the Alps.

alphabetisch ◇ *adj* alphabetical. ◇ *adv* alphabetically.

alpin *adj* alpine.

Alptraum (*pl* -träume) *der* nightmare.

als *konj* **1.** *(zeitlich)* when; *(während)* as; **~ es dunkel wurde** when it got dark; **erst ~** only when.

2. *(vergleichend)* than; **sie ist besser ~ ihr Bruder** she is better than her brother; **der Wein ist besser, ~ ich dachte** the wine is better than I thought it would be; **mehr ~** more than.

3. *(Angabe von Vermutung)* as if; **~ ob** as if; **es sieht so aus, ~ würde es bald regnen** it looks like it's going to rain soon.

4. *(Angabe von Urteil, Zweck)* as; **ich verstehe es ~ Kompliment** I take it as a compliment.

5. *(Angabe von Identität)* as; **~ Kind** as a child.

also ◇ *interj* well. ◇ *konj (das heißt)* in other words; *(demnach)* so. ◇ *adv (demnach)* so; **~ dann** all right then; **~ nein!** no!

Alsterwasser (*pl* -) *das* shandy.

alt (*komp* **älter**, *superl* **am ältesten**) *adj* old; **wie ~ bist du?** how old are you?; **zwei Jahre älter** two years older; **12 Jahre ~** 12 years old.

Alt¹ (*pl* -) *das (Bier)* type of dark German beer.

Alt² (*pl* -e) *der* (MUS) alto.

Altar (*pl* Altäre) *der* altar.

Altbier (*pl* -) *das* type of dark German beer.

Altenheim (*pl* -e) *das* old people's home.

Alter *das (Lebensalter)* age; *(hohes Alter)* old age; **im ~ von** at the age of.

alternativ *adj* alternative.

Alternative (*pl* -n) *die* alternative.

Altersgrenze (*pl* -n) *die (allgemein)* age limit; *(für Rente)* retirement age.

Altglas *das* glass for recycling.

altmodisch *adj* old-fashioned.

Altpapier *das* paper for recycling; **aus ~** made from recycled paper.

Altstadt *die* old town.

Alufolie *die* tinfoil.

Aluminium *das* aluminium.

am *präp* → **an dem**; **~ besten gehen wir zu Fuß** it would be best if we walked; **das gefällt mir ~ besten** I like this one best; **wie kommt man ~ besten nach Köln?** what's the best way of getting to Cologne?; **~ Abend** in the evening; **~ Flughafen** at the airport; **~ Freitag** on Friday; **~ Meer** by the sea.

Amateur, -in (*mpl* -e) *der, die* amateur.

Ambulanz (*pl* -en) *die (Krankenwagen)* ambulance; *(im Krankenhaus)* outpatients (department).

Ameise (*pl* -n) *die* ant.

amen *interj* amen.

Amerika *nt* America.

Amerikaner, -in (*mpl* -) *der, die* American.

amerikanisch *adj* American.

Ampel (*pl* -n) *die (im Verkehr)* traffic lights (*pl*).

Amphitheater (*pl* -) *das* amphitheatre.

Amt (*pl* Ämter) *das (Behörde)* department; *(Gebäude, Posten)* office.

amtlich *adj* official.

amüsieren *vt* to amuse.

◆ **sich amüsieren** *ref* to amuse o.s.

Amüsierviertel (*pl* -) *das* area with a lot of bars, restaurants etc.

an ◊ *präp* (+A) **1.** *(räumlich)* to; **sich ~ den Tisch setzen** to sit down at the table; **etw ~ die Wand lehnen** to lean sthg against the wall; **~ Münster 13.45 Uhr** arriving at Münster at 13.45.
2. *(mit Verb):* **~ jn/etw denken** to think about sb/sthg; **sich ~ jn/etw erinnern** to remember sb/sthg.
3. *(fast):* **~ die 30 Grad** nearly 30 degrees.
◊ *präp* (+D) **1.** *(räumlich)* at; **am Tisch sitzen** to be sitting at the table; **am See** by the lake; **~ der Wand** on the wall; **~ der Hauptstraße** on the main road; **der Ort, ~ dem wir gepicknickt haben** the place where we had a picnic.
2. *(zeitlich)* on; **am Freitag** on Friday; **~ diesem Tag** on that day.
3. *(mit Hilfe von)* with; **am Stock gehen** to walk with a stick; **jn ~ der Stimme erkennen** to recognize sb by their voice.
4. *(an einer Institution)* at; **Lehrer ~ einem Gymnasium** teacher at a grammar school.
5. *(von):* **genug ~ Beweisen haben** to have enough proof.
◊ *adv* **1.** *(ein)* on; **Licht ~!** turn the light on!; **~/ - aus** on-off.
2. *(ab):* **von jetzt ~** from now on; **von heute ~** from today.

Analyse (*pl* -n) *die* analysis.

analysieren *vt* to analyse.

Ananas (*pl* -) *die* pineapple.

Anbau[1] *der* (*von Pflanzen*) cultivation.

Anbau[2] (*pl* -ten) *der* (*Gebäude*) extension.

an|bieten *vt unr* to offer; **darf ich Ihnen etwas ~?** may I offer you something to eat/drink?

an|braten *vt unr* to brown.

an|brechen ◊ *vt unr* (*Packung*) to open. ◊ *vi unr* (*Tag*) to dawn; (*Nacht*) to fall.

an|brennen *vi unr* (*Speisen*) to burn; **etw ~ lassen** to burn sthg.

an|bringen *vt unr* (*Schild, Regal*) to fix, to attach; (*fam: mitbringen*) to bring home.

an|dauern *vi* to continue, to go on.

Andenken (*pl* -) *das* (*Souvenir*) souvenir; (*Erinnerung*) memory.

andere, -r, -s ◊ *adj* (*unterschiedlich*) different; (*weitere*) other. ◊ *pron:* **der/die/das ~** the other one; **die ~n** the others; **eine ~/ein ~r** (*Ding*) a different one; (*Person*) someone else; **etwas ~s** something else; **niemand ~s** nobody else; **ich habe noch zwei ~** I have two others; **unter ~m** among other things.

ändern *vt* to change; (*Kleid*) to alter.

◆ **sich ändern** *ref* to change.

anders ◊ *adj* different. ◊ *adv* (*andersartig*) differently; **wer/wo ~?** who/where else?; **~ als** differently from; **irgendwo ~** somewhere else; **jemand ~** someone else.

andersherum *adv* the other way round.

anderswo *adv* (*fam*) somewhere else.

anderthalb *num* one and a half.

Änderung (*pl* -en) *die* change; **~en vorbehalten** subject to alteration.

Änderungsschneiderei (*pl* -en) *die* tailor's that does alterations.

an|deuten *vt* to hint at.

Andorra *nt* Andorra.

aneinander *adv* (*drücken, befestigen*) together; (*grenzen, stoßen*) one another; **~ denken** to think about one another; **sich ~ gewöhnen** to get used to each other.

Anfahrt (*pl* -en) *die* journey there.

Anfang (*pl* -fänge) *der* beginning, start; **am ~** at the beginning; **~ Oktober** at the beginning of October.

an|fangen *vi unr* to begin, to start; **mit etw ~** to start sthg, to begin sthg.

Anfänger, -in (*mpl* -) *der, die* beginner.

anfangs *adv* at first.

an|fassen *vt* (*berühren*) to touch.

Anflug (*pl* -flüge) *der* (*von Flugzeug*) descent, approach.

an|fordern *vt* (*Hilfe, Gutachten*) to ask for; (*per Post*) to send off for.

Anforderung (*pl* -en) *die* (*Erwartung*) requirement; **hohe ~en** heavy demands.

Anfrage (*pl* -n) *die* (*amt*) enquiry.

an|fühlen: sich anfühlen *ref*: **sich weich/gut ~** to feel soft/good.

an|führen *vt* (*leiten*) to lead.

Anführungszeichen *pl* inverted commas; **in ~** in inverted commas.

Angabe (*pl* -n) *die* (*Information*) detail; **nähere ~n** further details; **technische ~n** specifications.

an|geben *vt unr* (*Namen, Quellen*) to give; (*Tempo, Ton*) to set.

angeblich ◇ *adj* alleged. ◇ *adv* allegedly.

angeboren *adj* innate.

Angebot (*pl* -e) *das* (*Anbieten*) offer; (*an Waren*) selection; (*Sonderangebot*) special offer.

an|gehen *vt unr*: **jn nichts ~** to be none of sb's business.

Angehörige (*pl* -n) *der, die* (*in Familie*) relative; (*von Firma, Gruppe*) member.

Angel (*pl* -n) *die* (*zum Fischen*) fishing rod.

Angelegenheit (*pl* -en) *die* matter, affair.

angeln ◇ *vt* (*fischen*) to catch. ◇ *vi* to fish.

Angelschein (*pl* -e) *der* fishing permit.

angenehm ◇ *adj* pleasant. ◇ *adv* pleasantly. ◇ *interj* pleased to meet you!

angesichts *präp* (+G) in view of.

angespannt *adj* (*Aufmerksamkeit*) close; (*konfliktgeladen*) tense.

Angestellte (*pl* -n) *der, die* employee.

angestrengt ◇ *adv* (*nachdenken*) intently. ◇ *adj* (*Gesichtsausdruck*) intent.

angetrunken *adj* slightly drunk.

an|gewöhnen *vt*: **sich** (*D*) **etw ~** to get into the habit of sthg.

Angewohnheit (*pl* -en) *die* habit.

Angora *nt* angora.

an|greifen *vt & vi unr* to attack.

Angst (*pl* Ängste) *die* fear; **~ haben vor** (+D) to be afraid of; **jm ~ machen** to scare sb.

ängstlich ◇ *adj* (*Mensch, Tier*) easily frightened; (*Verhalten, Blick*) frightened. ◇ *adv* (*blicken, reagieren*) frightenedly.

an|haben *vt unr* (*Hose, Schuhe*) to be wearing; **jm nichts ~ können** to be unable to harm sb.

an|halten ◇ *vi unr* (*stoppen*) to stop; (*andauern*) to last. ◇ *vt unr* to stop.

Anhalter, -in (*mpl* -) *der, die* hitchhiker; **per ~ fahren** ODER **reisen** to hitchhike.

Anhaltspunkt (*pl* -e) *der* clue.

an|hängen *vt* (*Anhänger*) to hook up; (*hinzufügen*) to add; (*unterschieben*): **jm etw ~** to pin sthg on sb.

Anhänger (*pl* -) *der* (*Wagen*) trailer; (*Schmuck*) pendant; (*von Partei*,

Ideologie) supporter.

Anhängerkupplung (*pl* -en) *die* tow hook.

anhänglich *adj* affectionate.

Anhieb *der*: **auf ~** first time, straight off.

an|hören *vt (Musikstück, Kassette)* to listen to.

♦ **sich anhören** *ref* to sound; **sich gut/schlecht ~** to sound good/bad.

Anker (*pl* -) *der* anchor.

an|kleben *vt* to stick.

Ankleidekabine (*pl* -n) *die* (changing) cubicle.

an|kommen *vi unr ist (Zug, Reisende, Brief)* to arrive; *(gefallen)* to go down well; **~ auf** (+A) to depend on; **das kommt darauf an** it depends.

an|kreuzen *vt* to mark with a cross.

an|kündigen *vt (Kursus, Vortrag)* to announce.

♦ **sich ankündigen** *ref* to announce itself; **es hat sich Besuch angekündigt** we're expecting visitors.

Ankunft *die* arrival.

Anlage (*pl* -n) *die (Gelände)* park; (TECH) (production) line.

an|lassen *vt unr (Motor)* to start up; *(Kleidung, Licht, Apparat)* to leave on.

Anlasser (*pl* -) *der* starter.

Anlauf (*pl* -läufe) *der* (SPORT) run-up; *(Versuch)* attempt.

an|laufen ◇ *vi unr ist (Motor, Aktion)* to start; *(Brille, Spiegel)* to mist up. ◇ *vt unr hat (Hafen)* to call at.

an|legen ◇ *vt (Liste, Register)* to draw up; *(Geld)* to invest; *(Schmuck, Verband)* to put on; *(Garten)* to lay out. ◇ *vi (Schiff)* to dock; **es darauf anlegen, etw zu tun** to intend to do sthg.

♦ **sich anlegen** *ref*: **sich mit jm ~** to pick a fight with sb.

Anlegestelle (*pl* -n) *die* mooring.

Anleitung (*pl* -en) *die (Hinweis)* instruction; *(Text)* instructions *(pl)*.

Anlieger, -in (*mpl* -) *der, die*: '**~ frei**' 'residents only'.

an|machen *vt (Licht, Gerät)* to turn on; *(fam: Person)* to chat up *(Br)*, to hit on *(Am)*; *(Salat)* to dress.

an|melden *vt (beim Arzt usw)* to make an appointment for; *(Fernseher, Auto)* to register.

♦ **sich anmelden** *ref* to register; **sich ~ zu** to enrol for.

Anmeldung (*pl* -en) *die (amtlich)* registration; *(beim Arzt)* appointment; *(Rezeption)* reception.

Anmietung *die* hire *(Br)*, rental *(Am)*.

an|nähen *vt* to sew on.

annähernd *adv* nearly.

Annahme (*pl* -n) *die (von Brief, Paket)* receipt; *(Vermutung)* assumption; '**keine ~ von 50 Pfennig-Stücken**' 'this machine does not accept 50 Pfennig coins'.

an|nehmen *vt unr (vermuten)* to assume; *(entgegennehmen, akzeptieren)* to accept; *(Form)* to assume; **~, daß** to assume (that).

Annonce (*pl* -n) *die* classified advertisement.

Anorak (*pl* -s) *der* anorak.

an|packen *vt (berühren)* to seize; *(fam: bewältigen)* to tackle.

an|passen *vt*: **etw an etw** (A) **~** to adapt sthg to sthg.

♦ **sich anpassen** *ref* to adapt.

Anpassung *die* adaptation.

an|probieren *vt* to try on.

Anrede *die* form of address.

an|regen ◇ *vt (Aktion)* to initiate; *(Verdauung, Phantasie)* to stimulate. ◇ *vi (Tee, Kaffee)* to act as a stimulant.

Anregung (*pl* -en) *die (Hinweis)* suggestion; *(Aktivierung)* stimulation.

an|richten *vt (Salat, Buffet)* to arrange; *(Chaos, Schaden)* to cause.

Anruf (*pl* -e) *der* (phone) call.

Anrufbeantworter (*pl* -) *der* answerphone.

an|rufen *vt & vi unr (per Telefon)* to ring, to call.

Ansage (*pl* -n) *die* announcement.

an|schaffen *vt (kaufen)* to buy.

an|schauen *vt* to look at; **sich** (*D*) **etw ~** to look at sthg.

Anschein *der* appearance; **es hat den ~, daß** it appears that.

anscheinend *adv* apparently.

an|schieben *vt unr* to push start.

Anschlag (*pl* -schläge) *der (Bekanntmachung)* notice; *(Attentat)* assassination attempt.

an|schließen *vt unr (Elektrogerät)* to plug in; *(Telefon)* to connect; *(mit Schlüssel)* to lock.

♦ **sich anschließen** *ref unr (mit Meinung)* to agree; **sich jm ~** *(Gruppe)* to join sb.

anschließend *adv* afterwards.

Anschluß (*pl* -schlüsse) *der* connection; *(Telefonapparat)* extension; *(zu Personen)*: **~ finden** to make friends; **kein ~ unter dieser Nummer!** the number you have dialled has not been recognized; **Sie haben ~ nach Basel, 15.39 Uhr** there is a connection to Basel at 15:39.

Anschlußflug (*pl* -flüge) *der* connecting flight.

an|schnallen *vt* to put on.

♦ **sich anschnallen** *ref* to fasten one's seatbelt.

Anschrift (*pl* -en) *die* address.

an|schwellen *vi unr ist (Körperteil)* to swell; *(Gewässer)* to rise.

an|sehen *vt unr* to look at; **sich**

(D) **etw ~** *(Film, Programm)* to watch sthg; *(Stadt, Gebäude)* to look round sthg; *(prüfend)* to look at sthg.

an|sein *vi unr ist* to be on.

an|setzen *vt (Bowle, Teig)* to prepare; *(Kalk, Grünspan)* to become covered with; *(Termin)* to fix; **Rost ~** to rust.

Ansicht (*pl* -en) *die (von Stadt)* view; *(Meinung)* opinion; **meiner ~ nach** in my opinion.

Ansichtskarte (*pl* -n) *die* postcard.

ansonsten *adv* otherwise.

an|spielen *vi*: **~ auf** (+*A*) to allude to.

Anspielung (*pl* -en) *die* allusion.

Ansprache (*pl* -n) *die* speech.

an|springen ◇ *vt unr (angreifen)* to pounce on. ◇ *vi (Motor)* to start; *(fam: auf Vorschlag, Angebot)*: **auf etw** (*A*) **~** to jump at sthg.

Anspruch (*pl* -sprüche) *der (Recht)* claim; **~ auf etw** (*A*) **haben** to be entitled to sthg.

♦ **Ansprüche** *pl (Forderungen)* demands.

anspruchslos *adj (bescheiden)* unpretentious.

anspruchsvoll *adj* demanding.

anstatt *präp* (+*G*) *& konj* instead of.

an|stecken *vt (mit Krankheit)* to infect.

♦ **sich anstecken** *ref*: **sich mit etw ~** to catch sthg.

ansteckend *adj* infectious.

an|stehen *vi unr (in Warteschlange)* to queue *(Br)*, to stand in line *(Am)*; *(Termin)* to be set; *(Problem)* to need to be dealt with.

anstelle *präp* (+*G*) instead of.

an|stellen *vt (Gerät)* to turn on; *(Mitarbeiter)* to employ; *(Dummheiten)* to get up to.

♦ **sich anstellen** *ref (Wartende)* to

queue *(Br)*, to stand in line *(Am)*;
sich dumm bei etw ~ to make a
mess of sthg; **sich geschickt bei
etw ~** to get the hang of sthg.

an**streichen** *vt unr* to paint.

an**strengen** *vt* to strain.

♦ **sich anstrengen** *ref* to try (hard).

anstrengend *adj* tiring.

Antarktis *die* Antarctic.

Anteil *(pl -e) der* share.

Antenne *(pl -n) die* aerial.

Antibabypille *(pl -n) die* (contraceptive) pill.

Antibiotikum *(pl Antibiotika)
das* antibiotic.

Antihistamin *(pl -e) das* antihistamine.

antik *adj* antique.

Antillen *pl* West Indies.

Antiquariat *(pl -e) das* second-
hand bookshop; **modernes ~**
remainder bookshop.

Antiquität *(pl -en) die* antique.

Antiquitätenhändler, -in *(mpl -)
der, die* antique dealer.

Antrag *(pl -träge) der* application;
einen ~ auf etw *(A)* **stellen** to
apply for sthg.

an**treffen** *vt unr* to find.

an**treiben** *vt unr (zur Eile)* to
urge; *(Maschine)* to drive.

an**treten** *vt unr* to start.

Antrieb *der (von Maschine)* drive;
(Motivation) impetus; **aus eigenem
~** on one's own initiative.

Antritt *der* beginning; **vor ~ der**
Reise before setting off.

Antwort *(pl -en) die* answer.

antworten *vi* to answer; **auf etw**
(A) **~** to answer sthg; **jm ~** to
answer sb.

An- und Verkauf *der*: '~ von
Antiquitäten' 'antiques bought
and sold'.

Anweisung *(pl -en) die (Befehl)*
instruction; *(von Geld)* money
order.

an**wenden** *vt unr* to use.

anwesend *adj* present.

Anwohner, -in *(mpl -) der, die*
resident.

Anwohnerparkplatz *(pl -plätze)
der* residents' car park.

Anzahl *die* number.

Anzahlung *(pl -en) die* down
payment.

Anzeichen *(pl -) das* sign.

Anzeige *(pl -n) die (in Zeitung)*
advertisement; *(bei Polizei)* report.

an**zeigen** *vt (Delikt)* to report;
(Temperatur, Zeit) to show.

an**ziehen** *vt unr (Kleidung,
Schuhe)* to put on; *(anlocken)* to
attract; *(Schraube, Knoten)* to tight-
en.

♦ **sich anziehen** *ref unr* to get
dressed.

Anzug *(pl -züge) der (Bekleidung)*
suit.

anzüglich *adj* offensive.

an**zünden** *vt* to light.

an**zweifeln** *vt* to doubt.

AOK *die compulsory health insurance scheme for German workers,
students etc not covered by private
insurance policies.*

Apfel *(pl Äpfel) der* apple.

Apfelbaum *(pl -bäume) der*
apple tree.

Apfelkorn *der* apple schnapps.

Apfelkuchen *(pl -) der* apple
cake.

Apfelkücherl *(pl -) das (Süddt)
ring-shaped apple fritter, sprinkled
with icing sugar.*

Apfelmus *das* apple sauce.

Apfelsaft *der* apple juice.

Apfelsine *(pl -n) die* orange.

Apfelwein *der* cider.

Apostroph *(pl -e) der* apostrophe.

Apotheke *(pl -n) die* chemist's
shop *(Br)*, pharmacy *(Am)*.

apothekenpflichtig *adj* only available through a chemist.

Apotheker, -in (*mpl* -) *der, die* pharmacist.

App. *abk* = **Appartement**.

Apparat (*pl* -e) *der (Gerät)* appliance; *(Telefon)* telephone; **am ~!** speaking!

Appartement (*pl* -s) *das (Wohnung)* flat *(Br)*, apartment *(Am)*; *(im Hotel)* suite.

Appetit *der* appetite; **guten ~** enjoy your meal!

appetitlich *adj* appetizing.

Applaus *der* applause.

Aprikose (*pl* -n) *die* apricot.

April *der* April, → **September**.

Aprilscherz (*pl* -e) *der* April fool's trick.

apropos *adv* by the way.

Aquarell (*pl* -e) *das* watercolour.

Aquarium (*pl* **Aquarien**) *das* aquarium.

Äquator *der* equator.

Arbeit (*pl* -en) *die (Tätigkeit, Mühe)* work; *(Arbeitsstelle, Aufgabe)* job; *(in Schule)* test.

arbeiten *vi* to work.

Arbeiter, -in (*mpl* -) *der, die* worker.

Arbeitgeber, -in (*mpl* -) *der, die* employer.

Arbeitnehmer, -in (*mpl* -) *der, die* employee.

Arbeitsamt (*pl* -ämter) *das* job centre.

Arbeitserlaubnis (*pl* -se) *die* work permit.

arbeitslos *adj* unemployed.

Arbeitslose (*pl* -n) *der, die* unemployed person.

Arbeitsplatz (*pl* -plätze) *der (Anstellung)* job; *(Ort)* workplace.

Arbeitsteilung *die* division of labour.

Arbeitszeit (*pl* -en) *die* working hours *(pl)*.

Arbeitszimmer (*pl* -) *das* study.

Architekt, -in (*mpl* -en) *der, die* architect.

Archiv (*pl* -e) *das* archive.

arg (*komp* **ärger,** *superl* **am ärgsten**) *adj* bad.

Ärger *der (Probleme)* trouble; *(Zorn)* anger.

ärgerlich *adj (wütend)* annoyed; *(unangenehm)* annoying.

ärgern *vt* to annoy.

♦ **sich ärgern** *ref* to get annoyed; **sich ~ über** (+A) to get annoyed at.

Argument (*pl* -e) *das* argument.

Arktis *die* Arctic.

arm *adj* poor.

Arm (*pl* -e) *der* arm.

Armaturenbrett (*pl* -er) *das* dashboard.

Armband (*pl* -bänder) *das (Schmuck)* bracelet; *(von Uhr)* strap.

Armbanduhr (*pl* -en) *die* watch.

Armbruch (*pl* -brüche) *der* broken arm.

Armee (*pl* -n) *die* army.

Ärmel (*pl* -) *der* sleeve.

Ärmelkanal *der* (English) Channel.

Armlehne (*pl* -n) *die* armrest.

Aroma (*pl* **Aromen**) *das (Duft)* aroma; *(Geschmacksrichtung)* flavour; *(zum Backen)* flavouring.

arrogant *adj* arrogant.

Arsch (*pl* **Ärsche**) *der (vulg)* arse *(Br)*, ass *(Am)*.

Art (*pl* -en) *die (Weise)* way; *(Wesen)* nature; *(Sorte)* sort; *(von Lebewesen)* species; **~ und Weise** way; **auf seine ~** in his own way; **eine ~ (von)** a kind of; **Gulasch nach ~ des Hauses** chef's special goulash.

Arterie (*pl* -n) *die* artery.

artig *adj* good, well-behaved.

Artikel (*pl* -) *der* article.

Artischocke (*pl* -n) *die* artichoke.

Artist, -in (*mpl* -en) *der, die* (circus) performer.

artistisch *adj* acrobatic.

Arznei (*pl* -en) *die* medicine.

Arzt (*pl* Ärzte) *der* doctor.

Arztausfahrt (*pl* -en) *der*: 'Arztausfahrt' *sign indicating that driveway should be kept clear as it is used by a doctor.*

Arzthelferin (*pl* -nen) *die* (doctor's) receptionist.

Ärztin (*pl* -nen) *die* doctor.

ärztlich *adj* medical.

Asche *die* ash; 'keine heiße ~ einfüllen' 'no hot ashes'.

Aschenbecher (*pl* -) *der* ashtray.

Aschermittwoch *der* Ash Wednesday.

Asien *nt* Asia.

Aspekt (*pl* -e) *der* aspect.

Asphalt (*pl* -e) *der* asphalt.

Aspirin® *das* aspirin.

aß *prät* → **essen**.

Ast (*pl* Äste) *der* branch.

Asthma *das* (MED) asthma.

Astrologie *die* astrology.

astrologisch *adj* astrological.

Astronomie *die* astronomy.

ASU (*abk für Abgassonderuntersuchung*) test of exhaust emissions.

Asyl (*pl* -e) *das* (*Schutz*) asylum; (*Unterkunft*) hostel, home.

Atem *der* breath; **außer** ~ out of breath.

atemlos ◇ *adj* breathless. ◇ *adv* breathlessly.

Atemnot *die* difficulty in breathing.

Athlet, -in (*mpl* -en) *der, die* athlete.

Atlantik *der* Atlantic.

Atlantische Ozean *der* Atlantic Ocean.

atmen *vi & vt* to breathe.

Atom (*pl* -e) *das* atom.

Atomkraft *die* nuclear power.

Atomkraftwerk (*pl* -e) *das* nuclear power station.

Atomwaffe (*pl* -n) *die* nuclear weapon.

Attentat (*pl* -e) *das* (*erfolglos*) assassination attempt; (*erfolgreich*) assassination.

Attest (*pl* -e) *das* doctor's certificate.

Attraktion (*pl* -en) *die* attraction.

attraktiv *adj* attractive.

Attrappe (*pl* -n) *die* dummy.

ätzend *adj* (*Chemikalie*) corrosive; (*fam: unangenehm*) grim, gruesome.

au *interj* (*Ausdruck von Schmerz*) ow!; ~ **ja!** great!

Aubergine (*pl* -en) *die* aubergine (*Br*), eggplant (*Am*).

auch *adv* (*ebenfalls*) also, too; (*sogar*) even; **wo** ~ **immer** wherever; **was** ~ **immer** whatever; **wer** ~ **immer** whoever; **ich** ~ me too; **ich** ~ **nicht** me neither; **hast du die Tür** ~ **wirklich zugemacht?** are you sure you closed the door?

audiovisuell *adj* audiovisual.

auf ◇ *präp* (+D) **1.** (*räumlich*) on; ~ **dem Tisch** on the table; ~ **dem Land** in the country; ~ **der Post** at the post office.

2. (*während*): ~ **der Reise** on the journey; ~ **der Hochzeit/Party** at the wedding/party.

◇ *präp* (+A) **1.** (*räumlich*) on; ~ **den Tisch** on the table; ~**s Land** to the country; ~ **eine Party gehen** to go to a party.

2. (*Angabe der Art und Weise*): ~ **diese Art** in this way; ~ **Deutsch** in German.

3. (*Angabe einer Beschäftigung*): ~ **Reisen gehen** to go on a tour; ~ **die Uni gehen** to go to university.

4. (*Angabe des Anlasses*): ~ **js Rat hin** on sb's advice.

5. *(Angabe einer Folge):* **von heute ~ morgen** overnight.
6. *(Angabe eines Wunsches):* **~ Ihr Wohl!** your good health!
◇ *adv (offen)* open; **Tür ~!** open the door!
♦ **auf einmal** *adv (plötzlich)* suddenly.
♦ **auf und ab** *adv* up and down.
auf|atmen *vi* to breathe a sigh of relief.
Aufbau *der (Bauen)* building; *(Struktur)* structure.
auf|bauen *vt (Zelt, Gerüst)* to put up; *(Organisation)* to build up.
auf|bewahren *vt (Gepäck)* to leave; *(Lebensmittel)* to store.
aufblasbar *adj* inflatable.
auf|bleiben *vi unr ist (Person)* to stay up; *(Tür, Fenster)* to stay open.
auf|blenden *vi* to put one's headlights on full beam.
auf|brechen ◇ *vt unr hat* to force open. ◇ *vi unr ist (abreisen)* to set off.
auf|bringen *vt unr (Geld)* to raise.
Aufbruch *der* departure.
auf|decken *vt (Plane, Laken)* to turn back; *(Geheimnis)* to uncover.
auf|drängen *vt:* **jm etw ~** to force sthg on sb.
auf|drehen *vt (Wasserhahn)* to turn on.
aufdringlich *adj* pushy.
aufeinander *adv (einer auf dem anderen)* one on top of the other; *(nacheinander)* one after the other; *(aufpassen)* one another; **~ eifersüchtig sein** to be jealous of one another.
Aufenthalt *(pl -e) der (von Person)* stay; *(Unterbrechung)* stop; **der Zug hat 10 Minuten ~** the train will stop for 10 minutes; **ständiger ~** place of residence; **schönen ~!** have a nice stay!
Aufenthaltsgenehmigung *(pl -en) die* residence permit.
Aufenthaltsraum *(pl -räume) der* common room.
auf|essen *vt unr* to eat up.
auf|fahren *vi unr ist:* **dicht ~** to tailgate.
Auffahrt *(pl -en) die (zu Haus)* drive; *(zu Autobahn)* slip road *(Br)*, ramp *(Am)*.
Auffahrunfall *(pl -unfälle) der* rear-end collision.
auf|fallen *vi unr ist* to stand out; **jm ~** to strike sb.
auffallend *adj* striking.
auffällig ◇ *adj (Benehmen)* odd; *(Kleidung, Auto)* ostentatious. ◇ *adv (sich kleiden)* ostentatiously.
auf|fangen *vt unr (Ball)* to catch; *(Funkspruch)* to pick up.
auf|fordern *vt (bitten)* to ask; *(befehlen)* to require.
auf|frischen *vt (Kenntnisse)* to brush up on; *(Farbe)* to brighten up.
auf|führen *vt (auf der Bühne)* to perform; *(auf Liste)* to list.
Aufführung *(pl -en) die* performance.
Aufgabe *(pl -n) die (Arbeit)* task; *(Verpflichtung)* responsibility; *(bei Wettkampf)* retirement; *(von Paket)* posting; *(von Koffer)* checking in; *(in der Schule)* exercise.
Aufgang *(pl -gänge) der (von Treppe)* stairs *(pl)*; *(von Sonne)* rising.
auf|geben ◇ *vt unr (Gewohnheit, Stelle, Geschäft)* to give up; *(Schularbeiten)* to set; *(Paket, Brief)* to post *(Br)*, to mail *(Am)*; *(Koffer)* to check in. ◇ *vi (resignieren)* to give up.
auf|gehen *vi unr ist (Sonne, Mond)* to rise; *(Knoten)* to come undone.
aufgehoben ◇ *pp* → **aufheben**. ◇ *adj:* **gut/schlecht ~ sein** to be/not to be in good hands.

auf|gelegt adj: gut/schlecht ~ sein to be in a good/bad mood.

aufgrund präp (+G) because of.

auf|halten vt unr (Tür) to hold open; (Person) to hold up.

♦ **sich aufhalten** ref to stay.

auf|hängen vt to hang up.

auf|heben vt unr (aufbewahren) to keep; (vom Boden) to pick up.

auf|hetzen vt to incite.

auf|holen ◊ vt to make up. ◊ vi to catch up.

auf|horchen vi to prick up one's ears.

auf|hören vi to stop; ~, etw zu machen to stop doing sthg; mit etw ~ to stop sthg.

auf|klappen vt to open.

auf|klären vt (Mißverständnis) to clear up; jn über etw (A) ~ to tell sb sthg.

Aufklärung die (von Mißverständnis) clearing up; (Information) information.

Aufkleber (pl -) der sticker.

auf|kommen vi unr ist (entstehen) to arise; ~ für (zahlen) to pay for.

auf|krempeln vt: die Ärmel/Hosenbeine ~ to roll up one's sleeves/trouser legs.

auf|kriegen vt (fam) to get open.

Auflage (pl -n) die (von Buch) edition; (von Zeitung) circulation; (Bedingung) condition.

auf|lassen vt unr (Tür) to leave open; (Mütze, Hut) to keep on.

Auflauf (pl -läufe) der (von Menschen) crowd; (KÜCHE) bake.

auf|legen vt (Schallplatte, Tischdecke) to put on; (Buch, Zeitschrift) to publish; (Telefonhörer) to hang up.

auf|leuchten vi to light up.

auf|listen vt to list.

auf|lösen vt (Vertrag) to cancel; (Tablette) to dissolve; (Knoten) to undo.

Auflösung (pl -en) die (von Rätsel) solution; (von Organisation, Verein) disbanding.

auf|machen vt to open; jm ~ to let sb in.

♦ **sich aufmachen** ref (abreisen) to set off.

aufmerksam adj attentive; jn ~ machen auf (+A) to draw sb's attention to.

Aufmerksamkeit (pl -en) die (Interesse) attention; (Geschenk) gift.

Aufnahme (pl -n) die (Foto) photograph; (von Musik) recording; (von Protokoll, Aussage) taking down; (in Krankenhaus, Verein) admission.

auf|nehmen vt unr (Gast) to receive; (Foto) to take; (Musik) to record; (Protokoll, Aussage) to take down; mit jm Kontakt ~ to contact sb.

Aufnehmer (pl -) der (floor) cloth.

auf|passen vi to pay attention; ~ auf (+A) to look after; paß' auf! be careful!

auf|pumpen vt to pump up.

auf|räumen ◊ vt (Raum) to tidy up; (Gegenstand) to put away. ◊ vi to tidy up.

auf|regen vt to excite.

♦ **sich aufregen** ref to get worked up.

Aufregung (pl -en) die excitement.

auf|rollen vt (Leine, Schnur) to roll up.

Aufruf der call; letzter ~ last call; 'dringender ~ für Flug LH 404' 'last call for passengers on flight LH 404'.

auf|rufen vt unr to call.

auf|runden vt to round up.

Aufsatz (pl -sätze) der (SCHULE) essay.

auf|schieben *vt unr* to put off.

Aufschlag (*pl* -schläge) *der* (SPORT) serve; *(auf Preis)* extra charge.

auf|schließen *vt unr* to unlock.

Aufschnitt *der* the sliced cold meat and cheese.

auf|schreiben *vt unr* to write down.

Aufsehen *das*: ~ erregen to cause a stir.

auf|sein *vi unr* ist *(fam: offen sein)* to be open; *(Person)* to be up.

Aufsicht *die (Person)* supervisor; *(Kontrolle)* supervision.

auf|spannen *vt (Regenschirm)* to open.

Aufstand (*pl* -stände) *der* rebellion.

auf|stehen ◇ *vi unr ist* to get up. ◇ *vt unr hat (Tür, Fenster)* to be open.

auf|stellen *vt (Zelt)* to put up; *(Behauptung)* to put forward.

Aufstellung (*pl* -en) *die (von Mannschaft)* line-up; *(von Behauptung)* putting forward.

Aufstieg *der (auf Berg)* climb; *(in Sport, Arbeit)* promotion.

auf|stocken *vt (erhöhen)* to increase.

Auftakt (*pl* -e) *der* (MUS) upbeat; *(Beginn)* start.

auf|tanken *vi* to fill up.

auf|tauchen *vi* ist *(erscheinen, auftreten)* to appear; *(aus dem Wasser)* to surface.

auf|tauen *vt (Gefrorenes)* to thaw.

auf|teilen *vt* to share out.

Auftrag (*pl* -träge) *der (Aufgabe)* job; *(Bestellung)* order.

auf|tragen *vt unr (Farbe)* to apply; *(befehlen)*: jm ~, etw zu tun to tell sb to do sthg.

auf|treten *vi unr ist (sich benehmen)* to behave; *(auf Bühne)* to appear; *(Problem)* to come up.

Auftritt (*pl* -e) *der (Theater)* entrance.

auf|wachen *vi* ist to wake up.

Aufwand *der (Geld)* expenditure; *(Anstrengung)* effort.

auf|wärmen *vt (Essen)* to warm up.

aufwärts *adv* upwards.

auf|wecken *vt* to wake (up).

auf|werten *vt (Ansehen)* to enhance.

auf|wischen *vt* to wipe up.

auf|zählen *vt* to list.

auf|zeichnen *vt (mit Skizze)* to draw; *(Film, Musik)* to record.

auf|ziehen *vt unr (Uhr)* to wind up; *(Kind)* to bring up; *(Tier)* to raise.

Aufzug (*pl* -züge) *der (Fahrstuhl)* lift *(Br)*, elevator *(Am)*.

Auge (*pl* -n) *das* eye; **unter vier ~n** in private; **ein blaues ~** a black eye; **etw im ~ behalten** to keep sthg in mind.

Augenblick (*pl* -e) *der* moment; **einen ~, bitte!** just a moment, please!; **im ~** at the moment.

augenblicklich *adv (sofort)* immediately.

Augenbraue (*pl* -n) *die* eyebrow.

Augenbrauenstift (*pl* -e) *der* eyebrow pencil.

Augencreme (*pl* -s) *die* eye cream.

Augenfarbe (*pl* -n) *die*: **welche ~ hat sie?** what colour are her eyes?

Augenoptiker, -in (*mpl* -) *der, die* optician.

Augentropfen *pl* eyedrops.

August *der* August, → **September**.

Auktion (*pl* -en) *die* auction.

aus ◇ *präp (+D)* 1. *(zur Angabe der Richtung)* out of; ~ **dem Haus gehen** to go out of the house. 2. *(zur Angabe der Herkunft)* from;

~ **Amerika** from America.
3. *(zur Angabe des Materials)* made of; ~ **Plastik** made of plastic.
4. *(zur Angabe des Grundes)* for; ~ **welchem Grund** ...? for what reason ...?, why ...?; ~ **Spaß** for fun; ~ **Wut** in anger.
5. *(zur Angabe der Entfernung)* from; ~ **50 m Entfernung** from 50 m away.
6. *(zur Angabe eines Teils)* of; **einer** ~ **der Gruppe** a member of the group.
◊ *adv* **1.** *(außer Funktion)* off; **hier schaltet man die Maschine an und** ~ this is where you switch the machine on and off; **Licht** ~! lights out!
2. *(zu Ende)* over; ~ **und vorbei** all over.

Aus *das*: **ins** ~ **gehen** (SPORT) to go out of play.

aus|arbeiten *vt (Entwurf)* to draw up; *(Projekt)* to work on.

aus|baden *vt*: **etw** ~ **müssen** to take the blame for sthg.

aus|bauen *vt (Straße, Haus)* to extend; *(Dach)* to convert; *(Kenntnisse)* to expand; *(Motor, Teil)* to remove.

aus|bessern *vt* to mend.

aus|beulen *vt* to beat out.

Ausbildung *(pl -en) die (schulisch)* education; *(beruflich, fachlich)* training.

aus|brechen *vi unr ist* to break out.

aus|breiten *vt* to spread out.
♦ **sich ausbreiten** *ref* to spread; *(Landschaft)* to stretch out.

ausdauernd *adj* persevering.

aus|denken *vt unr*: **sich** *(D)* **etw** ~ to think sthg up.

Ausdruck[1] *(pl -drücke) der* expression.

Ausdruck[2] *(pl -e) der* (EDV) printout.

aus|drücken *vt (sagen)* to express.
♦ **sich ausdrücken** *ref* to express o.s.

auseinander *adv* apart.

auseinander|gehen *vi unr ist (Personen)* to break up; *(Wege)* to fork; *(Vorhang)* to open; *(Meinungen)* to differ.

auseinander|nehmen *vt unr* to dismantle.

Auseinandersetzung *(pl -en) die* argument.

aus|fahren ◊ *vt unr hat (Ware)* to deliver; *(spazierenfahren)* to take for a drive. ◊ *vi unr ist (Person)* to go for a drive.

Ausfahrt *(pl -en) die* exit; '~ **freihalten!**' 'keep clear!'

aus|fallen *vi unr ist (Aufführung, Konzert)* to be cancelled; *(Gerät)* to break down; *(Strom)* to be cut off; *(Haare, Zähne)* to fall out; **gut/schlecht** ~ to turn out well/badly; **die Schule fällt heute aus** there's no school today.

ausfindig *adv*: **jn/etw** ~ **machen** to locate sb/sthg.

Ausflug *(pl -flüge) der* trip.

Ausflugsboot *(pl -e) das* pleasure boat.

Ausflugslokal *(pl -e) das cafe or pub in the countryside, to which you can drive or walk out.*

Ausflugsziel *(pl -e) das* destination *(of a trip)*.

Ausfluß *(pl -flüsse) der* (MED) discharge; *(von Wanne, Becken)* plughole.

aus|fragen *vt* to interrogate.

aus|führen *vt (ins Ausland)* to export; *(zum Essen, Tanzen)* to take out; *(Arbeit, Plan, Befehl)* to carry out; *(Hund)* to walk.

ausführlich ◊ *adj* detailed. ◊ *adv* in detail.

aus|füllen *vt (Formular)* to fill out;

(Raum) to fill.

Ausgabe *(pl* **-n)** *die (von Geld)* expenditure; *(von Essen)* serving; *(von Buch)* edition.

♦ **Ausgaben** *pl* expenditure *(sg).*

Ausgang *(pl* **-gänge)** *der (von Haus, Raum)* exit; *(von Dorf, Wald)* end.

aus|geben *vt unr (Geld)* to spend; *(verteilen)* to give out; **jm etw ~** *(fam)* to buy sb sthg.

♦ **sich ausgeben** *ref:* **sich als etw ~** to pretend to be sthg.

ausgebucht *adj* fully-booked.

ausgefallen *adj (Geschmack, Idee)* unusual.

aus|gehen *vi unr ist (Licht, Person)* to go out; *(Heizung)* to go off; *(Motor)* to stop; *(Film, Roman)* to end; **mir ist das Geld ausgegangen** my money has run out; **davon ~, daß** to assume (that).

ausgelastet *adj:* **voll ~ sein** to have one's hands full; **nicht ~ sein** not to be stretched.

ausgeleiert *adj* baggy.

ausgenommen *konj* except.

ausgerechnet *adv* precisely; **~ du!** you of all people!; **~ heute!** today of all days!

ausgeschaltet *adj* (switched) off.

ausgeschildert *adj* signposted.

ausgeschlossen *adj (unmöglich):* **~ sein** to be impossible.

ausgestellt *adj:* **auf jn ~** *(Scheck)* made out to sb; *(Paß)* issued to sb.

ausgewiesen *adj:* **~ durch den Reisepaß** passport used as proof of identity.

ausgewogen *adj* balanced.

ausgezeichnet ◇ *adj (sehr gut)* excellent; *(mit Preis)* priced. ◇ *adv (sehr gut)* extremely well.

ausgiebig *adj (Frühstück)* large.

aus|gießen *vt unr (Flüssigkeit)* to pour out; *(Gefäß)* to empty.

aus|gleichen *vt unr (Differenzen)* to even out; *(Mangel)* to make up for.

Ausguß *(pl* **-güsse)** *der* drain.

aus|halten *vt unr* to stand.

Aushang *(pl* **-hänge)** *der* notice.

aus|helfen *vi unr* to help out.

Aushilfe *(pl* **-n)** *die (im Büro)* temp.

aus|holen *vi (mit Arm)* to move one's arm back.

aus|kennen: sich auskennen *ref unr (in Stadt)* to know one's way around; *(in Fach)* to be an expert.

aus|kommen *vi unr ist:* **mit etw ~** to make sthg last; **mit jm gut/ schlecht ~** to get on well/badly with sb; **mit jm nicht ~** not to get on with sb.

Auskunft *(pl* **-künfte)** *die (Information)* information; *(am Telefon)* directory enquiries *(pl) (Br)*, information *(Am)*; *(Schalter)* information office.

aus|lachen *vt* to laugh at.

aus|laden *vt unr (Gepäck, Fahrzeug)* to unload; *(Gäste):* **jn ~** to tell sb not to come.

Auslage *(pl* **-n)** *die* display.

♦ **Auslagen** *pl (Spesen)* expenses.

Ausland *das:* **im ~** abroad; **ins ~** abroad.

Ausländer, -in *(mpl* **-)** *der, die* foreigner.

ausländisch *adj* foreign.

Auslandsgespräch *(pl* **-e)** *das* international call.

Auslandsschutzbrief *(pl* **-e)** *der motor insurance document for travel abroad,* ≈ *green card (Br).*

aus|lassen *vt unr (überspringen)* to leave out; *(Gelegenheit)* to miss; **etw an jm ~** *(Ärger, Wut)* to take sthg out on sb.

Auslauf *der:* **~ haben/brauchen** to have/need plenty of room (to run about).

aus|laufen vi unr ist (Flüssigkeit) to run out; (Gefäß, Tank) to leak.

aus|legen vt (Ware) to display; (Geld) to lend; **ein Zimmer mit Teppichen ~** to carpet a room.

aus|leihen vt unr: **jm etw ~** to lend sb sthg; **sich** (D) **etw ~** to borrow sthg.

Auslese (pl -n) die (Auswahl) selection; (Wein) quality wine made from specially-selected grapes.

aus|löschen vt to extinguish.

Auslöser (pl -) der (am Fotoapparat) (shutter release) button.

aus|machen vt (Feuer, Zigarette) to put out; (Licht, Gerät) to turn off; (absprechen) to agree on; (Termin) to make; **mit jm ~, daß etw gemacht wird** to arrange with sb to have sthg done; **das macht mir nichts aus** I don't mind; **macht es Ihnen etwas aus, wenn ich rauche?** do you mind if I smoke?

Ausmaß (pl -e) das extent.

Ausnahme (pl -n) die exception; **eine ~ machen** to make an exception.

ausnahmsweise adv just this once.

aus|nutzen vt (Gelegenheit, Zeit) to use; (Person) to exploit.

aus|packen vt to unpack.

Auspuff (pl -e) der exhaust.

aus|rangieren vt (Auto) to scrap; (Kleider) to throw out.

aus|rechnen vt to calculate; **sich** (D) **gute Chancen ~** to fancy one's chances.

Ausrede (pl -n) die excuse.

aus|reichen vi to be enough; **es muß bis März ~** it has to last until March.

Ausreise die: **bei der ~** on leaving the country.

Ausreisegenehmigung (pl -en) die exit visa.

aus|reißen ◇ vi unr ist to run away. ◇ vt unr hat to pull out.

aus|renken vt: **sich** (D) **die Schulter ~** to dislocate one's shoulder.

aus|richten vt: **jm etw ~** to tell sb sthg.

aus|rufen vt unr (über Lautsprecher) to announce; **jn ~ lassen** to page sb.

Ausrufezeichen (pl -) das exclamation mark.

aus|ruhen: sich ausruhen ref to rest.

Ausrüstung (pl -en) die (für Sport) equipment.

aus|rutschen vi ist to slip.

aus|sagen vt to state.

aus|schalten vt to switch off.

Ausschank der (von Getränken) serving.

Ausschau die: **~ halten nach** to look out for.

aus|schlafen vi unr to lie in; **bist du ausgeschlafen?** did you get enough sleep?

Ausschlag (pl -schläge) der (MED) rash; **den ~ geben** to be the decisive factor.

aus|schließen vt unr to exclude.

ausschließlich ◇ adv exclusively. ◇ präp (+G) excluding.

aus|schneiden vt unr to cut out.

Ausschreitungen pl violent clashes.

aus|schütteln vt to shake out.

aus|schütten vt (Gefäß) to empty; (Flüssigkeit) to pour out.

aus|schwenken vi ist to swing out.

aus|sehen vi unr to look; **gut/schlecht ~** (Person, Gegenstand) to look nice/horrible; (Situation) to look good/bad; **wie sieht es aus?** (Situation) how are you getting on?; **es sieht nach Regen aus** it looks like rain.

aus|sein *vi unr ist (zu Ende sein)* to be over; *(Gerät, Heizung)* to be off; *(Feuer)* to be out; ~ **auf** *(+A)* to be after.

außen *adv* outside; **von ~** from the outside; **nach ~** outwards.

Außenbordmotor *(pl -en) der* outboard motor.

Außenrückspiegel *(pl -) der* door mirror.

Außenseite *(pl -n) die* outside.

Außenseiter, -in *(mpl -) der, die* outsider.

Außenspiegel *(pl -) der* door mirror.

Außentemperatur *(pl -en) die* outside temperature.

außer ◊ *präp (+D) (ausgenommen)* except (for); *(neben)* as well as. ◊ *konj* except; **ich komme, ~ es regnet** I'll come, unless it rains; **alle, ~ ihm** everyone except (for) him; **nichts, ~ ...** nothing but ...; **~ sich sein (vor** *(+D))* to be beside o.s. (with); **~ Betrieb** out of order.

außerdem *adv* also, moreover.

außergewöhnlich ◊ *adj* unusual. ◊ *adv* exceptionally.

außerhalb ◊ *präp (+G)* outside. ◊ *adv* out of town.

äußerlich ◊ *adj* external. ◊ *adv* externally.

äußern *vt* to express.

♦ **sich äußern** *ref (erkennbar werden)* to show (itself); *(sprechen)* to speak; **sich ~ zu** to comment on.

außerordentlich ◊ *adj* extraordinary. ◊ *adv* exceptionally.

außerplanmäßig *adj (Zug)* extra, special.

äußerst *adv* extremely.

aus|setzen ◊ *vt (Hund, Kind)* to abandon; *(Preis, Belohnung)* to offer. ◊ *vi (Herz, Musik)* to stop; *(bei Spiel)* to miss one's turn; **an allem etwas auszusetzen haben** to constantly find fault with everything.

Aussicht *(pl -en) die (Blick)* view; *(Chance)* prospect.

aussichtslos *adj* hopeless.

Aussichtsplattform *(pl -en) die* viewing platform.

Aussichtspunkt *(pl -e) der* viewpoint.

Aussichtsterrasse *(pl -n) die* cafe terrace with a view.

Aussichtsturm *(pl -türme) der* lookout tower.

aus|spannen *vi (sich erholen)* to relax.

aus|sperren *vt (aus Raum)* to lock out.

Aussprache *(pl -n) die (von Wörtern)* pronunciation; *(Gespräch)* discussion *(to resolve a dispute)*.

aus|sprechen ◊ *vt unr (Wort, Satz)* to pronounce; *(Gedanke, Verdacht)* to express. ◊ *vi unr (zu Ende reden)* to finish (speaking).

♦ **sich aussprechen** *ref unr* to pour one's heart out; **sich mit jm ~** to talk things through with sb.

aus|spucken ◊ *vt* to spit out. ◊ *vi* to spit.

aus|spülen *vt (Glas, Mund)* to rinse out; *(Wunde)* to wash; *(Haare)* to rinse.

Ausstattung *(pl -en) die (Ausrüstung)* equipment; *(von Zimmer)* furnishings *(pl)*; *(von Auto)* fittings *(pl)*.

aus|steigen *vi unr ist (aus Fahrzeug)* to get out; '**~ bitte Knopf drücken**' 'press to open'.

aus|stellen *vt (Gerät)* to turn off; *(in Museum, Ausstellung)* to display; *(Paß)* to issue; *(Quittung)* to write out.

Ausstellung *(pl -en) die (in Museum)* exhibition.

aus|sterben *vi unr ist* to die out.

aus|strahlen ◊ *vt (Programm)* to broadcast. ◊ *vi (Freude, Ruhe)* to radiate.

Ausstrahlung die *(von Programm)* broadcasting; *(von Person)* charisma.

aus|strecken *vt* to stretch out.

♦ **sich ausstrecken** *ref* to stretch.

aus|streichen *vt unr (Satz)* to cross out.

aus|suchen *vt* to choose; **sich** *(D)* **etw ~ to** choose sthg.

aus|teilen *vt* to distribute.

Auster *(pl -n)* die oyster.

Australien *nt* Australia.

aus|trinken *vt unr (Glas)* to empty; *(Bier)* to finish.

aus|trocknen ◊ *vt that (Erde, Haut)* to dry out. ◊ *vi ist* to dry out.

Ausverkauf *der* clearance sale.

ausverkauft *adj* sold out.

Auswahl *die* selection, choice.

aus|wandern *vi ist* to emigrate.

auswärts *adv*: ~ **essen** to eat out; ~ **spielen** to play away (from home).

aus|wechseln *vt (ersetzen)* to replace; *(Fußballspieler)* to substitute.

aus|weichen *vi unr ist (+D) (vor Auto, Frage)* to avoid.

Ausweis *(pl -e)* der *(Personalausweis)* identity card; *(für Bibliothek, Studenten)* card.

Ausweiskontrolle *(pl -n)* die identity card check.

Ausweisnummer *(pl -n)* die identity card number.

Ausweispapiere *pl* identification *(sg)*.

auswendig *adv* by heart.

aus|wringen *vt unr* to wring out.

aus|wuchten *vt* to balance.

aus|zahlen *vt (Lohn, Zinsen)* to pay.

♦ **sich auszahlen** *ref* to pay.

Auszahlungsbetrag *(pl -beträge)* der total payment.

aus|zeichnen *vt (ehren)* to honour; *(mit Preisschild)* to price.

aus|ziehen ◊ *vt unr hat (Kleidung, Schuhe)* to take off; *(Antenne, Tisch)* to extend; *(Person)* to undress. ◊ *vi unr ist (aus Wohnung)* to move out.

♦ **sich ausziehen** *ref* to undress; **sich die Schuhe ~ to** take one's shoes off.

Auszubildende *(pl -n)* der, die trainee.

Auto *(pl -s)* das car; **mit dem ~ fahren** to go by car, to drive.

Autoatlas *(pl -atlanten)* der road atlas.

Autobahn *(pl -en)* die motorway *(Br)*, freeway *(Am)*.

Autobahngebühr *(pl -en)* die toll.

Autobahnkreuz *(pl -e)* das interchange.

Autobahnmeisterei *(pl -en)* die motorway maintenance department.

Autobahnring *(pl -e)* der motorway ring road *(Br)*, beltway *(Am)*.

Autobus *(pl -se)* der bus.

Autofähre *(pl -n)* die car ferry.

Autofahrer, -in *(mpl -)* der, die (car) driver.

Autogramm *(pl -e)* das autograph.

Automat *(pl -en)* der *(für Zigaretten, Fahrkarten usw.)* vending machine.

Automatik *die* (AUTO) automatic transmission.

Automatikgetriebe *(pl -)* das (AUTO) automatic transmission.

Automatikwagen *(pl -)* der automatic (car).

automatisch ◊ *adj* automatic. ◊ *adv* automatically.

Autor *(pl Autoren)* der author.

Autoradio *(pl -s)* das car radio.

Autoreifen *(pl -)* der car tyre.

Autoreisezug *(pl -züge)* der ≈ motorail train.

Autoreparatur (*pl* -en) *die* car repairs *(pl)*.

Autorin (*pl* -nen) *die* author.

Autoschlange (*pl* -n) *die* tailback.

Autostopp *der* hitchhiking; **per ~ fahren** to hitch-hike.

Autounfall (*pl* -unfälle) *der* car accident.

Autovermietung (*pl* -en) *die (Firma)* car hire firm *(Br)*, car rental firm *(Am)*.

Autowaschanlage (*pl* -n) *die* car wash.

Autowäsche (*pl* -n) *die* car wash.

Autowaschstraße (*pl* -n) *die* drive-through car wash.

Autozubehör *das* car accessories *(pl)*.

Avocado (*pl* -s) *die* avocado.

Axt (*pl* Äxte) *die* axe.

B

B (*pl* -) *abk* = **Bundesstraße**.

Baby (*pl* -s) *das* baby.

Babybett (*pl* -en) *das* cot *(Br)*, crib *(Am)*.

Babyfläschchen (*pl* -) *das* baby's bottle.

Babynahrung *die* baby food.

Babysitter, -in (*mpl* -) *der, die* babysitter.

Babysitz (*pl* -e) *der* child seat.

Baby-Wickelraum (*pl* -räume) *der* parent and baby room.

Bach (*pl* Bäche) *der* stream.

Backbord *das* port.

Backe (*pl* -n) *die (Wange)* cheek.

backen *vt & vi unr* to bake.

Bäcker, -in (*mpl* -) *der, die* baker.

Bäckerei (*pl* -en) *die* bakery.

Backmischung (*pl* -en) *die* cake mix.

Backofen (*pl* -öfen) *der* oven.

Backpflaume (*pl* -n) *die* prune.

Backpulver *das* baking powder.

bäckt *präs* → **backen**.

Backwaren *pl* bread, cakes and pastries.

Bad (*pl* Bäder) *das (Badezimmer)* bathroom; *(Baden)* bath; *(Kurort)* spa; **mit ~ und WC** with en suite bathroom; **ein ~ nehmen** to have a bath.

Badeanzug (*pl* -anzüge) *der* swimming costume, swimsuit.

Badegast (*pl* -gäste) *der (im Badeort)* visitor; *(im Schwimmbad)* bather.

Badehose (*pl* -n) *die* swimming trunks *(pl)*.

Badekappe (*pl* -n) *die* swimming cap.

Bademeister, -in (*mpl* -) *der, die* pool attendant.

Bademütze (*pl* -n) *die* swimming cap.

baden ◇ *vi (in Badewanne)* to have a bath; *(schwimmen)* to swim. ◇ *vt* to bath; **~ gehen** to go for a swim.

Badeort (*pl* -e) *der* (seaside) resort.

Badesachen *pl* swimming things.

Badetuch (*pl* -tücher) *das* bath towel.

Badewanne (*pl* -n) *die* bath (tub).

Badezimmer (*pl* -) *das* bathroom.

Badminton *das* badminton.

baff *adj*: **~ sein** *(fam)* to be gobsmacked.

BAFöG *das* maintenance grant awarded to students and appren-

tices by the state.

Bagger (*pl* -) *der* mechanical digger.

Baggersee (*pl* -n) *der artificial lake where people go to have picnics, swim etc.*

Bahn (*pl* -en) *die (Zug)* train; *(Straßenbahn)* tram *(Br)*, streetcar *(Am)*; *(von Rakete, Planet)* path; *(in Schwimmbad, Stadion)* lane; *(von Stoff, Tapete)* strip; **die ~** *(Bundesbahn)* German rail company; **drei ~en schwimmen** to swim three lengths; **jn zur ~ bringen** to take sb to the station; **mit der ~** by train, by rail.

Bahnbus (*pl* -se) *der bus run by railway company.*

Bahncard (*pl* -s) *die* railcard.

Bahnfracht *die*: **per ~** by rail (freight).

Bahngesellschaft *die one of the rail companies that make up the German Bundesbahn.*

Bahnhof (*pl* -höfe) *der (railway)* station.

Bahnhofsmission (*pl* -en) *die room at a station where charitable organizations provide care for rail travellers.*

Bahnlinie (*pl* -n) *die (Strecke)* railway line *(Br)*, railroad line *(Am)*.

Bahnpolizei *die* railway police *(Br)*, railroad police *(Am)*.

Bahnsteig (*pl* -e) *der* platform; **am selben ~ gegenüber** on the opposite side of the platform.

Bahnübergang (*pl* -übergänge) *der* level crossing *(Br)*, grade crossing *(Am)*; **unbeschrankter ~** *level crossing with no barrier.*

Bahnverbindung (*pl* -en) *die* (train) connection.

Bakterie (*pl* -n) *die* germ.

balancieren *vt & vi* to balance.

bald *adv* soon; *(fam: fast)* almost; **bis ~!** see you soon!

Baldrian *der* valerian.

Balken (*pl* -) *der* beam.

Balkon (*pl* -e) *der* balcony.

Ball (*pl* Bälle) *der* ball.

Ballett (*pl* -e) *das* ballet.

Ballon (*pl* -s) *der* balloon.

Ballspiel (*pl* -e) *das* ball game.

Ballungsgebiet (*pl* -e) *das* conurbation.

banal *adj (abw: geistlos)* banal; *(einfach)* everyday.

Banane (*pl* -n) *die* banana.

band *prät* → **binden**.

Band[1] (*pl* Bänder) *das (Schnur)* ribbon; *(Tonband)* tape.

Band[2] (*pl* Bände) *der (Buch)* volume.

Band[3] (*pl* -s) *die* (MUS) band.

Bandage (*pl* -n) *die* bandage.

bandagieren *vt* to bandage.

Bandscheibe (*pl* -n) *die* disc *(in spine)*.

Bank[1] (*pl* -en) *die* bank.

Bank[2] (*pl* Bänke) *die* bench.

Bankanweisung (*pl* -en) *die* banker's order.

Bankett (*pl* -e) *das* banquet.

Bankkonto (*pl* -konten) *das* bank account.

Bankleitzahl (*pl* -en) *die* bank sort code.

Banknote (*pl* -n) *die* banknote.

bankrott *adj* bankrupt.

Bankverbindung (*pl* -en) *die* account details *(pl)*.

bar ◇ *adv* (in) cash. ◇ *adj*: **~es Geld** cash; **in ~** in cash.

Bar (*pl* -s) *die* bar.

Bär (*pl* -en) *der* bear.

barfuß ◇ *adv* barefoot. ◇ *adj*: **~ sein** to be barefoot.

barg *prät* → **bergen**.

Bargeld *das* cash.

bargeldlos ◇ *adj* cash-free. ◇ *adv* without using cash.

Bariton (*pl* -e) *der* baritone.

Barkeeper (*pl* -) *der* barman.

barock *adj* baroque.

Barometer (*pl* -) *das* barometer.

Barriere (*pl* -n) *die* barrier.

barsch *adj* curt.

Barscheck (*pl* -s) *der* uncrossed cheque.

Bart (*pl* Bärte) *der* beard.

Barzahlung (*pl* -en) *die* payment in cash; **Verkauf nur gegen** ~ cash sales only.

Basar (*pl* -e) *der* bazaar.

Basel *nt* Basel, Basle.

Basilikum *das* basil.

Basis *die* (*Grundlage*) basis.

Basketball *der* basketball.

Baß (*pl* Bässe) *der* bass.

basteln ◇ *vt* to make. ◇ *vi*: **er bastelt gerne** he likes making things himself.

bat *prät* → **bitten**.

Batterie (*pl* -n) *die* battery; **wiederaufladbare** ~ rechargeable battery.

batteriebetrieben *adj* battery-powered.

Bau[1] (*pl* -ten) *der* (*Vorgang, Gebäude*) building; (*Baustelle*) building site.

Bau[2] (*pl* -e) *der* (*von Tier*) hole.

Bauarbeiten *pl* construction work (*sg*); **'wegen** ~ **gesperrt'** 'road closed due to construction work'.

Bauarbeiter, -in (*mpl* -) *der, die* builder.

Bauch (*pl* Bäuche) *der* stomach.

Bauchschmerzen *pl* stomach-ache (*sg*); ~ **haben** to have stomachache.

Bauchspeck *der* belly pork.

Bauchspeicheldrüse (*pl* -n) *die* pancreas.

Baudenkmal (*pl* -mäler) *das* monument.

bauen ◇ *vt* (*Haus, Straße, Auto*) to build; (*Möbel, Maschine*) to make.

◇ *vi* to build; **an etw** (*D*) ~ to be building sthg; ~ **auf** (+*A*) to rely on.

Bauer (*pl* -n) *der* (*Beruf*) farmer; (*Schachfigur*) pawn; (*Spielkarte*) jack.

Bäuerin (*pl* -nen) *die* farmer's wife.

Bauernbrot (*pl* -e) *das* farmhouse loaf.

Bauernfrühstück (*pl* -e) *das* fried potatoes with scrambled egg and pieces of bacon.

Bauernhof (*pl* -höfe) *der* farm.

baufällig *adj* dilapidated.

Baum (*pl* Bäume) *der* tree.

Baumarkt (*pl* -märkte) *der* DIY store.

Baumwolle *die* cotton.

Baustelle (*pl* -n) *die* building site; **'Vorsicht** ~!' 'men at work'.

Baustellenausfahrt (*pl* -en) *die* works exit.

Bauwerk (*pl* -e) *das* building.

Bayern *nt* Bavaria.

Bayreuther Festspiele *pl* Wagner festival held annually in the town of Bayreuth.

Bazillus (*pl* Bazillen) *der* germ.

Bd. (*abk für Band*) vol.

beabsichtigen *vt* to intend.

beachten *vt* (*Verbot*) to observe; (*Person*) to notice.

Beamte (*pl* -n) *der* (*bei Finanzamt, Botschaft*) civil servant; (*Polizist, beim Zoll*) officer.

Beamtin (*pl* -nen) *die* (*bei Finanzamt, Botschaft*) civil servant; (*Polizist, beim Zoll*) officer.

beanspruchen *vt* (*strapazieren*) to wear out; (*Zeit, Platz*) to take up; **jn stark** ~ to keep sb very busy.

beanstanden *vt* to complain about; **es gibt nichts zu** ~ there's no cause for complaint.

Beanstandung (*pl* -en) *die* complaint.

beantragen vt to apply for.

beantworten vt to answer.

bearbeiten vt (Antrag) to deal with; (Feld, Stein, Holz) to work.

Bearbeitungsgebühr (pl -en) die handling charge.

beatmen vt: jn künstlich ~ (MED) to put sb on a respirator.

beaufsichtigen vt to supervise.

beauftragen vt: jn mit etw ~ to entrust sth to sb; jn ~, etw zu tun to instruct sb to do sth.

Becher (pl -) der (zum Trinken) cup (without handles); (aus Plastik) beaker; (für Eis) dish; (für Joghurt) pot.

Becken (pl -) das (Waschbecken) basin; (Spülbecken) sink; (Schwimmbecken) pool; (Körperteil) pelvis; (MUS) cymbal.

Beckenrand der edge of the pool; 'Springen vom ~ nicht erlaubt!' 'no diving!'

bedanken: sich bedanken ref: sich (bei jm) ~ to say thank you (to sb).

Bedarf der need; bei ~ if necessary.

Bedarfshaltestelle (pl -n) die request stop.

bedauerlich adj unfortunate.

bedauern ◇ vt (bemitleiden) to feel sorry for; (schade finden) to regret. ◇ vi to be sorry; **bedaure!** I'm sorry!

bedecken vt (Boden, Schultern) to cover.

bedeckt adj overcast.

bedeuten vt (meinen) to mean; das hat nichts zu ~ that doesn't matter.

bedeutend adj important.

Bedeutung (pl -en) die (Sinn, Inhalt) meaning; (Wichtigkeit) importance.

bedienen ◇ vt (Gast, Kunde) to serve; (Maschine) to operate. ◇ vi (Kellner) to serve.

♦ **sich bedienen** ref to help o.s.; ~ Sie sich! help yourself!

Bedienung (pl -en) die (von Gast, Kunde) service; (von Maschine) operation; (Kellner) waiter (waitress); **inklusive** ~ including service.

Bedienungsanleitung (pl -en) die operating instructions (pl).

Bedienungshandbuch (pl -bücher) das (operating) manual.

Bedingung (pl -en) die condition; **unter einer** ~ on one condition.

bedrohen vt to threaten.

Bedürfnis (pl -se) das need.

beeilen: sich beeilen ref to hurry.

beeindrucken vt to impress.

beeinflussen vt to influence.

beenden vt to end.

Beerdigung (pl -en) die funeral.

Beere (pl -n) die berry.

Beet (pl -e) das (mit Blumen) flower bed; (mit Gemüse) patch.

Beete die: rote ~ beetroot.

befahl prät → befehlen.

befahrbar adj passable.

befahren (präs befährt, prät befuhr, pp befahren) vt to use.

Befehl (pl -e) der order.

befehlen (präs befiehlt, prät befahl, pp befohlen) vt to order.

befestigen vt (anbringen) to fasten; (Straße) to surface.

befiehlt präs → befehlen.

befinden: sich befinden (prät befand, pp befunden) ref to be; 'Sie ~ sich hier' 'you are here'.

befohlen pp → befehlen.

befolgen vt to obey.

befördern vt (mit Auto, Zug) to transport; (beruflich) to promote.

Beförderung (pl -en) die (Transport) transport; (beruflich) promotion.

Beförderungsbedingungen *pl* *(amt)* conditions of carriage.

Beförderungsentgelt *das (amt)* fare.

befragen *vt* to question.

befreien *vt* to free.

♦ **sich befreien** *ref* to escape.

befreundet *adj*: mit jm ~ sein to be friends with sb.

befriedigend *adj (zufriedenstellend)* satisfactory.

befristet *adj* temporary.

Befund *(pl -e) der* results *(pl)*; ohne ~ negative.

befürchten *vt* to fear.

begabt *adj* talented.

begann *prät* → **beginnen**.

begegnen *vi ist (+D)* to meet.

♦ **sich begegnen** *ref* to meet.

begehrt *adj* coveted.

begeistert ◇ *adj* enthusiastic. ◇ *adv* enthusiastically.

Beginn *der* beginning; **zu** ~ at the beginning.

beginnen *(prät* **begann**, *pp* **begonnen)** *vt & vi* to begin, to start; ~ **mit** *(+D)* to begin with, to start with.

beglaubigen *vt* to certify.

Beglaubigung *(pl -en) die* certification.

begleiten *vt* to accompany.

Begleitperson *(pl -en) die* escort.

Begleitung *die* company; in ~ **von** accompanied by.

beglückwünschen *vt* to congratulate.

begonnen *pp* → **beginnen**.

Begräbnis *(pl -se) das* funeral.

begreifen *(prät* **begriff**, *pp* **begriffen)** *vt & vi* to understand.

Begrenzung *(pl -en) die (zeitlich)* restriction; *(Grenze)* boundary.

Begriff *(pl -e) der (Wort)* term.

begründen *vt* to justify; *(grün-*

den) to establish.

Begründer, -in *(mpl -) der, die* founder.

Begründung *(pl -en) die* reason; *(Gründung)* establishment.

begrüßen *vt (Person)* to greet.

Begrüßung *(pl -en) die* greeting.

behalten *(präs* **behält**, *prät* **behielt**, *pp* **behalten)** *vt (nicht abgeben)* to keep; *(in Erinnerung)* to remember; **etw für sich** ~ *(nicht erzählen)* to keep sthg to o.s.

Behälter *(pl -) der* container.

behandeln *vt* to treat; *(Thema)* to deal with; **jn gut/schlecht** ~ to treat sb well/badly; **mit Antibiotika** ~ to treat with antibiotics.

Behandlung *(pl -en) die* treatment.

behaupten *vt (versichern)* to claim.

♦ **sich behaupten** *ref* to assert o.s.

beheimatet *adj (geh)*: **in Deutschland** ~ **sein** to come from Germany.

beheizt *adj* heated.

behelfen: sich behelfen *(präs* **behilft**, *prät* **behalf**, *pp* **beholfen)** *ref* to manage.

behelfsmäßig *adj* makeshift.

beherbergen *vt* to put up, to accommodate.

beherrschen *vt (bestimmen)* to rule; *(Sprache)* to have a command of.

♦ **sich beherrschen** *ref* to control o.s.

behilflich *adj*: **jm** ~ **sein** to help sb.

behindern *vt (Sicht, Verkehr)* to obstruct; *(Person)* to hinder.

behindert *adj* handicapped.

Behinderte *(pl -n) der, die* handicapped person.

Behindertenaufzug *(pl -aufzüge) der* disabled lift *(Br)*, disabled elevator *(Am)*.

Behinderung *(pl -en) die (körperlich, geistig)* handicap; *(im Verkehr)* delay; **mit ~en muß gerechnet werden** delays are likely.

Behörde *(pl -n) die* authority.

bei *präp (+D)* **1.** *(an einem Ort)* at; **~ der Post** at the post office; **~m Arzt** at the doctor's; **~ meiner Tante** at my aunt's; **~ mir** at my house; **hast du Geld ~ dir?** have you got any money on you?; **sie arbeitet ~ einem Verlag** she works for a publishing company. **2.** *(in der Nähe von)* near; **das Hotel ist gleich ~m Bahnhof** the hotel is right next to the station. **3.** *(Angabe von Umständen)*: **~ Regen vorsichtig fahren** drive carefully in the rain; **~ Regen fällt der Ausflug aus** if it rains the trip will be cancelled; **kannst du das Buch ~ Gelegenheit vorbeibringen?** could you bring the book round next time you get the chance?; **~ Tag/Nacht** by day/night. **4.** *(Angabe von Zeit)* at; **~ Beginn** at the beginning; **~ der Arbeit** at work; **~m Sport brach er sich den Arm** he broke his arm (while) playing sport. **5.** *(Angabe von Ursache, Grund)* with; **~ deinem Benehmen muß er ja verärgert sein** it's hardly surprising he's angry, after the way you behaved. **6.** *(trotz)*: **~ aller Liebe, aber so nicht!** however much I love you, you can't do that.

bei|bringen *vt (lehren)* to teach.

beichten *vt & vi* to confess.

beide *pron & adj* both; **meine ~n Töchter** both (of) my daughters; **ihr ~** you two; **jeder der ~n** each of them.

beidseitig ◊ *adj (Einverständnis)*

mutual. ◊ *adv (beschrieben)* on both sides.

Beifahrer, -in *(mpl -) der, die (im PKW)* front-seat passenger.

Beifahrersitz *(pl -e) der* passenger seat.

Beifall *der* applause; **~ spenden** ODER **klatschen** to applaud.

beige *adj* beige.

Beilage *(pl -n) die*: **mit Reis als ~** (served) with rice.

Beileid *das* condolences *(pl)*; **herzliches** ODER **aufrichtiges ~** my sincere condolences.

beiliegend *adj (amt)* enclosed.

beim *präp* = **bei** + **dem**.

Bein *(pl -e) das* leg.

beinahe *adv* almost.

Beinbruch *(pl -brüche) der* broken leg.

beinhalten *vt (enthalten)* to contain.

Beipackzettel *(pl -) der* instructions *(pl)*.

Beisammensein *das* get-together.

Beispiel *(pl -e) das* example; **zum ~** for example.

beispielsweise *adv* for example.

beißen *(prät* **biß***, pp* **gebissen***) vt & vi* to bite; **in etw (A) ~** to bite into sthg.

Beitrag *(pl -träge) der (Geld, Mitarbeit)* contribution; *(für Verein)* subscription.

bekämpfen *vt* to fight.

bekannt *adj (allgemein)* well-known; *(individuell)* familiar; **jn ~ machen mit** to introduce sb to; **mit jm ~ sein** to know sb.

Bekannte *(pl -n) der, die (flüchtig)* acquaintance; *(Freund)* friend.

bekannt|geben *vt unr* to announce.

bekannt|machen *vt* to announce; **jn mit jm ~** to introduce sb to sb.

Bekanntschaft *(pl -en) die*

(Kontakt) acquaintance; *(Gruppe)* acquaintances *(pl)*.

beklagen: sich beklagen *ref* to complain.

bekleckern *vt*: etw mit etw ~ to spill sthg on sthg.

♦ **sich bekleckern** *ref*: sich mit etw ~ to spill sthg on o.s.

Bekleidung *die* clothes *(pl)*.

bekommen *(prät* **bekam**, *pp* **bekommen)** ◇ *vt* that to get; *(Kind, Besuch)* to expect; *(Zug, Bus)* to catch. ◇ *vi* ist: jm gut ~ *(Klima, Luft)* to be good for sb; *(Essen)* to agree with sb; jm schlecht ~ to disagree with sb; etw geschenkt/ geliehen ~ to be given/lent sthg; ich bekomme noch 100 DM von dir you owe me 100 marks; was ~ Sie? what would you like?; was ~ Sie dafür? how much is it?; etw zu essen/trinken ~ to get sthg to eat/ drink.

bekömmlich *adj* easy to digest.

beladen *(präs* **belädt**, *prät* **belud**, *pp* **beladen)** *vt* to load.

Belag *(pl* **Beläge)** *der (auf Brot)* topping; *(auf Bremse)* lining; *(auf Straße)* surface.

belangen *vt (amt: verklagen)* to prosecute.

belasten *vt (deprimieren)* to put a strain on; *(Umwelt, Luft)* to pollute; *(mit Gewicht)* to weigh down.

belästigen *vt (sexuell)* to harass; *(stören)* to bother.

Belastung *(pl* **-en)** *die (psychisch, körperlich)* strain; *(von Umwelt)* pollution; *(Last)* load.

belaufen: sich belaufen *(präs* **beläuft**, *prät* **belief**, *pp* **belaufen)** *ref*: die Rechnung beläuft sich auf 120 DM the bill comes to 120 marks.

belebt *adj* busy.

Beleg *(pl* **-e)** *der (Quittung)* receipt.

belegt *adj (Sitzplatz)* occupied;

(Hotel) full; *(Telefonanschluß)* engaged; *(Zunge)* furred; *(Stimme)* hoarse; ~es Brötchen/Brot open roll/sandwich; **voll** ~ no vacancies.

belehren *vt* to inform.

beleidigen *vt* to insult.

Beleidigung *(pl* **-en)** *die (Bemerkung, Handlung)* insult.

Beleuchtung *die (Scheinwerfer, Lampen)* lights *(pl)*.

Belgien *nt* Belgium.

Belgier, -in *(mpl* **-)** *der, die* Belgian.

belgisch *adj* Belgian.

belichten *vt* to expose.

Belichtung *(pl* **-en)** *die* exposure.

Belichtungsmesser *(pl* **-)** *der* light meter.

Belichtungszeit *(pl* **-en)** *die* exposure time.

Belieben *das*: nach ~ as you like.

beliebig ◇ *adj* any. ◇ *adv*: ~ viel as much as you like; in ~er Reihenfolge in any order; zu jeder ~en Zeit whenever you like.

beliebt *adj* popular.

beliefern *vt* to supply.

bellen *vi* to bark.

belohnen *vt* to reward.

Belohnung *(pl* **-en)** *die (Geld, Geschenk)* reward.

Belüftung *die* ventilation.

belügen *(prät* **belog**, *pp* **belogen)** *vt* to lie to.

♦ **sich belügen** *ref* to deceive o.s.

bemerkbar *adj* noticeable; sich ~ machen *(durch Rufen, Klopfen)* to attract attention; *(sich zeigen)* to become apparent.

bemerken *vt (wahrnehmen)* to notice; *(geh: sagen)* to remark; nebenbei bemerkt by the way.

Bemerkung *(pl* **-en)** *die* remark; eine ~ machen to make a remark.

bemühen: sich bemühen *ref*: sich ~, etw zu tun to try to do sthg.

Bemühungen *pl* efforts.

benachrichtigen *vt* to inform.

Benachrichtigung (*pl* -en) *die* notification.

benehmen: sich benehmen (*präs* benimmt, *prät* benahm, *pp* benommen) *ref*: sich gut/schlecht ~ to behave well/badly.

beneiden *vt* to envy.

benötigen *vt* to need.

benutzen *vt* to use.

benützen = **benutzen**.

Benutzer, -in (*mpl* -) *der, die* user.

Benzin *das* petrol (*Br*), gas (*Am*); bleifreies ~ unleaded petrol (*Br*), unleaded gas (*Am*); ~ tanken to fill up with petrol (*Br*), to fill up with gas (*Am*).

Benzingutschein (*pl* -e) *der* petrol coupon (*Br*), gas coupon (*Am*).

Benzinkanister (*pl* -) *der* petrol can (*Br*), gas can (*Am*).

Benzin-Öl-Gemisch *das* petrol-oil mixture (*Br*), gas-oil mixture (*Am*).

Benzinpumpe (*pl* -n) *die* petrol pump (*Br*), gas pump (*Am*).

beobachten *vt* (*betrachten*) to observe; (*bemerken*) to notice; (*überwachen*) to watch.

Beobachter, -in (*mpl* -) *der, die* observer.

bequem ◇ *adj* (*Hose, Sitz, Größe*) comfortable; (*faul*) lazy; (*Lösung*) easy. ◇ *adv* comfortably; machen Sie es sich ~! make yourself at home!

Bequemlichkeit *die* (*Komfort*) comfort; (*Faulheit*) laziness.

beraten (*präs* berät, *prät* beriet, *pp* beraten) ◇ *vt* (*Kunde*) to advise; (*Vorhaben*) to discuss. ◇ *vi* (*diskutieren*): über etw (*A*) ~ to discuss sthg.

♦ **sich beraten** *ref*: sich über etw (*A*) ~ to discuss sthg.

Beratungsstelle (*pl* -n) *die* advice centre.

berechnen *vt* (*ausrechnen*) to calculate; (*verlangen*) to charge; jm für eine Konsultation 120 DM ~ to charge sb 120 marks for a consultation.

berechtigt *adj* (*Zweifel*) justified; ~ sein zu etw to be entitled to sthg.

Bereich (*pl* -e) *der* area.

bereisen *vt* to travel.

bereit *adj* ready; ~ sein (*fertig sein*) to be ready; ~ sein, etw zu tun (*willens sein*) to be willing to do sthg.

bereithalten *vt unr* to have ready.

♦ **sich bereithalten** *ref* to be ready.

bereitmachen: sich bereitmachen *ref* to get ready.

bereits *adv* already; (*nur, allein*) even; ~ um 6 Uhr as early as 6 o'clock.

Bereitschaft *die* readiness.

Bereitschaftsdienst (*pl* -e) *der* emergency service.

bereitstehen *vi unr* to be ready.

bereuen *vt* to regret.

Berg (*pl* -e) *der* mountain; (*kleiner*) hill; in die ~e fahren to go to the mountains.

bergab *adv* downhill; ~ fahren/laufen to drive/run downhill.

bergauf *adv* uphill; ~ fahren/laufen to drive/run uphill.

Bergbahn (*pl* -en) *die* funicular railway.

Bergbau *der* mining.

bergen (*präs* birgt, *prät* barg, *pp* geborgen) *vt* (*retten*) to rescue.

Bergführer, -in (*mpl* -) *der, die* mountain guide.

Berghütte (*pl* -n) *die* mountain hut.

bergig *adj* mountainous.

Bergnot *die*: **in ~ geraten** to get into trouble while climbing a mountain.

Bergschuh (*pl* -e) *der* climbing boot.

bergsteigen (*pp* **berggestiegen**) *vi* to go (mountain) climbing.

Bergsteigen *das* (mountain) climbing.

Bergsteiger, -in (*mpl* -) *der, die* (mountain) climber.

Bergtour (*pl* -en) *die* (mountain) hike.

Bergung (*pl* -en) *die* rescue.

Bergwacht *die* mountain rescue.

Bergwanderung (*pl* -en) *die* hillwalking.

Bergwerk (*pl* -e) *das* mine.

Bericht (*pl* -e) *der* report.

berichten *vi* to report.

berichtigen *vt* to correct.

♦ **sich berichtigen** *ref* to correct o.s.

Berichtigung (*pl* -en) *die* correction.

Berlin *nt* Berlin.

Berliner (*pl* -) *der* (*Gebäck*) doughnut.

Berliner Mauer *die*: **die ~** the Berlin Wall.

Bern *nt* Bern, Berne.

berüchtigt *adj* notorious.

berücksichtigen *vt* (*bei Überlegung*) to take into account; (*Bewerber, Wunsch*) to consider.

Beruf (*pl* -e) *der* profession; **Tischler von ~ sein** to be a carpenter; **was sind Sie von ~?** what do you do for a living?

beruflich ◊ *adj* professional. ◊ *adv*: **~ unterwegs** away on business.

Berufsschule (*pl* -n) *die* vocational school attended part-time by apprentices.

berufstätig *adj* employed.

Berufstätige (*pl* -n) *der, die*

working person.

Berufsverkehr *der* rush-hour traffic.

beruhigen *vt* to calm (down).

♦ **sich beruhigen** *ref* (*Person*) to calm down; (*Wetter, See*) to become calm.

Beruhigungsmittel (*pl* -) *das* sedative.

berühmt *adj* famous; **~ sein wegen** ODER **für** to be famous for.

berühren *vt* & *vi* to touch; **bitte nicht ~!** please don't touch!

♦ **sich berühren** *ref* to touch.

beschädigen *vt* to damage.

beschädigt *adj* damaged.

beschäftigen *vt* (*Angestellte*) to employ; (*gedanklich*) to occupy.

♦ **sich beschäftigen** *ref*: **sich ~ mit** (*mit Person*) to devote a lot of attention to; (*mit Thema*) to deal with; (*mit Gedanken*) to think about.

Beschäftigung (*pl* -en) *die* (*Arbeit*) occupation; (*Hobby*) activity; (*gedanklich*) preoccupation.

Bescheid (*pl* -e) *der* (*Nachricht*) answer; **jm ~ geben** ODER **sagen** to let sb know; **~ wissen (über** (+*A*)) to know (about).

bescheiden *adj* modest.

bescheinigen *vt* (*mit Zeugnis*) to certify; (*Erhalt von Sendung*) to sign for.

Bescheinigung (*pl* -en) *die* certificate.

beschimpfen *vt* to swear at.

beschissen *adj* (*vulg*) shitty.

Beschlag *der*: **in ~ nehmen** to monopolize.

beschlagnahmen *vt* (*Beute*) to confiscate.

beschleunigen ◊ *vt* (*Tempo, Verfahren, Ablauf*) to speed up. ◊ *vi* (*Auto*) to accelerate.

♦ **sich beschleunigen** *ref* to speed up.

Beschleunigung *die* (*von Ver-*

fahren) speeding up; *(von Auto)* acceleration.

beschließen *(prät* **beschloß**, *pp* **beschlossen**) *vt (entscheiden)* to decide on; *(Gesetz)* to pass; *(beenden)* to end; **~, etw zu tun** to decide to do sthg.

Beschluß *(pl* **Beschlüsse**) *der* decision.

beschränken *vt* to limit.

Beschränkung *(pl* -en) *die* limit.

beschreiben *(prät* **beschrieb**, *pp* **beschrieben**) *vt (schildern)* describe; **jm den Weg ~** to tell sb the way.

Beschreibung *(pl* -en) *die* description.

beschriften *vt* to label.

beschuldigen *vt* to accuse.

Beschuldigung *(pl* -en) *die* accusation.

beschützen *vt* to protect.

Beschwerde *(pl* -n) *die* complaint.

◆ **Beschwerden** *pl (Gesundheitsprobleme)* trouble *(sg)*.

beschweren: sich beschweren *ref* to complain.

beschwipst *adj* tipsy.

beseitigen *vt (Abfall)* to get rid of; *(Problem)* to deal with.

Besen *(pl* -) *der* broom.

besetzt *adj:* **~ sein** *(Telefonanschluß, Toilette)* to be engaged; *(Sitzplatz)* to be taken; **das Büro ist zur Zeit nicht ~** the office is currently closed.

Besetztzeichen *das* engaged tone *(Br)*, busy signal *(Am)*.

Besetzung *(pl* -en) *die (am Theater)* cast.

besichtigen *vt* to look round.

Besichtigung *(pl* -en) *die* tour; 'zur ~ freigegeben' 'open to the public'.

besiegen *vt* to defeat.

Besitz *der (Eigentum)* property.

besitzen *(prät* **besaß**, *pp*

besessen) *vt (Eigentum)* to own; *(Qualität, Ausrüstungsgegenstand)* to have.

Besitzer, -in *(mpl* -) *der, die* owner.

besoffen *adj (fam)* sloshed.

besondere, -r, -s *adj (speziell)* special; *(außergewöhnlich)* particular.

besonders *adv* particularly; **nicht ~** *(fam: nicht gut)* not very well; **nicht ~ sein** *(fam: nicht gut)* to be not very good.

besorgen *vt (holen, kaufen)* to get.

besorgt ◇ *adj* worried. ◇ *adv* worriedly.

besprechen *(präs* **bespricht**, *prät* **besprach**, *pp* **besprochen**) *vt (diskutieren)* to discuss.

besser ◇ *komp & adv* better. ◇ *adj (sehr gut)* good; *(abw: kaum besser)*: **das Hotel ist eine ~e Absteige** the hotel is just a glorified dosshouse.

bessern: sich bessern *ref (Erkältung)* to get better; *(Chancen, Wetter)* to improve.

Besserung *die:* **gute ~!** get well soon!

beständig *adj (Wetter)* settled.

Bestandteil *(pl* -e) *der* component, part.

bestätigen *vt* to confirm.

◆ **sich bestätigen** *ref* to prove true.

Bestätigung *(pl* -en) *die* confirmation.

beste, -r, -s ◇ *superl* best. ◇ *adj* ideal. ◇ *adv:* **am ~n** best; **ich gehe jetzt am ~n** I'd better go now; **sie spricht am ~n Deutsch von allen** she speaks the best German of everyone.

Beste *(pl* -n) *der, die, das* best.

Bestechung *(pl* -en) *die* bribery.

Besteck *(pl* -e) *das (zum Essen)* cutlery.

bestehen *(prät* **bestand**, *pp*

bestanden) ◊ vt (Prüfung) to pass. ◊ vi (existieren) to exist; (bei Prüfung) to pass; **~ auf** (+D) to insist on; **~ aus** to consist of.

besteigen (prät **bestieg**, pp **bestiegen**) vt to climb.

bestellen ◊ vi (im Lokal) to order. ◊ vt (Ware) to order; (Eintrittskarte, Hotelzimmer) to reserve; (Nachricht): **jm schöne Grüße ~** to give sb one's regards.

Bestellformular (pl -e) das order form.

Bestellkarte (pl -n) die order form.

Bestellnummer (pl -n) die order number.

Bestellung (pl -en) die (von Waren) ordering; (von Eintrittskarte, Hotelzimmer) reservation; (Ware) order; **auf ~** to order.

bestens adv very well.

bestimmen ◊ vt (ermitteln) to determine; (festlegen) to fix; (klassifizieren) to classify. ◊ vi (befehlen) to decide; **bestimmt sein für** to be meant for.

bestimmt ◊ adv (sehr wahrscheinlich) no doubt; (sicher) certainly; (wissen) for certain; (entschlossen) decisively. ◊ adj (gewiß) certain; (Betrag, Anzahl) fixed; (Auftreten) decisive.

Bestimmung (pl -en) die (Vorschrift) regulation; (ermitteln) determining.

Bestimmungsland (pl -länder) das (amt) (country of) destination.

Bestimmungsort (pl -e) der (amt) (place of) destination.

bestmöglich ◊ adj best possible. ◊ adv as well as possible.

bestrafen vt to punish.

bestrahlen vt (MED: Patienten, Haut) to treat with radiotherapy.

bestreiten (prät **bestritt**, pp **bestritten**) vt (leugnen) to deny.

bestürzt adj: **~ sein** to be dismayed.

Besuch (pl -e) der visit; (Gast) visitor; (von Schule) attendance; **bei jm zu ~ sein** to be visiting sb.

besuchen vt (Person, Veranstaltung) to visit; (Schule) to attend.

Besucher, -in (mpl -) der, die visitor; 'nur für ~' 'visitors only'.

Besuchszeit (pl -en) die visiting hours (pl).

besucht adj: **gut/schlecht ~ sein** to be well/poorly attended.

betätigen vt (Hebel) to operate.

betäuben vt to anaesthetize.

Betäubung die: **unter ~ stehen** to be under anaesthetic.

beteiligen vt (teilnehmen lassen) to include; (finanziell) to give a share.

♦ **sich beteiligen** ref: **sich ~ an** (+D) (teilnehmen) to take part (in); (finanziell) to have a share (in).

Beteiligung (pl -en) die (Teilnahme) participation; (finanziell) share.

beten vi to pray.

Beton der concrete.

betonen vt to stress.

Betonung (pl -en) die (von Wort) stress.

betrachten vt to look at; **jn als etw ~** to consider sb to be sthg.

Betrachter, -in (mpl -) der, die observer.

beträchtlich ◊ adj considerable. ◊ adv considerably.

Betrag (pl **Beträge**) der amount; **bitte angezeigten ~ bezahlen** please pay the amount displayed; **~ dankend erhalten** (amt) received with thanks.

betragen (präs **beträgt**, prät **betrug**, pp **betragen**) vt to come to.

♦ **sich betragen** ref (sich benehmen) to behave.

betreffen (präs **betrifft**, prät

betraf, *pp* **betroffen**) *vt (angehen)* to concern; *(bestürzen)* to affect; **was mich betrifft** as far as I'm concerned.

betreiben (*prät* **betrieb**, *pp* **betrieben**) *vt (Handel)* to carry on; **betrieben werden mit** to be driven by.

betreten (*präs* **betritt**, *prät* **betrat**, *pp* **betreten**) *vt* to enter; 'Betreten verboten!' 'no entry!'

betreuen *vt* to look after.

Betreuer, -in (*mpl -*) *der, die (von Patient)* nurse; *(von Kind)* childminder; *(von Touristen)* groupleader.

Betrieb (*pl -e*) *der (Firma)* firm; *(Aktivität, Verkehr)* hustle and bustle; **außer ~** out of order; **in ~** in operation.

betrieben *pp →* **betreiben**.

betriebsbereit *adj* operational.

Betriebsrat (*pl -*räte) *der* works council.

betrifft *präs →* **betreffen**.

betrinken: sich betrinken (*prät* **betrank**, *pp* **betrunken**) *ref* to get drunk.

betroffen ◊ *pp →* **betreffen**. ◊ *adj (nicht verschont)* affected; *(bestürzt)* upset. ◊ *adv (bestürzt):* **jn ~ ansehen** to look at sb in consternation.

betrügen (*prät* **betrog**, *pp* **betrogen**) *vt (finanziell)* to cheat; *(sexuell)* to be unfaithful to.

♦ **sich betrügen** *ref* to deceive o.s.

Betrüger, -in (*mpl -*) *der, die* cheat.

betrunken *adj* drunk.

Bett (*pl -en*) *das (Möbel)* bed; **das ~ machen** to make the bed; **zu** ODER **ins ~ gehen** to go to bed; **französisches ~** double bed.

Bettdecke (*pl -n*) *die* (continental) quilt.

Bettler, -in (*mpl -*) *der, die* beggar.

Bettsofa (*pl -s*) *das* sofa bed.

Bettuch (*pl -*tücher) *das* sheet.

Bettwäsche *die* bed linen.

Bettzeug *das* bedding.

beugen *vt (Kopf, Knie)* to bend; *(Substantiv, Adjektiv)* to decline; *(Verb)* to conjugate.

Beule (*pl -n*) *die (am Kopf)* swelling; *(am Auto)* dent.

beunruhigt *adj:* **~ sein** to be worried.

beurteilen *vt* to judge.

Beutel (*pl -*) *der* bag.

Bevölkerung (*pl -en*) *die* population.

bevollmächtigt *adj* authorized.

bevor *konj* before.

bevorzugen *vt* to prefer.

bewacht *adj* guarded.

bewährt *adj* tried and tested.

bewegen *vt* to move.

♦ **sich bewegen** *ref* to move; *(sportlich)* to exercise.

Bewegung (*pl -en*) *die* movement; *(Sport)* exercise; *(Rührung)* emotion; **sich in ~ setzen** to start moving.

Beweis (*pl -e*) *der (für Theorie, Annahme)* proof.

beweisen (*prät* **bewies**, *pp* **bewiesen**) *vt (Theorie, Annahme)* to prove; *(Mut, Geduld)* to show.

bewerben: sich bewerben (*präs* **bewirbt**, *prät* **bewarb**, *pp* **beworben**) *ref:* **sich ~ (um)** to apply (for).

Bewerbung (*pl -en*) *die* application.

bewilligen *vt* to approve.

Bewohner, -in (*mpl -*) *der, die* inhabitant.

bewohnt *adj* inhabited.

bewölkt *adj* cloudy.

Bewölkung *die (Wolken)* cloud; *(Bewölken)* clouding over.

bewundern *vt* to admire.

bewußt ◊ *adj (Handlung)* deliberate; *(Entscheidung)* conscious; *(bekannt)* in question. ◊ *adv (handeln)* deliberately; *(entscheiden)* consciously; **sich** *(D)* **einer Sache ~ sein** to be aware of sthg.

bewußtlos *adj* unconscious.

bezahlen ◊ *vt (Person)* to pay; *(Ware, Leistung)* to pay for. ◊ *vi (für Ware, Leistung)* to pay.

bezahlt *adj* paid.

Bezahlung *die* payment.

Bezeichnung *(pl* -en) *die (Wort)* name; **'genaue ~ des Inhalts'** 'exact description of the contents'.

beziehen *(prät* bezog, *pp* bezogen) *vt (Kissen, Sofa)* to cover; *(Haus)* to move into; *(Ware, Zeitung, Einkünfte)* to get; **das Bett frisch ~** to change the bed.

♦ **sich beziehen** *ref (Himmel, Wetter)* to cloud over; **sich ~ auf** *(+A)* to refer to.

Beziehung *(pl* -en) *die* connection; *(erotisch)* relationship.

♦ **Beziehungen** *pl (politisch)* relations.

beziehungsweise *konj (genauer gesagt)* that is; *(und)* and; *(oder)* or.

Bezirk *(pl* -e) *der (amt)* district.

bezweifeln *vt* to doubt.

BH *(pl* -s) *der (abk für Büstenhalter)* bra.

Bhf. *abk* = **Bahnhof**.

Bibel *(pl* -n) *die* Bible.

Bibliothek *(pl* -en) *die* library.

biegen *(prät* bog, *pp* gebogen) ◊ *vt hat* to bend. ◊ *vi ist (Auto, Fahrer):* **~ (in** *(+A))* to turn (into); **nach links ~** to turn left; **um die Ecke ~** to turn the corner.

♦ **sich biegen** *ref* to bend.

Biegung *(pl* -en) *die* bend.

Biene *(pl* -n) *die* bee.

Bienenstich *(pl* -e) *der (Insekten-* stich) bee sting; *(Kuchen)* cake coated with sugar and almonds and filled with custard or cream.

Bier *(pl* -e) *das* beer; **ein Glas ~** a glass of beer; **~ vom Faß** draught beer; **ein großes ~** a half-litre glass of beer; **ein kleines ~** a 30cl glass of beer.

Biergarten *(pl* -gärten) *der* beer garden.

Bierglas *(pl* -gläser) *das* beer glass.

Bierzelt *(pl* -e) *das* beer tent.

bieten *(prät* bot, *pp* geboten) ◊ *vi (bei Auktion)* to bid. ◊ *vt* to offer; **einen schönen Anblick ~** to be pretty.

♦ **sich bieten** *ref (Chance)* to present itself; **es bietet sich ein wunderbarer Anblick** there is a wonderful view.

Bild *(pl* -er) *das* picture; *(Vorstellung)* idea; *(Abbild)* image.

bilden ◊ *vt* to form; *(unterrichten)* to educate. ◊ *vi* to be educational.

♦ **sich bilden** *ref (sich formen)* to form; *(sich informieren)* to educate o.s.

Bilderbuch *(pl* -bücher) *das* picture book.

Bildhauer, -in *(mpl* -) *der, die* sculptor (sculptress).

Bildschirm *(pl* -e) *der* screen; **'~ berühren!'** *sign on information point indicating that the system is operated by touching the screen.*

Bildschirmtext *der German teletext service offering information, home banking etc via a computer and telephone line.*

Bildung *die (Wissen)* education; *(Entstehung)* formation.

Billard *das* billiards *(sg)*.

billig ◊ *adj* cheap; *(abw: Ausrede)* feeble. ◊ *adv (preisgünstig)* cheaply.

bin *präs* → **sein**.

Binde *(pl* -n) *die (Monatsbinde)*

sanitary towel; *(Verband)* band-age.

Bindehautentzündung *(pl -en)*
die conjunctivitis *(sg)*.

binden *(prät* **band***, pp* **gebunden***)*
vt to tie; *(Buch)* to bind; (KÜCHE:
Soße) to thicken.

Bindestrich *(pl -e) der* hyphen.

Bindfaden *(pl -fäden) der* string.

Bindung *(pl -en) die (Verpflichtung)* commitment; *(Zuneigung)*
attachment; *(für Ski)* binding.

Biokost *die* health food.

Bioladen *(pl -läden) der* health
food shop.

Biologie *die* biology.

birgt *präs →* **bergen**.

Birne *(pl -n) die (Obst)* pear;
(Glühbirne) light bulb; *(fam: Kopf)*
nut.

bis ◇ *präp (+A)* **1.** *(zeitlich)* until;
wir bleiben ~ morgen we're stay-
ing until tomorrow; **das muß ~
Mittwoch fertig sein** it must be
ready by Wednesday; **von Montag
~ Freitag** from Monday to Friday;
~ auf weiteres until further notice;
~ bald! see you soon!; **~ dahin!**
until then.
2. *(örtlich)* to; **es sind noch 200 km
~ Berlin** there are still 200 km to
go to Berlin.
3. *(zwischen)* to; **zwei ~ drei Tage**
two to three days.
4. *(Angabe von Grenze):* **~ zu** up to;
~ zu 20 Personen up to 20 people.
5. *(außer):* **~ auf** *(+A)* except for.
◇ *konj* until.

Bischof *(pl* **Bischöfe***) der* bishop.

bisher *adv (bis jetzt)* until now.

bisherig *adj* previous.

Biskuit *(pl -s) das* sponge.

biß *prät →* **beißen**.

Biß *(pl* **Bisse***) der* bite.

bißchen *pron*: **das ~ Regen macht
nichts!** that little bit of rain won't
harm you!; **ein ~** a bit, a bit of; **ein**

~ Salz a bit of salt; **kein ~** not at
all; **kein ~ Schnee** no snow at all.

bissig *adj (Tier)* vicious; **'Vorsicht,
~er Hund'** 'beware of the dog'.

bist *präs →* **sein**.

bitte ◇ *adv* please. ◇ *interj
(Ausdruck von Zustimmung)* of
course!; *(Antwort auf Dank)* you're
welcome!; *(Ausdruck von Angebot)*
please; **aber ~!** of course!; **ach ~**
please; **~ schön** ODER **sehr** you're
welcome!; **~?** *(in Geschäft)* can I
help you?; **ja ~?** *(am Telefon)*
hello?; **wie ~?** sorry?

Bitte *(pl -n) die* request; **eine ~
haben** to have a favour to ask.

bitten *(prät* **bat***, pp* **gebeten***) vt
(Person)* to ask; **~ um** to ask for.

bitter *adj & adv* bitter.

Blähung *(pl -en) die* wind.

blamieren *vt* to disgrace.

♦ **sich blamieren** *ref* to disgrace
o.s.

Blankoscheck *(pl -s) der* blank
cheque.

Blase *(pl -n) die (auf der Haut)*
blister; *(Harnblase)* bladder; *(Luft-
blase)* bubble.

blasen *(präs* **bläst***, prät* **blies***, pp*
geblasen*) vi (pusten)* to blow.

Blasenentzündung *(pl -en) die*
cystitis *(sg)*.

blaß *adj (Haut, Person)* pale.

bläst *prät →* **blasen**.

Blatt *(pl* **Blätter***) das (Papier)*
sheet; *(von Pflanze)* leaf; *(Zeitung)*
paper; *(bei Kartenspiel)* hand.

Blätterteig *der* puff pastry.

Blattspinat *der* spinach.

blau *adj* blue; **~ sein** *(fam)* to be
sloshed.

Blau *das* blue.

Blaubeere *(pl -n) die* blueberry.

Blaulicht *das* flashing blue light
(on ambulance etc).

blau|machen *vi (fam)* to skip
work.

Blazer (*pl* -) *der* blazer.

Blech (*pl* -e) *das* (*Metall*) tin; (*Kuchenblech*) baking tray.

Blechschaden *der* bodywork damage.

Bleibe *die* place to stay.

bleiben (*prät* blieb, *pp* geblieben) ◊ *vi ist* to stay; (*als Rest*) to remain. ◊ *vimp ist*: **es bleibt dabei** we'll leave it at that.

bleifrei *adj* unleaded.

Bleistift (*pl* -e) *der* pencil.

Blende (*pl* -n) *die* (FOTO) aperture.

blenden ◊ *vt* (*anstrahlen*) to dazzle. ◊ *vi* (*Licht, Sonne*) to be dazzling.

Blick (*pl* -e) *der* (*Schauen*) look; (*Aussicht*) view; (*Urteil*) eye.

blieb *prät* → **bleiben**.

blind ◊ *adj* blind. ◊ *adv* blindly.

Blinddarmentzündung (*pl* -en) *die* appendicitis (*sg*).

Blinde (*pl* -n) *der, die* blind person.

Blindenschrift *die* braille.

blinken *vi* (*Autofahrer, Auto*) to indicate.

Blinker (*pl* -) *der* indicator.

Blinklicht (*pl* -er) *das* flashing light.

Blitz (*pl* -e) *der* (*bei Gewitter*) (flash of) lightning; (*von Kamera*) flash; **wie der ~** as quick as lightning.

blitzen ◊ *vt* (*Autofahrer*) to photograph with a speed camera. ◊ *vi* (*mit Blitzlicht*) to use a flash. ◊ *vimp*: **es blitzt** there is lightning.

Blitzlicht (*pl* -er) *das* flash.

Blitzlichtwürfel (*pl* -) *der* flashcube.

Block (*pl* Blöcke) *der* (*Schreibblock*) pad; (*Gebäude, Stück*) block.

Blockhaus (*pl* -häuser) *das* log cabin.

blockieren ◊ *vt* to block. ◊ *vi* (*Räder*) to lock.

Blockschrift *die* block capitals (*pl*).

blöd ◊ *adj* (*fam*) stupid. ◊ *adv* (*fam*) stupidly.

Blödsinn *der* nonsense.

blond *adj* blond.

bloß *adv* only, just; **~ noch zwei Wochen** only two more weeks left; **was ist ~ los?** so what's wrong, then?; **was hast du ~ wieder angestellt?** what have you gone and done now?; **paß ~ auf!** just watch out!

blühen *vi* (*Pflanze*) to bloom.

Blume (*pl* -n) *die* flower.

Blumenkasten (*pl* -kästen) *der* window box.

Blumenkohl *der* cauliflower.

Blumenstand (*pl* -stände) *der* flower stall.

Blumenstrauß (*pl* -sträuße) *der* bunch of flowers.

Blumentopf (*pl* -töpfe) *der* flowerpot.

Blumentopferde *die* potting compost.

Bluse (*pl* -n) *die* blouse.

Blut *das* blood; **~ spenden** to give blood.

Blutbild (*pl* -er) *das* blood test results (*pl*).

Blutdruck *der* blood pressure; **hoher/niedriger ~** high/low blood pressure.

bluten *vi* to bleed.

Bluter (*pl* -) *der* haemophiliac.

Bluterguß (*pl* -güsse) *der* bruise.

Blutgruppe (*pl* -n) *die* blood group.

Blutprobe (*pl* -n) *die* blood test.

Blutspende (*pl* -n) *die* giving blood.

blutstillend *adj* styptic.

Blutübertragung (*pl* -en) *die* blood transfusion.

Blutung (*pl* -en) *die* bleeding.

Blutvergiftung (*pl* -en) *die* blood-poisoning.

Blutwurst (*pl* -würste) *die* black pudding *(Br)*, blood sausage *(Am)*.

BLZ *abk* = **Bankleitzahl**.

Bockbier *das* bock *(strong dark beer)*.

Bocksbeutel (*pl* -) *der wide, round bottle containing 'Frankenwein'*.

Bockwurst (*pl* -würste) *die type of pork sausage, usually boiled and eaten in a bread roll with mustard*.

Boden (*pl* Böden) *der (im Raum)* floor; *(Erde)* ground; *(Speicher)* loft; *(von Gefäß, Koffer)* bottom.

Bodennebel *der* ground mist.

Bodenpersonal *das* ground staff.

Bodensee *der* Lake Constance.

Bodybuilding *das* bodybuilding.

Böe (*pl* -n) *die* gust.

bog *prät* → **biegen**.

Bogen (*pl* Bögen) *der (Form)* curve; (SPORT: *Waffe*) bow.

Bohne (*pl* -n) *die* bean.

bohren *vt & vi* to drill.

Bohrer (*pl* -) *der* drill.

Bohrmaschine (*pl* -n) *die* drill.

böig *adj* gusty.

Boiler (*pl* -) *der* boiler.

Boje (*pl* -n) *die* buoy.

Bombe (*pl* -n) *die* bomb.

Bon (*pl* -s) *der (Kassenzettel)* receipt; *(Gutschein)* voucher.

Bonbon (*pl* -s) *der* ODER *das* sweet.

Bonn *nt* Bonn.

Boot (*pl* -e) *das* boat; ~ **fahren** to go boating.

Bootsverleih *der* boat hire.

Bord *der*: **an** ~ on board; **von** ~ **gehen** to disembark.

Bordkarte (*pl* -n) *die* boarding card.

Bordstein *der* kerb.

Bordsteinkante *die* kerb.

borgen *vt*: **jm etw** ~ to lend sb sthg; **sich** (*D*) **etw** ~ to borrow sthg.

Börse (*pl* -n) *die* (ECO) stock market; *(Gebäude)* stock exchange; *(Geldbeutel)* purse.

Böschung (*pl* -en) *die* bank.

böse ◇ *adj (bösartig, schlecht)* bad; *(fam: wütend)* angry. ◇ *adv (schlimm, bösartig)* badly; *(wütend)* angrily; ~ **sein auf** (+A) to be angry with; **jm** ~ **sein** to be angry with sb.

bot *prät* → **bieten**.

botanische Garten (*pl* Gärten) *der* botanical gardens *(pl)*.

Botschaft (*pl* -en) *die (diplomatische Vertretung)* embassy; *(Gebäude)* embassy; *(Nachricht)* message.

Botschafter, -in (*mpl* -) *der, die* ambassador.

Boutique (*pl* -n) *die* boutique.

Bowle (*pl* -n) *die* punch.

Bowling *das* tenpin bowling.

Box (*pl* -en) *die (Dose, Kiste)* box; *(Lautsprecher)* speaker.

boxen ◇ *vi* to box. ◇ *vt* to punch.

Boykott (*pl* -s) *der* boycott.

brach *prät* → **brechen**.

brachte *prät* → **bringen**.

Branchenverzeichnis (*pl* -se) *das* ≃ yellow pages *(pl)*.

Brandung *die* surf.

Brandwunde (*pl* -n) *die* burn.

brannte *prät* → **brennen**.

braten (*präs* **brät**, *prät* **briet**, *pp* **gebraten**) *vt & vi (in der Pfanne)* to fry; *(im Ofen)* to roast.

Braten (*pl* -) *der* roast.

Brathähnchen (*pl* -) *das* roast chicken.

Bratkartoffeln *pl* fried potatoes.

Bratpfanne (*pl* -n) *die* frying pan.

Bratwurst (*pl* -würste) *die* (fried) sausage.

Brauch (*pl* Bräuche) *der* custom.

brauchen ◊ *vt (benötigen)* to need; *(verwenden, verbrauchen)* to use. ◊ *aux* to need; **du brauchst nur auf den Knopf zu drücken** all you need (to) do is press the button; **etw ~ für** to need sthg for; **etw ~ zu** to need sthg for.

brauen *vt (Bier)* to brew.

Brauerei (*pl* -en) *die* brewery.

braun *adj* brown.

Braun *das* brown.

Bräune *die* suntan.

bräunen *vt (Braten)* to brown; *(Haut)* to tan.

♦ **sich bräunen** *ref* to sunbathe.

braungebrannt *adj* tanned.

Bräunungsstudio (*pl* -s) *das* tanning studio.

Brause (*pl* -n) *die (Dusche)* shower.

brausen *vi (duschen)* to have a shower; *(sausen)* to roar.

Braut (*pl* Bräute) *die* bride.

Bräutigam (*pl* -e) *der* bridegroom.

brav *adj (Kind)* good.

bravo *interj* bravo!

BRD *(abk für Bundesrepublik Deutschland)* FRG.

brechen *(präs* bricht, *prät* brach, *pp* gebrochen) ◊ *vt hat* to break; *(erbrechen)* to vomit. ◊ *vi ist (zerbrechen)* to break. ◊ *vi hat (erbrechen)* to vomit; **sich** (*D*) **das Bein ~** to break one's leg.

Brechreiz *der* nausea.

Brei *der (aus Haferflocken)* porridge; *(aus Kartoffeln)* mashed potatoes *(pl)*.

breit *adj* wide; *(Rücken, Hände)* broad; *(allgemein)* general.

Breite (*pl* -n) *die* width.

Bremsbelag (*pl* -beläge) *der* brake lining.

Bremse (*pl* -n) *die (von Auto, Fahrrad)* brake; *(Insekt)* horsefly.

bremsen ◊ *vt (Auto, Fahrrad)* to brake; *(Person, Fortschritt)* to slow down. ◊ *vi* to brake.

Bremsflüssigkeit *die* brake fluid.

Bremskraftverstärker *der* brake booster.

Bremslicht (*pl* -er) *das* brake light.

Bremspedal (*pl* -e) *das* brake pedal.

brennbar *adj* flammable.

brennen *(prät* brannte, *pp* gebrannt) ◊ *vi (Feuer, Kerze, Haus)* to burn; *(Licht)* to be on; *(Haut, Augen)* to sting. ◊ *vt (Loch)* to burn; *(Schnaps)* to distil; *(Ton, Ziegel)* to fire. ◊ *vimp*: **es brennt!** fire!

Brennessel (*pl* -n) *die* stinging nettle.

Brennholz *das* firewood.

Brennspiritus *der* methylated spirits *(sg)*.

Brennstoff (*pl* -e) *der (zum Heizen)* fuel.

Brett (*pl* -er) *das (aus Holz)* plank; *(zum Spielen)* board; **schwarzes ~** noticeboard.

Brettspiel (*pl* -e) *das* board game.

Brezel (*pl* -n) *die* pretzel.

bricht *präs* → **brechen**.

Brief (*pl* -e) *der* letter; **eingeschriebener ~** ≃ letter sent by recorded delivery.

Briefdrucksache *die letter comprising an order form, questionnaire etc, which costs less to send than an ordinary letter.*

Brieffreund, -in (*mpl* -e) *der, die* penfriend.

Briefkasten (*pl* -kästen) *der (öffentlich)* postbox; *(am Haus)* letterbox.

Briefmarke (*pl* -n) *die* stamp.

Briefmarkenautomat (*pl* **-en**) *der* stamp machine.

Briefpapier *das* notepaper.

Brieftasche (*pl* **-n**) *die* wallet.

Briefträger, -in (*mpl* **-**) *der, die* postman (postwoman).

Briefumschlag (*pl* **-umschläge**) *der* envelope.

Briefwaage (*pl* **-n**) *die* letter scales (*pl*).

brief *prät* → **braten**.

Brille (*pl* **-n**) *die* (*für Augen*) glasses (*pl*).

Brillenetui (*pl* **-s**) *das* glasses case.

bringen (*prät* **brachte**, *pp* **gebracht**) *vt* (*wegbringen*) to take; (*holen*) to bring; (*Ergebnis*) to cause; (*finanziell*) to make; (*im Fernsehen*) to broadcast; (*in Zeitung*) to publish; **jn etw** ~ to bring sb sthg; **jn nach Hause** ~ to take sb home.

Brise (*pl* **-n**) *die* breeze.

Brite (*pl* **-n**) *der* Briton; **die ~n** the British.

Britin (*pl* **-nen**) *die* Briton.

britisch *adj* British.

Britischen Inseln *pl*: **die ~** the British Isles.

Broccoli *der* broccoli.

Brombeere (*pl* **-n**) *die* blackberry.

Bronchitis *die* bronchitis (*sg*).

Bronze *die* bronze.

Broschüre (*pl* **-n**) *die* brochure.

Brot (*pl* **-e**) *das* bread; (*Brotlaib*) loaf (of bread); (*Brotscheibe*) slice of bread.

Brotaufstrich (*pl* **-e**) *der* spread.

Brötchen (*pl* **-**) *das* (bread) roll; **belegtes** ~ filled roll.

Brotmesser (*pl* **-**) *das* bread knife.

Bruch (*pl* **Brüche**) *der* (*Knochenbruch*) fracture; (*mit Partner, Vergangenheit*) break; (*Leistenbruch*) hernia; (*Bruchteil*) fraction.

Bruchteil (*pl* **-e**) *der* fraction.

Brücke (*pl* **-n**) *die* bridge.

Brückenschäden *pl* damaged bridge.

Bruder (*pl* **Brüder**) *der* brother.

Brüderschaft *die*: ~ **trinken** to agree to use the familiar 'du' form and celebrate with a drink.

Brühe (*pl* **-n**) *die* (*Suppe*) broth; (*zum Kochen*) stock.

Brühwürfel (*pl* **-**) *der* stock cube.

brüllen *vi* to shout.

brummen *vi* (*Tier*) to growl; (*Motor, Maschine*) to drone.

Brunnen (*pl* **-**) *der* (*zum Wasserholen*) well; (*Springbrunnen*) fountain.

Brüssel *nt* Brussels.

Brust (*pl* **Brüste**) *die* breast; (*Thorax*) chest.

Brustschwimmen *das* breaststroke.

Brüstung (*pl* **-en**) *die* parapet.

brutal *adj* brutal.

brutto *adv* gross.

brutzeln *vt & vi* to fry.

Btx *abk* = **Bildschirmtext**.

Buch (*pl* **Bücher**) *das* book; ~ **führen** to keep a record.

buchen ◇ *vt* (*reservieren*) to book; (*auf Konto*) to enter. ◇ *vi* (*reservieren*) to book.

Bücherei (*pl* **-en**) *die* library.

Buchhalter, -in (*mpl* **-**) *der, die* bookkeeper.

Buchhandlung (*pl* **-en**) *die* bookshop.

Buchmesse (*pl* **-n**) *die* book fair.

Büchse (*pl* **-n**) *die* tin, can.

Büchsenmilch *die* tinned milk.

Büchsenöffner (*pl* **-**) *der* tin opener, can opener.

Buchstabe (*pl* **-n**) *der* letter; **kleiner/großer** ~ small/capital letter.

buchstabieren *vt* to spell.

Bucht (*pl* -en) *die* bay.

Buchung (*pl* -en) *die* booking.

bücken: **sich bücken** *ref* to bend down.

Bude (*pl* -n) *die (Kiosk)* stall; *(fam: Wohnung)* place.

Büffet (*pl* -s) *das* buffet; **kaltes ~** cold buffet.

Bügel (*pl* -) *der (Kleiderbügel)* (coat) hanger; *(von Brille)* arm.

Bügeleisen (*pl* -) *das* iron.

bügelfrei *adj* non-iron.

bügeln *vt & vi* to iron.

Bügelspray *das spray used to make clothes easier to iron.*

Bühne (*pl* -n) *die* stage.

Bulgarien *nt* Bulgaria.

bummeln *vi ist (langsam gehen)* to stroll; *(langsam sein)* to dawdle.

Bummelzug (*pl* -züge) *der* slow train.

Bund¹ (*pl* Bünde) *der (Zusammenschluß)* association; *(fam: Bundeswehr)* armed forces *(pl)*.

Bund² (*pl* Bunde) *das (von Gemüse, Blumen)* bunch.

Bundesbahn *die German state railway company.*

Bundesbürger, -in (*mpl* -) *der, die* German citizen.

Bundeskanzler, -in (*mpl* -) *der, die* German chancellor.

Bundesland (*pl* -länder) *das* Land *(German state)*.

Bundesliga *die division of German football league.*

Bundesregierung (*pl* -en) *die* German government.

Bundesrepublik *die* Federal Republic of Germany.

Bundesstraße (*pl* -n) *die* = A road *(Br)*, = state highway *(Am)*.

Bundestag *der* German parliament.

Bundeswehr *die* German army.

bundesweit ◇ *adj* nationwide *(in Germany)*. ◇ *adv* across Germany.

Bündnis (*pl* -se) *das* alliance.

Bungalow (*pl* -s) *der* bungalow.

bunt ◇ *adj (vielfarbig)* colourful. ◇ *adv (vielfarbig)* colourfully; **~er Abend** social evening.

Buntstift (*pl* -e) *der* coloured pencil.

Burg (*pl* -en) *die* castle.

bürgen *vi*: **für jn/etw ~** to vouch for sb/sthg.

Bürger, -in (*mpl* -) *der, die (Einwohner)* citizen; *(aus dem Mittelstand)* middle-class person.

bürgerlich *adj (Küche)* plain; *(Hotel)* respectable.

Bürgermeister, -in (*mpl* -) *der, die* mayor.

Bürgersteig (*pl* -e) *der* pavement *(Br)*, sidewalk *(Am)*.

Büro (*pl* -s) *das* office.

Büroklammer (*pl* -n) *die* paper clip.

Bürste (*pl* -n) *die* brush.

bürsten *vt* to brush.

Bus (*pl* -se) *der* bus; **mit dem ~ fahren** to go by bus.

Busbahnhof (*pl* -bahnhöfe) *der* bus station.

Busen (*pl* -) *der* bosom.

Busfahrer, -in (*mpl* -) *der, die* bus driver; **'Fahrscheine beim ~'** 'tickets from the driver'.

Bushaltestelle (*pl* -n) *die* bus stop.

Buslinie (*pl* -n) *die* bus route.

Busreise (*pl* -n) *die* coach trip *(Br)*, bus trip *(Am)*.

Bußgeld (*pl* -er) *das* fine.

Bußgeldbescheid (*pl* -e) *der* notification of a fine.

Buß- und Bettag *der* Day of Prayer and Repentance, *German public holiday in November.*

Büstenhalter (*pl* -) *der* bra.

Busverbindung (*pl* -en) *die* bus connection, bus service.

Butangas *das* butane.

Butter *die* butter.

Butterbrot (*pl* -e) *das* slice of bread and butter.

Butterfahrt (*pl* -en) *die* short ferry trip outside German waters to allow passengers to buy duty-free goods.

Butterkäse (*pl* -) *der* full-fat cheese.

Buttermilch *die* buttermilk.

Butterschmalz *das* clarified butter.

bzw. *abk* = **beziehungsweise**.

C

ca. *(abk für circa)* approx.

Cabaret (*pl* -s) *das* cabaret.

Cabrio (*pl* -s) *das* convertible.

Café (*pl* -s) *das* café.

Cafeteria (*pl* -ien) *die* cafeteria.

campen *vi* to camp.

Camping *das* camping.

Campingführer (*pl* -) *der* camping guidebook.

Campingplatz (*pl* -plätze) *der* campsite.

Campingwagen (*pl* -) *der* camper van.

Cashewnuß (*pl* -nüsse) *die* cashew nut.

CB-Funker, -in (*mpl* -) *der, die* CB ham.

CD (*pl* -s) *die* CD.

CD-Spieler (*pl* -) *der* CD player.

Cello (*pl* -s) *das* cello.

Celsius *nt* celsius; **10 Grad ~ 10** degrees centigrade.

Champagner *der* champagne.

Champignon (*pl* -s) *der* mushroom.

Chance (*pl* -n) *die* chance, opportunity.

Change *der (Geldwechsel)* bureau de change.

Chanson (*pl* -s) *das* satirical song.

chaotisch *adj* chaotic.

Charakter (*pl* -tere) *der* character.

charakteristisch *adj* characteristic.

charmant ◊ *adj* charming. ◊ *adv* charmingly.

Charterflug (*pl* -flüge) *der* charter flight.

Chartermaschine (*pl* -n) *die* charter plane.

chartern *vt* to charter.

chauvinistisch *adj* chauvinist.

Chef, -in (*mpl* -s) *der, die* boss.

Chefarzt (*pl* -ärzte) *der* (senior) consultant.

Chefärztin (*pl* -nen) *die* (senior) consultant.

Chemie *die* chemistry.

chemisch *adj* chemical; **~e Reinigung** *(Laden)* dry cleaner's.

chic *adj* chic.

Chicoree *der* ODER *die* chicory.

Chiffre (*pl* -n) *die* *(von Zeitungsanzeige)* box number.

Chili *der* chilli.

China *nt* China.

Chinarestaurant (*pl* -s) *das* Chinese restaurant.

Chinese (*pl* -n) *der* Chinese (man); **die ~n** the Chinese.

Chinesin (*pl* -nen) *die* Chinese (woman).

chinesisch *adj* Chinese.

Chinesisch(e) *das* Chinese.

Chip (*pl* -s) *der* chip.

Chipkarte (*pl* -n) *die* (EDV) smart card.

Chips *pl* (KÜCHE) crisps *(Br)*, chips *(Am)*.

Chirurg, -in (*mpl* -en) *der, die* surgeon.

chlorfrei *adj* chlorine-free; '~ gebleicht' 'produced using chlorine-free bleaching processes'.

Choke (*pl* -s) *der* choke.

Cholesterin *das* cholesterol.

Chor (*pl* Chöre) *der* choir.

Choreographie (*pl* -n) *die* choreography.

Christ, -in (*mpl* -en) *der, die* Christian.

Christi Himmelfahrt *nt* Ascension Day.

Chronik (*pl* -en) *die* chronicle.

chronisch *adj* chronic.

chronologisch *adj* chronological.

circa *adv* approximately.

City (*pl* Cities) *die* city centre.

clever *adj* clever, smart.

Clique (*pl* -n) *die* clique.

Clown (*pl* -s) *der* clown.

Club (*pl* -s) *der* club.

Cluburlaub (*pl* -e) *der* club holiday.

Cocktail (*pl* -s) *der* cocktail.

Cognac® (*pl* -s) *der* cognac.

Cola (*pl* -s) *die* ODER *das* Coke®.

Comic (*pl* -s) *der* cartoon.

Computer (*pl* -) *der* computer.

Container (*pl* -) *der* container.

Cord *der* corduroy.

Couch (*pl* -en) *die* couch.

Cousin (*pl* -s) *der* cousin.

Cousine (*pl* -n) *die* cousin.

Creme (*pl* -s) *die* cream.

Curry (*pl* -s) *das* curry.

Currywurst (*pl* -würste) *die* sausage with curry sauce.

Cybercafé (*pl* -s) *das* cybercafe.

Cyberspace *der* ODER *das* cyberspace.

D

da ◇ *adv* 1. *(dort)* there; ~, **wo wir uns das letzte Mal getroffen haben** where me met (the) last time; ~ **lang** along there.

2. *(hier)* here; **ist Herr Müller ~?** *(am Telefon)* is Mr Müller there?; **sind alle ~** is everyone here?; ~ **und dort** here and there.

3. *(übrig)*: **ist noch Butter ~?** is there any butter left?

4. *(zeitlich)*: **gestern, ~ hat es geregnet** it rained yesterday.

5. *(in diesem Fall)* there; ~ **hat er recht** he's right there.

6. *(plötzlich)*: ~ **fällt mir ein ...** I've just thought ...

◇ *konj (weil)* as, since.

dabei *adv (räumlich)* next to it; *(gleichzeitig)* at the same time; *(doch)* and (what is more); **jm ~ helfen, etw zu tun** to help sb do sthg; **ich bin ~, die Koffer zu packen** I'm just packing the cases; **nahe ~** nearby; **nicht ~ sein** to be missing.

dabei|bleiben *vi unr ist (an Ort)* to stay on; *(bei Meinung)* to stick with it.

dabei|haben *vt unr (Person)* to have with one; *(Gegenstand, Werkzeug)* to have on one.

dabei|sein *vi unr ist (anwesend sein)* to be there; **ich bin ~, die Koffer zu packen** I'm just packing the cases.

Dach (*pl* Dächer) *das* roof.

Dachboden (*pl* -böden) *der* loft.

Dachgepäckträger (*pl* -) *der* roofrack.

dachte *prät* → **denken**.

dadurch ◇ *adv (räumlich)* through it; *(deshalb)* for that reason. ◇ *konj*: ~, **daß** ... because ...

dafür ◇ *adv (trotzdem)* nonetheless. ◇ *konj*: ~, **daß** considering; **ich habe 200 DM ~ bekommen** I got 200 marks for it; **ich kann nichts ~** it's not my fault.

dafür|können *vt unr*: **sie kann nichts ~** it's not her fault.

dagegen *adv (als Gegensatz)* in comparison; **das Auto fuhr ~** the car drove into it; **~ sein** to be against it.

dagegen|haben *vt unr*: **etwas ~, daß** to mind that; **nichts ~, daß** not to mind that.

daheim *adv* at home.

daher *adv (Herkunft)* from there; *(deshalb)* that's why.

dahin *adv (räumlich)* there; *(zeitlich)*: **bis ~** until then.

dahinten *adv* over there.

dahinter *adv* behind it.

dahinter|kommen *vi unr ist* to find out.

dalli *interj* get a move on!

damals *adv* then, in those days.

Dame *(pl -n) die (Person)* lady; *(Spiel)* draughts *(sg)*; *(in Schach, Kartenspiel)* queen; **meine ~n und Herren** ladies and gentlemen!

♦ **Damen** *pl (Damentoilette)* ladies *(sg)*.

Damenbinde *(pl -n) die* sanitary towel.

Damenschuh *(pl -e) der* ladies' shoe.

Damentoilette *(pl -n) die* ladies (toilet).

damit ◇ *konj* so that. ◇ *adv (dadurch)* therefore; **ich will ~ spielen** I want to play with it; **was meinst du ~?** what do you mean by that?

Damm *(pl Dämme) der (gegen Überschwemmung)* dam; *(für Straße, Schienen)* embankment.

dämmern *vimp*: **es dämmert** *(morgens)* it's getting light; *(abends)* it's getting dark.

Dämmerung *(pl -en) die (morgens)* dawn; *(abends)* dusk.

dämmrig *adj* dim.

Dampf *(pl Dämpfe) der* steam.

♦ **Dämpfe** *pl (chemisch)* fumes.

Dampfbad *(pl -bäder) das* Turkish bath.

dampfen *vi* to steam.

dämpfen *vt (Licht)* to dim; *(Geräusch)* to muffle; *(Wut)* to calm; *(Begeisterung)* to dampen; *(kochen)* to steam.

Dampfer *(pl -) der* steamship.

Dampfnudel *(pl -n) die (Süddt)* sweet dumpling made with yeast dough.

danach *adv (zeitlich)* afterwards; **sie sehnt sich ~** she longs for it; **kurz ~** shortly afterwards.

Däne *(pl -n) der* Dane.

daneben *adv (räumlich)* next to it; *(vergleichend)* in comparison.

Dänemark *nt* Denmark.

Dänin *(pl -nen) die* Dane.

dänisch *adj* Danish.

Dänisch(e) *das* Danish.

Dank *der* thanks *(pl)*; **vielen ~!** thank you!; **besten ~!** thank you!; **herzlichen ~!** thank you!; **schönen ~!** thank you!; **vielen ~ im voraus** thanking you in advance.

dankbar *adj (Person)* grateful; **jm für etw ~ sein** to be grateful to sb for sthg.

danke *interj* thanks!; **~, gleichfalls!** thanks, you too!; **~ schön** ODER **sehr!** thanks!

danken *vi* to say thank you; **jm ~** to thank sb; **für etw ~** to say thank you for sthg; **nichts zu ~!** don't mention it!

dann *adv* then; **bis ~!** see you

then!; **also** ~ all right, then.

daran adv (räumlich) on/to/against/next to it; **es liegt ~, daß** ... it is because of the fact that ...

darauf adv (räumlich) on it; (zeitlich) afterwards; **~ warten, daß** ... to wait for ...; **am Tag ~** the next day; **die Tage ~** the next few days.

daraus adv (aus Gefäß, Behälter) out of it; (aus Material) from it; **mach dir nichts ~!** don't let it bother you!

darf präs → **dürfen**.

darin adv (räumlich) in it; **~ liegt ein Widerspruch** that's a contradiction.

Darlehen (pl -) das loan.

Darm (pl Därme) der intestine.

Darmgrippe die gastric flu.

Darsteller, -in (mpl -) der, die actor (actress).

Darstellung (pl -en) die representation.

darüber adv (räumlich) over it; (sprechen, diskutieren) about it.

darum adv (deshalb) that's why; **~ geht es nicht** that's not the point; **es geht ~, zu gewinnen** the main thing is to win.

darunter adv (räumlich) under it; (weniger): **30 Meter oder etwas ~** 30 metres or a little less; **viele Besucher, ~ auch einige aus dem Ausland** many visitors, including some foreigners; **was verstehst du ~?** what do you understand by that?

das ◇ det the. ◇ pron (Demonstrativpronomen) that; (Relativpronomen) that, which; **~ Rauchen** smoking; **~ da!** that one there!

da|sein vi unr ist to be there; **ist noch Bier da?** is there any beer left?

daß konj (im Objektsatz) that; (im Subjektsatz) the fact that; **~ das**

bloß klappt! let it work!; **sich so freuen, ~ ...** to be so happy that ...

dasselbe ◇ det the same. ◇ pron the same one; **~ tun** to do the same (thing).

Datei (pl -en) die file.

Datenschutz der data protection.

Dativ der dative.

Dattel (pl -n) die date.

Datum (pl Daten) das date.

Dauer die duration; **auf (die) ~** in the long term; **für die ~ von vier Jahren** for (a period of) four years.

Dauerauftrag (pl -aufträge) der standing order.

Dauerkarte (pl -n) die season ticket.

Dauerlauf der jog.

dauern vi to last; **es dauerte drei Wochen, bis ich den Brief bekam** it took three weeks for the letter to reach me.

dauernd ◇ adj constant. ◇ adv constantly.

Dauerparkplatz (pl -plätze) der long-stay car park.

Dauerwelle (pl -n) die perm.

Daumen (pl -) der thumb; **jm die ~ drücken** to keep one's fingers crossed for sb.

Daunendecke (pl -n) die eiderdown.

davon adv (räumlich) from it; (von Thema) about it; (von Menge) of it.

davor adv (räumlich) in front of it; (zeitlich) beforehand; **ich habe Angst ~** I'm scared of it; **kurz ~ sein, etw zu tun** to be on the point of doing sthg.

dazu adv (außerdem) in addition; **es schneit, ~ ist es kalt** it's snowing and it's cold too; **ich habe keine Lust ~** I don't feel like it; **ich bin nicht ~ gekommen** I didn't get round to it.

dazu|geben vt unr to add.

dazu|gehören vi (Person) to belong; (Zubehör) to go with it.

dazu|kommen vi unr ist (zu Gruppe) to come along; **kommt noch etwas dazu?** would you like anything else?; **es kommt noch Mehrwertsteuer ~** it doesn't include VAT.

dazwischen adv in between.

dazwischen|kommen vi unr ist: **mir ist etwas dazwischengekommen** something has cropped up.

Deck (pl -s) das deck; **an ~** on deck.

Decke (pl -n) die (von Bett) blanket; (von Tisch) tablecloth; (von Raum) ceiling.

Deckel (pl -) der lid.

decken vt to cover; **etw über jn/etw ~** to cover sb/sthg with sthg.

Deckfarbe (pl -n) die gouache.

Decoder (pl -) der (für Pay-TV) decoder.

defekt adj faulty.

definieren vt to define.

Defizit (pl -e) das deficit.

deftig adj (Speise) substantial.

dehnbar adj elastic.

Deich (pl -e) der dike.

dein, -e det your.

deine, -r, -s ODER **deins** pron yours.

Deklination (pl -en) die declension.

deklinieren vt to decline.

Dekolleté (pl -s) das low neckline.

Dekoration (pl -en) die decoration.

delikat adj (Angelegenheit) delicate; (Speise) delicious.

Delikatesse (pl -n) die delicacy.

Delle (pl -n) die (an Auto) dent.

Delphin (pl -e) der dolphin.

dem ◇ det (to) the. ◇ pron (Demonstrativpronomen: Person) to him; (Sache) to that one; (Relativpro-nomen: Person) to whom; (Sache) to which.

demnächst adv shortly.

Demokratie (pl -n) die democracy.

demokratisch adj democratic.

demolieren vt to demolish.

Demonstration (pl -en) die demonstration.

demonstrieren vi: **~ gegen/für** to demonstrate against/for.

den ◇ det the. ◇ pron (Demonstrativpronomen: Person) him; (Sache) that (one); (Relativpronomen: Person) whom; (Sache) to which.

denen pron (Demonstrativpronomen) (to) them; (Relativpronomen: Person) to whom; (Sache) to which.

denken (prät dachte, pp gedacht) vi & vt to think; **~ an** (+A) (planen) to think about; (sich erinnern an, berücksichtigen) to think of; **denk an den Kaffee!** don't forget the coffee!; **~ über** (+A) to think about; **~ von** to think of; **sich** (D) **etw ~** to imagine sthg; **das hätte ich mir ~ können** I might have known.

Denkmal (pl -mäler) das monument.

Denkmalschutz der: **unter ~ stehen** to be classified as a historical monument.

denn ◇ konj (weil) because. ◇ adv then; **was hast du ~?** so what's wrong?

Deo (pl -s) das deodorant.

Deodorant (pl -s) das deodorant.

Deponie (pl -n) die dump.

deponieren vt (Gepäck, Paket) to deposit.

Depression (pl -en) die depression.

der ◇ det (Nominativ) the; (Genitiv) of the; (Dativ) (to) the. ◇ pron

(Demonstrativpronomen: Person)
him; *(Sache)* that (one); *(Relativ-pronomen: Person)* who; *(Sache)*
which; **der Hut ~ Frau** the
woman's hat; **der Fußball ~
Jungen** the boys' football.

deren ◊ *det* their. ◊ *pron (bei
Person)* whose; *(bei Sache)* of
which.

derselbe ◊ *det* the same. ◊ *pron*
the same one.

derzeit *adv* at the moment.

des *det* of the; **der Hut ~ Mannes**
the man's hat.

deshalb *adv* therefore.

Desinfektionsmittel *(pl -) das*
disinfectant.

desinfizieren *vt* to disinfect.

dessen ◊ *det (bei Person)* his; *(bei
Sache)* its. ◊ *pron (bei Person)*
whose; *(bei Sache)* of which.

Dessert *(pl -s) das* dessert; **zum ~**
for dessert.

desto *konj →* **je**.

deswegen *adv* therefore.

Detail *(pl -s) das* detail.

Detektiv, -in *(mpl -e) der, die*
detective.

deutlich ◊ *adj* clear. ◊ *adv* clear-ly; **~ sprechen** to speak clearly.

deutsch ◊ *adj* German. ◊ *adv:*
auf ~ in German.

Deutsch *das* German.

Deutsche[1] *(pl -n) der, die (Person)*
German.

Deutsche[2] *das (Sprache)*
German.

Deutsche Bundesbahn *die*
German state railway company.

Deutsche Bundesbank *die*
German federal bank.

Deutsche Bundespost *die*
German postal service.

Deutschland *nt* Germany.

deutschsprachig *adj* German-speaking.

Devisen *pl* foreign currency *(sg).*

Dezember *der* December, →
September.

d.h. *(abk für das heißt)* i.e.

Dia *(pl -s) das* slide.

Diabetes *der* diabetes *(sg).*

Diabetiker, -in *(mpl -) der, die*
diabetic; **für ~ geeignet** diabetic
(vor Subst).

Diafilm *(pl -e) der* slide film.

Diagnose *(pl -n) die* (MED) diag-nosis.

Dialekt *(pl -e) der* dialect.

Dialog *(pl -e) der* dialogue.

Diaprojektor *(pl -en) der* slide
projector.

Diarahmen *(pl -) der* slide
frame.

Diät *(pl -en) die* diet; **eine ~
machen** to go on a diet.

Diavortrag *(pl -vorträge) der*
slide presentation.

dich *pron* you; *(Reflexivpronomen)*
yourself.

dicht ◊ *adj* thick; *(gegen Wasser)*
watertight; *(gegen Luft)* airtight;
(Dach, Fenster) weatherproof;
(Verkehr) heavy. ◊ *adv* tightly; **~
neben etw** *(D)* **stehen** to stand
right next to sthg; **~ davor, etw zu
tun** on the verge of doing sthg.

Dichter, -in *(mpl -) der, die (von
Gedichten)* poet; *(von Dramen,
Theaterstücken)* writer.

Dichtung *(pl -en) die (Gedichte)*
poetry; *(Literatur)* literature;
(Dichtungsring) washer.

Dichtungsring *(pl -e) der* wash-er.

dick ◊ *adj* thick; *(Person, Körper-teil)* fat; *(geschwollen)* swollen.
◊ *adv* thickly.

Dickmilch *die* sour milk.

die ◊ *det* the. ◊ *pron (Demonstra-tivpronomen: Person)* her, them *(pl)*;
(Sache) that one, those ones *(pl)*;
(Relativpronomen: Person) who;
(Sache) which.

Dieb, -in (*mpl* -e) *der, die* thief.

Diebstahl (*pl* -stähle) *der* theft; einen ~ anzeigen to report a theft.

Diebstahlversicherung (*pl* -en) *die* insurance against theft.

Diele (*pl* -n) *die (Flur)* hall.

dienen *vi* (+D) to serve; *(fördern)* to be to the benefit of.

Dienst (*pl* -e) *der* service; hast du morgen ~? do you have to go to work tomorrow?; im ~ on duty; der öffentliche ~ the civil service.

Dienstag (*pl* -e) *der* Tuesday, → **Samstag**.

dienstags *adv* on Tuesdays.

Dienstbereitschaft *die*: die Apotheke hat heute nacht ~ the chemist's is open all night tonight.

Dienstfahrt (*pl* -en) *die* business trip.

diensthabend *adj* on duty.

Dienstleistung (*pl* -en) *die* service.

dienstlich ◇ *adj* business *(vor Subst)*. ◇ *adv* on business.

Dienstreise (*pl* -n) *die* business trip.

Dienststelle (*pl* -n) *die (amt)* office.

Dienstzeit (*pl* -en) *die* working hours *(pl)*.

diese, -r, -s ODER dies ◇ *det* this, these *(pl)*. ◇ *pron* this one, these ones *(pl)*.

Diesel (*pl* -) *der* diesel.

dieselbe ◇ *det* the same. ◇ *pron* the same one.

Dieselkraftstoff (*pl* -e) *der* diesel fuel.

Dieselmotor (*pl* -en) *der* diesel engine.

Dieselöl *das* diesel.

dieser *det* → **diese**.

dieses *det* → **diese**.

diesig *adj* misty.

diesmal *adv* this time.

diesseits ◇ *adv* on this side.

◇ *präp* (+G) on this side of.

Differenz (*pl* -en) *die* difference.

Digitalanzeige (*pl* -n) *die* digital display.

Diktat (*pl* -e) *das (in Schule)* dictation.

Diktatur (*pl* -en) *die* dictatorship.

diktieren *vt* to dictate.

Dill *der* dill.

DIN *(abk für Deutsche Industrienorm)* = BS *(Br)*, = ASA *(Am)*.

Ding (*pl* -e) *das* thing.

Dings *der, die, das (fam)* thingamajig.

Dingsbums *der, die, das (fam)* = **Dings**.

Dingsda *der, die, das (fam)* = **Dings**.

DIN-Norm (*pl* -en) *die (amt)* German standard.

Dinosaurier (*pl* -) *der* dinosaur.

Diphterie *die* diphtheria.

Diplom (*pl* -e) *das (Titel)* degree.

Diplomat, -in (*mpl* -en) *der, die* diplomat.

dir *pron* (to) you.

direkt ◇ *adj* direct. ◇ *adv* directly; *(ohne Zwischenzeit)* straight; ~ neben right next to.

Direktflug (*pl* -flüge) *der* direct flight.

Direktor (*pl* Direktoren) *der (von Hotel)* manager; *(von Firma)* director; *(von Schule)* headmaster.

Direktorin (*pl* -nen) *die (von Hotel)* manageress; *(von Firma)* director; *(von Schule)* headmistress.

Direktübertragung (*pl* -en) *die* live broadcast.

Dirigent, -in (*mpl* -en) *der, die* conductor.

dirigieren *vt* & *vi* (MUS) to conduct.

Diskette (*pl* -n) *die* (EDV) (floppy) disk.

Disko (*pl* -s) *die (fam)* disco, (night) club; **in die ~ gehen** to go clubbing.

Diskothek (*pl* -en) *die* disco(theque).

diskret ◊ *adj* discreet. ◊ *adv* discreetly.

diskriminieren *vt (benachteiligen)* to discriminate against.

Diskriminierung (*pl* -en) *die* discrimination.

Diskussion (*pl* -en) *die* discussion.

diskutieren ◊ *vt* to discuss. ◊ *vi* to have a discussion; **~ mit** to have a discussion with; **~ über** (+*A*) to have a discussion about.

Distanz (*pl* -en) *die* distance.

Distel (*pl* -n) *die* thistle.

diverse *adj* various.

dividieren *vt & vi* to divide.

DLRG *die German life-savers society.*

DM (*abk für* Deutsche Mark) DM.

D-Mark (*pl* -Mark) *die* Deutschmark, German mark.

doch ◊ *interj* yes. ◊ *konj* yet, but. ◊ *adv (konzessiv)* anyway; **er wollte erst nicht, aber dann hat er es ~ gemacht** at first he didn't want to, but then he did it anyway; **setzen Sie sich ~!** do sit down!; **nicht ~, so war das nicht gemeint!** okay, okay, I didn't mean it that way; **das kann ~ nicht wahr sein!** but surely that can't be true!; **willst du nicht? – ~, ich will** don't you want to? – yes, I do; **~ noch** after all.

Doktor (*pl* Doktoren) *der (fam: Arzt)* doctor; *(Titel)* doctorate.

Doktorin (*pl* -nen) *die (fam: Ärztin)* doctor.

Dokument (*pl* -e) *das (Urkunde)* document.

Dokumentation (*pl* -en) *die (schriftlich)* documentation; *(fil-*

misch) documentary.

dolmetschen *vi* to interpret.

Dolmetscher, -in (*mpl* -) *der, die* interpreter.

Dom (*pl* -e) *der* cathedral.

dominieren ◊ *vt* to dominate. ◊ *vi* to predominate.

Domino *das (Spiel)* dominoes *(sg).*

Donau *die*: **die ~** the Danube.

Donner *der* thunder.

donnern *vimp*: **es donnert** it's thundering.

Donnerstag (*pl* -e) *der* Thursday, → **Samstag**.

donnerstags *adv* on Thursdays.

doof ◊ *adj (fam)* stupid. ◊ *adv (fam)* stupidly.

Doppelbett (*pl* -en) *das* double bed.

Doppeldecker (*pl* -) *der (Bus)* double decker.

Doppelname (*pl* -n) *der (Nachname)* double-barrelled name.

Doppelpunkt (*pl* -e) *der* colon.

Doppelstecker (*pl* -) *der* two-way adapter.

doppelt ◊ *adj* double. ◊ *adv* twice; **~ so viel** twice as much.

Doppelzimmer (*pl* -) *das* double room.

Dorf (*pl* Dörfer) *das* village.

Dorn (*pl* -en) *der* thorn.

Dörrobst *das* dried fruit.

dort *adv* there; **~ drüben** over there.

dorther *adv* from there.

dorthin *adv* there.

Dose (*pl* -n) *die (aus Holz, Plastik)* box; *(aus Porzellan)* pot; *(Konservendose)* tin, can; **Erbsen aus der ~** tinned ODER canned peas.

dösen *vi* to snooze.

Dosenmilch *die* tinned milk, canned milk.

Dosenöffner (*pl -*) *der* tin opener, can opener.

dosieren *vt* to measure out.

Dosierung (*pl -en*) *die* dosage.

Dosierungsanleitung (*pl -en*) *die* directions for use (*pl*).

Dosis (*pl* Dosen) *die* dose.

Dozent, -in (*mpl -en*) *der, die* lecturer.

Dr. (*abk für Doktor*) Dr.

Drachen (*pl -*) *der* (*aus Papier*) kite; (SPORT) hang glider.

Drachenfliegen *das* hang gliding.

Dragee (*pl -s*) *das* (*Medikament*) pill; (*Bonbon*) sweet.

Draht (*pl* Drähte) *der* wire.

Drahtseilbahn (*pl -en*) *die* cable railway.

Drama (*pl* Dramen) *das* drama.

dramatisch *adj* (*spannend*) dramatic.

Dramaturg, -in (*mpl -en*) *der, die person who selects and adapts plays for the stage.*

dran *adv* (*fam*) = **daran**; ~ **sein** (*an der Reihe sein*) to be next.

dran|bleiben *vi unr ist* (*am Telefon*) to hold (the line).

drängeln *vi* (*durch Schieben*) to push.

♦ **sich drängeln** *ref*: **sich nach vorn** ~ to push one's way forward.

drängen *vt* (*schieben*) to push; (*überreden*) to press.

dran|kommen *vi unr ist* (*an die Reihe kommen*) to have one's turn; (*heranreichen*) to reach.

drauf *adv* (*fam*) = **darauf**; **gut/schlecht** ~ **sein** to be in a good/bad mood.

draus *adv* (*fam*) = **daraus**.

draußen *adv* outside; **nach** ~ outside; **von** ~ from outside.

Dreck *der* (*fam: Schmutz*) dirt.

dreckig *adj* (*fam: schmutzig*) dirty;

etw ~ **machen** to get sthg dirty.

drehen ◇ *vt* (*Kurbel, Schraube*) to turn; (*Film*) to film; (*Zigarette*) to roll. ◇ *vi* (*Fahrzeug, Wind*) to turn; **an etw** (*D*) ~ to turn sthg; **etw laut/leise** ~ to turn sthg up/down.

♦ **sich drehen** *ref* to turn over; **sich** ~ **um** (*thematisch*) to be about.

Drehtür (*pl -en*) *die* revolving door.

Drehzahlmesser (*pl -*) *der* rev counter.

drei *num* three, → **sechs**.

Dreieck (*pl -e*) *das* triangle.

Dreieckstuch (*pl -tücher*) *das* headscarf.

dreifach *num* triple.

dreihundert *num* three hundred.

Dreikönigstag *der* Epiphany.

dreimal *adv* three times.

dreispurig *adj* three-lane.

dreißig *num* thirty, → **sechs**.

dreiviertel *adv* three quarters; (*Süddt: in Uhrzeit*): **es ist** ~ **acht** it's a quarter to eight (*Br*), it's a quarter of eight (*Am*).

dreizehn *num* thirteen, → **sechs**.

dressieren *vt* to train.

Dressing (*pl -s*) *das* dressing.

Dressur (*pl -en*) *die* dressage.

drin *adv* = **darin**; **das ist nicht** ~ that's out.

dringen (*prät* **drang**, *pp* **gedrungen**) *vi ist*: **in** ODER **durch etw** (*A*) ~ to penetrate sthg.

dringend ◇ *adj* urgent. ◇ *adv* urgently.

drinnen *adv* inside.

dritt *num*: **wir sind zu** ~ there are three of us.

dritte, -r, -s *adj* third, → **sechste**.

Drittel (*pl -*) *das* third, → **Sechstel**.

drittens *adv* thirdly.

Dritte Reich *das* Third Reich.

Dritte Welt *die* Third World.

DRK *das (abk für Deutsches Rotes Kreuz) German Red Cross.*

Droge *(pl -n) die (Rauschgift)* drug.

drogenabhängig *adj:* ~ **sein** to be a drug addict.

Drogenberatungsstelle *(pl -n) die* drug advice centre.

Drogerie *(pl -n) die* = chemist's (shop) *(Br),* drugstore *(Am).*

Drogeriemarkt *(pl -märkte) der* discount chemist's *(Br),* discount drugstore *(Am).*

drohen *vi* to threaten.

drosseln *vt (Tempo)* to reduce.

drüben *adv* over there.

drüber *adv (fam)* = **darüber**.

Druck[1] *der (Kraft)* pressure; *(von Finger)* touch; *(von Hand)* shake; *(von Büchern)* printing.

Druck[2] *(pl -e) der (Gravur)* print.

Druckbuchstabe *(pl -n) der* printed letter; **'bitte in ~n schreiben!'** 'please write in block capitals'.

drucken *vt* to print.

drücken ◇ *vi (pressen)* to press; *(Schuhe)* to pinch. ◇ *vt (Knopf, Schalter)* to press; **auf etw** *(A)* ~ to press sthg; **'drücken'** 'push'; **jm** ~ *(fam: umarmen)* to hug sb.

♦ **sich drücken** *ref (fam: sich entziehen):* **sich ~ vor** *(+ D)* to get out of.

drückend *adj (Hitze)* oppressive.

Druckknopf *(pl -knöpfe) der (an Kleidung)* press stud.

Drucksache *(pl -n) die* printed matter.

Druckschrift *die* block capitals *(pl).*

drum *adv (fam)* = **darum**.

♦ **Drum** *das:* **mit allem Drum und Dran** *(fam)* with all the trappings.

drunter *adv (fam)* = **darunter**; **es geht ~ und drüber** *(fam)* everything's all over the place.

dt. *abk* = **deutsch**.

du *pron* you; ~ **sagen** to use the 'du' form of address; **mit jm per ~ sein** = to be on first name terms with sb.

Dübel *(pl -) der* Rawlplug®.

Duett *(pl -e) das* duet.

duften *vi* to smell nice. ◇ *vimp:* **es duftet nach ...** there's a smell of ...

dumm *(komp* **dümmer**, *superl* **am dümmsten)** ◇ *adj* stupid. ◇ *adv* stupidly; **~es Zeug** *(abw)* rubbish.

Dummkopf *(pl -köpfe) der* idiot.

dumpf *adj (Klang)* muffled.

Düne *(pl -n) die* dune.

Dünger *der* fertilizer.

dunkel *(komp* **dunkler**, *superl* **am dunkelsten)** ◇ *adj* dark; *(Klang)* deep. ◇ *adv (färben)* dark; **seine Stimme klingt ~** his voice is deep; **es wird ~** it's getting dark.

dunkelblond *adj* light brown.

dunkelhaarig *adj* dark-haired.

Dunkelheit *die (nächtlich)* darkness.

dünn ◇ *adj* thin; *(Getränk)* weak. ◇ *adv* thinly; **etw ~ auftragen** to apply sthg sparingly.

dünsten *vt* to steam.

dunstig *adj (Wetter)* hazy.

Duo *(pl -s) das (Musikstück)* duet; *(zwei Musiker)* duo.

Dur *das* major.

durch ◇ *präp (+A)* through; *(mit Hilfe von)* by (means of); *(wegen)* as a result of. ◇ *adv* through; **die ganze Nacht ~** throughout the night; **darf ich mal bitte ~?** excuse me, please!; **~ und ~** through and through; **~ die Schweiz reisen** to travel across Switzerland.

durch|atmen *vi* to breathe deeply.

durchaus *adv* absolutely; **~ nicht** not at all.

Durchblutung *die* circulation.

durch|brechen ◇ *vt unr hat (Stock)* to snap. ◇ *vi unr ist (Stock,*

Brett) to snap.

durch|brennen *vi unr ist (Sicherung)* to blow.

durch|drehen *vi ist (Räder)* to spin; *(fig: Person)* to crack up.

durcheinander ◇ *adv* all over the place. ◇ *adj:* ~ **sein** *(Zimmer, Haus)* to be in a mess; *(Person)* to be confused.

Durcheinander *das* chaos.

durch|fahren *vi unr ist (mit Auto)* to drive through; *(Zug)* to go through.

Durchfahrt *die:* **auf der** ~ **sein** to be travelling through; '~ **verboten!**' 'no through road' *(Br)*, 'no outlet' *(Am)*.

Durchfall *(pl* -**fälle)** *der* diarrhoea.

durch|fragen: sich durchfragen *ref* to ask the way; **sich zum Bahnhof** ~ to ask the way to the station.

durch|führen *vt* to carry out.

Durchgang *(pl* -**gänge)** *der (zwischen Gebäuden)* passage; '**kein** ~!' 'keep out'.

Durchgangsverkehr *der* through traffic.

durchgebrannt ◇ *pp* → **durchbrennen**. ◇ *adj (Sicherung)* blown.

durchgebraten *adj* well-done.

durchgefroren *adj* frozen.

durch|gehen *vi unr ist* to go through; **bitte** ~! *(in Bus)* please move to the back of the bus!

durchgehend ◇ *adj (Zug)* through *(vor Subst).* ◇ *adv:* '~ **geöffnet**' 'open all day'.

durch|halten ◇ *vi unr* to hold out. ◇ *vt unr* to withstand.

durch|kommen *vi unr ist* to get through.

durch|lassen *vt unr (Person)* to let through; *(Wasser)* to let in.

durchlässig *adj* leaky.

Durchlauferhitzer *(pl* -**)** *der*

water heater.

durch|machen *vt (ertragen)* to go through; **die Nacht** ~ *(fam: feiern)* to party all night.

Durchmesser *(pl* -**)** *der* diameter.

Durchreise *die:* **auf der** ~ **(sein)** (to be) travelling through.

Durchreisevisum *(pl* -**visa)** *das* transit visa.

durch|reißen ◇ *vt unr hat* to snap. ◇ *vi unr ist* to snap.

Durchsage *(pl* -**n)** *die* announcement; **Achtung, eine** ~! attention, please, here is an announcement.

durch|sagen *vt* to announce.

durchschauen *vt* to see through.

Durchschlag *(pl* -**schläge)** *der* carbon copy.

durch|schlagen: sich durchschlagen *ref (zur Grenze)* to make it; *(finanziell)* to get by.

durch|schneiden *vt unr* to cut through.

Durchschnitt *der* average; **im** ~ on average.

durchschnittlich ◇ *adj* average. ◇ *adv (im Durchschnitt)* on average; *(mittelmäßig)* averagely.

Durchschnittsgeschwindigkeit *die* average speed.

durch|sein *vi unr ist (fam) (Zug)* to have gone through; *(Fleisch)* to be done; *(Kleidung, Schuhe)* to have worn through.

durch|setzen *vt* to push through.

♦ **sich durchsetzen** *ref (Person)* to get one's way.

durchsichtig *adj (Material)* transparent.

durch|stellen *vt (an Telefon)* to put through.

durch|streichen *vt unr* to cross out.

durchsuchen *vt* to search.

Durchwahl *die* extension.

durch|wählen *vi* to dial direct.

durch|zählen *vt* to count up.

durch|ziehen *vt unr (durch Öffnung)* to pull through; *(Plan)* to see through.

Durchzug *der (Luftzug)* draught.

dürfen *(präs* **darf**, *prät* **durfte**, *pp* **dürfen)** ◇ *aux* 1. *(als Erlaubnis):* **etw tun ~** to be allowed to do sthg; **sie ~ gerne hineinkommen** please, come in!
2. *(in Fragen):* **darf ich mich setzen?** may I sit down?; **darf ich fragen ...** may I ask ...
3. *(als Aufforderung):* **das ~ wir nicht vergessen** we mustn't forget that; **so etwas darf einfach nicht passieren** such a thing simply should not happen.
4. *(als Annahme):* **das dürfte genügen** that should be enough.

◇ *vi (als Erlaubnis: pp* **gedurft)***:* **sie darf nicht ins Schwimmbad** she's not allowed to go swimming.

◇ *vt (als Erlaubnis: pp* **gedurft)***:* **das darf man nicht!** you're not allowed to do that; **was darf es sein?** what can I get you?

Durst *der* thirst; **~ auf ein Bier haben** to fancy a beer; **~ haben** to be thirsty.

durstig *adj* thirsty; **~ sein** to be thirsty.

Dusche *(pl* **-n)** *die* shower.

duschen *vi* to have a shower.

♦ **sich duschen** *ref* to have a shower.

Duschgel *das* shower gel.

Duschkabine *(pl* **-n)** *die* shower (cubicle).

Duschvorhang *(pl* **-hänge)** *der* shower curtain.

Düsenflugzeug *(pl* **-e)** *das* jet.

düster *adj (dunkel)* gloomy.

Dutzend *(pl* **-)** *das* dozen.

♦ **Dutzende** *pl* dozens.

duzen *vt* to use the 'du' form of address.

♦ **sich duzen** *ref* to use the 'du' form of address; **sich ~ mit jm =** to be on first name terms with sb.

Dynamo *(pl* **-s)** *der* dynamo.

DZ *abk =* **Doppelzimmer**.

D-Zug *(pl* **D-Züge)** *der fast train which only stops at major stations.*

E

Ebbe *(pl* **-n)** *die (an Meer)* low tide; **~ und Flut** tides *(pl).*

eben ◇ *adj (Boden)* flat. ◇ *adv* just. ◇ *interj (genau)* exactly!; **~ nicht!** that's not true!; **sie war ~ noch hier** she was just here; **komm mal ~ her!** come here a minute!

Ebene *(pl* **-n)** *die (Flachland)* plain; *(Niveau)* level.

ebenfalls *adv (auch)* as well; *(gleichfalls)* you too.

ebenso *adv* just as.

EC *(pl* **-s)** *abk =* **EuroCity**.

Echo *(pl* **-s)** *das* echo.

echt ◇ *adj (Gold, Leder)* genuine; *(Freund, Gefühl)* real. ◇ *adv* really.

Ecke *(pl* **-n)** *die* corner; **um die ~** round the corner.

eckig *adj (quadratisch)* square; *(rechteckig)* rectangular.

Economyklasse *die* economy class.

ECU *(pl* **-s)** *der* ECU.

Edelstahl *der* stainless steel.

Edelstein *(pl* **-e)** *der* precious stone.

Edelweiß *(pl* **-e)** *das* edelweiss.

Edinburg *nt* Edinburgh.

EDV *die* data processing.

Efeu (*pl* -s) *das* ivy.

Effekt (*pl* -e) *der* effect.

EG *die* (*abk für Europäische Gemeinschaft*) EC.

egal *adj* (*gleichgültig*) all the same; **das ist ~** it doesn't matter; **~, wie groß** no matter how big; **~ ob** no matter whether; **es ist mir ~** I don't mind.

EG-Bürger, -in (*mpl* -) *der, die* EC national.

egoistisch *adj* selfish.

ehe *konj* before.

Ehe (*pl* -n) *die* marriage.

Ehefrau (*pl* -en) *die* wife.

Eheleute *pl* married couple (*sg*).

ehemalig *adj* former.

Ehemann (*pl* -männer) *der* husband.

Ehepaar (*pl* -e) *das* married couple.

eher *adv* sooner; **es ist ~ grün als blau** it's more green than blue.

Ehering (*pl* -e) *der* wedding ring.

Ehre (*pl* -n) *die* (*Würde*) honour.

ehrenamtlich *adj* honorary.

Ehrengast (*pl* -gäste) *der* guest of honour.

ehrgeizig *adj* ambitious.

ehrlich ◇ *adj* (*Person, Antwort*) honest. ◇ *adv* (*antworten*) honestly.

Ei (*pl* -er) *das* egg; **ein weiches/hartgekochtes ~** a soft-boiled/hard-boiled egg.

Eiche (*pl* -n) *die* (*Baum*) oak.

Eichhörnchen (*pl* -) *das* squirrel.

Eid (*pl* -e) *der* oath.

Eidechse (*pl* -n) *die* lizard.

eidesstattlich ◇ *adj* sworn. ◇ *adv* solemnly.

Eierbecher (*pl* -) *der* egg cup.

Eierstock (*pl* -stöcke) *der* ovary.

eifersüchtig *adj* jealous.

eifrig ◇ *adj* eager. ◇ *adv* eagerly.

Eigelb (*pl* -e) *das* egg yolk.

eigen *adj* own.

eigenartig ◇ *adj* strange. ◇ *adv* strangely.

Eigenbedarf *der*: **für den ~** for one's own use.

Eigenschaft (*pl* -en) *die* (*Charakteristikum*) characteristic.

eigentlich ◇ *adj* (*wirklich*) actual. ◇ *adv* (*im Grunde*) actually; **kennst du ~ meinen Bruder?** do you know my brother?; **wer sind Sie ~?** who might you be?; **was denkst du dir ~?** what on earth do you think you're doing?

Eigentum *das* property.

Eigentümer, -in (*mpl* -) *der, die* owner.

Eigentumswohnung (*pl* -en) *die* owner-occupied flat (*Br*), owner-occupied apartment (*Am*).

eignen: **sich eignen** *ref* to be suitable.

Eilbrief (*pl* -e) *der* express letter.

Eile *die* hurry; **in ~ sein** to be in a hurry.

eilen *vi ist* to hurry; **eilt!** urgent!

eilig ◇ *adj* (*dringend*) urgent; (*schnell*) hurried. ◇ *adv* (*schnell*) hurriedly; **es ~ haben** to be in a hurry.

Eilsendung (*pl* -en) *die* express letter/parcel.

Eilzug (*pl* -züge) *der* fast stopping train.

Eilzustellung (*pl* -en) *die* express delivery.

Eimer (*pl* -) *der* bucket.

ein, -e ◇ *det* a, an (*vor Vokal*); **~ Hund** a dog; **~e Idee** an idea; **~ Mädchen** a girl; **~es Tages** one day.

◇ *adj* **1.** (*als Zahl*) one; **~e einzelne Rose** a single rose; **~ Uhr** one o'clock.

2. (*gleich*): **~er Meinung sein** to have the same opinion.

◇ *pron* **1.** (*Teil aus Menge*) one; **hier**

ist noch ~s/ ~e here's another one.
2. *(fam: man)* one; **das kann ~em schon mal passieren** these things can happen to you.
◊ *adv:* '**~ - aus**' 'on-off'; **~ und aus gehen** to come and go.

einander *pron* each other.

ein|arbeiten *vt (Person):* **jn ~** to show sb the ropes.

ein|atmen *vi* to breathe in.

Einbahnstraße *(pl -n) die* one-way street.

ein|bauen *vt (Kamin, Bad)* to fit.

Einbauküche *(pl -n) die* fitted kitchen.

Einbettzimmer *(pl -) das* single room.

ein|biegen *vi unr ist* to turn.

ein|bilden *vt:* **sich** *(D)* **etw ~** to imagine sthg.

ein|brechen *vi unr ist (als Einbrecher)* to break in; *(in Eis)* to fall through.

Einbrecher, -in *(mpl -) der, die* burglar.

Einbruch *(pl -brüche) der (von Einbrecher)* break-in; **nach ~ der Dunkelheit** after dark.

Einbürgerung *die (von Person)* naturalization.

ein|checken *vi* to check in.

ein|cremen *vt* to put cream on.
♦ **sich eincremen** *ref* to put cream on.

eindeutig ◊ *adj* clear. ◊ *adv* clearly.

ein|dringen *vi unr ist (Wasser)* to get in; *(Einbrecher)* to break in.

Eindruck *(pl -drücke) der (von Person)* impression; **den ~ haben, daß** to have the impression that.

eindrucksvoll *adj* impressive.

eine → **ein**.

eineinhalb *num* one and a half.

einerseits *adv:* **~ ... andererseits** on the one hand ... on the other hand.

einfach ◊ *adj* simple; *(Fahrt, Fahrkarte)* single. ◊ *adv:* **~ oder hin und zurück?** would you like a single or a return?; **~ klasse!** just brilliant!

ein|fahren *vi unr ist (Zug)* to arrive.

Einfahrt *(pl -en) die (Tor, Weg)* entrance; *(von Zug)* arrival; '**~ freihalten!**' 'keep clear'; **~ haben** to arrive.

Einfall *(pl -fälle) der (Idee)* idea.

ein|fallen *vi unr ist (+D):* **jm ~** to occur to sb; **mir fällt gerade ein ...** I've just remembered ...

Einfamilienhaus *(pl -häuser) das* detached house.

einfarbig *adj* all one colour.

Einfluß *(pl -flüsse) der* influence; **~ auf jn/etw haben** *(Effekt)* to influence sb/sthg; *(Macht)* to have influence over sb/sthg.

ein|frieren ◊ *vt unr hat (Lebensmittel)* to freeze. ◊ *vi unr ist* to freeze.

Einfuhr *(pl -en) die (von Ware)* importation.

Einfuhrbeschränkung *(pl -en) die* import tariff.

Einfuhrbestimmungen *pl* import regulations.

ein|führen *vt (Waren)* to import; *(Zäpfchen, Sonde)* to insert; *(Neuerung)* to introduce; **jn in etw** *(A)* **~** to introduce sb to sthg.

Einführung *(pl -en) die* introduction; *(von Sonde)* insertion.

ein|füllen *vt* to pour in.

Eingang *(pl -gänge) der (von Haus)* entrance; *(von Post)* receipt.

Eingangshalle *(pl -n) die* entrance hall.

ein|geben *vt unr (EDV: Daten)* to input.

eingebildet ◊ *adj (arrogant)* arrogant; *(ausgedacht)* imaginary. ◊ *adv (arrogant)* arrogantly.

ein|gehen vi unr ist (Kleidung) to shrink; (Pflanze, Tier) to perish; ~ auf (+A) (auf Vorschlag) to agree to.

eingeschaltet adj (switched) on.

eingeschlossen pp → **einschließen**.

eingetragen adj: ~es Warenzeichen registered trademark.

ein|gewöhnen: sich eingewöhnen ref to settle in.

eingezogen pp → **einziehen**; 'warten, bis der Geldschein vollständig ~ ist' 'please wait until the note has been accepted by the machine'.

ein|gießen ◊ vt unr to pour. ◊ vi unr: darf ich ~? shall I fill your glass up?

ein|greifen vi unr to intervene.

Eingriff (pl -e) der (Operation) operation.

ein|hängen vt & vi to hang up.

einheimisch adj local.

Einheit (pl -en) die (auf Skala) unit; (Ganzes) unity.

einheitlich ◊ adj (Vorschriften) uniform. ◊ adv (regeln) uniformly.

einhundert num a ODER one hundred.

einig adj: sich ~ sein to agree.

einige, -r, -s det & pron (ein paar) a few; (reichlich) quite a few; nach ~r Zeit after some time; ~ Probleme (ein paar) a few problems; (viele) quite a lot of problems; nur ~ waren da (ein paar) there were only a few people there; ~ waren da (viele) there were quite a lot of people there.

einigen: sich einigen ref: sich über/auf etw (A) ~ to agree on sthg.

einigermaßen adv (relativ) fairly.

Einkauf (pl -käufe) der (in Laden) shopping; (ECO) purchase.

♦ **Einkäufe** pl (Gegenstände) shopping (sg).

ein|kaufen ◊ vt (Ware) to buy. ◊ vi to shop; ~ gehen to go shopping.

Einkaufsbummel (pl -) der: einen ~ machen to go round the shops.

Einkaufstasche (pl -n) die shopping bag.

Einkaufstüte (pl -n) die carrier bag.

Einkaufszentrum (pl -zentren) das shopping centre (Br), mall (Am).

ein|kehren vi ist (in einem Gasthaus) to stop off.

ein|kleiden vt (Kind) to kit out.

♦ **sich einkleiden** ref: sich neu ~ to buy a whole new wardrobe.

ein|klemmen vt to trap.

Einkommen (pl -) das income.

ein|laden vt unr (Gepäck) to load; (nach Hause) to invite; darf ich Sie zu einem Kaffee ~? may I buy you a coffee?; jn in ein Restaurant ~ to take sb out for a meal.

Einladung (pl -en) die invitation.

Einlage (pl -n) die (in Programm) interlude; (in Schuh) insole; (in Suppe) noodles, meat etc in a soup.

Einlaß der admission.

ein|laufen vi unr ist (Wasser) to run in; (Kleidung) to shrink.

ein|leben: sich einleben ref to settle in.

ein|legen vt (Film) to put in; (Gang) to engage.

Einleitung (pl -en) die (Text) introduction.

ein|liefern vt (in Krankenhaus) to admit.

Einlieferungsschein (pl -e) der proof of delivery.

ein|lösen vt (Scheck) to cash; (Gutschein) to redeem.

einmal adv once; (in der Zukunft) sometime; auf ~ (plötzlich) all of a

sudden; *(gleichzeitig)* at once; **nicht**
~ not even; **noch** ~ once again,
once more.

einmalig *adj (einzig)* unique; *(her-vorragend)* excellent.

ein|mischen: sich einmischen
ref to interfere.

Einnahme *(pl -n)* die *(Geld)* tak-ings *(pl)*; *(von Medikament)* taking.

ein|nehmen *vt unr* to take.

ein|ölen *vt* to rub oil in.

♦ **sich einölen** *ref* to rub oil on
o.s.

ein|ordnen *vt (in Regal, Kartei)* to
put in its place.

♦ **sich einordnen** *ref (in Auto-schlange)* to get in lane.

ein|packen *vt (in Koffer, Tasche)*
to pack; *(in Geschenkpapier)* to
wrap; ~ **oder zum hier essen?** to
eat in or take away?

ein|parken *vi & vt (Fahrer)* to
park.

ein|prägen *vt:* **sich** *(D)* **etw** ~ to
memorize sthg.

ein|räumen *vt (Bücher, Kleidung)*
to put away; *(Schrank, Regal)* to fill
up.

ein|reiben *vt unr (Salbe, Creme)*
to rub in; **jn mit etw** ~ to rub sthg
into sb; **sich** *(D)* **das Gesicht mit
etw** ~ to rub sthg into one's face.

ein|reichen *vt (Antrag)* to hand
in.

Einreise *(pl -n)* die entry.

ein|reisen *vi ist* to enter.

Einreisevisum *(pl -visa)* das
entry visa.

ein|richten *vt (Wohnung, Zimmer)*
to furnish.

Einrichtung *(pl -en)* die *(Möbel)*
furnishings *(pl)*; *(Institution)* insti-tution.

eins ◇ *num* one, → **sechs**. ◇ *pron*
→ **ein**.

einsam ◇ *adj* lonely. ◇ *adv* alone.

ein|sammeln *vt (von Boden)* to

gather; *(bei Personen)* to collect.

Einsatz *(pl -sätze)* der *(Verwen-dung)* use; *(Geld)* stake; *(Engage-ment)* commitment.

ein|schalten *vt (Gerät)* to switch
on.

ein|schenken *vt:* **jm etw** ~ to
pour sb sthg.

ein|schicken *vt* to send in.

ein|schieben *vt unr* to fit in.

ein|schiffen: sich einschiffen
ref to set sail.

ein|schlafen *vi unr ist (Person)* to
fall asleep; *(Körperteil)* to go to
sleep; *(fig: Kontakt)* to drop off.

ein|schließen *vt unr (Person,
Gegenstand)* to lock up; *(enthalten)*
to include.

einschließlich ◇ *präp* (+G)
including, inclusive of. ◇ *adv*
inclusive; **bis Montag** ~ up to and
including Monday.

ein|schränken *vt (Person)* to
restrict; *(Trinken, Rauchen)* to cut
down on.

♦ **sich einschränken** *ref* to tight-en one's belt.

ein|schreiben: sich ein-schreiben *ref* to register.

Einschreiben *(pl -)* das recorded
delivery letter/parcel.

ein|sehen *vt unr (Fehler)* to recog-nize.

einseitig *adj (Argumentation)* one-sided; *(Beschriftung)* on one side of
the page.

ein|senden *vt unr* to send in.

ein|setzen ◇ *vt (Hilfsmittel)* to
use; *(Polizei, Personal)* to employ;
(Leben) to risk; *(Geld)* to stake. ◇ *vi
(beginnen)* to begin.

♦ **sich einsetzen** *ref:* **sich für etw**
~ to support sthg.

Einsicht *(pl -en)* die *(Erkenntnis)*
insight.

ein|sinken *vi unr ist* to sink.

Einspänner *(pl -)* der *(Österr)*

glass of black coffee topped with whipped cream.

ein|springen *vi unr ist* to stand in.

Einspruch (*pl* -sprüche) *der (amt)* objection.

einspurig ◇ *adj (Straße)* single-lane. ◇ *adv*: 'nur ~ befahrbar' 'single-lane traffic only'.

ein|stecken *vt (mitnehmen)* to take; *(in Briefkasten)* to post; *(Stecker)* to plug in; **vergiß nicht, Geld einzustecken!** don't forget to take some money with you!

ein|steigen *vi unr ist (in Auto)* to get in; *(in Bus, Zug)* to get on; '**bitte ~!**' 'please get on, the bus/ train is about to depart'.

einstellbar *adj* adjustable.

ein|stellen *vt (regulieren)* to adjust; *(neu festsetzen)* to set; *(Programm, Sender)* to tune into; *(in Firma)* to take on; *(beenden)* to stop; **die Entfernung ~** to focus (the camera).

♦ **sich einstellen** *ref*: sich ~ auf (+A) to prepare o.s. for.

Einstellung (*pl* -en) *die (von Arbeitskräften)* appointment; *(von Blende)* setting; *(Meinung)* attitude; *(von Sender)* tuning.

Einstieg *der*: '~ nur mit Fahrausweis' 'do not board without a ticket'; '~ nur vorne' 'entry at the front of the vehicle only'.

ein|stürzen *vi ist* to collapse.

Einsturzgefahr *die*: 'Vorsicht, ~!' 'danger, building unsafe!'

eintägig *adj* one-day.

ein|tauschen *vt* to exchange.

eintausend *num* a ODER one thousand, → **sechs**.

ein|teilen *vt* to divide up.

einteilig *adj* one-piece.

Einteilung (*pl* -en) *die (von Zeit)* organization; *(von Geld, Vorrat)* management.

Eintopf (*pl* -töpfe) *der* stew.

ein|tragen *vt unr (in Liste)* to put down.

♦ **sich eintragen** *ref* to register.

ein|treten ◇ *vt unr hat (Tür, Eis)* to kick down. ◇ *vi unr ist (in Raum)* to enter; *(in Verein)*: **in etw** (*A*) ~ to join sthg.

Eintritt (*pl* -e) *der* admission; '~ frei' 'admission free'; '~ verboten!' 'no entry'.

Eintrittsgeld (*pl* -er) *das* admission charge.

Eintrittskarte (*pl* -n) *die* ticket.

Eintrittspreis (*pl* -e) *der* admission charge.

einverstanden ◇ *adj* agreed. ◇ *interj* OK!; **mit etw ~ sein** to agree with sthg.

ein|wandern *vi ist* to immigrate.

einwandfrei ◇ *adj* perfect. ◇ *adv* perfectly.

Einwegflasche (*pl* -n) *die* disposable bottle.

ein|weichen *vt* to soak.

Einweihung (*pl* -en) *die (von Gebäude)* opening.

Einweihungsparty (*pl* -s) *die* housewarming party.

ein|weisen *vt unr (in Krankenhaus)* to admit.

ein|werfen *vt unr (Brief)* to post *(Br)*, to mail *(Am)*; *(Münze)* to insert; *(Ball, Bemerkung)* to throw in.

ein|wickeln *vt (Gegenstand)* to wrap up; *(fam: Person)* to take in.

Einwohner, -in (*mpl* -) *der, die* inhabitant.

Einwurf (*pl* -würfe) *der (Frage, Bemerkung)* comment; *(an Automaten)* slot; *(SPORT)* throw-in.

ein|zahlen *vt & vi* to pay in.

Einzahlung (*pl* -en) *die (Geld)* deposit.

Einzahlungsschein (*pl* -e) *der* paying-in slip.

ein|zeichnen *vt* to mark.

Einzelbett (*pl* -en) *das* single bed.

Einzelfahrschein (*pl* -e) *der* single (ticket) *(Br)*, one-way ticket *(Am)*.

Einzelgänger, -in (*mpl* -) *der, die* loner.

Einzelhandel *der* retail trade.

Einzelheit (*pl* -en) *die* detail.

Einzelkabine (*pl* -n) *die* single cabin.

Einzelkind (*pl* -er) *das* only child.

einzeln ◇ *adj (speziell)* individual; *(isoliert)* single; *(ohne Gegenstück)* odd. ◇ *adv (nacheinander)* separately; *(extra)* individually. ◇ *det*: ~e Personen/Fragen a few.

einzelne, -r, -s *pron (Personen)* some people; *(Sachen)* some things; **jeder/jede/jedes ~** *(Individuum)* every single one.

Einzelperson (*pl* -en) *die* single person.

Einzelreisende (*pl* -n) *der, die* person travelling alone.

Einzelteil (*pl* -e) *das* component.

Einzelticket (*pl* -s) *das* single (ticket).

Einzelzimmer (*pl* -) *das* single room.

Einzelzimmerzuschlag (*pl* -zuschläge) *der* single room supplement.

ein|ziehen ◇ *vi unr ist (in Wohnung)* to move in; *(in Haut)* to be absorbed. ◇ *vt unr hat (von Konto)* to collect; *(in Automaten)* to take in.

einzig *adj & adv* only; **der/die/das ~e** ... the only ...; **das ~e, was** ... the only thing that ...; **ich habe keinen ~en gesehen** I didn't see a single one.

Eis *das* ice; *(Speiseeis)* ice cream; ~ **am Stiel** ice lolly *(Br)*, Popsicle® *(Am)*.

Eisbecher (*pl* -) *der* sundae.

Eiscafé (*pl* -s) *das* ice-cream parlour.

Eiscreme (*pl* -s) *die* ice cream.

Eisen *das (Metall)* iron.

Eisenbahn (*pl* -en) *die (Zug)* train; *(Institution)* railway *(Br)*, railroad *(Am)*.

Eisenbahnbrücke (*pl* -n) *die* railway bridge.

Eisenbahnnetz (*pl* -e) *das* rail network.

eisgekühlt *adj* chilled.

Eishockey *das* ice hockey.

eisig ◇ *adj (Wetter, Kälte)* freezing. ◇ *adv*: ~ **kalt** freezing cold.

Eiskaffee (*pl* -s) *der* chilled coffee containing vanilla ice cream and whipped cream.

eiskalt *adj (Getränk, Wind)* icecold; *(fig: skrupellos)* cold-blooded.

Eiskugel (*pl* -n) *die* scoop of ice cream.

Eiskunstlauf *der* figure skating.

Eismann (*pl* -männer) *der* ice cream man.

Eisschokolade (*pl* -n) *die* chilled drinking chocolate containing ice cream and whipped cream.

Eiswaffel (*pl* -n) *die* wafer *(in an ice cream)*.

Eiswürfel (*pl* -) *der* ice cube.

Eiszapfen (*pl* -) *der* icicle.

eitel (*komp* **eitler**, *superl* **am eitelsten**) *adj (Person)* vain.

Eiter *der* pus.

eitern *vi* to fester.

Eiweiß (*pl* -e) *das (in Ei)* egg white; *(Protein)* protein.

ekeln: sich ekeln *ref*: **sich ~ (vor** (+ *D*)) to be disgusted (by).

Ekzem (*pl* -e) *das* eczema.

Elastikbinde (*pl* -n) *die* elastic bandage.

elastisch *adj (Material)* elastic.

Elefant (*pl* -en) *der* elephant.

elegant ◇ *adj* elegant. ◇ *adv* elegantly.

Elektriker, -in (*mpl -*) *der, die* electrician.

elektrisch ◇ *adj* electrical. ◇ *adv* electrically.

Elektrizität *die* electricity.

Elektrogerät (*pl -e*) *das* electrical appliance.

Elektrogeschäft (*pl -e*) *das* electrical goods store.

Elektroherd (*pl -e*) *der* electric oven.

Elektronik *die* (*Fachgebiet*) electronics (*sg*); (*System*) electronics (*pl*).

elektronisch ◇ *adj* electronic. ◇ *adv* electronically.

Element (*pl -e*) *das* element.

Elend *das* misery.

elf *num* eleven, → **sechs**.

elfhundert *num* one thousand one hundred.

Elfmeter (*pl -*) *der* penalty.

elfte *adj* eleventh, → **sechste**.

Ellbogen (*pl -*) *der* (*Gelenk*) elbow.

Eltern *pl* parents.

EM *die* (*abk für Europameisterschaft*) European Championships (*pl*).

Emanzipation *die* emancipation.

emanzipieren: sich emanzipieren *ref* to become emancipated.

emotional *adj* emotional.

empfahl *prät* → **empfehlen**.

empfand *prät* → **empfinden**.

Empfang (*pl* **Empfänge**) *der* reception; (*von Post*) receipt; **etw in ~ nehmen** to receive sthg.

empfangen (*präs* **empfängt**, *prät* **empfing**, *pp* **empfangen**) *vt* to receive.

Empfänger, -in (*mpl -*) *der, die* (*Adressat*) addressee.

Empfängerabschnitt (*pl -e*) *der* (*von Einschreiben*) part of a recorded delivery form given to the addressee.

Empfängnisverhütung *die* contraception.

Empfangsbescheinigung (*pl -en*) *die* proof of receipt.

empfängt *präs* → **empfangen**.

empfehlen (*präs* **empfiehlt**, *prät* **empfahl**, *pp* **empfohlen**) *vt* to recommend; **jm etw ~** to recommend sthg to sb.

♦ **sich empfehlen** *ref* (*ratsam sein*) to be recommended.

empfehlenswert *adj* recommendable.

Empfehlung (*pl -en*) *die* recommendation.

empfiehlt *präs* → **empfehlen**.

empfinden (*prät* **empfand**, *pp* **empfunden**) *vt* to feel.

empfindlich *adj* (*Person, Haut*) sensitive; (*Material*) delicate.

empfing *prät* → **empfangen**.

empfohlen *pp* → **empfehlen**.

empfunden *pp* → **empfinden**.

empört ◇ *adj* indignant. ◇ *adv* indignantly.

Ende (*pl -n*) *das* end; **am ~** at the end; **~ März** at the end of March; **zu ~ sein** to be over.

enden *vi* to end.

endgültig ◇ *adj* final. ◇ *adv* finally.

Endivie (*pl -n*) *die* endive.

endlich *adv* at last.

Endstation (*pl -en*) *die* (*von Straßenbahn, Bus, U-Bahn*) terminus.

Endung (*pl -en*) *die* (GRAMM) ending.

Energie (*pl -n*) *die* energy.

Energiebedarf *der* energy requirements (*pl*).

Energieverbrauch *der* energy consumption.

energisch *adj* energetic.

eng ◇ *adj (schmal)* narrow; *(Kleidung)* tight; *(Kontakt)* close. ◇ *adv (dichtgedrängt)* closely; *(anliegen)* tightly; *(nah)* close; ~ **befreundet sein** to be close friends.

Engagement *(pl -s) das (Einsatz)* commitment; *(Auftrag, Stelle)* engagement.

engagieren *vt* to engage.

♦ **sich engagieren** *ref*: sich ~ für to show commitment to.

England *nt* England.

Engländer, -in *(mpl -) der, die* Englishman (Englishwoman); **die ~** the English.

englisch *adj* English.

Englisch(e) *das* English.

Enkel, -in *(mpl -) der, die* grandson (granddaughter).

♦ **Enkel** *pl* grandchildren.

enorm ◇ *adj* enormous. ◇ *adv* enormously.

Ensemble *(pl -s) das (Musiker)* ensemble; *(Tänzer)* company.

entdecken *vt* to discover.

Ente *(pl -n) die* duck.

entfernen *vt (Schmutz)* to remove.

entfernt ◇ *adj* distant; *(abgelegen)* remote. ◇ *adv (verwandt)* distantly; **50 km von München ~** 50 km (away) from Munich; **weit ~** a long way away.

Entfernung *(pl -en) die (Distanz)* distance; *(Beseitigung)* removal.

entführen *vt (Person)* to kidnap; *(Flugzeug)* to hijack.

Entführung *(pl -en) die (von Person)* kidnapping; *(von Flugzeug)* hijacking.

entgegen *präp (+D)* contrary to.

entgegengesetzt ◇ *adj* opposite; *(Ansichten)* opposing. ◇ *adv (liegen)* opposite.

entgegen|kommen *vi unr ist*: jm ~ *(räumlich)* to approach sb; *(mit Angebot)* to make concessions to sb.

entgegenkommend ◇ *adj (Auto)* oncoming; *(Angebot, Person)* accommodating. ◇ *adv (sich verhalten)* accommodatingly.

entgegnen *vt* to retort.

Entgelt *das* remuneration; '~ **für Platzreservierung im Zuschlag enthalten**' 'seat reservation included in supplement'.

enthaaren *vt* to remove hair from.

Enthaarungscreme *(pl -s) die* hair-remover.

enthalten *(präs* enthält, *prät* enthielt, *pp* enthalten) *vt (subj: Behälter)* to contain; *(in Preis)* to include.

♦ **sich enthalten** *ref* to abstain.

entkommen *(prät* entkam, *pp* entkommen) *vi ist* to escape.

entlang ◇ *präp (+A,G)* along. ◇ *adv*: **am Strand ~ gehen** to walk along the beach; **die Straße ~** along the road.

entlang|gehen *vt unr ist* to walk along.

entlassen *(präs* entläßt, *prät* entließ, *pp* entlassen) *vt (Mitarbeiter)* to sack; *(aus Krankenhaus)* to discharge; **aus der Schule ~ werden** to leave school.

Entlassung *(pl -en) die (Kündigung)* dismissal; *(aus Krankenhaus)* discharge; *(aus Schule)* leaving.

Entlastungszug *(pl -züge) der* extra train.

entlaufen *(präs* entläuft, *prät* entlief, *pp* entlaufen) *vi ist* to escape.

entlegen *adj* isolated.

Entnahme *die (von Wechselgeld, Blut)* taking.

entnehmen *(präs* entnimmt, *prät* entnahm, *pp* entnommen) *vt*

(Wechselgeld, Blut) to take.

entrahmt *adj:* ~e Milch skimmed milk.

Entschädigung (*pl* -en) *die (Geldsumme, Gegenstand)* compensation.

entscheiden (*prät* entschied, *pp* entschieden) *vt* to decide.

♦ **sich entscheiden** *ref* to decide; sich ~ für/gegen to decide on/against; sich ~, etw zu tun to decide to do sthg.

Entscheidung (*pl* -en) *die* decision.

entschließen: sich entschließen (*prät* entschloß, *pp* entschlossen) *ref* to decide.

entschlossen *pp* → entschließen.

Entschluß (*pl* -schlüsse) *der* decision.

entschuldigen *vt* to excuse.

♦ **sich entschuldigen** *ref* to apologize; sich ~ für to apologize for; sich bei jm ~ to apologize to sb; ~ Sie bitte! excuse me!

Entschuldigung (*pl* -en) ◇ *die (Rechtfertigung)* excuse; *(Brief, Worte)* apology. ◇ *interj* sorry!

entsetzlich ◇ *adj* terrible. ◇ *adv* terribly.

entsorgen *vt (Müll)* to dispose of.

entspannen *vi & vt* to relax.

♦ **sich entspannen** *ref* to relax.

Entspannung *die* relaxation.

entsprechend ◇ *adj (äquivalent)* corresponding; *(geeignet)* appropriate. ◇ *präp* (+D) according to.

entstehen (*prät* entstand, *pp* entstanden) *vi ist (sich entwickeln)* to arise; *(Gebäude)* to be built; *(Schaden)* to result.

enttäuschen ◇ *vt* to disappoint. ◇ *vi* to be disappointing.

enttäuscht *adj* disappointed.

Enttäuschung (*pl* -en) *die* disappointment.

entweder *konj:* ~ ... **oder** either ... or.

entwerfen (*präs* entwirft, *prät* entwarf, *pp* entworfen) *vt (Zeichnung)* to sketch; *(Gebäude)* to design.

entwerten *vt (Fahrkarte)* to validate.

Entwerter (*pl* -) *der (für Fahrkarten)* ticket validating machine.

entwickeln *vt* to develop.

♦ **sich entwickeln** *ref* to develop; *(Gase)* to be produced.

Entwicklung (*pl* -en) *die* development; *(von Film)* developing; *(von Gasen)* production.

Entwicklungshilfe *die* development aid.

Entziehungskur (*pl* -en) *die* rehabilitation course.

Entzug *der (von Konzession)* withdrawal; *(fam: Entziehungskur)* rehabilitation course.

entzünden *vt (Feuer)* to light.

♦ **sich entzünden** *ref (Wunde, Blinddarm)* to become inflamed; *(Feuer)* to catch fire.

Entzündung (*pl* -en) *die* (MED) inflammation.

Enzian (*pl* -e) *der (Pflanze)* gentian.

Epilepsie (*pl* -n) *die* epilepsy.

er *pron (bei Personen)* he; *(bei Sachen)* it.

Erbauer, -in (*mpl* -) *der, die* constructor.

Erbe (*pl* -n) ◇ *der* heir. ◇ *das* inheritance.

erben ◇ *vt* to inherit. ◇ *vi* to come into one's inheritance.

Erbin (*pl* -nen) *die* heiress.

erblich *adj* hereditary.

erbrechen (*präs* erbricht, *prät* erbrach, *pp* erbrochen) ◇ *vt* to bring up. ◇ *vi* to be sick, to vomit.

♦ **sich erbrechen** *ref* to be sick, to vomit.

Erbse (*pl* -n) *die* pea.

Erdbeben (*pl* -) *das* earthquake.

Erdbeere (*pl* -n) *die* strawberry.

Erde (*pl* -n) *die* earth; *(Erdreich)* soil; (TECH: *Draht*) earth *(Br)*, ground *(Am)*.

erden *vt* to earth *(Br)*, to ground *(Am)*.

Erdgas *das* natural gas.

Erdgeschoß (*pl* -geschosse) *das* ground floor.

Erdnuß (*pl* -nüsse) *die* peanut.

Erdöl *das* oil.

Erdteil (*pl* -e) *der* continent.

ereignen: **sich ereignen** *ref* to happen.

Ereignis (*pl* -se) *das* event.

ereignisreich *adj* eventful.

erfahren (*präs* **erfährt**, *prät* **erfuhr**, *pp* **erfahren**) ◇ *adj* experienced. ◇ *vt (aus mündlicher Quelle)* to hear; *(aus schriftlicher Quelle)* to read; **etw von jm ~** to learn sthg from sb.

Erfahrung (*pl* -en) *die* experience.

erfinden (*prät* **erfand**, *pp* **erfunden**) *vt* to invent.

Erfolg (*pl* -e) *der* success; **~ haben** to be successful; **viel ~!** good luck!

erfolglos ◇ *adj* unsuccessful. ◇ *adv* without success.

erfolgreich ◇ *adj* successful. ◇ *adv* successfully.

erforderlich *adj* necessary.

erforschen *vt (Land, Natur)* to explore.

erfreulich ◇ *adj* pleasing. ◇ *adv* pleasingly.

erfrieren (*prät* **erfror**, *pp* **erfroren**) *vi ist* to freeze to death.

erfrischen *vt* to refresh.

♦ **sich erfrischen** *ref* to refresh o.s.

erfrischend *adj* refreshing.

Erfrischung (*pl* -en) *die* refreshment.

erfüllen *vt* to fulfil.

♦ **sich erfüllen** *ref* to come true.

ergänzen *vt (vervollständigen)* to complete; *(erweitern)* to expand; *(Bemerkung)* to add.

Ergebnis (*pl* -se) *das* result.

ergebnislos *adj* unsuccessful.

ergiebig *adj* long-lasting.

erhalten (*präs* **erhält**, *prät* **erhielt**, *pp* **erhalten**) *vt* to receive; *(bewahren)* to preserve.

♦ **sich erhalten** *ref (sich bewahren)* to endure.

erhältlich *adj* available; **hier ~** available here.

erheben (*prät* **erhob**, *pp* **erhoben**) *vt*: **Gebühren ~** to levy a charge.

erheblich ◇ *adj* considerable. ◇ *adv* considerably.

erhitzen *vt (Fett, Wasser)* to heat.

erhöhen *vt (Zaun, Mauer)* to raise; *(anheben)* to raise, to increase.

♦ **sich erhöhen** *ref* to rise, to increase.

erholen: **sich erholen** *ref* to rest; **sich ~ von** to recover from.

erholsam *adj* relaxing.

Erholung *die* recovery; **gute ~!** have a relaxing time!

erinnern *vt* to remind; **jn ~ an** (+*A*) to remind sb of.

♦ **sich erinnern** *ref* to remember; **sich ~ an** (+*A*) to remember.

Erinnerung (*pl* -en) *die (Gedanke)* memory; *(Souvenir)* memento.

erkälten: **sich erkälten** *ref* to catch a cold.

erkältet *adj*: **~ sein** to have a cold.

Erkältung (*pl* -en) *die* cold.

erkennen (*prät* **erkannte**, *pp* **erkannt**) *vt (sehen)* to make out; *(Trick, Ursache)* to realize; *(wieder-*

erkennen) to recognize.

Erker *(pl -) der* bay window.

erklären *vt (erläutern)* to explain; *(verkünden)* to declare; **sich** *(D)* **etw ~** to understand sthg; **jm etw ~** to explain sthg to sb.

♦ **sich erklären** *ref*: **sich zu etw bereit ~** to agree to sthg.

Erklärung *(pl -en) die (Erläuterung)* explanation.

erkundigen: sich erkundigen *ref*: **sich (nach jm/etw) ~** to enquire (about sb/sthg).

erlassen *(präs erläßt, prät erließ, pp erlassen) vt (Gebühren)* to waive; *(Schulden)* to write off.

erlauben *vt (nicht verbieten)* to allow; **jm etw ~** to allow sb sthg; **jm ~, etw zu tun** to allow sb to do sthg.

Erlaubnis *die (Erlauben)* permission; *(Schriftstück)* permit.

Erläuterung *(pl -en) die* explanation; **'~ siehe Rückseite'** 'see reverse for explanation'.

erleben *vt (erfahren)* to experience.

Erlebnis *(pl -se) das (Erfahrung)* experience.

erledigen *vt (Arbeit)* to see to; *(Auftrag)* to fulfil.

erledigt *adj*: **~ sein** *(fam: müde sein)* to be shattered; *(beendet sein)* to be finished; **der Fall ist für mich ~** as far as I'm concerned, the matter is closed.

erleichtert *adj* relieved.

erlesen *adj* choice.

erlischt *präs* → **erlöschen**.

Erlös *der* proceeds *(pl)*.

erlöschen *(präs erlischt, prät erlosch, pp erloschen) vi ist (Feuer, Licht)* to go out.

ermahnen *vt* to warn.

ermäßigt *adj* reduced.

Ermäßigung *(pl -en) die* reduction.

ermöglichen *vt* to make possible.

ermorden *vt* to murder.

ermutigen *vt* to encourage.

ernähren: sich ernähren *ref (essen)* to eat.

Ernährung *die (Nahrung)* food.

erneuern *vt (Fensterscheibe, Schloß)* to replace.

erneut *adj* renewed.

ernst ◊ *adj* serious. ◊ *adv* seriously; **jn/etw ~ nehmen** to take sb/sthg seriously.

Ernst *der* seriousness.

Ernstfall *der* emergency.

ernsthaft ◊ *adj* serious. ◊ *adv* seriously.

Ernte *(pl -n) die* harvest.

Erntedankfest *(pl -e) das* Harvest Festival.

ernten *vt (Heu, Äpfel, Mais)* to harvest.

eröffnen *vt (Geschäft)* to open; **ein Konto ~** to open an account.

Eröffnung *(pl -en) die* opening.

erotisch *adj* erotic.

Erpressung *(pl -en) die* blackmail.

erraten *(präs errät, prät erriet, pp erraten) vt* to guess.

Erreger *(pl -) der* (MED) cause *(of illness)*.

erreichbar *adj* reachable.

erreichen *vt* to reach; *(Zweck, Ziel)* to achieve.

Ersatz *der (Stellvertreter)* substitute; *(Entschädigung)* replacement.

Ersatzreifen *(pl -) der* spare tyre.

Ersatzteil *(pl -e) das* spare part.

erscheinen *(prät erschien, pp erschienen) vi ist* to appear; *(wirken)* to seem, to appear; **gut/wichtig ~** to seem good/important.

erschöpft ◊ *adj (müde)* exhausted. ◊ *adv* wearily.

Erschöpfung *die* exhaustion.
erschrecken[1] *vt hat* to startle.
♦ **sich erschrecken** *ref* to be startled.
erschrecken[2] (*präs* **erschrickt**, *prät* **erschrak**, *pp* **erschrocken**) *vi ist* to be startled.
ersetzen *vt* (*auswechseln*) to replace; (*Schaden*) to make good; **jm etw (voll)** ~ (*Schaden*) to compensate sb (fully) for sthg.
erst *adv* (*relativ spät*) not until; (*noch relativ früh, relativ wenig*) only; (*vor kurzem*) (only) just; (*zuerst*) first; **der erste Roman war gut, aber der zweite** ~**!** the first novel was good, but the second one was even better; **er kommt** ~ **um 10 Uhr** he won't be here until ten o'clock; **sie war** ~ **gestern hier** she was here only yesterday; ~ **einmal** (*nur einmal*) only once.
erstatten *vt* (*Kosten*) to refund.
Erstattung *die* (*von Kosten*) refund.
Erstaufführung (*pl* -**en**) *die* premiere.
erstaunt *adj* amazed.
erste, -r, -s *adj* first; (*vorläufig*) preliminary; **als** ~**s** first of all; ~ **Klasse** first class, sechste.
Erste (*pl* -**n**) *der, die, das* first (one).
Erste Hilfe *die* first aid; ~ **leisten** to administer first aid.
erstens *adv* firstly.
erstklassig *adj* first-class.
erstrecken: sich erstrecken *ref* to stretch.
erteilen *vt* (*amt*) to give.
Ertrag (*pl* **Erträge**) *der* (*an Gemüse, Getreide*) yield; (*finanziell*) profits (*pl*).
ertrinken (*prät* **ertrank**, *pp* **ertrunken**) *vi ist* to drown.
Erw. *abk* = **Erwachsene**.
erwachen *vi ist* (*Person*) to wake up.

erwachsen *adj* adult, grown-up.
Erwachsene (*pl* -**n**) *der, die* adult; **ein** ~**r, zwei Kinder, bitte!** one adult and two children, please!
erwähnen *vt* to mention.
erwarten *vt* (*warten auf*) to wait for; (*rechnen mit*) to expect; **einen Anruf** ~ to be expecting a phone call; **ein Kind** ~ to be expecting a baby; **erwartet werden** to be expected.
erweitern *vt* (*Raum*) to extend.
♦ **sich erweitern** *ref* to expand; (*Pupillen*) to dilate.
erwerbstätig *adj* employed.
erwidern *vt* (*auf Frage*) to reply; (*Besuch*) to return.
erwünscht *adj* (*willkommen*) welcome.
erzählen *vt* to tell.
Erzählung (*pl* -**en**) *die* story.
erzeugen *vt* (*produzieren*) to produce.
Erzeugnis (*pl* -**se**) *das* (*Produkt*) product.
erziehen (*prät* **erzog**, *pp* **erzogen**) *vt* to bring up; (*in Schule*) to educate.
Erzieher, -in (*mpl* -) *der, die* teacher.
Erziehung *die* (*in Schule*) education; (*durch Eltern*) upbringing.
erzogen ◇ *pp* → **erziehen**. ◇ *adj*: **gut/schlecht** ~ well/badly brought up.
es *pron* it; (*bei Person: im Nominativ*) he (she); (*bei Person: im Akkusativ*) him (her); ~ **freut mich, daß ...** I'm pleased that ...; ~ **ist drei Uhr** it's three o'clock; ~ **regnet/schneit** it's raining/snowing; **wer war** ~**?** who was it?; ~ **geht mir gut** I'm fine.
Esel (*pl* -) *der* donkey.
Espresso (*pl* -**s**) *der* espresso.
eßbar *adj* edible.
essen (*präs* **ißt**, *prät* **aß**, *pp* **gegessen**) *vt & vi* to eat; ~ **gehen** to go out for a meal.

Essen (*pl -*) *das (Mahlzeit)* meal; *(fam: Nahrung)* food; **beim ~** while eating; **~ machen/kochen** to make/cook a meal; **vor dem ~** before the meal.

Essig *der* vinegar.

Eßlöffel (*pl -*) *der* dessertspoon.

Eßzimmer (*pl -*) *das* dining room.

Etage (*pl -n*) *die* floor, storey.

Etagenbett (*pl -en*) *das* bunk bed.

Etappe (*pl -n*) *die* stage.

Etikett (*pl -en*) *das* label.

etliche, -r, -s *det & pron* several.

Etui (*pl -s*) *das* case.

etwa *adv (ungefähr)* about; *(zum Beispiel)* for example; **ist es ~ schon 10 Uhr?** oh no, is it 10 o'clock already?; **hast du das ~ vergessen?** you haven't gone and forgotten it, have you?

etwas ◇ *pron* something; *(in Fragen)* anything; *(ein wenig)* some. ◇ *det (irgendetwas)* something; *(in Fragen)* anything; *(ein wenig)* a little. ◇ *adv (ein wenig)* rather; **~ anderes** something else; **so ~** such a thing.

euch *pron (im Akkusativ)* you; *(im Dativ)* (to) you; *(Reflexivpronomen)* yourselves.

euer, -e ODER **eure** *det* your.

eure, -r, -s ◇ *pron* yours. ◇ *det →* **euer.**

Eurocard (*pl -s*) *die* Eurocard.

Eurocheque (*pl -s*) *der* = **Euroscheck.**

EuroCity (*pl -s*) *der international train linking two or more major European cities.*

Europa *nt* Europe.

Europäer, -in (*mpl -*) *der, die* European.

europäisch *adj* European.

Europaparlament *das* Euro-

pean Parliament.

Euroscheck (*pl -s*) *der* Eurocheque.

ev. *abk =* **evangelisch.**

e.V. *abk =* **eingetragener Verein.**

evangelisch *adj* Protestant.

eventuell ◇ *adv* maybe, perhaps. ◇ *adj* possible; **er übernimmt alle ~en Schäden** he'll pay for any damages.

ewig ◇ *adj (nie endend)* eternal; *(fam: ständig)* constant. ◇ *adv (nie endend)* eternally; *(fam: ständig)* constantly.

exakt ◇ *adj* exact. ◇ *adv* exactly.

Examen (*pl -*) *das* examination.

Exemplar (*pl -e*) *das* example; *(von Buch)* copy.

Exil *das* exile.

Existenz (*pl -en*) *die* existence.

existieren *vi* to exist.

exklusiv ◇ *adj* exclusive. ◇ *adv* exclusively.

Exkursion (*pl -en*) *die (in Schule)* school trip.

exotisch *adj* exotic.

Expedition (*pl -en*) *die* expedition.

Experte (*pl -n*) *der* expert.

Expertin (*pl -nen*) *die* expert.

explodieren *vi ist* to explode.

Explosion (*pl -en*) *die* explosion.

Export¹ (*pl -e*) *der (Ausfuhr, Ware)* export.

Export² (*pl -*) *das (Bier)* export.

extra ◇ *adv (fam: absichtlich)* on purpose; *(separat)* separately; *(speziell)* specially; *(zusätzlich)* extra. ◇ *adj (zusätzlich)* extra.

Extraausgabe (*pl -n*) *die* special edition.

Extrablatt *das* extra.

extrem *adj* extreme.

exzellent *adj* excellent.

EZ *abk =* **Einzelzimmer.**

F

fabelhaft *adj* fantastic.

Fabrik (*pl* -en) *die* factory.

fabrikneu *adj* brand new.

Fach (*pl* Fächer) *das* (*in Schrank*) compartment; (*Schulfach, Fachgebiet*) subject.

Facharzt (*pl* -ärzte) *der* specialist.

Fachärztin (*pl* -nen) *die* specialist.

Fachausdruck (*pl* -drücke) *der* specialist term.

Fachgeschäft (*pl* -e) *das* specialist store.

Fachmann (*pl* -leute ODER -männer) *der* expert.

fachmännisch ◊ *adj* expert. ◊ *adv* expertly.

Fachnummer (*pl* -n) *die* locker number.

Fachwerkhaus (*pl* -häuser) *das* timbered building.

fade *adj & adv* bland.

Faden (*pl* Fäden) *der* (*zum Nähen*) thread.

fähig *adj* capable; ~ sein, etw zu tun to be capable of doing sthg.

Fahne (*pl* -n) *die* (*Flagge*) flag; er hat eine ~ (*fam*) his breath smells of alcohol.

Fahrausweis (*pl* -e) *der* ticket.

Fahrausweisautomat (*pl* -en) *der* ticket machine.

Fahrausweisentwerter (*pl* -) *der* ticket validating machine.

Fahrausweiskontrolle (*pl* -n) *die* ticket inspection.

Fahrausweisverkauf *der* ticket sales (*pl*).

Fahrbahn (*pl* -en) *die* road.

Fahrbahnschäden *pl* damage to road surface.

Fahrbahnverschmutzung *die*: 'Fahrbahnverschmutzung' *sign indicating that there is rubble, oil etc on road ahead*.

Fähre (*pl* -n) *die* ferry.

fahren (*präs* fährt, *prät* fuhr, *pp* gefahren) ◊ *vi* ist 1. (*mit Auto*) to drive; (*mit Fahrrad*) to ride; durch Wien ~ to drive/ride through Vienna; langsam ~ to drive slowly; zu schnell ~ to drive too fast; mit dem Zug/Bus ~ to go by train/bus; ins Gebirge ~ to go to the mountains; wir ~ nach England we're going to England.
2. (*Fahrzeug*) to go.
3. (*abfahren*) to leave.
◊ *vt* hat to drive.
◊ *vt* ist 1. (*Entfernung, Route*) to drive; 120 km/h ~ to drive at 120 km/h.
2. (SPORT): Rollschuh ~ to rollerskate; Ski ~ to ski.

Fahrer, -in (*mpl* -) *der, die* driver.

Fahrerflucht *die* hit-and-run.

Fahrersitz (*pl* -e) *der* driver's seat.

Fahrgast (*pl* -gäste) *der* passenger.

Fahrgeld *das* fare.

Fahrgelderstattung *die* refund (*of fare*).

Fahrgestell (*pl* -e) *das* chassis.

Fahrkarte (*pl* -n) *die* ticket.

Fahrkartenausgabe *die* ticket desk.

Fahrkartenautomat (*pl* -en) *der* ticket machine.

Fahrkartenschalter (*pl* -) *der* ticket desk.

Fahrkosten *pl* travelling expenses.

Fahrplan (*pl* -pläne) *der* timetable.

Fahrplanauszug (*pl* -züge) *der* timetable *(for specific route)*.

Fahrplanhinweise *pl details concerning the timetable*.

fahrplanmäßig ◊ *adj* scheduled. ◊ *adv* on time.

Fahrpreis (*pl* -e) *der* fare.

Fahrrad (*pl* -räder) *das* bicycle, cycle; **mit dem ~** by bicycle.

Fahrradflickzeug *das* bicycle repair kit.

Fahrrad-Mitnahme *die possibility of taking bicycles on a railway or underground train*.

Fahrradreparatur (*pl* -en) *die* cycle repair shop.

Fahrradschlauch (*pl* -schläuche) *der* inner tube.

Fahrradschloß (*pl* -schlösser) *das* bicycle lock.

Fahrradverleih (*pl* -e) *der* cycle hire *(Br)*, cycle rental *(Am)*.

Fahrradweg (*pl* -e) *der* cycle path.

Fahrschein (*pl* -e) *der* ticket; **'~e hier entwerten'** 'validate your ticket here'.

Fahrscheinentwerter (*pl* -) *der* ticket validating machine.

Fahrschule (*pl* -n) *die* driving school.

Fahrspur (*pl* -en) *die* lane; **die ~ wechseln** to change lane; **die linke/rechte ~** the left-hand/right-hand lane.

Fahrstreifen (*pl* -) *der* lane; **verengte ~** road narrows.

Fahrstuhl (*pl* -stühle) *der* lift *(Br)*, elevator *(Am)*.

Fahrt (*pl* -en) *die (Reise)* journey; *(kurzer Ausflug)* trip; *(in Auto)* drive; **'den Fahrer während der ~ nicht ansprechen'** 'do not speak to the driver while the vehicle is in motion'; **auf der ~ nach Berlin** on the way to Berlin; **nach sechs Stunden ~** after travelling for six hours; **nun wieder freie ~ auf der A3** traffic is moving freely again on the A3; **gute ~!** have a good journey!; **eine ~ ins Blaue machen** to go for a drive.

fährt *präs* → **fahren**.

Fahrtantritt *der* beginning of the journey; **'Fahrscheine vor ~ entwerten'** 'please validate your ticket before beginning your journey'.

Fahrtenschreiber (*pl* -) *der* tachograph.

Fahrtrichtung (*pl* -en) *die (im Zug)* direction of travel.

fahrtüchtig *adj (Person)* fit to drive; *(Fahrzeug)* roadworthy.

Fahrtunterbrechung (*pl* -en) *die* stop.

Fahrtziel (*pl* -e) *das* destination.

Fahrverbot (*pl* -e) *das (Führerscheinentzug)* driving ban; **~ für Traktoren** no tractors.

Fahrzeit (*pl* -en) *die* journey time.

Fahrzeug (*pl* -e) *das* vehicle.

Fahrzeugbrief (*pl* -e) *der* registration document.

Fahrzeughalter, -in (*mpl* -) *der, die* registered owner.

Fahrzeugpapiere *pl* vehicle documents.

Fahrzeugschein (*pl* -e) *der* vehicle documents *(pl)*.

Fahrziel (*pl* -e) *das* destination.

fair *adj* fair.

Fall (*pl* Fälle) *der* case; *(Sturz)* fall; **auf jeden ~** in any case; **auf keinen ~** on no account; **für den ~, daß** in case ...; **in diesem ~** in this case.

fallen (*präs* fällt, *prät* fiel, *pp* gefallen) *vi ist* to fall; **etw ~ lassen** to drop sthg.

fallenǀlassen (*pp* fallenlassen ODER fallengelassen) *vt (Gegenstand)* to drop; *(Bemerkung)* to let drop.

fällig adj due; **am 1.10. ~** due on 1 October.

falls konj if.

Fallschirm (pl -e) der parachute.

Fallschirmspringer, -in (mpl -) der, die parachutist.

fällt präs → **fallen**.

falsch ◇ adj (inkorrekt) wrong; (Name, Versprechung, Person) false; (Schmuck) fake; (Paß) forged. ◇ adv (inkorrekt) wrongly; (hinterhältig) falsely; **~ fahren** to drive in the wrong direction.

fälschen vt to forge.

Falschfahrer, -in (mpl -) der, die person driving on the wrong side of the road.

Falschgeld das forged money.

Fälschung (pl -en) die (Falschgeld, Bild) forgery.

Falte (pl -n) die (Hautfalte) wrinkle; (Knitterfalte) crease; (gebügelt) pleat.

falten vt (Pullover, Papier) to fold.

Familie (pl -n) die family.

Familienbesitz der: **in ~** family-owned.

Familienname (pl -n) der surname.

Familienstand der marital status.

Fan (pl -s) der fan.

fand prät → **finden**.

fangen (präs fängt, prät fing, pp gefangen) vt to catch.

◆ **Fangen** das: **Fangen spielen** to play tag.

Farbband (pl -bänder) das typewriter ribbon.

Farbbild (pl -er) das colour photograph; **~er in 24 Stunden** 24 hour colour photos.

Farbe (pl -n) die (Eigenschaft) colour; (zum Malen, Streichen) paint; **welche ~ hat das Auto?** what colour is the car?

farbecht adj colourfast.

färben vt (Stoff, Haare) to dye.

Farbfernseher (pl -) der colour television.

Farbfestiger (pl -) der colour set.

Farbfilm (pl -e) der colour film.

Farbfoto (pl -s) das colour photo.

farbig ◇ adj (mehrfarbig) colourful; (einfarbig, Person) coloured. ◇ adv (mehrfarbig) colourfully.

Farbige (pl -n) der, die coloured person.

Farbposter (pl -) das colour poster.

Farbstoff (pl -e) der colouring; **mit/ohne ~** with/without colouring.

Fasan (pl -e) der pheasant.

Fasching der (Süddt & Österr) carnival before Lent, → **Karneval**.

Faschismus der fascism.

Faschist, -in (mpl -en) der, die fascist.

faschistisch adj fascist.

Faß (pl Fässer) das barrel; **Bier vom ~** draught beer.

Faßbier das draught beer.

fassen ◇ vt (mit den Händen) to take, to hold; (Verbrecher) to catch; (Inhalt) to hold; (begreifen) to grasp. ◇ vi (mit den Händen): **an etw** (A) **~** to feel sthg; **etw nicht ~ können** to be unable to understand sthg.

◆ **sich fassen** ref to pull o.s. together.

Fassung (pl -en) die (für Glühbirne) fitting; (Selbstbeherrschung) composure.

fast adv nearly, almost.

fasten vi to fast.

Fastenzeit (pl -en) die (christlich) Lent; (mohammedanisch) Ramadan.

Fastnacht die (Süddt & Österr) carnival period before Lent, → **Karneval**.

faul adj (Obst) rotten; (Person) lazy.

faulen vi hat & ist to rot.

faulenzen vi to laze about.

Faust (pl **Fäuste**) die fist; **auf eigene ~** off one's own bat.

Fax (pl **-e**) das fax.

faxen vt to fax.

Faxgerät (pl **-e**) das fax machine.

Faxmodem (pl **-s**) das fax modem.

Faxnummer (pl **-n**) die fax number.

Faxpapier das fax paper.

FCKW der CFC.

Februar der February, → **September**.

fechten (präs **ficht**, prät **focht**, pp **gefochten**) vi to fence.

Feder (pl **-n**) die (vom Vogel) feather; (aus Metall) spring; (zum Schreiben) nib.

Federball (pl **-bälle**) der (Ball) shuttlecock; (Spiel) badminton.

Federbett (pl **-en**) das quilt.

Federhalter (pl **-**) der fountain pen.

Federung (pl **-en**) die (von Auto) suspension; (von Sofa) springs (pl).

Federweiße der young, cloudy white wine.

fegen ◊ vt (Boden, Raum) to sweep. ◊ vi (saubermachen) to sweep up.

Fehlbetrag (pl **-beträge**) der shortfall.

fehlen ◊ vi to be missing. ◊ vi (+D): **sie fehlt mir** I miss her; **was fehlt Ihnen/dir?** what's the matter?; **im Unterricht ~** to miss school.

Fehler (pl **-**) der mistake; (von Charakter) fault.

Fehlzündung (pl **-en**) die: **eine ~ haben** to misfire.

Feier (pl **-n**) die party.

Feierabend (pl **-e**) der: **~ machen** to finish work.

Feierlichkeiten pl celebrations.

feiern vt & vi (Fest) to celebrate; **jn ~** to fête sb; **eine Party ~** to throw ODER have a party.

Feiertag (pl **-e**) der holiday; **schöne ~e!** have a good holiday!

feiertags adv on public holidays.

feige adj (Person) cowardly.

Feige (pl **-n**) die (Frucht) fig.

Feile (pl **-n**) die file.

feilen vt to file.

fein ◊ adj (dünn, pulverförmig) fine; (vornehm) refined; (erfreulich) great. ◊ adv (dünn, pulverförmig) finely; (fam: gut) well; (vornehm) elegantly; (fam: brav): **~ hier bleiben!** be a good boy/girl and stay here!; **~ gemacht!** (fam) well done!

♦ **Feinste** der, die, das: **vom Feinsten** first-class.

Feind, -in (mpl **-e**) der, die (von Person) enemy; **ein ~ des Rauchens sein** to be anti smoking.

feindlich adj hostile.

Feinkost die delicacies (pl).

Feinkostgeschäft (pl **-e**) das delicatessen.

Feinschmecker, -in (mpl **-**) der, die gourmet.

Feinwaschmittel (pl **-**) das mild detergent.

Feld (pl **-er**) das (Acker, Thema, im Sport) field; (von Brettspiel) square; (von Formular) box.

Feldsalat der lamb's lettuce.

Feldweg (pl **-e**) der footpath.

Felge (pl **-n**) die wheel rim.

Felgenbremse (pl **-n**) die wheel rim brake.

Fell (pl **-e**) das (von Tier) fur; (verarbeitet) skin.

Fels (pl **-en**) der (Felsblock) rock.

Felsen (pl **-**) der cliff.

felsig adj rocky.

feminin adj feminine.

Feminismus der feminism.

feministisch *adj* feminist.

Fenchel *der* fennel.

Fenster (*pl* -) *das* window.

Fensterbrett (*pl* -er) *das* windowsill.

Fensterladen (*pl* -läden) *der* shutter.

Fensterplatz (*pl* -plätze) *der* window seat.

Fensterscheibe (*pl* -n) *die* windowpane.

Ferien *pl* holiday *(sg)* *(Br)*, vacation *(sg)* *(Am)*; ~ **machen** to go on holiday *(Br)*, to go on vacation *(Am)*; **große** ~ summer holidays *(Br)*, summer vacation *(Am)*; **schöne** ~! have a good holiday!; **in** ~ **sein** to be on holiday *(Br)*, to be on vacation *(Am)*.

Ferienbeginn *der* beginning of the school summer holidays.

Ferienbungalow (*pl* -s) *der* holiday bungalow.

Feriengast (*pl* -gäste) *der* holidaymaker *(Br)*, vacationer *(Am)*.

Ferienhaus (*pl* -häuser) *das* holiday home.

Ferienlager (*pl* -) *das* holiday camp.

Ferienort (*pl* -e) *der* holiday resort.

Ferienwohnung (*pl* -en) *die* holiday flat *(Br)*, holiday apartment *(Am)*.

fern *adj* *(Land)* far-off, distant.

Fernbedienung (*pl* -en) *die* remote control.

Ferne *die*: **in der** ~ in the distance.

Ferngespräch (*pl* -e) *das* long-distance call.

ferngesteuert ◇ *adj* remote-controlled. ◇ *adv* by remote control.

Fernglas (*pl* -gläser) *das* binoculars *(pl)*.

fern|halten *vt unr* to keep away.

◆ **sich fernhalten** *ref* to keep away.

Fernlicht *das* full beam *(Br)*, high beam *(Am)*.

Fernmeldeamt (*pl* -ämter) *das* telephone exchange.

Fernschreiben (*pl* -) *das* telex.

Fernschreiber (*pl* -) *der* teleprinter.

Fernsehapparat (*pl* -e) *der* television (set).

fern|sehen *vi unr* to watch television.

Fernsehen *das* television; **im** ~ on television.

Fernseher (*pl* -) *der* television.

Fernsehprogramm (*pl* -e) *das* *(Kanal)* channel; *(Sendung)* (television) programme.

Fernsehsendung (*pl* -en) *die* (television) programme.

Fernsehturm (*pl* -türme) *der* television tower.

Fernsehzeitschrift (*pl* -en) *die* TV magazine.

Fernsprechamt (*pl* -ämter) *das* *(amt)* telephone exchange.

Fernsprechauskunft *die* *(amt)* directory enquiries *(sg)*.

Fernsteuerung (*pl* -en) *die* remote control.

Fernstraße (*pl* -n) *die* trunk road *(Br)*, highway *(Am)*.

Fernverkehr *der* long-distance traffic.

Ferse (*pl* -n) *die* heel.

fertig *adj* *(vollendet)* finished; *(fam: erschöpft)* worn out; ~ **sein** *(vollendet, bereit sein)* to be ready; *(fam: erschöpft sein)* to be worn out; *(fam: niedergeschlagen sein)* to be shattered; **mit etw** ~ **sein** to have finished sthg.

Fertiggericht (*pl* -e) *das* ready-made meal.

fertig|machen *vt* *(beenden)* to finish; *(bereitmachen)* to get ready;

(fam: zurechtweisen) to lay into; *(fam: erschöpfen)* to wear out.

fest ◇ *adj (Knoten, Verband)* tight; *(Händedruck, Griff)* firm; *(Material, Kleidung)* strong; *(Vertrag, Gehalt, Wohnsitz)* fixed; *(Pläne, Termin)* definite. ◇ *adv (straff)* tightly; *(kräftig)* hard; *(verbindlich)* firmly.

Fest *(pl -e) das (Feier)* party; *(religiös)* festival; **frohes ~!** *(frohe Weihnachten)* happy Christmas!

Festbetrag *(pl -beträge) der* fixed amount.

festlbinden *vt unr* to tie up.

Festessen *(pl -) das* banquet.

festlhalten *vt unr (mit der Hand)* to hold (on to); *(dokumentieren)* to record.

♦ **sich festhalten** *ref*: sich ~ (an (+D)) to hold on (to).

Festiger *(pl -) der* setting lotion.

Festival *(pl -s) das* festival.

Festland *das* mainland.

festllegen *vt (Treffpunkt, Route)* to fix.

festlich *adj* festive.

festlmachen *vt* to fasten; *(Boot)* to moor; *(Termin, Treffpunkt)* to arrange.

festlnehmen *vt unr* to arrest.

Festpreis *(pl -e) der* fixed price.

festlsetzen *vt (Termin)* to arrange.

Festspiele *pl* festival *(sg)*.

festlstehen *vi unr* to have been decided.

festlstellen *vt (durch Ermittlung)* to find out; *(beobachten)* to notice.

Feststellung *(pl -en) die (Anmerkung)* remark.

Festwochen *pl* festival *(sg)*.

Fete *(pl -n) die (fam)* party.

fett *adj (Fleisch, Gericht)* fatty; *(abw: Person, Körperteil)* fat.

Fett *(pl -e) das* fat.

fettarm *adj* low-fat.

fettig *adj* greasy.

Fettstift *(pl -e) der* lip salve.

feucht *adj* damp.

Feuchtigkeitscreme *(pl -s) die* moisturizer.

Feuer *(pl -) das* fire; *(fig: Temperament)* passion; **(ein) ~ machen** to light a fire; **'~ und offenes Licht verboten!'** 'no naked flames!'; **haben Sie ~, bitte?** have you got a light, please?; **jm ~ geben** to give sb a light.

Feueralarm *der* fire alarm.

feuerfest *adj* fireproof.

feuergefährlich *adj* flammable.

Feuerlöscher *(pl -) der* fire extinguisher.

Feuermelder *(pl -) der* fire alarm.

Feuertreppe *(pl -n) die* fire escape.

Feuerwehr *(pl -en) die* fire brigade.

Feuerwehrmann *(pl -männer) der* fireman.

Feuerwehr-Zufahrt *(pl -en) die* fire lane.

Feuerwerk *(pl -e) das* fireworks *(pl)*.

Feuerzeug *(pl -e) das* lighter.

ficht *präs* → **fechten**.

Fieber *das (Körpertemperatur)* temperature; **~ haben** to have a temperature; **bei jm ~ messen** to take sb's temperature.

Fieberthermometer *(pl -) das* thermometer.

fiebrig ◇ *adj (Erkältung)* feverish. ◇ *adv (glänzen, sich anfühlen)* feverishly.

fiel *prät* → **fallen**.

Figur *(pl -en) die (Körperform, Person)* figure; *(in Schach)* piece; *(Plastik)* sculpture; **eine gute ~ haben** to have a good figure.

Filet *(pl -s) das* fillet.

Filetsteak *(pl -s) das* fillet steak.

Filiale (*pl* -n) *die* branch.

Film (*pl* -e) *der* film.

filmen *vt* to film.

Filmkamera (*pl* -s) *die (Camcorder)* camcorder.

Filter (*pl* -) *der* filter; **mit ~** filter-tipped; **ohne ~** plain.

Filtertüte (*pl* -n) *die* filter.

Filterzigarette (*pl* -n) *die* filter-tipped cigarette.

Filzstift (*pl* -e) *der* felt-tip pen.

Finale (*pl* -) *das (in Sport)* final.

finanziell ◇ *adj* financial. ◇ *adv* financially.

finanzieren *vt* to finance.

finden (*prät* **fand**, *pp* **gefunden**) ◇ *vi* to find one's way. ◇ *vt* to find; **ich finde, daß** ... I think (that) ...; **ich finde sie nett** I think she's nice; **wie findest du ...?** what do you think of ...?; **wo finde ich die Post, bitte?** where is the post office, please?

♦ **sich finden** *ref*: **der Schlüssel hat sich gefunden** I/we found the key again.

Finderlohn *der* reward *(for finding something)*.

fing *prät* → **fangen**.

Finger (*pl* -) *der* finger.

Fingernagel (*pl* -nägel) *der* fingernail.

Finne (*pl* -n) *der* Finn.

Finnin (*pl* -nen) *die* Finn.

finnisch *adj* Finnish.

Finnisch(e) *das* Finnish.

Finnland *nt* Finland.

finster *adj (dunkel)* dark; *(unheimlich)* sinister.

Firma (*pl* **Firmen**) *die* firm, company.

Fisch (*pl* -e) *der* fish.

♦ **Fische** *pl (Sternzeichen)* Pisces *(sg)*.

Fischbesteck (*pl* -e) *das* fish knife and fork.

fischen ◇ *vt (Fische)* to fish for. ◇ *vi (angeln)* to fish.

Fischer (*pl* -) *der* fisherman.

Fischerboot (*pl* -e) *das* fishing boat.

Fischgericht (*pl* -e) *das* fish dish.

Fischhändler, -in (*mpl* -) *der, die* fishmonger.

Fischstäbchen (*pl* -) *das* fish finger *(Br)*, fish stick *(Am)*.

Fischsuppe (*pl* -n) *die* fish soup.

fit *adj* fit.

fix *adj (fam: schnell)* quick; *(Kosten)* fixed; **~ und fertig** *(vollendet)* finished; *(müde)* worn-out.

FKK *die (abk für Freikörperkultur)* nudism.

FKK-Strand (*pl* -Strände) *der* nudist beach.

flach *adj* flat; *(Wasser, Teller)* shallow.

Fläche (*pl* -n) *die (Oberfläche)* surface; *(Gebiet)* area.

Flagge (*pl* -n) *die* flag.

flambiert *adj* flambé.

Flamme (*pl* -n) *die (von Feuer)* flame.

Flanell *das* flannel.

Flasche (*pl* -n) *die* bottle.

Flaschenbier *das* bottled beer.

Flaschenöffner (*pl* -) *der* bottle opener.

Flaschenpfand *das* deposit *(on a bottle)*.

Flaschenweine *pl* bottled wines.

Flaute (*pl* -n) *die (Windstille)* calm.

flechten (*präs* **flicht**, *prät* **flocht**, *pp* **geflochten**) *vt (Haar)* to plait *(Br)*, to braid *(Am)*; *(Korb)* to weave.

Fleck (*pl* -e) *der* spot; **blauer ~** bruise.

Fleckentferner (*pl* -) *der* stain remover.

Fledermaus (*pl* -mäuse) *die* bat.

Fleisch das (Muskel) flesh; (Nahrung) meat.

Fleischbrühe (pl -n) die bouillon.

Fleischer (pl -) der butcher.

Fleischerei (pl -en) die butcher's (shop).

Fleischsalat der salad made from strips of meat and vegetables with mayonnaise.

Fleisch- und Wurstwaren pl meat and sausages.

Fleischvergiftung (pl -en) die food poisoning from meat.

fleißig ◇ adj hard-working. ◇ adv (arbeiten) hard.

flicht präs → flechten.

flicken vt (Kleidung) to mend; (Reifen) to patch.

Flickzeug das (für Reifen) puncture repair kit; (für Kleidung) sewing kit.

Fliege (pl -n) die (Insekt) fly; (Schleife) bow tie.

fliegen (prät flog, pp geflogen) vt & vi ist to fly; nach Paris ~ to fly to Paris; über Paris ~ to fly via Paris.

fliehen (prät floh, pp geflohen) vi ist to flee.

Fliese (pl -n) die tile.

Fließband (pl -bänder) das conveyor belt.

fließen (prät floß, pp geflossen) vi ist to flow.

fließend ◇ adj (Verkehr) moving. ◇ adv: ~ Englisch sprechen to speak fluent English; ~es Wasser running water.

Flipper (pl -) der pinball machine.

flippern vi to play pinball.

Flirt (pl -s) der flirtation.

flirten vi to flirt.

Flitterwochen pl honeymoon (sg).

flocht prät → flechten.

flog prät → fliegen.

floh prät → fliehen.

Floh (pl Flöhe) der flea.

Flohmarkt (pl -märkte) der flea market.

floß prät → fließen.

Floß (pl Flöße) das raft.

Flosse (pl -n) die (Schwimmflosse) flipper (Br), fin (Am); (von Tieren) fin.

Flöte (pl -n) die (Blockflöte) recorder; (Querflöte) flute.

fluchen vi to swear.

Flucht die flight.

flüchten vi ist to flee.

Flüchtling (pl -e) der refugee.

Flug (pl Flüge) der (Flugreise) flight; ein ~ nach Berlin a flight to Berlin; ein ~ über London a flight via London; guten ~! have a good flight!; 'zu den Flügen' = 'passengers only beyond this point'.

Flugblatt (pl -blätter) das leaflet.

Flügel (pl -) der wing; (Instrument) grand piano.

Fluggast (pl -gäste) der passenger (on plane).

Fluggepäck das luggage.

Fluggesellschaft (pl -en) die airline.

Flughafen (pl -häfen) der airport.

Fluginformation (pl -en) die flight information.

Flugnummer (pl -n) die flight number.

Flugplan (pl -pläne) der flight schedule.

Flugplatz (pl -plätze) der airfield.

Flugschein (pl -e) der (Ticket) plane ticket.

Flugscheinkontrolle (pl -n) die ticket control.

Flugsteig (pl -e) der gate.

Flugstrecke (pl -n) die flight distance.

Flugticket (pl -s) das plane ticket.

Flugverbindung (*pl* **-en**) *die* (flight) connection.

Flugverkehr *der* air traffic.

Flugzeug (*pl* **-e**) *das* (aero)plane, airplane *(Am)*; **mit dem ~ fliegen** to go by air, to fly.

Flur (*pl* **-e**) *der (Diele)* hall.

Fluß (*pl* **Flüsse**) *der (Wasserlauf)* river.

flüssig ◇ *adj (Material)* liquid. ◇ *adv (sprechen)* fluently.

Flüssigkeit (*pl* **-en**) *die* liquid.

flüstern *vi & vt* to whisper.

Flut (*pl* **-en**) *die (von Gezeiten)* tide; *(von Beschwerden, Anträgen)* flood.

♦ **Fluten** *pl (Wassermassen)* floods.

Flutlicht *das* floodlight.

focht *prät* → **fechten**.

Fohlen (*pl* **-**) *das* foal.

Föhn *der* the hot, dry wind typical of the Alps.

Folge (*pl* **-n**) *die (Konsequenz)* result, consequence; *(von Fernsehserie)* episode; **etw zur ~ haben** to result in sthg.

folgen *vi ist* (+*D*) to follow; **~ auf** (+*A*) to follow; **~ aus** to follow from; **bitte ~!** please follow me!

folgend *adj* following; *(Konsequenz)* resulting; **~e Punkte** the following points.

folgendermaßen *adv* as follows.

Folie (*pl* **-n**) *die (aus Metall)* foil; *(aus Kunststoff)* film.

Folklore *die* folklore.

folkloristisch *adj* folkloric.

Fön® (*pl* **-e**) *der* hairdryer.

fönen *vt* to blow-dry; **sich** (*D*) **die Haare ~** to dry one's hair.

fordern *vt (verlangen)* to demand; *(Preis)* to ask; *(beanspruchen)* to make demands on.

fördern *vt (finanziell)* to support; *(mit Engagement)* to promote.

Forderung (*pl* **-en**) *die (Verlangen)* demand; *(finanzieller Anspruch)* claim.

Forelle (*pl* **-n**) *die* trout; **~ blau** poached trout; **~ Müllerinnen Art** trout fried in butter and served with lemon juice and parsley.

Form (*pl* **-en**) *die (räumlich)* shape, form; *(für Kuchen)* baking tin; **in ~ sein** to be in good form; **in ~ von** in the form of.

Formalität (*pl* **-en**) *die (Regel)* formality.

Format (*pl* **-e**) *das (Größe)* format.

Formblatt (*pl* **-blätter**) *das* form.

formen *vt (Ton, Teig)* to shape.

formlos *adj* shapeless.

Formular (*pl* **-e**) *das* form; **ein ~ ausfüllen** to fill in a form.

formulieren *vt* to word.

Forschung (*pl* **-en**) *die* research.

Forst (*pl* **-e**) *der* forest.

fort *adv* away; **~ sein** to be gone.

fort|bewegen *vt* to move away.

♦ **sich fortbewegen** *ref* to move.

fort|fahren ◇ *vi unr ist (mit Auto, Zug)* to leave; *(weitermachen)* to continue. ◇ *vt unr hat (Auto, Bus)* to drive away.

fort|gehen *vi unr ist (weggehen)* to leave.

Fortgeschrittene (*pl* **-n**) *der, die* advanced student.

Fortschritt (*pl* **-e**) *der* progress; **~e machen** to make progress.

fort|setzen *vt* to continue.

Fortsetzung (*pl* **-en**) *die (von Streik, Verhandlungen)* continuation; *(von Serie)* episode.

Foto (*pl* **-s**) *das* photo.

Fotoapparat (*pl* **-e**) *der* camera.

Fotogeschäft (*pl* **-e**) *das* camera shop.

Fotograf, -in (*mpl* **-en**) *der, die* photographer.

Fotografie (*pl* **-n**) *die (Bild)* photograph.

fotografieren ◊ *vt* to photo-graph. ◊ *vi* to take photographs.

Fotokopie (*pl* -n) *die* photocopy.

fotokopieren *vt & vi* to photo-copy.

Foyer (*pl* -s) *das* foyer.

Fr. (*abk für Frau*) Mrs.

Fracht (*pl* -en) *die* (*mit Zug*) freight; (*mit Schiff*) cargo.

Frachter (*pl* -) *der* freighter.

Frack (*pl* Fräcke) *der* tails (*pl*).

Frackzwang *der*: es besteht ~ please wear tails.

Frage (*pl* -n) *die* (*Fragesatz*) ques-tion; (*Problem*) issue; eine ~ haben to have a question; eine ~ (an jn) stellen to ask (sb) a question; die ~ nach the question of; noch ~n? any more questions?; etw in ~ stellen to call sthg into question; nicht in ~ kommen to be out of the question.

Fragebogen (*pl* -bögen) *der* questionnaire.

fragen *vt & vi* to ask; ~ nach to ask about.

♦ **sich fragen** ◊ *ref* to wonder. ◊ *vimp*: es fragt sich, ob ... it is debatable whether ...

Fragezeichen (*pl* -) *das* question mark.

Fraktion (*pl* -en) *die* (POL) (parlia-mentary) party.

Frankenwein (*pl* -e) *der* white wine from northern Bavaria.

frankieren *vt* to stamp.

Frankreich *nt* France.

Franzose (*pl* -n) *der* Frenchman.

Französin (*pl* -nen) *die* French-woman.

französisch *adj* French.

Französisch(e) *das* French.

fraß *prät* → fressen.

Frau (*pl* -en) *die* (*Erwachsene*) woman; (*Ehefrau*) wife; (*als Anrede*) Mrs (*verheiratet*), Ms (*neut-ral*).

Frauenarzt (*pl* -ärzte) *der* gynae-cologist.

Frauenärztin (*pl* -nen) *die* gynaecologist.

Frauenberatungsstelle (*pl* -n) *die* women's advice centre.

Frauenbewegung *die* women's movement.

Frauenbuchladen (*pl* -läden) *der* feminist bookshop.

Frauencafé (*pl* -s) *das* café for women only.

frauenfeindlich *adj* misogy-nistic.

Frauenhaus (*pl* -häuser) *das* women's refuge.

Frauenlokal (*pl* -e) *das* bar for women only.

Fräulein *das* (*Anrede*) Miss.

frech ◊ *adj* cheeky. ◊ *adv* cheeki-ly.

Frechheit (*pl* -en) *die* (*Bemer-kung, Handlung*) cheeky thing.

Free-Climbing *das* free climb-ing.

frei ◊ *adj* free; (*Mitarbeiter*) free-lance; (*nackt*) bare. ◊ *adv* freely; (*gratis*) for free; ~ von free of; drei Wochen ~ haben to have three weeks off; etw ~ Haus liefern to deliver sthg free; machen Sie sich bitte ~ please take your clothes off; im Freien in the open air.

Freibad (*pl* -bäder) *das* open-air swimming pool.

freiberuflich *adj* self-employed.

Freibier *das* free beer.

freigegeben *adv*: '~ ab 18 Jahren' indicates that a film can only be watched by people over eighteen.

Freiheit (*pl* -en) *die* (*Unabhängig-keit*) freedom; (*Vorrecht*) liberty.

Freikarte (*pl* -n) *die* free ticket.

freilassen *vt unr* to set free.

freilich *adv* (*allerdings*) admitted-ly; (*Süddt: sicher*) of course.

Freilichtbühne (*pl* -n) *die* open-air theatre.

frei|machen ◊ vi *(fam: Urlaub nehmen)* to take time off. ◊ vt *(Brief)* to stamp.

♦ **sich freimachen** ref *(Urlaub machen)* to take time off; *(sich ausziehen)* to take one's clothes off.

Freistoß *(pl -stöße) der* free kick.

Freitag *(pl -e) der* Friday, → **Samstag**.

freitags *adv* on Fridays.

freiwillig ◊ *adj* voluntary. ◊ *adv* of one's own free will.

Freizeichen *(pl -) das* ringing tone.

Freizeit *die* free time.

Freizeitbad *(pl -bäder) das* leisure pool.

Freizeitkleidung *die* casual clothes *(pl).*

Freizeitpark *(pl -s) der* park *(with recreational facilities).*

fremd *adj (ausländisch)* foreign; *(unbekannt)* strange; ~e Angelegenheiten other people's business; ich bin hier ~ I'm a stranger here.

Fremde *(pl -n) der, die (Unbekannte)* stranger.

Fremdenführer, -in *(mpl -) der, die* tourist guide.

Fremdenverkehrsamt *(pl -ämter) das* tourist board.

Fremdenverkehrsbüro *(pl -s) das* tourist information centre.

Fremdenzimmer *(pl -) das* (guest) room.

Fremdkörper *(pl -) der* foreign body.

Fremdsprache *(pl -n) die* foreign language.

Fremdsprachenkenntnisse *pl* knowledge of foreign languages.

Fremdwort *(pl -e) das* foreign word.

Frequenz *(pl -en) die (von Radiosender)* frequency.

fressen *(präs frißt, prät fraß, pp gefressen)* ◊ vt *(Futter)* to eat; *(Benzin, Strom)* to eat up. ◊ vi *(Tier)* to feed; *(abw: Mensch)* to stuff o.s.

Freude *(pl -n) die* pleasure, joy; jm eine ~ machen to make sb happy.

♦ **Freuden** *pl* pleasures.

freuen *vt* to please; freut mich sehr! pleased to meet you!

♦ **sich freuen** ref to be pleased; sich ~ auf (+A) to look forward to; sich ~ über (+A) to be pleased about.

Freund, -in *(mpl -e) der, die* friend; *(Geliebter)* boyfriend (girlfriend); ~e und Bekannte friends and acquaintances.

freundlich ◊ *adj (Person)* friendly; *(Umgebung, Wetter)* nice. ◊ *adv (grüßen)* in a friendly way.

Freundschaft *(pl -en) die (vertraute Beziehung)* friendship.

Frieden *der* peace.

Friedhof *(pl -höfe) der* cemetery.

frieren *(prät fror, pp gefroren)* ◊ vi hat/ist *(Person)* to be cold; *(Wasser)* to freeze. ◊ vimp hat: es friert it's freezing.

Frikadelle *(pl -n) die* rissole.

frisch ◊ *adj* fresh; *(Temperatur)* cool; *(Farbe)* wet. ◊ *adv* freshly; sich ~ machen to freshen up; 'Vorsicht, ~ gestrichen!' 'wet paint'.

Frischfleisch *das* fresh meat.

Frischhaltebeutel *(pl -) der* airtight bag.

Frischhaltefolie *(pl -n) die* clingfilm *(Br)*, Saranwrap® *(Am)*.

Frischkäse *(pl -) der* soft cream cheese.

Friseur *(pl -e) der* hairdresser.

Friseuse *(pl -n) die* hairdresser.

Frisiercreme *(pl -s) die* styling cream.

frisieren *vt*: jn ~ to do sb's hair.

◆ **sich frisieren** *ref* to do one's hair.

frißt *präs* → **fressen**.

Frist (*pl* -en) *die* period; **eine ~ einhalten** to stick to a deadline.

fristgerecht *adj* within the time allowed.

Frisur (*pl* -en) *die* hairstyle.

fritieren *vt* to deep-fry.

Frl. (*abk für Fräulein*) Miss.

froh *adj* happy; **~ sein über** (+A) to be pleased about.

fröhlich ◇ *adj* cheerful. ◇ *adv* cheerfully.

Fronleichnam *nt* Corpus Christi (*Catholic festival*).

fror *prät* → **frieren**.

Frost (*pl* Fröste) *der* frost.

Frostgefahr *die*: **es besteht ~** there's a danger of frost.

Frostschutzmittel (*pl* -) *das* antifreeze.

Frottee (*pl* -s) *der* ODER *das* towelling.

Frucht (*pl* Früchte) *die* fruit.

Fruchteis *das* fruit-flavoured ice-cream.

Früchtetee (*pl* -s) *der* fruit tea.

fruchtig *adj* fruity.

Fruchtsaft (*pl* -säfte) *der* fruit juice.

Fruchtsaftkonzentrat (*pl* -e) *das* squash (*Br*), juice concentrate (*Am*).

Fruchtsalat (*pl* -e) *der* fruit salad.

früh *adj & adv* early; **~ am Abend** early in the evening; **gestern/heute/morgen ~** yesterday/this/tomorrow morning.

früher ◇ *adj* (*ehemalig*) former. ◇ *adv* formerly.

frühestens *adv* at the earliest.

Frühjahr (*pl* -e) *das* spring.

Frühling (*pl* -e) *der* spring; **im ~** in spring.

Frühlingsrolle (*pl* -n) *die* spring roll.

Frühschicht (*pl* -en) *die* early shift.

Frühstück (*pl* -e) *das* breakfast; **zum ~** for breakfast.

frühstücken *vi* to have breakfast.

Frühstücksbuffet (*pl* -s) *das* breakfast bar.

Frühstücksraum (*pl* -räume) *der* breakfast room.

Fuchs (*pl* Füchse) *der* fox.

fühlen *vt & vi* to feel; **nach etw ~** to feel for sthg.

◆ **sich fühlen** *ref* to feel.

fuhr *prät* → **fahren**.

führen ◇ *vt* (*Person, Leben*) to lead; (*Touristen*) to show round; (*Geschäft*) to run; (*Buch, Konto*) to keep; (*Ware*) to stock; (*Gespräch*) to hold. ◇ *vi* to lead; **England führt mit 1:0** England are one-nil ahead; **~ zu** (*an ein Ziel*) to lead to.

Führer (*pl* -) *der* (*Person, Buch*) guide.

Führerin (*pl* -nen) *die* guide.

Führerschein (*pl* -e) *der* driving licence (*Br*), driver's license (*Am*).

Führung (*pl* -en) *die* (*Besichtigung*) (guided) tour; **nächste ~: 12.30 Uhr** the next tour is at 12.30; **in ~ liegen** to be in the lead.

füllen *vt* (*Gefäß*) to fill; (*Teig, Fleisch*) to stuff; (*Flüssigkeit*) to put.

Füller (*pl* -) *der* fountain pen.

Füllung (*pl* -en) *die* filling.

Fund (*pl* -e) *der* (*Vorgang*) discovery; (*Gegenstand*) find.

Fundbüro (*pl* -s) *das* lost property office (*Br*), lost-and-found office (*Am*).

Fundsachen *pl* lost property (*sg*).

fünf *num* five, → **sechs**.

fünfhundert *num* five hundred.

fünfmal *adv* five times.

Fünfmarkstück (*pl* -e) *das* five-mark coin.

fünfte *adj* fifth, → **sechste**.

Fünftel (*pl* -) *das* fifth.

fünfzehn *num* fifteen, → **sechs**.

fünfzig *num* fifty, → **sechs**.

Fünfzigmarkschein (*pl* -e) *der* fifty-mark note.

Funk *der* radio.

funken *vt* to radio.

Funkgerät (*pl* -e) *das* radio set.

Funktelefon (*pl* -e) *das* (*Handy*) mobile phone; (*kabelloses Telefon*) cordless phone.

Funktion (*pl* -en) *die* function; (*Funktionieren*) functioning.

funktionieren *vi* to work.

für *präp* (+A) for; **Wort ~ Wort** word by word; **Tag ~ Tag** day after day; **was ~ ein Auto hast du?** what kind of car do you have?; **jn ~ dumm halten** to think sb is stupid.

Furcht *die* fear.

furchtbar ◇ *adj* terrible. ◇ *adv* terribly.

fürchten *vt* to fear.

♦ **sich fürchten** *ref* to be afraid; **sich ~ vor** (+D) to be afraid of.

fürchterlich ◇ *adj* terrible. ◇ *adv* terribly.

füreinander *adv* for each other.

fürs *präp* & *det* = **für das**.

Fuß (*pl* Füße) *der* foot; (*von Möbel*) leg; (*von Lampe*) base; **zu ~** on foot.

Fußball (*pl* -bälle) *der* (*Ball*) football (*Br*), soccer ball (*Am*); (*Sport*) football (*Br*), soccer (*Am*).

Fußballmannschaft (*pl* -en) *die* football team (*Br*), soccer team (*Am*).

Fußballplatz (*pl* -plätze) *der* football pitch (*Br*), soccer pitch (*Am*).

Fußballspiel (*pl* -e) *das* football match (*Br*), soccer match (*Am*).

Fußballspieler, -in (*mpl* -) *der, die* footballer (*Br*), soccer player (*Am*).

Fußbank (*pl* -bänke) *die* footstool.

Fußboden (*pl* -böden) *der* floor.

Fußbremse (*pl* -n) *die* footbrake.

Fußgänger, -in (*mpl* -) *der, die* pedestrian.

Fußgängerbrücke (*pl* -n) *die* footbridge.

Fußgängertunnel (*pl* -) *der* subway, underpass.

Fußgängerüberweg (*pl* -e) *der* pedestrian crossing.

Fußgängerzone (*pl* -n) *die* pedestrian precinct.

Fußgelenk (*pl* -e) *das* ankle.

Fußnagel (*pl* -nägel) *der* toenail.

Fußweg (*pl* -e) *der* footpath.

Futter *das* (*für Tiere*) food; (*von Mantel, Tasche*) lining.

füttern *vt* to feed; 'bitte nicht ~!' 'please do not feed the animals'.

Futur (*pl* -e) *das* future (tense).

gab *prät* → **geben**.

Gabel (*pl* -n) *die* (*Besteck*) fork.

gabeln: sich gabeln *ref* to fork.

Gabelung (*pl* -en) *die* fork.

Gag (*pl* -s) *der* gag.

gähnen *vi* to yawn.

Gala (*pl* -s) *die* (*Veranstaltung*) gala; (*Kleidung*) formal dress.

Galerie (*pl* -n) *die* gallery.

Galle (*pl* -n) *die* bile.

galoppieren *vi* ist to gallop.

Galopprennen (*pl* -) *das* horse racing.

galt *prät* → **gelten**.

gammeln *vi* (*fam: Essen*) to go

off; *(fam: Person)* to loaf around.

Gang *(pl* Gänge) *der (Flur)* corridor; *(in Flugzeug)* aisle; *(von Menü)* course; *(von Fahrzeug)* gear; *(Gangart)* gait; *(Spaziergang)* walk; etw in ~ setzen to get sthg going; im ersten ~ in first gear.

Gangschaltung *(pl* -en) *die* gears *(pl)*.

Gangway *(pl* -s) *die (von Schiff)* gangway; *(von Flugzeug)* steps *(pl)*.

Gans *(pl* Gänse) *die* goose.

Gänsehaut *die* goose-pimples *(pl)*.

Gänseleberpastete *(pl* -n) *die* foie gras, *pâté made from goose liver.*

ganz ◇ *adj (komplett, heil)* whole; *(alle)* all. ◇ *adv (sehr)* really; *(völlig)* completely; *(ziemlich)* quite; **der ~e Kaffee** all the coffee; **~ Paris** the whole of Paris; **~ bleiben** to stay in one piece; **~ bestimmt** quite certainly; **~ und gar** completely; **~ und gar nicht** not at all; **~ gut** quite well/good.

ganztägig ◇ *adj (Beschäftigung)* full-time. ◇ *adv* all day.

ganztags *adv* all day.

gar ◇ *adj (Speise)* done. ◇ *adv*: **es war ~ keiner da** there was no one there at all; **~ nicht** not at all; **~ nichts** nothing at all; **auf ~ keinen Fall** under no circumstances.

Garage *(pl* -n) *die* garage.

Garagenanlage *(pl* -n) *die* row of garages.

Garantie *(pl* -n) *die* guarantee.

garantieren ◇ *vt* to guarantee. ◇ *vi*: **~ für** to guarantee.

garantiert *adv*: **er hat es ~ vergessen** he's bound to have forgotten it.

Garderobe *(pl* -n) *die (Kleidung)* coat, scarf, hat, etc; *(Raum)* cloakroom.

Gardine *(pl* -n) *die* curtain.

Garn *(pl* -e) *das* thread.

Garten *(pl* Gärten) *der* garden.

Gartenlokal *(pl* -e) *das* beer garden.

Gartenstuhl *(pl* -stühle) *der* garden chair.

Gärtner, -in *(mpl* -) *der, die* gardener.

Gärtnerei *(pl* -en) *die* nursery.

Garzeit *(pl* -en) *die* cooking time.

Gas *(pl* -e) *das* gas; *(Gaspedal)* accelerator; **~ geben** to accelerate.

Gasflasche *(pl* -n) *die* gas cylinder.

Gasheizung *(pl* -en) *die* gas heating.

Gaskocher *(pl* -) *der* camping stove.

Gaspedal *(pl* -e) *das* accelerator.

Gaspistole *(pl* -n) *die* pistol that fires gas cartridges.

Gasse *(pl* -n) *die (Straße)* lane.

Gast *(pl* Gäste) *der* guest; **zu ~ sein bei jm** to be sb's guest.

Gastarbeiter, -in *(mpl* -) *der, die* foreign worker.

Gästebett *(pl* -en) *das* spare bed.

Gästebuch *(pl* -bücher) *das* visitor's book.

Gästehaus *(pl* -häuser) *das* guest house.

Gästezimmer *(pl* -) *das* guest room.

gastfreundlich *adj* hospitable.

Gastgeber, -in *(mpl* -) *der, die* host.

Gasthaus *(pl* -häuser) *das* inn.

Gasthof *(pl* -höfe) *der* inn.

Gastland *(pl* -länder) *das* foreign country *(where someone is staying)*.

Gastronomie *die* catering.

Gaststätte *(pl* -n) *die* pub *(also offering a full menu of local food)*.

Gaststube *(pl* -n) *die* restaurant *(in a hotel or inn)*.

Gastwirt, -in *(mpl* -e) *der, die* landlord (landlady).

Gaze *die* gauze.

geändert *adj*: **~e Abfahrtszeiten** revised departure times; **~e Öffnungszeiten** new opening hours; **'Vorfahrt ~'** *sign indicating altered right of way.*

geb. *abk* = **geboren.**

Gebäck *das* pastries *(pl).*

gebacken *adj* baked.

Gebärmutter *die* womb.

Gebäude *(pl -) das* building.

gebeizt *adj (Holz)* stained.

geben (*präs* **gibt,** *prät* **gab,** *pp* **gegeben**) ◊ *vt* **1.** *(reichen, schenken):* **jm etw ~** to give sb sthg, to give sthg to sb. **2.** *(bezahlen)* to give; **er hat mir 20 DM dafür gegeben** he gave me 20 marks for it. **3.** *(sagen, erteilen)* to give; **Unterricht ~** to teach. **4.** *(in Reparatur):* **etw in Reparatur ~** to have sthg repaired. **5.** *(am Telefon):* **jm jn ~** to put sb through to sb.

◊ *vimp*: **es gibt** there is/are; **hier gibt es viele Studenten** there are a lot of students here; **was gibt es?** what's up?; **was gibt es im Fernsehen?** what's on television?

♦ **sich geben** *ref* to act; **sich cool ~** to act cool.

gebeten *pp* → **bitten.**

Gebiet *(pl -e) das (Gegend)* area.

Gebirge *(pl -) das* mountains *(pl).*

gebirgig *adj* mountainous.

Gebiß *(pl* **Gebisse)** *das (Zähne)* teeth *(pl); (künstlich)* dentures *(pl).*

gebissen *pp* beißen.

Gebißreiniger *(pl -) der* denture tablets *(pl).*

Gebläse *(pl -) das* fan.

geblasen *pp* → **blasen.**

geblieben *pp* bleiben.

gebogen ◊ *pp* → **biegen.** ◊ *adj* bent.

gebohnert *adj* polished; **'frisch ~'** 'slippery floor'.

geboren *adj*: **~e Maier** née Maier.

geborgen *pp* → **bergen.**

geboten *pp* → **bieten.**

gebracht *pp* → **bringen.**

gebrannt *pp* → **brennen.**

gebraten ◊ *pp* → **braten.** ◊ *adj (in der Pfanne)* fried; *(im Backofen)* roast.

gebrauchen *vt* to use; **deine Hilfe könnte ich gut ~** I could use your help.

Gebrauchsanweisung *(pl -en) die* instructions *(pl).*

gebrauchsfertig *adj* ready-to-use.

Gebrauchsgegenstand *(pl -stände) der* utensil.

gebraucht *adj* used, secondhand.

Gebrauchtwagen *(pl -) der* used car.

gebrochen ◊ *pp* → **brechen.** ◊ *adj* broken. ◊ *adv*: **~ Englisch sprechen** to speak broken English.

Gebühr *(pl -en) die (für Telefon, Rundfunk)* charge; *(für Arzt, Anwalt)* fee; **'~ bezahlt Empfänger'** 'postage to be paid by the addressee'.

Gebühreneinheit *(pl -en) die* unit *(on phone).*

gebührenfrei *adj* free of charge.

Gebührenordnung *(pl -en) die* tariff.

gebührenpflichtig *adj* subject to a charge.

gebunden *pp* → **binden.**

Geburt *(pl -en) die* birth.

Geburtsdatum *das* date of birth.

Geburtsjahr *das* year of birth.

Geburtsname *der* maiden name.

Geburtsort *der* place of birth.

Geburtstag *(pl -e) der* birthday;

alles Gute zum ~ happy birthday.
Geburtstagsfeier (*pl* **-n**) *die* birthday party.
Geburtsurkunde (*pl* **-n**) *die* birth certificate.
gedacht *pp* → **denken**.
Gedächtnis (*pl* **-se**) *das* memory.
Gedanke (*pl* **-n**) *der* thought.
Gedeck (*pl* **-e**) *das* place setting.
Gedenkfeier (*pl* **-n**) *die* memorial service.
Gedenkstätte (*pl* **-n**) *die* memorial.
Gedenktafel (*pl* **-n**) *die* (memorial) plaque.
Gedicht (*pl* **-e**) *das* poem.
Geduld *die* patience; **bitte haben Sie etwas ~** *(am Telefon)* please hold the line.
gedulden: sich gedulden *ref* to wait (patiently); **bitte ~ Sie sich einen Augenblick** please wait a moment.
geduldig ◇ *adj* patient. ◇ *adv* patiently.
gedünstet *adj* steamed.
gedurft *pp* → **dürfen**.
geehrt *adj*: **Sehr ~e Frau Müller** Dear Mrs Müller; **Sehr ~er Herr Braun** Dear Mr Braun.
geeignet *adj* suitable; **~ für** suitable for; **er ist zum Lehrer ~** he'd make a good teacher; **nicht ~** unsuitable.
Gefahr (*pl* **-en**) *die* danger; **auf eigene ~** at one's own risk; **'bei ~ Scheibe einschlagen'** 'break the glass in case of emergency'.
gefahren *pp* → **fahren**.
Gefahrenfall *der*: **'nur im ~ benutzen'** 'for emergency use only'.
gefährlich *adj* dangerous.
Gefälle (*pl* **-**) *das* incline.
gefallen *vi*: **es gefällt mir** I like it; **es gefällt ihm** he likes it; **sich** (*D*) **etw ~ lassen** to put up with sthg;

sich (*D*) **nichts ~ lassen** not to put up with any nonsense.
Gefallen (*pl* **-**) *der* favour; **jm einen ~ tun** to do sb a favour; **jm um einen ~ bitten** to ask sb a favour.
gefälligst *adv*: **komm ~ her!** will you please come here!
gefangen *pp* → **fangen**.
Gefängnis (*pl* **-se**) *das* prison.
Gefäß (*pl* **-e**) *das* container, receptacle.
geflochten *pp* → **flechten**.
geflogen *pp* → **fliegen**.
geflohen *pp* → **fliehen**.
geflossen *pp* → **fließen**.
Geflügel *das* poultry.
gefochten *pp* → **fechten**.
gefressen *pp* → **fressen**.
Gefrierbeutel (*pl* **-**) *der* freezer bag.
gefrieren (*präs* **gefriert**, *prät* **gefror**, *pp* **gefroren**) *vi* ist/hat to freeze.
Gefrierfach (*pl* **-fächer**) *das* freezer (compartment).
Gefriertruhe (*pl* **-n**) *die* freezer.
gefroren ◇ *pp* → **frieren**, **gefrieren**. ◇ *adj* frozen.
Gefühl (*pl* **-e**) *das* feeling.
gefüllt *adj* (*Speisen*) stuffed.
gefunden *pp* → **finden**.
gegangen *pp* → **gehen**.
gegeben *pp* → **geben**.
gegebenenfalls *adv* if necessary.
gegen *präp* (+A) against; (*Angabe eines Vergleiches*) in comparison to; **~ fünf Uhr** at about five o'clock; **~ etw sein** to be opposed to sthg; **Leipzig ~ Dresden** Leipzig versus Dresden; **ein Mittel ~ Grippe** a medicine for flu, a flu remedy; **etwas ~ jn haben** to have something against sb; **~ bar** for cash.
Gegend (*pl* **-en**) *die* area; **in der ~** nearby; **in der ~ von** near.

gegeneinander *adv* against each other.

Gegenfahrbahn (*pl* -en) *die* opposite carriageway.

Gegenlicht *das*: **bei ~** with the light in one's eyes.

Gegenmittel (*pl* -) *das* antidote.

Gegenrichtung *die* opposite direction.

Gegensatz (*pl* -sätze) *der* contrast; **im ~ zu** in contrast to.

gegenseitig ◇ *adj* mutual. ◇ *adv*: **sich ~ beeinflussen** to influence each other.

Gegensprechanlage (*pl* -n) *die* intercom.

Gegenstand (*pl* -stände) *der* object.

Gegenteil (*pl* -e) *das* opposite; **im ~** on the contrary.

gegenüber *präp* (+D) *(räumlich)* opposite; *(Angabe eines Vergleichs)* in comparison to; *(Angabe einer Beziehung)*: **jm ~** towards sb.

Gegenverkehr *der* oncoming traffic.

Gegenwart *die* (GRAMM) present (tense); *(jetzt)* present; **in ~ von** in the presence of.

Gegenwind *der* headwind.

gegessen *pp* → **essen**.

geglichen *pp* → **gleichen**.

geglitten *pp* → **gleiten**.

Gegner, -in (*mpl* -) *der, die* opponent.

gegolten *pp* → **gelten**.

gegossen *pp* → **gießen**.

gegriffen *pp* → **greifen**.

gegrillt *adj* grilled.

Gehackte *das* mince (Br), mincemeat (Am).

Gehalt (*pl* Gehälter) *das* *(von Angestellten)* salary.

gehbehindert *adj* disabled *(used of people who have difficulty walking)*.

geheim *adj* secret.

Geheimnis (*pl* -se) *das* secret.

geheimnisvoll *adj* mysterious.

Geheimnummer (*pl* -n) *die* *(von Scheckkarte)* PIN (number); *(von Telefon)* ex-directory number *(Br)*, unlisted number *(Am)*.

geheißen *pp* → **heißen**.

gehen (*präs* geht, *prät* ging, *pp* gegangen) ◇ *vi ist* **1.** *(gen)* to go; **einkaufen ~** to go shopping; **zu Fuß ~** to walk.

2. *(weggehen, abfahren)* to go; **mein Zug geht um acht Uhr** my train goes at eight o'clock.

3. *(funktionieren)* to work.

4. *(erlaubt sein)* to be allowed; **das geht nicht** you can't do that.

5. *(möglich sein)* to be possible; **heute geht es nicht** it's not possible today.

6. *(reichen)*: **~ bis** to come up to, to go as far as.

7. *(passen)*: **in/durch etw ~** to go in/through sthg.

8. *(berühren)*: **an etw** (A) **~** to touch sthg.

9. *(sich richten)*: **es kann nicht immer nach dir ~** you can't always have things your own way.

10. *(Belastung)*: **das geht über unsere Mittel** that's beyond our means.

11. *(kündigen)* to leave.

12. *(Teig)* to rise.

13. *(Post)* to go.

◇ *vimp* **1.** *(sich befinden)*: **wie geht's?** how are you?; **wie geht es Ihnen?** how are you?; **es geht mir gut/schlecht** I'm well/not very well; **wie gefällt es dir? – es geht** how do you like it? – it's O.K.

2. *(sich handeln um)*: **es geht um deine Mutter** it's about your mother; **es geht darum, als erster anzukommen** you have to try and arrive first; **worum geht es in diesem Buch?** what's this book about?

Gehirn (*pl* -e) *das* brain.

Gehirnerschütterung (*pl* -en) *die* concussion.

gehoben ◊ *pp* → **heben**. ◊ *adj* (*Position*) senior.

geholfen *pp* → **helfen**.

gehorchen *vi* to obey; **jm** ~ to obey sb.

gehören *vi*: **jm** ~ to belong to sb; ~ **zu** (*als Teil*) to belong to; ~ **in** (+*A*) (*an Platz*) to belong in.

♦ **sich gehören** *ref*: das gehört sich nicht! that's not the done thing!

Gehörlose (*pl* -n) *der, die* deaf person.

gehorsam *adj* obedient.

Gehweg (*pl* -e) *der* pavement (*Br*), sidewalk (*Am*).

Geige (*pl* -n) *die* violin.

Geisel (*pl* -n) *die* hostage.

Geist (*pl* -er) *der* (*Verstand*) mind; (*Gespenst*) ghost.

Geisterbahn (*pl* -en) *die* ghost train.

Geisterfahrer, -in (*mpl* -) *der, die* person who drives in the wrong direction on a motorway.

geizig *adj* mean, miserly.

gekannt *pp* → **kennen**.

geklungen *pp* → **klingen**.

gekniffen *pp* → **kneifen**.

gekocht *adj* cooked.

gekommen *pp* → **kommen**.

gekonnt *pp* → **können**.

gekrochen *pp* → **kriechen**.

gekühlt *adj* (*Getränk*) chilled; '~ mindestens haltbar bis ...' 'if refrigerated best before ...'

Gel (*pl* -s) *das* gel.

geladen *pp* → **laden**.

gelähmt *adj* paralysed.

Gelände (*pl* -) *das* (*Grundstück*) site; (*Gebiet*) terrain.

Geländer (*pl* -) *das* (*von Treppe*) banister; (*von Brücke*) parapet; (*von* *Balkon*) railing.

gelang *prät* → **gelingen**.

gelassen *adj* calm, cool.

Gelatine *die* gelatine.

gelaunt *adj*: **gut** ~ good-tempered; **schlecht** ~ bad-tempered.

gelb *adj* (*Farbe*) yellow; (*Ampel*) amber.

Gelb *das* (*Farbe*) yellow; (*von* *Ampel*) amber.

Gelbsucht *die* jaundice.

Geld (*pl* -er) *das* money.

♦ **Gelder** *pl* funds.

Geldautomat (*pl* -en) *der* cash dispenser.

Geldbörse (*pl* -n) *die* (*Brieftasche*) wallet; (*für Münzen*) purse.

Geldeinwurf *der* coin slot.

Geldrückgabe *die* coin return (button).

Geldschein (*pl* -e) *der* banknote.

Geldstrafe (*pl* -n) *die* fine.

Geldtasche (*pl* -n) *die* money bag.

Geldwechsel *der* exchange; 'kein ~' 'currency not exchanged here'.

Geldwechselautomat (*pl* -en) *der* change machine.

Gelee (*pl* -s) *das* jelly.

gelegen *pp* → **leihen**.

Gelegenheit (*pl* -en) *die* (*Möglichkeit, Anlaß*) opportunity; (*Angebot*) bargain; **bei** ~ when the opportunity arises.

Gelenk (*pl* -e) *das* (*von Knochen*) joint.

Geliebte (*pl* -n) *der, die* lover.

geliehen *pp* → **leihen**.

gelingen *vi unr ist* to be a success; **jm** ~ to turn out well for sb; **es ist mir gelungen, ihn zu überreden** I managed to convince him.

gelitten *pp* → **leiden**.

gelockt *adj* curly.

gelogen *pp* → **lügen**.

gelten (*präs* **gilt**, *prät* **galt**, *pp* **gegolten**) ◊ *vt* to be valid for. ◊ *vi* to be valid; ~ **bis** to be valid until.

Geltungsbereich (*pl* -e) *der (von Fahrkarte)* zone or zones for which a ticket is valid.

Geltungsdauer *die (von Fahrkarte, Ausweis)* period for which a ticket, passport etc is valid.

gelungen *pp* → **gelingen**.

gemahlen *adj (Kaffee)* ground.

Gemälde (*pl* -) *das* painting.

gemein *adj (böse)* nasty, mean.

Gemeinde (*pl* -n) *die (Verwaltungseinheit)* municipality; *(Menschen)* community; *(kirchlich)* parish.

gemeinsam ◊ *adj* common. ◊ *adv* together.

Gemeinschaft (*pl* -en) *die (Gruppe)* community; *(Zusammensein)* company.

gemeint *adj*: **das war nicht so ~** I didn't mean it like that.

gemieden *pp* → **meiden**.

gemischt *adj* mixed; **~er Salat** mixed salad.

gemocht *pp* → **mögen**.

gemolken *pp* → **melken**.

Gemüse *das* vegetables (*pl*).

Gemüsehändler, -in (*mpl* -) *der, die* greeengrocer.

gemußt *pp* → **müssen**.

gemütlich *adj (bequem)* cosy; *(Abend)* pleasant; *(langsam)* leisurely; **es sich ~ machen** to make o.s. at home.

genannt *pp* → **nennen**.

genau ◊ *adj* exact. ◊ *adv (aufmerksam)* carefully; *(exakt)* precisely, exactly; **~!** *(richtig)* exactly!

genauso *adv* just as; **~ gut/schlecht/schnell** just as good/bad/fast.

genehmigen *vt* to authorize.

Genehmigung (*pl* -en) *die (Ge-* *nehmigen)* authorization; *(Schein)* permit.

generalüberholen *vt* to service.

Generation (*pl* -en) *die* generation.

generell *adj* general.

Genf *nt* Geneva.

Genfer See *der* Lake Geneva.

Genick (*pl* -e) *das* (back of the) neck.

genießbar *adj (Speise)* edible; **das Fleisch ist nicht mehr ~** the meat has gone off.

genießen (*prät* **genoß**, *pp* **genossen**) *vt* to enjoy.

Genitiv (*pl* -e) *der* genitive.

genommen *pp* → **nehmen**.

genormt *adj* standardized.

genoß *prät* → **genießen**.

genossen *pp* → **genießen**.

genug *adv* enough; **~ haben** *(bei Überdruß)* to have had enough.

genügen *vi* to be enough; **jm ~** to be enough for sb; **das genügt!** that's enough!

Genuß (*pl* **Genüsse**) *der (Freude)* pleasure; *(Verzehr, Verbrauch)* consumption.

geöffnet *adj (Geschäft, Schalter)* open.

geographisch *adj* geographical.

geordnet *adj* orderly.

Gepäck *das* luggage.

Gepäckabfertigung *die* (luggage) check-in.

Gepäckablage (*pl* -n) *die* luggage rack.

Gepäckannahme *die (zur Aufbewahrung)* = **Gepäckaufbewahrung**; *(Abfertigung am Bahnhof)* office where large items of luggage sent by rail have to be registered.

Gepäckaufbewahrung *die* left-luggage office *(Br)*, baggage room *(Am)*.

Gepäckaufgabe *die (Abfertigung am Bahnhof)* = **Gepäckannahme**;

(zur Aufbewahrung) = **Gepäckaufbewahrung**.

Gepäckaufsicht *die* left-luggage office *(Br)*, baggage room *(Am)*.

Gepäckausgabe *die (aus Aufbewahrung)* = **Gepäckaufbewahrung**; *(Abfertiging am Bahnhof) office where large items of luggage sent by rail can be collected.*

Gepäckkarren *(pl -)* der luggage trolley.

Gepäckkontrolle *(pl -n)* die luggage search.

Gepäcknetz *(pl -e)* das luggage rack.

Gepäckrückgabe *die (aus Aufbewahrung)* = **Gepäckaufbewahrung**; *(Abfertigung am Flughafen)* baggage reclaim.

Gepäckschein *(pl -e)* der luggage ticket.

Gepäckschließfach *(pl -fächer)* das left-luggage locker *(Br)*, baggage locker *(Am)*.

Gepäckstück *(pl -e)* das item of luggage.

Gepäckträger *(pl -)* der *(von Fahrrad)* carrier.

Gepäckversicherung *(pl -en)* die luggage insurance.

Gepäckwagen *(pl -)* der luggage van *(Br)*, luggage car *(Am)*.

gepfiffen *pp →* **pfeifen**.

gequollen *pp →* **quellen**.

gerade *adv* just; *(jetzt)* just now; ~ er he of all people; ~ **deshalb** precisely for that reason; ~ **erst** only just; ~ **noch** only just; **er wollte ~ gehen** he was just about to go; **nicht ~** not exactly.

geradeaus *adv* straight ahead; **immer ~** straight ahead.

gerannt *pp →* **rennen**.

geraspelt *adj* grated.

gerät *präs →* **geraten**.

Gerät *(pl -e)* das *(Vorrichtung, Maschine)* device; *(Werkzeug)* tool;

(Kochlöffel, Dosenöffner usw.) utensil; *(Radio, Fernseher)* set.

geraten *(präs gerät, prät geriet, pp geraten)* vi ist *(gelangen)* to get; **auf die falsche Fahrbahn ~** to get into the wrong lane; **in Schwierigkeiten ~** to get into difficulties.

geräuchert *adj* smoked.

geräumig *adj* roomy.

Geräusch *(pl -e)* das noise.

gerecht *adj* just, fair.

Gerechtigkeit *die* justice.

Gericht *(pl -e)* das *(Institution)* court; *(Speise)* dish.

gerieben ◇ *pp →* **reiben**. ◇ *adj* grated.

gerieten *prät →* **geraten**.

gering *adj (Menge, Preis, Temperatur)* low; *(Zeit, Abstand)* short; *(Bedeutung)* minor; *(Chance)* slight; **nicht im ~sten** not in the least.

geringfügig *adj* slight, minor.

gerinnen *(prät gerann, pp geronnen)* vi ist *(Milch)* to curdle; *(Blut)* to clot.

gerissen ◇ *pp →* **reißen**. ◇ *adj (abw: Person)* cunning.

geritten *pp →* **reiten**.

gern(e) *(komp lieber, superl am liebsten) adv*: **jn/etw ~ haben** to like sb/sthg; **jn/etw ~ mögen** to like sb/sthg; **etw ~ tun** to like doing sthg; **aber ~!** I'd love to!; ~ **geschehen!** don't mention it!; **ich möchte ~ ...** I'd like to ...; **ja ~!** of course!

gerochen *pp →* **riechen**.

geronnen ◇ *pp →* **gerinnen**, **rinnen**. ◇ *adj (Milch)* curdled.

geröstet *adj* roasted.

Geruch *(pl Gerüche)* der smell.

gerufen *pp →* **rufen**.

gerungen *pp →* **ringen**.

gesalzen *adj (Speise)* salted; *(fam: Preis)* steep.

gesamt *adj (Familie, Inhalt)* whole; *(Einkommen, Kosten)* total.

gesamtdeutsch *adj* united German; **~e Beziehungen** relations between the two Germanys.

Gesamtschule (*pl* **-n**) *die* = comprehensive school.

gesandt *pp* → **senden**[1].

Geschädigte (*pl* **-n**) *der, die* injured party.

Geschäft (*pl* **-e**) *das (Laden)* shop; *(Betrieb)* business; *(Handel)* deal.

Geschäftsbedingungen *pl* terms.

Geschäftsfrau (*pl* **-en**) *die* businesswoman.

Geschäftsführer, -in (*mpl* **-**) *der, die* manager (*f* manageress).

Geschäftsleute *pl* businessmen.

Geschäftsmann (*pl* **-männer**) *der* businessman.

Geschäftsreise (*pl* **-n**) *die* business trip.

Geschäftsschluß *der* closing time.

Geschäftsstelle (*pl* **-n**) *die* office.

Geschäftsstraße (*pl* **-n**) *die* high street *(Br)*, main street *(Am)*.

Geschäftszeiten *pl* business hours.

geschah *prät* → **geschehen**.

geschehen (*präs* **geschieht**, *prät* **geschah**, *pp* **geschehen**) *vi* ist to happen; **jm ~** to happen to sb; **~ mit** to happen to.

Geschenk (*pl* **-e**) *das* present, gift; **soll ich es als ~ einpacken?** would you like it gift-wrapped?

Geschenkartikel (*pl* **-**) *der* gift.

Geschenkgutschein (*pl* **-e**) *der* gift token.

Geschenkpapier (*pl* **-e**) *das* gift wrap.

Geschichte (*pl* **-n**) *die (Text)* story; *(Vergangenheit)* history.

geschickt *adj* skilful.

geschieden ◊ *pp* → **scheiden**. ◊ *adj (Mann, Frau)* divorced.

geschieht *präs* → **geschehen**.

geschienen *pp* → **scheinen**.

Geschirr *das (zum Essen)* crockery; **(das) ~ spülen** to wash up; **das ~ abtrocknen** to dry up.

Geschirrspülmaschine (*pl* **-n**) *die* dishwasher.

Geschirrspülmittel (*pl* **-**) *das* washing-up liquid.

Geschirrtuch (*pl* **-tücher**) *das* tea towel *(Br)*, dish towel *(Am)*.

geschissen *pp* → **scheißen**.

Geschlecht *das (biologisch)* sex; (GRAMM) gender.

Geschlechtskrankheit (*pl* **-en**) *die* sexually transmitted disease.

Geschlechtsverkehr *der* sexual intercourse.

geschlichen *pp* → **schleichen**.

geschliffen *pp* → **schleifen**.

geschlossen ◊ *pp* → **schließen**. ◊ *adj* closed; *(Ortschaft)* built-up.

geschlungen *pp* → **schlingen**.

Geschmack (*pl* **Geschmäcker**) *der* taste; **guten ~ haben** to have good taste; **schlechten ~ haben** to have bad taste.

geschmacklos *adj* tasteless.

geschmackvoll *adj* tasteful.

geschmissen *pp* → **schmeißen**.

geschmolzen *pp* → **schmelzen**.

geschmort *adj* braised.

Geschnetzelte *das small pieces of veal or chicken cooked in a sauce.*

geschnitten ◊ *pp* → **schneiden**. ◊ *adj (Wurst, Käse)* sliced; **~ oder am Stück?** would you like it sliced or unsliced?

geschoben *pp* → **schieben**.

gescholten *pp* → **schelten**.

geschoren *pp* → **scheren**.

Geschoß (*pl* **Geschosse**) *das (Etage)* floor.

geschossen *pp* → **schießen**.

Geschrei *das* shouting.

geschrieben *pp* → **schreiben**.

geschrien *pp* → **schreien**.

geschritten *pp* → schreiten.

geschwiegen *pp* → schweigen.

Geschwindigkeit (*pl* -en) *die* speed.

Geschwindigkeitsbeschränkung (*pl* -en) *die* speed limit.

Geschwindigkeitsübertretung (*pl* -en) *die* speeding.

Geschwister *pl* brothers and sisters.

geschwollen ◊ *pp* → schwellen. ◊ *adj* (*Finger, Bein*) swollen.

geschwommen *pp* → schwimmen.

geschworen *pp* → schwören.

geschwungen *pp* → schwingen.

Geschwür (*pl* -e) *das* ulcer.

gesellig *adj* (*Person*) sociable; (*Abend*) social.

Gesellschaft (*pl* -en) *die* (*System*) society; (*Gruppe*) group (of people); (*Touristen*) party; (*Begleitung*) company; **jm ~ leisten** to keep sb company.

Gesellschaftsraum (*pl* -räume) *der* function suite.

gesessen *pp* → sitzen.

Gesetz (*pl* -e) *das* law.

gesetzlich *adj* legal; **~er Feiertag** public holiday.

gesetzwidrig *adj* illegal.

Gesicht (*pl* -er) *das* face.

Gesichtscreme (*pl* -s) *die* face cream.

Gesichtswasser *das* toner.

gesoffen *pp* → saufen.

gesogen *pp* → saugen.

gespannt ◊ *adj* (*Atmosphäre*) tense. ◊ *adv* (*warten*) eagerly; **auf etw** (*A*) **~ sein** (*Person*) to be looking forward to sthg.

gesperrt *adj* (*Straße*) closed off.

gesponnen *pp* → spinnen.

Gespräch (*pl* -e) *das* (*Konversation*) conversation; (*per Telefon*) call.

Gesprächspartner, -in (*mpl* -) *der, die* person one is talking to.

gesprochen *pp* → sprechen.

gesprungen ◊ *pp* → springen. ◊ *adj* (*Glas*) cracked.

Gestalt (*pl* -en) *die* (*Person, Figur*) figure; (*Form*) shape.

gestanden *pp* → stehen.

Gestank *der* stench.

gestärkt *adj* (*Wäsche*) starched.

gestatten ◊ *vt* (*geh: erlauben*) to permit, to allow. ◊ *vi* (*geh*): **~:** Meier allow me to introduce myself – my name is Meier; **~ Sie?** may I?; **jm etw ~** to allow sb sthg.

gestattet *adj* (*amt*): **~ sein** to be allowed; **nicht ~** prohibited.

Geste (*pl* -n) *die* (*mit Händen, mit Kopf*) gesture.

gestern *adv* yesterday; **~ morgen/mittag/abend** yesterday morning/lunchtime/evening; **~ früh** early yesterday.

gestiegen *pp* → steigen.

gestochen ◊ *pp* → stechen. ◊ *adv*: **~ scharf** sharp.

gestohlen *pp* → stehlen; **etw als ~ melden** to report the theft of sthg.

gestorben *pp* → sterben.

gestreift *adj* striped, stripy.

gestrichen ◊ *pp* → streichen. ◊ *adj* (*Löffel*) level.

gestrig *adj* (*von Vortag*): **die ~e Zeitung** yesterday's paper.

gestritten *pp* → streiten.

gestunken *pp* → stinken.

gesund (*komp* gesünder, *superl* am gesündesten) ◊ *adj* healthy. ◊ *adv* healthily; **wieder ~ werden** to get better.

Gesundheit *die* health; **~!** bless you!

gesundheitsschädlich *adj* (*Inhaltsstoff*) damaging to one's health.

gesungen *pp* → singen.

gesunken *pp* → **sinken**.

getan *pp* → **tun**.

Getränk (*pl* -e) *das* drink; **alkoholische** ~e alcoholic beverages; **nichtalkoholische** ~e soft drinks.

Getränkeautomat (*pl* -en) *der* drinks machine.

Getränkekarte (*pl* -n) *die* wine list.

Getränkemarkt (*pl* -märkte) *der* discount drink store.

Getreide *das* cereal, grain.

getrennt ◊ *adj* (*Zimmer, Rechnung*) separate. ◊ *adv* separately; ~ **leben** to live apart; ~ **zahlen** to pay separately.

Getriebe (*pl* -) *das* (*von Auto, in Technik*) gearbox.

getrieben *pp* → **treiben**.

Getriebeschaden (*pl* -schäden) *der* gearbox damage.

getrocknet *adj* dried.

getroffen *pp* → **treffen**.

getrunken *pp* → **trinken**.

gewachsen *pp* → **wachsen**.

Gewähr *die* guarantee; **ohne** ~ (*auf Fahrplan*) subject to alteration.

Gewalt *die* (*Brutalität*) violence; (*Kraft*) force; (*Macht*) power.

gewandt *pp* → **wenden**.

gewann *prät* → **gewinnen**.

gewaschen *pp* → **waschen**.

Gewebe (*pl* -) *das* (*Stoff*) fabric; (*Körpergewebe*) tissue.

Gewehr (*pl* -e) *das* gun.

gewellt *adj* (*Haare*) wavy.

Gewerbegebiet (*pl* -e) *das* business park.

gewerblich *adj* (*Nutzung*) commercial.

Gewerkschaft (*pl* -en) *die* trade union.

gewesen *pp* → **sein**.

Gewicht (*pl* -e) *das* weight.

gewiesen *pp* → **weisen**.

Gewinn (*pl* -e) *der* (*Preis*) prize; (*Profit*) profit; (*bei Glücksspiel, beim Wetten*) winnings (*pl*).

gewinnen (*prät* gewann, *pp* gewonnen) ◊ *vi* to win; (*besser werden*) to gain. ◊ *vt* to win; (*produzieren*) to obtain.

Gewinner, -in (*mpl* -) *der, die* winner.

Gewinnspiel (*pl* -e) *das* game show.

gewiß *adj* certain.

Gewissen *das* conscience.

Gewitter (*pl* -) *das* (*Wetter*) storm.

gewittrig *adj* (*Gewitter ankündigend*) stormy.

gewogen *pp* → **wiegen**.

gewöhnen: **jn an etw** (A) ~ to accustom sb to sthg.

♦ **sich gewöhnen** *ref*: sich ~ **an** (+A) to get used to.

Gewohnheit (*pl* -en) *die* habit.

gewöhnlich ◊ *adj* (*normal*) usual; (*primitiv*) common. ◊ *adv* (*normalerweise*) usually; **wie** ~ as usual.

gewohnt *adj* usual; **etw** ~ **sein** to be used to sthg.

Gewölbe (*pl* -) *das* (*Deckengewölbe*) vault.

gewonnen *pp* → **gewinnen**.

geworben *pp* → **werben**.

geworden *pp* → **werden**.

geworfen *pp* → **werfen**.

Gewürz (*pl* -e) *das* spice.

Gewürzgurke (*pl* -n) *die* pickled gherkin.

gewürzt *adj* seasoned; **scharf** ~ hot.

gewußt *pp* → **wissen**.

Gezeiten *pl* tides.

gezogen *pp* → **ziehen**.

gezwungen *pp* → **zwingen**.

gibt *präs* → **geben**.

Gicht *die* gout.

gierig *adj* greedy.

gießen (*prät* **goß**, *pp* **gegossen**) ◊ *vt (schütten)* to pour; *(Pflanzen)* to water. ◊ *vimp*: **es gießt** it's pouring (down).

Gießkanne (*pl* -n) *die* watering can.

Gift (*pl* -e) *das* poison.

giftig *adj (Substanz, Pflanze)* poisonous; *(fig: Person, Bemerkung)* venomous.

gilt *präs* → **gelten**.

Gin *der* gin.

ging *prät* → **gehen**.

Gipfel (*pl* -) *der (von Berg)* summit, peak.

Gips *der (Gipspulver)* plaster; *(Gipsverband)* plaster cast.

Gipsbein (*pl* -e) *das*: **ein ~ haben** to have one's leg in plaster.

Gipsverband (*pl* -verbände) *der* plaster cast.

Giraffe (*pl* -n) *die* giraffe.

Girokonto (*pl* -konten) *das* current account *(Br)*, checking account *(Am)*.

Gischt *die* spray.

Gitarre (*pl* -n) *die* guitar.

Gitter (*pl* -) *das* bars *(pl)*.

Gitterbett (*pl* -en) *das* cot *(Br)*, crib *(Am)*.

glänzen *vi (Metall, Wasser)* to shine.

glänzend *adj (leuchtend)* shining; *(ausgezeichnet)* brilliant.

Glas (*pl* Gläser) *das* glass; *(Einmachglas)* jar; **aus ~** glass; **ein ~ Wein** a glass of wine.

Gläschen (*pl* -) *das* little glass.

Glasscheibe (*pl* -n) *die* pane (of glass).

Glastür (*pl* -en) *die* glass door.

glatt ◊ *adj (eben)* smooth; *(rutschig)* slippery; *(fam: problemlos)* smooth. ◊ *adv (fam: problemlos)* smoothly.

Glätte *die (Eisglätte)* (patch of) black ice.

Glatteis *das* black ice.

Glatteisgefahr *die*: **Vorsicht, ~!** watch out for black ice!

Glatze (*pl* -n) *die*: **eine ~ haben** to be bald.

glauben ◊ *vt (meinen, denken)* to think; *(für wahr halten)* to believe. ◊ *vi (meinen, denken)* to think; **~ an** *(+A)* to believe in; **jm ~** to believe sb.

gleich ◊ *adj* same. ◊ *adv (identisch)* equally; *(ähnlich)* the same; *(egal)* no matter; *(sofort, bald)* straight away; *(ebensogut)* just as well; **zwei ~ Tassen** two identical cups; **bis ~!** see you soon!; **~ groß sein** to be the same size; **das ist mir ~** I don't care; **ich komme ~** I'm just coming.

gleichaltrig *adj*: **~ sein** to be the same age.

gleichberechtigt *adj (Mann und Frau)*: **~ sein** to have equal rights.

gleiche, -r ODER s *pron*: **der/die/das ~** the same (one).

gleichen (*prät* **glich**, *pp* **geglichen**) *vi (+D)* to resemble.

gleichfalls *adv* also, as well; **danke ~!** thanks, you too!

gleichgültig *adj*: **es ist mir ~** it's all the same to me.

gleichmäßig ◊ *adj (Tempo)* even. ◊ *adv (ziehen)* steadily; *(auftragen)* evenly.

Gleichstrom *der* direct current.

gleichzeitig ◊ *adj* simultaneous. ◊ *adv* at the same time.

Gleis (*pl* -e) *das (Bahnsteig)* platform.

gleiten (*prät* **glitt**, *pp* **geglitten**) *vi* ist *(rutschen)* to glide.

Gleitschirm (*pl* -e) *der* paraglider.

Gletscher (*pl* -) *der* glacier.

glich *prät* → **gleichen**.

Glied (*pl* -er) *das (Einzelteil)* link; *(Arm, Bein)* limb; *(Penis)* member.

glitschig *adj* slippery.

glitt *prät* → **gleiten**.

glitzern *vi* sparkle.

Glocke (*pl* **-n**) *die* bell.

Glück *das* (*Ereignis*) luck; (*Gefühl*) happiness; **~ haben** to be lucky; **viel ~!** good luck!; **zum ~** luckily.

glücklich ◊ *adj* (*froh*) happy; (*Zufall, Zusammentreffen*) fortunate. ◊ *adv* (*froh*) happily; (*günstig*) fortunately.

glücklicherweise *adv* luckily.

Glücksspiel (*pl* **-e**) *das* (*um Geld*) game of chance.

Glückwunsch (*pl* **-wünsche**) *der* congratulations (*pl*); **herzlichen ~!** congratulations!

Glückwunschtelegramm (*pl* **-e**) *das* telegram sent to congratulate someone.

Glühbirne (*pl* **-n**) *die* light bulb.

glühen *vi* (*Kohle*) to glow; (*Gesicht, Wangen*) to burn.

Glühwein *der* mulled wine.

Glut *die* (*im Feuer*) embers (*pl*).

Gnagi *das* (*Schweiz*) boiled knuckle of pork.

Gold *das* gold; **aus ~** gold.

golden *adj* (*aus Gold*) gold; (*goldfarben*) golden.

Goldschmied, -in (*mpl* **-e**) *der, die* goldsmith.

Golf *das* (*Sportart*) golf.

Golfplatz (*pl* **-plätze**) *der* golf course.

Golfschläger (*pl* **-**) *der* golf club.

gönnen *vt* (+*D*): **jm etw ~** not to begrudge sb sthg; **sich** (*D*) **etw ~** to allow o.s. sthg.

goß *prät* → **gießen**.

gotisch *adj* Gothic.

Gott (*pl* **Götter**) *der* (*christlich*) God; (*Gottheit*) god; **~ sei Dank!** thank God!; **Grüß ~!** (*Süddt & Österr*) hello!; **um ~es Willen!** for God's sake!

Gottesdienst (*pl* **-e**) *der* service.

Grab (*pl* **Gräber**) *das* grave.

graben (*präs* **gräbt**, *prät* **grub**, *pp*

gegraben) *vt & vi* to dig.

Graben (*pl* **Gräben**) *der* (*Vertiefung*) ditch.

Grabstein (*pl* **-e**) *der* gravestone.

gräbt *präs* → **graben**.

Grad (*pl* **-e**) *der* degree; **drei ~ unter/über Null** three degrees below/above zero; **im höchsten ~** highly.

Graffiti *pl* (*an Haus, U-Bahn*) graffiti.

Grafik (*pl* **-en**) *die* (*Technik*) graphics (*sg*); (*Bild, Schema*) diagram.

Gramm (*pl* **-**) *das* (*Gewichtseinheit*) gram.

Grammatik (*pl* **-en**) *die* grammar.

Grapefruit (*pl* **-s**) *die* grapefruit.

Grapefruitsaft (*pl* **-säfte**) *der* grapefruit juice.

Graphik *die* = **Grafik**.

Gras (*pl* **Gräser**) *das* grass.

gräßlich ◊ *adj* horrible. ◊ *adv* (*sehr*) terribly; (*schreckenerregend*) terrifyingly.

Gräte (*pl* **-n**) *die* (fish) bone.

gratis *adv & adj* free.

Gratulation (*pl* **-en**) *die* (*Glückwunsch*) congratulations (*pl*).

gratulieren *vi*: **jm (zu etw) ~** to congratulate sb (on sthg).

grau *adj* (*Farbe, Haare*) grey; (*trist*) gloomy.

Graubrot (*pl* **-e**) *das* bread made with mixed wholemeal, rye and wheat flour.

grauhaarig *adj* grey-haired.

Graupelschauer (*pl* **-**) *der* sleet.

grausam *adj* (*Mensch, Tat*) cruel; (*Schmerzen, Hitze*) terrible.

greifen (*prät* **griff**, *pp* **gegriffen**) ◊ *vt* to take hold of. ◊ *vi* (*Räder*) to grip; **nach etw ~** to reach for sthg.

grell ◊ *adj* (*Licht*) glaring; (*Ton*) harsh; (*Farbe*) loud. ◊ *adv* (*leuchten*) glaringly; (*klingen*) harshly.

Grenzbeamte (*pl* -n) *der* customs and immigration officer.

Grenzbeamtin (*pl* -nen) *die* customs and immigration officer.

Grenze (*pl* -n) *die* (*von Land*) border; (*von Stadt, Grundstück*) boundary; (*begrifflich, ideell*) borderline; (*Beschränkung*) limit; **grüne ~** border area without major road or border patrols.

grenzen *vi*: **~ an** (+A) (*räumlich*) to border.

Grenzkontrolle (*pl* -n) *die* border checkpoint.

Grenzübergang (*pl* -gänge) *der* (*Ort*) border crossing.

Grenzverkehr *der* cross-border traffic.

Grenzwert (*pl* -e) *der* (*für Schadstoffe*) limit.

Griebenschmalz *das* spread made from animal fat, similar to dripping.

Grieche (*pl* -n) *der* Greek.

Griechenland *nt* Greece.

Griechin (*pl* -nen) *die* Greek.

griechisch *adj* Greek.

Griechisch(e) *das* Greek.

Grieß *der* semolina.

Griff (*pl* -e) *der* (*mit der Hand*) grip; (*zum Halten*) handle.

griff *prät* → **greifen**.

Grill (*pl* -e) *der* grill.

grillen *vt & vi* to grill.

Grillfest (*pl* -e) *das* barbecue.

Grillspieß (*pl* -e) *der* (*mit Fleisch*) (shish) kebab.

Grillstube (*pl* -n) *die* grill (*restaurant*).

Grillteller (*pl* -) *der* mixed grill.

grinsen *vi* to grin.

Grippe (*pl* -n) *die* flu.

Grippewelle (*pl* -n) *die* flu epidemic.

grob (*komp* **gröber**, *superl* **am gröbsten**) *adj* (*Zucker, Salz*) coarse; (*Person, Verhalten*) crude; (*Leder,*

Stoff) rough.

Grog (*pl* -s) *der* hot toddy.

Groschen (*pl* -) *der* (*deutsche Münze*) ten pfennig coin; (*österreichische Münze*) one hundredth of an Austrian schilling.

groß (*komp* **größer**, *superl* **am größten**) ◊ *adj* (*räumlich*) big, large; (*Person*) tall; (*Buchstabe*) capital; (*Gefühl, Lärm, Künstler*) great; (*Vermögen*) large; (*Angebot*) wide; (*erwachsen*) grown-up. ◊ *adv* (*räumlich*) on a large scale; (*glanzvoll*) in style; **es wird ~ geschrieben** it's written with a capital letter.

großartig *adj* brilliant.

Großaufnahme (*pl* -n) *die* close-up.

Großbritannien *nt* Great Britain.

Großbuchstabe (*pl* -n) *der* capital letter.

Größe (*pl* -n) *die* size; (*Höhe*) height.

Großeltern *pl* grandparents.

Großhandel *der* wholesale.

Großmarkt (*pl* -märkte) *der* cash-and-carry.

Großmutter (*pl* -mütter) *die* grandmother.

Großraumwagen (*pl* -) *der* (*in Zug*) open carriage (*not divided into compartments*).

Großschreibung *die* capitalization.

Großstadt (*pl* -städte) *die* city.

Großvater (*pl* -väter) *der* grandfather.

großzügig ◊ *adj* (*freigiebig*) generous. ◊ *adv* (*freigiebig*) generously.

Grotte (*pl* -n) *die* cave, grotto.

grub *prät* → **graben**.

Gruft (*pl* **Grüfte**) *die* crypt.

grün *adj* green; **~er Pfeil** filter arrow; **~e Versicherungskarte** green card (*Br*), insurance card for *travel abroad*; **Grüne Punkt** *(auf Verpackungen) symbol placed on product to indicate that it meets certain recycling standards.*

Grün *das* green.

Grünanlage *(pl -n) die* park.

Grund *(pl* Gründe*) der (Ursache, Motiv)* reason; *(von Gewässer)* bed; *(Erdboden)* ground; **auf ~ von** *(wegen)* because of; **aus diesem ~** for this reason; **im ~e** basically.

gründen *vt (Verein, Betrieb)* to found.

Gründer, -in *(mpl -) der, die* founder.

Grundgebühr *(pl -en) die (für Telefon)* line rental.

Grundgesetz *das* German constitution.

Grundkurs *(pl -e) der* foundation course.

Grundlage *(pl -n) die* basis; **die ~n der Theorie** the basic principles of the theory.

gründlich ◇ *adj* thorough. ◇ *adv* thoroughly.

Grundnahrungsmittel *(pl -) das* staple *(food).*

Gründonnerstag *(pl -e) der* Maundy Thursday.

Grundrecht *(pl -e) das* basic right.

Grundschule *(pl -n) die* = primary school *(attended by pupils aged 6 to 10).*

Grundstück *(pl -e) das* plot *(of land).*

Gründung *(pl -en) die* foundation.

Grüne[1] *(pl -n) der, die* Green; **die ~n** the Greens.

Grüne[2] *das*: **im ~n** in the country.

Grünfläche *(pl -n) die* park.

Grünkohl *der* kale.

Gruppe *(pl -n) die* group.

Gruppenermäßigung *(pl -en)* *die* group reduction.

Gruppenkarte *(pl -n) die* group ticket.

Gruppenreise *(pl -n) die* group tour.

Gruß *(pl* Grüße*) der* greeting; **herzliche Grüße an ...** greetings to ...; **mit freundlichen Grüßen** yours sincerely; **viele Grüße!** best wishes!

grüßen ◇ *vi* to say hello. ◇ *vt (begrüßen)* to greet; *(grüßen lassen)* to say hello to; **Michaela läßt dich ~** Michaela says hello; **jn von jm ~** to say hello to sb from sb.

gucken *vi* to look.

Gulasch *(pl -s) der* ODER *das* goulash.

Gulaschkanone *(pl -n) die* large tureen used to serve hot food at outdoor public events.

gültig *adj (Ticket, Vertrag)* valid.

Gültigkeit *die* validity.

Gummi *(pl -s) das (Material)* rubber; *(Gummiring)* rubber band.

Gummiband *(pl -bänder) das* rubber band.

Gummistiefel *(pl -) der* wellington *(boot).*

günstig *adj (vorteilhaft)* favourable; *(preisgünstig)* cheap; *(Moment)* convenient.

gurgeln *vi* to gargle.

Gurke *(pl -n) die (Salatgurke)* cucumber; **saure ~** pickled gherkin.

Gurt *(pl -e) der (an Tasche, Sattel)* strap; *(Sicherheitsgurt)* seat belt.

Gürtel *(pl -) der (an Hose)* belt.

Gürtelreifen *(pl -) der* radial *(tyre).*

Gürtelrose *die* shingles *(sg).*

Gürteltasche *(pl -n) die* bumbag *(Br)*, fanny pack *(Am).*

Gurtpflicht *die* compulsory wearing of seat belts.

gut *(komp* besser, *superl* am besten*)* ◇ *adj* good. ◇ *adv* well;

(leicht) easily; **~ befreundet sein** to be good friends; **~ mit jm auskommen** to get on well with sb; **~ gehen** *(Geschäft)* to go well; **~ schmecken** to taste good; **ihr ist nicht ~** she's not well; **so ~ wie** as good as.

♦ **Gute** *das* good; **alles Gute!** all the best!

Gutachter, -in *(mpl -)* der, die expert.

gutbürgerlich *adj*: **~e Küche** good, plain food.

Güteklasse *(pl -n)* die grade.

Güterbahnhof *(pl -höfe)* der goods depot.

Güterzug *(pl -züge)* der goods train.

gut|gehen ◇ *vi unr ist* to go well. ◇ *vimp unr ist*: **es geht ihm gut** he's doing well.

gutgelaunt *adj* in a good mood.

Guthaben *(pl -)* das balance *(positive)*.

Gutschein *(pl -e)* der voucher.

gut|schreiben *vt unr* to credit.

Gutschrift *(pl -en)* die *(Quittung)* credit slip.

gut|tun *vi unr (+D)*: **jm ~** to do sb good.

Gymnasium *(pl Gymnasien)* das ≈ grammar school *(Br)*, secondary school attended by 10 - 19 year-olds.

Gymnastik die keep-fit.

Gynäkologe *(pl -n)* der gynaecologist.

Gynäkologin *(pl -nen)* die gynaecologist.

Gyros das doner kebab.

H

Haar *(pl -e)* das hair; **sich die ~e schneiden lassen** to have one's hair cut.

Haarbürste *(pl -n)* die hairbrush.

Haarfärbemittel *(pl -)* das hair dye.

Haarfestiger *(pl -)* der setting lotion.

Haargel *(pl -s)* das hair gel.

Haarklammer *(pl -n)* die hair grip.

Haarkur *(pl -en)* die hair treatment cream.

Haarnadel *(pl -n)* die hairpin.

Haarnadelkurve *(pl -n)* die hairpin bend.

haarscharf *adv (sehr nah)* only just; *(fig: sehr genau)* precisely.

Haarschnitt *(pl -e)* der haircut.

Haarshampoo *(pl -s)* das shampoo.

Haarspange *(pl -n)* die hair clip.

Haarspray *(pl -s)* das hairspray.

Haartrockner *(pl -)* der hairdryer.

Haarwasser *(pl -wässer)* das hair tonic.

haben *(präs* **hat**, *prät* **hatte**, *pp* **gehabt)** ◇ *aux* to have; **sie hat gegessen** she has eaten.

◇ *vt* **1.** *(gen)* to have; **sie hat blaue Augen** she has (got) blue eyes; **hast du Geld bei dir?** have you got any money on you?

2. *(mit Zeitangabe)*: **wie spät ~ wir?** what's the time?; **wir ~ zehn Uhr** it's ten o'clock; **heute ~ wir Dienstag** it's Tuesday today.

3. *(Unterricht, Dienst)* to have; **einen Tag frei ~** to have a day off.
4. *(Erlebnis)* to have.
5. *(im Restaurant, Geschäft)*: **ich hätte gerne ...** I'd like ...
6. *(zur Verfügung)* to have; **es eilig ~** to be in a hurry.
7. *(Krankheit, Problem)* to have; **Kopfschmerzen ~** to have a headache; **was hast du denn?** what's wrong?
8. *(Gefühl)*: **Angst ~** to be afraid; **Durst ~** to be thirsty; **Hunger ~** to be hungry; **~ Sie etwas dagegen, wenn ...?** do you mind if ...?
9. *(Angabe von Zwang)*: **etw zu tun ~** to have to do sthg.
Haben *das* credit.
Hackbraten *(pl -)* *der* meatloaf.
hacken *vt (Holz)* to chop.
Hackfleisch *das* mince *(Br)*, mincemeat *(Am)*.
Hafen *(pl Häfen)* *der (klein)* harbour; *(groß)* port.
Hafenrundfahrt *(pl -en)* *die boat trip round the harbour.*
Hafenstadt *(pl -städte)* *die* port.
Haferflocken *pl* rolled oats.
Haft *die* custody.
haftbar *adj* liable.
haften *vi (für Schaden)* to be liable.
Haftpflichtversicherung *(pl -en)* *die* third party insurance.
Haftpulver *das (für Gebiß)* denture fixative.
Haftung *die* liability.
Haftungsbeschränkung *(pl -en)* *die* limited liability.
Hagebuttentee *der* rosehip tea.
Hagel *der (Eisregen)* hail.
hageln *vimp*: **es hagelt** it's hailing.
Hahn *(pl Hähne)* *der (Tier)* cock; *(Wasserhahn)* tap *(Br)*, faucet *(Am)*.
Hähnchen *(pl -)* *das (Brathähnchen)* chicken; **ein halbes ~** half a (roast) chicken.

Hai *(pl -e)* *der* shark.
häkeln *vt & vi* to crochet.
Häkelnadel *(pl -n)* *die* crochet hook.
Haken *(pl -)* *der (an der Wand)* hook; *(Zeichen)* tick; **einen ~ haben** *(fam)* to have a catch.
halb *adj & adv* half; **ein ~es Kilo** half a kilo; **eine ~e Stunde** half an hour; **die ~e Stadt** half the town; **~ und ~** *(fast)* more or less; **~ sechs** half past five; **~ so ... wie** half as ... as; **~ durch** (KÜCHE) undercooked.
halbautomatisch *adj (Getriebe, Kamera)* semi-automatic.
Halbe *(pl -n)* *der, die (Bier)* half a litre.
halbfett *adj (Margarine, Käse)* low-fat.
halbieren *vt (teilen)* to halve.
Halbinsel *(pl -n)* *die* peninsula.
Halbjahr *(pl -e)* *das* six months *(pl)*.
Halbmond *der* half moon.
Halbpension *die* half board; **ein Zimmer mit ~** a room with half board.
Halbschuh *(pl -e)* *der* shoe.
halbtags *adv* part-time.
Halbtagsarbeit *die* part-time work.
halbvoll *adj* half-full.
halbwegs *adv* halfway.
Halbzeit *(pl -en)* *die* halftime.
half *prät* → **helfen**.
Hälfte *(pl -n)* *die* half; **die ~ (der Flasche)** half (the bottle); **etw zur ~ tun** to half-do sthg; **er hat es erst zur ~ bezahlt** he only paid for half of it.
Halle *(pl -n)* *die* hall.
Hallenbad *(pl -bäder)* *das* (indoor) swimming pool.
hallo *interj* hello!
Halogenlampe *(pl -n)* *die* halogen lamp.
Hals *(pl Hälse)* *der (Körperteil)*

neck; *(Rachen)* throat.

Halsausschnitt *(pl -e) der* neck-line.

Halsband *(pl -bänder) das (von Hund)* collar.

Halsentzündung *(pl -en) die* throat infection.

Halskette *(pl -n) die* necklace.

Hals-Nasen-Ohren-Arzt *(pl -Ärzte) der* ear, nose and throat specialist.

Hals-Nasen-Ohren-Ärztin *(pl -nen) die* ear, nose and throat specialist.

Halsschmerzen *pl*: ~ **haben** to have a sore throat.

Halstuch *(pl -tücher) das* scarf.

halt ◇ *interj* stop! ◇ *adv (Süddt: nun einmal)*: **so ist das** ~ that's just the way it is.

haltbar *adj (Lebensmittel)*: **lange** ~ **sein** to keep well; **'mindestens** ~ **bis'** 'best before'.

Haltbarkeitsdatum *(pl -daten) das* best before date.

halten *(präs* **hält***, prät* **hielt***, pp* **gehalten)** ◇ *vt* **1.** *(festhalten)* to hold; **sie hielt die Tasse in der Hand** she held the cup in her hand.
2. *(einhalten, behalten)* to keep.
3. *(Haustier)* to keep.
4. *(SPORT)* to save.
5. *(Vortrag, Rede)* to give.
6. *(einschätzen, denken)*: **jn für etw halten** to take sb for sthg; **was hältst du von ihm?** what do you think of him/it?; **ich habe ihn für klüger gehalten** I thought he was cleverer than that; **viel/wenig von jm/etw** ~ to think a lot/not much of sb/sthg.
◇ *vi* **1.** *(Fahrzeug)* to stop.
2. *(Beziehung)* to last.
3. *(Lebensmittel)*: ~ **bis** to keep until.
4. *(zur Unterstützung)*: **zu jm** ~ to

stand by sb.
◆ **sich halten** *ref* **1.** *(sich festhalten)* to hold on.
2. *(Lebensmittel)*: **sich** ~ **bis** to keep until.
3. *(Person)*: **für sein Alter hält er sich gut** he's keeping well for his age.
4. *(in eine Richtung)*: **sich rechts/links** ~ to keep right/left.

Haltepunkt *(pl -e) der* stop.

Halterung *(pl -en) die* holder.

Haltestelle *(pl -n) die* stop.

Halteverbot *das (Stelle)* no waiting zone, clearway *(Br)*; **hier herrscht** ~ there is no waiting here.

Halteverbotsschild *(pl -er) das* no waiting sign.

halt|machen *vi* to stop.

Hammelfleisch *das* mutton.

Hammer *(pl* **Hämmer***) der* hammer.

hämmern *vi* to hammer.

Hammerwerfen *das* (throwing the) hammer.

Hand *(pl* **Hände***) die* hand; **aus erster/zweiter** ~ second-hand *(with one/two previous owners)*; **rechter/linker** ~ on the right/left.

Handarbeit *(pl -en) die* needle-work; *(Gegenstand)* hand-made article.

Handball *der* handball.

Handbremse *(pl -n) die* hand-brake *(Br)*, parking brake *(Am)*.

Handbuch *(pl -bücher) das* handbook.

Handel *der (An- und Verkauf)* trade; *(Geschäftsleute, Geschäftswelt)* business.

handeln ◇ *vi (Handel treiben)* to trade; *(agieren)* to act; *(feilschen)* to haggle. ◇ *vimp*: **bei diesem Buch handelt es sich um einen Roman** this book is a novel; ~ **von** *(von Thema)* to be about.

Handelskammer (*pl* **-n**) *die* chamber of commerce.

Handelspartner (*pl* **-**) *der* trading partner.

Handelsschule (*pl* **-n**) *die* business school.

Handfeger (*pl* **-**) *der* brush.

Handfläche (*pl* **-n**) *die* palm.

Handgelenk (*pl* **-e**) *das* wrist.

handgemacht *adj* handmade.

Handgepäck *das* hand luggage.

handgeschrieben *adj* handwritten.

Handgriff (*pl* **-e**) *der* movement (of the hand).

Handkoffer (*pl* **-**) *der* (small) suitcase.

Händler, -in (*mpl* **-**) *der, die* dealer.

handlich *adj* handy.

Handlung (*pl* **-en**) *die* (*von Roman, Film*) plot; (*Tat, Aktion*) act.

Handschlag *der*: etw per ~ besiegeln to shake on sthg.

Handschrift (*pl* **-en**) *die* (*Schrift*) handwriting; (*Text*) manuscript.

Handschuh (*pl* **-e**) *der* glove.

Handschuhfach (*pl* **-fächer**) *das* glove compartment.

Handtasche (*pl* **-n**) *die* handbag.

Handtuch (*pl* **-tücher**) *das* towel.

Handwaschbecken (*pl* **-**) *das* handbasin.

Handwerker, -in (*mpl* **-**) *der, die* craftsman.

Handwerkszeug *das* tools (*pl*).

Handy (*pl* **-s**) *das* mobile phone.

Handzeichen (*pl* **-**) *das* hand signal.

Hang (*pl* **Hänge**) *der* (*Abhang*) slope.

Hängebrücke (*pl* **-n**) *die* suspension bridge.

Hängematte (*pl* **-n**) *die* hammock.

hängen¹ (*prät* **hängte**, *pp* **gehängt**) *vt* (*anbringen*) to hang; etw an etw (A) ~ to hang sthg on sthg.

hängen² (*prät* **hing**, *pp* **gehangen**) *vi* (*angebracht sein*) to hang; ~ an (+*D*) (*örtlich*) to hang on; (*emotional*) to be attached to.

hängen|bleiben *vi unr ist*: mit dem Ärmel an der Türklinke ~ to catch one's sleeve on the door handle.

hängen|lassen *vt unr* (*vergessen*) to leave behind.

Hannover *nt* Hanover.

Hansestadt (*pl* **-städte**) *die town which formerly belonged to the Hanseatic League.*

Hantel (*pl* **-n**) *die* dumbbell.

Häppchen (*pl* **-**) *das* (*kleine Speise*) canapé.

Hardware (*pl* **-s**) *die* hardware.

Harke (*pl* **-n**) *die* rake.

harmlos *adj* harmless.

harmonisch *adj* harmonious.

Harn *der* urine.

Harnblase (*pl* **-n**) *die* bladder.

Harpune (*pl* **-n**) *die* harpoon.

hart (*komp* **härter**, *superl* **am härtesten**) ◇ *adj* hard; (*Urteil, Strafe*) harsh. ◇ *adv* (*arbeiten, zuschlagen*) hard; (*urteilen, bestrafen*) harshly; (*sitzen, liegen*) on a hard surface; ~ an (+*D*) right next to.

Härte *die* (*von Material*) hardness; (*Strenge*) harshness.

hartgekocht *adj*: ~es Ei hard-boiled egg.

hartnäckig *adj* stubborn.

Haschisch *das* hashish.

Hase (*pl* **-n**) *der* hare.

Haselnuß (*pl* **-nüsse**) *die* hazelnut.

Haß *der* hatred.

hassen *vt* to hate.

häßlich *adj* (*Aussehen*) ugly.

hast *präs* → **haben**.

hastig *adj* hasty.

hat *präs* → **haben**.

hatte *prät* → **haben**.

Haube (*pl* **-n**) *die (von Auto)* bonnet *(Br)*, hood *(Am)*; *(Trockenhaube)* hairdryer.

hauchdünn *adj* wafer-thin.

hauchen *vi (blasen)* to breathe.

hauen ◇ *vt (Person)* to hit; *(Statue, Figur)* to carve; *(Loch)* to knock. ◇ *vi (mit der Hand)* to hit out.

Haufen (*pl* **-**) *der (kleiner Berg)* pile; *(fam: größere Menge)*: **ein ~ Freunde** loads of friends.

häufig ◇ *adj* frequent. ◇ *adv* often.

Hauptbahnhof (*pl* **-höfe**) *der* main station.

hauptberuflich *adj & adv* full-time.

Haupteingang (*pl* **-gänge**) *der* main entrance.

Hauptfach (*pl* **-fächer**) *das* main subject.

Hauptgericht (*pl* **-e**) *das* main course.

Hauptgeschäftszeit (*pl* **-en**) *die* peak shopping hours *(pl)*.

Hauptpost *die* main post office.

Hauptproblem (*pl* **-e**) *das* main problem.

Hauptreisezeit (*pl* **-e**) *die* peak travelling times *(pl)*.

Hauptrolle (*pl* **-n**) *die (im Film)* main role.

Hauptsache (*pl* **-n**) *die* main thing.

hauptsächlich *adv* principally.

Hauptsaison *die* high season.

Hauptschule (*pl* **-n**) *die* secondary school attended by pupils aged 10-15.

Hauptstadt (*pl* **-städte**) *die* capital.

Hauptstraße (*pl* **-n**) *die* main road.

Hauptverkehrsstraße (*pl* **-n**) *die* major road.

Hauptverkehrszeit (*pl* **-en**) *die* rush hour.

Haus (*pl* **Häuser**) *das* house; **nach ~** home; **zu ~** at home.

Hausapotheke (*pl* **-n**) *die* medicine cabinet.

Hausarbeit (*pl* **-en**) *die (im Haushalt)* housework; *(Hausaufgabe)* homework.

Hausarzt (*pl* **-ärzte**) *der* family doctor.

Hausärztin (*pl* **-nen**) *die* family doctor.

Hausbar (*pl* **-s**) *die (Raum)* bar; *(Schrank)* drinks cabinet.

Hausbewohner, -in (*mpl* **-**) *der, die* occupier.

hauseigen *adj*: **die Firma hat einen ~en Parkplatz** the firm has its own car park.

Hausflur (*pl* **-e**) *der* hall.

Hausfrau (*pl* **-en**) *die* housewife.

hausgemacht *adj* home-made.

Haushalt (*pl* **-e**) *der (Hausarbeit)* housework; *(Wohnung)* household; *(Etat)* budget.

Haushälter, -in (*mpl* **-**) *der, die* housekeeper.

Haushaltsreiniger (*pl* **-**) *der* household cleaner.

Haushaltswaren *pl* household goods.

Hausmannskost *die* plain food.

Hausmarke (*pl* **-n**) *die (Wein)* house wine.

Hausmeister, -in (*mpl* **-**) *der, die* caretaker *(Br)*, janitor *(Am)*.

Hausnummer (*pl* **-n**) *die* house number.

Hausordnung (*pl* **-en**) *die* house rules *(pl)*.

Hausschlüssel (*pl* **-**) *der* house key.

Hausschuh (*pl* **-e**) *der* slipper.

Haustier (*pl* **-e**) *das* pet.

Haustür (*pl* **-en**) *die* front door.

Hausverbot *das*: **~ haben**

to be barred.

Hauszelt (*pl* -e) *das* family tent.

Haut (*pl* Häute) *die* skin.

Hautarzt (*pl* -ärzte) *der* dermatologist.

Hautärztin (*pl* -nen) *die* dermatologist.

Hautausschlag (*pl* -schläge) *der* skin rash.

Hautcreme (*pl* -s) *die* skin cream.

hauteng *adj* skintight.

Hautfarbe (*pl* -n) *die* skin colour.

Hbf. *abk* = **Hauptbahnhof**.

Hebamme (*pl* -n) *die* midwife.

Hebel (*pl* -) *der* lever.

heben (*prät* hob, *pp* gehoben) *vt* (*hochnehmen*) to lift.

◆ **sich heben** *ref* (*Vorhang, Schranke*) to rise.

Heck (*pl* -s) *das* (*von Auto*) rear; (*von Schiff*) stern.

Hecke (*pl* -n) *die* hedge.

Heckklappe (*pl* -n) *die* tailgate.

Heckscheibe (*pl* -n) *die* rear window.

Heckscheibenheizung (*pl* -en) *die* heated rear window.

Hecktür (*pl* -en) *die* tailgate.

Hefe *die* yeast.

Hefeteig *der* dough.

hefetrüb *adj* cloudy.

Heft (*pl* -e) *das* (*Schulheft*) exercise book; (*Zeitschrift*) issue.

Hefter (*pl* -) *der* binder.

heftig ◇ *adj* violent. ◇ *adv* violently.

Heftklammer (*pl* -n) *die* staple.

Heftpflaster (*pl* -) *das* plaster (*Br*), Bandaid (*Am*).

Heftzwecke (*pl* -n) *die* drawing pin (*Br*), thumbtack (*Am*).

Heide *die* (*Landschaft*) heath, moor.

Heidelbeere (*pl* -n) *die* bilberry.

heikel (*komp* heikler, *superl* am

heikelsten) *adj* (*Problem*) tricky.

heil *adj* intact.

Heilbad (*pl* -bäder) *das* spa.

heilbar *adj* curable.

heilen ◇ *vt* to cure. ◇ *vi* to heal.

heilig *adj* (*Person, Ort*) holy.

Heiligabend *der* Christmas Eve.

Heilkräuter *pl* medicinal herbs.

Heilmittel (*pl* -) *das* treatment.

Heilpflanze (*pl* -n) *die* medicinal plant.

Heilpraktiker, -in (*mpl* -) *der, die* alternative practitioner.

Heilquelle (*pl* -n) *die* medicinal spring.

Heilung (*pl* -en) *die* (*durch Arzt*) curing; (*von Wunde*) healing.

Heim (*pl* -e) *das* home.

Heimat *die* (*von Person*) home (*town, country*).

Heimatadresse (*pl* -n) *die* home address.

Heimathafen (*pl* -häfen) *der* home port.

Heimatland (*pl* -länder) *das* home country.

Heimatmuseum (*pl* -museen) *das* heritage museum.

Heimfahrt *die* return journey, journey home.

heimlich ◇ *adj* secret. ◇ *adv* secretly.

Heimreise *die* return journey, journey home.

Heimspiel (*pl* -e) *das* home game.

Heimweg *der* way home.

Heimweh *das* homesickness; ~ haben to be homesick.

Heimwerker (*pl* -) *der* handyman.

Heimwerkermarkt (*pl* -märkte) *der* DIY store.

Heirat (*pl* -en) *die* marriage.

heiraten *vt & vi* to marry.

heiser ◇ *adj* hoarse. ◇ *adv* hoarsely.

Heiserkeit *die* hoarseness.

heiß ◊ *adj* hot; *(Diskussion)* heated; *(fam: toll)* brilliant. ◊ *adv (lieben)* passionately; *(fam: toll)* brilliantly; **~ baden** to have a hot bath; **es ist ~** it's hot; **mir ist ~** I'm hot.

heißen *(prät* **hieß***, pp* **geheißen)** *vi (mit Namen)* to be called; *(bedeuten)* mean; **wie heißt das auf Deutsch?** how do you say that in German?; **wie heißt du?** what's your name?; **das heißt** *(erklärend)* so; *(einschränkend)* that is.

heißIlaufen *vi unr ist (Motor)* to overheat.

Heißluftballon *(pl* **-s)** *der* hot air balloon.

Heißwassergerät *(pl* **-e)** *das* water heater.

heiter *adj (Person, Stimmung)* cheerful; *(Wetter)* fine.

heizbar *adj* heated.

Heizdecke *(pl* **-n)** *die* electric blanket.

heizen ◊ *vt (Raum)* to heat. ◊ *vi* to have the heating on.

Heizgerät *(pl* **-e)** *das (elektrisch)* heater.

Heizkissen *(pl* **-)** *das* heated pad *(for back etc)*.

Heizkörper *(pl* **-)** *der* radiator.

Heizung *(pl* **-en)** *die (Heizungsanlage)* heating; *(Heizkörper)* radiator.

hektisch *adj* hectic.

helfen *(präs* **hilft***, prät* **half***, pp* **geholfen)** *vi* to help; **jm ~** to help sb; **jm ~ bei** to help sb with; **sich** *(D)* **zu ~ wissen** to know what to do.

Helfer, -in *(mpl* **-)** *der, die* helper.

hell ◊ *adj (Licht)* bright; *(Farbe)* light; *(Ton)* high. ◊ *adv (leuchten)* brightly; **ihre Stimme klingt ~** she has a high-pitched voice; **es wird ~** it's getting light.

hellblau *adj* light blue.

hellblond *adj* very blonde.

Hellseher, -in *(mpl* **-)** *der, die* clairvoyant.

Helm *(pl* **-e)** *der* helmet.

Hemd *(pl* **-en)** *das (Oberhemd)* shirt; *(Unterhemd)* vest.

Hendl *(pl* **-n)** *das (Süddt & Österr)* roast chicken.

Hengst *(pl* **-e)** *der* stallion.

Henkel *(pl* **-)** *der* handle.

her *adv:* **komm ~!** come here!; **von Norden ~** from the North; **von weit ~** from a long way away; **ich kenne sie von früher ~** I know her from before; **das ist 10 Jahre ~** that was 10 years ago; **von der Größe ~** as far as its size is concerned; **~ damit!** give me that!

herab *adv* down.

herabIsetzen *vt (Preis, Tempo)* to reduce.

heran *adv:* **etwas rechts ~** a bit further to the right.

heranIkommen *vi unr ist (sich nähern)* to approach.

Heranwachsende *(pl* **-n)** *der, die* adolescent.

herauf *adv* up.

heraufIkommen ◊ *vi unr ist (Person, Fahrzeug)* to come up. ◊ *vt unr ist (Treppe, Berg)* to climb (up).

heraufIsetzen *vt (Preis)* to raise.

heraus *adv* out.

herausIbekommen *vt unr (Geheimnis)* to find out; *(Lösung)* to work out; *(Fleck)* to get out; *(Wechselgeld)*: **noch 10 Pfennig ~** to get 10 pfennigs change.

herausIbringen *vt unr (Buch, Platte)* to bring out.

herausIfinden *vt unr (entdecken)* to find out.

herausIfordern *vt (provozieren)* to provoke.

Herausforderung *(pl* **-en)** *die*

(Provokation) provocation; *(Aufgabe)* challenge.

heraus|geben *vt unr (Buch, Zeitung)* to publish; *(Geisel, Beute)* to hand over; *(Wechselgeld)* to give in change; **auf 100 DM ~** to give change for 100 Marks; **jm 2 DM ~** to give sb 2 Marks in change.

Herausgeber, -in *(mpl -) der, die* publisher.

heraus|gehen *vi unr ist (nach draußen)* to get out.

heraus|halten *vt unr* to put out.

♦ **sich heraushalten** *ref* to stay out of it.

heraus|holen *vt (nach draußen)* to bring out.

heraus|kommen *vi unr ist* to come out.

heraus|nehmen *vt unr* to take out.

heraus|stellen *vt (nach draußen)* to put out; *(hervorheben)* to emphasize.

♦ **sich herausstellen** *ref* to become clear.

heraus|suchen *vt* to pick out.

heraus|ziehen *vt unr* to pull out.

herb ◇ *adj (Geschmack)* sharp; *(Wein)* dry; *(Enttäuschung)* bitter. ◇ *adv (bitter)* bitterly; *(schlimm)* badly.

herbei *adv*: **komm ~!** come here!

Herberge *(pl -n) die (Jugendherberge)* hostel.

her|bringen *vt unr* to bring.

Herbst *(pl -e) der* autumn *(Br)*, fall *(Am)*; **im ~** in (the) autumn *(Br)*, in (the) fall *(Am)*.

herbstlich *adj* autumn *(vor Subst)*.

Herd *(pl -e) der (Küchenherd)* cooker.

Herde *(pl -n) die (von Tieren)* herd; *(von Schafen)* flock.

herein *adv* in; **~!** come in!

herein|fallen *vi unr ist (fallen)* to fall in; *(getäuscht werden)* to be taken in.

herein|holen *vt* to bring in.

herein|kommen *vi unr ist (von draußen)* to come in.

herein|lassen *vt unr* to let in.

herein|legen *vt (fam: täuschen)* to take for a ride.

Herfahrt *die* journey here.

her|geben *vt unr (geben)* to give.

her|gehen *vi unr ist*: **~ vor/hinter/neben** *(+D)* to walk in front of/behind/next to.

her|haben *vt unr (fam)*: **wo hast du das her?** where did you get that from?

Hering *(pl -e) der (Fisch)* herring; *(am Zelt)* tent peg.

Heringstopf *(pl -töpfe) der salad of marinated herring, onion, mayonnaise and beetroot.*

her|kommen *vi unr ist* to come; **wo kommst du her?** where are you from?

Herkunft *die (von Person)* origins *(pl)*; *(von Sache)* origin.

Herkunftsland *(pl -länder) das* country of origin.

Herkunftsort *(pl -e) der* place of origin.

Heroin *das* heroin.

Herr *(pl -en) der (Mann)* gentleman; *(als Anrede)* Mr; **an ~n Müller** to Mr Müller.

♦ **Herren** *pl (Herrentoilette)*: 'Herren' 'gentlemen'.

Herrenbekleidung *die* menswear.

Herrenfrisör *(pl -e) der* barber, men's hairdresser.

Herrenschuh *(pl -e) der* man's shoe.

Herrentoilette *(pl -n) die* men's toilet.

herrlich ◇ *adj* wonderful. ◇ *adv* wonderfully; **es schmeckt ~** it tastes wonderful.

herrschen vi (regieren) to rule; (bestehen) to be.

her|sein vi unr ist (Person, Gegenstand) to come; **es ist erst drei Tage her** it was only three days ago.

her|stellen vt (produzieren) to make, to produce.

Hersteller, -in (mpl -) der, die manufacturer.

Herstellung die (Produktion) production.

herüber adv over.

herum adv round; **um ... ~** around; **um den Tisch ~** around the table; **um die 50 DM ~** around 50 Marks.

herum|drehen vt (auf die andere Seite) to turn over; (Schlüssel, Hebel) to turn.

♦ **sich herumdrehen** ref to turn round.

herum|fahren vi unr ist & vt unr hat to drive around.

herum|führen ◇ vt to show around. ◇ vi to go around.

herum|gehen vi unr ist to walk around.

herum|kommen vi unr ist (reisen) to travel around; **~ um** (fam: sich drücken) to get out of.

herum|liegen vi unr to lie around.

herunter adv down.

herunter|fallen vi unr ist to fall down.

herunter|gehen vi unr ist (Person) to go down; **mit dem Preis ~** to lower the price.

herunter|handeln vt to beat down.

herunter|holen vt to bring down.

herunter|lassen vt unr (Jalousie) to lower.

herunter|schlucken vt (Essen) to swallow.

hervor adv: **komm ~!** come out!

hervorragend ◇ adj excellent. ◇ adv excellently.

hervor|rufen vt unr (verursachen) to cause.

Herz (pl -en) das heart; (Spielfarbe) hearts (pl); **von ganzem ~en** wholeheartedly.

Herzbeschwerden pl heart trouble (sg).

herzhaft adj (Essen) hearty.

Herzinfarkt (pl -e) der heart attack.

Herzklopfen das: **ich habe ~** my heart is pounding.

herzlich ◇ adj (freundlich) warm; (aufrichtig) sincere. ◇ adv (freundlich) warmly; (aufrichtig) sincerely.

Herzschrittmacher (pl -) der pacemaker.

Herzstillstand (pl -stände) der cardiac arrest.

Hessen nt Hesse.

hetzen vt & vi to rush.

♦ **sich hetzen** ref to rush.

Heu das hay.

heuer adv (Süddt & Österr) this year.

heulen vi to howl.

Heurige (pl -n) der (Österr: Wein) new wine (from most recent harvest); (Lokal) bar, particularly in the region of Vienna, that serves new wine from the local vineyards.

Heuschnupfen der hay fever.

heute adv today; **~ früh** (early) this morning; **~ morgen/mittag/abend** this morning/lunchtime/evening; **~ in einer Woche** a week today.

heutig adj today's.

hielt prät → **halten**.

hier adv here; (zeitlich) now; **das ~** this one here; **~, nimm!** here, take it!; **~ und da** here and there; **von ~ aus** from here; **~!** here!, present!

hierauf adv (auf diese Sache) (on) here.

hier|behalten *vt unr (fam: Person, Sache)* to keep here.

hier|bleiben *vi unr ist* to stay here.

hierher *adv* here.

hierhin *adv* here.

hiermit *adv* with this.

hier|sein *vi unr ist* to be here.

hiervon *adv (von Sache, Menge)* of this.

hiesig *adj* local.

hieß *prät →* **heißen**.

Hilfe *(pl -n) die (Helfen)* help; *(Person)* assistant; **mit ~ von** with the help of; **~! help!**; **um ~ rufen** to call for help.

hilflos ◇ *adj* helpless. ◇ *adv* helplessly.

hilfsbereit *adj* helpful.

hilft *präs →* **helfen**.

Himbeere *(pl -n) die (Frucht)* raspberry.

Himbeergeist *der* raspberry brandy.

Himmel *der (Luftraum)* sky; (RELIG) heaven.

Himmelfahrt *(Feiertag)* Ascension Day.

Himmelsrichtung *(pl -en) die* direction.

hin *adv*: **bis zum Baum ~** up to the tree; **der Weg ~** the way there; **zweimal nach München, ~ und zurück** two returns to Munich; **~ und her** back and forth; **~ und wieder** now and again.

hinab *adv* down.

hinauf *adv* up.

hinauf|gehen *vi & vt unr ist* to go up.

hinauf|steigen *vi & vt unr ist* to climb.

hinaus *adv (nach draußen)* out.

hinaus|gehen *vi unr ist (nach draußen)* to go out; **zur Straße ~** to look out onto the street.

hinaus|laufen *vi unr ist (nach draußen)* to run out.

Hinblick *der*: **in** ODER **im ~auf** (+A) with regard to.

hindern *vt* to hinder; **jn (daran) ~, etw zu tun** to prevent sb from doing sthg.

Hindernis *(pl -se) das* obstacle.

hindurch *adv (räumlich)* through; *(zeitlich)* throughout.

hinein *adv (räumlich)* in.

hinein|gehen *vi unr ist* to go in.

hinein|stecken *vt* to put in.

hin|fahren ◇ *vi unr ist* to go there. ◇ *vt unr hat (Passagiere)* to drive there.

Hinfahrt *(pl -en) die (mit Auto)* journey there; *(mit Zug)* outward journey.

hin|fallen *vi unr ist* to fall down.

Hinflug *(pl -flüge) der* outward flight.

hing *prät →* **hängen**.

hin|gehen *vi unr ist (gehen)* to go.

hinken *vi* to limp.

hin|knien: **sich hinknien** to kneel down.

hin|kommen *vi unr ist (ankommen)* to get there; *(hingehören)* to belong; **mit etw ~** to make sthg last.

hin|legen *vt (Kind, Besteck, Tasche)* to put down.

♦ **sich hinlegen** *ref* to lie down.

Hinreise *(pl -n) die* journey there.

hin|setzen *vt (Person)* to seat.

♦ **sich hinsetzen** *ref* to sit down.

hin|stellen *vt (Gegenstand)* to put down.

♦ **sich hinstellen** *ref* to stand.

hinten *adv (am Ende)* at the back; *(an der Rückseite)* on the back; *(zur Richtungsangabe)* back; **~ im Buch** at the back of the book; **~ am Radio** on the back of the radio; **~ sitzen** *(im Auto)* to sit in the back; **da** ODER **dort ~** back there; **weit ~**

a long way behind; **bitte nach ~ durchgehen!** please move down to the back!

hinter *präp* (+D,A) behind.

Hinterachse (*pl* -n) *die* rear axle.

Hinterausgang (*pl* -ausgänge) *der* rear exit.

hintere, -r, -s *adj* back, rear.

hintereinander *adv* (*räumlich*) one behind the other; (*zeitlich*) one after the other.

Hintereingang (*pl* -eingänge) *der* rear entrance.

Hintergrund (*pl* -gründe) *der* background.

hinterher *adv* (*räumlich*) behind; (*zeitlich*) afterwards.

hinterher|fahren *vi unr ist* to drive behind; **jm ~** to follow sb.

hinterher|gehen *vi unr ist* to walk behind; **jm ~** to follow sb.

hinterlassen (*präs* hinterläßt, *prät* hinterließ, *pp* hinterlassen) *vt* to leave.

hinterlegen *vt* to leave.

Hintern (*pl* -) *der* (*fam*) bottom.

Hinterrad (*pl* -räder) *das* rear wheel.

Hinterradantrieb *der* rear wheel drive.

Hintertür (*pl* -en) *die* back door.

Hinterzimmer (*pl* -) *das* back room.

hinüber *adv* over, across.

Hin- und Rückfahrt *die* round trip.

hinunter *adv* down.

Hinweg (*pl* -e) *der*: **auf dem ~** on the way there.

Hinweis (*pl* -e) *der* (*Tip, Fingerzeig*) tip; (*für Polizei*) lead; (*Anleitung*) instruction; (*Indiz*) sign; **nähere ~e** detailed instructions.

hin|weisen ◊ *vt unr*: **jn auf etw** (*A*) **~** to point sthg out to sb. ◊ *vi unr* (*zeigen*): **auf jn/etw ~** to point to sb/sthg.

Hinweisschild (*pl* -er) *das* sign.

hin|werfen *vt unr* (*Gegenstand*) to throw down.

hinzu *adv* in addition.

hinzu|fügen *vt* (*Gewürz, Zutat*) to add.

hinzu|kommen *vi unr ist* (*Person*) to arrive; (*Tatsache*): **hinzukommt, daß ...** moreover ...; **kommt noch etwas hinzu?** (*im Geschäft*) would you like anything else?

Hirn (*pl* -e) *das* (*Organ*) brain; (*Gericht*) brains (*pl*).

Hirsch (*pl* -e) *der* (*Tier*) deer; (*Fleisch*) venison.

Hirse *die* millet.

historisch ◊ *adj* (*geschichtlich*) historical. ◊ *adv* (*geschichtlich*) historically.

Hit (*pl* -s) *der* (*Lied*) hit.

Hitparade (*pl* -n) *die* charts (*pl*).

Hitze *die* heat.

hitzebeständig *adj* heat-resistant.

Hitzewelle (*pl* -n) *die* heatwave.

Hitzschlag *der* heatstroke.

HIV-positiv *adj* HIV-positive.

H-Milch *die* long-life milk.

hob *prät* → **heben**.

Hobby (*pl* -s) *das* hobby.

hoch (*komp* höher, *superl* am höchsten) ◊ *adj* high; (*Baum*) tall; (*Alter, Gewicht*) great; (*Anzahl, Summe*) large. ◊ *adv* high; (*sehr*) highly.

Hoch (*pl* -s) *das* (*Wetterlage*) high.

hochachtungsvoll *adv* Yours faithfully (*nach Dear Sir/Madam*), Yours sincerely (*nach Dear Mr/Mrs X*).

Hochbetrieb *der*: **es herrscht ~** it's the busiest time.

hochdeutsch *adj* standard German.

Hochdruck *der* (*technisch*) high pressure.

Hochdruckgebiet (*pl* -e) *das*

area of high pressure.

Hochdruckzone (*pl* **-n**) *die* area of high pressure.

Hochebene (*pl* **-n**) *die* plateau.

hocherfreut *adj* delighted.

hoch|fliegen *vi unr ist* to fly up.

Hochgebirge (*pl* **-**) *das* high mountains (*pl*).

hoch|gehen *vi unr ist* to go up; (*Bombe*) to go off.

hoch|halten *vt unr* (*Gegenstand*) to hold up.

Hochhaus (*pl* **-häuser**) *das* high-rise building.

hoch|heben *vt unr* to lift.

hoch|klappen *vt* to fold up.

hoch|klettern *vi & vt ist* to climb (up).

hoch|kommen *vi & vt unr ist* to come up.

hoch|krempeln *vt* to roll up.

hochnäsig *adj* (*abw*) conceited.

hochprozentig *adj* (*Getränk*) strong.

Hochsaison *die* (*in Ferienort*) high season.

Hochschule (*pl* **-n**) *die* college; (*Universität*) university.

Hochschulreife *die* qualification needed for university entrance.

hochschwanger *adj* heavily pregnant.

Hochsommer (*pl* **-**) *der* midsummer.

Hochspannung *die* (*Strom*) high voltage; 'Vorsicht, ~: Lebensgefahr!' 'danger, high voltage!'

Hochsprung *der* high jump.

höchste *superl* → **hoch**.

höchstens *adv* (*mit Zahlenangabe*) at (the) most; (*allenfalls*) at best.

Höchstgeschwindigkeit (*pl* **-en**) *die* (*auf Straße*) speed limit; (*von Auto*) top speed.

Höchstparkdauer *die* maximum stay (*when parking*).

Hochwasser *das*: ~ **haben** to be in spate.

hochwertig *adj* high-quality.

Hochzeit (*pl* **-en**) *die* wedding.

Hochzeitsreise (*pl* **-n**) *die* honeymoon.

Hochzeitstag (*pl* **-e**) *der* wedding day.

hoch|ziehen *vt unr* (*Strumpf*) to pull up; (*Jalousie*) to raise.

♦ **sich hochziehen** *ref* (*sich nach oben ziehen*) to pull o.s. up.

hocken *vi* (*kauern*) to crouch.

♦ **sich hocken** *ref* (*sich kauern*) to crouch down.

Hocker (*pl* **-**) *der* stool.

Hockey *das* hockey.

Hof (*pl* **Höfe**) *der* (*Innenhof, Hinterhof*) yard; (*Bauernhof*) farm.

hoffen *vt* to hope.

hoffentlich *adv* hopefully.

Hoffnung (*pl* **-en**) *die* (*Wunsch*) hope.

höflich ◇ *adj* polite. ◇ *adv* politely.

Höflichkeit *die* politeness.

Höhe (*pl* **-n**) *die* height; (*von Summe*) amount; (*von Klang*) pitch; **ein Betrag in ~ von 200 DM** the sum of 200 Marks; **in ~ der ersten Querstraße** level with the first turning.

Höhenlage *die* altitude.

Höhensonne (*pl* **-n**) *die* (*Gerät*) sunlamp.

Höhepunkt (*pl* **-e**) *der* (*von Entwicklung, Fest*) high point; (*Orgasmus*) climax.

höher *komp* → **hoch**.

hohl *adj* (*Baum*) hollow; (*abw: Gerede*) empty.

Höhle (*pl* **-n**) *die* (*im Felsen*) cave; (*von Tieren*) den.

holen *vt* (*heranholen*) to fetch, to collect; (*entnehmen*) to take; (*Polizei, Arzt, Handwerker*) to fetch; (*fam: einkaufen*) to get; **etw ~ kommen** to come for sthg; **sich** (*D*) **etw**

~ *(Gegenstand)* to get sthg; *(Krankheit)* to catch sthg.

Holland *nt* Holland.

Holländer, -in *(f & mpl -) der, die* Dutchman (Dutchwoman).

holländisch *adj* Dutch.

holprig *adj* bumpy.

Holunder *(pl -) der (Baum)* elder.

Holz *(pl Hölzer) das* wood.

holzig *adj (Spargel)* woody.

Holzkohle *(pl -n) die* charcoal.

Home page *(pl -s) die* home page.

homöopathisch *adj* homeopathic.

homosexuell *adj* homosexual.

Homosexuelle *(mpl -n) der, die* homosexual.

Honig *der* honey.

Honigmelone *(pl -n) die* honeydew melon.

Honorar *(pl -e) das* fee.

Hopfen *der* hops *(pl)*.

horchen *vi (angestrengt hören)* to listen.

hören ◇ *vt (Laut, Geräusch, Information)* to hear; *(anhören)* to listen to. ◇ *vi (als Hörfähigkeit)* to hear; *(zuhören, gehorchen)* to listen; ~ **auf** (+A) to listen to; **hör mal!** listen!; **schwer ~** to be hard of hearing.

Hörer *(pl -) der (von Telefon)* receiver; *(Person)* listener.

Hörerin *(pl -nen) die* listener.

Hörfunk *der* radio.

Hörgerät *(pl -e) das* hearing aid.

hörgeschädigt *adj* hard of hearing.

Horizont *(pl -e) der* horizon.

horizontal *adj* horizontal.

Hormon *(pl -e) das* hormone.

Horn *(pl Hörner) das* horn.

Hörnchen *(pl -) das (Gebäck)* croissant.

Hornhaut *(pl -häute) die (auf* *Haut)* patch of hard skin; *(von Augen)* cornea.

Hornisse *(pl -n) die* hornet.

Horoskop *(pl -e) das* horoscope.

horrend *adj* horrendous.

Hörspiel *(pl -e) das* radio play.

Höschenwindel *(pl -n) die* nappy *(Br)*, diaper *(Am)*.

Hose *(pl -n) die (Kleidungsstück)* (pair of) trousers *(Br)*, (pair of) pants *(Am)*; *(Unterhose)* underpants *(pl)*; **kurze ~** shorts *(pl)*.

Hosentasche *(pl -n) die* trouser pocket.

Hosenträger *(pl -) der* braces *(pl)(Br)*, suspenders *(pl)(Am)*.

Hospital *(pl Hospitäler) das* hospital.

Hot dog *(pl -s) der* ODER *das* hot dog.

Hotel *(pl -s) das* hotel; ~ **Garni** ≃ bed and breakfast.

Hotelbar *(pl -s) die* hotel bar.

Hotelführer *(pl -) der* hotel guide.

Hotelhalle *(pl -n) die* hotel foyer.

Hotelverzeichnis *(pl -se) das* hotel register.

Hotelzimmer *(pl -) das* hotel room.

Hr. *(abk für Herr)* Mr.

Hubraum *der (beim Auto)* cubic capacity.

hübsch *adj (schön)* pretty, beautiful.

Hubschrauber *(pl -) der* helicopter.

huckepack *adv (fam)*: **jn ~ nehmen** to give sb a piggy-back.

Huf *(pl -e) der* hoof.

Hüfte *(pl -n) die* hip.

Hügel *(pl -) der (kleiner Berg)* hill.

hügelig *adj* hilly.

Huhn *(pl Hühner) das* chicken.

Hühnchen *(pl -) das* chicken.

Hühnerauge *(pl -n) das* corn.

Hühnerbrühe (*pl* -n) *die* chicken broth.

Hülle (*pl* -n) *die (Schutzhülle)* cover; *(von Schallplatte)* sleeve.

human *adj* humane.

Hummel (*pl* -n) *die* bumblebee.

Hummer (*pl* -) *der* lobster.

Humor *der* humour.

humpeln *vi* to limp.

Hund (*pl* -e) *der (Tier)* dog; 'Vorsicht, bissiger ~' 'beware of the dog'.

Hundeleine (*pl* -n) *die* dog lead.

hundert *num* a hundred, → **sechs**.

Hunderter (*pl* -) *der (Hundertmarkschein)* hundred-mark note.

Hundertmarkschein (*pl* -e) *der* hundred-mark note.

Hundertmeterlauf (*pl* -läufe) *der* hundred metres *(sg)*.

hundertprozentig *adj (Alkohol, Lösung)* pure; *(völlig)* complete.

hunderttausend *num* one hundred thousand.

Hundesteuer (*pl* -n) *die* dog licence fee.

Hunger *der (nach Nahrung)* hunger; ~ **auf** (+A) **haben** to feel like (eating) sthg; ~ **haben** to be hungry.

Hungerstreik (*pl* -s) *der* hunger strike.

hungrig *adj* hungry; ~ **sein** to be hungry.

Hupe (*pl* -n) *die* horn.

hupen *vi* to sound one's horn.

hüpfen *vi* ist to hop.

Hürdenlauf (*pl* -läufe) *der* hurdles *(sg)*.

hurra *interj* hurray!

husten *vi* to cough.

Husten *der* cough; ~ **haben** to have a cough.

Hustenbonbon (*pl* -s) *das* cough sweet.

Hustensaft (*p* -säfte) *der* cough mixture.

Hustentee (*pl* -s) *der* tea which is good for a cough.

Hut (*pl* Hüte) *der (Kleidungsstück)* hat.

Hütte (*pl* -n) *die (kleines Haus)* cottage; *(Berghütte)* hut.

Hüttenkäse *der* cottage cheese.

hygienisch *adj* hygienic.

hypnotisieren *vt* to hypnotize.

I

IC *abk* = **Intercity**.

ICE *abk* = **Intercity Express**.

ich *pron* I; ~ **bin's** it's me.

IC-Zuschlag (*pl* -Zuschläge) *der* intercity supplement.

ideal *adj* ideal.

Idealgewicht *das* ideal weight.

Idee (*pl* -n) *die* idea; *(ein bißchen)* bit, touch.

identifizieren *vt (erkennen)* to identify.

♦ **sich identifizieren** *ref (sich gleichsetzen)*: **sich ~ mit** to identify with.

identisch *adj* identical; ~ **sein** to be exactly the same.

Identität *die* identity.

Ideologie (*pl* -n) *die* ideology.

Idiot (*pl* -en) *der* idiot.

idiotisch *adj* idiotic.

idyllisch ◊ *adj* idyllic. ◊ *adv*: ~ **gelegen** in an idyllic location.

Igel (*pl* -) *der* hedgehog.

ignorieren *vt* to ignore.

ihm *pron (Dativ von er: Person)* (to) him; *(Ding)*(to) it.

ihn *pron (Akkusativ von er: Person)* him; *(Ding)* it.

ihnen *pron (Dativ Plural von sie)* (to) them.

Ihnen *pron (Dativ von Sie)* (to) you.

ihr¹ *pron (Nominativ)* you; *(Dativ von sie: Person)* (to) her; *(Ding)* (to) it.

ihr², -e *det (Singular: von Person)* her; *(von Ding)* its; *(Plural)* their.

Ihr *(pl -e) det* your.

ihre, -r, -s *pron (Singular: von Person)* hers; *(von Ding)* its; *(Plural)* their.

Ihre, -r, -s *pron* yours.

illegal ◇ *adj* illegal. ◇ *adv* illegally.

Illusion *(pl -en) die* illusion.

Illustrierte *(pl -n) die* magazine.

im *präp* = **in** + **dem**.

Image *(pl -s) das (von Person)* image.

Imbiß *(pl Imbisse) der (Mahlzeit)* snack; *(Imbißbude)* snack bar.

Imbißbude *(pl -n) die* snack bar.

Imbißstube *(pl -n) die* snack bar.

imitieren *vt* to imitate.

imitiert *adj (Material)* imitation *(vor Subst)*.

Immatrikulation *(pl -en) die* matriculation.

immer *adv* always; ~ **schwieriger** more and more difficult; ~ **stärker** stronger and stronger; ~ **noch** still; ~ **wenn** whenever; ~ **wieder** again and again.

immerhin *adv (dennoch, trotzdem)* nevertheless; *(wenigstens)* at least; *(schließlich)* after all, still.

Immigrant, -in *(mpl -en) der, die* immigrant.

Immobilien *pl* property *(sg)*.

Immobilienmakler, -in *(mpl -)* der, die estate agent *(Br)*, realtor *(Am)*.

immun *adj (gegen Krankheit)* immune.

impfen *vt* to vaccinate.

Impfschein *(pl -e) der* vaccination certificate.

Impfstoff *(pl -e) der* vaccine.

Impfung *(pl -en) die* vaccination.

Import *der (Einfuhr)* import.

importieren *vt* to import.

imprägnieren *vt (Kleidung)* to waterproof.

imprägniert *adj (Holz)* waterproofed; *(Kleidung)* waterproof.

impressionistisch *adj (Kunstwerk)* Impressionist.

improvisieren *vt & vi* to improvise.

impulsiv ◇ *adj* impulsive. ◇ *adv* impulsively.

imstande *adj*: ~ **sein, etw zu tun** to be capable of doing sthg.

in ◇ *präp (+A) (räumlich)* into; ~**s Wasser fallen** to fall into the water; ~ **die Stadt fahren** to go to town; ~ **die Schule gehen** to go to school.

◇ *präp (+D)* **1.** *(räumlich)* in; **im Bett liegen** to be in bed; ~ **der Schule** at school.

2. *(zeitlich)* in; ~ **dieser Woche** this week; **im Moment** at the moment; **wir fahren** ~ **einer Stunde** we're going in an hour; **das schaffe ich** ~ **einer Stunde** I can do that in an hour.

3. *(zur Angabe von Umständen)* in; ~ **Betrieb sein** to be working.

4. *(zur Angabe von Mengen)* in.

◇ *adj (fam)*: ~ **sein** to be in.

inbegriffen *adj* included.

Inbetriebnahme *die (amt: von Anlage)* start-up.

indem *konj* by; **er startete die Maschine,** ~ **er auf den Knopf drückte** he started the machine by pressing the button.

Inder, -in *(mpl -) der, die* Indian.

Indien *nt* India.

indirekt *adj* indirect.

indisch *adj* Indian.

indiskret *adj* indiscreet.

indiskutabel *adj* out of the question.

Individualist, -in (*mpl* -en) *der, die* individualist.

individuell ◊ *adj (persönlich)* individual. ◊ *adv (persönlich)* individually.

Individuum (*pl* -duen) *das (Einzelperson)* individual.

Industrie (*pl* -n) *die* industry.

Industriegebiet (*pl* -e) *das* industrial area.

industriell *adj* industrial.

Industriepark (*pl* -s) *der* industrial estate (*Br*), industrial park (*Am*).

Industrie- und Handelskammer (*pl* -n) *die* chamber of commerce.

Infarkt (*pl* -e) *der* heart attack.

Infektion (*pl* -en) *die* infection.

infizieren *vt* to infect.

◆ **sich infizieren** *ref* to get infected.

Inflation (*pl* -en) *die* inflation.

infolge *präp* (+G) *(amt)* owing to.

Information (*pl* -en) *die* information; *(Informationstelle)* information desk; **eine ~** a piece of information; **~en über** (+A) information about; **wünschen Sie weitere ~en?** would you like any further information?

Informationsmaterial (*pl* -ien) *das* information.

Informationsstand (*pl* -stände) *der* information point.

Informationszentrum (*pl* -zentren) *das* information centre.

informieren *vt* to inform; **jn ~ über** (+A) to inform sb about.

◆ **sich informieren** *ref* to find out.

Infusion (*pl* -en) *die*: **eine ~ bekommen** to be on a drip.

Ingenieur, -in (*mpl* -e) *der, die* engineer.

Inh. *abk* = **Inhaber**.

Inhaber, -in (*mpl* -) *der, die (Besitzer)* owner; *(von Paß, Genehmigung)* holder.

inhalieren ◊ *vt (Rauch)* to inhale. ◊ *vi (bei Erkältung)* to use an inhalant.

Inhalt (*pl* -e) *der (von Behälter)* contents *(pl)*; *(von Buch, von Film)* content.

Inhaltsverzeichnis (*pl* -se) *das* list of contents.

Initiative (*pl* -n) *die* initiative.

Injektion (*pl* -en) *die* injection.

inkl. *(abk für inklusive)* incl.

inklusive *präp* (+G) including.

Inklusivpreis (*pl* -e) *der* inclusive price.

inkonsequent *adj* inconsistent.

Inland *das*: **im ~** at home.

Inlandsflug (*pl* -flüge) *der* domestic flight.

Inlandsgespräch (*pl* -e) *das* national call.

innen *adv* inside; **nach ~** inwards.

Innenhof (*pl* -höfe) *der* inner courtyard.

Innenpolitik *die (Maßnahmen)* domestic policy.

Innenraum (*pl* -räume) *der* inner room.

Innenseite (*pl* -n) *die* inside.

Innenspiegel (*pl* -) *der* rearview mirror.

Innenstadt (*pl* -städte) *die* town centre.

innere, -r, -s *adj (Schicht, Wand, Gefühl)* inner; *(Verletzung, Organe)* internal; *(Jackentasche)* inside.

innerhalb ◊ *präp* (+G) within. ◊ *adv*: **~ von** within.

innerlich ◊ *adj (körperlich)* internal. ◊ *adv (psychisch)* inwardly.

Innung (*pl* -en) *die* guild.

inoffiziell *adj* unofficial.

ins *präp* = **in** + **das**.

Insassen(unfall)versicherung (*pl* -en) *die* passenger insurance.

insbesondere *adv* especially.

Insekt (*pl* -en) *das* insect.

Insektenschutzmittel (*pl* -) *das* insect repellent.

Insektenstich (*pl* -e) *der* insect bite.

Insel (*pl* -n) *die (geographisch)* island.

Inserat (*pl* -e) *das* advertisement.

inserieren *vi* to advertise.

insgesamt *adv* altogether.

Inspektion (*pl* -en) *die (von Autos)* service.

inspizieren *vt* to inspect.

Installateur, -in (*mpl* -e) *der, die (für Wasser)* plumber; *(für Strom)* electrician.

installieren *vt* to install.

Instantgetränk (*pl* -e) *das* instant drink.

Instinkt (*pl* -e) *der* instinct.

Institut (*pl* -e) *das (Einrichtung)* institute.

Institution (*pl* -en) *die* institution.

Instrument (*pl* -e) *das* instrument.

Inszenierung (*pl* -en) *die (am Theater)* production.

intakt *adj (Apparat)* intact.

integrieren *vt* to integrate.

intellektuell *adj* intellectual.

intelligent *adj* intelligent.

Intelligenz *die* intelligence.

Intendant, -in (*mpl* -en) *der, die* director.

intensiv ◇ *adj (Schulung, Arbeit)* intensive; *(Geschmack, Gefühl)* strong. ◇ *adv (schmecken)* strong; *(sich einarbeiten, vorbereiten)* intensively.

Intensivkurs (*pl* -e) *der* crash course.

Intensivstation (*pl* -en) *die* intensive care unit.

Intercity (*pl* -s) *der* intercity train.

Intercity Express (*pl* -) *der* high-speed train connecting two or more large cities.

Intercity-Zuschlag (*pl* -Zuschläge) *der* intercity supplement.

interessant *adj* interesting.

Interesse (*pl* -n) *das* interest.

interessieren *vt* to interest.

♦ **sich interessieren** *ref*: sich ~ für to be interested in.

Internat (*pl* -e) *das* boarding school.

international *adj* international.

Internet *das*: das ~ the Internet; im ~ surfen to surf the Net.

interpretieren *vt* to interpret.

Interrail-Karte (*pl* -n) *die* interrail ticket.

InterRegio (*pl* -s) *der* train covering medium distances, stopping frequently.

Interview (*pl* -s) *das* interview.

interviewen *vt* to interview.

intim *adj* intimate.

intolerant *adj* intolerant.

intransitiv *adj* intransitive.

intuitiv *adj* intuitive.

Invalide (*pl* -n) *der, die* disabled person.

Inventur (*pl* -en) *die* stocktaking; 'wegen ~ geschlossen' 'closed for stocktaking'.

investieren *vt (Geld)* to invest.

inzwischen *adv (gleichzeitig)* in the meantime; *(jetzt)* now.

Ire (*pl* -n) *der* Irishman; die ~n the Irish.

irgend *adv*: ~ etwas something; *(beliebige Sache, in Fragen)* anything; ~ jemand someone; *(beliebige Person, in Fragen)* anyone.

irgendein, -e *det (unbekannt)* some; *(beliebig, in Fragen)* any.

irgendeine, -r, -s *pron (unbekannte Person)* someone; *(beliebige Person, in Fragen)* anyone; *(beliebige Sache)* any.

irgendwann *adv (zu unbekannter Zeit)* sometime; *(zu beliebiger Zeit)* any time.

irgendwas *pron* = **irgend etwas**.

irgendwer *pron* = **irgend jemand**.

irgendwie *adv (auf unbekannte Weise)* somehow; *(auf beliebige Weise)* anyhow.

irgendwo *adv (an unbekanntem Ort)* somewhere; *(an beliebigem Ort)* anywhere.

Irin *(pl -nen)* die Irishwoman.

irisch *adj* Irish.

Irland *nt* Ireland.

ironisch *adj* ironic.

irre *adj (verrückt)* mad; *(fam: gut)* fantastic.

irren *vi ist (herumlaufen)* to wander.
♦ **sich irren** *ref hat* to be wrong.

Irrtum *(pl -tümer)* der mistake.

irrtümlich *adj* wrong.

Ischias *der (Nerv)* sciatic nerve; *(Schmerz)* sciatica.

Islam *der* Islam.

Isolierband *(pl -bänder)* das *(für elektrische Leitungen)* insulating tape.

isolieren ◊ *vt* to insulate; *(Person)* to isolate. ◊ *vi* to insulate.
♦ **sich isolieren** *ref* to isolate o.s.

Isolierung *(pl -en)* die insulation; *(von Person)* isolation.

Israel *nt* Israel.

ißt *präs* → **essen**.

ist *präs* → **sein**.

Italien *nt* Italy.

Italiener, -in *(mpl -)* der, die Italian.

italienisch *adj* Italian.

Italienisch(e) *das* Italian.

J

ja *interj* yes; *(selbstverständlich)* of course; **das ist ~ toll!** that's really great!; **~, bitte** *(selbstverständlich)* please do; **da bist du ~!** there you are!; **ich komme ~ schon** I'm coming.

Jacht *(pl -en)* die yacht.

Jacke *(pl -n)* die *(Mantel, Jackett)* jacket; *(Strickjacke)* cardigan.

Jackett *(pl -s)* das jacket.

Jagd *(pl -en)* die *(auf Tiere)* hunt; **auf die ~ gehen** to go hunting.

jagen *vt (Tier)* to hunt.

Jäger, -in *(mpl -)* der, die *(Person)* hunter.

Jägerschnitzel *(pl -)* das escalope of pork with mushroom sauce.

Jahr *(pl -e)* das year; **die 90er ~e** the nineties; **ein gutes Neues ~!** Happy New Year!

jahrelang ◊ *adv* for years. ◊ *adj:* **~es Warten** years of waiting.

Jahresabonnement *(pl -s)* das annual subscription.

Jahreseinkommen *(pl -)* das annual income.

Jahrestag *(pl -e)* der anniversary.

Jahresurlaub *der* annual leave.

Jahreszeit *(pl -en)* die season.

Jahrgang *(pl -gänge)* der *(von Wein)* year, vintage.

Jahrhundert *(pl -e)* das century.

jährlich *adj & adv* yearly.

Jahrmarkt *(pl -märkte)* der fair.

Jahrzehnt *(pl -e)* das decade.

jähzornig *adj* hot-tempered.

Jalousie (*pl* **-n**) *die* venetian blind.
jammern *vi* to moan.
Jänner *der (Österr)* January, →
September.
Januar *der* January, → **September**.
Japan *nt* Japan.
Japaner, -in (*mpl* **-**) *der, die*
Japanese.
japanisch *adj* Japanese.
Japanisch(e) *das* Japanese.
jaulen *vi* to howl.
Jause (*pl* **-n**) *die (Österr)* snack.
Jausenstation (*pl* **-en**) *die*
(Österr) mountain refuge where food
and drink are served.
jawohl *interj (ja)* yes.
Jazz *der* jazz.
je ◊ *adv (jeweils)* each; *(pro)* per;
(jemals) ever. ◊ *konj:* ~ **schneller,**
desto besser the quicker the better; **drei Gruppen mit** ~ **fünf**
Personen three groups, each of
five people; **30 DM** ~ **Stunde** 30
Marks per hour; **bist du** ~ **mit ihm**
zusammengetroffen? have you
ever met him?; ~ **nachdem** it
depends; **oh** ~! oh no!
Jeans (*pl* **-**) *die* (pair of) jeans *(pl)*.
jede, -r, -s ◊ *det* every, each. ◊ *pron*
(Person) everyone; *(Gegenstand)* each
(one); ~r **dritte** every third one.
jedenfalls *adv (wenigstens)* at
least; *(auf jeden Fall)* in any case.
jederzeit *adv* at any time.
jedesmal *adv* every time.
jedoch *adv* however.
jemand *pron (unbekannte Person)*
someone; *(in Fragen)* anyone.
jene, -r, -s ◊ *det (geh)* that.
◊ *pron (geh)* that one.
jenseits *präp* (+G) *(räumlich)* on
the other side of.
jetzig *adj* current.
jetzt *adv (momentan)* now; *(heut-*
zutage) nowadays; *(bald, gleich)*
soon; *(damals)* then; **bis** ~ until
now; ~ **gleich** right now.

jeweils *adv (jeder)* each; *(jedes-*
mal) each time; ~ **vier Punkte** four
points each; ~ **am Monatsersten**
on the first of each month.
Jh. *(abk für Jahrhundert)* C.
JH *abk* = **Jugendherberge**.
Job (*pl* **-s**) *der* job.
jobben *vi* to work.
Jod *das* iodine.
jodeln *vi* to yodel.
joggen *vi ist* to jog.
Jogging *das* jogging.
Jogginganzug (*pl* **-anzüge**) *der*
tracksuit.
Joghurt (*pl* **-s**) *der* ODER *das*
yoghurt.
Johannisbeere (*pl* **-n**) *die:* **rote** ~
redcurrant; **schwarze** ~ blackcur-
rant.
Jolle (*pl* **-n**) *die (Segelboot)* dinghy.
Journal (*pl* **-e**) *das* magazine.
Journalist, -in (*mpl* **-en**) *der, die*
journalist.
jubeln *vi* to cheer.
Jubiläum (*pl* **Jubiläen**) *das*
jubilee.
jucken *vi (Haut)* to itch; *(Material)*
to be itchy.
Juckreiz *der* itch.
Jude (*pl* **-n**) *der* Jew.
Jüdin (*pl* **-nen**) *die* Jew.
jüdisch *adj* Jewish.
Jugend *die* youth.
jugendfrei *adj:* **nicht** ~ not suitable for children.
Jugendherberge (*pl* **-n**) *die*
youth hostel.
Jugendherbergsausweis (*pl*
-e) *der* youth hostel card.
Jugendherbergsschlafsack
(*pl* **-säcke**) *der* sheet sleeping bag.
jugendlich ◊ *adj (jung)* young;
(jung wirkend) youthful. ◊ *adv*
(jung wirkend) youthfully.
Jugendliche (*pl* **-n**) *der, die*
young person.

Jugendstil *der* Art Nouveau.

Jugendzentrum (*pl* -zentren) *das* youth centre.

Jugoslawien *nt* Yugoslavia.

Juli *der* July, → **September**.

jung (*komp* jünger, *superl* am jüngsten) *adj* young.

Junge (*pl* -n) ◊ *der (Knabe)* boy. ◊ *das (von Tieren)* young animal; **die ~n** the young; **die Katze hat ~** the cat has got kittens.

Jungfrau *die (Sternzeichen)* Virgo; *(Mädchen)* virgin.

Junggeselle (*pl* -n) *der* bachelor.

Juni *der* June, → **September**.

Jura *ohne Artikel* law.

Jurist, -in (*mpl* -en) *der, die* lawyer.

juristisch *adj* legal.

Jury (*pl* Juries) *die* jury.

Justiz *die (Rechtsbehörden)* judiciary.

Juwelier, -in (*mpl* -e) *der, die* jeweller.

K

Kabarett (*pl* -s) *das* cabaret.

Kabel (*pl* -) *das (elektrische Leitung)* cable.

Kabelanschluß (*pl* -anschlüsse) *der*: **~ haben** to have cable television.

Kabelfernsehen *das* cable television.

Kabeljau (*pl* -s) *der* cod.

Kabelkanal (*pl* -kanäle) *der* cable TV channel.

Kabine (*pl* -n) *die (Umkleidekabine)* cubicle; *(im Schiff)* cabin.

Kabinenbahn (*pl* -en) *die* cable railway.

Kabinett (*pl* -e) ◊ *das (von Ministern)* cabinet. ◊ *der (Wein) term designating a high-quality German wine.*

Kabrio (*pl* -s) *das* convertible.

Kachel (*pl* -n) *die* tile.

Kachelofen (*pl* -öfen) *der tiled wood-burning stove used for heating.*

Käfer (*pl* -) *der* beetle.

Kaffee (*pl* -s) *der* coffee; *(Mahlzeit) light afternoon meal of coffee and cakes, biscuits etc*; **eine Tasse ~** a cup of coffee; **~ trinken** to drink coffee.

Kaffeebar (*pl* -s) *die* coffee bar.

Kaffeefahrt (*pl* -en) *die day trip organized by a company on which its products are promoted and sold.*

Kaffeefilter (*pl* -) *der* coffee filter.

Kaffeehaus (*pl* -häuser) *das* coffee shop.

Kaffeekanne (*pl* -n) *die* coffeepot.

Kaffeeklatsch (*pl* -s) *der* = coffee morning.

Kaffeelöffel (*pl* -) *der* teaspoon.

Kaffeemaschine (*pl* -n) *die* coffee machine.

Kaffeepause (*pl* -n) *die* coffee break.

Kaffeesahne *die* coffee cream.

Kaffeetasse (*pl* -n) *die* coffee cup.

Käfig (*pl* -e) *der* cage.

Kahn (*pl* Kähne) *der (Ruderboot)* rowing boat *(Br)*, rowboat *(Am)*; *(Stechkahn)* punt.

Kai (*pl* -s) *der* quay.

Kaiser, -in (*mpl* -) *der, die* emperor, (f empress).

Kaiserschmarren (*pl* -) *der (Süddt & Österr) pancake cut into thin strips.*

Kajak (*pl* -s) *das* kayak.

Kajüte (*pl* -n) *die* cabin.

Kakao *der* cocoa; **eine Tasse ~** a cup of cocoa.

Kaktus *(pl* **Kakteen***) der* cactus.

Kalb *(pl* **Kälber***) das (von Kuh)* calf; *(Fleisch)* veal.

Kalbfleisch *das* veal.

Kalender *(pl* -*) der (Wandkalender)* calendar; *(Taschenkalender)* diary.

Kalifornien *nt* California.

Kalk *der (im Wasser)* lime.

Kalorie *(pl* -n*) die* calorie.

kalorienarm *adj* low-calorie.

kalt *(komp* **kälter***, superl* **am kältesten***)* ◊ *adj* cold. ◊ *adv (gefühllos)* coldly; **~ duschen** to have a cold shower; **es ist ~** it's cold; **mir ist ~** I'm cold.

Kälte *die (Temperatur)* cold; *(von Person)* coldness.

Kälteeinbruch *(pl* -einbrüche*) der* cold snap.

Kaltfront *(pl* -en*) die* cold front.

Kaltmiete *(pl* -n*) die* rent not including bills.

Kaltstartautomatik *die* automatic choke.

kam *prät →* **kommen**.

Kamel *(pl* -e*) das (Tier)* camel.

Kamera *(pl* -s*) die* camera.

Kamillentee *(pl* -s*) der* camomile tea.

Kamin *(pl* -e*) der (im Raum)* fireplace; *(Schornstein)* chimney.

Kamm *(pl* **Kämme***) der (für Haare)* comb.

kämmen *vt* to comb.

♦ **sich kämmen** *ref* to comb one's hair.

Kammermusik *die* chamber music.

Kampf *(pl* **Kämpfe***) der (Streit)* fight; *(in Sport)* contest; *(politisch, sozial)* struggle; *(im Krieg)* battle.

kämpfen *vi* to fight; *(in Sport)* to compete; **~ für** to fight for; **~ gegen** to fight; **~ um** to fight for;

(in Sport) to compete for.

Kämpfer, -in *(mpl* -*) der, die* fighter.

Kampfrichter, -in *(mpl* -*) der, die* referee.

kampieren *vi* to camp.

Kanada *nt* Canada.

Kanal *(pl* **Kanäle***) der (Wasserweg)* canal; *(im Radio, Fernsehen)* channel; *(Abwasserkanal)* sewer.

Kanaldeckel *(pl* -*) der* manhole cover.

Kanalinseln *pl* Channel Islands.

Kanalisation *(pl* -en*) die* sewers *(pl)*.

Kandidat, -in *(mpl* -en*) der, die (für Amt)* candidate.

kandiert *adj* candied.

Kandiszucker *der* candy sugar.

Kaninchen *(pl* -*) das* rabbit.

Kanister *(pl* -*) der* can.

kann *präs →* **können**.

Kännchen *(pl* -*) das* pot; **ein ~ Kaffee** a pot of coffee.

Kanne *(pl* -n*) die (für Kaffee, Tee)* pot; *(für Milch)* jug; *(für Öl, zum Gießen)* can.

kannte *prät →* **kennen**.

Kante *(pl* -n*) die* edge.

Kantine *(pl* -n*) die* canteen.

Kanton *(pl* -e*) der* canton.

Kanu *(pl* -s*) das (Paddelboot)* canoe.

Kanzel *(pl* -n*) die (in Kirche)* pulpit.

Kanzler, -in *(mpl* -*) der, die (Bundeskanzler)* chancellor.

Kapelle *(pl* -n*) die (Kirche)* chapel; *(MUS)* band.

Kapern *pl* capers.

kapieren *vt & vi* to understand.

Kapital *das (Vermögen)* capital.

Kapitän *(pl* -e*) der* captain.

Kapitel *(pl* -*) das* chapter.

kapitulieren *vi (resignieren)* to give up.

Kaplan (*pl* **Kapläne**) *der* chaplain.

Kappe (*pl* **-n**) *die* cap.

Kapsel (*pl* **-n**) *die* (*Medikament*) capsule.

kaputt *adj* broken; (*fam: erschöpft*) exhausted; **~ sein** (*fam: erschöpft*) to be exhausted; **mein Auto ist ~** my car has broken down.

kaputtlgehen *vi unr ist* (*Gegenstand*) to break; (*Auto*) to break down; **an etw** (*D*) **~** (*Person*) to go to pieces because of sthg.

Kapuze (*pl* **-n**) *die* hood.

Kapuziner (*pl* **-**) *der* (*Österr*) coffee with just a drop of milk.

Karabinerhaken (*pl* **-**) *der* karabiner.

Karaffe (*pl* **-n**) *die* decanter.

Karamelbonbon (*pl* **-s**) *das* toffee.

Karat (*pl* **-**) *das* carat.

Karate *das* karate.

Kardinal (*pl* **-äle**) *der* cardinal.

Karfreitag (*pl* **-e**) *der* Good Friday.

kariert *adj* (*Hose, Stoff*) checked; (*Papier*) squared.

Karies *die* tooth decay.

Karikatur (*pl* **-en**) *die* (*Bild*) caricature.

Karneval *der* carnival.

Karnevalskostüm (*pl* **-e**) *das* carnival costume.

Karnevalssitzung (*pl* **-en**) *die* evening entertainment at carnival time where satirical sketches are performed.

Karnevalszug (*pl* **-züge**) *der* carnival procession.

Kärnten *nt* Corinthia.

Karo *das* (*Spielfarbe*) diamonds (*pl*).

Karosserie (*pl* **-n**) *die* (AUTO) bodywork.

Karotte (*pl* **-n**) *die* carrot.

Karpfen (*pl* **-**) *der* carp.

Karte (*pl* **-n**) *die* card; (*Eintrittskarte, Fahrkarte*) ticket; (*Postkarte*) postcard; (*Speisekarte*) menu; (*Landkarte*) map; **'folgende ~n werden akzeptiert'** 'the following credit cards are accepted'; **'~ einführen!'** 'please insert your card'; **'~ entnehmen!'** 'please take your card'; **'~ fehlerhaft'** 'this card is faulty'; **'~ ungültig'** 'this card is invalid'; **mit der ~ bezahlen** to pay by credit card; **~n spielen** to play cards.

Kartei (*pl* **-en**) *die* card index.

Karteikarte (*pl* **-n**) *die* index card.

Kartenspiel (*pl* **-e**) *das* (*Karten*) pack of cards (*Br*), deck of cards (*Am*); (*Spielen*) card game.

Kartentelefon (*pl* **-e**) *das* card phone.

Kartenvorverkauf (*pl* **-käufe**) *der* advance booking.

Kartoffel (*pl* **-n**) *die* potato.

Kartoffelchips *pl* crisps (*Br*), chips (*Am*).

Kartoffelkloß (*pl* **-klöße**) *der* potato dumpling.

Kartoffelknödel (*pl* **-**) *der* potato dumpling.

Kartoffelpüree *das* mashed potato.

Kartoffelsalat *der* potato salad.

Karton (*pl* **-s**) *der* (*Schachtel*) cardboard box.

Karussell (*pl* **-s**) *das* merry-go-round; **~ fahren** to have a ride on a merry-go-round.

Karwoche (*pl* **-n**) *die* Holy Week.

Kaschmir *der* (*Material*) cashmere.

Käse *der* cheese; **~ am Stück** unsliced cheese; **~ in Scheiben** sliced cheese.

Käsefondue (*pl* **-s**) *das* cheese fondue.

Käsekuchen (*pl* **-**) *der* cheesecake.

Käseplatte (*pl* -n) *die* cheese-board.

Käse-Sahne-Torte (*pl* -n) *die type of cheesecake made with cream.*

Kasino (*pl* -s) *das (Spielkasino)* casino; *(Gemeinschaftsraum)* common room; *(für Offiziere)* mess.

Kaskoversicherung (*pl* -en) *die* fully comprehensive insurance.

Kasperletheater (*pl* -) *das (Vorstellung)* Punch and Judy show; *(Gebäude)* Punch and Judy theatre.

Kasse (*pl* -n) *die (Apparat)* till; *(in Supermarkt)* checkout; *(in Theater, Kino)* box office; *(in Bank)* counter; '~ beim Fahrer' 'please pay the driver'.

Kassenarzt, -ärztin (*mpl* -ärzte) *der, die doctor who treats patients who have health insurance.*

Kassenbereich *der (im Supermarkt)* checkout area.

Kassenbon (*pl* -s) *der* receipt; **gegen Vorlage des ~s** on production of a receipt.

Kassenpatient, -in (*mpl* -en) *der, die patient with health insurance policy.*

Kassenzettel (*pl* -) *der* receipt.

Kassette (*pl* -n) *die (für Musik, Video)* tape, cassette; *(Behälter)* box.

Kassettenrecorder (*pl* -) *der* tape recorder.

kassieren ◇ *vt (Eintrittsgeld, Fahrgeld)* to collect. ◇ *vi (Kellner, Busfahrer)* to collect the money.

Kassierer, -in (*mpl* -) *der, die* cashier.

Kastanie (*pl* -n) *die (Baum)* chestnut (tree); *(eßbare Frucht)* chestnut; *(nicht eßbare Frucht)* horse chestnut.

Kasten (*pl* Kästen) *der (Kiste, Dose)* box; *(Getränkekasten)* crate.

Kat (*pl* -s) *der* catalytic converter.

Katalog (*pl* -e) *der* catalogue.

Katalysator (*pl* Katalysatoren) *der (am Auto)* catalytic converter.

Katarrh (*pl* -e) *der* catarrh.

katastrophal *adj* disastrous.

Katastrophe (*pl* -n) *die* disaster.

Kategorie (*pl* -n) *die* category.

Kater (*pl* -) *der (Tier)* tomcat; **einen ~ haben** *(von Alkohol)* to have a hangover.

kath. *abk* = **katholisch**.

Kathedrale (*pl* -n) *die* cathedral.

Katholik, -in (*mpl* -en) *der, die* Catholic.

Katholikentag (*pl* -e) *der biannual congress of German Catholics.*

katholisch *adj* Catholic.

Kat-Motor (*pl* -en) *der engine of a car fitted with a catalytic converter.*

Katze (*pl* -n) *die* cat.

kauen *vt & vi* to chew.

Kauf (*pl* Käufe) *der (Handlung)* purchase.

kaufen *vt* to buy; **sich** (*D*) **etw ~** to buy o.s. sthg.

Käufer, -in (*mpl* -) *der, die* buyer.

Kauffrau (*pl* -en) *die* businesswoman.

Kaufhaus (*pl* -häuser) *das* department store.

Kaufhausdieb, -in (*mpl* -e) *der, die* shoplifter *(from department stores)*.

Kaufhausdiebstahl (*pl* -stähle) *der* shoplifting *(from department stores)*.

Kaufleute *pl (Händler)* shopkeepers.

Kaufmann (*pl* -leute) *der (im Betrieb)* businessman.

Kaufpreis (*pl* -e) *der* purchase price.

Kaufvertrag (*pl* -träge) *der* bill of sale.

Kaugummi (*pl* -s) *der* ODER *das* chewing gum.

kaum *adv* hardly, barely; **es regnet ~ noch** it's almost stopped raining.

Kaution (*pl* -en) *die* (*für Wohnung*) deposit.

Kaviar *der* caviar.

Kefir *der sour-tasting fermented milk.*

Kegelbahn (*pl* -en) *die* bowling alley.

Kegelklub (*pl* -s) *der* bowling club.

kegeln *vi* to go bowling.

Kehlkopf (*pl* -köpfe) *der* larynx.

Kehrblech (*pl* -e) *das* dustpan.

kehren *vt & vi* (*fegen*) to sweep.

kehrt|machen *vi* to turn round.

Keilriemen (*pl* -) *der* (AUTO) fan belt.

kein, **-e** *det* no; **ich habe ~ Geld/ ~e Zeit** I haven't got any money/ time; **~ Mensch** no one; **~e einzige Mark** not a single mark; **~e Stunde** less than an hour.

keine, **-r**, **-s** *pron* (*Person*) no one; (*Gegenstar.d*) none; **~s der Kinder** none of the children; **~r von den beiden** neither of them; **von diesen Gerichten mag ich ~s** I don't like any of these dishes.

keinerlei *det*: **das hat ~ Wirkung gehabt** it had no effect at all.

keinesfalls *adv* on no account.

keineswegs *adv* not at all.

Keks (*pl* -e) *der* biscuit (Br), cookie (Am).

Keller (*pl* -) *der* cellar.

Kellerei (*pl* -en) *die* wine cellars (*pl*).

Kellner, **-in** (*mpl* -) *der*, *die* waiter (waitress).

kennen (*prät* **kannte**, *pp* **gekannt**) *vt* to know; **jn/etw gut ~** to know sb/sthg well.

♦ **sich kennen** *ref* to know each other.

kennen|lernen *vt* to get to know; **freut mich Sie kennen- zulernen!** pleased to meet you!

Kenner, **-in** (*mpl* -) *der*, *die* expert.

Kenntnisse *pl* knowledge (*sg*).

Kennwort (*pl* -e) *das* (*für Sparbuch*) password.

Kennzahl (*pl* -en) *die* (*für Telefon*) dialling code (Br), area code (Am).

Kennzeichen (*pl* -) *das* (*am Auto*) registration (number) (Br), license (number) (Am); (*Merkmal*) charac- teristic; **amtliches ~** registration number (Br), license number (Am); **'besondere ~'** 'distinguishing fea- tures'.

Kennziffer (*pl* -n) *die* reference number.

Keramik (*pl* -en) *die* (*Gegenstand*) (piece of) pottery.

Kerl (*pl* -e) *der* guy.

Kern (*pl* -e) *der* (*von Apfel, Birne*) pip; (*von Pfirsich, Aprikose*) stone; (*von Nuß*) kernel.

Kernenergie *die* nuclear power.

Kernforschung *die* nuclear research.

kerngesund *adj* as fit as a fiddle.

Kernkraft *die* nuclear power.

Kernkraftwerk (*pl* -e) *das* nuclear power station.

kernlos *adj* (*Weintraube*) seedless.

Kernwaffe (*pl* -n) *die* nuclear weapon.

Kerze (*pl* -n) *die* (*aus Wachs*) can- dle; (AUTO: *Zündkerze*) spark plug.

Kerzenlicht *das* candlelight.

Kessel (*pl* -) *der* (*Wasserkessel*) kettle.

Ketchup *der* ODER *das* ketchup.

Kette (*pl* -n) *die* chain.

keuchen *vi* to pant.

Keuchhusten *der* whooping cough.

Keule (*pl* -n) *die* (*Fleisch*) leg.

Keyboard (*pl* -s) *das* keyboard.

Kfz (*pl* -) *abk* = **Kraftfahrzeug**.

Kfz-Brief (*pl* -e) *der* ≃ logbook (Br), *document of ownership of a motor vehicle.*

Kfz-Schein (*pl* -e) *der* vehicle registration document.

Kfz-Steuer (*pl* -n) *die* road tax.

Kfz-Werkstatt (*pl* -stätten) *die* garage.

kichern *vi* to giggle.

Kiefer[1] (*pl* -) *der* (*Knochen*) jaw.

Kiefer[2] (*pl* -n) *die* (*Baum*) pine (tree).

Kies *der* (*Steine*) gravel.

Kieselstein (*pl* -e) *der* pebble.

Kilo (*pl* -s ODER Kilo) *das* kilo.

Kilogramm (*pl* -) *das* kilogram.

Kilokalorie (*pl* -n) *die* kilocalorie.

Kilometer (*pl* -) *der* kilometre; **50 ~ pro Stunde** 50 kilometres an hour.

kilometerlang *adj* several kilometres long.

Kilometerstand *der* ≈ mileage.

Kilometerzähler (*pl* -) *der* ≈ mileometer.

Kind (*pl* -er) *das* child; **ein ~ erwarten** to be expecting (a baby).

Kinderarzt, -ärztin (*mpl* -ärzte) *der, die* paediatrician.

Kinderbetreuung *die* child care.

Kinderbett (*pl* -en) *das* cot (*Br*), crib (*Am*).

Kinderbuch (*pl* -bücher) *das* children's book.

Kinderfahrkarte (*pl* -n) *die* child's ticket.

Kinderfrau (*pl* -en) *die* nanny.

Kindergarten (*pl* -gärten) *der* nursery school.

Kindergärtner, -in (*mpl* -) *der, die* nursery school teacher.

Kinderheim (*pl* -e) *das* children's home.

Kinderkrankheit (*pl* -en) *die* children's illness.

Kinderlähmung *die* polio.

kinderlieb *adj*: **~ sein** to be fond of children.

Kinderlied (*pl* -er) *das* nursery rhyme.

Kindernahrung *die* baby food.

Kinderprogramm (*pl* -e) *das* (*im Fernsehen*) children's programme.

Kinderschuh (*pl* -e) *der* child's shoe.

kindersicher *adj* childproof.

Kindersicherung (*pl* -en) *die* (*an Tür*) childproof lock.

Kindersitz (*pl* -e) *der* child seat.

Kinderteller (*pl* -) *der* children's portion.

Kindertragesitz (*pl* -e) *der* baby sling.

Kinderwagen (*pl* -) *der* pram (*Br*), baby carriage (*Am*).

Kinderzimmer (*pl* -) *das* child's bedroom.

Kindheit *die* childhood.

kindisch *adj* childish.

Kinn (*pl* -e) *das* chin.

Kino (*pl* -s) *das* cinema (*Br*), movie theater (*Am*); **ins ~ gehen** to go to the cinema (*Br*), to go to the movies (*Am*); **was läuft im ~?** what's on at the cinema? (*Br*), what's on at the movies? (*Am*).

Kinobesucher, -in (*mpl* -) *der, die* cinemagoer (*Br*), moviegoer (*Am*).

Kinoprogramm (*pl* -e) *das* (*in Zeitung*) cinema guide (*Br*), movie guide (*Am*).

Kiosk (*pl* -e) *der* kiosk.

kippen ◇ *vt* hat (*lehnen*) to tip. ◇ *vi* ist (*umfallen*) to tip over.

Kirche (*pl* -n) *die* church.

Kirchenchor (*pl* -chöre) *der* church choir.

Kirchenmusik *die* church music.

Kirchenschiff (*pl* -e) *das* nave.

Kirchentag (*pl* -e) *der* German church congress.

Kirchturm (*pl* -türme) *der*

church steeple.

Kirmes (*pl* **-sen**) *die* fair.

Kirsche (*pl* **-n**) *die* cherry.

Kirschkuchen (*pl* **-**) *der* cherry tart.

Kissen (*pl* **-**) *das* (*in Bett*) pillow; (*auf Stuhl, Sofa*) cushion.

Kiste (*pl* **-n**) *die* box; **eine ~ Wein** a case of wine.

kitschig *adj* kitschy.

Kittel (*pl* **-**) *der* overalls (*pl*); (*für Arzt, Laborant*) white coat; (*für Hausfrau*) housecoat.

kitzelig *adj* ticklish.

kitzeln *vt* & *vi* to tickle.

Kiwi (*pl* **-s**) *die* kiwi fruit.

Klage (*pl* **-n**) *die* (*Beschwerde*) complaint; (*vor Gericht*) suit.

klagen *vi* (*jammern*) to moan; (*vor Gericht*) to sue; **~ über** (+A) to complain about.

klamm *adj* (*Finger*) numb; (*Wäsche*) damp.

Klammer (*pl* **-n**) *die* (*für Wäsche*) clothes peg; (*für Zähne*) brace; (*geschrieben*) bracket.

klammern *vt* (*mit Klammer*) to peg.

♦ **sich klammern** *ref* (*festhalten*): **sich ~ an** (+A) to cling to.

Klamotten *pl* (*fam: Kleider*) clothes.

klang *prät* → **klingen**.

Klang (*pl* **Klänge**) *der* sound.

Klappbett (*pl* **-en**) *das* folding bed.

Klappe (*pl* **-n**) *die* (*am Briefkasten*) flap; '**~ hochschieben**' (*an Verkaufsautomat*) 'lift door'.

klappen ◊ *vi* (*gelingen*) to work. ◊ *vt*: **etw nach oben/hinten ~** (*Kragen*) to turn sthg up/down; **gut ~** to go well.

klappern *vi* to rattle.

Klapprad (*pl* **-räder**) *das* folding bicycle.

Klappsitz (*pl* **-e**) *der* folding seat.

klar ◊ *adj* clear. ◊ *adv* (*deutlich*) clearly; **mir ist nicht ~, wie das funktioniert** I don't understand how it works; **alles ~?** is everything clear?; **alles ~!** OK!

Kläranlage (*pl* **-n**) *die* sewage works (*sg*).

Klare (*pl* **-n**) *der* schnapps.

klären *vt* (*Problem, Frage*) to settle.

♦ **sich klären** *ref* (*Problem, Frage*) to be settled.

Klarinette (*pl* **-n**) *die* clarinet.

klar|kommen *vi unr ist* (*fam*): **mit jm ~** to get on well with sb; **mit etw ~** to be able to cope with sthg.

klar|machen *vt*: **jm etw ~** to explain sthg to sb.

Klarsichtfolie (*pl* **-n**) *die* clingfilm (*Br*), Saranwrap® (*Am*).

Klarsichthülle (*pl* **-n**) *die* clear plastic cover.

klar|stellen *vt* to make clear; (*Mißverständnis*) to clear up.

Klärung (*pl* **-en**) *die* (*von Problem, Frage*) settling.

klar|werden *vi unr ist*: **jm ~** to become clear to sb; **sich** (*D*) **~ über etw** (*A*) (*erkennen*) to realize sthg.

klasse *adj* (*fam*) great.

Klasse (*pl* **-n**) *die* class; (*Raum*) classroom; **erster/zweiter ~** (*in Zug*) first/second class.

Klassenkamerad, -in (*mpl* **-en**) *der, die* classmate.

Klassik *die* (*Epoche*) classical period.

klassisch *adj* (*typisch*) classic; (*Musik*) classical.

klatschen *vi* (*Wasser*) to splash; (*in Hände*) to clap; (*tratschen*) to gossip.

klauen *vt* (*fam*) to pinch; **jm etw ~** to pinch sthg from sb.

Klavier (*pl* **-e**) *das* piano.

Klavierkonzert (*pl* **-e**) *das*

(Komposition) piano concerto.

kleben ◇ *vt (reparieren)* to stick together; *(ankleben)* to stick. ◇ *vi (klebrig sein)* to be sticky; *(haften)* to stick.

Klebestreifen *(pl -) der* sticky tape.

klebrig *adj* sticky.

Klebstoff *(pl -e) der* glue.

kleckern *vi (Person)* to make a mess.

Kleid *(pl -er) das (für Frauen)* dress.

♦ **Kleider** *pl (Bekleidung)* clothes.

Kleiderbügel *(pl -) der* (clothes) hanger.

Kleiderschrank *(pl -schränke) der* wardrobe.

Kleidung *die* clothes *(pl)*.

Kleidungsstück *(pl -e) das* garment.

klein ◇ *adj* small, little; *(Pause, Weile)* short. ◇ *adv*: **mein ~er Bruder** my little brother; **ein Wort ~ schreiben** to write a word with a small initial letter; **ein ~ wenig** a little bit; **bis ins ~ste** to the last detail; **haben Sie es ~?** do you have the right change?

Kleinanzeige *(pl -n) die* classified advertisement.

Kleinbus *(pl -se) der* minibus.

Kleingedruckte *das* small print.

Kleingeld *das* change; '~ **bitte bereithalten**' 'please have the right change ready'.

Kleinigkeit *(pl -en) die (Unwichtiges)* trifle; *(Geschenk)* little gift; *(Zwischenmahlzeit)* snack.

Kleinkind *(pl -er) das* small child.

Kleinkunstbühne *(pl -n) die* cabaret.

kleinlich *adj* petty.

klein|**machen** *vt (fam: Geldschein)* to change.

klein|**schneiden** *vt unr* to chop finely.

Kleinschreibung *die* writing with small initial letters.

Kleinstadt *(pl -städte) die* small town.

Kleister *(pl -) der* paste.

klemmen *vt & vi* to jam; **sich** *(D)* **den Finger in etw ~** to get one's finger caught in sthg.

Klempner, -in *(mpl -) der, die* plumber.

klettern *vi ist (Person)* to climb; *(Preis, Temperatur)* to rise.

Klient, -in *(mpl -en) der, die* client.

Klima *das (Wetter)* climate; *(Stimmung)* atmosphere.

Klimaanlage *(pl -n) die* air conditioning.

klimatisiert *adj* air-conditioned.

Klinge *(pl -n) die (von Messer)* blade.

Klingel *(pl -n) die* bell.

klingeln ◇ *vi* to ring; *(Radfahrer)* to ring one's bell. ◇ *vimp*: **es klingelt** there's someone at the door; **bitte ~ bei ...** please ring at ...

klingen *(prät klang, pp geklungen) vi (Person, Äußerung)* to sound; *(Glocke)* to ring.

Klinik *(pl -en) die* clinic.

Klinke *(pl -n) die* handle.

Klippe *(pl -n) die (am Meer)* cliff.

Klischee *(pl -s) das* stereotype.

Klo *(pl -s) das (fam)* loo *(Br)*, john *(Am)*; **aufs ~ müssen** to need the loo *(Br)*, to need the john *(Am)*.

Klopapier *das (fam)* toilet paper.

klopfen ◇ *vi (Herz)* to beat; *(auf Schulter)* to tap; *(an Tür)* to knock. ◇ *vimp*: **es klopft** *(an Tür)* there's someone at the door.

Klosett *(pl -s) das* toilet.

Kloß *(pl Klöße) der* dumpling.

Kloster *(pl Klöster) das (für Mönche)* monastery; *(für Nonnen)* convent.

Klotz *(pl Klötze) der (von Baum)* log.

Klub (*pl* -s) *der* club.

klug *adj* clever.

knabbern *vt & vi* to nibble; **an etw** (*D*) ~ to nibble sthg.

Knäckebrot (*pl* -e) *das* crispbread.

knacken ◊ *vt* (*Nuß*) to crack; (*fam: Auto*) to break into; (*fam: Schloß*) to force. ◊ *vi* (*Holz*) to crack.

knackig *adj* (*Obst, Gemüse*) crisp; (*fam: Körper*) sexy.

Knall (*pl* -e) *der* bang.

knapp ◊ *adj* (*Vorrat, Angebot*) short; (*Kleidung*) tight; (*Mehrheit*) narrow. ◊ *adv* (*verlieren, gewinnen*) narrowly; (*fast*) not quite; ~ **werden** (*Vorrat*) to be running short; ~ **10 Meter** not quite 10 metres; **das war** ~ that was close.

knarren *vi* to creak.

Knast (*pl* Knäste) *der* (*fam*) clink, prison.

Knäuel (*pl* -) *das* ball (of wool).

knautschen *vt* to crumple.

kneifen (*prät* kniff, *pp* gekniffen) *vt* to pinch.

Kneifzange (*pl* -n) *die* pincers (*pl*).

Kneipe (*pl* -n) *die* pub.

knicken *vt* (*Papier*) to fold.

Knie (*pl* -) *das* knee.

Kniegelenk (*pl* -e) *das* knee(joint).

knien *vi* to be kneeling.

♦ **sich knien** *ref* to kneel down.

Kniescheibe (*pl* -n) *die* kneecap.

Kniestrumpf (*pl* -strümpfe) *der* knee-length sock.

kniff *prät* → **kneifen**.

knipsen *vt* (*fam: fotografieren*) to snap.

knistern *vi* (*Feuer*) to crackle; (*Papier*) to rustle.

knitterfrei *adj* crease-resistant.

Knoblauch *der* garlic.

Knöchel (*pl* -) *der* (*von Fuß*) ankle; (*von Finger*) knuckle.

Knochen (*pl* -) *der* bone.

Knochenbruch (*pl* -brüche) *der* fracture.

Knödel (*pl* -) *der* dumpling.

Knopf (*pl* Knöpfe) *der* button; '~ drücken' 'press the button'.

Knopfdruck *der*: **durch** ~ by pressing the button.

knöpfen *vt* to button.

Knopfloch (*pl* -löcher) *das* buttonhole.

Knorpel (*pl* -) *der* cartilage.

knoten *vt* to tie.

Knoten (*pl* -) *der* knot.

knurren *vi* (*Hund*) to growl; (*Magen*) to rumble.

knusprig *adj* crusty.

knutschen *vi* (*fam*) to neck.

Koalition (*pl* -en) *die* coalition.

Koch (*pl* Köche) *der* cook, chef.

Kochbeutel (*pl* -) *der* (KÜCHE) *bag containing food, for boiling.*

kochen ◊ *vi* (*für Mahlzeit*) to cook; (*Wasser*) to boil. ◊ *vt* (*Mahlzeit*) to cook; (*Tee, Kaffee*) to make; (*Eier*) to boil; **jm etw** ~ to cook sb sthg.

Kocher (*pl* -) *der* cooker.

Kochgelegenheit (*pl* -en) *die* cooking facilities (*pl*).

Köchin (*pl* -nen) *die* cook.

Kochlöffel (*pl* -) *der* wooden spoon.

Kochrezept (*pl* -e) *das* recipe.

Kochsalz *das* cooking salt.

Kochtopf (*pl* -töpfe) *der* saucepan.

Kochwäsche *die* washing that needs to be boiled.

Koffein *das* caffeine.

koffeinfrei *adj* decaffeinated.

Koffer (*pl* -) *der* suitcase; **die** ~ **packen** to pack (one's bags).

Kofferkuli (*pl* -s) *der* (luggage) trolley; '~ nur gegen Pfand' *sign indicating that a deposit is required* *for the use of a luggage trolley.*

Kofferradio (*pl* -s) *das* portable radio.

Kofferraum (*pl* -räume) *der* boot (*Br*), trunk (*Am*).

Kognac *der* = **Cognac®**.

Kohl *der* cabbage.

Kohle *die* (*Material*) coal; (*fam: Geld*) cash.

Kohlenhydrat (*pl* -e) *das* carbohydrate.

Kohlensäure *die* carbon dioxide; **Mineralwasser mit/ohne ~** sparkling/still mineral water.

Kohlrabi (*pl* -s) *der* kohlrabi.

Kohlroulade (*pl* -n) *die* cabbage leaves stuffed usually with meat.

Koje (*pl* -n) *die* berth.

Kokosnuß (*pl* -nüsse) *die* coconut.

Kolben (*pl* -) *der* (AUTO) piston; (*von Mais*) cob.

Kolik (*pl* -en) *die* colic.

Kollaps (*pl* -e) *der* (MED) collapse.

Kollege (*pl* -n) *der* colleague.

Kollegin (*pl* -nen) *die* colleague.

Kollision (*pl* -en) *die* collision.

Köln *nt* Cologne.

Kölnisch Wasser *das* eau de Cologne.

Kolonne (*pl* -n) *die* column; (*von Fahrzeugen*) queue.

Kölsch *das* strong lager brewed in Cologne.

Kombi (*pl* -s) *der* (*Auto*) estate car (*Br*), station wagon (*Am*).

Kombination (*pl* -en) *die* combination.

kombinieren *vt* to combine; **etw mit etw ~** to combine sthg with sthg.

Kombi-Ticket (*pl* -s) *das* ticket valid for travel on train, bus, metro etc.

Kombiwagen (*pl* -) *der* estate car (*Br*), station wagon (*Am*).

Komfort *der* luxury; **mit allem ~** (*Haus, Hotelzimmer*) with all mod cons.

komfortabel *adj* with all mod cons.

komisch ◇ *adj* funny. ◇ *adv* funnily.

Komma (*pl* -ta) *das* (*in Satz*) comma; (*in Zahl*) decimal point; **null ~ fünf Prozent** nought point five per cent.

kommandieren *vi* to give orders.

kommen (*prät* **kam**, *pp* **gekommen**) ◇ *vi* 1. (*an einen Ort*) to come; **wie komme ich zum Markt?** how do I get to the market?; **jn/etw ~ lassen** to send for sb/sthg; **nach Hause ~** to get home.

2. (*aus einem Ort*) to come; **aus Deutschland ~** to come from Germany.

3. (*erscheinen*) to come out; **rechts kommt der Bahnhof** the station's coming up on the right.

4. (*eintreten*) to come.

5. (*in Reihenfolge*): **wer kommt zuerst?** who's first?

6. (*Gefühl, Gedanke*): **mir kam eine Idee** I had an idea; **auf etw** (*A*) **~** to think of sthg.

7. (*gehören*) to belong, to go.

8. (*zum Ziel, Ergebnis*): **zu etw ~** to reach sthg; **hinter etw** (*A*) **~** (*erraten*) to find sthg out; **an die Macht ~** to come to power.

9. (*Zeit haben*): **dazu ~, etw zu tun** to get round to doing sthg.

10. (*um Besitz*): **um etw ~** to lose sthg.

11. (*als Folge*): **von etw ~** to result from sthg; **das kommt davon!** see what happens!

12. (*zu Bewußtsein*): **zu sich ~** to come round.

13. (*bei Institution*): **in die/aus der Schule ~** to start/leave school; **ins/**

aus dem Krankenhaus ~ to go to/ leave hospital.

14. *(Film, Programm)*: im Fernsehen ~ to be on (the) television; im Kino ~ to be on at the cinema *(Br)*, to be on at the movies *(Am)*.

15. *(anfangen)*: ins Rutschen/ Stocken ~ to slip/falter.

◊ *vimp*: es kam zu einem Streit it ended in a quarrel.

kommend *adj* coming.

Kommentar *(pl -e) der (in Zeitung, Fernsehen)* commentary; *(Bemerkung)* comment.

kommerziell *adj* commercial.

Kommode *(pl -n) die* chest of drawers.

kommunal *adj* local.

Kommunikation *die* communication.

Kommunion *(pl -en) die* Communion.

Kommunismus *der* communism.

Komödie *(pl -n) die* comedy.

kompakt *adj* compact.

Komparativ *(pl -e) der* comparative.

Kompaß *(pl Kompasse) der* compass.

kompatibel *adj* compatible; IBM-~ IBM-compatible.

kompetent *adj* competent.

komplett *adj* complete; wir sind ~ we are all here.

Kompliment *(pl -e) das* compliment.

kompliziert *adj* complicated.

Komponist, -in *(mpl -en) der, die* composer.

Kompott *(pl -e) das* stewed fruit.

Kompresse *(pl -n) die* compress.

Kompromiß *(pl Kompromisse) der* compromise.

Kondensmilch *die* condensed milk.

Kondenswasser *das* condensation.

Kondition *(pl -en) die* condition.

Konditionstraining *das* fitness training.

Konditor *(pl Konditoren) der* pastry cook.

Konditorei *(pl -en) die* cake shop.

Konditorin *(pl -nen) die* pastry cook.

Kondom *(pl -e) das* condom.

Konfekt *das* sweets *(pl)(Br)*, candy *(Am)*.

Konfektionsgröße *(pl -n) die* size.

Konferenz *(pl -en) die* conference.

Konferenzraum *(pl -räume) der* conference room.

Konfession *(pl -en) die* denomination.

Konfetti *das* confetti.

Konfirmation *(pl -en) die* confirmation.

Konfitüre *(pl -n) die* jam.

Konflikt *(pl -e) der* conflict.

Kongreß *(pl Kongresse) der (Treffen)* conference.

Kongreßhalle *(pl -n) die* conference centre.

Kongreßleitung *(pl -en) die* conference organizers *(pl)*.

König *(pl -e) der* king.

Königin *(pl -nen) die* queen.

Konjugation *(pl -en) die* (GRAMM) conjugation.

konjugieren *vt* (GRAMM) to conjugate.

konkret *adj* concrete.

Konkurrenz *(pl -en) die* competition; jm ~ machen to compete with sb.

können *(präs* **kann**, *prät* **konnte**, *pp* **können** ODER **gekonnt**) ◊ *aux* **1.** *(gen)* can; etw tun ~ to be able to do sthg; er kann Klavier spielen he can play the piano; **sie kann nicht kommen** she can't come; **das kann sein** that's quite possible; **wenn ich wollte, könnte ich ein Auto kaufen** I could buy a car if I wanted to; **es kann sein, daß ich mich geirrt habe** I may have been wrong; **man kann nie wissen** you never know.

2. *(dürfen, sollen)* can; **kann ich noch ein Eis haben?** can I have another ice cream?; **könnte ich mal telefonieren?** could I use the telephone?; **du kannst gehen** you can go.

◇ *vt (pp* **gekonnt)** 1. *(Sprache)* to (be able to) speak; **~ Sie Deutsch?** can ODER do you speak German?

2. *(fam: auswendig)* to know.

3. *(Angabe von Verantwortung)*: **ich kann nichts dafür** I can't help it; **er kann nichts dafür, daß ...** it's not his fault that ...

◇ *vi (pp* **gekonnt)** 1. *(fähig sein)* can; **fahren, so schnell man kann** to drive as fast as you can; **ich kann nicht mehr** *(fam)* I've had it, I'm exhausted.

2. *(dürfen)* can; **kann ich ins Kino?** can I go to the cinema?

konnte *prät* → **können**.

konsequent ◇ *adj* consistent. ◇ *adv* consistently.

Konsequenz *(pl* -en) *die* consequence.

konservativ *adj* conservative.

Konserve *(pl* -n) *die* tinned food, canned food.

Konservendose *(pl* -n) *die* tin, can.

Konservierungsmittel *(pl* -) *das* preservative.

Konservierungsstoff *(pl* -e) *der* preservative.

Konsonant *(pl* -en) *der* consonant.

konstruieren *vt* to construct.

Konsulat *(pl* -e) *das* consulate.

Konsum *der* consumption.

Kontakt *(pl* -e) *der* contact; **~ haben zu** ODER **mit** to be in contact with.

Kontaktlinse *(pl* -n) *die* contact lens; **weiche/harte ~** soft/hard contact lens.

Kontinent *(pl* -e) *der* continent.

Konto *(pl* **Konten)** *das* account; **ein ~ eröffnen** to open an account; **ein ~ auflösen** to close an account.

Kontoauszug *(pl* -züge) *der* bank statement.

Kontostand *der* bank balance.

Kontrabaß *(pl* -bässe) *der* double-bass.

Kontrast *(pl* -e) *der* contrast.

Kontrollabschnitt *(pl* -e) *der* stub.

Kontrolle *(pl* -n) *die (von Fahrkarte, Gepäck)* inspection, check; *(Aufsicht, Beherrschung)* control; **die ~ über ein Fahrzeug verlieren** to lose control of a vehicle.

Kontrolleuchte *(pl* -n) *die* warning light.

Kontrolleur, -in *(mpl* -e) *der, die (in Bus, Straßenbahn)* ticket inspector.

kontrollieren *vt (prüfen)* to check.

Konversation *(pl* -en) *die* conversation.

Konzentrationslager *(pl* -) *das* concentration camp.

konzentrieren: sich konzentrieren *ref* to concentrate; **sich ~ auf** (+A) to concentrate on.

konzentriert *adj* concentrated; **~ sein** *(Person)* to be concentrating.

Konzern *(pl* -e) *der* group (of companies).

Konzert *(pl* -e) *das (Veranstaltung)* concert.

Konzertsaal *(pl* -säle) *der* concert hall.

kooperativ *adj* cooperative.

koordinieren *vt* to coordinate.

Kopf (*pl* Köpfe) *der* head; **den ~ schütteln** to shake one's head; **pro ~** per person.

Kopfhörer (*pl* -) *der* headphone.

Kopfkissen (*pl* -) *das* pillow.

Kopfsalat (*pl* -e) *der* lettuce.

Kopfschmerzen *pl* headache (*sg*); **~ haben** to have a headache.

Kopfsprung (*pl* -sprünge) *der* dive.

Kopfstand (*pl* -stände) *der* headstand.

Kopfstütze (*pl* -n) *die* headrest.

Kopftuch (*pl* -tücher) *das* headscarf.

Kopie (*pl* -n) *die* copy.

kopieren *vt & vi* to copy.

Kopierer (*pl* -) *der* photocopier.

Kopiergerät (*pl* -e) *das* photocopier.

Korb (*pl* Körbe) *der* basket; *(Material)* wicker.

Kordel (*pl* -n) *die* cord.

Kordsamt *der* corduroy.

Korinthe (*pl* -n) *die* currant.

Korken (*pl* -) *der* cork.

Korkenzieher (*pl* -) *der* corkscrew.

Korn[1] (*pl* Körner) *das* grain; *(Getreide)* grain, corn.

Korn[2] (*pl* -) *der (Schnaps)* schnapps.

Körper (*pl* -) *der* body; *(Figur)* figure.

körperbehindert *adj* disabled.

Körpergewicht *das* weight.

Körpergröße (*pl* -n) *die* height.

körperlich ◇ *adj* physical. ◇ *adv* physically.

Körperlotion (*pl* -en) *die* body lotion.

Körperpflege *die* personal hygiene.

Körperverletzung *die* physical injury.

korpulent *adj* corpulent.

korrekt ◇ *adj* correct. ◇ *adv* correctly.

Korrektur (*pl* -en) *die* correction.

Korridor (*pl* -e) *der* corridor.

korrigieren *vt* to correct.

♦ **sich korrigieren** *ref* to correct o.s.

Kosmetik *die (Pflege)* beauty care.

Kosmetika *pl* cosmetics.

Kosmetikerin (*pl* -nen) *die* beautician.

Kosmetiksalon (*pl* -s) *der* beauty salon.

Kosmetiktücher *pl* paper tissues.

Kost *die* food.

kostbar *adj* valuable.

kosten ◇ *vt* to cost; *(Wein, Speise)* to taste. ◇ *vi (Wein, Speise)* to have a taste; **was kostet das?** how much does it cost?

Kosten *pl* costs; **auf js ~** at sb's expense; **~ rückerstatten** to refund expenses.

kostenlos *adj & adv* free.

kostenpflichtig ◇ *adj (amt)* liable to pay costs. ◇ *adv:* **~ abgeschleppt werden** to be towed away at the owner's expense.

Kostenvoranschlag (*pl* -schläge) *der* estimate.

köstlich *adj (Speise, Getränk)* delicious; *(amüsant)* funny.

Kostprobe (*pl* -n) *die (von Speise, Getränk)* taste.

Kostüm (*pl* -e) *das (Damenkleidung)* suit; *(Verkleidung)* costume.

Kot *der* excrement.

Kotelett (*pl* -s) *das* chop, cutlet.

Kotflügel (*pl* -) *der* wing.

kotzen *vi (vulg)* to puke.

Krabbe (*pl* -n) *die (Krebs)* crab; *(Garnelle)* shrimp.

krabbeln *vi ist* to crawl.

Krabbencocktail (*pl* -s) *der* prawn cocktail.

Krach (*pl* Kräche) *der (Lärm)* noise; *(fam: Streit)* row; ~ **haben mit** to row with.

Kräcker (*pl* -) *der* cracker.

Kraft (*pl* Kräfte) *die (körperlich, psychisch)* strength; *(physikalisch)* force; *(Wirkung)* power; *(Person)* worker; **etw außer ~ setzen** to cancel; **in ~ sein** in force.

Kraftbrühe (*pl* -n) *die strong meat broth.*

Kraftfahrer, -in (*mpl* -) *der, die* driver.

Kraftfahrzeug (*pl* -e) *das* motor vehicle.

Kraftfahrzeugbrief (*pl* -e) *der* = logbook *(Br), document of ownership of a motor vehicle.*

Kraftfahrzeugkennzeichen (*pl* -) *das* registration number *(Br),* license number *(Am).*

Kraftfahrzeugschein (*pl* -e) *der* vehicle registration document.

Kraftfahrzeugsteuer (*pl* -n) *die* road tax.

kräftig ◇ *adj (Person, Muskeln)* strong; *(Mahlzeit)* nourishing. ◇ *adv (stark)* hard.

Kraftstoff (*pl* -e) *der* fuel.

Kraftstoffverbrauch *der* fuel consumption.

Kraftwerk (*pl* -e) *das* power station.

Kragen (*pl* -) *der* collar.

Kralle (*pl* -n) *die* claw.

Kram *der* stuff.

kramen *vi (herumsuchen)* to rummage about.

Krampf (*pl* Krämpfe) *der (von Muskeln)* cramp.

Krampfader (*pl* -n) *die* varicose vein.

Kran (*pl* Kräne) *der* crane.

krank (*komp* kränker, *superl* am

kränksten) *adj* ill, sick; ~ **werden** to be taken ill.

Kranke (*pl* -n) *der, die* sick person; *(im Krankenhaus)* patient.

Krankenhaus (*pl* -häuser) *das* hospital.

Krankenkasse (*pl* -n) *die* health insurance association.

Krankenpfleger (*pl* -) *der* (male) nurse.

Krankenschwester (*pl* -n) *die* nurse.

Krankenversichertenkarte (*pl* -n) *die smart card which must be shown at the doctor's for health insurance purposes.*

Krankenversicherung (*pl* -en) *die* health insurance.

Krankenwagen (*pl* -) *der* ambulance.

Krankheit (*pl* -en) *die* illness; *(schwer)* disease.

Krapfen (*pl* -) *der* doughnut.

Krater (*pl* -) *der* crater.

kratzen ◇ *vt* to scratch; *(Reste, Farbe)* to scrape. ◇ *vi* to scratch.

♦ **sich kratzen** *ref* to scratch o.s.

Kratzer (*pl* -) *der* scratch.

kraulen ◇ *vi ist* (SPORT): *schwimmen)* to do the crawl. ◇ *vt hat (Tier)* to tickle.

Kraut (*pl* Kräuter) *das (Heilpflanze, Gewürzpflanze)* herb; *(Südd: Kohl)* cabbage.

Kräuterbutter *die* herb butter.

Kräuterlikör (*pl* -e) *der* bitter liqueur made from herbs.

Kräutersauce (*pl* -n) *die* herb sauce.

Kräutertee (*pl* -s) *der* herbal tea.

Krautsalat *der* = coleslaw.

Krawatte (*pl* -n) *die* tie.

Krawattenzwang *der*: **es besteht** ~ ties must be worn.

kreativ *adj* creative.

Krebs (*pl* -e) *der (Tier)* crab; *(Krankheit)* cancer; *(Sternzeichen)*

Cancer; ~ **haben** to have cancer.

Kredit (*pl -e*) *der (Darlehen)* loan; **einen ~ aufnehmen** to take out a loan.

Kreditinstitut (*pl -e*) *das* bank.

Kreditkarte (*pl -n*) *die* credit card; **kann ich mit ~ bezahlen?** can I pay by credit card?

Kreide (*pl -n*) *die (Tafelkreide)* chalk.

Kreis (*pl -e*) *der* circle; *(Landkreis)* district; **im ~** in a circle.

Kreislaufstörungen *pl* circulatory disorder *(sg)*.

Kreisstadt (*pl -städte*) *die* district capital.

Kreisverkehr *der* roundabout *(Br)*, traffic circle *(Am)*.

Krempel *der (fam)* stuff.

Kren *der (Österr)* horseradish.

Kresse *die* cress.

kreuz *adv*: ~ **und quer** all over.

Kreuz (*pl -e*) *das* cross; *(fam: Rücken)* small of the back; *(Autobahnkreuz)* intersection; *(Spielfarbe)* clubs *(pl)*.

Kreuzfahrt (*pl -en*) *die* cruise.

Kreuzgang (*pl -gänge*) *der* cloister.

Kreuzigung (*pl -en*) *die* crucifixion.

Kreuzschlüssel (*pl -*) *der* wheel nut cross brace.

Kreuzung (*pl -en*) *die (Straßenkreuzung)* crossroads *(sg)*.

Kreuzworträtsel (*pl -*) *das* crossword (puzzle).

kriechen (*prät* **kroch**, *pp* **gekrochen**) *vi ist* to crawl.

Kriechspur (*pl -en*) *die* crawler lane.

Krieg (*pl -e*) *der* war.

kriegen *vt (fam: bekommen)* to get.

Krimi (*pl -s*) *der (fam)* thriller.

Kriminalität *die (Handlungen)* crime.

Kriminalpolizei *die* ≃ Criminal Investigation Department *(Br)*, ≃ Federal Bureau of Investigation *(Am)*.

kriminell *adj* criminal.

Kripo *die* = **Kriminalpolizei**.

Krise (*pl -n*) *die* crisis.

Kritik (*pl -en*) *die (Beurteilung)* criticism; *(von Buch, Film usw.)* review.

kritisch ◇ *adj* critical. ◇ *adv* critically.

kritisieren ◇ *vt (Person, Verhalten)* to criticize; *(Buch, Film usw.)* to review. ◇ *vi (beurteilen)* to criticize.

kroch *prät* → **kriechen**.

Krokant *das* brittle *(crunchy sweet made with nuts)*.

Krokette (*pl -n*) *die* croquette.

Krokodil (*pl -e*) *das* crocodile.

Krone (*pl -n*) *die (von König)* crown; *(von Baum)* top.

Kronleuchter (*pl -*) *der* chandelier.

Kröte (*pl -n*) *die (Tier)* toad.

Krücke (*pl -n*) *die* crutch.

Krug (*pl* **Krüge**) *der* jug; *(für Bier)* stein, mug.

Krümel (*pl -*) *der* crumb.

krumm (*komp* **krümmer**, *superl* **am krümmsten**) *adj* crooked.

Kruste (*pl -n*) *die (von Brot)* crust; *(auf Wunde)* scab.

Kruzifix (*pl -e*) *das* crucifix.

Krypta (*pl* **Krypten**) *die* crypt.

Kt. *abk* = **Kanton**.

Kto. *(abk von Konto)* a/c.

Kubikmeter (*pl -*) *der* cubic metre.

Küche (*pl -n*) *die* kitchen; *(Art zu kochen)* cooking, cuisine.

Kuchen (*pl -*) *der* cake.

Küchenecke (*pl -n*) *die* kitchenette.

Kuchenform (*pl -en*) *die* cake tin.

Kuchengabel (*pl* -n) *die* cake fork.

Küchenrolle (*pl* -n) *die* kitchen roll.

Küchenwaage (*pl* -n) *die* kitchen scales (*pl*).

Kugel (*pl* -n) *die* (*Gegenstand*) ball; (*Form*) sphere; (*Geschoß*) bullet.

Kugellager (*pl* -) *das* ball bearing.

Kugelschreiber (*pl* -) *der* ballpoint pen, Biro®.

Kugelstoßen *das* shot put.

Kuh (*pl* Kühe) *die* cow.

kühl ◇ *adj* cool. ◇ *adv* coolly.

kühlen *vt* to cool.

Kühler (*pl* -) *der* (AUTO) radiator.

Kühlerhaube (*pl* -n) *die* (AUTO) bonnet (*Br*), hood (*Am*).

Kühlschrank (*pl* -schränke) *der* fridge.

Kühltasche (*pl* -n) *die* cool bag.

Kühltruhe (*pl* -n) *die* freezer.

Kühlung (*pl* -en) *die* (*Kühlen*) cooling; (TECH) cooling system.

Kühlwasser *das* (AUTO) radiator water.

Küken (*pl* -) *das* (*Tier*) chick.

kulant *adj* obliging.

Kuli (*pl* -s) *der* (*fam*) Biro®.

kultiviert *adj* cultivated.

Kultur (*pl* -en) *die* culture.

Kulturbeutel (*pl* -) *der* toilet bag.

kulturell *adj* cultural.

Kümmel *der* (*Gewürz*) caraway seed.

Kummer *der* (*Ärger*) trouble; (*Leiden*) grief, sorrow; **jm ~ machen** to cause sb trouble.

kümmern *vt* (*Person*) to concern; **jn nicht ~** not to bother sb.

♦ **sich kümmern** *ref*: **sich ~ um** (*um Person*) to look after; (*um Arbeit, Gegenstand*) to see to; (*um Klatsch, Angelegenheit*) to worry about.

Kunde (*pl* -n) *der* customer; **'nur für ~n'** 'patrons only'.

Kundendienst *der* customer service.

Kundendienststelle (*pl* -n) *die* customer service point.

Kundenkarte (*pl* -n) *die* (*von Bank*) bank card; (*von Geschäft*) discount card (*for regular customers*).

Kundennummer (*pl* -n) *die* customer number.

Kundenparkplatz (*pl* -plätze) *der* customer car park.

Kundenservice *der* customer service.

kündigen ◇ *vt* (*Vertrag*) to terminate. ◇ *vi* to give notice; **jm ~** to give sb his notice; **die Arbeitsstelle ~** to hand in one's notice; **jm die Wohnung ~** to give sb notice to leave.

Kündigung (*pl* -en) *die* (*von Vertrag, Kredit*) cancellation; (*von Wohnung, Arbeitsstelle*) notice.

Kündigungsfrist (*pl* -en) *die* period of notice.

Kündigungsschutz *der* (*für Mieter*) protection against wrongful eviction; (*für Arbeitnehmer*) protection against wrongful dismissal.

Kundin (*pl* -nen) *die* customer.

Kunst (*pl* Künste) *die* art.

Kunstausstellung (*pl* -en) *die* art exhibition.

Kunstfaser (*pl* -n) *die* synthetic fibre.

Kunstgalerie (*pl* -n) *die* art gallery.

Kunstgewerbe *das* arts and crafts (*pl*).

Kunsthalle (*pl* -n) *die* art gallery.

Kunsthandwerk (*pl* -e) *das* craft.

Künstler, -in (*mpl* -) *der, die* artist.

künstlerisch *adj* artistic.

Künstlername (*pl* -n) *der (von Schauspieler, Sänger)* stage name.

künstlich *adj* artificial.

Kunstmuseum (*pl* -museen) *das* art gallery.

Kunststoff (*pl* -e) *der (Plastik)* plastic.

Kunststück (*pl* -e) *das* trick.

Kunstwerk (*pl* -e) *das* work of art.

Kupfer *das* copper.

Kuppel (*pl* -n) *die* dome.

Kupplung (*pl* -en) *die* clutch; **die ~ treten** to depress the clutch.

Kupplungspedal (*pl* -e) *das* clutch pedal.

Kur (*pl* -en) *die* cure (at a health resort); **in** ODER **zur ~ sein** to take a cure (at a health resort).

Kurbel (*pl* -n) *die* crank; *(an Fenster)* winder.

Kürbis (*pl* -se) *der* pumpkin.

Kurfestiger (*pl* -) *der* setting lotion.

Kurgast (*pl* -gäste) *der* visitor at a health resort.

kurieren *vt (Krankheit)* to cure.

Kurkonzert (*pl* -e) *das* concert at a spa.

Kurort (*pl* -e) *der (Badeort)* spa; *(in den Bergen)* health resort.

Kurpackung (*pl* -en) *die* hair conditioner.

Kurpark (*pl* -s) *der* spa gardens *(pl)*.

Kurs (*pl* -e) *der (Unterricht, Richtung)* course; *(von Aktie)* price; *(von Devise)* exchange rate.

Kursbuch (*pl* -bücher) *das* timetable.

Kurschatten (*pl* -) *der person with whom one has a fling whilst at a health resort.*

Kursus (*pl* Kurse) *der* course.

Kurswagen (*pl* -) *der* through carriage.

Kurtaxe (*pl* -n) *die tax paid by visitors to health resorts, in exchange for which they receive reductions on certain services.*

Kurve (*pl* -n) *die (Linie)* curve; *(von Straße)* bend; **scharfe ~** sharp bend.

kurvenreich *adj* winding.

Kurverwaltung (*pl* -en) *die* spa administration.

kurz (*komp* kürzer, *superl* am kürzesten) ◇ *adj* short. ◇ *adv (zeitlich)* briefly; *(schnell)* quickly; **~ vor/hinter** just in front of/behind; **~ vor dem Konzert** shortly before the concert; **vor ~em** recently; **sich ~ fassen** to be brief; **~ und bündig** concisely.

kurzärmelig *adj* short-sleeved.

kürzen *vt (Kleidung)* to shorten; *(Haare, Nägel, Zahlungen)* to cut.

kurzfristig ◇ *adj (Absage, Kündigung)* sudden; *(Vertrag)* short-term; *(Entscheidung, Abreise)* quick. ◇ *adv* at short notice.

Kurzgeschichte (*pl* -n) *die* short story.

kurzhaarig *adj* short-haired.

kürzlich *adv* recently.

Kurznachrichten *pl* news in brief *(sg)*.

Kurzparken *das* short-stay parking.

Kurzparker (*pl* -) *der driver who parks for a short period of time.*

Kurzparkzone (*pl* -n) *die* short-stay parking zone.

Kurzschluß (*pl* -schlüsse) *der* short-circuit.

kurzsichtig *adj* short-sighted.

Kurzstrecke (*pl* -n) *die short journey on public transport, within city centre.*

Kurzstreckenkarte (*pl* -n) *die ticket valid for a 'Kurzstrecke'.*

Kurzstreckentarif (*pl* -e) *der rate for 'Kurzstrecke' tickets.*

Kurzurlaub (*pl* -e) *der* short break.

Kurzwelle *die* short wave.

Kurzzeitparken *das* short-stay parking.

Kurzzeitparkplatz (*pl* -plätze) *der* short-stay car park.

Kuß (*pl* Küsse) *der* kiss.

küssen *vt* to kiss.

♦ **sich küssen** *ref* to kiss.

Küste (*pl* -n) *die* coast; **an der ~** at the seaside.

Küstenwache (*pl* -n) *die* coast-guard.

Kutsche (*pl* -n) *die* coach.

Kuvert (*pl* -s) *das* envelope.

Kuvertüre (*pl* -n) *die* chocolate icing.

Labor (*pl* -s) *das* laboratory.

Labyrinth (*pl* -e) *das* labyrinth.

lächeln *vi* to smile; **~ über** (+A) to smile at.

lachen *vi* to laugh; **~ über** (+A) to laugh at.

lächerlich *adj* ridiculous.

Lachs (*pl* -e) *der* salmon.

Lack (*pl* -e) *der* (*farbig*) paint; (*farblos*) varnish.

lackieren *vt* (*Holz*) to varnish; (*Auto*) to spray; **sich** (D) **die Nägel ~** to paint one's nails.

Lackierung (*pl* -en) *die* (*farbig*) paint; (*farblos*) varnish.

Ladefläche (*pl* -n) *die* capacity (*of lorry*).

laden (*präs* lädt, *prät* lud, *pp* geladen) *vt* to load; **auf sich ~**

(*Verantwortung*) to take on.

Laden (*pl* Läden) *der* (*Geschäft*) shop; (*am Fenster*) shutter.

Ladendieb, -in (*mpl* -e) *der, die* shoplifter.

Ladendiebstahl (*pl* -stähle) *der* shoplifting; **'gegen ~ gesichert'** 'security cameras in operation'.

Ladenpreis (*pl* -e) *der* shop price.

Ladenschluß *der* (shop) closing time.

Ladenschlußzeiten *pl* shop closing times.

lädt *präs* → **laden**.

Ladung (*pl* -en) *die* (*Fracht*) cargo; (*Munition*) charge.

lag *prät* → **liegen**.

Lage (*pl* -n) *die* situation, position; (*Schicht*) layer; **in der ~ sein, etw zu tun** to be in a position to do sthg.

Lageplan (*pl* -pläne) *der* map.

Lager (*pl* -) *das* (*für Waren*) ware-house; (*Camp*) camp.

Lagerfeuer (*pl* -) *das* campfire.

lagern *vt* (*Lebensmittel, Waren*) to store.

Lähmung (*pl* -en) *die* (*Krankheit*) paralysis.

Laib (*pl* -e) *der* loaf.

Laie (*pl* -n) *der* layman (lay-woman).

Laken (*pl* -) *das* sheet.

Lakritz (*pl* -en) *die* liquorice.

Lamm (*pl* Lämmer) *das* lamb.

Lammfleisch *das* lamb.

Lammkeule (*pl* -n) *die* leg of lamb.

Lammrücken (*pl* -) *der* saddle of lamb.

Lampe (*pl* -n) *die* (*in Raum*) lamp; (*an Fahrrad*) light.

Lampenschirm (*pl* -e) *der* lamp-shade.

Lampion (*pl* -s) *der* Chinese lantern.

Land (*pl* **Länder**) *das (Nation, nicht Stadt)* country; *(Bundesland)* state; *(Festland)* land; **auf dem ~** in the country.

Landbrot (*pl* **-e**) *das* brown rye bread with a hard crust.

Landebahn (*pl* **-en**) *die* runway.

Landeerlaubnis *die* clearance to land.

landen *vi ist* to land.

Landeplatz (*pl* **-plätze**) *der* landing strip.

Landesfarben *pl* national colours.

Landesinnere *das* interior *(of a country)*.

Landesregierung (*pl* **-en**) *die* state government.

Landessprache (*pl* **-n**) *die* national language.

landesüblich *adj (Tracht, Gericht)* national, typical of the country.

Landeswährung (*pl* **-en**) *die* national currency.

Landhaus (*pl* **-häuser**) *das* country house.

Landkarte (*pl* **-n**) *die* map.

Landkreis (*pl* **-e**) *der* district.

ländlich *adj* rural.

Landschaft (*pl* **-en**) *die* countryside; *(in Kunst)* landscape.

landschaftlich *adj (regional)* regional.

Landschaftsschutzgebiet (*pl* **-e**) *das* nature reserve.

Landsleute *pl* compatriots.

Landstraße (*pl* **-n**) *die* country road.

Landtag (*pl* **-e**) *der* state parliament.

Landung (*pl* **-en**) *die (von Flugzeug)* landing.

Landwein (*pl* **-e**) *der* table wine.

Landwirt, -in (*mpl* **-e**) *der, die* farmer.

Landwirtschaft *die* agriculture.

lang (*komp* **länger**, *superl* **am längsten**) ◊ *adj* long; *(Person)* tall. ◊ *adv (fam: entlang)* along; *(groß)* tall; **den ganzen Tag ~** all day; **drei Meter ~** three metres long; **es dauerte drei Tage ~** it lasted for three days; **hier/dort ~** this/that way.

langärmelig *adj* long-sleeved.

lange (*komp* **längere**, *superl* **längste**) *adv (während langer Zeit)* a long time; *(seit langer Zeit)* for a long time; **es hat ~ gedauert** it lasted a long time; **das Wetter war ~ nicht so gut** the weather hasn't been so good for a long time; **es ist ~ her** it was a long time ago; **wie ~?** how long?

Länge (*pl* **-n**) *die* length; *(von Person)* height; **der ~ nach** lengthways; **von drei km/sechs Stunden ~** three km/six hours long.

Längenmaß (*pl* **-e**) *das* unit of length.

Langeweile *die* boredom.

langfristig ◊ *adj* long-term. ◊ *adv (planen)* for the long term.

Langlauf *der* cross-country skiing.

Langlaufski (*pl* **-er**) *der* cross-country ski.

langsam ◊ *adj* slow. ◊ *adv* slowly.

Langschläfer, -in (*mpl* **-**) *der, die* late riser.

längst *adv* for a long time; **~ nicht so gut** nowhere near as good.

Langstreckenlauf *der* long-distance running.

Languste (*pl* **-n**) *die* crayfish.

langweilen *vt* to bore.

♦ **sich langweilen** *ref* to be bored.

langweilig *adj* boring.

Langwelle *die* long wave.

langwierig *adj* lengthy.

Langzeitparker (*pl* **-**) *der* long-stay parker.

Lappen *(pl -)* der *(zum Wischen)* cloth.

Lärche *(pl -n)* die *(Baum)* larch.

Lärm der noise.

lärmen vi to be noisy.

Lärmschutz der *(Vorrichtung)* soundproof barrier.

Lärmschutzmauer *(pl -n)* die soundproof wall.

las *prät* → **lesen**.

Lasche *(pl -n)* die loop.

Laser *(pl -)* der laser.

lassen *(präs* **läßt**, *prät* **ließ**, *pp* **gelassen** ODER **lassen**) ◇ *aux (pp* **lassen**) 1. *(veranlassen)*: etw machen ODER **tun** ~ to have sthg done; **jn etw tun** ~ to have sb do sthg; **sich** *(D)* **einen Anzug machen** ~ to have a suit made; **sich** *(D)* **die Haare schneiden** ~ to have one's hair cut. 2. *(zulassen)*: **jn etw tun** ~ to let sb do sthg; ~ **wir uns überraschen** we'll see; **es läßt sich machen** it can be done; **es läßt sich trinken** it's drinkable; **etw mit sich machen** ~ to put up with sthg; **etw nicht mit sich machen** ~ not to stand for sthg. 3. *(geschehen lassen)*: **die Milch kochen** ~ to leave the milk to boil; **die Vase fallen** ~ to drop the vase; **jn warten** ~ to keep sb waiting. ◇ *vt (pp* **gelassen**) 1. *(unterlassen)* to stop; **das Rauchen sein** ~ to stop smoking; **laß das!** stop it! 2. *(belassen)* to leave; **laß bitte alles so, wie es ist** leave everything as it is; **jn (in Ruhe)** ~ to leave sb alone. 3. *(gehen lassen)* to let; **jn nicht ins Haus** ~ not to let sb in the house. 4. *(überlassen)*: **jm etw** ~ to let sb have sthg. 5. *(zurücklassen)* to leave; **das habe ich zu Hause gelassen** I left it at home. 6. *(loslassen)* to let go; **laß mich!** let me go!

7. *(strömen lassen)* to let; **Wasser in die Badewanne** ~ to run a bath; **die Luft aus den Reifen** ~ to let the tyres down. ◇ *vi (pp* **gelassen**) 1. *(aufgeben)*: **von jm/etw** ~ *(geh)* to drop sb/sthg; **er ließ schnell von dem Projekt** he quickly dropped the project. 2. *(seinlassen)*: **laß mal, ich mach das schon** leave it, I'll do it; **laß mal, du bist heute eingeladen** no, I'm paying today.

lässig adj casual.

läßt *präs* → **lassen**.

Last *(pl -en)* die *(Traglast)* load; *(psychisch)* burden.

Lastenaufzug *(pl -aufzüge)* der goods lift *(Br)*, goods elevator *(Am)*.

Laster *(pl -)* der *(LKW)* lorry.

lästern vi to make nasty remarks.

lästig adj annoying.

Lastkraftwagen *(pl -)* der *(amt)* heavy goods vehicle.

Lastschiff *(pl -e)* das freighter.

Lastschrift *(pl -en)* die debit.

Lastwagen *(pl -)* der lorry.

Latein das Latin.

Laterne *(pl -n)* die *(Straßenlaterne)* streetlight; *(Lampion)* Chinese lantern.

Lätzchen *(pl -)* das bib.

Latzhose *(pl -n)* die dungarees *(pl)*.

lau adj *(Wasser)* lukewarm; *(Abend)* mild.

Laub das *(auf Baum)* foliage; *(auf Erde)* dead leaves *(pl)*.

Lauch der leek.

lauern vi: ~ **auf** *(+A)* *(im Hinterhalt)* to lie in wait for; *(auf Chance, Vorteil)* to wait for.

Lauf *(pl* **Läufe**) der *(Verlauf)* course; *(SPORT)* race; **im ~e des Tages** in the course of the day.

laufen *(präs* **läuft**, *prät* **lief**, *pp*

gela<u>u</u>fen) ◊ *vi ist* **1.** *(schnell)* to run.
2. *(gehen)* to walk.
3. *(Motor, Maschine)* to run.
4. *(funktionieren)* to work.
5. *(fließen)* to run; **mir läuft die Nase** my nose is running.
6. *(andauern)* to go on.
7. *(Film, Drama)* to run; **der Film läuft schon seit zehn Minuten** the film started ten minutes ago; **was läuft im Kino?** what's on at the cinema?
◊ *vt ist* **1.** *(schnell)* to run; **den Marathon ~ to** run the marathon.
2. *(gehen)* to walk.
3. (SPORT): **Ski ~ to** ski; **Schlittschuh ~ to** skate.

laufend ◊ *adj (Wechsel)* constant; *(Kosten, Motor, Gerät)* running; *(Monat, Jahr)* current. ◊ *adv (ständig)* regularly.

Läufer *(pl -) der (Sportler)* runner; *(Teppich)* rug.

Läuferin *(pl -nen) die* runner.

Laufmasche *(pl -n) die* ladder *(Br)*, run *(Am)*.

läuft *präs →* laufen.

Laufzeit *(pl -en) die (von Film)* running time.

Lauge *(pl -n) die (zum Waschen)* soapy water.

Laugenbrezel *(pl -n) die* pretzel.

Laune *(pl -n) die (Stimmung)* mood; **gute/schlechte ~ haben** to be in a good/bad mood.

launisch *adj* moody.

Laus *(pl Läuse) die* louse.

lauschen *vi (konzentriert)* to listen; *(heimlich)* to eavesdrop.

laut ◊ *adj* loud. ◊ *adv* loudly. ◊ *prep (+G or D) (amt)* according to.

läuten ◊ *vi* to ring. ◊ *vimp:* **es läutet** the bell is ringing.

lauter *det* nothing but; **aus ~ Dankbarkeit** out of sheer gratitude.

Lautsprecher *(pl -) der* loudspeaker.

Lautsprecherdurchsage *(pl -n) die* announcement over the loudspeaker.

Lautstärke *die* volume.

lauwarm *adj* lukewarm.

Lawine *(pl -n) die* avalanche.

Lawinengefahr *die* danger of an avalanche.

Leasing *(pl -s) das* leasing.

leben *vi* to live; **~ von** *(Nahrungsmittel)* to live on; *(Tätigkeit)* to make one's living from.

Leben *(pl -) das* life; **am ~ sein/bleiben** to be/stay alive; **sich das ~ nehmen** to take one's (own) life; **ums ~ kommen** to die.

lebendig *adj (lebhaft)* lively; *(lebend)* alive.

Lebensalter *das* age.

Lebensbedingungen *pl* living conditions.

Lebensgefahr *die:* 'Lebensgefahr!' 'danger'; **außer ~ sein** to be out of danger; **er ist in ~** his life is at risk.

lebensgefährlich *adj (Unternehmen)* very dangerous; *(Krankheit)* critical.

Lebensgefährte, -gefährtin *(mpl -en) der, die* companion.

Lebensjahr *(pl -e) das:* **im vierten ~** four years old.

lebenslänglich *adj* life *(vor Subst).*

Lebenslauf *(pl -läufe) der* curriculum vitae.

lebenslustig *adj* full of life.

Lebensmittel *pl* food *(sg).*

Lebensmittelgeschäft *(pl -e) das* grocer's (shop).

Lebensmittelvergiftung *(pl -en) die* food poisoning.

lebensnotwendig *adj* essential to life.

Lebensretter, -in *(mpl -) der,*

die lifesaver.

Lebensunterhalt *der* living, livelihood.

Lebensversicherung (*pl* **-en**) *die* life assurance.

lebenswichtig *adj* essential.

Lebenszeichen (*pl* -) *das* sign of life.

Leber (*pl* **-n**) *die* liver.

Leberfleck (*pl* **Leberflecken**) *der* liver spot.

Leberknödel (*pl* -) *der* liver dumpling.

Leberpastete (*pl* **-n**) *die* liver pâté.

Leberwurst (*pl* **-würste**) *die* liver sausage.

Lebewesen (*pl* -) *das* living thing.

lebhaft *adj* lively.

Lebkuchen (*pl* -) *der* ginger-bread.

leck *adj (Schiff)* leaky.

Leck (*pl* **-s**) *das* leak.

lecken ◇ *vi* to leak. ◇ *vt* to lick.

lecker *adj* delicious.

Leckerbissen (*pl* -) *der (Speise)* delicacy.

Leder *das* leather.

Lederhose (*pl* **-n**) *die* lederhosen *(pl)*, short leather trousers with braces.

Lederwaren *pl* leather goods.

ledig *adj (unverheiratet)* single.

lediglich *adv* only.

leer *adj* empty; *(Blatt, Heft)* blank; **etw ~ machen** *(Behälter, Raum)* to empty sthg.

Leergut *das* empties *(pl)*.

Leerlauf *der (von Auto, Fahrrad)* neutral; **im ~** in neutral.

Leerung (*pl* **-en**) *die (von Briefkästen)* collection; **'nächste ~ 17 Uhr'** 'next collection at 5 pm'.

legal *adj* legal.

legen *vt* **1.** *(ablegen)* to put; **leg**

den Schlüssel auf den Tisch put the key on the table. **2.** *(waagerecht hinlegen)* to lay; **du mußt die Flaschen ins Regal ~, nicht stellen** you should lay the bottles flat in the rack rather than upright. **3.** *(installieren)* to lay. **4.** *(Termin)* to arrange; **den Urlaub auf Juli ~** to arrange one's holidays for July. **5.** *(Haare)* to set; **sich** *(D)* **die Haare ~ lassen** to have one's hair set. **6.** *(Eier)* to lay. ◆ **sich legen** *ref* **1.** *(sich hinlegen)* to lie down. **2.** *(aufhören)* to die down.

Legende (*pl* **-n**) *die* legend.

legitim *adj (Forderungen, Interesse)* legitimate.

Lehm *der* clay.

Lehne (*pl* **-n**) *die (Rückenlehne)* back *(of chair)*.

lehnen *vt & vi* to lean. ◆ **sich lehnen** *ref* to lean; **sich ~ an** (+*A*) to lean against.

Lehrbuch (*pl* **-bücher**) *das* text-book.

Lehre (*pl* **-n**) *die (Ausbildung)* apprenticeship; *(Erfahrung)* lesson; *(religiös, politisch)* doctrine.

lehren *vt* to teach.

Lehrer, -in (*mpl* -) *der, die* teacher.

Lehrgang (*pl* **-gänge**) *der* course.

Lehrling (*pl* **-e**) *der* apprentice.

Leib (*pl* **-er**) *der* body.

Leibgericht (*pl* **-e**) *das* favourite meal.

Leiche (*pl* **-n**) *die* corpse.

leicht ◇ *adj* light; *(Aufgabe, Arbeit)* easy; *(Erkrankung)* slight; *(Zigaretten)* mild. ◇ *adv (einfach, schnell)* easily; *(regnen, erkältet)* slightly; **~ bekleidet** wearing summer clothes.

Leichtathletik *die* athletics *(sg)*.

leicht|fallen *vi unr ist* to be easy; **jm ~** to be easy for sb.

leichtsinnig *adj* careless.

leid *adj*: **er tut mir ~** I feel sorry for him; **es tut mir ~!** I'm sorry!; **es ~ sein, etw zu tun** to be tired of doing sthg.

Leid *das* sorrow.

leiden *(prät* **litt**, *pp* **gelitten)** *vt & vi* to suffer; **~ an** *(+D)* to suffer from; **ich kann ihn/es nicht ~** I can't stand him/it.

leidenschaftlich *adj* passionate.

leider *adv* unfortunately.

Leihbücherei *(pl* **-en)** *die* (lending) library.

leihen *(prät* **lieh**, *pp* **geliehen)** *vt (ausleihen)* to borrow; **jm etw ~** to lend sb sthg; **sich** *(D)* **etw ~** to borrow sthg.

Leihfrist *(pl* **-en)** *die* hire period.

Leihgebühr *(pl* **-en)** *die* hire charge.

Leihwagen *(pl* **-)** *der* hire car.

Leim *der* glue.

Leine *(pl* **-n)** *die (Seil)* cord; *(für Wäsche)* (washing) line; *(Hundeleine)* lead.

Leinen *das* linen.

Leinsamen *der* linseed.

Leinwand *(pl* **-wände)** *die (im Kino)* screen; *(zum Malen)* canvas.

Leipziger Allerlei *das* mixed vegetables including peas, carrots and green beans.

leise ◊ *adj (Geräusch)* quiet. ◊ *adv* quietly.

leisten *vt (vollbringen)* to achieve; *(Beitrag, Zahlung)* to make; **sich** *(D)* **etw ~** *(sich kaufen)* to treat o.s. to sthg; **sich** *(D)* **etw ~ können** to be able to afford sthg.

Leistung *(pl* **-en)** *die (Arbeit)* performance; *(Zahlung)* payment.

leistungsfähig *adj* efficient.

Leistungskurs *(pl* **-e)** *der* (SCHULE) *one of the subjects which pupils choose to specialize in for their 'Abitur'.*

Leitartikel *(pl* **-)** *der* leader.

leiten *vt (Team)* to lead; *(Firma)* to run; *(Strom)* to conduct; *(Wasser, Verkehr)* to divert.

Leiter[1] *(pl* **-n)** *die (mit Sprossen)* ladder.

Leiter[2] *(pl* **-)** *der (von Gruppe)* leader; *(von Firma)* manager.

Leiterin *(pl* **-nen)** *die (von Gruppe)* leader; *(von Firma)* manager.

Leitfaden *(pl* **-fäden)** *der* introductory guide.

Leitplanke *(pl* **-n)** *die* crash barrier.

Leitung *(pl* **-en)** *die (von Firma)* management; *(Telefonleitung)* line; *(Stromleitung)* wire; *(Wasserleitung)* pipe; **unter der ~ von** *(Orchester)* conducted by.

Leitungsrohr *(pl* **-e)** *das* (water)pipe.

Leitungswasser *das* tap water.

Lektion *(pl* **-en)** *die (Kapitel)* lesson.

Lektüre *(pl* **-n)** *die* reading.

lenken *vt & vi* to steer.

Lenker *(pl* **-)** *der (Lenkrad)* steering wheel; *(Lenkstange)* handlebars *(pl)*.

Lenkrad *(pl* **-räder)** *das* steering wheel.

Lenkradschloß *(pl* **-schlösser)** *das* steering lock.

Lenkstange *(pl* **-n)** *die* handlebars *(pl)*.

Lenkung *(pl* **-en)** *die (am Fahrzeug)* steering.

lernen ◊ *vt* to learn; *(Beruf)* to train as. ◊ *vi (für Prüfung)* to study; *(in Lehre)* to train; *(aus Erfahrung)* to learn.

lesbisch *adj* lesbian.

Lesebuch *(pl* **-bücher)** *das* reader.

lesen (*präs* **liest**, *prät* **las**, *pp* **gelesen**) *vt & vi* to read.

Leser, -in (*mpl* -) *der, die* reader.

letzte[1] *adj* last.

letzte[2]**, -r, -s** *det* last; **~s Jahr** last year.

Letzte (*pl* -n) *der, die (Person)*: **der/die ~** the last; **~ werden** to come last.

letztemal *adv*: **das ~** the last time.

letztenmal *adv*: **zum ~** for the last time.

letztens *adv (vor kurzem)* recently.

leuchten *vi* to shine.

Leuchter (*pl* -) *der (für Kerzen)* candlestick.

Leuchtstift (*pl* -e) *der* highlighter.

Leuchtstoffröhre (*pl* -n) *die* strip light.

Leuchtturm (*pl* -türme) *der* lighthouse.

leugnen ◇ *vt (Tat, Schuld)* to deny. ◇ *vi (Angeklagter)* to deny everything.

Leukämie *die* leukaemia.

Leute *pl* people.

Lexikon (*pl* **Lexika**) *das (Enzyklopädie)* encyclopaedia; *(Wörterbuch)* dictionary.

liberal *adj* liberal.

Licht (*pl* -er) *das* light; **~ machen** to put the light on; **das ~ ausmachen** to turn the light off; **offenes ~** naked flame.

lichtempfindlich *adj (film)* photosensitive.

Lichthupe *die*: **die ~ betätigen** to flash one's headlights.

Lichtmaschine (*pl* -n) *die* alternator.

Lichtschalter (*pl* -) *der* light switch.

Lichtschranke (*pl* -n) *die* photoelectric beam.

Lichtschutzfaktor (*pl* -en) *der*

factor *(of suntan lotion)*.

Lichtstrahl (*pl* -en) *der* ray of light.

Lichtung (*pl* -en) *die* clearing.

Lid (*pl* -er) *das* eyelid.

Lidschatten (*pl* -) *der* eyeshadow.

lieb *adj (nett)* kind; *(als Anrede)* dear; **jn ~ haben** to be fond of sb; **~er Karl-Heinz!** *(in Brief)* Dear Karl-Heinz.

Liebe *die* love.

lieben *vt* to love; *(sexuell)* to make love to.

◆ **sich lieben** *ref (liebhaben)* to be in love; *(sexuell)* to make love.

liebenswürdig ◇ *adj* kind. ◇ *adv* kindly.

lieber ◇ *komp* rather, → **gern**. ◇ *adv (besser)* better. ◇ *adj (angenehmer)*: **ein warmes Essen wäre mir ~** I'd prefer a hot meal; **das hättest du ~ nicht sagen sollen** it would have been better if you hadn't said that.

Liebesbrief (*pl* -e) *der* love letter.

Liebespaar (*pl* -e) *das* couple *(of lovers)*.

liebevoll *adj* loving.

lieb|haben *vt unr* to love.

◆ **sich liebhaben** *ref (sich gern haben)* to be in love; *(erotisch)* to make love.

Liebhaber (*pl* -) *der* lover.

Liebhaberin (*pl* -nen) *die* lover.

lieblich *adj (Wein)* sweet.

Liebling (*pl* -e) *der (Anrede)* darling.

Lieblingsgericht (*pl* -e) *das* favourite meal.

lieblos *adj* unloving.

liebsten *superl* → **gern**; **am ~** best of all; **das ist mir am ~** I like it best of all.

Liechtenstein *nt* Liechtenstein.

Lied (*pl* -er) *das* song; (RELIG) hymn.

lief *prät* → **laufen**.

Lieferant (*pl* **-en**) *der (Person)* deliveryman; *(Firma)* supplier; '**~en frei**' 'except for loading'.

lieferbar *adj* available.

Lieferfrist (*pl* **-en**) *die* delivery time.

liefern ◇ *vt (Ware)* to deliver; *(Beispiel, Argument)* to provide. ◇ *vi (Geschäft)* to deliver; **wir ~ frei Haus** we deliver free to your home.

Lieferung (*pl* **-en**) *die* delivery.

Lieferwagen (*pl* **-**) *der* van.

Liege (*pl* **-n**) *die* camp bed; *(für Garten)* sun lounger.

liegen (*präs* **liegt**, *prät* **lag**, *pp* **gelegen**) *vi* 1. *(Person, Gegenstand)* to lie.
2. *(sich befinden)* to be; **Bonn liegt am Rhein** Bonn is on the Rhine.
3. *(zeitlich)* to be; **das liegt lange zurück** that was a long time ago.
4. *(in Reihenfolge)* to lie; **sie liegt auf dem vierten Platz** she's lying in fourth place.
5. *(Grund, Ursache)*: **sein Asthma liegt an der schlechten Luft** his asthma is caused by the poor air; **der Fehler liegt an dir** the mistake is your fault.
6. *(abhängen)*: **das liegt bei dir** it's up to you.
7. *(wichtig sein)*: **es liegt mir viel daran** it matters a lot to me.
8. *(begabt sein für)*: **Physik liegt mir nicht** physics isn't my subject.

liegen|bleiben *vi unr ist (nicht aufstehen)* to stay in bed; *(vergessen werden)* to be left behind; *(Arbeit)* to be left undone; *(fam: mit Auto, Bus)* to break down.

liegen|lassen *vt unr* to leave.

Liegesitz (*pl* **-e**) *der* reclining seat.

Liegestuhl (*pl* **-stühle**) *der (am Strand)* deck chair; *(im Garten)* sun lounger.

Liegestütz (*pl* **-e**) *die* press-up.

Liegewagen (*pl* **-**) *der* couchette car.

Liegewagenplatz (*pl* **-plätze**) *der* couchette.

Liegewiese (*pl* **-n**) *die* lawn.

lieh *prät* → **leihen**.

ließ *prät* → **lassen**.

liest *präs* → **lesen**.

Lift (*pl* **-e**) *der (Aufzug)* lift *(Br)*, elevator *(Am)*; *(Skilift)* ski lift.

light *adj (Nahrungsmittel)* low-calorie; *(Cola)* diet *(vor Subst)*; *(Zigaretten)* mild.

Likör (*pl* **-e**) *der* liqueur.

lila *adj* light purple, lilac.

Limo (*pl* **-s**) *die (fam)* fizzy drink.

Limonade (*pl* **-n**) *die* fizzy drink.

Linde (*pl* **-n**) *die (Baum)* lime tree.

lindern *vt* to relieve.

Lineal (*pl* **-e**) *das* ruler.

Linie (*pl* **-n**) *die* line; *(Bus, Straßenbahn)* number; **in erster ~** first and foremost.

Linienbus (*pl* **-se**) *der* regular bus.

Linienflug (*pl* **-flüge**) *der* scheduled flight.

Linienmaschine (*pl* **-n**) *die* scheduled plane.

Linienverkehr *der (Flugverkehr)* scheduled flights *(pl)*.

link *adj (abw)* sly.

linke, -r, -s *adj (Seite)* left; *(Politik)* left-wing.

links *adv (Seitenangabe)* on the left; *(Richtungsangabe)* left; *(wählen)* for the left; **~ von jm/etw** on sb's/sthg's left; **nach ~** left; **von ~** from the left.

Linksabbieger (*pl* **-**) *der* car turning left.

linksherum *adv (nach links)* round to the left; *(verkehrtherum)* the wrong way round.

Linkskurve (*pl* **-n**) *die* left-hand bend.

Linkssteuerung (*pl* -en) *die* left-hand drive.

Linksverkehr *der* driving on the left.

Linse (*pl* -n) *die* (*Gemüse*) lentil; (*in Kamera*) lens.

Linsensuppe (*pl* -n) *die* lentil soup.

Lippe (*pl* -n) *die* lip.

Lippenstift (*pl* -e) *der* lipstick.

List (*pl* -en) *die* (*Trick*) trick.

Liste (*pl* -n) *die* list.

Liter (*pl* -) *der* litre.

Literatur (*pl* -en) *die* literature.

Literflasche (*pl* -n) *die* litre bottle.

Litfaßsäule (*pl* -n) *die* advertising column.

litt *prät* → **leiden**.

Lizenz (*pl* -en) *die* (*Erlaubnis*) licence.

LKW (*pl* -s) *der* HGV.

Lob *das* (*von Person*) praise.

loben *vt* to praise.

Loch (*pl* Löcher) *das* hole.

lochen *vt* to punch a hole/holes in.

Locher (*pl* -) *der* hole punch.

Locke (*pl* -n) *die* curl.

Lockenschere (*pl* -n) *die* curling tongs (*pl*).

Lockenwickler (*pl* -) *der* curler.

locker ◊ *adj* loose; (*Haltung*) laid-back; (*Beziehung*) casual. ◊ *adv* (*knoten*) loosely; (*fam: leicht, einfach*) easily.

lockern *vt* (*Knoten*) to loosen.

♦ **sich lockern** *ref* (*Knoten, Schraube*) to work itself loose.

lockig *adj* curly.

Löffel (*pl* -) *der* spoon.

Löffelbisquit (*pl* -s) *der* sponge finger.

löffeln *vt* to spoon.

log *prät* → **lügen**.

Loge (*pl* -n) *die* box (*at theatre*).

logisch *adj* logical.

Lohn (*pl* Löhne) *der* (*Bezahlung*) wages (*pl*), pay; (*Belohnung*) reward.

lohnen: sich lohnen *ref* to be worth it.

Lohnsteuer *die* income tax.

Lohnsteuerkarte (*pl* -n) *die form filled in by employer stating annual income and tax paid*, ≈ P60 (*Br*).

Loipe (*pl* -n) *die* cross-country ski run.

Lok (*pl* -s) *die* = **Lokomotive**.

lokal *adj* local.

Lokal (*pl* -e) *das* pub.

Lokalnachrichten *pl* local news (*sg*).

Lokomotive (*pl* -n) *die* locomotive.

London *nt* London.

Los (*pl* -e) *das* (*von Lotterie*) ticket.

los ◊ *adj* (*lose*) loose. ◊ *interj* come on!; **es ist viel/wenig/nichts ~** there is a lot/not much/nothing going on; **jn/etw ~ sein** to have got rid of sb/sthg; **was ist ~?** what's the matter?

löschen *vt* (*Feuer*) to put out, to extinguish; (*Aufnahme*) to erase; (*Daten*) to delete.

Löschpapier *das* blotting paper.

lose ◊ *adj* loose. ◊ *adv* loosely.

losen *vi* to draw lots.

lösen *vt* (*Fahrkarte, Eintrittskarte*) to buy; (*Aufgabe, Rätsel*) to solve; (*Knoten*) to undo; (*Bremse*) to take off; (*auflösen*) to dissolve.

♦ **sich lösen** *ref* (*sich lockern*) to become loose; (*Problem*) to be solved; (*sich auflösen*) to dissolve.

los|fahren *vi unr ist* to set off.

los|gehen *vi unr ist* (*Person*) to set off; (*Veranstaltung*) to start.

los|lassen *vt unr* (*Person, Gegenstand*) to let go of.

löslich *adj* (*Kaffee*) instant.

los|machen *vt* to untie.

Lösung (*pl* -en) *die* solution.

los|werden *vt unr ist (Person, Grippe)* to get rid of; *(Geld)* to lose.

Lotion (*pl* -en) *die* lotion.

lotsen *vt* to guide.

Lotterie (*pl* -n) *die* lottery.

Lotto *das* national lottery.

Lottoschein (*pl* -e) *der* national lottery ticket.

Löwe (*pl* -n) *der (Tier)* lion; *(Sternzeichen)* Leo.

Löwenzahn *der* dandelion.

Lücke (*pl* -n) *die* gap.

lud *prät* → **laden.**

Luft *die* air; **frische ~** fresh air.

Luftballon (*pl* -s) *der* balloon.

luftdicht *adj* airtight.

Luftdruck *der* air pressure.

lüften ◇ *vt (Zimmer)* to air. ◇ *vi (im Zimmer)* to let some air in.

Luftfahrtgesellschaft (*pl* -en) *die* airline.

Luftfeuchtigkeit *die* humidity.

Luftfilter (*pl* -) *der* air filter.

Luftfracht *die* air freight.

Luftkissenboot (*pl* -e) *das* hovercraft.

Luftkurort (*pl* -e) *der* health resort.

Luftlinie *die*: **(es sind) 100 km ~** (it's) 100 km as the crow flies.

Luftmatratze (*pl* -n) *die* airbed.

Luftpost *die* airmail; **per ~** (by) airmail.

Luftpumpe (*pl* -n) *die* air pump.

Luftröhre (*pl* -n) *die* windpipe.

Luftschlange (*pl* -n) *die* streamer.

Lüftung (*pl* -en) *die (Gerät)* ventilation (system).

Luftverkehr *der* air traffic.

Luftverschmutzung *die* air pollution.

Luftzug *der* draught.

Lüge (*pl* -n) *die* lie.

lügen (*prät* **log**, *pp* **gelogen**) *vi* to lie.

Lügner, -in (*mpl* -) *der, die* liar.

Lunchpaket (*pl* -e) *das* packed lunch.

Lunge (*pl* -n) *die* lungs (*pl*).

Lungenentzündung (*pl* -en) *die* pneumonia.

Lüngerl *das (Süddt)* finely-chopped calf's lights boiled in vinegar and usually eaten with 'Semmelknödel'.

Lupe (*pl* -n) *die* magnifying glass.

Lust (*pl* **Lüste**) *die (Bedürfnis)* desire; *(Freude)* pleasure; *(sexuell)* lust; **(keine) ~ haben auf** (+A) (not) to feel like; **~ haben, etw zu tun** to feel like doing sthg.

lustig *adj (komisch)* funny; *(unterhaltsam)* entertaining; **sich ~ machen über** (+A) to make fun of.

lutschen *vt* to suck.

Lutscher (*pl* -) *der* lollipop.

Luxemburg *nt* Luxembourg.

Luxemburger, -in (*mpl* -) *der, die* Luxemburger.

luxemburgisch *adj* of/from Luxembourg.

luxuriös *adj* luxurious.

Luxus *der* luxury.

Luzern *nt* Lucerne.

machen ◇ *vt* **1.** *(tun)* to do; **da kann man nichts ~** there's nothing we can do about it; **mach die Musik leiser** turn the music down; **mach's gut!** take care! **2.** *(herstellen)* to make; *(Foto)* to take; **jm etw ~** to make sthg for sb;

etw aus etw ~ to make sthg out of sthg; **mach keine Dummheiten!** don't do anything silly!

3. *(verändern, bewirken)* to make; **jn krank/glücklich ~** to make sb ill/happy; **etw sauber ~** to clean sthg.

4. *(Urlaub)* to go on; **eine Pause ~** to have a break.

5. *(Reise, Wanderung)* to go on; *(Spaziergang)* to go for; **einen Besuch bei jm ~** to pay sb a visit.

6. *(Arbeit, Hausaufgaben)* to do; *(Reparatur, Korrektur)* to make.

7. *(Gefühl):* **jm Angst/Freude ~** to make sb afraid/happy.

8. *(Kurs, Lehrgang)* to do.

9. *(Prüfung)* to do, to take.

10. *(Summe, Ergebnis)* to be; **fünf mal drei macht fünfzehn** five times three is fifteen; **das macht 5 Mark!** that comes to 5 marks.

11. *(ausmachen):* **die Hitze macht mir nichts** I don't mind the heat; **das macht nichts!** it doesn't matter!

12. *(mögen):* **sich** *(D)* **nichts ~ aus** not to be keen on.

◇ *vi:* **mach schnell!** hurry up!; **mach schon!** *(fam)* get a move on!

♦ **sich machen** *ref:* **sich gut ~** *(wirken)* to look good; *(fam: entwickeln)* to make good progress.

Macht *(pl* **Mächte)** *die* power; **an der ~ sein** to be in power.

mächtig *adj (König, Land)* powerful.

machtlos *adj* powerless.

Macke *(pl* **-n)** *die (fam: Spleen)* quirk; *(an Tasse, Tisch)* chip.

Mädchen *(pl* **-)** *das* girl.

Mädchenname *(pl* **-n)** *der* maiden name.

Made *(pl* **-n)** *die* maggot.

Madonna *(pl* **Madonnen)** *die* Madonna.

mag *präs* → **mögen**.

Magazin *(pl* **-e)** *das* magazine; *(Lager)* storeroom.

Magen *(pl* **Mägen)** *der* stomach; **sich** *(D)* **den ~ verderben** to get an upset stomach.

Magenbeschwerden *pl* stomach trouble *(sg)*.

Magenbitter *(pl* **-)** *der* bitters *(sg)*.

Magengeschwür *(pl* **-e)** *das* stomach ulcer.

Magenschmerzen *pl* stomachache *(sg)*.

mager *adj (Person, Tier)* thin; *(Käse)* low-fat; *(Fleisch)* lean.

Magermilch *die* skimmed milk.

Maggi (ND) *das type of brown, liquid seasoning.*

Magnet *(pl* **-e)** *der (Metall)* magnet.

mähen *vt (Gras, Feld)* to mow.

Mahl *(pl* **-e)** *das* meal.

mahlen *vt* to grind.

Mahlzeit *(pl* **-en)** *die* meal; **~!** *(Gruß)* hello! *(said around mealtimes)*.

Mähne *(pl* **-n)** *die* mane.

mahnen *vt (erinnern)* to remind.

Mahngebühr *(pl* **-en)** *die charge for failure to pay a bill or fine.*

Mahnmal *(pl* **-e)** *das* memorial.

Mahnung *(pl* **-en)** *die* reminder.

Mai *der* May; **der erste ~** May Day, September.

Maibaum *(pl* **-bäume)** *der* maypole.

Maifeiertag *(pl* **-e)** *der* May Day.

Mais *der (Körner)* sweetcorn; *(Pflanze)* maize.

Maiskolben *(pl* **-)** *der* corn on the cob.

Majoran *der* marjoram.

Make-up *(pl* **-s)** *das (Schminke)* make-up; *(Creme)* foundation.

Makkaroni *pl* macaroni *(sg)*.

Makler, -in *(mpl* **-)** *der, die* estate agent.

Makrele *(pl* **-n)** *die* mackerel.

Makrone (*pl* **-n**) *die* macaroon.

mal ◊ *adv* (*fam: in Zukunft*) sometime; (*in Vergangenheit*) once. ◊ *konj* (*zur Multiplikation*) times; **bald ~** sometime soon; **komm ~ her** come here; **ich muß dir ~ was sagen** there's something I need to tell you; **hör ~!** (*fam*) listen; **sag ~!** (*fam*) tell me; **er redet ~ so, ~ so** (*fam*) he says one thing one minute and another the next.

Mal (*pl* **-e**) *das* (*Zeitpunkt*) time; **letztes ~** last time; **nächstes ~** next time; **zum ersten/letzten ~** for the first/last time.

Malaria *die* malaria.

Malbuch (*pl* **-bücher**) *das* colouring book.

malen *vt* & *vi* to paint.

Maler, -in (*mpl* -) *der, die* (*Künstler*) artist; (*Anstreicher*) painter.

malerisch *adj* (*Ort*) picturesque.

Malteser Hilfsdienst *der* voluntary paramedic service, = St John's Ambulance (*Br*).

Malventee *der* mallow tea.

Malzbier *das* malt beer.

Mama (*pl* **-s**) *die* (*fam*) mummy.

man *pron* (*jeder, ich*) you; (*irgendjemand*) they; **wie sagt ~ das auf Deutsch?** how do you say that in German?; **dieses Jahr trägt ~ Miniröcke** miniskirts are in this year.

Manager, -in (*mpl* -) *der, die* manager.

manche, -r, -s ◊ *pron* (*einige Dinge*) some; (*einige Leute*) some people; (*viele, viel*) many things. ◊ *det* (*einige*) some; (*viele*) many.

manchmal *adv* sometimes.

Mandarine (*pl* **-n**) *die* mandarin.

Mandel (*pl* **-n**) *die* almond.

◆ **Mandeln** *pl* (*im Hals*) tonsils.

Mandelentzündung (*pl* **-en**) *die* tonsilitis.

Manege (*pl* **-n**) *die* (circus) ring.

Mangel (*pl* **Mängel**) *der* (*Zustand*) lack; (*Fehler*) fault; **~ an** (+D) shortage of.

mangelhaft *adj* (*nicht ausreichend*) poor; (*Schulnote*) unsatisfactory, poor.

mangels *präp* (+G) (*amt*) owing to lack of.

Mango (*pl* **-s**) *die* mango.

Manieren *pl* manners.

Maniküre *die* manicure.

manipulieren *vt* (*Person*) to manipulate; (*Stimmzettel, Motor*) to rig.

Mann (*pl* **Männer**) ◊ *der* (*Erwachsener*) man; (*Ehemann*) husband. ◊ *interj* (*fam*) my God!

Mannequin (*pl* **-s**) *das* model.

männlich *adj* male; (GRAMM) masculine.

Mannschaft (*pl* **-en**) *die* (*beim Sport*) team; (*von Schiff, Flugzeug*) crew.

Manöver (*pl* -) *das* manoeuvre.

manövrieren *vt* (*Fahrzeug*) to manoeuvre.

Manschettenknopf (*pl* **-knöpfe**) *der* cufflink.

Mantel (*pl* **Mäntel**) *der* (*Kleidungsstück*) coat; (*von Reifen*) outer casing.

manuell *adj* manual.

Manuskript (*pl* **-e**) *das* manuscript.

Mappe (*pl* **-n**) *die* (*Hülle*) folder; (*Tasche*) briefcase; (*von Schüler*) schoolbag.

Maracuja (*pl* **-s**) *die* passion fruit.

Marathon (*pl* **-s**) *der* marathon.

Märchen (*pl* -) *das* fairy tale.

Margarine *die* margarine.

Mariä Himmelfahrt *nt* Assumption.

Marienkäfer (*pl* -) *der* ladybird (*Br*), ladybug (*Am*).

Marille (*pl* **-n**) *die* (*Österr*) apricot.

Marillenknödel (*pl* **-n**) *der*

(Österr) dessert consisting of a potato dumpling with an apricot in the middle.

Marinade (*pl -n*) *die* marinade.

marinieren *vt* to marinate.

Marionette (*pl -n*) *die* puppet.

Marionettentheater (*pl -*) *das (Veranstaltung)* puppet show; *(Gebäude)* puppet theatre.

Mark (*pl -*) *die (Währung)* mark; *(Knochenmark)* marrow; *(aus Obst, Gemüse)* purée.

Marke (*pl -n*) *die (von Hersteller)* make, brand; *(Briefmarke)* stamp; *(von Polizist)* badge; *(für Garderobe)* (metal) token.

Markenartikel (*pl -*) *der* brandname article.

Markenzeichen (*pl -*) *das* trademark.

markieren *vt (kennzeichnen)* to mark.

Markierung (*pl -en*) *die* marking; 'fehlende ~'. 'no road markings'.

Markise (*pl -n*) *die* awning.

Markklößchen (*pl -*) *das small dumpling made from marrow and breadcrumbs eaten in soup.*

Markstück (*pl -e*) *das* one-mark coin.

Markt (*pl Märkte*) *der* market; *(Marktplatz)* marketplace; **auf den** ODER **zum ~ gehen** to go to (the) market.

Marktforschung *die* market research.

Marktfrau (*pl -en*) *die* market woman.

Markthalle (*pl -n*) *die* covered market.

Marktplatz (*pl -plätze*) *der* marketplace.

Marktwirtschaft *die* market economy.

Marmelade (*pl -n*) *die* jam.

Marmor *der* marble.

Marmorkuchen (*pl -*) *der* marble cake, *sponge cake with a pattern made in darker (often chocolate) sponge on the inside.*

Marone (*pl -n*) *die (Kastanie)* chestnut; *(Pilz)* chestnut mushroom.

Marsch[1] (*pl Märsche*) *der* march.

Marsch[2] (*pl -en*) *die (an Küste)* marsh *(on coast)*.

marschieren *vi ist* to march.

Marschmusik *die* marches *(pl)*.

Marxismus *der* Marxism.

März *der* March, → **September**.

Marzipan *das* marzipan.

Maschine (*pl -n*) *die (Gerät)* machine; *(fam: Flugzeug)* plane.

maschinell ◇ *adj* machine *(vor Subst)*. ◇ *adv* by machine.

maschineschreiben *vi* to type.

Masern *pl* measles *(sg)*.

Maske (*pl -n*) *die* mask.

Maskenball (*pl -bälle*) *der (Kostümball)* fancy dress party.

maskieren *vt (Person)* to disguise.

◆ **sich maskieren** *ref (Einbrecher, sich verkleiden)* to disguise o.s.

Maskottchen (*pl -*) *das* mascot.

maskulin *adj* masculine.

maß *prät* → **messen**.

Maß[1] (*pl -e*) *das (von Raum, Größe)* measurement; *(Einheit)* measure; **in hohem/geringem ~** to a great/small extent; **nach ~** to measure.

Maß[2] (*pl -*) *die (Süddt: Liter)* litre (glass).

Massage (*pl -n*) *die* massage.

Massageöl (*pl -e*) *das* massage oil.

Masse (*pl -n*) *die (Brei)* mixture; *(von Personen)* crowd; *(von Dingen)* mass; **in ~n** in great numbers; **die breite ~** the masses *(pl)*.

Maßeinheit (*pl -en*) *die* unit of measurement.

massenhaft *adj* great numbers of.

Massenmedien *pl* mass media.

Massentourismus *der* mass tourism.

Masseur, -in (*mpl* -e) *der, die* masseur (masseuse).

maßgeschneidert *adj (Kleidung)* made-to-measure.

massieren *vt* to massage.

mäßig ◇ *adj (Leistung, Wetter)* average; *(moderat)* moderate. ◇ *adv (moderat)* moderately.

massiv *adj* solid; *(Kritik)* strong.

Maßkrug (*pl* -krüge) *der (Süddt)* litre beer mug.

Maßnahme (*pl* -n) *die* measure.

Maßstab (*pl* -stäbe) *der (auf Landkarten)* scale; *(Richtlinie)* standard; **im ~ 1:25 000** to a scale of 1:25,000.

Mast (*pl* -en) *der (für Segel, Fahne)* mast.

Material (*pl* -ien) *das* material.

materialistisch *adj (Person, Einstellung)* materialistic.

materiell *adj (Bedürfnis, Schaden)* material; *(Schwierigkeiten)* financial; *(materialistisch)* materialistic.

Mathematik *die* mathematics *(sg)*.

Matinee (*pl* -n) *die* matinee.

Matjes (*pl* -) *der* salted herring.

Matratze (*pl* -n) *die* mattress.

Matrose (*pl* -n) *der* sailor.

Matsch *der (Schlamm)* mud.

matt *adj (glanzlos)* matt; *(müde)* weak.

Matte (*pl* -n) *die* mat.

Mauer (*pl* -n) *die* wall.

Mauerwerk *das* masonry.

Maul (*pl* Mäuler) *das (von Tieren)* mouth.

Maulwurf (*pl* -würfe) *der* mole.

Maurer, -in (*mpl* -) *der, die* bricklayer.

Maus (*pl* Mäuse) *die* mouse.

Mausefalle (*pl* -n) *die* mousetrap.

Mautgebühr (*pl* -en) *die (Österr)* toll.

Mautstelle (*pl* -n) *die (Österr)* tollgate.

Mautstraße (*pl* -n) *die (Österr)* toll road.

maximal ◇ *adj* maximum. ◇ *adv* at most.

Maximum (*pl* Maxima) *das* maximum.

Mayo *die (fam)* mayonnaise.

Mayonnaise (*pl* -n) *die* mayonnaise.

Mechaniker, -in (*mpl* -) *der, die* mechanic.

mechanisch ◇ *adj* mechanical. ◇ *adv* mechanically.

Mechanismus (*pl* -men) *der* mechanism.

meckern *vi (fam: Person)* to moan.

Medaille (*pl* -n) *die* medal.

Medien *pl* media.

Medikament (*pl* -e) *das* medicine; **ein ~ gegen** a medicine for.

Meditation (*pl* -en) *die* meditation.

meditieren *vi* to meditate.

Medizin *die* medicine.

medizinisch *adj (Bäder, Anwendungen)* medicinal.

Meer (*pl* -e) *das* sea; **am ~** by the sea; **ans ~ fahren** to go to the seaside.

Meerenge (*pl* -n) *die* straits *(pl)*.

Meeresfrüchte *pl* seafood *(sg)*.

Meeresspiegel *der* sea level; **50 m über/unter dem ~** 50 m above/below sea level.

Meerrettich *der* horseradish.

Meerschweinchen (*pl* -) *das* guinea pig.

Meerwasser *das* seawater.

Mehl *das (aus Getreide)* flour.

Mehlschwitze (*pl* -n) *die* roux.

Mehlspeise (*pl* -n) *die dish made from flour, eggs and milk, such as pasta, dumplings or pastries.*

mehr ◇ *komp* → **viel**. ◇ *det, pron, adv* more; **es ist keiner ~ da** there is no one left there; **vom Käse ist nichts ~ da** there's nothing left of the cheese; **nie ~** never again.

mehrere *adj & vi* several.

mehrfach ◇ *adv* several times. ◇ *adj* multiple.

Mehrfahrten-Ausweis (*pl* -e) *der* multiple journey ticket.

Mehrheit (*pl* -en) *die* majority.

mehrmals *adv* several times.

mehrsprachig *adj* multilingual.

Mehrwertsteuer *die* VAT (*Br*), sales tax (*Am*).

Mehrzahl *die* (GRAMM) plural; (*Mehrheit*) majority.

meiden (*prät* **mied**, *pp* **gemieden**) *vt* to avoid.

♦ **sich meiden** *ref* to avoid each other.

Meile (*pl* -n) *die* mile.

mein, -e *det* my.

meine, -r, -s ODER **meins** ◇ *pron* mine. ◇ *det* → **mein**.

meinen *vt* (*denken, glauben*) to think; (*sagen*) to say; (*sich beziehen auf*) to mean; **etw ironisch/wörtlich ~** to mean sthg ironically/literally; **das war nicht so gemeint** it wasn't meant like that.

meinetwegen *adv* (*wegen mir*) because of me; (*von mir aus*) as far as I'm concerned.

Meinung (*pl* -en) *die* opinion.

Meinungsumfrage (*pl* -n) *die* opinion poll.

Meise (*pl* -n) *die* tit.

Meißel (*pl* -) *der* chisel.

meist *adv* usually, mostly.

meiste ◇ *superl* → **viel**. ◇ *adj & pron* most; **die ~n (Leute)** most people; **er hat das ~ Geld** he has got the most money.

meistens *adv* usually, mostly.

Meister, -in (*mpl* -) *der, die* (*Titel*) master; (SPORT) champion.

Meisterschaft (*pl* -en) *die* (SPORT) championship.

Meisterwerk (*pl* -e) *das* masterpiece.

Meldefrist (*pl* -en) *die* (*für Wettbewerb*) *period within which entries must be received.*

melden *vt* to report.

♦ **sich melden** *ref* (*sich bemerkbar machen*) to make itself felt; (*am Telefon*) to answer; **es meldet sich niemand** there's no answer.

Meldeschluß *der* closing date.

melken (*prät* **molk**, *pp* **gemolken**) *vt* to milk.

Melodie (*pl* -n) *die* melody.

Melone (*pl* -n) *die* melon.

Memoiren *pl* memoirs.

Menge (*pl* -n) *die* (*Anzahl*) quantity; (*Vielzahl*) lot; (*Menschenmenge*) crowd; **eine (ganze) ~ Geld** (*relativ viel*) (quite) a lot of money; **jede ~** (*fam: sehr viel*) loads of.

Mengenrabatt (*pl* -e) *der* bulk discount.

Mensa (*pl* **Mensen**) *die* university canteen.

Mensch (*pl* -en) *der* (*Lebewesen*) human (being); (*Person*) person; **kein ~** no one; **Mensch!** (*fam: wütend*) for heaven's sake!; (*begeistert*) wow!

Menschenkenntnis (*pl* -se) *die* knowledge of human nature.

menschenleer *adj* deserted.

Menschenmenge (*pl* -n) *die* crowd.

Menschenrechte *pl* human rights.

Menschenwürde *die* human dignity.

Menschheit *die* humanity, mankind.

menschlich *adj (Körper, Irrtum)* human; *(human)* humane.

Menstruation *(pl -en) die* menstruation.

Mentalität *(pl -en) die* mentality.

Menthol *das* menthol.

Menü *(pl -s) das (Essen)* set menu.

Merkblatt *(pl -blätter) das* leaflet.

merken *vt (erkennen)* to realize; **sich** *(D)* **etw ~** *(sich einprägen)* to remember sthg.

Merkmal *(pl -e) das* feature.

merkwürdig *adj* strange.

Meßbecher *(pl -) der* measuring jug.

Messe *(pl -n) die (Gottesdienst)* mass; *(Ausstellung)* (trade) fair.

Messegast *(pl -gäste) der* visitor at a trade fair.

Messegelände *(pl -) das* exhibition centre.

messen *(präs* **mißt***, prät* **maß***, pp* **gemessen***) vt (Temperatur, Größe)* to measure; *(in Maßangaben)* to be; **sie mißt 1,80m** she's 1.80m tall.

Messer *(pl -) das* knife.

Messestadt *(pl -städte) die town* that hosts a major trade fair.

Meßgerät *(pl -e) das* gauge.

Messing *das* brass.

Messung *(pl -en) die (Handlung)* measurement.

Metall *(pl -e) das* metal.

Meteorologe, -in *(mpl -n) der, die* weather forecaster.

Meter *(pl -) der* metre; **ein ~ achtundzwanzig** one metre twentyeight; **zwei ~ hoch/breit sein** to be two metres high/wide.

Metermaß *(pl -e) das* tape measure.

Methode *(pl -n) die* method.

Mettwurst *(pl -würste) die soft, smoked pork and beef sausage, usually spread on bread.*

Metzger, -in *(mpl -) der, die* butcher.

Metzgerei *(pl -en) die* butcher's (shop).

MEZ *(abk für mitteleuropäische Zeit)* CET.

Mezzosopran *der* mezzosoprano.

MFG *abk* = **Mitfahrgelegenheit**.

mich *pron (Personalpronomen)* me; *(Reflexivpronomen)* myself.

mied *prät →* **meiden**.

Miederwaren *pl* corsetry *(sg)*.

Miene *(pl -n) die* expression.

mies *adj (fam)* awful; **sich ~ fühlen** to feel awful.

Mietdauer *die* lease period.

Miete *(pl -n) die (für Wohnung)* rent; *(für Auto)* rental.

mieten *vt (Wohnung)* to rent; *(Auto)* to hire; **sich** *(D)* **etw ~** to rent/hire sthg.

Mieter, -in *(mpl -) der, die* tenant.

Mietfahrzeug *(pl -e) das* hire car.

Mietkauf *(pl -käufe) der* hire purchase.

Mietshaus *(pl -häuser) das* block of flats *(Br)*, apartment building *(Am)*.

Mietvertrag *(pl -verträge) der* lease.

Mietwagen *(pl -) der* hire car.

Mietwohnung *(pl -en) die* rented flat *(Br)*, rented apartment *(Am)*.

Migräne *(pl -n) die* migraine.

Mikrofon *(pl -e) das* microphone.

Mikrowellenherd *(pl -e) der* microwave oven.

Milch *die* milk; **fettarme ~** skimmed milk.

Milchbrötchen (*pl* -) *das* bread roll made with milk.

Milcheis *das* ice cream *(made with milk)*.

Milchkaffee (*pl* -s) *der* milky coffee.

Milchmixgetränk (*pl* -e) *das* milk shake.

Milchprodukt (*pl* -e) *das* dairy product.

Milchpulver *das* powdered milk.

Milchreis *der* rice pudding.

Milchschokolade *die* milk chocolate.

mild ◇ *adj* mild. ◇ *adv* mildly.

Militär *das* military.

Milliarde (*pl* -n) *die* thousand million *(Br)*, billion *(Am)*.

Milligramm (*pl* -) *das* milligramme.

Milliliter (*pl* -) *der* millilitre.

Millimeter (*pl* -) *der* millimetre.

Million (*pl* -en) *die* million.

Millionär, -in (*mpl* -e) *der, die* millionaire.

Milz (*pl* -en) *die* spleen.

Mimik *die* facial expression.

Minderheit (*pl* -en) *die* minority.

minderjährig *adj* minor, under-age.

Minderjährige (*pl* -n) *der, die* minor.

minderwertig *adj (Qualität)* inferior.

Mindestalter *das* minimum age.

Mindestbetrag (*pl* -beträge) *der* minimum amount.

mindeste *adj* least.

mindestens *adv (wenigstens)* at least.

Mindesthaltbarkeitsdatum *das* best-before date.

Mindestpreis (*pl* -e) *der* minimum price.

Mindestumtausch *der* minimum

amount of money that must be changed when travelling to a particular country.

Mine (*pl* -n) *die (von Bleistift)* lead; *(von Kugelschreiber)* refill; *(Bergwerk)* mine.

Mineral (*pl* -ien) *das* mineral.

Mineralbad (*pl* -bäder) *das (Kurort)* spa.

Mineralölsteuer *die* tax on oil.

Mineralwasser (*pl* -wässer) *das* mineral water.

Mini (*pl* -s) *der (fam: Rock)* miniskirt.

Minigolf *das* crazy golf.

Minigolfanlage (*pl* -n) *die* crazy golf course.

minimal *adj* minimal.

Minimum (*pl* Minima) *das* minimum.

Minirock (*pl* -röcke) *der* miniskirt.

Minister, -in (*mpl* -) *der, die* minister.

Ministerium (*pl* Ministerien) *das* ministry.

Ministerpräsident, -in (*mpl* -en) *der, die (von Bundesland)* title given to leader of government in the German federal states; *(Premierminister)* prime minister.

minus *konj & adv* minus; **10 Grad** ~ minus 10 degrees.

Minus *das (Fehlbetrag)* deficit.

Minute (*pl* -n) *die* minute.

minutenlang *adv* for minutes.

Minze (*pl* -n) *die* mint.

Mio. *abk* = **Million**.

mir *pron (Personalpronomen)* me; *(Reflexivpronomen):* **ich habe es ~ so vorgestellt** I imagined it like this.

Mirabelle (*pl* -n) *die* mirabelle plum.

Mischbrot (*pl* -e) *das* bread made from a mixture of rye and wheat flour.

mischen *vt (Futtermischung, Salat)*

to mix; *(Karten)* to shuffle.

Mischung *(pl -en) die* mixture; *(von Tee, Kaffee)* blend.

mißachten *vt (Vorschrift, Regel)* to disregard.

Mißachtung *die (von Vorschrift)* disregard.

Mißbrauch *(pl -bräuche) der* abuse; '**vor ~ wird gewarnt**' = 'do not exceed the stated dose'.

mißbrauchen *vt* to abuse.

Mißerfolg *(pl -e) der* failure.

Mißgeschick *(pl -e) das* mishap; **mir ist ein kleines ~ passiert** I had a slight mishap.

Mißhandlung *(pl -en) die* mistreatment.

mißlingen *(prät* **mißlang,** *pp* **mißlungen)** *vt* to fail; **das ist mir mißlungen** I failed.

mißt *präs* → **messen.**

mißtrauen *vi (+D)* to mistrust.

Mißtrauen *das* mistrust.

mißtrauisch *adj* mistrustful.

Mißverständnis *(pl -se) das* misunderstanding.

mißverstehen *(prät* **mißverstand,** *pp* **mißverstanden)** *vt* to misunderstand.

Mist *der (Dung)* dung, manure; *(fam: Plunder, Blödsinn)* rubbish.

mit ◇ *präp (+D)* **1.** *(zusammen)* with; **er kommt ~ seiner Frau** he's coming with his wife; **Kaffee ~ Zucker** coffee with sugar. **2.** *(Angabe von Instrument, Mittel)* with; **~ dem Zug/Bus/Flugzeug** by train/bus/plane. **3.** *(Angabe von Umstand):* **~ Verspätung eintreffen** to arrive late; **~ Absicht** intentionally, on purpose. **4.** *(Angabe von Zeitpunkt)* at; **~ 16 Jahren** at the age of 16. ◇ *adv (zusammen mit anderen)* too; **sie war nicht ~ dabei** she wasn't there.

mit|arbeiten *vi* to collaborate.

Mitarbeiter, -in *(mpl -) der, die* colleague.

mit|bekommen *vt unr (verstehen)* to follow; *(aufschnappen)* to hear.

mit|bestimmen *vi* to have a say.

Mitbestimmung *die* say.

Mitbewohner, -in *(mpl -) der, die* flatmate.

mit|bringen *vt unr* to bring; *(von Reise)* to bring back; **jm etw ~** to bring sthg for sb.

Mitbringsel *(pl -) das* souvenir.

miteinander *adv (zusammen)* with each other.

mit|erleben *vt:* **er hat den Krieg noch miterlebt** he lived through the war.

Mitesser *(pl -) der* blackhead.

mit|fahren *vi unr ist* to get a lift.

Mitfahrgelegenheit *(pl -en) die* lift.

Mitfahrzentrale *(pl -n) die agency which organizes lifts, passengers contributing to petrol costs.*

mit|geben *vt unr* to give; **jm etw ~** to give sb sthg.

Mitgefühl *das* sympathy.

mit|gehen *vi unr ist (mitkommen)* to go along.

Mitglied *(pl -er) das* member.

Mitgliedsausweis *(pl -e) der* membership card.

Mitgliedsbeitrag *(pl -beiträge) der* membership fee.

mit|kommen *vi unr ist (gemeinsam kommen)* to come along; *(fam: folgen können)* to follow; **kommst du mit?** are you coming?

Mitleid *das* pity.

mit|machen ◇ *vt (Kurs, Tätigkeit)* to take part in; *(Schwierigkeiten)* to go through. ◇ *vi (sich beteiligen)* to take part.

mit|nehmen *vt unr* to take; **sich** *(D)* **etw ~** *(kaufen)* to get o.s. sthg; **zum Mitnehmen** to take away

(Br), to go *(Am)*.

Mitreisende *(pl -n) der, die* fellow traveller.

Mitschüler, -in *(mpl -) der, die* classmate.

mit|spielen *vi & vt* to play.

Mitspieler, -in *(mpl -) der, die (bei Spiel)* player.

mittag *adv*: **heute/gestern/morgen ~** at midday today/yesterday/tomorrow.

Mittag *(pl -e) der (Tageszeit)* midday; *(12 Uhr)* noon; **am ~** at midday; **gegen ~** around midday; **zu ~ essen** to have lunch.

Mittagessen *(pl -) das* lunch.

mittags *adv* at midday.

Mittagspause *(pl -n) die* lunch break.

Mittagstisch *der* lunch.

Mitte *(pl -n) die* middle; *(politisch)* centre; **in der ~** in the middle; **~ nächster Woche** the middle of next week; **~ vierzig sein** to be in one's mid-forties.

mit|teilen *vt*: **jm etw ~** to inform sb of sthg.

♦ **sich mitteilen** *ref* to communicate.

Mitteilung *(pl -en) die* announcement.

Mittel *(pl -) das (Hilfsmittel)* aid; *(zum Reinigen)* agent; *(Medikament)* medicine; **ein ~ gegen Grippe** a flu remedy.

Mittelalter *das* Middle Ages.

mittelalterlich *adj* medieval.

Mittelamerika *nt* Central America.

Mitteleuropa *nt* Central Europe.

Mittelgebirge *(pl -) das* low *mountain range*.

mittelmäßig ◊ *adj (Spiel, Wetter)* average. ◊ *adv (spielen)* averagely.

Mittelmeer *das*: **das ~** the Mediterranean (Sea).

Mittelohrentzündung *(pl -en)*

die infection of the middle ear.

Mittelpunkt *(pl -e) der* centre; **im ~ stehen** to be the centre of attention.

mittels *präp (+G) (amt)* by means of.

Mittelstreifen *(pl -) der (von Straße)* central reservation *(Br)*, median *(Am)*.

Mittelwelle *die* medium wave.

mitten *adv* in the middle; **~ durch** through the middle of; **~ in etw** *(A,D)* in the middle of sthg; **~ in der Nacht** in the middle of the night.

Mitternacht *die* midnight; **um ~** at midnight.

mittlere, -r, -s *adj (durchschnittlich)* average; *(in der Mitte)* central.

mittlerweile *adv (inzwischen)* in the meantime.

Mittwoch *(pl -e) der* Wednesday, → **Samstag**.

mittwochs *adv* on Wednesdays.

mixen *vt (Cocktail, Salatsoße)* to mix.

Mixer *(pl -) der (Gerät)* food mixer.

Möbel *pl* furniture *(sg)*.

Möbelwagen *(pl -) der* removal van *(Br)*, moving van *(Am)*.

mobil *adj (beweglich)* mobile.

Mobiliar *das* furniture.

Mobiltelefon *(pl -e) das* mobile phone.

möbliert *adj* furnished.

mochte *prät* → **mögen**.

möchte *präs* → **mögen**.

Mode *(pl -n) die* fashion.

Modehaus *(pl -häuser) das* fashion house.

Modell *(pl -e) das* model.

Modenschau *(pl -en) die* fashion show.

Moderator, -in *(mpl -en) der, die* presenter.

modern adj (modisch) fashionable; (jetzig) modern.
modernisieren vt (Haus, Betrieb) to modernize.
Modeschmuck der fashion jewellery.
Modezeitschrift (pl -en) die fashion magazine.
modisch adj fashionable.
Mofa (pl -s) das moped.
mögen (präs mag, prät mochte, pp gemocht ODER mögen) ◊ vt (pp gemocht) 1. (gern haben) to like; jn/etw gern ~ to like sb/sthg; jn/etw nicht ~ not to like sb/sthg.
2. (wollen): ich möchte ein Eis I would like an ice-cream; was möchten Sie, bitte? what would you like?
◊ vi (pp mögen) (wollen): er möchte nach Hause he wants to go home.
◊ aux (pp mögen) 1. (wollen): möchtest du mitkommen? would you like to come?; sie mag nicht ins Kino gehen she doesn't want to go to the cinema.
2. (hypothetisch): mag sein that may well be; mag sein, daß sie noch anruft she may still call.
möglich adj & adv possible; alles Mögliche everything possible.
möglicherweise adv possibly.
Möglichkeit (pl -en) die possibility; (Gelegenheit) opportunity.
möglichst adv if possible; kommt ~ schnell come as quickly as possible; ~ viel as much as possible.
Mohammedaner, -in (mpl -) der, die Muslim.
Mohn der (Blume) poppy; (Körner) poppy seeds (pl).
Möhre (pl -n) die carrot.
Mohrenkopf (pl -köpfe) der chocolate-covered marshmallow.
Mokka (pl -s) der mocha, strong coffee drunk in small cups.

molk prät → melken.
Molkerei (pl -en) die dairy.
Moll das (MUS) minor.
mollig adj (Person) plump.
Moment (pl -e) der (Augenblick) moment; einen ~, bitte just a moment, please; im ~ at the moment; ~ mal! wait a moment!
momentan ◊ adj present. ◊ adv at the moment.
Monarchie (pl -en) die monarchy.
Monat (pl -e) der month; diesen ~ this month.
monatelang adj & adv for several months.
monatlich adj & adv monthly.
Monatsbinde (pl -n) die sanitary towel.
Monatsgehalt (pl -gehälter) das monthly salary.
Monatskarte (pl -n) die monthly season ticket.
Monatsrate (pl -n) die monthly instalment.
Mönch (pl -e) der monk.
Mond (pl -e) der moon.
Mondfinsternis (pl -se) die eclipse of the moon.
Monitor (pl -e) der (von Computer) monitor.
monoton adj monotonous.
Montag (pl -e) der Monday, → Samstag.
Montage (pl -n) die (von Apparaten) installation.
montags adv on Mondays.
Monteur, -in (mpl -e) der, die engineer.
montieren vt (anbringen) to install.
Monument (pl -e) das monument.
Moor (pl -e) das bog.
Moos (pl -e) das (Pflanze) moss.

Moped (pl -s) das moped.
Moral die (Ethik) morals (pl).
moralisch adj moral.
Morast der quagmire.
Mord (pl -e) der murder.
Mörder, -in (mpl -) der, die murderer.
morgen adv (Tag nach heute) tomorrow; (vormittag): **am Dienstag ~ =** on Tuesday morning; **bis ~!** see you tomorrow!; **gestern/heute ~** yesterday/this morning; **~ früh** tomorrow morning.
Morgen (pl -) der (Tageszeit) morning; **am ~** in the morning; **guten ~!** good morning!
Morgengrauen das dawn.
morgens adv in the morning; **früh ~** early in the morning; **von ~ bis abends** from dawn till dusk.
morgig adj tomorrow's; **der ~e Tag** tomorrow.
Morphium das morphine.
morsch adj rotten.
Mosaik (pl -en) das mosaic.
Moschee (pl -n) die mosque.
Mosel die Moselle.
Moselwein (pl -e) der white wine from the Moselle valley.
Moskau nt Moscow.
Moskito (pl -s) der mosquito.
Moskitonetz (pl -e) das mosquito net.
Moslem (pl -s) der Muslim.
Moslime (pl -n) die Muslim.
Mostrich der (Norddt) mustard.
Motel (pl -s) das motel.
Motiv (pl -e) das (von Bild) subject; (von Handlung) motive.
motivieren vt (Person) to motivate.
Motor (pl -en) der engine; **~ abstellen!** switch off engine!
Motorboot (pl -e) das motorboat.
Motorhaube (pl -n) die bonnet

(Br), hood (Am).
Motoröl das engine oil.
Motorpanne (pl -n) die engine failure.
Motorrad (pl -räder) das motorcycle, motorbike.
Motorradfahrer, -in (mpl -) der, die motorcyclist.
Motorradhelm (pl -e) der motorcycle helmet.
Motorroller (pl -) der (motor)scooter.
Motorschaden (pl -schäden) der engine trouble.
Motorsport der motor sport.
Motoryacht (pl -en) die motor yacht.
Motte (pl -n) die moth.
Motto (pl -s) das motto.
Möwe (pl -n) die seagull.
Mrd. abk = **Milliarde**.
Mücke (pl -n) die midge.
Mückenstich (pl -e) der midge bite.
müde adj (schläfrig) tired.
Müdigkeit die tiredness.
Mühe (pl -n) die effort; **sich** (D) **~ geben** to make an effort.
Mühle (pl -n) die (Gerät) grinder; (Gebäude) mill; (Spiel) board game for two players.
mühsam adj laborious.
Mull der (Material) muslin.
Müll der rubbish (Br), trash (Am); **etw in den ~ werfen** to throw sthg away.
Müllabfuhr die (Institution) cleansing department.
Mullbinde (pl -n) die gauze bandage.
Müllcontainer (pl -) der rubbish skip.
Mülldeponie (pl -n) die refuse disposal site.
Mülleimer (pl -) der bin.
Müllplatz (pl -plätze) der tip.

Müllschlucker (*pl -*) *der* refuse chute.

Mülltonne (*pl -n*) *die* dustbin *(Br)*, garbage can *(Am)*.

Müllwagen (*pl -*) *der* dustbin lorry *(Br)*, garbage truck *(Am)*.

multiplizieren *vt* to multiply.

Mumie (*pl -n*) *die* mummy.

Mumps *der* mumps.

München *nt* Munich.

Mund (*pl* **Münder**) *der* mouth; **halt den ~!** *(fam)* shut up!

Mundart (*pl -en*) *die* dialect.

münden *vi* *(Fluß)* to flow; **der Rhein mündet in die Nordsee** the Rhine flows into the North Sea.

Mundharmonika (*pl -s*) *die* mouthorgan.

mündlich ◇ *adj* oral. ◇ *adv* orally.

Mündung (*pl -en*) *die* mouth.

Mundwasser *das* mouthwash.

Münster (*pl -*) *das* minster.

munter *adj* *(wach)* wide awake; *(fröhlich)* cheerful.

Münzautomat (*pl -en*) *der* slot machine.

Münze (*pl -n*) *die* coin; **'nur mit ~n zahlen'** 'coins only'.

Münzeinwurf (*pl -würfe*) *der* coin slot.

Münzfernsprecher (*pl -*) *der* payphone.

Münzgeld *das*: **'~ einwerfen'** 'insert coins'.

Münzrückgabe (*pl -n*) *die* coin return; **'keine ~'** 'no change given'.

Münz-Wäscherei (*pl -en*) *die* launderette.

Münzwechsler (*pl -*) *der* change machine.

murmeln *vt & vi* to murmur.

mürrisch *adj* surly.

Mus *das* puree.

Muschel (*pl -n*) *die* *(Schale)* shell; *(Schalentier)* mussel.

Museum (*pl* **Museen**) *das* museum.

Musical (*pl -s*) *das* musical.

Musik *die* music.

musikalisch *adj* musical.

Musikbox (*pl -en*) *die* *(Automat)* musical box.

Musiker, -in (*mpl -*) *der, die* musician.

Musikinstrument (*pl -e*) *das* musical instrument.

Musikkassette (*pl -n*) *die* cassette, tape.

musizieren *vi* to play an instrument.

Muskat *das* nutmeg.

Muskel (*pl -n*) *der* muscle.

Muskelkater *der* stiff muscles *(pl)*.

Muskelzerrung (*pl -en*) *die* pulled muscle.

Muskulatur *die* muscles *(pl)*.

muskulös *adj* muscular.

Müsli (*pl -s*) *das* muesli.

muß *präs* → **müssen**.

müssen (*präs* **muß**, *prät* **mußte**, *pp* **müssen** ODER **gemußt**) ◇ *aux* (*pp* **müssen**) 1. *(gezwungen sein)* must; **etw tun ~** to have to do sthg; **du mußt aufstehen** you must get up; **sie mußte lachen** she had to laugh; **er hat niesen ~** he had to sneeze. 2. *(nötig sein)*: **der Brief muß noch heute weg** the letter has to go today; **das müßte geändert werden** that should be changed, that ought to be changed; **muß das sein?** is that really necessary? 3. *(wahrscheinlich sein)*: **sie muß bald hier sein** she should be here soon, she ought to be here soon; **das müßte alles sein** that should be all.

◇ *vi* (*pp* **gemußt**) 1. *(gezwungen sein)* to have to. 2. *(an einen Ort)*: **ich muß ins Büro**

I have to go to the office.

3. *(fam: zur Toilette)*: **ich muß mal** I need to go to the loo.

Muster *(pl -)* das *(auf Stoff, auf Teppich, Schema)* pattern; *(Probe)* sample.

Mut der *(Furchtlosigkeit)* courage.

mutig *adj* brave.

Mutter[1] *(pl Mütter)* die *(Person)* mother.

Mutter[2] *(pl -n)* die *(für Schrauben)* nut.

Muttersprache *(pl -n)* die mother tongue.

Muttertag *(pl -e)* der Mother's Day.

Mütze *(pl -n)* die cap.

MwSt. *(abk für Mehrwertsteuer)* VAT *(Br)*, sales tax *(Am)*.

mysteriös *adj* mysterious.

Mythos *(pl Mythen)* der myth.

N *(abk für Nord)* N.

na *interj* so; ~ **und?** so?; ~ **gut!** all right!; ~ **also!** finally!; ~ **ja**, well then.

Nabe *(pl -n)* die hub.

Nabel *(pl -)* der navel.

nach *präp (+D)* **1.** *(zur Angabe einer Richtung)* to; ~ **oben** up; *(in Haus)* upstairs; ~ **unten** down; *(in Haus)* downstairs; ~ **links/rechts abbiegen** to turn left/right; ~ **Frankfurt** to Frankfurt; ~ **Süden** south, southwards.

2. *(zeitlich)* after; ~ **dem Essen** after the meal; **einer** ~ **dem anderen** one after another; ~ **Ihnen!** after you!; **fünf** ~ **drei** five past three

(Br), five after three *(Am)*.

3. *(entsprechend)* according to; ~ **Angaben der Polizei** according to the police.

♦ **nach und nach** *adv* little by little.

Nachbar, -in *(mpl -n)* der, die neighbour.

Nachbarschaft die neighbourhood.

nach|bestellen *vt (Ware)* to reorder.

nachdem *konj* after; **je** ~ depending on.

nach|denken *vi unr* to think; ~ **über** *(+A)* to think about.

nachdenklich *adj* thoughtful.

nacheinander *adv* one after the other.

nach|folgen *vi ist (+D) (folgen)* to follow.

nach|forschen *vi* to investigate.

Nachforschungsantrag *(pl -anträge)* der lost or damaged mail claim form.

Nachfrage die *(Kaufwunsch)* demand.

nach|fragen *vi* to ask.

nach|geben *vi unr (+D) (bei Streit)* to give in.

Nachgebühr *(pl -en)* die excess postage.

nach|gehen *vi unr ist (Uhr)* to be slow; *(folgen)* to follow; **etw** *(D)* ~ *(untersuchen)* to investigate sthg.

nach|helfen *vi unr (helfen)* to help.

nachher *adv (später)* afterwards; **bis** ~! see you later!

Nachhilfe die (SCHULE) extra tuition.

nach|holen *vt (Versäumtes)* to catch up on.

nach|kommen *intr ist* to come along later.

nach|lassen *vi unr (Qualität)* to drop off; *(Regen)* to ease off;

(Schmerz) to ease.

nachlässig ◊ *adj* careless. ◊ *adv* carelessly.

nach|lösen *vt*: **eine Fahrkarte ~** to buy a ticket on the train.

nach|machen *vt (nachahmen)* to copy.

nachmittag *adv*: **gestern/heute/ morgen ~** yesterday/this/tomorrow afternoon.

Nachmittag *(pl -e) der* afternoon; **am ~** in the afternoon.

nachmittags *adv* in the afternoon.

Nachnahme *die*: **per ~** cash on delivery.

Nachname *(pl -n) der* surname.

Nachporto *(pl -s) das* excess postage.

nach|prüfen *vt* to check.

nach|rechnen *vt* to work out.

Nachricht *(pl -en) die (Mitteilung)* message; *(Neuigkeit)* (piece of) news; **eine ~ hinterlassen** to leave a message.

♦ **Nachrichten** *pl* news *(sg)*.

nach|sagen *vt* to repeat.

Nachsaison *die*: **in der ~** out of season.

nach|schauen *vt (prüfen)* to check.

nach|schicken *vt* to forward.

nach|schlagen *vt unr (in Wörterbuch)* to look up.

Nachschlüssel *(pl -) der* duplicate key.

nach|sehen ◊ *vt unr (prüfen)* to check. ◊ *vi unr (+D) (hinterhersehen)* to watch.

Nachsendeantrag *(pl -anträge) der* application for redirection of mail.

nach|senden *vt* to forward.

nachsitzen *vi unr* (SCHULE) to have detention.

Nachspeise *(pl -n) die* dessert.

nächste, -r, -s ◊ *superl* → **nahe**.

◊ *adj* next; **der ~, bitte!** next, please!; **~s Mal/Jahr** next time/ year; **wie heißt die ~ Haltestelle, bitte?** what's the next stop, please?

nächstens *adv* soon.

nacht *adv*: **gestern ~** last night; **heute ~** tonight.

Nacht *(pl Nächte) die* night; **gute ~!** good night!; **über ~** overnight.

Nachtausgang *(pl -gänge) der* night exit.

Nachtbus *(pl -se) der* night bus.

Nachtcreme *(pl -s) die* night cream.

Nachteil *(pl -e) der* disadvantage.

Nachteingang *(pl -gänge) der* night entrance.

Nachtflug *(pl -flüge) der* night flight.

Nachtfrost *der* overnight frost.

Nachtglocke *(pl -n) die (bei Apotheke)* night bell.

Nachthemd *(pl -en) das* nightshirt.

Nachtisch *(pl -e) der* dessert.

Nachtklub *(pl -s) der* nightclub.

Nachtleben *das* nightlife.

Nachtportier *(pl -s) der* night porter.

nachtragend *adj* unforgiving.

nachträglich *adv* belatedly.

Nachtruhe *die* sleep.

nachts *adv* at night.

Nachtschalter *(pl -) der* night desk.

Nachtschicht *(pl -en) die* night shift.

Nachttarif *(pl -e) der* economy rate.

Nachtzug *(pl -züge) der* night train.

Nachwirkung *(pl -en) die* aftereffect.

nach|zahlen *vt (Porto, Fahrgeld)* to pay extra.

nach|zählen vt (Porto, Fahrgeld) to check.

Nacken (pl -) der neck.

nackt adj & adv naked.

Nacktbadestrand (pl -strände) der nudist beach.

Nadel (pl -n) die needle.

Nagel (pl Nägel) der nail.

Nagelbürste (pl -n) die nailbrush.

Nagelfeile (pl -n) die nailfile.

Nagellack (pl -e) der nail varnish.

Nagellackentferner der nail varnish remover.

nageln vt (mit Hammer) to nail.

Nagelschere (pl -n) die nail scissors (pl).

nah adj → nahe.

nahe (komp näher, superl am nächsten) adj near; ~ bei jm/etw near (to) sb/sthg.

Nähe die nearness; in der ~ nearby; in der ~ von near (to); aus der ~ from close up; in unserer ~ near us.

naheliegend adj (Frage) obvious.

nähen vt (Stoff) to sew; (Wunde) to stitch.

Naherholungsgebiet (pl -e) das area close to a town, with recreational facilities.

näher|kommen vi unr ist (+D): wir sind uns nähergekommen we've become closer.

nähern : sich nähern ref (+D) to approach.

nahe|stehen vi unr (+D): jm ~ to be close to sb.

nahezu adv almost.

nahm prät → nehmen.

Nähmaschine (pl -n) die sewing machine.

Nähnadel (pl -n) die (sewing) needle.

Nahrung die food.

Nahrungsmittel (pl -) das food.

Naht (pl Nähte) die (in Stoff) seam; (Narbe) scar.

Nahverkehr der local traffic; der öffentliche ~ local public transport.

Nahverkehrszug (pl -züge) der local train.

Nähzeug das sewing kit.

naiv adj naive.

Name (pl -n) der name; mein ~ ist ... my name is ...; auf den ~n Braun reservieren to make a reservation in the name of Braun.

Namenstag (pl -e) der name day.

nämlich adv (weil) because; (und zwar) namely.

nanu interj well!

Narbe (pl -n) die scar.

Narkose (pl -n) die anaesthetic.

naschen vt & vi to nibble.

Nase (pl -n) die nose; ich hab' die ~ voll I've had enough; meine ~ läuft my nose is running.

Nasenbluten das nosebleed.

Nasenloch (pl -löcher) das nostril.

Nasentropfen pl nose drops.

naß adj wet; ~ machen to wet.

Nässe die wet; überfrierende ~ icy patches; '80 km/h bei ~' 'speed limit 80 km/h in wet weather'.

Nation (pl -en) die nation.

national adj national.

Nationalfeiertag (pl -e) der national day.

Nationalhymne (pl -n) die national anthem.

Nationalität (pl -en) die nationality.

Nationalmannschaft (pl -en) die national team.

Nationalsozialismus der national socialism.

NATO die NATO.

Natur die nature; in der freien ~ in the countryside.

natürlich ◇ *adv (selbstverständlich)* of course; *(nicht künstlich)* naturally. ◇ *adj* natural.

Naturpark *(pl -s) der* nature reserve.

naturrein *adj (Saft)* pure.

Naturschutz *der* conservation; **unter ~ stehen** to be legally protected.

Naturschutzgebiet *(pl -e) das* nature reserve.

naturtrüb *adj (Saft)* naturally cloudy.

n.Chr. *(abk für nach Christus)* AD.

Nebel *(pl -) der* fog; **dichter ~** dense fog.

Nebelscheinwerfer *(pl -) der* (AUTO) fog lamp.

Nebelschlußleuchte *(pl -n) die* (AUTO) rear fog lights *(pl)*.

neben ◇ *präp (+D) (an der Seite von)* next to; *(außer)* apart from, as well as. ◇ *präp (+A) (an die Seite von)* next to.

nebenan *adv* next door.

Nebenausgang *(pl -gänge) der* side exit.

nebenbei *adv (gleichzeitig)* at the same time; **~ gesagt** by the way.

nebendran *adv (fam)* next door.

nebeneinander *adv* next to each other.

Nebeneingang *(pl -eingänge) der* side entrance.

Nebenfach *(pl -fächer) das* (SCHULE) subsidiary subject.

nebenher *adv (arbeiten)* on the side.

Nebenkosten *pl* additional costs *(pl)*.

Nebensache *(pl -n) die* trivial matter.

nebensächlich *adj* trivial.

Nebenstraße *(pl -n) die* side street.

Nebenwirkung *(pl -en) die* (MED) side effect.

neblig *adj* foggy.

neblig-trüb *adj* dull and overcast.

Neffe *(pl -n) der* nephew.

negativ ◇ *adj* negative. ◇ *adv* negatively.

Negativ *(pl -e) das* (FOTO) negative.

Negerkuß *(pl -küsse) der* chocolate-covered marshmallow.

nehmen *(präs* **nimmt***, prät* **nahm***, pp* **genommen***) vt* 1. *(greifen, holen)* to take; **sich** *(D)* **etw ~** to help o.s. to sthg.

2. *(benützen)* to take; **den Bus/Zug ~** to take the bus/train.

3. *(annehmen)* to take; **sie hat die Stelle genommen** she has taken the job.

4. *(kaufen)* to take; **ich nehme diese Schuhe** I'll take these shoes.

5. *(Medikament, Droge)* to take.

6. *(Gast, Kind)*: **jn zu sich ~** *(auf Dauer)* to take sb in; *(für begrenzte Zeit)* to have sb to stay.

7. *(Nahrung)*: **etw zu sich ~** to take sthg, to consume sthg.

8. *(einschätzen, auffassen)*: **jn/etw ernst ~** to take sb/sthg seriously; **es leicht/schwer ~** to take it lightly/hard.

9. *(verlangen)*: **für etw fünf Mark ~** to charge five marks for sthg.

neidisch *adj* jealous.

nein *adv* no; **~ danke!** no thank you; **zu etw ~ sagen** to say no to sthg.

Nektarine *(pl -n) die* nectarine.

Nelke *(pl -n) die (Blume)* carnation; *(Gewürz)* cloves *(pl)*.

nennen *(prät* **nannte***, pp* **genannt***) vt (mit Namen)* to call; *(als Beispiel)* to name.

Neonlicht *(pl -er) das* neon light.

Nepp *der* rip-off.

Nerv *(pl -en) der* nerve.

♦ **Nerven** *pl* nerves; **jm auf die**

~en gehen to get on sb's nerves.

nervös adj nervous.

Nest (pl -er) das (von Vögeln) nest.

nett ◇ adj nice. ◇ adv nicely; **sei so** ~ ... would you mind ...

netto adv net.

Netz (pl -e) das net; (Tasche) string bag.

Netzanschluß (pl -schlüsse) der electrical connection.

Netzkarte (pl -n) die (für Bus, Bahn) rover ticket.

Netzplan (pl -pläne) der (von Bus, Bahn) route map.

neu adj new; (frisch) fresh; **von ~em** again; **das Neueste** the latest; **was gibt's Neues?** what's new?

Neubau (pl -ten) der new building.

neuerdings adv recently.

Neueröffnung (pl -en) die (Zeremonie) opening; (Geschäft) new business.

Neugier die curiosity.

neugierig ◇ adj inquisitive. ◇ adv inquisitively.

Neuheit (pl -en) die (Ware) latest thing.

Neuigkeit (pl -en) die news.

Neujahr das New Year; **prost ~!** Happy New Year!

neulich adv recently.

Neumond der new moon.

neun num nine, → **sechs**.

neunte num ninth, → **sechste**.

neunzehn num nineteen; **~hundertsiebenundneunzig** nineteen ninety seven, **sechs**.

neunzig num ninety, → **sechs**.

neureich adj nouveau riche.

neurotisch adj neurotic.

Neuseeland nt New Zealand.

neutral adj neutral.

neuwertig adj nearly new.

nicht adv not; **ist das ~ schön?** isn't that nice?; ~ **nur** ..., **sondern**

auch ... not only ... but also; **du wußtest es schon länger, ~ wahr?** you've known for a while, haven't you?; **es ist wunderbar, ~ wahr?** it's wonderful, isn't it?; **noch ~** not yet; **gar ~** not at all; **warum ~?** why not?

Nichte (pl -n) die niece.

Nichtraucher (pl -) der (Person) non-smoker; (Abteil) no-smoking compartment.

Nichtraucherzone (pl -n) die no-smoking area.

nichts pron nothing; **gar ~** nothing at all; ~ **mehr** nothing more; ~ **als** nothing but; **das macht ~** that doesn't matter; ~ **zu danken** don't mention it.

Nichtschwimmer (pl -) der (Person) non-swimmer; (Becken) beginners' pool.

Nichtschwimmerbecken (pl -) das beginners' pool.

nichtssagend adj meaningless.

Nichtzutreffende das: '~s bitte streichen' (amt) 'delete as applicable'.

nicken vi to nod.

Nickerchen (pl -) das nap; **ein ~ machen** to have a nap.

nie adv never; **noch ~** never; ~ **mehr** ODER **wieder** never again.

Niederlage (pl -n) die defeat.

Niederlande pl: **die ~** the Netherlands.

Niederländer, -in (mpl -) der, die Dutchman (Dutchwoman).

niederländisch adj Dutch.

Niederländisch(e) das Dutch.

Niederlassung (pl -en) die (Filiale) branch.

Niedersachsen nt Lower Saxony.

Niederschlag (pl -schläge) der precipitation.

niedlich adj cute.

niedrig adj low.

niemals *adv* never.

niemand *pron* nobody, no one; **das kann ~ als Karl-Heinz gewesen sein** that can only have been Karl-Heinz.

Niere (*pl* -n) *die* kidney.

nieseln *vimp* to drizzle.

Nieselregen *der* drizzle.

niesen *vi* to sneeze.

Niete (*pl* -n) *die (Los)* blank; *(aus Metall)* stud.

Nikolaus *der* Santa Claus *(who brings presents on 6th December)*.

Nikolaustag (*pl* -e) *der* 6th of December when children receive presents from Santa Claus.

Nikotin *das* nicotine.

nimmt *präs* → **nehmen**.

nirgends *adv* nowhere.

nirgendwo *adv* nowhere.

nirgendwohin *adv* nowhere.

Nische (*pl* -n) *die (Ecke)* corner.

Niveau (*pl* -s) *das* level.

nobel *adj (kostspielig)* luxurious.

Nobelpreis (*pl* -e) *der* Nobel Prize.

noch ◇ *adv* 1. *(zum Ausdruck von Dauer)* still; **wir haben ~ Zeit** we still have time; **er hat ~ nichts gesagt** he still hasn't said anything; **ich habe ihn ~ letzten Monat besucht** I visited him only last month; **~ nicht** not yet.
2. *(vorher)*: **schafft ihr das ~ bis Freitag?** do you think you'll manage it by Friday?; **das muß ~ heute gemacht werden** it has to be done today at the latest; **er kann ~ kommen** he may yet come, he may still come.
3. *(zur Verstärkung)* even; **~ schneller** even quicker; **es kann ~ so regnen, ...** however much it rains ...
4. *(dazu)*: **~ einen Kaffee, bitte!** another coffee, please!; **ich muß ~ ein paar Einkäufe machen** I have

to buy a few more things; **paßt das ~ in den Kofferraum?** will it fit in the boot?; **wer ~?** who else?
5. *(zur Nachfrage)* again; **wie war ~ sein Name?** what was his name again?
◇ *konj* → **weder**.
♦ **noch einmal** *adv* again.

nochmal *adv* again.

Nominativ (*pl* -e) *der* (GRAMM) nominative.

nonstop *adj (Flug)* nonstop.

Nord *nt* north.

Nordamerika *nt* North America.

Norddeutschland *nt* Northern Germany.

Norden *der* north; **im ~** in the north; **nach ~** north.

Nordeuropa *nt* Northern Europe.

Nordhang (*pl* -hänge) *der* north-facing slope.

Nordirland *nt* Northern Ireland.

nördlich ◇ *adj* northern. ◇ *präp*: **~ von** to the north of.

Nordosten *der* northeast.

Nordrhein-Westfalen *nt* North Rhine-Westphalia.

Nordsee *die*: **die ~** the North Sea.

Nordwesten *der* northwest.

nörgeln *vi* to moan.

Norm (*pl* -en) *die* standard.

normal ◇ *adj* normal. ◇ *adv* normally.

Normal *das* (AUTO) regular.

Normalbenzin *das* (AUTO) regular petrol *(Br)*, regular gas *(Am)*.

normalerweise *adv* normally.

Normalnull *das*: **über/unter ~** above/below sea level.

Norwegen *nt* Norway.

Not *die* need; **in ~** in need; **zur ~** if needs be.

Notar, -in (*mpl* -e) *der, die* notary.

Notarzt, -ärztin (*mpl* -ärzte)

der, die emergency doctor.

Notausgang (*pl* -gänge) *der* emergency exit.

Notausstieg (*pl* -e) *der* emergency exit.

Notbremse (*pl* -n) *die* emergency brake.

Notdienst (*pl* -e) *der*: ~ haben to be on call.

Notdienstapotheke (*pl* -n) *die* emergency chemist's *(Br)*, emergency drugstore *(Am)*.

Note (*pl* -n) *die* (MUS) note; *(Zensur)* mark *(Br)*, grade *(Am)*.

Notfall (*pl* -fälle) *der* emergency; **in dringenden Notfällen** in an emergency.

notfalls *adv* if necessary.

Nothaltebucht (*pl* -en) *die* (auf Straße) escape lane.

notieren *vt* to note down; **sich** (D) **etw ~** to make a note of sthg.

nötig *adj* necessary; **~ sein** to be necessary; **etw ~ haben** to need sthg; **wenn ~** if needs be.

Notiz (*pl* -en) *die* (persönlich) note; *(in Zeitung)* notice; **sich ~en machen** to take notes; **keine ~ von jm nehmen** to take no notice of sb.

Notizblock (*pl* -blöcke) *der* notepad.

Notizbuch (*pl* -bücher) *das* notebook.

Notlage (*pl* -n) *die* crisis.

Notlandung (*pl* -en) *die* emergency landing.

Notruf (*pl* -e) *der* emergency call.

Notrufsäule (*pl* -n) *die* emergency phone.

Notrutsche (*pl* -n) *die* (im Flugzeug) escape chute.

Notsignal (*pl* -e) *das* distress signal.

notwendig *adj* necessary.

Notwendigkeit (*pl* -en) *die* necessity.

Nougat *der* nougat.

November (*pl* -) *der* November, → **September**.

Nr. *(abk für Nummer)* no.

NRW *abk* = **Nordrhein-Westfalen**.

Nu: im Nu *adv* in an instant.

nüchtern *adj* (nicht betrunken) sober; *(Magen)* empty.

Nudeln *pl* noodles.

Nudelsalat *der* pasta salad.

Nudelsuppe (*pl* -n) *die* noodle soup.

null *num* zero, → **sechs**.

Null (*pl* -en) *die* zero; **über/unter ~** above/below zero.

numerieren *vt* to number.

Nummer (*pl* -n) *die* number; *(Größe)* size.

Nummernschild (*pl* -er) *das* (AUTO) numberplate *(Br)*, license plate *(Am)*.

nun *adv* now; **~, wie steht's?** well, how are things?; **es ist ~ mal so** it's like this; **was ~?** what now?

nur *adv* only, just; **was meint er ~?** what does he mean?; **der Putz bröckelt ~ so** the plaster is crumbling really badly; **das sagt er ~ so** he's just saying that; **ich habe ~ noch 20 Mark** I've only got 20 marks left.

Nürnberg *nt* Nuremberg.

Nuß (*pl* Nüsse) *die* nut.

Nußknacker (*pl* -) *der* nutcracker.

Nutte (*pl* -n) *die* (fam) hooker.

nutzen ◇ *vt* to use. ◇ *vi* to be of use; **jm ~** to be of use to sb; **nichts ~** to be of no use.

nützen *vi* = **nutzen**.

nützlich *adj* useful.

nutzlos *adj* useless.

Nylonstrumpf (*pl* -strümpfe) *der* nylon stocking.

O

O *(abk für Ost)* E.

ob *konj* whether; ~ ..., ~ whether ... or; ~ ... **oder nicht** whether ... or not; **als** ~ as if; **so tun als** ~ to pretend (that); **und ~!** you bet!

OB *(pl -s) der (abk für Oberbürgermeister)* mayor *(of large city)*.

Obazter *(pl* **Obazten**) *der (Süddt)* soft camembert, mashed together with onions and pepper.

obdachlos *adj* homeless.

Obdachlose *(pl -n) der, die* homeless person.

oben *adv (räumlich)* at the top; *(im Text)* above; **das fünfte Buch von** ~ the fifth book down; **nach** ~ up; **von** ~ **bis unten** from top to bottom; ~ **ohne** topless.

Ober *(pl -) der* waiter.

obere, -r, -s *adj* upper.

oberflächlich *adj* superficial.

oberhalb *präp* (+G) above.

Oberhemd *(pl -en) das* shirt.

Oberkörper *(pl -) der* upper body.

Oberschenkel *(pl -) der* thigh.

oberste, -r, -s *adj* top.

Oberstufe *die* (SCHULE) three final years of secondary education.

Oberteil *(pl -e) das (von Kleidung)* top.

Oberweite *(pl -n) die* bust (measurement).

Objekt *(pl -e) das* object; *(Immobilie)* property.

objektiv ◇ *adj* objective. ◇ *adv* objectively.

Objektiv *(pl -e) das* lens.

obligatorisch *adj* obligatory.

Oboe *(pl -n) die* oboe.

Obst *das* fruit.

Obstkuchen *(pl -) der* fruit flan.

Obstsalat *(pl -e) der* fruit salad.

obszön *adj* obscene.

obwohl *konj* although.

Ochse *(pl -n) der* ox.

Ochsenschwanzsuppe *(pl -n) die* oxtail soup.

ocker *adj* ochre.

od. *abk =* **oder**.

oder *konj* or; **du kommst doch mit,** ~? you're going to come, aren't you?; ~ **aber** or; ~ **auch** or; ~ **so** or something like that, → **entweder**.

Ofen *(pl* **Öfen**) *der (zum Backen)* oven; *(zum Heizen)* stove.

Ofenheizung *die* stove heating.

offen ◇ *adj* open; *(Knopf)* undone; *(Rechnung)* outstanding; *(Haare)* down; *(Bein, Haut)* grazed. ◇ *adv (unverschlossen)* open; *(erkennbar, sich verhalten)* openly; **das Geschäft hat bis 6 Uhr** ~ the shop is open until 6; ~**e Weine** wine by the glass/carafe; **auf** ~**em Meer** on the open sea; ~ **gesagt** quite honestly; **Tag der** ~**en Tür** open day.

offenbar *adv* obviously.

offen|bleiben *vi unr ist (Fenster)* to stay open; *(Frage)* to remain unresolved.

offen|lassen *vt unr* to leave open.

offensichtlich *adv* obviously.

offen|stehen *vi unr* to be open; **die Welt steht ihm offen** the world's his oyster.

öffentlich ◇ *adj* public. ◇ *adv* publicly, in public.

Öffentlichkeit *die* public.

offiziell *adj* official.

öffnen *vt* to open.

♦ **sich öffnen** *ref* to open.

Öffnungszeiten *pl* opening hours.

oft (*komp* **öfter**, *superl* **am öftesten**) *adv* often; **wie ~?** how often?

öfters *adv* from time to time.

ohne *präp* (+A) *& konj* without; **~ mich!** count me out!; **~ weiteres** without hesitation; **~ daß** without.

Ohnmacht *die* (*Bewußtlosigkeit*) unconsciousness; **in ~ fallen** to faint.

ohnmächtig *adj* (*bewußtlos*) unconscious; **~ werden** to faint.

Ohr (*pl* **-en**) *das* ear.

Ohrclip (*pl* **-s**) *der* clip-on earring.

Ohrentropfen *pl* ear drops.

ohrfeigen *vt*: **jn ~** to slap sb's face.

Ohrring (*pl* **-e**) *der* earring.

okay *adv* okay, OK.

Ökoladen (*pl* **-läden**) *der* wholefood store.

ökologisch *adj* ecological.

ökonomisch *adj* economic.

Oktan *das* octane.

Oktober (*pl* **-**) *der* October; **der 3. ~** *German national holiday commemorating reunification on 3 October 1990*, → **September**.

Oktoberfest (*pl* **-e**) *das Munich beer festival*.

Öl (*pl* **-e**) *das* oil.

ölen *vt* to oil.

ölig *adj* oily.

Olive (*pl* **-n**) *die* olive.

Olivenöl *das* olive oil.

Ölstand *der* oil level; **den ~ prüfen** to check the oil.

Ölverbrauch *der* oil consumption.

Ölwechsel (*pl* **-**) *der* oil change.

Olympische Spiele *pl* Olympic Games.

Oma (*pl* **-s**) *die* (*fam*) grandma.

Omelette (*pl* **-n**) *die* omelette.

Omnibus (*pl* **-se**) *der* (*Linienbus*) bus; (*Reisebus*) coach.

Onkel (*pl* **-**) *der* uncle.

OP (*pl* **-s**) *der* operating theatre (*Br*), OR (*Am*).

Opa (*pl* **-s**) *der* (*fam*) grandpa, grandad.

Open-air-Konzert (*pl* **-e**) *das* open-air concert.

Oper (*pl* **-n**) *die* opera; (*Gebäude*) opera house; **in die ~ gehen** to go to the opera.

Operation (*pl* **-en**) *die* operation.

Operette (*pl* **-n**) *die* operetta.

operieren *vt* to operate on; **sich ~ lassen** to have an operation.

Opernfestspiele *pl* opera festival (*sg*).

Opernhaus (*pl* **-häuser**) *das* opera house.

Opfer (*pl* **-**) *das* sacrifice.

Opposition *die* opposition.

Optik *die* optics (*sg*).

Optiker, -in (*mpl* **-**) *der, die* optician.

optimal ◊ *adj* optimal, optimum. ◊ *adv* optimally.

optimistisch *adj* optimistic.

orange *adj* orange.

Orange (*pl* **-n**) *die* (*Frucht*) orange.

Orangensaft (*pl* **-säfte**) *der* orange juice; **frischgepreßter ~** freshly-squeezed orange juice.

Orchester (*pl* **-**) *das* orchestra.

ordentlich ◊ *adj* (*Raum, Person*) tidy; (*Leben, Beruf*) respectable; (*Mahlzeit, Arbeit*) proper. ◊ *adv* (*aufräumen*) tidily.

ordinär *adj* (*Person, Witz*) crude.

ordnen *vt* to put in order.

Ordner (*pl* **-**) *der* (*für Akten*) folder; (*Person*) steward.

Ordnung *die* order; **in ~!** sure!; **~ machen** to tidy up; **der Fernseher**

ist nicht in ~ there's something wrong with the television.
Ordnungswidrigkeit (*pl* -en) *die (amt)* minor offence.
Oregano *der* oregano.
Organ (*pl* -e) *das (Körperteil)* organ.
Organisation (*pl* -en) *die* organization.
Organisator (*pl* **Organisatoren**) *der* organizer.
Organisatorin (*pl* -nen) *die* organizer.
organisieren *vt* to organize.
Organismus (*pl* **Organismen**) *der* organism.
Orgasmus (*pl* **Orgasmen**) *der* orgasm.
Orgel (*pl* -n) *die* organ.
orientieren: **sich orientieren** *ref (in Richtung)* to orientate o.s.; **sich ~ über** (+A) *(informieren)* to inform o.s. about.
Orientierungssinn *der* sense of direction.
original *adj* original.
Original (*pl* -e) *das* original.
Orkan (*pl* -e) *der* hurricane.
Ort (*pl* -e) *der* place; **an ~ und Stelle** on the spot; 'andere ~e' 'other routes'.
Orthopäde, Orthopädin (*mpl* -n) *der, die* orthopaedic surgeon.
orthopädisch *adj* orthopaedic.
örtlich *adj* local.
Ortschaft (*pl* -en) *die* village; **geschlossene ~** built-up area.
Ortsgespräch (*pl* -e) *das* local call.
ortskundig *adj*: **ein ~er Führer** a guide with local knowledge.
Ortsmitte *die* centre.
Ortsnetz (*pl* -e) *das* exchange.
Ortstarif (*pl* -e) *der* local rate.
Ortszeit (*pl* -en) *die* local time.
öS *abk* = **österreichischer Schilling**.
Ost *nt* east.

Ostdeutschland *nt* East Germany.
Osten *der* east; **im ~** in the east; **nach ~** east.
Osterei (*pl* -er) *das* Easter egg.
Osterhase (*pl* -n) *der* Easter bunny.
Ostermontag (*pl* -e) *der* Easter Monday.
Ostern (*pl* -) *nt* Easter; **zu ~** at Easter; **frohe ~!** Happy Easter!
Österreich *nt* Austria.
Österreicher (*pl* -) *der* Austrian.
Österreicherin (*pl* -nen) *die* Austrian.
österreichisch *adj* Austrian.
Ostersonntag (*pl* -e) *der* Easter Sunday.
Osteuropa *nt* Eastern Europe.
Ostküste (*pl* -n) *die* east coast.
östlich ◊ *adj* eastern. ◊ *präp*: **~ von** to the east of.
Ostsee *die*: **die ~** the Baltic (Sea).
oval *adj* oval.
Ozean (*pl* -e) *der* ocean.
Ozon *das* ozone.
Ozonloch *das* hole in the ozone layer.

P

paar *adj* few; **ein ~** a few.
Paar (*pl* -e) *das (zwei Personen)* couple; *(zwei Dinge)* pair; **ein ~ Socken** a pair of socks.
paarmal *adv*: **ein ~** a few times.
Pacht (*pl* -en) *die (Vertrag)* lease; *(Geld)* rent.
Päckchen (*pl* -) *das (in Post)* small parcel; *(Packung)* pack.

packen vt to pack; (fassen) to seize.

Packpapier das brown paper.

Packung (pl -en) die (für Waren) packet; (Kosmetik) beauty pack.

Packungsbeilage (pl -n) die (MED) enclosed information; 'lesen Sie die ~' 'please read the enclosed information'.

Packungsrückseite (pl -n) die back of the packet.

Pädagogik die education.

pädagogisch adj educational.

Paddel (pl -) das paddle.

Paddelboot (pl -e) das canoe.

paddeln vi to paddle.

Paket (pl -e) das (Postpaket) parcel; (Packung) packet.

Paketannahme (pl -n) die (Schalter) counter dealing with parcels to be sent.

Paketausgabe (pl -n) die (Schalter) counter from which parcels may be collected.

Paketkarte (pl -n) die form showing sender and addressee, to be filled in when sending a parcel.

Pakistan nt Pakistan.

Palast (pl Paläste) der palace.

Palme (pl -n) die palm.

Palmsonntag der Palm Sunday.

Pampelmuse (pl -n) die grapefruit.

Paniermehl das breadcrumbs (pl).

paniert adj in breadcrumbs, breaded.

Panik die panic.

panisch adj (Reaktion) panicstricken; ~e Angst vor etw (D) haben to be terrified of sthg.

Panne (pl -n) die (mit Auto) breakdown; (Fehler) technical hitch; ich hatte eine ~ auf der Autobahn my car broke down on the motorway.

Pannendienst (pl -e) der breakdown service.

Pannenhilfe die breakdown service.

Pantoffel (pl -n) der slipper.

Pantomime (pl -n) die (Aufführung) mime.

Panzer (pl -) der (Fahrzeug) tank; (von Tier) shell.

Papa (pl -s) der (fam) dad.

Papagei (pl -en) der parrot.

Papier (pl -e) das paper.

◆ **Papiere** pl (Ausweise) papers, documents.

Papiergeld das paper money.

Papierkorb (pl -körbe) der wastepaper basket (Br), wastebasket (Am).

Papiertaschentuch (pl -tücher) das paper handkerchief.

Papierwaren pl stationery (sg).

Pappbecher (pl -) der paper cup.

Pappe (pl -n) die cardboard.

Pappkarton (pl -s) der cardboard box.

Paprika (pl -s) der (Gemüse) pepper; (Gewürz) paprika.

Papst (pl Päpste) der pope.

Parade (pl -n) die (Umzug) parade.

Paradeiser (pl -) der (Österr) tomato.

paradiesisch adj heavenly.

Paragliding das paragliding.

Paragraph (pl -en) der paragraph.

parallel adj & adv parallel.

Paranuß (pl -nüsse) die brazil nut.

parat adj & adv ready.

Pärchen (pl -) das (Liebespaar) couple.

Pardon interj sorry.

Parfüm (pl -s) das perfume.

Parfümerie (pl -n) die perfumery.

parfümfrei adj unscented.

Pariser (pl -) der (fam: Kondom) rubber.

Park (*pl* -s) *der* park.

Parka (*pl* -s) *der, die* parka.

Park-and-Ride-System *das* park and ride system.

Parkanlage (*pl* -n) *die* park.

Parkdauer *die*: ~ 2 Stunden parking restricted to 2 hours.

Parkdeck (*pl* -s) *das* level (*of multi-storey car park*).

parken *vt & vi* to park; **falsch** ~ to park wrongly; '**Parken verboten**' 'no parking'.

Parkett (*pl* -s ODER -e) *das* (*Fußboden*) parquet; (*in Zuschauerraum*) stalls (*Br*), parquet (*Am*).

Parkgebühr (*pl* -en) *die* parking fee.

Parkhaus (*pl* -häuser) *das* multi-storey car park.

Parkhöchstdauer *die*: ~ 1 Stunde maximum stay 1 hour.

Parklücke (*pl* -n) *die* parking space.

Parkmöglichkeit (*pl* -en) *die* parking space.

Parkplatz (*pl* -plätze) *der* car park (*Br*), parking lot (*Am*).

Parkscheibe (*pl* -n) *die* parking disc.

Parkschein (*pl* -e) *der* parking ticket.

Parkuhr (*pl* -en) *die* parking meter.

Parkverbot (*pl* -e) *das* (*Verbot*) parking ban; (*Stelle*) no-parking zone.

Parlament (*pl* -e) *das* parliament.

Parmesan *der* parmesan (*cheese*).

Partei (*pl* -en) *die* party.

Parterre *das* ground floor; **im** ~ on the ground floor.

Partie (*pl* -n) *die* (*Teil*) part; (*Spiel*) game.

Partner, -in (*mpl* -) *der, die* partner.

Partnerschaft (*pl* -en) *die* (*zwi-schen Personen*) partnership; (*zwischen Städten*) twinning.

Partnerstadt (*pl* -städte) *die* twin town.

Party (*pl* -s) *die* party.

Paß (*pl* Pässe) *der* (*Dokument*) passport; (*Straße*) pass.

Passage (*pl* -n) *die* (*Einkaufspassage*) arcade; (*Textabschnitt, Reise*) passage.

Passagier (*pl* -e) *der* passenger; **blinder** ~ stowaway.

Passagierschiff (*pl* -e) *das* passenger ship.

Paßamt (*pl* -ämter) *das* passport office.

Paßbild (*pl* -er) *das* passport photo.

passen *vi* (*Termin*) to be suitable; (*in Größe, Form*) to fit; (*bei Spiel*) to pass; **Freitag paßt mir nicht** Friday doesn't suit me; ~ **dir die Schuhe?** do the shoes fit you?; **zu etw** ~ to go (well) with sthg; **zu jm** ~ to be suited to sb; **das könnte dir so** ~! you'd like that, wouldn't you?

passend *adj* (*Farbe*) matching; **ein** ~**er Schlüssel** a key that fits; **haben Sie es** ~? do you have the right change?

Paßfoto (*pl* -s) *das* passport photo.

passieren *vi ist* to happen; **mir ist was sehr Unangenehmes passiert** something very unpleasant happened to me; **ist etwas passiert?** (*bei Unfall*) did sb get hurt?; **was ist passiert?** what happened?

Passionsspiele *pl*: **die** ~ **von Oberammergau** the Oberammergau passion plays.

passiv *adj* passive.

Paßkontrolle (*pl* -n) *die* passport control.

Paste (*pl* -n) *die* (*Masse*) paste.

Pastell (*pl* -e) *das* pastel.

Pastete (*pl* -n) *die (aus Teig)* pie; *(Aufstrich)* paste.

Pastor (*pl* Pastoren) *der (katholisch)* priest; *(evangelisch)* vicar.

Pastorin (*pl* -nen) *die (evangelisch)* vicar.

Pate (*pl* -n) *der (Patenonkel)* godfather.

Patient, -in (*mpl* -en) *der, die* patient.

Patin (*pl* -nen) *die* godmother.

Patrone (*pl* -n) *die* cartridge.

Pauke (*pl* -n) *die* kettledrum.

pauschal *adj (Betrag, Preis)* total; *(Kritik, Urteil)* general.

Pauschale (*pl* -n) *die* flat rate.

Pauschalpreis (*pl* -e) *der* all-inclusive price.

Pauschalreise (*pl* -n) *die* package holiday.

Pauschaltarif (*pl* -e) *der* flat rate.

Pause (*pl* -n) *die* break; *(in Theater, Konzert)* interval.

pausenlos *adj & adv* nonstop.

Pavillon (*pl* -s) *der (in Park)* bandstand.

Pazifik *der* Pacific.

Pazifische Ozean *der*: der ~ the Pacific Ocean.

PC (*pl* -s) *der* PC.

Pech *das (Unglück)* bad luck; ~ haben to be unlucky.

Pedal (*pl* -e) *das* pedal.

pedantisch ◇ *adj (Person)* pedantic. ◇ *adv* pedantically.

Peeling (*pl* -s) *das (Kosmetikartikel)* face pack.

peinlich *adj (unangenehm)* embarrassing; **es war mir** ~ I felt embarrassed.

Pellkartoffeln *pl* boiled unpeeled potatoes.

Pelz (*pl* -e) *der* fur.

Pelzmantel (*pl* -mäntel) *der* fur coat.

Pendelverkehr *der* commuter traffic.

Pendler, -in (*mpl* -) *der, die* commuter.

penetrant *adj (Person)* insistent; *(Geschmack, Geruch)* penetrating.

Penis (*pl* -se) *der* penis.

Penizillin *das* penicillin.

Pension (*pl* -en) *die (Hotel)* guesthouse; *(Rente)* pension; *(Ruhestand)* retirement; **in** ~ **sein** to be retired.

pensionieren *vt* to pension off.

Pensionsgast (*pl* -gäste) *der* guest.

Peperoni (*pl* -) *die* chili pepper.

per *präp* (+A) by; *(amt: pro)* per; ~ Luftpost (by) airmail.

perfekt *adj* perfect.

Pergamentpapier *das* greaseproof paper.

Periode (*pl* -n) *die* period.

Perle (*pl* -n) *die (aus Muschel)* pearl; *(aus Holz, Glas)* bead.

Perlenkette (*pl* -n) *die* pearl necklace.

perplex *adj* stunned.

Person (*pl* -en) *die* person; *(in Drama, Roman)* character.

Personal *das* staff.

Personalausweis (*pl* -e) *der* identity card.

Personalausweisnummer (*pl* -n) *die* identity card number.

Personalien *pl* personal details *(pl)*.

Personalpronomen (*pl* -pronomina) *das* personal pronoun.

Personenkraftwagen (*pl* -) *der (amt)* car *(Br)*, automobile *(Am)*.

Personenzug (*pl* -züge) *der (amt)* passenger train.

persönlich ◇ *adj* personal. ◇ *adv* personally.

Persönlichkeit (*pl* -en) *die* personality.

Perspektive (*pl* **-n**) *die (optisch)* perspective; *(Möglichkeit)* prospect.
Perücke (*pl* **-n**) *die* wig.
pessimistisch *adj* pessimistic.
Petersilie *die* parsley.
Petroleum *das* paraffin *(Br)*, kerosene *(Am)*.
Pf. *abk* = **Pfennig**.
Pfad (*pl* **-e**) *der* path.
Pfadfinder, -in (*mpl* **-**) *der, die* boy scout (girl guide).
Pfahl (*pl* **Pfähle**) *der* post.
Pfand *das (von Flaschen)* deposit.
Pfandflasche (*pl* **-n**) *die* returnable bottle.
Pfandleihhaus (*pl* **-häuser**) *das* pawnbroker's.
Pfandrückgabe *die* counter for returning bottles.
Pfanne (*pl* **-n**) *die (zum Braten)* frying pan; **beschichtete ~** nonstick frying pan.
Pfannengericht (*pl* **-e**) *das* fried dish.
Pfannkuchen (*pl* **-**) *der* pancake.
Pfarrer (*pl* **-**) *der (katholisch)* priest; *(evangelisch)* vicar.
Pfarrerin (*pl* **-nen**) *die (evangelisch)* vicar.
Pfeffer *der* pepper.
Pfefferkuchen (*pl* **-**) *der* gingerbread.
Pfefferminztee *der* peppermint tea.
pfeffern *vt (mit Pfeffer)* to season with pepper; *(fam: werfen)* to fling.
Pfeife (*pl* **-n**) *die (zum Pfeifen)* whistle; *(zum Rauchen)* pipe; **~ rauchen** to smoke a pipe.
pfeifen (*prät* **pfiff**, *pp* **gepfiffen**) *vi* to whistle.
Pfeil (*pl* **-e**) *der* arrow; **'folgen Sie dem gelben ~'** 'follow the yellow arrow'.
Pfeiler (*pl* **-**) *der* pillar.
Pfennig (*pl* **-e**) *der* pfennig.

Pferd (*pl* **-e**) *das (Tier)* horse.
Pferderennen (*pl* **-**) *das* horse race.
Pferdeschwanz (*pl* **-schwänze**) *der (Frisur)* ponytail.
Pferdesport *der* equestrian sport.
Pferdestärke (*pl* **-n**) *die (amt)* horsepower.
pfiff *prät* → **pfeifen**.
Pfiff (*pl* **-e**) *der (Ton)* whistle.
Pfifferling (*pl* **-e**) *der* chanterelle *(mushroom)*.
Pfingsten (*pl* **-**) *nt* Whit.
Pfingstmontag (*pl* **-e**) *der* Whit Monday.
Pfingstsonntag (*pl* **-e**) *der* Whit Sunday.
Pfirsich (*pl* **-e**) *der* peach.
Pflanze (*pl* **-n**) *die* plant.
pflanzen *vt* to plant.
pflanzlich *adj* vegetable.
Pflaster (*pl* **-**) *das (Verband)* plaster; *(auf Straße)* road surface.
Pflaume (*pl* **-n**) *die* plum.
Pflaumenkuchen (*pl* **-**) *der* plum tart.
Pflaumenmus *das* plum jam.
Pflege *die* care; *(von Kranken)* nursing.
pflegeleicht *adj (Material)* easy-care.
pflegen *vt* to care for; *(Kranke)* to nurse; *(Garten)* to tend.
♦ **sich pflegen** *ref* to take care with one's appearance.
Pflegepersonal *das* nursing staff.
Pfleger, -in (*mpl* **-**) *der, die (in Krankenhaus)* nurse.
Pflicht (*pl* **-en**) *die (Aufgabe)* duty.
pflichtbewußt *adj* conscientious.
Pflichtversicherung (*pl* **-en**) *die* compulsory insurance.
pflücken *vt* to pick.

Pforte (*pl* -n) *die* gate.

Pförtner, -in (*mpl* -) *der, die* porter.

Pfote (*pl* -n) *die* paw.

pfui *interj* yuck!

Pfund (*pl* -e) *das* pound; *(Gewichtseinheit)* = 500 g, = pound.

Pfütze (*pl* -n) *die* puddle.

Phantasie (*pl* -n) *die* imagination.

phantastisch ◇ *adj* fantastic. ◇ *adv (großartig)* fantastically.

Phase (*pl* -n) *die* phase.

Philharmoniker *pl (Orchester)* philharmonic.

Philosoph, -in (*mpl* -en) *der, die* philosopher.

Philosophie (*pl* -n) *die* philosophy.

Photo = Foto.

Phrase (*pl* -n) *die (abw)* cliché; leere ~n empty words.

Physik *die* physics *(sg)*.

physikalisch *adj* physical.

Physiker, -in (*mpl* -) *der, die* physicist.

physisch *adj* physical.

Pianist, -in (*mpl* -en) *der, die* pianist.

Pickel (*pl* -) *der (auf Haut)* spot; *(Gerät)* pickaxe; *(für Eis)* ice axe.

Picknick (*pl* -s) *das* picnic; **ein ~ machen** to have a picnic.

Pik (*pl* -) *das* spades *(pl)*.

pikant *adj & adv* spicy.

Pilger, -in (*mpl* -) *der, die* pilgrim.

Pilgerfahrt (*pl* -en) *die* pilgrimage.

Pille (*pl* -n) *die* pill; **die ~ nehmen** to be on the pill.

Pilot, -in (*mpl* -en) *der, die* pilot.

Pils (*pl* -) *das* Pils *(lager)*.

Pilz (*pl* -e) *der (eßbar)* mushroom; *(giftig)* toadstool; *(fam: Hautpilz)* fungal infection.

pink *adj* pink.

pinkeln *vi (fam)* to pee.

Pinsel (*pl* -) *der* brush.

Pinzette (*pl* -n) *die* tweezers *(pl)*.

Pistazie (*pl* -n) *die* pistachio.

Piste (*pl* -n) *die (zum Skifahren)* piste, run; *(Landebahn)* runway.

Pistole (*pl* -n) *die* pistol.

Pizza (*pl* -s ODER Pizzen) *die* pizza.

Pizzaservice (*pl* -s) *der* pizza delivery service.

Pizzeria (*pl* -s) *die* pizzeria.

Pkw (*pl* -s) *der* = **Personenkraftwagen**.

Plakat (*pl* -e) *das* poster.

Plakette (*pl* -n) *die* sticker.

Plan (*pl* Pläne) *der* plan; *(Karte)* map.

Plane (*pl* -n) *die* tarpaulin.

planen *vt* to plan.

Planet (*pl* -en) *der* planet.

Planetarium (*pl* Planetarien) *das* planetarium.

planmäßig ◇ *adj (Abfahrt)* scheduled. ◇ *adv (abfahren)* on time.

Planschbecken (*pl* -) *das* paddling pool *(Br)*, wading pool *(Am)*.

planschen *vi* to splash about.

Planung (*pl* -en) *die (Handlung)* planning.

Plastik¹ *das (Material)* plastic.

Plastik² (*pl* -en) *die (Skulptur)* sculpture.

Plastiktüte (*pl* -n) *die* plastic bag.

Platin *das* platinum.

platt *adj* flat; **~ sein** *(fam)* to be gobsmacked; **einen Platten haben** *(fam)* to have a flat.

Platt(deutsch) *das* Low German *(dialect spoken in North Germany)*.

Platte (*pl* -n) *die (zum Servieren)* plate; *(aus Stein)* slab; *(aus Metall, Glas)* sheet; *(Schallplatte)* record; *(von Herd)* ring.

Plattenspieler (*pl* -) *der* record player.

Plattfüße *pl* flat feet.

Platz (*pl* **Plätze**) *der (verfügbar)* space, room; *(Stelle, Rang)* place; *(Sitzplatz)* seat; *(angelegt)* square; **jm ~ machen** to make room for sb; **nehmen Sie ~!** sit down!; **viel ~ haben** to have a lot of room; **auf die Plätze, fertig, los!** on your marks, get set, go!

Platzanweiser, -in (*mpl* -) *der, die* usher (usherette).

Plätzchen (*pl* -) *das* biscuit (Br), cookie (Am).

platzen *vi ist (Reifen)* to burst; *(fam: Termin)* to fall through; *(Scheck)* to bounce.

Platzkarte (*pl* -n) *die (in Zug)* seat reservation.

Platzreservierung (*pl* -en) *die* seat reservation.

Platzwunde (*pl* -n) *die* cut.

plaudern *vi (sprechen)* to chat.

pleite *adj*: **~ sein** to be broke.

Plombe (*pl* -n) *die (in Zahn)* filling.

plombieren *vt (Zahn)* to fill.

plötzlich ◇ *adj* sudden. ◇ *adv* suddenly.

plump *adj (schwerfällig)* clumsy.

plumpsen *vi ist (fam)* to crash.

plus *konj & adv* plus; **fünf Grad ~** plus five degrees.

PLZ *abk* = **Postleitzahl**.

Po (*pl* -s) *der (fam)* bottom.

Podest (*pl* -e) *das* pedestal.

Podium (*pl* **Podien**) *das* podium.

Podiumsdiskussion (*pl* -en) *die* panel discussion.

Poesie *die (Dichtung)* poetry.

Pointe (*pl* -n) *die* punchline.

Pokal (*pl* -e) *der* (SPORT) cup.

Poker *der* ODER *das* poker.

pokern *vi (Poker spielen)* to play poker.

Pol (*pl* -e) *der* pole.

Polen *nt* Poland.

Police (*pl* -n) *die* policy.

polieren *vt* to polish.

Politesse (*pl* -n) *die* traffic warden.

Politik *die (von Land, Stadt)* politics (*pl*); *(Taktik)* policy.

Politiker, -in (*mpl* -) *der, die* politician.

politisch *adj* political.

Politur (*pl* -en) *die* polish.

Polizei *die* police (*pl*).

Polizeibeamte (*pl* -n) *der* police officer.

Polizeibeamtin (*pl* -nen) *die* police officer.

polizeilich *adj* police; **~es Kennzeichen** registration number (Br), license number (Am).

Polizeirevier (*pl* -e) *das* police station.

Polizeistunde (*pl* -n) *die* closing time.

Polizeiwache (*pl* -n) *die* police station.

Polizist, -in (*mpl* -en) *der, die* police officer.

Pollen (*pl* -) *der* pollen.

Pollenflug (*pl* -flüge) *der* pollen count.

Polo *das* polo.

Polster (*pl* -) *das (zum Sitzen)* cushion; *(Schulterpolster)* shoulder pad.

Polstermöbel *pl* upholstered furniture *(sg)*.

Polterabend (*pl* -e) *der celebration usually held on evening before wedding, when crockery is broken to bring good luck.*

Pommes *pl (fam)* chips (Br), french fries (Am).

Pommes frites *pl* chips (Br), french fries (Am).

Pony (*pl* -s) ◇ *das (Tier)* pony. ◇ *der (Frisur)* fringe (Br), bangs (*pl*) (Am).

Pool (*pl* -s) *der (Schwimmbecken)* pool.

Popmusik *die* pop music.
populär *adj (beliebt)* popular.
porös *adj* porous.
Porree *der* leek.
Portal (*pl* -e) *das* portal.
Portemonnaie (*pl* -s) *das* purse.
Portier (*pl* -s) *der* porter.
Portion (*pl* -en) *die* portion.
Porto (*pl* -s) *das* postage.
portofrei *adj* freepost.
Porträt (*pl* -s) *das* portrait.
Portugal *nt* Portugal.
Portugiese (*pl* -n) *der* Portuguese (man); **die ~n** the Portuguese.
Portugiesin (*pl* -nen) *die* Portuguese (woman).
portugiesisch *adj* Portuguese.
Portugiesisch(e) *das* Portuguese.
Portwein (*pl* -e) *der* port.
Porzellan (*pl* -e) *das* china.
Posaune (*pl* -n) *die* trombone.
Position (*pl* -en) *die* position.
positiv ◇ *adj* positive. ◇ *adv* positively.
Post *die* post; *(Institution, Gebäude)* post office; **etw mit der ~ schicken** to send sthg by post; **zur ~ gehen** to got to the post office.
Postamt (*pl* -ämter) *das* post office.
Postanweisung (*pl* -en) *die* postal order *(Br)*, money order *(Am)*.
Postbote (*pl* -n) *der* postman *(Br)*, mailman *(Am)*.
Postbotin (*pl* -nen) *die* postwoman *(Br)*, mailwoman *(Am)*.
Posten (*pl* -) *der (beruflich)* post.
Poster (*pl* -) *das* poster.
Postf. *abk* = **Postfach.**
Postfach (*pl* -fächer) *das* PO box.
Postgiroamt (*pl* -ämter) *das* = Girobank.
Postgirokonto (*pl* -konten) *das*

= Girobank account.
Postkarte (*pl* -n) *die* postcard.
postlagernd *adj* poste restante.
Postleitzahl (*pl* -en) *die* post code *(Br)*, zip code *(Am)*.
Postleitzahlenbuch (*pl* -bücher) *das* post code directory.
Postschalter (*pl* -) *der* post office counter.
Postscheck (*pl* -s) *der* giro cheque.
Postscheckamt (*pl* -ämter) *das* = Girobank.
Postscheckkonto (*pl* -konten) *das* = Girobank account.
Postsparkasse (*pl* -n) *die* Post Office Savings Bank.
Poststempel (*pl* -) *der* postmark.
Postüberweisung (*pl* -en) *die* Giro transfer.
Postvermerk (*pl* -e) *der* postmark.
Postweg *der*: **auf dem ~** by post.
Postwertzeichen (*pl* -) *das (amt)* postage stamp.
prächtig *adj* magnificent.
Prädikat (*pl* -e) *das* (GRAMM) predicate; *(Note)* grade.
prahlen *vi* to boast.
Praktikant, -in (*mpl* -en) *der, die* trainee.
Praktikum (*pl* Praktika) *das* work placement; **ein ~ machen** to be on a work placement.
praktisch ◇ *adj* practical. ◇ *adv* practically.
Praline (*pl* -n) *die* chocolate.
prall *adj* bulging; **in der ~en Sonne** in the blazing sun.
Prämie (*pl* -n) *die (von Bank, Versicherung)* premium; *(Belohnung)* bonus.
prämieren *vt* to award.
Präparat (*pl* -e) *das (Medikament)* preparation.
Präsens *das* present (tense).

präsentieren *vt* to present.
Präservativ (*pl* -e) *das* condom.
Präsident, -in (*mpl* -en) *der, die* president.
Prater *der large park near Vienna.*
Präteritum *das* imperfect (tense).
Praxis (*pl* Praxen) *die* practice; **in der ~** *(Wirklichkeit)* in practice.
präzise *adj* precise.
predigen *vi* to preach.
Preis (*pl* -e) *der* price; *(Belohnung)* prize; **der ~ für** the price of; **im ~ inbegriffen** included in the price.
Preisänderung (*pl* -en) *die* price change.
Preisausschreiben (*pl* -) *das* competition.
Preiselbeere (*pl* -n) *die* cranberry.
Preisermäßigung (*pl* -en) *die* reduction in price.
preisgünstig *adj* cheap.
Preislage (*pl* -n) *die* price range.
Preisliste (*pl* -n) *die* price list.
Preisschild (*pl* -er) *das* price tag.
Preisstufe (*pl* -n) *die* (bei Bus) fare stage.
preiswert ◊ *adj* cheap. ◊ *adv* cheaply.
prellen *vt*: **die Zeche ~** to leave without paying; **sich** (*D*) **etw ~** *(verletzen)* to bruise sthg.
Prellung (*pl* -en) *die* bruise.
Premiere (*pl* -n) *die* premiere.
Premierminister, -in (*mpl* -) *der, die* prime minister.
Presse (*pl* -n) *die* press.
pressen *vt* to press.
prickelnd *adj* (Wein, Wasser) sparkling.
Priester, -in (*mpl* -) *der, die* priest.
prima *adj* (fam) brilliant.
primitiv *adj* primitive.
Prinz (*pl* -en) *der* prince.

Prinzessin (*pl* -nen) *die* princess.
Prinzip (*pl* -ien) *das* priciple; **aus ~** on principle; **im ~** in principle.
prinzipiell *adj* in principle.
Prise (*pl* -n) *die* pinch; **eine ~ Salz** a pinch of salt.
priv. *abk* = **privat**.
privat ◊ *adj* private. ◊ *adv* privately.
Privatadresse (*pl* -n) *die* home address.
Privatbesitz *der* private ownership.
Privatfernsehen *das* commercial television.
Privatgespräch (*pl* -e) *das* private conversation.
Privatgrundstück (*pl* -e) *das* private property.
privatisieren *vt* to privatize.
Privatpatient, -in (*mpl* -en) *der, die* private patient.
Privatquartier (*pl* -e) *das* private accommodation.
Privatsender (*pl* -) *der* commercial television channel.
Privatunterkunft (*pl* -künfte) *die* private accommodation.
Privatversicherung (*pl* -en) *die* private insurance.
Privatweg (*pl* -e) *der* private footpath.
pro *präp* (+A) per; **~ Kopf** ODER **Person** per person; **zweimal ~ Tag** twice a day.
Probe (*pl* -n) *die* (probieren, prüfen) test; (Teil) sample; (von Aufführung) rehearsal.
Probefahrt (*pl* -en) *die* test drive.
Probezeit (*pl* -en) *die* trial period.
probieren *vt* (Essen, Getränk) to taste; (versuchen) to try.
Problem (*pl* -e) *das* problem; **kein ~!** (fam) no problem!
problematisch *adj* problematic.
problemlos *adj* problem-free.

Produkt (*pl* -e) *das* product.

Produktion (*pl* -en) *die* production.

Produzent, -in (*mpl* -en) *der, die (von Ware)* manufacturer; *(von Film)* producer.

produzieren *vt* to produce.

♦ **sich produzieren** *ref (abw)* to show off.

Prof. *abk* = **Professor**.

professionell *adj* professional.

Professor (*pl* Professoren) *der* professor.

Professorin (*pl* -nen) *die* professor.

Profi (*pl* -s) *der* pro.

Profil (*pl* -e) *das (von Reifen)* tread; *(von Gesicht)* profile.

Profit (*pl* -e) *der* profit.

profitieren *vi* to profit.

Prognose (*pl* -n) *die* prognosis.

Programm (*pl* -e) *das* programme; (EDV) program; *(von Partei)* agenda.

Programmheft (*pl* -e) *das* programme.

Programmhinweis (*pl* -e) *der* trailer.

programmieren *vt* (EDV) to program.

Programmierer, -in (*mpl* -) *der, die* programmer.

Programmkino (*pl* -s) *das* art house cinema.

Programmpunkt (*pl* -e) *der* item *(on agenda)*.

Programmübersicht (*pl* -en) *die* programme preview.

Programmzeitschrift (*pl* -en) *die* TV guide.

progressiv *adj* progressive.

Projekt (*pl* -e) *das* project.

Projektor (*pl* Projektoren) *der* projector.

Promenade (*pl* -n) *die* promenade.

Promille (*pl* -) *das (von Alkohol)* alcohol level; **1,5 ~ haben** to have 1.5 grammes of alcohol in one's blood.

prominent *adj* prominent.

prompt *adv* promptly.

Propangas *das* propane.

prophylaktisch *adj* preventative.

prosit *interj* cheers!

Prospekt (*pl* -e) *der* brochure.

prost *interj* cheers!

Prostituierte (*pl* -n) *der, die* prostitute.

Protest (*pl* -e) *der* protest.

Protestant, -in (*mpl* -en) *der, die* protestant.

protestantisch *adj* protestant.

protestieren *vi* to protest; ~ **gegen** to protest against *(Br)*, to protest *(Am)*.

Prothese (*pl* -n) *die* artificial limb; *(Zahnprothese)* dentures *(pl)*.

Protokoll (*pl* -e) *das (Aufzeichnung)* record; **etw zu ~ geben** to put sthg on the record.

protokollieren *vt* to record.

Proviant *der* provisions *(pl)*.

Provinz (*pl* -en) *die (Landesteil)* province; *(abw: Hinterland)* provinces *(pl)*.

provinziell *adj (abw)* provincial.

Provision (*pl* -en) *die* commission.

provisorisch *adj* provisional.

provozieren *vt* to provoke.

Prozent (*pl* -e) *das* per cent.

♦ **Prozente** *pl (Preisnachlaß)* discount *(sg)*.

Prozeß (*pl* Prozesse) *der (vor Gericht)* trial; *(Vorgang)* process.

Prozession (*pl* -en) *die* procession.

P+R-Parkplatz (*pl* -plätze) *der* park and ride car park.

prüfen *vt (Schüler, Qualität)* to test; *(Rechnung, Maschine)* to check.

Prüfung (*pl* -en) *die* exam, examination; **eine ~ bestehen** to pass an exam; **eine ~ machen** to sit ODER take an exam.

Prügelei (*pl* -en) *die* fight.

prügeln *vt* to beat.

◆ **sich prügeln** *ref* to fight.

prunkvoll *adj* magnificent.

PS *das* (*abk für Pferdestärke*) HP; (*abk für Postscriptum*) PS.

Pseudonym (*pl* -e) *das* pseudonym.

Psychiater, -in (*mpl* -) *der, die* psychiatrist.

psychisch ◇ *adj* psychological. ◇ *adv* psychologically.

Psychologe (*pl* -n) *der* psychologist.

Psychologie *die* psychology.

Psychologin (*pl* -nen) *die* psychologist.

Psychotherapie *die* psychotherapy.

Pubertät *die* puberty.

Publikum *das* (*von Veranstaltung*) audience; (*von Restaurant*) customers (*pl*).

Pudding (*pl* -s) *der* blancmange.

Puder (*pl* -) *der* powder.

Puderdose (*pl* -n) *die* (powder) compact.

pudern *vt* to powder.

◆ **sich pudern** *ref* to powder o.s.

Puderzucker *der* icing sugar.

Pulli (*pl* -s) *der* (*fam*) sweater, jumper (*Br*).

Pullover (*pl* -) *der* sweater, jumper (*Br*).

Puls (*pl* -e) *der* pulse.

Pulver (*pl* -) *das* powder.

Pulverkaffee *der* instant coffee.

Pulverschnee *der* powder snow.

Pumpe (*pl* -n) *die* (*Gerät*) pump.

pumpen *vt & vi* to pump; **jm etw ~** (*fam: leihen*) to lend sb sthg; **sich** (*D*) **etw ~** (*fam*) to borrow sthg.

Pumpernickel *das* pumpernickel (*dark hard bread made from rye flour*).

Pumps (*pl* -) *der* court shoe.

Punker, -in (*mpl* -) *der, die* punk.

Punkt (*pl* -e) *der* point; (GRAMM) full stop (*Br*), period (*Am*); (*auf Stoff*) dot; **~ ein Uhr** one o'clock on the dot.

pünktlich ◇ *adj* punctual. ◇ *adv* punctually.

Punsch (*pl* -e) *der* punch.

Puppe (*pl* -n) *die* (*Spielzeug*) doll.

pur *adj* pure.

Püree (*pl* -s) *das* puree.

Pute (*pl* -n) *die* turkey.

Putenschnitzel (*pl* -) *das* turkey escalope.

putzen *vt & vi* to clean; **sich** (*D*) **die Nase ~** to blow one's nose; **sich** (*D*) **die Zähne ~** to clean one's teeth.

◆ **sich putzen** *ref* (*Tier*) to wash o.s.

Putzfrau (*pl* -en) *die* cleaner.

Putzlappen (*pl* -) *der* cloth.

Putzmittel (*pl* -) *das* cleaning fluid.

Puzzle (*pl* -s) *das* jigsaw (puzzle).

Pyramide (*pl* -n) *die* pyramid.

Quadrat (*pl* -e) *das* (*Form*) square.

quadratisch *adj* square.

Quadratmeter (*pl* -) *der* square metre.

quälen *vt* to torture.

◆ **sich quälen** *ref* to suffer.

Qualifikation (*pl* -en) *die* qualification.

Qualität (*pl* -en) *die* quality.
Qualle (*pl* -n) *die* jellyfish.
Qualm *der* thick smoke.
qualmen *vi* (*Feuer, Schornstein*) to smoke.
Quarantäne (*pl* -n) *die* quarantine.
Quark *der* soft cheese.
Quarktasche (*pl* -n) *die* pastry filled with soft cheese.
Quarktorte (*pl* -n) *die* cheesecake.
Quartett (*pl* -e) *das* (MUS) quartet; (*Kartenspiel*) children's card game where players have to collect four of a kind.
Quartier (*pl* -e) *das* (*Unterkunft*) accommodation.
Quarzuhr (*pl* -en) *die* (*Armband*) quartz watch; (*an Wand*) quartz clock.
quasi *adv* virtually.
Quatsch *der* (*fam*) rubbish.
quatschen *vi* (*fam: reden*) to chat; (*zu viel reden*) to chatter.
Quelle (*pl* -n) *die* source; (*von Wasser*) spring.
quellen (*präs* **quillt**, *prät* **quoll**, *pp* **gequollen**) *vi* (*Flüssigkeit*) to stream; (*Reis, Erbsen*) to swell.
quer *adv* (*diagonal*) diagonally; (*rechtwinklig*) at right angles.
querfeldein *adv* cross-country.
Querflöte (*pl* -n) *die* flute.
querschnittsgelähmt *adj* paraplegic.
Querstraße (*pl* -n) *die*: die nächste ~ rechts the next turning on the right.
quetschen *vt* (*zerquetschen*) to crush; (*verletzen*) to squeeze; **ich hab' mir den Finger in der Tür gequetscht** I caught my finger in the door.
♦ **sich quetschen** *ref* (*sich zwängen*) to squeeze.
Quetschung (*pl* -en) *die* bruise.

quietschen *vi* to squeak.
quillt *präs* → **quellen**.
Quitte (*pl* -n) *die* quince.
quittieren *vt* (*mit Unterschrift*) to write a receipt for.
Quittung (*pl* -en) *die* (*für Zahlung*) receipt; **könnte ich bitte eine ~ bekommen?** could I have a receipt please?
Quiz (*pl* -) *das* quiz.
quoll *prät* → **quellen**.

R

Rabatt (*pl* -e) *der* discount; ~ **bekommen/geben auf** (+A) to get/give a discount on.
rabiat *adj* brutal.
Rache *die* revenge.
rächen *vt* to avenge.
♦ **sich rächen** *ref* (*Rache nehmen*) to get one's revenge.
Rad (*pl* Räder) *das* wheel; (*Fahrrad*) bike; **mit dem ~ fahren** to cycle.
Radar *der* radar.
Radarkontrolle (*pl* -n) *die* speed trap.
radeln *vi ist* to cycle.
radlfahren *vi unr ist* to cycle.
Radfahrer, -in (*mpl* -) *der, die* cyclist.
Radfahrweg (*pl* -e) *der* cycle track.
Radi (*pl* -) *der* (*Süddt*) radish.
radieren ◊ *vi* (*mit Radiergummi*) to erase. ◊ *vt* (*Bild*) to etch.
Radiergummi (*pl* -s) *der* rubber (*Br*), eraser (*Am*).
Radieschen (*pl* -) *das* radish.
radikal *adj* radical.

Radio (*pl* **-s**) *das* radio.
radioaktiv *adj* radioactive.
Radiologe (*pl* **-n**) *der* radiologist.
Radiologin (*pl* **-nen**) *die* radiologist.
Radiorecorder (*pl* **-**) *der* radio cassette player.
Radiosender (*pl* **-**) *der* radio station.
Radiosendung (*pl* **-en**) *die* radio programme.
Radiowecker (*pl* **-**) *der* radio alarm.
Radler, -in (*mpl* **-**) *der, die (fam: Radfahrer)* cyclist.
Radrennen (*pl* **-**) *das* cycle race.
Radsport *der* cycling.
Radtour (*pl* **-en**) *die* cycling tour.
Radwechsel (*pl* **-**) *der* wheel change.
Radweg (*pl* **-e**) *der* cycle path.
raffiniert *adj (schlau)* cunning.
Ragout (*pl* **-s**) *das* stew.
Rahm *der* cream.
Rahmen (*pl* **-**) *der* frame; *(von Fahrzeug)* chassis.
Rakete (*pl* **-n**) *die* rocket.
rammen *vt (Auto, Bus)* to ram.
Rampe (*pl* **-n**) *die (Laderampe)* ramp.
Rand (*pl* **Ränder**) *der* edge; *(von Gefäß)* rim; *(auf Papier)* margin.
randalieren *vi* to rampage.
Randstreifen (*pl* **-**) *der (von Straße)* verge *(Br)*, berm *(Am)*; *(von Autobahn)* hard shoulder *(Br)*, shoulder *(Am)*.
randvoll *adj* full to the brim.
rang *prät* → **ringen**.
Rang (*pl* **Ränge**) *der* rank; *(im Theater)* circle; **der erste/zweite ~** dress/upper circle.
rangieren ◇ *vt (Fahrzeug)* to shunt. ◇ *vi (Sportler)*: **an dritter Stelle ~** to be in third place.
ranken *vi ist (Pflanze)* to climb.

♦ **sich ranken** *ref (Pflanze)* to climb.
rann *prät* → **rinnen**.
rannte *prät* → **rennen**.
ranzig *adj* rancid.
Rappen (*pl* **-**) *der (Münze)* centime *(one hundredth of a Swiss franc)*.
Rapsöl *das* rapeseed oil.
Rarität (*pl* **-en**) *die (Gegenstand)* rarity.
rasant *adj (Tempo)* rapid.
rasch *adj* quick.
rascheln *vi (Blätter)* to rustle.
rasen *vi ist (fahren)* to race.
Rasen *der* lawn; *(Gras)* grass.
Rasenfläche (*pl* **-n**) *die* lawn.
Rasenmäher (*pl* **-**) *der* lawnmower.
Rasierapparat (*pl* **-e**) *der* shaver.
Rasiercreme (*pl* **-s**) *die* shaving cream.
rasieren *vt* to shave.
♦ **sich rasieren** *ref* to shave; **sich naß ~** to have a wet shave.
Rasierer (*pl* **-**) *der* shaver.
Rasierklinge (*pl* **-n**) *die* razor blade.
Rasiermesser (*pl* **-**) *das* razor.
Rasierpinsel (*pl* **-**) *der* shaving brush.
Rasierschaum *der* shaving foam.
Rasierseife (*pl* **-n**) *die* shaving soap.
Rasierwasser *das* aftershave.
Rasse (*pl* **-n**) *die (von Menschen)* race; *(von Tieren)* breed.
Rassismus *der* racism.
Rast *die* rest; **~ machen** to have a rest.
rasten *vi* to rest.
Rasthof (*pl* **-höfe**) *der (an Autobahn)* services *(pl)* *(with accommodation)*.

Rastplatz (*pl* -plätze) *der (an Autobahn)* services (*pl*); *(an Wanderweg)* picnic area; '~ bitte sauberhalten!' 'please keep this picnic area tidy'.

Raststätte (*pl* -n) *die (an Autobahn)* services (*pl*).

Rasur (*pl* -en) *die* shave.

Rat (*pl* Räte) *der (Ausschuß)* council; *(Ratschlag)* (piece of) advice; **jm einen ~ geben** to advise sb; **jn um ~ fragen** to ask sb for advice.

rät *präs* → **raten**.

Rate (*pl* -n) *die (Zahlung)* instalment.

raten (*präs* **rät**, *prät* **riet**, *pp* **geraten**) *vi & vt (erraten)* to guess; **jm ~** *(Rat geben)* to advise sb.

Ratenzahlung (*pl* -en) *die* payment by instalments.

Ratgeber (*pl* -) *der (Buch, Heft)* guide.

Rathaus (*pl* -häuser) *das* town hall.

Ration (*pl* -en) *die* ration.

rational *adj* rational.

rationalisieren *vi & vt* to rationalize.

rationell *adj (wirksam)* efficient.

ratlos *adj* helpless.

ratsam *adj* advisable.

Ratschlag (*pl* -schläge) *der* piece of advice.

Ratschläge *pl* advice (*sg*).

Rätsel (*pl* -) *das* puzzle.

Ratskeller (*pl* -) *der* cellar bar underneath a town hall.

Ratte (*pl* -n) *die* rat.

Raub *der* robbery.

rauben *vt (Geld, Gegenstand)* to steal.

Raubüberfall (*pl* -fälle) *der* robbery.

Rauch *der* smoke.

rauchen *vi & vt* to smoke; 'bitte nicht ~' 'no smoking please'; 'Rauchen verboten' 'no smoking'.

Raucher, -in (*mpl* -) *der, die (Person)* smoker.

Räucheraal (*pl* -e) *der* smoked eel.

Raucherabteil (*pl* -e) *das* smoking compartment.

Räucherlachs *der* smoked salmon.

räuchern *vt* to smoke.

Rauchfleisch *das* smoked meat.

rauchfrei *adj*: '~e Zone' *(in Restaurant)* 'no-smoking area'.

Rauchmelder (*pl* -) *der* smoke alarm.

Rauchverbot *das* ban on smoking.

rauf *adv (fam)* = **herauf**.

rauh *adj* rough; *(Klima)* harsh.

Rauhreif *der* frost.

Raum (*pl* Räume) *der* room; *(Dimension)* space; *(Region)* area.

räumen *vt* to clear up; *(Straße)* to clear; *(Wohnung, Haus)* to vacate.

Raumfähre (*pl* -n) *die* space shuttle.

Raumfahrt *die* space travel.

Räumlichkeiten *pl (Gebäude)* premises.

Raumpfleger, -in (*mpl* -) *der, die* cleaner.

Raumschiff (*pl* -e) *das* spaceship.

Raumtemperatur (*pl* -en) *die* room temperature.

Räumungsarbeiten *pl* clearance work (*sg*).

Räumungsverkauf (*pl* -käufe) *der* clearance sale.

Raupe (*pl* -n) *die (Tier)* caterpillar; *(Karussell)* funfair ride shaped like a caterpillar.

raus *adv (fam)* = **heraus**; **~ hier!** get out!

Rausch (*pl* Räusche) *der (von Alkohol)* intoxication; *(Ekstase)* ecstasy.

rauschen ◊ *vi (Wasser)* to roar;

(Bäume) to rustle. ◊ *vimp*: **es rauscht** *(in Telefon)* it's a bad line.

Rauschgift *(pl -e) das* drug.

rauschgiftsüchtig *adj* addicted to drugs.

raus|fliegen *vi unr ist (fam: aus Schule, Lokal)* to be thrown out.

raus|halten: sich raushalten *ref (fam)* to stay out of it.

raus|kriegen *vt unr (fam: Geheimnis)* to find out.

räuspern: sich räuspern *ref* to clear one's throat.

raus|schmeißen *vt unr (fam)* to throw out.

reagieren *vi* to react.

Reaktion *(pl -en) die* reaction; **allergische ~** allergic reaction.

real *adj* real.

realisieren *vt* to realize.

realistisch *adj* realistic.

Realität *die* reality.

Realschule *(pl -n) die secondary school for pupils up to the age of 16.*

Rebe *(pl -n) die* vine.

rebellieren *vi* to rebel.

Rebhuhn *(pl -hühner) das* partridge.

Rebstock *(pl -stöcke) der* vine.

rechnen ◊ *vi (mit Zahlen)* to calculate. ◊ *vt (Aufgabe)* to work out; **~ mit** *(erwarten)* to expect; *(sich verlassen auf)* to count on; **damit ~, etw zu tun** to expect to do sthg.

Rechner *(pl -) der (Computer)* computer.

Rechnung *(pl -en) die (Rechenaufgabe)* calculation; *(für Leistung, für Speisen)* bill *(Br)*, check *(Am)*; **auf js ~** at sb's expense; **die ~, bitte!** could I have the bill please?

Rechnungsbetrag *(pl -beträge) der* total amount.

recht ◊ *adj (richtig)* right. ◊ *adv (ziemlich)* quite; **jm ~ geben** to agree with sb; **ist Ihnen das ~?** is that all right with you?; **~ haben**

to be right.

Recht *(pl -e) das* right; **zu ~** rightly.

rechte, -r, -s *adj* right; *(politisch)* right-wing.

Rechte[1] *die (politisch)* right wing.

Rechte[2] *das (das Richtige)* right thing.

Rechteck *(pl -e) das* rectangle.

rechteckig *adj* rectangular.

rechtfertigen *vt* to justify.

♦ **sich rechtfertigen** *ref* to justify o.s.

Rechtfertigung *(pl -en) die* justification.

rechthaberisch *adj*: **er ist immer so ~** he always thinks he's right.

rechtlich *adj* legal.

rechts *adv (Seitenangabe)* on the right; *(Richtungsangabe)* right; **~ sein** *(politisch)* to be right-wing; **nach ~** right; **~ von jm/etw** to the right of sb/sthg; **von ~** from the right.

Rechtsabbieger *(pl -) der* car turning right.

Rechtsanwalt, -wältin *(mpl -wälte) der, die* lawyer.

Rechtschreibung *die* spelling.

rechtsherum *adv* to the right.

Rechtskurve *(pl -n) die* right-hand bend.

Rechtsradikale *(pl -n) der, die* right-wing extremist.

Rechtsverkehr *der* driving on the right.

Rechtsweg *der (amt)* legal action.

rechtswidrig *adj* illegal.

rechtzeitig ◊ *adj* timely. ◊ *adv* on time.

recyceln *vt* to recycle.

Recycling *das* recycling.

Recyclingpapier *das* recycled paper.

Redakteur, -in *(mpl -e) der, die* editor.

Rede (*pl* -n) *die* (*Vortrag*) talk; **eine ~ halten** to make a speech; **direkte/indirekte ~** (GRAMM) direct/indirect speech.

reden *vt & vi* to talk; **~ mit** to talk to; **~ über** (+*A*) to talk about.

Redewendung (*pl* -en) *die* idiom.

Redner, -in (*mpl* -) *der, die* speaker.

reduzieren *vt* (*verringern*) to reduce.

♦ **sich reduzieren** *ref* to decrease.

reduziert *adj*: **~e Ware** reduced goods.

Reederei (*pl* -en) *die* shipping company.

Reeperbahn *die* street in Hamburg famous for its bars and nightclubs.

reflektieren *vt* (*Licht*) to reflect.

Reflex (*pl* -e) *der* (*Reaktion*) reflex.

Reform (*pl* -en) *die* reform.

Reformationstag (*pl* -e) *der* Reformation Day, 31st October, day on which the Reformation is celebrated.

Reformhaus (*pl* -häuser) *das* health food shop.

reformieren *vt* to reform.

Reformkost *die* health food.

Regal (*pl* -e) *das* shelves (*pl*).

Regatta (*pl* Regatten) *die* regatta.

rege *adj* (*lebhaft*) lively.

Regel (*pl* -n) *die* rule; (*Menstruation*) period; **in der ~** as a rule.

Regelblutung (*pl* -en) *die* period.

regelmäßig ◇ *adj* regular. ◇ *adv* regularly; (*fam: immer*) always.

regeln *vt* to regulate; (*Verhältnisse*) to settle; **etw vertraglich ~** to stipulate sthg in a contract.

♦ **sich regeln** *ref* to sort itself out.

Regelung (*pl* -en) *die* (*Vorschrift*) regulation.

Regen *der* rain; **bei ~** if it rains; **im ~** in the rain.

Regenbogen (*pl* -bögen) *der* rainbow.

Regenfälle *pl* rain (*sg*).

Regenjacke (*pl* -n) *die* raincoat.

Regenmantel (*pl* -mäntel) *der* raincoat.

Regenrinne (*pl* -n) *die* gutter.

Regenschauer (*pl* -) *der* shower.

Regenschirm (*pl* -e) *der* umbrella.

Regentropfen (*pl* -) *der* raindrop.

Regenwetter *das* rainy weather.

Regenwurm (*pl* -würmer) *der* earthworm.

Regie *die* direction.

regieren ◇ *vt* (*Land*) to govern. ◇ *vi* (*König*) to rule; (*Partei, Politiker*) to be in power.

Regierung (*pl* -en) *die* government.

Regierungsbezirk (*pl* -e) *der* administrative division of a 'Land'.

Regierungssitz (*pl* -e) *der* seat of government.

Region (*pl* -en) *die* region.

regional ◇ *adj* regional. ◇ *adv*: **~ verschieden** different from region to region.

Regionalprogramm (*pl* -e) *das* regional channel.

Regisseur, -in (*mpl* -e) *der, die* director.

registrieren *vt* (*wahrnehmen*) to note; (*eintragen*) to register.

regnen *vimp* to rain; **es regnet** it's raining.

regnerisch *adj* rainy.

regulär *adj* regular; (*fam: normal*) normal.

regulieren *vt* to regulate.

Reh (*pl* -e) *das* (*Tier*) deer; (*Fleisch*) venison.

Rehrücken (*pl* -) *der* saddle of venison.

Reibe (*pl* -n) *die* grater.

Reibekuchen (*pl* -) *der* potato waffle (*Br*), = hash browns (*Am*).

reiben (*prät* **rieb**, *pp* **gerieben**) ◊ *vt* to rub; (*Kartoffeln*) to grate. ◊ *vi* (*scheuern*) to rub; **sich** (*D*) **die Augen/Hände** ~ to rub one's eyes/hands.

Reiberdatschi (*pl* -) *der* (*Süddt*) potato waffle (*Br*), = hash browns (*Am*).

reibungslos *adj* smooth.

reich *adj* rich; (*Auswahl*) large; ~ **sein an** (+*D*) to be rich in.

Reich (*pl* -e) *das* (*Herrschaftsgebiet*) empire; (*Bereich*) realm.

reichen ◊ *vi* (*genügen*) to be enough; (*räumlich*) to reach. ◊ *vt* (*geh: geben*) to give, to pass; **jm etw** ~ to pass sthg to sb; **der Wein reicht nicht** there isn't enough wine; **jetzt reicht's mir!** (*fam*) I've had enough!; **das reicht!** (*fam*) that's enough!

reichhaltig *adj* extensive; ~**es Essen** rich food.

reichlich ◊ *adj* (*groß*) large. ◊ *adv* (*viel*) plenty of; (*ziemlich*) pretty.

Reichtum *der* wealth.

reif *adj* (*Obst*) ripe; (*Person*) mature.

Reif *der* (*Rauhreif*) frost.

reifen *vi* ist (*Obst*) to ripen.

Reifen (*pl* -) *der* (*von Auto, Fahrrad*) tyre; (*Ring*) hoop; **den** ~ **wechseln** to change the tyre.

Reifendruck *der* tyre pressure.

Reifenpanne (*pl* -n) *die* puncture.

Reifenwechsel (*pl* -) *der* tyre change.

Reihe (*pl* -n) *die* (*Linie*) line; (*in Theater, Kino*) row; (*in Fernsehen, Radio*) series; **eine** ~ **von** (*Menge*) a number of; **in einer** ~ in a row; **der** ~ **nach** in turn; **Sie sind an der** ~ it's your turn.

Reihenfolge *die* order.

Reihenhaus (*pl* -häuser) *das* terraced house.

rein ◊ *adj* (*sauber*) clean; (*pur, ungemischt*) pure. ◊ *adv* (*ausnahmslos*) purely; (*fam: überhaupt*) absolutely; (*fam*) = **herein**; **komm** ~! (*fam*) come in!

rein|fallen *vi unr ist* (*fam: hineinfallen*) to fall in; (*fam: getäuscht werden*) to be taken for a ride; ~ **auf** (+*A*) (*fam*) to fall for.

reinigen *vt* to clean; **chemisch** ~ to dry-clean.

Reiniger (*pl* -) *der* cleaner.

Reinigung (*pl* -en) *die* (*Geschäft*) dry cleaner's; (*Handlung*) cleaning.

Reinigungsmilch *die* cleansing milk.

Reinigungsmittel (*pl* -) *das* cleanser.

rein|legen *vt* (*fam: betrügen, ärgern*) to take for a ride; (*hineinlegen*) to put in.

rein|reden *vi*: **jm** ~ (*fam: ins Wort fallen*) to interrupt sb; (*fam: beeinflussen*) to interfere with sb.

Reis *der* rice.

Reise (*pl* -n) *die* journey; (*kurz*) trip; **eine** ~ **machen** to go on a journey/trip; **gute** ~! have a good journey/trip!

Reiseandenken (*pl* -) *das* souvenir.

Reiseapotheke (*pl* -n) *die* first-aid kit.

Reisebegleiter, -in (*mpl* -) *der, die* travelling companion.

Reisebüro (*pl* -s) *das* travel agency.

Reisebus (*pl* -se) *der* coach.

Reiseführer (*pl* -) *der* (*Buch*) guide book; (*Person*) guide, courier.

Reiseführerin (*pl* -nen) *die* guide, courier.

Reisegepäck *das* luggage.

Reisegesellschaft (*pl* -en) *die* (*Gruppe*) group of tourists; (*Firma*) tour operator.

Reisegruppe (*pl* -n) *die* group of tourists.

reisekrank *adj* travelsick.

Reiseleiter, -in (*mpl* -) *der, die* guide, courier.

reiselustig *adj* fond of travelling.

reisen *vi ist* to travel; ~ **nach** to go to.

Reisende (*pl* -n) *der, die* traveller; ~ **in Richtung Frankfurt** passengers travelling to Frankfurt.

Reisepaß (*pl* -pässe) *der* passport.

Reiseproviant *der* food for the journey.

Reiseroute (*pl* -n) *die* route.

Reiseruf (*pl* -e) *der emergency announcement broadcast over the radio.*

Reisescheck (*pl* -s) *der* traveller's cheque.

Reisetasche (*pl* -n) *die* travel bag.

Reiseunternehmen (*pl* -) *das* tour operator.

Reiseveranstalter (*pl* -) *der* tour operator.

Reiseverkehr *der* holiday traffic.

Reiseversicherung (*pl* -en) *die* travel insurance.

Reisewetterbericht (*pl* -e) *der* holiday weather forecast.

Reisezeit (*pl* -en) *die* journey time.

Reiseziel (*pl* -e) *das* destination.

reißen (*prät* riß, *pp* gerissen) ◇ *vi ist* (*zerreißen*) to break. ◇ *vi hat* (*ziehen*) to pull. ◇ *vt hat* (*ziehen, wegziehen*) to pull; (*zerreißen*) to tear; **an etw** (*D*) ~ to pull sthg.

♦ **sich reißen** *ref*: **sich** ~ **um** to scramble for.

Reißverschluß (*pl* -schlüsse) *der* zip (*Br*), zipper (*Am*).

Reißzwecke (*pl* -n) *die* drawing pin (*Br*), thumbtack (*Am*).

reiten (*prät* ritt, *pp* geritten) *vi ist & vt hat* to ride; **auf einem Pferd** ~ to ride a horse.

Reiter, -in (*mpl* -) *der, die* rider.

Reitpferd (*pl* -e) *das* horse (*for riding*).

Reitsport *der* riding.

Reitstall (*pl* -ställe) *der* riding stable.

Reitweg (*pl* -e) *der* bridle path.

Reiz (*pl* -e) *der* (*physikalisch*) stimulus; (*Schönheit*) attraction.

reizen ◇ *vt* (*verlocken*) to tempt; (*provozieren*) to annoy; (*Augen, Magen*) to irritate. ◇ *vi*: **es reizt zum Lachen** it makes you want to laugh.

reizend *adj* charming.

Reizung (*pl* -en) *die* (*von Schleimhaut, Magen*) irritation.

reizvoll *adj* (*schön*) attractive.

Reklamation (*pl* -en) *die* complaint.

Reklame *die* advertising.

reklamieren *vt* (*Ware, Service*) to complain about.

Rekord (*pl* -e) *der* record.

relativ ◇ *adj* relative. ◇ *adv* relatively.

relaxen *vi* (*fam*) to relax.

relevant *adj* relevant.

Religion (*pl* -en) *die* religion; (*Schulfach*) religious education.

Relikt (*pl* -e) *das* relic.

Reling *die* rail.

remis *adv*: ~ **enden** to end in a draw.

Remoulade (*pl* -n) *die* remoulade, *sauce of eggs, oil and herbs.*

Renaissance *die* Renaissance.

Rendezvous (*pl* -) *das* rendezvous.

Rennbahn (*pl* -en) *die* racetrack.

rennen (*prät* rannte, *pp* gerannt) *vi ist* (*laufen*) to run; (*fam: gehen*) to go.

Rennen (*pl* -) *das* racing; *(Veranstaltung)* race.

Rennfahrer, -in (*mpl* -) *der, die* racing driver.

Rennrad (*pl* -räder) *das* racing bike.

Rennsport *der* racing.

Rennwagen (*pl* -) *der* racing car.

renommiert *adj* famous.

renovieren *vt* to renovate.

Renovierung (*pl* -en) *die* renovation; **'wegen ~ geschlossen'** 'closed for alterations'.

Rente (*pl* -n) *die (Pension)* pension.

Rentner, -in (*mpl* -) *der, die* pensioner.

Reparatur (*pl* -en) *die* repair.

Reparaturdienst (*pl* -e) *der* repair service.

Reparaturkosten *pl* repair costs.

Reparaturwerkstatt (*pl* -stätten) *die* garage.

reparieren *vt* to repair.

Reportage (*pl* -n) *die* report.

Reporter, -in (*mpl* -) *der, die* reporter.

repräsentativ *adj* representative; *(Wagen, Villa)* imposing.

Republik (*pl* -en) *die* republic.

Reserve (*pl* -n) *die (Vorrat)* reserve; (SPORT) reserves *(pl)*; **etw in ~ haben** to have sthg in reserve.

Reservekanister (*pl* -) *der* spare can.

Reserverad (*pl* -räder) *das* spare wheel.

Reservereifen (*pl* -) *der* spare tyre.

Reservespieler, -in (*mpl* -) *der, die* reserve.

reservieren *vt* to reserve.

reserviert *adj* reserved.

Reservierung (*pl* -en) *die* reservation.

resignieren *vi* to give up.

Respekt *der (Achtung)* respect; *(Angst)* fear.

respektieren *vt* to respect.

Rest (*pl* -e) *der* rest.

Restaurant (*pl* -s) *das* restaurant.

Restbetrag (*pl* -träge) *der* balance.

Restgeld *das*: **'kein ~'** 'no change'; **'~ wird erstattet'** 'change given'.

restlich *adj* remaining.

restlos *adv* completely.

Resturlaub *der* remaining holidays *(pl)*.

Resultat (*pl* -e) *das* result.

retten *vt* to save; *(aus Gefahr)* to rescue.

◆ **sich retten** *ref* to escape.

Retter, -in (*mpl* -) *der, die* rescuer.

Rettich (*pl* -e) *der* radish.

Rettung (*pl* -en) *die (Handlung)* rescue.

Rettungsboot (*pl* -e) *das* lifeboat.

Rettungsdienst (*pl* -e) *der* emergency services *(pl)*.

Rettungsring (*pl* -e) *der* life belt.

Rettungswagen (*pl* -) *der* ambulance.

Revier (*pl* -e) *das (Bezirk)* district.

Revolution (*pl* -en) *die* revolution.

Revolver (*pl* -) *der* revolver.

Revue (*pl* -n) *die* revue.

Rezept (*pl* -e) *das (für Gericht)* recipe; *(für Medikament)* prescription; **nur gegen ~** only on prescription.

rezeptfrei *adj* available without a prescription.

Rezeption (*pl* -en) *die (im Hotel)* reception.

rezeptpflichtig *adj* available only on prescription.

R-Gespräch (*pl -e*) *das* reverse charge call *(Br)*, collect call *(Am)*.

Rhabarber *der* rhubarb.

Rhein *der*: **der ~** the Rhine.

rheinisch *adj* Rhenish.

Rheinland *das* Rhineland.

Rheinland-Pfalz *nt* Rhineland-Palatinate.

Rheinwein (*pl -e*) *der* Rhine wine, hock *(Br)*.

rhetorisch *adj* rhetorical.

Rheuma *das* rheumatism.

Rhythmus (*pl* **Rhythmen**) *der* rhythm.

Ribis(e)l (*pl -(n)*) *die (Österr: rot)* redcurrant; *(schwarz)* blackcurrant.

richten ◇ *vt* to direct. ◇ *vi (urteilen)* to judge.

♦ **sich richten** *ref (in Richtung)* to be directed; **sich nach den Vorschriften ~** to go by the rules.

Richter, -in (*mpl -*) *der, die* judge.

Richtgeschwindigkeit *die* recommended speed limit.

richtig ◇ *adj* right; *(echt)* real. ◇ *adv (fam: wirklich)* really; *(korrekt)* correctly; **bin ich hier ~?** am I in the right place?; **meine Uhr geht ~** my watch is right.

richtig|stellen *vt* to correct.

Richtlinie (*pl -n*) *die* guideline.

Richtpreis (*pl -e*) *der* recommended price.

Richtung (*pl -en*) *die* direction; **alle ~en** 'all routes'; **in ~ Berlin fahren** to travel towards Berlin; **in ~ Süden** southwards.

riechen (*prät* **roch**, *pp* **gerochen**) *vt & vi* to smell; **~ nach** to smell of; **es riecht nach ...** there is a smell of ...; **an etw** (*D*) **~** to smell sthg.

rief *prät* → **rufen**.

Riegel (*pl -*) *der (Verschluß)* bolt; *(Süßigkeit)* bar.

Riemen (*pl -*) *der (Band)* strap.

rieseln *vi ist (Wasser)* to trickle; *(Schnee)* to float down.

riesengroß *adj* enormous.

Riesenrad (*pl -räder*) *das* big wheel.

Riesenslalom *der* giant slalom.

riesig *adj (Person, Gegenstand)* enormous; **ich hab' ~en Hunger** *(fam)* I'm starving.

Riesling (*pl -e*) *der* Riesling *(white wine)*.

riet *prät* → **raten**.

Riff (*pl -e*) *das* reef.

Rille (*pl -n*) *die* groove.

Rind (*pl -er*) *das (Tier)* cow; *(Fleisch)* beef.

Rinde (*pl -n*) *die (von Brot)* crust; *(von Käse)* rind; *(von Bäumen)* bark.

Rinderbraten (*pl -*) *der* (joint of) roast beef.

Rindfleisch *das* beef.

Ring (*pl -e*) *der* ring; *(Straße)* ring road.

Ringbuch (*pl -bücher*) *das* ring binder.

ringen (*prät* **rang**, *pp* **gerungen**) *vi* to wrestle.

Ringer, -in (*mpl -*) *der, die* wrestler.

Ringkampf (*pl -kämpfe*) *der (im Sport)* wrestling match.

rings: **rings um** *präp* all around.

ringsherum *adv* all around.

Ringstraße (*pl -n*) *die* ring road.

ringsum *adv* all around.

rinnen (*prät* **rann**, *pp* **geronnen**) *vi ist* to run.

Rinnstein (*pl -e*) *der* gutter.

Rippchen (*pl -*) *das* slightly smoked pork rib.

Rippe (*pl -n*) *die (Knochen)* rib.

Rippenfellentzündung (*pl -en*) *die* pleurisy.

Risiko (*pl* **Risiken**) *das* risk; **auf eigenes ~** at one's own risk; **'zu Risiken und Nebenwirkungen'** (MED) 'possible risks and side-effects'.

riskant *adj* risky.

riskieren *vt* to risk.

riß *prät* → **reißen**.

Riß *(pl* Risse*)* der *(in Stoff)* tear; *(in Holz, Wand)* crack.

rissig *adj* cracked.

ritt *prät* → **reiten**.

Ritt *(pl* -e*)* der ride.

Ritter *(pl* -*)* der knight.

ritzen *vt (gravieren)* to carve.

Rivale *(pl* -n*)* der rival.

Rivalin *(pl* -nen*)* die rival.

Roastbeef *(pl* -s*)* das roast beef.

Roboter *(pl* -*)* der robot.

robust *adj* robust.

roch *prät* → **riechen**.

Rock[1] *(pl* Röcke*)* der *(Kleidungs-stück)* skirt.

Rock[2] der *(Musik)* rock.

Rockmusik die rock music.

Rodelbahn *(pl* -en*)* die toboggan run.

rodeln *vi* ist to toboggan.

Roggen der rye.

Roggenbrot *(pl* -e*)* das rye bread.

roh ◇ *adj* raw; *(Person)* rough. ◇ *adv (behandeln)* roughly; **etw ~ essen** to eat sthg raw.

Rohkost die raw fruit and vegetables *(pl)*.

Rohr *(pl* -e*)* das *(für Wasser, Gas)* pipe; *(Schilfrohr)* reed; *(für Möbel, Körbe)* cane, wicker.

Rohrbruch *(pl* -brüche*)* der burst pipe.

Rohrzucker der cane sugar.

Rokoko das rococo.

Rolladen *(pl* Rolläden*)* der *(vor Fenster)* shutters *(pl)*.

Rollbahn *(pl* -en*)* die runway.

Rollbraten *(pl* -*)* der roast.

Rolle *(pl* -n*)* die roll; *(Funktion, im Film, Theater)* role; *(Rad)* castor; **es spielt keine ~** it doesn't matter.

rollen *vi* ist & *vt* hat to roll.

Roller *(pl* -*)* der scooter.

Rollerskates *pl* rollerskates.

Rollkragen *(pl* -*)* der polo neck.

Rollkragenpullover *(pl* -*)* der polo neck (jumper).

Rollmops *(pl* -möpse*)* der rollmop, *rolled-up pickled herring.*

Rollo *(pl* -s*)* das roller blind.

Rollschuh *(pl* -e*)* der roller skate.

Rollschuhfahrer, -in *(mpl* -*)* der, die roller-skater.

Rollsplit der loose chippings *(pl)*.

Rollstuhl *(pl* -stühle*)* der wheelchair.

Rollstuhlfahrer, -in *(mpl* -*)* der, die wheelchair user.

Rolltreppe *(pl* -n*)* die escalator.

Roman *(pl* -e*)* der novel.

romanisch *adj (Bauwerk, Kunst)* Romanesque; *(Sprache)* Romance.

Romantik die Romanticism.

romantisch *adj* romantic; *(Kunst)* Romantic.

römisch-katholisch *adj* Roman Catholic.

Rommé das rummy.

röntgen *vt* to X-ray.

Röntgenaufnahme *(pl* -n*)* die X-ray.

rosa *adj* pink.

Rose *(pl* -n*)* die rose.

Rosenkohl der (Brussels) sprouts *(pl)*.

Rosenmontag *(pl* -e*)* der day *before Shrove Tuesday.*

Roséwein *(pl* -e*)* der rosé (wine).

Rosine *(pl* -n*)* die raisin.

Rost *(pl* -e*)* der *(auf Metall)* rust; *(Gitter)* grating.

Rostbratwurst *(pl* -würste*)* die: (Thüringer) ~ Thuringian grilled sausage.

rosten *vi* hat & ist to rust.

rösten *vt* to roast; *(Brot)* to toast.

rostfrei *adj (Stahl)* stainless.

Rösti *pl (Schweiz)* fried potato pancake.

rostig *adj* rusty.

Rostschutzmittel (*pl* -) *das* rust-proofing agent.

rot (*komp* **röter** ODER **roter**, *superl* **am rötesten** ODER **am rotesten**) *adj* red; **in den ~en Zahlen sein** to be in the red.

Rot *das* red; **'bei ~ hier halten'** 'stop here when red light shows'.

Rote Kreuz *das* Red Cross.

Röteln *pl* German measles (*sg*).

rothaarig *adj* red-haired.

rotieren *vi* to rotate; (*fam: Person*) to be in a flap.

Rotkohl *der* red cabbage.

Rotkraut *das* red cabbage.

Rotlicht *das* (*rote Lampe*) red light.

Rotlichtviertel (*pl* -) *das* red light district.

Rotwein (*pl* -e) *der* red wine.

Rouge (*pl* -s) *das* blusher.

Roulade (*pl* -n) *die* = beef olive.

Roulette (*pl* -s) *das* roulette.

Route (*pl* -n) *die* route.

Routine *die* experience; (*Gewohnheit*) routine.

Rubbellos (*pl* -e) *das* lottery scratch card.

rubbeln *vi* to rub.

Rübe (*pl* -n) *die* turnip.

rüber *adv* (*fam*) = **herüber**.

Rubin (*pl* -e) *der* ruby.

Rubrik (*pl* -en) *die* (*Spalte*) column.

Rückantwort (*pl* -en) *die* reply.

Rückbank (*pl* -bänke) *die* back seat; **umklappbare ~** folding back seat.

rücken *vt hat & vi ist* to move; **nach links/rechts ~** to move to the left/right; **rück mal!** move up!

Rücken (*pl* -) *der* back; (*von Buch*) spine.

Rückenlage *die*: **in ~** (lying) on one's back.

Rückenlehne (*pl* -n) *die* back (of chair).

Rückenschmerzen *pl* backache (*sg*).

Rückenschwimmen *das* backstroke.

Rückenwind *der* tailwind.

Rückerstattung (*pl* -en) *die* reimbursement.

Rückfahrkarte (*pl* -n) *die* return (ticket) (*Br*), round-trip (ticket) (*Am*).

Rückfahrt (*pl* -en) *die* return journey.

Rückfall (*pl* -fälle) *der* (*Krankheit*) relapse.

Rückflug (*pl* -flüge) *der* return flight.

Rückfrage (*pl* -n) *die* question.

Rückgabe *die* return; **gegen ~** on return.

Rückgabeknopf (*pl* -knöpfe) *der* coin return button.

Rückgaberecht *das* right to return goods if not satisfied.

rückgängig *adv*: **etw ~ machen** to cancel sthg.

Rückgrat (*pl* -e) *das* (*Körperteil*) spine.

Rückkehr *die* return.

rückläufig *adj* declining.

Rücklicht (*pl* -er) *das* rear light.

Rückporto *das* return postage.

Rückreise (*pl* -n) *die* return journey.

Rückreiseverkehr *der* homeward traffic.

Rückruf (*pl* -e) *der* (*per Telefon*) return call.

Rucksack (*pl* -säcke) *der* rucksack.

Rucksacktourist, -in (*mpl* -en) *der*, *die* backpacker.

Rückschritt (*pl* -e) *der* step backwards.

Rückseite (*pl* -n) *die* back.

Rücksicht (*pl* -en) *die* consideration; ~ **nehmen auf** (+*A*) to show
consideration for.

rücksichtslos *adj* inconsiderate.

rücksichtsvoll *adj* considerate.

Rücksitz (*pl* -e) *der* back seat.

Rückspiegel (*pl* -) *der* rearview
mirror.

Rückstand *der* (SPORT): **sie sind
mit 16 Punkten im ~** they are 16
points behind.

Rückstau (*pl* -s) *der* tailback.

Rückstrahler (*pl* -) *der* reflector.

Rückvergütung (*pl* -en) *die*
refund.

rückwärts *adv* backwards.

Rückwärtsgang *der* reverse
(gear).

Rückweg (*pl* -e) *der* way back;
auf dem ~ on the way back.

rückwirkend *adj* retroactive.

Rückzahlung (*pl* -en) *die* repayment.

Rückzahlungsbetrag (*pl*
-beträge) *der* repayment.

rüde *adj* rude.

Rüde (*pl* -n) *der* (male) dog.

Ruder (*pl* -) *das* (*zum Rudern*) oar;
(*zum Steuern*) rudder.

Ruderboot (*pl* -e) *das* rowing
boat.

Ruderer (*pl* -) *der* rower.

Ruderin (*pl* -nen) *die* rower.

rudern *vi* ist (*mit Boot*) to row.

Ruf (*pl* -e) *der* (*Rufen*) call; (*Image*)
reputation.

rufen (*prät* rief, *pp* gerufen) *vt &
vi* to call; **um Hilfe ~** to call for
help.

Rufname (*pl* -n) *der* first name.

Rufnummer (*pl* -n) *die* telephone number.

Ruhe *die* (*Stille*) silence; (*von
Person*) calm; (*eines Ortes*) peace-
fulness; **jn in ~ lassen** to leave sb
in peace; **~ bitte!** quiet, please!

ruhen *vi* to rest.

Ruhestand *der* retirement.

Ruhestörung (*pl* -en) *die* breach
of the peace; **nächtliche ~** breach
of the peace at night.

Ruhetag (*pl* -e) *der* closing day;
'**montags ~**' 'closed on Mondays'.

ruhig ◇ *adj* quiet; (*unbewegt*) still;
(*gelassen*) calm. ◇ *adv* quietly;
(*unbeweglich*) still; (*gelassen*) calm-
ly; **mach das ~** (*fam*) do it, by all
means.

Rührei (*pl* -er) *das* scrambled
egg.

rühren ◇ *vt* (*mit Löffel*) to stir;
(*Person*) to move. ◇ *vi*: **~ von** to
come from.

♦ **sich rühren** *ref* (*sich bewegen*) to
move.

Ruhrgebiet *nt* the Ruhr.

Rührteig (*pl* -e) *der* cake mixture.

Ruine (*pl* -n) *die* ruin.

ruinieren *vt* to ruin.

♦ **sich ruinieren** *ref* to ruin o.s.

rülpsen *vi* to belch.

rum *adv* (*fam*) = **herum**.

Rum *der* rum.

rum|kriegen *vt* (*fam: Person*) to
talk round; (*Zeit*) to pass.

Rummel *der* (*fam: Theater*) fuss;
(*Trubel*) bustle.

Rummelplatz (*pl* -plätze) *der*
fairground.

rumoren *vi* to rumble.

Rumpf (*pl* Rümpfe) *der* (*Körperteil*) trunk.

Rumpsteak (*pl* -s) *das* rump
steak.

Rumtopf (*pl* -töpfe) *der* fruit
soaked for a long time in rum.

rund ◇ *adj* round; (*dick*) plump.
◇ *adv* (*ungefähr*) about; (*im Kreis*)
around; **~ 500 Leute** about 500
people; **~ um** around; **~ um den
Tisch** round the table.

Runde (*pl* -n) *die* (*Gang*) walk;

(Rennen) lap; *(von Personen)* group;
eine ~ ausgeben to buy a round.
Rundfahrt *(pl -en) die* tour.
Rundflug *(pl -flüge) der* sightseeing flight.
Rundfunk *der* radio.
Rundfunkmeldung *(pl -en) die* radio report.
Rundfunkprogramm *(pl -e) das* radio programme.
Rundgang *(pl -gänge) der (Spaziergang)* walk.
rundherum *adv (ringsherum)* all around; *(ganz)* completely.
Rundreise *(pl -n) die* tour.
Rundwanderweg *(pl -e) der* circular path.
runter *adv (fam)* = **herunter**.
Ruß *der* soot.
Russe *(pl -n) der* Russian.
Russin *(pl -nen) die* Russian.
russisch *adj* Russian.
Russisch(e) *das* Russian.
Rußland *nt* Russia.
rustikal *adj* rustic.
Rüstung *(pl -en) die (für Militär)* arms *(pl)*; *(von Rittern)* armour.
Rutsch *der:* **guten ~!** happy New Year!
Rutschbahn *(pl -en) die* slide.
rutschen *vi ist (ausrutschen)* to slip; *(gleiten)* to slide; *(fam: zur Seite rücken)* to move over; *(Hose)* to slip down.
rutschfest *adj* non-slip.
rutschig *adj* slippery.
rütteln *vt* to shake.

S

s. *abk* = **siehe**.
S *(abk für Süd)* S.
S. *(abk für Seite)* p.
Saal *(pl Säle) der* hall.
Saarland *das* Saarland.
Säbel *(pl -) der* sabre.
sabotieren *vt* to sabotage.
Sachbearbeiter, -in *(mpl -) der, die* employee in charge of a particular matter.
Sache *(pl -n) die* thing; *(Angelegenheit)* matter; **das ist meine ~** that's my business; **bei der ~ bleiben** to keep to the point; **zur ~ kommen** to get to the point.
♦ **Sachen** *pl (Kleidung)* things.
sachkundig *adj* well-informed.
Sachlage *die* situation.
sachlich ◊ *adj (Person, Argument)* objective; *(Gründe)* practical. ◊ *adv (argumentieren)* objectively.
sächlich *adj* (GRAMM) neuter.
Sachschaden *(pl -schäden) der* material damage.
Sachsen *nt* Saxony.
sacht *adj (Berührung)* gentle.
Sachverständige *(pl -n) der, die* expert.
Sack *(pl Säcke) der (Verpackung)* sack.
Sackgasse *(pl -n) die* dead end.
Safe *(pl -s) der* safe.
Saft *(pl Säfte) der* juice.
saftig *adj* juicy.
Säge *(pl -n) die* saw.
sagen *vt* to say; *(befehlen)* to tell;

(bedeuten) to mean; **jm etw ~** to tell sb sthg; **~ zu** to say to; **sag mal!** tell me; **was sagst du dazu?** what do you think about that?; **das kann man wohl ~!** you can say that again!; **sag bloß!** you don't say!

sägen *vt & vi* to saw.

sah *prät* → **sehen**.

Sahne *die* cream.

Sahnequark *der* cream curd cheese.

Sahnetorte *(pl -n) die* gâteau.

sahnig *adj* creamy.

Saison *(pl -s) die* season.

Sakko *(pl -s) das* jacket.

Salami *(pl -s) die* salami.

Salat *(pl -e) der (Pflanze)* lettuce; *(Gericht)* salad; **grüner ~** green salad.

Salatbar *(pl -s) die* salad bar.

Salatsoße *(pl -n) die* salad dressing.

Salatteller *(pl -) der* plate of salad.

Salbe *(pl -n) die* ointment.

Salmonellenvergiftung *(pl -en) die* salmonella (poisoning).

Salon *(pl -s) der (Geschäft)* salon.

Salz *(pl -e) das* salt.

Salzburger Festspiele *pl* music and theatre festival held in Salzburg.

Salzburger Nockerln *pl (Österr)* hot dessert made from beaten egg whites and sugar.

salzen *(pp gesalzen) vt* to salt.

Salzgurke *(pl -n) die* pickled gherkin.

salzig *adj* salty.

Salzkartoffeln *pl* boiled potatoes.

Salzstange *(pl -n) die* pretzel (stick).

Salzstreuer *(pl -) der* salt cellar.

Salzwasser *das* saltwater; *(zum Kochen)* salted water.

Samen *(pl -) der* seed.

Sammelfahrschein *(pl -e) der* = travelcard.

sammeln *vt* to collect; *(Pilze, Kräuter)* to pick.

♦ **sich sammeln** *ref* to gather.

Sammelstelle *(pl -n) die* collection point.

Sammler, -in *(mpl -) der, die* collector.

Sammlung *(pl -en) die* collection.

Samstag *(pl -e) der* Saturday; **am ~** on Saturday; **~ morgen/abend** Saturday morning/evening; **~ nacht** Saturday night; **langer ~** *first Saturday of the month, when shops stay open till 6 p.m.*

samstags *adv* on Saturdays.

samt *präp (+D)* together with.

sämtlich *adj* all; **~e Bücher** all the books.

Sanatorium *(pl Sanatorien) das* sanatorium.

Sand *der* sand.

Sandale *(pl -n) die* sandal.

sandig *adj* sandy.

Sandkasten *(pl -kästen) der* sandpit.

Sandpapier *das* sandpaper.

Sandstrand *(pl -strände) der* sandy beach.

sandte *prät* → **senden**.

sanft ◊ *adj* gentle; *(Musik)* soft; *(Geburt)* natural; *(Tourismus)* sustainable. ◊ *adv* softly.

sang *prät* → **singen**.

Sänger, -in *(mpl -) der, die* singer.

sanitär *adj* sanitary; **~e Anlagen** sanitation *(sg)*.

Sanitäter, -in *(mpl -) der, die* paramedic.

sank *prät* → **sinken**.

Sankt Gallen *nt* St. Gallen.

Sardelle *(pl -n) die* anchovy.

Sardine *(pl -n) die* sardine.

Sarg *(pl Särge) der* coffin.

saß *prät* → **sitzen**.

Satellit *(pl -en) der* satellite.

Satellitenfernsehen *das* satellite television.

Satellitenschüssel (*pl* -n) *die* satellite dish.

Satire (*pl* -n) *die* satire.

satt *adj (nicht hungrig)* full; **bist du ~?** have you had enough?; **jn/etw ~ haben** to be fed up with sb/sthg.

Sattel (*pl* Sättel) *der* saddle.

Satz (*pl* Sätze) *der* (GRAMM) sentence; *(Sprung)* leap; (SPORT) set; (MUS) movement; *(Tarif)* rate.

Satzzeichen (*pl* -) *das* punctuation mark.

sauber *adj* clean; *(gut, korrekt)* neat.

sauber|machen *vt* to clean.

säubern *vt (saubermachen)* to clean.

Sauce (*pl* -n) *die* sauce; *(Bratensoße)* gravy.

Saudi-Arabien *nt* Saudi Arabia.

sauer ◇ *adj* sour; *(ärgerlich)* annoyed. ◇ *adv*: **~ reagieren** to be annoyed; **~ sein auf** (+*A*) to be annoyed with; **saurer Regen** acid rain.

Sauerbraten (*pl* -) *der* braised beef marinated in vinegar, sauerbraten.

Sauerkirsche (*pl* -n) *die* sour cherry.

Sauerkraut *das* sauerkraut, pickled cabbage.

Sauerrahm *der* sour cream.

Sauerstoff *der* oxygen.

Sauerstoffmaske (*pl* -n) *die* oxygen mask.

Sauerteig *der* sour dough.

saufen *(präs* säuft, *prät* soff, *pp* gesoffen) *vi (Tier)* to drink; *(fam: Person)* to booze.

säuft *präs* → **saufen**.

saugen¹ *(prät* sog, *pp* gesogen) *vt & vi* to suck.

saugen² *vt (Teppich)* to vacuum.

Säugling (*pl* -e) *der* baby.

Säule (*pl* -n) *die (an Bauwerk)* column, pillar.

Sauna (*pl* Saunen) *die* sauna.

Säure (*pl* -n) *die (chemisch)* acid.

Saxophon (*pl* -e) *das* saxophone.

SB *abk* → **Selbstbedienung**.

S-Bahn (*pl* -en) *die* suburban railway.

S-Bahn-Haltestelle (*pl* -n) *die* suburban railway stop.

S-Bahnhof (*pl* -höfe) *der* suburban railway station.

S-Bahn-Linie (*pl* -n) *die* suburban railway line.

Schach *das (Spiel)* chess.

Schachbrett (*pl* -er) *das* chessboard.

Schachfigur (*pl* -en) *die* chess piece.

Schachspiel (*pl* -e) *das (Spielen)* game of chess; *(Brett und Figuren)* chess set.

Schachtel (*pl* -n) *die (aus Pappe)* box.

schade *adj*: **es ist ~** it's a shame; **wie ~!** what a shame!

schaden *vi* (+*D*) to damage; *(Person)* to harm; **es kann nichts ~** it won't do any harm.

Schaden (*pl* Schäden) *der* damage; *(Nachteil)* disadvantage.

Schadenersatz *der* compensation.

Schadenfreude *die* malicious pleasure.

schadenfroh *adj* gloating.

Schadensfall (*pl* -fälle) *der*: **im ~** in the event of damage.

schadhaft *adj* damaged.

schädlich *adj* harmful.

Schadstoff (*pl* -e) *der* pollutant.

schadstoffarm *adj* low in pollutants.

Schaf (*pl* -e) *das* sheep.

Schäfer, -in (*mpl* -) *der, die* shepherd (shepherdess).

Schäferhund (*pl* -e) *der* Alsatian.
schaffen¹ ◊ *vt* **1.** (*zustande bringen, beenden*) to manage; (*Prüfung*) to get through; **es ~, etw zu tun** to manage to do sthg; **er hat nicht einmal das erste Semester geschafft** he didn't even manage to finish the first semester; **geschafft! that's it!**
2. (*fam: erschöpfen*) to wear out; **geschafft sein** to be worn-out.
3. (*transportieren*) to take.
◊ *vi* (*Süddt: arbeiten*) to work.
schaffen² (*präs* **schafft**, *prät* **schuf**, *pp* **geschaffen**) *vt* (*erschaffen*) to create.
Schaffner, -in (*mpl* -) *der, die* (*im Zug*) ticket collector; (*im Bus*) conductor.
Schafskäse *der* ewe's milk cheese.
schal *adj* (*Getränk*) flat.
Schal (*pl* -s) *der* scarf.
Schale (*pl* -n) *die* (*von Obst, Gemüse*) skin; (*von Apfelsine, Apfel, Kartoffeln*) peel; (*Schüssel*) bowl; (*von Nuß, Ei*) shell.
schälen *vt* to peel.
♦ **sich schälen** *ref* to peel.
Schalldämpfer (*pl* -) *der* silencer.
Schallplatte (*pl* -n) *die* record.
schalt *prät* → **schelten**.
schalten *vi* (*im Auto*) to change gear; **aufs zweite Programm ~** to turn to channel two; **in den vierten Gang ~** to change to fourth gear.
Schalter (*pl* -) *der* (*Knopf*) switch; (*bei Bank, Bahn*) counter.
Schalterbeamte, -beamtin (*mpl* -n) *der, die* counter clerk.
Schalterhalle (*pl* -n) *die* hall (*at post office, station, etc*).
Schalteröffnungszeiten *pl* opening hours.
Schalterschluß *der* closing time.
Schalthebel (*pl* -) *der* (*im Auto*) gear lever.

Schaltknüppel (*pl* -) *der* gear lever.
Schaltung (*pl* -en) *die* (*Gangschaltung*) gear change.
schämen: sich schämen *ref* to be ashamed.
Schanze (*pl* -n) *die* (SPORT) ski-jump.
scharf (*komp* **schärfer**, *superl* **am schärfsten**) ◊ *adj* sharp; (*Gericht*) hot, spicy; (*fam: toll*) great; (*fam: erotisch*) sexy. ◊ *adv* (*bremsen*) hard; (*sehen, analysieren*) closely; **~ gewürzt** hot, spicy; **~ sein auf** (+A) (*fam*) to be keen on.
Scharlach *der* (MED) scarlet fever.
Scharnier (*pl* -e) *das* hinge.
Schaschlik (*pl* -s) *das* (shish) kebab.
Schatten (*pl* -) *der* shadow; **im ~** in the shade.
schattig *adj* shady.
Schatz (*pl* **Schätze**) *der* treasure; (*fam: Liebling*) darling.
schätzen *vt* to estimate; (*glauben, meinen*) to think; (*gern haben*) to value.
schätzungsweise *adv* approximately.
Schau (*pl* -en) *die* show.
schauen *vi* to look; **~ nach** (*sich kümmern*) to look after; **schau mal!** look!
Schauer (*pl* -) *der* (*Regen*) shower.
Schaufel (*pl* -n) *die* (*zum Graben*) shovel.
Schaufenster (*pl* -) *das* shop window.
Schaufensterbummel (*pl* -) *der* window-shopping trip.
Schaukel (*pl* -n) *die* (*an Seilen*) swing.
schaukeln *vt & vi* to rock.
Schaukelstuhl (*pl* -stühle) *der* rocking chair.

Schaulustige (*pl* -n) *der, die*
onlooker.

Schaum *der* foam; *(von Seife)*
lather; *(von Bier)* head.

Schaumbad (*pl* -bäder) *das* bubble bath.

Schaumfestiger (*pl* -) *der*
(styling) mousse.

Schaumgummi *der* foam rubber.

Schaumkur (*pl* -en) *die* shampoo *(for damaged hair)*.

Schaumwein (*pl* -e) *der* sparkling wine.

Schauspiel (*pl* -e) *das* play; *(fam: Spektakel)* spectacle.

Schauspieler, -in (*mpl* -) *der, die*
actor (actress).

Schauspielhaus (*pl* -häuser) *das*
theatre.

Scheck (*pl* -s) *der* cheque; **einen ~ einlösen** to cash a cheque; **mit ~ bezahlen** to pay by cheque; **'~s aller Art'** 'all cheques welcome'.

Scheckgebühr (*pl* -en) *die*
charge for cheques.

Scheckheft (*pl* -e) *das* chequebook.

Scheckkarte (*pl* -n) *die* cheque card.

Scheibe (*pl* -n) *die (von Brot, Käse)* slice; *(Fensterscheibe)* window pane; *(von Auto)* window.

Scheibenbremse (*pl* -n) *die* disc brake.

Scheibenwischer (*pl* -) *der*
windscreen wiper.

Scheide (*pl* -n) *die (Vagina)* vagina.

scheiden *(prät* schied, *pp* geschieden) *vt (Ehe)* to dissolve; **sich ~ lassen** to get a divorce.

Scheidung (*pl* -en) *die* divorce.

Schein (*pl* -e) *der (Formular, Bescheinigung)* certificate; *(Geld)* note; *(Anschein)* appearances *(pl)*; *(Licht)* light.

scheinbar ◇ *adj* apparent. ◇ *adv*
seemingly.

scheinen *(prät* schien, *pp*
geschienen) ◇ *vi (Sonne)* to shine; *(vermutlich)* to seem. ◇ *vimp:* **es scheint** it seems; **es scheint mir ...** it seems to me ...

Scheinwerfer (*pl* -) *der* (AUTO)
headlight; *(in Halle, Stadion)* floodlight.

Scheinwerferlicht *das* (AUTO)
headlights *(pl)*; *(in Halle, Stadion)*
floodlight.

Scheiße ◇ *die (vulg)* shit. ◇ *interj*
(vulg) shit!

scheißen *(prät* schiß, *pp*
geschissen) *vi (vulg)* to shit.

Scheitel (*pl* -) *der (Frisur)* parting
(Br), part *(Am)*.

Schelle (*pl* -n) *die (an Haustür)*
doorbell.

schellen *vi* to ring; **es schellt** the
bell is ringing.

schelten *(präs* schilt, *prät* schalt,
pp gescholten) *vt (geh: Kind)* to
scold.

Schema (*pl* -ta) *das (Vorstellung)*
scheme; *(Abbildung)* diagram.

Schemel (*pl* -) *der (zum Sitzen)*
stool.

Schenkel (*pl* -) *der* thigh.

schenken *vt* to give; **jm etw ~**
(Geschenk) to give sb sthg (as a
present); **sich** (D) **etw ~** *(erlassen)*
to give sthg a miss.

Scherbe (*pl* -n) *die* fragment.

Schere (*pl* -n) *die (zum Schneiden)*
scissors *(pl)*.

scheren: sich scheren *(prät*
schor, *pp* geschore) *ref:* **sich nicht
~ um** *(kümmern)* not to care about.

Scherz (*pl* -e) *der* joke.

scherzhaft *adj* joking.

scheu *adj* shy.

Scheuerlappen (*pl* -) *der* floorcloth.

scheuern ◇ *vt (putzen)* to scour.

◇ vi (Sattel, Kleidung) to rub; **jm eine ~** (fam: Ohrfeige geben) to clip sb round the ear.

Scheuerpulver das scouring powder.

Scheune (pl -n) die barn.

scheußlich adj terrible.

Schicht (pl -en) die layer; (in Gesellschaft) class; (Arbeitszeit) shift.

schick adj smart.

schicken vt to send; **jm etw ~** to send sb sthg; **~ an** (+A) to send to.

Schicksal (pl -e) das fate.

Schiebedach (pl -dächer) das sunroof.

schieben (prät schob, pp geschoben) vt to push; **die Schuld auf einen anderen ~** to put the blame on sb else.

♦ **sich schieben** ref (Person) to push (one's way).

Schieber (pl -) der (Gerät) bar, bolt.

Schiebetür (pl -en) die sliding door.

schied prät → **scheiden**.

Schiedsrichter, -in (mpl -) der, die (in Fußball) referee; (in Tennis) umpire.

schief adj & adv crooked.

schiefgehen vi unr ist (fam) to go wrong.

schielen vi to squint.

schien prät → **scheinen**.

Schienbein (pl -e) das shin.

Schiene (pl -n) die (Gleis) rail; (MED) splint.

schießen (prät schoß, pp geschossen) ◇ vi hat & ist to shoot. ◇ vt hat to shoot; (Tor) to score; (Foto) to take; (Ball) to kick.

Schiff (pl -e) das ship; (von Kirche) nave; **mit dem ~** by ship.

Schiffahrt die shipping.

Schiffahrtsgesellschaft (pl -en) die shipping company.

Schiffskarte (pl -n) die (navigation) chart.

Schiffsreise (pl -n) die voyage.

Schiffsverbindung (pl -en) die connecting boat service.

Schiffsverkehr der shipping.

schikanieren vt (abw) to bully.

Schild (pl -er) das sign; (Etikett) label; (Waffe) shield.

Schilddrüse (pl -n) die thyroid gland.

schildern vt to describe.

Schildkröte (pl -n) die (auf dem Land) tortoise; (im Wasser) turtle.

Schilf (pl -e) das (Pflanze) reed.

Schilling (pl -e) der schilling.

schilt präs → **schelten**.

Schimmel (pl -) der (auf Obst, an Wand) mould; (Pferd) grey (horse).

schimmelig adj mouldy.

schimpfen vi to moan; **mit jm ~** to get angry with sb.

Schimpfwort (pl -e) das swearword.

Schinken (pl -) der (Fleisch) ham; **roher/gekochter/geräucherter ~** cured/cooked/smoked ham.

Schinkenspeck der bacon.

Schinkenwurst die ham sausage.

Schirm (pl -e) der (Regenschirm) umbrella.

schiß prät → **scheißen**.

Schlaf der sleep.

Schlafanzug (pl -anzüge) der pyjamas (pl).

schlafen (präs schläft, prät schlief, pp geschlafen) vi to sleep; **~ gehen** to go to bed; **~ mit** to sleep with; **schlaf gut!** sleep well!

Schlafengehen das: **vor dem ~** before going to bed.

Schlafgelegenheit (pl -en) die place to sleep.

Schlaflosigkeit die insomnia.

Schlafmittel (pl -) das sleeping pill.

Schlafsaal (*pl* -säle) *der* dormitory.

Schlafsack (*pl* -säcke) *der* sleeping bag.

schläft *präs* → **schlafen**.

Schlaftablette (*pl* -n) *die* sleeping pill.

Schlafwagen (*pl* -) *der* sleeper.

Schlafwagenkarte (*pl* -n) *die* sleeper ticket.

Schlafwagenplatz (*pl* -plätze) *der* sleeper berth.

Schlafzimmer (*pl* -) *das* bedroom.

Schlag (*pl* Schläge) *der* blow; *(elektrisch)* shock; *(von Herz, Puls)* beat.

♦ **Schläge** *pl* *(Prügel)* beating *(sg)*.

Schlagader (*pl* -n) *die* artery.

Schlaganfall (*pl* -anfälle) *der* stroke.

schlagen (*präs* schlägt, *prät* schlug, *pp* geschlagen) ◇ *vt* *(verletzen)* to hit; *(hämmern)* to bang; *(besiegen, Eiweiß, Sahne)* to beat. ◇ *vi* *(mit Hand, Faust)* to hit; *(Uhr)* to strike; *(regelmäßig)* to beat; **auf etw** (A) ~ *(aufprallen)* to hit sthg; **jn eins zu null** ~ to beat sb one-nil.

♦ **sich schlagen** *ref* *(sich prügeln)* to fight.

Schlager (*pl* -) *der* *(Lied)* hit.

Schläger (*pl* -) *der* *(für Tennis, Badminton)* racquet; *(für Tischtennis)* bat; *(für Golf)* club; *(für Hockey)* stick.

Schlagloch (*pl* -löcher) *das* pothole.

Schlagobers *das* *(Österr)* whipped cream.

Schlagsahne *die* whipped cream.

schlägt *präs* → **schlagen**.

Schlagzeile (*pl* -n) *die* headline.

Schlagzeug (*pl* -e) *das* *(in Band)* drums *(pl)*; *(in Orchester)* percussion.

Schlamm *der* mud.

schlampig *adj* sloppy.

schlang *prät* → **schlingen**.

Schlange (*pl* -n) *die* *(Tier)* snake; *(von Autos, Personen)* queue *(Br)*, line *(Am)*; ~ **stehen** to queue *(Br)*, to stand in line *(Am)*.

schlängeln: sich schlängeln *ref* *(Weg, Fluß)* to wind.

schlank *adj* slim; ~ **werden** to slim.

schlapp *adj* *(müde, schwach)* tired out.

schlau *adj* cunning; **man wird nicht** ~ **aus ihm** I can't make him out.

Schlauch (*pl* Schläuche) *der* *(für Wasser)* hose; *(im Reifen)* tube.

Schlauchboot (*pl* -e) *das* rubber dinghy.

schlecht ◇ *adj* bad; *(Lebensmittel)* off. ◇ *adv* badly; *(schmecken, riechen)* bad; *(kaum)* hardly; ~ **werden** to go off; **mir wird** ~ I feel ill; **das ist nicht** ~ that's not bad.

schleichen (*prät* schlich, *pp* geschlichen) *vi* *(Mensch, Tier)* to creep; *(Verkehr, Auto)* to crawl.

Schleife (*pl* -n) *die* *(Band)* bow; *(Kurve)* bend.

schleifen[1] *vt* *(zerren)* to drag.

schleifen[2] (*präs* schleift, *prät* schliff, *pp* geschliffen) *vt* *(Messer, Schere)* to sharpen.

Schleim *der* *(menschlich)* mucus; *(von Schnecke)* slime.

Schleimhaut (*pl* -häute) *die* mucous membrane.

Schlemmerlokal (*pl* -e) *das* gourmet restaurant.

schlendern *vi ist* to stroll.

schleppen *vt* to drag; *(Fahrzeug)* to tow.

♦ **sich schleppen** *ref* to drag o.s.

Schlepplift (*pl* -e) *der* ski tow.

Schleuder (*pl* -n) *die* *(für Wäsche)* spin-dryer.

Schleudergefahr *die:* 'Vorsicht ~!' 'slippery road'.

schleudern ◇ *vt hat* to fling; *(Wäsche)* to spin-dry. ◇ *vi hat (Waschmaschine)* to spin. ◇ *vi ist (Auto, Fahrer)* to skid; **ins Schleudern geraten** ODER **kommen** to go into a skid.

Schleudersitz *(pl -e) der* ejector seat.

Schleuse *(pl -n) die (an Kanal)* lock.

schlich *prät* → **schleichen**.

schlicht *adj* simple.

schlief *prät* → **schlafen**.

schließen *(prät* **schloß**, *pp* **geschlossen**) ◇ *vt* to close; *(Betrieb, Lokal)* to close down; *(schlußfolgern)* to conclude. ◇ *vi* to close; *(Betrieb, Lokal)* to close down.

♦ **sich schließen** *ref (Tür, Vorhang)* to close.

Schließfach *(pl -fächer) das* left-luggage locker *(Br)*, baggage locker *(Am)*.

schließlich *adv (zuletzt)* finally; *(nämlich)* after all.

schliff *prät* → **schleifen**.

schlimm ◇ *adj* bad. ◇ *adv* badly; **halb so ~** not so bad.

schlingen *(prät* **schlang**, *pp* **geschlungen**) *vt (Mahlzeit)* to gobble down; *(Schnur)* to tie.

Schlips *(pl -e) der* tie.

Schlitten *(pl -) der (für Kinder)* sledge.

Schlittschuh *(pl -e) der* ice skate; **~ laufen** to ice-skate.

Schlitz *(pl -e) der (Spalt)* slit; *(für Geld)* slot.

schloß *prät* → **schließen**.

Schloß *(pl* **Schlösser**) *das (Verschluß)* lock; *(Gebäude)* castle.

Schlosser, -in *(mpl -) der, die (Metallberuf)* metalworker; *(Installateur)* mechanic.

Schloßpark *(pl -s) der* castle grounds *(pl)*.

Schlucht *(pl -en) die* ravine.

schluchzen *vi* to sob.

Schluck *(pl -e) der (Schlucken)* gulp, swallow; *(Menge)* drop.

Schluckauf *der* hiccups *(pl)*.

schlucken *vi & vt* to swallow.

Schluckimpfung *(pl -en) die* oral vaccination.

schlug *prät* → **schlagen**.

Schlüpfer *(pl -) der* knickers *(pl)*.

schlurfen *vi ist* to shuffle.

schlürfen *vt* to slurp.

Schluß *(pl* **Schlüsse**) *der* end; *(von Roman, Film)* ending; *(Folgerung)* conclusion; **bis zum ~** to the end; **~ machen mit** *(Person)* to break off with; *(Sache)* to stop.

Schlüssel *(pl -) der (für Schloß)* key; *(Schraubenschlüssel)* spanner.

Schlüsselbund *(pl -e) der* bunch of keys.

Schlüsseldienst *(pl -e) der* key-cutting service.

Schlüsselloch *(pl -löcher) das* keyhole.

Schlußfolgerung *(pl -en) die* conclusion.

Schlußleuchte *(pl -n) die (Lampe)* rear light.

Schlußverkauf *(pl -verkäufe) der* end-of-season sale.

schmal *adj* narrow; *(Person)* thin.

Schmalfilm *(pl -e) der* cine-film *(Br)*, movie film *(Am)*.

Schmalz *das (zum Kochen)* lard; *(zum Essen)* dripping.

Schmalznudel *(pl -n) die (Österr)* flat, round cake made from deep-fried dough.

Schmankerl *(pl -n) das (Süddt & Österr)* delicacy.

schmatzen *vi* to eat noisily.

schmecken *vi* to taste; *(gut schmecken)* to taste good; **~ nach** to taste of; **das schmeckt mir nicht** I don't like it; **gut/schlecht ~** to taste good/bad; **hat es Ihnen geschmeckt?** did you enjoy your meal?; **laß es dir ~!** enjoy your meal!

schmeißen (*prät* **schmiß**, *pp* **geschmissen**) *vt* (*fam: werfen*) to chuck.

schmelzen (*präs* **schmilzt**, *prät* **schmolz**, *pp* **geschmolzen**) *vi ist & vt hat* to melt.

Schmerz (*pl* -**en**) *der* pain.

schmerzen *vi* to hurt.

Schmerzensgeld *das* compensation.

schmerzlos *adj* painless.

Schmerzmittel (*pl* -) *das* painkiller.

schmerzstillend *adj* painkilling.

Schmerztablette (*pl* -**n**) *die* painkiller.

Schmetterling (*pl* -**e**) *der* butterfly.

Schmied (*pl* -**e**) *der* blacksmith.

schmieren *vt* (*Türangel, Maschine*) to oil; (*Butterbrot*) to spread; (*fam: bestechen*) to bribe.

Schmierkäse *der* cheese spread.

Schmiermittel (*pl* -) *das* lubricant.

Schmierseife *die* soft soap.

schmilzt *präs* → **schmelzen**.

Schminke *die* make-up.

schminken *vt* to make up.

♦ **sich schminken** *ref* to put on one's make-up.

Schmirgelpapier *das* sandpaper.

schmiß *prät* → **schmeißen**.

schmollen *vi* to sulk.

schmolz *prät* → **schmelzen**.

Schmorbraten (*pl* -) *der* pot roast.

schmoren *vt* (*Nahrung*) to braise.

Schmuck *der* (*für Person*) jewellery; (*für Raum, Tannenbaum*) decoration.

schmücken *vt* to decorate.

schmuggeln *vt* to smuggle.

schmunzeln *vi* to smile.

schmusen *vi* to cuddle.

Schmutz *der* dirt.

schmutzig *adj* dirty; **sich ~ machen** to get dirty.

Schnalle (*pl* -**n**) *die* buckle.

schnappen ◇ *vt* to catch; (*fam: packen, nehmen*) to grab. ◇ *vi* (*Tier*) to snap.

Schnappschuß (*pl* -**schüsse**) *der* snapshot.

Schnaps (*pl* **Schnäpse**) *der* schnapps.

Schnapsglas (*pl* -**gläser**) *das* shot glass.

schnarchen *vi* to snore.

Schnauze (*pl* -**n**) *die* (*von Tier*) muzzle; (*vulg: von Mensch*) gob.

Schnecke (*pl* -**n**) *die* (*Tier*) snail; (*Gebäck*) ≈ Chelsea bun.

Schnee *der* snow; **es liegt ~** there's snow on the ground.

Schneeball (*pl* -**bälle**) *der* snowball.

schneebedeckt *adj* snowcovered.

Schneebrille (*pl* -**n**) *die* snow-goggles (*pl*).

Schneefall *der* snowfall.

Schneeflocke (*pl* -**n**) *die* snowflake.

schneefrei *adj* free of snow.

Schneegestöber (*pl* -) *das* snowstorm.

Schneeglätte *die* packed snow.

Schneegrenze (*pl* -**n**) *die* snowline.

Schneekette (*pl* -**n**) *die* snowchain.

Schneemann (*pl* -**männer**) *der* snowman.

Schneepflug (*pl* -**pflüge**) *der* snowplough.

Schneeregen *der* sleet.

Schneeschmelze *die* thaw.

Schneesturm (*pl* -stürme) *der* snowstorm.

Schneetreiben (*pl* -) *das* driving snow.

Schneewehe (*pl* -n) *die* snowdrift.

schneiden (*prät* schnitt, *pp* geschnitten) ◊ *vt* to cut; *(ignorieren)* to ignore; *(beim Überholen)* to cut in on. ◊ *vi* to cut; **etw in Würfel ~** to cut sthg into cubes; **sich** (*D*) **in den Finger ~** to cut one's finger.

♦ **sich schneiden** *ref* (*sich verletzen*) to cut o.s.; *(sich kreuzen)* to cross.

Schneider, -in (*mpl* -) *der, die* (*Beruf*) tailor.

Schneiderei (*pl* -en) *die* (*Geschäft*) tailor's (shop).

schneien *vimp*: **es schneit** it's snowing.

schnell ◊ *adj* quick, fast. ◊ *adv* quickly, fast; **~ machen** to hurry up.

Schnellhefter (*pl* -) *der* loose-leaf folder.

Schnelligkeit *die* speed.

Schnellimbiß (*pl* -imbisse) *der* snack bar.

Schnellreinigung (*pl* -en) *die* express cleaning.

Schnellstraße (*pl* -n) *die* expressway.

Schnellzug (*pl* -züge) *der* express train.

schnitt *prät* → schneiden.

Schnitt (*pl* -e) *der* cut; *(Schnittmuster)* pattern.

Schnittblumen *pl* cut flowers.

Schnitte (*pl* -n) *die* (*Brotscheibe*) slice; *(belegtes Brot)* open sandwich.

Schnittkäse *der* sliced cheese.

Schnittlauch *der* chives (*pl*).

Schnittwunde (*pl* -n) *die* cut.

Schnitzel (*pl* -) *das*: **Wiener ~** escalope of veal.

Schnorchel (*pl* -) *der* snorkel.

schnorcheln *vi* to snorkel.

Schnuller (*pl* -) *der* dummy (*Br*), pacifier (*Am*).

Schnulze (*pl* -n) *die* (*Lied*) sentimental song.

Schnupfen *der* cold; **~ haben/bekommen** to have/get a cold.

Schnupftabak (*pl* -e) *der* snuff.

Schnur (*pl* Schnüre) *die* (*zum Binden*) string, cord; *(Kabel)* lead.

Schnurrbart (*pl* -bärte) *der* moustache.

Schnürsenkel (*pl* -) *der* shoelace.

schob *prät* → schieben.

Schock (*pl* -s) *der* shock; **unter ~ stehen** to be in shock.

schockieren *vt* to shock.

Schokolade (*pl* -n) *die* chocolate; *(Getränk)* hot chocolate.

Scholle (*pl* -n) *die* (*Fisch*) plaice.

schon *adv* 1. *(relativ früh, spät)* already; **wir essen heute ~ um elf Uhr** we're eating earlier today, at eleven o'clock; **es ist ~ lange so** it has been like that for a long time; **~ jetzt** already.

2. *(bis jetzt)* yet; **warst du ~ bei der Post?** have you been to the post office yet?; **warst du ~ mal in Kanada?** have you ever been to Canada?; **ich war ~ mal im Ausland** I've been abroad before; **ich bereite das ~ mal vor** I'll get that ready now.

3. *(relativ viel)* already; **~ wieder** again.

4. *(endlich)*: **komm ~!** come on!

5. *(zur Beruhigung)*: **das schaffst du ~** don't worry, I'm sure you'll manage it; **~ gut!** all right!

6. *(allein)* just; **~ der Gedanke daran macht mich nervös** just thinking about it makes me nervous.

schön ◊ adj nice; (Frau) beautiful; (Mann) handsome; (beträchtlich) considerable. ◊ adv well; ganz ~ really; na ~ all right.

schonen vt (Person) to go easy on; (Gegenstand) to look after.
♦ **sich schonen** ref to take it easy.

Schönheit (pl -en) die beauty.

Schönheitssalon (pl -s) der beauty salon.

Schonkost die light diet.

schön|machen: sich schön-machen ref (fam) to get ready, to do o.s. up.

Schönwetterlage die spell of fine weather.

Schöpfkelle (pl -n) die ladle.

Schoppen (pl -) der large glass of wine.

Schorf der scab.

Schorle (pl -) die (mit Apfelsaft) apple juice with mineral water; (mit Wein) spritzer.

Schornstein (pl -e) der chimney.

schoß prät → **schießen**.

Schoß (pl Schöße) der (Körperteil) lap; bei jm auf dem ~ sitzen to sit on sb's lap.

Schotte (pl -n) der Scotsman; die ~n the Scots.

Schottin (pl -nen) die Scotswoman.

schottisch adj Scottish.

Schottland nt Scotland.

schräg adj (schief) sloping; (Linie) diagonal.

Schramme (pl -n) die scratch.

Schrank (pl Schränke) der (mit Fächern) cupboard; (zum aufhängen) wardrobe.

Schranke (pl -n) die (Gegenstand) barrier.

Schrankwand (pl -wände) die wall unit.

Schraube (pl -n) die (aus Metall) screw.

schrauben vt to screw.

Schraubenschlüssel (pl -) der spanner (Br), wrench (Am).

Schraubenzieher (pl -) der screwdriver.

Schrebergarten (pl -gärten) der allotment.

Schreck der fright; einen ~ kriegen to get a fright.

schreckhaft adj easily scared.

schrecklich adj terrible.

Schrei (pl -e) der (Geräusch) shout, cry.

schreiben (prät schrieb, pp geschrieben) ◊ vt 1. (gen) to write; etw groß/klein ~ to write sthg with/without a capital letter; wie schreibt man das? how do you spell that?
2. (Subj: Arzt): jn krank ~ to give sb a sick note; jn gesund ~ to give sb a note saying they are fit to work again.
◊ vi to write; an etw (D) ~ (Roman) to be writing sthg; über etw (A) ~ to write about sthg.
♦ **sich schreiben** ref to be spelt.

Schreiben (pl -) das (amt) letter.

Schreibheft (pl -e) das exercise book.

Schreibmaschine (pl -n) die typewriter.

Schreibpapier das writing paper.

Schreibtisch (pl -e) der desk.

Schreibwaren pl stationery (sg).

Schreibwarengeschäft (pl -e) das stationery shop.

schreien (prät schrie, pp geschrien) vi & vt to shout; ~ nach to shout at.

Schreiner, -in (mpl -) der, die joiner.

schreiten (prät schritt, pp geschritten) vi ist (geh: gehen) to stride.

schrie prät → **schreien**.

schrieb prät → **schreiben**.

Schrift (*pl* -en) *die (Handschrift)* handwriting; *(Schriftbild)* type; *(Aufschrift, Text)* writing; *(lateinische, arabische)* script; **die Heilige ~** the Scriptures *(pl)*.

schriftlich ◇ *adj* written. ◇ *adv* in writing.

Schriftsteller, -in *(mpl* -) *der, die* writer.

schritt *prät* → **schreiten**.

Schritt (*pl* -e) *der* step; '**~ fahren**' 'dead slow'.

Schrittempo *das* walking speed.

Schrott *der (Metall)* scrap metal; *(fam: Plunder)* rubbish.

Schrottplatz (*pl* -plätze) *der* scrapyard.

schrubben *vt & vi* to scrub.

Schrubber (*pl* -) *der* scrubbing brush.

Schubkarre (*pl* -n) *die* wheelbarrow.

Schublade (*pl* -n) *die* drawer.

schubsen *vt* to shove.

schüchtern *adj* shy.

schuf *prät* → **schaffen**.

Schüfeli *das (Schweiz)* smoked pork.

Schuh (*pl* -e) *der* shoe.

Schuhanzieher (*pl* -) *der* shoehorn.

Schuhbürste (*pl* -n) *die* shoe brush.

Schuhcreme (*pl* -s) *die* shoe polish.

Schuhgeschäft (*pl* -e) *das* shoe shop.

Schuhgröße (*pl* -n) *die* shoe size.

Schuhlöffel (*pl* -) *der* shoehorn.

Schuhmacher, -in *(mpl* -) *der, die* shoemaker.

Schuhputzmittel (*pl* -) *das* shoe polish.

Schuhsohle (*pl* -n) *die* (shoe) sole.

Schulabschluß (*pl* -abschlüsse) *der* school-leaving qualification.

Schulbeginn *der* beginning of term.

schuld *adj*: **~ sein** ODER **haben an** (+*D*) to be to blame for; **du bist ~ daran** it's your fault.

Schuld *die (Verantwortung)* blame; *(Unrecht)* guilt.

♦ **Schulden** *pl* debts; **~en haben** to be in debt; **~en machen** to run up debts.

schuldig *adj* guilty; **jm etw ~ sein** to owe sb sthg.

Schuldschein (*pl* -e) *der* IOU.

Schule (*pl* -n) *die* school; **zur** ODER **in die ~ gehen** to go to school; **in der ~** at school.

schulen *vt* to train.

Schüler, -in *(mpl* -) *der, die* pupil.

Schüleraustausch *der* (student) exchange.

Schülerausweis (*pl* -e) *der* pupil's ID card entitling them to concessions etc.

Schülerkarte (*pl* -n) *die (Fahrkarte)* school season ticket.

Schulferien *pl* school holidays.

schulfrei *adj*: **morgen haben wir ~** we don't have to go to school tomorrow.

Schulfreund, -in *(mpl* -e) *der, die* schoolfriend.

Schuljahr (*pl* -e) *das* school year.

Schulklasse (*pl* -n) *die* class.

Schulter (*pl* -n) *die* shoulder.

Schultüte *die* large cone of sweets.

Schulung (*pl* -en) *die* training.

Schulzeit *die* schooldays *(pl)*.

Schuppe (*pl* -n) *die (von Fisch)* scale.

♦ **Schuppen** *pl (auf Kopf)* dandruff *(sg)*.

Schürfwunde (*pl* -n) *die* graze.

Schurwolle *die* pure new wool.

Schürze (*pl* -n) *die* apron.

Schuß (*pl* Schüsse) *der* shot; **gut in ~ sein** to be in good shape; **ein**

~ Whisky a dash of whisky.

Schüssel (*pl* **-n**) *die* bowl.

Schuster, -in (*mpl* -) *der, die* shoemaker.

Schutt *der* rubble; '**~ abladen verboten'** 'no dumping'.

Schüttelfrost *der* shivering fit.

schütteln *vt* to shake; **den Kopf ~** to shake one's head; **vor Gebrauch ~** shake before use.

♦ **sich schütteln** *ref* to shake.

schütten ◊ *vt* to pour. ◊ *vimp*: **es schüttet** it's pouring (with rain).

Schutz *der* protection; *(vor Regen, Wind)* shelter; **jn in ~ nehmen** to stand up for sb.

Schutzblech (*pl* **-e**) *das* mudguard.

Schutzbrief (*pl* **-e**) *der* travel insurance certificate.

Schutzbrille (*pl* **-n**) *die* goggles *(pl)*.

schützen ◊ *vt* to protect. ◊ *vi* *(Dach)* to give shelter; *(Versicherung)* to give cover; **jn vor etw** *(D)* **~** to protect sb against sthg.

♦ **sich schützen** *ref* to protect o.s.

Schützenfest (*pl* **-e**) *das* shooting festival.

Schutzgebiet (*pl* **-e**) *das (von Wasser)* protected area.

Schutzhütte (*pl* **-n**) *die* shelter.

Schutzimpfung (*pl* **-en**) *die* vaccination.

Schutzumschlag (*pl* **-umschläge**) *der* dust jacket.

schwach (*komp* **schwächer**, *superl* **am schwächsten**) *adj* weak; *(schlecht)* poor.

Schwäche (*pl* **-n**) *die* weakness.

schwachsinnig *adj (unsinnig)* nonsensical.

Schwachstrom *der* low-voltage current.

Schwager (*pl* -) *der* brother-in-law.

Schwägerin (*pl* **-nen**) *die* sister-in-law.

Schwalbe (*pl* **-n**) *die* swallow.

schwamm *prät* → **schwimmen**.

Schwamm (*pl* **Schwämme**) *der* sponge.

Schwammtuch (*pl* **-tücher**) *das* cloth.

Schwan (*pl* **Schwäne**) *der* swan.

schwang *prät* → **schwingen**.

schwanger *adj* pregnant.

Schwangerschaft (*pl* **-en**) *die* pregnancy.

Schwangerschaftstest (*pl* **-s**) *der* pregnancy test.

schwanken *vi ist* to sway; *(gedanklich)* to waver; *(Kurs, Preise)* to fluctuate.

Schwanz (*pl* **Schwänze**) *der* tail; *(vulg: von Mann)* cock.

Schwarm (*pl* **Schwärme**) *der (von Tieren)* swarm.

schwarz ◊ *adj* black. ◊ *adv (illegal)* on the black market; **der ~e Markt** the black market; **in den ~en Zahlen** in the black.

Schwarz *das* black.

Schwarzarbeit *die* moonlighting.

Schwarzbrot (*pl* **-e**) *das* black bread.

Schwarze (*pl* **-n**) *der, die (Farbiger)* black; *(Konservativer)* conservative.

schwarz|fahren *vi unr ist* to travel without a ticket.

Schwarzfahrer, -in (*mpl* -) *der, die* fare dodger.

Schwarzmarkt *der* black market.

Schwarzwald *der* Black Forest.

schwarzweiß *adj* black and white.

Schwarzweißfilm (*pl* **-e**) *der* black and white film.

Schwarzwurzel (*pl* **-n**) *die* oyster plant.

Schwebebahn (*pl* -en) *die* cable railway.

schweben *vi (fliegen)* to float.

Schwede (*pl* -n) *der* Swede.

Schweden *nt* Sweden.

Schwedin (*pl* -nen) *die* Swede.

schwedisch *adj* Swedish.

Schwedisch(e) *das* Swedish.

Schwefel *der* sulphur.

schweigen (*prät* schwieg, *pp* geschwiegen) *vi (Person)* to be silent.

Schweigepflicht *die* confidentiality.

Schwein (*pl* -e) *das* pig; *(Fleisch)* pork.

Schweinebraten (*pl* -) *der* roast pork.

Schweinefleisch *das* pork.

Schweinerei (*pl* -en) *die (fam: schlimme Sache)* scandal; *(fam: Schmutz)* mess.

Schweinshaxe (*pl* -n) *die (Süddt)* fried knuckle of pork.

Schweiß *der* sweat.

schweißen *vt* to weld.

Schweiz *die* Switzerland.

Schweizer (*pl* -) *der* Swiss.

Schweizerin (*pl* -nen) *die* Swiss.

schwellen (*präs* schwillt, *prät* schwoll, *pp* geschwollen) *vi (dick werden)* to swell.

Schwellung (*pl* -en) *die* swelling.

schwer ◇ *adj* heavy; *(stark)* serious; *(schwierig)* difficult. ◇ *adv (fam: sehr)* really; *(verletzt)* seriously; *(arbeiten)* hard; **das ist nur ~ möglich** that won't be easy; **zehn Kilo ~ sein** to weigh ten kilos; **es ~ haben mit** to have a hard time with.

Schwerbehinderte (*pl* -n) *der, die* severely handicapped person.

schwerhörig *adj* hard of hearing.

schwerkrank *adj* seriously ill.

schwerverletzt *adj* seriously injured.

Schwester (*pl* -n) *die* sister; *(Krankenschwester)* nurse.

schwieg *prät* → schweigen.

Schwiegereltern *pl* parents-in-law.

Schwiegermutter (*pl* -mütter) *die* mother-in-law.

Schwiegersohn (*pl* -söhne) *der* son-in-law.

Schwiegertochter (*pl* -töchter) *die* daughter-in-law.

Schwiegervater (*pl* -väter) *der* father-in-law.

schwierig *adj* difficult.

Schwierigkeit (*pl* -en) *die (Problem)* difficulty; **in ~en geraten/ stecken** to get into difficulty/be having difficulties.

schwillt *präs* → schwellen.

Schwimmbad (*pl* -bäder) *das* swimming pool.

Schwimmbecken (*pl* -) *das* swimming pool.

schwimmen (*prät* schwamm, *pp* geschwommen) ◇ *vi ist* to swim; *(Gegenstand)* to float. ◇ *vt ist (Strecke)* to swim.

Schwimmer, -in (*mpl* -) *der, die* swimmer.

Schwimmerbecken (*pl* -) *das* swimmers' pool.

Schwimmflosse (*pl* -n) *die* flipper *(Br)*, fin *(Am)*.

Schwimmflügel (*pl* -) *der* armband.

Schwimmhalle (*pl* -n) *die* indoor swimming pool.

Schwimmreifen (*pl* -) *der* rubber ring.

Schwimmweste (*pl* -n) *die* life jacket.

schwindelig *adj* dizzy; **mir ist/ wird ~** I am/am getting dizzy.

schwingen (*prät* schwang, *pp* geschwungen) ◇ *vi* to swing. ◇ *vt*

(Fahne) to wave; *(Peitsche)* to brandish.

♦ **sich schwingen** *ref (aufs Pferd, ins Auto)* to jump.

Schwips (*pl* -e) *der (fam)*: einen ~ haben to be tipsy.

schwitzen *vi* to sweat.

schwoll *prät* → **schwellen**.

schwor *prät* → **schwören**.

schwören (*prät* schwor, *pp* geschworen) *vt* to swear.

schwul *adj (fam)* gay.

schwül *adj (Wetter)* muggy, close.

Schwung *der (Bewegung)* swing; *(Elan)* zest; **mit ~** with zest.

Schwur (*pl* Schwüre) *der* oath.

sechs *num & pron* six; **fünf vor/ nach ~** five to/past six; **~ Uhr fünf- undvierzig** six forty-five; **um ~ (Uhr)** at six (o'clock); **sie ist ~ (Jahre alt)** she is six (years old); **wir waren ~** there were six of us.

sechshundert *num* six hundred.

sechsmal *adv* six times.

sechste, -r, -s *adj* sixth; **der ~ Juni** the sixth of June, June the sixth.

Sechstel (*pl* -) *das* sixth.

sechzehn *num* sixteen, → **sechs**.

sechzig *num* sixty, → **sechs**.

See[1] (*pl* -n) *der (Teich)* lake.

See[2] *die (Meer)* sea; **an die ~ fahren** to go to the seaside; **an der ~** at the seaside.

Seebad (*pl* -bäder) *das* seaside resort.

Seegang *der*: **leichter/hoher ~** calm/rough seas *(pl)*.

Seeigel (*pl* -) *der* sea urchin.

seekrank *adj* seasick.

Seele (*pl* -n) *die* soul.

Seeleute *pl* sailors.

seelisch *adj* mental.

Seelsorger, -in (*mpl* -) *der, die (Priester)* pastor.

Seeluft *die* sea air.

Seemeile (*pl* -n) *die* nautical mile.

Seenot *die* distress.

Seereise (*pl* -n) *die* voyage.

Seeweg *der*: **auf dem ~** by sea.

Segel (*pl* -) *das* sail.

Segelboot (*pl* -e) *das* sailing boat.

Segelfliegen *das* gliding.

Segelflugzeug (*pl* -e) *das* glider.

segeln *vi (mit Boot)* to sail.

Segelschiff (*pl* -e) *das* sailing ship.

sehbehindert *adj* partially sighted.

sehen (*präs* sieht, *prät* sah, *pp* gesehen) *vt & vi* to see; **gut/ schlecht ~** to have good/bad eyesight; **jm ähnlich ~** to look like sb; **sieh mal!** look!; **mal ~** we'll see; **siehste** ODER **siehst du!** *(fam)* you see; **nach jm ~** *(aufpassen)* to look after sb.

♦ **sich sehen** *ref (sich treffen)* to see each other.

Sehne (*pl* -n) *die (von Muskeln)* tendon.

sehnen: **sich sehnen** *ref*: **sich ~ nach** to long for.

Sehnenscheidenentzündung (*pl* -en) *die* tendonitis.

Sehnsucht *die* longing.

sehr *adv* very; **bitte ~!** you're welcome!; **das gefällt mir ~** I like that a lot; **danke ~!** thank you very much; **~ viel Geld** an awful lot of money; **zu ~** too much.

seid *präs* → **sein**.

Seide (*pl* -n) *die* silk.

Seife (*pl* -n) *die* soap.

Seifenlauge (*pl* -n) *die* soap suds *(pl)*.

Seil (*pl* -e) *das* rope.

Seilbahn (*pl* -en) *die* cable railway.

sein[1] (*präs* ist, *prät* war, *pp* gewesen) ◊ *aux* **1.** *(im Perfekt)* to have;

sie ist gegangen she has gone. **2.** *(im Konjunktiv)*: **sie wäre gegangen** she would have gone. ◇ *vi* **1.** *(Angabe von Eigenschaft, Zustand, Identität)* to be; **mir ist schlecht/kalt** I'm ill/cold; **Lehrer ~** to be a teacher. **2.** *(Angabe von Position)* to be; **das Hemd ist im Koffer** the shirt is in the suitcase. **3.** *(Angabe der Zeit)* to be; **das Konzert ist heute** the concert is today. **4.** *(Angabe der Herkunft)*: **aus Indien/Zürich ~** to be from India/Zürich. **5.** *(Angabe der Zusammensetzung)*: **aus etw ~** to be made of sthg. **6.** *(Angabe der Meinung)*: **für etw ~** to be in favour of sthg; **gegen etw ~** to be against sthg. **7.** *(Angabe von Zwang)*: **mein Befehl ist sofort auszuführen** my order is to be carried out immediately. **8.** *(Angabe von Möglichkeit)*: **das ist nicht zu ändern** there's nothing that can be done about it; **dieses Spiel ist noch zu gewinnen** this game can still be won. **9.** *(Angabe von Tätigkeit)*: **dabei ~, etw zu tun** to be doing sthg. **10.** *(Angabe von Teilnahme)*: **dabei ~** to be there. **11.** *(fam: Angabe von Reihenfolge)*: **ich bin dran** it's my turn; **Sie sind als nächste dran!** you're next! ◇ *vimp*: **es ist zwölf Uhr** it's twelve o'clock; **es ist dunkel** it's dark; **wie wäre es mit ...?** how about ...?; **was ist?** what's up?; **das wär's** that's all; **es sei denn, daß ...** unless ...

sein², **-e** *det* his.

seine, **-r**, **-es** ODER **seins** *pron (von Person)* his; *(von Tier, Ding)* its.

sein|lassen *vt unr (fam)*: **laß das**

sein! stop that!

seit *konj & präp* (+D) since; **ich wohne hier ~ drei Jahren** I've lived here for three years; **~ langem** for a long time; **~ wann** since when.

seitdem ◇ *adv* since then. ◇ *konj* since.

Seite *(pl -n) die* side; *(von Buch, Heft)* page; **auf der rechten/linken ~** on the right-hand/left-hand side; **zur ~ gehen** ODER **treten** to step aside.

Seiteneingang *(pl -gänge) der* side entrance.

Seitensprung *(pl -sprünge) der* affair; **einen ~ machen** to have an affair.

Seitenstechen *das* stitch.

Seitenstraße *(pl -n) die* side street.

Seitenstreifen *(pl -) der* hard shoulder *(Br)*, shoulder *(Am)*; '~ nicht befahrbar' 'soft verges'.

Seitenwind *der*: 'Vorsicht, ~!' 'caution crosswind'.

seither *adv* since then.

Sekretär *(pl -e) der* secretary; *(Möbelstück)* bureau.

Sekretärin *(pl -nen) die* secretary.

Sekt *(pl -e) der German sparkling wine similar to champagne.*

Sekte *(pl -n) die* sect.

Sektglas *(pl -gläser) das* champagne glass.

Sekunde *(pl -n) die* second.

Sekundenkleber *(pl -) der* superglue.

sekundenlang *adj* momentary.

selber *pron (fam)* = **selbst**.

selbst ◇ *adv (sogar)* even. ◇ *pron (er selbst)* himself; *(sie selbst)* herself, themselves *(pl)*; *(ich selbst)* myself; *(wir selbst)* ourselves; *(Sie selbst)* yourself, yourselves *(pl)*; **von ~** *(automatisch)* automatically, by itself.

selbständig ◇ *adj* independent;
(Unternehmer) self-employed.
◇ *adv* independently.

Selbstauslöser *(pl -)* der
delayed-action shutter release.

Selbstbedienung die self-service.

Selbstbedienungsrestaurant
(pl -s) das self-service restaurant.

Selbstbeteiligung die excess.

selbstbewußt *adj* self-confident.

Selbstbräuner *(pl -)* der artificial
tanning cream.

selbstgemacht *adj* home-made.

Selbstkostenpreis *(pl -e)* der
cost price.

Selbstmord *(pl -e)* der suicide.

selbstsicher *adj* self-confident.

Selbstversorger *(pl -)* der *(im
Urlaub)* self-caterer.

selbstverständlich ◇ *adj* natural. ◇ *adv* naturally.

Selbstverteidigung die self-
defence.

Selbstwählverkehr der direct
dialling.

Sellerie der celery.

selten ◇ *adj* rare. ◇ *adv* rarely.

Selters *(pl -)* die ODER das
sparkling mineral water.

seltsam *adj* strange.

Semester *(pl -)* das semester.

Semesterferien *pl* (university)
vacation *(sg)*.

Semikolon *(pl -s)* das semicolon.

Seminar *(pl -e)* das seminar;
(Institut) department.

Semmel *(pl -n)* die (bread) roll.

Semmelknödel *(pl -)* der bread
dumpling.

senden[1] *(prät* sandte, *pp* gesandt)
vt (Brief, Glückwünsche) to send; **jm
etw ~** to send sb sthg.

senden[2] *vt (Film, Konzert)* to
broadcast.

Sender *(pl -)* der *(Station)* station.

Sendung *(pl -en)* die *(in Fern-*

sehen, in Radio) programme; *(Brief)*
letter; *(Paket)* parcel.

Senf *(pl -e)* der mustard.

Senior, -in *(mpl -en)* der, die *(in
Firma)* senior colleague.

◆ **Senioren** *pl (Alte)* senior citizens; (SPORT) senior team *(sg)*.

Seniorenpaß *(pl -pässe)* der
senior citizen's travel pass.

senken *vt* to lower.

senkrecht ◇ *adj* vertical. ◇ *adv*
vertically.

Sensation *(pl -en)* die sensation.

sensibel *adj (Mensch)* sensitive.

separat *adj* separate.

September der September; **am
ersten ~** on the first of September;
Anfang/Ende ~ at the beginning/
end of September; **Mitte ~** in mid-
September; **Berlin, den 12. ~ 1995**
Berlin, 12 September 1995; **im ~** in
September.

Serie *(pl -n)* die series; *(von
Produkten)* line.

serienmäßig ◇ *adj* standard.
◇ *adv* in series.

seriös *adj* respectable.

Serpentine *(pl -n)* die *(Straße)*
steep and winding road.

Service[1] der *(von Firma, Hotel)*
service.

Service[2] *(pl -s)* das *(von Eßge-
schirr)* (dinner) service.

servieren *vt* to serve.

Serviette *(pl -n)* die serviette.

Servolenkung *(pl -en)* die
power steering.

Servus *interj (Süddt)* hello.

Sesam der sesame.

Sessel *(pl -)* der armchair.

Sessellift *(pl -e)* der chairlift.

setzen ◇ *vt* hat *(Person)* to sit;
(Gegenstand) to put; *(festlegen,
Text)* to set; *(Geld)* to bet. ◇ *vi (bei
Wette, Roulette)* to bet; **~ auf** *(+A)* to
bet on.

◆ **sich setzen** ref *(Person, Tier)* to

sit (down); **sich ~ zu** to sit with.

Seuche (*pl* -n) *die (Krankheit)* epidemic.

seufzen *vi* to sigh.

Sex *der* sex.

sexuell *adj* sexual.

Sfr. *(abk für Schweizer Franken)* Swiss francs.

Shampoo (*pl* -s) *das* shampoo.

Sherry (*pl* -s) *der* sherry.

Shorts *pl* shorts.

Show (*pl* -s) *die* show.

Shuttle-Bus (*pl* -se) *der* shuttle bus.

sich *pron (Reflexivpronomen: unbestimmt)* oneself; *(Person)* himself (herself), themselves *(pl)*; *(Ding, Tier)* itself, themselves *(pl)*; *(bei Höflichkeitsform)* yourself, yourselves *(pl)*; **~ freuen auf etw** (A) to look forward to sthg; **~** (D) **etw kaufen** to buy sthg (for o.s.).

sicher ◇ *adj (ungefährdet)* safe; *(zuverlässig)* reliable. ◇ *adv (ungefährdet)* safely; *(zuverlässig)* reliably; *(sicherlich)* certainly, definitely; **aber ~!** of course; **bist du ~?** are you sure?; **etw ~ wissen** to know sthg for sure; **sich** (D) **~ sein** to be sure.

Sicherheit (*pl* -en) *die (Schutz)* safety; *(Zuverlässigkeit)* certainty; *(Selbstsicherheit)* confidence; *(finanziell)* security.

Sicherheitsdienst (*pl* -e) *der* security service.

Sicherheitsgurt (*pl* -e) *der* safety belt.

Sicherheitsnadel (*pl* -n) *die* safety pin.

Sicherheitsschloß (*pl* -schlösser) *das* safety lock.

sicherlich *adv* certainly.

sichern *vt (Ort)* to secure.

Sicherung (*pl* -en) *die (elektrisch)* fuse; *(Schutz)* safeguarding.

Sicht *die* view; **gute ~** good vis-

ibility; **in ~ sein** to be in sight.

sichtbar *adj* visible.

Sichtvermerk (*pl* -e) *der* visa.

Sichtweite *die* visibility; **außer/in ~** out of/in sight.

sie *pron (Singular: Nominativ)* she; *(Akkusativ)* her; *(Tier, Gegenstand)* it; *(Plural: Nominativ)* they; *(Akkusativ)* them.

Sie *pron (Singular, Plural)* you.

Sieb (*pl* -e) *das* sieve.

sieben ◇ *num* seven, → **sechs**. ◇ *vt (Sand, Tee)* to sieve.

siebenhundert *num* seven hundred.

siebenmal *adv* seven times.

siebte, -r, -s *adj* seventh, → **sechste**.

siebzehn *num* seventeen, → **sechs**.

siebzig *num* seventy, → **sechs**.

siedend *adj* boiling.

Siedlung (*pl* -en) *die (Niederlassung)* settlement; *(am Stadtrand)* (housing) estate.

Sieg (*pl* -e) *der* victory.

siegen *vi* to win; **~ gegen** ODER **über** (+A) to beat.

Sieger, -in (*mpl* -) *der, die* winner.

Siegerehrung (*pl* -en) *die* (SPORT) medals ceremony.

siehe *Imperativ* → **sehen**; **~ oben/unten** see above/below.

sieht *präs* → **sehen**.

siezen *vt:* **jn ~** to use the 'Sie' form of address to sb.

Signal (*pl* -e) *das* signal.

Silbe (*pl* -n) *die* syllable.

Silber *das* silver.

Silberhochzeit (*pl* -en) *die* silver wedding (anniversary).

Silvester (*pl* -) *das* New Year's Eve.

simultan *adj* simultaneous.

sind *präs* → **sein**[1].

Sinfonie (*pl* -n) *die* symphony.

Sinfonieorchester (*pl* -) *das* symphony orchestra.

singen (*prät* sang, *pp* gesungen) *vt & vi* to sing.

sinken (*prät* sank, *pp* gesunken) *vi ist* to sink; *(Preis, Besucherzahlen)* to fall.

Sinn (*pl* -e) *der (körperlich)* sense; *(Bedeutung)* meaning; *(Zweck)* point; **es hat keinen ~** there's no point.

sinnlos *adj (unsinnig)* pointless.

sinnvoll *adj (Arbeit)* meaningful; *(vernünftig)* sensible.

Sirene (*pl* -n) *die (Gerät)* siren.

Sitte (*pl* -n) *die (Gepflogenheit)* custom.

♦ **Sitten** *pl (Benehmen)* manners.

Situation (*pl* -en) *die* situation.

Sitz (*pl* -e) *der* seat.

sitzen (*prät* saß, *pp* gesessen) *vi* to sit; **~ auf** (+*D*) to be sitting on; **gut ~** *(Kleidung)* to be a good fit.

sitzenlassen *vt unr (fam: Partner)* to dump; *(bei Verabredung)* to stand up.

Sitzgelegenheit (*pl* -en) *die* seating, place to sit.

Sitzplatz (*pl* -plätze) *der* seat.

Sitzung (*pl* -en) *die (Konferenz)* meeting.

Skandal (*pl* -e) *der* scandal.

Skat *der* skat, *card game for three players.*

Skateboard (*pl* -s) *das* skateboard.

Skelett (*pl* -e) *das* skeleton.

Ski (*pl* -er) *der* ski; **~ fahren** ODER **laufen** to ski.

Skianzug (*pl* -züge) *der* ski suit.

Skiausrüstung (*pl* -en) *die* skiing equipment.

Skigebiet (*pl* -e) *das* skiing area.

Skihose (*pl* -n) *die* ski pants *(pl).*

Skikurs (*pl* -e) *der* skiing course.

Skiläufer, -in (*mpl* -) *der, die* skier.

Skilehrer, -in (*mpl* -) *der, die* ski instructor.

Skilift (*pl* -e) *der* ski lift.

Skipiste (*pl* -n) *die* ski-run.

Skistiefel (*pl* -) *der* ski boot.

Skistock (*pl* -stöcke) *der* ski stick.

Skiurlaub (*pl* -e) *der* skiing holiday.

Skiwachs *das* ski wax.

Skizze (*pl* -n) *die* sketch.

Skorpion (*pl* -e) *der (Tier)* scorpion; *(Sternzeichen)* Scorpio.

Skulptur (*pl* -en) *die* sculpture.

S-Kurve (*pl* -n) *die* S-bend.

Slalom (*pl* -s) *der (im Sport)* slalom.

Slip (*pl* -s) *der* briefs *(pl).*

Slipeinlage (*pl* -n) *die* panty liner.

Slowakei *die* Slovakia.

Smog *der* smog.

Smoking (*pl* -s) *der* dinner jacket.

so ◇ *adv* **1.** *(auf diese Art)* like this; *(auf jene Art)* like that; **~ was** *(fam)* something like that; **gut ~!** good!
2. *(dermaßen)* so; **ich bin ~ froh, daß du gekommen bist** I'm so glad you came; **~ ..., daß** so ... that; **~ ein** such a; **~ ein Pech!** what bad luck!
3. *(fam: circa)* about; **oder ~** or so.
4. *(mit Geste)* this; **es war ~ groß** it was this big.
5. *(fam: ohne etwas)* as it is; *(umsonst)* for free; **ich trinke den Tee lieber ~** I'd rather have the tea as it is; **ich bin ~ ins Kino reingekommen** I got into the cinema for free.
6. *(fam: im allgemeinen)*: **was hast du sonst noch ~ gemacht?** what else did you do, then?
7. *(vergleichend)*: **~ ... wie** as ... as; **das Loch war ~ breit wie tief** the hole was as wide as it was deep.

◇ *konj* **1.** *(Ausdruck des Vergleichs)* as; **laufen, ~ schnell man kann** to run as fast as one can. **2.** *(Ausdruck der Folge):* **~ daß** so that.

◇ *interj:* **~, das war's** so, that's it; **~, glaubst du das?** so, you believe that, do you?

♦ **so oder so** *adv* anyway.

s.o. *abk* = **siehe oben**.

sobald *konj* as soon as.

Söckchen (*pl* -) *das* ankle sock.

Socke (*pl* -n) *die* sock.

Sodbrennen *das* heartburn.

Sofa (*pl* -s) *das* sofa.

soff *prät* → **saufen**.

sofort *adv* immediately; *(gleich)* in a moment.

Sofortbildkamera (*pl* -s) *die* instant camera.

sog *prät* → **saugen**.

sogar *adv* even.

sogenannt *adj (abw: angeblich)* so-called.

Sohle (*pl* -n) *die* sole.

Sohn (*pl* **Söhne**) *der* son.

Soja *die* soya bean.

solange *konj* as long as.

Solarium (*pl* **Solarien**) *das* solarium.

solch *det* such; **~ nette Leute** such nice people.

solche, -r, -s *det* such; **ein ~r Mann** such a man; **das Thema als ~s** the topic as such.

Soldat (*pl* -en) *der* soldier.

solidarisch *adj:* **sich ~ zeigen** to show solidarity.

solide *adj (Material)* solid.

Solist, -in (*mpl* -en) *der, die* soloist.

Soll *das (Schulden)* debit.

sollen[1] *(pp* **sollen)** *aux* to be supposed to; **ich soll um 10 Uhr dort sein** I'm supposed ODER meant to be there at 10; **wir hätten nicht**

kommen ~ we shouldn't have come; **soll ich das Fenster aufmachen?** shall I open the window?; **sollte sie noch kommen, sag ihr ...** if she should turn up, tell her ...

sollen[2] *(pp* **gesollt)** *vi:* **die Waren ~ nach München** the goods are meant to go to Munich; **was soll das?** *(fam)* what's all this?; **was soll's?** *(fam)* what the hell?

solo *adv* (MUS) solo; *(fam: allein)* alone.

Sommer (*pl* -) *der* summer; **im ~** in (the) summer.

Sommerfahrplan (*pl* -pläne) *der* summer timetable.

Sommerferien *pl* summer holidays.

sommerlich *adj* summery.

Sommerpause (*pl* -n) *die* summer break.

Sommerreifen (*pl* -) *der* summer tyre.

Sommerschlußverkauf (*pl* -käufe) *der* summer sale.

Sommersprosse (*pl* -n) *die* freckle.

Sommerzeit *die* summertime.

Sonate (*pl* -n) *die* sonata.

Sonderangebot (*pl* -e) *das* special offer.

Sonderausstattung (*pl* -en) *die:* **ein Auto mit ~** a car with optional extras.

sonderbar *adj* strange.

Sonderfahrplan (*pl* -pläne) *der* special timetable.

Sonderfahrt (*pl* -en) *die (Zugfahrt)* special train; *(Busfahrt)* special bus.

Sondergenehmigung (*pl* -en) *die* special permit.

Sonderleistungen *pl* special benefits.

Sondermarke (*pl* -n) *die* special issue stamp.

Sondermaschine (*pl* -n) *die* special plane.

Sondermüll *der* hazardous waste.

sondern *konj* but.

Sonderpreis (*pl* -e) *der* special price.

Sonderschule (*pl* -n) *die* special school.

Sonderzug (*pl* -züge) *der* special train.

Sonnabend (*pl* -e) *der* Saturday, → **Samstag**.

sonnabends *adv* on Saturdays.

Sonne *die* sun; **die ~ scheint** the sun is shining; **in der prallen ~** in the blazing sun.

sonnen: **sich sonnen** *ref (in Sonne)* to sun o.s.

Sonnenaufgang (*pl* -gänge) *der* sunrise.

Sonnenbad (*pl* -bäder) *das*: **ein ~ nehmen** to sunbathe.

Sonnenbank (*pl* -bänke) *die* sunbed.

Sonnenblume (*pl* -n) *die* sunflower.

Sonnenblumenbrot (*pl* -e) *das* sunflower seed bread.

Sonnenblumenkern (*pl* -e) *der* sunflower seed.

Sonnenblumenöl *das* sunflower oil.

Sonnenbrand *der* sunburn.

Sonnenbrille (*pl* -n) *die* sunglasses *(pl)*.

Sonnencreme (*pl* -s) *die* sun cream.

Sonnendach (*pl* -dächer) *das* *(für Auto)* sunroof.

Sonnendeck (*pl* -s) *das* sun deck.

Sonnenmilch *die* suntan lotion.

Sonnenöl (*pl* -e) *das* suntan oil.

Sonnenschein *der* sunshine.

Sonnenschirm (*pl* -e) *der* sunshade.

Sonnenschutzfaktor *der* protection factor.

Sonnenseite *die (von Gebäude)* sunny side.

Sonnenstich *der* sunstroke.

Sonnenstudio (*pl* -s) *das* tanning studio.

Sonnenuntergang (*pl* -gänge) *der* sunset.

sonnig *adj* sunny.

Sonntag (*pl* -e) *der* Sunday, → **Samstag**.

sonntags *adv* on Sundays.

Sonntagsverkauf *der* Sunday trading.

sonn- und feiertags *adv* on Sundays and public holidays.

sonst ◇ *adv (außerdem)* else; *(normalerweise)* usually; *(abgesehen davon)* otherwise. ◇ *konj (andernfalls)* or; **~ habe ich nichts** I've got nothing else; **~ nichts** nothing else; **was ~?** *(fam)* what else?

sonstig *adj* other.

sooft *konj* whenever.

Sopran (*pl* -e) *der* soprano.

Sorge (*pl* -n) *die* worry; **sich** (*D*) **~n machen um** to worry about; **keine ~!** *(fam)* don't worry!

sorgen *vi*: **~ für** *(beschaffen)* to see to; *(sich kümmern um)* to look after. ◆ **sich sorgen** *ref* to worry.

sorgfältig *adj* careful.

Sorte (*pl* -n) *die (von Dingen)* sort, type.

sortieren *vt* to sort.

Sortiment (*pl* -e) *das* assortment.

Soße (*pl* -n) *die* sauce.

Souvenir (*pl* -s) *das* souvenir.

souverän *adj (Person)* superior; *(Staat)* sovereign.

soviel ◇ *pron* as much. ◇ *konj*: **~ ich weiß** as far as I know; **iß, ~ du willst** eat as much as you like; **doppelt ~ wie** twice as much as.

soweit ◇ *adv (im allgemeinen)* on

the whole. ◇ *konj* as far as. ◇ *adj*: ~ **sein** to be ready.

sowie *konj (und)* as well as, and.

sowieso *adv* anyway.

sowohl *konj*: ~ ... **als auch** ... as well as ...

sozial ◇ *adj* social. ◇ *adv* socially.

Sozialarbeiter, -in *(mpl -) der, die* social worker.

Sozialdemokrat, -in *(mpl -en) der, die* social democrat.

sozialdemokratisch *adj* social-democratic.

Sozialhilfe *die* ≃ income support *(Br)*, ≃ welfare *(Am)*.

sozialistisch *adj* socialist.

Sozialversicherung *(pl -en) die* social security.

Sozialwohnung *(pl -en) die* council flat *(Br)*.

Soziologie *die* sociology.

sozusagen *adv* so to speak.

Spachtel *(pl -) der* spatula.

Spaghetti *pl* spaghetti *(sg)*.

Spalte *(pl -n) die (in Fels, Holz)* crack; *(von Text)* column.

Spanferkel *(pl -) das (Fleisch)* suckling pig.

Spange *(pl -n) die (im Haar)* hair slide *(Br)*, barrette *(Am)*.

Spanien *nt* Spain.

Spanier, -in *(mpl -) der, die* Spaniard; **die** ~ the Spanish.

spanisch *adj* Spanish.

Spanisch(e) *das* Spanish.

spann *prät* → **spinnen**.

spannend *adj* exciting.

Spannung *(pl -en) die* tension; *(elektrisch)* voltage.

♦ **Spannungen** *pl (Krise)* tension *(sg)*.

Sparbuch *(pl -bücher) das* savings book.

Sparbüchse *(pl -n) die* piggy bank.

sparen *vt & vi* to save; ~ **für** ODER **auf** *(+A)* to save up for.

Spargel *der* asparagus.

Spargelsuppe *(pl -n) die* asparagus soup.

Sparkasse *(pl -n) die* savings bank.

Sparkonto *(pl -konten) das* savings account.

Sparpreis *(pl -e) der* economy price.

sparsam *adj* economical.

Sparschwein *(pl -e) das* piggy bank.

Spaß *(pl Späße) der (Vergnügen)* fun; *(Scherz)* joke; ~ **machen** to joke; **Sprachenlernen macht mir** ~ I enjoy learning languages; ~ **haben** to have fun; **viel** ~! have fun!; **zum** ~ for fun; **er versteht keinen** ~ he has no sense of humour.

spät *adj & adv* late; **sie kam mal wieder zu** ~ she was late again; **wie** ~ **ist es?** what's the time?

Spaten *(pl -) der* spade.

später *adv (dann)* later; **bis** ~! see you later!

spätestens *adv* at the latest.

Spätlese *(pl -n) die (Wein)* late vintage.

Spätnachmittag *(pl -e) der* late afternoon.

Spätschicht *(pl -en) die* late shift.

Spätsommer *der* late summer.

Spätvorstellung *(pl -en) die* late show.

Spatz *(pl -en) der (Vogel)* sparrow.

Spätzli *pl (Schweiz) small round noodles, similar to macaroni.*

spazieren|gehen *vi unr ist* to go for a walk.

Spaziergang *(pl -gänge) der* walk; **einen** ~ **machen** to go for a walk.

Speck *der (geräuchert)* bacon; *(Fett)* fat.

Spedition (*pl* -en) *die (für Umzug)* removal firm.

Speiche (*pl* -n) *die (am Rad)* spoke.

Speichel *der* saliva.

Speicher (*pl* -) *der (unterm Dach)* loft; (EDV) memory.

speichern *vt* (EDV) to save.

Speise (*pl* -n) *die (geh: Nahrung)* food; *(Gericht)* meal.

Speiseeis *das* ice cream.

Speisekarte (*pl* -n) *die* menu.

Speiseröhre (*pl* -n) *die* gullet.

Speisesaal (*pl* -säle) *der* dining room.

Speisewagen (*pl* -) *der* dining car.

Spende (*pl* -n) *die* donation.

spenden *vt* to donate.

spendieren *vt*: jm etw ~ to buy sb sthg (for a treat).

Sperre (*pl* -n) *die (auf Straße)* barrier.

sperren *vt (Straße)* to close; *(Konto)* to freeze; jn in ein Zimmer ~ to shut sb in a room.

Sperrgebiet (*pl* -e) *das*: militärisches ~ military range.

Sperrmüll *der* large items of rubbish *(pl)*.

Sperrstunde (*pl* -n) *die* closing time.

Sperrung (*pl* -en) *die (von Straße)* closing; *(von Konto)* freezing.

Spesen *pl* expenses.

Spezi® (*pl* -s) *das (Getränk)* Coke®.

Spezialgebiet (*pl* -e) *das* specialist field.

Spezialist, -in (*mpl* -en) *der, die* specialist.

Spezialität (*pl* -en) *die* speciality.

Spezialitäten-Restaurant (*pl* -s) *das* speciality restaurant.

Spiegel (*pl* -) *der* mirror.

Spiegelei (*pl* -er) *das* fried egg.

spiegelglatt *adj* slippery.

Spiegelreflexkamera (*pl* -s) *das* reflex camera.

Spiel (*pl* -e) *das* game; *(Karten)* deck, pack.

Spielautomat (*pl* -en) *der* fruit machine.

spielen ◇ *vt* to play. ◇ *vi* to play; *(Roman, Film)* to be set; *(um Geld)* to gamble; *(Schauspieler)* to act; ~ gegen to play against; ~ um to play for; Karten ~ to play cards; Klavier ~ to play the piano; Tennis ~ to play tennis.

Spieler, -in (*mpl* -) *der, die* player.

Spielfilm (*pl* -e) *der* (feature) film.

Spielhalle (*pl* -n) *die* amusement arcade.

Spielkasino (*pl* -s) *das* casino.

Spielplan (*pl* -pläne) *der (von Theater)* programme.

Spielplatz (*pl* -plätze) *der* playground.

Spielregel (*pl* -n) *die* rule.

Spielsachen *pl* toys.

Spielwaren *pl* toys.

Spielzeug *das* toy.

Spieß (*pl* -e) *der (für Fleisch)* spit; am ~ spit-roasted.

Spießchen (*pl* -) *das* skewer.

Spinat *der* spinach.

Spinne (*pl* -n) *die* spider.

spinnen *(prät* spann, *pp* gesponnen) ◇ *vt (Wolle)* to spin. ◇ *vi (fam: verrückt sein)* to be crazy; du spinnst! you're joking!

spionieren *vi* to spy.

Spirale (*pl* -n) *die* spiral; (MED) coil.

Spirituosen *pl* spirits.

Spiritus *der* spirit.

Spirituskocher (*pl* -) *der* spirit stove.

spitz *adj* pointed.

Spitze (pl -n) die (von Messer, Nadel) point; (von Berg) peak; (von Kolonne, Gruppe) head.

Spitzer (pl -) der pencil sharpener.

Spitzname (pl -n) der nickname.

Splitter (pl -) der splinter.

spontan adj spontaneous.

Sport der sport; ~ **treiben** to do sport.

Sportanlage (pl -n) die sports complex.

Sportartikel (pl -) der piece of sports equipment.

Sportgerät (pl -e) das piece of sports equipment.

Sportgeschäft (pl -e) das sports shop.

Sporthalle (pl -n) die sports hall.

Sporthotel (pl -s) das hotel with sports facilities.

Sportkleidung die sportswear.

Sportler, -in (mpl -) der, die sportsman (sportswoman).

sportlich adj (Leistung) sporting; (Person, Kleidung) sporty.

Sportplatz (pl -plätze) der playing field.

Sportverein (pl -e) der sports club.

Sportwagen (pl -) der sports car.

spotten vi to mock.

sprach prät → sprechen.

Sprache (pl -n) die language; **zur ~ kommen** to come up.

Sprachenschule (pl -n) die language school.

Sprachführer (pl -) der phrasebook.

Sprachkenntnisse pl knowledge (sg).

sprachlich adj linguistic.

Sprachreise (pl -n) die journey to a country to learn the language.

Sprachunterricht der language teaching.

sprang prät → springen.

Spray (pl -s) das spray.

Sprechanlage (pl -n) die intercom.

sprechen ◇ vi 1. (reden) to talk, to speak; **mit jm ~** to talk to sb; **über jn/etw ~** to talk about sb/sthg; **von jm/etw ~** to talk about sb/sthg.
2. (am Telefon) to speak; **wer spricht da, bitte?** who's speaking?
3. (urteilend): **was spricht dagegen, jetzt Urlaub zu nehmen?** why shouldn't we go on holiday now?; **es spricht für ihn, daß ...** it's in his favour that ...
◇ vt 1. (Sprache) to speak; **Deutsch ~** to speak German.
2. (Person) to speak to.
3. (Gebet) to say.
♦ **sich sprechen** ref to talk.

Sprecher, -in (mpl -) der, die (im Radio, Fernsehen) newsreader; (von Gruppe) spokesperson.

Sprechstunde (pl -n) die (beim Arzt) surgery.

Sprechzimmer (pl -) das consulting room.

Sprengarbeiten pl: 'Sprengarbeiten' sign indicating that explosives are being used for excavation.

Sprengstoff (pl -e) der explosive.

spricht prät → sprechen.

Sprichwort (pl -wörter) das proverb.

sprießen (prät **sproß**, pp **gesprossen**) vi ist (Blätter) to shoot.

Springbrunnen (pl -) der fountain.

springen (prät **sprang**, pp **gesprungen**) vi (Person, Tier) to jump; (Glas) to break.

Springflut (pl -en) die spring tide.

Sprint (pl -s) der sprint.

Spritze (pl -n) die (Injektion) injection; (Nadel, für Sahne) syringe.

spritzen ◇ vt (Injektion) to inject;

(Wasser, Gift, Auto) to spray. ◊ *vi* to splash. ◊ *vimp (Fett)* to spit.

spröde *adj (Material)* brittle.

Sprudel *(pl -)* der *(Mineralwasser)* sparkling mineral water.

Sprudelwasser *(pl -)* das *(Mineralwasser)* sparkling mineral water.

sprühen *vt (Wasser)* to spray.

Sprühregen *der* drizzle.

Sprung *(pl Sprünge)* der *(Springen)* jump; *(Riß)* crack.

Sprungbrett *(pl -er)* das springboard.

Sprungschanze *(pl -n)* die ski jump.

Spucke die *(fam)* spittle.

spucken *vi (ausspucken)* to spit.

Spüle *(pl -n)* die sink.

spülen ◊ *vt* to rinse. ◊ *vi (an Spüle)* to wash up; *(in Toilette)* to flush; Geschirr ~ to wash the dishes.

Spülmaschine *(pl -n)* die dishwasher.

Spülmittel *(pl -)* das washing-up liquid.

Spülung *(pl -en)* die *(von Toilette)* flush.

Spur *(pl -en)* die *(von Füßen, Dieb)* track; *(kleine Menge)* touch; *(Fahrspur)* lane; die ~ wechseln to change lanes.

spüren *vt* to feel.

Spurrillen *pl (auf Straße)*: 'Spurrillen' 'temporary road surface'.

Squash das squash.

SSV *abk* = **Sommerschlußverkauf.**

St. *(abk für Sankt)* St.

Staat *(pl -en)* der state; *(Land)* country.

staatlich ◊ *adj* state. ◊ *adv*: ~ anerkannt government-approved; ~ geprüft government-certified.

Staatsangehörigkeit *(pl -en)* die nationality.

Staatsbürger, -in *(mpl -)* der, die citizen.

Staatsbürgerschaft *(pl -en)* die nationality.

Staatsexamen *(pl -)* das *final exam taken by law and arts students at university.*

Stäbchen *(pl -)* das *(zum Essen)* chopstick.

Stabhochsprung der pole vault.

stabil *adj* stable; *(Möbel, Bau)* solid.

stach *prät* → **stechen.**

Stachel *(pl -n)* der *(von Insekten)* sting; *(von Pflanzen)* thorn.

Stachelbeere *(pl -n)* die gooseberry.

Stacheldraht *(pl -drähte)* der barbed wire.

Stadion *(pl Stadien)* das stadium.

Stadium *(pl Stadien)* das stage.

Stadt *(pl Städte)* die town; *(sehr groß)* city; *(Verwaltung)* town council; in die ~ fahren to go to town.

Stadtautobahn *(pl -en)* die urban motorway *(Br)*, freeway *(Am)*.

Stadtbahn *(pl -en)* die suburban railway.

Stadtbummel *(pl -)* der *(fam)* stroll through town.

Städtepartnerschaft *(pl -en)* die town twinning.

Stadtführung *(pl -en)* die city sightseeing tour.

Stadtgebiet *(pl -e)* das town area.

Stadthalle *(pl -n)* die civic hall.

städtisch *adj (Kindergarten, Verwaltung)* municipal; *(Bevölkerung)* urban.

Stadtkern *(pl -e)* der town/city centre.

Stadtmauer *(pl -n)* die city wall.

Stadtmitte die town/city centre.

Stadtpark *(pl -s)* der municipal park.

Stadtplan *(pl -pläne)* der street map.

Stadtrand (*pl* -ränder) *der* outskirts *(pl)*; **am** ~ on the outskirts.

Stadtrat (*pl* -räte) *der (Organ)* town council; *(Person)* town councillor.

Stadträtin (*pl* -nen) *die* town councillor.

Stadtrundfahrt (*pl* -en) *die* city tour.

Stadtstaat (*pl* -en) *der* city state.

Stadtteil (*pl* -e) *der* district, quarter.

Stadttor (*pl* -e) *das* city gate.

Stadtviertel (*pl* -) *das* district, quarter.

Stadtzentrum (*pl* -zentren) *das* town/city centre.

stahl *prät* → **stehlen**.

Stahl *der* steel.

Stall (*pl* Ställe) *der* stable.

Stamm (*pl* Stämme) *der (von Baum)* trunk; (GRAMM) stem; *(Gruppe)* tribe.

stammen *vi*: ~ **aus/von** to come from.

Stammgast (*pl* -gäste) *der* regular.

Stammkunde, -kundin (*mpl* -n) *der, die* regular customer.

Stammtisch (*pl* -e) *der regulars' table at a pub*.

stand *prät* → **stehen**.

Stand (*pl* Stände) *der (auf Markt, Messe)* stand; *(in Entwicklung)* state.

Ständer (*pl* -) *der* stand.

ständig ◊ *adj* constant. ◊ *adv* constantly.

Standlicht *das* sidelights *(pl)*.

Standort (*pl* -e) *der (von Person)* position; *(von Firma)* location.

Standpunkt (*pl* -e) *der* point of view.

Standspur (*pl* -en) *die* hard shoulder.

Stange (*pl* -n) *die (aus Holz)* pole; *(aus Metall)* rod, bar; **eine** ~ Zigaretten a carton of 200 cigarettes.

Stangenbrot (*pl* -e) *das* French stick.

stank *prät* → **stinken**.

Stapel (*pl* -) *der (Haufen)* pile.

Star[1] (*pl* -e) *der (Vogel)* starling.

Star[2] (*pl* -s) *der (Person)* star.

starb *prät* → **sterben**.

stark (*komp* stärker, *superl* am stärksten) ◊ *adj* strong; *(Verkehr, Regen)* heavy; *(Husten)* bad; *(fam: toll)* great. ◊ *adv (intensiv)* heavily; *(fam: toll)* brilliantly.

Stärke (*pl* -n) *die* strength; *(in Nahrung, für Wäsche)* starch; *(Dicke)* thickness.

stärken *vt (körperlich)* to strengthen; *(Wäsche)* to starch.

♦ **sich stärken** *ref* to fortify o.s.

Starkstrom *der* heavy current.

Stärkung (*pl* -en) *die (Nahrung, Getränk)* refreshment.

starren *vi (sehen)*: **auf etw** (A) ~ to stare at sthg.

Start (*pl* -s) *der (von Flugzeug)* takeoff; *(von Rennen)* start.

Startautomatik *die* automatic choke.

Startbahn (*pl* -en) *die* runway.

starten ◊ *vt* to start. ◊ *vi (Läufer)* to start; *(Flugzeug)* to take off.

Starthilfe *die (für Auto)* jump start; **jm** ~ **geben** to give sb a jump start.

Starthilfekabel (*pl* -) *das* jump lead.

Station (*pl* -en) *die (von Bus, Zug, U-Bahn)* station; *(von Reise)* stop; *(im Krankenhaus)* ward.

stationär *adj (Behandlung)* inpatient *(vor Subst)*.

Statistik (*pl* -en) *die* statistics *(sg)*.

Stativ (*pl* -e) *das* tripod.

statt *konj & präp* (+G) instead of; ~ **dessen** instead.

statt|finden vi unr to take place.

Statue (pl -n) die statue.

Stau (pl -s) der (im Verkehr) traffic jam; **im ~ stehen** to be stuck in a traffic jam; **ein 5 km langer ~** a 5 km tailback.

Staub der dust.

stauben ◇ vi to be dusty. ◇ vimp: **es staubt** it's dusty.

staubig adj dusty.

Staubsauger (pl -) der vacuum cleaner.

Staudamm (pl -dämme) der dam.

Staugefahr die: **es besteht ~** delays are possible.

staunen vi to be amazed.

Stausee (pl -n) der reservoir.

Stauwarnung (pl -en) die traffic report.

Std. (abk für Stunde) hr.

Steak (pl -s) das steak.

Steakhaus (pl -häuser) das steakhouse.

stechen (präs sticht, prät stach, pp gestochen) vt (mit Nadel, Stachel) to prick; (mit Messer) to stab; (subj: Insekt) to sting.

♦ **sich stechen** ref to prick o.s.

Stechmücke (pl -n) die mosquito.

Steckdose (pl -n) die socket.

stecken ◇ vt (einstecken) to put. ◇ vi (Gegenstand) to be; **wo habt ihr gesteckt?** (fam) where were you?

stecken|lassen vt unr: **ich habe den Schlüssel ~** I left the key in the lock.

Stecker (pl -) der plug.

Stecknadel (pl -n) die pin.

Steg (pl -e) der (Brücke) footbridge.

Steh-Café (pl -s) das café where customers drink coffee standing at a counter.

stehen (prät stand, pp gestanden) ◇ vi 1. (Person, Tier) to stand. 2. (Gegenstand, Pflanze) to be; **die**

Vase steht auf dem Tisch the vase is on the table; **in der Zeitung steht, daß ...** it says in the paper that ... 3. (Uhr, Motor) to have stopped. 4. (unterstützend): **zu jm/etw ~** to stand by sb/sthg. 5. (Kleidung, Frisur): **jm ~** to suit sb; **jm gut/nicht ~** to suit/not to suit sb. 6. (fam: mögen): **auf etw** (A) **~** to be into sthg; **auf jn ~** to fancy sb.

◇ vimp 1. (im Sport): **es steht 1:0** the score is 1-0. 2. (gesundheitlich): **wie steht es um den Patienten?** how is the patient?; **es steht schlecht um ihn** he is not doing very well.

stehen|bleiben vi unr ist to stop.

stehen|lassen vt unr to leave.

stehlen (präs stiehlt, prät stahl, pp gestohlen) vt to steal.

Stehplatz (pl -plätze) der standing place.

steif adj stiff.

steigen (prät stieg, pp gestiegen) vi ist (klettern) to climb; (in die Luft, ansteigen) to rise; **in etw** (A)/**aus etw ~** to get on/out of sthg; **auf einen Berg ~** to climb (up) a mountain.

steigern vt to raise; (GRAMM) to form the comparative/superlative of.

Steigung (pl -en) die (von Straße) gradient.

steil adj steep.

Steilhang (pl -hänge) der steep slope.

Steilküste (pl -n) die cliffs (pl).

Stein (pl -e) der stone; (zum Bauen) brick; (zum Spielen) piece.

Steinbock (pl -böcke) der (Tier) ibex; (Sternzeichen) Capricorn.

Steinbutt (pl -e) der turbot.

Steingut das (Material) earthenware.

Steinpilz (*pl* -e) *der* cep, *type of large wild mushroom with a rich flavour.*

Steinschlag *der*: '**Achtung ~**' 'danger – falling rocks'.

Stelle (*pl* -n) *die* (*Platz, Rang*) place; (*Fleck*) patch; (*Arbeitsplatz*) job; (*im Text*) passage; **an zweiter ~ liegen** to be in second place; **an deiner ~** if I were you; **auf der ~** on the spot.

stellen *vt* **1.** (*hinstellen*) to put; **eine Vase auf den Tisch ~** to put a vase on the table.

2. (*halten*): **etw kalt ~** to chill sthg; **etw warm ~** to keep sthg warm.

3. (*einstellen*) to set; **den Fernseher leiser ~** to turn the television down.

4. (*Diagnose, Prognose*) to make.

5. (*Frage*) to ask; (*Bedingung*) to set.

♦ **sich stellen** *ref* **1.** (*sich hinstellen*): **sich ans Fenster ~** to walk to the window.

2. (*nicht ausweichen*): **sich etw** (*D*) **~** to face sthg.

3. (*sich verstellen*): **sich krank ~** to pretend to be ill; **sich dumm ~** to pretend not to understand.

Stellenangebot (*pl* -e) *das* job offer.

stellenweise *adv* in places.

Stellung (*pl* -en) *die* position; **~ zu etw nehmen** to comment on sthg.

Stellvertreter, -in (*mpl* -) *der, die* representative.

Stempel (*pl* -) *der* stamp.

stempeln *vt* to stamp.

Steppdecke (*pl* -n) *die* quilt.

sterben (*präs* **stirbt**, *prät* **starb**, *pp* **gestorben**) *vi* ist to die; **~ an** (+*D*) to die of.

Stereoanlage (*pl* -n) *die* stereo system.

steril *adj* sterile.

sterilisieren *vt* to sterilize.

Stern (*pl* -e) *der* star.

Sternbild (*pl* -er) *das* constellation.

Sternschnuppe (*pl* -n) *die* shooting star.

Sternwarte (*pl* -n) *die* observatory.

Sternzeichen (*pl* -) *das* sign of the zodiac.

stets *adv* (*geh*) always.

Steuer[1] (*pl* -n) *die* (*Abgabe*) tax.

Steuer[2] (*pl* -) *das* (*von Auto*) steering wheel.

Steuerbord *das* starboard.

steuerfrei *adj* tax-free.

steuern *vt* to steer.

steuerpflichtig *adj* taxable.

Steuerrad (*pl* -räder) *das* steering wheel.

Steuerung (*pl* -en) *die* (*Gerät*) controls (*pl*).

Steward (*pl* -s) *der* steward.

Stewardeß (*pl* -dessen) *die* stewardess.

Stich (*pl* -e) *der* (*Stechen*) stab; (*von Insekt*) sting; (*beim Nähen*) stitch; (*Schmerz*) stabbing pain; (*Bild*) engraving; **jn/etw im ~ lassen** to leave sb/sthg in the lurch.

sticht *präs* → **stechen**.

sticken *vi* to embroider.

Sticker (*pl* -) *der* sticker.

Stiefbruder (*pl* -brüder) *der* stepbrother.

Stiefel (*pl* -) *der* (*Schuh*) boot.

Stiefmutter (*pl* -mütter) *die* stepmother.

Stiefschwester (*pl* -n) *die* stepsister.

Stiefvater (*pl* -väter) *der* stepfather.

stieg *prät* → **steigen**.

Stiel (*pl* -e) *der* (*von Blumen*) stem; (*von Besen, Pfanne*) handle.

Stier (*pl* -e) *der (Tier)* bull; *(Sternzeichen)* Taurus.

stieß *prät* → **stoßen**.

Stift (*pl* -e) *der (zum Schreiben)* pencil; *(aus Metall)* tack.

Stiftung (*pl* -en) *die (Institution)* foundation; *(Schenkung)* donation.

Stil (*pl* -e) *der* style.

stilistisch *adj* stylistic.

still ◊ *adj* quiet; *(bewegungslos)* still. ◊ *adv (geräuschlos)* quietly; *(bewegungslos)* still; **sei bitte ~!** please be quiet!

stillen *vt (Baby)* to breast-feed; *(Schmerz)* to relieve.

still|halten *vt unr (sich nicht bewegen)* to keep still.

Stimme (*pl* -n) *die (zum Sprechen)* voice; *(bei Wahl)* vote.

stimmen ◊ *vi (richtig sein)* to be right; *(bei Wahl)* to vote. ◊ *vt (Instrument)* to tune; **~ für/gegen** to vote for/against; **das stimmt nicht!** that's not true!; **stimmt!** that's right!; **stimmt so!** keep the change!

Stimmrecht *das* right to vote.

Stimmung (*pl* -en) *die (Laune)* mood; *(Atmosphäre)* atmosphere.

stinken (*prät* stank, *pp* gestunken) *vi (schlecht riechen)* to stink; **das stinkt mir** I'm fed up with it.

Stipendium (*pl* Stipendien) *das* grant.

stirbt *präs* → **sterben**.

Stirn (*pl* -en) *die* forehead.

Stock (*pl* Stöcke) *der (aus Holz)* stick; *(Etage)* floor, storey; **am ~ gehen** to walk with a stick; **im ersten ~** on the first floor.

Stockung (*pl* -en) *die (im Verkehr)* hold-up.

Stockwerk (*pl* -e) *das* floor, storey.

Stoff (*pl* -e) *der (Tuch)* material; *(Substanz)* substance.

stöhnen *vi* to groan.

Stollen (*pl* -) *der (Kuchen)* stollen, *sweet bread made with dried fruit and nuts, eaten at Christmas*.

stolpern *vi ist (beim Gehen)* to stumble.

stolz *adj (Person)* proud.

stop *interj* stop!

stopfen ◊ *vt (Socken)* to darn; *(hineinstecken)* to stuff. ◊ *vi (fam: Nahrung)* to cause constipation.

Stopp (*pl* -s) *der (Anhalten)* stop.

stoppen *vt & vi (anhalten)* to stop.

Stoppschild (*pl* -er) *das* stop sign.

Stoppuhr (*pl* -en) *die* stopwatch.

Stöpsel (*pl* -) *der* plug.

Storch (*pl* Störche) *das* stork.

stören ◊ *vt (beeinträchtigen)* to disturb; *(mißfallen)* to annoy. ◊ *vi (mißfallen)* to be annoying; **störe ich?** am I disturbing you?; **'bitte nicht ~!'** 'do not disturb!'

stornieren *vt* to cancel.

Stornogebühr (*pl* -en) *die* cancellation charge.

Störung (*pl* -en) *die (Belästigung)* disturbance; *(im Fernsehen, Radio)* interference; **entschuldigen Sie die ~** sorry to bother you.

Störungsstelle (*pl* -n) *die* faults service.

Stoß (*pl* Stöße) *der (Schlag)* punch; *(Stapel)* pile.

Stoßdämpfer (*pl* -) *der* shock absorber.

stoßen (*präs* stößt, *prät* stieß, *pp* gestoßen) ◊ *vt (schubsen)* to push. ◊ *vi ist*: **~ an** (+A) to hit; **~ auf** (+A) to come across; **~ gegen** to bump into.

♦ **sich stoßen** *ref* to bang o.s.

Stoßstange (*pl* -n) *die* bumper.

stößt *präs* → **stoßen**.

Stoßzeit (*pl* -en) *die* rush hour.

stottern *vi* to stutter.

Str. *(abk für Straße)* St.

strafbar *adj* punishable.

Strafe *(pl -n) die (Bestrafung)* punishment; *(Geldbuße)* fine; **zur ~** as a punishment; **~ zahlen** to pay a fine.

Strafmandat *(pl -e) das (Zettel)* ticket.

Straftat *(pl -en) die* criminal offence.

Strafzettel *(pl -) der (fam)* ticket.

Strahl *(pl -en) der (von Wasser)* jet; *(von Licht)* ray.

♦ **Strahlen** *pl (von Energie)* rays.

strahlen *vi (Licht)* to shine; *(Person)* to beam; *(radioaktiv)* to radiate.

Strähne *(pl -n) die* strand.

stramm *adj (Band, Seil)* taut.

strampeln *vi (Säugling)* to kick about.

Strand *(pl Strände) der* beach.

Strandkorb *(pl -körbe) der* wicker beach chair.

Strandpromenade *(pl -n) die* promenade.

strapazieren *vt (Material)* to wear away; *(Person)* to strain.

Straße *(pl -n) die (in einer Stadt)* street; **das Zimmer liegt zur ~** the room looks out onto the street.

Straßenarbeiten *pl* roadworks.

Straßenbahn *(pl -en) die* tram *(Br)*, streetcar *(Am)*.

Straßenbahnlinie *(pl -n) die* tram route.

Straßencafé *(pl -s) das* street café.

Straßenfest *(pl -e) das* street party.

Straßenglätte *die* slippery road; 'mit ~ muß gerechnet werden' 'slippery road surface ahead'.

Straßenkarte *(pl -n) die* road map.

Straßenlage *die (von Auto)* road holding.

Straßenschäden *pl*: 'Achtung ~'

'uneven road surface'.

Straßenschild *(pl -er) das* street sign.

Straßensperre *(pl -n) die* roadblock.

Straßenverhältnisse *pl* road conditions.

Straßenverkehr *der* traffic.

Straßenverkehrsordnung *die* Road Traffic Act.

Straßenzustandsbericht *(pl -e) der* report on road conditions.

Strategie *(pl -n) die* strategy.

Strauch *(pl Sträucher) der* bush.

Strauß¹ *(pl Sträuße) der (Blumen)* bunch of flowers.

Strauß² *(pl -e) der (Vogel)* ostrich.

Strecke *(pl -n) die (Entfernung)* distance; *(Weg)* route; **die ~ Düsseldorf/ Hamburg** the road between Düsseldorf and Hamburg.

strecken *vt (Körperteil)* to stretch.

♦ **sich strecken** *ref (sich recken)* to stretch.

streckenweise *adv* in places.

streicheln *vt* to stroke.

streichen *(prät* **strich**, *pp* **gestrichen**) ◇ *vt (mit Farbe)* to paint; *(Butter)* to spread; *(durchstreichen)* to cross out; *(annullieren)* to cancel. ◇ *vi (mit der Hand)*: **jm übers Haar ~** to stroke sb's hair.

Streichholz *(pl -hölzer) das* match.

Streichholzschachtel *(pl -n) die* matchbox.

Streichkäse *der* cheese spread.

Streifen *(pl -) der (Muster)* stripe; *(Stück)* strip.

Streifenkarte *(pl -n) die* economy ticket for several bus or metro journeys.

Streifenwagen *(pl -) der* patrol car.

Streik *(pl -s) der* strike.

streiken *vi (Arbeiter)* to strike; *(fam: Gerät)* to be on the blink.

Streit der argument; ~ **haben mit** to argue with.

streiten (prät stritt, pp gestritten) vi (zanken) to argue; ~ über (+A) (sich auseinandersetzen) to argue about.

♦ **sich streiten** ref (sich zanken) to argue.

streng ◊ adj strict. ◊ adv strictly.

Streß der stress.

streuen ◊ vt (Salz, Kräuter) to sprinkle. ◊ vi (gegen Eis) to grit.

Streuselkuchen (pl -) der cake with crumble topping.

strich prät → streichen.

Strich (pl -e) der (Linie) line; (fam: Prostitution) prostitution.

strichweise adv: ~ **Regen** patchy rain.

Strick (pl -e) der rope.

stricken vt to knit.

Strickjacke (pl -n) die cardigan.

Strickleiter (pl -n) die rope ladder.

Stricknadel (pl -n) die knitting needle.

Strickwaren pl knitwear (pl).

Strickzeug das knitting.

Striptease der striptease.

stritt prät → streiten.

Stroh das straw.

Strohhalm (pl -e) der straw.

Strom (pl Ströme) der (elektrisch) electricity; (Fluß) river; (Menge) stream; **es regnet in Strömen** it's pouring (with rain).

Stromanschluß (pl -anschlüsse) der connection to the mains.

Stromausfall (pl -ausfälle) der power failure.

strömen vi ist to stream.

Stromstärke (pl -n) die strength of electric current.

Strömung (pl -en) die (von Fluß, Meer) current.

Stromverbrauch der electricity consumption.

Stromzähler (pl -) der electricity meter.

Strophe (pl -n) die verse.

Strudel[1] (pl -) der (im Wasser) whirlpool.

Strudel[2] (pl -) der (Gebäck) strudel.

Struktur (pl -en) die (Aufbau) structure.

Strumpf (pl Strümpfe) der stocking.

Strumpfhose (pl -n) die tights (pl) (Br), pantyhose (pl) (Am).

Stube (pl -n) die (Raum) room.

Stück (pl -e) das (Teil) piece; (von Zucker) lump; (Theaterstück) play; **wieviele Brötchen? – 10 ~, bitte** how many rolls? – 10 please; **am ~** unsliced.

Stückzahl (pl -en) die number of pieces.

Student, -in (mpl -en) der, die student.

Studentenausweis (pl -e) der student card.

Studienfahrt (pl -en) die study trip.

studieren vt & vi to study.

Studium (pl Studien) das study.

Stufe (pl -n) die (von Treppe) step; 'Vorsicht ~!' 'mind the step!'

Stuhl (pl Stühle) der (zum Sitzen) chair; (Kot) stool.

Stuhlgang der bowel movement.

stumm adj (behindert) dumb; (still) silent.

stumpf adj blunt; (glanzlos) dull; (abgestumpft) apathetic.

Stumpfsinn der (Monotonie) monotony.

Stunde (pl -n) die hour; (Unterrichtsstunde) lesson.

Stundenkilometer pl kilometres per hour.

stundenlang adj for hours.

Stundenlohn (pl -löhne) der hourly wage.

stündlich *adj & adv* hourly.

Sturm (*pl* Stürme) *der (Wetter)* storm; (SPORT) forward line; *(Andrang)*: **ein ~ auf** a run on.

stürmen ◊ *vt hat (überrennen)* to storm. ◊ *vi ist (laufen)* to rush. ◊ *vi hat* (SPORT) to attack. ◊ *vimp hat*: **es stürmt** it's blowing a gale.

Sturmflut (*pl* -en) *die* storm tide.

stürmisch *adj (Wetter)* stormy; *(Person, Begrüßung)* passionate; **es ist ~** it's blowing a gale.

Sturmwarnung (*pl* -en) *die* gale warning.

Sturz (*pl* Stürze) *der (Fallen)* fall.

stürzen ◊ *vt hat (stoßen)* to push; *(Regierung)* to bring down. ◊ *vi ist (fallen)* to fall; *(laufen)* to rush.

♦ **sich stürzen** *ref (springen)* to jump.

Sturzhelm (*pl* -e) *der* crash helmet.

Stute (*pl* -n) *die* mare.

Stuten (*pl* -) *der loaf of white bread with raisins and almonds.*

stützen *vt* to support.

♦ **sich stützen** *ref (Person)* to lean.

Subjekt (*pl* -e) *das* subject.

subjektiv *adj* subjective.

Substanz (*pl* -en) *die* substance.

subtrahieren *vt* to subtract.

Suche *die* search; **auf der ~ nach** in search of.

suchen ◊ *vt* to look for. ◊ *vi*: **~ nach** to look for.

süchtig *adj* addicted.

Süd *der* south.

Südafrika *nt* South Africa.

Südamerika *nt* South America.

Süddeutschland *nt* South Germany.

Süden *der* south; **im ~** in the south; **nach ~** south.

Südeuropa *nt* Southern Europe.

Südfrucht (*pl* -früchte) *die* tropical fruit.

Südhang (*pl* -hänge) *der* south-facing slope.

südlich ◊ *adj (Gegend)* southern; *(Richtung)* southerly. ◊ *präp*: **~ von** south of.

Südosten *der (Gegend)* south-east; *(Richtung)* south-easterly.

Südwesten *der (Gegend)* south-west; *(Richtung)* south-westerly.

Sultanine (*pl* -n) *die* sultana.

Sülze (*pl* -n) *die* brawn *(Br)*, head-cheese *(Am)*.

Summe (*pl* -n) *die* sum, total.

Sumpf (*pl* Sümpfe) *der* marsh.

super *adj & interj (fam)* great.

Super *das (Benzin)* four-star petrol; **~ verbleit** four-star leaded petrol.

Superlativ (*pl* -e) *der* (GRAMM) superlative.

Supermarkt (*pl* -märkte) *der* supermarket.

Suppe (*pl* -n) *die* soup.

Suppengrün *das parsley, leeks, celery and carrots, used for making soup.*

Suppenlöffel (*pl* -) *der* soup spoon.

Suppentasse (*pl* -n) *die* soup bowl.

Suppenteller (*pl* -) *der* soup plate.

Surfbrett (*pl* -er) *das (mit Segel)* sailboard; *(ohne Segel)* surfboard.

surfen *vi ist/hat (mit Segel)* to windsurf; *(ohne Segel)* to surf.

Surfer, -in (*mpl* -) *der, die (mit Segel)* windsurfer; *(ohne Segel)* surfer.

Surrealismus *der* surrealism.

süß *adj* sweet.

süßen *vt* to sweeten.

Süßigkeit (*pl* -en) *die* sweet *(Br)*, candy *(Am)*.

süß-sauer *adj (Geschmack)* sweet and sour.

Süßspeise (*pl* -n) *die* dessert.

Süßstoff (*pl* -e) *der* sweetener.

Süßwaren *pl* sweets *(Br)*, candy *(sg)(Am)*.

Süßwasser *das* fresh water.

Süßwasserfisch *(pl -e) der* freshwater fish.

Swimmingpool *(pl -s) der* swimming pool.

Sylt *nt* Sylt.

Symbol *(pl -e) das* symbol.

Symmetrie *(pl -n) die* symmetry.

symmetrisch *adj* symmetrical.

sympatisch ◊ *adj* nice. ◊ *adv*: **er wirkt sehr ~** he seems very nice.

Symphonie *(pl -n) die* = **Sinfonie**.

Symptom *(pl -e) das (von Krankheit)* symptom.

Synagoge *(pl -n) die* synagogue.

synthetisch *adj* synthetic.

System *(pl -e) das* system.

Szene *(pl -n) die* scene.

T

Tabak *(pl -e) der* tobacco.

Tabakladen *(pl -läden) der* tobacconist's.

Tabakwaren *pl* tobacco *(sg)*.

Tabelle *(pl -n) die (Liste)* table.

Tablett *(pl -s) das* tray.

Tablette *(pl -n) die* tablet.

Tachometer *(pl -) der* speedometer.

Tafel *(pl -n) die (in Schule)* blackboard; *(geh: Tisch)* table; **eine ~ Schokolade** a bar of chocolate.

tafelfertig *adj* ready to eat.

Tafelwasser *(pl -wässer) das* mineral water.

Tafelwein *(pl -e) der* table wine.

Tag *(pl -e) der* day; **eines ~es** one day; **guten ~!** hello!; **jeden ~** every day; **~ für ~** day after day.

♦ **Tage** *pl (Menstruation)*: **sie hat/bekommt ihre ~e** she's got her period.

Tag der Deutschen Einheit *der* Day of German Unity.

Tagebuch *(pl -bücher) das* diary.

tagelang *adv* for days.

Tagesanbruch *der* dawn.

Tagesausflug *(pl -ausflüge) der* day trip.

Tagescreme *(pl -s) die* day cream.

Tagesfahrkarte *(pl -n) die* day ticket.

Tagesfahrt *(pl -en) die* day trip.

Tagesgericht *(pl -e) das (in Restaurant)*: **'Tagesgericht'** 'today's special'.

Tageskarte *(pl -n) die (Speisekarte)* today's menu; *(Fahrkarte)* day ticket.

Tageslicht *das* daylight.

Tagesordnung *(pl -en) die* agenda.

Tagesrückfahrkarte *(pl -n) die* day return (ticket).

Tagesschau *die* news.

Tagessuppe *(pl -n) die* soup of the day.

Tagestour *(pl -en) die* day trip.

Tageszeit *(pl -en) die* time of day.

Tageszeitung *(pl -en) die* daily newspaper.

täglich *adj & adv* daily; **dreimal ~** three times a day.

tagsüber *adv* during the day.

Tagung *(pl -en) die* conference.

Taille *(pl -n) die* waist.

tailliert *adj* fitted.

Takt *(pl -e) der (musikalische Einheit)* bar; *(Rhythmus)* time; *(Feingefühl)* tact.

Taktik (*pl* -en) *die* tactics (*pl*).

Tal (*pl* Täler) *das* valley.

talentiert *adj* talented.

Talk-show (*pl* -s) *die* talk show.

Talsperre (*pl* -n) *die* dam.

Tampon (*pl* -s) *der* (*für Menstruation*) tampon.

Tandem (*pl* -s) *das* tandem.

Tang *der* seaweed.

Tank (*pl* -s) *der* tank.

Tankanzeige (*pl* -n) *die* fuel gauge.

Tankdeckel (*pl* -) *der* petrol cap.

tanken ◇ *vi* to fill up. ◇ *vt*: Benzin ~ to get some petrol (*Br*), to get some gas (*Am*).

Tankschloß (*pl* -schlösser) *das* petrol cap lock.

Tankstelle (*pl* -n) *die* petrol station (*Br*), gas station (*Am*).

Tankwart, -in (*mpl* -e) *der, die* petrol station attendant (*Br*), gas station attendant (*Am*).

Tanne (*pl* -n) *die* fir (tree).

Tante (*pl* -n) *die* aunt.

Tanz (*pl* Tänze) *der* dance.

tanzen *vi & vt* to dance.

Tänzer, -in (*mpl* -) *der, die* dancer.

Tapete (*pl* -n) *die* wallpaper.

tapezieren *vt* to paper.

tapfer *adj* brave.

Tarif (*pl* -e) *der* (*Preis*) charge; (*von Lohn*) rate.

Tarifzone (*pl* -n) *die* fare zone.

Tasche (*pl* -n) *die* (*zum Tragen*) bag; (*in Kleidung*) pocket.

Taschenbuch (*pl* -bücher) *das* paperback.

Taschendieb, -in (*mpl* -e) *der, die* pickpocket; 'vor ~en wird gewarnt' 'beware of pickpockets'.

Taschenformat (*pl* -e) *das* pocket size.

Taschenkalender (*pl* -) *der* pocket diary.

Taschenlampe (*pl* -n) *die* torch (*Br*), flashlight (*Am*).

Taschenmesser (*pl* -) *das* penknife.

Taschenrechner (*pl* -) *der* pocket calculator.

Taschenschirm (*pl* -e) *der* collapsible umbrella.

Taschentuch (*pl* -tücher) *das* handkerchief.

Taschenuhr (*pl* -en) *die* pocket watch.

Tasse (*pl* -n) *die* cup.

Taste (*pl* -n) *die* key.

tasten *vi* to feel.

Tastendruck *der*: auf ~ at the touch of a button.

Tastentelefon (*pl* -e) *das* push-button telephone.

tat *prät* → **tun**.

Tat (*pl* -en) *die* (*Handlung*) action; (*Straftat*) crime.

Tatar *das* steak tartare.

Täter, -in (*mpl* -) *der, die* culprit.

Tätigkeit (*pl* -en) *die* (*beruflich*) job; (*Aktivität*) activity.

Tätowierung (*pl* -en) *die* tattoo.

Tatsache (*pl* -n) *die* fact.

tatsächlich ◇ *adj* actual. ◇ *adv* actually.

Tau[1] *der* (*Niederschlag*) dew.

Tau[2] (*pl* -e) *das* (*Seil*) rope.

taub *adj* (*Person*) deaf; (*Hände, Gefühl*) numb.

Taube (*pl* -n) ◇ *der, die* (*Person*) deaf person. ◇ *die* (*Vogel*) pigeon.

taubstumm *adj* deaf and dumb.

tauchen ◇ *vi* hat/ist to dive. ◇ *vt* hat (*eintauchen*) to dip.

Taucher, -in (*mpl* -) *der, die* diver.

Taucherausrüstung (*pl* -en) *die* diving equipment.

Taucherbrille (*pl* -n) *die* diving goggles (*pl*).

Tauchkurs (*pl* -e) *der* diving course.

Tauchsieder *(pl -) der portable water heater.*

tauen ◇ *vi ist (Eis)* to melt. ◇ *vimp hat:* **es taut** it's thawing.

taufen *vt (Kind, Person)* to baptize.

tauschen *vt & vi* to swap.

täuschen ◇ *vt (Person)* to deceive. ◇ *vi (Eindruck)* to be deceptive.

♦ **sich täuschen** *ref* to be wrong.

tausend *num* a ODER one thousand.

Tausend *(pl - ODER -e) das* thousand.

Tausender *(pl -) der (Geldschein)* thousand mark note.

Tauwetter *das* thaw.

Taxi *(pl -s) das* taxi.

Taxifahrer, -in *(mpl -) der, die* taxi driver.

Taxi-Rufsäule *(pl -n) die* public telephone exclusively for ordering taxis.

Taxistand *(pl -stände) der* taxi rank.

Team *(pl -s) das* team.

Technik *(pl -en) die* technology; *(Methode)* technique.

Techniker, -in *(mpl -) der, die* engineer; *(im Sport, in Musik)* technician.

technisch ◇ *adj* technological; *(methodisch)* technical. ◇ *adv* technologically; *(methodisch)* technically; **~e Daten** specifications.

Teddy *(pl -s) der* teddy bear.

Tee *(pl -s) der* tea; **schwarzer ~** *(Getränk)* black tea.

Teebeutel *(pl -s) der* tea bag.

Tee-Ei *(pl -er) das* tea infuser.

Teekanne *(pl -n) die* teapot.

Teelöffel *(pl -) der* teaspoon.

Teesieb *(pl -e) das* tea strainer.

Teich *(pl -e) der* pond.

Teig *(pl -e) der* dough.

Teigwaren *pl* pasta *(sg).*

Teil *(pl -e)* ◇ *der (Teilmenge, Teilstück)* part; *(Anteil)* share. ◇ *das (Einzelteil)* part; **zum ~** partly.

teilen ◇ *vt* to divide; *(übereinstimmen)* to share. ◇ *vi (aufteilen)* to share; *(dividieren)* to divide; **sich** *(D)* **etw ~** to share sthg.

♦ **sich teilen** *ref (Gruppe)* to split up; *(Straße)* to fork.

Teilkaskoversicherung *(pl -en) die* third party insurance.

teilmöbliert *adj* partially furnished.

Teilnahme *die (an Veranstaltung)* participation.

teil‖**nehmen** *vi unr* to take part.

Teilnehmer, -in *(mpl -) der, die* participant.

teils ◇ *adv* partly. ◇ *konj:* **~ ... ~** *(sowohl ... als auch)* both ... and ...

Teilstück *(pl -e) das* part.

Teilsumme *(pl -n) die* subtotal.

teilweise *adv (zu gewissen Teilen)* partly; *(zeitweise)* sometimes.

Teilzahlung *(pl -en) die* payment by instalments.

Tel. *(abk für Telefon)* tel.

Telefax *(pl -e) das* fax.

Telefon *(pl -e) das* telephone; **bleiben Sie bitte am ~** please hold the line.

Telefonanruf *(pl -e) der* telephone call.

Telefonansage *(pl -n) die* telephone information service.

Telefonanschluß *(pl -anschlüsse) der* telephone line.

Telefonat *(pl -e) das* telephone call.

Telefonbuch *(pl -bücher) das* telephone book.

Telefongespräch *(pl -e) das* telephone conversation.

telefonieren *vi* to make a telephone call; **mit jm ~** to talk to sb on the telephone; **~ ohne Münzen**

to use a phonecard.

telefonisch *adj (Abmachung, Verbindung)* telephone *(vor Subst)*.

Telefonkarte *(pl -n) die* phonecard.

Telefonnummer *(pl -n) die* telephone number.

Telefonverbindung *(pl -en) die* telephone line.

Telefonzelle *(pl -n) die* telephone box.

Telefonzentrale *(pl -n) die* switchboard.

telegrafieren *vt* to telegraph.

Telegramm *(pl -e) das* telegram.

Telekom *die German state-owned telecommunications organization*.

Teleobjektiv *(pl -e) das* telephoto lens.

Telex *das* telex.

Teller *(pl -) der* plate.

Tellerfleisch *das (Süddt) roast beef served with horseradish and boiled potatoes*.

Tempel *(pl -) der* temple.

Temperament *das (Wesen)* temperament; *(Energie)* liveliness.

temperamentvoll *adj* lively.

Temperatur *(pl -en) die* temperature; ~ **haben** to have a temperature.

Temperaturanzeige *(pl -n) die* temperature gauge.

Tempo[1] *(pl -s) das (fam: Papiertaschentuch)* tissue.

Tempo[2] *(pl -s) das (Geschwindigkeit)* speed.

Tempo[3] *(pl Tempi) das (von Musik)* tempo.

Tempolimit *(pl -s) das* speed limit.

Tempotaschentuch® *(pl -tücher) das* tissue.

Tendenz *(pl -en) die* tendency.

Tennis *das* tennis.

Tennishalle *(pl -n) die* tennis centre.

Tennisplatz *(pl -plätze) der* tennis court.

Tennisschläger *(pl -) der* tennis racquet.

Tennisspieler, -in *(mpl -) der, die* tennis player.

Tenor *(pl Tenöre) der* tenor.

Teppich *(pl -e) der (Einzelstück)* rug; *(Teppichboden)* carpet.

Teppichboden *(pl -böden) der* carpet.

Termin *(pl -e) der (Zeitpunkt)* date; *(Vereinbarung)* appointment; **einen ~ haben** to have an appointment.

Terminal *(pl -s) der (Gebäude)* terminal.

Terminkalender *(pl -) der* diary.

Terpentin *das* turpentine.

Terrasse *(pl -n) die (am Haus)* patio.

Terror *der* terror; *(Terrorismus)* terrorism.

terrorisieren *vt* to terrorize.

Tesafilm® *der* Sellotape® *(Br)*, Scotch® *(Am)*.

Tessin *das* Ticino *(canton in south-east Switzerland)*.

Test *(pl -s) der* test.

Testament *(pl -e) das* will; **das Alte/Neue ~** the Old/New Testament.

Tetanus *der* tetanus.

teuer ◇ *adj* expensive. ◇ *adv* at a high price; **das haben wir uns ~ erkauft** we paid dearly for it.

Teufel *(pl -) der* devil.

Text *(pl -e) der* text.

Textilien *pl* textiles.

Textmarker *(pl -) der* marker pen.

Textverarbeitung *die* (EDV) word processing.

Theater *(pl -) das (Gebäude)* theatre; *(fam: Ärger)* trouble; *(fam: Vortäuschung)* act; **ins ~ gehen** to go to the theatre.

Theateraufführung (*pl* **-en**) *die* performance.

Theaterkarte (*pl* **-n**) *die* theatre ticket.

Theaterkasse (*pl* **-n**) *die* theatre box office.

Theaterstück (*pl* **-e**) *das* play.

Theatervorstellung (*pl* **-en**) *die* performance.

Theke (*pl* **-n**) *die* (*Bar*) bar; (*im Geschäft*) counter.

Thema (*pl* **Themen**) *das* (*von Text, Gespräch*) subject; (*musikalisch*) theme.

Themse *die*: **die ~** the Thames.

theoretisch *adj* theoretical.

Theorie (*pl* **-n**) *die* theory.

Therapeut, -in (*mpl* **-en**) *der, die* therapist.

Therapie (*pl* **-n**) *die* (*medizinisch*) treatment; (*Psychotherapie*) therapy.

Thermalbad (*pl* **-bäder**) *das* (*Schwimmbad*) thermal bath.

Thermometer (*pl* **-**) *das* thermometer.

Thermosflasche (*pl* **-n**) *die* thermos (flask).

Thermoskanne (*pl* **-n**) *die* thermos (flask).

Thermostat (*pl* **-e**) *das* thermostat.

These (*pl* **-n**) *die* thesis.

Thron (*pl* **-e**) *der* throne.

Thunfisch (*pl* **-e**) *der* tuna.

Thüringen *nt* Thuringia.

Ticket (*pl* **-s**) *das* ticket.

tief ◇ *adj* deep; (*Fall*) long; (*niedrig*) low. ◇ *adv* deep; (*unten*) low; (*atmen*) deeply; **~ schlafen** to be in a deep sleep.

Tief (*pl* **-s**) *das* (*Wetter*) depression.

Tiefdruckgebiet (*pl* **-e**) *das* area of low pressure.

Tiefe (*pl* **-n**) *die* depth.

Tiefebene (*pl* **-n**) *die* (lowland) plain.

Tiefgarage (*pl* **-n**) *die* underground car park.

tiefgefroren *adj* frozen.

tiefgekühlt *adj* frozen.

Tiefkühlfach (*pl* **-fächer**) *das* freezer compartment.

Tiefkühlkost *die* frozen food.

Tiefkühltruhe (*pl* **-n**) *die* freezer.

Tier (*pl* **-e**) *das* animal.

Tierarzt, -ärztin (*mpl* **-ärzte**) *der, die* vet.

Tiergarten (*pl* **-gärten**) *der* zoo.

Tierhandlung (*pl* **-en**) *die* pet shop.

Tierheim (*pl* **-e**) *das* animal home.

tierisch *adj* (*Erzeugnis, Fett*) animal (*vor Subst*); (*fam: stark*) great.

Tierkreiszeichen (*pl* **-**) *das* sign of the zodiac.

Tiernahrung *die* animal food.

Tierpark (*pl* **-s**) *der* zoo.

Tierschutz *der* protection of animals.

Tiger (*pl* **-**) *der* tiger.

Tilsiter (*pl* **-**) *der strong firm Swiss cheese with holes in it.*

Tinktur (*pl* **-en**) *die* tincture.

Tinte (*pl* **-n**) *die* ink.

Tintenfisch (*pl* **-e**) *der* (*mit acht Armen*) octopus; (*Kalmar*) squid.

Tip (*pl* **-s**) *der* tip; **jm einen ~ geben** to give sb a tip.

tippen ◇ *vt* (*mit Schreibmaschine*) to type. ◇ *vi* (*vorhersagen*) to bet; (*fam: bei Lotto, Wette*) to bet; **an etw** (*A*) **~** to tap sthg.

Tirol *nt* the Tyrol.

Tisch (*pl* **-e**) *der* table; **den ~ decken** to set the table.

Tischdecke (*pl* **-n**) *die* tablecloth.

Tischler, -in (*mpl* **-**) *der, die* carpenter.

Tischtennis *das* table tennis.

Tischtuch (*pl* -tücher) *das* table-cloth.

Titel (*pl* -) *der* title.

Toast (*pl* -s) *der (Brotscheibe)* (slice of) toast.

Toastbrot (*pl* -e) *das* sliced white bread.

toasten *vt* to toast.

Toaster (*pl* -) *der* toaster.

toben ◇ *vi hat (Sturm)* to rage; *(Person)* to go crazy. ◇ *vi ist (rennen)* to charge about.

Tochter (*pl* Töchter) *die (Verwandte)* daughter.

Tod (*pl* -e) *der* death.

Todesopfer (*pl* -) *das* casualty.

todkrank *adj* terminally ill.

tödlich *adj* fatal.

todmüde *adj (fam)* dead tired.

todsicher *adj (fam)* dead certain.

Tofu *der* tofu.

Toilette (*pl* -n) *die (Klo)* toilet; **zur ~ gehen** to go to the toilet.

Toilettenartikel *pl* toiletries.

Toilettenpapier *das* toilet paper.

tolerant *adj* tolerant.

toll ◇ *adj (fam: wunderbar)* brilliant. ◇ *adv (fam: wunderbar)* brilliantly.

Tollwut *die* rabies.

Tollwutgebiet (*pl* -e) *das* rabies-infected area.

Tomate (*pl* -n) *die* tomato.

Tomatenmark *das* tomato puree.

Tomatensaft (*pl* -säfte) *der* tomato juice.

Tombola (*pl* -s) *die* tombola.

Ton¹ (*pl* Töne) *der (bei Fernsehen, Radio)* sound; *(in Tonleiter)* note; *(Tonfall, von Farbe)* tone.

Ton² (*pl* -e) *der (Lehm)* clay.

Tonausfall (*pl* -fälle) *der* loss of sound.

Tonband (*pl* -bänder) *das (Band)* tape; *(Gerät)* tape recorder.

tönen *vt (Haare)* to tint.

Tonne (*pl* -n) *die (Behälter)* barrel; *(Gewichtseinheit)* tonne.

Tönung (*pl* -en) *die* tint.

Top (*pl* -s) *das* top.

Topf (*pl* Töpfe) *der (Kochtopf)* pan; *(Blumentopf)* pot.

Topfen *der (Süddt & Österr)* curd cheese.

Topfenstrudel (*pl* -) *der (Süddt & Österr)* curd cheese strudel.

Töpfer, -in (*mpl* -) *der, die* potter.

Töpferei (*pl* -en) *die* pottery.

Topfpflanze (*pl* -n) *die* potted plant.

Tor (*pl* -e) *das (Tür)* gate; *(von Scheune, Garage)* door; *(bei Fußball)* goal; **ein ~ schießen** to score a goal.

Toreinfahrt (*pl* -en) *die* entrance gate.

Torf *der* peat.

Torte (*pl* -n) *die* gâteau.

Tortelett (*pl* -s) *das* tartlet.

Torwart (*pl* -e) *der* goalkeeper.

tot *adj & adv* dead; **~ umfallen** to drop dead.

total ◇ *adj* total. ◇ *adv* totally.

Totalschaden (*pl* -schäden) *der* write-off.

Tote (*pl* -n) *der, die* dead person.

töten *vt* to kill.

Totensonntag (*pl* -e) *der* day for commemoration of the dead, Sunday before Advent.

totlachen: sich totlachen *ref (fam)* to kill o.s. laughing.

Toto *das* football pools *(pl)*.

Toupet (*pl* -s) *das* toupee.

toupieren *vt* to backcomb.

Tour (*pl* -en) *die (Ausflug)* trip; *(fam: Verhalten)* way.

Tourenski (*pl* -er) *der* cross-country ski.

Tourismus *der* tourism.

Tourist, -in *(mpl -en) der, die* tourist.

Touristenklasse *die* tourist class.

Touristenort *(pl -e) der* tourist resort.

touristisch *adj* tourist.

Tournee *(pl -n) die* tour.

traben *vi ist (Pferd)* to trot.

Trabrennen *(pl -) das* trotting.

Tracht *(pl -en) die (Kleidung)* traditional costume; **eine ~ Prügel** *(fam: Schläge)* a beating.

Trachtenfest *(pl -e) das* event at which traditional costumes are worn.

Trachtenverein *(pl -e) der* society for the preservation of regional customs.

Tradition *(pl -en) die* tradition.

traditionell *adj* traditional.

traf *prät* → **treffen**.

Trafik *die (Österr)* tobacconist's.

Tragbahre *(pl -n) die* stretcher.

tragbar *adj (Gerät)* portable; *(akzeptabel)* acceptable.

träge *adj (Person, Bewegung)* lazy.

tragen *(präs* **trägt***, prät* **trug***, pp* **getragen**) ◇ *vt (transportieren)* to carry; *(Kleidung, Frisur)* to wear; *(abstützen)* to support; *(ertragen, Kosten)* to bear; *(Risiko, Konsequenzen)* to accept. ◇ *vi (Eis, Wände)* to hold; *(Tier)* to be pregnant.
♦ **sich tragen** *ref (finanziell)* to be self-supporting.

Träger *(pl -) der (Beruf)* porter; *(Geldgeber)* sponsor; *(von Kleid)* strap; *(Hosenträger)* braces *(pl) (Br)*, suspenders *(pl) (Am)*; *(aus Eisen)* girder.

Trägerin *(pl -nen) die (Beruf)* porter; *(Geldgeberin)* sponsor.

Tragetasche *(pl -n) die* carrier bag.

tragisch *adj* tragic.

Tragödie *(pl -n) die* tragedy.

Trainer, -in *(mpl -) der, die* trainer.

trainieren *vi & vt* to train.

Training *(pl -s) das* training.

Trainingsanzug *(pl -züge) der* tracksuit.

Traktor *(pl* **Traktoren***) der* tractor.

Trambahn *(pl -en) die (Süddt)* tram *(Br)*, streetcar *(Am)*.

trampen *vi hat/ist* to hitchhike.

Tramper, -in *(mpl -) der, die* hitchhiker.

Träne *(pl -n) die* tear.

tränen *vi* to water.

Tränengas *das* tear gas.

trank *prät* → **trinken**.

Transfusion *(pl -en) die* transfusion.

Transitverkehr *der* transit traffic.

Transitvisum *(pl -visa) das* transit visa.

Transport *(pl -e) der* transport.

transportabel *adj (Fernseher)* portable.

transportieren ◇ *vt (befördern)* to transport; *(Film)* to wind on. ◇ *vi (Kamera)* to wind on.

Transportmittel *(pl -) das* means of transport.

Transportunternehmen *(pl -) das* haulier.

Transvestit *(pl -en) der* transvestite.

trat *prät* → **treten**.

Traube *(pl -n) die (Frucht)* grape.

Traubensaft *(pl -säfte) der* grape juice.

Traubenzucker *der* glucose.

trauen ◇ *vt (Brautpaar)* to marry. ◇ *vi (+D) (vertrauen)* to trust.
♦ **sich trauen** *ref (wagen)* to dare.

Trauer *die* mourning.

Traum *(pl* **Träume***) der* dream.

träumen *vi* to dream; *(abwesend sein)* to daydream.

traumhaft *adj* fantastic.

traurig ◊ *adj* sad. ◊ *adv* sadly.

Trauung *(pl -en)* *die* wedding; **kirchliche/standesamtliche** ~ church/registry office wedding.

Travellerscheck *(pl -s)* *der* traveller's cheque.

treffen *(präs* **trifft**, *prät* **traf**, *pp* **getroffen)** ◊ *vt* hat *(begegnen)* to meet; *(Ziel)* to hit; *(Verabredung, Entscheidung)* to make; *(traurig machen)* to affect. ◊ *vi* hat *(ins Ziel)* to score.

♦ **sich treffen** *ref* to meet; **sich mit jm** ~ to meet sb; **wo sollen wir uns** ~? where should we meet?

Treffen *(pl -)* *das* meeting.

Treffer *(pl -)* *der* (SPORT) goal; *(Schuß)* hit.

Treffpunkt *(pl -e)* *der* meeting place.

treiben *(prät* **trieb**, *pp* **getrieben)** ◊ *vt* hat to drive; *(machen, tun)* to do. ◊ *vi* ist *(im Wasser)* to drift; **was treibst du denn so in deiner Freizeit?** what do you do in your spare time?

Treibstoff *(pl -e)* *der* fuel.

Trend *(pl -s)* *der* trend.

trennen *vt* to separate; *(unterscheiden)* to distinguish.

♦ **sich trennen** *ref* to separate.

Trennung *(pl -en)* *die (von Beziehung)* separation; (GRAMM) division.

Treppe *(pl -n)* *die* stairs *(pl)*.

Treppengeländer *(pl -)* *das* banisters *(pl)*.

Treppenhaus *(pl -häuser)* *das* stairwell.

Tresen *(pl -)* *der (Norddt)* counter.

Tretboot *(pl -e)* *das* paddle boat.

treten *(präs* **tritt**, *prät* **trat**, *pp*

getreten) ◊ *vt* & *vi* hat to kick. ◊ *vi* ist *(gehen)* to step; **auf die Bremse** ~ to brake.

treu *adj* faithful.

Treuhand *die organization responsible for privatizing state industries of the former GDR.*

Triathlon *(pl -s)* *der* triathlon.

Tribüne *(pl -n)* *die* stand.

Trichter *(pl -)* *der (Gerät)* funnel.

Trick *(pl -s)* *der* trick.

Trickfilm *(pl -e)* *der* cartoon.

trieb *prät* → **treiben**.

triefen *(prät* **troff** ODER **triefte**, *pp* **getrieft)** *vi* ist & *vt* hat to drip.

trifft *präs* → **treffen**.

Trikot *(pl -s)* *das* jersey.

Trillerpfeife *(pl -n)* *die* whistle.

Trimester *(pl -)* *das* term.

Trimm-Dich-Pfad *(pl -e)* *der* fitness trail.

trinkbar *adj* drinkable.

trinken *(prät* **trank**, *pp* **getrunken)** *vt* & *vi* to drink; **einen** ~ **gehen** *(fam)* to go for a drink.

Trinkgeld *(pl -er)* *das* tip.

Trinkhalle *(pl -n)* *die* drinks stall.

Trinkhalm *(pl -e)* *der (drinking)* straw.

Trinkschokolade *(pl -n)* *die* drinking chocolate.

Trinkwasser *das* drinking water.

Trio *(pl -s)* *das* trio.

tritt *präs* → **treten**.

Tritt *(pl -e)* *der (Stoß)* kick; *(Schritt)* step.

triumphieren *vi* to triumph.

trivial *adj* trivial.

trocken *adj* dry; '~ aufbewahren' 'keep in a dry place'.

Trockenhaube *(pl -n)* *die* hair dryer.

Trockenheit *die* dryness; *(Wassermangel)* drought.

trockenIlegen vt (Sumpf) to drain; (Baby) to change.

trocknen vt hat & vi ist to dry.

Trockner (pl -) der dryer.

Trödel der (Gegenstände) junk; (fam: Trödelmarkt) flea market.

Trödelmarkt (pl -märkte) der flea market.

trödeln vi hat/ist (fam: langsam sein) to dawdle.

troff prät → triefen.

trog prät → trügen.

Trommel (pl -n) die (Instrument) drum.

Trommelfell (pl -e) das eardrum.

Trompete (pl -n) die trumpet.

Tropen pl tropics.

Tropf (pl -e) der (Gerät) drip.

tropfen vi & vt to drip.

Tropfen (pl -) der drop.

tropfnaß adv: ~ aufhängen to drip-dry.

Tropfsteinhöhle (pl -n) die cave with stalactites and stalagmites.

trösten vt to console.

♦ **sich trösten** ref to find consolation.

Trostpreis (pl -e) der consolation prize.

Trottoir (pl -e) das (Süddt) pavement (Br), sidewalk (Am).

trotz präp (+G) despite, in spite of.

trotzdem adv nevertheless.

trotzig adj stubborn.

trüb adj (nicht klar) cloudy.

Trüffel (pl -) der truffle.

trug prät → tragen.

trügen (prät trog, pp getrogen) vi to be deceptive.

Truhe (pl -n) die chest.

Trümmer pl (eines Gebäudes) ruins; (eines Fahrzeugs) wreckage (sg).

Trumpf (pl Trümpfe) der (bei Kartenspiel) trumps (pl).

Trunkenheit die (amt) inebriation.

Truthahn (pl -hähne) der turkey.

Tschechien nt Czech Republic.

tschüs interj bye!

Tsd. abk = Tausend.

T-Shirt (pl -s) das T-shirt.

Tube (pl -n) die tube.

Tuberkulose die tuberculosis.

Tuch¹ (pl Tücher) das (Halstuch) scarf; (zum Putzen, Abtrocknen) cloth.

Tuch² (pl -e) das (Stoff) cloth.

tüchtig ◇ adj (geschickt) competent; (fam: groß) big. ◇ adv (fam: viel): ~ essen to tuck in.

Tulpe (pl -n) die tulip.

Tümpel (pl -) der pond.

tun (präs tut, prät tat, pp getan) ◇ vt 1. (machen) to do; was kann ich für Sie ~? what can I do for you?; ich habe noch nichts für die Prüfung getan I haven't done any work for the exam yet. 2. (fam: stellen, legen) to put. 3. (schaden, antun): jm/sich etwas ~ to do something to sb/o.s. 4. (fam: funktionieren, ausreichen): ich danke, das tut es I think that will do; das Auto tut es noch/nicht mehr the car still works/has had it. ◇ vi 1. (spielen, vortäuschen): so ~, als ob to act as if; er tut nur so he's only pretending. 2. (Ausdruck von Gefühl, Wirkung): der Bettler tut mir leid I feel sorry for the beggar; jm gut ~ to do sb good. 3. (Ausdruck einer Beziehung): zu ~ haben mit to be linked to; nichts zu ~ haben mit to have nothing to do with. ◇ vimp: es tut sich was something is going on.

tunken vt to dunk.

Tunnel (pl -) der tunnel.

tupfen *vt* to dab.

Tür (*pl* -en) *die* door; **die ~ auf-
machen/zumachen** to open/close
the door; **~ zu!** shut the door!

Türke (*pl* -n) *der* Turk.

Türkei *die* Turkey.

Türkin (*pl* -nen) *die* Turk.

türkisch *adj* Turkish.

Türkisch(e) *das* Turkish.

Türklinke (*pl* -n) *die* door handle.

Turm (*pl* Türme) *der* (*Gebäude*)
tower.

turnen *vi* (SPORT) to do gymnastics.

Turner, -in (*mpl* -) *der, die* gymnast.

Turnhalle (*pl* -n) *die* gym.

Turnhose (*pl* -n) *die* shorts (*pl*).

Turnier (*pl* -e) *das* (SPORT) tournament.

Turnschuh (*pl* -e) *der* gymshoe
(*Br*), sneaker (*Am*).

Türschloß (*pl* -schlösser) *das*
lock.

tuscheln *vi* to whisper.

tut *präs* → **tun**.

Tüte (*pl* -n) *die* bag.

TÜV *der* ≃ MOT (*Br*), regular official test of car's roadworthiness.

TV *das* (*abk für Television*) TV.

Typ (*pl* -en) *der* (*Art, Charakter*)
type; (*Modell*) model; (*fam: Mann*)
guy.

Typhus *der* typhoid.

typisch *adj* typical.

tyrannisieren *vt* to tyrannize.

U

u. *abk* = **und**.

u.a. *abk* = **unter anderem**.

u.a.m. (*abk für und anderes mehr*)
etc.

UB (*pl* -s) *die* (*abk für Universitäts-
bibliothek*) university library.

U-Bahn (*pl* -en) *die* underground
(*Br*), subway (*Am*).

U-Bahn-Haltestelle (*pl* -n) *die*
underground station (*Br*), subway
station (*Am*).

U-Bahn-Linie (*pl* -n) *die* underground line (*Br*), subway line (*Am*).

U-Bahn-Netz (*pl* -e) *das* underground system (*Br*), subway system (*Am*).

übel (*komp* übler, *superl* am übel-
sten) *adj* bad; **mir ist/wird ~** I am/
feel sick; **nicht ~** (*fam*) not bad.

Übelkeit (*pl* -en) *die* nausea.

übelInehmen *vt unr* to take
badly.

üben *vt & vi* to practise.

über ◇ *präp* (+A) **1.** (*höher als*)
over, above; **das Flugzeug flog ~
das Tal** the plane flew over the
valley.

2. (*quer*) over; **~ die Straße gehen**
to cross (over) the road.

3. (*Angabe der Route*) via.

4. (*Angabe des Themas*) about; **ein
Buch ~ Mozart** a book about
Mozart.

5. (*Angabe des Betrages*) for; **eine
Rechnung ~ 30 DM** a bill for 30
marks.

6. (*mehr als*) over; **~ eine Stunde**

over an hour; ~ **Null** above zero;
Kinder ~ zehn Jahren children
over ten (years of age).
7. *(zeitlich)* over; ~ **Nacht**
overnight.
◊ *präp (+D)* **1.** *(räumlich: höher)*
above, over; **die Lampe hängt ~
dem Tisch** the lamp hangs above
ODER over the table; **er wohnt ~
uns** he lives above us.
2. *(mehr als)* above; ~ **dem
Durchschnitt liegen** to be above
average.
◊ *adv* **1.** *(zeitlich):* **den Sommer ~
bleiben wir hier** we're staying
here all summer.
2. *(fam: übrig)* left(over).
♦ **über und über** *adv* all over.
überall *adv* everywhere.
überallhin *adv* everywhere.
überanstrengen *vt* to over-
strain.
♦ **sich überanstrengen** *ref* to
overdo it.
überarbeiten *vt* to revise.
♦ **sich überarbeiten** *ref* to over-
work.
überbacken *(präs* **überbackt**
ODER **überbäckt,** *prät* **überbackte,**
pp **überbacken)** *vt to bake or grill
with a cheese topping.*
überbelichtet *adj* overexposed.
Überblick *(pl* **-e)** *der (Übersicht)*
summary.
überblicken *vt (einschätzen)* to
grasp; *(sehen)* to overlook.
überbrücken *vt (Zeit)* to fill in.
überbucht *adj* overbooked.
überdurchschnittlich *adj*
above average.
übereinander *adv* on top of
each other; ~ **sprechen/denken** to
talk/think about each other.
überein|stimmen *vi (Personen,
Meinungen)* to agree.
überfahren *(präs* **überfährt,** *prät*
überfuhr, *pp* **überfahren)** *vt (Tier,*

Person) to run over.
Überfahrt *(pl* **-en)** *die* crossing.
Überfall *(pl* **-fälle)** *der (Angriff)*
attack.
überfallen *(präs* **überfällt,** *prät*
überfiel, *pp* **überfallen)** *vt (angreifen)* to attack.
überfällig *adj (Zug)* late; *(Rechnung)* outstanding.
Überfluß *der* surplus.
überflüssig *adj* superfluous.
überfordert *adj:* **damit bin ich ~**
that's asking too much of me.
Überführung *(pl* **-en)** *die (Brücke)*
bridge; *(Transport)* transfer.
überfüllt *adj* overcrowded.
Übergabe *die (von Dingen)* hand-
ing over.
Übergang *(pl* **-gänge)** *der (Phase)*
transition.
übergeben *(präs* **übergibt,** *prät*
übergab, *pp* **übergeben)** *vt (Gegenstand)* to hand over.
♦ **sich übergeben** *ref* to vomit.
übergehen¹ *(prät* **überging,** *pp*
übergangen) *vt (ignorieren)* to
ignore.
über|gehen² *vi unr ist (wechseln):*
in etw *(A)* ~ to change into sthg.
Übergewicht *das* overweight; ~
haben to be overweight.
Übergröße *(pl* **-n)** *die (von
Kleidung)* outsize.
überhand|nehmen *vi unr* to get
out of hand.
überhaupt *adv (Ausdruck von
Zweifel)* at all; *(allgemein, eigentlich)*
really; **ich habe ~ kein Geld mehr**
(gar kein) I've got no money left at
all; ~ **nicht** *(gar nicht)* not at all.
überholen *vt* to overtake.
Überholspur *(pl* **-en)** *die* overtaking lane.
Überholverbot *(pl* **-e)** *das* ban
on overtaking.
überhören *vt (nicht hören)* not to
hear.

überlassen (*präs* überläßt, *prät* überließ, *pp* überlassen) *vt (leihen)* to lend.

überlastet *adj (Person)* overworked.

über|laufen[1] *vi unr ist (Topf, Wasser)* to overflow.

überlaufen[2] *adj* overcrowded.

überleben *vt & vi* to survive.

überlegen[1] ◊ *vt (nachdenken)* to consider. ◊ *vi (nachdenken)* to think; **sich** (*D*) **etw ~** to think sth over.

überlegen[2] ◊ *adj* superior. ◊ *adv (siegen)* convincingly; *(arrogant)* patronizingly.

Überlegung (*pl* -en) *die* consideration.

übermorgen *adv* the day after tomorrow.

übermüdet *adj* overtired.

übernächste, -r, -s *adj* next ... but one; **die ~ Haltestelle** not this stop but the next one; **die ~ Woche** the week after next.

übernachten *vi* to stay (the night).

übernächtigt *adj* worn out.

Übernachtung (*pl* -en) *die* overnight stay; **~ mit Frühstück** bed and breakfast.

Übernachtungsmöglichkeit (*pl* -en) *die* overnight accommodation.

übernehmen (*präs* übernimmt, *prät* übernahm, *pp* übernommen) *vt (Kosten)* to pay; *(kopieren)* to adopt; *(Mitarbeiter)* to take on.

♦ **sich übernehmen** *ref* to overdo it.

überprüfen *vt* to check.

überqueren *vt* to cross.

überraschen ◊ *vi* to come as a surprise. ◊ *vt* to surprise; **ich lasse mich ~** I'll wait and see.

Überraschung (*pl* -en) *die* surprise.

überreden *vt* to persuade.

überreichen *vt* to present.

Überrest (*pl* -e) *der* remains (*pl*).

übers *präp (fam)* = **über** + **das**.

überschlagen (*präs* überschlägt, *prät* überschlug, *pp* überschlagen) *vt (Anzahl, Summe)* to estimate.

♦ **sich überschlagen** *ref (Auto)* to turn over; *(Skifahrer)* to crash.

überschneiden: sich überschneiden (*prät* überschnitt, *pp* überschnitten) *ref (zeitlich)* to overlap.

Überschrift (*pl* -en) *die* heading.

Überschwemmung (*pl* -en) *die* flood.

Übersee *nt:* **aus ~** from overseas; **nach ~** abroad.

übersehen (*präs* übersieht, *prät* übersah, *pp* übersehen) *vt (nicht sehen)* to overlook.

übersetzen[1] *vt* to translate.

über|setzen[2] ◊ *vt hat (befördern)* to take across. ◊ *vi ist (überqueren)* to cross.

Übersetzer, -in (*mpl* -) *der, die* translator.

Übersetzung (*pl* -en) *die* translation.

Übersicht (*pl* -en) *die (Zusammenfassung)* outline.

übersichtlich *adj (Gebiet)* open; *(Tabelle)* clear.

Übersichtskarte (*pl* -n) *die* general map.

überspielen *vt (kopieren)* to record; *(löschen)* to record over.

Überspielkabel (*pl* -) *das* connecting lead.

überstehen[1] (*prät* überstand, *pp* überstanden) *vt (Ereignis)* to survive.

über|stehen[2] *vi unr (vorstehen)* to jut out.

Überstunde (*pl* -n) *die* overtime.

übertragbar *adj (Fahrkarte)* transferable; *(Krankheit)* infectious.

übertragen (*präs* überträgt, *prät* übertrug, *pp* übertragen) *vt* (*Krankheit*) to pass on; (*Sendung*) to broadcast; (*Blut*) to transfuse; (*anwenden*) to apply.

♦ **sich übertragen** *ref* (*Stimmung*) to be infectious; (*Krankheit*) to be passed on.

Übertragung (*pl* -en) *die* (*von Sendung*) broadcast; (*von Krankheit*) passing on; (*von Blut*) transfusion.

übertreffen (*präs* übertrifft, *prät* übertraf, *pp* übertroffen) *vt* (*besser sein*) to surpass.

übertreiben (*prät* übertrieb, *pp* übertrieben) ◊ *vt* (*bei Darstellung*) to exaggerate; (*Handlung*) to overdo. ◊ *vi* (*darstellen*) to exaggerate.

übertreten (*präs* übertritt, *prät* übertrat, *pp* übertreten) *vt* (*Gesetz*) to break.

übertrieben ◊ *pp* → **übertreiben**. ◊ *adj* (*Darstellung*) exaggerated; (*Vorsicht, Eifer*) excessive.

überwachen *vt* to monitor.

überweisen (*prät* überwies, *pp* überwiesen) *vt* (*Geld*) to transfer; (*Patienten*) to refer; **jn ins Krankenhaus ~** to have sb admitted to hospital.

Überweisung (*pl* -en) *die* (*von Geld*) transfer; (*von Patienten*) referral.

Überweisungsauftrag (*pl* -träge) *der* money transfer order.

überwinden (*prät* überwand, *pp* überwunden) *vt* (*Angst, Ekel*) to overcome; (*Hindernis*) to get over.

♦ **sich überwinden** *ref* to force o.s.

Überzelt (*pl* -e) *das* flysheet.

überzeugen *vt* to convince.

♦ **sich überzeugen** *ref* to convince o.s.

überzeugt *adj* convinced; **~ sein von** to be convinced of.

Überzeugung (*pl* -en) *die* conviction.

überziehen[1] (*prät* überzog, *pp* überzogen) *vt* (*Konto*) to overdraw; **die Betten frisch ~** to put clean sheets on the beds.

über|ziehen[2] *vt unr* (*Jacke, Pullover*) to pull on.

Überziehungskredit (*pl* -e) *der* overdraft facility.

üblich *adj* usual.

übrig *adj* remaining; **~ sein** to be left over.

übrig|bleiben *vi unr ist* to be left over.

übrigens *adv* by the way.

Übung (*pl* -en) *die* exercise.

Ufer (*pl* -) *das* (*von Fluß*) bank; (*von See*) shore; **am ~** (*von Fluß*) on the bank; (*von See*) on the shore.

Uferstraße (*pl* -n) *die* road which runs alongside a lake or river.

Uhr (*pl* -en) *die* (*am Arm*) watch; (*an der Wand*) clock; (*Zeit*): **es ist 3 ~** it's 3 o'clock; **um 3 ~** at 3 o'clock; **um wieviel ~?** what time?; **wieviel ~ ist es?** what time is it?

Uhrzeit (*pl* -en) *die* time.

UKW *die* FM.

Ultraschall *der* ultrasound.

um ◊ *präp* (+A) **1.** (*räumlich*) around; **~ etw herum** around sthg. **2.** (*Angabe der Uhrzeit*) at; **~ drei Uhr** at three o'clock. **3.** (*Angabe von Ansteigen, Sinken*) by; **die Preise steigen ~ 15%** prices are rising by 15%. **4.** (*Angabe von Grund*) for; **~ etw kämpfen** to fight for sthg; **~ ein Spielzeug streiten** to quarrel over a toy. **5.** (*ungefähr*) around; **es kostet ~ die 300 DM** it costs around 300 Marks; **so ~ Ostern herum** some time around Easter.

◊ *konj*: **je schneller, ~ so besser**

the quicker the better; ~ **so besser** (*fam: als Antwort*) so much the better; ~ **zu** (in order) to.

◇ *adv* (*bei Zeit*) up; **die zehn Minuten sind ~** the ten minutes are up.

um|adressieren *vt* to readdress.

umarmen *vt* to hug.

Umbau (*pl* **-ten**) *der* renovation.

um|bauen *vt* to renovate.

um|binden *vt unr* to tie; **sich** (*D*) **eine Schürze ~** to put on an apron.

um|blättern *vt* to turn over.

um|bringen *vt unr* to kill.

um|buchen *vt*: **eine Reise ~** to change one's booking for a trip.

um|drehen ◇ *vt hat* (*Schlüssel, Pfannkuchen*) to turn. ◇ *vi ist/hat* (*wenden, umkehren*) to turn back.

♦ **sich umdrehen** *ref* (*Person*) to turn round.

um|fahren[1] *vt unr* (*fam: überfahren*) to knock down.

umfahren[2] (*präs* **umfährt**, *prät* **umfuhr**, *pp* **umfahren**) *vt* (*ausweichen*) to avoid.

um|fallen *vi unr ist* (*umkippen*) to fall down.

Umfang (*pl* **-fänge**) *der* (*von Bauch, Tonne*) circumference.

Umfrage (*pl* **-n**) *die* survey.

um|füllen *vt* to transfer.

Umgangssprache *die* slang.

Umgebung (*pl* **-en**) *die* (*Gebiet*) surroundings (*pl*); (*Umfeld*) environment.

um|gehen[1] *vi unr ist* (*Erkältung*) to go around.

umgehen[2] (*prät* **umging**, *pp* **umgangen**) *vt* (*Problem*) to avoid.

Umgehungsstraße (*pl* **-n**) *die* bypass.

umgekehrt ◇ *adj* opposite. ◇ *adv* the other way round; **in ~er Richtung** in the opposite direction.

Umhang (*pl* **-hänge**) *der* cloak.

umher *adv* around.

um|kehren *vi ist* (*zurückgehen, zurückfahren*) to turn back.

um|kippen ◇ *vi ist* (*Person, Vase*) to fall over. ◇ *vt hat* (*Lampe, Vase*) to knock over.

Umkleidekabine (*pl* **-n**) *die* changing room.

Umkleideraum (*pl* **-räume**) *der* changing room.

Umkreis *der* (*Gebiet*) surrounding area; **im ~ von 50 km** within a 50 km radius.

Umlaut (*pl* **-e**) *der* umlaut.

um|leiten *vt* to divert.

Umleitung (*pl* **-en**) *die* diversion.

umrandet *adj*: **rot ~** circled in red.

um|rechnen *vt* to convert.

Umrechnungskurs (*pl* **-e**) *der* conversion table.

um|rühren *vt & vi* to stir.

ums *präp* = **um** + **das**.

Umsatz (*pl* **-sätze**) *der* turnover.

um|schalten ◇ *vt* (*Programm, Fernseher*) to turn over. ◇ *vi* (*auf Programm*) to turn over.

Umschlag (*pl* **-schläge**) *der* (*für Briefe*) envelope; (*von Buch*) dust jacket; (MED) compress.

um|schlagen ◇ *vi unr ist* (*Wetter, Laune*) to change. ◇ *vt unr hat* (*umdrehen*) to turn over.

um|sehen: sich umsehen *ref unr* to look round; **sich ~ nach** (*suchen*) to look around for.

um|sein *vi unr ist* (*fam*) to be over.

umsonst ◇ *adv* (*erfolglos*) in vain; (*gratis*) for free. ◇ *adj*: ~ **sein** (*erfolglos*) to be in vain; (*gratis*) to be free.

umständlich *adj* (*Methode*) laborious; (*Person*) awkward.

Umstandsmoden *pl* maternity wear (*sg*).

Umsteigebahnhof (*pl* **-höfe**) *der station where passengers may change to a different line.*

um|steigen vi unr ist *(beim Reisen)* to change; *(wechseln)* to switch; **in Köln ~** to change in Cologne.

Umstellung *(pl -en)* die *(Anpassung)* adjustment; *(Änderung)* switch.

Umtausch der exchange; **'vom ~ ausgeschlossen'** 'no refunds or exchanges'.

um|tauschen vt *(Ware)* to exchange; *(Geld)* to change; **Mark in Pfund ~** to change marks into pounds.

Umverpackung *(pl -en)* die repackaging.

Umweg *(pl -e)* der detour.

Umwelt die environment.

Umweltbewußtsein das environmental awareness.

umweltfreundlich adj environmentally friendly.

Umweltpapier das recycled paper.

umweltschädlich adj damaging to the environment.

Umweltschutz der environmental protection.

Umweltverschmutzung die pollution.

um|werfen vt unr *(umstürzen)* to knock over; **sich** *(D)* **einen Mantel ~** to put a coat around one's shoulders.

um|ziehen ◇ vi unr ist to move. ◇ vt unr hat to change.

♦ **sich umziehen** ref to get changed.

Umzug *(pl -züge)* der *(Wohnungswechsel)* move; *(Parade)* parade.

unabhängig ◇ adj independent. ◇ adv independently.

Unabhängigkeit die independence.

unabsichtlich ◇ adj unintentional. ◇ adv unintentionally.

unangenehm ◇ adj *(Geschmack, Person)* unpleasant; *(peinlich)* embarrassing. ◇ adv: **ich war ~ berührt** I was embarrassed.

unauffällig adj inconspicuous.

unbeabsichtigt adj unintentional.

unbedingt adv *(auf jeden Fall)* really; **du mußt ~ mitkommen!** you really must come!

unbefriedigend ◇ adj *(schlecht)* unsatisfactory. ◇ adv *(schlecht)* unsatisfactorily.

unbefristet adj for an unlimited period.

unbefugt adj unauthorized.

Unbefugte *(pl -n)* der, die unauthorized person; **'für ~ Zutritt verboten!'** 'authorized personnel only'.

unbegrenzt adj unlimited.

unbekannt adj unknown.

unbeliebt adj unpopular.

unbemerkt adv unnoticed.

unbenutzt adj unused.

unbequem ◇ adj *(Stuhl, Kleidung)* uncomfortable. ◇ adv *(sitzen, fahren)* uncomfortably.

unberechtigt ◇ adj unjustified. ◇ adv without authorization; **~ parkende Fahrzeuge** illegally parked vehicles.

unbeständig adj *(Wetter)* changeable.

unbeteiligt adj *(nicht interessiert)* uninterested; *(nicht verwickelt)* uninvolved.

unbewacht adj unattended.

unbewußt ◇ adj unconscious. ◇ adv unconsciously.

unbrauchbar adj useless.

und ◇ konj 1. *(gen)* and; **drei ~ drei ist sechs** three and three makes six; **~ so** *(fam)* and so on; **~ so weiter** and so on; **~ wie!** *(fam)* not half!

2. *(Ausdruck eines Widerspruchs)*: **~ wenn** even if.

3. *(ironisch)*: **ich ~ Motorrad**

fahren? nie! me ride a motor bike? Never!
◊ *interj (fam):* **na ~!** so what?

undankbar *adj (Person)* ungrateful.

undeutlich *adj* unclear.

undicht *adj* leaky.

undurchlässig *adj* impermeable.

uneben *adj* uneven; **'~e Fahrbahn'** 'uneven road surface'.

unecht *adj (Schmuck, Stein)* fake.

unendlich *adj* endless.

unentbehrlich *adj* indispensable.

unentgeltlich *adj* free.

unentschieden *adj (Ergebnis)* undecided; **das Spiel endete ~** the game was a draw.

unerläßlich *adj* essential.

unerlaubt *adj* unauthorized.

unerträglich *adj* unbearable.

unerwartet *adj* unexpected.

unerwünscht *adj* unwelcome.

unfähig *adj* incapable; **~ sein, etw zu tun** to be incapable of doing sthg.

unfair *adj* unfair.

Unfall *(pl* -fälle) *der* accident; **einen ~ haben/verursachen** to have/cause an accident.

Unfallflucht *die* failure to stop *after an accident.*

Unfallhergang *der:* **den ~ beschreiben** to give details of the accident.

Unfallschaden *der* damage.

Unfallstation *(pl* -en) *die* casualty *(Br)*, emergency ward *(Am)*.

Unfallstelle *(pl* -n) *die* scene of the accident.

Unfallversicherung *(pl* -en) *die* accident insurance.

unfreundlich ◊ *adj (Person, Verhalten)* unfriendly. ◊ *adv (sich verhalten)* coldly; **~ sein zu** to be unfriendly to.

Unfug *der* nonsense.

Ungarn *nt* Hungary.

ungeduldig *adj* impatient.

ungeeignet *adj* unsuitable.

ungefähr ◊ *adv* about, approximately. ◊ *adj* rough.

ungefährlich *adj* safe.

ungehorsam *adj* disobedient.

ungemütlich *adj (Raum, Kleidung)* uncomfortable.

ungenau ◊ *adj* inaccurate. ◊ *adv* inaccurately.

ungenießbar *adj* inedible; *(fam: Person)* unbearable.

ungenügend ◊ *adj (schlecht)* insufficient; *(Schulnote)* unsatisfactory. ◊ *adv (schlecht)* badly.

ungerecht *adj* unjust.

ungern *adv* reluctantly.

ungeschickt *adj (Mensch, Bewegung)* clumsy; *(Verhalten, Reaktion)* undiplomatic.

ungesund ◊ *adj* unhealthy. ◊ *adv:* **sie leben sehr ~** they lead a very unhealthy life.

ungewiß *adj* uncertain.

ungewöhnlich *adj* unusual.

ungewohnt *adj* unfamiliar.

Ungeziefer *das* pests *(pl).*

unglaublich ◊ *adj* unbelievable. ◊ *adv* unbelievably.

Unglück *(pl* -e) *das (Unfall)* accident; *(Leid)* unhappiness; *(Pech)* bad luck.

unglücklich *adj (Person)* unhappy; *(unklug)* unfortunate.

ungültig *adj* invalid.

unheimlich ◊ *adj (gruselig)* sinister; *(fam: riesig)* incredible. ◊ *adv (fam: sehr)* incredibly.

unhöflich *adj* impolite.

Uni *(pl* -s) *die (fam)* uni.

Uniform *(pl* -en) *die* uniform.

Universität *(pl* -en) *die* university.

Universitätsstadt *(pl* -städte) *die* university town.

Unkosten *pl* expenses.
Unkostenbeitrag (*pl* -beiträge) *der* contribution towards expenses.
Unkraut *das* weed.
unlogisch *adj* illogical.
Unmenge (*pl* -n) *die* (*fam*) masses (*pl*); **eine ~ Leute** masses of people.
unmittelbar ◇ *adj* immediate. ◇ *adv* immediately; **in ~er Nähe** in the immediate vicinity.
unmöbliert *adj* unfurnished.
unmöglich ◇ *adj* impossible. ◇ *adv*: **ich kann ~ um 3 Uhr kommen** I can't possibly come at 3 o'clock; **jm ~ sein** (*nicht möglich*) to be impossible for sb.
unnötig *adj* unnecessary.
unnütz *adj* useless.
UNO *die*: **die ~** the UN.
Unordnung *die* chaos.
unpassierbar *adj* impassable.
unpersönlich *adj* impersonal.
unpraktisch *adj* (*Kleidung, Möbel*) impractical; (*Person*) unpractical.
unpünktlich *adj* unpunctual; **~ sein** to be late.
Unrecht *das* wrong; **im ~ sein** to be wrong.
unregelmäßig ◇ *adj* irregular. ◇ *adv* irregularly.
unreif *adj* (*Obst*) unripe.
Unruhe (*pl* -n) *die* (*Gefühl*) unease; (*Bewegung*) noise.
♦ **Unruhen** *pl* riots.
unruhig *adj* (*besorgt*) restless.
uns *pron* (*Personalpronomen*) us; (*Reflexivpronomen*) ourselves.
unschädlich *adj* harmless.
unscharf *adj* (*Aufnahme*) blurred.
unschuldig *adj* innocent.
unselbständig *adj* dependent.
unser, -e ODER **unsre** *det* our.
unsere, -r, -s ◇ *pron* ours. ◇ *det* → **unser**.
unsicher *adj* (*Person*) insecure; (*Zukunft*) uncertain; (*Gegend, Weg*)

unsafe; **da bin ich mir ~** I'm not sure about that.
Unsinn *der* nonsense.
Unsumme (*pl* -n) *die* enormous amount of money.
unsympathisch *adj* (*Mensch*) unpleasant.
unten *adv* at the bottom; (*südlich*) down; (*in Haus*) downstairs; **nach ~** down; **von ~** from below; **siehe ~** see below; **die sind bei uns ~ durch** (*fam*) we're finished with them.
unter ◇ *präp* (+D) **1.** (*räumlich*) under; **~ dem Tisch liegen** to lie under the table.
2. (*weniger als*) under; **~ Null** below zero; **Kinder ~ 12 Jahren** children under the age of 12.
3. (*zwischen Dingen, Personen*) among; **~ anderem** among other things.
4. (*Angabe von Umständen*) under; **~ Streß arbeiten** to work under stress.
5. (*Angabe von Hierarchie*) under; **~ der Leitung von ...** under the supervision of ...
◇ *präp* (+A) **1.** (*räumlich*) under; **~ den Tisch kriechen** to crawl under the table.
2. (*weniger als*) below.
3. (*zwischen*): **etw ~ etw mischen** to mix sthg into sthg.
4. (*Angabe von Hierarchie*) under.
◇ *adj* **1.** (*räumlich*) lower; (*Etage*) bottom.
2. (*in Rangfolge*) lower.
unterbelichtet *adj* (*Foto, Film*) underexposed.
Unterbewußtsein *das* subconscious.
unterbrechen (*präs* unterbricht, *prät* unterbrach, *pp* unterbrochen) *vt & vi* to interrupt.
Unterbrecherkontakt (*pl* -e) *der* contact breaker.

Unterbrechung (*pl* -en) *die* interruption.

unter|bringen *vt unr (Gäste)* to put up; *(Gegenstand)* to put.

Unterbringung *die* accommodation.

unterdessen *adv (geh)* meanwhile.

unterdrücken *vt (Person, Volk, Widerstand)* to suppress.

untereinander *adv (unter sich)* among ourselves/themselves; *(unter das andere)* one under the other.

Unterführung (*pl* -en) *die* subway *(Br)*, underpass *(Am)*.

Untergang (*pl* -gänge) *der (von Schiff)* sinking; *(von Volk, Kultur)* decline; *(von Sonne, Mond)* setting.

unter|gehen *vi unr ist (Sonne, Mond)* to go down; *(Schiff, Person)* to sink; *(Volk, Kultur)* to decline.

Untergeschoß (*pl* -schosse) *das* basement.

Untergewicht *das*: ~ **haben** to be underweight.

Untergrund *der (Boden)* subsoil.

Untergrundbahn (*pl* -en) *die* underground *(Br)*, subway *(Am)*.

unterhalb *adv & präp (+G)* below.

unterhalten (*präs* unterhält, *prät* unterhielt, *pp* unterhalten) *vt (amüsieren)* to entertain; *(Familie)* to support.

♦ **sich unterhalten** *ref (reden)* to talk; *(sich amüsieren)* to have fun; **sich ~ mit** *(sprechen)* to talk with.

Unterhaltung (*pl* -en) *die (Gespräch)* conversation; *(Amüsement)* entertainment.

Unterhemd (*pl* -en) *das* vest.

Unterhose (*pl* -n) *die* underpants *(pl)*.

Unterkunft (*pl* -künfte) *die* accommodation.

unterlassen (*präs* unterläßt, *prät*

unterließ, *pp* unterlassen) *vt* to refrain from.

Unterleib (*pl* -e) *der* abdomen.

unternehmen (*präs* unternimmt, *prät* unternahm, *pp* unternommen) *vt (Ausflug, Reise)* to make; **etwas/nichts ~** to do something/nothing.

Unternehmer, -in (*mpl* -) *der, die* entrepreneur.

unternehmungslustig *adj* enterprising.

Unterricht *der* lessons *(pl)*; **jm ~ geben** to teach sb.

unterrichten *vt (Schüler, Schulfach)* to teach; *(mitteilen)* to inform.

Unterrock (*pl* -röcke) *der* slip.

untersagt *adj* prohibited.

unterscheiden (*prät* unterschied, *pp* unterschieden) ◇ *vt* to distinguish. ◇ *vi*: ~ **zwischen** to differentiate between; **etw ~ von** to distinguish sthg from.

♦ **sich unterscheiden** *ref* to be different.

Unterschied (*pl* -e) *der* difference.

unterschiedlich *adj* different.

unterschreiben (*prät* unterschrieb, *pp* unterschrieben) *vt & vi* to sign; **hier ~** sign here.

Unterschrift (*pl* -en) *die* signature; **Datum und ~** date and signature.

Unterseeboot (*pl* -e) *das* submarine.

Untersetzer (*pl* -) *der* coaster.

unter|stellen[1] *vt* to store.

♦ **sich unterstellen** *ref* to shelter.

unterstellen[2] *vt (Boshaftigkeit, Gemeinheit)* to imply.

unterstreichen (*prät* unterstrich, *pp* unterstrichen) *vt (mit Strich)* to underline.

unterstützen *vt* to support.

Unterstützung *die* support.

untersuchen *vt* to examine; *(absuchen)* to investigate.

Untersuchung *(pl -en) die* examination; *(von Justiz, Polizei)* investigation.

Untertasse *(pl -n) die* saucer.

Unterteil *(pl -e) das* bottom half.

Untertitel *(pl -) der* subtitle.

Unterwäsche *die* underwear.

unterwegs ◇ *adv* on the way. ◇ *adj*: ~ sein to be on the way; ~ nach ... sein to be on the way to ...

unterzeichnen *vt* to sign.

unüberlegt ◇ *adj* rash. ◇ *adv* rashly.

ununterbrochen ◇ *adj* uninterrupted. ◇ *adv* nonstop.

unverbindlich *adj (ohne Verpflichtung)* not binding.

unverbleit *adj* lead-free.

unverheiratet *adj* unmarried.

unverkäuflich *adj* not for sale.

unvermeidlich *adj* unavoidable.

unvernünftig *adj* irresponsible.

unverschämt *adj (taktlos)* impertinent.

unverständlich *adj* incomprehensible.

unverträglich *adj (Nahrung)* indigestible.

unvollständig *adj* incomplete.

unvorsichtig *adj* careless.

unwahrscheinlich *adj (Geschichte)* improbable; *(fam: Glück)* incredible.

Unwetter *(pl -) das* storm.

unwichtig *adj* unimportant.

unwiderstehlich *adj* irresistible.

unwohl *adj* unwell; **sich ~ fühlen** *(körperlich)* to feel unwell; *(psychisch)* to feel uneasy.

unzerbrechlich *adj* unbreakable.

unzufrieden *adj* dissatisfied; ~ mit dissatisfied with.

unzugänglich *adv*: **'für Kinder ~ aufbewahren'** 'keep out of reach of children'.

unzulässig *adj (nicht erlaubt)* forbidden.

üppig *adj (Essen)* sumptuous; *(Person)* curvaceous.

uralt *adj* ancient.

Uraufführung *(pl -en) die* premiere.

Urenkel, -in *(mpl -) der, die* great-grandchild.

Urgroßeltern *pl* great-grandparents.

Urin *der* urine.

Urkunde *(pl -n) die* certificate.

Urlaub *(pl -e) der* holiday *(Br)*, vacation *(Am)*; **im ~ sein** to be on holiday *(Br)*, to be on vacation *(Am)*; **in ~ fahren** to go on holiday *(Br)*, to go on vacation *(Am)*; **~ machen** to have a holiday *(Br)*, to vacation *(Am)*.

Urlauber, -in *(mpl -) der, die* holidaymaker *(Br)*, vacationer *(Am)*.

Urlaubsanschrift *(pl -en) die* holiday address.

Urlaubsort *(pl -e) der* holiday resort.

Urlaubszeit *(pl -en) die* holiday season *(Br)*, vacation season *(Am)*.

Ursache *(pl -n) die* cause; **keine ~!** don't mention it!

Ursprung *(pl -sprünge) der* origin.

ursprünglich *adj (Idee, Meinung)* original.

Ursprungsland *(pl -länder) das* country of origin.

Urteil *(pl -e) das (vor Gericht)* verdict; *(Bewertung)* judgement.

Urwald *(pl -wälder) der* jungle.

usw. *(abk für und so weiter)* etc.

Utensilien *pl* utensils.

Utopie *(pl -n) die* utopia.

V

vage *adj* vague.

Vagina (*pl* **Vaginen**) *die* vagina.

vakuumverpackt *adj* vacuum-packed.

Vanille *die* vanilla.

Vanilleeis *das* vanilla ice-cream.

Vanillezucker *der* vanilla sugar.

Varieté (*pl* **-s**) *das* variety show.

variieren *vt & vi* to vary.

Vase (*pl* **-n**) *die* vase.

Vaseline *die* Vaseline®.

Vater (*pl* **Väter**) *der* father.

Vatertag (*pl* **-e**) *der* Father's Day.

V-Ausschnitt (*pl* **-e**) *der* V-neck.

v. Chr. (*abk für vor Christus*) BC.

Vegetarier, -in (*mpl* **-**) *der, die* vegetarian.

vegetarisch *adj* vegetarian.

Vene (*pl* **-n**) *die* vein.

Ventil (*pl* **-e**) *das* (TECH) valve.

Ventilator (*pl* **Ventilatoren**) *der* fan.

verabreden *vt* to arrange.

♦ **sich verabreden** *ref* to arrange to meet; **sich mit jm ~ to** arrange to meet sb.

verabredet *adj*: **sie ist mit Karla ~ she** has arranged to meet Karla; **ich bin schon ~** I have something else on.

Verabredung (*pl* **-en**) *die* (*Treffen*) appointment; (*mit Freund*) date.

verabscheuen *vt* to detest.

verabschieden *vt* (*Gast*) to say goodbye to.

♦ **sich verabschieden** *ref* to say goodbye.

Veranda (*pl* **Veranden**) *die* veranda.

verändern *vt* to change.

♦ **sich verändern** *ref* (*anders werden*) to change.

Veränderung (*pl* **-en**) *die* change.

veranlassen *vt*: **jn ~, etw zu tun** to cause sb to do sthg; **etw ~** to arrange for sthg.

veranstalten *vt* (*organisieren*) to organize.

Veranstalter, -in (*mpl* **-**) *der, die* organizer.

Veranstaltung (*pl* **-en**) *die* (*Ereignis*) event; (*Organisation*) organization.

Veranstaltungskalender (*pl* **-**) *der* calendar of events.

Veranstaltungsprogramm (*pl* **-e**) *das* programme of events.

verantwortlich *adj* responsible.

Verantwortung *die* responsibility.

verarbeiten *vt* (*Material*) to process; (*fig: Ereignis*) to come to terms with.

Verb (*pl* **-en**) *das* verb; **starkes/ schwaches ~** strong/weak verb.

Verband (*pl* **-bände**) *der* (*Organisation*) association; (*für Wunde*) bandage; **einen ~ anlegen** to apply a bandage.

Verbandskasten (*pl* **-kästen**) *der* first-aid box.

Verbandszeug *das* first-aid kit.

verbergen (*präs* **verbirgt**, *prät* **verbarg**, *pp* **verborgen**) *vt* to hide.

♦ **sich verbergen** *ref* to hide.

verbessern *vt* (*besser machen*) to improve; (*Fehler*) to correct.

♦ **sich verbessern** *ref* (*besser werden*) to improve; (*sich korrigieren*) to correct o.s.

Verbesserung (*pl* **-en**) *die* (*von Fehlern, Text*) correction; (*von Anlage, Angebot*) improvement.

verbieten (*prät* **verbat**, *pp* **verboten**) *vt* to forbid.

verbilligt *adj* reduced.

verbinden (*prät* **verband**, *pp* **verbunden**) ◇ *vt* to connect; *(Wunde)* to bandage; *(am Telefon)* to put through. ◇ *vi (am Telefon):* **einen Moment, ich verbinde** one moment please, I'll put you through; **falsch verbunden!** wrong number!

Verbindung (*pl* -en) *die* connec-tion; *(chemisch)* compound; **sich in ~ setzen mit** to contact.

verbleit *adj (Benzin)* leaded; **Super ~** super leaded.

verborgen *pp* → **verbergen**.

Verbot (*pl* -e) *das* ban.

verboten ◇ *pp* → **verbieten**. ◇ *adj* forbidden; **streng ~!** strictly forbidden!

Verbotsschild (*pl* -er) *das* sign indicating a restriction, eg no parking, no entry, etc.

verbrannt ◇ *pp* → **verbrennen**. ◇ *adj* burnt.

Verbrauch *der* consumption.

verbrauchen *vt* to consume.

Verbraucher, -in (*mpl* -) *der, die* consumer.

Verbraucherberatung (*pl* -en) *die (Institution)* consumer advice agency.

Verbrechen (*pl* -) *das* crime.

Verbrecher, -in (*mpl* -) *der, die* criminal.

verbrennen (*prät* **verbrannte**, *pp* **verbrannt**) *vt hat & vi ist* to burn.

♦ **sich verbrennen** *ref*: **er hat sich verbrannt** he burned himself; **er hat sich (D) die Finger verbrannt** he burnt his fingers.

Verbrennung (*pl* -en) *die (Verletzung)* burn; *(Verbrennen)* burning.

verbringen (*prät* **verbrachte**, *pp* **verbracht**) *vt* to spend.

verbrühen: sich verbrühen *ref* to scald o.s.

Verdacht *der* suspicion.

verdammt *adj & adv (fam)* damn.

verdarb *prät* → **verderben**.

verdaulich *adj*: **leicht/schwer ~** easy/difficult to digest.

Verdauung *die* digestion.

Verdeck (*pl* -e) *das (von Auto)* soft top; *(von Kinderwagen)* hood.

verderben (*präs* **verdirbt**, *prät* **verdarb**, *pp* **verdorben**) ◇ *vt hat* to ruin. ◇ *vi ist (Nahrung)* to go off.

verderblich *adj* perishable.

verdienen *vt* to earn.

Verdienst (*pl* -e) ◇ *der (Gehalt)* salary. ◇ *das (Leistung)* achieve-ment.

verdirbt *präs* → **verderben**.

verdoppeln *vt* to double.

♦ **sich verdoppeln** *ref* to double.

verdorben ◇ *pp* → **verderben**. ◇ *adj (Lebensmittel)* off.

verdünnen *vt* to dilute.

verehren *vt (anbeten)* to worship.

Verehrer, -in (*mpl* -) *der, die (Bewunderer)* admirer.

Verein (*pl* -e) *der* association, society; **eingetragener ~** registered society; **wohltätiger ~** charity.

vereinbaren *vt (Termin, Treffen)* to arrange.

Vereinbarung (*pl* -en) *die* arrangement.

vereinen *vt* to unite.

♦ **sich vereinen** *ref* to unite.

vereinheitlichen *vt* to standard-ize.

Vereinigte Staaten *pl* United States.

Vereinigung (*pl* -en) *die (Gruppe)* organization; *(Vorgang)* unification.

Vereinte Nationen *pl* United Nations.

vereist adj (Straße) icy.

Verf. abk = **Verfasser**.

verfahren (präs verfährt, prät verfuhr, pp verfahren) ◇ vi ist (umgehen, handeln) to proceed. ◇ vt hat (Benzin) to use up.

♦ **sich verfahren** ref to get lost.

verfallen (präs verfällt, prät verfiel, pp verfallen) vi ist (Fahrkarte, Garantie) to expire; (Gutschein) to be no longer valid; (Haus) to decay.

Verfallsdatum (pl -daten) das (von Lebensmittel) sell-by date.

verfärben: sich verfärben ref to change colour; **der Himmer verfärbte sich rot** the sky turned red.

Verfasser, -in (mpl -) der, die author.

Verfassung (pl -en) die (Gesetz) constitution; (Zustand) condition.

verfaulen vi ist to rot.

verfeinern vt to refine.

Verfilmung (pl -en) die film version.

verfolgen vt (jagen) to pursue; (beobachten) to follow; (unterdrücken) to persecute.

verfügen vi: ~ **über** (+A) (besitzen) to have; (benutzen) to make use of; (bestimmen) to be in charge of.

Verfügung (pl -en) die (Gebrauch, Bestimmung): **etw zur ~ haben** to have sthg at one's disposal; **zur ~ stehen** to be available.

verführerisch adj (anziehend) attractive; (erotisch) seductive.

vergangen adj (letzte) last; ~**e Woche** last week.

Vergangenheit die past; (GRAMM) past tense.

Vergaser (pl -) der carburettor.

vergaß prät → **vergessen**.

vergeben (präs vergibt, prät vergab, pp vergeben) vt (verzeihen) to forgive; (Zimmer) to allocate;

(Preis) to award.

vergeblich adj in vain.

vergessen (präs vergißt, prät vergaß, pp vergessen) vt to forget.

vergeßlich adj forgetful.

vergewaltigen vt to rape.

Vergewaltigung (pl -en) die rape.

Vergiftung (pl -en) die poisoning.

vergißt präs → **vergessen**.

Vergleich (pl -e) der comparison; **im ~ zu** compared to.

vergleichen (prät verglich, pp verglichen) vt to compare; **verglichen mit** compared with.

Vergnügen das pleasure; **mit ~** with pleasure; **viel ~!** have fun!

Vergnügungsdampfer (pl -) der pleasure steamer.

Vergnügungspark (pl -s) der fun fair.

Vergnügungsviertel (pl -) das area of a town where most bars, nightclubs, cinemas, etc are situated.

vergoldet adj gilded.

vergriffen adj (Buch) out of print.

vergrößern ◇ vt to enlarge. ◇ vi (Mikroskop) to magnify.

♦ **sich vergrößern** ref to expand.

Vergrößerung (pl -en) die enlargement.

Vergünstigung (pl -en) die reduction.

vergüten vt (bezahlen) to pay.

verhaften vt to arrest.

verhalten: sich verhalten (präs verhält, prät verhielt, pp verhalten) ref (sich benehmen) to behave.

Verhalten das behaviour.

Verhältnis (pl -se) das relationship; (von Größe, Anzahl) ratio.

verhältnismäßig adv relatively.

verhandeln ◇ vi to negotiate. ◇ vt (vor Gericht) to hear; ~ **über** etw (A) to negotiate sthg.

Verhandlung (*pl* -en) *die* (*Beratung*) negotiation; (*vor Gericht*) hearing.

verheilen *vi ist* to heal.

verheimlichen *vt* to keep secret.

verheiratet *adj* married.

verhindern *vt* to prevent.

Verhör (*pl* -e) *das* interrogation.

verhüten ◊ *vi* (*beim Sex*) to take precautions. ◊ *vt* to prevent.

Verhütungsmittel (*pl* -) *das* contraceptive.

verirren: sich verirren *ref* to get lost.

verk. *abk* = **verkaufen**.

Verkauf *der* sale.

verkaufen *vt & vi* to sell; **etw an jn ~** to sell sb sthg, to sell sthg to sb; **zu ~** for sale.

Verkäufer, -in (*mpl* -) *der, die* (*in Geschäft*) sales assistant (*Br*), sales clerk (*Am*); (*juristisch*) trader.

verkäuflich *adj* (*zum Verkauf bestimmt*) for sale.

verkaufsoffen *adj*: **~er Samstag** *first Saturday in the month, on which shops are open till 6pm instead of closing at midday*.

Verkaufsstelle (*pl* -n) *die* point of sale.

Verkaufsveranstaltung (*pl* -en) *die event organized to sell a product*.

verkauft *adj* sold.

Verkehr *der* (*Straßenverkehr*) traffic; (*amt: Sex*) intercourse.

verkehren *vi* (*amt: Zug, Bus*) to run; **in einem Lokal ~** to frequent a bar; **'verkehrt nicht täglich'** 'does not run daily'.

Verkehrsampel (*pl* -n) *die* traffic light.

Verkehrsaufkommen *das*: **hohes/dichtes ~** heavy traffic.

Verkehrsberuhigung *die* traffic calming.

Verkehrsführung (*pl* -en) *die*:

'~ beachten' 'follow road signs'.

Verkehrsfunk *der* traffic bulletin service.

Verkehrsmeldung (*pl* -en) *die* traffic bulletin.

Verkehrsmittel (*pl* -) *das* means of transport; **öffentliche ~** public transport.

Verkehrsnachrichten *pl* traffic news.

Verkehrspolizist, -in (*mpl* -en) *der, die* traffic policeman (traffic policewoman).

Verkehrsregel (*pl* -n) *die* traffic regulation.

Verkehrsschild (*pl* -er) *das* road sign.

Verkehrsunfall (*pl* -unfälle) *der* road accident.

Verkehrsverbindung (*pl* -en) *die* connection.

Verkehrsverein (*pl* -e) *der* tourist information office.

Verkehrszeichen (*pl* -) *das* road sign.

verkehrt ◊ *adj* wrong. ◊ *adv* wrongly; **~ herum** inside out.

verklagen *vt* to prosecute.

Verkleidung (*pl* -en) *die* (*Kostüm*) costume; (*von Wand, Fassade*) covering.

Verkleinerung (*pl* -en) *die* reduction.

verkommen (*prät* verkam, *pp* verkommen) ◊ *vi ist* (*Lebensmittel*) to go off; (*Haus, Wohnung*) to become run-down. ◊ *adj* (*Haus, Wohnung*) run-down.

verkraften *vt* to cope with.

verkratzt *adj* scratched.

verkürzen *vt* to shorten.

verladen (*präs* verlädt, *prät* verlud, *pp* verladen) *vt* to load.

Verlag (*pl* -e) *der* publishing house.

verlangen *vt* (*fordern*) to demand; (*im Geschäft, Lokal*) to ask for; *(erfordern)* to call for; **jn am Telefon ~** to ask to speak to sb on the phone.

Verlangen *das (Wunsch)* desire; *(Forderung)* request; **auf ~** on demand.

verlängern *vt* to extend; *(Rock)* to lengthen; *(Paß, Erlaubnis)* to renew.

♦ **sich verlängern** *ref (Frist, Vertrag)* to be extended.

Verlängerung *(pl -en) die* extension; *(von Rock)* lengthening; *(von Paß, Erlaubnis)* renewal; *(SPORT)* extra time.

Verlängerungskabel *(pl -) das* extension lead.

verlassen *(präs verläßt, prät verließ, pp verlassen) vt* to leave.

♦ **sich verlassen** *ref*: **sich ~ auf** (+A) to rely on.

verlaufen *(präs verläuft, prät verlief, pp verlaufen) vi* ist *(Weg, Strecke, Farbe)* to run; *(Operation, Prüfung)* to go.

♦ **sich verlaufen** *ref (sich verirren)* to get lost.

verlegen ◇ *vt (Brille, Portemonnaie)* to mislay; *(Veranstaltung, Besuch)* to postpone; *(Standort)* to move; *(Kabel, Teppichboden)* to lay; *(Buch)* to publish. ◇ *adj* embarrassed.

Verleger, -in *(mpl -) der, die* publisher.

Verleih *(pl -e) der* rental shop.

verleihen *(prät verlieh, pp verliehen) vt (leihen)* to lend; *(vermieten)* to hire *(Br)*, to rent; *(Preis, Auszeichnung)* to award.

verlernen *vt* to forget.

verletzen *vt* to injure; *(Gefühl)* to hurt.

♦ **sich verletzen** *ref* to hurt o.s.

verletzt *adj* injured; *(psychisch)* hurt.

Verletzte *(pl -n) der, die* injured person.

Verletzung *(pl -en) die* injury.

verlieben: sich verlieben *ref* to fall in love.

verlieren *(prät verlor, pp verloren) vt & vi* to lose.

♦ **sich verlieren** *ref (Personen)* to lose each other.

Verlierer, -in *(mpl -) der, die* loser.

verlobt *adj* engaged.

Verlobung *(pl -en) die* engagement.

verlor *prät* → **verlieren**.

verloren ◇ *pp* → **verlieren**. ◇ *adj* lost.

verloren|gehen *vi unr* ist *(Kind, Brille)* to go missing; *(Geschmack, Qualität)* to disappear.

Verlosung *(pl -en) die* prize draw.

Verlust *(pl -e) der* loss; **einen ~ melden** to report a loss.

verm. *abk* = **vermieten**.

vermeiden *(prät vermied, pp vermieden) vt* to avoid.

Vermerk *(pl -e) der* note.

vermerken *vt* to make a note of.

vermieten *vt & vi* to rent out; **'zu ~!'** 'for rent'.

Vermieter, -in *(mpl -) der, die* landlord (landlady).

vermischen *vt (Farben, Zutaten)* to mix.

vermissen *vt* to miss; **er vermißt seine Uhr** his watch is missing.

vermißt *adj* missing.

vermitteln ◇ *vt (Ehe, Treffen)* to arrange; *(Wissen, Erfahrung)* to impart. ◇ *vi (bei Streit, Verhandlung)* to arbitrate; **jm eine Arbeitsstelle/einen Babysitter ~** to find a job/babysitter for sb.

Vermittlung *(pl -en) die (Telefonzentrale)* telephone exchange; *(von Arbeit, Mitarbeitern)* finding; *(von Ehe, Treffen)* arranging; *(bei Streit, Verhandlung)* arbitration;

(von Erfahrung, Kenntnissen) imparting; *(Büro)* agency.

Vermittlungsgebühr *(pl -en) die* commission.

Vermögen *(pl -) das (Besitz)* fortune.

vermuten *vt* to suspect.

vermutlich *adv* probably.

vernehmen *(präs vernimmt, prät vernahm, pp vernommen) vt (befragen)* to question.

verneinen *vt*: **eine Frage ~** to say no (to a question).

vernichten *vt* to destroy.

Vernissage *(pl -n) die* preview.

Vernunft *die* reason.

vernünftig *adj (klug)* sensible.

veröffentlichen *vt* to publish.

verordnen *vt (Medikament)* to prescribe.

Verordnung *(pl -en) die (medizinisch)* prescription; *(amtlich)* decree.

verpacken *vt (Produkt)* to pack; *(Geschenk)* to wrap up.

Verpackung *(pl -en) die* packaging.

verpassen *vt (Person, Film, Chance)* to miss; *(fam: geben)* to give; **den Bus/Zug ~** to miss the bus/train.

Verpflegung *die (Essen)* food.

verpflichtet *adj & adv* obliged.

verprügeln *vt* to beat up.

verraten *(präs verrät, prät verriet, pp verraten) vt (Geheimnis, Land)* to betray; *(sagen)* to let slip.

♦ **sich verraten** *ref* to give o.s. away.

verrechnen *vt* to offset.

♦ **sich verrechnen** *ref (falsch rechnen)* to miscalculate; **sich um 3 Mark ~** to be 3 marks out.

Verrechnung *die* miscalculation.

Verrechnungsscheck *(pl -s) der* crossed cheque.

verregnet *adj*: **~ sein** to be a wash-out.

verreisen *vi ist* to go away.

Verrenkung *(pl -en) die* dislocation.

verrosten *vi ist* to rust.

verrückt *adj (geistesgestört)* mad; *(ausgefallen)* crazy; **~ sein nach** to be mad about; **wie ~** like mad.

versagen *vi* to fail; **'bei Versagen Knopf drücken'** 'in the event of failure, press button'.

versalzen ◇ *vt (Essen)* to put too much salt in. ◇ *adj (Essen)* too salty.

versammeln *vt* to assemble.

♦ **sich versammeln** *ref* to assemble.

Versammlung *(pl -en) die* meeting.

Versand *der (Schicken)* dispatch; *(Abteilung)* dispatch department.

Versandhaus *(pl -häuser) das* mail order firm.

versäumen *vt (verpassen)* to miss.

verschaffen *vt (besorgen)* to get.

verschenken *vt (Geschenk)* to give away; **zu ~** to give away.

verscheuchen *vt (Hund, Wespe)* to shoo away.

verschicken *vt (per Post)* to send out.

verschieben *(prät verschob, pp verschoben) vt (Termin, Urlaub)* to postpone; *(Bett, Kommode)* to move.

♦ **sich verschieben** *ref* to be postponed.

verschieden ◇ *adj* different. ◇ *adv* differently; **~ groß** of different sizes.

verschiedene *adj (einige)* several.

verschimmelt *adj* mouldy.

verschlafen *(präs verschläft, prät verschlief, pp verschlafen)* ◇ *vi* to oversleep. ◊ vt *(Morgen)* to sleep through.

♦ **sich verschlafen** *ref* to oversleep.

verschlechtern *vt* to make worse.

♦ **sich verschlechtern** *ref* to deteriorate.

Verschlechterung *(pl* -en) *die (von Zustand)* deterioration.

Verschleiß *der (von Material)* wear.

verschleißen *(prät* verschliß, *pp* verschlissen) *vi ist* to become worn.

verschließen *(prät* verschloß, *pp* verschlossen) *vt (Haus, Tür, Schrank)* to lock; *(Dose, Flasche)* to seal.

♦ **sich verschließen** *ref (Person)* to shut o.s. off.

verschlimmern *vt* to make worse.

♦ **sich verschlimmern** *ref* to get worse.

verschlingen *(prät* verschlang, *pp* verschlungen) *vt (Mahlzeit)* to wolf down.

verschlossen ◊ *pp* → **verschließen**. ◊ *adj (Person)* reticent; *(Tür, Safe)* locked; *(Dose, Briefumschlag)* sealed.

verschlucken *vt (schlucken)* to swallow.

♦ **sich verschlucken** *ref* to choke.

Verschluß *(pl* Verschlüsse) *der (von Kette, Tasche)* fastener; *(von Flaschen)* top.

Verschmutzung *(pl* -en) *die* pollution.

verschneit *adj* snow-covered.

verschreiben *(prät* verschrieb, *pp* verschrieben) *vt (Medikamente)* to prescribe.

♦ **sich verschreiben** *ref (falsch schreiben)*: **ich habe mich ver-** schrieben I've written it down wrongly.

verschreibungspflichtig *adj* available on prescription only.

verschrotten *vt* to scrap.

verschulden *vt (Unfall, Verlust)* to be to blame for.

verschweigen *(prät* verschwieg, *pp* verschwiegen) *vt* to hide.

verschwenden *vt* to waste.

verschwinden *(prät* verschwand, *pp* verschwunden) *vi ist* to disappear.

Versehen *(pl* -) *das* oversight; **aus ~** accidentally.

versehentlich *adv* accidentally.

versenden *(prät* versandte, *pp* versendet) *vt* to send.

versichern *vt (bei Versicherung)* to insure; *(sagen)* to assure.

♦ **sich versichern** *ref (bei Versicherung)* to insure o.s.; *(prüfen)* to assure o.s.

versichert *adj* insured.

Versicherte *(pl* -n) *der, die* insured party.

Versicherung *(pl* -en) *die (Firma)* insurance company; *(Vertrag)* insurance.

Versicherungsbedingungen *pl* terms of insurance.

Versicherungskarte *(pl* -n) *die* insurance card; **grüne ~** green card *(Br)*, insurance card required if taking a vehicle abroad.

versilbert *adj* silver-plated.

versöhnen *vt* to reconcile.

♦ **sich versöhnen** *ref* to make up.

versorgen *vt (mit Lebensmitteln, Nachrichten)* to supply; *(Patienten, Tier)* to look after.

Versorgung *die (mit Lebensmitteln, Nachrichten)* supply; *(von Patienten, Tier)* care.

verspäten: sich verspäten *ref* to be late.

Verspätung *(pl* -en) *die* delay;

mit ~ late; ~ **haben** to be delayed;
5 **Minuten** ~ **haben** to be 5 minutes late.

versprechen (*präs* **verspricht**,
prät **versprach**, *pp* **versprochen**) *vt*
to promise; **jm etw** ~ to promise
sb sthg.

♦ **sich versprechen** *ref* to make a
mistake.

Versprechen (*pl* -) *das* promise.

verstaatlichen *vt* to nationalize.

Verstand *der* (*Denkvermögen*)
reason.

verständigen *vt* (*informieren*) to
notify.

♦ **sich verständigen** *ref* (*kommu-
nizieren*) to make o.s. understood.

Verständigung *die* (*Kommunikation*) communication; (*Information*) notification.

verständlich *adj* (*Stimme*) audible;
(*Text*) comprehensible; (*Handlung,
Reaktion*) understandable; **sich** ~
machen to make o.s. understood.

Verständnis *das* understanding.

verständnisvoll *adj* understanding.

Verstärker (*pl* -) *der* amplifier.

verstauchen *vt:* **sich** (*D*) **etw** ~
to sprain sthg.

Verstauchung (*pl* -en) *die*
sprain.

Versteck (*pl* -e) *das* hiding place;
~ **spielen** to play hide-and-seek.

verstecken *vt* to hide.

♦ **sich verstecken** *ref* to hide.

verstehen (*prät* **verstand**, *pp*
verstanden) *vt* to understand;
etwas/nichts ~ **von** to know a bit/
nothing about.

♦ **sich verstehen** *ref* (*Personen*) to
get on; **sich gut** ~ **mit** to get on
well with; **es versteht sich von
selbst** it goes without saying.

Versteigerung (*pl* -en) *die* auction.

verstellbar *adj* adjustable.

verstellen *vt* (*Hebel, Wecker*) to
reset; (*Weg, Tür*) to block; (*Stimme*)
to disguise.

♦ **sich verstellen** *ref* (*Person*) to
disguise o.s.

Verstopfung *die* constipation.

Verstoß (*pl* **Verstöße**) *der*
breach.

Versuch (*pl* -e) *der* (*Handlung*)
attempt; (*wissenschaftlich*) experiment.

versuchen *vt & vi* to try.

vertauschen *vt* to mix up.

verteidigen *vt* to defend.

♦ **sich verteidigen** *ref* to defend
o.s.

verteilen *vt* to distribute.

♦ **sich verteilen** *ref* (*sich ausbreiten*) to spread out.

Vertrag (*pl* **Verträge**) *der* contract.

vertragen (*präs* **verträgt**, *prät*
vertrug, *pp* **vertragen**) *vt* (*Hitze,
Kaffee*) to stand, to bear.

♦ **sich vertragen** *ref* (*Personen*) to
get on.

Vertragshändler (*pl* -) *der*
authorized dealer.

Vertragswerkstatt (*pl* -werk-
stätten) *die* authorized workshop.

vertrauen *vi* (+D) to trust.

Vertrauen *das* confidence, trust;
~ **haben zu** to have confidence in.

vertreten (*präs* **vertritt**, *prät* **ver-
trat**, *pp* **vertreten**) ◇ *vt* (*bei Urlaub,
Krankheit*) to stand in for; (*Interes-
sen*) to represent. ◇ *adj* represent-
ed; **sich** (*D*) **den Fuß** ~ to trip and
hurt one's foot.

Vertreter, -in (*mpl* -/-) *der, die* (*bei
Urlaub, Krankheit*) stand-in; (*Repräsentant*) representative; (*Beruf*) rep.

Vertretung (*pl* -en) *die* (*Lehrer*)
supply teacher; (*Arzt*) locum;
(*Delegation*) representatives (*pl*);
(*bei Urlaub, Krankheit*): **die** ~ **für jn
übernehmen** to stand in for sb.

vertrocknen *vi ist* to dry out.

vertun (*prät* vertat, *pp* vertan) *vt* (*verschwenden*) to waste.

◆ **sich vertun** *ref* (*fam: sich irren*) to get it wrong.

verunglücken *vi ist* (*bei Unfall*) to have a nasty accident.

verursachen *vt* to cause.

Verurteilung (*pl* -en) *die* (*vor Gericht*) sentence.

verwackelt *adj* blurred.

verwählen: sich verwählen *ref* to dial the wrong number.

verwahren *vt* (*aufbewahren*) to put away.

verwalten *vt* to administrate.

Verwalter, -in (*mpl* -) *der, die* administrator.

Verwaltung (*pl* -en) *die* administration.

verwandt ◇ *pp* → **verwenden**. ◇ *adj* (*Personen*) related; ~ **sein mit** to be related to.

Verwandte (*pl* -n) *der, die* relative.

Verwandtschaft (*pl* -en) *die* family.

Verwarnung (*pl* -en) *die* caution; **gebührenpflichtige** ~ **fine**.

verwechseln *vt* to mix up; **jn mit jm** ~ to mistake sb for sb.

verweigern *vt* to refuse.

verwendbar *adj* usable.

verwenden (*prät* **verwandte** ODER **verwendete**, *pp* **verwandt** ODER **verwendet**) *vt* to use.

Verwendung *die* use.

verwirklichen *vt* to realize.

◆ **sich verwirklichen** *ref* (*Person*) to develop.

verwirrt *adj* confused.

verwitwet *adj* widowed.

verwöhnen *vt* to spoil.

Verwundete (*pl* -n) *der, die* wounded person.

verzählen: sich verzählen *ref* to miscount.

Verzehr *der* (*geh*) consumption.

verzehren *vt* (*geh: essen*) to consume.

Verzeichnis (*pl* -se) *das* catalogue; **alphabetisches** ~ index.

verzeihen (*prät* **verzieh**, *pp* **verziehen**) *vt* to forgive; ~ **Sie bitte!** excuse me please!

Verzeihung *die* forgiveness; ~! sorry!

verzichten *vi*: ~ **auf** (+A) to do without.

verzögern *vt* (*verschieben*) to delay.

◆ **sich verzögern** *ref* (*sich verspäten*) to be delayed.

Verzögerung (*pl* -en) *die* (*Verspätung*) delay.

verzollen *vt* to declare; **haben Sie etwas zu** ~? have you anything to declare?

verzweifeln *vi ist* to despair.

verzweifelt *adj* desperate.

Vesper (*pl* -n) *die* (*Süddt: Mahlzeit*) afternoon snack.

Veterinär, -in (*mpl* -e) *der, die* (*amt*) veterinary surgeon.

Vetter (*pl* -n) *der* cousin.

vgl. (*abk für vergleiche*) cf.

vibrieren *vi* to vibrate.

Video (*pl* -s) *das* video.

Videofilm (*pl* -e) *der* video.

Videogerät (*pl* -e) *das* video (*Br*), VCR (*Am*).

Videokamera (*pl* -s) *die* video camera.

Videokassette (*pl* -n) *die* video (tape).

Videorecorder (*pl* -) *der* video (recorder) (*Br*), VCR (*Am*).

Videospiel (*pl* -e) *das* video game.

Videothek (*pl* -en) *die* video store.

Vieh *das* (*Tiere*) cattle.

viel (*kompar* **mehr**, *superl* **am meisten**) ◇ *det* 1. (*Menge, Anzahl*) a

lot of; ~ **Tee** a lot of tea; ~**e Bücher** a lot of books; ~**e Leute** many people.
2. *(in Floskeln)*: ~**en Dank!** thank you very much!; ~ **Spaß!** have fun!
◇ *adv* 1. *(intensiv, oft)* a lot; ~ **arbeiten** to work a lot.
2. *(zum Ausdruck der Verstärkung)* much; ~ **mehr** much more; ~ **zu ...** much too ...; **es dauert ~ zu lange** it's far too long; **zu ~** too much; ~ **zu ~** much too much.
◇ *pron* a lot.
◇ *adj*: **das** ~**e Geld** all the money; **das Kleid mit den** ~**en Knöpfen** the dress with all the buttons.

viele ◇ *det* → **viel**. ◇ *pron* lots.

vielfach *adj* multiple.

Vielfalt *die* variety.

vielleicht *adv* perhaps; *(fam: etwa, sehr)* really.

vielmals *adv*: **danke** ~ thank you very much.

vielseitig *adj (Person)* versatile.

vier *num* four, → **sechs**.

Viereck *(pl -e) das* rectangle.

viereckig *adj* rectangular.

vierhundert *num* four hundred.

viermal *adv* four times.

vierspurig *adj* four-lane.

vierte, -r, -s *adj* fourth, → **sechste**.

Viertel *(pl -) das* quarter; ~ **vor sechs** a quarter to six; ~ **nach sechs** a quarter past six *(Br)*, a quarter after six *(Am)*.

Viertelstunde *(pl -n) die* quarter of an hour.

Vierwaldstätter See *der* Lake Lucerne.

vierzehn *num* fourteen; ~ **Tage** a fortnight, → **sechs**.

vierzig *num* forty, → **sechs**.

Villa *(pl Villen) die* villa.

violett *adj* purple.

Violine *(pl -n) die* violin.

Virus *(pl Viren) der* virus.

Virusinfektion *(pl -en) die* viral infection.

Visite *(pl -n) die* (MED) rounds *(pl)*.

Visitenkarte *(pl -n) die* visiting card.

Visum *(pl Visa) das* visa.

Vitamin *(pl -e) das* vitamin.

Vogel *(pl Vögel) der* bird.

Vokabel *(pl -n) die* vocabulary.

Vokal *(pl -e) der* vowel.

Volk *(pl Völker) das* people.

Völkerkunde *die* anthropology.

Volksfest *(pl -e) das* festival.

Volkshochschule *(pl -n) die* ≃ college of adult education.

Volkslied *(pl -er) das* folk song.

Volkstanz *(pl -tänze) der* folk dance.

Volkswagen® *(pl -) der* Volkswagen®.

voll ◇ *adj* full. ◇ *adv (ganz)* fully; *(fam: total, absolut)* totally; ~ **mit** ODER **von** full of; **halb** ~ half full; ~ **sein** *(fam: betrunken)* to be plastered.

vollendet ◇ *adj (perfekt)* perfect; *(fertig)* completed. ◇ *adv (perfekt)* perfectly; **mit** ~**em 18. Lebensjahr** at 18 years of age.

Volleyball *(pl -bälle) der* volleyball.

Vollgas *das* full throttle.

völlig ◇ *adj* total. ◇ *adv* totally.

volljährig *adj* of age.

Vollkaskoversicherung *(pl -en) die* comprehensive insurance.

vollklimatisiert *adj* fully air-conditioned.

vollkommen ◇ *adj (perfekt)* perfect; *(vollständig, total)* total. ◇ *adv (perfekt)* perfectly; *(vollständig)* totally.

Vollkornbrot *(pl -e) das* wholemeal bread.

voll|machen vt (Behälter) to fill up.

♦ **sich vollmachen** ref (fam: sich beschmutzen) to get dirty.

Vollmacht (pl -en) die (Befugnis) authority; (Dokument) authorization.

Vollmilch die full-fat milk.

Vollmilchschokolade die milk chocolate.

Vollmond der full moon.

Vollpension die full board.

vollständig adj (Sammlung) complete.

voll|tanken vi to fill up.

Vollwaschmittel (pl -) das detergent.

vollwertig adj (Ernährung) wholefood; (gleichwertig) equal.

Vollwertkost die wholefood.

vollzählig adj entire.

Volt (pl -) das volt.

Volumen (pl -) das volume.

vom präp = **von dem**.

von präp (+D) 1. (räumlich) from; ~ **hier an** from here; ~ **hier aus** from here; ~ **Köln bis Paris** from Cologne to Paris; ~ **der Straße her** from the street; ~ ... **nach** from ... to. 2. (zeitlich) of; **die Zeitung ~ gestern** yesterday's paper; ~ **heute an** from today; ~ **Montag bis Freitag** from Monday to Friday. 3. (in Passivsätzen) by; ~ **einem Hund gebissen werden** to be bitten by a dog; **das war dumm ~ dir** that was stupid of you. 4. (Angabe von Besitz): **ist das Buch ~ dir?** is the book yours? 5. (Angabe von Zusammengehörigkeit) of; **der Bürgermeister ~ Frankfurt** the mayor of Frankfurt; **ein Verwandter ~ mir** a relation of mine. 6. (Angabe der Herkunft) from; **ich bin ~ hier** (fam) I'm from round

here; **ein Brief ~ meiner Schwester** a letter from my sister. 7. (Angabe der Ursache) from; ~ **mir aus** (fam) as far as I'm concerned; ~ **wegen!** (fam) no way! 8. (Angabe des Maßes) of; **ein Sack ~ 25 kg** a 25 kg bag.

voneinander adv from each other.

vor ◇ präp (+D) 1. (räumlich) in front of; ~ **dem Haus stehen** to stand in front of the house. 2. (zeitlich) before; **fünf ~ zwölf** five to twelve (Br), five before twelve (Am); **fünf ~ halb neun** twenty-five past eight (Br), twenty-five after eight (Am); ~ **kurzem** recently; ~ **(fünf) Jahren** (five) years ago. 3. (Angabe des Grunds) with; ~ **Freude in die Luft springen** to jump for joy; ~ **allem** (hauptsächlich) above all.
◇ präp (+A) in front of.
◇ adv forwards.

voran adv (vorne) at the front; **mach ~!** (fam) hurry up!

voraus adv: **im ~** in advance.

voraus|gesetzt adj provided (that).

Voraussetzung (pl -en) die (Bedingung) condition; (Annahme) assumption.

voraussichtlich ◇ adj expected. ◇ adv probably.

vorbei adj: ~ **sein** (zeitlich) to be over; (räumlich) to be past.

vorbei|fahren vi unr ist (an Stadt, Haus) to drive past; (fam: bei Person) to drop in.

vorbei|gehen vi unr ist to pass; (fam: Besuch) to drop in.

vorbei|kommen vi unr ist (an Stadt, Haus) to go past; (fam: bei Person) to call round; (an Hindernis) to get past.

vorbei|lassen vt unr to let past.

vor|bereiten vt to prepare.

◆ **sich vorbereiten** *ref* to prepare o.s.; **sich ~ auf** (+*A*) to prepare for.

Vorbereitung *die* preparation.

vor|bestellen *vt* to order in advance.

Vorbestellung (*pl* -en) *die* advance booking.

vor|beugen *vi* (+*D*) to prevent.

◆ **sich vorbeugen** *ref* to lean forwards.

Vorbild (*pl* -er) *das* (*Idol*) example.

Vorderachse (*pl* -n) *die* front axle.

vordere *adj* front.

Vordergrund *der* foreground.

Vorderrad (*pl* -räder) *das* front wheel.

Vorderradantrieb (*pl* -e) *der* front-wheel drive.

Vorderseite (*pl* -n) *die* front.

Vordersitz (*pl* -e) *der* front seat.

vor|drängen: sich vordrängen *ref* (*räumlich*) to push one's way forward.

Vordruck (*pl* -e) *der* form.

vor|fahren *vi unr ist* (*nach vorn*) to drive up.

Vorfahrt *die* right of way; '~ gewähren' 'give way'; '~ geändert' 'altered right of way'.

Vorfahrtsstraße (*pl* -n) *die* major road.

Vorfall (*pl* -fälle) *der* (*Ereignis*) occurrence.

Vorführung (*pl* -en) *die* (*im Theater, Kino*) performance; (*von Auto, Maschine*) demonstration.

Vorgänger, -in (*mpl* -) *der, die* predecessor.

vor|gehen *vi unr ist* (*passieren*) to go on; (*handeln*) to proceed; (*Uhr*) to be fast; (*nach vorn*) to go forward; (*fam: voraus*) to go on ahead.

vorgekocht *adj* precooked.

vorgesehen *adj* intended.

Vorgesetzte (*pl* -n) *der, die* superior.

vorgestern *adv* (*vor zwei Tagen*) the day before yesterday.

vor|haben *vt unr*: **etw ~** to have sthg planned.

vorhanden *adj* available.

Vorhang (*pl* -hänge) *der* curtain.

Vorhängeschloß (*pl* -schlösser) *das* padlock.

vorher *adv* beforehand.

Vorhersage (*pl* -n) *die* (*für Wetter*) forecast.

vorhin *adv* just now.

vorige *adj* last.

Vorkenntnisse *pl* prior knowledge (*sg*).

vor|kommen ◇ *vi unr ist* (*passieren*) to occur; (*existieren*) to exist. ◇ *vi* (+*D*) (*scheinen*) to seem; (*fam: nach vorne*) to come forwards.

Vorkommnis (*pl* -se) *das* (*amt*) incident.

vor|lassen *vt unr* (*fam*): **jn ~** to let sb go first.

vorläufig ◇ *adj* provisional. ◇ *adv* provisionally.

vor|lesen *vt unr* to read out.

Vorlesung (*pl* -en) *die* lecture.

vorletzte, -r, -s *adj* last but one.

vorm. (*abk für vormittags*) am.

vor|machen *vt* (*vortäuschen*) to fool; (*zeigen*): **jm etw ~** to show sb how to do sthg.

vor|merken *vt* (*Termin*) to pencil in.

vormittag *adv* morning; **heute/gestern/morgen ~** this/yesterday/tomorrow morning.

Vormittag (*pl* -e) *der* morning.

vormittags *adv* in the morning.

vorn *adv* at the front; **da ~** over there; **nach ~** (*zeitlich*) forwards; **von ~** from the beginning.

Vorname (*pl* -n) *der* first name.

vorne *adv* = **vorn**.

vornehm *adj* elegant.

vor|nehmen *vt (ausführen)* to undertake; **sich** *(D)* **etw ~** *(planen)* to plan to do sthg.

Vorort *(pl -e) der* suburb.

vorrangig *adj* principal.

Vorrat *(pl* **Vorräte)** *der* store; **auf ~** in stock; **solange der ~ reicht** while stocks last.

vorrätig *adj* in stock.

Vorsaison *die* pre-season.

Vorsatz *(pl -sätze) der* resolution.

Vorschau *(pl -en) die* preview.

Vorschlag *(pl* **Vorschläge)** *der* suggestion.

vor|schlagen *vt unr* to suggest; **jm etw ~** to suggest sthg to sb.

vor|schreiben *vt unr (befehlen)* to dictate.

Vorschrift *(pl -en) die* regulation.

Vorschuß *(pl* **Vorschüsse)** *der* advance.

Vorsicht *die* care; **~!** look out!

vorsichtig ◊ *adj* careful. ◊ *adv* carefully.

Vorsilbe *(pl -n) die* prefix.

Vorspeise *(pl -n)* starter.

Vorsprung *(pl* **Vorsprünge)** *der (Abstand)* lead; *(an Mauer)* projection.

vor|stellen *vt (Person, Projekt)* to introduce; *(Uhr)* to put forward; **sich** *(D)* **etw ~** *(ausdenken)* to imagine sthg.

♦ **sich vorstellen** *ref (bekannt machen)* to introduce o.s.

Vorstellung *(pl -en) die (in Kino, Theater)* performance; *(von Bekannten)* introduction; *(Idee)* idea; *(bei Firma)* interview.

vor|strecken *vt (Geld)* to advance.

Vorteil *(pl -e) der* advantage.

Vortrag *(pl* **Vorträge)** *der (Rede)* talk; **einen ~ halten** to give a talk.

vorüber *adj*: **~ sein** to be over.

vorüber|gehen *vi unr ist (vorbeigehen)* to pass by; *(zu Ende gehen)* to come to an end.

vorübergehend ◊ *adj* temporary. ◊ *adv* temporarily; **~ geschlossen** temporarily closed.

Vor- und Zuname *(pl -n) der* first name and surname.

Vorurteil *(pl -e) das* prejudice.

Vorverkauf *der* advance booking.

Vorverkaufskasse *(pl -n) die* advance booking desk.

Vorverkaufsstelle *(pl -n) die* advance booking office.

Vorwahl *(pl -en) die (Telefonnummer)* dialling code *(Br)*, area code *(Am)*.

Vorwahlnummer *(pl -n) die* dialling code *(Br)*, area code *(Am)*.

vorwärts *adv (nach vorn)* forwards.

vorwärts|kommen *vi unr ist* to make progress.

vor|werfen *vt unr (Fehler)*: **jm etw ~** to accuse sb of sthg.

Vorwort *(pl -e) das* preface.

Vorwurf *(pl -würfe) der* accusation.

vor|zeigen *vt* to show.

vor|ziehen *vt unr (lieber mögen)* to prefer; *(Vorhang)* to draw; *(nach vorn ziehen)* to pull up.

vorzüglich *adj* excellent.

Vorzugspreis *(pl -e) der* special price.

vulgär *adj* vulgar.

Vulkan *(pl -e) der* volcano.

W *(abk für West)* W.

Waadt *die* Vaud *(Swiss canton)*.

Waage *(pl -n) die (Gerät)* scales *(pl); (Sternzeichen)* Libra.

waagerecht *adj* horizontal.

wach *adj (nicht schlafend):* ~ **sein** to be awake; ~ **werden** to wake up.

Wache *(pl -n) die (Wächter)* guard; *(Polizeidienststelle)* police station.

Wacholder *der (Gewürz)* juniper.

Wachs *das* wax.

wachsen[1] *(präs* **wächst**, *prät* **wuchs**, *pp* **gewachsen**) *vi* ist to grow.

wachsen[2] *vt (Skier)* to wax.

Wachsfigurenkabinett *(pl -e) das* waxworks *(pl)*.

Wachsmalstift *(pl -e) der* wax crayon.

wächst *präs* → **wachsen**.

Wachstum *das* growth.

Wachtel *(pl -n) die* quail.

Wächter, -in *(mpl -) der, die* guard.

wackelig *adj (Möbel)* wobbly.

Wackelkontakt *(pl -e) der* loose contact.

wackeln *vi (Möbel)* to be wobbly; *(bewegen)* to shake.

Wackelpeter *der* jelly.

Wade *(pl -n) die* calf.

Waffe *(pl -n) die* weapon.

Waffel *(pl -n) die* waffle.

Waffeleisen *(pl -) das* waffle iron.

wagen *vt (riskieren)* to risk.

♦ **sich wagen** *ref (sich trauen)* to dare.

Wagen *(pl -) der (Auto)* car; *(von Zug, U-Bahn)* carriage *(Br)*, car *(Am)*; *(Pferdewagen)* carriage; '~ hält' 'bus stopping'.

Wagenheber *(pl -) der* jack.

Wagenpapiere *pl* vehicle documents.

Wagentyp *(pl -en) der* make of car.

Wagenwäsche *(pl -n) die* car wash.

Waggon *(pl -s) der* carriage *(Br)*, car *(Am)*.

Wahl *(pl -en) die (Auswahl)* choice; *(Abstimmung)* election; **erste** ~ top quality.

wählen ◇ *vt (aussuchen)* to choose; *(Telefonnummer)* to dial; *(Kandidaten)* to elect. ◇ *vi (aussuchen)* to choose; *(am Telefon)* to dial; *(abstimmen)* to vote.

Wählscheibe *(pl -n) die* dial.

wahlweise *adv:* ~ **in Rot, Grün oder Blau** in either red, green or blue; ~ **mit Reis oder Gemüse** with a choice of rice or vegetables.

Wahnsinn *der* madness; ~! brilliant!

wahnsinnig ◇ *adj (unvernünftig)* mad. ◇ *adv (fam: groß, stark)* incredibly.

wahr *adj* true.

während ◇ *konj (zeitlich)* while. ◇ *präp (+G)* during.

währenddessen *adv* in the meantime.

Wahrheit *(pl -en) die* truth; **in** ~ in reality.

wahrinehmen *vt unr (bemerken)* to notice.

Wahrsager, -in *(mpl -) der, die* fortune-teller.

wahrscheinlich ◇ *adj* probable. ◇ *adv* probably.

Währung *(pl -en) die* currency.

Wahrzeichen (*pl* -) *das* symbol.

Waise (*pl* -n) *die* orphan.

Wald (*pl* Wälder) *der* wood; *(groß)* forest.

Waldbrand (*pl* -brände) *der* forest fire.

Wäldchen (*pl* -) *das* copse.

Waldgebiet (*pl* -e) *das* wooded area.

waldig *adj* wooded.

Waldlauf (*pl* -läufe) *der* cross-country run.

Waldlehrpfad (*pl* -e) *der* nature trail.

Waldmeister *der* (*Pflanze*) woodruff.

Waldorfsalat (*pl* -e) *der* Waldorf salad.

Waldpilz (*pl* -e) *der* wild mushroom.

Waldsterben *das* forest dieback.

Waldweg (*pl* -e) *der* forest track.

Wales *nt* Wales.

Waliser (*pl* -n) *der* Welshman; **die ~n** the Welsh.

Waliserin (*pl* -nen) *die* Welshwoman.

walisisch *adj* Welsh.

Walkie-Talkie (*pl* -s) *das* walkie-talkie.

Walkman® (*pl* -men) *der* Walkman®.

Wallfahrt (*pl* -en) *die* pilgrimage.

Wallfahrtsort (*pl* -e) *der* place of pilgrimage.

Wallis *das* Valais (*Swiss canton*).

Walnuß (*pl* -nüsse) *die* walnut.

Walzer (*pl* -) *der* waltz.

wand *prät* → **winden**.

Wand (*pl* Wände) *die* (*von Häusern, Räumen*) wall.

wandeln: **sich wandeln** *ref* to change.

Wanderer (*pl* -) *der* rambler.

Wanderkarte (*pl* -n) *die* walking map.

wandern *vi ist* to go walking.

Wanderschuh (*pl* -e) *der* walking boot.

Wanderweg (*pl* -e) *der* trail.

Wandmalerei (*pl* -en) *die* mural.

Wandschrank (*pl* -schränke) *der* built-in cupboard.

wandte *prät* → **wenden**.

Wandteppich (*pl* -e) *er* tapestry.

Wange (*pl* -n) *die* (*geh*) cheek.

wann *adv* when; **bis ~?** till when?; **seit ~ lebst du schon hier?** how long have you been living here?

Wanne (*pl* -n) *die* (*Badewanne*) bath; (*Gefäß*) tank.

Wappen (*pl* -) *das* coat of arms.

war *prät* → **sein**.

warb *prät* → **werben**.

Ware (*pl* -n) *die* product; **~n** goods.

Warenhaus (*pl* -häuser) *das* department store.

Warenlager (*pl* -) *das* warehouse.

Warenmuster (*pl* -) *das* sample.

Warensendung (*pl* -en) *die* sample sent by post.

Warenzeichen (*pl* -) *das* trademark.

warf *prät* → **werfen**.

warm (*komp* wärmer, *superl* am wärmsten) ◇ *adj* warm. ◇ *adv* warmly; **~ essen** to have a hot meal; **sich ~ anziehen** to put on warm clothes; **es ist ~** it's warm; **ist dir nicht zu ~?** aren't you too hot?; **~e Getränke** hot drinks.

Wärme *die* warmth.

wärmen *vt* to warm.

♦ **sich wärmen** *ref* to warm o.s.

Wärmflasche (*pl* -n) *die* hot-water bottle.

Warmfront (*pl* -en) *die* warm front.

warmǀlaufen *vi unr ist* (*Motor*) to warm up.

♦ **sich warmlaufen** ref (Person) to warm up.

Warmmiete (pl -n) die rent including heating bills.

Warmwasser das hot water.

Warnblinkanlage (pl -n) die hazard lights (pl).

Warndreieck (pl -e) das warning triangle.

warnen vt to warn; **'vor ... wird gewarnt'** 'beware of ...'

Warnschild (pl -er) das warning sign.

Warnung (pl -en) die warning.

Warteliste (pl -n) die waiting list.

warten ◇ vi to wait. ◇ vt (TECH) to service; **~ auf** (+A) to wait for; **'hier ~'** 'wait here'.

Wartenummer (pl -n) die number assigned to someone to indicate their position in a waiting system.

Wärter, -in (mpl -) der, die attendant.

Wartesaal (pl -säle) der waiting room.

Wartezimmer (pl -) das waiting room.

Wartung (pl -en) die servicing.

warum adv why; **~ nicht?** why not?

Warze (pl -n) die wart.

was pron what; (Relativpronomen) which; (fam: etwas) something; (fam: nicht wahr): **da freust du dich, ~** you're pleased, aren't you?; **~ für** what kind of; **na so ~!** well!

Waschanlage (pl -n) die car wash.

waschbar adj washable.

Waschbecken (pl -) das washbasin.

Wäsche (pl -n) die washing; (Unterwäsche) underwear; **schmutzige ~** dirty washing.

waschecht adj (Kleidung) colourfast.

Wäscheklammer (pl -n) die clothes peg (Br), clothespin (Am).

Wäscheleine (pl -n) die washing line.

waschen (präs wäscht, prät wusch, pp gewaschen) vt to wash. ♦ **sich waschen** ref to have a wash; **sich** (D) **die Hände ~** to wash one's hands; **Waschen und Legen** shampoo and set.

Wäscherei (pl -en) die laundrette.

Wäscheschleuder (pl -n) die spin-dryer.

Wäscheständer (pl -) der clotheshorse.

Wäschestärke die starch.

Wäschetrockner (pl -) der (Maschine) tumble-dryer.

Waschgelegenheit (pl -en) die washing facilities.

Waschlappen (pl -) der (zum Waschen) face cloth.

Waschmaschine (pl -n) die washing machine.

Waschmittel (pl -) das detergent.

Waschpulver (pl -) das washing powder.

Waschraum (pl -räume) der washroom.

Waschsalon (pl -s) der laundrette.

Waschstraße (pl -n) die car wash.

wäscht präs → waschen.

Wasser (pl Wässer ODER -) das water; **am ~** next to the water; **im ~** in the water; **destilliertes ~** distilled water.

Wasseranschluß (pl -anschlüsse) der water mains.

wasserdicht adj waterproof.

Wasserfall (pl -fälle) der waterfall.

Wasserfarbe (pl -n) die watercolour.

Wassergraben (*pl* -gräben) *der* ditch.

Wasserhahn (*pl* -hähne) *der* tap *(Br)*, faucet *(Am)*.

Wasserleitung (*pl* -en) *die* *(Rohr)* water pipe; *(Anlage)* plumbing.

wasserlöslich *adj* soluble *(in water)*.

Wassermangel *der* drought.

Wassermann *der* *(Sternzeichen)* Aquarius.

Wassermelone (*pl* -n) *die* watermelon.

wasserscheu *adj* scared of water.

Wasserschutzpolizei *die* river police.

Wasserski (*pl* -er) ◇ *der* *(Gerät)* water ski. ◇ *das* *(Sportart)* water skiing.

Wasserspiegel (*pl* -) *der* *(Wasserstand)* water level.

Wassersport *der* water sport.

Wasserspülung (*pl* -en) *die* flush.

Wasserstand (*pl* -stände) *der* water level.

wasserundurchlässig *adj* waterproof.

Wasserversorgung *die* water supply.

Wasserwerk (*pl* -e) *das* waterworks *(sg)*.

Watt¹ (*pl* -en) *das* *(Küstengebiet)* mudflats *(pl)*.

Watt² (*pl* -) *das* *(Maßeinheit)* watt.

Watte *die* cotton wool.

Wattenmeer (*pl* -e) *das* mudflats *(pl)*.

Wattestäbchen (*pl* -) *das* cotton bud.

wattiert *adj* padded.

WC (*pl* -s) *das* WC.

WC-Reiniger (*pl* -) *der* lavatory cleaner.

weben (*prät* **webte** ODER **wob**, *pp* **gewebt** ODER **gewoben**) *vt (Teppich Stoff)* to weave.

Web-Seite (*pl* -n) *die* Web site.

Wechsel (*pl* -) *der* *(Austausch, Änderung)* change; *(von Devisen)* exchange.

Wechselbad (*pl* -bäder) *das* *(in Wasser)* bath in alternating hot and then cold water.

Wechselgeld *das* change.

wechselhaft *adj* changeable.

Wechseljahre *pl* menopause *(sg)*.

Wechselkurs (*pl* -e) *der* exchange rate.

wechseln *vt & vi* to change; **Mark in Pfund ~** to change marks into pounds.

Wechselrahmen (*pl* -) *der* clip frame.

Wechselstrom *der* alternating current.

Wechselstube (*pl* -n) *die* bureau de change.

Weckdienst (*pl* -e) *der* morning call.

wecken *vt (Person, Tier)* to wake.

Wecker (*pl* -) *der* alarm clock.

weder *konj* neither; **~ ... noch** neither ... nor.

weg *adv* away; **weit ~** far away; **Frau Miller ist schon ~** Frau Miller has already gone.

Weg (*pl* -e) *der* *(Pfad)* path; *(Strecke, Methode)* way; **der ~ nach** the way to; **dem ausgeschilderten ~ folgen** follow the signposted path; **im ~ sein** to be in the way.

weg|bringen *vt unr* to take away.

wegen *präp* (+G or D) because of.

weg|fahren ◇ *vi unr ist* to leave. ◇ *vt unr hat* to drive away.

weg|gehen *vi unr ist (Person)* to go away; *(Fleck)* to come off.

weg|kommen *vi unr ist (fam: fortgehen können)* to get away; *(ver-*

schwinden) to disappear.

weg|lassen *vt unr (fam: Textstelle)* to leave out; *(Gäste)* to let go.

weg|laufen *vi unr ist* to run away.

weg|legen *vt* to put down.

weg|machen *vt (fam)* to get off.

weg|müssen *vi unr (fam)* to have to go.

weg|nehmen *vt unr* to take away.

weg|räumen *vt* to clear away.

weg|schicken *vt (Brief, Packet)* to send; *(Person)* to send away.

weg|sehen *vi unr (nicht hinsehen)* to look away.

weg|tun *vt unr (fam: weglegen)* to put away; *(wegwerfen)* to throw away.

Wegweiser *(pl -)* der signpost.

weg|werfen *vt unr* to throw away.

weg|wischen *vt* to wipe away.

weh *adj:* ~ **tun** *(schmerzen)* to hurt; **jm** ~ **tun** *(verletzen)* to hurt sb.

Wehe *(pl -n)* die contraction.

wehen *vi (Wind)* to blow.

Wehrdienst *der* military service.

wehren: **sich wehren** *ref* to defend o.s.

weiblich *adj* female; (GRAMM) feminine.

weich ◇ *adj* soft. ◇ *adv (sitzen, liegen)* comfortably.

weichgekocht *adj* soft-boiled.

Weichkäse *der* soft cheese.

Weichspüler *(pl -)* der fabric conditioner.

Weide *(pl -n)* die *(mit Gras)* meadow.

weigern: **sich weigern** *ref* to refuse.

Weigerung *(pl -en)* die refusal.

Weihnachten *(pl -)* Christmas; **frohe ~!** Merry Christmas!

Weihnachtsabend *(pl -e)* der Christmas Eve.

Weihnachtsbaum *(pl -bäume)* der Christmas tree.

Weihnachtsferien *pl* Christmas holidays *(Br)*, Christmas vacation *(sg)(Am)*.

Weihnachtsgeschäft *das* Christmas trade.

Weihnachtsgeschenk *(pl -e)* das Christmas present.

Weihnachtslied *(pl -er)* das Christmas carol.

Weihnachtsmann *(pl -männer)* der Father Christmas.

Weihnachtsmarkt *(pl -märkte)* der Christmas market.

Weihnachtstag *(pl -e)* der Christmas Day; **erster** ~ Christmas Day; **zweiter** ~ Boxing Day.

Weihnachtszeit *die* Christmas.

weil *konj* because.

Wein *(pl -e)* der *(Getränk)* wine; *(Pflanze)* vine.

Weinberg *(pl -e)* der vineyard.

Weinbergschnecke *(pl -n)* die snail.

Weinbrand *(pl -brände)* der brandy.

weinen *vi* to cry.

Weinflasche *(pl -n)* die wine bottle.

Weinglas *(pl -gläser)* das wine glass.

Weinkarte *(pl -n)* die wine list.

Weinkeller *(pl -)* der wine cellar.

Weinlese *(pl -n)* die grape harvest.

Weinprobe *(pl -n)* die wine tasting.

Weinstube *(pl -n)* die wine bar.

Weintraube *(pl -n)* die grape.

weisen *(prät* **wies,** *pp* **gewiesen)** ◇ *vt (zeigen)* to show. ◇ *vi (zeigen)* to point.

Weisheit *die (Klugheit)* wisdom.

weiß ◇ *präs* → **wissen.** ◇ *adj* white.

Weiß *das* white.

Weißbier (*pl* -e) *das fizzy lager beer made from wheat.*

Weißbrot (*pl* -e) *das* white bread.

Weiße[1] (*pl* -n) *der, die (Mensch)* white person.

Weiße[2] (*pl* -) *die (fam)* = **Weißbier**; **Berliner** ~ *type of fizzy lager often drunk with raspberry syrup.*

Weißkohl *der* white cabbage.

Weißwein (*pl* -e) *der* white wine.

Weißwurst (*pl* Weißwürste) *die* white sausage.

weit ◇ *adj* wide; *(Reise, Fahrt)* long. ◇ *adv (wesentlich)* far; *(gehen, fahren, fallen)* a long way; **bei ~em** by far; **von ~em** from a distance; **~ weg** far away; **wie ~ ist es bis ...?** how far is it to ...?; **so ~ sein** *(fam)* to be ready; **zu ~ gehen** to go too far.

weiter *adv (fortgesetzt)* further; *(sonst)* else; **immer ~** on and on; **nicht ~** *(nicht weiter fort)* no further; **nichts ~** nothing more; **und so ~** and so on.

weiter|arbeiten *vi* to carry on working.

weitere *adj* further; **ohne ~s** *(problemlos)* with no problem at all.

weiter|empfehlen *vt unr* to recommend.

weiter|fahren *vi unr ist* to drive on.

Weiterfahrt *die*: **zur ~ in Richtung Hausen bitte hier umsteigen** passengers for Hausen, please change here.

weiter|geben *vt unr* to pass on.

weiter|gehen *vi unr ist* to go on.

weiter|helfen *vi unr* (+D) to help.

weiter|machen *vi* to carry on.

weitsichtig *adj* farsighted; (MED)

longsighted *(Br)*, farsighted *(Am)*.

Weitsprung *der* long jump.

Weitwinkelobjektiv (*pl* -e) *das* wide-angle lens.

Weizen *der* wheat.

Weizenbier (*pl* -e) *das fizzy lager beer made from wheat.*

welche, -r, -s ◇ *det (zur Einleitung einer Frage)* which. ◇ *pron (Relativpronomen)* which, that; *(Indefinitpronomen)* any; *(Interrogativpronomen)* which (one); **hast du ~?** have you got any?

welk *adj* wilted.

Welle (*pl* -n) *die* wave.

Wellenbad (*pl* -bäder) *das swimming pool with wave machine.*

Wellengang *der* swell.

Wellenreiten *das* surfing.

wellig *adj (Haar)* wavy; *(Landschaft)* undulating.

Welt (*pl* -en) *die* world; **auf der ~** in the world.

Weltall *das* universe.

weltberühmt *adj* world-famous.

Weltkrieg (*pl* -e) *der*: **der Erste/Zweite ~** the First/Second World War.

Weltmeister, -in (*mpl* -) *der, die* world champion.

Weltmeisterschaft (*pl* -en) *die* world championship.

Weltreise (*pl* -n) *die* round-the-world trip.

Weltrekord (*pl* -e) *der* world record.

Weltstadt (*pl* -städte) *die* cosmopolitan city.

weltweit *adj & adv* worldwide.

wem *pron* (to) who.

wen *pron* who.

Wendefläche (*pl* -n) *die* turning area.

Wendekreis (*pl* -e) *der (von Fahrzeug)* turning circle.

Wendemöglichkeit (*pl* -en) *die* turning; **keine ~** no turning.

wenden[1] *vt & vi* to turn.

wenden[2]: **sich wenden** *(prät wandte, pp gewandt) ref*: **sich an jn ~** to consult sb.

wenig ◊ *det (Geld, Interesse)* little; *(Tage, Leute)* a few. ◊ *pron (Geld, Kaffee)* a little; *(Leute)* a few. ◊ *adv* a little; **ein ~** a little; **zu ~** too little.

weniger *adv (minus)* minus.

wenigste, -r, -s *adj* least; **am ~n** least.

wenigstens *adv* at least.

wenn *konj (zeitlich)* when; *(falls)* if.

wer *pron* who.

Werbefernsehen *das* television advertising.

Werbegeschenk *(pl -e) das* free sample.

werben *(präs wirbt, prät warb, pp geworben)* ◊ *vi (Firma, Produzent)* to advertise. ◊ *vt (Mitglieder)* to recruit; *(Kunden)* to attract.

Werbung *die (in Zeitung, Fernsehen)* advertising.

werden *(präs wird, prät wurde, pp ist geworden ODER worden)* ◊ *aux* **1.** *(im Futur)* will; **sie wird kommen** she will come; **sie wird nicht kommen** she won't come. **2.** *(im Konjunktiv)* would; **würden Sie das machen?** would you do this?; **ich würde gern gehen** I would like to go; **ich würde lieber noch bleiben** I would prefer to stay a bit longer. **3.** *(im Passiv: pp* **worden** to be; **sie wurde kritisiert** she was criticized. **4.** *(Ausdruck der Möglichkeit)*: **sie wird es wohl vergessen haben** she has probably forgotten.
◊ *vi (pp* **geworden**) to become; **Vater ~** to become a father; **er will Lehrer ~** he wants to be a teacher; **ich werde morgen 25** I'll be 25 tomorrow; **das Kind wird groß** the child's getting bigger; **alt ~** to grow old, to get old; **rot ~** to go red, to turn red; **zu Stein ~** to turn to stone; **schlecht ~** to go off; **mir wird schlecht** I feel sick.
◊ *vimp (pp* **geworden**): **es wird langsam spät** it's getting late; **es wird bald Sommer** it will soon be summer.

werfen *(präs wirft, prät warf, pp geworfen) vt & vi* to throw.

Werft *(pl -en) die* shipyard.

Werk *(pl -e) das (Arbeit)* work; *(Fabrik)* works *(pl)*.

Werkstatt *(pl -stätten) die* workshop.

Werktag *(pl -e) der* working day.

werktags *adv* on working days.

Werkzeug *(pl -e) das* tool.

Werkzeugkasten *(pl -kästen) der* tool box.

Wermut *(pl -s) der (Getränk)* vermouth.

wert *adj*: **~ sein** to be worth.

Wert *(pl -e) der* value; **im ~ steigen/fallen** to increase/decrease in value.

Wertangabe *(pl -n) die* registered value; **Sendung mit ~** registered mail.

Wertbrief *(pl -e) der* registered letter.

Wertgegenstand *(pl -gegenstände) der* valuable object.

wertlos *adj* worthless.

Wertmarke *(pl -n) die* token.

Wertpapier *(pl -e) das* bond.

Wertsachen *pl* valuables; **'bitte achten Sie auf Ihre ~!'** 'please take care of your valuables'.

wertvoll *adj* valuable.

Wertzeichen *(pl -) das* stamp.

Wesen *(pl -) das (Charakter)* nature; *(Lebewesen)* creature.

wesentlich ◊ *adj (wichtig)* essential. ◊ *adv (viel)* considerably.

weshalb *adv* why.

Wespe *(pl -n) die* wasp.

wessen *pron* whose.

West *der* West.

Westdeutschland *das (westliche Teil)* western Germany; *(frühere BRD)* West Germany.

Weste *(pl* **-n***) die* waistcoat.

Westen *der* west; **im** ~ in the west; **nach** ~ *(Richtung)* west.

Westeuropa *nt* Western Europe.

Westküste *(pl* **-n***) die* west coast.

westlich ◇ *adj* western. ◇ *präp:* ~ **von** west of.

weswegen *adv* why.

Wettbewerb *(pl* **-e***) der (Veranstaltung)* competition.

Wettbüro *(pl* **-s***) das* betting office.

Wette *(pl* **-n***) die* bet.

wetten *vi & vt* to bet; **ich wette mit dir um 10 DM** I bet you 10 marks.

Wetter *das* weather; **bei gutem/schlechtem** ~ if the weather is good/bad.

Wetteraussichten *pl* weather prospects.

Wetterbericht *(pl* **-e***) der* weather report.

wetterfest *adj* weatherproof.

Wetterkarte *(pl* **-n***) die* weather map.

Wetterlage *(pl* **-n***) die* general weather situation.

Wettervorhersage *(pl* **-n***) die* weather forecast.

Wettkampf *(pl* **-kämpfe***) der* contest.

Wettlauf *(pl* **-läufe***) der* race.

Wettrennen *(pl* **-***) das* race.

WG *abk* = **Wohngemeinschaft**.

Whg. *abk* = **Wohnung**.

Whiskey *(pl* **-s***) der* whisky.

wichtig *adj & adv* important.

wickeln *vt (Schnur, Papier)* to wind; *(Baby):* **ein Kind** ~ to change a child's nappy *(Br)*, to change a child's diaper *(Am)*.

Wickelraum *(pl* **-räume***) der* baby changing room.

Widder *der (Sternzeichen)* Aries.

widerlich *adj* disgusting.

widerrechtlich ◇ *adj* illegal. ◇ *adv:* ~ **abgestellte Fahrzeuge** illegally parked cars.

Widerruf *(pl* **-e***) der* retraction.

widerrufen *vt (Aussage)* to retract.

widersprechen *(präs* **widerspricht***, prät* **widersprach***, pp* **widersprochen***) vi (+D)* to contradict; **sich** *(D)* ~ to contradict o.s.

Widerspruch *(pl* **-sprüche***) der* contradiction; *(Protest)* objection.

Widerstand *(pl* **-stände***) der (Abwehr)* resistance.

widerstandsfähig *adj* resilient.

Widmung *(pl* **-en***) die* dedication.

wie ◇ *adv* 1. *(in Fragesätzen)* how; ~ **heißen Sie?** what's your name?; ~ **war das Wetter?** what was the weather like?; ~ **spät ist es?** what is the time?; ~ **bitte?** sorry?; ~ **oft?** how often?; ~ **wäre es, wenn ...?** how about if ...?; **sie fragte ihn,** ~ **alt er sei** she asked him how old he was.
2. *(als Ausruf)* how; ~ **nett von dir!** how kind of you!
◇ *konj* 1. *(zum Vergleich)* like; **so ...** ~ **as ... as;** ~ **ich schon sagte** as I was saying.
2. *(Maßangabe, Qualitätsangabe)* as; **soviel,** ~ **du willst** as much as you like; **und ~!** not half!

wieder *adv* again; **immer** ~ again and again; **nie** ~ never again.

wieder|bekommen *vt unr* to get back.

wieder|erkennen *vt unr* to recognize.

wieder|finden *vt unr* to find.

wieder|geben *vt unr (zurückgeben)* to give back.

wiederholen vt (noch einmal) to repeat; (lernen) to revise.

♦ **sich wiederholen** ref (Person) to repeat o.s.; (Ereignis) to recur; ~ **Sie bitte!** could you repeat that please?

Wiederholung (pl -en) die (von Lernstoff) revision; (von Test, Klasse) repeat; (von Satz) repetition.

Wiederhören das: **auf ~!** (am Telefon) bye!

wieder|kommen vi unr ist (zurückkommen) to come back; (noch einmal kommen) to come again.

Wiedersehen (pl -) das reunion; **auf ~!** goodbye!

wieder|treffen vt unr to meet up again.

Wiedervereinigung (pl -en) die reunification.

Wiederverwendung die reuse.

wiegen (prät **wog**, pp **gewogen**) vi to weigh.

♦ **sich wiegen** ref (auf Waage) to weigh o.s.

Wien nt Vienna.

Wiener Schnitzel (pl -) das Wiener schnitzel (escalope of veal coated with breadcrumbs).

wies prät → **weisen**.

Wiese (pl -n) die meadow.

wieso pron why.

wieviel pron how much; ~ **Uhr ist es?** what time is it?

wievielte, -r, -s adj: **das ~ Glas ist das?** how many glasses is that?; **der Wievielte ist heute?** what's today's date?

wild ◊ adj wild; (heftig) frenzied. ◊ adv (unkultiviert) wild; (heftig) furiously; (parken, zelten) illegally.

Wild das game.

Wildbret das game.

Wildleder das suede.

Wildpark (pl -s) der game reserve.

Wildschwein (pl -e) das wild boar.

Wildwasser (pl -) das white water.

will präs → **wollen**.

Wille der (Absicht) wishes (pl); (Fähigkeit) will; **seinen eigenen ~n haben** to have a mind of one's own.

willkommen adj welcome; **herzlich ~!** welcome!

Willkommen das welcome.

Wimper (pl -n) die eyelash.

Wimperntusche (pl -n) die mascara.

Wind (pl -e) der wind; **starker/schwacher/böiger ~** strong/mild/gusty wind.

Windbeutel (pl -) der = éclair.

Windel (pl -n) die nappy (Br), diaper (Am).

winden: sich winden (prät **wand**, pp **gewunden**) ref (Weg, Linie) to wind.

windgeschützt adj sheltered.

windig adj (Tag, Wetter) windy; **es ist ~** it's windy.

Windjacke (pl -n) die windcheater.

Windmühle (pl -n) die windmill.

Windpocken pl chickenpox (sg).

Windrichtung (pl -en) die wind direction.

Windschutzscheibe (pl -n) die windscreen (Br), windshield (Am).

Windstärke (pl -n) die force (of wind).

windstill adj still.

Windsurfen das windsurfing.

Winkel (pl -) der (von Linien) angle; (Platz) corner.

winken (pp **gewinkt** ODER **gewunken**) vi (+D) to wave; **jm ~** to wave to sb.

Winter (pl -) der winter; **im ~** in winter.

Winterausrüstung (pl -en) die

(zum Skifahren) skiing equipment.
Winterfahrplan (*pl* -fahrpläne) *der* winter timetable.

Wintermantel (*pl* -mäntel) *der* winter coat.

Winterreifen (*pl* -) *der* winter tyre.

Winterschlußverkauf (*pl* -verkäufe) *der* January sale.

Wintersport *der* winter sport.

Winzer, -in (*mpl* -) *der, die* wine grower.

winzig *adj* tiny.

wir *pron* we.

Wirbel (*pl* -) *der* (*Knochen*) vertebra; (*in Wasser*) whirlpool.

Wirbelsäule (*pl* -n) *die* spine.

wirbt *präs* → **werben**.

wird *präs* → **werden**.

wirft *präs* → **werfen**.

wirken *vi* (*erscheinen*) to seem; (*Mittel*) to have an effect; **~ gegen** to counteract.

wirklich ◊ *adj* real. ◊ *adv* really.

Wirklichkeit *die* reality.

wirksam *adj* effective.

Wirkstoff (*pl* -e) *der* active substance.

Wirkung (*pl* -en) *die* (*von Mittel*) effect.

Wirsing *der* savoy cabbage.

Wirt, -in (*mpl* -e) *der, die* (*Gastwirt*) landlord (landlady).

Wirtschaft (*pl* -en) *die* (*Ökonomie*) economy; (*Lokal*) pub.

wirtschaftlich *adj* (*ökonomisch*) economic.

Wirtschaftspolitik *die* economic policy.

Wirtshaus (*pl* -häuser) *das* pub, *often with accommodation*.

Wirtsleute *pl* (*von Lokal*) landlord and landlady.

Wirtsstube (*pl* -n) *die* bar.

Wischblatt (*pl* -blätter) *das* wiper blade.

wischen ◊ *vt* (*Boden, Mund*) to wipe; (*Schmutz*) to wipe away. ◊ *vi* (*putzen*) to clean.

wissen (*präs* weiß, *prät* wußte, *pp* gewußt) ◊ *vt* to know. ◊ *vi*: **von etw ~** to know about sthg; **etw ~ über** (+*A*) to know sthg about; **ich weiß!** I know!; **weißt du was?** you know what?

Wissenschaft (*pl* -en) *die* science.

Wissenschaftler, -in (*mpl* -) *der, die* scientist.

Witterung *die* (*Wetter*) weather.

Witwe (*pl* -n) *die* widow.

Witwer (*pl* -) *der* widower.

Witz (*pl* -e) *der* joke.

WM *abk* = **Weltmeisterschaft**.

wo *adv & pron* where; **von ~ kam das Geräusch?** where did that noise come from?

woanders *adv* somewhere else.

woandershin *adv* somewhere else.

wob *prät* → **weben**.

wobei *pron* (*als Frage*): **~ ist er erwischt worden?** what was he caught doing?

Woche (*pl* -n) *die* week; **diese/ letzte/nächste ~** this/last/next week.

Wochenende (*pl* -n) *das* weekend; **schönes ~!** have a good weekend!

Wochenendtarif (*pl* -e) *der* weekend rate.

Wochenkarte (*pl* -n) *die* weekly season ticket.

wochenlang *adj & adv* for weeks.

Wochenmarkt (*pl* -märkte) *der* weekly market.

Wochentag (*pl* -e) *der* weekday.

wochentags *adv* on weekdays.

wöchentlich *adj & adv* weekly.

Wodka (*pl* -s) *der* vodka.

wodurch *pron* (*als Frage*): **~ unter-**

scheiden sich die beiden? what is the difference between the two?

wofür *pron (als Frage)* for what; ~ **hast du das Geld ausgegeben?** what did you spend the money on?; ~ **brauchst du das?** what do you need that for?

wog *prät* → **wiegen**.

Woge (*pl* -n) *die (im Wasser)* breaker.

wogegen *pron (als Frage)* against what.

woher *pron* from where; ~ **kommen Sie?** where do you come from?

wohin *pron* where.

wohl (*komp* **wohler** ODER **besser**, *superl* **am wohlsten** ODER **am besten**) *adv* well; *(wahrscheinlich)* probably; **sich ~ fühlen** *(gesund)* to feel well; *(angenehm)* to feel at home.

Wohl *das*: **auf Ihr ~!** your good health!; **zum ~!** cheers!

Wohlstand *der* affluence.

wohltuend *adj* pleasant.

Wohnanlage (*pl* -n) *die* housing estate.

Wohnblock (*pl* -blöcke) *der* block of flats *(Br)*, apartment house *(Am)*.

wohnen *vi (dauerhaft)* to live; *(vorübergehend)* to stay; **wo ~ Sie?** *(dauerhaft)* where do you live?; *(vorübergehend)* where are you staying?

Wohngemeinschaft (*pl* -en) *die*: **in einer ~ leben** to share a flat/house.

wohnhaft *adj (amt)*: ~ **in ...** resident at ...

Wohnhaus (*pl* -häuser) *das* house.

Wohnmobil (*pl* -e) *das* camper (van) *(Br)*, RV *(Am)*.

Wohnort (*pl* -e) *der* place of residence.

Wohnsitz (*pl* -e) *der (amt)* place of residence.

Wohnung (*pl* -en) *die* flat *(Br)*, apartment *(Am)*.

Wohnwagen (*pl* -) *der* caravan *(Br)*, trailer *(Am)*.

Wohnzimmer (*pl* -) *das* living room.

Wolf (*pl* Wölfe) *der (Tier)* wolf.

Wolke (*pl* -n) *die* cloud.

Wolkenbruch (*pl* -brüche) *der* cloudburst.

Wolkenkratzer (*pl* -) *der* sky-scraper.

wolkenlos *adj* cloudless.

wolkig *adj* cloudy.

Wolldecke (*pl* -n) *die* blanket.

Wolle *die* wool.

wollen (*präs* **will**, *prät* **wollte**, *pp* **gewollt** ODER **wollen**) ◇ *aux* (*pp* **wollen**) *(Ausdruck einer Absicht)*: **er will anrufen** he wants to make a call; **ich wollte gerade gehen** I was just about to go; **ich wollte, das wäre schon vorbei!** I wish it was over!; **diese Entscheidung will überlegt sein** this decision needs to be thought about.

◇ *vi* (*pp* **gewollt**) **1.** *(Ausdruck einer Absicht)*: **wie du willst!** as you like!; **das Kind will nicht** the child doesn't want to.

2. *(an einen Ort)* to want to go; **sie will nach Hause** she wants to go home.

◇ *vt* (*pp* **gewollt**) *(haben wollen)* to want; **ich will ein Eis** I want an ice-cream; **ich will, daß du gehst** I want you to go.

Wollstoff (*pl* -e) *der* wool.

Wollwaschmittel (*pl* -) *das* detergent for woollens.

womit *pron (als Frage)* with what; ~ **habe ich das verdient?** what did I do to deserve that?

wonach *pron (als Frage)* for what; ~ **suchst du?** what are you looking for?

woran *pron (als Frage)* on what; ~

denkst du? what are you thinking about?

worauf *pron (als Frage)* on what; ~ **wartest du?** what are you waiting for?

woraus *pron (als Frage)* from what; ~ **ist das?** what is it made of?

worin *pron (als Frage)* in what; ~ **besteht der Unterschied?** what's the difference?

Workshop *(pl -s) der* workshop.

World Wide Web *das:* **das ~** the World Wide Web.

Wort[1] *(pl Wörter) das (sprachliche Einheit)* word.

Wort[2] *(pl -e) das (Äußerung, Zusage)* word.

Wörterbuch *(pl -bücher) das* dictionary.

wörtlich *adj (Wiederholung)* word-for-word; **~e Rede** direct speech.

wortlos *adj* silent.

worüber *pron (als Frage)* about what; ~ **lachst du?** what are you laughing about?

worum *pron (als Frage)* about what; ~ **geht es?** what's it about?

worunter *pron (als Frage)* under what; ~ **hast du es eingeordnet?** what did you file it under?

wovon *pron (als Frage)* from what; ~ **hast du geträumt?** what did you dream about?

wovor *pron (als Frage)* of what; ~ **hast du Angst?** what are you frightened of?

wozu *pron (als Frage)* why.

WSV *abk =* **Winterschlußverkauf.**

Wucherpreis *(pl -e) der* extortionate price.

wuchs *prät →* **wachsen.**

wühlen *vi* to rummage.

Wühltisch *(pl -e) der* bargain counter.

wund *adj* sore.

Wunde *(pl -n) die* wound.

wunderbar *adj* wonderful.

wundern *vt* to amaze; **es wundert mich** I'm amazed.

♦ **sich wundern** *ref* to be amazed.

wunderschön *adj* beautiful.

Wundstarrkrampf *der* tetanus.

Wunsch *(pl Wünsche) der* wish; **auf ~** on request; **nach ~** as desired.

♦ **Wünsche** *pl* wishes; **mit den besten Wünschen von** with best wishes from.

wünschen *vt* to wish; **jm etw ~** to wish sb sthg; **sich (D) etw ~** to want sthg; **was ~ Sie?** can I help you?

wünschenswert *adj* desirable.

wurde *prät →* **werden.**

Wurf *(pl Würfe) der (Werfen)* throw.

Würfel *(pl -) der (zum Spielen)* dice; *(Form)* cube.

würfeln ◇ *vt (Fleisch, Brot)* to dice; *(Zahl)* to throw. ◇ *vi (beim Spielen)* to throw the dice.

Würfelspiel *(pl -e) das* dice game.

Würfelzucker *der* sugar cubes *(pl)*.

Wurm *(pl Würmer) der (Tier)* worm.

Wurst *(pl Würste) die* sausage.

Wurstbraterei *(pl -en) die* hot dog stand.

Würstchen *(pl -) das* sausage.

Wurstwaren *pl* sausages and cold meats.

Würze *(pl -n) die (Gewürz)* spice.

Wurzel *(pl -n) die* root.

würzen *vt (Speisen)* to season.

würzig *adj* spicy.

Würzmischung *(pl -en) die* spice mix.

wusch *prät →* **waschen.**

wußte *prät →* **wissen.**

wüst *adj (chaotisch)* chaotic; *(wild)* wild.

Wüste (*pl* -n) *die* desert.

Wut *die* rage.

wütend *adj* (*Person*) furious; ~ sein auf (+A) to be furious with; ~ sein über (+A) to be furious about.

x-beliebig *adj* (*fam*) any (old).

x-mal *adv* (*fam*) countless times.

Yacht (*pl* -en) *die* yacht.

Yachthafen (*pl* -häfen) *der* marina.

Yoga *das* yoga.

Z

zäh ◇ *adj* tough. ◇ *adv*: ~ fließender Verkehr slow-moving traffic.

Zahl (*pl* -en) *die* number; (*Ziffer*) figure; in den roten/schwarzen ~en sein to be in the red/black.

zahlbar *adj* payable.

zahlen *vt & vi* to pay; **ich zahle den Wein** I'll pay for the wine; **~, bitte!** the bill please! (*Br*), the check please! (*Am*).

zählen *vt & vi* to count; **~ zu** (*gehören*) to be among.

Zähler (*pl* -) *der* (*Gerät*) meter.

Zahlgrenze (*pl* -n) *die* fare stage.

Zahlkarte (*pl* -n) *die* money transfer form.

zahlreich *adj* numerous.

Zahlschein (*pl* -e) *der* payment slip.

Zahlung (*pl* -en) *die* payment.

Zählung (*pl* -en) *die* census.

Zahlungsanweisung (*pl* -en) *die* money transfer order.

zahm *adj* (*Tier*) tame.

Zahn (*pl* Zähne) *der* tooth; **sich** (D) **die Zähne putzen** to clean one's teeth; **die dritten Zähne** (*Gebiß*) false teeth.

Zahnarzt, -ärztin (*mpl* -ärzte) *der, die* dentist.

Zahnbürste (*pl* -n) *die* toothbrush.

Zahncreme (*pl* -s) *die* toothpaste.

Zahnersatz *der* false teeth (*pl*).

Zahnfleisch *das* gums (*pl*).

Zahnfleischbluten *das* bleeding gums (*pl*).

Zahnfüllung (*pl* -en) *die* filling.

Zahnklammer (*pl* -n) *die* brace.

Zahnpasta (*pl* -pasten) *die* toothpaste.

Zahnradbahn (*pl* -en) *die* cog railway.

Zahnschmerzen *pl* toothache (*sg*).

Zahnseide (*pl* -n) *die* dental floss.

Zahnspange (*pl* -n) *die* brace.

Zahnstocher (*pl* -) *der* toothpick.

Zange (*pl* -n) *die (Werkzeug)* pliers *(pl)*.

zanken *vi (fam)* to quarrel.

♦ **sich zanken** *ref (fam)* to have a row.

Zäpfchen (*pl* -) *das (Medikament)* suppository.

zapfen *vt* to draw.

Zapfsäule (*pl* -n) *die* petrol pump.

zart *adj (Fleisch, Gemüse)* tender; *(Haut)* smooth.

zartbitter *adj (Schokolade)* dark.

zärtlich *adj (Berührung)* affectionate.

Zauberer (*pl* -) *der (Zauberkünstler)* magician.

zauberhaft ◊ *adj (sehr schön)* enchanting. ◊ *adv* enchantingly.

Zauberin (*pl* -nen) *die (Zauberkünstlerin)* magician.

Zauberkünstler, -in (*mpl* -) *der, die* magician.

zaubern *vi (Zauberer)* to do magic.

Zaun (*pl* Zäune) *der* fence.

z.B. *(abk für zum Beispiel)* e.g.

Zebrastreifen (*pl* -) *der* zebra crossing *(Br)*, crosswalk *(Am)*.

Zeche (*pl* -n) *die (Bergwerk)* pit; *(fam: Rechnung)* tab.

Zechtour (*pl* -en) *die (fam)* pub crawl.

Zecke (*pl* -n) *die* tick.

Zeh (*pl* -en) *der* toe.

Zehe (*pl* -n) *die (Zeh)* toe; *(von Knoblauch)* clove.

Zehennagel (*pl* -nägel) *der* toe nail.

zehn *num* ten, → **sechs**.

Zehner (*pl* -) *der (fam: Geldschein)* ten mark note.

Zehnerkarte (*pl* -n) *die* book of ten tickets.

zehnmal *adv* ten times.

Zehnmarkschein (*pl* -e) *der* ten mark note.

zehntausend *num* ten thousand.

zehnte, -r, -s *adj* tenth, → **sechste**.

Zehntel (*pl* -) *das* tenth.

Zehntelsekunde (*pl* -n) *die* tenth of a second.

Zeichen (*pl* -) *das* sign; jm ein ~ geben to give sb a signal.

Zeichenblock (*pl* -blöcke) *der* drawing pad.

Zeichenerklärung (*pl* -en) *die* key.

Zeichensetzung *die* punctuation.

Zeichensprache (*pl* -n) *die* sign language.

Zeichentrickfilm (*pl* -e) *der* cartoon.

zeichnen *vt & vi* to draw.

Zeichnung (*pl* -en) *die (Bild)* drawing.

zeigen ◊ *vt* to show; *(vorführen)* to demonstrate. ◊ *vi:* ~ **auf** (+*A*) to point at; jm etw ~ to show sb sthg.

♦ **sich zeigen** *ref (sich herausstellen)* to emerge; *(erscheinen)* to show o.s.

Zeiger (*pl* -) *der* hand.

Zeile (*pl* -n) *die (von Text)* line.

Zeit (*pl* -en) *die* time; (GRAMM) tense; sich (*D*) ~ lassen to take one's time; ~ haben to be free; zur ~ at the moment; von ~ zu ~ from time to time.

Zeitansage (*pl* -n) *die* speaking clock.

Zeitarbeit *die* temporary work.

Zeitgeist *der* spirit of the times.

zeitig *adj & adv* early.

zeitlich *adj (Reihenfolge)* chronological.

Zeitlupe *die* slow motion.

Zeitplan (*pl* -pläne) *der* timetable.

Zeitpunkt (*pl* -e) *der* point in time.

Zeitraum (*pl* -räume) *der* period.

Zeitschrift (*pl* -en) *die (illustrierte)* magazine; *(literaturwissenschaftliche)* periodical.

Zeitung (*pl* -en) *die* newspaper.

Zeitungsannonce (*pl* -n) *die* newspaper advertisement.

Zeitungsartikel (*pl* -) *der* newspaper article.

Zeitungskiosk (*pl* -e) *der* newspaper kiosk.

Zeitunterschied (*pl* -e) *der* time difference.

Zeitverschiebung (*pl* -en) *die (Unterschied)* time difference.

zeitweise *adv (gelegentlich)* occasionally; *(vorübergehend)* temporarily.

Zeitzone (*pl* -n) *die* time zone.

Zelle (*pl* -n) *die (biologisch)* cell.

Zellophan *das* cellophane®.

Zellstoff *der* cellulose.

Zelt (*pl* -e) *das* tent.

zelten *vi* to camp.

Zeltlager (*pl* -) *das* campsite.

Zeltplane (*pl* -n) *die* tarpaulin.

Zeltplatz (*pl* -plätze) *der* campsite.

Zeltstange (*pl* -n) *die* tent pole.

Zentimeter (*pl* -) *der* centimetre.

Zentimetermaß (*pl* -e) *das* tape measure.

Zentner (*pl* -) *der* unit of measurement, equivalent to 50 kg in Germany and 100 kg in Austria and Switzerland.

zentral *adj* central.

Zentrale (*pl* -n) *die (Telefonzentrale)* switchboard; *(übergeordnete Stelle)* headquarters *(pl)*.

Zentralheizung (*pl* -en) *die* central heating.

Zentralverriegelung (*pl* -en) *die* central locking.

Zentrum (*pl* Zentren) *das* centre.

zerbrechen (*präs* zerbricht, *prät*

zerbrach, *pp* zerbrochen) *vi ist & vt hat* to smash.

zerbrechlich *adj (Gegenstand)* fragile.

Zeremonie (*pl* -en) *die* ceremony.

zerkleinern *vt* to cut up.

zerknautscht *adj* scrunched up.

zerkratzen *vt* to scratch.

zerlassen *adj (Butter)* to melt.

zerlegen *vt (Möbel)* to take apart; *(Braten)* to carve.

zerreißen (*prät* zerriß, *pp* zerrissen) ◊ *vt hat (Brief, Stoff)* to tear up. ◊ *vi ist* to tear.

zerren *vt (ziehen)* to drag.

Zerrung (*pl* -en) *die* pulled muscle.

zerschneiden (*prät* zerschnitt, *pp* zerschnitten) *vt (in Stücke)* to cut up.

Zerstäuber (*pl* -) *der* atomizer.

zerstören *vt* to destroy.

Zerstörung (*pl* -en) *die* destruction.

zerstreut *adj* distracted.

zerteilen *vt* to cut up.

Zertifikat (*pl* -e) *das* certificate.

Zettel (*pl* -) *der* note.

Zeug *das (fam: Sachen)* stuff; *(Kleidung)* gear; **dummes ~** *(fam)* rubbish.

Zeuge (*pl* -n) *der* witness.

Zeugin (*pl* -nen) *die* witness.

Zeugnis (*pl* -se) *das (von Schüler)* report; *(von Prüfung)* certificate; *(von Arbeitgeber)* reference.

Zickzack *der*: **im ~ fahren** to zigzag.

Ziege (*pl* -n) *die (Tier)* goat.

Ziegenkäse *der* goat's cheese.

Ziegenleder *das* goatskin.

ziehen (*prät* zog, *pp* gezogen) ◊ *vt hat (bewegen, betätigen)* to pull; *(herausziehen)* to pull out; *(auslosen)* to draw. ◊ *vi ist (umziehen)* to move. ◊ *vi hat (bewegen)* to pull;

(Tee) to brew. ◊ *vimp*: **es zieht** there's a draught; **~ an** (+D) *(bewegen)* to pull.

♦ **sich ziehen** *ref (fam: zeitlich)* to drag on.

Ziehung *(pl -en) die* draw.

Ziel *(pl -e) das* destination; *(SPORT)* finish; *(Zweck)* goal.

Zielbahnhof *(pl -bahnhöfe) der* destination.

zielen *vi (mit Waffe, Ball)* to aim.

Zielscheibe *(pl -n) die* target.

ziemlich *adv (relativ)* quite; *(fast)* almost; **~ viel** quite a lot.

zierlich *adj (Person)* petite.

Ziffer *(pl -n) die (Zahlensymbol)* figure.

Zifferblatt *(pl -blätter) das* face.

zig *num (fam)* umpteen.

Zigarette *(pl -n) die* cigarette.

Zigarettenautomat *(pl -en) der* cigarette machine.

Zigarettenpapier *das* cigarette paper.

Zigarettenschachtel *(pl -n) die* cigarette packet.

Zigarettentabak *(pl -e) der* tobacco.

Zigarillo *(pl -s) der* cigarillo.

Zigarre *(pl -n) die* cigar.

Zigeuner, -in *(mpl -) der, die* gypsy.

Zimmer *(pl Zimmer) das* room; '**~ frei**' 'vacancies'; **~ mit Bad** room with en suite bathroom; **~ mit Frühstück** bed and breakfast.

Zimmerkellner *(pl -) der* room-service waiter.

Zimmermädchen *(pl Zimmermädchen) das* chambermaid.

Zimmernachweis *(pl -e) der* accommodation service.

Zimmerpflanze *(pl -n) die* house plant.

Zimmerschlüssel *(pl -) der* room key.

Zimmerservice *der* room service.

Zimt *der* cinnamon.

Zinn *das (Metall)* tin.

Zins *(pl -en) der* interest.

zinslos *adj* interest-free.

Zinssatz *(pl -sätze) der* interest rate.

zirka *adv* circa.

Zirkel *(pl -) der (Gerät)* compasses *(pl)*.

Zirkus *(pl -se) der (Betrieb)* circus; *(fam: Aufregung)* palaver.

zischen *vi (Geräusch)* to hiss.

Zitat *(pl -e) das* quote.

zitieren *vt & vi* to quote.

Zitronat *das* candied lemon peel.

Zitrone *(pl -n) die* lemon.

Zitronensaft *(pl -säfte) der* lemon juice.

Zitruspresse *(pl -n) die* lemon squeezer.

zittern *vi (vibrieren)* to tremble.

zivil *adj (nicht militärisch)* civil.

Zivildienst *der* community work undertaken by men who choose not to do military service.

Zivilisation *(pl -en) die* civilization.

ZOB *(abk für Zentraler Omnibusbahnhof)* central bus station.

zog *prät →* **ziehen**.

zögern *vi* to hesitate.

Zoll *(pl Zölle) der (Abgabe)* duty; *(Behörde)* customs *(pl)*.

Zollabfertigung *die* customs clearance.

Zollamt *(pl -ämter) das* customs office.

Zollbeamte *(pl -n) der* customs officer.

Zollbeamtin *(pl -nen) die* customs officer.

Zollerklärung *(pl -en) die* customs declaration.

zollfrei *adj* duty-free.

Zollgebühren *pl* duty *(sg)*.

Zollkontrolle (*pl* **-n**) *die* customs check.

Zöllner, -in (*mpl* **-**) *der, die* customs officer.

zollpflichtig *adj* liable for duty.

Zollschranke (*pl* **-n**) *die* customs barrier.

Zollstock (*pl* **-stöcke**) *der* ruler.

Zone (*pl* **-n**) *die* (*Gebiet*) zone.

Zoo (*pl* **-s**) *der* zoo.

zoologische Garten (*pl* **-Gärten**) *der* zoo.

Z'opf (*pl* **Zöpfe**) *der* plait *(Br)*, braid *(Am)*.

Zopfspange (*pl* **-n**) *die* hair slide *(Br)*, barrette *(Am)*.

Zorn *der* anger.

zornig ◇ *adj* angry. ◇ *adv* angrily.

zu ◇ *präp* (+*D*) **1.** (*an einen Ort*) to; ~**r Post gehen** to go to the post office; ~**m Frisör gehen** to go to the hairdresser's; ~ **Hause** (to) home. **2.** (*Angabe des Mittels*): ~ **Fuß** on foot; ~ **Fuß gehen** to walk. **3.** (*zeitlich*) at; ~ **Ostern/Weihnachten** at Easter/Christmas. **4.** (*mit*) with; **weiße Socken ~m Anzug tragen** to wear white socks with a suit. **5.** (*Angabe des Grunds*) for; ~**m Spaß** for fun; **alles Gute ~m Geburtstag!** best wishes on your birthday! **6.** (*Mengenangabe*): **Säcke ~ 50 kg** 50 kg bags. **7.** (*Angabe des Produkts*) into; ~ **Eis werden** to turn into ice. **8.** (SPORT): **eins ~ null** one-nil. ◇ *adv* **1.** (*mit Adjektiv*) too; ~ **viel** too many. **2.** (*fam: zumachen*): **Tür ~!** shut the door! ◇ *konj* (*mit Infinitiv*) to; **es fängt an ~ schneien** it's starting to snow; ~ **verkaufen** for sale.

Zubehör (*pl* **-e**) *das* accessories *(pl)*.

zu|bereiten *vt* to prepare.

Zubereitung (*pl* **-en**) *die* preparation.

zu|binden *vt* *unr* to fasten.

Zubringer (*pl* **-**) *der* (*Straße*) slip road *(Br)*, ramp *(Am)*.

Zucchini (*pl* **-s**) *die* courgette *(Br)*, zucchini *(Am)*.

züchten *vt* to breed.

Züchter, -in (*mpl* **-**) *der, die* breeder.

zucken *vi* (*Person, Muskel*) to twitch.

Zucker *der* sugar.

Zuckerdose (*pl* **-n**) *die* sugar bowl.

zuckerkrank *adj* diabetic.

zuckern *vt* to sweeten.

Zuckerwatte *die* candyfloss.

Zuckerzusatz *der*: **ohne ~** no added sugar.

zu|decken *vt* (*Person*) to cover up; (*Gegenstand*) to cover.

♦ **sich zudecken** *ref* to cover o.s. up.

zu|drehen *vt* (*Wasserhahn*) to turn off.

zueinander *adv* (*sprechen*) to each other; **sie passen gut ~** they go well together.

zuerst *adv* (*als erster*) first; (*am Anfang*) at first.

Zufahrt (*pl* **-en**) *die* access.

Zufahrtsstraße (*pl* **-n**) *die* access road.

Zufall (*pl* **Zufälle**) *der* coincidence.

zufällig ◇ *adj* chance. ◇ *adv* by chance.

zufrieden *adj* satisfied; ~ **sein mit** to be satisfied with.

zufriedenstellend *adj* satisfactory.

Zug (*pl* **Züge**) *der* (*Eisenbahn*) train; (*Menschenmenge*) procession;

(Zugluft) draught; *(mit Spielfigur)* move; *(Geste)* gesture; **mit dem ~ fahren** to go by train.

Zugabe *(pl -n)* die *(bei Konzert)* encore.

Zugabteil *(pl -e)* das compartment.

Zugang *(pl -gänge)* der access.

Zugauskunft *(pl -auskünfte)* die train information.

Zugbegleiter *(pl -)* der *(Fahrplanauszug)* timetable.

Zugbrücke *(pl -n)* die drawbridge.

zu|geben *vi unr (gestehen)* to admit; *(hinzutun)* to add.

zu|gehen *vi unr ist (sich schließen)* to close; **~ auf** *(+A) (gehen)* to approach.

Zügel *(pl -)* der reins *(pl)*.

Zuger Kirschtorte *(pl -n)* die *(Schweiz)* buttercream cake with a middle layer of sponge soaked in kirsch and a top and bottom layer of nut meringue.

Zugführer, -in *(mpl -)* der, die senior conductor.

zugig *adj* draughty.

zügig ◊ *adj* rapid. ◊ *adv* rapidly.

Zugluft die draught.

Zugpersonal das train crew.

zu|greifen *vi unr:* **greifen Sie zu!** help yourself!

Zugrestaurant *(pl -s)* das restaurant car.

zugrunde *adv:* **~ gehen** to perish.

Zugschaffner, -in *(mpl -)* der, die ticket inspector.

Zugunglück *(pl -e)* das train crash.

zugunsten *präp (+G)* in favour of.

Zugverbindung *(pl -en)* die (train) connection.

zu|haben *vi unr (fam)* to be shut.

Zuhause das home.

zu|hören *vi (+D)* to listen; **jm ~** to listen to sb.

Zuhörer, -in *(mpl -)* der, die listener.

zu|kleben *vt (Loch)* to glue; *(Brief)* to seal.

zu|kommen *vi unr ist:* **~ auf** *(+A) (Person, Fahrzeug)* to approach.

zu|kriegen *vt (fam):* **ich krieg' die Tür nicht zu** the door won't shut.

Zukunft die future.

zu|lassen *vt unr (erlauben)* to allow; *(Auto)* to license; *(fam: nicht öffnen):* **laß das Paket bis Weihnachten zu!** don't open the parcel till Christmas!

zulässig *adj* permissable; **~e Höchstgeschwindigkeit** maximum speed limit; **~es Gesamtgewicht** maximum weight limit.

Zulassung *(pl -en)* die authorization.

zu|laufen *vi unr ist (Tier):* **der Hund ist uns zugelaufen** the dog adopted us; **~ auf** *(+A) (Person)* to run towards.

zuletzt *adv (als letzter)* lastly; *(am Ende)* in the end, finally; *(fam: das letzte Mal):* **~ war ich vor 3 Jahren hier** I was last here three years ago.

zuliebe *präp (+D):* **ihr ~** for her sake.

zum *präp* = **zu** + **dem**.

zu|machen *vt & vi* to close.

zu|muten *vt:* **jm etw ~** to expect sthg of sb.

zunächst *adv (als erster)* first; *(am Anfang)* at first.

Zuname *(pl -n)* der surname.

zünden *vi (Motor)* to fire.

Zündholz *(pl -hölzer)* das match.

Zündkerze *(pl -n)* die spark plug.

Zündschloß *(pl -schlösser)* das ignition.

Zündschlüssel (*pl* -) *der* ignition key.

Zündung (*pl* -en) *die* (AUTO) ignition.

zunehmen *vi unr* to increase; *(dicker werden)* to put on weight.

Zunge (*pl* -n) *die* tongue.

zupfen ◊ *vi (ziehen)* to tug. ◊ *vt (herausziehen)* to pick; *(Augenbrauen)* to pluck.

zur *präp* = **zu** + **der**.

Zürich *nt* Zürich.

zurück *adv* back.

zurück|bekommen *vt unr* to get back.

zurück|bringen *vt unr* to bring back.

zurück|erstatten *vt* to refund.

zurück|fahren *vi unr ist & vt unr hat (an Ausgangspunkt)* to drive back; *(rückwärts)* to back away.

zurück|führen ◊ *vt (begründen)* to attribute. ◊ *vi (Weg, Straße)* to lead back.

zurück|geben *vt unr* to give back; **jm etw ~** to give sb sthg back.

zurück|gehen *vi unr ist (zum Ausgangspunkt)* to go back; *(rückwärts)* to retreat; *(Anzahl, Häufigkeit)* to fall.

zurück|halten *vt unr (festhalten)* to hold back.

♦ **sich zurückhalten** *ref* to restrain o.s.

zurück|holen *vt* to bring back.

zurück|kommen *vi unr ist* to come back.

zurück|lassen *vt unr* to leave behind.

zurück|legen *vt (wieder hinlegen)* to put back; *(reservieren)* to put aside; *(Strecke)* to cover; *(Kopf)* to lay back; **etw ~ lassen** *(reservieren)* to have sthg put aside.

♦ **sich zurücklegen** *ref* to lie back.

zurück|nehmen *vt unr* to take back.

zurück|rufen *vt unr & vi* to call back.

zurück|schicken *vt* to send back.

zurück|stellen *vt* to put back.

zurück|treten *vi unr ist (rückwärts)* to step back; *(Präsident, Vorstand)* to resign; **bitte ~!** stand back, please!

zurück|verlangen *vt* to demand back.

zurück|zahlen *vt (Geld)* to pay back.

Zusage (*pl* -n) *die (auf Einladung, Bewerbung)* acceptance.

zu|sagen *vt (bei Einladung)* to accept.

zusammen *adv* together; *(insgesamt)* altogether.

Zusammenarbeit *die* collaboration.

zusammen|brechen *vi unr ist (Person)* to collapse; *(psychisch, Verkehr)* to break down.

zusammen|fassen *vt (Text)* to summarize.

Zusammenfassung (*pl* -en) *die* summary.

zusammen|gehören *vt* to belong together.

zusammen|halten *vi unr (Personen)* to stick together.

Zusammenhang (*pl* -hänge) *der* context.

zusammenhängend *adj (Text)* coherent.

zusammenhanglos *adj* incoherent.

zusammenklappbar *adj* collapsible.

zusammen|knüllen *vt* to scrunch up.

Zusammenkunft (*pl* -künfte) *die* gathering.

zusammen|legen ◊ *vt (Gruppen,*

Termine) to group together; *(falten)* to fold up. ◇ *vi (bezahlen)* to club together.

zusammen|nehmen: sich zusammennehmen *ref unr* to pull o.s. together.

zusammen|passen *vi (Personen)* to be well suited; *(Einzelteile)* to fit together.

zusammen|rechnen *vt* to add up.

Zusammensetzung *(pl -en) die* composition.

Zusammenstoß *(pl -stöße) der* crash.

zusammen|stoßen *vi unr ist (Fahrzeuge)* to crash.

zusammen|zählen *vt* to add up.

zusammen|ziehen ◇ *vt unr hat (addieren)* to add up. ◇ *vi unr ist (in Wohnung)* to move in together.

zusammen|zucken *vi ist* to jump.

Zusatz *(pl Zusätze) der (Substanz)* additive.

Zusatzgerät *(pl -e) das* attachment.

zusätzlich ◇ *adj* extra. ◇ *adv* in addition.

Zusatzzahl *(pl -en) die* bonus number.

zu|schauen *vi* to watch.

Zuschauer, -in *(mpl -) der, die (von Fernsehen)* viewer; *(von Sport)* spectator.

Zuschauertribüne *(pl -n) die* stands *(pl)*.

zu|schicken *vt* to send.

Zuschlag *(pl Zuschläge) der* supplement; **~ erforderlich** supplement required.

zuschlagpflichtig *adj* subject to a supplement.

zu|schließen *vt unr* to lock.

Zuschuß *(pl Zuschüsse) der* grant.

zu|sehen *vi unr (zuschauen)* to watch.

zu|sein *vi unr ist* to be closed.

zu|sichern *vt* to assure.

Zustand *(pl Zustände) der* state, condition.

◆ **Zustände** *pl* situation *(sg)*.

zuständig *adj* responsible; **~ sein für** to be responsible for.

zu|steigen *vi unr ist* to get on; **noch jemand zugestiegen?** tickets, please.

Zustellung *(pl -en) die (von Post)* delivery.

zu|stimmen *vi (+D)* to agree; **er stimmte dem Plan zu** he agreed to the plan.

Zustimmung *die* agreement.

zu|stoßen *vi unr ist:* **was ist ihm zugestoßen?** what happened to him?

Zutat *(pl -en) die* ingredient.

zu|teilen *vt (Ration)* to allocate.

zu|trauen *vt:* **jm etw ~** to think sb capable of sthg.

zu|treffen *vi unr* to apply; **'Zutreffendes bitte ankreuzen'** 'tick as applicable'.

Zutritt *der* entry.

zuverlässig *adj* reliable.

zuviel *pron* too much.

Zuwachs *der* growth.

zu|weisen *vt unr* to allocate.

zuwenig *pron* too little.

zu|winken *vi (+D):* **jm ~** to wave to sb.

zu|zahlen *vt:* **5 Mark ~** to pay another 5 marks.

zuzüglich *präp (+G or D)* plus.

zwang *prät →* **zwingen**.

Zwang *(pl Zwänge) der* force.

zwanglos *adj* relaxed.

zwanzig *num* twenty, *→* **sechs**.

Zwanziger *(pl -) der (Person) someone in their twenties; (Geld)* twenty mark note.

Zwanzigmarkschein *(pl -e) der* twenty mark note.

zwanzigste, -r, -s *adj* twentieth; **das ~ Jahrhundert** the twentieth century.

zwar *adv*: **und ~** *(genauer)* to be exact; **das ist ~ schön, aber viel zu teuer** it is nice but far too expensive.

Zweck *(pl -e) der* purpose; **es hat keinen ~** there's no point.

zwecklos *adj* pointless.

zweckmäßig *adj* practical.

zwei *num* two, → **sechs**.

Zweibettabteil *(pl -e) das* compartment with two beds.

Zweibettkabine *(pl -n) die* cabin with two beds.

Zweibettzimmer *(pl -) das* twin room.

zweifach *adj* twice.

Zweifel *(pl -) der* doubt; **ohne ~** without doubt; **~ haben an** (+*D*) to doubt.

zweifellos *adv* doubtless.

zweifeln *vi* to doubt; **an etw** (*D*) **~** to doubt sthg.

Zweig *(pl -e) der* branch.

Zweigstelle *(pl -n) die* branch.

zweihundert *num* two hundred.

Zweihundertmarkschein *(pl -e) der* two hundred mark note.

zweimal *adv* twice.

Zweimarkstück *(pl -stücke) das* two mark coin.

Zweirad *(pl -räder) das* two-wheeled vehicle.

zweisprachig *adj* bilingual.

zweispurig *adj* two-lane.

zweit *adv*: **sie waren nur zu ~** there were only two of them.

Zweitakter *(pl -) der* two-stroke engine.

Zweitakter-Gemisch *das* two-stroke mixture.

zweitbeste, -r, -s *adj* second best.

zweite, -r, -s *adj* second, → **sechs**.

zweiteilig *adj* two-part.

zweitens *adv* secondly.

Zwerchfell *(pl -e) das* diaphragm.

Zwerg *(pl -e) der* dwarf.

Zwetschge *(pl -n) die (Frucht)* plum.

Zwetschgendatschi *(pl -) der (Süddt)* plum slice.

Zwieback *(pl Zwiebäcke) der* rusk.

Zwiebel *(pl -n) die (Gemüse)* onion.

Zwiebelsuppe *(pl -n) die* onion soup.

Zwilling *(pl -e) der (Geschwister)* twin; *(Sternzeichen)* Gemini.

zwingen *(prät* **zwang**, *pp* **gezwungen)** *vt* to force.

♦ **sich zwingen** *ref* to force o.s.

zwinkern *vi* to wink.

Zwirn *der* thread.

zwischen *präp* (+*A,D*) between; *(in Menge)* among.

zwischendurch *adv (zeitlich)* every now and then.

Zwischenfall *(pl -fälle) der* incident.

Zwischenlandung *(pl -en) die* short stopover.

Zwischenraum *(pl -räume) der* gap.

Zwischenstecker *(pl -) der* adapter.

Zwischenstop *(pl -s) der* stop.

Zwischensumme *(pl -n) die* subtotal.

Zwischenzeit *die*: **in der ~** in the meantime.

zwölf *num* twelve, → **sechs**.

zynisch *adj* cynical.

a [*stressed* eɪ, *unstressed* ə] *indefinite article* **1.** *(gen)* ein (eine); **a woman** eine Frau; **a restaurant** ein Restaurant; **a friend** ein Freund (eine Freundin); **an apple** ein Apfel; **I'm a doctor** ich bin Arzt.

2. *(instead of the number one)* ein (eine); **a hundred** hundert; **a hundred and twenty** einhundertzwanzig; **for a week** eine Woche lang.

3. *(in prices, ratios)* pro; **£2 a kilo** £2 pro Kilo.

AA *n* *(Br: abbr of Automobile Association)* ≃ ADAC *der*.

aback [əˈbæk] *adv*: **to be taken ~** verblüfft sein.

abandon [əˈbændən] *vt* *(plan)* aufgeben; *(place, person)* verlassen.

abattoir [ˈæbətwɑːʳ] *n* Schlachthof *der*.

abbey [ˈæbɪ] *n* Abtei *die*.

abbreviation [əˌbriːvɪˈeɪʃn] *n* Abkürzung *die*.

abdomen [ˈæbdəmən] *n* Unterleib *der*.

abide [əˈbaɪd] *vt*: **I can't ~ him** ich kann ihn nicht ausstehen.

♦ **abide by** *vt fus* *(rule, law)* befolgen.

ability [əˈbɪlətɪ] *n* Fähigkeit *die*.

able [ˈeɪbl] *adj* fähig; **to be ~ to do**

sthg etw tun können.

abnormal [æbˈnɔːml] *adj* anormal.

aboard [əˈbɔːd] *adv & prep* an Bord (+*G*).

abode [əˈbəʊd] *n* *(fml)* Wohnsitz *der*.

abolish [əˈbɒlɪʃ] *vt* abschaffen.

aborigine [ˌæbəˈrɪdʒənɪ] *n* Ureinwohner *der*.

abort [əˈbɔːt] *vt* *(give up)* abbrechen.

abortion [əˈbɔːʃn] *n* Abtreibung *die*.

about [əˈbaʊt] ◇ *adv* **1.** *(approximately)* ungefähr, etwa; **~ 50** ungefähr 50; **at ~ six o'clock** gegen sechs Uhr.

2. *(referring to place)* herum; **to walk ~** herumlaufen.

3. *(on the point of)*: **to be ~ to do sthg** im Begriff sein, etw zu tun.

◇ *prep* **1.** *(concerning)* um, über; **a book ~ Scotland** ein Buch über Schottland; **what's it ~?** worum geht's?; **what ~ a drink?** wie wär's mit etwas zu trinken?

2. *(referring to place)* herum; **there are lots of hotels ~ the town** es gibt viele Hotels in der Stadt.

above [əˈbʌv] ◇ *prep* *(higher than)* über (+*A,D*); *(more than)* über (+*A*).

◇ *adv* oben; **children aged ten and**

~ Kinder ab 10 Jahren; ~ **all** vor allem.

abroad [ə'brɔ:d] *adv* im Ausland; to go ~ ins Ausland fahren.

abrupt [ə'brʌpt] *adj* (*sudden*) abrupt.

abscess ['æbses] *n* Abszeß *der*.

absence ['æbsəns] *n* Abwesenheit *die*.

absent ['æbsənt] *adj* abwesend.

absent-minded [-'maɪndɪd] *adj* zerstreut.

absolute ['æbsəlu:t] *adj* absolut.

absolutely [*adv* 'æbsəlu:tlɪ, *excl* ˌæbsə'lu:tlɪ] ◇ *adv* absolut. ◇ *excl* genau!

absorb [əb'sɔ:b] *vt* (*liquid*) auflsaugen.

absorbed [əb'sɔ:bd] *adj*: to be ~ in sthg in etw vertieft sein.

absorbent [əb'sɔ:bənt] *adj* saugfähig.

abstain [əb'steɪn] *vi*: to ~ (from) sich enthalten (+G).

absurd [əb'sɜ:d] *adj* absurd.

ABTA ['æbtə] *n Verband britischer Reisebüros*.

abuse [*n* ə'bju:s, *vb* ə'bju:z] ◇ *n* (*insults*) Beschimpfungen *pl*; (*misuse, maltreatment*) Mißbrauch *der*. ◇ *vt* (*insult*) beschimpfen; (*misuse, maltreat*) mißbrauchen.

abusive [ə'bju:sɪv] *adj* beleidigend.

AC *abbr* = **alternating current**.

academic [ˌækə'demɪk] ◇ *adj* akademisch. ◇ *n* Akademiker *der* (-in *die*).

academy [ə'kædəmɪ] *n* Akademie *die*.

accelerate [ək'seləreɪt] *vi* beschleunigen.

accelerator [ək'seləreɪtəʳ] *n* Gaspedal *das*.

accent ['æksent] *n* Akzent *der*.

accept [ək'sept] *vt* (*offer, gift, invi-*

tation) anlnehmen; (*blame*) auf sich nehmen; (*fact, truth*) akzeptieren; (*story*) glauben; (*responsibility*) übernehmen.

acceptable [ək'septəbl] *adj* akzeptabel.

access ['ækses] *n* Zugang *der*.

accessible [ək'sesəbl] *adj* (*place*) erreichbar.

accessories [ək'sesərɪz] *npl* (*extras*) Zubehör *das*; (*fashion items*) Accessoires *pl*.

access road *n* Zufahrtsstraße *die*.

accident ['æksɪdənt] *n* Unfall *der*; (*chance*) Zufall *der*; **by** ~ zufällig.

accidental [ˌæksɪ'dentl] *adj* zufällig.

accident insurance *n* Unfallversicherung *die*.

accident-prone *adj*: to be ~ ein Pechvogel sein.

acclimatize [ə'klaɪmətaɪz] *vi* sich akklimatisieren.

accommodate [ə'kɒmədeɪt] *vt* unterlbringen.

accommodation [əˌkɒmə'deɪʃn] *n* Unterkunft *die*.

accommodations [əˌkɒmə'deɪʃnz] *npl* (*Am*) = **accommodation**.

accompany [ə'kʌmpənɪ] *vt* begleiten.

accomplish [ə'kʌmplɪʃ] *vt* erreichen.

accord [ə'kɔ:d] *n*: of one's own ~ aus eigenem Antrieb.

accordance [ə'kɔ:dəns] *n*: in ~ with gemäß (+D).

according to [ə'kɔ:dɪŋ-] *prep* laut (+G or D).

accordion [ə'kɔ:dɪən] *n* Akkordeon *das*.

account [ə'kaʊnt] *n* (*at bank, shop*) Konto *das*; (*report*) Bericht *der*; **to take into** ~ berücksichtigen; **on no** ~ auf keinen Fall; **on** ~ **of** wegen.

♦ **account for** vt fus (explain) erklären; (constitute) auslmachen.

accountant [ə'kaʊntənt] n Buchhalter der (-in die).

account number n Kontonummer die.

accumulate [ə'kjuːmjʊleɪt] vt sammeln.

accurate ['ækjʊrət] adj genau.

accuse [ə'kjuːz] vt: **to ~ sb of sthg** jn einer Sache beschuldigen.

accused [ə'kjuːzd] n: **the ~** der/die Angeklagte.

ace [eɪs] n As das.

ache [eɪk] ◊ vi weh tun. ◊ n Schmerzen pl.

achieve [ə'tʃiːv] vt erreichen.

acid ['æsɪd] ◊ adj sauer. ◊ n Säure die; (inf: drug) Acid das.

acid rain n saurer Regen.

acknowledge [ək'nɒlɪdʒ] vt (accept) anlerkennen; (admit) zulgeben; (letter) den Empfang (+G) bestätigen.

acne ['æknɪ] n Akne die.

acorn ['eɪkɔːn] n Eichel die.

acoustic [ə'kuːstɪk] adj akustisch.

acquaintance [ə'kweɪntəns] n (person) Bekannte der, die.

acquire [ə'kwaɪə'] vt erwerben.

acre ['eɪkə'] n = 4046,9 m², ≈ 40 Ar.

acrobat ['ækrəbæt] n Akrobat der (-in die).

across [ə'krɒs] ◊ prep über (+A,D). ◊ adv hinüber, herüber; (in crossword) waagrecht; **~ the street** auf der anderen Straßenseite; **10 miles ~** 10 Meilen breit; **~ from** gegenüber von.

acrylic [ə'krɪlɪk] n Acryl das.

act [ækt] ◊ vi (do something) handeln; (behave) sich benehmen; (in play, film) spielen. ◊ n (action) Handlung die; (POL) Gesetz das; (of play) Akt der; (performance) Num-

mer die; **to ~ as** (serve as) dienen als.

action ['ækʃn] n Handlung die; **to take ~** Maßnahmen ergreifen; **to put sthg into ~** etw in die Tat umlsetzen; **out of ~** (machine) außer Betrieb; (person) außer Gefecht.

active ['æktɪv] adj aktiv.

activity [æk'tɪvətɪ] n Aktivität die.

♦ **activities** npl (leisure events) Veranstaltungen pl.

activity holiday n Aktivurlaub der.

act of God n höhere Gewalt.

actor ['æktə'] n Schauspieler der.

actress ['æktrɪs] n Schauspielerin die.

actual ['æktʃʊəl] adj eigentlich.

actually ['æktʃʊəlɪ] adv (really) wirklich; (in fact) eigentlich; (by the way) übrigens.

acupuncture ['ækjʊpʌŋktʃə'] n Akupunktur die.

acute [ə'kjuːt] adj (pain) heftig; (angle) spitz; **~ accent** Akut der.

ad [æd] n (inf) (in newspaper) Annonce die; (on TV) Werbespot der.

AD (abbr of Anno Domini) n. Chr.

adapt [ə'dæpt] ◊ vt anlpassen. ◊ vi sich anlpassen.

adapter [ə'dæptə'] n (for foreign plug) Adapter der; (for several plugs) Mehrfachsteckdose die.

add [æd] vt (put, say in addition) hinzulfügen; (numbers) addieren.

♦ **add up** vt sep addieren.

♦ **add up to** vt fus (total) machen.

adder ['ædə'] n Kreuzotter die.

addict ['ædɪkt] n Süchtige der, die.

addicted [ə'dɪktɪd] adj: **to be ~ to sthg** nach etw süchtig sein.

addiction [ə'dɪkʃn] n Sucht die.

addition [ə'dɪʃn] n (added thing) Ergänzung die; (in maths) Addition *die*; **in ~** außerdem; **in ~ to** zusätzlich zu.

additional [ə'dɪʃənl] *adj* zusätzlich.

additive ['ædɪtɪv] *n* Zusatz *der*.

address [ə'dres] ◊ *n* Adresse *die*. ◊ *vt (speak to)* anlsprechen; *(letter)* adressieren.

address book *n* Adreßbuch *das*.

addressee [,ædre'siː] *n* Empfänger *der* (-in *die*).

adequate ['ædɪkwət] *adj (sufficient)* ausreichend; *(satisfactory)* angemessen.

adhere [əd'hɪəʳ] *vi*: **to ~ to** *(stick to)* kleben an (+D); *(obey)* einlhalten.

adhesive [əd'hiːsɪv] ◊ *adj* klebrig. ◊ *n* Klebstoff *der*.

adjacent [ə'dʒeɪsənt] *adj* angrenzend.

adjective ['ædʒɪktɪv] *n* Adjektiv *das*.

adjoining [ə'dʒɔɪnɪŋ] *adj* angrenzend.

adjust [ə'dʒʌst] ◊ *vt (machine)* einlstellen. ◊ *vi*: **to ~ to** sich anlpassen an (+A).

adjustable [ə'dʒʌstəbl] *adj* verstellbar.

adjustment [ə'dʒʌstmənt] *n (of machine)* Einstellung *die*.

administration [əd,mɪnɪ'streɪʃn] *n (organizing)* Verwaltung *die*; *(Am: government)* Regierung *die*.

administrator [əd'mɪnɪstreɪtəʳ] *n* Verwalter *der* (-in *die*).

admiral ['ædmərəl] *n* Admiral *der*.

admire [əd'maɪəʳ] *vt* bewundern.

admission [əd'mɪʃn] *n (permission to enter)* Zutritt *der*; *(entrance cost)* Eintritt *der*.

admission charge *n* Eintrittspreis *der*.

admit [əd'mɪt] *vt (confess)* zulgeben; *(allow to enter)* hereinllas-

sen; **to ~ to sthg** etw zulgeben; **'~s one'** *(on ticket)* 'gültig für eine Person'.

adolescent [,ædə'lesnt] *n* Jugendliche *der, die*.

adopt [ə'dɒpt] *vt (child)* adoptieren; *(attitude)* anlnehmen; *(plan)* übernehmen.

adopted [ə'dɒptɪd] *adj* adoptiert.

adorable [ə'dɔːrəbl] *adj* entzückend.

adore [ə'dɔːʳ] *vt* über alles lieben.

adult ['ædʌlt] ◊ *n* Erwachsene *der, die*. ◊ *adj (entertainment, films)* für Erwachsene; *(animal)* ausgewachsen.

adult education *n* Erwachsenenbildung *die*.

adultery [ə'dʌltərɪ] *n* Ehebruch *der*.

advance [əd'vɑːns] ◊ *n (money)* Vorschuß *der*; *(movement)* Vorrücken *das*; *(progress)* Fortschritt *der*. ◊ *vt (money)* vorlschießen; *(bring forward)* vorlverlegen. ◊ *vi (move forward)* vorlrücken; *(improve)* voranlkommen. ◊ *adj*: **~ warning** Vorwarnung *die*.

advance booking *n* Vorbestellung *die*.

advanced [əd'vɑːnst] *adj (student, level)* fortgeschritten.

advantage [əd'vɑːntɪdʒ] *n* Vorteil *der*; **to take ~ of** auslnutzen.

adventure [əd'ventʃəʳ] *n* Abenteuer *das*.

adventurous [əd'ventʃərəs] *adj (person)* abenteuerlustig.

adverb ['ædvɜːb] *n* Adverb *das*.

adverse ['ædvɜːs] *adj* ungünstig.

advert ['ædvɜːt] = **advertisement**.

advertise ['ædvətaɪz] *vt (product)* werben für; *(event)* bekanntlmachen.

advertisement [əd'vɜːtɪsmənt] *n*

(in newspaper) Anzeige die; *(on TV)* Werbespot der.

advice [əd'vaɪs] n Rat der; **a piece of ~** ein Ratschlag.

advisable [əd'vaɪzəbl] adj ratsam.

advise [əd'vaɪz] vt raten (+D); **to ~ sb to do sthg** jm raten, etw zu tun; **to ~ sb against doing sthg** jm von etw ablraten.

advocate [n 'ædvəkət, vb 'ædvəkeɪt] ◇ n (JUR) Anwalt der (Anwältin die). ◇ vt befürworten.

aerial ['eəriəl] n Antenne die.

aerobics [eə'rəubɪks] n Aerobic das.

aerodynamic [ˌeərəudaɪ'næmɪk] adj aerodynamisch.

aeroplane ['eərəpleɪn] n Flugzeug das.

aerosol ['eərəsɒl] n Spray der.

affair [ə'feər] n *(event)* Angelegenheit die; *(love affair)* Verhältnis das.

affect [ə'fekt] vt *(influence)* beeinflussen.

affection [ə'fekʃn] n Zuneigung die.

affectionate [ə'fekʃnət] adj zärtlich.

affluent ['æfluənt] adj wohlhabend.

afford [ə'fɔːd] vt: **to be able to ~ sthg** sich (D) etw leisten können; **I can't ~ the time** ich habe keine Zeit; **I can't ~ it** das kann ich mir nicht leisten.

affordable [ə'fɔːdəbl] adj erschwinglich.

afloat [ə'fləut] adj über Wasser.

afraid [ə'freɪd] adj: **to be ~ (of)** Angst haben (vor (+D)); **I'm ~ so/not** leider ja/nicht.

Africa ['æfrɪkə] n Afrika nt.

African ['æfrɪkən] ◇ adj afrikanisch. ◇ n Afrikaner der (-in die).

after ['ɑːftər] ◇ prep nach. ◇ conj nachdem. ◇ adv danach; **~ we had**
eaten nachdem wir gegessen hatten; **a quarter ~ ten** *(Am)* Viertel nach zehn; **to be ~ sb/sthg** *(in search of)* jn/etw suchen; **~ all** *(in spite of everything)* doch; *(it should be remembered)* schließlich.

♦ **afters** npl Nachtisch der.

aftercare ['ɑːftəkeər] n Nachbehandlung die.

aftereffects ['ɑːftərɪˌfekts] npl Nachwirkung die.

afternoon [ˌɑːftə'nuːn] n Nachmittag der; **good ~!** guten Tag!

afternoon tea n Nachmittagstee der.

aftershave ['ɑːftəʃeɪv] n Rasierwasser das.

aftersun ['ɑːftəsʌn] n Aftersunlotion die.

afterwards ['ɑːftəwədz] adv danach.

again [ə'gen] adv wieder; **~ and ~** immer wieder; **never ... ~** nie ... wieder.

against [ə'genst] prep gegen; **he was leaning ~ the wall** er stand an die Wand gelehnt; **~ the law** rechtswidrig.

age [eɪdʒ] n Alter das; *(in history)* Zeitalter das; **under ~** minderjährig; **I haven't seen him for ~s** *(inf)* ich hab' ihn schon ewig nicht mehr gesehen.

aged [eɪdʒd] adj: **to be ~ eight** acht Jahre alt sein; **children ~ eight** Kinder von acht Jahren.

age group n Altersgruppe die.

age limit n Altersgrenze die.

agency ['eɪdʒənsɪ] n Agentur die.

agenda [ə'dʒendə] n Tagesordnung die.

agent ['eɪdʒənt] n *(representative)* Vertreter der (-in die).

aggression [ə'greʃn] n Aggression die.

aggressive [ə'gresɪv] adj aggressiv.

agile [*Br* 'ædʒaɪl, *Am* 'ædʒəl] *adj* beweglich.

agility [ə'dʒɪlətɪ] *n* Beweglichkeit *die*.

agitated ['ædʒɪteɪtɪd] *adj* erregt.

ago [ə'gəʊ] *adv*: **a month ~** vor einem Monat; **how long ~ was it?** wie lange ist das her?

agonizing ['ægənaɪzɪŋ] *adj* qualvoll.

agony ['ægənɪ] *n* Qual *die*.

agree [ə'griː] *vi (be in agreement, correspond)* übereinlstimmen; *(consent)* einlwilligen; **it doesn't ~ with me** *(food)* das bekommt mir nicht; **to ~ to sthg** mit etw einverstanden sein; **to ~ to do sthg** bereit sein, etw zu tun.

♦ **agree on** *vt fus (time, price)* sich einigen auf (+A).

agreed [ə'griːd] *adj* vereinbart.

agreement [ə'griːmənt] *n* Zustimmung *die*; *(contract)* Vertrag *der*; **in ~ with** in Übereinstimmung mit.

agriculture ['ægrɪkʌltʃər] *n* Landwirtschaft *die*.

ahead [ə'hed] *adv*: **the road ~** die Straße vor mir/uns *etc*; **straight ~** geradeaus; **the weeks ~** die kommenden Wochen; **to be ~** *(winning)* Vorsprung haben; **~ of** *(in front of)* vor (+D); **~ of the other team** der anderen Mannschaft voraus; **~ of schedule** früher als geplant.

aid [eɪd] ◊ *n* Hilfe *die*. ◊ *vt* helfen (+D); **in ~ of** zugunsten (+G); **with the ~ of** mit Hilfe (+G).

AIDS [eɪdz] *n* Aids *das*.

ailment ['eɪlmənt] *n (fml)* Leiden *das*.

aim [eɪm] ◊ *n (purpose)* Ziel *das*. ◊ *vt (gun, camera, hose)* richten. ◊ *vi*: **to ~ (at)** zielen (auf (+A)); **to ~ to do sthg** beabsichtigen, etw zu tun.

air [eər] ◊ *n* Luft *die*. ◊ *vt (room)* lüften. ◊ *adj (terminal, travel)* Flug-; **by ~** *(travel)* mit dem Flugzeug; *(send)* mit Luftpost.

airbed ['eəbed] *n* Luftmatratze *die*.

airborne ['eəbɔːn] *adj (plane)*: **whilst we are ~** während des Fluges.

air-conditioned [-kən'dɪʃnd] *adj* klimatisiert.

air-conditioning [-kən'dɪʃnɪŋ] *n* Klimaanlage *die*.

aircraft ['eəkrɑːft] *(pl inv)* *n* Flugzeug *das*.

aircraft carrier [-ˌkærɪər] *n* Flugzeugträger *der*.

airfield ['eəfiːld] *n* Flugplatz *der*.

airforce ['eəfɔːs] *n* Luftwaffe *die*.

air freshener [-ˌfreʃnər] *n* Raumspray *das*.

airhostess ['eəˌhəʊstɪs] *n* Stewardeß *die*.

airing cupboard ['eərɪŋ-] *n Trockenschrank zum Wäschetrocknen*.

airletter ['eəˌletər] *n* Luftpostbrief *der*.

airline ['eəlaɪn] *n* Fluggesellschaft *die*.

airliner ['eəˌlaɪnər] *n* Verkehrsflugzeug *das*.

airmail ['eəmeɪl] *n* Luftpost *die*; **by ~** mit Luftpost.

airplane ['eəpleɪn] *n (Am)* Flugzeug *das*.

airport ['eəpɔːt] *n* Flughafen *der*.

air raid *n* Luftangriff *der*.

airsick ['eəsɪk] *adj* luftkrank.

air steward *n* Steward *der*.

air stewardess *n* Stewardeß *die*.

air traffic control *n (people)* die Fluglotsen *pl*.

airy ['eərɪ] *adj* luftig.

aisle [aɪl] *n (in church)* Seitenschiff *das*; *(in plane, cinema, supermarket)* Gang *der*.

aisle seat *n* Sitz *der* am Gang.
ajar [ə'dʒɑːʳ] *adj* angelehnt.
alarm [ə'lɑːm] ◇ *n* (*device*) Alarmanlage *die.* ◇ *vt* beunruhigen.
alarm clock *n* Wecker *der.*
alarmed [ə'lɑːmd] *adj* (*door, car*) alarmgesichert.
alarming [ə'lɑːmɪŋ] *adj* alarmierend.
Albert Hall ['ælbət-] *n*: **the ~** *Londoner Konzerthalle.*
album ['ælbəm] *n* Album *das.*
alcohol ['ælkəhɒl] *n* Alkohol *der.*
alcohol-free *adj* alkoholfrei.
alcoholic [ˌælkə'hɒlɪk] ◇ *adj* (*drink*) alkoholisch. ◇ *n* Alkoholiker *der* (*-in die*).
alcoholism ['ælkəhɒlɪzm] *n* Alkoholismus *der.*
alcopop ['ælkəʊpɒp] *n* limonadeartiges, kohlensäurehaltiges Getränk mit Alkohol.
alcove ['ælkəʊv] *n* Nische *die.*
ale [eɪl] *n* Ale *das.*
alert [ə'lɜːt] ◇ *adj* wachsam. ◇ *vt* (*police, authorities*) alarmieren.
A level *n* (*Br*) einzelne Prüfung des englischen Schulabschlusses.
algebra ['ældʒɪbrə] *n* Algebra *die.*
Algeria [æl'dʒɪərɪə] *n* Algerien *nt.*
alias ['eɪlɪəs] *adv* alias.
alibi ['ælɪbaɪ] *n* Alibi *das.*
alien ['eɪlɪən] *n* (*foreigner*) Ausländer *der* (*-in die*); (*from outer space*) Außerirdische *der, die.*
alight [ə'laɪt] ◇ *vi* (*fml: from train, bus*) auslsteigen (aus). ◇ *adj*: **to be ~** brennen.
align [ə'laɪn] *vt* auslrichten.
alike [ə'laɪk] ◇ *adj* gleich. ◇ *adv* ähnlich; **to look ~** gleich auslsehen.
alive [ə'laɪv] *adj* (*living*) lebendig.
all [ɔːl] ◇ *adj* **1.** (*with singular noun*) ganze; **~ the money** das ganze Geld; **~ the time** immer, die ganze Zeit.

2. (*with plural noun*) alle(-r)(-s); **~ the people** alle Menschen, alle Leute; **~ trains stop at Tonbridge** alle Züge halten in Tonbridge.
◇ *adv* **1.** (*completely*) ganz; **~ alone** ganz allein.
2. (*in scores*) beide; **it's two ~** es steht zwei beide.
3. (*in phrases*): **~ but empty** fast leer; **~ over** (*finished*) zu Ende.
◇ *pron* **1.** (*everything*): **~ of the cake** der ganze Kuchen; **is that ~?** (*in shop*) ist das alles?; **the best of ~** der/die/das Allerbeste; **the biggest of ~** der/die/das Allergrößte.
2. (*everybody*) alle; **~ of us went** wir sind alle gegangen.
3. (*in phrases*): **in ~** (*in total*) zusammen; (*in summary*) alles in allem.
Allah ['ælə] *n* Allah *der.*
allege [ə'ledʒ] *vt* behaupten.
allergic [ə'lɜːdʒɪk] *adj*: **to be ~ to** allergisch sein auf (+A).
allergy ['ælədʒɪ] *n* Allergie *die.*
alleviate [ə'liːvɪeɪt] *vt* lindern.
alley ['ælɪ] *n* Gasse *die.*
alligator ['ælɪgeɪtəʳ] *n* Alligator *der.*
all-in *adj* (*Br: inclusive*) Pauschal-.
all-night *adj* (*bar, petrol station*) nachts durchgehend geöffnet.
allocate ['æləkeɪt] *vt* zulteilen.
allotment [ə'lɒtmənt] *n* (*Br: for vegetables*) Schrebergarten *der.*
allow [ə'laʊ] *vt* (*permit*) erlauben; (*time, money*) rechnen; **to ~ sb to do sthg** jm erlauben, etw zu tun; **to be ~ed to do sthg** etw tun dürfen.
♦ **allow for** *vt fus* einlkalkulieren.
allowance [ə'laʊəns] *n* (*state benefit*) Unterstützung *die*; (*for expenses*) Spesen *pl*; (*Am: pocket money*) Taschengeld *das.*
all right ◇ *adj* (*satisfactory, acceptable*) in Ordnung. ◇ *adv* (*satisfacto-*

rily) ganz gut; *(yes, okay)* okay; *(safely)* gut; **how are you? – I'm ~** wie geht's dir? – mir geht's gut.

ally ['ælaɪ] *n* Verbündete *der, die;* (MIL) Alliierte *der, die.*

almond ['ɑːmənd] *n* Mandel *die.*

almost ['ɔːlməʊst] *adv* fast.

alone [ə'ləʊn] *adj & adv* allein; **to leave sb ~** jn in Ruhe lassen; **to leave sthg ~** etw in Ruhe lassen.

along [ə'lɒŋ] ◇ *adv (forward)* weiter. ◇ *prep* entlang; **to walk ~** entlang|gehen; **to bring sthg ~** etw mit|bringen; **all ~** die ganze Zeit; **~ with** zusammen mit.

alongside [ə,lɒŋ'saɪd] ◇ *prep* neben. ◇ *adv:* **to come ~** *(boat)* längsseits kommen.

aloof [ə'luːf] *adj* distanziert.

aloud [ə'laʊd] *adv* laut.

alphabet ['ælfəbet] *n* Alphabet *das.*

Alps [ælps] *npl:* **the ~** die Alpen.

already [ɔːl'redɪ] *adv* schon.

also ['ɔːlsəʊ] *adv* auch.

altar ['ɔːltər] *n* Altar *der.*

alter ['ɔːltər] *vt* ändern.

alteration [,ɔːltə'reɪʃn] *n* Änderung *die; (to house)* Umbau *der.*

alternate [*Br* ɔːl'tɜːnət, *Am* 'ɔːltərnət] *adj* abwechselnd; **on ~ days** jeden zweiten Tag.

alternating current ['ɔːltəneɪtɪŋ-] *n* Wechselstrom *der.*

alternative [ɔːl'tɜːnətɪv] ◇ *adj* andere(-r)(-s); *(lifestyle, medicine)* alternativ. ◇ *n* Alternative *die.*

alternatively [ɔːl'tɜːnətɪvlɪ] *adv* oder aber.

alternator ['ɔːltəneɪtər] *n* Wechselstromgenerator *der.*

although [ɔːl'ðəʊ] *conj* obwohl.

altitude ['æltɪtjuːd] *n* Höhe *die.*

altogether [,ɔːltə'geðər] *adv (completely)* ganz; *(in total)* insgesamt.

aluminium [,æljʊ'mɪnɪəm] *n (Br)*

Aluminium *das.*

aluminum [ə'luːmɪnəm] *(Am)* = **aluminium.**

always ['ɔːlweɪz] *adv* immer.

am [æm] → **be.**

a.m. *(abbr of ante meridiem):* **at 2 ~** um 2 Uhr morgens.

amateur ['æmətər] *n* Amateur *der.*

amazed [ə'meɪzd] *adj* erstaunt.

amazing [ə'meɪzɪŋ] *adj* erstaunlich.

Amazon ['æməzn] *n (river):* **the ~** der Amazonas.

ambassador [æm'bæsədər] *n* Botschafter *der* (-in *die*).

amber ['æmbər] *adj (traffic lights)* gelb; *(jewellery)* Bernstein-.

ambiguous [æm'bɪgjʊəs] *adj* zweideutig.

ambition [æm'bɪʃn] *n (desire)* Ehrgeiz *der; (thing desired)* Wunsch *der.*

ambitious [æm'bɪʃəs] *adj* ehrgeizig.

ambulance ['æmbjʊləns] *n* Krankenwagen *der.*

ambush ['æmbʊʃ] *n* Hinterhalt *der.*

amenities [ə'miːnətɪz] *npl* Annehmlichkeiten *pl.*

America [ə'merɪkə] *n* Amerika *nt.*

American [ə'merɪkən] ◇ *adj* amerikanisch. ◇ *n* Amerikaner *der* (-in *die*).

amiable ['eɪmɪəbl] *adj* freundlich.

ammunition [,æmjʊ'nɪʃn] *n* Munition *die.*

amnesia [æm'niːzɪə] *n* Gedächtnisschwund *der.*

among(st) [ə'mʌŋ(st)] *prep* unter (+D).

amount [ə'maʊnt] *n (money)* Betrag *der; (quantity)* Menge *die.*

♦ **amount to** *vt fus (total)* sich belaufen auf (+A).

amp [æmp] *n* Ampere *das;* **a 13-~**

plug ein Stecker für 13 Ampere.

ample ['æmpl] *adj* reichlich.

amplifier ['æmplɪfaɪər] *n* Verstärker *der*.

amputate ['æmpjʊteɪt] *vt* amputieren.

Amtrak ['æmtræk] *n amerikanische Eisenbahngesellschaft.*

amuse [ə'mjuːz] *vt (make laugh)* belustigen; *(entertain)* unterhalten.

amusement arcade [ə'mjuːzmənt-] *n* Spielhalle *die*.

amusement park [ə'mjuːzmənt-] *n* Vergnügungspark *der*.

amusements [ə'mjuːzmənts] *npl* Vergnügungsmöglichkeiten *pl*.

amusing [ə'mjuːzɪŋ] *adj* lustig.

an [*stressed* æn, *unstressed* ən] → **a**.

anaemic [ə'niːmɪk] *adj (Br)* blutarm.

anaesthetic [,ænɪs'θetɪk] *n (Br)* Narkose *die*.

analgesic [,ænæl'dʒiːsɪk] *n* Schmerzmittel *das*.

analyse ['ænəlaɪz] *vt* analysieren.

analyst ['ænəlɪst] *n* Analytiker *der* (-in *die*).

analyze ['ænəlaɪz] *(Am)* = **analyse**.

anarchy ['ænəkɪ] *n* Anarchie *die*.

anatomy [ə'nætəmɪ] *n (science)* Anatomie *die*; *(of person, animal)* Körperbau *der*.

ancestor ['ænsestər] *n* Vorfahr *der*.

anchor ['æŋkər] *n* Anker *der*.

anchovy ['æntʃəvɪ] *n* Sardelle *die*.

ancient ['eɪnʃənt] *adj* alt.

and [*strong form* ænd, *weak form* ənd, ən] *conj* und; *~* **you?** und du/Sie?; **a hundred ~ one** hunderteins; **to try ~ do sthg** versuchen, etw zu tun; **more ~ more** immer mehr.

Andes ['ændiːz] *npl*: **the ~** die Anden.

anecdote ['ænɪkdəʊt] *n* Anekdote *die*.

anemic [ə'niːmɪk] *(Am)* = **anaemic**.

anesthetic [,ænɪs'θetɪk] *(Am)* = **anaesthetic**.

angel ['eɪndʒl] *n* Engel *der*.

anger ['æŋgər] *n* Ärger *der*.

angina [æn'dʒaɪnə] *n* Angina *die*.

angle ['æŋgl] *n* Winkel *der*; **at an ~** schräg.

angler ['æŋglər] *n* Angler *der* (-in *die*).

angling ['æŋglɪŋ] *n* Angeln *das*.

angry ['æŋgrɪ] *adj* böse; **to get ~ (with sb)** sich (über jn) ärgern.

animal ['ænɪml] *n* Tier *das*.

aniseed ['ænɪsiːd] *n* Anis *der*.

ankle ['æŋkl] *n* Knöchel *der*.

annex ['æneks] *n (building)* Anbau *der*.

annihilate [ə'naɪəleɪt] *vt* vernichten.

anniversary [,ænɪ'vɜːsərɪ] *n* Jahrestag *der*.

announce [ə'naʊns] *vt (declare)* bekanntgeben; *(delay, departure)* durchlsagen.

announcement [ə'naʊnsmənt] *n* Bekanntmachung *die*; *(at airport, station)* Durchsage *die*.

announcer [ə'naʊnsər] *n (on TV, radio)* Ansager *der* (-in *die*).

annoy [ə'nɔɪ] *vt* ärgern.

annoyed [ə'nɔɪd] *adj* ärgerlich; **to get ~ (with)** sich ärgern (über (+A)).

annoying [ə'nɔɪɪŋ] *adj* ärgerlich.

annual ['ænjʊəl] *adj* jährlich.

anonymous [ə'nɒnɪməs] *adj* anonym.

anorak ['ænəræk] *n* Anorak *der*.

another [ə'nʌðər] ◇ *adj (additional)* noch ein/eine; *(different)* ein anderer/eine andere/ein anderes. ◇ *pron (one more)* noch einer/eine/eins; *(different one)* ein anderer/eine andere/ein anderes; **in ~ two weeks** in weiteren zwei Wochen;

~ one noch einer/eine/eins; one ~
einander; one after ~ einer nach
dem anderen/eine nach der ande-
ren/eins nach dem anderen.

answer ['ɑ:nsə^r] ◇ n Antwort die.
◇ vt (person) antworten (+D); (question, letter) beantworten. ◇ vi antworten; to ~ the door an die Tür
gehen; to ~ the phone ans Telefon
gehen.

♦ **answer back** vi (child) eine fre-
che Antwort geben.

answering machine ['ɑ:nsərɪŋ-]
= **answerphone**.

answerphone ['ɑ:nsəfəʊn] n
Anrufbeantworter der.

ant [ænt] n Ameise die.

Antarctic [æn'tɑ:ktɪk] n: the ~ die
Antarktis.

antenna [æn'tenə] n (Am: aerial)
Antenne die.

anthem ['ænθəm] n Hymne die.

antibiotics [,æntɪbaɪ'ɒtɪks] npl
Antibiotika pl.

anticipate [æn'tɪsɪpeɪt] vt erwarten.

anticlimax [,æntɪ'klaɪmæks] n Enttäuschung die.

anticlockwise [,æntɪ'klɒkwaɪz]
adv (Br) gegen den Uhrzeigersinn.

antidote ['æntɪdəʊt] n Gegenmittel das.

antifreeze ['æntɪfri:z] n Frostschutzmittel das.

antihistamine [,æntɪ'hɪstəmɪn] n
Antihistamin das.

antiperspirant [,æntɪ'pɜ:spərənt]
n Antitranspirant das.

antiquarian bookshop [,æntɪ-
'kweərɪən-] n Antiquariat das.

antique [æn'ti:k] n Antiquität die.

antique shop n Antiquitätenla-
den der.

antiseptic [,æntɪ'septɪk] n Anti-
septikum das.

antisocial [,æntɪ'səʊʃl] adj (person)

ungesellig; (behaviour) asozial.

antlers ['æntləz] npl Geweih das.

anxiety [æŋ'zaɪətɪ] n (worry) Sorge
die.

anxious ['æŋkʃəs] adj (worried)
besorgt; (eager) sehnlich.

any ['enɪ] ◇ adj 1. (in questions):
have you got ~ money? hast du
Geld?; have you got ~ postcards?
haben Sie Postkarten?
2. (in negatives): I haven't got ~
money ich habe kein Geld; we
don't have ~ rooms wir haben
keine Zimmer frei.
3. (no matter which) irgendein(-e);
take ~ one you like nimm, welches du willst.
◇ pron 1. (in questions) welche; I'm
looking for a hotel – are there ~
nearby? ich suche ein Hotel – gibt
es hier welche in der Nähe?
2. (in negatives): I don't want ~ (of
them) ich möchte keinen/keines
(von denen).
3. (no matter which one) jede(-r)(-s);
you can sit at ~ of the tables Sie
können sich an jeden beliebigen
Tisch setzen.
◇ adv 1. (in questions): is there ~
more ice cream? ist noch Eis da?;
is that ~ better? ist das besser?
2. (in negatives): we can't wait ~
longer wir können nicht mehr
länger warten.

anybody ['enɪ,bɒdɪ] = **anyone**.

anyhow ['enɪhaʊ] adv (carelessly)
irgendwie; (in any case) jedenfalls;
(in spite of that) trotzdem.

anyone ['enɪwʌn] pron (any person) jeder; (in questions) irgend
jemand; there wasn't ~ in niemand war zu Hause.

anything ['enɪθɪŋ] pron (no matter
what) alles; (in questions) irgend
etwas; he didn't tell me ~ er hat
mir nichts gesagt.

anyway ['enɪweɪ] *adv (in any case)* sowieso; *(in spite of that)* trotzdem; *(in conversation)* jedenfalls.

anywhere ['enɪweəʳ] *adv (any place)* überall; *(in questions)* irgendwo; **I can't find it ~** ich kann es nirgends finden.

apart [ə'pɑːt] *adv* auseinander; **to come ~** auseinanderⱡgehen; **to live ~** getrennt leben; **~ from** *(except for)* abgesehen von; *(as well as)* außer (+*D*).

apartheid [ə'pɑːtheɪt] *n* Apartheid *die*.

apartment [ə'pɑːtmənt] *n (Am)* Wohnung *die*.

apathetic [ˌæpə'θetɪk] *adj* apathisch.

ape [eɪp] *n* Affe *der*.

aperitif [əˌperə'tiːf] *n* Aperitif *der*.

aperture ['æpətʃəʳ] *n (of camera)* Blende *die*.

Apex *n (plane ticket)* reduziertes Flugticket, das im voraus reserviert werden muß; *(Br: train ticket)* reduzierte Fahrkarte für Fernstrecken, die nur für bestimmte Züge gilt und im voraus reserviert werden muß.

apiece [ə'piːs] *adv* je; **they cost £5 ~** sie kosten je 5 Pfund.

apologetic [əˌpɒlə'dʒetɪk] *adj* entschuldigend; **to be ~** sich entschuldigen.

apologize [ə'pɒlədʒaɪz] *vi:* **to ~ (to sb for sthg)** sich (bei jm für etw) entschuldigen.

apology [ə'pɒlədʒɪ] *n* Entschuldigung *die*.

apostrophe [ə'pɒstrəfɪ] *n* Apostroph *der*.

appal [ə'pɔːl] *vt (Br)* entsetzen.

appall [ə'pɔːl] *(Am)* = **appal**.

appalling [ə'pɔːlɪŋ] *adj* entsetzlich.

apparatus [ˌæpə'reɪtəs] *n (device)* Gerät *das*.

apparently [ə'pærəntlɪ] *adv (it seems)* scheinbar; *(evidently)* anscheinend.

appeal [ə'piːl] ◇ *n* (JUR) Berufung *die*; *(for money, help)* Aufruf *der*. ◇ *vi* (JUR) Berufung einlegen; **to ~ to sb (for sthg)** jn (um etw) bitten; **it doesn't ~ to me** das gefällt mir nicht.

appear [ə'pɪəʳ] *vi* erscheinen; *(seem)* scheinen; *(in play)* aufⱡtreten; **it ~s that** es scheint, daß.

appearance [ə'pɪərəns] *n* Erscheinen *das*; *(of performer)* Auftritt *der*; *(look)* Aussehen *das*.

appendices [ə'pendɪsiːz] *pl →* **appendix**.

appendicitis [əˌpendɪ'saɪtɪs] *n* Blinddarmentzündung *die*.

appendix [ə'pendɪks] *(pl -dices)* *n* (ANAT) Blinddarm *der*; *(of book)* Anhang *der*.

appetite ['æpɪtaɪt] *n* Appetit *der*.

appetizer ['æpɪtaɪzəʳ] *n* Appetithappen *der*.

appetizing ['æpɪtaɪzɪŋ] *adj* appetitlich.

applaud [ə'plɔːd] *vt & vi* Beifall klatschen (+*D*).

applause [ə'plɔːz] *n* Beifall *der*.

apple ['æpl] *n* Apfel *der*.

apple charlotte [-'ʃɑːlət] *n* Apfelauflauf, der in einer mit Brot ausgelegten und bedeckten Form gebacken wird.

apple crumble *n* mit Streuseln bestreuter Apfelauflauf.

apple juice *n* Apfelsaft *der*.

apple pie *n* Art gedeckter Apfelkuchen mit dünnen Teigwänden.

apple sauce *n* Apfelmus *das*.

apple tart *n* Apfelkuchen *der*.

apple turnover [-'tɜːnˌəʊvəʳ] *n* Apfeltasche *die*.

appliance [ə'plaɪəns] *n* Gerät *das*; **electrical ~** Elektrogerät *das*; **do-**

mestic ~ Haushaltsgerät *das*.

applicable [ə'plɪkəbl] *adj*: **to be ~ (to)** zultreffen (auf (+*A*)); **if ~** falls zutreffend.

applicant ['æplɪkənt] *n* Bewerber *der* (-in *die*).

application [,æplɪ'keɪʃn] *n* (*for job*) Bewerbung *die*; (*for membership*) Antrag *der*.

application form *n* (*for job*) Bewerbungsformular *das*; (*for membership*) Antragsformular *das*.

apply [ə'plaɪ] ◇ *vt* (*lotion, paint*) aufltragen; (*brakes*) betätigen. ◇ *vi*: **to ~ (to sb for sthg)** (*make request*) sich (bei jm um etw) bewerben; **to ~ (to sb)** (*be applicable*) zultreffen (auf jn).

appointment [ə'pɔɪntmənt] *n* (*with doctor, hairdresser*) Termin *der*; **to have an ~ (with)** einen Termin haben (bei); **to make an ~ (with)** einen Termin vereinbaren (mit); **by ~** nach Vereinbarung.

appreciable [ə'priːʃəbl] *adj* merklich.

appreciate [ə'priːʃɪeɪt] *vt* schätzen; (*understand*) verstehen.

apprehensive [,æprɪ'hensɪv] *adj* ängstlich.

apprentice [ə'prentɪs] *n* Lehrling *der*.

apprenticeship [ə'prentɪsʃɪp] *n* Lehre *die*.

approach [ə'prəʊtʃ] ◇ *n* (*road*) Zufahrt *die*; (*to problem, situation*) Ansatz *der*. ◇ *vt* sich nähern (+*D*); (*problem, situation*) anlgehen. ◇ *vi* näherlkommen.

appropriate [ə'prəʊprɪət] *adj* passend.

approval [ə'pruːvl] *n* Zustimmung *die*.

approve [ə'pruːv] *vi*: **to ~ (of sb/ sthg)** (mit jm/etw) einverstanden sein.

approximate [ə'prɒksɪmət] *adj* ungefähr.

approximately [ə'prɒksɪmətlɪ] *adv* ungefähr.

Apr. *abbr* = **April**.

apricot ['eɪprɪkɒt] *n* Aprikose *die*, Marille *die* (*Österr*).

April ['eɪprəl] *n* April *der*, → **September**.

April Fools' Day *n* der erste April.

apron ['eɪprən] *n* Schürze *die*.

apt [æpt] *adj* (*appropriate*) passend; **to be ~ to do sthg** dazu neigen, etw zu tun.

aquarium [ə'kweərɪəm] (*pl* **-ria** [-rɪə]) *n* Aquarium *das*.

Aquarius [ə'kweərɪəs] *n* Wassermann *der*.

aqueduct ['ækwɪdʌkt] *n* Aquädukt *der*.

Arab ['ærəb] ◇ *adj* arabisch. ◇ *n* Araber *der* (-in *die*).

Arabic ['ærəbɪk] ◇ *adj* arabisch. ◇ *n* Arabisch *das*.

arbitrary ['ɑːbɪtrərɪ] *adj* willkürlich.

arc [ɑːk] *n* Bogen *der*.

arcade [ɑː'keɪd] *n* (*for shopping*) Passage *die*; (*of video games*) Spielhalle *die*.

arch [ɑːtʃ] *n* Bogen *der*.

archaeology [,ɑːkɪ'ɒlədʒɪ] *n* Archäologie *die*.

archbishop [,ɑːtʃ'bɪʃəp] *n* Erzbischof *der*.

archery ['ɑːtʃərɪ] *n* Bogenschießen *das*.

archipelago [,ɑːkɪ'peləgəʊ] *n* Archipel *der*.

architect ['ɑːkɪtekt] *n* Architekt *der* (-in *die*).

architecture ['ɑːkɪtektʃər] *n* Architektur *die*.

archives ['ɑːkaɪvz] *npl* Archiv *das*.

Arctic ['ɑːktɪk] *n*: **the ~** die Arktis.

are [*weak form* ə^r, *strong form* ɑː^r] →
be.

area ['eərɪə] *n (region)* Gegend *die*;
(space, zone) Bereich *der*; *(surface size)* Fläche *die*.

area code *n (Am)* Vorwahl *die*.

arena [ə'riːnə] *n (at circus)* Manege *die*; *(at sportsground)* Stadion *das*.

aren't [ɑːnt] = **are not**.

Argentina [ˌɑːdʒən'tiːnə] *n* Argentinien *nt*.

argue ['ɑːgjuː] *vi*: **to ~ (with sb about sthg)** sich (mit jm über etw) streiten; **to ~ (that)** ... die Meinung vertreten, daß ...

argument ['ɑːgjʊmənt] *n (quarrel)* Streit *der*; *(reason)* Argument *das*.

arid ['ærɪd] *adj* trocken.

Aries ['eəriːz] *n* Widder *der*.

arise [ə'raɪz] (*pt* **arose**, *pp* **arisen** [ə'rɪzn]) *vi*: **to ~ (from)** sich ergeben (aus).

aristocracy [ˌærɪ'stɒkrəsɪ] *n* Adel *der*.

arithmetic [ə'rɪθmətɪk] *n* Rechnen *das*.

arm [ɑːm] *n* Arm *der*; *(of chair)* Armlehne *die*; *(of garment)* Ärmel *der*.

arm bands *npl (for swimming)* Schwimmflügel *pl*.

armchair ['ɑːmtʃeə^r] *n* Sessel *der*.

armed [ɑːmd] *adj* bewaffnet.

armed forces *npl*: **the ~** die Streitkräfte.

armor ['ɑːmər] *(Am)* = **armour**.

armour ['ɑːmə^r] *n (Br)* Rüstung *die*.

armpit ['ɑːmpɪt] *n* Achselhöhle *die*.

arms [ɑːmz] *npl* Waffen *pl*.

army ['ɑːmɪ] *n* Armee *die*.

A-road *n (Br)* ≃ Bundesstraße *die*.

aroma [ə'rəʊmə] *n* Aroma *das*.

aromatic [ˌærə'mætɪk] *adj* aromatisch.

arose [ə'rəʊz] *pt* → **arise**.

around [ə'raʊnd] ◇ *prep* um; *(near)* rings herum; *(approximately)* ungefähr. ◇ *adv* herum; *(present)*: **is she ~?** ist sie da?; **~ here** *(in the area)* hier in der Gegend; **to travel ~** herumlreisen; **to turn ~** sich umldrehen; **to look ~** sich umlsehen.

arouse [ə'raʊz] *vt (suspicion, interest)* erregen.

arrange [ə'reɪndʒ] *vt (objects)* ordnen; *(flowers)* arrangieren; *(meeting)* vereinbaren; *(event)* planen; **to ~ to do sthg (with sb)** (mit jm) vereinbaren, etw zu tun.

arrangement [ə'reɪndʒmənt] *n (agreement)* Vereinbarung *die*; *(layout)* Anordnung *die*; **by ~** nach Vereinbarung; **to make ~s (to do sthg)** Vorkehrungen treffen (, etw zu tun).

arrest [ə'rest] ◇ *n* Verhaftung *die*. ◇ *vt* verhaften; **under ~** verhaftet.

arrival [ə'raɪvl] *n* Ankunft *die*; **on ~** bei der Ankunft; **new ~** Neuankömmling *der*.

arrive [ə'raɪv] *vi* anlkommen.

arrogant ['ærəgənt] *adj* arrogant.

arrow ['ærəʊ] *n* Pfeil *der*.

arson ['ɑːsn] *n* Brandstiftung *die*.

art [ɑːt] *n* Kunst *die*; *(paintings, sculptures etc)* Kunstwerk *das*.

♦ **arts** *npl (humanities)* Geisteswissenschaften *pl*; **the ~s** *(fine arts)* die schönen Künste *pl*.

artefact ['ɑːtɪfækt] *n* Artefakt *das*.

artery ['ɑːtərɪ] *n* Arterie *die*.

art gallery *n* Kunstgalerie *die*.

arthritis [ɑː'θraɪtɪs] *n* Arthritis *die*.

artichoke ['ɑːtɪtʃəʊk] *n* Artischocke *die*.

article ['ɑːtɪkl] *n (object)* Gegenstand *der*; *(in newspaper, grammar)* Artikel *der*.

articulate [ɑː'tɪkjʊlət] *adj*: **to be ~**

sich gut ausdrücken können.

artificial [ˌɑːtɪˈfɪʃl] *adj* künstlich.

artist [ˈɑːtɪst] *n* Künstler *der* (-in *die*).

artistic [ɑːˈtɪstɪk] *adj* künstlerisch.

arts centre *n* ≃ Kulturtreff *der*.

arty [ˈɑːtɪ] *adj (pej)* pseudokünstlerisch.

as [*unstressed* əz, *stressed* æz] ◊ *adv (in comparisons)*: ~ ... ~ so ... wie; **he's ~ tall ~ I am** er ist so groß wie ich; **~ many ~** so viele wie; **~ much ~** so viel wie.
◊ *conj* **1.** *(referring to time)* als; **~ the plane was coming in to land** als das Flugzeug beim Landeanflug war. **2.** *(referring to manner)* wie; **~ expected, ...** wie erwartet ... **3.** *(introducing a statement)* wie; **~ I told you ...** wie ich dir bereits gesagt habe ... **4.** *(because)* weil, da. **5.** *(in phrases)*: **~ for me** was mich betrifft; **~ from Monday** ab Montag; **~ if** als ob.
◊ *prep (referring to function, job)* als.

asap *(abbr of as soon as possible)* baldmöglichst.

ascent [əˈsent] *n* Aufstieg *der*.

ascribe [əˈskraɪb] *vt*: **to ~ sthg to sb/sthg** jm/einer Sache etw zulschreiben.

ash [æʃ] *n (from cigarette, fire)* Asche *die*; *(tree)* Esche *die*.

ashore [əˈʃɔːʳ] *adv* an Land.

ashtray [ˈæʃtreɪ] *n* Aschenbecher *der*.

Asia [*Br* ˈeɪʃə, *Am* ˈeɪʒə] *n* Asien *nt*.

Asian [*Br* ˈeɪʃn, *Am* ˈeɪʒn] ◊ *adj* asiatisch. ◊ *n* Asiat *der* (-in *die*).

aside [əˈsaɪd] *adv* beiseite; **to move ~** beiseite treten.

ask [ɑːsk] ◊ *vt* fragen; *(a question)* stellen; *(permission)* bitten um; *(advice)* fragen um; *(invite)* einla-

den. ◊ *vi*: **to ~ after** sich erkundigen nach; **to ~ about sthg** nach etw fragen; **to ~ sb about sthg** jm Fragen über etw stellen; **to ~ sb to do sthg** jn bitten, etw zu tun; **to ~ sb for sthg** jn um etw bitten.

♦ **ask for** *vt fus (ask to talk to)* verlangen; *(request)* bitten um.

asleep [əˈsliːp] *adj*: **to be ~** schlafen; **to fall ~** einlschlafen.

asparagus [əˈspærəgəs] *n* Spargel *der*.

asparagus tips *npl* Spargelspitzen *pl*.

aspect [ˈæspekt] *n* Aspekt *der*.

aspirin [ˈæsprɪn] *n* Aspirin *das*.

ass [æs] *n (animal)* Esel *der*.

assassinate [əˈsæsɪneɪt] *vt* ermorden.

assault [əˈsɔːlt] ◊ *n* Angriff *der*. ◊ *vt* anlgreifen.

assemble [əˈsembl] ◊ *vt (build)* zusammenlbauen. ◊ *vi* sich versammeln.

assembly [əˈsemblɪ] *n (at school)* Morgenandacht *die*.

assembly hall *n (at school)* Aula *die*.

assembly point *n* Treffpunkt *der*.

assert [əˈsɜːt] *vt* behaupten; **to ~ o.s.** sich durchlsetzen.

assess [əˈses] *vt (person, situation, effect)* bewerten; *(value, damage)* schätzen.

assessment [əˈsesmənt] *n (of situation, person, effect)* Bewertung *die*; *(of value, damage, cost)* Schätzung *die*.

asset [ˈæset] *n (thing)* Vorteil *der*; *(person)* Stütze *die*.

assign [əˈsaɪn] *vt*: **to ~ sthg to sb** jm etw zulteilen; **to ~ sb to sthg** jm etw zulteilen.

assignment [əˈsaɪnmənt] *n (task)* Aufgabe *die*; (SCH) Projekt *das*.

assist [əˈsɪst] *vt* helfen (+*D*).

assistance [əˈsɪstəns] *n* Hilfe *die*; **to be of ~ (to sb)** (jm) helfen.

assistant [əˈsɪstənt] *n* Assistent *der* (-in *die*).

associate [*n* əˈsəʊʃɪət, *vb* əˈsəʊʃɪeɪt] ◊ *n* Partner *der* (-in *die*). ◊ *vt*: **to ~ sb/sthg with** jn/etw in Verbindung bringen mit.

association [əˌsəʊsɪˈeɪʃn] *n* (*group*) Verband *der*.

assorted [əˈsɔːtɪd] *adj* gemischt.

assortment [əˈsɔːtmənt] *n* Auswahl *die*.

assume [əˈsjuːm] *vt* (*suppose*) anlnehmen; (*control, responsibility*) übernehmen.

assurance [əˈʃʊərəns] *n* Versicherung *die*.

assure [əˈʃʊəʳ] *vt* versichern; **to ~ sb (that)** ... jm versichern, daß ...

asterisk [ˈæstərɪsk] *n* Sternchen *das*.

asthma [ˈæsmə] *n* Asthma *das*.

asthmatic [æsˈmætɪk] *adj* asthmatisch.

astonished [əˈstɒnɪʃt] *adj* erstaunt.

astonishing [əˈstɒnɪʃɪŋ] *adj* erstaunlich.

astound [əˈstaʊnd] *vt* überraschen.

astray [əˈstreɪ] *adv*: **to go ~** (*person*) sich verlaufen; (*thing*) verlorenlgehen.

astrology [əˈstrɒlədʒɪ] *n* Astrologie *die*.

astronomy [əˈstrɒnəmɪ] *n* Astronomie *die*.

asylum [əˈsaɪləm] *n* (*mental hospital*) psychiatrische Klinik *die*.

at [*unstressed* ət, *stressed* æt] *prep*
1. (*indicating place, position*) in (+*D*); **~ the end of** am Ende (+*G*); **~ school** in der Schule; **~ the hotel** (*inside*) im Hotel; (*outside*) beim

Hotel; **~ my mother's** bei meiner Mutter; **~ home** zu Hause.
2. (*indicating direction*) an (+*A*); **to look ~ sb/sthg** jn/etw anlschauen; **to smile ~ sb** jn anllächeln.
3. (*indicating time*) um; **~ nine o'clock** um neun Uhr; **~ Christmas** an Weihnachten; **~ night** nachts.
4. (*indicating rate, level, speed*) mit; **it works out ~ £5 each** es kommt für jeden auf 5 Pfund; **~ 60 km/h** mit 60 km/h.
5. (*indicating activity*): **to be ~ lunch** beim Mittagessen sein; **to be good/bad ~ sthg** in einer Sache gut/schlecht sein.
6. (*indicating cause*) über (+*D*); **to be pleased ~ sthg** über etw (*D*) erfreut sein.

ate [*Br* et, *Am* eɪt] *pt* → **eat**.

atheist [ˈeɪθɪɪst] *n* Atheist *der* (-in *die*).

athlete [ˈæθliːt] *n* Athlet *der* (-in *die*).

athletics [æθˈletɪks] *n* Leichtathletik *die*.

Atlantic [ətˈlæntɪk] *n*: **the ~** (**Ocean**) der Atlantik.

atlas [ˈætləs] *n* Atlas *der*.

atmosphere [ˈætməsfɪəʳ] *n* Atmosphäre *die*.

atom [ˈætəm] *n* Atom *das*.

A to Z *n* Stadtplan *der* (*im Buchformat*).

atrocious [əˈtrəʊʃəs] *adj* grauenhaft.

attach [əˈtætʃ] *vt* befestigen; **to ~ sthg to sthg** etw an etw (*D*) befestigen.

attachment [əˈtætʃmənt] *n* (*device*) Zusatzgerät *das*.

attack [əˈtæk] ◊ *n* Angriff *der*; (*of coughing, asthma etc*) Anfall *der*. ◊ *vt* angreifen.

attacker [əˈtækəʳ] *n* Angreifer *der* (-in *die*).

attain [ə'teɪn] *vt (fml)* erreichen.

attempt [ə'tempt] ◊ *n* Versuch *der*. ◊ *vt* versuchen; **to ~ to do sthg** versuchen, etw zu tun.

attend [ə'tend] *vt (meeting)* teillnehmen an (+*D*); *(Mass, school)* besuchen.

♦ **attend to** *vt fus (deal with)* sich kümmern um.

attendance [ə'tendəns] *n* Besuch *der*; *(number of people)* Besucherzahl *die*.

attendant [ə'tendənt] *n (in museum)* Wärter *der* (-in *die*); *(in car park)* Wächter *der* (-in *die*).

attention [ə'tenʃn] *n* Aufmerksamkeit *die*; **to pay ~** aufmerksam sein; **to pay ~ to sthg** etw beachten.

attic ['ætɪk] *n* Dachboden *der*.

attitude ['ætɪtjuːd] *n (mental)* Einstellung *die*; *(behaviour)* Haltung *die*.

attorney [ə'tɜːnɪ] *n (Am)* Anwalt *der* (Anwältin *die*).

attract [ə'trækt] *vt* anlziehen; *(attention)* erwecken.

attraction [ə'trækʃn] *n (liking)* Anziehung *die*; *(attractive feature)* Reiz *der*; *(of town, resort)* Attraktion *die*.

attractive [ə'træktɪv] *adj (person)* attraktiv; *(idea, offer)* reizvoll.

attribute [ə'trɪbjuːt] *vt*: **to ~ sthg to** etw zurücklführen auf (+*A*).

aubergine ['əʊbəʒiːn] *n (Br)* Aubergine *die*.

auburn ['ɔːbən] *adj* rotbraun.

auction ['ɔːkʃn] *n* Auktion *die*.

audience ['ɔːdɪəns] *n (of play, concert, film)* Publikum *das*; *(of TV)* Zuschauer *pl*; *(of radio)* Zuhörer *pl*.

audio ['ɔːdɪəʊ] *adj* Ton-.

audio-visual [-'vɪzʊəl] *adj* audiovisuell.

auditorium [ˌɔːdɪ'tɔːrɪəm] *n* Zu-

schauerraum *der*.

Aug. *abbr* = **August**.

August ['ɔːgəst] *n* August *der*, → **September**.

aunt [ɑːnt] *n* Tante *die*.

au pair [ˌəʊ'peəʳ] *n* Au-pair-Mädchen *das*.

aural ['ɔːrəl] *adj*: **an ~ exam** ein Hörverständnistest.

Australia [ɒ'streɪlɪə] *n* Australien *nt*.

Australian [ɒ'streɪlɪən] ◊ *adj* australisch. ◊ *n* Australier *der* (-in *die*).

Austria ['ɒstrɪə] *n* Österreich *nt*.

Austrian ['ɒstrɪən] ◊ *adj* österreichisch. ◊ *n* Österreicher *der* (-in *die*).

authentic [ɔː'θentɪk] *adj* echt.

author ['ɔːθəʳ] *n (of book, article)* Autor *der* (-in *die*); *(by profession)* Schriftsteller *der* (-in *die*).

authority [ɔː'θɒrətɪ] *n (power)* Autorität *die*; *(official organization)* Behörde *die*; **the authorities** die Behörden.

authorization [ˌɔːθəraɪ'zeɪʃn] *n* Genehmigung *die*.

authorize ['ɔːθəraɪz] *vt* genehmigen; **to ~ sb to do sthg** jn ermächtigen, etw zu tun.

autobiography [ˌɔːtəbaɪ'ɒgrəfɪ] *n* Autobiographie *die*.

autograph ['ɔːtəgrɑːf] *n* Autogramm *das*.

automatic [ˌɔːtə'mætɪk] ◊ *adj* automatisch. ◊ *n (car)* Wagen *der* mit Automatikgetriebe.

automatically [ˌɔːtə'mætɪklɪ] *adv* automatisch.

automobile ['ɔːtəməbiːl] *n (Am)* Auto *das*.

autumn ['ɔːtəm] *n* Herbst *der*; **in (the) ~** im Herbst.

auxiliary (verb) [ɔːg'zɪljərɪ-] *n* Hilfsverb *das*.

available [əˈveɪləbl] adj verfügbar; (product) lieferbar; **to be ~** (person) zur Verfügung stehen.

avalanche [ˈævəlɑːnʃ] n Lawine die.

Ave. abbr = **avenue**.

avenue [ˈævənjuː] n (road) Allee die.

average [ˈævərɪdʒ] ◇ adj durchschnittlich. ◇ n Durchschnitt der; **on ~** im Durchschnitt.

aversion [əˈvɜːʃn] n Abneigung die.

aviation [ˌeɪvɪˈeɪʃn] n Luftfahrt die.

avid [ˈævɪd] adj begeistert.

avocado (pear) [ˌævəˈkɑːdəʊ-] n Avocado die.

avoid [əˈvɔɪd] vt vermeiden; (person, place) meiden; **to ~ doing sthg** vermeiden, etw zu tun.

await [əˈweɪt] vt erwarten.

awake [əˈweɪk] (pt **awoke**, pp **awoken**) ◇ adj wach. ◇ vi erwachen.

award [əˈwɔːd] ◇ n (prize) Auszeichnung die. ◇ vt: **to ~ sb sthg** (prize) jm etw verleihen; (damages, compensation) jm etw zusprechen.

aware [əˈweəʳ] adj: **to be ~ of sthg** sich (D) einer Sache (G) bewußt sein.

away [əˈweɪ] adv weg; (not at home, in office) nicht da; **to take sthg ~ (from sb)** (jm) etw wegnehmen; **far ~** weit entfernt; **10 miles ~ (from here)** 10 Meilen (von hier) entfernt; **two weeks ~** in zwei Wochen.

awesome [ˈɔːsəm] adj überwältigend; (inf: excellent) toll.

awful [ˈɔːfəl] adj furchtbar.

awfully [ˈɔːflɪ] adv (very) furchtbar.

awkward [ˈɔːkwəd] adj (position, shape, situation) ungünstig; (movement) ungeschickt; (question, task) schwierig.

awning [ˈɔːnɪŋ] n (on house) Markise die; (of tent) Vordach das.

awoke [əˈwəʊk] pt → **awake**.

awoken [əˈwəʊkən] pp → **awake**.

axe [æks] n Axt die.

axle [ˈæksl] n Achse die.

B

BA (abbr of Bachelor of Arts) Bakkalaureus der Geisteswissenschaften.

babble [ˈbæbl] vi plappern.

baby [ˈbeɪbɪ] n Baby das; **to have a ~** ein Kind bekommen; **~ sweetcorn** Maiskölbchen pl.

baby carriage n (Am) Kinderwagen der.

baby food n Babynahrung die.

baby-sit vi babysitten.

baby wipe n Babyöltuch das.

bachelor [ˈbætʃələʳ] n Junggeselle der.

back [bæk] ◇ adv zurück. ◇ n (of person, hand, book) Rücken der; (of chair) Lehne die; (inside car) Rücksitz der; (of room) hintere Teil der; (of bank note) Rückseite die. ◇ adj (wheels) Hinter-. ◇ vi (car, driver) zurücklsetzen. ◇ vt (support) unterstützen; **at the ~ of** hinter (+D); **in ~ of** (Am) hinter (+D); **~ to front** verkehrt herum.

◆ **back up** vt sep (support) unterstützen; (confirm) bestätigen. ◇ vi (car, driver) zurücklsetzen.

backache [ˈbækeɪk] n Rückenschmerzen pl.

backbone ['bækbəʊn] *n* Wirbel-säule *die*.

back door *n* Hintertür *die*.

backfire [ˌbæk'faɪəʳ] *vi (car)* fehl-zünden.

background ['bækgraʊnd] *n* Hin-tergrund *der; (of person)* Herkunft *die*.

backlog ['bæklɒg] *n* Rückstand *der*.

backpack ['bækpæk] *n* Rucksack *der*.

backpacker ['bækpækəʳ] *n* Ruck-sacktourist *der* (-in *die*).

back seat *n* Rücksitz *der*.

backside [ˌbæk'saɪd] *n (inf)* Hin-tern *der*.

back street *n* Seitenstraße *die*.

backstroke ['bækstrəʊk] *n* Rückenschwimmen *das*.

backwards ['bækwədz] *adv* rück-wärts; *(look)* nach hinten.

bacon ['beɪkən] *n* Speck *der*; ~ **and eggs** Eier *pl* mit Speck.

bacteria [bæk'tɪərɪə] *npl* Bakterien *pl*.

bad [bæd] *(compar* **worse**, *superl* **worst**) *adj* schlecht; *(serious)* schwer; *(eyesight, excuse)* schwach; *(naughty)* ungezogen; *(injured)* schlimm; *(rotten, off)* verdorben; **not ~** nicht schlecht.

badge [bædʒ] *n* Abzeichen *das*.

badger ['bædʒəʳ] *n* Dachs *der*.

badly ['bædlɪ] *(compar* **worse**, *superl* **worst**) *adv* schlecht; *(seriously)* schwer; *(very much)* sehr; **to need sthg ~** etw dringend brau-chen.

badly paid [-peɪd] *adj* schlecht bezahlt.

badminton ['bædmɪntən] *n* Feder-ball *der;* (SPORT) Badminton *das*.

bad-tempered [-'tempəd] *adj* schlechtgelaunt.

bag [bæg] *n (of paper, plastic)* Tüte *die; (handbag)* Tasche *die; (suitcase)* Reisetasche *die;* **a ~ of crisps** eine Tüte Chips.

bagel ['beɪgəl] *n ringförmiges Bröt-chen*.

baggage ['bægɪdʒ] *n* Gepäck *das*.

baggage allowance *n* Frei-gepäck *das*.

baggage reclaim *n* Gepäckaus-gabe *die*.

baggy ['bægɪ] *adj* weit; *(too baggy)* ausgeleiert.

bagpipes ['bægpaɪps] *npl* Dudel-sack *der*.

bail [beɪl] *n* Kaution *die*.

bait [beɪt] *n* Köder *der*.

bake [beɪk] ◇ *vt* backen. ◇ *n* Auf-lauf *der*.

baked [beɪkt] *adj* überbacken.

baked Alaska [-ə'læskə] *n Dessert aus Eiskrem auf Biskuit, das mit Bai-ser · überzogen ist und kurz über-backen wird*.

baked beans *npl* Bohnen *pl* (in Tomatensoße).

baked potato *n* (in der Schale) gebackene Kartoffel.

baker ['beɪkəʳ] *n* Bäcker *der* (-in *die*); ~'**s** *(shop)* Bäckerei *die*.

Bakewell tart ['beɪkwel-] *n Torte, die mit einer Schicht Marmelade zwi-schen zwei Schichten Mandelmasse gefüllt ist und mit einer wellenförmi-gen Glasur überzogen ist*.

balance ['bæləns] ◇ *n (of person)* Gleichgewicht *das; (of bank account)* Kontostand *das; (remain-der)* Rest *der*. ◇ *vt (object)* balancie-ren.

balcony ['bælkənɪ] *n* Balkon *der*.

bald [bɔːld] *adj* kahlköpfig.

bale [beɪl] *n* Ballen *der*.

ball [bɔːl] *n* Ball *der; (in snooker)* Kugel *die; (of wool, string, paper)* Knäuel *das;* **on the ~** *(fig)* auf Draht.

ballad ['bæləd] *n* Ballade *die*.

ballerina [,bælə'ri:nə] *n* Ballerina *die*.

ballet ['bæleɪ] *n* Ballett *das*.

ballet dancer *n* Ballettänzer *der* (-in *die*).

balloon [bə'lu:n] *n* Luftballon *der*.

ballot ['bælət] *n* Wahl *die*.

ballpoint pen ['bɔ:lpɔɪnt-] *n* Kugelschreiber *der*.

ballroom ['bɔ:lrʊm] *n* Tanzsaal *der*.

ballroom dancing *n* Gesellschaftstanz *der*.

balti ['bɔ:ltɪ] *n (pan)* in der indischen Küche verwendete Metallpfanne; *(food)* in einer Balti-Pfanne zubereitetes, stark gewürztes indisches Gericht.

bamboo [bæm'bu:] *n* Bambus *der*.

bamboo shoots *npl* Bambussprossen *pl*.

ban [bæn] ◇ *n* Verbot *das*. ◇ *vt* verbieten; **to ~ sb from doing sthg** jm verbieten, etw zu tun.

banana [bə'nɑ:nə] *n* Banane *die*.

banana split *n* Bananensplit *das*.

band [bænd] *n (musical group)* Band *die; (strip of paper, rubber)* Band *das*.

bandage ['bændɪdʒ] ◇ *n* Verband *der*. ◇ *vt* verbinden.

B and B *abbr* = **bed and breakfast**.

bandstand ['bændstænd] *n* Musikpavillon *der*.

bang [bæŋ] ◇ *n (noise)* Knall *der*. ◇ *vt* knallen; *(door)* zulknallen; **to ~ one's head** sich (*D*) den Kopf stoßen.

banger ['bæŋəʳ] *n (Br: inf: sausage)* Würstchen *das*; **~s and mash** Würstchen mit Kartoffelbrei.

bangle ['bæŋgl] *n* Armreif *der*.

bangs [bæŋz] *npl (Am)* Pony *der*.

banister ['bænɪstəʳ] *n* Treppengeländer *das*.

banjo ['bændʒəʊ] *n* Banjo *das*.

bank [bæŋk] *n (for money)* Bank *die; (of river, lake)* Ufer *das; (slope)* Böschung *die*.

bank account *n* Bankkonto *das*.

bank book *n* Sparbuch *das*.

bank charges *npl* Bankgebühren *pl*.

bank clerk *n* Bankangestellte *der, die*.

bank draft *n* Banküberweisung *die*.

banker ['bæŋkəʳ] *n* Banker *der*.

banker's card *n* Scheckkarte *die*.

bank holiday *n (Br)* öffentlicher Feiertag.

bank manager *n* Zweigstellenleiter *der* (-in *die*).

bank note *n* Geldschein *der*.

bankrupt ['bæŋkrʌpt] *adj* bankrott.

bank statement *n* Kontoauszug *der*.

banner ['bænəʳ] *n* Spruchband *das*.

bannister ['bænɪstəʳ] = **banister**.

banquet ['bæŋkwɪt] *n (formal dinner)* Bankett *das; (at Indian restaurant etc)* Menü für eine bestimmte Anzahl Personen.

bap [bæp] *n (Br)* Brötchen *das*.

baptize [*Br* bæp'taɪz, *Am* 'bæptaɪz] *vt* taufen.

bar [bɑːʳ] ◇ *n (pub, in hotel)* Bar *die; (counter in pub)* Theke *die; (of metal, wood)* Stange *die; (of soap)* Stück *das; (of chocolate)* Riegel *der*. ◇ *vt (obstruct)* versperren.

barbecue ['bɑːbɪkjuː] ◇ *n (apparatus)* Grill *der; (party)* Grillfest *das*. ◇ *vt* grillen.

barbecue sauce *n* Barbecuesoße *die*.

barbed wire [bɑːbd-] *n* Stacheldraht *der*.

barber ['bɑːbəʳ] *n* Herrenfriseur

der; ~'s *(shop)* Herrenfriseur *der.*

bar code *n* Strichkode *der.*

bare [beə^r] *adj* bloß; *(room, cupboard)* leer.

barefoot [ˌbeəˈfʊt] *adv* barfuß.

barely [ˈbeəlɪ] *adv* kaum.

bargain [ˈbɑːgɪn] ◇ *n (agreement)* Abmachung *die; (cheap buy)* gutes Geschäft. ◇ *vi (haggle)* handeln.

♦ **bargain for** *vt fus* rechnen mit.

bargain basement *n* Tiefgeschoß im Kaufhaus mit Sonderangeboten.

barge [bɑːdʒ] *n* Kahn *der.*

♦ **barge in** *vi*: to ~ in (on sb) hereinlplatzen (bei jm).

bark [bɑːk] ◇ *n (of tree)* Rinde *die.* ◇ *vi (dog)* bellen.

barley [ˈbɑːlɪ] *n* Gerste *die.*

barmaid [ˈbɑːmeɪd] *n* Bardame *die.*

barman [ˈbɑːmən] *(pl* -men [-mən]) *n* Barkeeper *der.*

bar meal *n einfaches Essen in einer Kneipe.*

barn [bɑːn] *n* Scheune *die.*

barometer [bəˈrɒmɪtə^r] *n* Barometer *das.*

baron [ˈbærən] *n* Baron *der.*

baroque [bəˈrɒk] *adj* barock.

barracks [ˈbærəks] *npl* Kaserne *die.*

barrel [ˈbærəl] *n (of beer, wine, oil)* Faß *das; (of gun)* Lauf *der.*

barren [ˈbærən] *adj (land, soil)* unfruchtbar.

barricade [ˌbærɪˈkeɪd] *n* Barrikade *die.*

barrier [ˈbærɪə^r] *n (fence, wall etc)* Absperrung *die; (problem)* Barriere *die.*

barrister [ˈbærɪstə^r] *n (Br)* Barrister *der,* = Rechtsanwalt *der* (-anwältin *die).*

bartender [ˈbɑːtendə^r] *n (Am)* Barkeeper *der.*

barter [ˈbɑːtə^r] *vi* tauschen.

base [beɪs] ◇ *n (of lamp, pillar, mountain)* Fuß *der;* (MIL) Stützpunkt *der.* ◇ *vt:* to ~ sthg on sthg etw auf etw *(D)* auflbauen.

baseball [ˈbeɪsbɔːl] *n* Baseball *der.*

baseball cap *n* Baseballkappe *die.*

basement [ˈbeɪsmənt] *n (in house)* Kellergeschoß *das; (in store)* Tiefgeschoß *das.*

bases [ˈbeɪsiːz] *pl* → basis.

bash [bæʃ] *vt (inf):* to ~ one's head sich *(D)* den Kopf anlhauen.

basic [ˈbeɪsɪk] *adj* grundlegend; *(accommodation, meal)* einfach.

♦ **basics** *npl:* the ~s die Grundlagen.

basically [ˈbeɪsɪklɪ] *adv* grundsätzlich.

basil [ˈbæzl] *n* Basilikum *das.*

basin [ˈbeɪsn] *n (washbasin)* Becken *das; (bowl)* Schüssel *die.*

basis [ˈbeɪsɪs] *(pl* -ses) *n* Grundlage *die;* on a weekly ~ wöchentlich; on the ~ of auf der Grundlage von.

basket [ˈbɑːskɪt] *n* Korb *der.*

basketball [ˈbɑːskɪtbɔːl] *n* Basketball *der.*

basmati rice [bəzˈmæti-] *n* Basmatireis *der.*

bass[1] [beɪs] ◇ *n (singer, instrument)* Baß *der.* ◇ *adj:* a ~ guitar eine Baßgitarre.

bass[2] [bæs] *n (fish)* Barsch *der.*

bassoon [bəˈsuːn] *n* Fagott *das.*

bastard [ˈbɑːstəd] *n (vulg)* Scheißkerl *der.*

bat [bæt] *n (in cricket, baseball)* Schlagholz *das; (in table tennis)* Schläger *der; (animal)* Fledermaus *die.*

batch [bætʃ] *n (of letters, books)* Stapel *der; (of people)* Gruppe *die.*

bath [bɑːθ] ◇ *n* Bad *das; (tub)* Badewanne *die.* ◇ *vt* baden; to have a ~ ein Bad nehmen.

◆ **baths** *npl (Br: public swimming pool)* Schwimmbad *das.*

bathe [beɪð] *vi (Br: swim)* baden; *(Am: have bath)* ein Bad nehmen.

bathing ['beɪðɪŋ] *n (Br)* Baden *das.*

bathrobe ['bɑ:θrəʊb] *n* Bademantel *der.*

bathroom ['bɑ:rʊm] *n* Badezimmer *das; (Am: toilet)* Toilette *die.*

bathroom cabinet *n* Badezimmerschrank *der.*

bathtub ['bɑ:θtʌb] *n* Badewanne *die.*

baton ['bætən] *n (of conductor)* Taktstock *der; (truncheon)* Schlagstock *der.*

batter ['bætər] ◊ *n* (CULIN) Teig *der.* ◊ *vt (wife, child)* schlagen.

battered ['bætəd] *adj* (CULIN) im Teigmantel.

battery ['bætərɪ] *n* Batterie *die.*

battery charger [-,tʃɑ:dʒər] *n* Batterieladegerät *das.*

battle ['bætl] *n* Schlacht *die; (fig: struggle)* Kampf *der.*

battlefield ['bætlfi:ld] *n* Schlachtfeld *das.*

battlements ['bætlmənts] *npl* Zinnen *pl.*

battleship ['bætlʃɪp] *n* Schlachtschiff *das.*

Bavaria [bə'veərɪə] *n* Bayern *nt.*

bay [beɪ] *n* Bucht *die.*

bay leaf *n* Lorbeerblatt *das.*

bay window *n* Erkerfenster *das.*

B & B *abbr* = **bed and breakfast**.

BC *(abbr of before Christ)* v. Chr.

be [bi:] *(pt* **was, were,** *pp* **been)** ◊ *vi* **1.** *(exist)* sein; **there is/are** es ist/ sind ... da, es gibt; **are there any shops near here?** gibt es hier in der Nähe irgendwelche Geschäfte? **2.** *(referring to location)* sein; **the hotel is near the airport** das Hotel ist in der Nähe des Flughafens.

3. *(referring to movement)* sein; **have you ever been to Ireland?** warst du/waren Sie schon mal in Irland?; **I'll ~ there in ten minutes** ich komme in zehn Minuten.

4. *(occur)* sein; **my birthday is in June** mein Geburtstag ist im Juni.

5. *(identifying, describing)* sein; **he's a doctor** er ist Arzt; **I'm British** ich bin Brite; **I'm hot/cold** mir ist heiß/kalt.

6. *(referring to health)*: **how are you?** wie geht es dir/Ihnen?; **I'm fine** mir geht es gut; **she's ill** sie ist krank.

7. *(referring to age)*: **how old are you?** wie alt bist du/sind Sie?; **I'm 14 (years old)** ich bin 14 (Jahre alt).

8. *(referring to cost)* kosten; **how much is it?** wieviel kostet es?; **it's £10** es kostet 10 Pfund.

9. *(referring to time, dates)* sein; **what time is it?** wieviel Uhr ist es?; **it's ten o'clock** es ist zehn Uhr.

10. *(referring to measurement)* sein; **it's 10 metres long/high** es ist 10 Meter lang/hoch; **I'm 8 stone** ich wiege 50 Kilo.

11. *(referring to weather)* sein; **it's hot/cold** es ist heiß/kalt.

◊ *aux vb* **1.** *(forming continuous tense)*: **I'm learning German** ich lerne deutsch; **we've been visiting the museum** wir waren im Museum.

2. *(forming passive)* werden; **they were defeated** sie wurden geschlagen; **the flight was delayed** das Flugzeug hatte Verspätung.

3. *(with infinitive to express order)*: **all rooms are to ~ vacated by 10.00 am** alle Zimmer müssen bis 10 Uhr geräumt sein.

4. *(with infinitive to express future tense)*: **the race is to start at noon** das Rennen ist für 12 Uhr angesetzt.

5. *(in tag questions)*: **it's cold, isn't it?** es ist kalt, nicht wahr?

beach [biːtʃ] *n* Strand *der*.

bead [biːd] *n (of glass, wood etc)* Perle *die*.

beak [biːk] *n* Schnabel *der*.

beaker ['biːkəʳ] *n* Becher *der*.

beam [biːm] ◊ *n (of light)* Strahl *der*; *(of wood, concrete)* Balken *der*. ◊ *vi* strahlen.

bean [biːn] *n* Bohne *die*.

bean curd [-kɜːd] *n* Tofu *der*.

beansprouts ['biːnsprauts] *npl* Sojabohnensprossen *pl*.

bear [beəʳ] *(pt bore, pp borne)* ◊ *n (animal)* Bär *der*. ◊ *vt (support)* tragen; *(endure)* ertragen. ◊ *vi*: **to ~ left/right** sich links/rechts halten.

bearable ['beərəbl] *adj* erträglich.

beard [bɪəd] *n* Bart *der*.

bearer ['beərəʳ] *n (of cheque, passport)* Inhaber *der* (-in *die*).

bearing ['beərɪŋ] *n (relevance)* Auswirkung *die*; **to get one's ~s** sich orientieren.

beast [biːst] *n (animal)* Tier *das*.

beat [biːt] *(pt inv, pp beaten* [biːtn]*)* ◊ *n (of heart, pulse)* Herzschlag *der*; (MUS) Takt *der*. ◊ *vt* schlagen.

◆ **beat down** *vt sep* herunterIhandeln. ◊ *vi (sun)* herunterIbrennen; *(rain)* herunterIprasseln.

◆ **beat up** *vt sep* verprügeln.

beautiful ['bjuːtɪfʊl] *adj* schön.

beauty ['bjuːtɪ] *n* Schönheit *die*.

beauty parlour *n* Schönheitssalon *der*.

beauty spot *n (place)* Ausflugsort *der*.

beaver ['biːvəʳ] *n* Biber *der*.

became [bɪ'keɪm] *pt* → **become**.

because [bɪ'kɒz] *conj* weil; **~ of** wegen (+*G*) or D.

beckon ['bekən] *vi*: **to ~ to** zulwinken (+*D*).

become [bɪ'kʌm] *(pt became, pp inv) vi* werden; **what became of him?** was ist aus ihm geworden?

bed [bed] *n* Bett *das*; *(of sea)* Meeresboden *der*; (CULIN): **served on a ~ of ...** angerichtet auf (+*D*) ...; **in ~** im Bett; **to get out of ~** auflstehen; **to go to ~** ins Bett gehen; **to go to ~ with sb** mit jm ins Bett gehen; **to make the ~** das Bett machen.

bed and breakfast *n (Br)* = Zimmer *das* mit Frühstück.

bedclothes ['bedkləʊðz] *npl* Bettwäsche *die*.

bedding ['bedɪŋ] *n* Bettzeug *das*.

bed linen *n* Bettwäsche *die*.

bedroom ['bedrʊm] *n* Schlafzimmer *das*.

bedside table ['bedsaɪd-] *n* Nachttisch *der*.

bedsit ['bed,sɪt] *n (Br)* = möbliertes Zimmer.

bedspread ['bedspred] *n* Tagesdecke *die*.

bedtime ['bedtaɪm] *n* Schlafenszeit *die*.

bee [biː] *n* Biene *die*.

beech [biːtʃ] *n* Buche *die*.

beef [biːf] *n* Rindfleisch *das*; **~ Wellington** Filet *das* Wellington.

beefburger ['biːf,bɜːgəʳ] *n* Hamburger *der*.

beehive ['biːhaɪv] *n* Bienenstock *der*.

been [biːn] *pp* → **be**.

beer [bɪəʳ] *n* Bier *das*.

beer garden *n* Biergarten *der*.

beer mat *n* Bierdeckel *der*.

beetle ['biːtl] *n* Käfer *der*.

beetroot ['biːtruːt] *n* rote Bete *die*.

before [bɪ'fɔːʳ] ◊ *adv* schon einmal. ◊ *prep* vor (+*D*). ◊ *conj* bevor; **~ you leave** bevor du gehst; **the day ~** der Tag zuvor; **the week ~ last** vorletzte Woche.

beforehand [bɪˈfɔːhænd] *adv* vorher.

befriend [bɪˈfrend] *vt* sich anl-
freunden mit.

beg [beg] ◊ *vi* betteln. ◊ *vt*: **to ~ sb
to do sthg** jn bitten, etw zu tun; **to
~ for** *(for money, food)* betteln um.

began [bɪˈgæn] *pt* → **begin**.

beggar [ˈbegər] *n* Bettler *der* (-in
die).

begin [bɪˈgɪn] *(pt* **began,** *pp*
begun) *vt & vi* anfangen, beginnen; **to ~ doing** OR **to do sthg** anlfangen, etw zu tun; **to ~ by doing
sthg** etw als erstes tun; **to ~ with**
zunächst.

beginner [bɪˈgɪnər] *n* Anfänger
der (-in *die*).

beginning [bɪˈgɪnɪŋ] *n* Anfang
der.

begun [bɪˈgʌn] *pp* → **begin**.

behalf [bɪˈhɑːf] *n*: **on ~ of** im Auftrag (+*G*).

behave [bɪˈheɪv] *vi* sich verhalten;
to ~ (o.s.) *(be good)* sich benehmen.

behavior [bɪˈheɪvjər] *(Am)* = **behaviour**.

behaviour [bɪˈheɪvjər] *n* Verhalten *das*; **good/bad ~** gutes/schlech-
tes Benehmen.

behind [bɪˈhaɪnd] ◊ *prep* hinter
(+*A,D*). ◊ *n (inf)* Hintern *der*. ◊ *adv*
hinten; *(late)*: **to be ~** im Verzug
sein; **to leave sthg ~** etw zurückl-
lassen; **to stay ~** dalbleiben.

beige [beɪʒ] *adj* beige.

being [ˈbiːɪŋ] *n* Wesen *das*; **to
come into ~** entstehen.

belated [bɪˈleɪtɪd] *adj* verspätet.

belch [beltʃ] *vi* rülpsen.

Belgian [ˈbeldʒən] ◊ *adj* belgisch.
◊ *n* Belgier *der* (-in *die*).

Belgium [ˈbeldʒəm] *n* Belgien *nt*.

belief [bɪˈliːf] *n* Glaube *der*; **it
is my ~ that** ich bin davon

überzeugt, daß.

believe [bɪˈliːv] ◊ *vt (story, think)*
glauben; *(person)* glauben (+*D*).
◊ *vi*: **to ~ in sthg** glauben an etw
(*A*); **to ~ in doing sthg** viel von etw
halten.

believer [bɪˈliːvər] *n* Gläubige *der,
die*.

bell [bel] *n* Glocke *die*; *(of phone,
door)* Klingel *die*.

bellboy [ˈbelbɔɪ] *n* Page *der*.

bellow [ˈbeləʊ] *vi* brüllen.

belly [ˈbelɪ] *n (inf)* Bauch *der*.

belly button *n (inf)* Bauchnabel
der.

belong [bɪˈlɒŋ] *vi* gehören; **to ~ to**
(property) gehören (+*D*); *(to club,
party)* anlgehören (+*D*).

belongings [bɪˈlɒŋɪŋz] *npl* Sachen
pl.

below [bɪˈləʊ] ◊ *adv* unten. ◊ *prep*
unter (+*A,D*).

belt [belt] *n (for clothes)* Gürtel *der*;
(TECH) Riemen *der*.

beltway [ˈbeltweɪ] *n (Am)* Ringautobahn *die*.

bench [bentʃ] *n* Bank *die*.

bend [bend] *(pt & pp* **bent)** ◊ *n (in
road)* Kurve *die*; *(in river, pipe)* Biegung *die*. ◊ *vt (leg, knees)* beugen;
(pipe, wire) biegen. ◊ *vi (road, river,
pipe)* sich biegen.

♦ **bend down** *vi* sich bücken.

♦ **bend over** *vi* sich nach vorn
beugen.

beneath [bɪˈniːθ] ◊ *adv* unten.
◊ *prep* unter (+*A,D*).

beneficial [ˌbenɪˈfɪʃl] *adj* nützlich.

benefit [ˈbenɪfɪt] ◊ *n (advantage)*
Vorteil *der*; *(usefulness)* Nutzen *der*;
(money) Unterstützung *die*. ◊ *vt*
nützen (+*D*). ◊ *vi*: **to ~ from sthg**
von etw profitieren; **for the ~ of**
für.

benign [bɪˈnaɪn] *adj* (MED) gutar-
tig.

bent [bent] *pt & pp* → **bend**.

bereaved [bɪ'riːvd] *n*: **the ~** der/die Hinterbliebene.

beret ['bereɪ] *n* Baskenmütze *die*.

Berlin [bɜː'lɪn] *n* Berlin *nt*.

Bermuda shorts [bə'mjuːdə-] *npl* Bermudashorts *pl*.

Bern [bɜːn] *n* Bern *nt*.

berry ['berɪ] *n* Beere *die*.

berserk [bə'zɜːk] *adj*: **to go ~** vor Wut außer sich geraten.

berth [bɜːθ] *n (for ship)* Liegeplatz *der; (in ship)* Koje *die; (in train)* Bett *das*.

beside [bɪ'saɪd] *prep* neben (+*A,D*); **~ the sea/river** am Meer/Fluß; **to be ~ the point** nichts damit zu tun haben.

besides [bɪ'saɪdz] ◇ *adv* außerdem. ◇ *prep* außer (+*D*).

best [best] ◇ *adj* beste(-r)(-s). ◇ *adv* am besten. ◇ *n*: **the ~** der/die/das Beste; **a pint of ~** *(beer)* ein großes Glas 'bitter'-Bier; **the ~ thing to do is ...** am besten wäre es, ...; **to make the ~ of sthg** das Beste aus einer Sache machen; **to do one's ~** sein Bestes tun; **'~ before ...'** 'mindestens haltbar bis ...'; **at ~** bestenfalls; **all the ~!** alles Gute!

best man *n* Trauzeuge *der* (des Bräutigams).

best-seller [-'selə'] *n (book)* Bestseller *der*.

bet [bet] *(pt & pp inv)* ◇ *n* Wette *die*. ◇ *vt* wetten. ◇ *vi*: **to ~ on sthg** auf etw (*A*) setzen; **I ~ (that) you can't do it** ich wette, du kannst das nicht.

betray [bɪ'treɪ] *vt* verraten.

better ['betə'] *adj & adv* besser; **I'm much ~ now** es geht mir jetzt viel besser; **you had ~ ...** du solltest lieber ...; **to get ~** *(in health)* gesund werden; *(improve)* sich verbessern.

betting ['betɪŋ] *n* Wetten *das*.

betting shop *n (Br)* Wettbüro *das*.

between [bɪ'twiːn] ◇ *prep* zwischen (+*D*); *(in space)* zwischen (+*A,D*); *(share)* unter (+*A,D*). ◇ *adv* dazwischen; **in ~** *(in space)* zwischen (+*A,D*); *(in time)* zwischen (+*D*), dazwischen.

beverage ['bevərɪdʒ] *n (fml)* Getränk *das*.

beware [bɪ'weə'] *vi*: **to ~ of** sich in acht nehmen vor (+*D*); **'~ of the dog'** 'Vorsicht, bissiger Hund'.

bewildered [bɪ'wɪldəd] *adj* verwirrt.

beyond [bɪ'jɒnd] ◇ *prep* über ... (+*A*) hinaus; *(responsibility)* außerhalb (+*G*); *(doubt, reach)* außer (+*D*). ◇ *adv* darüber hinaus.

biased ['baɪəst] *adj* parteiisch.

bib [bɪb] *n (for baby)* Lätzchen *das*.

bible ['baɪbl] *n* Bibel *die*.

biceps ['baɪseps] *n* Bizeps *der*.

bicycle ['baɪsɪkl] *n* Fahrrad *das*.

bicycle path *n* Radweg *der*.

bicycle pump *n* Luftpumpe *die*.

bid [bɪd] *(pt & pp inv)* ◇ *n (at auction)* Gebot *das; (attempt)* Versuch *der*. ◇ *vt (money)* bieten. ◇ *vi*: **to ~ (for)** bieten (auf (+*A*)).

bidet ['biːdeɪ] *n* Bidet *das*.

big [bɪg] *adj* groß; **my ~ brother** mein großer Bruder; **how ~ is it?** wie groß ist es?

bike [baɪk] *n (inf: bicycle)* Rad *das; (motorcycle)* Maschine *die*.

biking ['baɪkɪŋ] *n*: **to go ~** eine Radtour machen.

bikini [bɪ'kiːnɪ] *n* Bikini *der*.

bikini bottom *n* Bikinihose *die*.

bikini top *n* Bikinioberteil *das*.

bilingual [baɪ'lɪŋgwəl] *adj* zweisprachig.

bill [bɪl] *n (for meal, hotel room)* Rechnung *die; (Am: bank note)*

Geldschein der; (at cinema, theatre) Programm das; (POL) Gesetzentwurf der; **can I have the ~, please?** die Rechnung, bitte.

billboard ['bɪlbɔːd] n Anschlagtafel die.

billfold ['bɪlfəʊld] n (Am) Brieftasche die.

billiards ['bɪljədz] n Billard das.

billion ['bɪljən] n (thousand million) Milliarde die; (Br: million million) Billion die.

bin [bɪn] n (rubbish bin) Mülleimer der; (wastepaper bin) Papierkorb der; (for bread, flour) Kasten der; (on plane) Ablage die.

bind [baɪnd] (pt & pp **bound**) vt (tie up) festlbinden.

binding ['baɪndɪŋ] n (of book) Einband der; (for ski) Bindung die.

bingo ['bɪŋgəʊ] n Bingo das.

binoculars [bɪ'nɒkjʊləz] npl Fernglas das.

biodegradable [ˌbaɪəʊdɪ'greɪdəbl] adj biologisch abbaubar.

biography [baɪ'ɒgrəfɪ] n Biographie die.

biological [ˌbaɪə'lɒdʒɪkl] adj biologisch.

biology [baɪ'ɒlədʒɪ] n Biologie die.

birch [bɜːtʃ] n Birke die.

bird [bɜːd] n Vogel der; (Br: inf: woman) Mieze die.

bird-watching [-ˌwɒtʃɪŋ] n: **to go ~** Vögel beobachten gehen.

Biro® ['baɪərəʊ] n Kugelschreiber der.

birth [bɜːθ] n Geburt die; **by ~** von Geburt; **to give ~ to** zur Welt bringen.

birth certificate n Geburtsurkunde die.

birth control n Geburtenregelung die.

birthday ['bɜːθdeɪ] n Geburtstag der; **happy ~!** herzlichen Glück-

wunsch zum Geburtstag!

birthday card n Geburtstagskarte die.

birthday party n Geburtstagsfeier die.

birthplace ['bɜːθpleɪs] n Geburtsort der.

biscuit ['bɪskɪt] n (Br) Plätzchen das; (Am: scone) Hefebrötchen, das üblicherweise mit Bratensaft gegessen wird.

bishop ['bɪʃəp] n (RELIG) Bischof der (Bischöfin die); (in chess) Läufer der.

bistro ['biːstrəʊ] n Bistro das.

bit [bɪt] ◇ pt → **bite**. ◇ n (piece) Stück das; (of drill) Bohrer der (Metallstift); (of bridle) Gebiß das; **a ~** ein bißchen; **a ~ of cheese** ein bißchen Käse; **not a ~** überhaupt nicht; **~ by ~** allmählich.

bitch [bɪtʃ] n (vulg: woman) Kuh die; (dog) Hündin die.

bite [baɪt] (pt **bit**, pp **bitten** ['bɪtn]) ◇ n (of food) Happen der; (from insect) Stich der; (from snake) Biß der. ◇ vt beißen; (subj: insect) stechen; **to have a ~ to eat** eine Kleinigkeit essen.

bitter ['bɪtəʳ] ◇ adj bitter. ◇ n (Br: beer) dem Altbier ähnliches Bier.

bitter lemon n Bitter Lemon das.

bizarre [bɪ'zɑːʳ] adj bizarr.

black [blæk] ◇ adj schwarz. ◇ n (colour) Schwarz das; (person) Schwarze der, die.

◆ **black out** vi ohnmächtig werden.

black and white adj (film, photo) schwarzweiß.

blackberry ['blækbrɪ] n Brombeere die.

blackbird ['blækbɜːd] n Amsel die.

blackboard ['blækbɔːd] n Tafel die.

black cherry n schwarze Kirsche.

blackcurrant [ˌblækˈkʌrənt] n schwarze Johannisbeere.

black eye n blaues Auge.

Black Forest n Schwarzwald der.

Black Forest gâteau n Schwarzwälder Kirschtorte die.

black ice n Glatteis das.

blackmail [ˈblækmeɪl] ◇ n Erpressung die. ◇ vt erpressen.

blackout [ˈblækaʊt] n (power cut) Stromausfall der.

black pepper n schwarzer Pfeffer.

black pudding n (Br) Blutwurst die (in Scheiben geschnitten und gebraten).

blacksmith [ˈblæksmɪθ] n Schmied der.

bladder [ˈblædər] n Blase die.

blade [bleɪd] n (of knife, razor) Klinge die; (of saw, propeller, oar) Blatt das; (of grass) Halm der.

blame [bleɪm] ◇ n Schuld die. ◇ vt beschuldigen; ~ sb (for sthg) jm die Schuld (an etw (D)) geben; to ~ sthg on sb die Schuld an etw (D) auf jn schieben.

bland [blænd] adj fade.

blank [blæŋk] ◇ adj leer. ◇ n (empty space) Lücke die.

blank cheque n Blankoscheck der.

blanket [ˈblæŋkɪt] n Decke die.

blast [blɑːst] ◇ n (explosion) Explosion die; (of air, wind) Windstoß der. ◇ excl (inf) Mist!; at full ~ mit Volldampf.

blaze [bleɪz] ◇ n (fire) Feuer das. ◇ vi (fire) brennen; (sun, light) leuchten.

blazer [ˈbleɪzər] n Blazer der.

bleach [bliːtʃ] ◇ n Bleichmittel das. ◇ vt bleichen.

bleak [bliːk] adj trostlos.

bleed [bliːd] (pt & pp **bled** [bled]) vi bluten.

blend [blend] ◇ n (of coffee, whisky) Mischung die. ◇ vt mischen.

blender [ˈblendər] n Mixer der.

bless [bles] vt segnen; ~ you! (said after sneeze) Gesundheit!

blessing [ˈblesɪŋ] n Segen der.

blew [bluː] pt → **blow**.

blind [blaɪnd] ◇ adj blind. ◇ n (for window) Rouleau das. ◇ npl: the ~ die Blinden.

blind corner n unübersichtliche Kurve.

blindfold [ˈblaɪndfəʊld] ◇ n Augenbinde die. ◇ vt: to ~ sb jm die Augen verbinden.

blind spot n (AUT) toter Winkel.

blink [blɪŋk] vi zwinkern.

blinkers [ˈblɪŋkəz] npl (Br) Scheuklappen pl.

bliss [blɪs] n vollkommenes Glück.

blister [ˈblɪstər] n Blase die.

blizzard [ˈblɪzəd] n Schneesturm der.

bloated [ˈbləʊtɪd] adj (after eating) übersatt.

blob [blɒb] n (of paint) Klecks der; (of cream) Klacks der.

block [blɒk] ◇ n Block der. ◇ vt (obstruct) blockieren; to have a ~ed (up) nose eine verstopfte Nase haben.

◆ **block up** vt sep (pipe) verstopfen.

blockage [ˈblɒkɪdʒ] n Verstopfung die.

block capitals npl Druckbuchstaben pl.

block of flats n Wohnblock der.

bloke [bləʊk] n (Br: inf) Typ der.

blond [blɒnd] ◇ adj blond. ◇ n Blonde der.

blonde [blɒnd] ◇ adj blond. ◇ n

Blondine *die*.

blood [blʌd] *n* Blut *das*.

blood donor *n* Blutspender *der* (-in *die*).

blood group *n* Blutgruppe *die*.

blood poisoning *n* Blutvergiftung *die*.

blood pressure *n* Blutdruck *der*.

bloodshot ['blʌdʃɒt] *adj* blutunterlaufen.

blood test *n* Blutprobe *die*.

blood transfusion *n* Bluttransfusion *die*.

bloody ['blʌdɪ] ◇ *adj* blutig; *(Br: vulg: damn)* verdammt. ◇ *adv (Br: vulg)* verdammt.

Bloody Mary [-'meərɪ] *n* Bloody Mary *der (Cocktail aus Wodka und Tomatensaft)*.

bloom [bluːm] ◇ *n* Blüte *die*. ◇ *vi* blühen; **to be in ~** in Blüte stehen.

blossom ['blɒsəm] *n* Blüte *die*.

blot [blɒt] *n (of ink)* (Tinten)klecks *der*.

blotch [blɒtʃ] *n* Fleck *der*.

blotting paper ['blɒtɪŋ-] *n* Löschpapier *das*.

blouse [blaʊz] *n* Bluse *die*.

blow [bləʊ] *(pt* blew, *pp* blown) ◇ *vt* blasen; *(subj: wind)* wehen. ◇ *vi (wind)* wehen; *(person)* blasen; *(fuse)* durchlbrennen. ◇ *n* Schlag *der*; **to ~ one's nose** sich *(D)* die Nase putzen.

◆ **blow up** *vt sep (cause to explode)* sprengen; *(inflate)* auflblasen. ◇ *vi (explode)* explodieren.

blow-dry ◇ *n* Fönen *das*. ◇ *vt* fönen.

blown [bləʊn] *pp* → **blow**.

BLT *n (sandwich)* Sandwich mit Speck, grünem Salat und Tomaten.

blue [bluː] ◇ *adj* blau; *(film)* Porno-. ◇ *n* Blau *das*.

◆ **blues** *n* (MUS) Blues *der*.

bluebell ['bluːbel] *n* Glockenblume *die*.

blueberry ['bluːbərɪ] *n* Blaubeere *die*.

bluebottle ['bluː,bɒtl] *n* Schmeißfliege *die*.

blue cheese *n* Blauschimmelkäse *der*.

bluff [blʌf] ◇ *n (cliff)* Steilhang *der*. ◇ *vi* bluffen.

blunder ['blʌndə[r]] *n* Schnitzer *der*.

blunt [blʌnt] *adj (knife, pencil)* stumpf; *(fig: person)* unverblümt.

blurred [blɜːd] *adj* unscharf.

blush [blʌʃ] *vi* erröten.

blusher ['blʌʃə[r]] *n* Rouge *das*.

blustery ['blʌstərɪ] *adj* stürmisch.

board [bɔːd] ◇ *n (plank, for games)* Brett *das*; *(notice board)* Schwarzes Brett; *(blackboard)* Tafel *die*; *(of company)* Vorstand *der*; *(hardboard)* Preßspan *der*. ◇ *vt (plane, ship)* an Bord (+G) gehen; *(bus)* einlsteigen in (+A); **~ and lodging** Unterkunft *die* und Verpflegung; **full ~** Vollpension *die*; **half ~** Halbpension *die*; **on ~** an Bord; *(plane, ship)* an Bord (+G); *(bus)* in (+D).

board game *n* Brettspiel *das*.

boarding ['bɔːdɪŋ] *n (of plane)* Einsteigen *das*.

boarding card *n* Bordkarte *die*.

boardinghouse ['bɔːdɪŋhaʊs, *pl* -haʊzɪz] *n* Pension *die*.

boarding school *n* Internat *das*.

board of directors *n* Vorstand *der*.

boast [bəʊst] *vi*: **to ~ (about sthg)** anlgeben (mit etw).

boat [bəʊt] *n* Boot *das*; *(large)* Schiff *das*; **to go by ~** mit dem Schiff fahren.

bob [bɒb] *n (hairstyle)* Bubikopf *der*.

bobby pin ['bɒbɪ-] *n (Am)*

Haarspange die.

bodice ['bɒdɪs] n Oberteil das.

body ['bɒdɪ] n Körper der; (corpse) Leiche die; (of car) Karosserie die; (organization) Organisation die.

bodyguard ['bɒdɪgɑːd] n Leibwächter der.

bodywork ['bɒdɪwɜːk] n Karosserie die.

bog [bɒg] n Sumpf der.

bogus ['bəʊgəs] adj (name) falsch.

boil [bɔɪl] ◇ vt & vi kochen. ◇ n (on skin) Furunkel der; **to ~ the kettle** Wasser auflsetzen.

boiled egg [bɔɪld-] n gekochtes Ei.

boiled potatoes [bɔɪld-] npl Salzkartoffeln pl.

boiler ['bɔɪlə'] n Boiler der.

boiling (hot) ['bɔɪlɪŋ-] adj (inf: water) kochendheiß; (weather) wahnsinnig heiß; **I'm ~** mir ist fürchterlich heiß.

bold [bəʊld] adj (brave) mutig.

bollard ['bɒlɑːd] n (Br: on road) Poller der.

bolt [bəʊlt] ◇ n (on door, window) Riegel der; (screw) Bolzen der. ◇ vt (door, window) verriegeln.

bomb [bɒm] ◇ n Bombe die. ◇ vt bombardieren.

bombard [bɒm'bɑːd] vt bombardieren.

bomb scare n Bombenalarm der.

bomb shelter n Luftschutzkeller der.

bond [bɒnd] n (tie, connection) Verbindung die.

bone [bəʊn] n Knochen der; (of fish) Gräte die.

boned [bəʊnd] adj (chicken) ohne Knochen; (fish) entgrätet.

boneless ['bəʊnləs] adj (chicken, pork) ohne Knochen.

bonfire ['bɒn,faɪə'] n Feuer das (draußen).

bonnet ['bɒnɪt] n (Br: of car) Motorhaube die.

bonus ['bəʊnəs] (pl -es) n (extra money) Prämie die; (additional advantage) Bonus der.

bony ['bəʊnɪ] adj (fish) grätig; (chicken) mit viel Knochen.

boo [buː] vi buhen.

boogie ['buːgɪ] vi (inf) schwofen.

book [bʊk] ◇ n Buch das; (of stamps, matches, tickets) Heft das. ◇ vt (reserve) buchen.

♦ **book in** vi (at hotel) sich anlmelden.

bookable ['bʊkəbl] adj (seats, flight) im Vorverkauf erhältlich.

bookcase ['bʊkkeɪs] n Bücherschrank der.

booking ['bʊkɪŋ] n (reservation) Buchung die.

booking office n (in theatre, cinema) Kasse die; (at train station) Fahrkartenschalter der.

bookkeeping ['bʊk,kiːpɪŋ] n Buchhaltung die.

booklet ['bʊklɪt] n Broschüre die.

bookmaker's ['bʊk,meɪkəz] n Wettbüro das.

bookmark ['bʊkmɑːk] n Lesezeichen das.

bookshelf ['bʊkʃelf] (pl -shelves [-ʃelvz]) n (shelf) Bücherregal das; (bookcase) Bücherschrank der.

bookshop ['bʊkʃɒp] n Buchhandlung die.

bookstall ['bʊkstɔːl] n Bücherstand der.

bookstore ['bʊkstɔːʳ] = **bookshop**.

book token n Büchergutschein der.

boom [buːm] ◇ n (sudden growth) Boom der. ◇ vi dröhnen.

boost [buːst] vt (profits, production) steigern; (confidence) stärken.

booster ['buːstəʳ] n (injection)

Nachimpfung *die*.

boot [bu:t] *n (shoe)* Stiefel *der*; *(Br: of car)* Kofferraum *der*.

booth [bu:ð] *n (for telephone)* Telefonzelle *die*; *(at fairground)* Bude *die*.

booze [bu:z] ◇ *n (inf)* Alkohol *der*. ◇ *vi (inf)* saufen.

bop [bɒp] *n (inf: dance)*: **to have a ~** schwofen.

border ['bɔ:də^r] *n (of country)* Grenze *die*; *(edge)* Rand *der*; **the Borders** *an England grenzender südlicher Teil Schottlands*.

bore [bɔ:^r] ◇ *pt* → **bear**. ◇ *n (inf: boring person)* langweiliger Mensch; *(boring thing)* langweilige Sache. ◇ *vt (person)* langweilen; *(hole)* bohren.

bored [bɔ:d] *adj*: **to be ~** sich langweilen.

boredom ['bɔ:dəm] *n* Langeweile *die*.

boring ['bɔ:rɪŋ] *adj* langweilig.

born [bɔ:n] *adj*: **to be ~** geboren werden; **I was ~ in 1975** ich bin 1975 geboren.

borne [bɔ:n] *pp* → **bear**.

borough ['bʌrə] *n* Regierungsbezirk, der entweder eine Stadt oder einen Stadtteil umfaßt.

borrow ['bɒrəʊ] *vt* sich (D) borgen, (sich (D))leihen.

bosom ['bʊzəm] *n* Busen *der*.

boss [bɒs] *n* Chef *der* (-in *die*).

♦ **boss around** *vt sep* herumkommandieren.

bossy ['bɒsɪ] *adj* herrisch.

botanical garden [bə'tænɪkl-] *n* botanischer Garten.

both [bəʊθ] ◇ *adj & pron* beide. ◇ *adv*: **~ ... and ...** sowohl ... als auch ...; **~ of them speak German** sie sprechen beide Deutsch; **~ of us** wir beide.

bother ['bɒðə^r] ◇ *vt* stören. ◇ *n*

(trouble) Mühe *die*. ◇ *vi*: **don't ~!** das ist nicht nötig!; **he didn't even ~ to say thank you** er hat sich noch nicht mal bedankt; **you needn't have ~ed** das wäre nicht nötig gewesen; **I can't be ~ed** ich habe keine Lust; **it's no ~!** kein Problem!

bottle ['bɒtl] *n* Flasche *die*.

bottle bank *n* Altglascontainer *der*.

bottled ['bɒtld] *adj* in Flaschen; **~ beer** Flaschenbier *das*; **~ water** Wasser *das* in der Flasche.

bottle opener [-,əʊpnə^r] *n* Flaschenöffner *der*.

bottom ['bɒtəm] ◇ *adj (lowest)* unterste(-r)(-s); *(last, worst)* schlechteste(-r)(-s). ◇ *n (of hill, page, stairs)* Fuß *der*; *(of glass, bin, box)* Boden *der*; *(of sea, river)* Grund *der*; *(buttocks)* Hintern *der*; **he's ~ of the class** er ist der Schlechteste in der Klasse; **in ~ gear** im ersten Gang; **at the ~ of** *(bag, box)* unten in (A,D); *(page)* unten auf (A,D); *(street, garden)* am Ende (+G).

bought [bɔ:t] *pt & pp* → **buy**.

boulder ['bəʊldə^r] *n* Felsblock *der*.

bounce [baʊns] *vi (rebound)* abprallen; *(jump)* springen; *(cheque)* nicht gedeckt sein.

bouncer ['baʊnsə^r] *n (inf)* Rausschmeißer *der*.

bouncy ['baʊnsɪ] *adj (person)* munter.

bound [baʊnd] ◇ *pt & pp* → **bind**. ◇ *vi (leap)* springen. ◇ *adj*: **to be ~ to do sthg** etw ganz bestimmt tun; **it's ~ to rain** es wird ganz bestimmt regnen; **to be ~ for** auf dem Weg sein nach/zu; **this room is out of ~s** dieses Zimmer darf nicht betreten werden.

boundary ['baʊndrɪ] *n* Grenze *die*.

bouquet [bʊ'keɪ] *n (of flowers)*

Strauß *der*; *(of wine)* Bukett *das*.

bourbon [ˈbɜːbən] *n* Bourbon *der*.

bout [baut] *n (of illness)* Anfall *der*; *(of activity)* Drang *der*.

boutique [buːˈtiːk] *n* Boutique *die*.

bow[1] [bau] ◇ *n (of head)* Verbeugung *die*; *(of ship)* Bug *der*. ◇ *vi* sich verbeugen.

bow[2] [bəu] *n (knot)* Schleife *die*; *(weapon, for instrument)* Bogen *der*.

bowels [ˈbauəlz] *npl* Darm *der*.

bowl [bəul] *n* Schüssel *die*; *(shallower)* Schale *die*; *(for soup)* Teller *der*.

♦ **bowls** *npl* Art Bocciaspiel, bei dem Kugeln über den Rasen gerollt werden.

bowling alley [ˈbəulɪŋ-] *n* Bowlingbahn *die*.

bowling green [ˈbəulɪŋ-] *n* Rasenfläche zum 'Bowls'-Spielen.

bow tie [ˌbəu-] *n* Fliege *die*.

box [bɒks] ◇ *n (container)* Kiste *die*; *(smaller)* Schachtel *die*; *(of cardboard)* Karton *der*; *(on form)* Kästchen *das*; *(in theatre)* Loge *die*. ◇ *vi* boxen; **a ~ of chocolates** eine Schachtel Pralinen.

boxer [ˈbɒksəʳ] *n* Boxer *der*.

boxer shorts *npl* Boxershorts *pl*.

boxing [ˈbɒksɪŋ] *n* Boxen *das*.

Boxing Day *n* zweiter Weihnachtsfeiertag.

boxing gloves *npl* Boxhandschuhe *pl*.

boxing ring *n* Boxring *der*.

box office *n* Kasse *die*.

boy [bɔɪ] ◇ *n* Junge *der*. ◇ *excl (inf)*: **(oh) ~!** Mensch!

boycott [ˈbɔɪkɒt] *vt* boykottieren.

boyfriend [ˈbɔɪfrend] *n* Freund *der*.

boy scout *n* Pfadfinder *der*.

BR *abbr* = **British Rail**.

bra [brɑː] *n* BH *der*.

brace [breɪs] *n (for teeth)* Spange *die*.

♦ **braces** *npl (Br)* Hosenträger *pl*.

bracelet [ˈbreɪslɪt] *n* Armband *das*.

bracken [ˈbrækn] *n* Farnkraut *das*.

bracket [ˈbrækɪt] *n (written symbol)* Klammer *die*; *(support)* Konsole *die*.

brag [bræg] *vi* prahlen.

braid [breɪd] *n (hairstyle)* Zopf *der*; *(on clothes)* Zopfmuster *das*.

brain [breɪn] *n* Gehirn *das*.

brainy [ˈbreɪnɪ] *adj (inf)* clever.

braised [breɪzd] *adj* geschmort.

brake [breɪk] ◇ *n* Bremse *die*. ◇ *vi* bremsen.

brake block *n* Bremsklotz *der*.

brake fluid *n* Bremsflüssigkeit *die*.

brake light *n* Bremslicht *das*.

brake pad *n* Bremsbelag *der*.

brake pedal *n* Bremspedal *das*.

bran [bræn] *n* Kleie *die*.

branch [brɑːntʃ] *n (of tree)* Ast *der*; *(of bank, company)* Filiale *die*; *(of subject)* Zweig *der*.

♦ **branch off** *vi* ablzweigen.

branch line *n* Nebenlinie *die*.

brand [brænd] ◇ *n (of product)* Marke *die*. ◇ *vt*: **to ~ sb (as)** jn ablstempeln (als).

brand-new *adj* nagelneu.

brandy [ˈbrændɪ] *n* Weinbrand *der*.

brash [bræʃ] *adj (pej)* dreist.

brass [brɑːs] *n* Messing *das*.

brass band *n* Blaskapelle *die*.

brasserie [ˈbræsərɪ] *n* Brasserie *die*.

brassiere [*Br* ˈbræsɪəʳ, *Am* brəˈzɪr] *n* Büstenhalter *der*.

brat [bræt] *n (inf)* Balg *der or das*.

brave [breɪv] *adj* mutig.

bravery [ˈbreɪvərɪ] *n* Mut *der*.

bravo [ˌbrɑːˈvəʊ] *excl* bravo!

brawl [brɔːl] *n* Rauferei *die*.

Brazil [brəˈzɪl] *n* Brasilien *nt*.

brazil nut *n* Paranuß *die*.

breach [briːtʃ] *vt (contract, confidence)* brechen.

bread [bred] *n* Brot *das*; ~ **and butter** Butterbrot *das*.

bread bin *n (Br)* Brotkasten *der*.

breadboard [ˈbredbɔːd] *n* Brotbrett *das*.

bread box *(Am)* = **bread bin**.

breadcrumbs [ˈbredkrʌmz] *npl* Brotkrumen *pl*.

breaded [ˈbredɪd] *adj* paniert.

bread knife *n* Brotmesser *das*.

bread roll *n* Brötchen *das*, Semmel *die (Süddt, Österr)*.

breadth [bretθ] *n* Breite *die*.

break [breɪk] *(pt* **broke**, *pp* **broken**) ◇ *n (interruption)* Unterbrechung *die; (rest, playtime)* Pause *die*. ◇ *vt (damage)* kaputtlmachen; *(smash)* zerbrechen; *(law, promise, record)* brechen; *(journey)* unterbrechen. ◇ *vi (object, machine)* kaputtlgehen; *(glass)* zerbrechen; *(dawn)* dämmern; *(voice)* im Stimmbruch sein; **to ~ the news** melden, daß; **without a ~** ohne Pause; **a lucky ~** ein Glückstreffer; **to ~ one's leg** sich *(D)* das Bein brechen.

◆ **break down** *vi (car)* eine Panne haben; *(machine)* versagen. ◇ *vt sep (door)* auflbrechen; *(barrier)* niederlreißen.

◆ **break in** *vi* einlbrechen.

◆ **break off** *vt sep & vi* ablbrechen.

◆ **break out** *vi* auslbrechen; **to ~ out in a rash** einen Ausschlag bekommen.

◆ **break up** *vi (with spouse, partner)* sich trennen; *(meeting)* zu Ende gehen; *(marriage)* in die Brüche gehen; **school ~s up on Fri-** day am Freitag fangen die Ferien an.

breakage [ˈbreɪkɪdʒ] *n* Bruchschaden *der*.

breakdown [ˈbreɪkdaʊn] *n (of car)* Panne *die; (in communications, negotiations)* Scheitern *das; (mental)* Nervenzusammenbruch *der*.

breakdown truck *n* Abschleppwagen *der*.

breakfast [ˈbrekfəst] *n* Frühstück *das*; **to have ~** frühstücken; **to have sthg for ~** etw zum Frühstück essen.

breakfast cereal *n* Frühstücksflocken *pl*.

break-in *n* Einbruch *der*.

breakwater [ˈbreɪkˌwɔːtəʳ] *n* Wellenbrecher *der*.

breast [brest] *n* Brust *die*.

breastbone [ˈbrestbəʊn] *n* Brustbein *das*.

breast-feed *vt* stillen.

breaststroke [ˈbreststrəʊk] *n* Brustschwimmen *das*.

breath [breθ] *n* Atem *der; out of ~* außer Atem; **to go for a ~ of fresh air** frische Luft schnappen gehen.

Breathalyser® [ˈbreθəlaɪzəʳ] *n (Br)* Alcotest *der*.

Breathalyzer® [ˈbreθəlaɪzər] *(Am)* = **Breathalyser®**.

breathe [briːð] *vi* atmen.

◆ **breathe in** *vi* einlatmen.

◆ **breathe out** *vi* auslatmen.

breathtaking [ˈbreθˌteɪkɪŋ] *adj* atemberaubend.

breed [briːd] *(pt & pp* **bred** [bred]) ◇ *n (of animal)* Rasse *die; (of plant)* Art *die*. ◇ *vt* züchten. ◇ *vi* sich vermehren.

breeze [briːz] *n* Brise *die*.

breezy [ˈbriːzɪ] *adj (weather, day)* windig.

brew [bruː] ◇ *vt (beer)* brauen; *(tea, coffee)* auflbrühen. ◇ *vi (tea)* ziehen; *(coffee)* sich setzen.

brewery [ˈbrʊərɪ] *n* Brauerei *die*.

bribe [braɪb] ◊ *n* Bestechungsgeld *das*. ◊ *vt* bestechen.

bric-a-brac [ˈbrɪkəbræk] *n* Nippes *pl*.

brick [brɪk] *n* Backstein *der*.

bricklayer [ˈbrɪkˌleɪəʳ] *n* Maurer *der (-in die)*.

brickwork [ˈbrɪkwɜːk] *n* Mauerwerk *das*.

bride [braɪd] *n* Braut *die*.

bridegroom [ˈbraɪdgrʊm] *n* Bräutigam *der*.

bridesmaid [ˈbraɪdzmeɪd] *n* Brautjungfer *die*.

bridge [brɪdʒ] *n* Brücke *die; (card game)* Bridge *das*.

bridle [ˈbraɪdl] *n* Zaumzeug *das*.

bridle path *n* Reitweg *der*.

brief [briːf] ◊ *adj* kurz. ◊ *vt* einlweisen; **in ~** kurz gesagt.

◆ **briefs** *npl (for men)* Slip *der; (for women)* Schlüpfer *der*.

briefcase [ˈbriːfkeɪs] *n* Aktenkoffer *der*.

briefly [ˈbriːflɪ] *adv* kurz.

brigade [brɪˈgeɪd] *n* Brigade *die*.

bright [braɪt] *adj* hell; *(colour)* leuchtend; *(clever)* aufgeweckt; *(lively, cheerful)* fröhlich.

brilliant [ˈbrɪljənt] *adj (colour, light, sunshine)* leuchtend; *(idea, person)* großartig; *(inf: wonderful)* toll.

brim [brɪm] *n (of hat)* Krempe *die;* **full to the ~** bis an den Rand voll.

brine [braɪn] *n* Salzlake *die*.

bring [brɪŋ] *(pt & pp* **brought)** *vt (take along)* mitlbringen; *(move)* bringen; *(cause)* führen zu.

◆ **bring along** *vt sep* mitlbringen.

◆ **bring back** *vt sep (return)* zurücklbringen; *(shopping, gift)* mitlbringen.

◆ **bring in** *vt sep (introduce)* einlführen; *(earn)* einlbringen.

◆ **bring out** *vt sep (new product)* herauslbringen.

◆ **bring up** *vt sep (child)* erziehen; *(subject)* zur Sprache bringen; *(food)* erbrechen.

brink [brɪŋk] *n:* **on the ~ of** am Rande (+G).

brisk [brɪsk] *adj* zügig; *(wind)* frisch.

bristle [ˈbrɪsl] *n (of brush)* Borste *die; (on chin)* Bartstoppel *die*.

Britain [ˈbrɪtn] *n* Großbritannien *nt*.

British [ˈbrɪtɪʃ] ◊ *adj* britisch. ◊ *npl:* **the ~** die Briten.

British Rail *n die britische Eisenbahn*.

British Telecom [-ˈtelɪkɒm] *n die britische Telekom*.

Briton [ˈbrɪtn] *n* Brite *der* (Britin *die*).

brittle [ˈbrɪtl] *adj* zerbrechlich.

broad [brɔːd] *adj* breit; *(wideranging)* weit; *(description, outline)* allgemein; *(accent)* stark.

B road *n (Br)* = Landstraße *die*.

broad bean *n* dicke Bohne *die*.

broadcast [ˈbrɔːdkɑːst] *(pt & pp inv)* ◊ *n* Sendung *die*. ◊ *vt* senden.

broadly [ˈbrɔːdlɪ] *adv* im großen und ganzen; **~ speaking** allgemein gesagt.

broccoli [ˈbrɒkəlɪ] *n* Brokkoli *der or pl*.

brochure [ˈbrəʊʃəʳ] *n* Broschüre *die*.

broiled [brɔɪld] *adj (Am)* gegrillt.

broke [brəʊk] ◊ *pt* → **break**. ◊ *adj (inf)* pleite.

broken [ˈbrəʊkn] ◊ *pp* → **break**. ◊ *adj (machine)* kaputt; *(window, glass)* zerbrochen; *(English, German)* gebrochen; **to have a ~ leg** ein gebrochenes Bein haben.

bronchitis [brɒnˈkaɪtɪs] *n* Bronchitis *die*.

bronze [brɒnz] n Bronze die.

brooch [brəʊtʃ] n Brosche die.

brook [brʊk] n Bach der.

broom [bruːm] n Besen der.

broomstick ['bruːmstɪk] n Besenstiel der.

broth [brɒθ] n (soup) Eintopf der.

brother ['brʌðəʳ] n Bruder der.

brother-in-law n Schwager der.

brought [brɔːt] pt & pp → **bring**.

brow [braʊ] n (forehead) Stirn die; (eyebrow) Braue die.

brown [braʊn] ◇ adj braun. ◇ n Braun das.

brown bread n Mischbrot das.

brownie ['braʊnɪ] n (CULIN) kleiner Schokoladenkuchen mit Nüssen.

Brownie ['braʊnɪ] n Pfadfinderin die (bis 10 Jahren).

brown rice n Naturreis der.

brown sauce n (Br) aus Gemüseextrakten hergestellte ketchupähnliche Soße.

brown sugar n brauner Zucker.

browse [braʊz] vi (in shop) sich umlsehen; **to ~ through sthg** in etw (D) blättern.

browser ['braʊzəʳ] n: '~s welcome' 'Bitte sehen Sie sich um'.

bruise [bruːz] n blauer Fleck.

brunch [brʌntʃ] n Brunch der.

brunette [bruːˈnet] n Brünette die.

brush [brʌʃ] ◇ n Bürste die; (for painting) Pinsel der. ◇ vt (floor) fegen; (clothes) bürsten; **to ~ one's hair** sich (D) die Haare bürsten; **to ~ one's teeth** sich (D) die Zähne putzen.

brussels sprouts [ˌbrʌslz-] npl Rosenkohl der.

brutal ['bruːtl] adj brutal.

BSc n (abbr of Bachelor of Science) Bakkalaureus der Naturwissenschaften.

BT abbr = **British Telecom**.

bubble ['bʌbl] n Blase die.

bubble bath n Badeschaum der.

bubble gum n Kaugummi der.

bubbly ['bʌblɪ] n (inf) Schampus der.

buck [bʌk] n (Am: inf: dollar) Dollar der; (male animal) Bock der.

bucket ['bʌkɪt] n Eimer der.

Buckingham Palace ['bʌkɪŋəm-] n Buckinghampalast der (Residenz der britischen Königin in London).

buckle ['bʌkl] ◇ n Schnalle die. ◇ vt (fasten) zulschnallen. ◇ vi (warp) sich verbiegen.

Buck's Fizz n Champagner mit Orangensaft.

bud [bʌd] ◇ n Knospe die. ◇ vi knospen.

Buddhist ['bʊdɪst] n Buddhist der (-in die).

buddy ['bʌdɪ] n (inf) Kumpel der.

budge [bʌdʒ] vi sich rühren.

budgerigar ['bʌdʒərɪgɑːʳ] n Wellensittich der.

budget ['bʌdʒɪt] ◇ adj (holiday, travel) Billig-. ◇ n Budget das; **the Budget** (Br) der Haushaltsplan.
♦ **budget for** vt fus einlplanen.

budgie ['bʌdʒɪ] n (inf) Wellensittich der.

buff [bʌf] n (inf) Kenner der (-in die).

buffalo ['bʌfələʊ] (pl -s OR -es) n Büffel der.

buffalo wings npl (Am) fritierte und gewürzte Hähnchenflügel.

buffer ['bʌfəʳ] n Puffer der.

buffet [Br 'bʊfeɪ, Am bəˈfeɪ] n (meal) kalte Büfett das; (cafeteria) Imbißstube die.

buffet car ['bʊfeɪ-] n Speisewagen der.

bug [bʌg] ◇ vt (inf: annoy) nerven. ◇ n (insect) Ungeziefer das; (inf: mild illness): **to catch a ~** sich (D) was holen.

buggy ['bʌgɪ] n (pushchair) Sportwagen *der*; *(Am: pram)* Kinderwagen *der*.

bugle ['bjuːgl] *n* Bügelhorn *das*.

build [bɪld] (*pt & pp* **built**) ◇ *n* Körperbau *der*. ◇ *vt* bauen.

♦ **build up** *vt sep* aufbauen. ◇ *vi* zulnehmen; **to ~ up speed** sich verbessern.

builder ['bɪldər] *n* Bauunternehmer *der* (-in *die*).

building ['bɪldɪŋ] *n* Gebäude *das*.

building site *n* Baustelle *die*.

building society *n* (*Br*) Bausparkasse *die*.

built [bɪlt] *pt & pp* → **build**.

built-in *adj* eingebaut.

built-up area *n* bebautes Gebiet.

bulb [bʌlb] *n* *(for lamp)* Glühbirne *die*; *(of plant)* Zwiebel *die*.

Bulgaria [bʌlˈgeərɪə] *n* Bulgarien *nt*.

bulge [bʌldʒ] *vi* *(suitcase, box)* prall gefüllt sein.

bulk [bʌlk] *n*: **the ~ of** der Hauptteil (+*G*); **in ~** en gros.

bulky ['bʌlkɪ] *adj* sperrig.

bull [bʊl] *n* Bulle *der*.

bulldog ['bʊldɒg] *n* Bulldogge *die*.

bulldozer ['bʊldəʊzər] *n* Bulldozer *der*.

bullet ['bʊlɪt] *n* Kugel *die*.

bulletin ['bʊlətɪn] *n* *(on radio, TV)* Kurzmeldung *die*; *(publication)* Bulletin *das*.

bullfight ['bʊlfaɪt] *n* Stierkampf *der*.

bull's-eye *n* Schwarze *das*.

bully ['bʊlɪ] ◇ *n* Schüler, der Schwächere schikaniert. ◇ *vt* schikanieren.

bum [bʌm] *n* *(inf: bottom)* Po *der*; *(Am: inf: tramp)* Penner *der*.

bum bag *n* (*Br*) Gürteltasche *die*.

bumblebee ['bʌmblbiː] *n* Hummel *die*.

bump [bʌmp] ◇ *n* *(on surface)* Unebenheit *die*; *(on head, leg)* Beule *die*; *(sound)* Bums *der*; *(minor accident)* Zusammenstoß *der*. ◇ *vt*: **to ~ one's head** sich (*D*) den Kopf stoßen.

♦ **bump into** *vt fus* *(hit)* stoßen gegen; *(meet)* zufällig treffen.

bumper ['bʌmpər] *n* *(on car)* Stoßstange *die*; *(Am: on train)* Puffer *der*.

bumpy ['bʌmpɪ] *adj* *(road)* uneben; *(flight)* unruhig; *(journey)* holprig.

bun [bʌn] *n* *(cake)* süßes Brötchen; *(bread roll)* Brötchen *das*, Semmel *die* *(Süddt, Österr)*; *(hairstyle)* Knoten *der*.

bunch [bʌntʃ] *n* *(of people)* Haufen *der*; *(of flowers)* Strauß *der*; *(of grapes)* Traube *die*; *(of bananas)* Staude *die*; *(of keys)* Bund *der*.

bundle ['bʌndl] *n* Bündel *das*.

bung [bʌŋ] *n* Pfropfen *der*.

bungalow ['bʌŋgələʊ] *n* Bungalow *der*.

bunion ['bʌnjən] *n* Ballen *der*.

bunk [bʌŋk] *n* Koje *die*.

bunk beds *npl* Etagenbett *das*.

bunker ['bʌŋkər] *n* Bunker *der*.

bunny ['bʌnɪ] *n* Häschen *das*.

buoy [*Br* bɔɪ, *Am* 'buːɪ] *n* Boje *die*.

buoyant ['bɔɪənt] *adj* schwimmend.

BUPA ['buːpə] *n* *private britische Krankenkasse*.

burden ['bɜːdn] *n* Last *die*.

bureaucracy [bjʊəˈrɒkrəsɪ] *n* Bürokratie *die*.

bureau de change [ˌbjʊərəʊdəˈʃɒndʒ] *n* Wechselstube *die*.

burger ['bɜːgər] *n* Hamburger *der*; *(made with nuts, vegetables etc)* Bratling *der*.

burglar ['bɜːglər] *n* Einbrecher *der* (-in *die*).

burglar alarm *n* Alarmanlage *die*.

burglarize [ˈbɜːɡləraɪz] *(Am)* = **burgle**.

burglary [ˈbɜːɡlərɪ] *n* Einbruch *der*.

burgle [ˈbɜːɡl] *vt* einlbrechen in (+A).

burial [ˈberɪəl] *n* Beerdigung *die*.

burn [bɜːn] *(pt & pp* **burnt** OR **burned)* ◇ *n* Verbrennung *die*; *(on material)* Brandstelle *die*. ◇ *vt* verbrennen; *(food)* anlbrennen; *(hand, skin, clothes)* sich *(D)* verbrennen. ◇ *vi* brennen.

♦ **burn down** *vt sep & vi* ablbrennen.

burning (hot) [ˈbɜːnɪŋ-] *adj* glühend heiß.

Burns' Night [bɜːnz-] *n* Tag zur Feier des Gerburtstags vom schottischen Dichter Robert Burns.

burnt [bɜːnt] *pt & pp* → **burn**.

burp [bɜːp] *vi (inf)* rülpsen.

burrow [ˈbʌrəʊ] *n* Bau *der*.

burst [bɜːst] *(pt & pp inv)* ◇ *n (of gunfire)* Hagel *der*; *(of applause)* Sturm *der*. ◇ *vt* platzen lassen. ◇ *vi* platzen; **he ~ into the room** er stürzte ins Zimmer; **to ~ into tears** in Tränen auslbrechen; **to ~ open** auflspringen.

bury [ˈberɪ] *vt (person)* beerdigen; *(hide underground)* vergraben.

bus [bʌs] *n* Bus *der*; **by ~** mit dem Bus.

bus conductor [-ˌkənˈdʌktəʳ] *n* Busschaffner *der* (-in *die*).

bus driver *n* Busfahrer *der* (-in *die*).

bush [bʊʃ] *n* Busch *der*.

business [ˈbɪznɪs] *n* Geschäft *das*; *(firm)* Betrieb *der*; *(things to do)* Angelegenheiten *pl*; *(affair)* Sache *die*; **mind your own ~!** kümmer' dich um deine eigenen Angelegenheiten!; '**~ as usual**' 'Wir haben offen'.

business card *n* Visitenkarte *die*.

business class *n* Business Class *die*.

business hours *npl* Geschäftszeit *die*.

businessman [ˈbɪznɪsmæn] *(pl* -men [-men]) *n* Geschäftsmann *der*.

business studies *npl* Betriebswirtschaft *die*.

businesswoman [ˈbɪznɪsˌwʊmən] *(pl* -women [-ˌwɪmɪn]) *n* Geschäftsfrau *die*.

busker [ˈbʌskəʳ] *n (Br)* Straßenmusikant *der* (-in *die*).

bus lane *n* Busspur *die*.

bus pass *n* Zeitkarte *die*.

bus shelter *n* Wartehäuschen *das*.

bus station *n* Busbahnhof *der*.

bus stop *n* Bushaltestelle *die*.

bust [bʌst] ◇ *n (of woman)* Busen *der*. ◇ *adj*: **to go ~** *(inf)* pleite machen.

bustle [ˈbʌsl] *n* Betrieb *der*.

bus tour *n* Busreise *die*; *(sightseeing)* Busrundfahrt *die*.

busy [ˈbɪzɪ] *adj (person)* beschäftigt; *(day, schedule)* hektisch; *(street, office)* belebt; *(telephone, line)* besetzt; **to be ~ doing sthg** mit etw beschäftigt sein.

busy signal *n (Am)* Besetztzeichen *das*.

but [bʌt] ◇ *conj* aber. ◇ *prep (except)* außer; **the last ~ one** der/die/das vorletzte; **~ for** außer.

butcher [ˈbʊtʃəʳ] *n* Fleischer *der*, Metzger *der (Süddt)*; **~'s (shop)** Fleischerei *die*, Metzgerei *die (Süddt)*.

butt [bʌt] *n (of rifle)* Kolben *der*; *(of cigarette)* Stummel *der*.

butter [ˈbʌtəʳ] ◇ *n* Butter *die*. ◇ *vt* buttern.

butter bean *n* weiße Bohne *die*.

buttercup [ˈbʌtəkʌp] *n* Butterblume *die*.

butterfly ['bʌtəflaɪ] *n* Schmetterling *der*.

butterscotch ['bʌtəskɒtʃ] *n* Karamelbonbon *der or das*.

buttocks ['bʌtəks] *npl* Hintern *der*.

button ['bʌtn] *n* Knopf *der*; *(Am: badge)* Button *der*.

buttonhole ['bʌtnhəʊl] *n* Knopfloch *das*.

button mushroom *n* Champignon *der*.

buttress ['bʌtrɪs] *n* Pfeiler *der*.

buy [baɪ] *(pt & pp bought)* ◇ *vt* kaufen. ◇ *n*: **a good ~** ein guter Kauf; **to ~ sthg for sb**, **to ~ sb sthg** jm etw kaufen.

buzz [bʌz] ◇ *vi* summen. ◇ *n (inf: phone call)*: **to give sb a ~** jn anlrufen.

buzzer ['bʌzər] *n* Summer *der*.

by [baɪ] ◇ *prep* 1. *(expressing cause, agent)* von; **he was hit ~ a car** er ist von einem Auto angefahren worden; **composed ~ Mozart** von Mozart komponiert.

2. *(expressing method, means)* mit; **~ car/train** mit dem Auto/Zug; **to pay ~ credit card** mit Kreditkarte bezahlen.

3. *(near to, beside)* an (+D); **~ the sea** am Meer.

4. *(past)* an (+D) … vorbei; **a car went ~ the house** ein Auto fuhr am Haus vorbei.

5. *(via)* durch; **exit ~ the door on the left** Ausgang durch die Tür auf der linken Seite.

6. *(with time)*: **it will be ready ~ tomorrow** bis morgen wird es fertig sein; **be there ~ nine** sei um neun da; **~ day** tagsüber; **~ now** inzwischen.

7. *(expressing quantity)*: **sold ~ the dozen** im Dutzend verkauft; **prices fell ~ 20%** die Preise fielen um 20%; **we charge ~ the hour** wir berechnen nach Stunde.

8. *(expressing meaning)*: **what do you mean ~ that?** was meinst du/meinen Sie damit?

9. *(in division)* durch; *(in multiplication)* mit; **two metres ~ five** zwei mal fünf Meter.

10. *(according to)* nach; **~ law** nach dem Gesetz; **it's fine ~ me** ich bin damit einverstanden.

11. *(expressing gradual process)*: **one ~ one** eins nach dem anderen; **day ~ day** Tag für Tag.

12. *(in phrases)*: **~ mistake** versehentlich; **~ oneself** allein; **~ profession** von Beruf.

◇ *adv (past)* vorbei; **to go ~ (walk)** vorbeilgehen; *(drive)* vorbeilfahren.

bye(-bye) [baɪ(baɪ)] *excl (inf)* tschüs.

bypass ['baɪpɑːs] *n* Umgehungsstraße *die*.

C

C *(abbr of Celsius, centigrade)* C.

cab [kæb] *n (taxi)* Taxi *das*; *(of lorry)* Führerhaus *das*.

cabaret ['kæbəreɪ] *n* Kabarett *das*.

cabbage ['kæbɪdʒ] *n* Kohl *der*.

cabin ['kæbɪn] *n* Kabine *die*; *(wooden house)* Hütte *die*.

cabin crew *n* Flugpersonal *das*.

cabinet ['kæbɪnɪt] *n (cupboard)* Schrank *der*; (POL) Kabinett *das*.

cable ['keɪbl] *n (rope)* Tau *das*; *(electrical)* Kabel *das*.

cable car n Seilbahn die.

cable television n Kabelfernsehen das.

cactus ['kæktəs] (pl **-tuses** OR **-ti** [-taɪ]) n Kaktus der.

Caesar salad [ˌsiːzə-] n grüner Salat mit Sardellen, Oliven, Parmesan und Croûtons.

cafe ['kæfeɪ] n Café das.

cafeteria [ˌkæfɪ'tɪərɪə] n Cafeteria die.

cafetière [kæf'tjeər] n Kolbenfilter-Kaffeemaschine die.

caffeine ['kæfiːn] n Kaffein das.

cage [keɪdʒ] n Käfig der.

cagoule [kə'guːl] n (Br) Regenjacke die.

Cajun ['keɪdʒən] adj cajun.

cake [keɪk] n Kuchen der; (of soap) Stück das; **fish ~** Fischfrikadelle die.

calculate ['kælkjʊleɪt] vt berechnen; (risks, effect) kalkulieren.

calculator ['kælkjʊleɪtər] n Taschenrechner der.

calendar ['kælɪndər] n Kalender der.

calf [kɑːf] (pl **calves**) n (of cow) Kalb das; (part of leg) Wade die.

call [kɔːl] ◇ n (visit) Besuch der; (phone call) Anruf der; (of bird) Ruf der; (at airport) Aufruf der. ◇ vt rufen; (name, describe) nennen; (telephone) anlrufen; (meeting) einlberufen; (election) auslschreiben; (flight) auflrufen. ◇ vi (visit) vorbeilkommen; (phone) anlrufen; **to be ~ed** sich nennen; **what is he ~ed?** wie heißt er?; **to be on ~** (nurse, doctor) Bereitschaftsdienst haben; **to pay sb a ~** bei jm vorbeilgehen; **this train ~s at ...** dieser Zug hält in ...; **who's ~ing?** wer spricht da, bitte?

◆ **call back** vt sep zurücklrufen. ◇ vi (phone again) zurücklrufen; (visit again) zurücklkommen.

◆ **call for** vt fus (come to fetch) ablholen; (demand) verlangen; (require) erfordern.

◆ **call on** vt fus (visit) vorbeilgehen bei; **to ~ on sb to do sthg** jn bitten, etw zu tun.

◆ **call out** vt sep auslrufen; (doctor, fire brigade) rufen. ◇ vi rufen.

◆ **call up** vt sep (MIL) einlberufen; (telephone) anlrufen.

call box n Telefonzelle die.

caller ['kɔːlər] n (visitor) Besucher der (-in die); (on phone) Anrufer der (-in die).

calm [kɑːm] ◇ adj ruhig. ◇ vt beruhigen.

◆ **calm down** vt sep beruhigen. ◇ vi sich beruhigen.

Calor gas® ['kælə-] n Butangas das.

calorie ['kælərɪ] n Kalorie die.

calves [kɑːvz] pl → **calf**.

camcorder ['kæmˌkɔːdər] n Camcorder der.

came [keɪm] pt → **come**.

camel ['kæml] n Kamel das.

camembert ['kæməmbeər] n Camembert der.

camera ['kæmərə] n Fotoapparat der; (for filming) Kamera die.

cameraman ['kæmərəmæn] (pl **-men** [-men]) n Kameramann der.

camera shop n Fotogeschäft das.

camisole ['kæmɪsəʊl] n Mieder das.

camp [kæmp] ◇ n Lager das. ◇ vi zelten.

campaign [kæm'peɪn] ◇ n Kampagne die. ◇ vi: **to ~ (for/against)** kämpfen (für/gegen).

camp bed n Campingliege die.

camper ['kæmpər] n Camper der (-in die); (van) Wohnmobil das.

camping ['kæmpɪŋ] n: **to go ~** zelten gehen.

camping stove n Kocher der.

campsite ['kæmpsaɪt] n Camping-platz der.

campus ['kæmpəs] (pl -es) n Universitätsgelände das.

can¹ [kæn] n (of food, drink, paint) Dose die; (of oil) Kanister der.

can² [weak form kən, strong form kæn] (pt & conditional could) aux vb
1. (be able to) können; ~ you help me? können Sie mir helfen?; I ~ see you ich kann dich sehen.
2. (know how to) können; ~ you drive? können Sie/kannst du Auto fahren?; I ~ speak German ich spreche Deutsch.
3. (be allowed to) können, dürfen; you can't smoke here Sie können OR dürfen hier nicht rauchen.
4. (in polite requests) können; ~ you tell me the time? können Sie mir sagen wieviel Uhr es ist?
5. (expressing occasional occurrence) können; it ~ get cold at night es kann nachts kalt werden.
6. (expressing possibility) können; they could be lost sie könnten sich verlaufen haben.

Canada ['kænədə] n Kanada nt.

Canadian [kə'neɪdɪən] ◇ adj kanadisch. ◇ n Kanadier der (-in die).

canal [kə'næl] n Kanal der.

canapé ['kænəpeɪ] n Canapé das.

cancel ['kænsl] vt (meeting, visit) ablsagen; (booking) rückgängig machen; (flight, train) streichen; (cheque) ungültig machen.

cancellation [,kænsə'leɪʃn] n Streichung die; (booking) Stornierung die; (cancelled visit) Absage die.

cancer ['kænsər] n Krebs der.

Cancer ['kænsər] n Krebs der.

candidate ['kændɪdət] n (for parliament, job) Bewerber der; (in exam) Prüfling der.

candle ['kændl] n Kerze die.

candlelit dinner ['kændllɪt-] n

Essen das bei Kerzenlicht.

candy ['kændɪ] n (Am: confectionery) Süßigkeiten pl; (sweet) Bonbon der or das.

candyfloss ['kændɪflɒs] n (Br) Zuckerwatte die.

cane [keɪn] n Stock der; (for furniture, baskets) Rohr das.

canister ['kænɪstər] n (for tea) Dose die; (for gas) Gasflasche die.

cannabis ['kænəbɪs] n Cannabis der.

canned [kænd] adj (food, drink) in der Dose.

cannon ['kænən] n Kanone die.

cannot ['kænɒt] = can not.

canoe [kə'nuː] n Paddelboot das; (SPORT) Kanu das.

canoeing [kə'nuːɪŋ] n Paddeln das; (SPORT) Kanusport der.

canopy ['kænəpɪ] n Baldachin der.

can't [kɑːnt] = cannot.

cantaloup(e) ['kæntəluːp] n Kantalupmelone die.

canteen [kæn'tiːn] n (at work) Kantine die; (at school) Speisesaal der.

canvas ['kænvəs] n (for tent, bag) Segeltuch das.

cap [kæp] n Mütze die; (of pen, bottle) Kappe die; (contraceptive) Spirale die.

capable ['keɪpəbl] adj fähig; to be ~ of doing sthg fähig sein, etw zu tun.

capacity [kə'pæsɪtɪ] n (ability) Fähigkeit die; (of stadium, theatre) Fassungsvermögen das.

cape [keɪp] n (of land) Kap das; (cloak) Cape das.

capers ['keɪpəz] npl Kapern pl.

capital ['kæpɪtl] n (of country) Hauptstadt die; (money) Kapital das; (letter) Großbuchstabe der.

capital punishment n Todesstrafe die.

cappuccino [ˌkæpʊ'tʃiːnəʊ] n Cappuccino der.

Capricorn ['kæprɪkɔːn] n Steinbock der.

capsicum ['kæpsɪkəm] n Paprika der.

capsize [kæp'saɪz] vi kentern.

capsule ['kæpsjuːl] n Kapsel die.

captain ['kæptɪn] n Kapitän der; (MIL) Hauptmann der.

caption ['kæpʃn] n (under picture) Unterschrift die; (above picture) Überschrift die.

capture ['kæptʃər] vt fangen; (town, castle) erobern.

car [kɑːr] n Auto das, Wagen der; (railway wagon) Wagen der.

carafe [kə'ræf] n Karaffe die.

caramel ['kærəməl] n (sweet) Karamelbonbon der or das; (burnt sugar) Karamel der.

carat ['kærət] n Karat das; 24-~ gold 24-karätiges Gold.

caravan ['kærəvæn] n (Br) Wohnwagen der.

caravanning ['kærəvænɪŋ] n (Br): to go ~ Urlaub im Wohnwagen machen.

caravan site n (Br) Campingplatz der für Wohnwagen.

carbohydrate [ˌkɑːbəʊ'haɪdreɪt] n (in foods) Kohlenhydrat das.

carbon ['kɑːbən] n Kohlenstoff der.

carbon copy n Durchschlag der.

carbon dioxide [-daɪ'ɒksaɪd] n Kohlendioxid das.

carbon monoxide [-mɒ'nɒksaɪd] n Kohlenmonoxid das.

car boot sale n (Br) Basar, bei dem die Waren im Kofferraum ausgelegt werden.

carburetor [ˌkɑːbə'retər] (Am) = carburettor.

carburettor [ˌkɑːbə'retər] n (Br) Vergaser der.

car crash n Autounfall der.

card [kɑːd] n Karte die; (cardboard) Pappe die, Karton der; ~s (game) Karten pl.

cardboard ['kɑːdbɔːd] n Pappe die, Karton der.

car deck n Fahrzeugdeck das.

cardiac arrest [ˌkɑːdɪæk-] n Herzstillstand der.

cardigan ['kɑːdɪgən] n Strickjacke die.

care [keər] ◇ n (attention) Sorgfalt die. ◇ vi (mind): **I don't** ~ es ist mir egal; **to take** ~ **of** sich kümmern um; **would you** ~ **to** ...? (fml) würden Sie gerne ...?; **to take** ~ **to do** sthg auflpassen, daß man etw tut; **medical** ~ ärztliche Betreuung; **take** ~! (goodbye) mach's gut!; **with** ~ aufmerksam, sorgfältig; **to** ~ **about sthg** (think important) etw wichtig finden; **to** ~ **about sb** jn mögen.

career [kə'rɪər] n (type of job) Beruf der; (professional life) Laufbahn die.

carefree ['keəfriː] adj sorglos.

careful ['keəfʊl] adj (cautious) vorsichtig; (thorough) sorgfältig; **be** ~! Vorsicht!

carefully ['keəflɪ] adv (cautiously) vorsichtig; (thoroughly) sorgfältig.

careless ['keələs] adj (inattentive) unaufmerksam; (unconcerned) sorglos.

caretaker ['keəˌteɪkər] n (Br: of school, flats) Hausmeister der (-in die).

car ferry n Autofähre die.

cargo ['kɑːgəʊ] (pl -es OR -s) n Ladung die.

car hire n (Br) Autovermietung die.

Caribbean [Br ˌkærɪ'biːən, Am kə-'rɪbɪən] n: **the** ~ die Karibik.

caring ['keərɪŋ] adj fürsorglich.

carnation [kɑː'neɪʃn] n Nelke die.

carnival ['kɑːnɪvl] *n* Karneval *der*.

carousel [ˌkærəˈsel] *n* (*for luggage*) Gepäckförderband *das*; (*Am: merry-go-round*) Karussell *das*.

carp [kɑːp] *n* Karpfen *der*.

car park *n* (*Br*) Parkplatz *der*; (*building*) Parkhaus *das*; (*underground*) Tiefgarage *die*.

carpenter ['kɑːpəntəʳ] *n* Zimmermann *der*; (*for furniture*) Tischler *der* (-in *die*).

carpentry ['kɑːpəntrɪ] *n* Zimmerhandwerk *das*; (*furniture making*) Tischlerei *die*.

carpet ['kɑːpɪt] *n* Teppich *der*.

car rental *n* (*Am*) Autovermietung *die*.

carriage ['kærɪdʒ] *n* (*Br: of train*) Abteil *das*; (*horse-drawn*) Kutsche *die*.

carriageway ['kærɪdʒweɪ] *n* (*Br*) Fahrbahn *die*.

carrier (bag) ['kærɪəʳ-] *n* Tragetasche *die*.

carrot ['kærət] *n* Karotte *die*, Möhre *die*.

carrot cake *n* Möhrenkuchen *der*, Rüblitorte *die* (*Schweiz*).

carry ['kærɪ] ◇ *vt* tragen; (*transport*) befördern; (*disease*) übertragen; (*cash, passport, map*) bei sich haben. ◇ *vi* (*voice, sound*) tragen, reichen.

◆ **carry on** *vi* (*continue*) weitermachen. ◇ *vt fus* (*continue*) fortsetzen; **to ~ on doing sthg** weiterhin etw tun.

◆ **carry out** *vt sep* (*repairs, order*) auslführen; (*plan*) durchführen; (*promise*) erfüllen.

carrycot ['kærɪkɒt] *n* (*Br*) Babytragetasche *die*.

carryout ['kærɪaʊt] *n* (*Am & Scot*) Essen *das* zum Mitnehmen.

carsick ['kɑːˌsɪk] *adj*: **I get ~** mir wird beim Autofahren schlecht.

cart [kɑːt] *n* Karren *der*; (*Am: in supermarket*) Einkaufswagen *der*; (*inf: video game cartridge*) Videospiel *das*.

carton ['kɑːtn] *n* Tüte *die*.

cartoon [kɑːˈtuːn] *n* (*drawing*) Cartoon *der*; (*film*) Zeichentrickfilm *der*.

cartridge ['kɑːtrɪdʒ] *n* Patrone *die*; (*for film*) Kassette *die*.

carve [kɑːv] *vt* (*wood*) schnitzen; (*stone*) meißeln; (*meat*) aufschneiden.

carvery ['kɑːvərɪ] *n* Büfett mit verschiedenen Fleischgerichten und Bedienung.

car wash *n* Autowaschanlage *die*.

case [keɪs] *n* (*Br: suitcase*) Koffer *der*; (*container*) Etui *das*; (*for jewellery*) Schatulle *die*; (*instance*) Fall *der*; (JUR: *trial*) Fall *der*; (*patient*) Fall *der*; **in any ~** sowieso; **in ~** falls; **in ~ of** im Fall (+*G*); **just in ~** für alle Fälle; **in that ~** in dem Fall.

cash [kæʃ] ◇ *n* (*coins, notes*) Bargeld *das*; (*money in general*) Geld *das*. ◇ *vt*: **to ~ a cheque** einen Scheck einllösen; **to pay ~** bar bezahlen.

cash desk *n* Kasse *die*.

cash dispenser [-ˌdɪˈspensəʳ] *n* Geldautomat *der*.

cashew (nut) ['kæʃuː-] *n* Cashewnuß *die*.

cashier [kæˈʃɪəʳ] *n* Kassierer *der* (-in *die*).

cashmere [kæʃˈmɪəʳ] *n* Kaschmir *der*.

cashpoint ['kæʃpɔɪnt] *n* (*Br*) Geldautomat *der*.

cash register *n* Kasse *die*.

casino [kəˈsiːnəʊ] (*pl* -s) *n* Kasino *das*.

cask [kɑːsk] *n* Faß *das*.

cask-conditioned [-ˌkənˈdɪʃnd]

adj (beer) bezeichnet 'real ale'-Bier, das in Fässern gebraut wird.

casserole ['kæsərəul] *n (stew)* Schmorgericht aus Fleisch und Gemüse; ~ **(dish)** Schmortopf *der.*

cassette [kæ'set] *n* Kassette *die.*

cassette recorder *n* Kassettenrecorder *der.*

cast [kɑːst] *(pt & pp inv)* ◇ *n (actors)* Besetzung *die; (for broken bone)* Gipsverband *der.* ◇ *vt* werfen; **to ~ a vote** wählen; **to ~ doubt on** in Zweifel ziehen.

◆ **cast off** *vi (boat, ship)* abllegen.

caster ['kɑːstər] *n (wheel)* Rolle *die.*

caster sugar *n (Br)* Streuzucker *der.*

castle ['kɑːsl] *n* Schloß *das; (fortified)* Burg *die; (in chess)* Turm *der.*

casual ['kæʒʊəl] *adj (relaxed)* ungezwungen, lässig; *(remark)* beiläufig; *(clothes)* leger; ~ **work** Gelegenheitsarbeit *die.*

casualty ['kæʒjʊəltɪ] *n (injured)* Verletzte *der, die; (dead)* Tote *der, die;* ~ **(ward)** Unfallstation *die.*

cat [kæt] *n* Katze *die.*

catalog ['kætəlɒg] *(Am)* = **catalogue**.

catalogue ['kætəlɒg] *n* Katalog *der.*

catapult ['kætəpʌlt] *n* Katapult *das.*

cataract ['kætərækt] *n (in eye)* grauer Star.

catarrh [kə'tɑːr] *n* Katarrh *der.*

catastrophe [kə'tæstrəfɪ] *n* Katastrophe *die.*

catch [kætʃ] *(pt & pp caught)* ◇ *vt* fangen; *(bus, train, plane, taxi)* nehmen; *(surprise)* erwischen; *(illness)* bekommen; *(hear)* verstehen; *(attention)* erregen. ◇ *vi (become hooked)* sich verfangen. ◇ *n (of window, door)* Schnappschloß *das;*

(snag) Haken *der.*

◆ **catch up** *vt sep & vi* einlholen, auflholen.

catching ['kætʃɪŋ] *adj (inf)* ansteckend.

category ['kætəgərɪ] *n* Kategorie *die.*

cater ['keɪtər]: **cater for** *vt fus (Br)* eingestellt sein auf (+A).

caterpillar ['kætəpɪlər] *n* Raupe *die.*

cathedral [kə'θiːdrəl] *n* Kathedrale *die.*

Catholic ['kæθlɪk] ◇ *adj* katholisch. ◇ *n* Katholik *der* (-in *die*).

Catseyes® ['kætsaɪz] *npl (Br)* Reflektoren *pl (auf der Straße).*

cattle ['kætl] *npl* Vieh *das.*

cattle grid *n* Gitter auf Landstraßen, um Vieh am Überqueren zu hindern.

caught [kɔːt] *pt & pp* → **catch**.

cauliflower ['kɒlɪˌflaʊər] *n* Blumenkohl *der*, Karfiol *der (Österr).*

cauliflower cheese *n* Blumenkohlauflauf *der.*

cause [kɔːz] ◇ *n* Ursache *die*, Grund *der; (principle, aim)* Sache *die.* ◇ *vt* verursachen; **to ~ sb to do sthg** jn veranlassen, etw zu tun.

causeway ['kɔːzweɪ] *n* Damm *der.*

caustic soda [ˌkɔːstɪk-] *n* Ätznatron *das.*

caution ['kɔːʃn] *n* Vorsicht *die; (warning)* Verwarnung *die.*

cautious ['kɔːʃəs] *adj* vorsichtig.

cave [keɪv] *n* Höhle *die.*

◆ **cave in** *vi* einlstürzen.

caviar(e) ['kævɪɑːr] *n* Kaviar *der.*

cavity ['kævətɪ] *n (in tooth)* Loch *das.*

CD *n (abbr of compact disc)* CD *die.*

CDI *n (abbr of compact disc interactive)* CD-Wechsler.

CD player *n* CD-Player *der.*

CDW n (abbr of collision damage waiver) Vollkaskoversicherung die.

cease [siːs] ◊ vt (fml) aufhören mit. ◊ vi (fml) aufhören.

ceasefire ['siːsˌfaɪəʳ] n Waffenstillstand der.

ceilidh ['keɪlɪ] n traditionelle Tanzveranstaltung in Schottland und Irland.

ceiling ['siːlɪŋ] n Decke die.

celebrate ['selɪbreɪt] vt & vi feiern.

celebration [ˌselɪ'breɪʃn] n (event) Feier die.

♦ **celebrations** npl (festivities) Festlichkeiten pl.

celebrity [sɪ'lebrətɪ] n (person) Prominente der, die.

celeriac [sɪ'lerɪæk] n Knollensellerie der.

celery ['selərɪ] n Sellerie der.

cell [sel] n Zelle die.

cellar ['seləʳ] n Keller der.

cello ['tʃeləʊ] (pl -s) n Cello das.

Cellophane® ['seləfeɪn] n (Br) Cellophan® das.

Celsius ['selsɪəs] adj Celsius.

cement [sɪ'ment] n Zement der.

cement mixer n Zementmischer der.

cemetery ['semɪtrɪ] n Friedhof der.

cent [sent] n (Am) Cent der.

center ['sentəʳ] (Am) = **centre**.

centigrade ['sentɪgreɪd] adj Celsius.

centimetre ['sentɪˌmiːtəʳ] n Zentimeter der.

centipede ['sentɪpiːd] n Tausendfüßler der.

central ['sentrəl] adj zentral.

central heating n Zentralheizung die.

central locking [-'lɒkɪŋ] n Zentralverriegelung die.

central reservation n (Br) Mittelstreifen der.

centre ['sentəʳ] ◊ n (Br) Mitte die; (building) Zentrum das. ◊ adj (Br) mittlere(-r)(-s); **to be the ~ of attention** im Mittelpunkt stehen.

century ['sentʃʊrɪ] n Jahrhundert das.

ceramic [sɪ'ræmɪk] adj Keramik-.

♦ **ceramics** npl Keramik die.

cereal ['sɪərɪəl] n (breakfast food) Frühstücksflocken pl.

ceremony ['serɪmənɪ] n Zeremonie die.

certain ['sɜːtn] adj sicher; (particular) bestimmt, gewiß; **to be ~ to do sthg** etw bestimmt tun; **to be ~ of sthg** sich (D) einer Sache (G) sicher sein; **to make ~ (that)** sich vergewissern, daß.

certainly ['sɜːtnlɪ] adv bestimmt; (of course) natürlich, sicher.

certificate [sə'tɪfɪkət] n Bescheinigung die; (from school) Zeugnis das.

certify ['sɜːtɪfaɪ] vt bescheinigen.

chain [tʃeɪn] ◊ n Kette die. ◊ vt: **to ~ sthg to sthg** etw an etw (+A) anketten.

chain store n zu einer Ladenkette gehörendes Geschäft.

chair [tʃeəʳ] n Stuhl der; (armchair) Sessel der.

chair lift n Sessellift der.

chairman ['tʃeəmən] (pl -men [-mən]) n Vorsitzende der.

chairperson ['tʃeəˌpɜːsn] n Vorsitzende der, die.

chairwoman ['tʃeəˌwʊmən] (pl -women [-ˌwɪmɪn]) n Vorsitzende die.

chalet ['ʃæleɪ] n Chalet das; (at holiday camp) Ferienhaus das.

chalk [tʃɔːk] n Kreide die; **a piece of ~** ein Stück Kreide.

chalkboard ['tʃɔːkbɔːd] n (Am) Tafel die.

challenge ['tʃælɪndʒ] ◇ n Herausforderung die. ◇ vt (question) in Frage stellen; **to ~ sb (to sthg)** jn herauslfordern (zu etw).

chamber ['tʃeɪmbər] n Kammer die.

chambermaid ['tʃeɪmbəmeɪd] n Zimmermädchen das.

champagne [ˌʃæm'peɪn] n Champagner der.

champion ['tʃæmpjən] n Meister der (-in die).

championship ['tʃæmpjənʃɪp] n Meisterschaft die.

chance [tʃɑːns] ◇ n (luck) Glück das; (possibility) Chance die, Möglichkeit die; (opportunity) Gelegenheit die. ◇ vt: **to ~ it** (inf) es riskieren; **to take a ~** es darauf anlkommen lassen; **by ~** zufällig; **on the off ~** auf gut Glück.

Chancellor of the Exchequer [ˌtʃɑːnsələrəvðəˈɪksˈtʃekər] n (Br) Schatzkanzler der.

chandelier [ˌʃændəˈlɪər] n Kronleuchter der.

change [tʃeɪndʒ] ◇ n Veränderung die; (alteration) Änderung die; (money received back) Wechselgeld das; (coins) Kleingeld das. ◇ vt ändern; (switch) wechseln; (exchange) umltauschen; (clothes, bedding) wechseln. ◇ vi sich verändern; (on bus, train) umlsteigen; (change clothes) sich umlziehen; **a ~ of clothes** Kleidung zum Wechseln; **do you have ~ for a pound?** können Sie mir ein Pfund wechseln?; **for a ~** zur Abwechslung; **to get ~d** sich umlziehen; **to ~ money** Geld wechseln; **to ~ a nappy** eine Windel wechseln; **to ~ a wheel** ein Rad wechseln; **to ~ trains/planes** umlsteigen; **all ~!** (on train) alles aussteigen!

changeable ['tʃeɪndʒəbl] adj (weather) veränderlich.

change machine n Wechselgeldautomat der.

changing room ['tʃeɪndʒɪŋ-] n (for sport) Umkleideraum der; (in shop) Umkleidekabine die.

channel ['tʃænl] n Kanal der; (on radio) Sender der; (in sea) Fahrrinne die; **the (English) Channel** der Ärmelkanal.

Channel Islands npl: **the ~** die Kanalinseln.

Channel Tunnel n: **the ~** der Euro-Tunnel.

chant [tʃɑːnt] vt (RELIG) singen; (words, slogan) Sprechchöre anlstimmen.

chaos ['keɪɒs] n Chaos das.

chaotic [keɪ'ɒtɪk] adj chaotisch.

chap [tʃæp] n (Br: inf) Kerl der.

chapel ['tʃæpl] n Kapelle die.

chapped [tʃæpt] adj aufgesprungen.

chapter ['tʃæptər] n Kapitel das.

character ['kærəktər] n Charakter der; (of person) Persönlichkeit die; (in film, book, play) Gestalt die; (letter) Schriftzeichen das.

characteristic [ˌkærəktəˈrɪstɪk] ◇ adj charakteristisch. ◇ n Kennzeichen das.

charcoal ['tʃɑːkəʊl] n (for barbecue) Grillkohle die.

charge [tʃɑːdʒ] ◇ n (price) Gebühr die; (JUR) Anklage die. ◇ vt (money) berechnen; (JUR) anlklagen; (battery) auflladen. ◇ vi (ask money) in Rechnung stellen; (rush) stürmen; **to be in ~ (of)** verantwortlich sein (für); **to take ~ of sthg** die Leitung für etw übernehmen; **free of ~** gratis; **there is no ~ for service** es gibt keinen Bedienungszuschlag.

char-grilled ['tʃɑːgrɪld] adj vom Holzkohlengrill.

charity ['tʃærətɪ] n (organization) Wohltätigkeitsverein der; **to give**

to ~ für wohltätige Zwecke spenden.

charity shop n Gebrauchtwarenladen, dessen Erlös zugunsten wohltätiger Zwecke geht.

charm [tʃɑːm] ◊ n (attractiveness) Reiz der. ◊ vt bezaubern.

charming [ˈtʃɑːmɪŋ] adj reizend.

chart [tʃɑːt] n (diagram) Diagramm das; (map) Karte die; **the ~s** die Hitparade.

chartered accountant [ˌtʃɑːtəd-] n Wirtschaftsprüfer der (-in die).

charter flight [ˈtʃɑːtə-] n Charterflug der.

chase [tʃeɪs] ◊ n Verfolgungsjagd die. ◊ vt verfolgen, jagen.

chat [tʃæt] ◊ n Plauderei die. ◊ vi plaudern; **to have a ~ (with sb)** plaudern (mit jm).

◆ **chat up** vt sep (Br: inf) anlmachen.

chat show n (Br) Talk-Show die.

chatty [ˈtʃætɪ] adj (person) gesprächig; (letter) unterhaltsam.

chauffeur [ˈʃəʊfər] n Chauffeur der.

cheap [tʃiːp] adj billig.

cheap day return n (Br) reduzierte Rückfahrkarte für bestimmte Züge.

cheaply [ˈtʃiːplɪ] adv billig.

cheat [tʃiːt] ◊ n Betrüger der (-in die); (in games) Mogler der (-in die). ◊ vi betrügen; (in games) mogeln. ◊ vt: **to ~ sb (out of sthg)** jn betrügen (um etw).

check [tʃek] ◊ n (inspection) Kontrolle die; (Am: bill) Rechnung die; (Am: tick) Haken der; (Am) = **cheque**. ◊ vt kontrollieren. ◊ vi überprüfen; **to ~ for sthg** auf etw prüfen.

◆ **check in** vt sep & vi einlchecken.

◆ **check off** vt sep ablhaken.

◆ **check out** vi ablreisen, auslchecken.

◆ **check up** vi: **to ~ up (on)** überprüfen.

checked [tʃekt] adj kariert.

checkers [ˈtʃekəz] n (Am) Damespiel das.

check-in desk n (at airport) Abfertigungsschalter der; (at hotel) Rezeption die.

checkout [ˈtʃekaʊt] n Kasse die.

checkpoint [ˈtʃekpɔɪnt] n Kontrollpunkt der.

checkroom [ˈtʃekrʊm] n (Am) Gepäckaufbewahrung die.

checkup [ˈtʃekʌp] n Untersuchung die.

cheddar (cheese) [ˈtʃedər-] n Cheddarkäse der.

cheek [tʃiːk] n Backe die; **what a ~!** so eine Frechheit!

cheeky [ˈtʃiːkɪ] adj frech.

cheer [tʃɪər] ◊ n Beifallsruf der. ◊ vi jubeln, applaudieren.

cheerful [ˈtʃɪəfʊl] adj fröhlich.

cheerio [ˌtʃɪərɪˈəʊ] excl (Br: inf) tschüs!

cheers [tʃɪəz] excl (when drinking) prost!; (Br: inf: thank you) danke!

cheese [tʃiːz] n Käse der.

cheeseboard [ˈtʃiːzbɔːd] n Käseplatte die.

cheeseburger [ˈtʃiːzˌbɜːgər] n Cheeseburger der.

cheesecake [ˈtʃiːzkeɪk] n Käsekuchen der.

chef [ʃef] n Koch der.

chef's special n Tagesgericht das.

chemical [ˈkemɪkl] ◊ adj chemisch. ◊ n Chemikalie die.

chemist [ˈkemɪst] n (Br: pharmacist) Apotheker der (-in die); (scientist) Chemiker der (-in die); **~'s** (Br: shop) Drogerie die; (dispensing)

Apotheke *die*.

chemistry ['kemɪstrɪ] *n* Chemie *die*.

cheque [tʃek] *n (Br)* Scheck *der*; **to pay by ~** mit Scheck bezahlen.

chequebook ['tʃekbʊk] *n* Scheckbuch *das*.

cheque card *n* Scheckkarte *die*.

cherry ['tʃerɪ] *n* Kirsche *die*.

chess [tʃes] *n* Schach *das*.

chest [tʃest] *n (of body)* Brust *die*; *(box)* Truhe *die*.

chestnut ['tʃesnʌt] ◇ *n* Kastanie *die*. ◇ *adj (colour)* kastanienbraun.

chest of drawers *n* Kommode *die*.

chew [tʃuː] ◇ *vt* kauen. ◇ *n (sweet)* Kaubonbon *der or das*.

chewing gum ['tʃuːɪŋ-] *n* Kaugummi *der*.

chic [ʃiːk] *adj* schick.

chicken ['tʃɪkɪn] *n* Huhn *das*; *(grilled, roasted)* Hähnchen *das*.

chicken breast *n* Hühnerbrust *die*.

chicken Kiev [-'kiːev] *n* mit Knoblauchbutter gefülltes paniertes Hähnchenfilet.

chickenpox ['tʃɪkɪnpɒks] *n* Windpocken *pl*.

chickpea ['tʃɪkpiː] *n* Kichererbse *die*.

chicory ['tʃɪkərɪ] *n* Chicorée *der*.

chief [tʃiːf] ◇ *adj (highest-ranking)* leitend, Ober-; *(main)* Haupt-. ◇ *n* Leiter *der* (-in *die*), Chef *der* (-in *die*); *(of tribe)* Häuptling *der*.

chiefly ['tʃiːflɪ] *adv (mainly)* hauptsächlich; *(especially)* vor allem.

child [tʃaɪld] *(pl children)* *n* Kind *das*.

child abuse *n* Kindesmißhandlung *die*.

child benefit *n (Br)* Kindergeld *das*.

childhood ['tʃaɪldhʊd] *n* Kindheit *die*.

childish ['tʃaɪldɪʃ] *adj (pej: immature)* kindisch.

childminder ['tʃaɪld,maɪndər] *n (Br)* Tagesmutter *die*.

children ['tʃɪldrən] *pl* → **child**.

childrenswear ['tʃɪldrənzweər] *n* Kinderkleidung *die*.

child seat *n* Kindersitz *der*.

Chile ['tʃɪlɪ] *n* Chile *nt*.

chill [tʃɪl] ◇ *n (illness)* Erkältung *die*. ◇ *vt* kühlen; **there's a ~ in the air** es ist kühl draußen.

chilled [tʃɪld] *adj* gekühlt; **'serve ~'** 'gekühlt servieren'.

chilli ['tʃɪlɪ] *(pl -ies)* *n* Chili *der*.

chilli con carne ['tʃɪlɪkɒn'kɑːnɪ] *n* Chili con carne *das*.

chilly ['tʃɪlɪ] *adj* kühl.

chimney ['tʃɪmnɪ] *n* Schornstein *der*.

chimneypot ['tʃɪmnɪpɒt] *n* Schornsteinaufsatz *der*.

chimpanzee [,tʃɪmpən'ziː] *n* Schimpanse *der*.

chin [tʃɪn] *n* Kinn *das*.

china ['tʃaɪnə] *n (material)* Porzellan *das*.

China ['tʃaɪnə] *n* China *nt*.

Chinese [,tʃaɪ'niːz] ◇ *adj* chinesisch. ◇ *n (language)* Chinesisch *das*. ◇ *npl*: **the ~** die Chinesen; **a ~ restaurant** ein China-Restaurant.

chip [tʃɪp] ◇ *n (small piece)* Stückchen *das*; *(mark)* angeschlagene Stelle; *(for gambling, in computer)* Chip *der*. ◇ *vt* anschlagen.

◆ **chips** *npl (Br: French fries)* Pommes frites *pl*; *(Am: crisps)* Chips *pl*.

chiropodist [kɪ'rɒpədɪst] *n* Fußpfleger *der* (-in *die*).

chisel ['tʃɪzl] *n* Meißel *der*; *(for wood)* Stemmeisen *das*.

chives [tʃaɪvz] *npl* Schnittlauch *der*.

chlorine ['klɔːriːn] n Chlor das.

choc-ice ['tʃɒkaɪs] n (Br) Eiscremeriegel mit Schokoladenüberzug.

chocolate ['tʃɒkələt] ◇ n Schokolade die; (sweet) Praline die. ◇ adj Schokoladen-.

chocolate biscuit n Schokoladenkeks der.

choice [tʃɔɪs] ◇ n Wahl die; (variety) Auswahl die. ◇ adj (meat, ingredients) Qualitäts-; with the topping of your ~ mit der Garnitur Ihrer Wahl.

choir ['kwaɪər] n Chor der.

choke [tʃəʊk] ◇ n (AUT) Choke der. ◇ vt verstopfen. ◇ vi (on fishbone etc) sich verschlucken; (to death) ersticken.

cholera ['kɒlərə] n Cholera die.

choose [tʃuːz] (pt chose, pp chosen) ◇ vt wählen, sich (D) auslsuchen. ◇ vi wählen; to ~ to do sthg (decide) beschließen, etw zu tun.

chop [tʃɒp] ◇ n (of meat) Kotelett das. ◇ vt hacken.

♦ **chop down** vt sep fällen, umlhauen.

♦ **chop up** vt sep kleinlhacken.

chopper ['tʃɒpər] n (inf: helicopter) Hubschrauber der.

chopping board ['tʃɒpɪŋ-] n Hackbrett das.

choppy ['tʃɒpɪ] adj kabbelig.

chopsticks ['tʃɒpstɪks] npl Stäbchen pl.

chop suey [ˌtʃɒpˈsuːɪ] n Chopsuey das.

chord [kɔːd] n Akkord der.

chore [tʃɔːr] n lästige Pflicht; household ~s Hausarbeit die.

chorus ['kɔːrəs] n (of song) Refrain der; (singers, dancers) Chor der.

chose [tʃəʊz] pt → choose.

chosen ['tʃəʊzn] pp → choose.

choux pastry [ʃuː-] n Brandteig der.

chowder ['tʃaʊdər] n Suppe mit Fisch oder Meeresfrüchten.

chow mein [ˌtʃaʊˈmeɪn] n chinesisches Gericht mit gebratenen Nudeln.

Christ [kraɪst] n Christus (ohne Artikel).

christen ['krɪsn] vt taufen.

Christian ['krɪstʃən] ◇ adj christlich. ◇ n Christ der (-in die).

Christian name n Vorname der.

Christmas ['krɪsməs] n Weihnachten das; Happy ~! Fröhliche Weihnachten!

Christmas card n Weihnachtskarte die.

Christmas carol [-ˈkærəl] n Weihnachtslied das.

Christmas Day n erster Weihnachtsfeiertag.

Christmas Eve n Heiligabend der.

Christmas pudding n Plumpudding der.

Christmas tree n Weihnachtsbaum der.

chrome [krəʊm] n Chrom das.

chuck [tʃʌk] vt (inf: throw) schmeißen; (boyfriend, girlfriend) Schluß machen mit.

♦ **chuck away** vt sep (inf) weglschmeißen.

chunk [tʃʌŋk] n (of meat, cake etc) Stück das.

church [tʃɜːtʃ] n Kirche die; to go to ~ in die Kirche gehen.

churchyard ['tʃɜːtʃjɑːd] n Friedhof der.

chute [ʃuːt] n Rutsche die.

chutney ['tʃʌtnɪ] n Chutney das (Sauce aus Früchten und Gewürzen).

cider ['saɪdər] n = Apfelwein der.

cigar [sɪˈɡɑːr] n Zigarre die.

cigarette [ˌsɪɡəˈret] n Zigarette die.

cigarette lighter n Feuerzeug das.

cinema ['sınəmə] *n* Kino *das*.

cinnamon ['sınəmən] *n* Zimt *der*.

circle ['sɜːkl] ◇ *n* Kreis *der*; *(in theatre)* Rang *der*. ◇ *vt (draw circle around)* einlkreisen; *(move round)* umlkreisen. ◇ *vi (plane)* kreisen.

circuit ['sɜːkɪt] *n (track)* Rennbahn *die*; *(lap)* Runde *die*.

circular ['sɜːkjʊləʳ] ◇ *adj* rund. ◇ *n* Rundschreiben *das*.

circulation [ˌsɜːkjʊ'leɪʃn] *n (of blood)* Kreislauf *der*; *(of newspaper, magazine)* Auflage *die*.

circumstances ['sɜːkəmstənsɪz] *npl* Umstände *pl*; **in** OR **under the ~** unter diesen Umständen.

circus ['sɜːkəs] *n* Zirkus *der*.

cistern ['sɪstən] *n (of toilet)* Wasserbehälter *der*.

citizen ['sɪtɪzn] *n* Bürger *der* (-in *die*).

city ['sɪtɪ] *n* größere Stadt; **the City** Banken- und Börsenviertel *in* London.

city centre *n* Stadtzentrum *das*.

city hall *n (Am)* Rathaus *das*.

civilian [sɪ'vɪljən] *n* Zivilist *der* (-in *die*).

civilized ['sɪvɪlaɪzd] *adj (society)* zivilisiert; *(person, evening)* charmant.

civil rights [ˌsɪvl-] *npl* Bürgerrechte *pl*.

civil servant [ˌsɪvl-] *n* Beamte *der (im Staatsdienst)* (-in *die*).

civil service [ˌsɪvl-] *n* Staatsdienst *der*.

civil war [ˌsɪvl-] *n* Bürgerkrieg *der*.

cl *(abbr of centilitre)* cl.

claim [kleɪm] ◇ *n (assertion)* Anspruch *der*; *(demand)* Forderung *die*; *(for insurance)* Schadenersatzanspruch *der*. ◇ *vt (allege)* behaupten; *(demand)* fordern; *(credit)* Anspruch erheben auf (+*A*). ◇ *vi (on insurance)* Schadenersatz fordern.

claimant ['kleɪmənt] *n* Antragsteller *der* (-in *die*).

claim form *n* Antragsformular *das*.

clam [klæm] *n* Klaffmuschel *die*.

clamp [klæmp] ◇ *n (for car)* Parkkralle *die*. ◇ *vt (car)* eine Parkkralle anllegen.

clap [klæp] *vi* klatschen.

claret ['klærət] *n* roter Bordeaux.

clarinet [ˌklærə'net] *n* Klarinette *die*.

clash [klæʃ] ◇ *n (noise)* Geklirr *das*; *(confrontation)* Konflikt *der*. ◇ *vi (colours)* sich beißen; *(event, date)* sich überschneiden.

clasp [klɑːsp] ◇ *n (fastener)* Schnalle *die*. ◇ *vt* festlhalten.

class [klɑːs] ◇ *n* Klasse *die*; *(teaching period)* Stunde *die*; *(type)* Art *die*. ◇ *vt*: **to ~ sb/sthg as sthg** jn/ etw als etw einlstufen.

classic ['klæsɪk] ◇ *adj* klassisch. ◇ *n* Klassiker *der*.

classical ['klæsɪkl] *adj* klassisch.

classical music *n* klassische Musik.

classification [ˌklæsɪfɪ'keɪʃn] *n* Klassifizierung *die*; *(category)* Kategorie *die*.

classified ads [ˌklæsɪfaɪd-] *npl* Annoncen *pl*.

classroom ['klɑːsrʊm] *n* Klassenzimmer *das*.

claustrophobic [ˌklɔːstrə'fəʊbɪk] *adj*: **to feel ~** Platzangst haben.

claw [klɔː] *n* Kralle *die*; *(of crab, lobster)* Schere *die*.

clay [kleɪ] *n* Ton *der*.

clean [kliːn] ◇ *adj* sauber. ◇ *vt* sauberlmachen; *(floor)* putzen; **to ~ one's teeth** sich (*D*) die Zähne putzen.

cleaner ['kliːnəʳ] *n (person)* Putzfrau *die* (Putzer *der*); *(substance)* Putzmittel *das*.

cleanse [klenz] *vt* reinigen.

cleanser ['klenzə^r] *n* *(for skin)* Reinigungsmilch *die*; *(detergent)* Reinigungsmittel *das*.

clear [klɪə^r] ◇ *adj* klar; *(image, sound)* deutlich; *(obvious)* eindeutig; *(road, view)* frei. ◇ *vt* *(road, path)* räumen; *(jump over)* überspringen; *(declare not guilty)* freilsprechen; *(authorize)* genehmigen; *(cheque)* verrechnen. ◇ *vi* *(weather, fog)* sich auflklären; **to be ~ (about sthg)** *(D)* im klaren sein (über etw (A)); **to be ~ of sthg** *(not touching)* etw nicht berühren; **to ~ one's throat** sich räuspern; **to ~ the table** den Tisch ablräumen.

◆ **clear up** *vt sep* *(room, toys)* auflräumen; *(problem, confusion)* klären. ◇ *vi* *(weather)* sich auflklären; *(tidy up)* auflräumen.

clearance ['klɪərəns] *n* *(authorization)* Genehmigung *die*; *(free distance)* Entfernung *die*; *(for takeoff)* Starterlaubnis *die*.

clearance sale *n* Ausverkauf *der*.

clearing ['klɪərɪŋ] *n* Lichtung *die*.

clearly ['klɪəlɪ] *adv* *(see, speak)* deutlich; *(marked, defined)* klar, deutlich; *(obviously)* eindeutig.

clearway ['klɪəweɪ] *n* *(Br)* Straße mit Halteverbot.

clementine ['kleməntaɪn] *n* Klementine *die*.

clerk [*Br* klɑːk, *Am* klɜːrk] *n* Büroangestellte *der, die*; *(Am: in shop)* Verkäufer *der* (-in *die*).

clever ['klevə^r] *adj* *(person)* klug; *(idea, device)* clever.

click [klɪk] ◇ *n* Klicken *das*. ◇ *vi* klicken.

client ['klaɪənt] *n* Kunde *der* (Kundin *die*).

cliff [klɪf] *n* Klippe *die*.

climate ['klaɪmɪt] *n* Klima *das*.

climax ['klaɪmæks] *n* Höhepunkt *der*.

climb [klaɪm] ◇ *vt* *(hill, mountain)* besteigen; *(ladder)* hinauflsteigen; *(tree)* hochlklettern. ◇ *vi* klettern; *(plane)* steigen.

◆ **climb down** *vt fus* herunterlklettern. ◇ *vi* klein beilgeben.

◆ **climb up** *vt fus* hochlklettern.

climber ['klaɪmə^r] *n* Bergsteiger *der* (-in *die*).

climbing ['klaɪmɪŋ] *n* *(mountaineering)* Bergsteigen *das*; *(rock climbing)* Bergklettern *das*; **to go ~** Bergsteigen/Bergklettern gehen.

climbing frame *n* *(Br)* Klettergerüst *das*.

clingfilm ['klɪŋfɪlm] *n* *(Br)* Klarsichtfolie *die*.

clinic ['klɪnɪk] *n* Klinik *die*.

clip [klɪp] ◇ *n* *(fastener)* Klammer *die*; *(of film, programme)* Ausschnitt *der*. ◇ *vt* *(fasten)* zusammenlheften; *(cut)* schneiden.

cloak [kləʊk] *n* Umhang *der*.

cloakroom ['kləʊkrʊm] *n* *(for coats)* Garderobe *die*; *(Br: toilets)* Toilette *die*.

clock [klɒk] *n* Uhr *die*; *(mileometer)* Kilometerzähler *der*; **round the ~** rund um die Uhr.

clockwise ['klɒkwaɪz] *adv* im Uhrzeigersinn.

clog [klɒg] ◇ *n* Clog *der*. ◇ *vt* verstopfen.

close¹ [kləʊs] ◇ *adj* nahe; *(friend, contact, link)* eng; *(resemblance)* stark; *(examination)* genau; *(race, contest)* knapp. ◇ *adv* nah; **~ behind** dicht dahinter; **~ by** in der Nähe; **~ to** nahe an (+A, D), dicht bei.

close² [kləʊz] ◇ *vt* schließen. ◇ *vi* *(door, eyes)* sich schließen; *(shop, office)* schließen; *(deadline, offer)* enden.

♦ **close down** vt sep & vi schließen.

closed [kləʊzd] adj geschlossen.

closely [ˈkləʊslɪ] adv (related, involved) eng; (follow) dicht; (examine) genau.

closet [ˈklɒzɪt] n (Am) Schrank der.

close-up [ˈkləʊs-] n Nahaufnahme die.

closing time [ˈkləʊzɪŋ-] n Ladenschlußzeit die.

clot [klɒt] n (of blood) Gerinnsel das.

cloth [klɒθ] n (fabric) Stoff der; (piece of cloth) Tuch das.

clothes [kləʊðz] npl Kleider pl.

clothesline [ˈkləʊðzlaɪn] n Wäscheleine die.

clothes peg n (Br) Wäscheklammer die.

clothespin [ˈkləʊðzpɪn] (Am) = **clothes peg**.

clothes shop n Bekleidungsgeschäft das.

clothing [ˈkləʊðɪŋ] n Kleidung die.

clotted cream [ˌklɒtɪd-] n sehr dicke Sahne, Spezialität Südwestenglands.

cloud [klaʊd] n Wolke die.

cloudy [ˈklaʊdɪ] adj bewölkt; (liquid) trüb.

clove [kləʊv] n (of garlic) Zehe die.

♦ **cloves** npl (spice) Gewürznelken pl.

clown [klaʊn] n Clown der.

club [klʌb] n Klub der; (nightclub) Nachtklub der; (stick) Knüppel der.

♦ **clubs** npl (in cards) Kreuz das.

clubbing [ˈklʌbɪŋ] n: to go ~ (inf) tanzen gehen.

club class n Club Class die.

club sandwich n (Am) Club-Sandwich das.

club soda n (Am) Sodawasser das.

clue [klu:] n Hinweis der; (in cross-word) Frage die; I haven't got a ~ ich habe keine Ahnung.

clumsy [ˈklʌmzɪ] adj (person) ungeschickt.

clutch [klʌtʃ] ◇ n Kupplung die. ◇ vt (hold tightly) umklammern.

cm (abbr of centimetre) cm.

c/o (abbr of care of) bei, c/o.

Co. (abbr of company) Co.

coach [kəʊtʃ] n (bus) Bus der; (of train) Wagen der; (SPORT) Trainer der (-in die).

coach party n (Br) Busreisende pl.

coach station n Busbahnhof der.

coach trip n (Br) Busausflug der.

coal [kəʊl] n Kohle die.

coal mine n Kohlenbergwerk das.

coarse [kɔːs] adj (rough) grob; (vulgar) vulgär.

coast [kəʊst] n Küste die.

coaster [ˈkəʊstər] n (for glass) Untersetzer der.

coastguard [ˈkəʊstgɑːd] n (person) Küstenwächter der (-in die); (organization) Küstenwache die.

coastline [ˈkəʊstlaɪn] n Küste die.

coat [kəʊt] ◇ n Mantel der; (of animal) Fell das. ◇ vt: to ~ sthg (with) etw überziehen (mit).

coat hanger n Kleiderbügel der.

coating [ˈkəʊtɪŋ] n (on surface) Beschichtung die; (on food) Überzug der.

cobbled street [ˈkɒbld-] n Straße die mit Kopfsteinpflaster.

cobbles [ˈkɒblz] npl Kopfsteinpflaster das.

cobweb [ˈkɒbweb] n Spinnennetz das.

Coca-Cola® [ˌkəʊkəˈkəʊlə] n Coca-Cola® die or das.

cocaine [kəʊˈkeɪn] n Kokain das.

cock [kɒk] n Hahn der.

cock-a-leekie [ˌkɒkəˈliːkɪ] n Hüh-

nersuppe mit Lauch.

cockerel [ˈkɒkrəl] *n* junger Hahn.

cockles [ˈkɒklz] *npl* Herzmuscheln *die.*

cockpit [ˈkɒkpɪt] *n (of plane)* Cockpit *das.*

cockroach [ˈkɒkrəʊtʃ] *n* Küchenschabe *die.*

cocktail [ˈkɒkteɪl] *n* Cocktail *der.*

cocktail party *n* Cocktailparty *die.*

cock-up *n (Br: vulg):* **to make a ~** Scheiße bauen.

cocoa [ˈkəʊkəʊ] *n* Kakao *der.*

coconut [ˈkəʊkənʌt] *n* Kokosnuß *die.*

cod [kɒd] *(pl inv) n* Kabeljau *der.*

code [kəʊd] *n* Kode *der; (dialling code)* Vorwahl *die.*

cod-liver oil *n* Lebertran *der.*

coeducational [ˌkəʊedjuːˈkeɪʃənl] *adj* koedukativ.

coffee [ˈkɒfɪ] *n* Kaffee *der;* **black ~** schwarzer Kaffee; **white ~** Kaffee mit Milch; **ground ~** gemahlener Kaffee; **instant ~** Instantkaffee.

coffee bar *n (Br)* Café *das.*

coffee break *n* Kaffeepause *die.*

coffeepot [ˈkɒfɪpɒt] *n* Kaffeekanne *die.*

coffee shop *n (cafe)* Café *das.*

coffee table *n* Couchtisch *der.*

coffin [ˈkɒfɪn] *n* Sarg *der.*

cog(wheel) [ˈkɒg(wiːl)] *n* Zahnrad *das.*

coil [kɔɪl] ◇ *n* Rolle *die; (Br: contraceptive)* Spirale *die.* ◇ *vt* auf|rollen.

coin [kɔɪn] *n* Münze *die.*

coinbox [ˈkɔɪnbɒks] *n (Br)* Münztelefon *das.*

coincide [ˌkəʊɪnˈsaɪd] *vi:* **to ~ (with)** zusammen|fallen (mit).

coincidence [kəʊˈɪnsɪdəns] *n* Zufall *der.*

Coke® [kəʊk] *n* Cola® *die or das.*

colander [ˈkʌləndəʳ] *n* Sieb *das.*

cold [kəʊld] ◇ *adj* kalt; *(unfriendly)* kühl. ◇ *n (illness)* Erkältung *die,* Schnupfen *der; (temperature)* Kälte *die;* **to get ~** kalt werden; **to catch (a) ~** sich erkälten.

cold cuts *(Am)* = **cold meats.**

cold meats *npl* Aufschnitt *der.*

coleslaw [ˈkəʊlslɔː] *n* Krautsalat *der.*

colic [ˈkɒlɪk] *n* Kolik *die.*

collaborate [kəˈlæbəreɪt] *vi* zusammenarbeiten.

collapse [kəˈlæps] *vi (building, tent)* ein|stürzen; *(person)* zusammenbrechen.

collar [ˈkɒləʳ] *n* Kragen *der; (of dog, cat)* Halsband *das.*

collarbone [ˈkɒləbəʊn] *n* Schlüsselbein *das.*

colleague [ˈkɒliːg] *n* Kollege *der* (Kollegin *die).*

collect [kəˈlekt] ◇ *vt* sammeln; *(go and get)* ab|holen. ◇ *vi* sich sammeln. ◇ *adv (Am):* **to ~ call (sb)** ~ ein R-Gespräch (mit jm) führen.

collection [kəˈlekʃn] *n* Sammlung *die; (of mail)* Leerung *die.*

collector [kəˈlektəʳ] *n* Sammler *der* (-in *die).*

college [ˈkɒlɪdʒ] *n (school)* Schule *die; (Br: of university)* College *das; (Am: university)* Universität *die.*

collide [kəˈlaɪd] *vi:* **to ~ (with)** zusammen|stoßen (mit).

collision [kəˈlɪʒn] *n* Zusammenstoß *der.*

cologne [kəˈləʊn] *n* Kölnischwasser *das.*

Cologne [kəˈləʊn] *n* Köln *nt.*

colon [ˈkəʊlən] *n* (GRAMM) Doppelpunkt *der.*

colonel [ˈkɜːnl] *n* Oberst *der.*

colony [ˈkɒlənɪ] *n* Kolonie *die.*

color [ˈkʌləʳ] *(Am)* = **colour.**

colour [ˈkʌləʳ] ◇ *n* Farbe *die.* ◇ *adj*

(photograph, film) Farb-. ◊ *vt* färben.

◆ **colour in** *vt sep* aus|malen.

colour-blind *adj* farbenblind.

colourful [ˈkʌləfʊl] *adj* bunt; *(fig: person, place)* schillernd.

colouring [ˈkʌlərɪŋ] *n (of food)* Farbstoff *der*; *(complexion)* Hautfarbe *die*.

colouring book *n* Malbuch *das*.

colour supplement *n* Farbbeilage *die*.

colour television *n* Farbfernsehen *das*.

column [ˈkɒləm] *n* Säule *die*; *(of figures)* Kolumne *die*; *(of writing)* Spalte *die*.

coma [ˈkəʊmə] *n* Koma *das*.

comb [kəʊm] ◊ *n* Kamm *der*. ◊ *vt*: **to ~ one's hair** sich *(D)* die Haare kämmen.

combination [ˌkɒmbɪˈneɪʃn] *n (mixture)* Mischung *die*; *(of lock)* Kombination *die*.

combine [kəmˈbaɪn] *vt*: **to ~ sthg (with)** etw verbinden (mit).

combine harvester [ˈkɒmbaɪnˈhɑːvɪstəʳ] *n* Mähdrescher *der*.

come [kʌm] *(pt* came, *pp* inv) *vi*
1. *(move)* kommen; **we came by taxi** wir sind mit dem Taxi gekommen; **~ and see!** komm und schau!; **~ here!** komm her!
2. *(arrive)* kommen; **to ~ home** nach Hause kommen; **'coming soon'** 'demnächst'.
3. *(in competition)*: **to ~ first** Erster werden; **to ~ last** Letzter werden.
4. *(reach)*: **to ~ up/down to** gehen bis.
5. *(become)* werden; **to ~ true** wahr werden; **to ~ undone** auf|gehen.
6. *(be sold)*: **they ~ in packs of six** es gibt sie im Sechserpack.

◆ **come across** *vt fus* stoßen auf *(+A)*.

◆ **come along** *vi (progress)* voran|kommen; *(arrive)* kommen; **~ along!** *(as encouragement)* komm!; *(hurry up)* komm schon!

◆ **come apart** *vi* kaputt|gehen.

◆ **come back** *vi* zurück|kommen.

◆ **come down** *vi (price)* fallen.

◆ **come down with** *vt fus (illness)* bekommen.

◆ **come from** *vt fus* stammen aus *(+D)*, kommen aus *(+D)*.

◆ **come in** *vi* herein|kommen; *(train)* ein|fahren; **~ in!** herein!

◆ **come off** *vi (button, top)* ab|gehen; *(succeed)* klappen.

◆ **come on** *vi (progress)* voran|kommen; **~ on!** *(as encouragement)* komm!; *(hurry up)* komm schon!

◆ **come out** *vi* heraus|kommen; *(stain)* heraus|gehen; **only two photos came out** nur zwei Bilder sind was geworden.

◆ **come over** *vi (visit)* vorbei|kommen.

◆ **come round** *vi (visit)* vorbei|kommen; *(regain consciousness)* zu sich kommen.

◆ **come to** *vt fus*: **the bill ~s to £20** das macht 20 Pfund.

◆ **come up** *vi (go upstairs)* hoch|kommen; *(be mentioned)* erwähnt werden; *(happen)* passieren; *(sun, moon)* auf|gehen.

◆ **come up with** *vt fus (idea)* sich aus|denken.

comedian [kəˈmiːdjən] *n* Komiker *der*.

comedy [ˈkɒmədɪ] *n* Komödie *die*; *(humour)* Komik *die*.

comfort [ˈkʌmfət] ◊ *n* Bequemlichkeit *die*; *(consolation)* Trost *der*. ◊ *vt* trösten.

comfortable [ˈkʌmftəbl] *adj* bequem; *(hotel)* komfortabel; *(financially)* ohne Sorgen; **she is ~** *(after operation)* es geht ihr gut.

comic ['kɒmɪk] ◊ *adj* komisch. ◊ *n* *(person)* Komiker *der*; *(magazine)* Comicheft *das*.

comical ['kɒmɪkl] *adj* ulkig.

comic strip *n* Comic *der*.

comma ['kɒmə] *n* Komma *das*.

command [kə'mɑːnd] ◊ *n* Befehl *der*; *(mastery)* Beherrschung *die*. ◊ *vt* befehlen (+*D*); *(be in charge of)* befehligen.

commander [kə'mɑːndə^r] *n* Kommandant *der*.

commemorate [kə'meməreɪt] *vt* gedenken (+*G*).

commence [kə'mens] *vi (fml)* beginnen.

comment ['kɒment] ◊ *n* Kommentar *der*. ◊ *vi* bemerken.

commentary ['kɒməntrɪ] *n (on TV, radio)* Reportage *die*.

commentator ['kɒmənteɪtə^r] *n (on TV, radio)* Reporter *der* (-in *die*).

commerce ['kɒmɜːs] *n* Handel *der*.

commercial [kə'mɜːʃl] ◊ *adj* kommerziell. ◊ *n* Werbespot *der*.

commercial break *n* Werbepause *die*.

commission [kə'mɪʃn] *n (money)* Provision *die*; *(committee)* Kommission *die*.

commit [kə'mɪt] *vt (crime, sin, suicide)* begehen; **to ~ o.s. (to sthg)** sich (zu etw) verpflichten.

committee [kə'mɪtɪ] *n* Ausschuß *der*.

commodity [kə'mɒdətɪ] *n* Produkt *das*.

common ['kɒmən] ◊ *adj (usual, widespread)* häufig; *(shared)* gemeinsam; *(pej: vulgar)* gewöhnlich. ◊ *n (Br: land)* Gemeindewiese *die*; **in ~** gemeinsam.

commonly ['kɒmənlɪ] *adv (generally)* allgemein.

Common Market *n* Gemein-samer Markt.

common room *n* Gemeinschaftsraum *der*.

common sense *n* gesunder Menschenverstand.

Commonwealth ['kɒmənwelθ] *n* Commonwealth *das*.

communal ['kɒmjʊnl] *adj (bathroom, kitchen)* Gemeinschafts-.

communicate [kə'mjuːnɪkeɪt] *vi*: **to ~ (with)** sich verständigen (mit).

communication [kə,mjuːnɪ-'keɪʃn] *n* Verständigung *die*.

communication cord *n (Br)* Notbremse *die*.

communist ['kɒmjʊnɪst] *n* Kommunist *der* (-in *die*).

community [kə'mjuːnətɪ] *n* Gemeinschaft *die*; **(local) ~** Gemeinde *die*.

community centre *n* Gemeindezentrum *das*.

commute [kə'mjuːt] *vi* pendeln.

commuter [kə'mjuːtə^r] *n* Pendler *der* (-in *die*).

compact [*adj* kəm'pækt, *n* 'kɒmpækt] ◊ *adj* kompakt. ◊ *n (for make-up)* Puderdose *die*; *(Am: car)* Kleinwagen *der*.

compact disc [,kɒmpækt-] *n* Compact Disc *die*.

compact disc player *n* CD-Player *der*.

company ['kʌmpənɪ] *n* Gesellschaft *die*; *(firm)* Firma *die*; *(guests)* Besuch *der*; **to keep sb ~** jm Gesellschaft leisten.

company car *n* Firmenwagen *der*.

comparatively [kəm'pærətɪvlɪ] *adv (relatively)* relativ.

compare [kəm'peə^r] *vt*: **to ~ sthg (with)** etw vergleichen (mit).

comparison [kəm'pærɪsn] *n* Vergleich *der*; **in ~ with** im Vergleich zu.

compartment [kəm'pɑːtmənt] *n* (of train) Abteil *das*; (section) Fach *das*.

compass ['kʌmpəs] *n* Kompaß *der*; (a pair of) ~es ein Zirkel.

compatible [kəm'pætəbl] *adj*: to be ~ zusammen|passen.

compensate ['kɒmpenseɪt] ◊ *vt* entschädigen. ◊ *vi*: to ~ for sthg etw aus|gleichen; to ~ sb for sthg jn für etw entschädigen.

compensation [,kɒmpen'seɪʃn] *n* (money) Abfindung *die*.

compete [kəm'piːt] *vi* (take part) teil|nehmen; to ~ with sb for sthg mit jm um etw konkurrieren.

competent ['kɒmpɪtənt] *adj* fähig.

competition [,kɒmpɪ'tɪʃn] *n* (race, contest) Wettbewerb *der*; (rivalry, rivals) Konkurrenz *die*.

competitive [kəm'petətɪv] *adj* (price) konkurrenzfähig; (person) wetteifernd.

competitor [kəm'petɪtər] *n* (in race, contest) Teilnehmer *der* (-in *die*); (COMM) Konkurrent *der* (-in *die*).

complain [kəm'pleɪn] *vi*: to ~ (about) sich beschweren (über (+A)).

complaint [kəm'pleɪnt] *n* Beschwerde *die*; (illness) Beschwerden *pl*.

complement ['kɒmplɪ,ment] *vt* ergänzen.

complete [kəm'pliːt] ◊ *adj* (whole) vollständig; (finished) fertig; (utter) völlig. ◊ *vt* (finish) fertig|stellen; (a form) aus|füllen; (make whole) vervollständigen; ~ with komplett mit.

completely [kəm'pliːtlɪ] *adv* ganz.

complex ['kɒmpleks] ◊ *adj* kompliziert. ◊ *n* Komplex *der*.

complexion [kəm'plekʃn] *n* (of skin) Teint *der*.

complicated ['kɒmplɪkeɪtɪd] *adj* kompliziert.

compliment [*n* 'kɒmplɪmənt, *vb* 'kɒmplɪment] ◊ *n* Kompliment *das*. ◊ *vt*: to ~ sb jm ein Kompliment machen.

complimentary [,kɒmplɪ'mentərɪ] *adj* (seat, ticket) Frei-, gratis; (words, person) schmeichelhaft.

compose [kəm'pəʊz] *vt* (music) komponieren; (letter, poem) verfassen; to be ~d of bestehen aus.

composed [kəm'pəʊzd] *adj* gefaßt.

composer [kəm'pəʊzər] *n* Komponist *der* (-in *die*).

composition [,kɒmpə'zɪʃn] *n* (essay) Aufsatz *der*.

compound ['kɒmpaʊnd] *n* (substance) Verbindung *die*; (word) Kompositum *das*.

comprehensive [,kɒmprɪ'hensɪv] *adj* umfassend.

comprehensive (school) *n* (Br) Gesamtschule *die*.

compressed air [kəm'prest-] *n* Preßluft *die*.

comprise [kəm'praɪz] *vt* bestehen aus.

compromise ['kɒmprəmaɪz] *n* Kompromiß *der*.

compulsory [kəm'pʌlsərɪ] *adj*: to be ~ Pflicht sein.

computer [kəm'pjuːtər] *n* Computer *der*.

computer game *n* Computerspiel *das*.

computerized [kəm'pjuːtəraɪzd] *adj* computerisiert.

computer operator *n* Anwender *der* (-in *die*).

computer programmer [-'prəʊɡræmər] *n* Programmierer *der* (-in *die*).

computing [kəm'pjuːtɪŋ] *n* Computertechnik *die*.

con [kɒn] n (inf: trick) Schwindel der; **all mod ~s** alle modernen Haushaltsgeräte.

conceal [kənˈsiːl] vt verbergen.

conceited [kənˈsiːtɪd] adj (pej) eingebildet.

concentrate [ˈkɒnsəntreɪt] ◊ vt konzentrieren. ◊ vi: **to ~ (on sth)** sich (auf etw (A))konzentrieren.

concentrated [ˈkɒnsəntreɪtɪd] adj konzentriert.

concentration [ˌkɒnsənˈtreɪʃn] n Konzentration die.

concern [kənˈsɜːn] ◊ n (worry) Sorge die; (affair) Angelegenheit die; (COMM) Unternehmen das. ◊ vt (be about) betreffen; (worry) beunruhigen; (involve) an|gehen; **it's no ~ of mine** das geht mich nichts an; **to be ~ed about** besorgt sein um; **to be ~ed with** handeln von; **to ~ o.s. with sthg** sich um etw kümmern; **as far as I'm ~ed** was mich betrifft.

concerned [kənˈsɜːnd] adj besorgt.

concerning [kənˈsɜːnɪŋ] prep betreffend.

concert [ˈkɒnsət] n Konzert das.

concession [kənˈseʃn] n (reduced price) Ermäßigung die.

concise [kənˈsaɪs] adj prägnant.

conclude [kənˈkluːd] ◊ vt (deduce) folgern; (fml: end) ab|schließen. ◊ vi (fml: end) schließen.

conclusion [kənˈkluːʒn] n Schluß der.

concrete [ˈkɒnkriːt] ◊ adj (building, path) Beton-; (idea, plan) konkret. ◊ n Beton der.

concussion [kənˈkʌʃn] n Gehirnerschütterung die.

condensation [ˌkɒndenˈseɪʃn] n Kondensation die.

condensed milk [kənˈdenst-] n Kondensmilch die.

condition [kənˈdɪʃn] n (state) Zustand der; (proviso) Bedingung die; (illness) Leiden das; **to be out of ~** keine Kondition haben; **on ~ that** unter der Bedingung, daß.
◆ **conditions** npl (circumstances) Verhältnisse pl.

conditioner [kənˈdɪʃnəʳ] n (for hair) Spülung die; (for clothes) Weichspüler der.

condo [ˈkɒndəʊ] (Am: inf) = **condominium**.

condom [ˈkɒndəm] n Kondom das.

condominium [ˌkɒndəˈmɪnɪəm] n (Am: apartment) Eigentumswohnung die; (building) Appartmenthaus das (mit Eigentumswohnungen).

conduct [vb kənˈdʌkt, n ˈkɒndʌkt] ◊ vt durch|führen; (MUS) dirigieren. ◊ n (fml: behaviour) Benehmen das; **to ~ o.s.** sich verhalten.

conductor [kənˈdʌktəʳ] n (MUS) Dirigent der (-in die); (on bus, train) Schaffner der (-in die).

cone [kəʊn] n (shape) Kegel der; (for ice cream) Waffeltüte die; (on roads) Leitkegel der.

confectioner's [kənˈfekʃnəz] n (shop) Süßwarenladen der.

confectionery [kənˈfekʃnərɪ] n Süßigkeiten pl.

conference [ˈkɒnfərəns] n Konferenz die.

confess [kənˈfes] vi: **to ~ (to)** gestehen.

confession [kənˈfeʃn] n Geständnis das; (RELIG) Beichte die.

confidence [ˈkɒnfɪdəns] n (selfassurance) Selbstvertrauen das; (trust) Vertrauen das; **to have ~ in** Vertrauen haben zu.

confident [ˈkɒnfɪdənt] adj (selfassured) selbstbewußt; (certain) zuversichtlich.

confined [kənˈfaɪnd] adj begrenzt.

confirm [kən'fɜːm] vt bestätigen.

confirmation [ˌkɒnfə'meɪʃn] n Bestätigung die; (of Catholic) Firmung die; (of Protestant) Konfirmation die.

conflict [n 'kɒnflɪkt, vb kən'flɪkt] ◊ n Konflikt der; (war) Kämpfe pl. ◊ vi: to ~ (with) im Widerspruch stehen (zu).

conform [kən'fɔːm] vi: to ~ (to) sich anpassen (an (+A)).

confuse [kən'fjuːz] vt verwirren; to ~ sthg with sthg eine Sache mit etw verwechseln.

confused [kən'fjuːzd] adj verwirrt; (situation) wirr.

confusing [kən'fjuːzɪŋ] adj verwirrend.

confusion [kən'fjuːʒn] n Verwirrung die; (disorder) Durcheinander das; (mix-up) Verwechslung die.

congested [kən'dʒestɪd] adj (street) verstopft.

congestion [kən'dʒestʃn] n (traffic) Stau der.

congratulate [kən'grætʃʊleɪt] vt: to ~ sb (on sthg) jm (zu etw) gratulieren.

congratulations [kənˌgrætʃʊ'leɪʃənz] excl herzlichen Glückwunsch.

congregate ['kɒŋgrɪgeɪt] vi sich versammeln.

Congress ['kɒŋgres] n (Am) der Kongreß.

conifer ['kɒnɪfə^r] n Nadelbaum der.

conjunction [kən'dʒʌŋkʃn] n (GRAMM) Konjunktion die.

conjurer ['kʌndʒərə^r] n Zauberer der (Zauberin die).

connect [kə'nekt] ◊ vt verbinden; (telephone, machine) anschließen. ◊ vi: to ~ with (train, plane) Anschluß haben an (+A).

connecting flight [kə'nektɪŋ-] n Anschlußflug der.

connection [kə'nekʃn] n (link) Zusammenhang der; (train, plane) Anschluß der; **a bad ~** (on phone) eine schlechte Verbindung; **a loose ~** (in machine) ein Wackelkontakt; **in ~ with** in Zusammenhang mit.

conquer ['kɒŋkə^r] vt erobern.

conscience ['kɒnʃəns] n Gewissen das.

conscientious [ˌkɒnʃɪ'enʃəs] adj gewissenhaft.

conscious ['kɒnʃəs] adj bewußt; **to be ~** (awake) bei Bewußtsein sein.

consent [kən'sent] n Zustimmung die.

consequence ['kɒnsɪkwəns] n (result) Folge die.

consequently ['kɒnsɪkwəntlɪ] adv folglich.

conservation [ˌkɒnsə'veɪʃn] n Erhaltung die.

conservative [kən'sɜːvətɪv] adj konservativ.

♦ **Conservative** adj konservativ. ◊ n Konservative der, die.

conservatory [kən'sɜːvətrɪ] n Wintergarten der.

consider [kən'sɪdə^r] vt (think about) sich (D) überlegen; (take into account) berücksichtigen; (judge) halten für.

considerable [kən'sɪdrəbl] adj beträchtlich.

consideration [kənˌsɪdə'reɪʃn] n (careful thought) Überlegung die; (factor) Faktor der; **to take sthg into ~** etw berücksichtigen.

considering [kən'sɪdərɪŋ] prep in Anbetracht (+G).

consist [kən'sɪst]: **consist in** vt fus bestehen in (+D).

♦ **consist of** vt fus bestehen aus.

consistent [kən'sɪstənt] adj (coher-

ent) übereinstimmend; *(worker, performance)* konsequent.

consolation [ˌkɒnsəˈleɪʃn] *n* Trost *der*.

console [ˈkɒnsəʊl] *n (for machine)* Steuerpult *das; (for computer game)* Spielkonsole *die*.

consonant [ˈkɒnsənənt] *n* Konsonant *der*.

conspicuous [kənˈspɪkjʊəs] *adj* auffällig.

constable [ˈkʌnstəbl] *n (Br)* Wachtmeister *der* (-in *die*).

constant [ˈkɒnstənt] *adj (unchanging)* gleichmäßig; *(continuous)* ständig.

constantly [ˈkɒnstəntlɪ] *adv (all the time)* ständig.

constipated [ˈkɒnstɪpeɪtɪd] *adj* verstopft.

constitution [ˌkɒnstɪˈtjuːʃn] *n (health)* Konstitution *die*.

construct [kənˈstrʌkt] *vt* bauen.

construction [kənˈstrʌkʃn] *n* Bau *der*; **under ~** im Bau.

consul [ˈkɒnsəl] *n* Konsul *der* (-in *die*).

consulate [ˈkɒnsjʊlət] *n* Konsulat *das*.

consult [kənˈsʌlt] *vt (person)* um Rat fragen; *(doctor)* konsultieren; *(dictionary, map)* nachlschauen.

consultant [kənˈsʌltənt] *n (Br: doctor)* Facharzt *der* (-ärztin *die*).

consume [kənˈsjuːm] *vt (food)* essen; *(fuel, energy)* verbrauchen.

consumer [kənˈsjuːməʳ] *n* Verbraucher *der* (-in *die*).

contact [ˈkɒntækt] ◇ *n (communication, person)* Kontakt *der*. ◇ *vt* sich in Verbindung setzen mit; **in ~ with** *(touching)* in Berührung mit; *(in communication with)* in Verbindung mit.

contact lens *n* Kontaktlinse *die*.

contagious [kənˈteɪdʒəs] *adj* ansteckend.

contain [kənˈteɪn] *vt* enthalten; *(control)* zurücklhalten.

container [kənˈteɪnəʳ] *n* Behälter *der*.

contaminate [kənˈtæmɪneɪt] *vt* verunreinigen.

contemporary [kənˈtempərərɪ] ◇ *adj* zeitgenössisch. ◇ *n* Zeitgenosse *der* (-genossin *die*).

contend [kənˈtend]: **contend with** *vt fus* fertiglwerden mit.

content [*adj* kənˈtent, *n* ˈkɒntent] ◇ *adj* zufrieden. ◇ *n (of vitamins, fibre etc)* Anteil *der*.

◆ **contents** *npl* Inhalt *der*.

contest [*n* ˈkɒntest, *vb* kənˈtest] ◇ *n (competition)* Wettbewerb *der*; *(struggle)* Kampf *der*. ◇ *vt (election, seat)* kandidieren; *(decision, will)* anlfechten.

context [ˈkɒntekst] *n* Zusammenhang *der*.

continent [ˈkɒntɪnənt] *n* Kontinent *der*; **the Continent** *(Br)* Europa.

continental [ˌkɒntɪˈnentl] *adj (Br: European)* europäisch.

continental breakfast *n* Frühstück mit Kaffee oder Tee, Brötchen und Marmelade.

continental quilt *n (Br)* Federbett *das*.

continual [kənˈtɪnjʊəl] *adj* ständig.

continually [kənˈtɪnjʊəlɪ] *adv* ständig.

continue [kənˈtɪnjuː] ◇ *vt* fortlsetzen. ◇ *vi* weiterlgehen; *(start again)* weiterlmachen; *(carry on speaking)* fortlfahren; *(keep driving)* weiterlfahren; **to ~ doing sthg** etw weiterhin tun; **to ~ with sthg** mit etw fortlfahren.

continuous [kənˈtɪnjʊəs] *adj (constant)* gleichmäßig; *(unbroken)* ununterbrochen.

continuously [kən'tɪnjʊəslɪ] *adv* ununterbrochen.

contraception [ˌkɒntrə'sepʃn] *n* Empfängnisverhütung *die*.

contraceptive [ˌkɒntrə'septɪv] *n* Verhütungsmittel *das*.

contract [*n* 'kɒntrækt, *vb* kən'trækt] ◇ *n* Vertrag *der*. ◇ *vt (fml: illness)* sich (D) zuziehen.

contradict [ˌkɒntrə'dɪkt] *vt* widersprechen (+D).

contraflow ['kɒntrəfləʊ] *n (Br)* Umleitung auf die Gegenfahrbahn.

contrary ['kɒntrərɪ] *n*: **on the ~** im Gegenteil.

contrast [*n* 'kɒntrɑːst, *vb* kən'trɑːst] ◇ *n* Kontrast *der*. ◇ *vt* vergleichen; **in ~ to** im Gegensatz zu.

contribute [kən'trɪbjuːt] *vt & vi* beitragen; **to ~ to** beitragen zu.

contribution [ˌkɒntrɪ'bjuːʃn] *n* Beitrag *der*.

control [kən'trəʊl] ◇ *n (power)* Macht *die; (over emotions)* Kontrolle *die; (operating device)* Steuerung *die*. ◇ *vt (have power over)* beherrschen; *(car, machine)* steuern; *(restrict)* beschränken; **to be in ~** Macht haben; **out of ~** außer Kontrolle; **under ~** unter Kontrolle.

◆ **controls** *npl (for TV, video)* Fernbedienung *die; (of aeroplane)* Steuerung *die*.

control tower *n* Kontrollturm *der*.

controversial [ˌkɒntrə'vɜːʃl] *adj* umstritten.

convenience [kən'viːnjəns] *n* Bequemlichkeit *die*; **at your ~** wann es Ihnen paßt.

convenient [kən'viːnjənt] *adj* günstig; *(well-situated)* in Reichweite; **to be ~ for sb** jm passen.

convent ['kɒnvənt] *n* Kloster *das*.

conventional [kən'venʃənl] *adj*

konventionell.

conversation [ˌkɒnvə'seɪʃn] *n* Gespräch *das*.

conversion [kən'vɜːʃn] *n* Umwandlung *die; (to building)* Umbau *der*.

convert [kən'vɜːt] *vt* umlwandeln; (RELIG) bekehren; **to ~ sthg into** etw umlwandeln in (+A).

converted [kən'vɜːtɪd] *adj (building, loft)* ausgebaut.

convertible [kən'vɜːtəbl] *n* Kabrio *das*.

convey [kən'veɪ] *vt (fml: transport)* befördern; *(idea, impression)* vermitteln.

convict [*n* 'kɒnvɪkt, *vb* kən'vɪkt] ◇ *n* Strafgefangene *der, die*. ◇ *vt*: **to ~ sb (of)** jn verurteilen (wegen).

convince [kən'vɪns] *vt*: **to ~ sb (of sthg)** jn (von etw) überzeugen; **to ~ sb to do sthg** jn überreden, etw zu tun.

convoy ['kɒnvɔɪ] *n* Konvoi *der*.

cook [kʊk] ◇ *n* Koch *der* (Köchin *die*). ◇ *vt & vi* kochen.

cookbook ['kʊkˌbʊk] = **cookery book**.

cooker ['kʊkər] *n* Herd *der*.

cookery ['kʊkərɪ] *n* Kochen *das*.

cookery book *n* Kochbuch *das*.

cookie ['kʊkɪ] *n (Am)* Keks *der*.

cooking ['kʊkɪŋ] *n* Kochen *das*; *(food)* Küche *die*.

cooking apple *n* Kochapfel *der*.

cooking oil *n* Öl zum Kochen.

cool [kuːl] ◇ *adj* kühl; *(inf: great)* toll. ◇ *vt* kühlen.

◆ **cool down** *vi* ablkühlen; *(become calmer)* sich beruhigen.

cooperate [kəʊ'ɒpəreɪt] *vi* zusammenlarbeiten.

cooperation [kəʊˌɒpə'reɪʃn] *n* Zusammenarbeit *die*.

cooperative [kəʊ'ɒpərətɪv] *adj* hilfsbereit.

coordinates [kəʊˈɔːdɪnəts] *npl* (*clothes*) *Kleidung zum Kombinieren.*

cope [kəʊp] *vi*: **to ~ (with)** zurechtlkommen (mit).

copilot [ˈkəʊˌpaɪlət] *n* Kopilot *der* (-in *die*).

copper [ˈkɒpəʳ] *n* Kupfer *das*; (*Br: inf: coin*) Penny *der*.

copy [ˈkɒpɪ] ◇ *n* Kopie *die*; (*of newspaper, book*) Exemplar *das*. ◇ *vt* kopieren.

cord(uroy) [ˈkɔːd(ərɔɪ)] *n* Kord(samt) *der*.

core [kɔːʳ] *n* (*of fruit*) Kerngehäuse *das*.

coriander [ˌkɒrɪˈændəʳ] *n* Koriander *der*.

cork [kɔːk] *n* (*in bottle*) Korken *der*.

corkscrew [ˈkɔːkskruː] *n* Korkenzieher *der*.

corn [kɔːn] *n* (*Br: crop*) Getreide *das*; (*Am: maize*) Mais *der*; (*on foot*) Hühnerauge *das*.

corned beef [ˌkɔːnd-] *n* Corned beef *das*.

corner [ˈkɔːnəʳ] *n* Ecke *die*; (*bend in road*) Kurve *die*; **it's just around the ~** es ist gleich um die Ecke.

corner shop *n* (*Br*) Tante-Emma-Laden *der*.

cornet [ˈkɔːnɪt] *n* (*Br: ice-cream cone*) Waffeltüte *die*.

cornflakes [ˈkɔːnfleɪks] *npl* Cornflakes *pl*.

corn-on-the-cob *n* (gekochter) Maiskolben.

corporal [ˈkɔːpərəl] *n* Unteroffizier *der*.

corpse [kɔːps] *n* Leiche *die*.

correct [kəˈrekt] ◇ *adj* richtig. ◇ *vt* verbessern.

correction [kəˈrekʃn] *n* Verbesserung *die*.

correspond [ˌkɒrɪˈspɒnd] *vi*: **to ~ (to)** (*match*) entsprechen (+D); **to ~ (with)** (*exchange letters*) korrespon-

dieren (mit).

corresponding [ˌkɒrɪˈspɒndɪŋ] *adj* entsprechend.

corridor [ˈkɒrɪdɔːʳ] *n* Korridor *der*.

corrugated iron [ˈkɒrəgeɪtɪd-] *n* Wellblech *das*.

corrupt [kəˈrʌpt] *adj* korrupt.

cosmetics [kɒzˈmetɪks] *npl* Kosmetik *die*.

cost [kɒst] (*pt & pp inv*) ◇ *n* Kosten *pl*; (*fig: loss*) Preis *der*. ◇ *vt* kosten; **how much does it ~?** wieviel kostet es?

costly [ˈkɒstlɪ] *adj* teuer.

costume [ˈkɒstjuːm] *n* Kostüm *das*; (*of country, region*) Tracht *die*.

cosy [ˈkəʊzɪ] *adj* (*Br: room, house*) gemütlich.

cot [kɒt] *n* (*Br: for baby*) Kinderbett *das*; (*Am: camp bed*) Feldbett *das*.

cottage [ˈkɒtɪdʒ] *n* Cottage *das*, Häuschen *das*.

cottage cheese *n* Hüttenkäse *der*.

cottage pie *n* (*Br*) Hackfleischauflauf bedeckt mit einer Schicht Kartoffelbrei.

cotton [ˈkɒtn] ◇ *adj* (*dress, shirt*) Baumwoll-. ◇ *n* Baumwolle *die*; (*thread*) Nähgarn *das*.

cotton candy *n* (*Am*) Zuckerwatte *die*.

cotton wool *n* Watte *die*.

couch [kaʊtʃ] *n* Couch *die*; (*at doctor's*) Liege *die*.

couchette [kuːˈʃet] *n* (*on train*) Liegeplatz *der*; (*seat on ship*) Liegesessel *der*.

cough [kɒf] ◇ *n* Husten *der*. ◇ *vi* husten; **to have a ~** Husten haben.

cough mixture *n* Hustenmittel *das*.

could [kʊd] *pt* → **can**.

couldn't [ˈkʊdnt] = **could not**.

could've [ˈkʊdəv] = **could have**.

council [ˈkaʊnsl] *n* (*Br: of town*) Stadtrat *der*; (*Br: of county*) Gemeinderat *der*; (*organization*) Rat *der*.

council house *n* (*Br*) ≈ Sozialwohnung *die*.

councillor [ˈkaʊnsələ^r] *n* (*Br: of town*) Stadtrat *der* (-rätin *die*); (*of county*) Gemeinderat *der* (-rätin *die*).

council tax *n* (*Br*) ≈ Gemeindesteuer *die*.

count [kaʊnt] ◇ *vt* & *vi* zählen. ◇ *n* (*nobleman*) Graf *der*.

♦ **count on** *vt fus* (*rely on*) sich verlassen auf (+*A*); (*expect*) rechnen auf (+*A*).

counter [ˈkaʊntə^r] *n* (*in shop*) Ladentisch *der*; (*in bank*) Schalter *der*; (*in board game*) Spielmarke *die*.

counterclockwise [ˌkaʊntəˈklɒkwaɪz] *adv* (*Am*) gegen den Uhrzeigersinn.

counterfoil [ˈkaʊntəfɔɪl] *n* Beleg *der*.

countess [ˈkaʊntɪs] *n* Gräfin *die*.

country [ˈkʌntrɪ] ◇ *n* Land *das*; (*scenery*) Landschaft *die*; (*population*) Volk *das*. ◇ *adj* Land-.

country and western *n* Countrymusic *die*.

country house *n* Landhaus *das*.

country road *n* Landstraße *die*.

countryside [ˈkʌntrɪsaɪd] *n* (*place*) Land *das*; (*scenery*) Landschaft *die*.

county [ˈkaʊntɪ] *n* (*in Britain*) Grafschaft *die*; (*in US*) Verwaltungsbezirk *der*.

couple [ˈkʌpl] *n* Paar *das*; **a ~ (of)** (*two*) zwei; (*a few*) ein paar.

coupon [ˈkuːpɒn] *n* (*for discount etc*) Gutschein *der*; (*for orders, enquiries*) Coupon *der*.

courage [ˈkʌrɪdʒ] *n* Mut *der*.

courgette [kɔːˈʒet] *n* (*Br*) Zucchini *die*.

courier [ˈkʊrɪə^r] *n* (*for holidaymakers*) Reiseleiter *der* (-in *die*); (*for delivering letters*) Bote *der*.

course [kɔːs] *n* (*of meal*) Gang *der*; (*at university, college*) Studiengang *der*; (*of evening classes etc*) Kurs *der*; (*of treatment, injections*) Kur *die*; (*of ship, plane*) Kurs *der*; (*of river*) Lauf *der*; (*for golf*) Platz *der*; **of ~** natürlich; **of ~ not** natürlich nicht; **in the ~ of** im Laufe (+*G*).

court [kɔːt] *n* (*JUR: building*) Gericht *das*; (*JUR: room*) Gerichtssaal *der*; (*SPORT*) Platz *der*; (*of king, queen*) Hof *der*.

courtesy coach [ˈkɜːtɪsɪ-] *n* kostenloser Zubringerbus.

court shoes *npl* Pumps *pl*.

courtyard [ˈkɔːtjɑːd] *n* Hof *der*.

cousin [ˈkʌzn] *n* Vetter *der* (Kusine *die*).

cover [ˈkʌvə^r] ◇ *n* (*covering*) Abdeckung *die*; (*of cushion*) Bezug *der*; (*lid*) Deckel *der*; (*of book*) Einband *der*; (*of magazine*) Umschlag *der*; (*blanket*) Decke *die*; (*insurance*) Versicherung *die*. ◇ *vt* bedecken; (*travel*) zurückllegen; (*apply to*) gelten für; (*discuss*) behandeln; (*report*) berichten über (+*A*); (*be enough for*) decken; (*subj: insurance*) versichern; **to be ~ed in sthg** voller etw sein; **to be ~ed in dust** völlig verstaubt sein; **to ~ sthg with sthg** etw mit etw abldecken; **to take ~** Schutz suchen.

♦ **cover up** *vt sep* zuldecken; (*facts, truth*) vertuschen.

cover charge *n* Gedeck *das*.

cover note *n* (*Br*) Deckungskarte *die*.

cow [kaʊ] *n* Kuh *die*.

coward [ˈkaʊəd] *n* Feigling *der*.

cowboy [ˈkaʊbɔɪ] *n* Cowboy *der*.

crab [kræb] n Krabbe die.

crack [kræk] ◇ n (in cup, glass) Sprung der; (in wood) Riß der; (gap) Spalt der. ◇ vt (cup, glass) an|schlagen; (wood) an|knacksen; (nut) knacken; (egg) auf|schlagen; (whip) knallen. ◇ vi (cup, glass) einen Sprung bekommen; (wood) einen Riß bekommen; **to ~ a joke** (inf) einen Witz reißen.

cracker ['krækər] n (biscuit) Cracker der; (for Christmas) Knallbonbon der or das.

cradle ['kreɪdl] n Wiege die.

craft [krɑːft] n (skill) Geschick das; (trade) Handwerk das; (boat: pl inv) Boot das.

craftsman ['krɑːftsmən] (pl -men [-mən]) n Handwerker der.

cram [kræm] vt: **to ~ sthg into** etw stopfen in (+A); **to be crammed with** vollgestopft sein mit.

cramp [kræmp] n Krampf der; **stomach ~s** Magenkrämpfe.

cranberry ['krænbərɪ] n Preiselbeere die.

cranberry sauce n Preiselbeersoße die.

crane [kreɪn] n (machine) Kran der.

crap [kræp] ◇ adj (vulg) Scheiß-. ◇ n (vulg: excrement) Scheiße die.

crash [kræʃ] ◇ n (accident) Unfall der; (noise) Krachen das. ◇ vt (car) einen Unfall haben mit. ◇ vi (car, train) einen Unfall haben; (plane) ab|stürzen.

♦ **crash into** vt fus krachen gegen.

crash helmet n Sturzhelm der.

crash landing n Bruchlandung die.

crate [kreɪt] n Kiste die.

crawl [krɔːl] ◇ vi kriechen; (baby) krabbeln. ◇ n (swimming stroke) Kraulen das.

crawler lane ['krɔːlər-] n (Br) Kriechspur die.

crayfish ['kreɪfɪʃ] (pl inv) n Languste die.

crayon ['kreɪɒn] n (of wax) Wachsmalstift der; (pencil) Buntstift der.

craze [kreɪz] n Mode die.

crazy ['kreɪzɪ] adj verrückt; **to be ~ about** verrückt sein nach.

crazy golf n Minigolf das.

cream [kriːm] ◇ n (food) Sahne die; (for face, burns) Creme die. ◇ adj (in colour) cremefarben.

cream cake n (Br) Sahnetörtchen das.

cream cheese n Frischkäse der.

cream sherry n Cream Sherry der.

cream tea n (Br) Tee mit Gebäck und Sahne.

creamy ['kriːmɪ] adj (food) sahnig; (drink) cremig.

crease [kriːs] n Falte die.

creased [kriːst] adj zerknittert.

create [kriː'eɪt] vt schaffen; (impression) machen; (interest) verursachen.

creative [kriː'eɪtɪv] adj kreativ.

creature ['kriːtʃər] n Geschöpf das.

crèche [kreʃ] n (Br) Kinderkrippe die.

credit ['kredɪt] n (praise) Anerkennung die; (money) Guthaben das; (at school, university) Auszeichnung die; **to be in ~** im Haben sein.

♦ **credits** npl (of film) Nachspann der.

credit card n Kreditkarte die; **'all major ~s accepted'** 'alle wichtigen Kreditkarten werden angenommen'.

creek [kriːk] n (inlet) Bucht die; (Am: river) Bach der.

creep [kriːp] (pt & pp **crept**) ◇ vi kriechen. ◇ n (inf: groveller) Schleimer der.

cremate [krɪ'meɪt] vt ein|äschern.

crematorium [,kremə'tɔːrɪəm] n

Krematorium das.

crepe [kreip] n (thin pancake) dünner Eierkuchen.

crept [krept] pt & pp → **creep**.

cress [kres] n Kresse die.

crest [krest] n Kamm der; (emblem) Wappen das.

Creutzfeldt-Jakob disease [ˌkrɔitsfelt'jækɒb-] n Creutzfeldt-Jacob-Krankheit die.

crew [kru:] n Besatzung die.

crew neck n runder Halsausschnitt.

crib [krib] n (Am: cot) Kinderbett das.

cricket ['krikit] n (game) Kricket das; (insect) Grille die.

crime [kraim] n Verbrechen das.

criminal ['kriminl] ◇ adj kriminell. ◇ n Kriminelle der, die.

cripple ['kripl] ◇ n Krüppel der. ◇ vt zum Krüppel machen.

crisis ['kraisis] (pl crises ['kraisi:z]) n Krise die.

crisp [krisp] adj (bacon, pastry) knusprig; (apple) knackig.

♦ **crisps** npl (Br) Chips pl.

crispy ['krispi] adj knusprig.

critic ['kritik] n Kritiker der (-in die).

critical ['kritikl] adj kritisch; (very important) entscheidend.

criticize ['kritisaiz] vt kritisieren.

crockery ['krɒkəri] n Geschirr das.

crocodile ['krɒkədail] n Krokodil das.

crocus ['krəukəs] (pl -es) n Krokus der.

crooked ['krukid] adj (bent) krumm.

crop [krɒp] n (kind of plant) Feldfrucht die; (harvest) Ernte die.

♦ **crop up** vi auftauchen.

cross [krɒs] ◇ adj verärgert. ◇ n Kreuz das. ◇ vt (road, river, ocean) überqueren. ◇ vi (intersect) sich kreuzen; to ~ one's arms die Arme verschränken; to ~ one's legs die Beine übereinanderlschlagen; to ~ a cheque (Br) einen Scheck zur Verrechnung auslstellen.

♦ **cross out** vt sep auslstreichen.

♦ **cross over** vt fus (road) überqueren.

crossbar ['krɒsbɑːʳ] n (of goal) Querlatte die; (of bicycle) Stange die.

cross-Channel ferry n Fähre die über den Ärmelkanal.

cross-country (running) n Querfeldeinlauf der.

crossing ['krɒsiŋ] n (on road) Überweg der; (sea, journey) Überfahrt die.

crossroads ['krɒsrəudz] (pl inv) n Kreuzung die.

crosswalk ['krɒswɔːk] n (Am) Fußgängerüberweg der.

crossword (puzzle) ['krɒswɜːd-] n Kreuzworträtsel das.

crotch [krɒtʃ] n Schritt der.

crouton ['kruːtɒn] n Croʔton der.

crow [krəu] n Krähe die.

crowbar ['krəubɑːʳ] n Brechstange die.

crowd [kraud] n Menge die (von Personen).

crowded ['kraudid] adj überfüllt.

crown [kraun] n Krone die; (of head) Scheitel der.

Crown Jewels npl Kronjuwelen pl.

crucial ['kruːʃl] adj entscheidend.

crude [kruːd] adj (rough) grob; (rude) ungeschliffen.

cruel [kruəl] adj grausam.

cruelty ['kruəlti] n Grausamkeit die.

cruet (set) ['kruːit-] n Menage die.

cruise [kruːz] ◇ n Kreuzfahrt die.

◇ vi *(plane)* fliegen; *(ship)* kreuzen.
cruiser [ˈkruːzəʳ] n *(pleasure boat)* Kajütboot *das*.
crumb [krʌm] n Krümel *der*.
crumble [ˈkrʌmbl] ◇ n mit Streuseln überbackenes Obstdessert. ◇ vi *(building)* einlstürzen; *(cliff)* bröckeln.
crumpet [ˈkrʌmpɪt] n Teigküchlein zum Toasten.
crunchy [ˈkrʌntʃɪ] adj knusprig.
crush [krʌʃ] ◇ n *(drink)* Saftgetränk *das*. ◇ vt *(flatten)* quetschen; *(garlic, ice)* zerstoßen.
crust [krʌst] n Kruste *die*.
crusty [ˈkrʌstɪ] adj knusprig.
crutch [krʌtʃ] n *(stick)* Krücke *die*; *(between legs)* = **crotch**.
cry [kraɪ] ◇ n Schrei *der*. ◇ vi *(weep)* weinen; *(shout)* schreien.
♦ **cry out** vi auflschreien.
crystal [ˈkrɪstl] n Kristall *der*; *(glass)* Kristallglas *das*.
cub [kʌb] n *(animal)* Junge *das*.
Cub [kʌb] n Wölfling *der (junger Pfadfinder)*.
cube [kjuːb] n Würfel *der*.
cubicle [ˈkjuːbɪkl] n Kabine *die*.
Cub Scout = **Cub**.
cuckoo [ˈkʊkuː] n Kuckuck *der*.
cucumber [ˈkjuːkʌmbəʳ] n Salatgurke *die*.
cuddle [ˈkʌdl] n Liebkosung *die*.
cuddly toy [ˈkʌdlɪ-] n Plüschtier *das*.
cue [kjuː] n *(in snooker, pool)* Queue *das*.
cuff [kʌf] n *(of sleeve)* Manschette *die*; *(Am: of trousers)* Aufschlag *der*.
cuff links npl Manschettenknöpfe *pl*.
cuisine [kwɪˈziːn] n Küche *die*.
cul-de-sac [ˈkʌldəsæk] n Sackgasse *die*.
cult [kʌlt] n Kult *der*.

cultivate [ˈkʌltɪveɪt] vt *(grow)* züchten.
cultivated [ˈkʌltɪveɪtɪd] adj *(person)* kultiviert.
cultural [ˈkʌltʃərəl] adj kulturell.
culture [ˈkʌltʃəʳ] n Kultur *die*.
cumbersome [ˈkʌmbəsəm] adj sperrig.
cumin [ˈkjuːmɪn] n Kreuzkümmel *der*.
cunning [ˈkʌnɪŋ] adj schlau.
cup [kʌp] n Tasse *die*; *(trophy, competition)* Pokal *der*; *(of bra)* Körbchen *das*.
cupboard [ˈkʌbəd] n Schrank *der*.
curator [ˌkjʊəˈreɪtəʳ] n Direktor *der (-in pl*.
curb [kɜːb] *(Am)* = **kerb**.
curd cheese [ˌkɜːd-] n = Quark *der*.
cure [kjʊəʳ] ◇ n Heilmittel *das*. ◇ vt *(illness, person)* heilen; *(with salt)* pökeln; *(with smoke)* räuchern; *(by drying)* trocknen.
curious [ˈkjʊərɪəs] adj *(inquisitive)* neugierig; *(strange)* seltsam.
curl [kɜːl] ◇ n Locke *die*. ◇ vt locken.
curler [ˈkɜːləʳ] n Lockenwickler *der*.
curly [ˈkɜːlɪ] adj lockig.
currant [ˈkʌrənt] n Korinthe *die*.
currency [ˈkʌrənsɪ] n *(money)* Währung *die*.
current [ˈkʌrənt] ◇ adj aktuell. ◇ n Strömung *die*; *(electricity)* Strom *der*.
current account n *(Br)* Girokonto *das*.
current affairs npl aktuelle Fragen *pl*.
currently [ˈkʌrəntlɪ] adv zur Zeit.
curriculum [kəˈrɪkjələm] n Lehrplan *der*.
curriculum vitae [-ˈviːtaɪ] n *(Br)* Lebenslauf *der*.

curried ['kʌrɪd] *adj* Curry-.

curry ['kʌrɪ] *n* Currygericht *das*.

curse [kɜːs] *vi* fluchen.

cursor ['kɜːsə'] *n* Cursor *der*.

curtain ['kɜːtn] *n* Vorhang *der*.

curve [kɜːv] ◊ *n* (shape) Rundung *die*; (in road, river) Biegung *die*. ◊ *vi* einen Bogen machen.

curved [kɜːvd] *adj* gebogen.

cushion ['kʊʃn] *n* Kissen *das*.

custard ['kʌstəd] *n* Vanillesoße *die*.

custom ['kʌstəm] *n* (tradition) Brauch *der*; **'thank you for your ~'** 'wir danken Ihnen für Ihre Kundschaft'.

customary ['kʌstəmrɪ] *adj* üblich.

customer ['kʌstəmə'] *n* Kunde *der* (Kundin *die*).

customer services *n* (department) Kundendienst *der*.

customs ['kʌstəmz] *n* (place) Zoll *der*; **to go through ~** durch den Zoll gehen.

customs duty *n* Zoll *der*.

customs officer *n* Zollbeamte *der* (-beamtin *die*).

cut [kʌt] (*pt & pp* cut) ◊ *n* Schnitt *der*; (in skin) Schnittwunde *die*; (reduction) Kürzung *die*; (in price) Senkung *die*; (piece of meat) Stück *das*. ◊ *vi* schneiden. ◊ *vt* schneiden; (reduce) kürzen; (price) senken; **to ~ one's finger** sich (D) in den Finger schneiden; **~ and blow-dry** schneiden und fönen; **to ~ o.s.** sich schneiden; **to have one's hair ~** sich die Haare schneiden lassen; **to ~ the grass** den Rasen mähen; **to ~ sthg open** etw aufschneiden.

◆ **cut back** *vi*: **to ~ back on sthg** etw einschränken.

◆ **cut down** *vt sep* (tree) fällen.

◆ **cut down on** *vt fus* einschränken.

◆ **cut off** *vt sep* abschneiden; (disconnect) abstellen; **I've been ~ off** (on phone) ich wurde unterbrochen; **to be ~ off** (isolated) abgeschnitten sein.

◆ **cut out** *vt sep* ausschneiden. ◊ *vi* (engine) aussetzen; **to ~ out smoking** mit dem Rauchen aufhören; **~ it out!** (inf) laß das!

◆ **cut up** *vt sep* zerschneiden.

cute [kjuːt] *adj* niedlich.

cut-glass *adj* Kristall-.

cutlery ['kʌtlərɪ] *n* Besteck *das*.

cutlet ['kʌtlɪt] *n* Kotelett *das*; (of nuts, vegetables) Bratling *der*.

cut-price *adj* herabgesetzt.

cutting ['kʌtɪŋ] *n* (from newspaper) Ausschnitt *der*.

CV *n* (Br: abbr of curriculum vitae) Lebenslauf *der*.

cwt *abbr* = **hundredweight**.

cybercafe ['saɪbə,kæfeɪ] *n* Cybercafé *das*.

cyberspace ['saɪbəspeɪs] *n* Cyberspace *der* ODER *das*.

cycle ['saɪkl] ◊ *n* Zyklus *der*; (bicycle) Rad *das*. ◊ *vi* mit dem Rad fahren.

cycle hire *n* Fahrradverleih *der*.

cycle lane *n* Fahrradspur *die*.

cycle path *n* Radweg *der*.

cycling ['saɪklɪŋ] *n* Radfahren *das*; **to go ~** radfahren gehen.

cycling shorts *npl* Radlerhose *die*.

cyclist ['saɪklɪst] *n* Radfahrer *der* (-in *die*).

cylinder ['sɪlɪndə'] *n* Zylinder *der*; (for gas) Flasche *die*.

cynical ['sɪnɪkl] *adj* zynisch.

Czech [tʃek] ◊ *adj* tschechisch. ◊ *n* (person) Tscheche *der* (Tschechin *die*); (language) Tschechisch *das*.

Czechoslovakia [,tʃekəslə-ˈvækɪə] *n* die Tschechoslowakei.

Czech Republic *n*: **the ~** die Tschechische Republik.

D

dab [dæb] vt (ointment, cream) auftupfen.

dad [dæd] n (inf) Papi der.

daddy ['dædɪ] n (inf) Papi der.

daddy longlegs [-'lɒŋlegz] (pl inv) n Schnake die.

daffodil ['dæfədɪl] n Osterglocke die.

daft [dɑːft] adj (Br: inf) doof.

daily ['deɪlɪ] ◇ adj & adv täglich. ◇ n: **a ~ (newspaper)** eine Tageszeitung.

dairy ['deərɪ] n (on farm) Molkerei die; (shop) Milchladen der.

dairy product n Milchprodukt das.

daisy ['deɪzɪ] n Gänseblümchen das.

dam [dæm] n Damm der.

damage ['dæmɪdʒ] ◇ n Schaden der; (to property) Beschädigung die; (fig: to reputation) Schädigung die; (fig: to chances) Beeinträchtigung die. ◇ vt beschädigen; (fig: reputation) schädigen; (fig: chances) beeinträchtigen.

damn [dæm] ◇ excl & adj (inf) verdammt. ◇ n (inf): **I don't give a ~** ist mir total egal.

damp [dæmp] ◇ adj feucht. ◇ n Feuchtigkeit die.

damson ['dæmzn] n Haferpflaume die.

dance [dɑːns] ◇ n Tanz der; (social event) Tanzveranstaltung die. ◇ vi tanzen; **to have a ~** tanzen.

dance floor n Tanzfläche die.

dancer ['dɑːnsər] n Tänzer der (-in die).

dancing ['dɑːnsɪŋ] n Tanzen das; **to go ~** tanzen gehen.

dandelion ['dændɪlaɪən] n Löwenzahn der.

dandruff ['dændrʌf] n Schuppen pl.

Dane [deɪn] n Däne der (Dänin die).

danger ['deɪndʒər] n Gefahr die.

dangerous ['deɪndʒərəs] adj gefährlich.

Danish ['deɪnɪʃ] ◇ adj dänisch. ◇ n Dänisch das.

Danish pastry n Plundergebäck das.

Danube ['dænjuːb] n: **the ~** die Donau.

dare [deər] vt: **to ~ to do sthg** wagen, etw zu tun; **to ~ sb to do sthg** jn herausfordern, etw zu tun; **how ~ you!** was fällt dir ein!

daring ['deərɪŋ] adj kühn.

dark [dɑːk] ◇ adj dunkel; (person with dark hair) dunkelhaarig. ◇ n: **after ~** nach Einbruch der Dunkelheit; **in the ~** im Dunkeln.

dark chocolate n bittere Schokolade.

dark glasses npl Sonnenbrille die.

darkness ['dɑːknɪs] n Dunkelheit die.

darling ['dɑːlɪŋ] n Liebling der.

dart [dɑːt] n Pfeil der.
♦ **darts** n (game) Darts das.

dartboard ['dɑːtbɔːd] n Dartscheibe die.

dash [dæʃ] ◇ n (of liquid) Schuß der; (in writing) Gedankenstrich der. ◇ vi flitzen.

dashboard ['dæʃbɔːd] n Armaturenbrett das.

data ['deɪtə] n Daten pl.

database ['deɪtəbeɪs] n Datenbank die.

date [deɪt] ◊ *n* Datum *das*; *(meeting)* Verabredung *die*; *(Am: person)* Freund *der* (-in *die)*; *(fruit)* Dattel *die*. ◊ *vt (cheque, letter)* datieren; *(person)* gehen mit. ◊ *vi* aus der Mode kommen; **what's the ~?** der Wievielte ist heute?; **to have a ~ with sb** eine Verabredung mit jm haben.

date of birth *n* Geburtsdatum *das*.

daughter ['dɔːtər] *n* Tochter *die*.

daughter-in-law *n* Schwiegertochter *die*.

dawn [dɔːn] *n* Morgendämmerung *die*.

day [deɪ] *n* Tag *der*; **what ~ is it today?** welcher Tag ist heute?; **what a lovely ~!** so ein schöner Tag!; **to have a ~ off** einen Tag frei haben; **to have a ~ out** einen Ausflug machen; **by ~** tagsüber; **the ~ after tomorrow** übermorgen; **the ~ before** am Tag davor; **the ~ before yesterday** vorgestern; **the following ~** am nächsten Tag; **have a nice ~!** viel Spaß!

daylight ['deɪlaɪt] *n* Tageslicht *das*.

day return *n (Br)* Tagesrückfahrkarte *die*.

dayshift ['deɪʃɪft] *n* Tagschicht *die*.

daytime ['deɪtaɪm] *n* Tag *der*.

day-to-day *adj (everyday)* tagtäglich.

day trip *n* Tagesausflug *der*.

dazzle ['dæzl] *vt* blenden.

DC *(abbr of direct current)* GS.

dead [ded] ◊ *adj* tot; *(battery)* leer. ◊ *adv (precisely)* genau; *(inf: very)* total; **it's ~ ahead** es ist genau geradeaus; **'~ slow'** 'Schrittgeschwindigkeit'.

dead end *n (street)* Sackgasse *die*.

deadline ['dedlaɪn] *n* Termin *der*.

deaf [def] ◊ *adj* taub. ◊ *npl*: **the ~** die Tauben *pl*.

deal [diːl] *(pt & pp* dealt) ◊ *n (agreement)* Geschäft *das*. ◊ *vt (cards)* geben; **a good/bad ~** ein gutes/schlechtes Geschäft; **a great ~ of** viel; **it's a ~!** abgemacht!

♦ **deal in** *vt fus* handeln mit.

♦ **deal with** *vt fus*: **to ~ with sthg** *(handle)* sich um etw kümmern; *(be about)* sich mit etw befassen.

dealer ['diːlər] *n* Händler *der* (-in *die)*; *(in drugs)* Dealer *der*.

dealt [delt] *pt & pp* → **deal**.

dear [dɪər] ◊ *adj* lieb; *(expensive)* teuer. ◊ *n*: **my ~** Schatz; **Dear Sir** Sehr geehrter Herr; **Dear Madam** Sehr geehrte gnädige Frau; **Dear John** Lieber John; **oh ~!** ach du liebe Güte!

death [deθ] *n* Tod *der*.

debate [dɪ'beɪt] ◊ *n* Debatte *die*. ◊ *vt (wonder)* sich fragen.

debit ['debɪt] ◊ *n* Soll *das*. ◊ *vt (account)* belasten.

debt [det] *n (money owed)* Schulden *pl*; **to be in ~** Schulden haben.

Dec. *(abbr of December)* Dez.

decaff ['diːkæf] *n (inf)* entkoffeinierter Kaffee.

decaffeinated [dɪ'kæfɪneɪtɪd] *adj* koffeinfrei.

decanter [dɪ'kæntər] *n* Karaffe *die*.

decay [dɪ'keɪ] ◊ *n (of building)* Zerfall *der*; *(of wood)* Verrotten *das*; *(of tooth)* Fäule *die*. ◊ *vi (rot)* verfaulen.

deceive [dɪ'siːv] *vt* betrügen.

decelerate [ˌdiːˈseləreɪt] *vi* langsamer werden.

December [dɪ'sembər] *n* Dezember *der*, → **September**.

decent ['diːsnt] *adj* anständig; *(kind)* nett.

decide [dɪ'saɪd] ◊ *vt* entscheiden. ◊ *vi* sich entscheiden; **to ~ to do**

sthg sich entschließen, etw zu tun.

♦ **decide on** vt fus sich entscheiden für.

decimal ['desıml] adj Dezimal-.

decimal point n Komma das.

decision [dı'sıʒn] n Entscheidung die; **to make a ~** eine Entscheidung treffen.

decisive [dı'saısıv] adj (person) entschlußfreudig; (event, factor) entscheidend.

deck [dek] n Deck das; (of cards) Spiel das.

deckchair ['dektʃeər] n Liegestuhl der.

declare [dı'kleər] vt erklären; **'goods to ~'** 'Waren zu verzollen'; **'nothing to ~'** 'nichts zu verzollen'.

decline [dı'klaın] ◇ n Rückgang der. ◇ vi (get worse) nachlassen; (refuse) ablehnen.

decorate ['dekəreıt] vt (with wallpaper) tapezieren; (with paint) streichen; (make attractive) schmücken.

decoration [,dekə'reıʃn] n (of room) Innenausstattung die; (decorative object) Schmuck der.

decorator ['dekəreıtər] n Maler und Tapezierer der.

decrease [n 'di:kri:s, vb di:'kri:s] ◇ n Abnahme die. ◇ vi abnehmen.

dedicated ['dedıkeıtıd] adj (committed) engagiert.

deduce [dı'dju:s] vt folgern.

deduct [dı'dʌkt] vt abziehen.

deduction [dı'dʌkʃn] n (reduction) Abzug der; (conclusion) Folgerung die.

deep [di:p] adj & adv tief.

deep end n (of swimming pool) tiefer Teil.

deep freeze n Tiefkühltruhe die.

deep-fried [-'fraıd] adj fritiert.

deep-pan adj: **~ pizza** Pfannenpizza die.

deer [dıər] (pl inv) n (male) Hirsch der; (female) Reh das.

defeat [dı'fi:t] ◇ n Niederlage die. ◇ vt schlagen.

defect ['di:fekt] n Fehler der.

defective [dı'fektıv] adj fehlerhaft.

defence [dı'fens] n Verteidigung die; (Br: protection) Schutz der.

defend [dı'fend] vt verteidigen.

defense [dı'fens] (Am) = **defence**.

deficiency [dı'fıʃnsı] n (lack) Mangel der.

deficit ['defısıt] n Defizit das.

define [dı'faın] vt definieren.

definite ['defınıt] adj (clear) klar; (certain) sicher.

definite article n bestimmter Artikel.

definitely ['defınıtlı] adv eindeutig; **I'm ~ coming** ich komme ganz bestimmt.

definition [defı'nıʃn] n Definition die.

deflate [dı'fleıt] vt (tyre) die Luft ablassen aus.

deflect [dı'flekt] vt (ball) ablfälschen.

defogger [,di:'fɒgər] n (Am) Defroster der.

deformed [dı'fɔ:md] adj entstellt.

defrost [,di:'frɒst] vt (food) aufltauen; (Am: demist) freilmachen; (fridge) abltauen.

degree [dı'gri:] n Grad der; (amount) Maß das; (qualification) akademischer Grad; **to have a ~ in sthg** einen Hochschulabschluß in etw (D) haben.

dehydrated [,di:haı'dreıtıd] adj (food) Trocken-; (person) ausgetrocknet.

de-ice [di:'aıs] vt enteisen.

de-icer [diːˈaɪsəʳ] *n* Defroster *der.*

dejected [dɪˈdʒektɪd] *adj* niedergeschlagen.

delay [dɪˈleɪ] ◇ *n* Verspätung *die.* ◇ *vt* aufhalten. ◇ *vi* zögern; **without ~** ohne Verzögerung.

delayed [dɪˈleɪd] *adj (train, flight)* verspätet.

delegate [*n* ˈdelɪgət, *vb* ˈdelɪgeɪt] ◇ *n* Vertreter *der* (-in *die*). ◇ *vt* delegieren.

delete [dɪˈliːt] *vt* streichen.

deli [ˈdelɪ] *n (inf) (abbr of delicatessen)* Feinkostgeschäft *das.*

deliberate [dɪˈlɪbərət] *adj* absichtlich.

deliberately [dɪˈlɪbərətlɪ] *adv* absichtlich.

delicacy [ˈdelɪkəsɪ] *n (food)* Delikatesse *die.*

delicate [ˈdelɪkət] *adj (situation, question)* heikel; *(object, china)* zerbrechlich; *(health, person)* zart; *(taste, smell)* fein.

delicatessen [ˌdelɪkəˈtesn] *n* Feinkostgeschäft *das.*

delicious [dɪˈlɪʃəs] *adj* köstlich.

delight [dɪˈlaɪt] ◇ *n* Freude *die.* ◇ *vt* erfreuen; **to take (a) ~ in doing sthg** Freude daran haben, etw zu tun.

delighted [dɪˈlaɪtɪd] *adj* hocherfreut.

delightful [dɪˈlaɪtfʊl] *adj* reizend.

deliver [dɪˈlɪvəʳ] *vt (goods)* liefern; *(letters, newspapers)* zustellen; *(speech, lecture)* halten; *(baby)* entbinden.

delivery [dɪˈlɪvərɪ] *n (of goods)* Lieferung *die; (of letters)* Zustellung *die; (birth)* Entbindung *die.*

delude [dɪˈluːd] *vt* täuschen.

de luxe [dəˈlʌks] *adj* Luxus-.

demand [dɪˈmɑːnd] ◇ *n* Forderung *die;* (COMM) Nachfrage *die; (requirement)* Anforderung *die.* ◇ *vt* verlangen; *(require)* erfordern; **to ~ to do sthg** verlangen, etw zu tun; **to be in ~** gefragt sein.

demanding [dɪˈmɑːndɪŋ] *adj* anspruchsvoll.

demerara sugar [deməˈreərə-] *n* brauner Zucker.

demist [ˌdiːˈmɪst] *vt (Br)* freimachen.

demister [ˌdiːˈmɪstəʳ] *n (Br)* Defroster *der.*

democracy [dɪˈmɒkrəsɪ] *n* Demokratie *die.*

Democrat [ˈdeməkræt] *n (Am)* Demokrat *der* (-in *die*).

democratic [deməˈkrætɪk] *adj* demokratisch.

demolish [dɪˈmɒlɪʃ] *vt* abreißen.

demonstrate [ˈdemənstreɪt] ◇ *vt (prove)* beweisen; *(machine, skill)* vorführen. ◇ *vi* demonstrieren.

demonstration [demənˈstreɪʃn] *n (protest)* Demonstration *die; (proof)* Beweis *der; (of machine, skill)* Vorführung *die.*

denial [dɪˈnaɪəl] *n* Leugnen *das.*

denim [ˈdenɪm] *n* Jeansstoff *der.*

◆ **denims** *npl* Jeans *pl.*

denim jacket *n* Jeansjacke *die.*

Denmark [ˈdenmɑːk] *n* Dänemark *nt.*

dense [dens] *adj* dicht.

dent [dent] *n* Delle *die.*

dental [ˈdentl] *adj* Zahn-.

dental floss [-flɒs] *n* Zahnseide *die.*

dental surgeon *n* Zahnarzt *der* (-ärztin *die*).

dental surgery *n (place)* Zahnarztpraxis *die.*

dentist [ˈdentɪst] *n* Zahnarzt *der* (-ärztin *die*); **to go to the ~'s** zum Zahnarzt gehen.

dentures [ˈdentʃəz] *npl* Zahnprothese *die.*

deny [dɪˈnaɪ] *vt (declare untrue)*

bestreiten; *(refuse)* verweigern.

deodorant [diːˈəʊdərənt] *n* Deodorant *das*.

depart [dɪˈpɑːt] *vi (person)* ablreisen; *(train, bus)* ablfahren; *(plane)* ablfliegen.

department [dɪˈpɑːtmənt] *n (of business, shop)* Abteilung *die*; *(of government)* Ministerium *das*; *(of school)* Fachbereich *der*; *(of university)* Seminar *das*.

department store *n* Kaufhaus *das*.

departure [dɪˈpɑːtʃər] *n (of person)* Abreise *die*; *(of train, bus)* Abfahrt *die*; *(of plane)* Abflug *der*; '~s' *(at airport)* 'Abflug'.

departure lounge *n* Abflughalle *die*.

depend [dɪˈpend] *vi*: **it ~s** es kommt darauf an.

♦ **depend on** *vt fus* ablhängen von; *(rely on)* sich verlassen auf (+*A*); **~ing on** je nachdem; **~ing on the weather** je nachdem, wie das Wetter wird.

dependable [dɪˈpendəbl] *adj* zuverlässig.

deplorable [dɪˈplɔːrəbl] *adj* beklagenswert.

deport [dɪˈpɔːt] *vt* auslreisen.

deposit [dɪˈpɒzɪt] ◇ *n (in bank)* Guthaben *das*; *(part-payment)* Anzahlung *die*; *(against damage)* Kaution *die*; *(on bottle)* Pfand *das*; *(substance)* Ablagerung *die*. ◇ *vt (put down)* abllegen; *(money in bank)* einlzahlen.

deposit account *n (Br)* Sparkonto *das*.

depot [ˈdiːpəʊ] *n (Am: for buses, trains)* Bahnhof *der*.

depressed [dɪˈprest] *adj* deprimiert.

depressing [dɪˈpresɪŋ] *adj* deprimierend.

depression [dɪˈpreʃn] *n* Depression *die*.

deprive [dɪˈpraɪv] *vt*: **to ~ sb of sthg** jm etw entziehen.

depth [depθ] *n* Tiefe *die*; **to be out of one's ~** *(when swimming)* nicht mehr stehen können); *(fig)* überfordert sein; **~ of field** Schärfentiefe.

deputy [ˈdepjʊtɪ] *adj* stellvertretend.

derailleur [dəˈreɪljər] *n* Kettenschaltung *die*.

derailment [dɪˈreɪlmənt] *n* Entgleisen *das*.

derelict [ˈderəlɪkt] *adj* verfallen.

derv [dɜːv] *n (Br)* Diesel *der*.

descend [dɪˈsend] *vt & vi (subj: person)* herunterlgehen; *(subj: car)* herunterlfahren.

descendant [dɪˈsendənt] *n* Nachkomme *der*.

descent [dɪˈsent] *n* Abstieg *der*; *(slope)* Abfall *der*.

describe [dɪˈskraɪb] *vt* beschreiben.

description [dɪˈskrɪpʃn] *n* Beschreibung *die*.

desert [*n* ˈdezət, *vb* dɪˈzɜːt] ◇ *n* Wüste *die*. ◇ *vt* verlassen.

deserted [dɪˈzɜːtɪd] *adj* verlassen.

deserve [dɪˈzɜːv] *vt* verdienen.

design [dɪˈzaɪn] ◇ *n (pattern)* Muster *das*; *(art)* Design *das*; *(of machine, building)* Konstruktion *die*. ◇ *vt (machine, building)* konstruieren; *(dress)* entwerfen; **to be ~ed for** vorgesehen sein für.

designer [dɪˈzaɪnər] ◇ *n (of clothes)* Designer *der* (-in *die*); *(of machine)* Konstrukteur *der* (-in *die*). ◇ *adj (clothes, sunglasses)* Designer-.

desirable [dɪˈzaɪərəbl] *adj* wünschenswert.

desire [dɪˈzaɪər] ◇ *n* Wunsch *der*. ◇ *vt* wünschen; **it leaves a lot to be ~d** es läßt viel zu wünschen übrig.

desk [desk] *n (in home, office)* Schreibtisch *der; (in school)* Pult *das; (at airport, station)* Schalter *der; (at hotel)* Empfang *der.*

desktop publishing ['desk,tɒp-] *n* Desktop Publishing *das.*

despair [dɪ'speə^r] *n* Verzweiflung *die.*

despatch [dɪ'spætʃ] = **dispatch**.

desperate ['desprət] *adj* verzweifelt; **to be ~ for sthg** etw dringend brauchen.

despicable [dɪ'spɪkəbl] *adj* verachtenswert.

despise [dɪ'spaɪz] *vt* verachten.

despite [dɪ'spaɪt] *prep* trotz (+G).

dessert [dɪ'zɜːt] *n* Nachtisch *der.*

dessertspoon [dɪ'zɜːtspuːn] *n* Dessertlöffel *der.*

destination [,destɪ'neɪʃn] *n (of person)* Reiseziel *das; (of goods)* Bestimmungsort *der.*

destroy [dɪ'strɔɪ] *vt* zerstören.

destruction [dɪ'strʌkʃn] *n* Zerstörung *die.*

detach [dɪ'tætʃ] *vt* ab|nehmen; *(tear off)* abtrennen.

detached house [dɪ'tætʃt-] *n* Einzelhaus *das.*

detail ['diːteɪl] *n* Einzelheit *die;* in **~** im Detail.

♦ **details** *npl (facts)* Angaben *pl.*

detailed ['diːteɪld] *adj* detailliert.

detect [dɪ'tekt] *vt* entdecken.

detective [dɪ'tektɪv] *n (policeman)* Kriminalbeamte *der* (-beamtin *die); (private)* Detektiv *der* (-in *die);* **a ~ story** ein Krimi.

detention [dɪ'tenʃn] *n* (SCH) Nachsitzen *das.*

detergent [dɪ'tɜːdʒənt] *n (for clothes)* Waschmittel *das; (for dishes)* Spülmittel *das.*

deteriorate [dɪ'tɪərɪəreɪt] *vi* sich verschlechtern.

determination [dɪ,tɜːmɪ'neɪʃn] *n*

Entschlossenheit *die.*

determine [dɪ'tɜːmɪn] *vt* bestimmen.

determined [dɪ'tɜːmɪnd] *adj* entschlossen; **to be ~ to do sthg** fest entschlossen sein, etw zu tun.

deterrent [dɪ'terənt] *n* Abschreckungsmittel *das.*

detest [dɪ'test] *vt* verabscheuen.

detour ['diː,tʊə^r] *n* Umweg *der.*

detrain [,diː'treɪn] *vi (fml)* aus dem Zug steigen.

deuce [djuːs] *n (in tennis)* Einstand *der.*

devastate ['devəsteɪt] *vt (country, town)* verwüsten.

develop [dɪ'veləp] ◇ *vt* entwickeln; *(land)* erschließen; *(illness)* bekommen; *(habit)* annehmen. ◇ *vi* sich entwickeln.

developing country [dɪ'veləpɪŋ-] *n* Entwicklungsland *das.*

development [dɪ'veləpmənt] *n* Entwicklung *die;* **a housing ~** eine Neubausiedlung.

device [dɪ'vaɪs] *n* Gerät *das.*

devil ['devl] *n* Teufel *der;* **what the ~ ...?** *(inf)* was zum Teufel ...?

devise [dɪ'vaɪz] *vt* entwerfen.

devoted [dɪ'vəʊtɪd] *adj* treu; **to be ~ to sb** jn innig lieben.

dew [djuː] *n* Tau *der.*

diabetes [,daɪə'biːtiːz] *n* Zuckerkrankheit *die.*

diabetic [,daɪə'betɪk] ◇ *adj* zuckerkrank; *(chocolate)* Diabetiker-. ◇ *n* Diabetiker *der* (-in *die).*

diagnosis [,daɪəg'nəʊsɪs] *(pl* -oses [-əʊsiːz]) *n* Diagnose *die.*

diagonal [daɪ'ægənl] *adj* diagonal.

diagram ['daɪəgræm] *n* schematische Darstellung.

dial ['daɪəl] ◇ *n (of telephone)* Wählscheibe *die; (of clock)* Zifferblatt *das; (on radio)* Skala *die.* ◇ *vt* wählen.

dialling code ['daɪəlɪŋ-] n (Br) Vorwahl die.

dialling tone ['daɪəlɪŋ-] n (Br) Freizeichen das.

dial tone (Am) = **dialling tone**.

diameter [daɪ'æmɪtər] n Durchmesser der.

diamond ['daɪəmənd] n Diamant der.

♦ **diamonds** npl (in cards) Karo das.

diaper ['daɪpər] n (Am) Windel die.

diarrhoea [,daɪə'rɪə] n Durchfall der.

diary ['daɪərɪ] n (for appointments) Terminkalender der; (journal) Tagebuch das.

dice [daɪs] (pl inv) n Würfel der.

diced [daɪst] adj in Würfel geschnitten.

dictate [dɪk'teɪt] vt diktieren.

dictation [dɪk'teɪʃn] n Diktat das.

dictator [dɪk'teɪtər] n Diktator der (-in die).

dictionary ['dɪkʃənrɪ] n Wörterbuch das.

did [dɪd] pt → **do**.

die [daɪ] (pt & pp died, cont dying ['daɪɪŋ]) vi sterben; (animal, plant) einlgehen; **to be dying for sthg** (inf) etw unbedingt brauchen; **to be dying to do sthg** (inf) darauf brennen, etw zu tun.

♦ **die away** vi schwächer werden.

♦ **die out** vi auslsterben.

diesel ['diːzl] n Diesel der.

diet ['daɪət] ◇ n Diät die; (food eaten) Kost die. ◇ vi eine Diät machen. ◇ adj Diät-.

diet Coke® n Colalight® die.

differ ['dɪfər] vi sich unterscheiden; (disagree) anderer Meinung sein.

difference ['dɪfrəns] n Unterschied der; **it makes no ~** es ist egal; **a ~ of opinion** eine Mei-

nungsverschiedenheit.

different ['dɪfrənt] adj (not the same) verschieden; (separate) andere(-r)(-s); **to be ~ (from)** anders sein (als).

differently ['dɪfrəntlɪ] adv anders.

difficult ['dɪfɪkəlt] adj schwierig.

difficulty ['dɪfɪkəltɪ] n Schwierigkeit die; **with ~** mühsam.

dig [dɪg] (pt & pp dug) ◇ vt graben; (garden, land) umlgraben. ◇ vi graben.

♦ **dig out** vt sep (rescue) bergen; (find) auslgraben.

♦ **dig up** vt sep auslgraben.

digest [dɪ'dʒest] vt verdauen.

digestion [dɪ'dʒestʃn] n Verdauung die.

digestive (biscuit) [dɪ'dʒestɪv-] n (Br) Vollkornkeks der.

digit ['dɪdʒɪt] n (number) Ziffer die; (finger) Finger der; (toe) Zehe die.

digital ['dɪdʒɪtl] adj Digital-.

dill [dɪl] n Dill der.

dilute [daɪ'luːt] vt verdünnen.

dim [dɪm] ◇ adj (light) trüb; (room) dämmrig; (inf: stupid) beschränkt. ◇ vt (light) dämpfen.

dime [daɪm] n (Am) Zehncentstück das.

dimensions [dɪ'menʃnz] npl (measurements) Abmessungen pl; (aspect) Dimension die.

din [dɪn] n Lärm der.

dine [daɪn] vi speisen.

♦ **dine out** vi auswärts essen.

diner ['daɪnər] n (Am: restaurant) Lokal das; (person) Gast der.

dinghy ['dɪŋgɪ] n (with sail) Dingi das; (with oars) Schlauchboot das.

dingy ['dɪndʒɪ] adj (room) düster.

dining car ['daɪnɪŋ-] n Speisewagen der.

dining hall ['daɪnɪŋ-] n (SCH) Speisesaal der.

dining room ['daɪnɪŋ-] n Eßzimmer *das*; *(in hotel)* Speisesaal *der*.

dinner ['dɪnər] *n (at lunchtime)* Mittagessen *das*; *(in evening)* Abendessen *das*; **to have ~** *(at lunchtime)* zu Mittag essen; *(in evening)* zu Abend essen.

dinner jacket *n* Smoking *der*.

dinner party *n* Abendgesellschaft *die*.

dinner set *n* Tafelgeschirr *das*.

dinner suit *n* Smoking *der*.

dinnertime ['dɪnətaɪm] *n* Essenszeit *die*.

dinosaur ['daɪnəsɔːr] *n* Dinosaurier *der*.

dip [dɪp] ◇ *n (in road, land)* Mulde *die*; *(food)* Dip *der*. ◇ *vt (into liquid)* tauchen. ◇ *vi* sich senken; **to have a ~** *(swim)* kurz schwimmen gehen; **to ~ one's headlights** *(Br)* abblenden.

diploma [dɪ'pləʊmə] *n* Diplom *das*.

dipstick ['dɪpstɪk] *n* Ölmeßstab *der*.

direct [dɪ'rekt] ◇ *adj & adv* direkt. ◇ *vt (aim)* richten; *(traffic)* regeln; *(control)* leiten; *(film, play)* Regie führen bei; *(give directions to)*: **to ~ sb** jm den Weg beschreiben.

direct current *n* Gleichstrom *der*.

direction [dɪ'rekʃn] *n* Richtung *die*; **to ask for ~s** nach dem Weg fragen.

♦ **directions** *npl (instructions)* Gebrauchsanweisung *die*.

directly [dɪ'rektlɪ] *adv* direkt; *(soon)* sofort.

director [dɪ'rektər] *n (of company)* Direktor *der* (-in *die*); *(of film, play)* Regisseur *der* (-in *die*); *(organizer)* Leiter *der* (-in *die*).

directory [dɪ'rektərɪ] *n* Telefonbuch *das*.

directory enquiries *n (Br)* Fern-

sprechauskunft *die*.

dirt [dɜːt] *n* Schmutz *der*; *(earth)* Erde *die*.

dirty ['dɜːtɪ] *adj* schmutzig; *(joke)* unanständig.

disability [ˌdɪsə'bɪlətɪ] *n* Behinderung *die*.

disabled [dɪs'eɪbld] ◇ *adj* behindert. ◇ *npl*: **the ~** die Behinderten *pl*; **'~ toilet'** 'Behindertentoilette'.

disadvantage [ˌdɪsəd'vɑːntɪdʒ] *n* Nachteil *der*.

disagree [ˌdɪsə'griː] *vi (people)* anderer Meinung sein; **to ~ with sb (about sthg)** mit jm (über etw (+A)) nicht überein|stimmen; **those mussels ~d with me** diese Muscheln sind mir nicht bekommen.

disagreement [ˌdɪsə'griːmənt] *n (argument)* Meinungsverschiedenheit *die*; *(dissimilarity)* Diskrepanz *die*.

disappear [ˌdɪsə'pɪər] *vi* verschwinden.

disappearance [ˌdɪsə'pɪərəns] *n* Verschwinden *das*.

disappoint [ˌdɪsə'pɔɪnt] *vt* enttäuschen.

disappointed [ˌdɪsə'pɔɪntɪd] *adj* enttäuscht.

disappointing [ˌdɪsə'pɔɪntɪŋ] *adj* enttäuschend.

disappointment [ˌdɪsə'pɔɪntmənt] *n* Enttäuschung *die*.

disapprove [ˌdɪsə'pruːv] *vi*: **to ~ of** mißbilligen.

disarmament [dɪs'ɑːməmənt] *n* Abrüstung *die*.

disaster [dɪ'zɑːstər] *n* Katastrophe *die*.

disastrous [dɪ'zɑːstrəs] *adj* katastrophal.

disc [dɪsk] *n (Br)* Scheibe *die*; *(CD)* Compact Disc *die*; *(record)* Schallplatte *die*; **to slip a ~** einen Bandscheibenvorfall erleiden.

discard [dɪˈskɑːd] vt weg|werfen.

discharge [dɪsˈtʃɑːdʒ] vt (patient, prisoner) entlassen; (liquid, smoke) ab|lassen.

discipline [ˈdɪsɪplɪn] n Disziplin die.

disc jockey n Diskjockey der.

disco [ˈdɪskəʊ] n Disko die.

discoloured [dɪsˈkʌləd] adj verfärbt.

discomfort [dɪsˈkʌmfət] n (pain) Beschwerden pl.

disconnect [ˌdɪskəˈnekt] vt (unplug) den Stecker heraus|ziehen (von); (telephone, gas supply) ab|stellen; (pipe) trennen.

discontinued [ˌdɪskənˈtɪnjuːd] adj (product) auslaufend.

discotheque [ˈdɪskəʊtek] n Diskothek die.

discount [ˈdɪskaʊnt] n Rabatt der.

discover [dɪˈskʌvəʳ] vt entdecken.

discovery [dɪˈskʌvərɪ] n Entdeckung die.

discreet [dɪˈskriːt] adj taktvoll.

discrepancy [dɪˈskrepənsɪ] n Diskrepanz die.

discriminate [dɪˈskrɪmɪneɪt] vi: to ~ against sb jn diskriminieren.

discrimination [dɪˌskrɪmɪˈneɪʃn] n (unfair) Diskriminierung die.

discuss [dɪˈskʌs] vt besprechen.

discussion [dɪˈskʌʃn] n Gespräch das.

disease [dɪˈziːz] n Krankheit die.

disembark [ˌdɪsɪmˈbɑːk] vi von Bord gehen.

disgrace [dɪsˈɡreɪs] n Schande die.

disgraceful [dɪsˈɡreɪsfʊl] adj erbärmlich.

disguise [dɪsˈɡaɪz] ◇ n Verkleidung die. ◇ vt verkleiden; in ~ verkleidet.

disgust [dɪsˈɡʌst] ◇ n Abscheu der. ◇ vt an|widern.

disgusting [dɪsˈɡʌstɪŋ] adj widerlich.

dish [dɪʃ] n (container) Schüssel die; (shallow) Schale die; (food) Gericht das; (Am: plate) Teller der; **to do the ~es** ab|waschen; '~ **of the day**' 'Tagesgericht'.

♦ **dish up** vt sep auf|tragen.

dishcloth [ˈdɪʃklɒθ] n Spültuch das.

disheveled [dɪˈʃevəld] (Am) = **dishevelled**.

dishevelled [dɪˈʃevəld] adj (Br) zerzaust.

dishonest [dɪsˈɒnɪst] adj unehrlich.

dish towel n (Am) Geschirrtuch das.

dishwasher [ˈdɪʃˌwɒʃəʳ] n (machine) Geschirrspülmaschine die.

disinfectant [ˌdɪsɪnˈfektənt] n Desinfektionsmittel das.

disintegrate [dɪsˈɪntɪɡreɪt] vi zerfallen.

disk [dɪsk] n (Am) = **disc**; (COMPUT) Diskette die.

disk drive n Disketten-Laufwerk das.

dislike [dɪsˈlaɪk] ◇ n Abneigung die. ◇ vt nicht mögen; **to take a ~ to** eine Abneigung empfinden gegen.

dislocate [ˈdɪsləkeɪt] vt (shoulder, hip) aus|renken.

dismal [ˈdɪzml] adj (weather, place) trostlos; (terrible) kläglich.

dismantle [dɪsˈmæntl] vt auseinander|nehmen.

dismay [dɪsˈmeɪ] n Bestürzung die.

dismiss [dɪsˈmɪs] vt (idea, suggestion) ab|tun; (from job, classroom) entlassen.

disobedient [ˌdɪsəˈbiːdjənt] adj ungehorsam.

disobey [ˌdɪsəˈbeɪ] vt nicht gehorchen (+D).

disorder [dɪsˈɔːdəʳ] n (confusion)

Unordnung *die; (violence)* Unruhen *pl; (illness)* Störung *die.*

disorganized [dɪsˈɔːgənaɪzd] *adj* chaotisch.

dispatch [dɪˈspætʃ] *vt* schicken.

dispense [dɪˈspens]: **dispense with** *vt fus* verzichten auf (+*A*).

dispenser [dɪˈspensəʳ] *n (device)* Automat *der.*

dispensing chemist [dɪˈspensɪŋ-] *n (Br)* Apotheker *der* (-in *die).*

disperse [dɪˈspɜːs] ◊ *vt* zerstreuen. ◊ *vi* sich zerstreuen.

display [dɪˈspleɪ] ◊ *n (of goods)* Auslage *die; (exhibition)* Ausstellung *die; (readout)* Anzeige *die.* ◊ *vt (goods)* auslstellen; *(feeling, quality)* zeigen; *(information)* auslhängen; **to be on ~** ausgestellt werden.

displeased [dɪsˈpliːzd] *adj* verärgert.

disposable [dɪˈspəʊzəbl] *adj (nappy)* Wegwerf-; *(lighter)* Einweg-.

dispute [dɪˈspjuːt] ◊ *n* Streit *der; (industrial)* Auseinandersetzung *die.* ◊ *vt* bestreiten.

disqualify [ˌdɪsˈkwɒlɪfaɪ] *vt* disqualifizieren; **to be disqualified from driving** *(Br)* den Führerschein entzogen haben.

disregard [ˌdɪsrɪˈgɑːd] *vt* ignorieren.

disrupt [dɪsˈrʌpt] *vt* unterbrechen.

disruption [dɪsˈrʌpʃn] *n* Unterbrechung *die.*

dissatisfied [ˌdɪsˈsætɪsfaɪd] *adj* unzufrieden.

dissolve [dɪˈzɒlv] ◊ *vt* aufllösen. ◊ *vi* sich aufllösen.

dissuade [dɪˈsweɪd] *vt*: **to ~ sb from doing sthg** jn davon ablbringen, etw zu tun.

distance [ˈdɪstəns] *n* Entfernung *die;* **from a ~** aus der Entfernung;

in the ~ in der Ferne.

distant [ˈdɪstənt] *adj* weit entfernt; *(in time)* fern; *(reserved)* distanziert.

distilled water [dɪˈstɪld-] *n* destilliertes Wasser.

distillery [dɪˈstɪlərɪ] *n* Brennerei *die.*

distinct [dɪˈstɪŋkt] *adj (separate)* verschieden; *(noticeable)* deutlich.

distinction [dɪˈstɪŋkʃn] *n* Unterschied *der; (mark for work)* Auszeichnung *die.*

distinctive [dɪˈstɪŋktɪv] *adj* unverwechselbar.

distinguish [dɪˈstɪŋgwɪʃ] *vt (perceive)* erkennen; **to ~ sthg from sthg** etw von etw unterscheiden.

distorted [dɪˈstɔːtɪd] *adj* verzerrt.

distract [dɪˈstrækt] *vt* ablenken.

distraction [dɪˈstrækʃn] *n* Ablenkung *die.*

distress [dɪˈstres] *n (pain)* Leiden *das; (anxiety)* Kummer *der.*

distressing [dɪˈstresɪŋ] *adj* schmerzlich.

distribute [dɪˈstrɪbjuːt] *vt* verteilen.

distributor [dɪˈstrɪbjʊtəʳ] *n (COMM)* Vertreiber *der* (-in *die);* (AUT) Verteiler *der.*

district [ˈdɪstrɪkt] *n (region)* Gebiet *das; (of town)* Bezirk *der.*

district attorney *n (Am)* Bezirksstaatsanwalt *der* (-anwältin *die).*

disturb [dɪˈstɜːb] *vt* stören; *(worry)* beunruhigen; *(move)* durcheinanderlbringen; **'do not ~'** 'bitte nicht stören'.

disturbance [dɪˈstɜːbəns] *n (violence)* Unruhe *die.*

ditch [dɪtʃ] *n* Graben *der.*

ditto [ˈdɪtəʊ] *adv* ebenso.

divan [dɪˈvæn] *n* Liege *die.*

dive [daɪv] (*pt Am* **-d** OR **dove**, *pt*

Br **-d)** ◊ *n (of swimmer)* Kopfsprung *der*. ◊ *vi* einen Kopfsprung machen; *(under sea)* tauchen; *(bird, plane)* einen Sturzflug machen.

diver [ˈdaɪvəʳ] *n (from divingboard, rock)* Springer *der* (-in *die*); *(under sea)* Taucher *der* (-in *die*).

diversion [daɪˈvɜːʃn] *n (of traffic)* Umleitung *die*; *(amusement)* Ablenkung *die*.

divert [daɪˈvɜːt] *vt* umlleiten; *(attention)* abllenken.

divide [dɪˈvaɪd] *vt* teilen; *(share out)* verteilen; *(into two parts)* zerteilen.

♦ **divide up** *vt sep* auflteilen.

diving [ˈdaɪvɪŋ] *n (from divingboard, rock)* Springen *das*; *(under sea)* Tauchen *das*; **to go ~** Tauchen gehen.

divingboard [ˈdaɪvɪŋbɔːd] *n* Sprungbrett *das*.

division [dɪˈvɪʒn] *n* (SPORT) Liga *die*; (COMM) Abteilung *die*; *(in maths)* Division *die*; *(disagreement)* Uneinigkeit *die*.

divorce [dɪˈvɔːs] ◊ *n* Scheidung *die*. ◊ *vt* sich scheiden lassen von.

divorced [dɪˈvɔːst] *adj* geschieden.

DIY *abbr* = **do-it-yourself**.

dizzy [ˈdɪzɪ] *adj* schwindlig.

DJ *abbr* = **disc jockey**.

do [duː] *(pt* did, *pp* done, *pl* dos) ◊ *aux vb* **1.** *(in negatives)*: **don't ~ that!** tu das nicht!; **she didn't listen** sie hat nicht zugehört. **2.** *(in questions)*: **did he like it?** hat es ihm gefallen?; **how ~ you do it?** wie machen Sie/machst du das? **3.** *(referring to previous verb)*: **I eat more than you ~** ich esse mehr als du; **no I didn't!** nein, habe ich nicht!; **so ~ I** ich auch. **4.** *(in question tags)*: **so, you like Scotland, ~ you?** Sie mögen

Schottland also, nicht wahr?; **you come from Ireland, don't you?** Sie kommen aus Irland, oder? **5.** *(for emphasis)*: **I ~ like this bedroom** das Schlafzimmer gefällt mir wirklich; **~ come in!** kommen Sie doch herein!

◊ *vt* **1.** *(perform)* machen, tun; **I've a lot to ~** ich habe viel zu tun; **to ~ one's homework** seine Hausaufgaben machen; **what is she doing?** was macht sie?; **what can I ~ for you?** was kann ich für Sie tun? **2.** *(clean, brush etc)*: **to ~ one's make-up** sich schminken; **to ~ one's teeth** sich (D) die Zähne putzen. **3.** *(cause)*: **to ~ damage** Schaden zulfügen; **to ~ sb good** jm gutltun. **4.** *(have as job)*: **what do you ~?** was machen Sie beruflich? **5.** *(provide, offer)* anlbieten; **we ~ pizzas for under £4** wir bieten Pizzas für weniger als 4 Pfund an. **6.** *(study)* studieren, machen. **7.** *(subj: vehicle)* fahren. **8.** *(inf: visit)*: **we're doing Switzerland next week** wir fahren nächste Woche nach der Schweiz.

◊ *vi* **1.** *(behave, act)* tun; **~ as I say** tu, was ich sage. **2.** *(progress, get on)*: **to ~ badly** schlecht voranlkommen; *(in exam)* schlecht abllschneiden; **to ~ well** gut voranlkommen; *(in exam)* gut abllschneiden. **3.** *(be sufficient)* reichen, genügen; **will £5 ~?** sind 5 Pfund genug? **4.** *(in phrases)*: **how do you ~?** Guten Tag!; **how are you doing?** wie geht's?; **what has that got to ~ with it?** was hat das damit zu tun?

◊ *n (party)* Party *die*; **the ~s and don'ts** was man tun und lassen sollte.

♦ **do out of** *vt sep (inf)*: **to ~ sb out of £10** jn um 10 Pfund betrügen.

◆ **do up** *vt sep (fasten)* zulmachen; *(decorate)* renovieren; *(wrap up)* einlpacken.

◆ **do with** *vt fus (need)*: **I could ~ with a drink** ich könnte einen Drink gebrauchen.

◆ **do without** *vt fus*: **to ~ without sthg** ohne etw auslkommen.

dock [dɒk] ◇ *n (for ships)* Dock *das*; *(JUR)* Anklagebank *die*. ◇ *vi* anllegen.

doctor ['dɒktəʳ] *n* Arzt *der* (Ärztin *die*); *(academic)* Doktor *der* (-in *die*); **to go to the ~'s** zum Arzt gehen.

document ['dɒkjʊmənt] *n* Dokument *das*.

documentary [,dɒkjʊ'mentərɪ] *n* Dokumentarfilm *der*.

Dodgems® ['dɒdʒəmz] *npl (Br)* Autoskooter *pl*.

dodgy ['dɒdʒɪ] *adj (Br) (inf) (plan)* gewagt; *(car, machine)* unzuverlässig.

does [*weak form* dəz, *strong form* dʌz] → **do**.

doesn't ['dʌznt] = **does not**.

dog [dɒg] *n* Hund *der*.

dog food *n* Hundefutter *das*.

doggy bag ['dɒgɪ-] *n* Tüte, in der aus einem Restaurant Essensreste mit nach Hause genommen werden.

do-it-yourself *n* Do-it-yourself *das*.

dole [dəʊl] *n*: **to be on the ~** *(Br)* stempeln gehen.

doll [dɒl] *n* Puppe *die*.

dollar ['dɒləʳ] *n* Dollar *der*.

dolphin ['dɒlfɪn] *n* Delphin *der*.

dome [dəʊm] *n* Kuppel *die*.

domestic [də'mestɪk] *adj (of house)* Haushalts-; *(of family)* familiär; *(of country)* Innen-.

domestic appliance *n* Haushaltsgerät *das*.

domestic flight *n* Inlandflug *der*.

domestic science *n* Hauswirtschaftslehre *die*.

dominate ['dɒmɪneɪt] *vt* beherrschen.

dominoes ['dɒmɪnəʊz] *n* Domino *das*.

donate [də'neɪt] *vt* spenden.

donation [də'neɪʃn] *n* Spende *die*.

done [dʌn] ◇ *pp* → **do**. ◇ *adj (finished)* fertig; *(cooked)* gar.

donkey ['dɒŋkɪ] *n* Esel *der*.

don't [dəʊnt] = **do not**.

door [dɔːʳ] *n* Tür *die*.

doorbell ['dɔːbel] *n* Türklingel *die*.

doorknob ['dɔːnɒb] *n* Türknauf *der*.

doorman ['dɔːmən] *(pl* -men*)* *n* Portier *der*.

doormat ['dɔːmæt] *n* Fußabstreifer *der*.

doormen ['dɔːmən] *pl* → **doorman**.

doorstep ['dɔːstep] *n* Türstufe *die*; *(Br: piece of bread)* dicke Scheibe Brot.

doorway ['dɔːweɪ] *n* Eingang *der*.

dope [dəʊp] *n (inf: drug)* Stoff *der*.

dormitory ['dɔːmətrɪ] *n* Schlafsaal *der*.

Dormobile® ['dɔːmə,biːl] *n* Camper *der*.

dosage ['dəʊsɪdʒ] *n* Dosis *die*.

dose [dəʊs] *n* Dosis *die*; *(of illness)* Anfall *der*.

dot [dɒt] *n* Punkt *der*; **on the ~** *(fig)* pünktlich.

dotted line ['dɒtɪd-] *n* gepunktete Linie.

double ['dʌbl] ◇ *adj* doppelt, Doppel-. ◇ *adv* doppelt. ◇ *n (twice the amount)* Doppelte *das*; *(alcohol)* Doppelte *der*. ◇ *vt* verdoppeln. ◇ *vi* sich verdoppeln; **it's ~ the size** es ist doppelt so groß; **to bend sthg ~** etw zusammenlfalten; **a ~ whisky** ein doppelter Whisky; **~**

seven sieben sieben.

♦ **doubles** n (SPORT) Doppel das.

double bed n Doppelbett das.

double-breasted [-'brestɪd] adj zweireihig.

double cream n (Br) Sahne mit hohem Fettgehalt.

double-decker (bus) [-'dekər-] n Doppeldeckerbus der.

double doors npl Flügeltür die.

double-glazing [-'gleɪzɪŋ] n Doppelverglasung die.

double room n Doppelzimmer das.

doubt [daʊt] ◇ n Zweifel der. ◇ vt zweifeln an (+D); **I ~ it** das bezweifle ich; **I ~ she'll come** ich bezweifle, daß sie kommt; **in ~** zweifelhaft; **no ~** zweifellos.

doubtful ['daʊtfʊl] adj (person) skeptisch; (result) zweifelhaft; **it's ~ that ...** (unlikely) es ist fraglich, ob ...

dough [dəʊ] n Teig der.

doughnut ['dəʊnʌt] n Berliner der, Krapfen der (Süddt, Österr).

dove¹ [dʌv] n (bird) Taube die.

dove² [dəʊv] pt (Am) → **dive**.

Dover ['dəʊvər] n Dover nt.

Dover sole n Seezunge die.

down [daʊn] ◇ adv **1.** (towards the bottom) nach unten, hinunter/herunter; **~ here** hier unten; **~ there** dort unten; **to fall ~** (person) hinfallen; (thing) herunterlfallen.
2. (along): **I'm going ~ to the shops** ich gehe zum Einkaufen.
3. (downstairs) herunter, nach unten; **I'll come ~ later** ich komme später herunter.
4. (southwards) hinunter/herunter; **we're going ~ to London** wir fahren hinunter nach London; **they're coming ~ from Manchester** sie kommen von Manchester herunter.

5. (in writing): **to write sthg ~** etw auflschreiben.

◇ prep **1.** (towards the bottom of): **they ran ~ the hill** sie liefen den Hügel herunter; **to fall ~ the stairs** die Treppe hinunterlfallen.
2. (along) entlang; **I was walking ~ the street** ich lief gerade die Straße entlang.

◇ adj (inf: depressed) down.

◇ n (feathers) Daunen pl.

♦ **downs** npl (Br) Hügelland das.

downhill [,daʊn'hɪl] adv bergab.

Downing Street ['daʊnɪŋ-] n Downing Street die, Straße in der sich der offizielle Wohnsitz des britischen Premierministers und Schatzkanzlers befindet.

downpour ['daʊnpɔːr] n Regenguß der.

downstairs [,daʊn'steəz] adv unten; **to go ~** nach unten gehen.

downtown [,daʊn'taʊn] adj & adv in der Innenstadt; **to go ~** in die Stadt gehen; **~ New York** die Innenstadt von New York.

down under adv (Br: inf) in Australien.

downwards ['daʊnwədz] adv nach unten.

doz. abbr = **dozen**.

doze [dəʊz] vi dösen.

dozen ['dʌzn] n Dutzend das; **a ~ eggs** zwölf Eier.

Dr (abbr of Doctor) Dr.

drab [dræb] adj trist.

draft [drɑːft] n (early version) Entwurf der; (money order) Überweisung die; (Am) = **draught**.

drag [dræg] ◇ vt schleppen. ◇ vi (along ground) schleifen; **what a ~!** (inf) ist das langweilig!

♦ **drag on** vi sich in die Länge ziehen.

dragonfly ['drægnflaɪ] n Libelle die.

drain [dreɪn] ◇ n (sewer) Abfluß- rohr das; (grating in street) Gully der. ◇ vt (tank, radiator) Wasser ab|lassen von. ◇ vi (vegetables, washing-up) ab|tropfen.

draining board ['dreɪnɪŋ-] n Abtropffläche die.

drainpipe ['dreɪnpaɪp] n (for rain water) Regenrohr das; (for waste water) Abwasserleitung die.

drama ['drɑːmə] n Drama das; (art) Dramatik die.

dramatic [drə'mætɪk] adj drama- tisch.

drank [dræŋk] pt → drink.

drapes [dreɪps] npl (Am) Vorhänge pl.

drastic ['dræstɪk] adj drastisch.

drastically ['dræstɪklɪ] adv dra- stisch.

draught [drɑːft] n (Br: of air) Luft- zug der.

draught beer n Faßbier das.

draughts [drɑːfts] n (Br) Dame- spiel das.

draughty ['drɑːftɪ] adj zugig.

draw [drɔː] (pt drew, pp drawn) ◇ vt ziehen; (picture, map) zeich- nen; (attract) an|ziehen. ◇ vi (with pen, pencil) zeichnen; (SPORT) unentschieden spielen. ◇ n (SPORT: result) Unentschieden das; (lottery) Ziehung die; **to ~ the curtains** (open) die Vorhänge auf|ziehen; (close) die Vorhänge zu|ziehen.

♦ **draw out** vt sep (money) ab| heben.

♦ **draw up** vt sep (list) auf|stellen; (plan) entwerfen. ◇ vi (car, bus) an|halten.

drawback ['drɔːbæk] n Nachteil der.

drawer [drɔːʳ] n Schublade die.

drawing ['drɔːɪŋ] n (picture) Zeichnung die; (activity) Zeichnen das.

drawing pin n (Br) Reißzwecke die.

drawing room n Wohnzimmer das.

drawn [drɔːn] pp → draw.

dreadful ['dredfʊl] adj schreck- lich.

dream [driːm] ◇ n Traum der. ◇ vt & vi träumen; **a ~ house** ein Traumhaus.

dress [dres] ◇ n Kleid das; (clothes) Kleidung die. ◇ vt an|ziehen; (wound) verbinden; (salad) an| machen. ◇ vi sich an|ziehen; **he was ~ed in a black suit** er trug einen schwarzen Anzug; **to get ~ed** sich an|ziehen.

♦ **dress up** vi (in smart clothes) sich feinmachen; (in costume) sich ver- kleiden.

dress circle n erster Rang.

dresser ['dresəʳ] n (Br: for crockery) Büffet das; (Am: chest of drawers) Kommode die.

dressing ['dresɪŋ] n (for salad) Soße die; (for wound) Verband der.

dressing gown n Morgenrock der.

dressing room n (for actors) Künstlergarderobe die; (for play- ers) Umkleidekabine die.

dressing table n Frisierkom- mode die.

dressmaker ['dres,meɪkəʳ] n Damenschneider der (-in die).

dress rehearsal n Generalprobe die.

drew [druː] pt → draw.

dribble ['drɪbl] vi (liquid) tropfen; (baby) sabbern.

drier ['draɪəʳ] = dryer.

drift [drɪft] ◇ n (of snow) Schnee- wehe die. ◇ vi treiben.

drill [drɪl] ◇ n Bohrer der. ◇ vt (hole) bohren.

drink [drɪŋk] (pt drank, pp drunk)

◇ *n* Getränk *das*; *(alcoholic)* Drink *der*. ◇ *vt & vi* trinken; **to have a ~** *(alcoholic)* einen trinken.

drinkable ['drɪŋkəbl] *adj* trinkbar.

drinking water ['drɪŋkɪŋ-] *n* Trinkwasser *das*.

drip [drɪp] ◇ *n* Tropfen *der*. ◇ *vi* tropfen; **to be on a ~** eine Infusion bekommen.

drip-dry *adj* bügelfrei.

dripping (wet) ['drɪpɪŋ-] *adj* tropfnaß.

drive [draɪv] (*pt* **drove**, *pp* **driven**) ◇ *n* Fahrt *die*; *(in front of house)* Einfahrt *die*. ◇ *vt* fahren; *(operate, power)* anltreiben. ◇ *vi* fahren; **to ~ sb to do sthg** jn dazu bringen, etw zu tun; **to go for a ~** spazierenlfahren; **to ~ sb mad** jn verrückt machen.

drivel ['drɪvl] *n* Blödsinn *der*.

driven ['drɪvn] *pp* → **drive**.

driver ['draɪvə^r] *n* Fahrer *der* (-in *die*); *(of train)* Führer *der* (-in *die*).

driver's license *(Am)* = **driving licence**.

driveshaft ['draɪvʃɑːft] *n* Antriebswelle *die*.

driveway ['draɪvweɪ] *n* Zufahrt *die*.

driving lesson ['draɪvɪŋ-] *n* Fahrstunde *die*.

driving licence ['draɪvɪŋ-] *n* (*Br*) Führerschein *der*.

driving test ['draɪvɪŋ-] *n* Fahrprüfung *die*.

drizzle ['drɪzl] *n* Sprühregen *der*.

drop [drɒp] ◇ *n* *(of liquid)* Tropfen *der*; *(distance down)* Höhenunterschied *der*; *(decrease)* Rückgang *der*; *(in value, wages)* Minderung *die*. ◇ *vt* fallen lassen; *(reduce)* senken; *(from vehicle)* ablsetzen; *(omit)* weglassen. ◇ *vi* fallen; *(decrease)* sinken; **to ~ a hint** eine Anspielung machen; **to ~ sb a line** jm ein

paar Zeilen schreiben.

◆ **drop in** *vi* (*inf*) vorbeilkommen.

◆ **drop off** *vt sep* *(from vehicle)* ablsetzen. ◇ *vi* *(fall asleep)* einlnicken; *(fall off)* ablfallen.

◆ **drop out** *vi* *(of college, race)* ablbrechen.

drought [draʊt] *n* Dürre *die*.

drove [drəʊv] *pt* → **drive**.

drown [draʊn] *vi* ertrinken.

drug [drʌg] ◇ *n* (MED) Medikament *das*; *(stimulant)* Droge *die*. ◇ *vt* betäuben.

drug addict *n* Drogenabhängige *der*, *die*.

druggist ['drʌgɪst] *n* (*Am*) Drogist *der* (-in *die*).

drum [drʌm] *n* Trommel *die*.

drummer ['drʌmə^r] *n* Schlagzeuger *der* (-in *die*).

drumstick ['drʌmstɪk] *n* *(of chicken)* Keule *die*.

drunk [drʌŋk] ◇ *pp* → **drink**. ◇ *adj* betrunken. ◇ *n* Betrunkene *der*, *die*; **to get ~** sich betrinken.

dry [draɪ] ◇ *adj* trocken. ◇ *vt* *(hands, washing-up)* abltrocknen; *(clothes)* trocknen. ◇ *vi* trocknen; **to ~ o.s.** sich abltrocknen; **to ~ one's hair** sich (*D*) die Haare trocknen.

◆ **dry up** *vi* ausltrocknen; *(dry the dishes)* abltrocknen.

dry-clean *vt* chemisch reinigen.

dry cleaner's *n* chemische Reinigung.

dryer ['draɪə^r] *n* *(for clothes)* Wäschetrockner *der*; *(for hair)* Fön® *der*.

dry-roasted peanuts [-'rəʊstɪd-] *npl* ohne Fett geröstete Erdnüsse *pl*.

DSS *n* (*Br*) Amt für Sozialwesen.

DTP *n* *(abbr of desktop publishing)* DTP *das*.

dual carriageway ['djuːəl-] *n*

(Br) vierspurige Straße.

dubbed [dʌbd] *adj (film)* synchronisiert.

dubious ['djuːbjəs] *adj* zweifelhaft.

duchess ['dʌtʃɪs] *n* Herzogin *die.*

duck [dʌk] ◇ *n* Ente *die.* ◇ *vi* sich ducken.

due [djuː] *adj* fällig; *(owed)* geschuldet; **in ~ course** zu gegebener Zeit; **~ to** aufgrund (+G); **to be ~ (train)** planmäßig ankommen.

duet [djuːˈet] *n* Duett *das.*

duffel bag ['dʌfl-] *n* Seesack *der.*

duffel coat ['dʌfl-] *n* Dufflecoat *der.*

dug [dʌg] *pt & pp* → **dig.**

duke [djuːk] *n* Herzog *der.*

dull [dʌl] *adj (boring)* langweilig; *(colour)* fahl; *(weather)* trüb; *(pain)* dumpf.

dumb [dʌm] *adj (inf: stupid)* doof; *(unable to speak)* stumm.

dummy ['dʌmɪ] *n (Br: for baby)* Schnuller *der;* *(for clothes)* Schaufensterpuppe *die.*

dump [dʌmp] ◇ *n (for rubbish)* Müllkippe *die;* *(inf: place)* Schweinestall *der.* ◇ *vt (drop carelessly)* fallen lassen; *(get rid of)* loslwerden.

dumpling ['dʌmplɪŋ] *n* Knödel *der.*

dune [djuːn] *n* Düne *die.*

dungarees [ˌdʌŋgəˈriːz] *npl* Latzhose *die;* *(Am: jeans)* Arbeitsjeans *pl.*

dungeon ['dʌndʒən] *n* Kerker *der.*

duplicate ['djuːplɪkət] *n* Duplikat *das.*

during ['djʊərɪŋ] *prep* während (+G).

dusk [dʌsk] *n* Abenddämmerung *die.*

dust [dʌst] ◇ *n* Staub *der.* ◇ *vt* ablstauben.

dustbin ['dʌstbɪn] *n (Br)* Mülltonne *die.*

dustcart ['dʌstkɑːt] *n (Br)* Müllwagen *der.*

duster ['dʌstər] *n* Staubtuch *das.*

dustman ['dʌstmən] *(pl* **-men** [-mən]) *n (Br)* Müllmann *der.*

dustpan ['dʌstpæn] *n* Kehrschaufel *die.*

dusty ['dʌstɪ] *adj* staubig.

Dutch [dʌtʃ] ◇ *adj* holländisch. ◇ *n* Holländisch *das.* ◇ *npl:* **the ~** die Holländer *pl.*

Dutchman ['dʌtʃmən] *(pl* **-men** [-mən]) *n* Holländer *der.*

Dutchwoman ['dʌtʃˌwʊmən] *(pl* **-women** [-ˌwɪmɪn]) *n* Holländerin *die.*

duty ['djuːtɪ] *n* Pflicht *die;* *(tax)* Zoll *der;* **to be on ~** Dienst haben; **to be off ~** keinen Dienst haben. ♦ **duties** *npl (job)* Aufgaben *pl.*

duty chemist's *n* Apotheke *die* mit Notdienst.

duty-free ◇ *adj* zollfrei. ◇ *n (shop)* Duty-free-Shop *der;* *(goods)* zollfreie Waren *pl.*

duty-free shop *n* Duty-free-Shop *der.*

duvet ['duːveɪ] *n* Bettdecke *die.*

dwarf [dwɔːf] *(pl* **dwarves** [dwɔːvz]) *n* Zwerg *der.*

dwelling ['dwelɪŋ] *n (fml)* Wohnung *die.*

dye [daɪ] ◇ *n* Farbe *die.* ◇ *vt* färben.

dynamite ['daɪnəmaɪt] *n* Dynamit *das.*

dynamo ['daɪnəməʊ] *(pl* **-s**) *n (on bike)* Dynamo *der.*

dyslexic [dɪsˈleksɪk] *adj:* **to be ~** Legastheniker sein.

E

E *(abbr of east)* O.

E111 *n* E111 Formular *das*.

each [iːtʃ] ◇ *adj* jede(-r)(-s). ◇ *pron*: ~ (one) jede(-r)(-s); ~ other einander; there's one ~ es ist für jeden eins da; I'd like one of ~ ich möchte von jedem/jeder eins; they cost £10 ~ sie kosten je 10 Pfund.

eager ['iːgəʳ] *adj* eifrig; to be ~ to do sthg unbedingt etw tun wollen.

eagle ['iːgl] *n* Adler *der*.

ear [ɪəʳ] *n* Ohr *das*; *(of corn)* Ähre *die*.

earache ['ɪəreɪk] *n*: to have ~ Ohrenschmerzen haben.

earl [ɜːl] *n* Graf *der*.

early ['ɜːlɪ] *adj & adv* früh; at the earliest frühestens; ~ on schon früh; to have an ~ night früh zu Bett gehen.

earn [ɜːn] *vt* verdienen; to ~ a living seinen Lebensunterhalt verdienen.

earnings ['ɜːnɪŋz] *npl* Einkommen *das*.

earphones ['ɪəfəʊnz] *npl* Kopfhörer *pl*.

earplugs ['ɪəplʌgz] *npl* Ohropax® *pl*.

earrings ['ɪərɪŋz] *npl* Ohrringe *pl*.

earth [ɜːθ] ◇ *n* Erde *die*. ◇ *vt (Br: appliance)* erden; how on ~ ...? wie in aller Welt ...?

earthenware ['ɜːθnweəʳ] *adj* aus Steingut.

earthquake ['ɜːθkweɪk] *n* Erdbeben *das*.

ease [iːz] ◇ *n* Leichtigkeit *die*. ◇ *vt (pain)* lindern; *(problem)* verringern; at ~ unbefangen.

♦ **ease off** *vi (pain, rain)* nachllassen.

easily ['iːzɪlɪ] *adv* leicht.

east [iːst] ◇ *n* Osten *der*. ◇ *adv* nach Osten; *(be situated)* im Osten; in the ~ of England im Osten Englands; the East *(Asia)* der Osten.

eastbound ['iːstbaʊnd] *adj* (in) Richtung Osten.

Easter ['iːstəʳ] *n* Ostern *das*.

eastern ['iːstən] *adj* östlich, Ost-; Eastern *(Asian)* östlich, Ost-.

Eastern Europe *n* Osteuropa *nt*.

East Germany *n* Ostdeutschland *nt*.

eastwards ['iːstwədz] *adv* ostwärts.

easy ['iːzɪ] *adj* leicht, einfach; to take it ~ sich schonen.

easygoing [ˌiːzɪ'gəʊɪŋ] *adj* gelassen.

eat [iːt] *(pt ate, pp eaten ['iːtn])* *vt & vi* essen; *(subj: animal)* fressen.

♦ **eat out** *vi* essen gehen.

eating apple ['iːtɪŋ-] *n* Eßapfel *der*.

ebony ['ebənɪ] *n* Ebenholz *das*.

EC *n (abbr of European Community)* EG *die*.

eccentric [ɪk'sentrɪk] *adj* exzentrisch.

echo ['ekəʊ] *(pl -es)* ◇ *n* Echo *das*. ◇ *vi* widerlhallen.

ecology [ɪ'kɒlədʒɪ] *n* Ökologie *die*.

economic [ˌiːkə'nɒmɪk] *adj* wirtschaftlich.

♦ **economics** *n* Wirtschaftswissenschaften *pl*.

economical [ˌiːkə'nɒmɪkl] *adj* wirtschaftlich; *(person)* sparsam.

economize [ɪ'kɒnəmaɪz] *vi* sparsam sein.

economy [ɪˈkɒnəmɪ] *n (of country)* Wirtschaft *die; (saving)* Sparsamkeit *die.*

economy class *n* Touristenklasse *die.*

economy size *adj* Spar-.

ecstasy [ˈekstəsɪ] *n* Ekstase *die; (drug)* Ecstasy *das.*

ECU [ˈekjuː] *n* Ecu *der.*

eczema [ˈeksɪmə] *n* Ekzem *das.*

edge [edʒ] *n* Rand *der; (of knife)* Schneide *die.*

edible [ˈedɪbl] *adj* eßbar.

Edinburgh [ˈedɪnbrə] *n* Edinburg *nt.*

Edinburgh Festival *n*: the ~ *großes Musik- und Theaterfestival in Edinburg.*

edition [ɪˈdɪʃn] *n* Ausgabe *die.*

editor [ˈedɪtər] *n (of newspaper, magazine)* Chefredakteur *der (-in die); (of book)* Redakteur *der (-in die); (of film, TV programme)* Cutter *der (-in die).*

editorial [ˌedɪˈtɔːrɪəl] *n* Leitartikel *der.*

educate [ˈedʒʊkeɪt] *vt* erziehen.

education [ˌedʒʊˈkeɪʃn] *n (field)* Ausbildung *die; (process)* Erziehung *die; (result)* Bildung *die.*

EEC *n* EWG *die.*

eel [iːl] *n* Aal *der.*

effect [ɪˈfekt] *n* Wirkung *die;* to put sthg into ~ etw in Kraft setzen; to take ~ in Kraft treten.

effective [ɪˈfektɪv] *adj* wirksam.

effectively [ɪˈfektɪvlɪ] *adv* wirksam; *(in fact)* effektiv.

efficient [ɪˈfɪʃənt] *adj* tüchtig; *(machine, organization)* leistungsfähig.

effort [ˈefət] *n (exertion)* Anstrengung *die; (attempt)* Versuch *der;* to make an ~ to do sthg sich bemühen, etw zu tun; it's not worth the ~ es ist nicht

der Mühe wert.

e.g. *adv* z.B.

egg [eg] *n* Ei *das.*

egg cup *n* Eierbecher *der.*

egg mayonnaise *n* Brotaufstrich *aus gehacktem Ei und Mayonnaise.*

eggplant [ˈegplɑːnt] *n (Am)* Aubergine *die.*

egg white *n* Eiweiß *das.*

egg yolk *n* Eigelb *das.*

Egypt [ˈiːdʒɪpt] *n* Ägypten *nt.*

eiderdown [ˈaɪdədaʊn] *n* Daunendecke *die.*

eight [eɪt] *num* acht, → **six**.

eighteen [ˌeɪˈtiːn] *num* achtzehn, → **six**.

eighteenth [ˌeɪˈtiːnθ] *num* achtzehnte(-r)(-s), → **sixth**.

eighth [eɪtθ] *num* achte(-r)(-s), → **sixth**.

eightieth [ˈeɪtɪɪθ] *num* achtzigste(-r)(-s), → **sixth**.

eighty [ˈeɪtɪ] *num* achtzig, → **six**.

Eire [ˈeərə] *n* Irland *nt.*

Eisteddfod [aɪˈstedfəd] *n walisisches Kulturfestival.*

either [ˈaɪðər, ˈiːðər] ◇ *adj*: ~ book will do beide Bücher sind okay. ◇ *pron*: I'll take ~ (of them) ich nehme einen/eine/eins (von beiden); I don't like ~ (of them) ich mag keinen/keine/keins (von beiden). ◇ *adv*: I can't ~ ich auch nicht; ~ ... or entweder ... oder; I don't like ~ him or her ich mag weder ihn noch sie; on ~ side auf beiden Seiten.

eject [ɪˈdʒekt] *vt (cassette)* auslwerfen.

elaborate [ɪˈlæbrət] *adj* kunstvoll.

elastic [ɪˈlæstɪk] *n* Gummi *der or das.*

elastic band *n (Br)* Gummiband *das.*

elbow [ˈelbəʊ] *n* Ellbogen *der.*

elder [ˈeldər] *adj* ältere(-r)(-s).

elderly ['eldəlı] ◊ adj ältere(-r)(-s). ◊ npl: **the ~** die ältere Generation.

eldest ['eldıst] adj älteste(-r)(-s).

elect [ı'lekt] vt wählen; **to ~ to do sthg** (fml: choose) sich entscheiden, etw zu tun.

election [ı'lekʃn] n Wahl die.

electric [ı'lektrık] adj elektrisch.

electrical goods [ı'lektrıkl-] npl Elektrowaren pl.

electric blanket n Heizdecke die.

electric drill n Bohrmaschine die.

electric fence n Elektrozaun der.

electrician [ˌılek'trıʃn] n Elektriker der (-in die).

electricity [ˌılek'trısətı] n (supply) Strom der; (in physics) Elektrizität die.

electric shock n elektrischer Schlag.

electrocute [ı'lektrəkjuːt] vt durch einen elektrischen Schlag töten.

electronic [ˌılek'trɒnık] adj elektronisch.

elegant ['elıgənt] adj elegant.

element ['elımənt] n Element das; (degree) Spur die; (of fire, kettle) Heizelement das; **the ~s** (weather) die Elemente.

elementary [ˌelı'mentərı] adj elementar.

elephant ['elıfənt] n Elefant der.

elevator ['elıveıtər] n (Am) Aufzug der.

eleven [ı'levn] num elf, → **six**.

eleventh [ı'levnθ] num elfte(-r) (-s), → **sixth**.

eligible ['elıdʒəbl] adj (qualified) berechtigt.

eliminate [ı'lımıneıt] vt aus｜schalten.

Elizabethan [ıˌlızə'biːθn] adj elisabethanisch (zweite Hälfte des 16. Jh).

elm [elm] n Ulme die.

else [els] adv: **I don't want anything ~** ich will nichts mehr; **anything ~?** sonst noch etwas?; **everyone ~** alle anderen; **nobody ~** niemand anders; **nothing ~** sonst nichts; **somebody ~** (additional person) noch jemand anders; (different person) jemand anders; **something ~** (additional thing) noch etwas; (different thing) etwas anders; **somewhere ~** woanders; **to go somewhere ~** woandershin gehen; **what ~?** was sonst?; **who ~?** wer sonst?; **or ~** sonst.

elsewhere [els'weər] adv woanders; (go, move) woandershin.

embankment [ım'bæŋkmənt] n (next to river, railway) Damm der; (next to road) Böschung die.

embark [ım'bɑːk] vi (board ship) an Bord gehen.

embarkation card [ˌembɑː-'keıʃn-] n Bordkarte die.

embarrass [ım'bærəs] vt in Verlegenheit bringen.

embarrassed [ım'bærəst] adj verlegen.

embarrassing [ım'bærəsıŋ] adj peinlich.

embarrassment [ım'bærəsmənt] n Verlegenheit die.

embassy ['embəsı] n Botschaft die.

emblem ['embləm] n Emblem das.

embrace [ım'breıs] vt umarmen.

embroidered [ım'brɔıdəd] adj bestickt.

embroidery [ım'brɔıdərı] n Stickerei die.

emerald ['emərəld] n Smaragd der.

emerge [ı'mɜːdʒ] vi heraus｜kommen; (fact, truth) sich heraus｜stellen.

emergency [ı'mɜːdʒənsı] ◊ n

Notfall *der.* ◇ *adj* Not-; **in an ~** im Notfall.

emergency exit *n* Notausgang *der.*

emergency landing *n* Notlandung *die.*

emergency services *npl* Notdienst *der.*

emigrate ['emɪgreɪt] *vi* auslwandern.

emit [ɪ'mɪt] *vt (light)* auslstrahlen; *(gas)* auslströmen.

emotion [ɪ'məʊʃn] *n* Gefühl *das.*

emotional [ɪ'məʊʃənl] *adj (situation)* emotionsgeladen; *(person)* gefühlsbetont.

emphasis ['emfəsɪs] *(pl* **-ases** [-əsiːz]) *n* Betonung *die.*

emphasize ['emfəsaɪz] *vt* betonen.

empire ['empaɪər] *n* Reich *das.*

employ [ɪm'plɔɪ] *vt (subj: company)* beschäftigen; *(fml: use)* benutzen.

employed [ɪm'plɔɪd] *adj* angestellt.

employee [ɪm'plɔɪiː] *n* Angestellte *der, die.*

employer [ɪm'plɔɪər] *n* Arbeitgeber *der* (-in *die*).

employment [ɪm'plɔɪmənt] *n* Arbeit *die.*

employment agency *n* Stellenvermittlung *die.*

empty ['emptɪ] ◇ *adj* leer. ◇ *vt* leeren.

EMU *n* EWU *die.*

emulsion (paint) [ɪ'mʌlʃn-] *n* Emulsionsfarbe *die.*

enable [ɪ'neɪbl] *vt*: **to ~ sb to do sthg** jm ermöglichen, etw zu tun.

enamel [ɪ'næml] *n (decorative)* Email *das; (on tooth)* Zahnschmelz *der.*

enclose [ɪn'kləʊz] *vt (surround)* umgeben; *(with letter)* beilegen.

enclosed [ɪn'kləʊzd] *adj (space)* abgeschlossen.

encounter [ɪn'kaʊntər] *vt (experience)* stoßen auf (+A); *(fml: meet)* begegnen (+D).

encourage [ɪn'kʌrɪdʒ] *vt* ermutigen; **to ~ sb to do sthg** jm Mut machen, etw zu tun.

encouragement [ɪn'kʌrɪdʒmənt] *n* Ermutigung *die.*

encyclopedia [ɪnˌsaɪklə'piːdjə] *n* Lexikon *das.*

end [end] ◇ *n* Ende *das; (of finger, knife)* Spitze *die; (purpose)* Ziel *das.* ◇ *vt* beenden. ◇ *vi* enden; **at the ~ of April** Ende April; **to come to an ~** zu Ende gehen; **to put an ~ to sthg** etw beenden; **for days on ~** tagelang; **in the ~** schließlich; **to make ~s meet** gerade auslkommen.

♦ **end up** *vi* landen; **to ~ up doing sthg** schließlich etw tun.

endangered species [ɪn-'deɪndʒəd-] *n* (vom Aussterben) bedrohte Art.

ending ['endɪŋ] *n* Schluß *der,* Ende *das;* (GRAMM) Endung *die.*

endive ['endaɪv] *n (curly)* Endivie *die; (chicory)* Chicorée *der.*

endless ['endlɪs] *adj* endlos.

endorsement [ɪn'dɔːsmənt] *n (of driving licence)* Strafvermerk *der.*

endurance [ɪn'djʊərəns] *n* Ausdauer *die.*

endure [ɪn'djʊər] *vt* ertragen.

enemy ['enɪmɪ] *n* Feind *der.*

energy ['enədʒɪ] *n* Energie *die.*

enforce [ɪn'fɔːs] *vt* durchlsetzen.

engaged [ɪn'geɪdʒd] *adj (to be married)* verlobt; *(Br: phone, toilet)* besetzt; **to get ~** sich verloben.

engaged tone *n* (Br) Besetztzeichen *das.*

engagement [ɪn'geɪdʒmənt] *n (to marry)* Verlobung *die; (appointment)* Verabredung *die.*

engagement ring *n* Verlobungsring *der*.

engine ['endʒɪn] *n* Motor *der*; *(of train)* Lokomotive *die*.

engineer [ˌendʒɪ'nɪəʳ] *n* Ingenieur *der* (-in *die*).

engineering [ˌendʒɪ'nɪərɪŋ] *n* Technik *die*.

engineering works *npl (on railway line)* technische Bauarbeiten *pl*.

England ['ɪŋglənd] *n* England *nt*.

English ['ɪŋglɪʃ] ◇ *adj* englisch. ◇ *n* Englisch *das*. ◇ *npl*: **the ~** die Engländer *pl*.

English breakfast *n* englisches Frühstück *(mit gebratenem Speck, Würstchen, Eiern, Toast und Kaffee oder Tee)*.

English Channel *n*: **the ~** der Ärmelkanal.

Englishman ['ɪŋglɪʃmən] *(pl* -men [-mən]*) n* Engländer *der*.

Englishwoman ['ɪŋglɪʃˌwʊmən] *(pl* -women [-ˌwɪmɪn]*) n* Engländerin *die*.

engrave [ɪn'greɪv] *vt* gravieren.

engraving [ɪn'greɪvɪŋ] *n* Stich *der*.

enjoy [ɪn'dʒɔɪ] *vt* genießen; *(film, music, hobby)* mögen; **to ~ doing sthg** etw gerne tun; **to ~ o.s.** sich amüsieren; **~ your meal!** guten Appetit!

enjoyable [ɪn'dʒɔɪəbl] *adj* nett.

enjoyment [ɪn'dʒɔɪmənt] *n* Vergnügen *das*.

enlargement [ɪn'lɑːdʒmənt] *n* Vergrößerung *die*.

enormous [ɪ'nɔːməs] *adj* riesig.

enough [ɪ'nʌf] *adj, pron & adv* genug; **~ time** Zeit genug; **is that ~?** reicht das?; **to have had ~ (of** sthg*)** genug (von etw) haben.

enquire [ɪn'kwaɪəʳ] *vi*: **to ~ (about)** sich erkundigen (nach).

enquiry [ɪn'kwaɪərɪ] *n (question)* Anfrage *die*; *(investigation)* Untersuchung *die*; **'Enquiries'** 'Information', 'Auskunft'.

enquiry desk *n* Informationsschalter *der*.

enrol [ɪn'rəʊl] *vi (Br)* sich einlschreiben.

enroll [ɪn'rəʊl] *(Am)* = **enrol**.

en suite bathroom [ɒn'swiːt-] *n* Zimmer *das* mit Bad.

ensure [ɪn'ʃʊəʳ] *vt* sicherlstellen; **to ~ (that)** ... dafür sorgen, daß ...

entail [ɪn'teɪl] *vt (involve)* mit sich bringen.

enter ['entəʳ] ◇ *vt* gehen in (+A); *(plane, bus)* einlsteigen in (+A); *(college, army)* einltreten in (+A); *(competition)* teillnehmen an (+D); *(on form)* einltragen. ◇ *vi* hereinlkommen; *(in competition)* teillnehmen.

enterprise ['entəpraɪz] *n* Unternehmen *das*.

entertain [ˌentə'teɪn] *vt* unterhalten.

entertainer [ˌentə'teɪnəʳ] *n* Entertainer *der*.

entertaining [ˌentə'teɪnɪŋ] *adj* unterhaltsam.

entertainment [ˌentə'teɪnmənt] *n* Unterhaltung *die*.

enthusiasm [ɪn'θjuːzɪæzm] *n* Begeisterung *die*.

enthusiast [ɪn'θjuːzɪæst] *n* Enthusiast *der* (-in *die*).

enthusiastic [ɪnˌθjuːzɪ'æstɪk] *adj* enthusiastisch.

entire [ɪn'taɪəʳ] *adj* ganze(-r)(-s).

entirely [ɪn'taɪəlɪ] *adv* völlig.

entitle [ɪn'taɪtl] *vt*: **to ~ sb to sthg** jn zu etw berechtigen; **to ~ sb to do sthg** jn berechtigen, etw zu tun.

entrance ['entrəns] *n* Eingang *der*; *(admission)* Zutritt *der*.

entrance fee *n* Eintrittspreis *der*.

entry ['entrɪ] *n* Eingang *der;*
(admission) Zutritt *der; (in diction-*
ary) Eintrag *der; (in competition)*
Einsendung *die;* '**no ~**' 'Eintritt
verboten'.

envelope ['envələʊp] *n* Briefumschlag *der.*

envious ['envɪəs] *adj* neidisch.

environment [ɪn'vaɪərənmənt] *n*
Umwelt *die.*

environmental [ɪn,vaɪərən'mentl]
adj Umwelt-.

environmentally friendly [ɪn-
,vaɪərən'mentəlɪ-] *adj* umweltfreundlich.

envy ['envɪ] *vt* beneiden.

epic ['epɪk] *n* Epos *das.*

epidemic [,epɪ'demɪk] *n* Epidemie
die.

epileptic [,epɪ'leptɪk] *adj* epilep-
tisch.

episode ['epɪsəʊd] *n* Episode *die;*
(of TV programme) Folge *die.*

equal ['iːkwəl] ◇ *adj* gleich. ◇ *vt*
gleich sein; **to be ~ to** gleich sein.

equality [ɪ'kwɒlətɪ] *n (equal rights)*
Gleichberechtigung *die.*

equalize ['iːkwəlaɪz] *vi* (SPORT)
auslgleichen.

equally ['iːkwəlɪ] *adv* gleich;
(share) gleichmäßig; *(at the same*
time) ebenso.

equation [ɪ'kweɪʒn] *n* Gleichung
die.

equator [ɪ'kweɪtər] *n:* **the ~** der
Äquator.

equip [ɪ'kwɪp] *vt:* **to ~ sb/sthg**
with jn/etw auslrüsten mit.

equipment [ɪ'kwɪpmənt] *n* Ausl-
rüstung *die.*

equipped [ɪ'kwɪpt] *adj:* **to be ~**
with ausgerüstet sein mit.

equivalent [ɪ'kwɪvələnt] ◇ *adj*
gleichwertig. ◇ *n* Äquivalent *das.*

erase [ɪ'reɪz] *vt (letter, word)*
auslradieren.

eraser [ɪ'reɪzər] *n* Radiergummi
der.

erect [ɪ'rekt] ◇ *adj (person, posture)*
aufrecht. ◇ *vt* auflstellen.

ERM *n* Wechselkursmechanis-
mus *der.*

erotic [ɪ'rɒtɪk] *adj* erotisch.

errand ['erənd] *n* Besorgung *die.*

erratic [ɪ'rætɪk] *adj* unregelmäßig.

error ['erər] *n* Fehler *der.*

escalator ['eskəleɪtər] *n* Rolltreppe *die.*

escalope ['eskələp] *n* Schnitzel
das.

escape [ɪ'skeɪp] ◇ *n* Flucht *die; (of*
gas) Ausströmen *das.* ◇ *vi:* **to ~**
(from) entkommen (aus); *(gas)*
auslströmen (aus); *(water)* ausllau-
fen (aus).

escort [*n* 'eskɔːt, *vb* ɪ'skɔːt] ◇ *n*
(guard) Eskorte *die.* ◇ *vt* begleiten.

espadrilles ['espə,drɪlz] *npl* Espadrilles *pl.*

especially [ɪ'speʃəlɪ] *adv* besonders.

esplanade [,esplə'neɪd] *n* Esplanade *die.*

essay ['eseɪ] *n (at school, university)*
Aufsatz *der.*

essential [ɪ'senʃl] *adj* wesentlich.
♦ **essentials** *npl* Wesentliche *das;*
the bare ~s das Nötigste.

essentially [ɪ'senʃəlɪ] *adv* im
Grunde.

establish [ɪ'stæblɪʃ] *vt (set up,*
create) gründen; *(fact, truth)* herauslfinden.

establishment [ɪ'stæblɪʃmənt] *n*
(business) Unternehmen *das.*

estate [ɪ'steɪt] *n (land in country)*
Landsitz *der; (for housing)* Wohnsiedlung *die; (Br: car)* = **estate car**.

estate agent *n (Br)* Immobilienmakler *der.*

estate car *n (Br)* Kombiwagen
der.

estimate [*n* 'estɪmət, *vb* 'estɪmeɪt] ◇ *n* Schätzung *die*; *(of cost)* Kostenvoranschlag *der*. ◇ *vt* schätzen.

estuary ['estjʊərɪ] *n* Mündung *die*.

ethnic minority ['eθnɪk-] *n* ethnische Minderheit.

EU *n* *(abbr of European Union)* EU *die*.

Eurocheque ['jʊərəʊˌtʃek] *n* Euroscheck *der*.

Europe ['jʊərəp] *n* Europa *nt*.

European [ˌjʊərə'pɪən] ◇ *adj* europäisch. ◇ *n* Europäer *der* (-in *die*).

European Community *n* Europäische Gemeinschaft *die*.

evacuate [ɪ'vækjʊeɪt] *vt* evakuieren.

evade [ɪ'veɪd] *vt* vermeiden.

evaporated milk [ɪ'væpəreɪtɪd-] *n* Kondensmilch *die*.

eve [iːv] *n*: on the ~ of am Vorabend (+*G*).

even ['iːvn] ◇ *adj* *(rate, speed)* gleichmäßig; *(level, flat)* eben; *(teams)* gleich stark; *(number)* gerade. ◇ *adv* sogar; to break ~ die Kosten decken; ~ so trotzdem; ~ though obwohl; not ~ nicht einmal.

evening ['iːvnɪŋ] *n* Abend *der*; good ~! guten Abend!; in the ~ am Abend, abends.

evening classes *npl* Abendkursus *der*.

evening dress *n* *(formal clothes)* Gesellschaftskleidung *die*; *(woman's garment)* Abendkleid *das*.

evening meal *n* Abendessen *das*.

event [ɪ'vent] *n* Ereignis *das*; (SPORT) Wettkampf *der*; in the ~ of *(fml)* im Falle (+*G*).

eventual [ɪ'ventʃʊəl] *adj*: the ~ decision was ... schließlich wurde

entschieden, daß ...

eventually [ɪ'ventʃʊəlɪ] *adv* schließlich.

ever ['evəʳ] *adv* *(at any time)* je, jemals; he was ~ so angry er war sehr verärgert; for ~ *(eternally)* für immer; *(for a long time)* seit Ewigkeiten; hardly ~ fast nie; ~ since seitdem, seit.

every ['evrɪ] *adj* jede(-r)(-s); ~ other day jeden zweiten Tag; ~ few days alle paar Tage; one in ~ ten einen/eine/eins von zehn; we make ~ effort ... wir geben uns alle Mühe ...; ~ so often dann und wann.

everybody ['evrɪˌbɒdɪ] = **everyone**.

everyday ['evrɪdeɪ] *adj* alltäglich.

everyone ['evrɪwʌn] *pron* alle; *(each person)* jeder.

everyplace ['evrɪˌpleɪs] *(Am)* = **everywhere**.

everything ['evrɪθɪŋ] *pron* alles.

everywhere ['evrɪweəʳ] *adv* überall; *(go)* überallhin.

evidence ['evɪdəns] *n* *(proof)* Beweis *der*; *(of witness)* Aussage *die*.

evident ['evɪdənt] *adj* klar.

evidently ['evɪdəntlɪ] *adv* offensichtlich.

evil ['iːvl] ◇ *adj* böse. ◇ *n* Böse *das*.

ex [eks] *n* *(inf)* Verflossene *der, die*.

exact [ɪg'zækt] *adj* genau; '~ fare ready please' 'Bitte den genauen Fahrgeld bereithalten'.

exactly [ɪg'zæktlɪ] *adv & excl* genau.

exaggerate [ɪg'zædʒəreɪt] *vt & vi* übertreiben.

exaggeration [ɪgˌzædʒə'reɪʃn] *n* Übertreibung *die*.

exam [ɪg'zæm] *n* Prüfung *die*; to take an ~ eine Prüfung ablegen.

examination [ɪgˌzæmɪ'neɪʃn] *n* (at

school) Prüfung *die; (at university)* Examen *das;* (MED) Untersuchung *die.*

examine [ɪgˈzæmɪn] *vt* untersuchen.

example [ɪgˈzɑːmpl] *n* Beispiel *das;* **for ~** zum Beispiel.

exceed [ɪkˈsiːd] *vt* übersteigen.

excellent [ˈeksələnt] *adj* ausgezeichnet.

except [ɪkˈsept] *prep & conj* außer; **~ for** abgesehen von; '**~ for access**' 'frei für Anliegerverkehr'; '**~ for loading**' 'Be- und Entladen gestattet'.

exception [ɪkˈsepʃn] *n* Ausnahme *die.*

exceptional [ɪkˈsepʃnəl] *adj* außergewöhnlich.

excerpt [ˈeksɜːpt] *n* Auszug *der.*

excess [ɪkˈses, *before noun* ˈekses] ◇ *adj* Über-. ◇ *n* Übermaß *das.*

excess baggage *n* Übergewicht *das.*

excess fare *n (Br)* Nachlösegebühr *die.*

excessive [ɪkˈsesɪv] *adj* übermäßig; *(price)* übermäßig hoch.

exchange [ɪksˈtʃeɪndʒ] ◇ *n (of telephones)* Fernamt *das; (of students)* Austausch *der.* ◇ *vt* umltauschen; **to ~ sthg for sthg** etw gegen etw einltauschen; **to be on an ~** Austauschschüler sein.

exchange rate *n* Wechselkurs *der.*

excited [ɪkˈsaɪtɪd] *adj* aufgeregt.

excitement [ɪkˈsaɪtmənt] *n* Aufregung *die.*

exciting [ɪkˈsaɪtɪŋ] *adj* aufregend.

exclamation mark [ˌekskləˈmeɪʃn-] *n (Br)* Ausrufezeichen *das.*

exclamation point [ˌekskləˈmeɪʃn-] *(Am)* = **exclamation mark**.

exclude [ɪkˈskluːd] *vt* auslschließen.

excluding [ɪkˈskluːdɪŋ] *prep* ausgenommen (+D).

exclusive [ɪkˈskluːsɪv] ◇ *adj (highclass)* exklusiv; *(sole)* ausschließlich. ◇ *n* Exklusivbericht *der;* **~ of** ausschließlich (+G).

excursion [ɪkˈskɜːʃn] *n* Ausflug *der.*

excuse [*n* ɪkˈskjuːs, *vb* ɪkˈskjuːz] ◇ *n* Entschuldigung *die.* ◇ *vt* entschuldigen; **~ me!** entschuldigen Sie, bitte!; *(as apology)* Entschuldigung!

ex-directory *adj (Br)*: **to be ~** nicht im Telefonbuch stehen.

execute [ˈeksɪkjuːt] *vt (kill)* hinlrichten.

executive [ɪgˈzekjʊtɪv] *n (person)* leitende Angestellte *der, die.*

exempt [ɪgˈzempt] *adj*: **~ (from)** befreit (von).

exemption [ɪgˈzempʃn] *n* Befreiung *die.*

exercise [ˈeksəsaɪz] ◇ *n (physical)* Bewegung *die; (piece of work)* Übung *die.* ◇ *vi* sich bewegen; **to do ~s** Gymnastik treiben.

exercise book *n* Heft *das.*

exert [ɪgˈzɜːt] *vt* auslüben.

exhaust [ɪgˈzɔːst] ◇ *vt* erschöpfen. ◇ *n*: **~ (pipe)** Auspuff *der.*

exhausted [ɪgˈzɔːstɪd] *adj* erschöpft.

exhibit [ɪgˈzɪbɪt] ◇ *n (in museum, gallery)* Ausstellungsstück *das.* ◇ *vt (in exhibition)* auslstellen.

exhibition [ˌeksɪˈbɪʃn] *n (of art)* Ausstellung *die.*

exist [ɪgˈzɪst] *vi* existieren.

existence [ɪgˈzɪstəns] *n* Existenz *die;* **to be in ~** existieren.

existing [ɪgˈzɪstɪŋ] *adj* bestehend.

exit [ˈeksɪt] ◇ *n (door)* Ausgang *der; (from motorway)* Ausfahrt *die; (act of leaving)* Abgang *der.* ◇ *vi* hinauslgehen.

exotic [ɪgˈzɒtɪk] *adj* exotisch.
expand [ɪkˈspænd] *vi* sich aus|dehnen; *(in number)* sich vermehren.
expect [ɪkˈspekt] *vt* erwarten; **to ~ to do sthg** voraussichtlich etw tun; **to ~ sb to do sthg** erwarten, daß jd etw macht; **to be ~ing** *(be pregnant)* in anderen Umständen sein.
expedition [ˌekspɪˈdɪʃn] *n* Expedition *die*; *(short outing)* Tour *die*.
expel [ɪkˈspel] *vt (from school)* von der Schule verweisen.
expense [ɪkˈspens] *n* Ausgaben *pl*; **at the ~ of** auf Kosten (+G).
♦ **expenses** *npl (of businessman)* Spesen *pl*.
expensive [ɪkˈspensɪv] *adj* teuer.
experience [ɪkˈspɪərɪəns] ◇ *n* Erfahrung *die*. ◇ *vt* erfahren.
experienced [ɪkˈspɪərɪənst] *adj* erfahren.
experiment [ɪkˈsperɪmənt] ◇ *n* Experiment *das*. ◇ *vi* experimentieren.
expert [ˈekspɜːt] ◇ *adj (advice, treatment)* fachmännisch. ◇ *n* Experte *der* (Expertin *die*).
expire [ɪkˈspaɪəʳ] *vi* ab|laufen.
expiry date [ɪkˈspaɪərɪ-] *n*: **~: 15/4/95** gültig bis 15/4/95.
explain [ɪkˈspleɪn] *vt* erklären.
explanation [ˌekspləˈneɪʃn] *n* Erklärung *die*.
explode [ɪkˈspləʊd] *vi* explodieren.
exploit [ɪkˈsplɔɪt] *vt* aus|beuten.
explore [ɪkˈsplɔːʳ] *vt (place)* erforschen.
explosion [ɪkˈspləʊʒn] *n (of bomb etc)* Explosion *die*.
explosive [ɪkˈspləʊsɪv] *n* Sprengstoff *der*.
export [*n* ˈekspɔːt, *vb* ɪkˈspɔːt] ◇ *n* Export *der*, Ausfuhr *die*. ◇ *vt* exportieren.

exposed [ɪkˈspəʊzd] *adj (place)* ungeschützt.
exposure [ɪkˈspəʊʒəʳ] *n (photograph)* Aufnahme *die*; (MED) Unterkühlung *die*; *(to heat, radiation)* Aussetzung *die*.
express [ɪkˈspres] ◇ *adj (letter, delivery)* Eil-. ◇ *n (train)* = D-Zug *der*. ◇ *vt (opinion, idea)* aus|drücken. ◇ *adv (send)* per Eilboten.
expression [ɪkˈspreʃn] *n* Ausdruck *der*.
expresso [ɪkˈspresəʊ] *n* Espresso *der*.
expressway [ɪkˈspresweɪ] *n (Am)* Schnellstraße *die*.
extend [ɪkˈstend] ◇ *vt (visa, permit)* verlängern; *(road, building)* aus|bauen; *(hand)* aus|strecken. ◇ *vi (stretch)* sich erstrecken.
extension [ɪkˈstenʃn] *n (of building)* Anbau *der*; *(for phone)* Nebenanschluß *der*; *(of deadline)* Verlängerung *die*; **~ 1263** Apparat 1263.
extension lead *n* Verlängerungskabel *das*.
extensive [ɪkˈstensɪv] *adj* umfangreich; *(damage)* beträchtlich.
extent [ɪkˈstent] *n (of knowledge)* Umfang *der*; *(of damage)* Ausmaß *das*; **to a certain ~** in gewissem Maße; **to what ~ ...?** inwieweit ...?
exterior [ɪkˈstɪərɪəʳ] ◇ *adj* äußere (-r)(-s). ◇ *n (of car, building)* Außenseite *die*.
external [ɪkˈstɜːnl] *adj* äußere (-r)(-s).
extinct [ɪkˈstɪŋkt] *adj (species)* ausgestorben; *(volcano)* erloschen.
extinction [ɪkˈstɪŋkʃn] *n* Aussterben *das*.
extinguish [ɪkˈstɪŋgwɪʃ] *vt (fire)* löschen; *(cigarette)* aus|machen.
extinguisher [ɪkˈstɪŋgwɪʃəʳ] *n* Feuerlöscher *der*.

extortionate [ɪkˈstɔːʃnət] *adj (price)* Wucher-.

extra [ˈekstrə] ◇ *adj* zusätzlich. ◇ *n (bonus)* Sonderleistung *die*; *(optional thing)* Extra *das*. ◇ *adv (large, hard)* extra; ~ **charge** Zuschlag *der*; ~ **large** übergroß.

◆ **extras** *npl (in price)* zusätzliche Kosten *pl*.

extract [*n* ˈekstrækt, *vb* ɪkˈstrækt] ◇ *n* Auszug *der*. ◇ *vt (tooth)* ziehen.

extractor fan [ɪkˈstræktə-] *n (Br)* Ventilator *der*.

extraordinary [ɪkˈstrɔːdnrɪ] *adj (wonderful)* außerordentlich; *(strange)* ungewöhnlich.

extravagant [ɪkˈstrævəgənt] *adj* verschwenderisch.

extreme [ɪkˈstriːm] ◇ *adj* äußerste(-r)(-s); *(radical)* extrem. ◇ *n* Extrem *das*.

extremely [ɪkˈstriːmlɪ] *adv* äußerst.

extrovert [ˈekstrəvɜːt] *n* extravertierter Mensch.

eye [aɪ] ◇ *n* Auge *das*; *(of needle)* Öhr *das*. ◇ *vt* anlsehen; **to keep an ~ on** auflpassen auf (+*A*).

eyebrow [ˈaɪbraʊ] *n* Augenbraue *die*.

eye drops *npl* Augentropfen *pl*.

eyeglasses [ˈaɪglɑːsɪz] *npl (Am)* Brille *die*.

eyelash [ˈaɪlæʃ] *n* Wimper *die*.

eyelid [ˈaɪlɪd] *n* Augenlid *das*.

eyeliner [ˈaɪˌlaɪnər] *n* Eyeliner *der*.

eye shadow *n* Lidschatten *der*.

eyesight [ˈaɪsaɪt] *n*: **to have good/ bad ~** gute/schlechte Augen haben.

eye test *n* Sehtest *der*.

eyewitness [ˌaɪˈwɪtnɪs] *n* Augenzeuge *der* (-zeugin *die*).

F

F *(abbr of Fahrenheit)* F.

fabric [ˈfæbrɪk] *n (cloth)* Stoff *der*.

fabulous [ˈfæbjʊləs] *adj* sagenhaft.

facade [fəˈsɑːd] *n* Fassade *die*.

face [feɪs] ◇ *n* Gesicht *das*; *(of cliff, mountain)* Wand *die*; *(of clock, watch)* Zifferblatt *das*. ◇ *vt*: **to face sb/sthg** jm/etw (*D*) gegenüberlstehen; **to ~ facts** sich den Tatsachen stellen; **the hotel ~s the harbour** das Hotel geht zum Hafen hinaus; **to be ~d with sthg** *(problem)* etw (*D*) gegenüberlstehen.

◆ **face up to** *vt fus* ins Auge sehen (+*D*).

facecloth [ˈfeɪsklɒθ] *n (Br)* Waschlappen *der*.

facial [ˈfeɪʃl] *n* Gesichtsmassage *die*.

facilitate [fəˈsɪlɪteɪt] *vt (fml)* erleichtern.

facilities [fəˈsɪlɪtiːz] *npl* Einrichtungen *pl*.

facsimile [fækˈsɪmɪlɪ] *n* Faksimile *das*.

fact [fækt] *n* Tatsache *die*; **in ~** *(in reality)* tatsächlich; *(moreover)* sogar.

factor [ˈfæktər] *n* Faktor *der*; ~ **ten suntan lotion** Sonnenschutzmittel *das* mit Schutzfaktor zehn.

factory [ˈfæktərɪ] *n* Fabrik *die*.

faculty [ˈfækltɪ] *n (at university)* Fakultät *die*.

FA Cup *n* Pokalwettbewerb *des britischen Fußballbundes*.

fade [feɪd] *vi (sound)* abklingen; *(flower)* verwelken; *(jeans, wallpaper)* verbleichen.

faded ['feɪdɪd] *adj (jeans)* ausgewaschen.

fag [fæg] *n (Br: inf: cigarette)* Kippe *die.*

Fahrenheit ['færənhaɪt] *adj* Fahrenheit.

fail [feɪl] ◇ *vt (exam)* nicht bestehen. ◇ *vi (not succeed)* scheitern; *(in exam)* durch|fallen; *(engine)* aus|fallen; **to ~ to do sthg** *(not do)* etw nicht tun.

failing ['feɪlɪŋ] ◇ *n* Fehler *der.* ◇ *prep*: **~ that** andernfalls.

failure ['feɪljər] *n* Mißerfolg *der; (person)* Versager *der.*

faint [feɪnt] ◇ *adj* schwach. ◇ *vi* ohnmächtig werden; **I haven't the ~est idea** ich habe keinen blassen Schimmer.

fair [feər] ◇ *adj (just)* fair, gerecht; *(quite large)* ziemlich groß; *(quite good)* ziemlich gut; (SCH) befriedigend; *(skin)* hell; *(hair, person)* blond; *(weather)* gut. ◇ *n (funfair)* Jahrmarkt *der; (trade fair)* Messe *die;* **~ enough!** na gut!; **a ~ number of times** ziemlich oft.

fairground ['feəɡraʊnd] *n* Jahrmarkt *der.*

fair-haired [-'heəd] *adj* blond.

fairly ['feəlɪ] *adv (quite)* ziemlich.

fairy ['feərɪ] *n* Fee *die.*

fairy tale *n* Märchen *das.*

faith [feɪθ] *n* Glaube *der; (confidence)* Vertrauen *das;* **to have ~ in sb** Vertrauen zu jm haben.

faithfully ['feɪθfʊlɪ] *adv*: **Yours ~** Hochachtungsvoll.

fake [feɪk] ◇ *n (false thing)* Fälschung *die.* ◇ *vt* fälschen.

fall [fɔːl] *(pt* **fell**, *pp* **fallen** ['fɔːln]) ◇ *vi* fallen. ◇ *n (accident)* Sturz *der; (decrease)* Sinken *das; (of snow)* Schneefall *der; (Am: autumn)* Herbst *der;* **to ~ asleep** ein|schlafen; **to ~ ill** krank werden; **to ~ in love** sich verlieben.

◆ **falls** *npl (waterfall)* Fälle *pl.*

◆ **fall behind** *vi (with work, rent)* in Rückstand geraten.

◆ **fall down** *vi* hin|fallen.

◆ **fall off** *vi* herunter|fallen; *(handle)* ab|fallen; *(branch)* ab|brechen.

◆ **fall out** *vi (hair, teeth)* aus|fallen; *(argue)* sich streiten.

◆ **fall over** *vi* hin|fallen.

◆ **fall through** *vi* ins Wasser fallen.

false [fɔːls] *adj* falsch.

false alarm *n* falscher Alarm.

false teeth *npl* Gebiß *das.*

fame [feɪm] *n* Ruhm *der.*

familiar [fə'mɪljər] *adj* bekannt; *(informal)* vertraulich; **to be ~ with** *(know)* sich aus|kennen mit.

family ['fæmlɪ] ◇ *n* Familie *die.* ◇ *adj (pack, size)* Familien-; *(film, holiday)* für die ganze Familie.

family planning clinic [-'plænɪŋ-] *n* = Pro Familia-Beratungsstelle *die.*

family room *n (at hotel)* Doppelzimmer mit Kinderbett; *(at pub, airport)* Raum für Familien mit kleinen Kindern.

famine ['fæmɪn] *n* Hungersnot *die.*

famished ['fæmɪʃt] *adj (inf)* ausgehungert.

famous ['feɪməs] *adj* berühmt.

fan [fæn] *n (electric)* Ventilator *der; (held in hand)* Fächer *der; (enthusiast, supporter)* Fan *der.*

fan belt *n* Keilriemen *der.*

fancy ['fænsɪ] ◇ *vt (inf: feel like)* Lust haben auf (+A); *(be attracted to)* scharf sein auf (+A). ◇ *adj (elaborate)* ausgefallen; **~ (that)!** also so was!

fancy dress *n* Verkleidung *die (Kostüm).*

fan heater *n* Heizlüfter *der*.

fanlight ['fænlaɪt] *n (Br)* Oberlicht *das*.

fantastic [fæn'tæstɪk] *adj* phantastisch.

fantasy ['fæntəsɪ] *n* Phantasie *die*.

fantasy football *n* Spiel, bei dem sich jeder Teilnehmer eine virtuelle Mannschaft aus echten Fußballspielern zusammenstellt und Punkte gewinnt, wenn diese in echten Spielen Tore erzielen.

far [fɑːʳ] *(compar* **further** OR **farther**, *superl* **furthest** OR **farthest)** ◇ *adv* weit. ◇ *adj*: **at the ~ end** am anderen Ende; **have you come ~?** sind Sie von weit her gekommen?; **how ~ is it (to London)?** wie weit ist es (bis London)?; **as ~ as** *(town, country)* bis nach; *(station, school)* bis zu (+D); **as ~ as I'm concerned** was mich betrifft; **as ~ as I know** soweit ich weiß; **~ better** weitaus besser; **by ~** bei weitem; **so ~** *(until now)* bisher.

farce [fɑːs] *n* Farce *die*.

fare [feəʳ] ◇ *n* Fahrpreis *der*; *(for plane)* Flugpreis *der*; *(fml: food)* Kost *die*. ◇ *vi*: **she ~d well/badly** es ist ihr gut/schlecht ergangen.

Far East *n*: **the ~** der Ferne Osten.

fare stage *n (Br)* Teilstrecke *die*.

farm [fɑːm] *n* Bauernhof *der*.

farmer ['fɑːməʳ] *n* Bauer *der* (Bäuerin *die*).

farmhouse ['fɑːmhaʊs, *pl* -haʊzɪz] *n* Bauernhaus *das*.

farming ['fɑːmɪŋ] *n* Landwirtschaft *die*.

farmland ['fɑːmlænd] *n* Ackerland *das*.

farmyard ['fɑːmjɑːd] *n* Hof *der*.

farther ['fɑːðəʳ] *compar* → **far**.

farthest ['fɑːðəst] *superl* → **far**.

fascinating ['fæsɪneɪtɪŋ] *adj* faszinierend.

fascination [ˌfæsɪ'neɪʃn] *n* Faszination *die*.

fashion ['fæʃn] *n* Mode *die*; *(manner)* Art *die*; **to be in ~** in Mode sein; **to be out of ~** aus der Mode sein.

fashionable ['fæʃnəbl] *adj* modisch.

fashion show *n* Modenschau *die*.

fast [fɑːst] ◇ *adv* schnell; *(securely)* fest. ◇ *adj* schnell; *(clock, watch)*: **to be ~** vorgehen; **to be ~ asleep** fest schlafen; **a ~ train** ein Schnellzug.

fasten ['fɑːsn] *vt (coat, door, window)* zumachen; *(seatbelt)* sich anschnallen; *(two things)* festmachen.

fastener ['fɑːsnəʳ] *n* Verschluß *der*.

fast food *n* Fast food *der*.

fat [fæt] ◇ *adj* dick; *(meat)* fett. ◇ *n* Fett *das*.

fatal ['feɪtl] *adj* tödlich.

father ['fɑːðəʳ] *n* Vater *der*.

Father Christmas *n (Br)* Weihnachtsmann *der*.

father-in-law *n* Schwiegervater *der*.

fattening ['fætnɪŋ] *adj*: **to be ~** dick machen.

fatty ['fætɪ] *adj* fettreich.

faucet ['fɔːsɪt] *n (Am)* Hahn *der*.

fault ['fɔːlt] *n (responsibility)* Schuld *die*; *(error)* Fehler *der*; **it's your ~** du hast Schuld.

faulty ['fɔːltɪ] *adj* fehlerhaft.

favor ['feɪvər] *(Am)* = **favour**.

favour ['feɪvəʳ] ◇ *n (Br: kind act)* Gefallen *der*. ◇ *vt (Br: prefer)* vorziehen; **to be in ~ of sthg** für etw sein; **to do sb a ~** jm einen Gefallen tun.

favourable ['feɪvrəbl] *adj* günstig.

favourite ['feɪvrɪt] ◇ *adj* Lieblings-. ◇ *n (in sport)* Favorit *der* (-in *die*).

fawn [fɔ:n] *adj* hellbraun.

fax [fæks] ◇ *n* Fax *das*. ◇ *vt* faxen.

fax modem *n* Faxmodem *das*.

fear [fɪəʳ] ◇ *n* Angst *die*. ◇ *vt* fürchten; **for ~ of doing sthg** aus Angst, etw zu tun.

feast [fi:st] *n* Festessen *das*.

feather [ˈfeðəʳ] *n* Feder *die*.

feature [ˈfi:tʃəʳ] ◇ *n (characteristic)* Merkmal *das*; *(of face)* Gesichtszug *der*; *(in newspaper, on radio, TV)* Feature *das*. ◇ *vt (subj: film)*: **this film ~s Marlon Brando** Marlon Brando spielt die Hauptrolle in diesem Film.

feature film *n* Spielfilm *der*.

Feb. *(abbr of February)* Febr.

February [ˈfebrʊərɪ] *n* Februar *der*, → **September**.

fed [fed] *pt & pp* → **feed**.

fed up *adj*: **to be ~ (with)** die Nase voll haben (von).

fee [fi:] *n* Gebühr *die*.

feeble [ˈfi:bəl] *adj* schwach.

feed [fi:d] *(pt & pp* **fed**) *vt* füttern; *(coins)* einlwerfen.

feel [fi:l] *(pt & pp* **felt**) ◇ *vt* fühlen; *(think)* glauben. ◇ *vi* sein; *(ill, old, young)* sich fühlen; *(seem)* sich anlfühlen. ◇ *n (of material)*: **it has a soft ~** es fühlt sich weich an; **I ~ cold** mir ist kalt; **I ~ ill** ich fühle mich nicht gut; **to ~ like sthg** *(fancy)* Lust haben auf etw *(A)*; **to ~ up to doing sthg** sich einer Sache gewachsen fühlen.

feeling [ˈfi:lɪŋ] *n* Gefühl *das*.

feet [fi:t] *pl* → **foot**.

fell [fel] ◇ *pt* → **fall**. ◇ *vt (tree)* fällen.

fellow [ˈfeləʊ] ◇ *adj* Mit-. ◇ *n (man)* Mann *der*.

felt [felt] ◇ *pt & pp* → **feel**. ◇ *n* Filz *der*.

felt-tip pen *n* Filzstift *der*.

female [ˈfi:meɪl] ◇ *adj* weiblich.

◇ *n (animal)* Weibchen *das*.

feminine [ˈfemɪnɪn] *adj* feminin.

feminist [ˈfemɪnɪst] *n* Feministin *die*.

fence [fens] *n* Zaun *der*.

fencing [ˈfensɪŋ] *n (SPORT)* Fechten *das*.

fend [fend] *vi*: **to ~ for o.s.** allein zurechtlkommen.

fender [ˈfendəʳ] *n (for fireplace)* Kamingitter *das*; *(Am: on car)* Kotflügel *der*.

fennel [ˈfenl] *n* Fenchel *der*.

fern [fɜ:n] *n* Farn *der*.

ferocious [fəˈrəʊʃəs] *adj* wild.

ferry [ˈferɪ] *n* Fähre *die*.

fertile [ˈfɜ:taɪl] *adj (land)* fruchtbar.

fertilizer [ˈfɜ:tɪlaɪzəʳ] *n* Dünger *der*.

festival [ˈfestəvl] *n (of music, arts etc)* Festspiele *pl*; *(holiday)* Feiertag *der*.

feta cheese [ˈfetə-] *n* griechischer Schafskäse.

fetch [fetʃ] *vt* holen; *(be sold for)* einlbringen.

fete [feɪt] *n* Wohltätigkeitsbazar *der*.

fever [ˈfi:vəʳ] *n* Fieber *das*; **to have a ~** Fieber haben.

feverish [ˈfi:vərɪʃ] *adj* fiebrig.

few [fju:] *adj & pron* wenige; **the first ~ times** die ersten paar Male; **a ~** ein paar; **quite a ~** eine ganze Menge.

fewer [ˈfju:əʳ] *adj & pron* weniger.

fiancé [fɪˈɒnseɪ] *n* Verlobte *der*.

fiancée [fɪˈɒnseɪ] *n* Verlobte *die*.

fib [fɪb] *n (inf)*: **to tell a ~** flunkern.

fiber [ˈfaɪbər] *(Am)* = **fibre**.

fibre [ˈfaɪbəʳ] *n (Br)* Faser *die*; *(in food)* Ballaststoffe *pl*.

fibreglass [ˈfaɪbəglɑ:s] *n* Glasfiber *die*.

fickle ['fɪkl] *adj* wankelmütig.

fiction ['fɪkʃn] *n* Belletristik *die*.

fiddle ['fɪdl] ◇ *n (violin)* Geige *die*.
◇ *vi*: **to ~ with sthg** an etw *(D)*
fummeln.

fidget ['fɪdʒɪt] *vi* zappeln.

field [fi:ld] *n* Feld *das*; *(subject)*
Gebiet *das*.

field glasses *npl* Feldstecher *der*.

fierce [fɪəs] *adj (animal)* wild; *(person, storm)* heftig; *(heat)* brütend.

fifteen [ˌfɪfˈtiːn] *num* fünfzehn, →
six.

fifteenth [ˌfɪfˈtiːnθ] *num* fünf-
zehnte(-r)(-s), → **sixth**.

fifth [fɪfθ] *num* fünfte(-r)(-s), →
sixth.

fiftieth ['fɪftɪəθ] *num* fünfzigste(-r)
(-s), → **sixth**.

fifty ['fɪftɪ] *num* fünfzig, → **six**.

fig [fɪg] *n* Feige *die*.

fight [faɪt] *(pt & pp* fought) ◇ *n*
Kampf *der*; *(brawl)* Prügelei *die*;
(argument) Streit *der*. ◇ *vt* kämpfen
gegen; *(combat)* bekämpfen. ◇ *vi*
kämpfen; *(brawl)* sich schlagen;
(quarrel) sich streiten; **to have a ~
with sb** sich mit jm schlagen.

◆ **fight back** *vi* zurücklschlagen.

◆ **fight off** *vt sep* ablwehren.

fighting ['faɪtɪŋ] *n* Prügelei *die*;
(military) Kämpfe *pl*.

figure [*Br* 'fɪgər, *Am* 'fɪgjər] *n* Zahl
die; *(shape of body)* Figur *die*; *(outline of person)* Gestalt *die*; *(diagram)*
Abbildung *die*.

◆ **figure out** *vt sep* herauslfinden.

file [faɪl] ◇ *n* Akte *die*; (COMPUT)
Datei *die*; *(tool)* Feile *die*. ◇ *vt (complaint, petition)* einlreichen; **to ~
one's nails** sich *(D)* die Nägel fei-
len; **in single ~** im Gänsemarsch.

filing cabinet ['faɪlɪŋ-] *n* Akten-
schrank *der*.

fill [fɪl] *vt* füllen; *(role)* auslfüllen.

◆ **fill in** *vt sep (form)* auslfüllen.

◆ **fill out** *vt sep* = **fill in**.

◆ **fill up** *vt sep* füllen; **~ her up!**
(with petrol) volltanken, bitte!

filled roll ['fɪld-] *n* belegtes Brötchen.

fillet ['fɪlɪt] *n* Filet *das*.

fillet steak *n* Filetsteak *das*.

filling ['fɪlɪŋ] ◇ *n* Füllung *die*. ◇ *adj*
sättigend.

filling station *n* Tankstelle *die*.

film [fɪlm] ◇ *n* Film *der*. ◇ *vt* filmen.

film star *n* Filmstar *der*.

filter ['fɪltər] *n* Filter *der*.

filthy ['fɪlθɪ] *adj* dreckig.

fin [fɪn] *n* Flosse *die*; *(Am: of swimmer)* Schwimmflosse *die*.

final ['faɪnl] ◇ *adj* letzte(-r)(-s);
(decision) endgültig. ◇ *n* Finale *das*.

finalist ['faɪnəlɪst] *n* (SPORT) Finalist *der* (-in *die*).

finally ['faɪnəlɪ] *adv* schließlich.

finance [*n* 'faɪnæns, *vb* faɪ'næns]
◇ *n* Geldmittel *pl*; *(management of
money)* Finanzwesen *das*. ◇ *vt*
finanzieren.

◆ **finances** *npl* Finanzen *pl*.

financial [fɪ'nænʃl] *adj* finanziell.

find [faɪnd] *(pt & pp* found) ◇ *vt*
finden; *(find out)* herauslfinden.
◇ *n* Fund *der*; **to ~ the time to do
sthg** die Zeit finden, etw zu tun.

◆ **find out** *vt sep* herauslfinden.
◇ *vi*: **to ~ out (about)** herauslfinden (über *(+A)*).

fine [faɪn] ◇ *adj (good)* herrlich;
(satisfactory) gut, in Ordnung;
(thin) fein. ◇ *adv (thinly)* fein; *(well)*
gut. ◇ *n* Geldstrafe *die*. ◇ *vt* zu
einer Geldstrafe verurteilen; **I'm ~**
mir geht es gut.

fine art *n* schöne Künste *pl*.

finger ['fɪŋgər] *n* Finger *der*.

fingernail ['fɪŋgəneɪl] *n* Fingernagel *der*.

fingertip ['fɪŋgətɪp] *n* Fingerspit-
ze *die*.

finish ['fɪnɪʃ] ◊ *n* Schluß *der;* (SPORT) Finish *das; (on furniture)* Oberfläche *die,* Aspekt *der.* ◊ *vt* beenden; *(food, meal)* auflessen; *(drink)* ausltrinken. ◊ *vi (end)* zu Ende gehen; *(in race)* durchs Ziel gehen; **to ~ doing sthg** etw zu Ende machen.

♦ **finish off** *vt sep (complete)* zu Ende machen; *(food, meal)* auflessen; *(drink)* ausltrinken.

♦ **finish up** *vi* hinlgelangen; **to ~ up doing sthg** zum Schluß etw tun.

Finland ['fɪnlənd] *n* Finnland *nt.*

Finn [fɪn] *n* Finne *der* (Finnin *die*).

Finnan haddock ['fɪnən-] *n* schottischer geräucherter Schellfisch.

Finnish ['fɪnɪʃ] ◊ *adj* finnisch. ◊ *n* Finnisch *das.*

fir [fɜːʳ] *n* Tanne *die.*

fire ['faɪəʳ] ◊ *n* Feuer *das; (device)* Ofen *der.* ◊ *vt (gun)* ablfeuern; *(from job)* feuern; **to be on ~** brennen; **to catch ~** Feuer fangen.

fire alarm *n* Feuermelder *der.*

fire brigade *n (Br)* Feuerwehr *die.*

fire department *(Am)* = **fire brigade**.

fire engine *n* Feuerwehrauto *das.*

fire escape *n (staircase)* Feuertreppe *die; (ladder)* Feuerleiter *die.*

fire exit *n* Notausgang *der.*

fire extinguisher *n* Feuerlöscher *der.*

fire hazard *n*: **to be a ~** feuergefährlich sein.

fireman ['faɪəmən] *(pl* -men [-mən]) *n* Feuerwehrmann *der.*

fireplace ['faɪəpleɪs] *n* Kamin *der.*

fire regulations *npl* feuerpolizeiliche Vorschriften *pl.*

fire station *n* Feuerwache *die.*

firewood ['faɪəwʊd] *n* Brennholz *das.*

firework display ['faɪəwɜːk-] *n* Feuerwerk *das.*

fireworks ['faɪəwɜːks] *npl* Feuerwerkskörper *pl.*

firm [fɜːm] ◊ *adj* fest; *(mattress)* hart. ◊ *n* Firma *die.*

first [fɜːst] ◊ *adj* erste(-r)(-s). ◊ *adv* zuerst; *(in order)* als erste; *(for the first time)* zum ersten Mal. ◊ *pron* erste *der,* die. ◊ *n (event)* erstmaliges Ereignis; **~ (gear)** erster Gang; **~ thing (in the morning)** gleich morgens früh; **for the ~ time** zum ersten Mal; **the ~ of January** der erste Januar; **at ~** zuerst; **~ of all** zu allererst.

first aid *n* Erste Hilfe.

first-aid kit *n* Verbandkasten *der.*

first class *n* erste Klasse; *(mail)* Post, die schneller befördert werden soll oder in die EU geht.

first-class *adj (stamp)* für Briefe, die schneller befördert werden sollen oder in die EU gehen; *(ticket)* erster Klasse; *(very good)* erstklassig.

first floor *n (Br)* erster Stock; *(Am: ground floor)* Erdgeschoß *das.*

firstly ['fɜːstlɪ] *adv* zuerst.

First World War *n*: **the ~** der Erste Weltkrieg.

fish [fɪʃ] *(pl inv)* ◊ *n* Fisch *der.* ◊ *vi (with net)* fischen; *(with rod)* angeln.

fish and chips *n* ausgebackener Fisch mit Pommes frites.

fishcake ['fɪʃkeɪk] *n* Fischfrikadelle *die.*

fisherman ['fɪʃəmən] *(pl* -men [-mən]) *n* Fischer *der.*

fish farm *n* Fischzucht *die.*

fish fingers *npl (Br)* Fischstäbchen *pl.*

fishing ['fɪʃɪŋ] *n (hobby)* Angeln *das; (business)* Fischerei *die;* **to go ~** angeln gehen.

fishing boat *n* Fischerboot *das.*

fishing rod *n* Angel *die*.

fishmonger's [ˈfɪʃˌmʌŋgəz] *n (shop)* Fischgeschäft *das*.

fish sticks *(Am)* = **fish fingers**.

fish supper *n (Scot)* ausgebackener Fisch mit Pommes frites.

fist [fɪst] *n* Faust *die*.

fit [fɪt] ◇ *adj (healthy)* fit. ◇ *vt* passen (+D); *(install)* einlbauen; *(insert)* einlstecken. ◇ *vi* passen. ◇ *n (epileptic, of coughing, anger)* Anfall *der*; *(of clothes, shoes)*: **to be a good ~** gut passen; **to be ~ for sthg** *(suitable)* für etw geeignet sein; **~ to eat** eßbar; **it doesn't ~** es paßt nicht; **to get ~** fit werden; **to keep ~** fit bleiben.

◆ **fit in** *vt sep (find time for)* einlschieben. ◇ *vi (belong)* sich einlfügen.

fitness [ˈfɪtnɪs] *n (health)* Fitneß *die*.

fitted carpet [ˌfɪtəd-] *n* Teppichboden *der*.

fitted sheet [ˌfɪtəd-] *n* Spannbettlaken *das*.

fitting room [ˈfɪtɪŋ-] *n* Umkleideraum *der*.

five [faɪv] *num* fünf, → **six**.

fiver [ˈfaɪvər] *n (Br: inf: £5)* fünf Pfund *pl*; *(£5 note)* Fünfpfundschein *der*.

fix [fɪks] *vt (attach)* anlbringen; *(mend)* reparieren; *(decide on, arrange)* festllegen; **to ~ sb a drink/ meal** jm einen Drink/etwas zu essen machen.

◆ **fix up** *vt sep*: **to ~ sb up with sthg** jm etw besorgen.

fixture [ˈfɪkstʃər] *n (SPORT)* Spiel *das*; **~s and fittings** *zu einer Wohnung gehörende Ausstattung und Installationen*.

fizzy [ˈfɪzɪ] *adj* kohlensäurehaltig.

flag [flæg] *n* Fahne *die*.

flake [fleɪk] ◇ *n* Flocke *die*. ◇ *vi* ablblättern.

flame [fleɪm] *n* Flamme *die*.

flammable [ˈflæməbl] *adj* leicht entflammbar.

flan [flæn] *n (sweet)* Torte *die*; *(savoury)* Pastete *die*.

flannel [ˈflænl] *n (material)* Flanell *der*; *(Br: for washing face)* Waschlappen *der*.

◆ **flannels** *npl* Flanellhose *die*.

flap [flæp] ◇ *n* Klappe *die*. ◇ *vt (wings)* schlagen mit.

flapjack [ˈflæpdʒæk] *n (Br)* Haferflockenplätzchen *das*.

flare [fleər] *n (signal)* Leuchtrakete *die*.

flared [fleəd] *adj (trousers, skirt)* ausgestellt.

flash [flæʃ] ◇ *n* Blitz *der*. ◇ *vi (light)* blinken; **a ~ of lightning** ein Blitz; **to ~ one's headlights** die Lichthupe benutzen.

flashlight [ˈflæʃlaɪt] *n* Taschenlampe *die*.

flask [flɑːsk] *n (Thermos)* Thermosflasche *die*; *(hip flask)* Taschenflasche *die*.

flat [flæt] ◇ *adj* flach; *(battery)* leer; *(drink)* abgestanden; *(rate, fee)* Pauschal-. ◇ *adv* flach. ◇ *n (Br: apartment)* Wohnung *die*; **a ~ (tyre)** eine Reifenpanne; **~ out** *(run, work)* mit Volldampf.

flatter [ˈflætər] *vt* schmeicheln (+D).

flavor [ˈfleɪvər] *(Am)* = **flavour**.

flavour [ˈfleɪvər] *n (Br)* Geschmack *der*.

flavoured [ˈfleɪvəd] *adj* mit Geschmacksstoffen.

flavouring [ˈfleɪvərɪŋ] *n* Geschmacksstoff *der*.

flaw [flɔː] *n* Fehler *der*.

flea [fliː] *n* Floh *der*.

flea market *n* Flohmarkt *der*.

fleece [fliːs] *n (downy material)* Fleece *der*.

fleet [fli:t] *n* Flotte *die*.

Flemish ['flemɪʃ] ◇ *adj* flämisch. ◇ *n* Flämisch *das*.

flesh [fleʃ] *n* Fleisch *das*.

flew [flu:] *pt* → **fly**.

flex [fleks] *n* Schnur *die*.

flexible ['fleksəbl] *adj (bendable)* biegsam; *(adaptable)* flexibel.

flick [flɪk] *vt* knipsen.

♦ **flick through** *vt fus* durch|blättern.

flies [flaɪz] *npl (of trousers)* Hosenschlitz *der*.

flight [flaɪt] *n* Flug *der*; **a ~ (of stairs)** eine Treppe.

flight attendant *n* Flugbegleiter *der* (-in *die*).

flimsy ['flɪmzɪ] *adj* leicht.

fling [flɪŋ] *(pt & pp* **flung**) *vt* schleudern.

flint [flɪnt] *n (of lighter)* Feuerstein *der*.

flip-flop [flɪp-] *n (Br)* Plastiksandale *die*.

flipper ['flɪpər] *n (Br: of swimmer)* Schwimmflosse *die*.

flirt [flɜ:t] *vi*: **to ~ (with sb)** (mit jm) flirten.

float [fləʊt] ◇ *n (for swimming)* Schwimmkork *der*; *(for fishing)* Schwimmer *der*; *(in procession)* Festwagen *der*; *(drink)* Limonade mit einer Kugel Speiseeis. ◇ *vi* treiben.

flock [flɒk] ◇ *n (of birds)* Schwarm *der*; *(of sheep)* Herde *die*. ◇ *vi (people)* strömen.

flood [flʌd] ◇ *n* Überschwemmung *die*. ◇ *vt* überschwemmen. ◇ *vi (river)* über die Ufer treten.

floodlight ['flʌdlaɪt] *n* Flutlicht *das*.

floor [flɔ:ʳ] *n* Boden *der*; *(storey)* Stock *der*; *(of nightclub)* Tanzfläche *die*.

floorboard ['flɔ:bɔ:d] *n* Diele *die*.

floor show *n* Revue *die*.

flop [flɒp] *n (inf: failure)* Flop *der*.

floppy disk ['flɒpɪ-] *n* Diskette *die*.

floral ['flɔ:rəl] *adj (pattern)* Blumen-, geblümt.

Florida Keys ['flɒrɪdə-] *npl* Inselkette vor der Küste Floridas.

florist's ['flɒrɪsts] *n (shop)* Blumenladen *der*.

flour ['flaʊəʳ] *n* Mehl *das*.

flow [fləʊ] ◇ *n* Fluß *der*. ◇ *vi* fließen.

flower ['flaʊəʳ] *n* Blume *die*.

flowerbed ['flaʊəbed] *n* Blumenbeet *das*.

flowerpot ['flaʊəpɒt] *n* Blumentopf *der*.

flown [fləʊn] *pp* → **fly**.

fl oz *abbr* = **fluid ounce**.

flu [flu:] *n* Grippe *die*.

fluent ['flu:ənt] *adj* fließend; **she speaks ~ German** sie spricht fließend Deutsch.

fluff [flʌf] *n (on clothes)* Fussel *die*.

fluid ounce ['flu:ɪd-] *n* = 0,0284 Liter.

flume [flu:m] *n* Wasserbahn *die*.

flung [flʌŋ] *pt & pp* → **fling**.

flunk [flʌŋk] *vt (Am: inf: exam)* verhauen.

fluorescent [fluə'resənt] *adj* fluoreszierend.

flush [flʌʃ] ◇ *vt* spülen. ◇ *vi*: **the toilet won't ~** die Spülung funktioniert nicht.

flute [flu:t] *n* Querflöte *die*.

fly [flaɪ] *(pt* **flew**, *pp* **flown**) ◇ *n (insect)* Fliege *die*; *(of trousers)* Hosenschlitz *der*. ◇ *vt* fliegen; *(airline)* fliegen mit. ◇ *vi* fliegen; *(flag)* wehen.

fly-drive *n* Fly-drive Urlaub *der*.

flying ['flaɪɪŋ] *n* Fliegen *das*.

flyover ['flaɪˌəʊvəʳ] *n (Br)* Fly-over *der*, Straßenüberführung *die*.

flypaper ['flaɪ,peɪpər] *n* Fliegenfänger *der*.

flysheet ['flaɪʃiːt] *n* Überzelt *das*.

FM *n* ≃ UKW.

foal [fəʊl] *n* Fohlen *das*.

foam [fəʊm] *n* Schaum *der*; *(foam rubber)* Schaumstoff *der*.

focus ['fəʊkəs] ◇ *n* Brennpunkt *der*. ◇ *vi*: **to ~ on sthg** *(with camera)* die Kamera scharf auf etw *(A)* einstellen; **in ~** scharf; **out of ~** unscharf.

fog [fɒg] *n* Nebel *der*.

fogbound ['fɒgbaʊnd] *adj (airport)* wegen Nebel geschlossen.

foggy ['fɒgɪ] *adj* neblig.

fog lamp *n* Nebelscheinwerfer *der*.

foil [fɔɪl] *n (thin metal)* Folie *die*.

fold [fəʊld] ◇ *n* Falte *die*. ◇ *vt* falten; *(wrap)* einlwickeln; **to ~ one's arms** die Arme verschränken.

◆ **fold up** *vi (chair, bed, bicycle)* sich zusammenklappen lassen.

folder ['fəʊldər] *n* Mappe *die*.

foliage ['fəʊlɪɪdʒ] *n* Laub *das*.

folk [fəʊk] ◇ *npl (people)* Leute *pl*. ◇ *n*: ~ **(music)** *(popular)* Folk *der*; *(traditional)* Volksmusik *die*.

◆ **folks** *npl (inf: relatives)* Leute *pl*.

follow ['fɒləʊ] ◇ *vt* folgen (+D); *(with eyes)* mit den Augen folgen (+D); *(news, fashion)* verfolgen. ◇ *vi* folgen; **~ed by** gefolgt von; **as ~s** wie folgt.

◆ **follow on** *vi (come later)* später folgen.

following ['fɒləʊɪŋ] ◇ *adj* folgend. ◇ *prep* nach.

follow on call *n* in Telefonzelle, weiterer Anruf, um die eingeworfene Münze zu verbrauchen.

fond [fɒnd] *adj*: **to be ~ of** gern haben.

fondue ['fɒnduː] *n* Fondue *das*.

food [fuːd] *n* Essen *das*; *(for animals)* Futter *das*.

food poisoning [-,pɔɪznɪŋ] *n* Lebensmittelvergiftung *die*.

food processor [-,prəʊsesər] *n* Küchenmaschine *die*.

foodstuffs ['fuːdstʌfs] *npl* Nahrungsmittel *pl*.

fool [fuːl] ◇ *n (idiot)* Dummkopf *der*; *(pudding)* Cremespeise aus Sahne und Obst. ◇ *vt* irrelführen.

foolish ['fuːlɪʃ] *adj* dumm.

foot [fʊt] *(pl feet)* *n* Fuß *der*; **by ~** zu Fuß; **on ~** zu Fuß.

football ['fʊtbɔːl] *n (Br)* Fußball *der*; *(Am: American football)* Football *der*; *(Am: in American football)* Ball *der*.

footballer ['fʊtbɔːlər] *n (Br)* Fußballer *der* (-in *die*).

football pitch *n (Br)* Fußballfeld *das*.

footbridge ['fʊtbrɪdʒ] *n* Fußgängerbrücke *die*.

footpath ['fʊtpɑːθ, *pl* -pɑːðz] *n* Fußweg *der*.

footprint ['fʊtprɪnt] *n* Fußabdruck *der*.

footstep ['fʊtstep] *n* Schritt *der*.

footwear ['fʊtweər] *n* Schuhwerk *das*.

for [fɔːr] *prep* **1.** *(expressing purpose, reason, destination)* für; **this book is ~ you** dieses Buch ist für dich/Sie; **a ticket ~ Manchester** eine Fahrkarte nach Manchester; **a town famous ~ its wine** eine Stadt, die für ihren Wein bekannt ist; **~ this reason** aus diesem Grund; **a cure ~ sore throats** ein Mittel gegen Halsschmerzen; **what did you do that ~?** wozu hast du das getan?; **what's it ~?** wofür ist das?; **to go ~ a walk** spazierenlgehen; **'~ sale'** 'zu verkaufen'.

2. *(during)* seit; **I've lived here ~**

ten years ich lebe seit zehn Jahren hier; **we talked ~ hours** wir redeten stundenlang.

3. *(by, before)* für; **be there ~ 8 p.m.** sei um 8 Uhr abends da; **I'll do it ~ tomorrow** ich mache es bis morgen.

4. *(on the occasion of)* zu; **I got socks ~ Christmas** ich habe Socken zu Weihnachten bekommen; **what's ~ dinner?** was gibt's zum Abendessen?

5. *(on behalf of)* für; **to do sthg ~ sb** etw für jn tun.

6. *(with time and space)* für; **there's no room ~ it** dafür ist kein Platz; **to have time ~ sthg** für etw Zeit haben.

7. *(expressing distance)*: **we drove ~ miles** wir fuhren meilenweit; **road works ~ 20 miles** Straßenarbeiten auf 20 Meilen.

8. *(expressing price)* für; **I bought it ~ five pounds** ich kaufte es für fünf Pfund.

9. *(expressing meaning)*: **what's the German ~ 'boy'?** wie heißt 'Junge' auf Deutsch?

10. *(with regard to)* für; **it's warm ~ November** es ist warm für November; **it's easy ~ you** es ist leicht für dich; **it's too far ~ us to walk** zum Gehen ist es für uns zu weit.

forbid [fəˈbɪd] *(pt* **-bade** [-ˈbeɪd], *pp* **-bidden)** *vt* verbieten; **to ~ sb to do sthg** jm verbieten, etw zu tun.

forbidden [fəˈbɪdn] *adj* verboten.

force [fɔːs] ◇ *n* Kraft *die; (violence)* Gewalt *die.* ◇ *vt (physically)* zwingen; *(lock, door)* aufbrechen; **to ~ sb to do sthg** jn zwingen, etw zu tun; **to ~ one's way through** sich gewaltsam einen Weg bahnen; **the ~s** die Streitkräfte.

ford [fɔːd] *n* Furt *die.*

forecast [ˈfɔːkɑːst] *n* Vorhersage *die.*

forecourt [ˈfɔːkɔːt] *n* Vorhof *der.*

forefinger [ˈfɔːˌfɪŋgər] *n* Zeigefinger *der.*

foreground [ˈfɔːgraʊnd] *n* Vordergrund *der.*

forehead [ˈfɔːhed] *n* Stirn *die.*

foreign [ˈfɒrən] *adj* ausländisch, Auslands-; **~ country** Ausland *das;* **~ language** Fremdsprache *die.*

foreign currency *n* Devisen *pl.*

foreigner [ˈfɒrənər] *n* Ausländer *der* (-in *die*).

foreign exchange *n* Devisen *pl.*

Foreign Secretary *n (Br)* Außenminister *der* (-in *die*).

foreman [ˈfɔːmən] *(pl* **-men** [-mən]) *n* Vorarbeiter *der.*

forename [ˈfɔːneɪm] *n (fml)* Vorname *der.*

foresee [fɔːˈsiː] *(pt* **-saw** [-ˈsɔː], *pp* **-seen** [-ˈsiːn]) *vt* voraussehen.

forest [ˈfɒrɪst] *n* Wald *der.*

forever [fəˈrevər] *adv* ewig; *(continually)* ständig.

forgave [fəˈgeɪv] *pt →* **forgive.**

forge [fɔːdʒ] *vt (copy)* fälschen.

forgery [ˈfɔːdʒərɪ] *n* Fälschung *die.*

forget [fəˈget] *(pt* **-got,** *pp* **-gotten)** *vt & vi* vergessen; **to ~ about sthg** etw vergessen; **to ~ how to do sthg** etw verlernen; **to ~ to do sthg** vergessen, etw zu tun; **~ it!** vergiß es!

forgetful [fəˈgetfʊl] *adj* vergeßlich.

forgive [fəˈgɪv] *(pt* **-gave,** *pp* **-given** [-ˈgɪvn]) *vt* vergeben; **to ~ sb for sthg** jm etw vergeben.

forgot [fəˈgɒt] *pt →* **forget.**

forgotten [fəˈgɒtn] *pp →* **forget.**

fork [fɔːk] *n* Gabel *die; (of road, path)* Gabelung *die.*

◆ **forks** *npl (of bike, motorbike)* Gabel *die.*

form [fɔːm] ◇ *n (type, shape)* Form *die; (piece of paper)* Formular *das;*

(SCH) Klasse *die.* ◇ *vt* bilden. ◇ *vi* sich bilden; **off ~** nicht in Form; **on ~** in Form; **to ~ part of** einen Teil bilden von.

formal ['fɔ:ml] *adj* förmlich; *(occasion, clothes)* festlich.

formality [fɔ:'mælətɪ] *n* Formalität *die;* **it's just a ~** das ist eine reine Formalität.

format ['fɔ:mæt] *n* Format *das.*

former ['fɔ:mər] ◇ *adj* ehemalig; *(first)* früher. ◇ *pron:* **the ~** der/die/das erstere.

formerly ['fɔ:məlɪ] *adv* früher.

formula ['fɔ:mjʊlə] *(pl* **-as** OR **-ae** [-i:]) *n* Formel *die.*

fort [fɔ:t] *n* Fort *das.*

forthcoming [fɔ:θ'kʌmɪŋ] *adj (future)* bevorstehend.

fortieth ['fɔ:tɪɪθ] *num* vierzigste(-r)(-s), → **sixth**.

fortnight ['fɔ:tnaɪt] *n (Br)* vierzehn Tage *pl.*

fortunate ['fɔ:tʃnət] *adj* glücklich; **to be ~** Glück haben.

fortunately ['fɔ:tʃnətlɪ] *adv* glücklicherweise.

fortune ['fɔ:tʃu:n] *n (money)* Vermögen *das; (luck)* Glück *das;* **it costs a ~** *(inf)* es kostet ein Vermögen.

forty ['fɔ:tɪ] *num* vierzig, → **six**.

forward ['fɔ:wəd] ◇ *adv (move, lean)* nach vorn. ◇ *n (SPORT)* Stürmer *der.* ◇ *vt (letter, goods)* nach|senden; **to look ~ to** sich freuen auf (+A).

forwarding address ['fɔ:wədɪŋ-] *n* Nachsendeadresse *die.*

fought [fɔ:t] *pt & pp* → **fight**.

foul [faʊl] ◇ *adj (unpleasant)* ekelhaft. ◇ *n* Foul *das.*

found [faʊnd] ◇ *pt & pp* → **find**. ◇ *vt* gründen.

foundation (cream) [faʊn-'deɪʃn-] *n* Make-up *das.*

foundations [faʊn'deɪʃnz] *npl* Fundament *das.*

fountain ['faʊntɪn] *n* Brunnen *der.*

fountain pen *n* Füllfederhalter *der.*

four [fɔ:r] *num* vier, → **six**.

four-star (petrol) *n* Super *das.*

fourteen [fɔ:'ti:n] *num* vierzehn, → **six**.

fourteenth [fɔ:'ti:nθ] *num* vierzehnte(-r)(-s), → **sixth**.

fourth [fɔ:θ] *num* vierte(-r)(-s), → **sixth**.

four-wheel drive *n (car)* Geländewagen *der.*

fowl [faʊl] *(pl inv)* *n* Geflügel *das.*

fox [fɒks] *n* Fuchs *der.*

foyer ['fɔɪeɪ] *n* Foyer *das.*

fraction ['frækʃn] *n (small amount)* Bruchteil *der; (in maths)* Bruch *der.*

fracture ['fræktʃər] ◇ *n* Bruch *der.* ◇ *vt* brechen.

fragile ['frædʒaɪl] *adj* zerbrechlich.

fragment ['frægmənt] *n* Bruchstück *das.*

fragrance ['freɪgrəns] *n* Duft *der.*

frail [freɪl] *adj* gebrechlich.

frame [freɪm] ◇ *n* Rahmen *der; (of glasses)* Gestell *das.* ◇ *vt* ein|rahmen.

France [frɑ:ns] *n* Frankreich *nt.*

frank [fræŋk] *adj* offen.

frankfurter ['fræŋkfɜ:tər] *n* Frankfurter *die.*

frankly ['fræŋklɪ] *adv (to be honest)* ehrlich gesagt.

frantic ['fræntɪk] *adj (person)* außer sich; *(activity, pace)* hektisch.

fraud [frɔ:d] *n (crime)* Betrug *der.*

freak [fri:k] ◇ *adj* anormal. ◇ *n (inf: fanatic)* Freak *der.*

freckles ['freklz] *npl* Sommersprossen *pl.*

free [fri:] ◇ *adj* frei. ◇ *vt (prisoner)* befreien. ◇ *adv (without paying)* umsonst, gratis; **for ~** umsonst, gratis; **~ of charge** umsonst, gratis; **to be ~ to do sthg** etw tun können.

freedom ['fri:dəm] n Freiheit die.

freefone ['fri:fəʊn] adj (Br): **a ~ number** eine gebührenfreie Telefonnummer.

free gift n Werbegeschenk das.

free house n (Br) brauereiunabhängiges Wirtshaus.

free kick n Freistoß der.

freelance ['fri:lɑ:ns] adj freiberuflich.

freely ['fri:lı] adv frei.

free period n (SCH) Freistunde die.

freepost ['fri:pəʊst] n gebührenfreie Sendung; **'freepost'** 'Gebühr zahlt Empfänger'.

free-range adj (eggs) von Hühnern aus Bodenhaltung.

free time n Freizeit die.

freeway ['fri:weı] n (Am) Autobahn die.

freeze [fri:z] (pt froze, pp frozen) ◇ vt einlfrieren. ◇ vi gefrieren. ◇ v impers: **it's freezing** es friert.

freezer ['fri:zəʳ] n (deep freeze) Tiefkühltruhe die, Gefrierschrank der; (part of fridge) Gefrierfach das.

freezing ['fri:zıŋ] adj eiskalt.

freezing point n Gefrierpunkt der.

freight [freıt] n (goods) Fracht die.

French [frentʃ] ◇ adj französisch. ◇ n (language) Französisch das. ◇ npl: **the ~** die Franzosen pl.

French bean n grüne Bohne.

French bread n Baguette die.

French dressing n (in UK) Vinaigrette die; (in US) French Dressing das.

French fries npl Pommes frites pl.

Frenchman ['frentʃmən] (pl **-men** [-mən]) n Franzose der.

French toast n arme Ritter pl.

French windows npl Verandatür die.

Frenchwoman ['frentʃ‚wʊmən] (pl **-women** [-‚wımın]) n Französin die.

frequency ['fri:kwənsı] n Frequenz die.

frequent ['fri:kwənt] adj häufig.

frequently ['fri:kwəntlı] adv häufig.

fresh [freʃ] adj frisch; (new, recent) neu; **~ water** Süßwasser das; **to get some ~ air** an die frische Luft gehen.

fresh cream n Sahne die.

freshen ['freʃn]: **freshen up** vi sich frisch machen.

freshly ['freʃlı] adv frisch.

fresh orange (juice) n frischer Orangensaft.

Fri (abbr of Friday) Fr.

Friday ['fraıdı] n Freitag der, → **Saturday**.

fridge [frıdʒ] n Kühlschrank der.

fried egg [fraıd-] n Spiegelei das.

fried rice [fraıd-] n gebratener Reis.

friend [frend] n Freund der (-in die); **to be ~s with sb** mit jm befreundet sein; **to make ~s with sb** mit jm Freundschaft schließen.

friendly ['frendlı] adj freundlich; **to be ~ with sb** mit jm befreundet sein.

friendship ['frendʃıp] n Freundschaft die.

fries [fraız] = **French fries**.

fright [fraıt] n Furcht die; **to give sb a ~** jn erschrecken.

frighten ['fraıtn] vt Angst machen (+D), erschrecken.

frightened ['fraıtnd] adj: **to be ~ (of)** Angst haben (vor (+D)).

frightening ['fraıtnıŋ] adj beängstigend.

frightful ['fraɪtful] *adj* fürchterlich.

frilly ['frɪlɪ] *adj* gerüscht.

fringe [frɪndʒ] *n* (*Br: of hair*) Pony *der*; (*of clothes, curtain etc*) Fransen *pl*.

frisk [frɪsk] *vt* durchsuchen.

fritter ['frɪtəʳ] *n* Ausgebackene *das*, in Pfannkuchenteig getauchtes fritiertes Obst oder Gemüse.

fro [frəʊ] *adv* → **to**.

frog [frɒg] *n* Frosch *der*.

from [frɒm] *prep* **1.** (*expressing origin, source*) von; **where did you get that ~?** woher hast du das?; **I'm ~ England** ich bin aus England; **I bought it ~ a supermarket** ich habe es in einem Supermarkt gekauft; **the train ~ Manchester** der Zug aus Manchester.
2. (*expressing removal, deduction*) von; **away ~ home** weg von zu Hause; **to take sthg (away) ~ sb** jm etw weg|nehmen; **10% will be deducted ~ the total** es wird 10% von der Gesamtsumme abgezogen.
3. (*expressing distance*) von; **five miles ~ London** fünf Meilen von London entfernt; **it's not far ~ here** es ist nicht weit von hier.
4. (*expressing position*) von; **~ here you can see the valley** von hier aus kann man das Tal sehen.
5. (*expressing starting time*) von ... an; **open ~ nine to five** von neun bis fünf geöffnet; **~ next year** ab nächstem Jahr.
6. (*expressing change*) von; **the price has gone up ~ £1 to £2** der Preis ist von 1 auf 2 Pfund gestiegen.
7. (*expressing range*): **tickets cost ~ £10** Karten gibt es ab 10 Pfund; **it could take ~ two to six months** es könnte zwischen zwei und sechs Monaten dauern.
8. (*as a result of*) von; **I'm tired ~ walking** ich bin vom Gehen müde; **to suffer ~ asthma** an Asthma leiden.
9. (*expressing protection*) vor; **sheltered ~ the wind** vor dem Wind geschützt.
10. (*in comparisons*): **different ~** anders als.

fromage frais [ˌfrɒmɑːʒ'freɪ] *n* Sahnequark *der*.

front [frʌnt] ◇ *adj* Vorder-, vordere(-r)(-s). ◇ *n* Vorderteil *das*; (*of weather*) Front *die*; (*by the sea*) Promenade *die*; **in ~** vorne; **in ~ of** vor (+*D*).

front door *n* (*of house*) Haustür *die*; (*of flat*) Wohnungstür *die*.

frontier [frʌn'tɪəʳ] *n* Grenze *die*.

front page *n* Titelseite *die*.

front seat *n* Vordersitz *der*.

frost [frɒst] *n* (*on ground*) Reif *der*; (*cold weather*) Frost *der*.

frosty ['frɒstɪ] *adj* frostig.

froth [frɒθ] *n* Schaum *der*.

frown [fraʊn] ◇ *n* Stirnrunzeln *das*. ◇ *vi* die Stirn runzeln.

froze [frəʊz] *pt* → **freeze**.

frozen [frəʊzn] ◇ *pp* → **freeze**. ◇ *adj* gefroren; (*food*) tiefgekühlt, Gefrier-; **I'm ~** mir ist eiskalt.

fruit [fruːt] *n* Obst *das*; (*variety of fruit*) Frucht *die*; **~s of the forest** Waldbeeren *pl*.

fruit cake *n* englischer Kuchen.

fruiterer ['fruːtərəʳ] *n* (*Br*) Obsthändler *der*.

fruit juice *n* Fruchtsaft *der*.

fruit machine *n* (*Br*) Spielautomat *der*.

fruit salad *n* Obstsalat *der*.

frustrating [frʌ'streɪtɪŋ] *adj* frustrierend.

frustration [frʌ'streɪʃn] *n* Frustration *die*.

fry [fraɪ] *vt* braten.

frying pan ['fraɪɪŋ-] *n* Bratpfanne *die*.

ft *abbr* = **foot, feet**.

fudge [fʌdʒ] *n* weiches Bonbon aus Milch, Zucker und Butter.

fuel [fjʊəl] *n* Kraftstoff *der*.

fuel pump *n* Zapfsäule *die*.

fulfil [fʊlˈfɪl] *vt (Br)* erfüllen; *(role)* aus|füllen.

fulfill [fʊlˈfɪl] *(Am)* = **fulfil**.

full [fʊl] *adj & adv* voll; **I'm ~ (up)** ich bin satt; **~ of** voll von, voller; **in ~** vollständig.

full board *n* Vollpension *die*.

full-cream milk *n* Vollmilch *die*.

full-length *adj (skirt, dress)* lang.

full moon *n* Vollmond *der*.

full stop *n* Punkt *der*.

full-time ◇ *adj* ganztägig, Ganztags-. ◇ *adv* ganztags.

fully [ˈfʊlɪ] *adv* ganz.

fully-licensed *adj* mit Schankerlaubnis.

fumble [ˈfʌmbl] *vi* wühlen.

fun [fʌn] *n* Spaß *der*; **it's good ~** es macht Spaß; **for ~** aus Spaß; **to have ~** sich amüsieren; **to make ~ of** sich lustig machen über (+A).

function [ˈfʌŋkʃn] ◇ *n* Funktion *die*; *(formal event)* Veranstaltung *die*. ◇ *vi* funktionieren.

fund [fʌnd] ◇ *n (of money)* Fonds *der*. ◇ *vt* finanzieren.

♦ **funds** *npl* Geldmittel *pl*.

fundamental [ˌfʌndəˈmentl] *adj* Grund-, grundlegend.

funeral [ˈfjuːnərəl] *n* Beerdigung *die*.

funfair [ˈfʌnfeəʳ] *n* Jahrmarkt *der*.

funky [ˈfʌŋkɪ] *adj (inf: music)* funky.

funnel [ˈfʌnl] *n (for pouring)* Trichter *der*; *(on ship)* Schornstein *der*.

funny [ˈfʌnɪ] *adj* komisch; **I feel ~** *(ill)* mir ist (ganz) komisch.

fur [fɜːʳ] *n* Pelz *der*.

fur coat *n* Pelzmantel *der*.

furious [ˈfjʊərɪəs] *adj* wütend.

furnished [ˈfɜːnɪʃt] *adj* möbliert.

furnishings [ˈfɜːnɪʃɪŋz] *npl* Einrichtungsgegenstände *pl*.

furniture [ˈfɜːnɪtʃəʳ] *n* Möbel *pl*; **a piece of ~** ein Möbelstück.

furry [ˈfɜːrɪ] *adj (animal)* mit dichtem Fell; *(toy, material)* Plüsch-.

further [ˈfɜːðəʳ] ◇ *compar* → **far**. ◇ *adv* weiter. ◇ *adj* weitere(-r)(-s); **until ~ notice** bis auf weiteres; **would you like anything ~?** sonst noch etwas?

furthermore [ˌfɜːðəˈmɔːʳ] *adv* außerdem.

furthest [ˈfɜːðɪst] ◇ *superl* → **far**. ◇ *adj* am weitesten entfernt. ◇ *adv* am weitesten.

fuse [fjuːz] ◇ *n (of plug)* Sicherung *die*; *(on bomb)* Zündschnur *die*. ◇ *vi (plug, device)* durch|brennen.

fuse box *n* Sicherungskasten *der*.

fuss [fʌs] *n* Theater *das*.

fussy [ˈfʌsɪ] *adj (person)* pingelig.

future [ˈfjuːtʃəʳ] ◇ *n* Zukunft *die*. ◇ *adj* künftig; **in ~** in Zukunft.

G

g *(abbr of gram)* g.

gable [ˈgeɪbl] *n* Giebel *der*.

gadget [ˈgædʒɪt] *n* Gerät *das*.

Gaelic [ˈgeɪlɪk] *n* Gälisch *das*.

gag [gæg] *n (inf: joke)* Gag *der*.

gain [geɪn] ◇ *vt (get more of)* gewinnen; *(achieve)* erzielen; *(victory)* erringen; *(subj: clock, watch)* vorlgehen. ◇ *vi (get benefit)* profitieren. ◇ *n* Gewinn *der*; **to ~ weight** zulnehmen.

gale [geɪl] *n* Sturm *der*.

gallery [ˈgælərɪ] *n (for art etc)* Galerie *die*; *(at theatre)* dritter Rang.

gallon [ˈgælən] *n (in UK)* = 4,546 l, Gallone *die*; *(in US)* = 3,78 l, Gallone.

gallop [ˈgæləp] *vi* galoppieren.

gamble [ˈgæmbl] ◇ *n* Risiko *das*. ◇ *vi (bet money)* (um Geld) spielen.

gambling [ˈgæmblɪŋ] *n* Glücksspiel *das*.

game [geɪm] *n* Spiel *das*; *(wild animals, meat)* Wild *das*.

♦ **games** *n* (SCH) Sport *der*. ◇ *npl (sporting event)* Spiele *pl*.

gammon [ˈgæmən] *n* geräucherter Schinken.

gang [gæŋ] *n (of criminals)* Bande *die*; *(of friends)* Clique *die*.

gangster [ˈgæŋstər] *n* Gangster *der*.

gangway [ˈgæŋweɪ] *n (for ship)* Gangway *die*; *(Br: in aeroplane, theatre)* Gang *der*.

gaol [dʒeɪl] *(Br)* = **jail**.

gap [gæp] *n* Lücke *die*; *(of time)* Pause *die*; *(difference)* Unterschied *der*.

garage [ˈgærɑːʒ, ˈgærɪdʒ] *n (for keeping car)* Garage *die*; *(Br: for petrol)* Tankstelle *die*; *(for repairs)* Autowerkstatt *die*; *(Br: for selling cars)* Autohandlung *die*.

garbage [ˈgɑːbɪdʒ] *n (Am)* Müll *der*.

garbage can *n (Am)* Mülleimer *der*.

garbage truck *n (Am)* Müllwagen *der*.

garden [ˈgɑːdn] ◇ *n* Garten *der*. ◇ *vi* im Garten arbeiten.

♦ **gardens** *npl (public park)* Anlagen *pl*.

garden centre *n* Gärtnerei *die*.

gardener [ˈgɑːdnər] *n* Gärtner *der* (-in *die*).

gardening [ˈgɑːdnɪŋ] *n* Gartenarbeit *die*.

garden peas *npl* Erbsen *pl*.

garlic [ˈgɑːlɪk] *n* Knoblauch *der*.

garlic bread *n* Knoblauchbaguette *das*.

garlic butter *n* Knoblauchbutter *die*.

garment [ˈgɑːmənt] *n* Kleidungsstück *das*.

garnish [ˈgɑːnɪʃ] ◇ *n (herbs, vegetables)* Garnierung *die*; *(sauce)* Soße *die*. ◇ *vt* garnieren.

gas [gæs] *n* Gas *das*; *(Am: petrol)* Benzin *das*.

gas cooker *n (Br)* Gasherd *der*.

gas cylinder *n* Gasflasche *die*.

gas fire *n (Br)* Gasofen *der*.

gasket [ˈgæskɪt] *n* Dichtung *die*.

gas mask *n* Gasmaske *die*.

gasoline [ˈgæsəliːn] *n (Am)* Benzin *das*.

gasp [gɑːsp] *vi (in shock, surprise)* nach Luft schnappen.

gas pedal *n (Am)* Gaspedal *das*.

gas station *n (Am)* Tankstelle *die*.

gas stove *(Br)* = **gas cooker**.

gas tank *n (Am)* Benzintank *der*.

gasworks [ˈgæswɜːks] *(pl inv) n* Gaswerk *das*.

gate [geɪt] *n* Tor *das*; *(at airport)* Flugsteig *der*.

gâteau [ˈgætəʊ] *(pl -x [-z]) n (Br)* Sahnetorte *die*.

gateway [ˈgeɪtweɪ] *n (entrance)* Tor *das*.

gather [ˈgæðər] ◇ *vt* sammeln; *(understand)* anlnehmen. ◇ *vi (come together)* sich versammeln; **to ~ speed** schneller werden.

gaudy [ˈgɔːdɪ] *adj* grell.

gauge [geɪdʒ] ◇ *n (for measuring)*

Meßgerät *das;* *(of railway track)* Spurweite *die.* ◇ *vt (calculate)* ablschätzen.

gauze [gɔːz] *n* Gaze *die.*

gave [geɪv] *pt* → **give**.

gay [geɪ] *adj (homosexual)* schwul.

gaze [geɪz] *vi:* **to ~ at** blicken auf (+A).

GB *(abbr of Great Britain)* GB.

GCSE *n* Abschlußprüfung in der Schule, die meist mit 16 Jahren abgelegt wird.

gear [gɪər] *n (wheel)* Gangschaltung *die;* *(speed)* Gang *der;* *(equipment, clothes)* Sachen *pl;* **is the car in ~?** ist der Gang eingelegt?; **to change ~** schalten.

gearbox ['gɪəbɒks] *n* Getriebe *das.*

gear lever *n* Schaltknüppel *der.*

gear shift *(Am)* = **gear lever**.

gear stick *(Br)* = **gear lever**.

geese [giːs] *pl* → **goose**.

gel [dʒel] *n* Gel *das.*

gelatine [ˌdʒeləˈtiːn] *n* Gelatine *die.*

gem [dʒem] *n* Juwel *das.*

Gemini ['dʒemɪnaɪ] *n* Zwillinge *pl.*

gender ['dʒendər] *n* Geschlecht *das.*

general ['dʒenərəl] ◇ *adj* allgemein. ◇ *n* General *der;* **in ~** im allgemeinen.

general anaesthetic *n* Vollnarkose *die.*

general election *n* allgemeine Wahlen.

generally ['dʒenərəlɪ] *adv (usually)* normalerweise; *(by most people)* allgemein.

general practitioner [-prækˈtɪʃənər] *n* praktischer Arzt (praktische Ärztin).

general store *n* Lebensmittelgeschäft *das.*

generate ['dʒenəreɪt] *vt* erzeugen.

generation [ˌdʒenəˈreɪʃn] *n* Generation *die.*

generator ['dʒenəreɪtər] *n* Generator *der.*

generosity [ˌdʒenəˈrɒsətɪ] *n* Großzügigkeit *die.*

generous ['dʒenərəs] *adj* großzügig.

Geneva [dʒɪˈniːvə] *n* Genf *nt.*

genitals ['dʒenɪtlz] *npl* Geschlechtsteile *pl.*

genius ['dʒiːnjəs] *n* Genie *das.*

gentle ['dʒentl] *adj* sanft.

gentleman ['dʒentlmən] *(pl* -men [-mən]) *n (man)* Herr *der;* *(well-behaved man)* Kavalier *der;* 'gentlemen' 'Herren'.

gently ['dʒentlɪ] *adv* sanft.

gents [dʒents] *n (Br)* Herrentoilette *die.*

genuine ['dʒenjʊɪn] *adj* echt.

geographical [dʒɪəˈgræfɪkl] *adj* geographisch.

geography [dʒɪˈɒgrəfɪ] *n* Geographie *die;* *(terrain)* geographische Gegebenheiten *pl.*

geology [dʒɪˈɒlədʒɪ] *n* Geologie *die.*

geometry [dʒɪˈɒmətrɪ] *n* Geometrie *die.*

Georgian ['dʒɔːdʒən] *adj (architecture etc)* georgianisch *(1714-1830).*

geranium [dʒɪˈreɪnjəm] *n* Geranie *die.*

German ['dʒɜːmən] ◇ *adj* deutsch. ◇ *n (person)* Deutsche *der, die;* *(language)* Deutsch *das;* **in ~** auf deutsch.

German measles *n* Röteln *pl.*

Germany ['dʒɜːmənɪ] *n* Deutschland *nt.*

germs [dʒɜːmz] *npl* Bazillen *pl.*

gesture ['dʒestʃər] *n* Geste *die.*

get [get] *(pt & pp* got, *Am pp* gotten) ◇ *vt* **1.** *(obtain)* bekommen; *(buy)* kaufen; **she got a job** sie hat eine Stelle gefunden.

2. *(receive)* bekommen; **I got a book for Christmas** ich habe zu Weihnachten ein Buch bekommen.

3. *(train, plane, bus etc)* nehmen; **let's ~ a taxi** laß uns ein Taxi nehmen.

4. *(fetch)* holen; **could you ~ me the manager?** *(in shop)* könnten Sie mir den Geschäftsführer holen?; *(on phone)* könnten Sie mir den Geschäftsführer geben?

5. *(illness)* bekommen; **I've got a cold** ich habe eine Erkältung.

6. *(cause to become)*: **to ~ sthg done** etw machen lassen; **can I ~ my car repaired here?** kann ich mein Auto hier reparieren lassen?

7. *(ask, tell)*: **to ~ sb to do sthg** jn bitten, etw zu tun.

8. *(move)*: **I can't ~ it through the door** ich bekomme es nicht durch die Tür.

9. *(understand)* verstehen.

10. *(time, chance)* haben; **we didn't ~ the chance to see everything** wir hatten nicht die Gelegenheit, uns alles anzuschauen.

11. *(idea, feeling)* haben; **I ~ a lot of enjoyment from it** ich habe viel Spaß daran.

12. *(phone)*: **could you ~ the phone?** könntest du ans Telefon gehen?

13. *(in phrases)*: **you ~ a lot of rain here in winter** hier regnet es viel im Winter, have.

◇ *vi* **1.** *(become)* werden; **it's getting late** es wird spät; **to ~ lost** sich verirren; **to ~ ready** fertiglwerden; **~ lost!** *(inf)* hau ab!, verschwinde!

2. *(into particular state, position)*: **to ~ into trouble** in Schwierigkeiten geraten; **how do you ~ to Luton from here?** wie kommt man von hier nach Luton?; **to ~ into the car** ins Auto einsteigen.

3. *(arrive)* anlkommen; **when does the train ~ here?** wann kommt der Zug hier an?

4. *(in phrases)*: **to ~ to do sthg** die Gelegenheit haben, etw zu tun.
◇ *aux vb* werden; **to ~ delayed** aufgehalten werden; **to ~ killed** getötet werden.

♦ **get back** *vi (return)* zurücklkommen.

♦ **get in** *vi (arrive)* anlkommen; *(into car, bus)* einlsteigen.

♦ **get off** *vi (leave train, bus)* auslsteigen; *(leave)* loslgehen; *(in car)* loslfahren.

♦ **get on** *vi (enter train, bus)* einlsteigen; *(in relationship)* sich verstehen; *(progress)*: **how are you getting on?** wie kommst du voran?

♦ **get out** *vi (of car, bus, train)* auslsteigen.

♦ **get through** *vi (on phone)* durchlkommen.

♦ **get up** *vi* auflstehen.

get-together *n (inf)* Treffen *das*.

ghastly ['gɑːstlɪ] *adj (inf)* schrecklich.

gherkin ['gɜːkɪn] *n* Gewürzgurke *die*.

ghetto blaster ['getəʊˌblɑːstəʳ] *n (inf)* Radiorecorder *der*.

ghost [gəʊst] *n* Geist *der*.

giant ['dʒaɪənt] ◇ *adj* riesig. ◇ *n* Riese *der*.

giblets ['dʒɪblɪts] *npl* Innereien *pl*.

giddy ['gɪdɪ] *adj* schwindlig.

gift [gɪft] *n (present)* Geschenk *das*; *(talent)* Begabung *die*.

gifted ['gɪftɪd] *adj* begabt.

gift shop *n* Geschenkeladen *der*.

gift voucher *n (Br)* Geschenkgutschein *der*.

gig [gɪg] *n (inf: concert)* Gig *der*.

gigantic [dʒaɪˈgæntɪk] *adj* riesig.

giggle ['gɪgl] *vi* kichern.

gill [dʒɪl] *n (measurement)* = 0,142 l.

gimmick ['gɪmɪk] *n* Gimmick *der*.

gin [dʒɪn] *n* Gin *der*; **~ and tonic** Gin Tonic *der*.

ginger ['dʒɪndʒə^r] ◊ *n* Ingwer *der*. ◊ *adj (colour)* rotblond.

ginger ale *n* Ginger-ale *das*.

ginger beer *n* Ginger-beer *das*.

gingerbread ['dʒɪndʒəbred] *n* Pfefferkuchen *der*.

gipsy ['dʒɪpsɪ] *n* Zigeuner *der* (-in *die*).

giraffe [dʒɪ'rɑːf] *n* Giraffe *die*.

girdle ['gɜːdl] *n* Hüfthalter *der*.

girl [gɜːl] *n* Mädchen *das*.

girlfriend ['gɜːlfrend] *n* Freundin *die*.

girl guide *n (Br)* Pfadfinderin *die*.

girl scout *(Am)* = **girl guide**.

giro ['dʒaɪrəʊ] *n (system)* Giro *das*.

give [gɪv] *(pt* **gave**, *pp* **given** ['gɪvn]) *vt* geben; *(speech)* halten; *(attention, time)* widmen; **to ~ sb sthg** jm etw geben; *(as present)* jm etw schenken; **to ~ sb a look** jm anlsehen; **to ~ sb a push** jm einen Schubs geben; **to ~ sb a kiss** jm einen Kuß geben; **~ or take** mehr oder weniger; **'~ way'** 'Vorfahrt beachten'.

♦ **give away** *vt sep (get rid of)* weglgeben; *(reveal)* verraten.

♦ **give back** *vt sep* zurücklgeben.

♦ **give in** *vi* nachlgeben.

♦ **give off** *vt fus* ablgeben.

♦ **give out** *vt sep (distribute)* auslteilen.

♦ **give up** *vt sep & vi* auflgeben.

glacier ['glæsjə^r] *n* Gletscher *der*.

glad [glæd] *adj* froh; **to be ~ to do sthg** sich freuen, etw zu tun.

gladly ['glædlɪ] *adv (willingly)* gern.

glamorous ['glæmərəs] *adj* glamourös.

glance [glɑːns] ◊ *n* Blick *der*. ◊ *vi*:

to ~ at einen Blick werfen auf (+A).

gland [glænd] *n* Drüse *die*.

glandular fever ['glændjʊlə-] *n* Drüsenfieber *das*.

glare [gleə^r] *vi (sun, light)* blenden; *(person)*: **to ~ at** böse ansehen.

glass [glɑːs] ◊ *n* Glas *das*. ◊ *adj* Glas-.

♦ **glasses** *npl* Brille *die*.

glassware ['glɑːsweə^r] *n* Glaswaren *pl*.

glen [glen] *n (Scot)* enges Tal.

glider ['glaɪdə^r] *n* Segelflugzeug *das*.

glimpse [glɪmps] *vt* flüchtig sehen.

glitter ['glɪtə^r] *vi* glitzern.

global warming [ˌgləʊbl'wɔːmɪŋ] *n* die Erwärmung der Erdatmosphäre.

globe [gləʊb] *n* Globus *der*.

gloomy ['gluːmɪ] *adj* düster.

glorious ['glɔːrɪəs] *adj (weather, sight)* großartig; *(victory, history)* glorreich.

glory ['glɔːrɪ] *n* Ruhm *der*.

gloss [glɒs] *n (shine)* Glanz *der*; **~ (paint)** Lackfarbe *die*.

glossary ['glɒsərɪ] *n* Glossar *das*.

glossy ['glɒsɪ] *adj (magazine)* Hochglanz-; *(photo)* Glanz-.

glove [glʌv] *n* Handschuh *der*.

glove compartment *n* Handschuhfach *das*.

glow [gləʊ] ◊ *n* Glühen *das*. ◊ *vi* glühen.

glucose ['gluːkəʊs] *n* Glukose *die*.

glue [gluː] ◊ *n* Klebstoff *der*. ◊ *vt* kleben.

gnat [næt] *n* Mücke *die*.

gnaw [nɔː] *vt* nagen an (+D).

go [gəʊ] *(pt* **went**, *pp* **gone**, *pl* **goes**) ◊ *vi* 1. *(move)* gehen; *(travel)* fahren; **to ~ for a walk** spazierenlgehen; **I'll ~ and collect the**

gob

cases ich gehe die Koffer abholen; **to ~ home** nach Hause gehen; **to ~ to Austria** nach Österreich fahren; **to ~ by bus** mit dem Bus fahren; **to ~ shopping** einkaufen gehen.
2. *(leave)* gehen; *(in vehicle)* fahren; **when does the bus ~?** wann fährt der Bus ab?; **~ away!** geh weg!
3. *(become)* werden; **she went pale** sie wurde bleich; **the milk has gone sour** die Milch ist sauer geworden.
4. *(expressing future tense):* **to be going to do sthg** etw tun werden; **it's going to rain tomorrow** morgen wird es regnen; **we're going to go to Switzerland** wir fahren in die Schweiz.
5. *(function)* laufen; *(watch)* gehen; **the car won't ~** das Auto springt nicht an.
6. *(stop working)* kaputtlgehen; **the fuse has gone** die Sicherung ist herausgesprungen.
7. *(time)* vergehen.
8. *(progress)* gehen, laufen; **to ~ well** gutlgehen.
9. *(alarm)* loslgehen.
10. *(match)* zusammenlpassen; **to ~ with** passen zu; **red wine doesn't ~ with fish** Rotwein paßt nicht zu Fisch.
11. *(be sold)* verkauft werden; **'everything must ~'** 'alles muß weg'.
12. *(fit)* passen, gehen.
13. *(lead)* führen; **where does this path ~?** wohin führt dieser Weg?
14. *(belong)* gehören.
15. *(in phrases):* **to let ~ of sthg** *(drop)* etw losllassen; **to ~** *(Am: to take away)* zum Mitnehmen; **how long is there to ~ until Christmas?** wie lange ist es noch bis Weihnachten?
◇ *n* **1.** *(turn):* **it's your ~** du bist an der Reihe.

2. *(attempt)* Versuch *der*; **to have a ~ at sthg** etw versuchen, etw probieren; **'50p a ~'** *(for game)* 'jede Runde 50p'.
♦ **go ahead** *vi (begin)* anlfangen, beginnen; *(take place)* stattlfinden; **~ ahead!** bitte!
♦ **go back** *vi (return)* zurücklgehen.
♦ **go down** *vi (decrease)* sinken; *(sun)* unterlgehen; *(tyre)* platt werden.
♦ **go down with** *vt fus (inf: illness)* bekommen.
♦ **go in** *vi* hineinlgehen.
♦ **go off** *vi (alarm)* loslgehen; *(go bad)* schlecht werden; *(light, heating)* auslgehen.
♦ **go on** *vi (happen)* los sein; *(light, heating)* anlgehen; *(continue):* **to ~ on doing sthg** etw weiter tun; **~ on!** los!
♦ **go out** *vi* auslgehen; *(have relationship):* **to ~ out with sb** mit jm gehen; **to ~ out for a meal** essen gehen; **to ~ out for a walk** einen Spaziergang machen.
♦ **go over** *vt fus (check)* überprüfen.
♦ **go round** *vi (revolve)* sich drehen.
♦ **go through** *vt fus (experience)* durchlmachen; *(spend)* auslgeben; *(search)* durchsuchen.
♦ **go up** *vi (increase)* steigen.
♦ **go without** *vt fus:* **to ~ without sthg** ohne etw auslkommen.
goal [gəʊl] *n* (SPORT) Tor *das*; *(aim)* Ziel *das*.
goalkeeper ['gəʊl͵kiːpəʳ] *n* Torwart *der*.
goalpost ['gəʊlpəʊst] *n* Torpfosten *der*.
goat [gəʊt] *n* Ziege *die*.
gob [gɒb] *n (Br: inf: mouth)* Maul *das*.

god [gɒd] *n* Gott *der* (Göttin *die*).

◆ **God** *n* Gott.

goddaughter [ˈgɒdˌdɔːtəʳ] *n* Patentochter *die*.

godfather [ˈgɒdˌfɑːðəʳ] *n* Pate *der*.

godmother [ˈgɒdˌmʌðəʳ] *n* Patin *die*.

gods [gɒdz] *npl*: **the ~** *(Br: inf: in theatre)* der Olymp.

godson [ˈgɒdsʌn] *n* Patensohn *der*.

goes [gəʊz] → **go**.

goggles [ˈgɒglz] *npl (for swimming)* Taucherbrille *die*; *(for skiing)* Skibrille *die*.

going [ˈgəʊɪŋ] *adj (available)* erhältlich; **the ~ rate** der übliche Betrag.

go-kart [-kɑːt] *n* Go-Kart *der*.

gold [gəʊld] ◇ *n* Gold *das*. ◇ *adj (bracelet, watch)* golden.

goldfish [ˈgəʊldfɪʃ] *(pl inv)* *n* Goldfisch *der*.

gold-plated [-ˈpleɪtɪd] *adj* vergoldet.

golf [gɒlf] *n* Golf *das*.

golf ball *n* Golfball *der*.

golf club *n (place)* Golfklub *der*; *(equipment)* Golfschläger *der*.

golf course *n* Golfplatz *der*.

golfer [ˈgɒlfəʳ] *n* Golfspieler *der* (-in *die*).

gone [gɒn] ◇ *pp* → **go**. ◇ *prep (Br: past)* nach.

good [gʊd] *(compar* **better**, *superl* **best**) ◇ *adj* gut; *(well-behaved)* artig, brav; *(thorough)* gründlich. ◇ *n (moral correctness)* Gute *das*; **to have a ~ time** sich gut amüsieren; **to be ~ at sthg** etw gut können; **a ~ ten minutes** gute zehn Minuten; **in ~ time** beizeiten; **to make ~ sthg** *(damage, loss)* etw wieder gutmachen; **for ~** für immer; **for the ~ of** zum Wohle (+G); **it's no ~** *(there's no point)* es hat keinen Zweck; **that's very ~ of you** das ist

sehr nett von Ihnen; **~ afternoon!** guten Tag!; **~ evening!** guten Abend!; **~ morning!** guten Morgen!; **~ night!** gute Nacht!

◆ **goods** *npl* Waren *pl*.

goodbye [ˌgʊdˈbaɪ] *excl* auf Wiedersehen!

Good Friday *n* Karfreitag *der*.

good-looking [-ˈlʊkɪŋ] *adj* gutaussehend.

goods train [gʊdz-] *n* Güterzug *der*.

goose [guːs] *(pl* **geese**) *n* Gans *die*.

gooseberry [ˈgʊzbərɪ] *n* Stachelbeere *die*.

gorge [gɔːdʒ] *n* Schlucht *die*.

gorgeous [ˈgɔːdʒəs] *adj (day, meal, countryside)* wunderschön; *(inf: good-looking)*: **to be ~** eine Wucht sein.

gorilla [gəˈrɪlə] *n* Gorilla *der*.

gossip [ˈgɒsɪp] ◇ *n* Klatsch *der*. ◇ *vi* klatschen.

gossip column *n* Klatschspalte *die*.

got [gɒt] *pt & pp* → **get**.

gotten [ˈgɒtn] *pp (Am)* → **get**.

goujons [ˈguːdʒɒnz] *npl panierte und fritierte Fisch- oder Fleischstreifen*.

goulash [ˈguːlæʃ] *n* Gulasch *das*.

gourmet [ˈgʊəmeɪ] ◇ *n* Feinschmecker *der* (-in *die*). ◇ *adj (food, restaurant)* Feinschmecker-.

govern [ˈgʌvən] *vt* regieren.

government [ˈgʌvnmənt] *n* Regierung *die*.

gown [gaʊn] *n (dress)* Kleid *das*.

GP *abbr* = **general practitioner**.

grab [græb] *vt (take hold of)* greifen.

graceful [ˈgreɪsfʊl] *adj (elegant)* graziös.

grade [greɪd] *n (quality)* Klasse *die*; *(in exam)* Note *die*; *(Am: year at school)* Klasse *die*.

gradient ['greɪdjənt] *n (upward)* Steigung *die; (downward)* Gefälle *das.*

gradual ['grædʒʊəl] *adj* allmählich.

gradually ['grædʒʊəlɪ] *adv* allmählich.

graduate [*n* 'grædʒʊət, *vb* 'grædʒʊeɪt] ◇ *n* Akademiker *der* (-in *die*); *(Am: from high school)* Schulabgänger *der* (-in *die*). ◇ *vi* die Universität abIschließen; *(Am: from high school)* die Schule abIschließen.

graduation [,grædʒʊ'eɪʃn] *n (ceremony)* Abschlußfeier *einer Universität.*

graffiti [grə'fiːtɪ] *n* Graffiti *das.*

grain [greɪn] *n (seed)* Korn *das; (crop)* Getreide *das; (of sand, salt)* Körnchen *das.*

gram [græm] *n* Gramm *das.*

grammar ['græmər] *n* Grammatik *die.*

grammar school *n (in UK)* = Gymnasium *das.*

gramme [græm] = **gram**.

gramophone ['græməfəʊn] *n* Plattenspieler *der.*

gran [græn] *n (Br: inf)* Oma *die.*

grand [grænd] ◇ *adj (impressive)* großartig. ◇ *n (inf: thousand pounds)* tausend Pfund *pl; (thousand dollars)* tausend Dollar *pl.*

grandchild ['græntʃaɪld] *(pl* -children [-,tʃɪldrən]) *n* Enkelkind *das.*

granddad ['grændæd] *n (inf)* Opa *der.*

granddaughter ['græn,dɔːtər] *n* Enkelin *die.*

grandfather ['grænd,fɑːðər] *n* Großvater *der.*

grandma ['grænmɑː] *n (inf)* Oma *die.*

grandmother ['græn,mʌðər] *n* Großmutter *die.*

grandpa ['grænpɑː] *n (inf)* Opa *der.*

grandparents ['græn,peərənts] *npl* Großeltern *pl.*

grandson ['grænsʌn] *n* Enkel *der.*

granite ['grænɪt] *n* Granit *der.*

granny ['grænɪ] *n (inf)* Oma *die.*

grant [grɑːnt] ◇ *n (POL)* Zuschuß *der; (for university)* Stipendium *das.* ◇ *vt (fml: give)* gewähren; **to take sthg for ~ed** etw als selbstverständlich anIsehen; **he takes his wife for ~ed** er weiß nicht zu schätzen, was seine Frau für ihn tut.

grape [greɪp] *n* Traube *die.*

grapefruit ['greɪpfruːt] *n* Grapefruit *die,* Pampelmuse *die.*

grapefruit juice *n* Grapefruitsaft *der.*

graph [grɑːf] *n* Kurvendiagramm *das.*

graph paper *n* Millimeterpapier *das.*

grasp [grɑːsp] *vt* festIhalten; *(understand)* verstehen.

grass [grɑːs] *n* Gras *das; (lawn)* Rasen *der;* '**keep off the ~**' 'den Rasen nicht betreten'.

grasshopper ['grɑːs,hɒpər] *n* Heuschrecke *die.*

grate [greɪt] *n (of fire)* Rost *der.*

grated ['greɪtɪd] *adj* gerieben.

grateful ['greɪtfʊl] *adj* dankbar.

grater ['greɪtər] *n* Reibe *die.*

gratitude ['grætɪtjuːd] *n* Dankbarkeit *die.*

gratuity [grə'tjuːɪtɪ] *n (fml)* Trinkgeld *das.*

grave[1] [greɪv] ◇ *adj (mistake)* schwer; *(news)* schlimm; *(situation)* ernst. ◇ *n* Grab *das.*

grave[2] [grɑːv] *adj (accent)* grave.

gravel ['grævl] *n* Kies *der.*

graveyard ['greɪvjɑːd] *n* Friedhof *der.*

gravity ['grævətɪ] n Schwerkraft die.

gravy ['greɪvɪ] n Soße die.

gray [greɪ] (Am) = **grey**.

graze [greɪz] vt (injure) aufschürfen.

grease [griːs] n (for machine, tool) Schmiere die; (animal fat) Fett das.

greaseproof paper ['griːspruːf-] n (Br) Pergamentpapier das.

greasy ['griːsɪ] adj (tools, clothes) schmierig; (food, skin, hair) fettig.

great [greɪt] adj (large, famous, important) groß; (very good) großartig; (that's) ~! (das ist) toll!

Great Britain n Großbritannien nt.

great-grandfather n Urgroßvater der.

great-grandmother n Urgroßmutter die.

greatly ['greɪtlɪ] adv sehr.

Greece [griːs] n Griechenland nt.

greed [griːd] n Gier die.

greedy ['griːdɪ] adj gierig.

Greek [griːk] ◇ adj griechisch. ◇ n (person) Grieche der (Griechin die); (language) Griechisch das.

Greek salad n griechischer Salat.

green [griːn] ◇ adj grün. ◇ n (colour) Grün das; (in village) Gemeindewiese die; (on golf course) Green der.

♦ **greens** npl (vegetables) Grüngemüse das.

green beans npl grüne Bohnen pl.

green card n (Br: for car) grüne Karte; (Am: work permit) Arbeitserlaubnis die.

green channel n Ausgang 'nichts zu verzollen' am Flughafen.

greengage ['griːngeɪdʒ] n Reineclaude die.

greengrocer's ['griːnˌgrəʊsəz] n (shop) Obst- und Gemüsegeschäft das.

greenhouse ['griːnhaʊs, pl -haʊzɪz] n Gewächshaus das.

greenhouse effect n Treibhauseffekt der.

green light n grünes Licht.

green pepper n grüner Paprika.

Greens [griːnz] npl: **the ~** die Grünen.

green salad n grüner Salat.

greet [griːt] vt grüßen.

greeting ['griːtɪŋ] n Gruß der.

grenade [grəˈneɪd] n Granate die.

grew [gruː] pt → **grow**.

grey [greɪ] ◇ adj grau. ◇ n Grau das; **to go ~** grau werden.

greyhound ['greɪhaʊnd] n Windhund der.

grid [grɪd] n Gitter das; (on map etc) Gitternetz das.

grief [griːf] n Trauer die; **to come to ~** scheitern.

grieve [griːv] vi trauern.

grill [grɪl] ◇ n Grill der. ◇ vt grillen.

grille [grɪl] n (AUT) Kühlergrill der.

grilled [grɪld] adj gegrillt.

grim [grɪm] adj (place, news, reality) düster; (determined) grimmig.

grimace ['grɪməs] n Grimasse die.

grimy ['graɪmɪ] adj verschmutzt.

grin [grɪn] ◇ n Grinsen das. ◇ vi grinsen.

grind [graɪnd] (pt & pp ground) vt (pepper, coffee) mahlen.

grip [grɪp] ◇ n Griff der; (of tyres) Profil das; (bag) Reisetasche die. ◇ vt (hold) festhalten.

gristle ['grɪsl] n Knorpel der.

groan [grəʊn] ◇ n Stöhnen das. ◇ vi stöhnen; (complain) sich beklagen.

groceries ['grəʊsərɪz] npl Lebensmittel pl.

grocer's ['grəʊsəz] n (shop) Lebensmittelgeschäft das.

grocery ['grəʊsərɪ] n (shop) Lebensmittelgeschäft das.

groin [grɔɪn] n Leiste die.

groove [gruːv] n Rille die.

grope [grəʊp] vi (search) tasten.

gross [grəʊs] adj (weight, income) brutto.

grossly ['grəʊslɪ] adv (extremely) äußerst.

grotty ['grɒtɪ] adj (Br: inf) mies.

ground [graʊnd] ◇ pt & pp → **grind**. ◇ n Boden der; (SPORT) Platz der. ◇ adj (coffee) gemahlen. ◇ vt: **to be ~ed** (plane) keine Starterlaubnis erhalten; (Am: ELEC) geerdet sein.

♦ **grounds** npl (of building) Anlagen pl; (of coffee) Satz der; (reason) Grund der.

ground floor n Erdgeschoß das.

groundsheet ['graʊndʃiːt] n Bodenplane die.

group [gruːp] n Gruppe die.

grouse [graʊs] (pl inv) n (bird) Moorschneehuhn das.

grovel ['grɒvl] vi (be humble) kriechen.

grow [grəʊ] (pt grew, pp grown) ◇ vi wachsen; (become) werden. ◇ vt (plant, crop) anlbauen; (beard) sich (D) wachsen lassen.

♦ **grow up** vi erwachsen werden.

growl [graʊl] vi (dog) knurren.

grown [grəʊn] pp → **grow**.

grown-up ◇ adj erwachsen. ◇ n Erwachsene der, die.

growth [grəʊθ] n Wachstum das; (MED) Geschwulst die.

grub [grʌb] n (inf: food) Futter das.

grubby ['grʌbɪ] adj (inf) schmuddlig.

grudge [grʌdʒ] ◇ n Abneigung die. ◇ vt: **to ~ sb sthg** jm etw neiden; **to have a ~ against sb** etw gegen jn haben.

grueling ['gruəlɪŋ] (Am) = **gruelling**.

gruelling ['gruəlɪŋ] adj (Br) anstrengend.

gruesome ['gruːsəm] adj grausig.

grumble ['grʌmbl] vi (complain) sich beschweren.

grumpy ['grʌmpɪ] adj (inf) grantig.

grunt [grʌnt] vi grunzen.

guarantee [,gærən'tiː] ◇ n Garantie die. ◇ vt garantieren; (product) Garantie geben.

guard [gɑːd] ◇ n (of prisoner etc) Wärter der (-in die); (Br: on train) Schaffner der (-in die); (protective cover) Schutz der. ◇ vt bewachen; **to be on one's ~** auf der Hut sein.

guess [ges] ◇ n Vermutung die. ◇ vt erraten. ◇ vi raten; **I ~ (so)** ich denke (schon).

guest [gest] n Gast der.

guesthouse ['gesthaʊs, pl -haʊzɪz] n Pension die.

guestroom ['gestrʊm] n Gästezimmer das.

guidance ['gaɪdəns] n Beratung die.

guide [gaɪd] ◇ n (for tourists) Fremdenführer der (-in die); (guidebook) Reiseführer der. ◇ vt führen.

♦ **Guide** n (Br) Pfadfinderin die.

guidebook ['gaɪdbʊk] n Reiseführer der.

guide dog n Blindenhund der.

guided tour ['gaɪdɪd-] n Führung die.

guidelines ['gaɪdlaɪnz] npl Richtlinien pl.

guilt [gɪlt] n Schuld die.

guilty ['gɪltɪ] adj schuldig; (remorseful) schuldbewußt; **to be ~ of sthg** etw (G) schuldig sein; **to feel ~** ein schlechtes Gewissen haben.

guinea pig ['gɪnɪ-] n Meerschweinchen das.

guitar [gɪ'tɑːʳ] n Gitarre die.

guitarist [gɪ'tɑːrɪst] n Gitarrist der (-in die).

gulf [gʌlf] n (of sea) Golf der.

Gulf War n: the ~ der Golfkrieg.

gull [gʌl] n Möwe die.

gullible ['gʌləbl] adj leichtgläubig.

gulp [gʌlp] n (of drink) Schluck der.

gum [gʌm] n (chewing gum, bubble gum) Kaugummi der; (adhesive) Klebstoff der.

◆ **gums** npl (in mouth) Zahnfleisch das.

gun [gʌn] n (pistol) Pistole die; (rifle) Gewehr das; (cannon) Kanone die.

gunfire ['gʌnfaɪəʳ] n Geschützfeuer das.

gunshot ['gʌnʃɒt] n Schuß der.

gust [gʌst] n Windstoß der.

gut [gʌt] n (inf: stomach) Bauch der.

◆ **guts** npl (inf: intestines) Eingeweide pl; (courage) Mut der.

gutter ['gʌtəʳ] n (beside road) Rinnstein der; (of house) Regenrinne die.

guy [gaɪ] n (inf: man) Typ der.

◆ **guys** npl (Am: inf: people): **you** ~**s** ihr.

Guy Fawkes Night [-'fɔːks-] n Nacht des 5. November, in der mit Feuerwerk an den Versuch Guy Fawkes', das Parlament in die Luft zu sprengen, erinnert wird.

guy rope n Zeltschnur die.

gym [dʒɪm] n (SCH: building) Turnhalle die; (in health club, hotel) Fitneßraum der; (SCH: lesson) Turnen das.

gymnast ['dʒɪmnæst] n Turner der (-in die).

gymnastics [dʒɪm'næstɪks] n Turnen das.

gym shoes npl Turnschuhe pl.

gynaecologist [,gaɪnə'kɒlədʒɪst] n Frauenarzt der (-ärztin die).

gypsy ['dʒɪpsɪ] = **gipsy**.

H abbr = **hot, hospital**.

habit ['hæbɪt] n Gewohnheit die.

hacksaw ['hæksɔː] n Metallsäge die.

had [hæd] pt & pp → **have**.

haddock ['hædək] (pl inv) n Schellfisch der.

hadn't ['hædnt] = **had not**.

haggis ['hægɪs] n schottische Spezialität, bestehend aus mit Schafsinnereien gefülltem Schafsmagen, üblicherweise serviert mit Kartoffel- und Kohlrabipüree.

haggle ['hægl] vi feilschen.

hail [heɪl] ◇ n Hagel der. ◇ v impers hageln.

hailstone ['heɪlstəʊn] n Hagelkorn das.

hair [heəʳ] n Haare pl; (individual hair) Haar das; **to have one's** ~ **cut** sich (D) die Haare schneiden lassen.

hairband ['heəbænd] n Haarband das.

hairbrush ['heəbrʌʃ] n Haarbürste die.

hairclip ['heəklɪp] n Haarklip der.

haircut ['heəkʌt] n (style) Haarschnitt der; **to have a** ~ sich (D) die Haare schneiden lassen.

hairdo ['heəduː] (pl -s) n Frisur die.

hairdresser ['heə,dresəʳ] n Friseur der (Friseuse die); ~**'s** (salon) Friseursalon der; **to go to the** ~**'s** zum Friseur gehen.

hairdryer ['heə,draɪəʳ] n Fön® der.

hair gel *n* Haargel *das.*

hairgrip [ˈheəgrɪp] *n* (Br) Haarklammer *die.*

hairnet [ˈheənet] *n* Haarnetz *das.*

hairpin bend [ˈheəpɪn-] *n* Haarnadelkurve *die.*

hair remover [-rɪˌmuːvər] *n* Enthaarungsmittel *das.*

hair rollers [-ˈrəʊləz] *npl* Lockenwickler *pl.*

hair slide *n* Haarspange *die.*

hairspray [ˈheəspreɪ] *n* Haarspray *das.*

hairstyle [ˈheəstaɪl] *n* Frisur *die.*

hairy [ˈheərɪ] *adj* haarig.

half [Br hɑːf, Am hæf] (*pl* **halves**) ◇ *n* Hälfte *die;* (of match) Spielhälfte *die;* (half pint) halbes Pint, ≈ kleines Bier; (child's ticket) Kinderfahrkarte *die.* ◇ *adj & adv* halb; ~ **of it** die Hälfte davon; **four and a** ~ viereinhalb; ~ **past seven** halb acht; ~ **as big as** halb so groß wie; **an hour and a** ~ anderthalb Stunden; ~ **an hour** eine halbe Stunde; ~ **a dozen** ein halbes Dutzend.

half board *n* Halbpension *die.*

half-day *n* halber Tag.

half fare *n* halber Fahrpreis.

half portion *n* halbe Portion.

half-price *adj* zum halben Preis.

half term *n* (Br) Ferien in der Mitte des Trimesters.

half time *n* Halbzeit *die.*

halfway [hɑːfˈweɪ] *adv* auf halbem Wege; ~ **through the holiday** mitten im Urlaub.

halibut [ˈhælɪbət] (*pl inv*) *n* Heilbutt *der.*

hall [hɔːl] *n* (of house) Diele *die,* Flur *der;* (large room) Saal *der;* (building) Halle *die;* (country house) Landsitz *der.*

hallmark [ˈhɔːlmɑːk] *n* (on silver, gold) Stempel *der.*

hallo [həˈləʊ] = **hello.**

hall of residence *n* Studentenwohnheim *das.*

Halloween [ˌhæləʊˈiːn] *n* Abend vor Allerheiligen, an dem sich Kinder oft als Gespenster verkleiden.

halt [hɔːlt] ◇ *vi* anlhalten. ◇ *n:* **to come to a** ~ zum Stillstand kommen.

halve [Br hɑːv, Am hæv] *vt* halbieren.

halves [Br hɑːvz, Am hævz] *pl* → **half.**

ham [hæm] *n* Schinken *der.*

hamburger [ˈhæmbɜːgər] *n* Hamburger *der;* (Am: mince) Hackfleisch *das.*

hamlet [ˈhæmlɪt] *n* kleines Dorf.

hammer [ˈhæmər] ◇ *n* Hammer *der.* ◇ *vt* (nail) einlschlagen.

hammock [ˈhæmək] *n* Hängematte *die.*

hamper [ˈhæmpər] *n* Picknickkorb *der.*

hamster [ˈhæmstər] *n* Hamster *der.*

hamstring [ˈhæmstrɪŋ] *n* Kniesehne *die.*

hand [hænd] *n* Hand *die;* (of clock, watch, dial) Zeiger *der;* **to give sb a** ~ jm helfen; **to get out of** ~ außer Kontrolle geraten; **written by** ~ handgeschrieben; **to arrive with an hour in** ~ eine Stunde zu früh ankommen; **on the one** ~ einerseits; **on the other** ~ andererseits.

♦ **hand in** *vt sep* einlreichen, ablgeben.

♦ **hand out** *vt sep* auslteilen.

♦ **hand over** *vt sep* (give) übergeben.

handbag [ˈhændbæg] *n* Handtasche *die.*

handbasin [ˈhændbeɪsn] *n* Waschbecken *das.*

handbook [ˈhændbʊk] *n* Handbuch *das.*

handbrake ['hændbreɪk] n Handbremse die.

hand cream n Handcreme die.

handcuffs ['hændkʌfs] npl Hand-
schellen pl.

handful ['hændful] n (amount)
Handvoll die.

handicap ['hændɪkæp] n Behinderung die; (disadvantage) Handikap
das.

handicapped ['hændɪkæpt] ◇ adj
behindert. ◇ npl: the ~ die Behinderten pl.

handkerchief ['hæŋkətʃɪf] (pl
-chiefs OR -chieves [-tʃiːvz]) n
Taschentuch das.

handle ['hændl] ◇ n Griff der. ◇ vt
(touch) anlfassen; (situation) bewältigen; '~ with care' 'mit Vorsicht
behandeln'.

handlebars ['hændlbɑːz] npl
Lenkstange die.

hand luggage n Handgepäck
das.

handmade [,hænd'meɪd] adj hand-
gearbeitet.

handout ['hændaʊt] n (leaflet)
Handout das.

handrail ['hændreɪl] n Geländer
das.

handset ['hændset] n Hörer der;
'please replace the ~' 'bitte den
Hörer auflegen'.

handshake ['hændʃeɪk] n Händedruck der.

handsome ['hænsəm] adj (man)
gutaussehend.

handstand ['hændstænd] n Handstand der.

handwriting ['hænd,raɪtɪŋ] n
Handschrift die.

handy ['hændɪ] adj praktisch; (person) geschickt; to come in ~ (inf)
nützlich sein; to have sthg ~ (near)
etw zur Hand haben.

hang [hæŋ] (pt & pp hung) ◇ vt

auflhängen; (execute: pt & pp han-
ged) hängen. ◇ vi hängen. ◇ n: to
get the ~ of sthg etw kapieren.

◆ **hang about** vi (Br: inf) ruml-
hängen.

◆ **hang around** (inf) = hang
about.

◆ **hang down** vi herunterlhän-
gen.

◆ **hang on** vi (inf: wait) warten.

◆ **hang out** vt sep (washing)
auflhängen. ◇ vi (inf: spend time)
sich herumltreiben.

◆ **hang up** vi (on phone) auflegen,
einlhängen.

hangar ['hæŋəʳ] n Hangar der.

hanger ['hæŋəʳ] n Kleiderbügel
der.

hang gliding n Drachenfliegen
das.

hangover ['hæŋ,əʊvəʳ] n Kater
der.

hankie ['hæŋkɪ] n (inf) Taschentuch das.

happen ['hæpən] vi passieren,
geschehen; to ~ to do sthg etw
zufällig tun.

happily ['hæpɪlɪ] adv (luckily)
glücklicherweise.

happiness ['hæpɪnɪs] n Glück das.

happy ['hæpɪ] adj glücklich; to be
~ about sthg mit etw zufrieden
sein; to be ~ to do sthg (willing)
etw gern tun; to be ~ with sthg
mit etw zufrieden sein; Happy
Birthday! Herzlichen Glückwunsch zum Geburtstag!; Happy
Christmas! Fröhliche Weihnachten!; Happy New Year! ein gutes
neues Jahr!

happy hour n (inf) Zeit am frühen
Abend, zu der in Bars usw. alkoholische Getränke billiger verkauft werden.

harassment ['hærəsmənt] n Belästigung die.

harbor ['hɑ:bər] *(Am)* = **harbour**.

harbour ['hɑ:bər] *n (Br)* Hafen *der*.

hard [hɑ:d] ◇ *adj* hart; *(difficult, strenuous)* schwer. ◇ *adv (work)* hart; *(listen)* gut; *(hit)* schwer; *(rain)* heftig; **to try ~** sich (D) Mühe geben.

hardback ['hɑ:dbæk] *n* Hardcover *das*.

hardboard ['hɑ:dbɔ:d] *n* Hartfaserplatte *die*.

hard-boiled egg [-bɔɪld-] *n* hartgekochtes Ei.

hard disk *n* Festplatte *die*.

hardly ['hɑ:dlɪ] *adv* kaum; **~ ever** fast nie.

hardship ['hɑ:dʃɪp] *n* Härte *die*.

hard shoulder *n (Br)* Seitenstreifen *der*.

hard up *adj (inf)*: **to be ~** knapp bei Kasse sein.

hardware ['hɑ:dweər] *n (tools, equipment)* Haushaltsgeräte *pl*; (COMPUT) Hardware *die*.

hardwearing [,hɑ:d'weərɪŋ] *adj (Br)* strapazierfähig.

hardworking [,hɑ:d'wɜ:kɪŋ] *adj* fleißig.

hare [heər] *n* Hase *der*.

harm [hɑ:m] ◇ *n* Schaden *der*. ◇ *vt* schaden (+D); *(person)* verletzen.

harmful ['hɑ:mful] *adj* schädlich.

harmless ['hɑ:mlɪs] *adj* unschädlich.

harmonica [hɑ:'mɒnɪkə] *n* Mundharmonika *die*.

harmony ['hɑ:mənɪ] *n* Harmonie *die*.

harness ['hɑ:nɪs] *n (for horse)* Geschirr *das*; *(for child)* Laufgeschirr *das*.

harp [hɑ:p] *n* Harfe *die*.

harsh [hɑ:ʃ] *adj* rauh; *(cruel)* hart.

harvest ['hɑ:vɪst] *n* Ernte *die*.

has [*weak form* həz, *strong form*

hæz] → **have**.

hash browns [hæʃ-] *npl* amerikanische Kartoffelpuffer.

hasn't ['hæznt] = **has not**.

hassle ['hæsl] *n (inf)* Ärger *der*.

hastily ['heɪstɪlɪ] *adv (rashly)* vorschnell.

hasty ['heɪstɪ] *adj (hurried)* eilig; *(rash)* vorschnell.

hat [hæt] *n* Hut *der*.

hatch [hætʃ] ◇ *n (for serving food)* Durchreiche *die*. ◇ *vi (chick)* ausschlüpfen.

hatchback ['hætʃbæk] *n* Auto *das* mit Hecktür.

hatchet ['hætʃɪt] *n* Beil *das*.

hate [heɪt] ◇ *n* Haß *der*. ◇ *vt* hassen; **to ~ doing sthg** etw ungern tun.

hatred ['heɪtrɪd] *n* Haß *der*.

haul [hɔ:l] ◇ *vt* ziehen. ◇ *n*: **a long ~** eine weite Strecke.

haunted ['hɔ:ntɪd] *adj*: **this house is ~** in diesem Haus spukt es.

have [hæv] *(pt & pp had)* ◇ *aux vb* **1.** *(to form perfect tenses)* haben/sein; **~ you seen the film?** hast du den Film gesehen?; **I ~ finished** ich bin fertig; **~ you been there? - no, I haven't** warst du schon mal dort? – nein, noch nie; **we had already left** wir waren schon gegangen. **2.** *(must)*: **to ~ (got) to do sthg** etw tun müssen; **do you ~ to pay?** muß man bezahlen?

◇ *vt* **1.** *(possess)*: **to ~ (got)** haben; **do you ~** OR **~ you got a double room?** haben Sie ein Doppelzimmer?; **she has (got) brown hair** sie hat braunes Haar.

2. *(experience)* haben; **to ~ a cold** eine Erkältung haben; **to ~ a great time** sich großartig amüsieren.

3. *(replacing other verbs)*: **to ~ a bath** ein Bad nehmen; **to ~ breakfast**

frühstücken; **to ~ a cigarette** eine Zigarette rauchen; **to ~ a drink** etwas trinken; **to ~ lunch** zu Mittag essen; **to ~ a shower** duschen; **to ~ a swim** schwimmen; **to ~ a walk** spazierenlgehen.

4. *(feel)* haben; **I ~ no doubt about it** ich habe keine Zweifel daran.

5. *(cause to be):* **to ~ sthg done** etw machen lassen; **to ~ one's hair cut** sich die Haare schneiden lassen.

6. *(be treated in a certain way):* **I've had my wallet stolen** mir ist mein Geldbeutel gestohlen worden.

haversack ['hævəsæk] *n* Rucksack *der*.

havoc ['hævək] *n* Verwüstung *die*.

hawk [hɔːk] *n* Falke *der*.

hawker ['hɔːkər] *n* Hausierer *der* (-in *die*).

hay [heɪ] *n* Heu *das*.

hay fever *n* Heuschnupfen *der*.

haystack ['heɪˌstæk] *n* Heuhaufen *der*.

hazard ['hæzəd] *n* Risiko *das*.

hazardous ['hæzədəs] *adj* gefährlich.

hazard warning lights *npl (Br)* Warnblinkanlage *die*.

haze [heɪz] *n* Dunst *der*.

hazel ['heɪzl] *adj* nußbraun.

hazelnut ['heɪzlˌnʌt] *n* Haselnuß *die*.

hazy ['heɪzɪ] *adj (misty)* dunstig.

he [hiː] *pron* er; **~'s tall** er ist groß.

head [hed] ◇ *n* Kopf *der*; *(of table, bed)* Kopfende *das*; *(of company, department)* Leiter *der* (-in *die*); *(of school)* Schulleiter *der* (-in *die*); *(of beer)* Schaumkrone *die*. ◇ *vt (list, procession)* anlführen; *(organization)* leiten. ◇ *vi* gehen; *(in vehicle)* fahren; **£10 a ~** £10 pro Kopf; **~s or tails?** Kopf oder Zahl?

♦ **head for** *vt fus (place)* zulsteuern auf (+*A*).

headache ['hedeɪk] *n* Kopfschmerzen *pl*; **to have a ~** Kopfschmerzen haben.

heading ['hedɪŋ] *n* Überschrift *die*.

headlamp ['hedlæmp] *(Br)* = **headlight**.

headlight ['hedlaɪt] *n* Scheinwerfer *der*.

headline ['hedlaɪn] *n* Schlagzeile *die*.

headmaster [ˌhed'mɑːstər] *n* Schulleiter *der*.

headmistress [ˌhed'mɪstrɪs] *n* Schulleiterin *die*.

head of state *n* Staatsoberhaupt *das*.

headphones ['hedfəʊnz] *npl* Kopfhörer *pl*.

headquarters [ˌhed'kwɔːtəz] *npl* Hauptquartier *das*.

headrest ['hedrest] *n* Kopfstütze *die*.

headroom ['hedrʊm] *n (under bridge)* Höhe *die*.

headscarf ['hedskɑːf] *(pl* -**scarves** [-skɑːvz]) *n* Kopftuch *das*.

head start *n* Vorsprung *der*.

head teacher *n* Schulleiter *der* (-in *die*).

head waiter *n* Oberkellner *der*.

heal [hiːl] *vt & vi* heilen.

health [helθ] *n* Gesundheit *die*; **to be in good ~** guter Gesundheit sein; **to be in poor ~** kränklich sein; **your (very) good ~!** auf dein/Ihr Wohl!

health centre *n* Ärztezentrum *das*.

health food *n* Biokost *die*.

health food shop *n* Bioladen *der*.

health insurance *n* Krankenversicherung *die*.

healthy ['helθɪ] *adj* gesund.

heap [hiːp] *n* Haufen *der*; **~s of**

money *(inf)* ein Haufen Geld.

hear [hɪəʳ] *(pt & pp* **heard** [hɜːd]) *vt & vi* hören; **to ~ about sthg** von etw hören; **to ~ from sb** von jm hören; **to have heard of** schon mal gehört haben.

hearing [ˈhɪərɪŋ] *n (sense)* Gehör *das; (at court)* Verhandlung *die;* **to be hard of ~** schwerhörig sein.

hearing aid *n* Hörgerät *das.*

heart [hɑːt] *n* Herz *das;* **to know sthg (off) by ~** etw auswendig können; **to lose ~** den Mut verlieren.

◆ **hearts** *npl (in cards)* Herz *das.*

heart attack *n* Herzinfarkt *der.*

heartbeat [ˈhɑːtbiːt] *n* Herzschlag *der.*

heartburn [ˈhɑːtbɜːn] *n* Sodbrennen *das.*

heart condition *n:* **to have a ~** herzkrank sein.

hearth [hɑːθ] *n* Kamin *der.*

hearty [ˈhɑːtɪ] *adj (meal)* herzhaft.

heat [hiːt] *n* Hitze *die; (pleasant)* Wärme *die; (of oven)* Temperatur *die.*

◆ **heat up** *vt sep* auflwärmen.

heater [ˈhiːtəʳ] *n* Heizgerät *das.*

heath [hiːθ] *n* Heide *die.*

heather [ˈheðəʳ] *n* Heidekraut *das.*

heating [ˈhiːtɪŋ] *n* Heizung *die.*

heat wave *n* Hitzewelle *die.*

heave [hiːv] *vt* wuchten.

Heaven [ˈhevn] *n* der Himmel.

heavily [ˈhevɪlɪ] *adv* stark.

heavy [ˈhevɪ] *adj* schwer; *(rain, traffic)* stark; **how ~ is it?** wie schwer ist es?; **to be a ~ smoker** ein starker Raucher sein.

heavy cream *n (Am)* Schlagsahne *die,* Schlagobers *das (Österr).*

heavy goods vehicle *n (Br)* Lastkraftwagen *der.*

heavy industry *n* Schwerindustrie *die.*

heavy metal *n* Heavy metal *das.*

heckle [ˈhekl] *vt* unterbrechen.

hectic [ˈhektɪk] *adj* hektisch.

hedge [hedʒ] *n* Hecke *die.*

hedgehog [ˈhedʒhɒg] *n* Igel *der.*

heel [hiːl] *n (of person)* Ferse *die; (of shoe)* Absatz *der.*

hefty [ˈheftɪ] *adj (person)* stämmig; *(fine)* saftig.

height [haɪt] *n* Höhe *die; (of person)* Körpergröße *die; (peak period)* Höhepunkt *der;* **what ~ is it?** wie hoch ist es?

heir [eəʳ] *n* Erbe *der.*

heiress [ˈeərɪs] *n* Erbin *die.*

held [held] *pt & pp →* **hold**.

helicopter [ˈhelɪkɒptəʳ] *n* Hubschrauber *der.*

he'll [hiːl] = **he will.**

Hell [hel] *n* die Hölle.

hello [həˈləʊ] *excl* hallo!; *(on phone)* guten Tag!

helmet [ˈhelmɪt] *n* Helm *der.*

help [help] ◇ *n* Hilfe *die.* ◇ *vt* helfen *(+D).* ◇ *vi* helfen. ◇ *excl* Hilfe!; **I can't ~ it** ich kann nichts dafür; **to ~ sb (to) do sthg** jm helfen, etw zu tun; **to ~ to do sthg** *(contribute)* dazu beiltragen, etw zu tun; **to ~ o.s. to sthg** sich *(D)* etw nehmen; **can I ~ you?** *(in shop)* kann ich Ihnen behilflich sein?

◆ **help out** *vi* auslhelfen.

helper [ˈhelpəʳ] *n* Helfer *der* (-in *die); (Am: cleaner)* Hausangestellte *der, die.*

helpful [ˈhelpfʊl] *adj (person)* hilfsbereit; *(useful)* nützlich.

helping [ˈhelpɪŋ] *n* Portion *die.*

helpless [ˈhelplɪs] *adj* hilflos.

hem [hem] *n* Saum *der.*

hemophiliac [ˌhiːməˈfɪlɪæk] *n* Bluter *der.*

hemorrhage [ˈhemərɪdʒ] *n* Blutung *die.*

hen [hen] *n* Henne *die.*

hepatitis [ˌhepəˈtaɪtɪs] *n* Hepatitis *die*.

her [hɜːʳ] ◇ *adj* ihr. ◇ *pron (accusative)* sie; *(dative)* ihr; **I know ~** ich kenne sie; **it's ~** sie ist es; **send it to ~** schick es ihr; **tell ~** sag ihr; **he's worse than ~** er ist schlimmer als sie.

herb [hɜːb] *n* Kraut *das*.

herbal tea [ˈhɜːbl-] *n* Kräutertee *der*.

herd [hɜːd] *n* Herde *die*.

here [hɪəʳ] *adv* hier; **come ~!** komm her!; **~ you are** hier.

heritage [ˈherɪtɪdʒ] *n* Erbe *das*.

heritage centre *n* Museum an einem Ort mit historischer Bedeutung.

hernia [ˈhɜːnjə] *n* Bruch *der*.

hero [ˈhɪərəʊ] (*pl* -es) *n* Held *der*.

heroin [ˈherəʊɪn] *n* Heroin *das*.

heroine [ˈherəʊɪn] *n* Heldin *die*.

heron [ˈherən] *n* Reiher *der*.

herring [ˈherɪŋ] *n* Hering *der*.

hers [hɜːz] *pron* ihre(-r)(-s), ihre *(pl)*; **a friend of ~** ein Freund von ihr; **these shoes are ~** diese Schuhe gehören ihr.

herself [hɜːˈself] *pron* sich; *(after prep)* sich selbst; **she did it ~** sie hat es selbst getan.

hesitant [ˈhezɪtənt] *adj* zögernd.

hesitate [ˈhezɪteɪt] *vi* zögern.

hesitation [ˌhezɪˈteɪʃn] *n* Zögern *das*.

heterosexual [ˌhetərəʊˈsekʃʊəl] ◇ *adj* heterosexuell. ◇ *n* Heterosexuelle *der*, *die*.

hey [heɪ] *excl (inf)* he!

HGV *n (abbr of heavy goods vehicle)* Lkw *der*.

hi [haɪ] *excl (inf)* hallo!

hiccup [ˈhɪkʌp] *n*: **to have (the) ~s** (einen) Schluckauf haben.

hide [haɪd] (*pt* hid [hɪd], *pp* hidden [hɪdn]) ◇ *vt* verstecken; *(truth)* verschweigen; *(feelings)* verbergen.

◇ *vi* sich verstecken. ◇ *n (of animal)* Haut *die*, Fell *das*; **to be hidden** *(obscured)* sich verbergen.

hideous [ˈhɪdɪəs] *adj* scheußlich.

hi-fi [ˈhaɪfaɪ] *n* Hi-Fi-Anlage *die*.

high [haɪ] ◇ *adj* hohe(-r)(-s); *(inf: from drugs)* high. ◇ *n (weather front)* Hoch *das*. ◇ *adv* hoch; **to be ~ (tall)** hoch sein; **how ~ is it?** wie hoch ist es?; **it's 10 metres ~** es ist 10 Meter hoch.

high chair *n* Kinderhochstuhl *der*.

high-class *adj (good-quality)* erstklassig.

Higher [ˈhaɪəʳ] *n (Scot)* schottischer Schulabschluß.

higher education *n* Hochschulbildung *die*.

high heels *npl* hochhackige Schuhe *pl*.

high jump *n* Hochsprung *der*.

Highland Games [ˈhaɪlənd-] *npl* typisches schottisches Sport- und Musikfestival.

Highlands [ˈhaɪləndz] *npl*: **the ~** das (schottische) Hochland.

highlight [ˈhaɪlaɪt] ◇ *n (best part)* Höhepunkt *der*. ◇ *vt* hervorheben.

♦ **highlights** *npl (of football match etc)* Highlights *pl*; *(in hair)* Strähnchen *pl*.

highly [ˈhaɪlɪ] *adv* höchst; **to think ~ of** viel halten von; **~ paid** hochbezahlt.

high-pitched [-ˈpɪtʃt] *adj* hohe(-r)(-s).

high-rise *n (building)* Hochhaus *das*.

high school *n (in UK)* Schule für elf- bis achtzehnjährige; *(in US)* Schule für fünfzehn- bis achtzehnjährige.

high season *n* Hochsaison *die*.

high-speed train *n* Hochgeschwindigkeitszug *der*.

high street n (Br) Hauptge-schäftsstraße die.

high tide n Flut die.

highway ['haɪweɪ] n (Am) High-way der; (Br: any main road) Straße die.

Highway Code n (Br) Straßen-verkehrsordnung die.

hijack ['haɪdʒæk] vt entführen.

hijacker ['haɪdʒækə'] n Entführer der.

hike [haɪk] ◇ n Wanderung die. ◇ vi wandern.

hiking ['haɪkɪŋ] n: **to go ~** auf eine Wanderung gehen.

hilarious [hɪ'leərɪəs] adj lustig.

hill [hɪl] n Hügel der.

hillwalking ['hɪlwɔːkɪŋ] n Berg-wandern das.

hilly ['hɪlɪ] adj hügelig.

him [hɪm] pron (accusative) ihn; (dative) ihm; **I know ~** ich kenne ihn; **it's ~** er ist es; **send it to ~** schick es ihm; **tell ~** sag ihm; **she's worse than ~** sie ist schlimmer als er.

himself [hɪm'self] pron sich; (after prep) sich selbst; **he did it ~** er hat es selbst getan.

hinder ['hɪndə'] vt (prevent) behin-dern; (delay) verzögern.

Hindu ['hɪnduː] (pl -s) ◇ adj Hindu-. ◇ n Hindu der.

hinge [hɪndʒ] n Scharnier das.

hint [hɪnt] ◇ n Andeutung die; (piece of advice) Hinweis der; (slight amount) Spur die. ◇ vi: **to ~ at sthg** etw anldeuten.

hip [hɪp] n Hüfte die.

hippopotamus [ˌhɪpə'pɒtəməs] n Nilpferd das.

hippy ['hɪpɪ] n Hippie der.

hire ['haɪə'] vt (car, bicycle, televi-sion) mieten; **'for ~'** (taxi) 'frei'.

◆ **hire out** vt sep vermieten.

hire car n (Br) Mietwagen der.

hire purchase n (Br) Ratenkauf der.

his [hɪz] ◇ adj sein. ◇ pron seine (-r)(-s), seine (pl); **a friend of ~** ein Freund von ihm; **these shoes are ~** diese Schuhe gehören ihm.

historical [hɪ'stɒrɪkəl] adj histo-risch.

history ['hɪstərɪ] n Geschichte die.

hit [hɪt] (pt & pp inv) ◇ vt schla-gen; (collide with) treffen; (vehicle) prallen gegen. ◇ n (record, play, film) Hit der; **to ~ one's head** sich (D) den Kopf anlschlagen; **to ~ the target** das Ziel treffen.

hit-and-run adj: **a ~ accident** ein Unfall mit Fahrerflucht.

hitch [hɪtʃ] ◇ n (problem) Haken der. ◇ vi per Anhalter fahren, trampen. ◇ vt: **to ~ a lift** per Anhalter fahren.

hitchhike ['hɪtʃhaɪk] vi per Anhalter fahren, trampen.

hitchhiker ['hɪtʃhaɪkə'] n Anhal-ter der (-in die).

hive [haɪv] n Bienenstock der.

HIV-positive adj HIV-positiv.

hoarding ['hɔːdɪŋ] n (Br: for adverts) Plakatwand die.

hoarse [hɔːs] adj heiser.

hoax [həʊks] n Schwindel der.

hob [hɒb] n Kochplatte die.

hobby ['hɒbɪ] n Hobby das.

hock [hɒk] n (wine) Rheinwein der.

hockey ['hɒkɪ] n Hockey das; (Am: ice hockey) Eishockey das.

hoe [həʊ] n Hacke die.

hold [həʊld] (pt & pp held) ◇ vt halten; (meeting, election) ablhalten; (contain) fassen; (possess) haben. ◇ vi (offer) gelten; (weather) sich halten; (on telephone) warten. ◇ n (grip) Halt der, Griff der; (of ship, aircraft) Laderaum der; **to ~ sb pris-oner** jn gefangenlhalten; **~ the**

line, please warten Sie, bitte.

♦ **hold back** vt sep zurücklhalten; (keep secret) vorlenthalten.

♦ **hold on** vi (wait) warten; **to ~ on to sthg** (grip) etw festlhalten.

♦ **hold out** vt sep (extend) auslstrecken.

♦ **hold up** vt sep (delay) auflhalten.

holdall ['həʊldɔːl] n (Br) Reisetasche die.

holder ['həʊldəʳ] n (of passport, licence) Inhaber der (-in die); (container) Halter der.

holdup ['həʊldʌp] n (delay) Verzögerung die.

hole [həʊl] n Loch das.

holiday ['hɒlɪdeɪ] ◇ n (period of time) Urlaub der, Ferien pl; (day off) freier Tag; (public) Feiertag der. ◇ vi (Br) Ferien machen, urlauben; **to be on ~** im Urlaub sein, in Ferien sein; **to go on ~** in Urlaub fahren, in die Ferien fahren.

holidaymaker ['hɒlɪdɪ,meɪkəʳ] n (Br) Urlauber der (-in die).

holiday pay n (Br) Urlaubsgeld das.

Holland ['hɒlənd] n Holland nt.

hollow ['hɒləʊ] adj hohl.

holly ['hɒlɪ] n Stechpalme die.

Hollywood ['hɒlɪwʊd] n Hollywood nt.

holy ['həʊlɪ] adj heilig.

home [həʊm] ◇ n Zuhause das; (own country) Heimat die; (one's family) Elternhaus das; (for old people) Altersheim das. ◇ adj (not foreign) einheimisch. ◇ adv: **to be ~** zu Hause sein; **to go ~** nach Hause gehen; **at ~** zu Hause; **to make o.s. at ~** es sich (D) bequem machen; **~ address** Heimatanschrift die; **~ number** private Telefonnummer.

home economics n Hauswirtschaftslehre die.

home help n (Br) Haushaltshilfe

die (meist Sozialarbeiterin).

homeless ['həʊmlɪs] npl: **the ~** die Obdachlosen pl.

homemade [,həʊm'meɪd] adj selbstgemacht.

homeopathic [,həʊmɪəʊ'pæθɪk] adj homöopathisch.

home page n (on Internet) Home page die.

Home Secretary n (Br) Innenminister der.

homesick ['həʊmsɪk] adj: **to be ~** Heimweh haben.

homework ['həʊmwɜːk] n Hausaufgaben pl.

homosexual [,hɒmə'sekʃʊəl] ◇ adj homosexuell. ◇ n Homosexuelle der, die.

honest ['ɒnɪst] adj ehrlich.

honestly ['ɒnɪstlɪ] adv ehrlich.

honey ['hʌnɪ] n Honig der.

honeymoon ['hʌnɪmuːn] n Flitterwochen pl.

honor ['ɒnər] (Am) = **honour**.

honour ['ɒnəʳ] n (Br) Ehre die.

honourable ['ɒnrəbl] adj ehrenwert; (deed) ehrenvoll.

hood [hʊd] n Kapuze die; (on convertible car) Verdeck das; (Am: car bonnet) Kühlerhaube die.

hoof [huːf] n Huf der.

hook [hʊk] n Haken der; **off the ~** (telephone) ausgehängt.

hooligan ['huːlɪgən] n Hooligan der.

hoop [huːp] n Reifen der.

hoot [huːt] vi (driver) hupen.

Hoover® ['huːvəʳ] n (Br) Staubsauger der.

hop [hɒp] vi hüpfen.

hope [həʊp] ◇ n Hoffnung die. ◇ vt hoffen; **to ~ for sthg** auf etw (A) hoffen; **to ~ to do sthg** hoffen, etw zu tun; **I ~ so** ich hoffe es.

hopeful ['həʊpfʊl] adj hoffnungsvoll.

hopefully ['həʊpfəlɪ] *adv* hoffentlich.

hopeless ['həʊplɪs] *adj* (*inf: useless*) miserabel; (*without any hope*) hoffnungslos.

hops [hɒps] *npl* Hopfen *der*.

horizon [hə'raɪzn] *n* Horizont *der*.

horizontal [ˌhɒrɪ'zɒntl] *adj* horizontal.

horn [hɔːn] *n* (*of car*) Hupe *die*; (*on animal*) Horn *das*.

horoscope ['hɒrəskəʊp] *n* Horoskop *das*.

horrible ['hɒrəbl] *adj* furchtbar.

horrid ['hɒrɪd] *adj* schrecklich.

horrific [hɒ'rɪfɪk] *adj* entsetzlich.

hors d'oeuvre [ɔː'dɜːvrə] *n* Hors d'oeuvre *das*.

horse [hɔːs] *n* Pferd *das*.

horseback ['hɔːsbæk] *n*: **on ~** zu Pferd.

horse chestnut *n* Roßkastanie *die*.

horse-drawn carriage *n* Pferdedroschke *die*.

horsepower ['hɔːsˌpaʊəʳ] *n* Pferdestärke *die*.

horse racing *n* Pferderennen *das*.

horseradish (sauce) ['hɔːsˌrædɪʃ-] *n* Meerrettich *der* (*traditionell zu Roastbeef gegessen*).

horse riding *n* Reiten *das*.

horseshoe ['hɔːsʃuː] *n* Hufeisen *das*.

hose [həʊz] *n* Schlauch *der*.

hosepipe ['həʊzpaɪp] *n* Schlauch *der*.

hosiery ['həʊzɪərɪ] *n* Strumpfwaren *pl*.

hospitable [hɒ'spɪtəbl] *adj* gastfreundlich.

hospital ['hɒspɪtl] *n* Krankenhaus *das*; **in ~** im Krankenhaus.

hospitality [ˌhɒspɪ'tælətɪ] *n* Gastfreundschaft *die*.

host [həʊst] *n* Gastgeber *der*; (*of show, TV programme*) Moderator *der* (-in *die*).

hostage ['hɒstɪdʒ] *n* Geisel *die*.

hostel ['hɒstl] *n* (*youth hostel*) Jugendherberge *die*.

hostess ['həʊstes] *n* (*on aeroplane*) Stewardeß *die*; (*of party, event*) Gastgeberin *die*.

hostile [*Br* 'hɒstaɪl, *Am* 'hɒstl] *adj* feindselig.

hostility [hɒ'stɪlətɪ] *n* Feindseligkeit *die*.

hot [hɒt] *adj* heiß; (*water, drink, food*) warm; (*spicy*) scharf; **I'm ~** mir ist heiß.

hot chocolate *n* heiße Schokolade.

hot-cross bun *n* rundes Rosinenbrötchen mit Gewürzen, das vor allem zu Ostern gegessen wird.

hot dog *n* Hot dog *der or das*.

hotel [həʊ'tel] *n* Hotel *das*.

hot line *n* heißer Draht.

hotplate ['hɒtpleɪt] *n* Kochplatte *die*.

hotpot ['hɒtpɒt] *n* Fleischauflauf, bedeckt mit einer Schicht Kartoffelscheiben.

hot-water bottle *n* Wärmflasche *die*.

hour ['aʊəʳ] *n* Stunde *die*; **I've been waiting for ~s** ich warte schon seit Stunden.

hourly ['aʊəlɪ] *adj & adv* stündlich.

house [*n* haʊs, *pl* 'haʊzɪz, *vb* haʊz] ◇ *n* Haus *das*; (SCH) *traditionelle Schülergemeinschaften innerhalb einer Schule, die untereinander Wettbewerbe veranstalten*. ◇ *vt* unterbringen.

household ['haʊshəʊld] *n* Haushalt *der*.

housekeeping ['haʊsˌkiːpɪŋ] *n* Haushaltung *die*.

House of Commons *n* (*Br*) britisches Unterhaus.

House of Lords n (Br) britisches Oberhaus.

Houses of Parliament npl (Br) Houses of Parliament pl, Sitz des britischen Parlaments.

housewife ['haʊswaɪf] (pl -wives [-waɪvz]) n Hausfrau die.

house wine n Hauswein der.

housework ['haʊswɜːk] n Hausarbeit die.

housing ['haʊzɪŋ] n (houses) Wohnungen pl.

housing estate n (Br) Wohnsiedlung die.

housing project (Am) = **housing estate**.

hovercraft ['hɒvəkrɑːft] n Luftkissenboot das.

hoverport ['hɒvəpɔːt] n Hafen für Luftkissenfahrzeuge.

how [haʊ] adv **1.** (asking about way or manner) wie; ~ **do you get there?** wie kommt man dahin?; **tell me ~ to do it** sag mir, wie man das macht.

2. (asking about health, quality) wie; ~ **are you?** wie geht's dir?, wie geht es Ihnen?; ~ **are you doing?** wie geht's dir?, wie geht es Ihnen?; ~ **are things?** wie geht's?; ~ **do you do?** Guten Tag!; ~ **is your room?** wie ist Ihr/dein Zimmer?

3. (asking about degree, amount) wie; ~ **far?** wie weit?; ~ **long?** wie lang?; ~ **many?** wie viele?; ~ **much?** wieviel?; ~ **much is it?** wieviel kostet es?; ~ **old are you?** wie alt bist du/sind Sie?

4. (in phrases): ~ **about a drink?** wie wäre es mit etwas zu trinken/einem Drink?; ~ **lovely!** wie hübsch!, wie nett!

however [haʊ'evəʳ] adv jedoch, aber; ~ **long it takes** egal, wie lange es dauert.

howl [haʊl] vi heulen.

HP abbr (Br) = **hire purchase**.

HQ abbr = **headquarters**.

hub airport [hʌb-] n zentraler Flughafen.

hubcap ['hʌbkæp] n Radkappe die.

hug [hʌg] ◇ vt umarmen. ◇ n: **to give sb a ~** jn umarmen.

huge [hjuːdʒ] adj riesig.

hull [hʌl] n Schiffsrumpf der.

hum [hʌm] vi summen.

human ['hjuːmən] ◇ adj menschlich. ◇ n: ~ **(being)** Mensch der.

humanities [hjuːˈmænətɪz] npl Geisteswissenschaften pl.

human rights npl Menschenrechte pl.

humble ['hʌmbl] adj (not proud) demütig; (of low status) niedrig.

humid ['hjuːmɪd] adj feucht.

humidity [hjuːˈmɪdətɪ] n Feuchtigkeit die.

humiliating [hjuːˈmɪlɪeɪtɪŋ] adj erniedrigend.

humiliation [hjuːˌmɪlɪˈeɪʃn] n Erniedrigung die.

hummus ['hʊməs] n Paste aus pürierten Kichererbsen und Knoblauch.

humor ['hjuːmər] (Am) = **humour**.

humorous ['hjuːmərəs] adj lustig.

humour ['hjuːməʳ] n Humor der; **a sense of ~** Sinn für Humor.

hump [hʌmp] n Buckel der; (of camel) Höcker der.

humpbacked bridge ['hʌmpbækt-] n gewölbte Brücke.

hunch [hʌntʃ] n Gefühl das.

hundred ['hʌndrəd] num hundert, → **six**; **a** OR **one ~** einhundert.

hundredth ['hʌndrətθ] num hundertste(-r)(-s), → **sixth**.

hundredweight ['hʌndrədweɪt] n (in UK) = 50,8 kg, ≃ Zentner der; (in US) = 45,36 kg, ≃ Zentner der.

hung [hʌŋ] pt & pp → **hang**.

Hungarian [hʌŋˈgeərɪən] ◇ *adj* ungarisch. ◇ *n (person)* Ungar *der* (-in *die*); *(language)* Ungarisch *das*.

Hungary [ˈhʌŋgərɪ] *n* Ungarn *nt*.

hunger [ˈhʌŋgəʳ] *n* Hunger *der*.

hungry [ˈhʌŋgrɪ] *adj* hungrig; **to be ~** Hunger haben.

hunt [hʌnt] ◇ *n (Br: for foxes)* Fuchsjagd *die*. ◇ *vt & vi* jagen; **to ~ (for)** *(search)* suchen.

hunting [ˈhʌntɪŋ] *n* Jagd *die*; *(Br: for foxes)* Fuchsjagd *die*.

hurdle [ˈhɜːdl] *n* Hürde *die*.

hurl [hɜːl] *vt* schleudern.

hurricane [ˈhʌrɪkən] *n* Orkan *der*.

hurry [ˈhʌrɪ] ◇ *vt (person)* hetzen. ◇ *vi* sich beeilen. ◇ *n*: **to be in a ~** es eilig haben; **to do sthg in a ~** etw hastig tun.

♦ **hurry up** *vi* sich beeilen.

hurt [hɜːt] *(pt & pp inv)* ◇ *vt* verletzen. ◇ *vi (be painful)* weh tun; **to ~ o.s.** sich *(D)* weh tun; **to ~ one's head** sich *(D)* den Kopf verletzen.

husband [ˈhʌzbənd] *n* Ehemann *der*.

hustle [ˈhʌsl] *n*: **~ and bustle** geschäftiges Treiben.

hut [hʌt] *n* Hütte *die*.

hyacinth [ˈhaɪəsɪnθ] *n* Hyazinthe *die*.

hydrofoil [ˈhaɪdrəfɔɪl] *n* Tragflächenboot *das*.

hygiene [ˈhaɪdʒiːn] *n* Hygiene *die*.

hygienic [haɪˈdʒiːnɪk] *adj* hygienisch.

hymn [hɪm] *n* Hymne *die*.

hypermarket [ˈhaɪpəˌmɑːkɪt] *n* Großmarkt *der*.

hyphen [ˈhaɪfn] *n* Bindestrich *der*.

hypocrite [ˈhɪpəkrɪt] *n* Heuchler *der* (-in *die*).

hypodermic needle [ˌhaɪpəˈdɜːmɪk-] *n* Kanüle *die*.

hysterical [hɪsˈterɪkl] *adj* hysterisch; *(inf: very funny)* lustig.

I

I [aɪ] *pron* ich; **I'm tall** ich bin groß.

ice [aɪs] *n* Eis *das*.

iceberg [ˈaɪsbɜːg] *n* Eisberg *der*.

iceberg lettuce *n* Eisbergsalat *der*.

icebox [ˈaɪsbɒks] *n (Am)* Kühlschrank *der*.

ice-cold *adj* eiskalt.

ice cream *n* Eis *das*.

ice cube *n* Eiswürfel *der*.

ice hockey *n* Eishockey *das*.

Iceland [ˈaɪslənd] *n* Island *nt*.

ice lolly *n (Br)* Eis *das* am Stil.

ice rink *n* Eisbahn *die*.

ice skates *npl* Schlittschuhe *pl*.

ice-skating *n* Schlittschuhlaufen *das*, Eislaufen *das*; **to go ~** Schlittschuh laufen gehen.

icicle [ˈaɪsɪkl] *n* Eiszapfen *der*.

icing [ˈaɪsɪŋ] *n* Zuckerguß *der*.

icing sugar *n* Puderzucker *der*.

icy [ˈaɪsɪ] *adj (road, pavement)* vereist; *(weather)* eisig.

I'd [aɪd] = **I would, I had**.

ID *abbr* = **identification**.

ID card *n* Personalausweis *der*.

IDD code *n* internationale Vorwahlkennziffer.

idea [aɪˈdɪə] *n* Idee *die*; *(opinion)* Vorstellung *die*; *(understanding)* Begriff *der*; **I've no ~** ich habe keine Ahnung.

ideal [aɪˈdɪəl] ◇ *adj* ideal. ◇ *n* Ideal *das*.

ideally [aɪˈdɪəlɪ] *adv (situated, suited)* ideal; *(preferably)* idealerweise.

identical [aɪ'dentɪkl] *adj* identisch.

identification [aɪ,dentɪfɪ'keɪʃn] *n* (*proof of identity*) Ausweis *der*.

identify [aɪ'dentɪfaɪ] *vt* erkennen.

identity [aɪ'dentətɪ] *n* Identität *die*.

idiom ['ɪdɪəm] *n* Redewendung *die*.

idiot ['ɪdɪət] *n* Idiot *der*.

idle ['aɪdl] ◊ *adj* faul; (*machine*) stillstehend. ◊ *vi* (*engine*) leer laufen.

idol ['aɪdl] *n* (*person*) Idol *das*.

idyllic [ɪ'dɪlɪk] *adj* idyllisch.

i.e. (*abbr of id est*) d.h.

if [ɪf] *conj* wenn, falls; (*in indirect questions, after* 'know', 'wonder') ob; ~ **I were you** wenn ich du wäre; ~ **not** (*otherwise*) wenn nicht, falls nicht.

ignition [ɪg'nɪʃn] *n* (AUT) Zündung *die*.

ignorant ['ɪgnərənt] *adj* unwissend; (*pej: stupid*) beschränkt.

ignore [ɪg'nɔː^r] *vt* ignorieren.

ill [ɪl] *adj* krank; (*treatment*) schlecht; ~ **luck** Pech *das*.

I'll [aɪl] = **I will, I shall**.

illegal [ɪ'liːgl] *adj* illegal.

illegible [ɪ'ledʒəbl] *adj* unleserlich.

illegitimate [,ɪlɪ'dʒɪtɪmət] *adj* (*child*) unehelich.

illiterate [ɪ'lɪtərət] *adj*: **to be ~** Analphabet sein.

illness ['ɪlnɪs] *n* Krankheit *die*.

illuminate [ɪ'luːmɪneɪt] *vt* beleuchten.

illusion [ɪ'luːʒn] *n* Illusion *die*.

illustration [,ɪlə'streɪʃn] *n* (*picture*) Illustration *die*; (*example*) Beispiel *das*.

I'm [aɪm] = **I am**.

image ['ɪmɪdʒ] *n* Bild *das*; (*of company, person*) Image *das*.

imaginary [ɪ'mædʒɪnrɪ] *adj* eingebildet.

imagination [ɪ,mædʒɪ'neɪʃn] *n* (*ability*) Phantasie *die*; (*mind*) Einbildung *die*.

imagine [ɪ'mædʒɪn] *vt* sich (D) vorstellen.

imitate ['ɪmɪteɪt] *vt* nachlahmen.

imitation [,ɪmɪ'teɪʃn] ◊ *n* Nachahmung *die*. ◊ *adj*: ~ **leather** Lederimitation *die*.

immaculate [ɪ'mækjʊlət] *adj* makellos.

immature [,ɪmə'tjʊə^r] *adj* unreif.

immediate [ɪ'miːdjət] *adj* (*without delay*) unmittelbar.

immediately [ɪ'miːdjətlɪ] ◊ *adv* (*at once*) sofort. ◊ *conj* (Br) sobald.

immense [ɪ'mens] *adj* enorm.

immersion heater [ɪ'mɜːʃn-] *n* Heißwasserbereiter *der*.

immigrant ['ɪmɪgrənt] *n* Einwanderer *der* (Einwanderin *die*).

immigration [,ɪmɪ'greɪʃn] *n* Einwanderung *die*; (*section of airport, port*) Einwanderungskontrolle *die*.

imminent ['ɪmɪnənt] *adj* nahe bevorstehend.

immune [ɪ'mjuːn] *adj*: **to be ~ to sthg** immun sein gegen etw.

immunity [ɪ'mjuːnətɪ] *n* Immunität *die*.

immunize ['ɪmjuːnaɪz] *vt* immunisieren.

impact ['ɪmpækt] *n* (*effect*) Auswirkung *die*; (*hitting*) Aufprall *der*.

impair [ɪm'peə^r] *vt* beeinträchtigen.

impatient [ɪm'peɪʃnt] *adj* ungeduldig; **to be ~ to do sthg** es nicht erwarten können, etw zu tun.

imperative [ɪm'perətɪv] *n* (GRAMM) Imperativ *der*.

imperfect [ɪm'pɜːfɪkt] *n* (GRAMM) Imperfekt *das*.

impersonate [ɪm'pɜːsəneɪt] *vt*

(for amusement) nachlahmen.

impertinent [ɪmˈpɜːtɪnənt] *adj* frech.

implement [*n* ˈɪmplɪmənt, *vb* ˈɪmplɪment] ◇ *n* Gerät *das.* ◇ *vt* durchlführen.

implication [ˌɪmplɪˈkeɪʃn] *n (consequence)* Konsequenz *die.*

imply [ɪmˈplaɪ] *vt* anldeuten.

impolite [ˌɪmpəˈlaɪt] *adj* unhöflich.

import [*n* ˈɪmpɔːt, *vb* ɪmˈpɔːt] ◇ *n* Import *der.* ◇ *vt* importieren.

importance [ɪmˈpɔːtns] *n* Wichtigkeit *die.*

important [ɪmˈpɔːtnt] *adj* wichtig; *(person)* einflußreich.

impose [ɪmˈpəʊz] ◇ *vt* auflerlegen. ◇ *vi* zur Last fallen; **to ~ sthg on** etw auflerlegen (+*D*).

impossible [ɪmˈpɒsəbl] *adj* unmöglich.

impractical [ɪmˈpræktɪkl] *adj* unpraktisch.

impress [ɪmˈpres] *vt (person)* beeindrucken.

impression [ɪmˈpreʃn] *n (opinion)* Eindruck *der.*

impressive [ɪmˈpresɪv] *adj* eindrucksvoll.

improbable [ɪmˈprɒbəbl] *adj* unwahrscheinlich.

improper [ɪmˈprɒpəʳ] *adj (incorrect)* inkorrekt; *(illegal)* unlauter; *(rude)* unanständig.

improve [ɪmˈpruːv] ◇ *vt* verbessern. ◇ *vi* besser werden.

♦ **improve on** *vt fus* übertreffen.

improvement [ɪmˈpruːvmənt] *n* Besserung *die; (to home, to machine)* Verbesserung *die.*

improvise [ˈɪmprəvaɪz] *vi* improvisieren.

impulse [ˈɪmpʌls] *n* Impuls *der;* **on ~** spontan.

impulsive [ɪmˈpʌlsɪv] *adj* impulsiv.

in [ɪn] ◇ *prep* **1.** *(expressing place, position)* in (+*A,D*); **to put sthg ~ .** sthg etw in etw (*A*) tun; **it comes ~ a box** man bekommt es in einer Schachtel; **~ the bedroom** im Schlafzimmer; **~ the street** auf der Straße; **~ California** in Kalifornien; **~ Sheffield** in Sheffield; **~ here/ there** hier/dort drinnen.

2. *(participating in)* in (+*D*); **who's ~ the play?** war spielt in dem Stück?

3. *(expressing arrangement)* in (+*D*); **~ a circle** in einem Kreis; **they come ~ packs of three** es gibt sie in Dreierpacks.

4. *(during)* in (+*D*); **~ April** im April; **~ the afternoon** am Nachmittag; **~ the morning** am Morgen; **ten o'clock ~ the morning** zehn Uhr morgens; **~ 1994** 1994.

5. *(within, after)* in (+*D*); **it'll be ready ~ an hour** es ist in einer Stunde fertig.

6. *(expressing means)*: **write ~ ink** mit Tinte schreiben; **~ writing** schriftlich; **they were talking ~ English** sie sprachen Englisch.

7. *(wearing)* in (+*D*).

8. *(state)* in (+*D*); **~ a hurry** in Eile; **to be ~ pain** Schmerzen haben; **~ ruins** in Trümmern.

9. *(with regard to)*: **a rise ~ prices** ein Preisanstieg; **to be 50 metres ~ length** 50 Meter lang sein.

10. *(with numbers)*: **one ~ ten** jeder Zehnte.

11. *(expressing age)*: **she's ~ her twenties** sie ist in den Zwanzigern.

12. *(with colours)*: **it comes ~ green or blue** es gibt es in grün oder blau.

13. *(with superlatives)* in (+*D*); **the best ~ the world** der/die/das Beste in der Welt.

◇ *adv* **1.** *(inside)* herein/hinein; **you can go ~ now** Sie können/du kannst jetzt hineingehen.

2. *(at home, work)* da; **she's not ~** sie ist nicht da; **to stay ~** zu Hause bleiben.

3. *(train, bus, plane)*: **to get ~** anlkommen; **to ~ in** zu Hause bleiben; **the train's not ~ yet** der Zug is noch nicht angekommen.

4. *(tide)*: **the tide is ~** es ist Flut.

◊ *adj (inf: fashionable)* in.

inability [ˌɪnə'bɪlətɪ] *n*: **~ (to do sthg)** Unfähigkeit *die* (, etw zu tun).

inaccessible [ˌɪnək'sesəbl] *adj* unzugänglich.

inaccurate [ɪn'ækjʊrət] *adj* ungenau.

inadequate [ɪn'ædɪkwət] *adj* ungenügend.

inappropriate [ˌɪnə'prəʊprɪət] *adj* unpassend.

inauguration [ɪˌnɔːgjʊ'reɪʃn] *n* Amtseinführung *die*.

incapable [ɪn'keɪpəbl] *adj*: **to be ~ of doing sthg** nicht fähig sein, etw zu tun.

incense ['ɪnsens] *n* Weihrauch *der*.

incentive [ɪn'sentɪv] *n* Anreiz *der*.

inch [ɪntʃ] *n* = 2,54 cm, Inch *der*.

incident ['ɪnsɪdənt] *n* Vorfall *der*.

incidentally [ˌɪnsɪ'dentəlɪ] *adv* übrigens.

incline ['ɪnklaɪn] *n* Abhang *der*.

inclined [ɪn'klaɪnd] *adj (sloping)* abschüssig; **to be ~ to do sthg** *(have tendency)* dazu neigen, etw zu tun.

include [ɪn'kluːd] *vt* einlschließen; *(contain)* enthalten.

included [ɪn'kluːdɪd] *adj (in price)* inbegriffen; **to be ~ in sthg** in etw (D) eingeschlossen sein.

including [ɪn'kluːdɪŋ] *prep* einlschließlich (+G).

inclusive [ɪn'kluːsɪv] *adj*: **from**

the 8th to the 16th ~ vom 8. bis einschließlich 16.; **~ of VAT** inklusive MwSt.

income ['ɪŋkʌm] *n* Einkommen *das*.

income support *n (Br)* zusätzliche staatliche Unterstützung zum Lebensunterhalt.

income tax *n* Einkommensteuer *die*.

incoming ['ɪnˌkʌmɪŋ] *adj (train)* einfahrend; *(plane)* landend; *(phone call)* eingehend.

incompetent [ɪn'kɒmpɪtənt] *adj* unfähig.

incomplete [ˌɪnkəm'pliːt] *adj* unvollständig.

inconsiderate [ˌɪnkən'sɪdərət] *adj* rücksichtslos.

inconsistent [ˌɪnkən'sɪstənt] *adj (person)* unbeständig; *(statement)* widersprüchlich.

incontinent [ɪn'kɒntɪnənt] *adj* inkontinent.

inconvenient [ˌɪnkən'viːnjənt] *adj* ungünstig.

incorporate [ɪn'kɔːpəreɪt] *vt* auflnehmen.

incorrect [ˌɪnkə'rekt] *adj* unrichtig.

increase [*n* 'ɪnkriːs, *vb* ɪn'kriːs] ◊ *n* Anstieg *der*; *(in wages)* Erhöhung *die*. ◊ *vt* erhöhen. ◊ *vi* steigen; **an ~ in unemployment** eine Zunahme der Arbeitslosigkeit.

increasingly [ɪn'kriːsɪŋlɪ] *adv* zunehmend.

incredible [ɪn'kredəbl] *adj* unglaublich.

incredibly [ɪn'kredəblɪ] *adv* unglaublich.

incur [ɪn'kɜːr] *vt* sich (D) zulziehen.

indecisive [ˌɪndɪ'saɪsɪv] *adj* unentschlossen.

indeed [ɪn'diːd] *adv* wirklich, tatsächlich; *(certainly)* natürlich; **very big** ~ wirklich sehr groß.

indefinite [ɪn'defɪnɪt] *adj* unbestimmt; *(answer, opinion)* unklar.

indefinitely [ɪn'defɪnətlɪ] *adv (closed, delayed)* bis auf weiteres.

independence [ˌɪndɪ'pendəns] *n* Unabhängigkeit *die*.

independent [ˌɪndɪ'pendənt] *adj* unabhängig.

independently [ˌɪndɪ'pendəntlɪ] *adv* unabhängig.

independent school *n (Br)* nichtstaatliche Schule.

index ['ɪndeks] *n* Verzeichnis *das*, Register *das*.

index finger *n* Zeigefinger *der*.

India ['ɪndjə] *n* Indien *nt*.

Indian ['ɪndjən] ◇ *adj* indisch. ◇ *n* Inder *der* (-in *die*); ~ **restaurant** indisches Restaurant.

Indian Ocean *n* Indischer Ozean.

indicate ['ɪndɪkeɪt] ◇ *vi* (AUT) blinken. ◇ *vt (point to)* zeigen auf (+*A*); *(show)* anldeuten.

indicator ['ɪndɪkeɪtə^r] *n* (AUT) Blinker *der*.

indifferent [ɪn'dɪfrənt] *adj* gleichgültig.

indigestion [ˌɪndɪ'dʒestʃn] *n* Magenverstimmung *die*.

indigo ['ɪndɪgəʊ] *adj* indigoblau.

indirect [ˌɪndɪ'rekt] *adj* indirekt; **an ~ route** ein Umweg.

individual [ˌɪndɪ'vɪdʒʊəl] ◇ *adj* einzeln; *(tuition)* Einzel-. ◇ *n* Einzelne *der, die*.

individually [ˌɪndɪ'vɪdʒʊəlɪ] *adv* einzeln.

Indonesia [ˌɪndə'niːzjə] *n* Indonesien *nt*.

indoor ['ɪndɔː^r] *adj (swimming pool, sports)* Hallen-.

indoors [ˌɪn'dɔːz] *adv* drinnen, im Haus.

indulge [ɪn'dʌldʒ] *vi*: **to ~ in** sich (*D*) gönnen.

industrial [ɪn'dʌstrɪəl] *adj* industriell; *(country, town)* Industrie-.

industrial estate *n (Br)* Industriesiedlung *die*.

industry ['ɪndəstrɪ] *n* Industrie *die*.

inedible [ɪn'edɪbl] *adj* ungenießbar.

inefficient [ˌɪnɪ'fɪʃnt] *adj* nicht leistungsfähig.

inequality [ˌɪnɪ'kwɒlətɪ] *n* Ungleichheit *die*.

inevitable [ɪn'evɪtəbl] *adj* unvermeidlich.

inevitably [ɪn'evɪtəblɪ] *adv* zwangsläufig.

inexpensive [ˌɪnɪk'spensɪv] *adj* preiswert.

infamous ['ɪnfəməs] *adj* berüchtigt.

infant ['ɪnfənt] *n (baby)* Säugling *der*; *(young child)* Kind *das*.

infant school *n (Br)* Vorschule *die* (für 5- bis 7jährige).

infatuated [ɪn'fætjʊeɪtɪd] *adj*: **to be ~ with** vernarrt sein in (+*A*).

infected [ɪn'fektɪd] *adj* infiziert.

infectious [ɪn'fekʃəs] *adj* ansteckend.

inferior [ɪn'fɪərɪə^r] *adj (person)* untergeordnet; *(goods, quality)* minderwertig.

infinite ['ɪnfɪnət] *adj* unendlich.

infinitely ['ɪnfɪnətlɪ] *adv* unendlich.

infinitive [ɪn'fɪnɪtɪv] *n* Infinitiv *der*.

infinity [ɪn'fɪnətɪ] *n* Unendlichkeit *die*.

infirmary [ɪn'fɜːmərɪ] *n* Krankenhaus *das*.

inflamed [ɪn'fleɪmd] *adj* entzündet.

inflammation [ˌɪnflə'meɪʃn] *n*

Entzündung *die*.

inflatable [ɪnˈfleɪtəbl] *adj* aufblasbar.

inflate [ɪnˈfleɪt] *vt* auf|pumpen.

inflation [ɪnˈfleɪʃn] *n (of prices)* Inflation *die*.

inflict [ɪnˈflɪkt] *vt (suffering)* auf|bürden; *(wound)* bei|bringen.

in-flight *adj* während des Fluges.

influence [ˈɪnfluəns] ◇ *vt* beeinflussen. ◇ *n*: ~ **(on)** Einfluß *der* (auf (+A)).

inform [ɪnˈfɔːm] *vt* informieren.

informal [ɪnˈfɔːml] *adj* zwanglos.

information [ˌɪnfəˈmeɪʃn] *n* Information *die*; **a piece of** ~ eine Information.

information desk *n* Auskunftsschalter *der*.

information office *n* Auskunftsbüro *das*.

informative [ɪnˈfɔːmətɪv] *adj* informativ.

infuriating [ɪnˈfjʊərɪeɪtɪŋ] *adj* ärgerlich.

ingenious [ɪnˈdʒiːnjəs] *adj* raffiniert.

ingredient [ɪnˈgriːdjənt] *n* (CULIN) Zutat *die*.

inhabit [ɪnˈhæbɪt] *vt* bewohnen.

inhabitant [ɪnˈhæbɪtənt] *n* Einwohner *der* (-in *die*).

inhale [ɪnˈheɪl] *vi* ein|atmen.

inhaler [ɪnˈheɪlər] *n* Inhaliergerät *das*.

inherit [ɪnˈherɪt] *vt* erben.

inhibition [ˌɪnhɪˈbɪʃn] *n* Hemmung *die*.

initial [ɪˈnɪʃl] ◇ *adj* Anfangs-. ◇ *vt* mit Initialen unterschreiben.

♦ **initials** *npl* Initialen *pl*.

initially [ɪˈnɪʃəlɪ] *adv* anfangs.

initiative [ɪˈnɪʃətɪv] *n* Initiative *die*.

injection [ɪnˈdʒekʃn] *n* (MED) Spritze *die*.

injure [ˈɪndʒər] *vt* verletzen; **to** ~ **one's arm** sich (D) den Arm verletzen; **to** ~ **o.s.** sich verletzen.

injured [ˈɪndʒəd] *adj* verletzt.

injury [ˈɪndʒərɪ] *n* Verletzung *die*.

ink [ɪŋk] *n* Tinte *die*.

inland [*adj* ˈɪnlənd, *adv* ɪnˈlænd] ◇ *adj* Binnen-. ◇ *adv* landeinwärts.

inn [ɪn] *n* Gasthaus *das*.

inner [ˈɪnər] *adj* innere(-r)(-s).

inner city *n* Viertel in der Nähe der Innenstadt, in denen es oft soziale Probleme gibt.

inner tube *n* Schlauch *der*.

innocence [ˈɪnəsəns] *n* Unschuld *die*.

innocent [ˈɪnəsənt] *adj* unschuldig.

inoculate [ɪˈnɒkjʊleɪt] *vt*: **to** ~ **sb (against sthg)** jn (gegen etw) impfen.

inoculation [ɪˌnɒkjʊˈleɪʃn] *n* Impfung *die*.

input [ˈɪnpʊt] *vt* (COMPUT) ein|geben.

inquire [ɪnˈkwaɪər] = **enquire**.

inquiry [ɪnˈkwaɪərɪ] = **enquiry**.

insane [ɪnˈseɪn] *adj* verrückt.

insect [ˈɪnsekt] *n* Insekt *das*.

insect repellent [-rəˈpelənt] *n* Insektenvertreibungsmittel *das*.

insensitive [ɪnˈsensətɪv] *adj (unkind)* gefühllos.

insert [ɪnˈsɜːt] *vt (coin)* ein|werfen; *(ticket)* ein|führen; *(key)* ein|stecken.

inside [ɪnˈsaɪd] ◇ *prep (be)* in (+D); *(go, move)* in (+A). ◇ *adv* innen. ◇ *adj (internal)* Innen-. ◇ *n*: **the** ~ das Innere; (AUT: *in UK*) die linke Fahrspur; (AUT: *in Europe, US*) die rechte Fahrspur; ~ **out** *(clothes)* links (herum); **to be** ~ drinnen sein; **to go** ~ hinein|gehen.

inside lane *n* (AUT) *(in UK)* linke

Fahrspur; *(in Europe, US)* rechte Fahrspur.

inside leg *n* Schrittlänge *die*.

insight ['ınsaıt] *n* Einblick *der*.

insignificant [,ınsıg'nıfıkənt] *adj* unbedeutend.

insinuate [ın'sınjʋeıt] *vt* anldeuten.

insist [ın'sıst] *vi* darauf bestehen; **to ~ on doing sthg** darauf bestehen, etw zu tun.

insole ['ınsəʋl] *n* Einlegesohle *die*.

insolent ['ınsələnt] *adj* unverschämt.

insomnia [ın'sɒmnıə] *n* Schlaflosigkeit *die*.

inspect [ın'spekt] *vt (ticket, passport)* kontrollieren; *(look at closely)* genau betrachten.

inspection [ın'spekʃn] *n (of ticket, passport)* Kontrolle *die*.

inspector [ın'spektər] *n (on bus, train)* Kontrolleur *der* (-in *die*); *(in police force)* Kommissar *der* (-in *die*).

inspiration [,ınspə'reıʃn] *n* Inspiration *die*.

instal [ın'stɔːl] *(Am)* = **install**.

install [ın'stɔːl] *vt (Br)* installieren.

installment [ın'stɔːlmənt] *(Am)* = **instalment**.

instalment [ın'stɔːlmənt] *n (payment)* Rate *die*; *(episode)* Folge *die*.

instance ['ınstəns] *n* Fall *der*; **for ~** zum Beispiel.

instant ['ınstənt] ◊ *adj* sofortig; *(food)* Instant-. ◊ *n* Moment *der*, Augenblick *der*.

instant coffee *n* Instantkaffee *der*, Pulverkaffee *der*.

instead [ın'sted] *adv* statt dessen; **~ of** statt (+G), anstelle (+G).

instep ['ınstep] *n* Spann *der*.

instinct ['ınstıŋkt] *n* Instinkt *der*.

institute ['ınstıtjuːt] *n* Institut *das*.

institution [,ınstı'tjuːʃn] *n* Institution *die*.

instructions [ın'strʌkʃnz] *npl (for use)* Anleitung *die*.

instructor [ın'strʌktər] *n* Lehrer *der* (-in *die*).

instrument ['ınstrʋmənt] *n (musical)* Instrument *das*; *(tool)* Gerät *das*.

insufficient [,ınsə'fıʃnt] *adj* nicht genügend.

insulating tape ['ınsjʋleıtıŋ-] *n* Isolierband *das*.

insulation [,ınsjʋ'leıʃn] *n (material)* Isoliermaterial *das*.

insulin ['ınsjʋlın] *n* Insulin *das*.

insult [*n* 'ınsʌlt, *vb* ın'sʌlt] ◊ *n* Beleidigung *die*. ◊ *vt* beleidigen.

insurance [ın'ʃʋərəns] *n* Versicherung *die*.

insurance certificate *n* Versicherungsschein *der*.

insurance company *n* Versicherungsgesellschaft *die*.

insurance policy *n* Versicherungspolice *die*.

insure [ın'ʃʋər] *vt* versichern.

insured [ın'ʃʋəd] *adj*: **to be ~** versichert sein.

intact [ın'tækt] *adj* unbeschädigt.

intellectual [,ıntə'lektjʋəl] ◊ *adj* intellektuell. ◊ *n* Intellektuelle *der*, *die*.

intelligence [ın'telıdʒəns] *n* Intelligenz *die*.

intelligent [ın'telıdʒənt] *adj* intelligent.

intend [ın'tend] *vt* meinen; **to ~ to do sthg** vorhaben, etw zu tun.

intense [ın'tens] *adj* stark.

intensity [ın'tensətı] *n* Intensität *die*.

intensive [ın'tensıv] *adj* intensiv.

intensive care *n* Intensivstation *die*.

intent [ın'tent] *adj*: **to be ~ on**

doing sthg etw unbedingt tun wollen.

intention [ɪn'tenʃn] n Absicht die.

intentional [ɪn'tenʃənl] adj absichtlich.

intentionally [ɪn'tenʃənəlɪ] adv absichtlich.

interchange ['ɪntətʃeɪndʒ] n (on motorway) Autobahnkreuz das.

Intercity® [ˌɪntə'sɪtɪ] n (Br) Intercity der.

intercom ['ɪntəkɒm] n Sprechanlage die.

interest ['ɪntrəst] ◇ n Interesse das; (on money) Zinsen pl. ◇ vt interessieren; to take an ~ in sthg sich für etw interessieren.

interested ['ɪntrəstɪd] adj interessiert; to be ~ in sthg an etw (D) interessiert sein.

interesting ['ɪntrəstɪŋ] adj interessant.

interest rate n Zinssatz der.

interfere [ˌɪntə'fɪər] vi (meddle) sich einlmischen; to ~ with sthg (damage) etw beeinträchtigen.

interference [ˌɪntə'fɪərəns] n (on TV, radio) Störung die.

interior [ɪn'tɪərɪər] ◇ adj Innen-. ◇ n Innere das.

intermediate [ˌɪntə'miːdjət] adj (stage, level) Zwischen-.

intermission [ˌɪntə'mɪʃn] n Pause die.

internal [ɪn'tɜːnl] adj (not foreign) inländisch; (on the inside) innere (-r)(-s).

internal flight n Inlandflug der.

international [ˌɪntə'næʃənl] adj international.

international flight n Auslandsflug der.

Internet ['ɪntənet] n: the ~ das Internet.

interpret [ɪn'tɜːprɪt] vi dolmetschen.

interpreter [ɪn'tɜːprɪtər] n Dolmetscher der (-in die).

interrogate [ɪn'terəgeɪt] vt verhören.

interrupt [ˌɪntə'rʌpt] vt unterbrechen.

intersection [ˌɪntə'sekʃn] n (of roads) Kreuzung die.

interval ['ɪntəvl] n Zeitraum der; (Br: at cinema, theatre) Pause die.

intervene [ˌɪntə'viːn] vi (person) einlgreifen; (event) dazwischenlkommen.

interview ['ɪntəvjuː] ◇ n (on TV, in magazine) Interview das; (for job) Vorstellungsgespräch das. ◇ vt (on TV, in magazine) interviewen; (for job) ein Vorstellungsgespräch führen mit.

interviewer ['ɪntəvjuːər] n Interviewer der (-in die).

intestine [ɪn'testɪn] n Darm der.

intimate ['ɪntɪmət] adj (friends, relationship) eng; (secrets, thoughts) intim; (cosy) gemütlich.

intimidate [ɪn'tɪmɪdeɪt] vt einlschüchtern.

into ['ɪntʊ] prep in (+A); (crash) gegen; (research, investigation) über (+A); 4 ~ 20 goes 5 (times) 20 (geteilt) durch 4 ist 5; to translate ~ German ins Deutsche übersetzen; to change ~ sthg (clothes) sich (D) etw anlziehen; (become) zu etw werden; to be ~ sthg (inf: like) auf etw (A) stehen.

intolerable [ɪn'tɒlrəbl] adj unerträglich.

intransitive [ɪn'trænzətɪv] adj intransitiv.

intricate ['ɪntrɪkət] adj kompliziert.

intriguing [ɪn'triːgɪŋ] adj faszinierend.

introduce [ˌɪntrə'djuːs] vt (person) vorlstellen; (new measure) einlführen; *(TV programme)* an|kündigen; **I'd like to ~ you to Fred** ich möchte Ihnen/dir Fred vorstellen.

introduction [ˌɪntrə'dʌkʃn] *n* Einführung *die*; *(to book)* Einleitung *die*; *(to person)* Vorstellung *die*.

introverted ['ɪntrəˌvɜːtɪd] *adj* introvertiert.

intruder [ɪn'truːdə'] *n* Eindringling *der*.

intuition [ˌɪntjuː'ɪʃn] *n* Intuition *die*.

invade [ɪn'veɪd] *vt* ein|fallen in.

invalid [*adj* ɪn'vælɪd, *n* 'ɪnvəlɪd] ◊ *adj (ticket, cheque)* ungültig. ◊ *n* Kranke *der, die*.

invaluable [ɪn'væljuəbl] *adj* unschätzbar.

invariably [ɪn'veərɪəblɪ] *adv* immer.

invasion [ɪn'veɪʒn] *n* Invasion *die*.

invent [ɪn'vent] *vt* erfinden.

invention [ɪn'venʃn] *n* Erfindung *die*.

inventory ['ɪnventrɪ] *n (list)* Bestandsaufnahme *die*; *(Am: stock)* Lagerbestand *der*.

inverted commas [ɪn'vɜːtɪd-] *npl* Anführungszeichen *pl*.

invest [ɪn'vest] ◊ *vt* investieren. ◊ *vi*: **to ~ in sthg** in etw (A) investieren.

investigate [ɪn'vestɪgeɪt] *vt* untersuchen.

investigation [ɪnˌvestɪ'geɪʃn] *n* Untersuchung *die*.

investment [ɪn'vestmənt] *n* Anlage *die*.

invisible [ɪn'vɪzɪbl] *adj* unsichtbar.

invitation [ˌɪnvɪ'teɪʃn] *n* Einladung *die*.

invite [ɪn'vaɪt] *vt* ein|laden; **to ~ sb to do sthg** *(ask)* jn einladen, etw zu tun; **to ~ sb round** jn zu sich einladen.

invoice ['ɪnvɔɪs] *n* Rechnung *die*.

involve [ɪn'vɒlv] *vt (entail)* mit sich bringen; **what does it ~?** was ist erforderlich?; **to be ~d in sthg** *(scheme, activity)* an etw (D) beteiligt sein; *(accident)* in etw (A) verwickelt sein.

involved [ɪn'vɒlvd] *adj*: **what's ~?** was ist erforderlich?

inwards ['ɪnwədz] *adv* nach innen.

IOU *n* Schuldschein *der*.

IQ *n* IQ *der*.

Iran [ɪ'rɑːn] *n* Iran *der*.

Iraq [ɪ'rɑːk] *n* Irak *der*.

Ireland ['aɪələnd] *n* Irland *nt*.

iris ['aɪərɪs] *(pl* **-es**) *n (flower)* Iris *die*.

Irish ['aɪrɪʃ] ◊ *adj* irisch. ◊ *n (language)* Irische *das*. ◊ *npl*: **the ~** die Iren *pl*.

Irish coffee *n* Irish coffee *der (Kaffee mit Whisky und Schlagsahne)*.

Irishman ['aɪrɪʃmən] *(pl* **-men** [-mən]) *n* Ire *der*.

Irish stew *n* Irish-Stew *das (Gericht aus Fleisch, Kartoffeln und Zwiebeln)*.

Irishwoman ['aɪrɪʃˌwʊmən] *(pl* **-women** [-ˌwɪmɪn]) *n* Irin *die*.

iron ['aɪən] ◊ *n* Eisen *das*; *(for clothes)* Bügeleisen *das*. ◊ *vt* bügeln.

ironic [aɪ'rɒnɪk] *adj* ironisch.

ironing board ['aɪənɪŋ-] *n* Bügelbrett *das*.

ironmonger's ['aɪənˌmʌŋgəz] *n (Br)* Eisenwarengeschäft *das*.

irrelevant [ɪ'reləvənt] *adj* belanglos.

irresistible [ˌɪrɪ'zɪstəbl] *adj* unwiderstehlich.

irrespective [ˌɪrɪ'spektɪv]: **irrespective of** *prep* ungeachtet (+G).

irresponsible [ˌɪrɪ'spɒnsəbl] *adj* unverantwortlich.

irrigation [‚ırı'geıʃn] *n* Bewässerung *die*.

irritable ['ırıtəbl] *adj* reizbar.

irritate ['ırıteıt] *vt (annoy)* ärgern; *(skin, eyes)* reizen.

irritating ['ırıteıtıŋ] *adj (annoying)* ärgerlich.

IRS *n (Am)* amerikanisches Finanzamt.

is [ız] → **be**.

Islam ['ızlɑːm] *n* Islam *der*.

island ['aılənd] *n* Insel *die*; *(in road)* Verkehrsinsel *die*.

isle [aıl] *n* Insel *die*.

isolated ['aısəleıtıd] *adj (place)* isoliert; *(case, error)* vereinzelt.

Israel ['ızreıəl] *n* Israel *nt*.

issue ['ıʃuː] ◇ *n (problem, subject)* Thema *das*; *(of newspaper, magazine)* Ausgabe *die*. ◇ *vt (statement)* veröffentlichen; *(passport, document)* auslstellen; *(stamps, bank notes)* herauslgeben.

it [ıt] *pron* **1.** *(referring to specific thing: subject)* er/sie/es; *(direct object)* den/sie/es; ~'s **big** er/sie/es ist groß; **she hit** ~ sie hat den/sie/es getroffen; **a free book came with** ~ es war ein kostenloses Buch dabei. **2.** *(nonspecific)* es; ~'s **easy** es ist einfach; ~'s **a difficult question** das ist eine schwierige Frage; **tell me about** ~! erzähl mir davon!; ~'s **me** ich bin's; **who is** ~? wer ist da? **3.** *(used impersonally)* es; ~'s **hot** es ist heiß; ~'s **six o'clock** es ist sechs Uhr; ~'s **Sunday** es ist Sonntag.

Italian [ı'tæljən] ◇ *adj* italienisch. ◇ *n (person)* Italiener *der* (-in *die*); *(language)* Italienisch *das*; **an** ~ **restaurant** ein italienisches Restaurant.

Italy ['ıtəlı] *n* Italien *nt*.

itch [ıtʃ] *vi* jucken.

item ['aıtəm] *n (object)* Gegenstand *der*; *(on agenda)* Punkt *der*; *(of news)* Meldung *die*.

itemized bill ['aıtəmaızd-] *n* spezifizierte Rechnung.

its [ıts] *adj (masculine or neuter subject)* sein; *(feminine subject)* ihr.

it's [ıts] = **it is, it has**.

itself [ıt'self] *pron (reflexive)* sich; *(after prep)* sich selbst; **the house** ~ **is fine** das Haus selbst ist in Ordnung.

I've [aıv] = **I have**.

ivory ['aıvərı] *n* Elfenbein *das*.

ivy ['aıvı] *n* Efeu *der*.

J

jab [dʒæb] *n (Br: inf: injection)* Spritze *die*.

jack [dʒæk] *n (for car)* Wagenheber *der*; *(playing card)* Bube *der*.

jacket ['dʒækıt] *n (garment)* Jacke *die*; *(of book)* Umschlag *der*; *(Am: of record)* Plattenhülle *die*; *(of potato)* Schale *die*.

jacket potato *n* in der Schale gebackene Kartoffel.

jack-knife *vi* Klappmesser *das*.

Jacuzzi® [dʒə'kuːzı] *n* Whirlpool *der*.

jade [dʒeıd] *n* Jade *die*.

jail [dʒeıl] *n* Gefängnis *das*.

jam [dʒæm] ◇ *n (food)* Konfitüre *die*; *(of traffic)* Stau *der*; *(inf: difficult situation)* Klemme *die*. ◇ *vt (pack tightly)* hineinlquetschen; ◇ *vi (get stuck)* klemmen; **the roads are jammed** die Straßen sind verstopft.

jam-packed [-'pækt] *adj (inf)*

gestopft voll.

Jan. [dʒæn] *(abbr of January)* Jan.

janitor ['dʒænɪtəʳ] *n (Am & Scot)* Hausmeister *der*.

January ['dʒænjʊərɪ] *n* Januar *der*, → **September**.

Japan [dʒəˈpæn] *n* Japan *nt*.

Japanese [ˌdʒæpəˈniːz] ◇ *adj* japanisch. ◇ *n (language)* Japanisch *das*. ◇ *npl*: **the ~** die Japaner *pl*.

jar [dʒɑːʳ] *n* Glas *das*.

javelin ['dʒævlɪn] *n* Speer *der*.

jaw [dʒɔː] *n* Kiefer *der*.

jazz [dʒæz] *n* Jazz *der*.

jealous ['dʒeləs] *adj (envious)* neidisch; *(possessive)* eifersüchtig.

jeans [dʒiːnz] *npl* Jeans *pl*.

Jeep® [dʒiːp] *n* Jeep® *der*.

Jello® ['dʒeləʊ] *n (Am)* Wackelpudding *der*.

jelly ['dʒelɪ] *n (dessert)* Wackelpudding *der*; *(Am: jam)* Gelee *das*.

jellyfish ['dʒelɪfɪʃ] *(pl inv)* *n* Qualle *die*.

jeopardize ['dʒepədaɪz] *vt* gefährden.

jerk [dʒɜːk] *n (movement)* Ruck *der*; *(inf: idiot)* Blödmann *der*.

jersey ['dʒɜːzɪ] *(pl -s)* *n (garment)* Pullover *der*.

jet [dʒet] *n (aircraft)* Jet *der*; *(of liquid, gas)* Strahl *der*; *(outlet)* Düse *die*.

jetfoil ['dʒetfɔɪl] *n* Tragflächenboot *das*.

jet lag *n* Jet-lag *das*.

jet-ski *n* Jetski *der*.

jetty ['dʒetɪ] *n* Bootsanlegestelle *die*.

Jew [dʒuː] *n* Jude *der* (Jüdin *die*).

jewel ['dʒuːəl] *n* Edelstein *der*.

♦ **jewels** *npl (jewellery)* Juwelen *pl*.

jeweler's ['dʒuːələz] *(Am)* = **jeweller's**.

jeweller's ['dʒuːələz] *n (Br)* Juweliergeschäft *das*.

jewellery ['dʒuːəlrɪ] *n (Br)* Schmuck *der*.

jewelry ['dʒuːəlrɪ] *(Am)* = **jewellery**.

Jewish ['dʒuːɪʃ] *adj* jüdisch.

jigsaw (puzzle) ['dʒɪgsɔː-] *n* Puzzlespiel *das*.

jingle ['dʒɪŋgl] *n (of advert)* Jingle *der*.

job [dʒɒb] *n (regular work)* Stelle *die*, Job *der*; *(task)* Arbeit *die*; *(function)* Aufgabe *die*; **to lose one's ~** entlassen werden.

job centre *n (Br)* Arbeitsvermittlungsstelle *die*.

jockey ['dʒɒkɪ] *(pl -s)* *n* Jockei *der*.

jog [dʒɒg] ◇ *vt (bump)* anstoßen. ◇ *vi* joggen. ◇ *n*: **to go for a ~** joggen gehen.

jogging ['dʒɒgɪŋ] *n* Jogging *das*; **to go ~** joggen gehen.

join [dʒɔɪn] *vt (club, organization)* beitreten (+*D*); *(fasten together, link)* verbinden; *(other people)* sich anschließen (+*D*); *(participate in)* teilnehmen an (+*D*).

♦ **join in** *vt fus* mitmachen an (+*D*). ◇ *vi* mitmachen.

joint [dʒɔɪnt] ◇ *adj* gemeinsam. ◇ *n (of body)* Gelenk *das*; *(Br: of meat)* Braten *der*; *(in structure)* Verbindungsstelle *die*.

joke [dʒəʊk] ◇ *n* Witz *der*. ◇ *vi* scherzen.

joker ['dʒəʊkəʳ] *n (playing card)* Joker *der*.

jolly ['dʒɒlɪ] ◇ *adj (cheerful)* lustig, fröhlich. ◇ *adv (Br: inf: very)* sehr.

jolt [dʒəʊlt] *n* Ruck *der*.

jot [dʒɒt]: **jot down** *vt sep* notieren.

journal ['dʒɜːnl] *n (professional magazine)* Zeitschrift *die*; *(diary)* Tagebuch *das*.

journalist ['dʒɜːnəlɪst] *n* Journalist *der* (-in *die*).

journey ['dʒɜːnɪ] (pl -s) n Reise die.

joy [dʒɔɪ] n Freude die.

joypad ['dʒɔɪpæd] n (of video game) Joypad der.

joyrider ['dʒɔɪraɪdə^r] n Autodieb, der mit gestohlenen Autos Spritztouren unternimmt.

joystick ['dʒɔɪstɪk] n (of video game) Joystick der.

judge [dʒʌdʒ] ◇ n (JUR) Richter der (-in die); (of competition) Preisrichter der (-in die), (SPORT) Schiedsrichter der (-in die). ◇ vt (competition) beurteilen; (evaluate) einlschätzen.

judg(e)ment ['dʒʌdʒmənt] n (JUR) Urteil das; (opinion) Beurteilung die; (capacity to judge) Urteilsvermögen das.

judo ['dʒuːdəu] n Judo das.

jug [dʒʌg] n Krug der.

juggernaut ['dʒʌgənɔːt] n (Br) Schwerlastzug der.

juggle ['dʒʌgl] vi jonglieren.

juice [dʒuːs] n (from fruit, vegetables) Saft der; (from meat) Bratensaft der.

juicy ['dʒuːsɪ] adj (food) saftig.

jukebox ['dʒuːkbɒks] n Jukebox die.

July [dʒuːˈlaɪ] n Juli der, → September.

jumble sale ['dʒʌmbl-] n (Br) Wohltätigkeitsbasar der.

jumbo ['dʒʌmbəu] adj (inf: big) Riesen-.

jumbo jet n Jumbo-Jet der.

jump [dʒʌmp] ◇ n Sprung der. ◇ vi springen; (with fright) zusammenlfahren; (increase) rapide anlsteigen. ◇ vt (Am: train, bus) schwarzlfahren in (+D); **to ~ the queue** (Br) sich vorldrängen.

jumper ['dʒʌmpə^r] n (Br: pullover) Pullover der; (Am: dress) ärmelloses Kleid.

jump leads npl Starthilfekabel pl.

junction ['dʒʌŋkʃn] n (of roads) Kreuzung die; (of railway lines) Knotenpunkt der.

June [dʒuːn] n Juni der, → September.

jungle ['dʒʌŋgl] n Dschungel der.

junior ['dʒuːnjə^r] ◇ adj (of lower rank) untergeordnet; (Am: after name) junior. ◇ n (younger person) Junior der.

junior school n (Br) Grundschule die (für 7- bis 11jährige).

junk [dʒʌŋk] n (inf: unwanted things) Trödel der.

junk food n (inf) ungesundes Essen wie z.B. Fast Food, Chips, Süßigkeiten.

junkie ['dʒʌŋkɪ] n (inf) Junkie der.

junk shop n Trödelladen der.

jury ['dʒuərɪ] n Geschworenen pl; (in competition) Jury die.

just [dʒʌst] ◇ adv (recently) gerade; (exactly) genau; (only) nur; (simply) einfach. ◇ adj gerecht; **~ a bit more** etwas mehr; **~ over an hour** etwas mehr als eine Stunde; **it's ~ as good** es ist genauso gut; **to be ~ about to do sthg** dabei sein, etw zu tun; **to have ~ done sthg** gerade etw getan haben; **~ about** (almost) fast; **(only) ~** (almost not) gerade (noch); **~ a minute!** einen Moment!

justice ['dʒʌstɪs] n Gerechtigkeit die.

justify ['dʒʌstɪfaɪ] vt rechtfertigen.

jut [dʒʌt]: **jut out** vi vorlstehen.

juvenile ['dʒuːvənaɪl] adj (young) jugendlich; (childish) kindisch.

K

kangaroo [ˌkæŋgəˈruː] n Känguruh das.

karate [kəˈrɑːtɪ] n Karate das.

kebab [kɪˈbæb] n: **doner ~** Gyros der; **shish ~** Kebab der.

keel [kiːl] n Kiel der.

keen [kiːn] adj (enthusiastic) begeistert; (eyesight, hearing) scharf; **to be ~ on** mögen; **to be ~ to do sthg** etw unbedingt tun wollen.

keep [kiːp] (pt & pp **kept**) ◇ vt (retain) behalten; (store) auflbewahren; (maintain) halten; (promise, appointment) einlhalten; (secret) für sich behalten; (delay) auflhalten; (record, diary) führen. ◇ vi (food) sich halten; (remain) bleiben; **to ~ (on) doing sthg** (do continuously) etw weiter tun; (do repeatedly) etw dauernd tun; **to ~ sb from doing sthg** jn davon ablhalten, etw zu tun; **~ back!** bleib zurück!; **to ~ clear (of)** (etw) freilhalten; '**~ in lane!**' Schild, das anzeigt, daß es verboten ist, die Spur zu wechseln; '**~ left**' 'Links fahren'; '**~ off the grass!**' 'Den Rasen nicht betreten!'; '**~ out!**' 'Betreten verboten!'; '**~ your distance!**' 'Abstand halten!'

♦ **keep up** vt sep aufrechtlerhalten. ◇ vi mitlhalten.

keep-fit n (Br) Fitneßübungen pl.

kennel [ˈkenl] n Hundehütte die.

kept [kept] pt & pp → **keep**.

kerb [kɜːb] n (Br) Randstein der.

kerosene [ˈkerəsiːn] n (Am) Petroleum das.

ketchup [ˈketʃəp] n Ketchup der.

kettle [ˈketl] n Wasserkessel der; **to put the ~ on** Wasser auflsetzen.

key [kiː] ◇ n Schlüssel der; (of piano, typewriter) Taste die. ◇ adj Schlüssel-.

keyboard [ˈkiːbɔːd] n (of typewriter, piano) Tastatur die; (musical instrument) Keyboard das.

keyhole [ˈkiːhəʊl] n Schlüsselloch das.

keypad [ˈkiːpæd] n Tastenfeld das.

key ring n Schlüsselring der.

kg (abbr of kilogram) kg.

kick [kɪk] ◇ n (of foot) Tritt der. ◇ vt treten.

kickoff [ˈkɪkɒf] n Spielbeginn der.

kid [kɪd] ◇ n (inf: child) Kind das. ◇ vi (joke) scherzen.

kidnap [ˈkɪdnæp] vt entführen, kidnappen.

kidnaper [ˈkɪdnæpər] (Am) = **kidnapper**.

kidnapper [ˈkɪdnæpər] n (Br) Entführer der, Kidnapper der.

kidney [ˈkɪdnɪ] (pl -s) n Niere die.

kidney bean n Kidneybohne die.

kill [kɪl] vt töten; (time) totlschlagen; **my feet are ~ing me!** meine Füße bringen mich um!

killer [ˈkɪlər] n Mörder der (-in die).

kilo [ˈkiːləʊ] (pl -s) n Kilo das.

kilogram [ˈkɪləˌgræm] n Kilogramm das.

kilometre [ˈkɪləˌmiːtər] n Kilometer der.

kilt [kɪlt] n Kilt der, Schottenrock der.

kind [kaɪnd] ◇ adj nett. ◇ n Art die; (of cheese, wine etc) Sorte die; **what ~ of music do you like?** welche Musik magst du?; **what ~ of car do you drive?** was für ein Auto hast du?; **~ of** (Am: inf) irgendwie.

kindergarten [ˈkɪndəˌgɑːtn] n

Kindergarten der.

kindly ['kaɪndlɪ] adv: **would you ~ wait here?** wären Sie so nett, hier zu warten?

kindness ['kaɪndnɪs] n Freundlichkeit die.

king [kɪŋ] n König der.

kingfisher ['kɪŋ,fɪʃər] n Eisvogel der.

king prawn n Riesengarnele die.

king-size bed n King-size-Bett das.

kiosk ['kiːɒsk] n (for newspapers etc) Kiosk der; (Br: phone box) öffentlicher Fernsprecher.

kipper ['kɪpər] n Räucherhering der.

kiss [kɪs] ◇ n Kuß der. ◇ vt küssen.

kiss of life n Mund-zu-Mund-Beatmung die.

kit [kɪt] n (set) Ausrüstung die; (clothes) Bekleidung die; (for assembly) Bausatz der.

kitchen ['kɪtʃɪn] n Küche die.

kitchen unit n Einbauküchenelement das.

kite [kaɪt] n (toy) Drachen der.

kitten ['kɪtn] n Kätzchen das.

kitty ['kɪtɪ] n (money) Gemeinschaftskasse die.

kiwi fruit ['kiːwiː-] n Kiwi die.

Kleenex® ['kliːneks] n Papiertaschentuch das.

km (abbr of kilometre) km.

km/h (abbr of kilometres per hour) km/h.

knack [næk] n: **to get the ~ of doing sthg** den Dreh herauslkriegen, wie man etw macht.

knackered ['nækəd] adj (Br: inf) erledigt.

knapsack ['næpsæk] n Rucksack der.

knee [niː] n Knie das.

kneecap ['niːkæp] n Kniescheibe die.

kneel [niːl] (pt & pp **knelt** [nelt]) vi knien; (go down on one's knees) sich hinlknien.

knew [njuː] pt → **know**.

knickers ['nɪkəz] npl (Br) Schlüpfer der.

knife [naɪf] (pl **knives**) n Messer das.

knight [naɪt] n (in history) Ritter der; (in chess) Springer der.

knit [nɪt] vt stricken.

knitted ['nɪtɪd] adj gestrickt.

knitting ['nɪtɪŋ] n (thing being knitted) Strickzeug das; (activity) Stricken das.

knitting needle n Stricknadel die.

knitwear ['nɪtweər] n Strickwaren pl.

knives [naɪvz] pl → **knife**.

knob [nɒb] n (on door etc) Knauf der; (on machine) Knopf der.

knock [nɒk] ◇ n (at door) Klopfen das. ◇ vt (hit) stoßen. ◇ vi (at door etc) klopfen.

◆ **knock down** vt sep (pedestrian) anlfahren; (building) abllreißen; (price) reduzieren.

◆ **knock out** vt sep bewußtlos schlagen; (of competition): **to be ~ed out** auslscheiden.

◆ **knock over** vt sep umlstoßen; (pedestrian) umllfahren.

knocker ['nɒkər] n (on door) Türklopfer der.

knot [nɒt] n Knoten der.

know [nəʊ] (pt **knew**, pp **known**) vt wissen; (person, place) kennen; (language) können; **to get to ~ sb** jn kennenllernen; **to ~ about sthg** (understand) sich mit etw auslkennen; (have heard) etw wissen; **to ~ how to do sthg** etw tun können; **to ~ of** kennen; **to be ~n as** bekannt sein als; **to let sb ~ sthg** jm über etw (A) Bescheid sagen; **you ~** (for emphasis) weißt du.

knowledge ['nɒlɪdʒ] n (facts known) Kenntnisse pl; (awareness) Wissen das; **to my ~** soweit ich weiß.

known [nəʊn] pp → **know**.

knuckle ['nʌkl] n Knöchel der; (of pork) Haxe die.

Koran [kɒ'rɑːn] n: **the ~** der Koran.

L

l (abbr of litre) l.

L (abbr of large) L; (abbr of learner) in Großbritannien Schild am Auto, um anzuzeigen, daß der Fahrer noch keinen Führerschein hat und nur in Begleitung fahren darf.

lab [læb] n (inf) Labor das.

label ['leɪbl] n Etikett das.

labor ['leɪbər] (Am) = **labour**.

laboratory [Br lə'bɒrətrɪ, Am 'læbrə,tɔːrɪ] n Labor das.

labour ['leɪbər] n Arbeit die; **to be in ~** (MED) in den Wehen liegen.

labourer ['leɪbərər] n Arbeiter der (-in die).

Labour Party n (Br) links ausgerichtete Partei in Großbritannien.

labour-saving adj arbeitssparend.

lace [leɪs] n (material) Spitze die; (for shoe) Schnürsenkel der.

lace-ups npl Schnürschuhe pl.

lack [læk] ◇ n Mangel der. ◇ vt mangeln an (+D). ◇ vi: **to be ~ing** fehlen.

lacquer ['lækər] n (paint) Lackfarbe die; (for hair) Haarspray der.

lad [læd] n (inf: boy) Junge der.

ladder ['lædər] n Leiter die; (Br: in tights) Laufmasche die.

ladies ['leɪdɪz] n (Br: toilet) Damen pl.

ladies room (Am) = **ladies**.

ladieswear ['leɪdɪz,weər] n Damenbekleidung die.

ladle ['leɪdl] n Kelle die.

lady ['leɪdɪ] n Dame die; **Lady Diana** Lady Diana.

ladybird ['leɪdɪbɜːd] n Marienkäfer der.

lag [læg] vi: **to ~ (behind)** zurückbleiben.

lager ['lɑːgər] n helles Bier, Lagerbier das.

lagoon [lə'guːn] n Lagune die.

laid [leɪd] pt & pp → **lay**.

lain [leɪn] pp → **lie**.

lake [leɪk] n See der.

Lake District n: **the ~** der Lake District (Seenlandschaft in Nordwestengland).

lamb [læm] n (animal) Lamm das; (meat) Lammfleisch das.

lamb chop n Lammkotelett das.

lame [leɪm] adj lahm.

lamp [læmp] n Lampe die.

lamppost ['læmppəʊst] n Laternenpfahl der.

lampshade ['læmpʃeɪd] n Lampenschirm der.

land [lænd] ◇ n Land das. ◇ vi landen.

landing ['lændɪŋ] n (of plane) Landung die; (at top of stairs) Gang der; (between stairs) Treppenabsatz der.

landlady ['lænd,leɪdɪ] n (of house) Vermieterin die; (of pub) Gastwirtin die.

landlord ['lændlɔːd] n (of house) Vermieter der; (of pub) Gastwirt der.

landmark ['lændmɑːk] n Orientierungspunkt der.

landscape ['lændskeɪp] n Landschaft die.

landslide ['lændslaɪd] *n* Erdrutsch *der.*

lane [leɪn] *n (in country)* kleine Landstraße; *(in town)* Gasse *die; (on road, motorway)* Fahrspur *die;* **'get in ~'** 'Einordnen'.

language ['læŋgwɪdʒ] *n* Sprache *die; (words)* Ausdrucksweise *die;* **bad ~** Kraftausdrücke *pl.*

lap [læp] *n (of person)* Schoß *der; (of race)* Runde *die.*

lapel [lə'pel] *n* Aufschlag *der.*

lapse [læps] *vi (passport, membership)* ablaufen.

lard [lɑːd] *n* Schmalz *das.*

larder ['lɑːdə^r] *n* Vorratskammer *die.*

large [lɑːdʒ] *adj* groß.

largely ['lɑːdʒlɪ] *adv* größtenteils.

large-scale *adj* Groß-.

lark [lɑːk] *n* Lerche *die.*

laryngitis [ˌlærɪn'dʒaɪtɪs] *n* Kehlkopfentzündung *die.*

lasagne [lə'zænjə] *n* Lasagne *die.*

laser ['leɪzə^r] *n* Laser *der.*

lass [læs] *n (inf: girl)* Mädel *das.*

last [lɑːst] ◇ *adj* letzte(-r)(-s). ◇ *adv* zuletzt. ◇ *vi* dauern; *(weather)* bleiben; *(money, supply)* ausreichen. ◇ *pron:* **the ~ to come** als letzte(-r)(-s) kommen; **the ~ but one** der/die/das Vorletzte; **the day before ~** vorgestern; **~ year** letztes Jahr; **the ~ year** das letzte Jahr; **at ~** endlich.

lastly ['lɑːstlɪ] *adv* zuletzt.

last-minute *adj* in letzter Minute.

latch [lætʃ] *n* Riegel *der;* **to be on the ~** nicht abgeschlossen sein.

late [leɪt] ◇ *adj* spät; *(train, flight)* verspätet; *(dead)* verstorben. ◇ *adv* spät; *(not on time)* zu spät; **two hours ~** zwei Stunden Verspätung.

lately ['leɪtlɪ] *adv* in letzter Zeit.

late-night *adj (chemist)* Nacht-;

(shop) länger geöffnet.

later ['leɪtə^r] ◇ *adj* später. ◇ *adv:* ~ **(on)** *(afterwards)* später; **at a ~ date** zu einem späteren Zeitpunkt.

latest ['leɪtɪst] *adj:* **the ~ fashion** die neueste Mode; **the ~** das Neueste; **at the ~** spätestens.

lather ['lɑːðə^r] *n* Schaum *der.*

Latin ['lætɪn] *n* Latein *das.*

Latin America *n* Lateinamerika *nt.*

Latin American ◇ *adj* lateinamerikanisch. ◇ *n* Lateinamerikaner *der* (-in *die*).

latitude ['lætɪtjuːd] *n* Breite *die.*

latter ['lætə^r] *n:* **the ~** der/die/das Letztere.

laugh [lɑːf] ◇ *n* Lachen *das.* ◇ *vi* lachen; **to have a ~** *(Br: inf: have fun)* sich amüsieren.

◆ **laugh at** *vt fus (mock)* sich lustig machen über (+*A*).

laughter ['lɑːftə^r] *n* Gelächter *das.*

launch [lɔːntʃ] *vt (boat)* vom Stapel lassen; *(new product)* auf den Markt bringen.

laund(e)rette [lɔːn'dret] *n* Waschsalon *der.*

laundry ['lɔːndrɪ] *n (washing)* Wäsche *die; (place)* Wäscherei *die.*

lavatory ['lævətrɪ] *n* Toilette *die.*

lavender ['lævəndə^r] *n* Lavendel *der.*

lavish ['lævɪʃ] *adj* üppig.

law [lɔː] *n (rule)* Gesetz *das; (system)* Recht *das; (study)* Jura *pl;* **to be against the ~** gesetzeswidrig sein.

lawn [lɔːn] *n* Rasen *der.*

lawnmower ['lɔːnˌməʊə^r] *n* Rasenmäher *der.*

lawyer ['lɔːjə^r] *n* Rechtsanwalt *der* (-anwältin *die*).

laxative ['læksətɪv] *n* Abführmittel *das.*

lay [leɪ] (*pt & pp* **laid**) ◊ *pt* → **lie**. ◊ *vt* legen; **to ~ the table** den Tisch decken.

◆ **lay off** *vt sep* (*worker*) Feierschichten machen lassen.

◆ **lay on** *vt sep* (*food, etc*) sorgen für; (*transport*) einlsetzen.

◆ **lay out** *vt sep* ausllegen.

lay-by (*pl* **lay-bys**) *n* Parkbucht *die*.

layer ['leɪər] *n* Schicht *die*.

layman ['leɪmən] (*pl* -**men** [-mən]) *n* Laie *der* (Laiin *die*).

layout ['leɪaʊt] *n* Plan *der*.

lazy ['leɪzɪ] *adj* faul.

lb (*abbr of pound*) Pfd.

lead¹ [liːd] (*pt & pp* **led**) ◊ *vt* führen; (*be in front of*) anlführen. ◊ *vi* führen. ◊ *n* (*for dog*) Leine *die*; (*cable*) Schnur *die*; **to ~ sb to do sthg** jn dazu bringen, etw zu tun; **to ~ to** führen zu (+*D*); **to ~ the way** voranlgehen; **to be in the ~** (*in race, match*) führen.

lead² [led] ◊ *n* (*metal*) Blei *das*; (*for pencil*) Mine *die*. ◊ *adj* Blei-.

leaded petrol ['ledɪd-] *n* bleihaltiges Benzin.

leader ['liːdər] *n* (*person in charge*) Leiter *der* (-in *die*); (*in race*): **to be the ~** führen.

leadership ['liːdəʃɪp] *n* Leitung *die*.

lead-free [led-] *adj* bleifrei.

leading ['liːdɪŋ] *adj* leitend.

lead singer [liːd-] *n* Leadsänger *der* (-in *die*).

leaf [liːf] (*pl* **leaves**) *n* Blatt *das*.

leaflet ['liːflɪt] *n* Reklameblatt *das*.

league [liːg] *n* Liga *die*.

leak [liːk] ◊ *n* (*hole*) undichte Stelle *die*; (*of water*) Leck *das*; (*of gas*) Gasausfluß *der*. ◊ *vi* undicht sein.

lean [liːn] (*pt & pp* **leant** [lent] OR -**ed**) ◊ *adj* (*meat, person*) mager. ◊ *vi* sich lehnen. ◊ *vt*: **to ~ sthg against sthg** etw gegen etw lehnen; **to ~ on** sich lehnen an (+*A*).

◆ **lean forward** *vi* sich nach vorne lehnen.

◆ **lean over** *vi* sich nach vorne beugen.

leap [liːp] (*pt & pp* **leapt** [lept] OR -**ed**) *vi* springen.

leap year *n* Schaltjahr *das*.

learn [lɜːn] (*pt & pp* **learnt** OR -**ed**) *vt* lernen; **to ~ (how) to do sthg** lernen, etw zu tun; **to ~ about sthg** (*hear about*) etw erfahren; (*study*) etw lernen.

learner (driver) ['lɜːnər-] *n* Fahrschüler *der* (-in *die*).

learnt [lɜːnt] *pt & pp* → **learn**.

lease [liːs] ◊ *n* Pacht *die*; (*contract*) Mietvertrag *der*. ◊ *vt* pachten; **to ~ sthg from sb** etw von jm pachten; **to ~ sthg to sb** jm etw verpachten.

leash [liːʃ] *n* Leine *die*.

least [liːst] ◊ *adv* am wenigsten. ◊ *adj* wenigste(-r)(-s). ◊ *pron*: **(the) ~** das wenigste; **it's the ~ I can do** das ist das Mindeste, was ich tun kann; **at ~** wenigstens.

leather ['leðər] *n* Leder *das*.

◆ **leathers** *npl* (*of motorcyclist*) Lederanzug *der*.

leave [liːv] (*pt & pp* **left**) ◊ *vt* verlassen; (*not take away*) lassen; (*not use, not eat*) übrigllassen; (*a mark, scar, in will*) hinterlllassen; (*space, gap*) lassen. ◊ *vi* gehen, fahren; (*train, bus*) abllfahren. ◊ *n* (*time off work*) Urlaub *der*, → **left**; **to ~ a message** eine Nachricht hinterlllassen.

◆ **leave behind** *vt sep* lassen.

◆ **leave out** *vt sep* auslllassen.

leaves [liːvz] *pl* → **leaf**.

Lebanon ['lebənən] *n* Libanon *der*.

lecture ['lektʃər] *n* (*at university, conference*) Vorlesung *die*.

lecturer ['lektʃərər] *n* Dozent *der* (-in *die*).

lecture theatre n Vorlesungssaal der.

led [led] pt & pp → **lead¹**.

ledge [ledʒ] n Sims der.

leek [liːk] n Lauch der.

left [left] ◇ pt & pp → **leave**. ◇ adj linke(-r)(-s). ◇ adv links. ◇ n linke Seite, Linke die; **on the ~** links; **to be ~** übrig sein; **there are none ~** sie sind alle.

left-hand adj linke(-r)(-s).

left-hand drive n Linkssteuerung die.

left-handed [-'hændɪd] adj (implement) für Linkshänder; **to be ~** Linkshänder(-in) sein.

left-luggage locker n (Br) Schließfach das.

left-luggage office n (Br) Gepäckaufbewahrung die.

left-wing adj linke(-r)(-s).

leg [leg] n Bein das; **~ of lamb** Lammkeule die.

legal ['liːgl] adj (concerning the law) rechtlich, Rechts-; (lawful) gesetzlich.

legal aid n Prozeßkostenhilfe die.

legalize ['liːgəlaɪz] vt legalisieren.

legal system n Rechtswesen das.

legend ['ledʒənd] n Legende die.

leggings ['legɪnz] npl Leggings pl.

legible ['ledʒɪbl] adj leserlich.

legislation [,ledʒɪs'leɪʃn] n Gesetze pl.

legitimate [lɪ'dʒɪtɪmət] adj legitim.

leisure [Br 'leʒəʳ, Am 'liːʒər] n Freizeit die.

leisure centre n Freizeitzentrum das.

leisure pool n Freizeitbad das.

lemon ['lemən] n Zitrone die.

lemonade [,lemə'neɪd] n Limonade die.

lemon curd [-kɜːd] n (Br) Brotaufstrich aus Zitronensaft, Eiern und Butter.

lemon juice n Zitronensaft der.

lemon sole n Seezunge die.

lemon tea n Zitronentee der.

lend [lend] (pt & pp lent) vt leihen; **to ~ sb sthg** jm etw leihen.

length [leŋθ] n Länge die; (of swimming pool) Bahn die.

lengthen ['leŋθən] vt verlängern.

lens [lenz] n (of camera) Objektiv das; (of glasses) Brillenglas das; (contact lens) Kontaktlinse die.

lent [lent] pt & pp → **lend**.

Lent [lent] n Fastenzeit die.

lentils ['lentɪz] npl Linsen pl.

Leo ['liːəu] n Löwe der.

leopard ['lepəd] n Leopard der.

leopard-skin adj Leopardenfell-.

leotard ['liːətɑːd] n Trikot das.

leper ['lepəʳ] n Leprakranke der, die.

lesbian ['lezbɪən] ◇ adj lesbisch. ◇ n Lesbierin die.

less [les] adj, adv & pron weniger; **~ than 20** weniger als 20.

lesson ['lesn] n (class) Stunde die.

let [let] (pt & pp inv) vt lassen; (rent out) vermieten; **to ~ sb do sthg** etw tun lassen; **to ~ go of sthg** etw loslassen; **to ~ sb have sthg** jm etw überlassen; **to ~ sb know sthg** jn etw wissen lassen; **~'s go!** gehen wir!; **'to ~'** (for rent) 'zu vermieten'.

◆ **let in** vt sep hereinlassen.

◆ **let off** vt sep (excuse) davonkommen lassen; **can you ~ me off at the station?** kannst du mich am Bahnhof aussteigen lassen?

◆ **let out** vt sep hinauslassen.

letdown ['letdaun] n (inf) Enttäuschung die.

lethargic [lə'θɑːdʒɪk] adj lethargisch.

letter ['letəʳ] n (written message)

Brief *der*; *(of alphabet)* Buchstabe *der*.

letterbox [ˈletəbɒks] *n (Br)* Briefkasten *der*.

lettuce [ˈletɪs] *n* Kopfsalat *der*.

leuk(a)emia [luːˈkiːmɪə] *n* Leukämie *die*.

level [ˈlevl] ◇ *adj (flat)* eben; *(horizontal)* waagerecht; *(at same height)* auf gleicher Höhe. ◇ *n (height)* Höhe *die*; *(storey)* Etage *die*; *(standard)* Niveau *das*; **to be ~ with** *(in height)* sich auf gleicher Höhe befinden wie; *(in standard)* auf dem gleichen Niveau sein wie.

level crossing *n (Br)* Bahnübergang *der*.

lever [*Br* ˈliːvəʳ, *Am* ˈlevər] *n* Hebel *der*.

liability [ˌlaɪəˈbɪlətɪ] *n* Haftung *die*.

liable [ˈlaɪəbl] *adj*: **to be ~ to do sthg** *(likely)* etw leicht tun können; **to be ~ for sthg** *(responsible)* für etw haften.

liaise [lɪˈeɪz] *vi*: **to ~ with** in ständigem Kontakt stehen mit.

liar [ˈlaɪəʳ] *n* Lügner *der* (-in *die*).

liberal [ˈlɪbərəl] *adj (tolerant)* tolerant; *(generous)* großzügig.

Liberal Democrat Party *n* britische liberale Partei.

liberate [ˈlɪbəreɪt] *vt* befreien.

liberty [ˈlɪbətɪ] *n* Freiheit *die*.

Libra [ˈliːbrə] *n* Waage *die*.

librarian [laɪˈbreərɪən] *n* Bibliothekar *der* (-in *die*).

library [ˈlaɪbrərɪ] *n* Bibliothek *die*.

Libya [ˈlɪbɪə] *n* Libyen *nt*.

lice [laɪs] *npl* Läuse *pl*.

licence [ˈlaɪsəns] ◇ *n (Br)* Genehmigung *die*; *(for driving)* Führerschein *der*; *(for TV)* Fernsehgenehmigung *die*. ◇ *vt (Am)* = **license**.

license [ˈlaɪsəns] ◇ *vt (Br)* genehmigen. ◇ *n (Am)* = **licence**.

licensed [ˈlaɪsənst] *adj (restaurant,* bar*)* mit Schankkonzession.

licensing hours [ˈlaɪsənsɪŋ-] *npl (Br)* Ausschankzeiten *pl*.

lick [lɪk] *vt* lecken.

lid [lɪd] *n* Deckel *der*.

lie [laɪ] *(pt* lay, *pp* lain, *cont* lying) ◇ *n* Lüge *die*. ◇ *vi (tell lie)* lügen; *(be horizontal, be situated)* liegen; *(lie down)* sich legen; **to ~ to sb** jn anlügen; **to tell ~s** lügen; **to ~ about sthg** etw nicht richtig anlgeben.

◆ **lie down** *vi* sich hinllegen.

lieutenant [*Br* lefˈtenənt, *Am* luːˈtenənt] *n* Leutnant *der*.

life [laɪf] *(pl* lives) *n* Leben *das*.

life assurance *n* Lebensversicherung *die*.

life belt *n* Rettungsring *der*.

lifeboat [ˈlaɪfbəʊt] *n* Rettungsboot *das*.

lifeguard [ˈlaɪfɡɑːd] *n (at swimming pool)* Bademeister *der* (-in *die*); *(at beach)* Rettungsschwimmer *der* (-in *die*).

life jacket *n* Schwimmweste *die*.

lifelike [ˈlaɪflaɪk] *adj* naturgetreu.

life preserver [-prɪˈzɜːvər] *n (Am: life belt)* Rettungsring *der*; *(life jacket)* Schwimmweste *die*.

life-size *adj* lebensgroß.

lifespan [ˈlaɪfspæn] *n* Lebensdauer *die*.

lifestyle [ˈlaɪfstaɪl] *n* Lebensstil *der*.

lift [lɪft] ◇ *n (Br: elevator)* Aufzug *der*. ◇ *vt* heben. ◇ *vi (fog)* sich lichten; **to give sb a ~** jn mitlnehmen.

◆ **lift up** *vt sep* hochlheben.

light [laɪt] *(pt & pp* lit OR **-ed**) ◇ *adj (not dark)* hell; *(not heavy)* leicht. ◇ *n* Licht *das*; *(for cigarette)* Feuer *das*. ◇ *vt (fire, cigarette)* anlzünden; *(room, stage)* beleuchten; **have you got a ~?** haben Sie Feuer?; **to set ~ to sthg** etw anlzünden.

♦ **lights** *(traffic lights)* Ampel *die.*
♦ **light up** *vt sep (house, road)* erleuchten. ◇ *vi (inf: light a cigarette)* sich *(D)* eine an|stecken.

light bulb *n* Glühbirne *die.*

lighter ['laɪtər] *n* Feuerzeug *das.*

light-hearted [-'hɑːtɪd] *adj* unbekümmert, leicht.

lighthouse ['laɪthaʊs, *pl* -haʊzɪz] *n* Leuchtturm *der.*

lighting ['laɪtɪŋ] *n* Beleuchtung *die.*

light meter *n* Belichtungsmesser *der.*

lightning ['laɪtnɪŋ] *n* Blitz *der.*

lightweight ['laɪtweɪt] *adj* leicht.

like [laɪk] ◇ *prep* wie; *(typical of)* typisch für. ◇ *vt* mögen; **~ this/ that** so; **to ~ doing sthg** etw gern tun; **do you ~ it?** gefällt es dir?; **what's it ~?** wie ist es?; **to look ~ sthg** jm/etw ähnlich sehen; **I'd ~ to sit down** ich würde mich gern hin|setzen; **I'd ~ a drink** ich würde gern etwas trinken.

likelihood ['laɪklɪhʊd] *n* Wahrscheinlichkeit *die.*

likely ['laɪklɪ] *adj* wahrscheinlich.

likeness ['laɪknɪs] *n* Ähnlichkeit *die.*

likewise ['laɪkwaɪz] *adv* ebenso.

lilac ['laɪlək] *adj* lila.

Lilo® ['laɪləʊ] *(pl* -s) *n (Br)* Luftmatratze *die.*

lily ['lɪlɪ] *n* Lilie *die.*

lily of the valley *n* Maiglöckchen *das.*

limb [lɪm] *n* Glied *das.*

lime [laɪm] *n (fruit)* Limone *die;* **~ (juice)** Limonensaft *der.*

limestone ['laɪmstəʊn] *n* Kalkstein *der.*

limit ['lɪmɪt] ◇ *n* Grenze *die.* ◇ *vt* begrenzen; **the city ~s** die Stadtgrenze.

limited ['lɪmɪtɪd] *adj* begrenzt; *(in*

company name) = GmbH.

limp [lɪmp] ◇ *adj* schlapp. ◇ *vi* hinken.

line [laɪn] ◇ *n* Linie *die;* *(row)* Reihe *die;* *(Am: queue)* Schlange *die;* *(of writing, poem, song)* Zeile *die;* *(rope, for fishing)* Leine *die;* *(for telephone)* Leitung *die;* *(railway track)* Gleis *das;* *(of business, work)* Branche *die.* ◇ *vt (coat)* füttern; *(drawers)* aus|kleiden; **in ~** *(aligned)* in einer Linie; **in ~ with** parallel zu; **it's a bad ~** *(on phone)* die Verbindung ist schlecht; **the ~ is engaged** *(on phone)* der Anschluß ist besetzt; **to drop sb a ~** *(inf)* jm schreiben; **to stand in ~** *(Am)* Schlange stehen.

♦ **line up** *vt sep (arrange)* auf|stellen. ◇ *vi* sich auf|stellen.

lined [laɪnd] *adj (paper)* liniert.

linen ['lɪnɪn] *n (cloth)* Leinen *das;* *(tablecloths, sheets)* Wäsche *die.*

liner ['laɪnər] *n* Passagierschiff *das.*

linesman ['laɪnzmən] *(pl* -men [-mən]) *n* Linienrichter *der.*

linger ['lɪŋgər] *vi* verweilen.

lingerie ['lænʒərɪ] *n* Unterwäsche *die.*

lining ['laɪnɪŋ] *n (of coat, jacket)* Futter *das;* *(of brake)* Bremsbelag *der.*

link [lɪŋk] ◇ *n (connection)* Verbindung *die.* ◇ *vt* verbinden; **rail ~** Zugverbindung *die;* **road ~** Straßenverbindung *die.*

lino ['laɪnəʊ] *n (Br)* Linoleum *das.*

lion ['laɪən] *n* Löwe *der.*

lioness ['laɪənes] *n* Löwin *die.*

lip [lɪp] *n* Lippe *die.*

lip salve [-sælv] *n* Lippenpomade *die.*

lipstick ['lɪpstɪk] *n* Lippenstift *der.*

liqueur [lɪ'kjʊər] *n* Likör *der.*

liquid ['lɪkwɪd] *n* Flüssigkeit *die.*

liquor ['lɪkər] *n (Am)* Spirituosen *pl.*

liquorice ['lɪkərɪs] n Lakritze die.

lisp [lɪsp] n: **to have a ~** lispeln.

list [lɪst] ◇ n Liste die. ◇ vt auf\|listen.

listen ['lɪsn] vi: **to ~ (to)** (to person, sound) zuhören (+D); (to advice) beherzigen (+A); **to ~ to the radio** Radio hören.

listener ['lɪsnə^r] n Hörer der (-in die).

lit [lɪt] pt & pp → **light**.

liter ['liːtər] (Am) = **litre**.

literally ['lɪtərəlɪ] adv (actually) buchstäblich.

literary ['lɪtərərɪ] adj gehoben.

literature ['lɪtrətʃə^r] n Literatur die; (printed information) Informa\|tionsmaterial das.

litre ['liːtə^r] n (Br) Liter der.

litter ['lɪtə^r] n Abfall der.

litterbin ['lɪtəbɪn] n (Br) Abfallei\|mer der.

little ['lɪtl] ◇ adj klein; (distance, time) kurz; (not much) wenig. ◇ pron & adv wenig; **as ~ as pos\|sible** so wenig wie möglich; **~ by ~** nach und nach; **a ~** (not much) ein bißchen.

little finger n kleiner Finger.

live[1] [lɪv] vi (have home) wohnen; (be alive) leben; (survive) überle\|ben; **to ~ with sb** mit jm zusam\|men\|wohnen.

♦ **live together** vi zusammen\|wohnen.

live[2] [laɪv] ◇ adj (alive) lebendig; (programme, performance) Live-; (wire) geladen. ◇ adv live.

lively ['laɪvlɪ] adj lebhaft.

liver ['lɪvə^r] n Leber die.

lives [laɪvz] pl → **life**.

living ['lɪvɪŋ] ◇ adj lebend. ◇ n: **to earn a ~** seinen Lebensunterhalt verdienen; **what do you do for a ~?** was sind Sie von Beruf?

living room n Wohnzimmer das.

lizard ['lɪzəd] n Echse die.

load [ləʊd] ◇ n Ladung die. ◇ vt laden; **~s of** (inf) ein Haufen.

loaf [ləʊf] (pl **loaves**) n: **~ (of bread)** Brot das.

loan [ləʊn] ◇ n (of money) Kredit der. ◇ vt leihen.

loathe [ləʊð] vt verabscheuen.

loaves [ləʊvz] pl → **loaf**.

lobby ['lɒbɪ] n (hall) Hotelhalle die.

lobster ['lɒbstə^r] n Hummer der.

local ['ləʊkl] ◇ adj hiesig. ◇ n (inf: local person) Einheimische der, die; (Br: pub) Stammkneipe die; (Am: train) Nahverkehrszug der; (Am: bus) Nahverkehrsbus der.

local anaesthetic n örtliche Betäubung.

local call n Ortsgespräch das.

local government n Kommu\|nalverwaltung die.

locate [Br ləʊ'keɪt, Am 'ləʊkeɪt] vt (find) finden; **to be ~d** sich befin\|den.

location [ləʊ'keɪʃn] n Lage die.

loch [lɒk] n (Scot) Loch der.

lock [lɒk] ◇ n Schloß das; (on canal) Schleuse die. ◇ vt (door, house, bicycle) ab\|schließen; (valu\|able object) ein\|schließen. ◇ vi (door, case) sich ab\|schließen las\|sen; (wheels) blockieren.

♦ **lock in** vt sep ein\|sperren.

♦ **lock out** vt sep aus\|sperren.

♦ **lock up** vt sep (imprison) ein\|sperren. ◇ vi ab\|schließen.

locker ['lɒkə^r] n Schließfach das.

locker room n (Am) Umkleide\|raum der.

locket ['lɒkɪt] n Medaillon das.

locomotive [,ləʊkə'məʊtɪv] n Lokomotive die.

locum ['ləʊkəm] n (doctor) Vertre\|tung die.

locust ['ləʊkəst] n Heuschrecke die.

lodge [lɒdʒ] ◇ n (for hunters, skiers) Hütte die. ◇ vi (stay) wohnen; (get stuck) steckenlbleiben.

lodger ['lɒdʒəʳ] n Untermieter der (-in die).

lodgings ['lɒdʒɪŋz] npl möbliertes Zimmer.

loft [lɒft] n Dachboden der.

log [lɒg] n Holzscheit der.

logic ['lɒdʒɪk] n Logik die.

logical ['lɒdʒɪkl] adj logisch.

logo ['ləʊgəʊ] (pl -s) n Logo das.

loin [lɔɪn] n Lendenstück das.

loiter ['lɔɪtəʳ] vi herumllungern.

lollipop ['lɒlɪpɒp] n Lutscher der.

lolly ['lɒlɪ] n (inf: lollipop) Lutscher der; (Br: ice lolly) Eis das am Stiel.

London ['lʌndən] n London nt.

Londoner ['lʌndənəʳ] n Londoner der (-in die).

lonely ['ləʊnlɪ] adj einsam.

long [lɒŋ] ◇ adj lang. ◇ adv lange; it's 2 metres ~ es ist 2 Meter lang; it's two hours ~ es dauert zwei Stunden; how ~ is it? (in distance) wie lang ist es?; (in time) wie lange dauert es?; a ~ time lange; all day ~ den ganzen Tag; as ~ as solange; for ~ lange; no ~er nicht mehr; so ~! (inf) tschüs!

♦ **long for** vt fus sich sehnen nach.

long-distance adj (phone call) Fern-.

long drink n Longdrink der.

long-haul adj Langstrecken-.

longitude ['lɒndʒɪtjuːd] n Länge die.

long jump n Weitsprung der.

long-life adj (fruit juice) haltbar gemacht; (battery) mit langer Lebensdauer; ~ milk H-Milch die.

longsighted [,lɒŋ'saɪtɪd] adj weitsichtig.

long-term adj langfristig.

long wave n Langwelle die.

longwearing [,lɒŋ'weərɪŋ] adj (Am) dauerhaft.

loo [luː] (pl -s) n (Br: inf) Klo das.

look [lʊk] ◇ n Blick der; (appearance) Aussehen das. ◇ vi sehen, schauen; (search) suchen; (seem) auslsehen; to ~ onto (building, room) gehen auf (+A); to have a ~ nachsehen; (search) suchen; to have a ~ at sthg sich (D) etw anlsehen; (good) ~s gutes Aussehen; I'm just ~ing (in shop) ich wollte mich nur umlsehen.

♦ **look after** vt fus sich kümmern um.

♦ **look at** vt fus anlsehen.

♦ **look for** vt fus suchen.

♦ **look forward to** vt fus sich freuen auf (+A).

♦ **look out** vi Vorsicht!; ~ out! Vorsicht!

♦ **look out for** vt fus achten auf (+A).

♦ **look round** vt fus (city, museum) besichtigen. ◇ vi sich umlsehen; to ~ round the shops einen Einkaufsbummel machen.

♦ **look up** vt sep (in dictionary) nachlschlagen; (in phone book) herauslsuchen.

loony ['luːnɪ] n (inf) Spinner der.

loop [luːp] n (shape) Schleife die.

loose [luːs] adj lose; to let sb/sthg ~ jn/etw losllassen.

loosen ['luːsn] vt lockern.

lop-sided [-'saɪdɪd] adj schief.

lord [lɔːd] n Lord der.

lorry ['lɒrɪ] n (Br) Lastwagen der, LKW der.

lorry driver n (Br) Lastwagenfahrer der (-in die).

lose [luːz] (pt & pp lost) ◇ vt verlieren; (subj: watch, clock) nachlgehen. ◇ vi verlieren; to ~ weight ablnehmen.

loser ['luːzəʳ] n (in contest) Verlierer *der* (-in *die*).

loss [lɒs] *n* Verlust *der*.

lost [lɒst] ◇ *pt & pp* → lose. ◇ *adj (person)*: **to be ~** sich verlaufen haben; **to get ~** *(lose way)* sich verlaufen.

lost-and-found office *(Am)* = **lost property office**.

lost property office *n (Br)* Fundbüro *das*.

lot [lɒt] *n (at auction)* Posten *der*; *(Am: car park)* Parkplatz *der*; *(group)*: **two ~s of books** zwei Stapel Bücher; **two ~s of people** zwei Gruppen; **a ~ (of)** viel, viele *pl*; **a ~ nicer** viel netter; **the ~** *(everything)* alles; **~s (of)** eine Menge.

lotion ['ləʊʃn] *n* Lotion *die*.

lottery ['lɒtərɪ] *n* Lotterie *die*.

loud [laʊd] *adj* laut; *(colour)* grell; *(pattern)* aufdringlich.

loudspeaker [ˌlaʊd'spi:kəʳ] *n* Lautsprecher *der*.

lounge [laʊndʒ] *n* Salon *der*; *(at airport)* Halle *die*.

lounge bar *n (Br) besser ausgestatteter Teil einer Gaststätte*.

lousy ['laʊzɪ] *adj (inf: poor-quality)* lausig.

lout [laʊt] *n* Flegel *der*.

love [lʌv] *n* Liebe *die*; *(in tennis)* null. ◇ *vt* lieben; **I would ~ to go to Berlin** ich würde gerne nach Berlin fahren; **I would ~ a drink** ich hätte gern etwas zu trinken; **to ~ doing sthg** etw sehr gerne tun; **to be in ~ (with)** verliebt sein (in (+A)); **(with) ~ from** *(in letter)* alles Liebe.

love affair *n* Verhältnis *das*.

lovely ['lʌvlɪ] *adj (very beautiful)* sehr hübsch; *(very nice)* nett.

lover ['lʌvəʳ] *n* Liebhaber *der* (-in *die*).

loving ['lʌvɪŋ] *adj* liebevoll.

low [ləʊ] ◇ *adj* niedrig; *(standard, quality, opinion)* schlecht; *(level,*

sound, note) tief; *(voice)* leise; *(depressed)* niedergeschlagen. ◇ *n (area of low pressure)* Tief *das*; **we're ~ on petrol** wir haben nicht mehr viel Benzin.

low-alcohol *adj* alkoholarm.

low-calorie *adj* kalorienarm.

low-cut *adj* tief ausgeschnitten.

lower ['ləʊəʳ] ◇ *adj* untere(-r)(-s). ◇ *vt* herunterlassen; *(reduce)* senken.

lower sixth *n (Br)* ≃ elfte Klasse *die*.

low-fat *adj* fettarm.

low tide *n* Ebbe *die*.

loyal ['lɔɪəl] *adj* treu.

loyalty ['lɔɪəltɪ] *n* Loyalität *die*.

lozenge ['lɒzɪndʒ] *n (sweet)* Lutschbonbon *der or das*.

LP *n* LP *die*.

L-plate *n (Br)* Fahrschule-Schild *das*, L-Schild, *das den Fahrschüler in einem Privatwagen kennzeichnet*.

Ltd *(abbr of limited)* GmbH.

lubricate ['lu:brɪkeɪt] *vt* schmieren.

luck [lʌk] *n* Glück *das*; **bad ~** Pech *das*; **good ~!** viel Glück!; **with ~** hoffentlich.

luckily ['lʌkɪlɪ] *adv* glücklicherweise.

lucky ['lʌkɪ] *adj* glücklich; *(number, colour)* Glücks-; **to be ~** Glück haben.

ludicrous ['lu:dɪkrəs] *adj* lächerlich.

lug [lʌg] *vt (inf)* schleppen.

luggage ['lʌgɪdʒ] *n* Gepäck *das*.

luggage compartment *n* Gepäckraum *der*.

luggage locker *n* Schließfach *das*.

luggage rack *n* Gepäckablage *die*.

lukewarm ['lu:kwɔ:m] *adj* lauwarm.

lull [lʌl] *n* Pause *die*.

lullaby ['lʌləbaɪ] *n* Schlaflied *das*.

lumbago [lʌm'beɪgəʊ] *n* Hexenschuß *der*.

lumber ['lʌmbər] *n* (*Am: timber*) Bauholz *das*.

luminous ['luːmɪnəs] *adj* leuchtend, Leucht-.

lump [lʌmp] *n* (*of mud, butter*) Klumpen *der*; (*of coal*) Stück *das*; (*of sugar*) Würfel *der*; (*on body*) Beule *die*.

lump sum *n* einmaliger Betrag.

lumpy ['lʌmpɪ] *adj* klumpig.

lunatic ['luːnətɪk] *n* (*pej*) Spinner *der*.

lunch [lʌntʃ] *n* Mittagessen *das*; **to have ~** zu Mittag essen.

luncheon ['lʌntʃən] *n* (*fml*) Mittagessen *das*.

luncheon meat *n* Frühstücksfleisch *das*.

lunch hour *n* Mittagspause *die*.

lunchtime ['lʌntʃtaɪm] *n* Mittagszeit *die*.

lung [lʌŋ] *n* Lunge *die*.

lunge [lʌndʒ] *vi*: **to ~ at sb** sich auf jn stürzen.

lurch [lɜːtʃ] *vi* torkeln.

lure [ljʊər] *vt* locken.

lurk [lɜːk] *vi* lauern.

lush [lʌʃ] *adj* (*grass, field*) üppig.

lust [lʌst] *n* (*sexual desire*) Verlangen *das*.

Luxembourg ['lʌksəmbɜːg] *n* Luxemburg *nt*.

luxurious [lʌg'ʒʊərɪəs] *adj* luxuriös.

luxury ['lʌkʃərɪ] ◇ *adj* Luxus-. ◇ *n* Luxus *der*.

lying ['laɪɪŋ] *cont* → **lie**.

lyrics ['lɪrɪks] *npl* Liedertext *der*.

m ◇ (*abbr of metre*) m. ◇ *abbr* = **mile**.

M (*Br: abbr of motorway*) A; (*abbr of medium*).

MA *n* (*abbr of Master of Arts*) britischer Hochschulabschluß in einem Geisteswissenschaftlichen Fach M.

mac [mæk] *n* (*Br: inf*) Regenmantel *der*.

macaroni [ˌmækə'rəʊnɪ] *n* Makkaroni *pl*.

macaroni cheese *n* Auflauf aus Makkaroni und Käsesauce.

machine [mə'ʃiːn] *n* Maschine *die*.

machinegun [mə'ʃiːngʌn] *n* Maschinengewehr *das*.

machinery [mə'ʃiːnərɪ] *n* Maschinen *pl*.

machine-washable *adj* waschmaschinenfest.

mackerel ['mækrəl] (*pl inv*) *n* Makrele *die*.

mackintosh ['mækɪntɒʃ] *n* (*Br*) Regenmantel *der*.

mad [mæd] *adj* verrückt; (*angry*) wütend; **to be ~ about** (*inf: like a lot*) verrückt sein auf (+A); **like ~** wie verrückt.

Madam ['mædəm] *n* (*form of address*) gnädige Frau.

made [meɪd] *pt & pp* → **make**.

madeira [mə'dɪərə] *n* Madeira *der*.

made-to-measure *adj* maßgeschneidert.

madness ['mædnɪs] *n* Wahnsinn *der*.

magazine [ˌmægəˈziːn] *n* Zeitschrift *die*.

maggot [ˈmægət] *n* Made *die*.

magic [ˈmædʒɪk] *n (supernatural force)* Magie *die*; *(conjuring)* Zauberei *die*; *(special quality)* Zauber *der*.

magician [məˈdʒɪʃn] *n* Zauberer *der* (Zauberin *die*).

magistrate [ˈmædʒɪstreɪt] *n* Friedensrichter *der* (-in *die*).

magnet [ˈmægnɪt] *n* Magnet *der*.

magnetic [mægˈnetɪk] *adj* magnetisch.

magnificent [mægˈnɪfɪsənt] *adj* herrlich.

magnifying glass [ˈmægnɪfaɪɪŋ-] *n* Lupe *die*.

mahogany [məˈhɒgənɪ] *n* Mahagoni *das*.

maid [meɪd] *n* Dienstmädchen *das*.

maiden name [ˈmeɪdn-] *n* Mädchenname *der*.

mail [meɪl] ◇ *n* Post *die*. ◇ *vt (Am)* schicken.

mailbox [ˈmeɪlbɒks] *n (Am)* Briefkasten *der*.

mailman [ˈmeɪlmən] *(pl* -men [-mən]) *n (Am)* Briefträger *der*, Postbote *der*.

mail order *n* Versandhandel *der*.

main [meɪn] *adj* Haupt-.

main course *n* Hauptgericht *das*.

main deck *n* Hauptdeck *das*.

mainland [ˈmeɪnlənd] *n*: **the ~** das Festland.

main line *n* Hauptstrecke *die*.

mainly [ˈmeɪnlɪ] *adv* hauptsächlich.

main road *n* Hauptstraße *die*.

mains [meɪnz] *npl*: **the ~** die Hauptleitung.

main street *n (Am)* Hauptstraße *die*.

maintain [meɪnˈteɪn] *vt* aufrechterhalten; *(keep in good condition)* instand halten.

maintenance [ˈmeɪntənəns] *n (of car, machine)* Instandhaltung *die*; *(money)* Unterhalt *der*.

maisonette [ˌmeɪzəˈnet] *n (Br)* Maisonette *die*.

maize [meɪz] *n* Mais *der*.

major [ˈmeɪdʒəʳ] ◇ *adj (important)* groß; *(most important)* Haupt-. ◇ *n* (MIL) Major *der*. ◇ *vi (Am)*: **to ~ in sthg** etw als Hauptfach studieren.

majority [məˈdʒɒrətɪ] *n* Mehrheit *die*.

major road *n* Hauptstraße *die*.

make [meɪk] *(pt & pp* **made)** ◇ *vt* **1.** *(produce)* machen; *(manufacture)* herstellen; **to be made of sthg** aus etw gemacht sein; **to ~ lunch/supper** Mittagessen/Abendessen machen; **made in Japan** in Japan hergestellt.

2. *(perform, do)* machen; **to ~ a decision** eine Entscheidung treffen; **to ~ a mistake** einen Fehler machen; **to ~ a phone call** telephonieren; **to ~ a speech** eine Rede halten.

3. *(cause to be)* machen; **to ~ sb happy** jn glücklich machen.

4. *(cause to do, force)*: **it made her laugh** das brachte sie zum Lachen; **to ~ sb do sthg** jn etw tun lassen; *(force)* jn zwingen etw zu tun.

5. *(amount to, total)* machen; **that ~s £5** das macht 5 Pfund.

6. *(calculate)*: **I ~ it £4** ich komme auf 4 Pfund; **I ~ it seven o'clock** nach meiner Uhr ist es sieben Uhr.

7. *(earn)* verdienen.

8. *(inf: arrive in time for)*: **we didn't ~ the 10 o'clock train** wir haben den 10 Uhr-Zug nicht geschafft.

9. *(friend, enemy)* machen.

10. *(have qualities for)* abgeben; **this would ~ a lovely bedroom** das wäre ein hübsches Schlafzimmer.

11. *(bed)* machen.

12. *(in phrases)*: to ~ do with aus|kommen mit; to ~ good *(damage)* wieder|gut|machen; to ~ it es schaffen.

◇ *n (of product)* Marke *die*.

♦ **make out** *vt sep (cheque, receipt)* aus|stellen; *(see)* aus|machen; *(hear)* verstehen.

♦ **make up** *vt sep (invent)* erfinden, sich *(D)* aus|denken; *(comprise)* bilden; *(difference)* aus|gleichen; **to be made up of** bestehen aus.

♦ **make up for** *vt fus* wett|machen.

makeshift ['meɪkʃɪft] *adj* behelfsmäßig.

make-up *n (cosmetics)* Make-up *das*.

malaria [mə'leərɪə] *n* Malaria *die*.

Malaysia [mə'leɪzɪə] *n* Malaysia *nt*.

male [meɪl] ◇ *adj* männlich. ◇ *n (animal)* Männchen *das*.

malfunction [mæl'fʌŋkʃn] *vi (fml)* nicht richtig funktionieren.

malignant [mə'lɪgnənt] *adj* bösartig.

mall [mɔːl] *n (shopping centre)* Einkaufszentrum *das*.

mallet ['mælɪt] *n* Holzhammer *der*.

malt [mɔːlt] *n* Malz *das*.

maltreat [ˌmæl'triːt] *vt* mißhandeln.

malt whisky *n* Malt-Whisky *der*.

mammal ['mæml] *n* Säugetier *das*.

man [mæn] *(pl* men*)* ◇ *n* Mann *der*; *(human being, mankind)* Mensch *der*. ◇ *vt (phones, office)* besetzen.

manage ['mænɪdʒ] ◇ *vt (company, business)* leiten; *(job)* bewältigen; *(food)* schaffen. ◇ *vi (cope)* zurechtkommen; **can you ~ Friday?** paßt dir/Ihnen Freitag?; **to ~ to do sthg** es schaffen, etw zu tun.

management ['mænɪdʒmənt] *n* Geschäftsführung *die*.

manager ['mænɪdʒəʳ] *n (of business, bank)* Direktor *der*; *(of shop)* Geschäftsführer *der*; *(of sports team)* Trainer *der* (-in *die*).

manageress [ˌmænɪdʒə'res] *n (of business, bank)* Direktorin *die*; *(of shop)* Geschäftsführerin *die*.

managing director ['mænɪdʒɪŋ-] *n* leitender Direktor (leitende Direktorin).

mandarin ['mændərɪn] *n* Mandarine *die*.

mane [meɪn] *n* Mähne *die*.

maneuver [mə'nuːvər] *(Am)* = **manoeuvre**.

mangetout [ˌmɒnʒ'tuː] *n* Zuckererbse *die*.

mangle ['mæŋgl] *vt* zerquetschen.

mango ['mæŋgəʊ] *(pl* -es OR -s*)* *n* Mango *die*.

Manhattan [mæn'hætən] *n* Manhattan *nt*.

manhole ['mænhəʊl] *n* Kanalschacht *der*.

maniac ['meɪnɪæk] *n (inf)* Wilde *der, die*.

manicure ['mænɪkjʊəʳ] *n* Maniküre *die*.

manifold ['mænɪfəʊld] *n (AUT: exhaust)* Auspuffrohr *das*.

manipulate [mə'nɪpjʊleɪt] *vt (person)* manipulieren; *(machine, controls)* handhaben.

mankind [ˌmæn'kaɪnd] *n* Menschheit *die*.

manly ['mænlɪ] *adj* männlich.

man-made *adj* künstlich.

manner ['mænəʳ] *n (way)* Art *die*.

♦ **manners** *npl* Manieren *pl*.

manoeuvre [mə'nuːvəʳ] ◇ *n (Br)* Manöver *das*. ◇ *vt (Br)* manövrieren.

manor ['mænəʳ] *n* Gut *das*.

mansion ['mænʃn] *n* Villa *die*.

manslaughter ['mæn,slɔːtəʳ] *n* Totschlag *der*.

mantelpiece ['mæntlpiːs] *n* Kaminsims *der*.

manual ['mænjʊəl] ◇ *adj (work)* Hand-; *(operated by hand)* handbetrieben. ◇ *n (book)* Handbuch *das*.

manufacture [,mænjʊ'fæktʃəʳ] ◇ *n* Herstellung *die*. ◇ *vt* herlstellen.

manufacturer [,mænjʊ'fæktʃərəʳ] *n* Hersteller *der*.

manure [mə'njʊəʳ] *n* Mist *der*.

many ['meni] *(compar* **more**, *superl* **most**) *adj & pron* viele.

map [mæp] *n* Karte *die*.

Mar. *(abbr of* March) Mrz.

marathon ['mærəθn] *n* Marathon *der*.

marble ['maːbl] *n (stone)* Marmor *der; (glass ball)* Murmel *die*.

march [maːtʃ] ◇ *n* Marsch *der*. ◇ *vi* marschieren.

March [maːtʃ] *n* März *der*, → **September**.

mare [meəʳ] *n* Stute *die*.

margarine [,maːdʒə'riːn] *n* Margarine *die*.

margin ['maːdʒɪn] *n (of page)* Rand *der; (difference)* Abstand *der*.

marina [mə'riːnə] *n* Jachthafen *der*.

marinated ['mærɪneɪtɪd] *adj* mariniert.

marital status ['mærɪtl-] *n* Familienstand *der*.

mark [maːk] ◇ *n (spot)* Fleck *der; (trace)* Spur *die; (on skin)* Mal *das; (symbol)* Zeichen *das;* (SCH) Note *die*. ◇ *vt (blemish)* beschädigen; *(put symbol on)* kennzeichnen; (SCH) benoten; *(on map)* markieren; (gas) ~ **five** Stufe fünf.

marker pen ['maːkə-] *n* Marker *der*.

market ['maːkɪt] *n* Markt *der*.

marketing ['maːkɪtɪŋ] *n* Marketing *das*.

marketplace ['maːkɪtpleɪs] *n* Marktplatz *der*.

markings ['maːkɪŋz] *npl (on road)* Markierungen *pl*.

marmalade ['maːməleɪd] *n* Marmelade *die*.

marquee [maː'kiː] *n* Festzelt *das*.

marriage ['mærɪdʒ] *n (event)* Hochzeit *die; (time married)* Ehe *die*.

married ['mærɪd] *adj* verheiratet; **to get ~** heiraten.

marrow ['mærəʊ] *n (vegetable)* Kürbis *der*.

marry ['mærɪ] *vt & vi* heiraten.

marsh [maːʃ] *n* Sumpf *der*.

martial arts [,maːʃl-] *npl* Kampfsport *der*.

marvellous ['maːvələs] *adj (Br)* wunderbar.

marvelous ['maːvələs] *(Am)* = **marvellous**.

marzipan ['maːzɪpæn] *n* Marzipan *das*.

mascara [mæs'kaːrə] *n* Wimperntusche *die*, Mascara *das*.

masculine ['mæskjʊlɪn] *adj (typically male)* männlich; *(woman, in grammar)* maskulin.

mashed potatoes [mæʃt-] *npl* Kartoffelbrei *der*.

mask [maːsk] *n* Maske *die*.

masonry ['meɪsnrɪ] *n* Mauerwerk *das*.

mass [mæs] *n* Masse *die;* (RELIG) Messe *die;* **~es of** *(inf: lots)* ein Haufen.

massacre ['mæsəkəʳ] *n* Massaker *das*.

massage [*Br* 'mæsaːʒ, *Am* mə'saːʒ] ◇ *n* Massage *die*. ◇ *vt* massieren.

masseur [mæ'sɜːʳ] *n* Masseur *der*.

masseuse [mæ'sɜːz] *n* Masseuse *die*.

massive ['mæsɪv] *adj* riesig.

mast [mɑːst] *n* Mast *der*.

master ['mɑːstər] ◇ *n* (*at school*) Lehrer *der*; (*of servant*) Herr *der*; (*of dog*) Herrchen *das*. ◇ *vt* (*skill, language*) beherrschen.

masterpiece ['mɑːstəpiːs] *n* Meisterwerk *das*.

mat [mæt] *n* Matte *die*; (*on table*) Untersetzer *der*.

match [mætʃ] ◇ *n* (*for lighting*) Streichholz *das*; (*game*) Spiel *das*. ◇ *vt* (*in colour, design*) passen zu; (*be the same as*) entsprechen (+G); (*be as good as*) gleichkommen (+D). ◇ *vi* (*in colour, design*) zusammenpassen.

matchbox ['mætʃbɒks] *n* Streichholzschachtel *die*.

matching ['mætʃɪŋ] *adj* passend.

mate [meɪt] ◇ *n* (*inf: friend*) Kumpel *der*; (*Br: inf: form of address*) alter Freund. ◇ *vi* sich paaren.

material [mə'tɪərɪəl] *n* Stoff *der*, Material *das*.

♦ **materials** *npl* Sachen *pl*.

maternity leave [mə'tɜːnətɪ-] *n* Mutterschaftsurlaub *der*.

maternity ward [mə'tɜːnətɪ-] *n* Entbindungsstation *die*.

math [mæθ] (*Am*) = **maths**.

mathematics [,mæθə'mætɪks] *n* Mathematik *die*.

maths [mæθs] *n* (*Br*) Mathe *die*.

matinée ['mætɪneɪ] *n* Nachmittagsvorstellung *die*.

matt [mæt] *adj* matt.

matter ['mætər] ◇ *n* (*issue, situation*) Angelegenheit *die*; (*physical material*) Materie *die*. ◇ *vi* wichtig sein; **it doesn't ~** das macht nichts; **no ~ what happens** egal was passiert; **there's something the ~ with my car** mit meinem Auto stimmt etwas nicht; **what's the ~?** was ist los?; **as a ~ of course** selbstver-

ständlich; **as a ~ of fact** eigentlich.

mattress ['mætrɪs] *n* Matratze *die*.

mature [mə'tjʊər] *adj* reif.

mauve [məʊv] *adj* lila.

max. [mæks] (*abbr of maximum*) max.

maximum ['mæksɪməm] ◇ *adj* maximal. ◇ *n* Maximum *das*.

may [meɪ] *aux vb* **1.** (*expressing possibility*) können; **it ~ be done as follows** man kann wie folgt vorgehen; **it ~ rain** es könnte regnen; **they ~ have got lost** sie haben sich vielleicht verirrt. **2.** (*expressing permission*) können; **~ I smoke?** darf ich rauchen?; **you ~ sit, if you wish** Sie können sich hinsetzen, wenn Sie wollen. **3.** (*when conceding a point*): **it ~ be a long walk, but it's worth it** es ist vielleicht ein weiter Weg, aber es lohnt sich.

May [meɪ] *n* Mai *der*, → **September**.

maybe ['meɪbiː] *adv* vielleicht.

mayonnaise [,meɪə'neɪz] *n* Mayonnaise *die*.

mayor [meər] *n* Bürgermeister *der*.

mayoress ['meərɪs] *n* (*female mayor*) Bürgermeisterin *die*; (*mayor's wife*) Frau *die* des Bürgermeisters.

maze [meɪz] *n* Irrgarten *der*.

me [miː] *pron* (*direct object*) mich; (*indirect object*) mir; (*after prep: accusative*) mich; (*after prep: dative*) mir; **she knows ~** sie kennt mich; **it's ~** ich bin's; **send it to ~** schick' es mir; **tell ~** sagen Sie mal, sag' mal; **he's worse than ~** er ist schlechter als ich.

meadow ['medəʊ] *n* Wiese *die*.

meal [miːl] *n* Mahlzeit *die*.

mealtime ['miːltaɪm] *n* Essenszeit *die*.

mean [miːn] (*pt & pp* **meant**)

◊ *adj (miserly)* geizig; *(unkind)* gemein. ◊ *vt* bedeuten; *(intend)* beabsichtigen; **to ~ to do sthg** vorlhaben, etw zu tun; **the bus was meant to leave at eight** der Bus hätte eigentlich um acht Uhr abfahren sollen; **it's meant to be good** das soll gut sein; **I didn't ~ it** ich habe es nicht so gemeint.

meaning ['mi:nɪŋ] *n* Bedeutung *die*.

meaningless ['mi:nɪŋlɪs] *adj* bedeutungslos.

means [mi:nz] *(pl inv)* ◊ *n (method)* Mittel *das*. ◊ *npl (money)* Mittel *pl*; **by all ~!** auf jeden Fall!; **by ~ of** mit Hilfe (+G).

meant [ment] *pt & pp* → **mean**.

meantime ['mi:n,taɪm]: **in the meantime** *adv* in der Zwischenzeit.

meanwhile ['mi:n,waɪl] *adv* inzwischen.

measles ['mi:zlz] *n* Masern *pl*.

measure ['meʒər] ◊ *vt* messen. ◊ *n (step, action)* Maßnahme *die*; *(of alcohol)* Dosis *die*; **the room ~s 10 m²** das Zimmer mißt 10 m².

measurement ['meʒəmənt] *n* Maß *das*.

meat [mi:t] *n* Fleisch *das*; **red ~** Lamm- und Rindfleisch; **white ~** Kalbfleisch und Huhn.

meatball ['mi:tbɔ:l] *n* Fleischklößchen *das*.

mechanic [mɪ'kænɪk] *n* Mechaniker *der* (-in *die*).

mechanical [mɪ'kænɪkl] *adj* mechanisch.

mechanism ['mekənɪzm] *n* Mechanismus *der*.

medal ['medl] *n* Medaille *die*.

media ['mi:djə] *n or npl*: **the ~** die Medien *pl*.

medical ['medɪkl] ◊ *adj* medizinisch; *(treatment)* ärztlich. ◊ *n* Untersuchung *die*.

medication [,medɪ'keɪʃn] *n* Medikament *das*.

medicine ['medsɪn] *n* Medikament *das*; *(science)* Medizin *die*.

medicine cabinet *n* Medizinschrank *der*.

medieval [,medɪ'i:vl] *adj* mittelalterlich.

mediocre [,mi:dɪ'əʊkər] *adj* mittelmäßig.

Mediterranean [,medɪtə'reɪnjən] *n*: **the ~** *(region)* der Mittelmeerraum; **the ~ (Sea)** das Mittelmeer.

medium ['mi:djəm] *adj* mittelgroß; *(wine)* halbtrocken.

medium-dry *adj* halbtrocken.

medium-sized [-saɪzd] *adj* mittelgroß.

meet [mi:t] *(pt & pp* met*)* ◊ *vt (by arrangement)* sich treffen mit; *(by chance)* treffen; *(get to know)* kennenllernen; *(go to collect)* ablholen; *(need, requirement)* erfüllen; *(cost, expenses)* begleichen. ◊ *vi (by arrangement, by chance)* sich treffen; *(get to know each other)* sich kennenllernen; *(intersect)* aufeinanderltreffen.

♦ **meet up** *vi* sich treffen.

♦ **meet with** *vt fus (problems, resistance)* stoßen auf (+A); *(Am: by arrangement)* sich treffen mit.

meeting ['mi:tɪŋ] *n (for business)* Besprechung *die*.

meeting point *n* Treffpunkt *der*.

melody ['melədɪ] *n* Melodie *die*.

melon ['melən] *n* Melone *die*.

melt [melt] *vi* schmelzen.

member ['membər] *n* Mitglied *das*.

Member of Congress [-'kɒŋgres] *n* Abgeordneter des amerikanischen Kongresses.

Member of Parliament *n* Abgeordneter des britischen Parlaments.

membership ['membəʃɪp] *n* Mitgliedschaft *die; (members)* Mitgliederzahl *die.*

memorial [mɪ'mɔːrɪəl] *n* Denkmal *das.*

memorize ['meməraɪz] *vt* sich (*D*) einlprägen.

memory ['memərɪ] *n* Erinnerung *die; (of computer)* Speicher *der.*

men [men] *pl* → **man.**

menacing ['menəsɪŋ] *adj* drohend.

mend [mend] *vt* reparieren.

menopause ['menəpɔːz] *n* Wechseljahre *pl.*

men's room *n (Am)* Herrentoilette *die.*

menstruate ['menstrʊeɪt] *vi* menstruieren.

menswear ['menzweəʳ] *n* Herrenbekleidung *die.*

mental ['mentl] *adj* geistig; (MED) Geistes-.

mental hospital *n* psychiatrische Klinik.

mentally   handicapped ['mentəlɪ-] ◇ *adj* geistig behindert. ◇ *npl*: **the ~** die geistig Behinderten *pl.*

mentally ill ['mentəlɪ-] *adj* geisteskrank.

mention ['menʃn] *vt* erwähnen; **don't ~ it!** bitte!

menu ['menjuː] *n* Speisekarte *die;* (COMPUT) Menü *das;* **children's ~** Kinderspeisekarte *die.*

merchandise ['mɜːtʃəndaɪz] *n* Ware *die.*

merchant marine [ˌmɜːtʃəntmə-'riːn] *n (Am)* = **merchant navy.**

merchant navy [ˌmɜːtʃənt-] *n (Br)* Handelsmarine *die.*

mercury ['mɜːkjʊrɪ] *n* Quecksilber *das.*

mercy ['mɜːsɪ] *n* Gnade *die.*

mere [mɪəʳ] *adj* bloß.

merely ['mɪəlɪ] *adv* bloß.

merge [mɜːdʒ] *vi (combine)* sich zusammenlschließen; **'merge'** *(Am) Schild an Autobahnauffahrten, das dazu auffordert, sich in die rechte Spur der Autobahn einzuordnen.*

merger ['mɜːdʒəʳ] *n* Fusion *die.*

meringue [mə'ræŋ] *n* Baiser *das.*

merit ['merɪt] *n (worthiness)* Verdienst *der; (good quality)* Vorzug *der; (in exam)* Auszeichnung *die.*

merry ['merɪ] *adj* fröhlich; *(inf: tipsy)* angeheitert; **Merry Christmas!** Fröhliche Weihnachten!

merry-go-round *n* Karussell *das.*

mess [mes] *n* Durcheinander *das; (difficult situation)* Schwierigkeiten *pl;* **in a ~** *(untidy)* unordentlich.

◆ **mess about** *vi (inf)* herumlalbern; **to ~ about with sthg** *(interfere)* mit etw herumlspielen.

◆ **mess up** *vt sep (inf: plans)* durcheinanderlbringen; *(clothes)* schmutzig machen.

message ['mesɪdʒ] *n* Nachricht *die.*

messenger ['mesɪndʒəʳ] *n* Bote *der* (Botin *die).*

messy ['mesɪ] *adj* unordentlich.

met [met] *pt & pp* → **meet.**

metal ['metl] ◇ *adj* Metall-. ◇ *n* Metall *das.*

metalwork ['metəlwɜːk] *n (craft)* Metallbearbeitung *die.*

meter ['miːtəʳ] *n (device)* Zähler *der; (Am)* = **metre.**

method ['meθəd] *n* Methode *die.*

methodical [mɪ'θɒdɪkl] *adj* methodisch.

meticulous [mɪ'tɪkjʊləs] *adj* sorgfältig.

metre ['miːtəʳ] *n (Br)* Meter *der.*

metric ['metrɪk] *adj* metrisch.

mews [mjuːz] *(pl inv) n (Br)* kleine Seitenstraße mit früheren Stallungen, *die oft zu eleganten Wohnungen umgebaut wurden.*

Mexican ['meksɪkn] ◇ *adj* mexikanisch. ◇ *n* Mexikaner *der* (-in *die*).

Mexico ['meksɪkəʊ] *n* Mexiko *nt*.

mg (*abbr of* milligram) mg.

miaow [miːˈaʊ] *vi* (*Br*) miauen.

mice [maɪs] *pl* → **mouse**.

microchip ['maɪkrəʊtʃɪp] *n* Mikrochip *der*.

microphone ['maɪkrəfəʊn] *n* Mikrofon *das*.

microscope ['maɪkrəskəʊp] *n* Mikroskop *das*.

microwave (oven) ['maɪkrəweɪv-] *n* Mikrowellenherd *der*.

midday [ˌmɪdˈdeɪ] *n* Mittag *der*.

middle ['mɪdl] ◇ *n* Mitte *die*. ◇ *adj* (*central*) mittlere(-r)(-s); **in the ~ of the road** in der Straßenmitte; **in the ~ of April** Mitte April; **to be in the ~ of doing sthg** gerade dabei sein, etw zu tun.

middle-aged *adj* mittleren Alters; **a ~ woman** eine Frau mittleren Alters.

middle-class *adj* (*suburb*) bürgerlich; **a ~ family** eine Familie der Mittelschicht.

Middle East *n*: **the ~** der Nahe Osten.

middle name *n* zweiter Vorname.

middle school *n* (*in UK*) staatliche Schule für 9- bis 13jährige.

midge [mɪdʒ] *n* Mücke *die*.

midget ['mɪdʒɪt] *n* Zwerg *der* (-in *die*).

Midlands ['mɪdləndz] *npl*: **the ~** Mittelengland *nt*.

midnight ['mɪdnaɪt] *n* Mitternacht *die*.

midsummer ['mɪdˈsʌmər] *n* Hochsommer *der*.

midway [ˌmɪdˈweɪ] *adv* mitten.

midweek [*adj* 'mɪdwiːk, *adv* mɪdˈwiːk] *adj & adv* in der Wochenmitte.

midwife ['mɪdwaɪf] (*pl* -wives [-waɪvz]) *n* Hebamme *die*.

midwinter ['mɪdˈwɪntər] *n* Mittwinter *der*.

might [maɪt] *aux vb* **1.** (*expressing possibility*) können; **they ~ still come** sie könnten noch kommen; **they ~ have been killed** sie sind vielleicht umgekommen.
2. (*fml: expressing permission*) können; **~ I have a few words?** könnte ich Sie mal sprechen?
3. (*when conceding a point*): **it ~ be expensive, but it's good quality** es ist zwar teuer, aber es ist eine gute Qualität.
4. (*would*): **I'd hoped you ~ come too** ich hatte gehofft, du würdest auch mitkommen.

migraine ['miːgreɪn, 'maɪgreɪn] *n* Migräne *die*.

mild [maɪld] ◇ *adj* mild; (*illness, surprise*) leicht. ◇ *n* (*Br: beer*) Bier, *das schwächer und dunkler ist als* 'bitter'.

mile [maɪl] *n* Meile *die*; **it's ~s away** das ist meilenweit entfernt.

mileage ['maɪlɪdʒ] *n* Entfernung *die* in Meilen.

mileometer [maɪˈlɒmɪtər] *n* ≈ Kilometerzähler *der*.

military ['mɪlɪtrɪ] *adj* Militär-, militärisch.

milk [mɪlk] ◇ *n* Milch *die*. ◇ *vt* melken.

milk chocolate *n* Milchschokolade *die*.

milkman ['mɪlkmən] (*pl* -men [-mən]) *n* Milchmann *der*.

milk shake *n* Milchmixgetränk *das*.

milky ['mɪlkɪ] *adj* (*drink*) milchig.

mill [mɪl] *n* Mühle *die*; (*factory*) Fabrik *die*.

milligram ['mɪlɪgræm] *n* Milligram *das*.

millilitre ['mɪlɪ,liːtə^r] *n* Milliliter *der*.

millimetre ['mɪlɪ,miːtə^r] *n* Millimeter *der*.

million ['mɪljən] *n* Million *die*; ~s of *(fig)* Tausende von.

millionaire [,mɪljə'neə^r] *n* Millionär *der* (-in *die*).

mime [maɪm] *vi* sich ohne Worte aus|drücken.

min. [mɪn] *(abbr of minute, minimum)* Min.

mince [mɪns] *n (Br)* Hackfleisch *das*.

mincemeat ['mɪnsmiːt] *n (sweet filling)* süße Füllung aus Zitronat, Orangeat, Rosinen, Gewürzen u.a.; *(Am: mince)* Hackfleisch *das*.

mince pie *n* mit Zitronat, Orangeat, Rosinen, Gewürzen u.a. gefülltes Weihnachtsgebäck.

mind [maɪnd] ◇ *n* Verstand *der*; *(memory)* Gedächtnis *das*. ◇ *vt* auf|passen auf (+A); *(be bothered by)* sich stören an (+D). ◇ *vi*: I don't ~ es ist mir egal; it slipped my ~ es ist mir entfallen; to my ~ was mich betrifft; to bear sthg in ~ etw nicht vergessen; to change one's ~ seine Meinung ändern; to have sthg in ~ etw vorhaben; to have sthg on one's ~ sich mit etw beschäftigen; to make one's ~ up sich entscheiden; do you ~ if ...? stört es, wenn ...; I wouldn't ~ a drink ich würde eigentlich gerne etwas trinken; '~ the gap!' *(on underground)* 'Vorsicht beim Einsteigen und Aussteigen'; never ~! *(don't worry)* macht nichts!

mine¹ [maɪn] *pron* meine(-r)(-s), meine *pl*; it's ~ es gehört mir; a friend of ~ ein Freund von mir.

mine² [maɪn] *n (for coal etc)* Bergwerk *das*; *(bomb)* Mine *die*.

miner ['maɪnə^r] *n* Bergmann *der*.

mineral ['mɪnərəl] *n* Mineral *das*.

mineral water *n* Mineralwasser *das*.

minestrone [,mɪnɪ'strəʊnɪ] *n* Minestrone *die*.

mingle ['mɪŋgl] *vi* sich mischen; *(with other people)* Konversation machen.

miniature ['mɪnətʃə^r] ◇ *adj* Miniatur-. ◇ *n (of alcohol)* Miniflasche *die*.

minibar ['mɪnɪbɑː^r] *n* Hausbar *die*.

minibus ['mɪnɪbʌs] *(pl* -es*)* *n* Kleinbus *der*.

minicab ['mɪnɪkæb] *n (Br)* Mietauto *das*.

minimal ['mɪnɪml] *adj* minimal.

minimum ['mɪnɪməm] ◇ *adj* Mindest-. ◇ *n* Minimum *das*.

miniskirt ['mɪnɪskɜːt] *n* Minirock *der*.

minister ['mɪnɪstə^r] *n (in government)* Minister *der* (-in *die*); *(in church)* Geistliche *der, die*.

ministry ['mɪnɪstrɪ] *n (of government)* Ministerium *das*.

minor ['maɪnə^r] ◇ *adj* kleiner. ◇ *n (fml)* Minderjährige *der, die*.

minority [maɪ'nɒrətɪ] *n* Minderheit *die*.

minor road *n* Nebenstraße *die*.

mint [mɪnt] *n (sweet)* Pfefferminz *das*; *(plant)* Minze *die*.

minus ['maɪnəs] *prep* minus; it's ~ 10 (degrees C) es ist minus 10 (Grad Celsius).

minuscule ['mɪnəskjuːl] *adj* winzig.

minute¹ ['mɪnɪt] *n* Minute *die*; any ~ jeden Moment; just a ~! Moment, bitte!

minute² [maɪ'njuːt] *adj* winzig.

minute steak [,mɪnɪt-] *n* kurzgebratenes Steak.

miracle ['mɪrəkl] *n* Wunder *das*.

miraculous [mɪˈrækjʊləs] *adj* wunderbar.

mirror [ˈmɪrəʳ] *n* Spiegel *der*.

misbehave [ˌmɪsbɪˈheɪv] *vi* sich schlecht benehmen.

miscarriage [ˌmɪsˈkærɪdʒ] *n* Fehlgeburt *die*.

miscellaneous [ˌmɪsəˈleɪnjəs] *adj* verschieden.

mischievous [ˈmɪstʃɪvəs] *adj* ungezogen.

misconduct [ˌmɪsˈkɒndʌkt] *n* unkorrektes Verhalten.

miser [ˈmaɪzəʳ] *n* Geizhals *der*.

miserable [ˈmɪzrəbl] *adj* erbärmlich; *(weather)* fürchterlich.

misery [ˈmɪzərɪ] *n (unhappiness)* Kummer *der*; *(poor conditions)* Elend *das*.

misfire [ˌmɪsˈfaɪəʳ] *vi (car)* fehllzünden.

misfortune [mɪsˈfɔːtʃuːn] *n (bad luck)* Pech *das*.

mishap [ˈmɪshæp] *n* Zwischenfall *der*.

misjudge [ˌmɪsˈdʒʌdʒ] *vt* falsch einschätzen.

mislay [ˌmɪsˈleɪ] *(pt & pp* **-laid***) vt* verlegen.

mislead [ˌmɪsˈliːd] *(pt & pp* **-led***) vt* irreführen.

miss [mɪs] ◇ *vt (plane, train, appointment, opportunity)* verpassen; *(not notice)* übersehen; *(target)* verfehlen; *(regret absence of)* vermissen. ◇ *vi (fail to hit)* nicht treffen.

♦ **miss out** *vt sep* auslassen. ◇ *vi:* **to ~ out on sthg** sich *(D)* etw entgehen lassen.

Miss [mɪs] *n* Fräulein *das*.

missile [*Br* ˈmɪsaɪl, *Am* ˈmɪsl] *n (weapon)* Rakete *die*; *(thing thrown)* Geschoß *das*.

missing [ˈmɪsɪŋ] *adj* verschwunden; **to be ~** *(not there)* fehlen.

missing person *n* Vermißte *der, die*.

mission [ˈmɪʃn] *n* Mission *die*.

missionary [ˈmɪʃənrɪ] *n* Missionar *der* *(-in* *die)*.

mist [mɪst] *n* Nebel *der*.

mistake [mɪˈsteɪk] *(pt* **-took***, pp* **-taken***)* ◇ *n* Fehler *der*. ◇ *vt (misunderstand)* mißverstehen; **by ~** aus Versehen; **to make a ~** sich irren; **to ~ sb/sthg for** jn/etw verwechseln mit.

Mister [ˈmɪstəʳ] *n* Herr *der*.

mistook [mɪˈstʊk] *pt* → **mistake**.

mistress [ˈmɪstrɪs] *n (lover)* Geliebte *die*; *(Br: teacher)* Lehrerin *die*.

mistrust [ˌmɪsˈtrʌst] *vt* mißtrauen *(+D)*.

misty [ˈmɪstɪ] *adj* nebelig.

misunderstanding [ˌmɪsʌndəˈstændɪŋ] *n* Mißverständnis *das*.

misuse [ˌmɪsˈjuːs] *n* Mißbrauch *der*.

mitten [ˈmɪtn] *n* Fausthandschuh *der*.

mix [mɪks] ◇ *vt* mischen; *(drink)* mixen. ◇ *n (for cake, sauce)* Mischung *die*; **to ~ sthg with sthg** etw mit etw vermischen.

♦ **mix up** *vt sep* durcheinanderlbringen.

mixed [mɪkst] *adj* gemischt.

mixed grill *n* Grillteller *der*.

mixed salad *n* gemischter Salat.

mixed vegetables *npl* Mischgemüse *das*.

mixer [ˈmɪksəʳ] *n (for food)* Mixer *der*; *(drink)* Mixgetränk *das*.

mixture [ˈmɪkstʃəʳ] *n* Mischung *die*.

mix-up *n (inf)* Irrtum *der*.

ml *(abbr of millilitre)* ml.

mm *(abbr of millimetre)* mm.

moan [məʊn] *vi* stöhnen.

moat [məʊt] *n* Burggraben *der*.

mobile [ˈməʊbaɪl] *adj* mobil.

mobile phone n Mobilfunk-Telefon das.

mock [mɒk] ◇ adj Schein-. ◇ vt verspotten. ◇ n (Br: exam) Vorprüfung die.

mode [məʊd] n Art die.

model ['mɒdl] n Modell das; (fashion model) Mannequin das.

moderate ['mɒdərət] adj (size, speed, amount) mittlere(-r)(-s); (views, politician) gemäßigt; (drinker, smoker) mäßig.

modern ['mɒdən] adj modern.

modernized ['mɒdənaɪzd] adj modernisiert.

modern languages npl Fremdsprachen pl.

modest ['mɒdɪst] adj bescheiden.

modify ['mɒdɪfaɪ] vt abländern.

mohair ['məʊheər] n Mohair der.

moist [mɔɪst] adj feucht.

moisture ['mɔɪstʃər] n Feuchtigkeit die.

moisturizer ['mɔɪstʃəraɪzər] n Feuchtigkeitscreme die.

molar ['məʊlər] n Backenzahn der.

mold [məʊld] (Am) = **mould**.

mole [məʊl] n (animal) Maulwurf der; (spot) Leberfleck der.

molest [mə'lest] vt (child, woman) belästigen.

mom [mɒm] n (Am: inf) Mutti die.

moment ['məʊmənt] n Moment der; at the ~ im Moment; for the ~ momentan.

Mon. (abbr of Monday) Mo.

monarchy ['mɒnəkɪ] n: the ~ die Monarchie.

monastery ['mɒnəstrɪ] n Kloster das.

Monday ['mʌndɪ] n Montag der, → **Saturday**.

money ['mʌnɪ] n Geld das.

money belt n Geldgürtel der.

money order n Zahlungsanweisung die.

mongrel ['mʌŋgrəl] n Promenadenmischung die.

monitor ['mɒnɪtər] ◇ n (computer screen) Monitor der. ◇ vt überwachen.

monk [mʌŋk] n Mönch der.

monkey ['mʌŋkɪ] (pl monkeys) n Affe der.

monkfish ['mʌŋkfɪʃ] n Seeteufel der.

monopoly [mə'nɒpəlɪ] n Monopol das.

monorail ['mɒnəʊreɪl] n Einschienenbahn die.

monotonous [mə'nɒtənəs] adj monoton.

monsoon [mɒn'suːn] n Monsun der.

monster ['mɒnstər] n Monster das.

month [mʌnθ] n Monat der; in a ~'s time in einem Monat.

monthly ['mʌnθlɪ] adj & adv monatlich.

monument ['mɒnjʊmənt] n Denkmal das.

mood [muːd] n Laune die, Stimmung die; to be in a (bad) ~ schlechte Laune haben; to be in a good ~ gute Laune haben.

moody ['muːdɪ] adj launisch.

moon [muːn] n Mond der.

moonlight ['muːnlaɪt] n Mondlicht das.

moor [mɔːr] ◇ n Moor das. ◇ vt festmachen.

moose [muːs] (pl inv) n Elch der.

mop [mɒp] ◇ n (for floor) Mop der. ◇ vt (floor) moppen.

♦ **mop up** vt sep aufwischen.

moped ['məʊped] n Moped das.

moral ['mɒrəl] ◇ adj moralisch. ◇ n Moral die.

morality [mə'rælɪtɪ] n Moral die.

more [mɔːr] ◇ adj 1. (a larger amount of) mehr; **there are ~ tour-**

ists **than usual** es sind mehr Touristen als gewöhnlich da.
2. *(additional)* noch mehr; **are there any ~ cakes?** ist noch mehr Kuchen da?; **I'd like two ~ bottles** ich möchte zwei Flaschen mehr; **there's no ~ wine** es ist kein Wein mehr da.
3. *(in phrases):* **~ and more** mehr und mehr.
◇ *adv* **1.** *(in comparatives):* **it's ~ difficult than before** es ist schwieriger als vorher; **speak ~ clearly** sprich/sprechen Sie deutlicher.
2. *(to a greater degree)* mehr; **we ought to go to the cinema ~** wir sollten öfters ins Kino gehen.
3. *(in phrases):* **I don't go there any ~** ich gehe da nicht mehr hin; **once ~** noch einmal; **~ or less** mehr oder weniger; **we'd be ~ than happy to help** wir würden sehr gerne helfen.
◇ *pron* **1.** *(a larger amount)* mehr; **I've got ~ than you** ich habe mehr als du; **~ than 20 types of pizza** mehr als 20 Pizzasorten.
2. *(an additional amount)* noch mehr; **is there any ~?** ist noch mehr da?; **there's no ~** es ist nichts mehr da.
moreover [mɔːˈrəʊvər] *adv (fml)* außerdem.
morning [ˈmɔːnɪŋ] *n* Morgen *der*; **two o'clock in the ~** zwei Uhr morgens; **good ~!** guten Morgen!; **in the ~** *(early in the day)* morgens, am Morgen; *(tomorrow morning)* morgen früh.
morning-after pill *n* Pille *die* danach.
morning sickness *n* Schwangerschaftserbrechen *das*.
Morocco [məˈrɒkəʊ] *n* Marokko *nt*.
moron [ˈmɔːrɒn] *n (inf)* Blödian *der*.

Morse (code) [mɔːs-] *n* Morsealphabet *das*.
mortgage [ˈmɔːgɪdʒ] *n* Hypothek *die*.
mosaic [məˈzeɪɪk] *n* Mosaik *das*.
Moslem [ˈmɒzləm] = **Muslim**.
mosque [mɒsk] *n* Moschee *die*.
mosquito [məˈskiːtəʊ] *(pl -es) n* Mücke *die*; *(tropical)* Moskito *der*.
mosquito net *n* Moskitonetz *das*.
moss [mɒs] *n* Moos *das*.
most [məʊst] ◇ *adj* **1.** *(the majority of)* die meisten; **~ people agree** die meisten Leute sind dieser Meinung.
2. *(the largest amount of)* der/die/das meiste; **I drank (the) ~ beer** ich habe das meiste Bier getrunken.
◇ *adv* **1.** *(in superlatives):* **she spoke (the) ~ clearly** sie sprach am deutlichsten; **the ~ expensive hotel in town** das teuerste Hotel in der Stadt.
2. *(to the greatest degree)* am meisten; **I like this one ~** mir gefällt dieses am besten.
3. *(fml: very)* äußerst, höchst; **it was a ~ pleasant evening** es war ein äußerst angenehmer Abend.
◇ *pron* **1.** *(the majority)* die meisten; **~ of the villages** die meisten Dörfer; **~ of the time** die meiste Zeit.
2. *(the largest amount)* das meiste; **she earns (the) ~** sie verdient am meisten.
3. *(in phrases):* **at ~** höchstens; **to make the ~ of sthg** das Beste aus etw machen.
mostly [ˈməʊstlɪ] *adv* hauptsächlich.
MOT *n (Br: test)* TÜV *der*.
motel [məʊˈtel] *n* Motel *das*.
moth [mɒθ] *n* Nachtfalter *der*; *(in clothes)* Motte *die*.
mother [ˈmʌðər] *n* Mutter *die*.

mother-in-law n Schwiegermutter die.

mother-of-pearl n Perlmutt das.

motif [məʊˈtiːf] n Motiv das.

motion [ˈməʊʃn] ◇ n Bewegung die. ◇ vi: **to ~ to sb** jm ein Zeichen geben.

motionless [ˈməʊʃənlɪs] adj unbeweglich.

motivate [ˈməʊtɪveɪt] vt motivieren.

motive [ˈməʊtɪv] n Motiv das.

motor [ˈməʊtər] n Motor der.

Motorail® [ˈməʊtəreɪl] n Autoreisezug der.

motorbike [ˈməʊtəbaɪk] n Motorrad das.

motorboat [ˈməʊtəbəʊt] n Motorboot das.

motorcar [ˈməʊtəkɑːr] n Kraftfahrzeug das.

motorcycle [ˈməʊtəˌsaɪkl] n Motorrad das.

motorcyclist [ˈməʊtəˌsaɪklɪst] n Motorradfahrer der (-in die).

motorist [ˈməʊtərɪst] n Autofahrer der (-in die).

motor racing n Autorennen das.

motorway [ˈməʊtəweɪ] n (Br) Autobahn die.

motto [ˈmɒtəʊ] (pl -s) n Motto das.

mould [məʊld] ◇ n (Br) (shape) Form die; (substance) Schimmel der. ◇ vt (Br: shape) formen.

mouldy [ˈməʊldɪ] adj (Br) schimmelig.

mound [maʊnd] n (hill) Hügel der; (pile) Haufen der.

mount [maʊnt] ◇ n (for photo) Passepartout das; (mountain) Berg der. ◇ vt (horse) besteigen; (photo) auflziehen. ◇ vi (increase) steigen.

mountain [ˈmaʊntɪn] n Berg der.

mountain bike n Mountainbike das.

mountaineer [ˌmaʊntɪˈnɪər] n Bergsteiger der (-in die).

mountaineering [ˌmaʊntɪˈnɪərɪŋ] n: **to go ~** Bergsteigen gehen.

mountainous [ˈmaʊntɪnəs] adj bergig.

Mount Rushmore [-ˈrʌʃmɔːr] n Mount Rushmore.

mourning [ˈmɔːnɪŋ] n: **to be in ~** in Trauer sein.

mouse [maʊs] (pl mice) n Maus die.

moussaka [muːˈsɑːkə] n Moussaka die.

mousse [muːs] n Mousse die.

moustache [məˈstɑːʃ] n (Br) Schnurrbart der.

mouth [maʊθ] n Mund der; (of cave, tunnel) Öffnung die; (of river) Mündung die.

mouthful [ˈmaʊθfʊl] n (of food) Happen der; (of drink) Schluck der.

mouthorgan [ˈmaʊθˌɔːgən] n Mundharmonika die.

mouthpiece [ˈmaʊθpiːs] n (of telephone) Sprechmuschel die; (of musical instrument) Mundstück das.

mouthwash [ˈmaʊθwɒʃ] n Mundwasser das.

move [muːv] ◇ n (change of house) Umzug der; (movement) Bewegung die; (in games) Zug der; (course of action) Schritt der. ◇ vt bewegen; (furniture) rücken; (car) weglfahren; (emotionally) rühren. ◇ vi sich bewegen; (vehicle) fahren; **to ~ (house)** umlziehen; **to make a ~ (leave)** auflbrechen.

♦ **move along** vi (go away) weiterlgehen.

♦ **move in** vi (to house) einlziehen.

♦ **move off** vi (train, car) sich in Bewegung setzen.

♦ **move on** vi (on foot) weiterlgehen; (car, bus etc) weiterlfahren.

♦ **move out** vi (from house) auslziehen.

◆ **move over** *vi* zur Seite rücken.

◆ **move up** *vi* (*on seat*) rücken.

movement ['mu:vmənt] *n* Bewegung *die*.

movie ['mu:vɪ] *n* Film *der*.

movie theater *n* (*Am*) Kino *das*.

moving ['mu:vɪŋ] *adj* bewegend.

mow [məʊ] *vt*: **to ~ the lawn** den Rasen mähen.

mozzarella [ˌmɒtsə'relə] *n* Mozzarella *der*.

MP *abbr* = **Member of Parliament**.

mph (*abbr of miles per hour*) Meilen pro Stunde.

Mr ['mɪstə^r] *abbr* Hr.

Mrs ['mɪsɪz] *abbr* Fr.

Ms [mɪz] *abbr* Anrede für Frauen, mit der man die Unterscheidung zwischen 'Frau' (verheiratet) und 'Fräulein' (unverheiratet) vermeidet.

MSc *n* (*abbr of Master of Science*) britischer Hochschulabschluß in einem naturwissenschaftlichen Fach.

much [mʌtʃ] (*compar* **more**, *superl* **most**) ◇ *adj* viel; **I haven't got ~ money** ich habe nicht viel Geld; **as ~ food as you can eat** soviel du essen kannst/Sie essen können; **how ~ time is left?** wieviel Zeit bleibt noch?; **we have too ~ work** wir haben zuviel Arbeit.

◇ *adv* **1.** (*to a great extent*) viel; **it's ~ better** es ist viel besser; **I like it very ~** es gefällt mir sehr gut; **it's not ~ good** (*inf*) es ist nicht besonders; **thank you very ~** vielen Dank.

2. (*often*) oft; **we don't go there ~** wir gehen da nicht oft hin.

◇ *pron* viel; **I haven't got ~** ich habe nicht viel; **as ~ as you like** so viel Sie wollen/du willst; **how ~ is it?** wieviel kostet es?; **you've got too ~** du hast zuviel.

muck [mʌk] *n* Dreck *der*.

◆ **muck about** *vi* (*Br: inf*) herumalbern.

◆ **muck up** *vt sep* (*Br: inf*) vermasseln.

mud [mʌd] *n* Schlamm *der*.

muddle ['mʌdl] *n*: **to be in a ~** durcheinander sein.

muddy ['mʌdɪ] *adj* schlammig.

mudguard ['mʌdgɑːd] *n* Schutzblech *das*.

muesli ['mjuːzlɪ] *n* Müsli *das*.

muffin ['mʌfɪn] *n* (*roll*) Muffin *das*; (*cake*) Kleingebäck aus Mürbeteig.

muffler ['mʌflə^r] *n* (*Am: silencer*) Schalldämpfer *der*.

mug [mʌg] ◇ *n* (*cup*) Becher *der*. ◇ *vt* (*attack*) überfallen.

mugging ['mʌgɪŋ] *n* Überfall *der*.

muggy ['mʌgɪ] *adj* schwül.

mule [mjuːl] *n* Maultier *das*.

multicoloured ['mʌltɪˌkʌləd] *adj* bunt.

multigym ['mʌltɪdʒɪm] *n* Gerät *das* zum Krafttraining.

multiple ['mʌltɪpl] *adj* mehrfach.

multiplex cinema ['mʌltɪpleks-] *n* Cinemax *das*.

multiplication [ˌmʌltɪplɪ'keɪʃn] *n* Multiplikation *die*.

multiply ['mʌltɪplaɪ] ◇ *vt* multiplizieren. ◇ *vi* sich vermehren.

multistorey (car park) [ˌmʌltɪ-'stɔːrɪ-] *n* Parkhaus *das*.

mum [mʌm] *n* (*Br: inf*) Mutti *die*.

mummy ['mʌmɪ] *n* (*Br: inf: mother*) Mami *die*.

mumps [mʌmps] *n* Mumps *der*.

munch [mʌntʃ] *vt* kauen.

Munich ['mjuːnɪk] *n* München *nt*.

municipal [mjuː'nɪsɪpl] *adj* städtisch, Stadt-.

mural ['mjuːərəl] *n* Wandgemälde *das*.

murder ['mɜːdə^r] ◇ *n* Mord *der*.

◇ *vt* ermorden.

murderer ['mɜːdərəʳ] *n* Mörder *der* (-in *die*).

muscle ['mʌsl] *n* Muskel *der*.

museum [mjuːˈziːəm] *n* Museum *das*.

mushroom ['mʌʃrʊm] *n* Pilz *der*; (CULIN) Champignon *der*.

music ['mjuːzɪk] *n* Musik *die*.

musical ['mjuːzɪkl] ◇ *adj* musikalisch. ◇ *n* Musical *das*.

musical instrument *n* Musikinstrument *das*.

musician [mjuːˈzɪʃn] *n* Musiker *der* (-in *die*).

Muslim ['mʊzlɪm] ◇ *adj* moslemisch. ◇ *n* Moslem *der* (Moslime *die*).

mussels ['mʌslz] *npl* Miesmuscheln *pl*.

must [mʌst] ◇ *aux vb* müssen; *(with negative)* dürfen. ◇ *n*: it's a ~ *(inf)* das ist ein Muß; I ~ go ich muß gehen; you ~n't be late du darfst nicht zu spät kommen; the room ~ be vacated by ten das Zimmer ist bis zehn Uhr zu räumen; you ~ have seen it du mußt es doch gesehen haben; you ~ see that film du mußt dir diesen Film anlsehen; you ~ be joking! das kann doch nicht dein Ernst sein!

mustache ['mʌstæʃ] *(Am)* = **moustache**.

mustard ['mʌstəd] *n* Senf *der*.

mustn't ['mʌsənt] = **must not**.

mutter ['mʌtəʳ] *vt* murmeln.

mutton ['mʌtn] *n* Hammelfleisch *das*.

mutual ['mjuːtʃʊəl] *adj (feeling)* gegenseitig; *(friend, interest)* gemeinsam.

muzzle ['mʌzl] *n* Maulkorb *der*.

my [maɪ] *adj* mein.

myself [maɪˈself] *pron (reflexive: accusative)* mich; *(reflexive: dative)* mir; *(after prep: accusative)* mich selbst; *(after prep: dative)* mir selbst; I did it ~ ich habe es selbst gemacht.

mysterious [mɪˈstɪərɪəs] *adj* rätselhaft.

mystery ['mɪstərɪ] *n* Rätsel *das*.

myth [mɪθ] *n (ancient story)* Mythos *der*; *(false idea)* Märchen *das*.

N *(abbr of North)* N.

nag [næg] *vt* herumlnörgeln an (+D).

nail [neɪl] ◇ *n* Nagel *der*. ◇ *vt* anlnageln.

nailbrush ['neɪlbrʌʃ] *n* Nagelbürste *die*.

nail file *n* Nagelfeile *die*.

nail scissors *npl* Nagelschere *die*.

nail varnish *n* Nagellack *der*.

nail varnish remover [-rəˈmuːvəʳ] *n* Nagellackentferner *der*.

naive [naɪˈiːv] *adj* naiv.

naked ['neɪkɪd] *adj* nackt.

name [neɪm] ◇ *n* Name *der*; *(reputation)* Ruf *der*. ◇ *vt* nennen; *(place)* benennen; first ~ Vorname *der*; last ~ Nachname *der*; what's your ~? wie heißen Sie/heißt du?; my ~ is ... ich heiße ...

namely ['neɪmlɪ] *adv* nämlich.

nan bread [næn-] *n* indisches Fladenbrot, das heiß gegessen wird.

nanny ['nænɪ] *n (childminder)* Kindermädchen *das*; *(inf: grandmother)* Oma *die*.

nap [næp] *n*: **to have a ~** ein Nickerchen machen.

napkin ['næpkɪn] *n* Serviette *die*.

nappy ['næpɪ] *n* Windel *die*.

nappy liner *n* Windeleinlage *die*.

narcotic [nɑː'kɒtɪk] *n* Rauschgift *das*.

narrow ['nærəʊ] ◇ *adj* schmal, eng. ◇ *vi* sich verengen.

narrow-minded [-'maɪndɪd] *adj* engstirnig.

nasty ['nɑːstɪ] *adj* (*spiteful*) gemein; (*accident, fall*) schlimm; (*smell, taste, weather*) scheußlich.

nation ['neɪʃn] *n* Nation *die*.

national ['næʃənl] ◇ *adj* national. ◇ *n* Staatsbürger *der* (-in *die*).

national anthem *n* Nationalhymne *die*.

National Health Service *n* staatlicher britischer Gesundheitsdienst.

National Insurance *n* (*Br*) Sozialversicherung *die*.

nationality [ˌnæʃə'nælətɪ] *n* Nationalität *die*.

national park *n* Nationalpark *der*.

nationwide ['neɪʃənwaɪd] *adj* landesweit.

native ['neɪtɪv] ◇ *adj* (*customs, population*) einheimisch. ◇ *n* Einheimische *der, die*; **~ country** Heimatland *das*; **he is a ~ speaker of English** Englisch ist seine Muttersprache.

NATO ['neɪtəʊ] *n* NATO *die*.

natural ['nætʃrəl] *adj* natürlich; (*swimmer, actor*) geboren.

natural gas *n* Erdgas *das*.

naturally ['nætʃrəlɪ] *adv* natürlich.

natural yoghurt *n* Biojoghurt *der*.

nature ['neɪtʃər] *n* Natur *die*; (*quality, character*) Wesen *das*.

nature reserve *n* Naturschutzgebiet *das*.

naughty ['nɔːtɪ] *adj* (*child*) ungezogen.

nausea ['nɔːzɪə] *n* Übelkeit *die*.

navigate ['nævɪgeɪt] *vi* navigieren; (*in car*) lotsen.

navy ['neɪvɪ] ◇ *n* (*ships*) Marine *die*. ◇ *adj*: **~ (blue)** marineblau.

NB (*abbr of nota bene*) NB.

near [nɪər] ◇ *adj & adv* nahe. ◇ *prep*: **~ (to)** nahe an (+*D*); **in the ~ future** demnächst.

nearby [nɪə'baɪ] ◇ *adv* in der Nähe. ◇ *adj* nahe gelegen.

nearly ['nɪəlɪ] *adv* fast.

nearside ['nɪəsaɪd] *n* (AUT) (*in UK*) linke Seite; (*in US, Europe*) rechte Seite.

neat [niːt] *adj* ordentlich; (*writing*) sauber; (*whisky, vodka etc*) pur.

neatly ['niːtlɪ] *adv* ordentlich; (*written*) sauber.

necessarily [ˌnesə'serɪlɪ, *Br* 'nesəsrəlɪ] *adv*: **not ~** nicht unbedingt.

necessary ['nesəsrɪ] *adj* nötig, notwendig.

necessity [nɪ'sesətɪ] *n* Notwendigkeit *die*.

♦ **necessities** *npl* Lebensnotwendige *das*.

neck [nek] *n* Hals *der*; (*of jumper, dress, shirt*) Kragen *der*.

necklace ['neklɪs] *n* Halskette *die*.

nectarine ['nektərɪn] *n* Nektarine *die*.

need [niːd] ◇ *n* Bedürfnis *das*. ◇ *vt* brauchen; **to ~ to do sthg** etw tun müssen.

needle ['niːdl] *n* Nadel *die*.

needlework ['niːdlwɜːk] *n* (SCH) Handarbeit *die*.

needn't ['niːdənt] = **need not**.

needy ['niːdɪ] *adj* notleidend.

negative ['negətɪv] ◇ *adj* negativ;

(person) ablehnend. ◊ *n (in photography)* Negativ *das*; (GRAMM) Verneinung *die*.

neglect [nɪˈglekt] *vt* vernachlässigen.

negligence [ˈneglɪdʒəns] *n* Nachlässigkeit *die*.

negotiations [nɪˌgəʊʃɪˈeɪʃnz] *npl* Verhandlungen *pl*.

negro [ˈniːgrəʊ] *(pl* -es) *n* Neger *der* (-in *die*).

neighbour [ˈneɪbəʳ] *n* Nachbar *der* (-in *die*).

neighbourhood [ˈneɪbəhʊd] *n* Nachbarschaft *die*.

neighbouring [ˈneɪbərɪŋ] *adj* benachbart.

neither [ˈnaɪðəʳ, ˈniːðəʳ] ◊ *adj*: ~ bag is big enough keine der beiden Taschen ist groß genug. ◊ *pron*: ~ of us keiner von uns beiden. ◊ *conj*: ~ do I ich auch nicht; ~ ... nor ... weder ... noch ...

neon light [ˈniːɒn-] *n* Neonlicht *das*.

nephew [ˈnefjuː] *n* Neffe *der*.

nerve [nɜːv] *n* Nerv *der*; *(courage)* Mut *der*; what a ~! so eine Frechheit!

nervous [ˈnɜːvəs] *adj* nervös.

nervous breakdown *n* Nervenzusammenbruch *der*.

nest [nest] *n* Nest *das*.

Net [net] *n*: the ~ das Internet; to surf the ~ im Internet surfen.

net [net] ◊ *n* Netz *das*. ◊ *adj (profit, result, weight)* netto.

netball [ˈnetbɔːl] *n Sportart, die meist von Frauen gespielt wird und dem Basketball ähnelt.*

Netherlands [ˈneðələndz] *npl*: the ~ die Niederlande.

nettle [ˈnetl] *n* Nessel *die*.

network [ˈnetwɜːk] *n* Netz *das*.

neurotic [ˌnjʊəˈrɒtɪk] *adj* neurotisch.

neutral [ˈnjuːtrəl] ◊ *adj* neutral. ◊ *n* (AUT): in ~ im Leerlauf.

never [ˈnevəʳ] *adv* nie; *(simple negative)* nicht; she's ~ late sie kommt nie zu spät; ~ mind! macht nichts!

nevertheless [ˌnevəðəˈles] *adv* trotzdem.

new [njuː] *adj* neu.

newly [ˈnjuːlɪ] *adv* frisch.

new potatoes *npl* neue Kartoffeln.

news [njuːz] *n (information)* Nachricht *die*; *(on TV, radio)* Nachrichten *pl*; a piece of ~ eine Neuigkeit.

newsagent [ˈnjuːzeɪdʒənt] *n (shop)* Zeitungshändler *der*.

newspaper [ˈnjuːzˌpeɪpəʳ] *n* Zeitung *die*.

New Year *n* Neujahr *das*.

New Year's Day *n* Neujahrstag *der*.

New Year's Eve *n* Silvester *der*.

New York [-ˈjɔːk] *n* New York *nt*.

New Zealand [-ˈziːlənd] *n* Neuseeland *nt*.

next [nekst] ◊ *adj* nächste(-r)(-s). ◊ *adv (afterwards)* als nächstes, danach; *(on next occasion)* das nächste Mal; when does the ~ bus leave? wann fährt der nächste Bus ab?; ~ to neben; the week after ~ übernächste Woche.

next door *adv* nebenan.

next of kin [-kɪn] *n* nächster Angehörige (nächste Angehörige).

NHS *abbr* = **National Health Service**.

nib [nɪb] *n* Feder *die*.

nibble [ˈnɪbl] *vt* knabbern.

nice [naɪs] *adj (meal, feeling, taste)* gut; *(clothes, house, car, weather)* schön; *(kind)* nett; to have a ~ time Spaß haben; ~ to see you! schön, dich wiederzusehen!

nickel ['nɪkl] *n (metal)* Nickel *das;* *(Am: coin)* Fünfcentstück *das.*

nickname ['nɪkneɪm] *n* Spitzname *der.*

niece [niːs] *n* Nichte *die.*

night [naɪt] *n* Nacht *die; (evening)* Abend *der;* **at ~** nachts; *(in evening)* abends; **by ~** nachts.

nightclub ['naɪtklʌb] *n* Nachtklub *der.*

nightdress ['naɪtdres] *n* Nachthemd *das.*

nightie ['naɪtɪ] *n (inf)* Nachthemd *das.*

nightlife ['naɪtlaɪf] *n* Nachtleben *das.*

nightly ['naɪtlɪ] *adv* nächtlich.

nightmare ['naɪtmeə^r] *n* Alptraum *der.*

night safe *n* Nachttresor *der.*

night school *n* Abendschule *die.*

nightshift ['naɪtʃɪft] *n* Nachtschicht *die.*

nil [nɪl] *n (SPORT)* null.

Nile [naɪl] *n:* **the ~** der Nil.

nine [naɪn] *num* neun, → **six**.

nineteen [,naɪn'tiːn] *num* neunzehn, → **six**; **~ ninety-five** neunzehnhundertfünfundneunzig.

nineteenth [,naɪn'tiːnθ] *num* neunzehnte(-r)(-s), → **sixth**.

ninetieth ['naɪntɪəθ] *num* neunzigste(-r)(-s), → **sixth**.

ninety ['naɪntɪ] *num* neunzig, → **six**.

ninth [naɪnθ] *num* neunte(-r)(-s), → **sixth**.

nip [nɪp] *vt (pinch)* zwicken.

nipple ['nɪpl] *n (of breast)* Brustwarze *die; (of bottle)* Sauger *der.*

nitrogen ['naɪtrədʒən] *n* Stickstoff *der.*

no [nəʊ] ◇ *adv* nein. ◇ *adj (not any)* kein. ◇ *n* Nein *das;* **I've got ~ money left** ich habe kein Geld übrig.

noble ['nəʊbl] *adj (character)* edel; *(aristocratic)* adlig.

nobody ['nəʊbədɪ] *pron* niemand.

nod [nɒd] *vi* nicken.

noise [nɔɪz] *n* Lärm *der.*

noisy ['nɔɪzɪ] *adj* laut.

nominate ['nɒmɪneɪt] *vt* nennen.

nonalcoholic [,nɒnælkə'hɒlɪk] *adj* alkoholfrei.

none [nʌn] *pron* keine(-r)(-s); **~ of us** keiner von uns; **~ of the money** nichts von dem Geld.

nonetheless [,nʌnðə'les] *adv* nichtsdestoweniger.

nonfiction [,nɒn'fɪkʃn] *n* Sachliteratur *die.*

non-iron *adj* bügelfrei.

nonsense ['nɒnsəns] *n* Unsinn *der.*

non-smoker *n (person)* Nichtraucher *der* (-in *die); (railway carriage)* Nichtraucherabteil *das.*

nonstick [,nɒn'stɪk] *adj* mit Antihaftbeschichtung.

nonstop [,nɒn'stɒp] ◇ *adj (flight)* Nonstop-. ◇ *adv (fly, run, rain)* ohne Unterbrechung, nonstop.

noodles ['nuːdlz] *npl* Nudeln *pl.*

noon [nuːn] *n* Mittag *der.*

no one = **nobody**.

nor [nɔː^r] *conj* auch nicht; **~ do I** ich auch nicht, neither.

normal ['nɔːml] *adj* normal.

normally ['nɔːməlɪ] *adv (usually)* normalerweise; *(properly)* normal.

north [nɔːθ] ◇ *n* Norden *der.* ◇ *adv* nach Norden; **in the ~ of England** in Nordengland.

North America *n* Nordamerika *nt.*

northbound ['nɔːθbaʊnd] *adj* in Richtung Norden.

northeast [,nɔːθ'iːst] *n* Nordosten *der.*

northern ['nɔːðən] *adj* nördlich.

Northern Ireland *n* Nordirland *nt.*

North Pole n Nordpol der.

North Sea n Nordsee die.

northwards ['nɔ:θwədz] adv nach Norden.

northwest [,nɔ:θ'west] n Nordwesten der.

Norway ['nɔ:weɪ] n Norwegen nt.

Norwegian [nɔ:'wi:dʒən] ◊ adj norwegisch. ◊ n (person) Norweger der (-in die); (language) Norwegisch das.

nose [nəʊz] n Nase die; (of animal) Schnauze die.

nosebleed ['nəʊzbli:d] n Nasenbluten das.

no smoking area n Nichtraucherecke die.

nostril ['nɒstrəl] n Nasenloch das; (of animal) Nüster die.

nosy ['nəʊzɪ] adj neugierig.

not [nɒt] adv nicht; **she's ~ there** sie ist nicht da; **~ yet** noch nicht; **~ at all** (pleased, interested) überhaupt nicht; (in reply to thanks) gern geschehen.

notably ['nəʊtəblɪ] adv besonders.

note [nəʊt] ◊ n (message) Nachricht die; (MUS) Note die; (comment) Anmerkung die; (bank note) Geldschein der. ◊ vt (notice) bemerken; (write down) notieren; **to take ~s** Notizen machen.

notebook ['nəʊtbʊk] n Notizbuch das.

noted ['nəʊtɪd] adj bekannt.

notepaper ['nəʊtpeɪpər] n Briefpapier das.

nothing ['nʌθɪŋ] pron nichts; **~ new/interesting** nichts Neues/Interessantes; **for ~** (for free) umsonst; (in vain) vergeblich.

notice ['nəʊtɪs] ◊ vt bemerken. ◊ n (in newspaper) Anzeige die; (on board) Aushang der; (warning) Ankündigung die; **to take ~ of** zur Kenntnis nehmen; **to hand in**
one's ~ kündigen.

noticeable ['nəʊtɪsəbl] adj bemerkenswert.

notice board n Anschlagtafel die.

notion ['nəʊʃn] n Vorstellung die.

notorious [nəʊ'tɔ:rɪəs] adj berüchtigt.

nougat ['nu:gɑ:] n Nougat das.

nought [nɔ:t] n Null die.

noun [naʊn] n Substantiv das.

nourishment ['nʌrɪʃmənt] n Nahrung die.

Nov. (abbr of November) Nov.

novel ['nɒvl] ◊ n Roman der. ◊ adj neu.

novelist ['nɒvəlɪst] n Romanautor der (-in die).

November [nə'vembər] n November der, → **September**.

now [naʊ] ◊ adv jetzt. ◊ conj: **~ (that)** jetzt, wo ...; **just ~** gerade eben; **right ~** (at the moment) im Moment; (immediately) sofort; **by ~** inzwischen; **from ~ on** von jetzt an.

nowadays ['naʊədeɪz] adv heutzutage.

nowhere ['nəʊweər] adv nirgends.

nozzle ['nɒzl] n Düse die.

nuclear ['nju:klɪər] adj Atom-.

nude [nju:d] adj nackt.

nudge [nʌdʒ] vt anstoßen.

nuisance ['nju:sns] n: **it's a real ~!** es ist wirklich ärgerlich!; **he's such a ~!** er ist wirklich lästig!

numb [nʌm] adj gefühllos.

number ['nʌmbər] ◊ n Nummer die; (quantity) Anzahl die. ◊ vt numerieren.

numberplate ['nʌmbəpleɪt] n Nummernschild das.

numeral ['nju:mərəl] n Ziffer die.

numerous ['nju:mərəs] adj zahlreich.

nun [nʌn] *n* Nonne *die*.

nurse [nɜːs] ◇ *n* Krankenschwester *die*. ◇ *vt* pflegen; **male ~** Krankenpfleger *der*.

nursery ['nɜːsərɪ] *n* (*in house*) Kinderzimmer *das*; (*for plants*) Gärtnerei *die*.

nursery (school) *n* Kindergarten *der*.

nursery slope *n* Idiotenhügel *der*.

nursing ['nɜːsɪŋ] *n* (*profession*) Krankenpflege *die*.

nut [nʌt] *n* (*to eat*) Nuß *die*; (*of metal*) Mutter *die*.

nutcrackers ['nʌtˌkrækəz] *npl* Nußknacker *der*.

nutmeg ['nʌtmeg] *n* Muskatnuß *die*.

nylon ['naɪlɒn] ◇ *n* Nylon *das*. ◇ *adj* aus Nylon.

O

o' [ə] *abbr* = **of**.

O *n* (*zero*) Null *die*.

oak [əʊk] ◇ *n* Eiche *die*. ◇ *adj* Eichen-.

OAP *abbr* = **old age pensioner**.

oar [ɔːʳ] *n* Ruder *das*.

oatcake ['əʊtkeɪk] *n* Haferkeks *der*.

oath [əʊθ] *n* (*promise*) Eid *der*.

oatmeal ['əʊtmiːl] *n* Hafermehl *das*.

oats [əʊts] *npl* Haferflocken *pl*.

obedient [ə'biːdjənt] *adj* gehorsam.

obey [ə'beɪ] *vt* gehorchen (+*D*).

object [*n* 'ɒbdʒɪkt, *vb* ɒb'dʒekt] ◇ *n* Objekt *das*; (*purpose*) Zweck *der*. ◇ *vi*: **to ~ (to)** Einspruch erheben (gegen).

objection [əb'dʒekʃn] *n* Einwand *der*.

objective [əb'dʒektɪv] *n* Ziel *das*.

obligation [ˌɒblɪ'geɪʃn] *n* Verpflichtung *die*.

obligatory [ə'blɪgətrɪ] *adj* obligatorisch.

oblige [ə'blaɪdʒ] *vt*: **to ~ sb to do sthg** jn zwingen, etw zu tun.

oblique [ə'bliːk] *adj* schief.

oblong ['ɒblɒŋ] ◇ *adj* rechteckig. ◇ *n* Rechteck *das*.

obnoxious [əb'nɒkʃəs] *adj* unausstehlich.

oboe ['əʊbəʊ] *n* Oboe *die*.

obscene [əb'siːn] *adj* obszön.

obscure [əb'skjʊəʳ] *adj* unklar; (*not well-known*) unbekannt.

observant [əb'zɜːvnt] *adj* aufmerksam.

observation [ˌɒbzə'veɪʃn] *n* (*watching*) Beobachtung *die*; (*comment*) Bemerkung *die*.

observatory [əb'zɜːvətrɪ] *n* Sternwarte *die*.

observe [əb'zɜːv] *vt* (*watch, see*) beobachten.

obsessed [əb'sest] *adj* besessen.

obsession [əb'seʃn] *n* fixe Idee.

obsolete ['ɒbsəliːt] *adj* veraltet.

obstacle ['ɒbstəkl] *n* Hindernis *das*.

obstinate ['ɒbstənət] *adj* starrsinnig.

obstruct [əb'strʌkt] *vt* versperren.

obstruction [əb'strʌkʃn] *n* Blockierung *die*.

obtain [əb'teɪn] *vt* erhalten.

obtainable [əb'teɪnəbl] *adj* erhältlich.

obvious ['ɒbvɪəs] *adj* eindeutig.

obviously ['ɒbvɪəslɪ] *adv* offensichtlich.

occasion [əˈkeɪʒn] *n* Gelegenheit *die*.

occasional [əˈkeɪʒənl] *adj* gelegentlich.

occasionally [əˈkeɪʒnəlɪ] *adv* gelegentlich.

occupant [ˈɒkjupənt] *n (of house)* Bewohner *der* (-in *die*); *(of car, plane)* Insasse *der* (Insassin *die*).

occupation [ˌɒkjuˈpeɪʃn] *n (job)* Beruf *der*; *(pastime)* Beschäftigung *die*.

occupied [ˈɒkjupaɪd] *adj (toilet)* besetzt.

occupy [ˈɒkjupaɪ] *vt (building)* bewohnen; *(seat, country)* besetzen; *(keep busy)* beschäftigen.

occur [əˈkɜːr] *vi* vorkommen.

occurrence [əˈkʌrəns] *n* Ereignis *das*; *(existence)* Auftreten *das*.

ocean [ˈəʊʃn] *n* Ozean *der*; **the ~** *(Am: sea)* das Meer.

o'clock [əˈklɒk] *adv*: **(at) one ~** (um) ein Uhr.

Oct. *(abbr of October)* Okt.

October [ɒkˈtəʊbər] *n* Oktober *der*, → **September**.

octopus [ˈɒktəpəs] *n* Krake *der*.

odd [ɒd] *adj (strange)* seltsam; *(number)* ungerade; *(not matching)* einzeln; *(occasional)* gelegentlich; **60 ~ miles** ungefähr 60 Meilen; **some ~ bits of paper** irgendwelches Papier; **~ jobs** Gelegenheitsarbeiten *pl*.

odds [ɒdz] *npl* Chancen *pl*; **~ and ends** Kram *der*.

odor [ˈəʊdər] *(Am)* = **odour**.

odour [ˈəʊdər] *n (Br)* Geruch *der*.

of [ɒv] *prep* 1. *(gen)* von, *use the genitive case*; **the colour ~ the car** die Farbe des Autos; **a map ~ Britain** eine Karte von Großbritannien; **a group ~ people** eine Gruppe Menschen; **a glass ~ beer** ein Glas Bier; **the handle ~ the door** der Türgriff.

2. *(expressing amount)*: **a pound ~ sweets** ein Pfund Bonbons; **a piece ~ cake** ein Stück Kuchen; **a fall ~ 20%** ein Sinken um 20%; **a town ~ 50,000 people** eine Stadt mit 50.000 Einwohnern; **a girl ~ six** ein sechsjähriges Mädchen.

3. *(made from)* aus; **a house ~ stone** ein Haus aus Stein; **it's made ~ wood** es ist aus Holz.

4. *(referring to time)*: **the summer ~ 1969** der Sommer 1969; **the 26th ~ August** der 26. August.

5. *(on the part of)* von; **that was very kind ~ you** das war sehr nett von Ihnen/dir.

6. *(Am: in telling the time)* vor; **it's ten ~ four** es ist zehn vor vier.

off [ɒf] ◇ *adv* 1. *(away)* weg; **to get ~ (from bus, train, plane)** aussteigen; **we're ~ to Austria next week** wir fahren nächste Woche nach Österreich.

2. *(expressing removal)* ab; **to take sthg ~ (clothes, shoes)** etw ausziehen; *(lid, wrapper)* etw abnehmen.

3. *(so as to stop working)*: **to turn sthg ~ (TV, radio, engine)** etw ausschalten; *(tap)* etw zudrehen.

4. *(expressing distance or time away)*: **it's 10 miles ~** es sind noch 10 Meilen bis dahin; **it's two months ~ yet** es sind noch zwei Monate bis dahin; **it's a long way ~ (in distance)** es ist noch ein weiter Weg bis dahin; *(in time)* bis dahin ist es noch lange hin.

5. *(not at work)*: **I'm taking a week ~** ich nehme mir eine Woche frei.

◇ *prep* 1. *(away from)* von; **to get ~ sthg** aussteigen aus etw; **~ the coast** vor der Küste; **it's just ~ the main road** es ist gleich in der Nähe der Hauptstraße.

2. *(indicating removal)* von ...ab; **take the lid ~ the jar** mach den Deckel von dem Glas ab; **they've**

taken £20 ~ **the price** sie haben es um 20 Pfund billiger gemacht. **3.** *(absent from)*: **to be ~ work** frei haben. **4.** *(inf: from)* von; **I bought it ~ her** ich habe es von ihr gekauft. **5.** *(inf: no longer liking)*: **I'm ~ my food** ich mag mein Essen nicht mehr. ◊ *adj* **1.** *(meat, cheese, milk, beer)* schlecht. **2.** *(not working)* aus; *(tap)* zu. **3.** *(cancelled)* abgesagt. **4.** *(not available)*: **the soup's ~** es ist keine Suppe mehr da.

offence [ə'fens] *n (Br) (crime)* Straftat *die*; *(upset)* Beleidigung *die*.

offend [ə'fend] *vt (upset)* beleidigen.

offender [ə'fendə^r] *n* Täter *der* (-in *die*).

offense [ə'fens] *(Am)* = **offence**.

offensive [ə'fensɪv] *adj (insulting)* beleidigend.

offer ['ɒfə^r] ◊ *n* Angebot *das*. ◊ *vt* anlbieten; *(provide)* bieten; **on ~** im Angebot; **to ~ to do sthg** anlbieten, etw zu tun; **to ~ sb sthg** *(gift)* jm etw schenken; *(food, job, seat, money)* jm etw anlbieten.

office ['ɒfɪs] *n (room)* Büro *das*.

office block *n* Bürogebäude *das*.

officer ['ɒfɪsə^r] *n (MIL)* Offizier *der*; *(policeman)* Beamte *der* (Beamtin *die*).

official [ə'fɪʃl] ◊ *adj* offiziell. ◊ *n* Repräsentant *der* (-in *die*).

officially [ə'fɪʃəlɪ] *adv* offiziell.

off-licence *n (Br)* Wein- und Spirituosenhandlung *die*.

off-peak *adj (train, traffic)* außerhalb der Hauptverkehrszeiten; *(ticket)* zum Spartarif.

off sales *npl (Br)* Verkauf von Alkohol in Geschäften oder Pubs zum Mitnehmen.

off-season *n* Nebensaison *die*.

offshore ['ɒfʃɔː^r] *adj (breeze)* vom Land her; *(island)* küstennah.

off side *n (AUT)* Fahrerseite *die*.

off-the-peg *adj* von der Stange.

often ['ɒfn, 'ɒftn] *adv* oft; **how ~ do the buses run?** wie oft fährt der Bus?; **every so ~** gelegentlich.

oh [əʊ] *excl* oh!

oil [ɔɪl] *n* Öl *das*.

oilcan ['ɔɪlkæn] *n* Ölkanister *der*.

oil filter *n* Ölfilter *der*.

oil rig *n* Bohrinsel *die*.

oily ['ɔɪlɪ] *adj* ölig; *(food)* fettig.

ointment ['ɔɪntmənt] *n* Salbe *die*.

OK [,əʊ'keɪ] ◊ *adj (inf)* in Ordnung, okay. ◊ *adv (inf: expressing agreement)* in Ordnung, okay; *(satisfactorily, well)* gut.

okay [,əʊ'keɪ] = **OK**.

old [əʊld] *adj* alt; **how ~ are you?** wie alt bist du?; **I'm 36 years ~** ich bin 36 (Jahre alt); **to get ~** alt werden.

old age *n* Alter *das*.

old age pensioner *n* Senior *der* (-in *die*).

O level *n ehemaliger britischer Schulabschluß, ersetzt durch das 'GCSE'.*

olive ['ɒlɪv] *n* Olive *die*.

olive oil *n* Olivenöl *das*.

Olympic Games [ə'lɪmpɪk-] *npl* Olympische Spiele *pl*.

omelette ['ɒmlɪt] *n* Omelett *das*; **mushroom ~** Omelett mit Pilzen.

ominous ['ɒmɪnəs] *adj* unheilvoll.

omit [ə'mɪt] *vt* ausllassen.

on [ɒn] ◊ *prep* **1.** *(expressing position, location)* auf (+D,A); **it's ~ the table** es ist auf dem Tisch; **put it ~ the table** leg es auf den Tisch; **a picture ~ the wall** ein Bild an der Wand; **the exhaust ~ the car** der Auspuff am Auto; **~ my left** zu meiner Linken; **~ the right** auf der rechten Seite; **we stayed ~ a farm**

wir übernachteten auf einem Bauernhof; ~ **the Rhine** am Rhein; ~ **the main road** an der Hauptstraße.

2. *(with forms of transport):* ~ **the train/plane** *(inside)* im Zug/Flugzeug; *(travel)* mit dem Zug/Flugzeug; **to get** ~ **a bus** in einen Bus einlsteigen.

3. *(expressing means, method)* auf (+D); ~ **foot** zu Fuß; ~ **TV/the radio** im Radio/Fernsehen; ~ **tape** auf Band.

4. *(using):* **it runs** ~ **unleaded petrol** es fährt mit bleifreiem Benzin; **to be** ~ **medication** Medikamente nehmen.

5. *(about)* über (+A); **a book** ~ **Germany** ein Buch über Deutschland.

6. *(expressing time)* an (+D); ~ **arrival** bei Ankunft; ~ **Tuesday** am Dienstag; ~ **25th August** am 25. August.

7. *(with regard to)* auf (+D); **a tax** ~ **imports** eine Steuer auf Importe; **the effect** ~ **Britain** die Auswirkungen auf Großbritannien.

8. *(describing activity, state):* **to be** ~ **fire** brennen; ~ **holiday** in Ferien, im Urlaub; ~ **offer** im Angebot.

9. *(in phrases):* **do you have any money** ~ **you?** *(inf)* hast du Geld bei dir?; **the drinks are** ~ **me** die Drinks gehen auf mich.

◇ *adv* **1.** *(in place, covering):* **to have sthg** ~ *(clothes, hat)* etw anlhaben; **put the lid** ~ mach den Deckel drauf; **to put one's clothes** ~ sich (D) seine Kleider anlziehen.

2. *(film, play, programme):* **the news is** ~ die Nachrichten laufen; **what's** ~ **at the cinema?** was läuft im Kino?

3. *(with transport):* **to get** ~ einlsteigen.

4. *(functioning)* an; **to turn sthg** ~ *(TV, radio, engine)* etw einlschalten; *(tap)* etw aufldrehen.

5. *(taking place):* **how long is the festival** ~? wie lange geht das Festival?

6. *(further forward)* weiter; **to drive** ~ weiterlfahren.

7. *(in phrases):* **to have sthg** ~ etw vorlhaben.

◇ *adj* *(TV, engine, light)* an; *(tap)* auf.

once [wʌns] ◇ *adv* einmal. ◇ *conj* wenn; **at** ~ *(immediately)* sofort; *(at the same time)* gleichzeitig; **for** ~ ausnahmsweise; ~ **more** *(one more time)* noch einmal; *(again)* wieder.

oncoming [ˈɒnˌkʌmɪŋ] *adj* *(traffic)* Gegen-.

one [wʌn] ◇ *num* *(the number 1)* eins; *(with noun)* ein/eine/ein. ◇ *adj* *(only)* einzige(-r)(-s). ◇ *pron* eine/einer/eines; *(fml: you)* man; **this** ~ diese/dieser/dieses; **thirty-**~ einunddreißig; ~ **fifth** ein Fünftel; **I like that** ~ ich mag den/die/das (da); **which** ~? welche/welcher/welches?; **the** ~ **I told you about** der/die/das, von dem/der/dem ich dir erzählt habe; ~ **of my friends** einer meiner Freunde; ~ **day** *(in past, future)* eines Tages.

one-piece (swimsuit) *n* Einteiler *der*.

oneself [wʌnˈself] *pron* *(reflexive)* sich; *(after prep)* sich selbst.

one-way *adj* *(street)* Einbahn-; *(ticket)* einfach.

onion [ˈʌnjən] *n* Zwiebel *die*.

onion bhaji [-ˈbɑːdʒɪ] *n* *indische Vorspeise aus ausgebackenen Teigbällchen mit gehackten Zwiebeln.*

onion rings *npl* fritierte Zwiebelringe *pl.*

only [ˈəʊnlɪ] ◇ *adj* einzige(-r)(-s). ◇ *adv* nur; **an** ~ **child** ein Einzelkind; **I** ~ **want** ich möchte nur einen/eine/eines; **we've** ~ **just arrived** wir sind gerade erst angekommen; **there's** ~ **just enough** es ist gerade noch genug da; 'members ~' 'nur für Mitglieder'; not ~ nicht nur.

onto ['ɒntuː] *prep* auf (+*A*); to get ~ sb *(telephone)* jn anⅼrufen.

onward ['ɒnwəd] ◊ *adj (journey)* Weiter-. ◊ *adv* = **onwards**.

onwards ['ɒnwədz] *adv (forwards)* vorwärts; **from now ~** von jetzt an; **from October ~** ab Oktober.

opal ['əʊpl] *n* Opal *der*.

opaque [əʊ'peɪk] *adj* undurchsichtig.

open ['əʊpn] ◊ *adj* offen. ◊ *vt* öffnen; *(door, window, mouth)* öffnen, auflmachen; *(bank account, meeting, new building)* eröffnen. ◊ *vi (door, window, lock)* sich öffnen; *(shop, office, bank)* öffnen, auflmachen; *(start)* beginnen, anlfangen; **are you ~ at the weekend?** haben Sie am Wochenende geöffnet?; **wide ~** weit offen; **in the ~ (air)** im Freien.

♦ **open onto** *vt fus* führen auf (+*A*).

♦ **open up** *vi (unlock the door)* auflschließen; *(shop, cinema, etc)* öffnen.

open-air *adj (swimming pool)* Frei-; *(theatre, concert)* Freilicht-.

opening ['əʊpnɪŋ] *n (gap)* Öffnung *die*; *(beginning)* Eröffnung *die*; *(opportunity)* Möglichkeit *die*.

opening hours *npl* Öffnungszeiten *pl*.

open-minded [-'maɪndɪd] *adj* aufgeschlossen.

open-plan *adj* Großraum-.

open sandwich *n* belegtes Brot.

opera ['ɒpərə] *n* Oper *die*.

opera house *n* Opernhaus *das*.

operate ['ɒpəreɪt] ◊ *vt (machine)* bedienen. ◊ *vi (work)* funktionieren; **to ~ on sb** jn operieren.

operating room ['ɒpəreɪtɪŋ-]

(Am) = **operating theatre**.

operating theatre ['ɒpəreɪtɪŋ-] *n (Br)* Operationssaal *der*.

operation [ˌɒpə'reɪʃn] *n (in hospital)* Operation *die*; *(task)* Aktion *die*; **to be in ~** *(law, system)* in Kraft sein; **to have an ~** sich operieren lassen.

operator ['ɒpəreɪtər] *n (on phone)* Vermittlung *die*.

opinion [ə'pɪnjən] *n* Meinung *die*; **in my ~** meiner Meinung nach.

opponent [ə'pəʊnənt] *n* Gegner *der* (-in *die*).

opportunity [ˌɒpə'tjuːnətɪ] *n* Gelegenheit *die*.

oppose [ə'pəʊz] *vt* sich wenden gegen; *(argue against)* sprechen gegen.

opposed [ə'pəʊzd] *adj*: **to be ~ to** sthg gegen etw sein.

opposite ['ɒpəzɪt] ◊ *adj* gegenüberliegend; *(totally different)* entgegengesetzt. ◊ *prep* gegenüber (+*D*). ◊ *n*: **the ~ (of)** das Gegenteil (von).

opposition [ˌɒpə'zɪʃn] *n (objections)* Opposition *die*; *(SPORT)* Gegner *der*; **the Opposition** (POL) die Opposition.

opt [ɒpt] *vt*: **to ~ to do** sthg sich entscheiden, etw zu tun.

optician's [ɒp'tɪʃns] *n (shop)* Optiker *der*.

optimist ['ɒptɪmɪst] *n* Optimist *der* (-in *die*).

optimistic [ˌɒptɪ'mɪstɪk] *adj* optimistisch.

option ['ɒpʃn] *n (alternative)* Möglichkeit *die*; *(optional extra)* Extra *das*.

optional ['ɒpʃənl] *adj* freiwillig; *(subject)* wahlfrei.

or [ɔːr] *conj* oder; *(after negative)* noch.

oral ['ɔːrəl] ◊ *adj (spoken)* mündlich; *(hygiene)* Mund-. ◊ *n (exam)* mündliche Prüfung.

orange ['ɒrɪndʒ] ◊ *adj* orange. ◊ *n (fruit)* Orange *die*, Apfelsine *die*; *(colour)* Orange *das*.

orange juice *n* Orangensaft *der*.

orange squash *n (Br)* Orangen-saftkonzentrat *das*.

orbit ['ɔ:bɪt] *n* Umlaufbahn *die*.

orbital (motorway) ['ɔ:bɪtl-] *n (Br)* Ringautobahn *die*.

orchard ['ɔ:tʃəd] *n* Obstgarten *der*.

orchestra ['ɔ:kɪstrə] *n* Orchester *das*.

ordeal [ɔ:'di:l] *n* Tortur *die*.

order ['ɔ:dər] ◊ *n (sequence)* Rei-henfolge *die*; *(command)* Befehl *der*; *(in restaurant)* Bestellung *die*; *(neat-ness, discipline)* Ordnung *die*; *(COMM)* Auftrag *der*, Bestellung *die*. ◊ *vt (command)* befehlen (+D); *(food, taxi, product)* bestellen. ◊ *vi (in restaurant)* bestellen; **in ~ to do sthg** um etw zu tun; **out of ~** außer Betrieb; **in working ~** in Betrieb; **to ~ sb to do sthg** jm befehlen, etw zu tun.

order form *n* Bestellschein *der*.

ordinary ['ɔ:dənrɪ] *adj* gewöhn-lich.

ore [ɔ:r] *n* Erz *das*.

oregano [ˌɒrɪ'gɑ:nəʊ] *n* Oregano *der*.

organ ['ɔ:gən] *n (MUS)* Orgel *die*; *(in body)* Organ *das*.

organic [ɔ:'gænɪk] *adj* biodyna-misch angebaut.

organization [ˌɔ:gənaɪ'zeɪʃn] *n* Organisation *die*.

organize ['ɔ:gənaɪz] *vt* organisie-ren.

organizer ['ɔ:gənaɪzər] *n* Organi-sator *der* (-in *die*); *(diary)* Zeitplan-buch *das*.

oriental [ˌɔ:rɪ'entl] *adj* orienta-lisch.

orientate ['ɔ:rɪenteɪt] *vt*: **to ~ o.s.** sich orientieren.

origin ['ɒrɪdʒɪn] *n* Ursprung *der*.

original [ə'rɪdʒənl] *adj (first)* ursprünglich; *(novel)* originell.

originally [ə'rɪdʒənəlɪ] *adv* ur-sprünglich.

originate [ə'rɪdʒəneɪt] *vi*: **to ~ (from)** stammen (aus (+D)).

ornament ['ɔ:nəmənt] *n (object)* Schmuckgegenstand *der*.

ornamental [ˌɔ:nə'mentl] *adj* Zier-.

ornate [ɔ:'neɪt] *adj* reich verziert.

orphan ['ɔ:fn] *n* Waise *die*.

orthodox ['ɔ:θədɒks] *adj* ortho-dox.

ostentatious [ˌɒstən'teɪʃəs] *adj* pompös.

ostrich ['ɒstrɪtʃ] *n* Strauß *der*.

other ['ʌðər] ◊ *adj & pron* ande-re(-r)(-s). ◊ *adv*: **~ than** außer; **the ~ (one)** der/die/das andere; **the ~ day** neulich; **one after the ~** hin-tereinander.

otherwise ['ʌðəwaɪz] *adv* sonst; *(differently)* anders.

otter ['ɒtər] *n* Otter *der*.

ought [ɔ:t] *aux vb*: **I ~ to go now** ich sollte jetzt gehen; **you ~ not to have said that** du hättest das nicht sagen sollen; **you ~ to see a doctor** du solltest zum Arzt gehen; **the car ~ to be ready by Friday** das Auto sollte Freitag fertig sein.

ounce [aʊns] *n (unit of measure-ment)* = 28,35 g, Unze *die*.

our ['aʊər] *adj* unser.

ours ['aʊəz] *pron* unsere(-r)(-s); **this suitcase is ~** der Koffer gehört uns; **a friend of ~** ein Freund von uns.

ourselves [aʊə'selvz] *pron (reflex-ive, after prep)* uns; **we did it ~** wir haben es selbst gemacht.

out [aʊt] ◊ *adj (light, cigarette)* aus.

◊ *adv* 1. *(outside)* draußen; **to come ~ (of)** herausǀkommen (aus); **to get ~ (of)** ausǀsteigen (aus); **to go ~ (of)** hinausǀgehen (aus); **it's cold ~ today** es ist kalt draußen heute. 2. *(not at home, work)*: **she's ~** sie ist nicht da; **to go ~** ausǀgehen. 3. *(so as to be extinguished)* aus; **put your cigarette ~!** mach deine Zigarette aus! 4. *(expressing removal)*: **to take sthg ~ (of)** etw herausǀnehmen (aus); *(money)* etw abǀheben (von). 5. *(outwards)*: **to stick ~** herausǀstehen. 6. *(expressing distribution)*: **to hand sthg ~** etw ausǀteilen. 7. *(wrong)*: **the bill's £10 ~** die Rechnung stimmt um 10 Pfund nicht. 8. *(in phrases)*: **stay ~ of the sun** bleib aus der Sonne; **made ~ of wood** aus Holz (gemacht); **five ~ of ten women** fünf von zehn Frauen; **I'm ~ of cigarettes** ich habe keine Zigaretten mehr.

outback ['aʊtbæk] *n*: **the ~** das Hinterland *(in Australien)*.

outboard (motor) ['aʊtbɔːd-] *n* Außenbordmotor *der*.

outbreak ['aʊtbreɪk] *n* Ausbruch *der*.

outburst ['aʊtbɜːst] *n* Ausbruch *der*.

outcome ['aʊtkʌm] *n* Ergebnis *das*.

outcrop ['aʊtkrɒp] *n* Felsvorsprung *der*.

outdated [,aʊt'deɪtɪd] *adj* veraltet.

outdo [,aʊt'duː] *vt* übertreffen.

outdoor ['aʊtdɔːʳ] *adj (swimming pool)* Frei-; *(activities)* im Freien.

outdoors [aʊt'dɔːz] *adv* draußen; **to go ~** nach draußen gehen.

outer ['aʊtəʳ] *adj* äußere(-r)(-s).

outer space *n* Weltraum *der*.

outfit ['aʊtfɪt] *n (clothes)* Kleider *pl*.

outing ['aʊtɪŋ] *n* Ausflug *der*.

outlet ['aʊtlet] *n (pipe)* Abfluß *der*; **'no ~'** *(Am)* 'Sackgasse'.

outline ['aʊtlaɪn] *n (shape)* Umriß *der*; *(description)* kurze Beschreibung.

outlook ['aʊtlʊk] *n (for future, of weather)* Aussichten *pl*; *(attitude)* Einstellung *die*.

out-of-date *adj (old-fashioned)* veraltet; *(passport, licence)* abgelaufen.

outpatients' (department) ['aʊt,peɪʃnts-] *n* Poliklinik *die*.

output ['aʊtpʊt] *n* Output *der*.

outrage ['aʊtreɪdʒ] *n (cruel act)* Greueltat *die*.

outrageous [aʊt'reɪdʒəs] *adj* empörend.

outright [,aʊt'raɪt] *adv (tell, deny)* unumwunden; *(own)* ganz.

outside [*adv* ,aʊt'saɪd, *adj, prep & n* 'aʊtsaɪd] ◊ *adv* draußen. ◊ *prep* außerhalb (+G); *(in front of)* vor (+A,D). ◊ *adj (exterior)* Außen-; *(help, advice)* von außen. ◊ *n*: **the ~** *(of building, car, container)* die Außenseite; (AUT: *in UK)* rechts; (AUT: *in Europe, US)* links; **an ~ line** eine Außenlinie; **to go ~** nach draußen gehen; **~ the door** vor der Tür; **~ of** *(Am) (on the outside of)* außerhalb (+G); *(apart from)* außer (+D).

outside lane *n* (AUT) *(in UK)* rechter Fahrstreifen; *(in Europe, US)* linker Fahrstreifen.

outsize ['aʊtsaɪz] *adj* übergroß.

outskirts ['aʊtskɜːts] *npl* Außenbezirke *pl*.

outstanding [,aʊt'stændɪŋ] *adj (remarkable)* hervorragend; *(problem)* ungeklärt; *(debt)* ausstehend.

outward ['aʊtwəd] *adj (external)*

Außen-; ~ **journey** Hinreise *die*.
outwards ['aʊtwədz] *adv* nach außen.
oval ['əʊvl] *adj* oval.
ovation [əʊ'veɪʃn] *n* Applaus *der*.
oven ['ʌvn] *n* Ofen *der*.
oven glove *n* Topflappen *der*.
ovenproof ['ʌvnpruːf] *adj* feuerfest.
oven-ready *adj* bratfertig.
over ['əʊvə'] ◇ *prep* 1. *(above)* über (+D); **a bridge ~ the road** eine Brücke über der Straße.
2. *(across)* über (+A); **to walk ~ sthg** über etw laufen; **it's just ~ the road** es ist gerade gegenüber; **with a view ~ the gardens** mit Aussicht auf die Gärten.
3. *(covering)* über (+D,A); **put a plaster ~ the wound** klebe ein Pflaster auf die Wunde.
4. *(more than)* über (+A); **it cost ~ £1,000** es hat über 1.000 Pfund gekostet.
5. *(during)*: **~ New Year** über Neujahr; **~ the weekend** am Wochenende; **~ the past two years** in den letzten zwei Jahren.
6. *(with regard to)* über (+A); **an argument ~ the price** ein Streit über den Preis.
◇ *adv* 1. *(downwards)*: **to fall ~** umfallen; **to lean ~** sich vornüber lehnen.
2. *(referring to position, movement)* herüber/hinüber; **to drive ~** herüberfahren; **~ here** hier drüben; **~ there** da drüben.
3. *(round to other side)*: **to turn sthg ~** etw umdrehen.
4. *(more)*: **children aged 12 and ~** Kinder ab 12.
5. *(remaining)* übrig; **to be (left) ~** übrig bleiben.
6. *(to one's house)*: **to invite sb ~ for dinner** jn zu sich zum Essen einladen.
7. *(in phrases)*: **all ~** *(finished)* zu Ende; **all ~ the world** in der ganzen Welt.
◇ *adj (finished)*: **to be ~** fertig sein, zu Ende sein.
overall [*adv* ,əʊvər'ɔːl, *n* 'əʊvərɔːl] ◇ *adv (in general)* im allgemeinen. ◇ *n (Br: coat)* Kittel *der*; *(Am: boiler suit)* Overall *der*; **how much does it cost ~?** wieviel kostet das insgesamt?
♦ **overalls** *npl (Br: boiler suit)* Overall *der*; *(Am: dungarees)* Latzhose *die*.
overboard ['əʊvəbɔːd] *adv* über Bord.
overbooked [,əʊvə'bʊkt] *adj* überbucht.
overcame [,əʊvə'keɪm] *pt* → **overcome**.
overcast [,əʊvə'kɑːst] *adj* bedeckt.
overcharge [,əʊvə'tʃɑːdʒ] *vt*: **to ~ sb** jm zu viel berechnen.
overcoat ['əʊvəkəʊt] *n* Wintermantel *der*.
overcome [,əʊvə'kʌm] *(pt* **-came**, *pp* **-come)** *vt* überwältigen.
overcooked [,əʊvə'kʊkt] *adj* verkocht.
overcrowded [,əʊvə'kraʊdɪd] *adj* überfüllt.
overdo [,əʊvə'duː] *(pt* **-did**, *pp* **-done)** *vt (exaggerate)* übertreiben; **to ~ it** es übertreiben; *(work too hard)* sich übernehmen.
overdone [,əʊvə'dʌn] ◇ *pp* → **overdo**. ◇ *adj (food)* verkocht.
overdose ['əʊvədəʊs] *n* Überdosis *die*.
overdraft ['əʊvədrɑːft] *n* Kontoüberziehung *die*; **to have an ~** sein Konto überzogen haben.
overdue [,əʊvə'djuː] *adj* überfällig.
over easy *adj (Am: eggs)* auf bei-

den Seiten gebraten.

overexposed [ˌəʊvərɪkˈspəʊzd] *adj (photograph)* überbelichtet.

overflow [*vb* ˌəʊvəˈfləʊ, *n* ˈəʊvəfləʊ] ◇ *vi (container, bath)* überllaufen; *(river)* überschwemmen. ◇ *n (pipe)* Überlaufrohr *das*.

overgrown [ˌəʊvəˈɡrəʊn] *adj* überwachsen.

overhaul [ˌəʊvəˈhɔːl] *n* Überholung *die*.

overhead [*adj* ˈəʊvəhed, *adv* ˌəʊvəˈhed] ◇ *adj* Ober-; *(in ceiling)* Decken-. ◇ *adv* oben.

overhead locker *n (on plane)* Gepäckfach *das*.

overhear [ˌəʊvəˈhɪər] *(pt & pp* -heard) *vt* zufällig (mitl)hören.

overheat [ˌəʊvəˈhiːt] *vi* sich überhitzen.

overland [ˈəʊvəlænd] *adv* auf dem Landweg.

overlap [ˌəʊvəˈlæp] *vi* sich überlappen.

overleaf [ˌəʊvəˈliːf] *adv* umseitig.

overload [ˌəʊvəˈləʊd] *vt* überladen.

overlook [*vb* ˌəʊvəˈlʊk, *n* ˈəʊvəlʊk] ◇ *vt (subj: building, room)* überblicken; *(miss)* übersehen. ◇ *n*: *(scenic)* ~ *(Am)* Aussichtspunkt *der*.

overnight [*adv* ˌəʊvəˈnaɪt, *adj* ˈəʊvənaɪt] ◇ *adv* über Nacht. ◇ *adj (train, journey)* Nacht-.

overnight bag *n* Reisetasche *die*.

overpass [ˈəʊvəpɑːs] *n* Überführung *die*.

overpowering [ˌəʊvəˈpaʊərɪŋ] *adj* überwältigend.

oversaw [ˌəʊvəˈsɔː] *pt →* **oversee**.

overseas [*adv* ˌəʊvəˈsiːz, *adj* ˈəʊvəsiːz] ◇ *adj* Übersee-. ◇ *adv* in Übersee; **to go ~** nach Übersee gehen.

oversee [ˌəʊvəˈsiː] *(pt* -saw, *pp* -seen) *vt (supervise)* beaufsichtigen.

overshoot [ˌəʊvəˈʃuːt] *(pt & pp* -shot) *vt (turning, motorway exit)* vorbeifahren an (+D).

oversight [ˈəʊvəsaɪt] *n* Versehen *das*.

oversleep [ˌəʊvəˈsliːp] *(pt & pp* -slept) *vi* verschlafen.

overtake [ˌəʊvəˈteɪk] *(pt* -took, *pp* -taken) *vt & vi* überholen; 'no overtaking' 'Überholverbot'.

overtime [ˈəʊvətaɪm] *n* Überstunden *pl*.

overtook [ˌəʊvəˈtʊk] *pt →* **overtake**.

overture [ˈəʊvəˌtjʊər] *n* Ouvertüre *die*.

overturn [ˌəʊvəˈtɜːn] *vi (boat)* kentern; *(car)* sich überschlagen.

overweight [ˌəʊvəˈweɪt] *adj* übergewichtig.

overwhelm [ˌəʊvəˈwelm] *vt* überwältigen.

owe [əʊ] *vt* schulden; **to ~ sb sthg** jm etw schulden; **owing to** wegen (+G).

owl [aʊl] *n* Eule *die*.

own [əʊn] ◇ *adj & pron* eigen. ◇ *vt* besitzen; **I have my ~ bedroom** ich habe ein eigenes Zimmer; **on my ~** allein; **to get one's ~ back** sich revanchieren.

◆ **own up** *vi*: **to ~ up (to sthg)** (etw (A)) zulgeben.

owner [ˈəʊnər] *n* Eigentümer *der* (-in *die*).

ownership [ˈəʊnəʃɪp] *n* Besitz *der*.

ox [ɒks] *(pl* oxen [ˈɒksən]) *n* Ochse *der*.

oxtail soup [ˈɒksteɪl-] *n* Ochsenschwanzsuppe *die*.

oxygen [ˈɒksɪdʒən] *n* Sauerstoff *der*.

oyster [ˈɔɪstər] *n* Auster *die*.

oz *abbr* = **ounce**.

ozone-friendly [ˈəʊzəʊn-] *adj* ohne FCKW, treibmittelfrei.

P

p ◇ *(abbr of page)* S. ◇ *abbr =* **penny, pence.**

pace [peɪs] *n* Schritt *der*.

pacemaker [ˈpeɪsˌmeɪkəʳ] *n (for heart)* Schrittmacher *der*.

Pacific [pəˈsɪfɪk] *n*: **the ~ (Ocean)** der Pazifik.

pacifier [ˈpæsɪfaɪəʳ] *n (Am: for baby)* Schnuller *der*.

pacifist [ˈpæsɪfɪst] *n* Pazifist *der* (-in *die*).

pack [pæk] ◇ *n (packet)* Packung *die*; *(of crisps)* Tüte *die*; *(Br: of cards)* Kartenspiel *das*; *(rucksack)* Rucksack *der*. ◇ *vt (suitcase, bag)* packen; *(clothes, camera etc)* einpacken; *(product)* verpacken. ◇ *vi (for journey)* packen; **a ~ of lies** ein Haufen Lügen; **to ~ sthg into sthg** etw in etw (A) einpacken; **to ~ one's bags** sein Bündel schnüren.

♦ **pack up** *vi (pack suitcase)* packen; *(tidy up)* wegräumen; *(Br: inf: machine, car)* den Geist aufgeben.

package [ˈpækɪdʒ] ◇ *n (parcel)* Päckchen *das*; *(COMPUT)* Paket *das*. ◇ *vt* verpacken.

package holiday *n* Pauschalreise *die*.

package tour *n* Pauschalreise *die*.

packaging [ˈpækɪdʒɪŋ] *n (material)* Verpackung *die*.

packed [pækt] *adj (crowded)* voll.

packed lunch *n* Lunchpaket *das*.

packet [ˈpækɪt] *n* Päckchen *das*; **it**

cost a ~ *(Br: inf)* es hat ein Heidengeld gekostet.

packing [ˈpækɪŋ] *n (for journey)* Packen *das*; *(material)* Verpackung *die*.

pad [pæd] *n (of paper)* Block *der*; *(of cloth, cotton wool)* Bausch *der*; *(for protection)* Polster *das*.

padded [ˈpædɪd] *adj (jacket, seat)* gepolstert.

padded envelope *n* gefütterter Briefumschlag.

paddle [ˈpædl] ◇ *n (pole)* Paddel *das*. ◇ *vi* paddeln.

paddling pool [ˈpædlɪŋ-] *n* Planschbecken *das*.

paddock [ˈpædək] *n (at racecourse)* Sattelplatz *der*.

padlock [ˈpædlɒk] *n* Vorhängeschloß *das*.

page [peɪdʒ] ◇ *n* Seite *die*. ◇ *vt (call)* ausrufen; **'paging Mr Hill'** 'Herr Hill, bitte'.

paid [peɪd] ◇ *pt & pp →* **pay**. ◇ *adj (holiday, work)* bezahlt.

pain [peɪn] *n* Schmerz *der*; **to be in ~ (physical)** Schmerzen haben; **he's such a ~!** *(inf)* er nervt!

♦ **pains** *npl (trouble)* Mühe *die*.

painful [ˈpeɪnfʊl] *adj* schmerzhaft.

painkiller [ˈpeɪnˌkɪləʳ] *n* Schmerzmittel *das*.

paint [peɪnt] ◇ *n* Farbe *die*. ◇ *vt (wall, room, furniture)* streichen; *(picture)* malen. ◇ *vi* malen; **to ~ one's nails** sich (D) die Nägel lackieren.

♦ **paints** *npl (tubes, pots etc)* Farbe *die*.

paintbrush [ˈpeɪntbrʌʃ] *n* Pinsel *der*.

painter [ˈpeɪntəʳ] *n* Maler *der* (-in *die*).

painting [ˈpeɪntɪŋ] *n (picture)* Gemälde *das*; *(activity)* Malerei *die*; *(by decorator)* Malerarbeiten *pl*.

pair [peə^r] *n* Paar *das*; **in ~s** paar-weise; **a ~ of pliers** eine Zange; **a ~ of scissors** eine Schere; **a ~ of shorts** Shorts *pl*; **a ~ of tights** eine Strumpfhose; **a ~ of trousers** eine Hose.

pajamas [pə'dʒɑːməz] *(Am)* = **pyjamas**.

Pakistan [*Br* ,pɑːkɪ'stɑːn, *Am* ,pækɪ'stæn] *n* Pakistan *nt*.

Pakistani [*Br* ,pɑːkɪ'stɑːnɪ, *Am* ,pækɪ'stænɪ] ◇ *adj* pakistanisch. ◇ *n* Pakistani *der, die*.

pakora [pə'kɔːrə] *npl* indische Vor-speise aus scharfgewürzten, fritierten Gemüsestückchen.

pal [pæl] *n (inf)* Kumpel *der*.

palace ['pælɪs] *n* Palast *der*.

palatable ['pælətəbl] *adj* schmack-haft.

palate ['pælət] *n (of mouth)* Gaumen *der*; *(ability to taste)* Geschmack *der*.

pale [peɪl] *adj* blaß.

pale ale *n* Pale Ale *das (helles eng-lisches Dunkelbier)*.

palm [pɑːm] *n (of hand)* Hand-fläche *die*; **~ (tree)** Palme *die*.

palpitations [,pælpɪ'teɪʃnz] *npl* Herzklopfen *pl*.

pamphlet ['pæmflɪt] *n* Broschüre *die*.

pan [pæn] *n* Pfanne *die*; *(saucepan)* Topf *der*.

pancake ['pænkeɪk] *n* Eierkuchen *der*, Pfannkuchen *der*.

pancake roll *n* Frühlingsrolle *die*.

panda ['pændə] *n* Panda *der*.

panda car *n (Br)* Streifenwagen *der*.

pane [peɪn] *n* Scheibe *die*.

panel ['pænl] *n (of wood)* Tafel *die*; *(group of experts)* Gremium *das*; *(on TV, radio)* Diskussionsrunde *die*.

paneling ['pænəlɪŋ] *(Am)* = **panelling**.

panelling ['pænəlɪŋ] *n (Br)* Täfe-lung *die*.

panic ['pænɪk] *(pt & pp* **-ked**, *cont* **-king)** ◇ *n* Panik *die*. ◇ *vi* in Panik geraten.

panniers ['pænɪəz] *npl (for bicycle)* Satteltaschen *pl*.

panoramic [,pænə'ræmɪk] *adj* Panorama-.

pant [pænt] *vi* keuchen.

panties ['pæntɪz] *npl (inf)* Schlüp-fer *der*.

pantomime ['pæntəmaɪm] *n (Br: show)* meist um die Weihnachtszeit aufgeführtes Märchenspiel.

pantry ['pæntrɪ] *n* Speisekammer *die*.

pants [pænts] *npl (Br: for men)* Unterhose *die*; *(Br: for women)* Schlüpfer *der*; *(Am: trousers)* Hose *die*.

panty hose ['pæntɪ-] *npl (Am)* Strumpfhose *die*.

papadum ['pæpədəm] *n* sehr dün-nes, knuspriges indisches Brot.

paper ['peɪpə^r] ◇ *n* Papier *das*; *(newspaper)* Zeitung *die*; *(exam)* Prüfung *die*. ◇ *adj (cup, plate, hat)* Papp-. ◇ *vt* tapezieren; **a piece of ~** *(sheet)* ein Blatt Papier; *(scrap)* ein Papierfetzen.

  ◆ **papers** *npl (documents)* Papiere *pl*.

paperback ['peɪpəbæk] *n* Taschenbuch *das*.

paper bag *n* Papiertüte *die*.

paperboy ['peɪpəbɔɪ] *n* Zeitungs-junge *der*.

paper clip *n* Büroklammer *die*.

papergirl ['peɪpəgɜːl] *n* Zeitungs-mädchen *das*.

paper handkerchief *n* Papier-taschentuch *das*.

paper shop *n* Zeitungshändler *der*.

paperweight ['peɪpəweɪt] *n* Briefbeschwerer der.

paprika ['pæprɪkə] n Paprika der.

par [pɑːʳ] n (in golf) Par das.

paracetamol [ˌpærə'siːtəmɒl] n fiebersenkende Schmerztablette.

parachute ['pærəʃuːt] n Fallschirm der.

parade [pə'reɪd] n (procession) Umzug der; (of shops) Ladenzeile die.

paradise ['pærədaɪs] n Paradies das.

paraffin ['pærəfɪn] n Paraffinöl das.

paragraph ['pærəgrɑːf] n Absatz der.

parallel ['pærəlel] adj: ~ (to) parallel (zu).

paralysed ['pærəlaɪzd] adj (Br) gelähmt.

paralyzed ['pærəlaɪzd] (Am) = **paralysed**.

paramedic [ˌpærə'medɪk] n Rettungssanitäter der (-in die).

paranoid ['pærənɔɪd] adj mißtrauisch.

parasite ['pærəsaɪt] n Schmarotzer der.

parasol ['pærəsɒl] n Sonnenschirm der.

parcel ['pɑːsl] n Paket das.

parcel post n Paketpost die.

pardon ['pɑːdn] excl: ~? bitte?; ~ (me)! Entschuldigung!; I beg your ~! (apologizing) Entschuldigung!; I beg your ~? (asking for repetition) bitte?

parent ['peərənt] n (father) Vater der; (mother) Mutter die; ~s Eltern pl.

parish ['pærɪʃ] n Gemeinde die.

park [pɑːk] ◇ n Park der. ◇ vt & vi parken.

park and ride n Park-and-ride-System das.

parking ['pɑːkɪŋ] n Parken das.

parking brake n (Am) Handbremse die.

parking lot n (Am) Parkplatz der.

parking meter n Parkuhr die.

parking space n Parkplatz der.

parking ticket n Strafzettel der.

parkway ['pɑːkweɪ] n (Am) breite Straße, deren Mittelstreifen mit Bäumen, Blumen usw bepflanzt ist.

parliament ['pɑːləmənt] n Parlament das.

Parmesan (cheese) [pɑːmɪ'zæn-] n Parmesan der.

parrot ['pærət] n Papagei der.

parsley ['pɑːslɪ] n Petersilie die.

parsnip ['pɑːsnɪp] n Pastinake die.

parson ['pɑːsn] n Pfarrer der.

part [pɑːt] ◇ n Teil der; (in play, film) Rolle die; (Am: in hair) Scheitel der. ◇ adv (partly) teils. ◇ vi (couple) sich trennen; in this ~ of Germany in dieser Gegend Deutschlands; to form ~ of Teil sein von; to play a ~ in eine Rolle spielen in (+D); to take ~ in teilnehmen an (+D); for my ~ was mich betrifft; for the most ~ größtenteils; in these ~s in dieser Gegend.

partial ['pɑːʃl] adj teilweise; to be ~ to sthg eine Schwäche für etw haben.

participant [pɑː'tɪsɪpənt] n Teilnehmer der (-in die).

participate [pɑː'tɪsɪpeɪt] vi: to ~ (in) teilnehmen (an (+D)).

particular [pə'tɪkjʊləʳ] adj besondere(-r)(-s); (fussy) eigen; in ~ besonders; nothing in ~ nichts Besonderes.

◆ **particulars** npl (details) Einzelheiten pl.

particularly [pə'tɪkjʊləlɪ] adv insbesondere; (especially) besonders.

parting ['pɑːtɪŋ] n (Br: in hair) Scheitel der.

partition [pɑːˈtɪʃn] *n (wall)* Trennwand *die*.

partly [ˈpɑːtlɪ] *adv* teilweise.

partner [ˈpɑːtnəʳ] *n* Partner *der* (-in *die*).

partnership [ˈpɑːtnəʃɪp] *n* Partnerschaft *die*.

partridge [ˈpɑːtrɪdʒ] *n* Rebhuhn *das*.

part-time ◇ *adj* Teilzeit-. ◇ *adv* halbtags.

party [ˈpɑːtɪ] *n (for fun)* Party *die*; (POL) Partei *die*; *(group of people)* Gruppe *die*; **to have a ~** eine Party geben.

pass [pɑːs] ◇ *vt (walk past)* vorbeigehen an (+D); *(drive past)* vorbeifahren an (+D); *(hand over)* reichen; *(test, exam)* bestehen; *(time, life)* verbringen; *(overtake)* überholen; *(law)* verabschieden. ◇ *vi (walk past)* vorbeigehen; *(drive past)* vorbeifahren; *(road, river, path, pipe)* führen; *(overtake)* überholen; *(in test, exam)* bestehen; *(time, holiday)* vergehen. ◇ *n (document)* Ausweis *der*; *(in mountain)* Paß *der*; (SPORT) Paß *der*; **to ~ sb sthg** jm etw reichen.

♦ **pass by** *vt fus (walk past)* vorbeigehen an (+D); *(drive past)* vorbeifahren an (+D). ◇ *vi (walk past)* vorbeigehen; *(drive past)* vorbeifahren.

♦ **pass on** *vt sep (message)* weiterlgeben.

♦ **pass out** *vi (faint)* ohnmächtig werden.

♦ **pass up** *vt sep (opportunity)* vorübergehen lassen.

passable [ˈpɑːsəbl] *adj (road)* befahrbar; *(satisfactory)* passabel.

passage [ˈpæsɪdʒ] *n (corridor)* Gang *der*; *(in book)* Passage *die*; *(sea journey)* Überfahrt *die*.

passageway [ˈpæsɪdʒweɪ] *n* Gang *der*.

passenger [ˈpæsɪndʒəʳ] *n* Passagier *der* (-in *die*).

passerby [ˌpɑːsəˈbaɪ] *n* Passant *der* (-in *die*).

passing place [ˈpɑːsɪŋ-] *n* Ausweichstelle *die*.

passion [ˈpæʃn] *n* Leidenschaft *die*.

passionate [ˈpæʃənət] *adj* leidenschaftlich.

passive [ˈpæsɪv] *n* Passiv *das*.

passport [ˈpɑːspɔːt] *n* Reisepaß *der*.

passport control *n* Paßkontrolle *die*.

passport photo *n* Paßfoto *das*.

password [ˈpɑːswɜːd] *n* Paßwort *das*.

past [pɑːst] ◇ *adj (earlier)* vergangene(-r)(-s); *(finished)* vorbei; *(last)* letzte(-r)(-s); *(former)* ehemalig. ◇ *prep (in times)* nach; *(in front of)* an (+D) ... vorbei. ◇ *adv* vorbei. ◇ *n (former time)* Vergangenheit *die*; **~ (tense)** (GRAMM) Vergangenheit *die*; **the ~ month** der letzte Monat; **he drove ~ the house** er fuhr am Haus vorbei; **twenty ~ four** zwanzig nach vier; **in the ~** früher.

pasta [ˈpæstə] *n* Nudeln *pl*.

paste [peɪst] *n (spread)* Paste *die*; *(glue)* Kleister *der*.

pastel [ˈpæstl] *n (for drawing)* Pastellstift *der*; *(colour)* Pastellfarbe *die*.

pasteurized [ˈpɑːstʃəraɪzd] *adj* pasteurisiert.

pastille [ˈpæstɪl] *n* Pastille *die*.

pastime [ˈpɑːstaɪm] *n* Hobby *das*.

pastry [ˈpeɪstrɪ] *n (for pie)* Teig *der*; *(cake)* Gebäck *das*.

pasture [ˈpɑːstʃəʳ] *n* Weide *die*.

pasty [ˈpæstɪ] *n (Br)* Pastete *die (Gebäck)*.

pat [pæt] *vt* klopfen.

patch [pætʃ] *n* (*for clothes*) Flicken *der*; (*of colour, damp*) Fleck *der*; (*for skin*) Pflaster *das*; (*for eye*) Augenklappe *die*; **a bad ~** (*fig*) eine Pechsträhne.

pâté ['pæteɪ] *n* Pastete *die* (*Leberwurst usw.*).

patent [*Br* 'peɪtənt, *Am* 'pætənt] *n* Patent *das*.

path [pɑːθ] *n* Weg *der*, Pfad *der*.

pathetic [pə'θetɪk] *adj* (*pej: useless*) kläglich.

patience ['peɪʃns] *n* Geduld *die*; (*Br: card game*) Patience *die*.

patient ['peɪʃnt] ◇ *adj* geduldig. ◇ *n* Patient *der* (-in *die*).

patio ['pætɪəʊ] *n* Terrasse *die*.

patriotic [*Br* ,pætrɪ'ɒtɪk, *Am* ,peɪtrɪ'ɒtɪk] *adj* patriotisch.

patrol [pə'trəʊl] ◇ *vt* (*subj: police*) seine Runden machen in (+*D*); (MIL) ab|patrouillieren. ◇ *n* Patrouille *die*.

patrol car *n* Streifenwagen *der*.

patron ['peɪtrən] *n* (*fml: customer*) Kunde *der* (Kundin *die*); **'~s only'** 'nur für Gäste'.

patronizing ['pætrənaɪzɪŋ] *adj* herablassend.

pattern ['pætn] *n* (*of shapes, colours*) Muster *das*; (*for sewing*) Schnitt *der*.

patterned ['pætənd] *adj* gemustert.

pause [pɔːz] ◇ *n* Pause *die*. ◇ *vi* inne|halten.

pavement ['peɪvmənt] *n* (*Br: beside road*) Bürgersteig *der*; (*Am: roadway*) Straßenbelag *der*.

pavilion [pə'vɪljən] *n* Klubhaus *das*.

paving stone ['peɪvɪŋ-] *n* Pflasterstein *der*.

pavlova *n* Nachtisch aus zwei Baiserstücken, die mit Sahne und Früchten gefüllt sind.

paw [pɔː] *n* Pfote *die*.

pawn [pɔːn] ◇ *vt* verpfänden. ◇ *n* (*in chess*) Bauer *der*.

pay [peɪ] (*pt & pp* **paid**) ◇ *vt* (*money*) zahlen; (*person, bill, fine*) bezahlen. ◇ *vi* zahlen; (*be profitable*) sich lohnen. ◇ *n* (*salary*) Gehalt *das*; **to ~ sb for sthg** jn für etw bezahlen; **to ~ money into an account** Geld auf ein Konto ein|zahlen; **to ~ attention (to)** achten (auf (+*A*)); **to ~ sb a visit** jn besuchen; **to ~ by credit card** mit Kreditkarte zahlen.

♦ **pay back** *vt sep* (*money*) zurück|zahlen; **to ~ sb back** jm Geld zurück|zahlen.

♦ **pay for** *vt fus* (*purchase*) bezahlen.

♦ **pay in** *vt sep* (*cheque, money*) ein|zahlen.

♦ **pay out** *vt sep* (*money*) aus|geben.

♦ **pay up** *vi* zahlen.

payable ['peɪəbl] *adj* zahlbar; **to make a cheque ~ to sb** einen Scheck aus|stellen auf jn.

payment ['peɪmənt] *n* Bezahlung *die*; (*amount*) Zahlung *die*.

payphone ['peɪfəʊn] *n* Münzfernsprecher *der*.

PC ◇ *n* (*abbr of personal computer*) PC *der*. ◇ *abbr* (*Br*) = **police constable**.

PE *abbr* = **physical education**.

pea [piː] *n* Erbse *die*.

peace [piːs] *n* (*no anxiety*) Ruhe *die*; (*no war*) Frieden *der*; **to leave sb in ~** jn in Ruhe lassen; **~ and quiet** Ruhe und Frieden.

peaceful ['piːsfʊl] *adj* friedlich.

peach [piːtʃ] *n* Pfirsich *der*.

peach melba [-'melbə] *n* Pfirsich Melba *das*.

peacock ['piːkɒk] *n* Pfau *der*.

peak [piːk] *n* (*of mountain*) Gipfel *der*; (*of hat*) Schirm *der*; (*fig: highest* *point)* Höhepunkt *der.*

peak hours *npl (for electricity)* Hauptbelastungszeit *die; (for traffic)* Stoßzeit *die.*

peak rate *n* Höchsttarif *der.*

peanut ['pi:nʌt] *n* Erdnuß *die.*

peanut butter *n* Erdnußbutter *die.*

pear [peə^r] *n* Birne *die.*

pearl [pɜ:l] *n* Perle *die.*

peasant ['peznt] *n* Bauer *der* (Bäuerin *die*).

pebble ['pebl] *n* Kieselstein *der.*

pecan pie ['pi:kæn-] *n* Pekannußkuchen *der.*

peck [pek] *vi* picken.

peculiar [pɪ'kju:ljə^r] *adj (strange)* seltsam; **to be ~ to** *(exclusive)* eigentümlich sein für; **to be ~ to a country** nur in einem Land vorkommen.

peculiarity [pɪ,kju:lɪ'ærətɪ] *n (special feature)* Besonderheit *die.*

pedal ['pedl] ◇ *n* Pedal *das.* ◇ *vi* in die Pedale treten.

pedal bin *n* Treteimer *der.*

pedalo ['pedələʊ] *n* Tretboot *das.*

pedestrian [pɪ'destrɪən] *n* Fußgänger *der* (-in *die*).

pedestrian crossing *n* Fußgängerüberweg *der.*

pedestrianized [pɪ'destrɪənaɪzd] *adj* zur Fußgängerzone gemacht.

pedestrian precinct *n (Br)* Fußgängerzone *die.*

pedestrian zone *(Am)* = **pedestrian precinct**.

pee [pi:] ◇ *vi (inf)* pinkeln. ◇ *n:* **to have a ~** *(inf)* pinkeln.

peel [pi:l] ◇ *n* Schale *die.* ◇ *vt (fruit, vegetables)* schälen. ◇ *vi (paint)* ablblättern; *(skin)* sich schälen.

peep [pi:p] *n:* **to have a ~** gucken.

peer [pɪə^r] *vi* angestrengt schauen.

peg [peg] *n (for tent)* Hering *der; (hook)* Haken *der; (for washing)* Klammer *die.*

pelican crossing ['pelɪkən-] *n (Br)* Ampelübergang *der.*

pelvis ['pelvɪs] *n* Becken *das.*

pen [pen] *n (ballpoint pen)* Kugelschreiber *der; (fountain pen)* Füller *der; (for animals)* Pferch *der.*

penalty ['penltɪ] *n (fine)* Geldstrafe *die; (in football)* Elfmeter *der.*

pence [pens] ◇ *npl* Pence *pl.* ◇ *Pence pl:* **it costs 20 ~** es kostet 20 Pence.

pencil ['pensl] *n* Bleistift *der.*

pencil case *n* Federmäppchen *das.*

pencil sharpener *n* Spitzer *der.*

pendant ['pendənt] *n (on necklace)* Anhänger *der.*

pending ['pendɪŋ] *prep (fml)* bis zu.

penetrate ['penɪtreɪt] *vt* durchdringen.

penfriend ['penfrend] *n* Brieffreund *der* (-in *die*).

penguin ['peŋgwɪn] *n* Pinguin *der.*

penicillin [,penɪ'sɪlɪn] *n* Penizillin *das.*

peninsula [pə'nɪnsjʊlə] *n* Halbinsel *die.*

penis ['pi:nɪs] *n* Penis *der.*

penknife ['pennaɪf] *(pl* -**knives** [-naɪvz]*)* *n* Taschenmesser *das.*

penny ['penɪ] *(pl* **pennies***)* *n (in UK)* Penny *der; (in US)* Cent *der.*

pension ['penʃn] *n* Rente *die.*

pensioner ['penʃənə^r] *n* Rentner *der* (-in *die*).

penthouse ['penthaʊs, *pl* -haʊzɪz] *n* Penthouse *das.*

penultimate [pe'nʌltɪmət] *adj* vorletzte(-r)(-s).

people ['pi:pl] ◇ *npl* Leute *pl.* ◇ *n (nation)* Volk *das;* **the ~** *(citizens)* die Bevölkerung; **lots of ~** viele

Menschen; **German** ~ die Deutschen *pl.*

pepper ['pepə^r] *n (spice)* Pfeffer *der; (vegetable)* Paprika *der.*

peppercorn ['pepəkɔːn] *n* Pfefferkorn *das.*

peppermint ['pepəmɪnt] ◇ *adj* Pfefferminz-. ◇ *n (sweet)* Pfefferminzbonbon *der or das.*

pepper pot *n* Pfefferstreuer *der.*

pepper steak *n* Pfeffersteak *das.*

Pepsi® ['pepsɪ] *n* Pepsi® *das.*

per [pɜː^r] *prep* pro; ~ **person** pro Person; ~ **week** pro Woche; £20 ~ **night** 20 Pfund pro Nacht.

perceive [pə'siːv] *vt* wahr|nehmen.

per cent *adv* Prozent.

percentage [pə'sentɪdʒ] *n* Prozentsatz *der.*

perch [pɜːtʃ] *n (for bird)* Stange *die.*

percolator ['pɜːkəleɪtə^r] *n* Kaffeemaschine *die.*

perfect [*adj & n* 'pɜːfɪkt, *vb* pə'fekt] ◇ *adj* perfekt. ◇ *vt* perfektionieren. ◇ *n:* **the** ~ **(tense)** das Perfekt.

perfection [pə'fekʃn] *n:* **to do sthg to** ~ etw perfekt machen.

perfectly ['pɜːfɪktlɪ] *adv* perfekt.

perform [pə'fɔːm] ◇ *vt (task, operation)* aus|führen; *(play, concert)* auf|führen. ◇ *vi (actor)* spielen; *(singer)* singen.

performance [pə'fɔːməns] *n (of play, concert, film)* Aufführung *die; (by actor, musician)* Vorstellung *die; (of car)* Leistung *die.*

performer [pə'fɔːmə^r] *n* Künstler *der* (-in *die*).

perfume ['pɜːfjuːm] *n* Parfüm *das.*

perhaps [pə'hæps] *adv* vielleicht.

perimeter [pərɪmɪtə^r] *n* Grenze *die.*

period ['pɪərɪəd] ◇ *n (of time,* *history)* Periode *die,* Zeit *die;* (SCH) Stunde *die; (menstruation)* Periode *die;* (Am: full stop) Punkt *der.* ◇ *adj (costume)* zeitgenössisch; *(furniture)* antik.

periodic [,pɪərɪ'ɒdɪk] *adj* regelmäßig.

period pains *npl* Menstruationsschmerzen *pl.*

periphery [pə'rɪfərɪ] *n* Rand *der.*

perishable ['perɪʃəbl] *adj (food)* leicht verderblich.

perk [pɜːk] *n* Vergünstigung *die.*

perm [pɜːm] ◇ *n* Dauerwelle *die.* ◇ *vt:* **to have one's hair** ~**ed** sich (D) eine Dauerwelle machen lassen.

permanent ['pɜːmənənt] *adj (lasting)* bleibend; *(present all the time)* ständig; *(job)* fest.

permanent address *n* fester Wohnsitz.

permanently ['pɜːmənəntlɪ] *adv* ständig.

permissible [pə'mɪsəbl] *adj (fml)* zulässig.

permission [pə'mɪʃn] *n* Erlaubnis *die; (official)* Genehmigung *die.*

permit [*vb* pə'mɪt, *n* 'pɜːmɪt] ◇ *vt (allow)* erlauben. ◇ *n* Genehmigung *die;* **to** ~ **sb to do sthg** jm erlauben, etw zu tun; '~ **holders only**' 'nur für Anleger'.

perpendicular [,pɜːpən'dɪkjʊlə^r] *adj* senkrecht.

persevere [,pɜːsɪ'vɪə^r] *vi* durch|halten.

persist [pə'sɪst] *vi (continue to exist)* an|halten; **to** ~ **in doing sthg** etw weiterhin tun.

persistent [pə'sɪstənt] *adj* hartnäckig.

person ['pɜːsn] *(pl* **people)** *n* Mensch *der;* (GRAMM) Person *die;* **in** ~ persönlich.

personal ['pɜːsənl] *adj* persönlich.

personal assistant n *(of manager)* Assistentin *die*.

personal belongings npl persönlicher Besitz.

personal computer n Personalcomputer *der*.

personality [,pɜːsə'nælətɪ] n Persönlichkeit *die*.

personally ['pɜːsnəlɪ] adv persönlich.

personal property n persönliches Eigentum.

personal stereo n Walkman® *der*.

personnel [,pɜːsə'nel] npl Personal *das*.

perspective [pə'spektɪv] n Perspektive *die*.

Perspex® ['pɜːspeks] n *(Br)* = Plexiglas® *das*.

perspiration [,pɜːspə'reɪʃn] n Schweiß *der*.

persuade [pə'sweɪd] vt: **to ~ sb (to do sthg)** jn überreden (, etw zu tun); **to ~ sb that ...** jn davon überzeugen, daß ...

persuasive [pə'sweɪsɪv] adj überzeugend.

pervert ['pɜːvɜːt] n Perverse *der, die*.

pessimist ['pesɪmɪst] n Pessimist *der* (-in *die*).

pessimistic [,pesɪ'mɪstɪk] adj pessimistisch.

pest [pest] n *(insect, animal)* Schädling *der*; *(inf: person)* Nervensäge *die*.

pester ['pestə^r] vt nerven.

pesticide ['pestɪsaɪd] n Schädlingsbekämpfungsmittel *das*.

pet [pet] n Haustier *das*; **the teacher's ~** der Liebling des Lehrers.

petal ['petl] n Blütenblatt *das*.

pet food n Tierfutter *das*.

petition [pɪ'tɪʃn] n *(letter)* Petition *die*.

petits pois [,pətɪ'pwa] npl feine Erbsen *pl*.

petrified ['petrɪfaɪd] adj *(frightened)* starr vor Schrecken.

petrol ['petrəl] n *(Br)* Benzin *das*.

petrol can n *(Br)* Benzinkanister *der*.

petrol cap n *(Br)* Tankverschluß *der*.

petrol gauge n *(Br)* Kraftstoffanzeiger *der*.

petrol pump n *(Br)* Benzinpumpe *die*.

petrol station n *(Br)* Tankstelle *die*.

petrol tank n *(Br)* Benzintank *der*.

pet shop n Tierhandlung *die*.

petticoat ['petɪkəʊt] n Unterrock *der*.

petty ['petɪ] adj *(pej: person, rule)* kleinlich.

petty cash n Portokasse *die*.

pew [pjuː] n Bank *die*.

pewter ['pjuːtə^r] adj Zinn-.

PG *(abbr of parental guidance)* = bedingt jugendfrei.

pharmacist ['fɑːməsɪst] n Apotheker *der* (-in *die*).

pharmacy ['fɑːməsɪ] n *(shop)* Apotheke *die*.

phase [feɪz] n Phase *die*.

PhD n Dr.phil.

pheasant ['feznt] n Fasan *der*.

phenomena [fɪ'nɒmɪnə] pl → **phenomenon**.

phenomenal [fɪ'nɒmɪnl] adj phänomenal.

phenomenon [fɪ'nɒmɪnən] *(pl -mena)* n Phänomen *das*.

Philippines ['fɪlɪpiːnz] npl: **the ~** die Philippinen *pl*.

philosophy [fɪ'lɒsəfɪ] n Philosophie *die*.

phlegm [flem] n Schleim *der*.

phone [fəʊn] ◇ n Telefon *das*. ◇ vt

(Br) anlrufen. ◊ *vi (Br)* telefonie-ren; **to be on the ~** *(talking)* telefo-nieren; *(connected)* das Telefon haben.

♦ **phone up** *vt sep & vi* anlrufen.

phone book *n* Telefonbuch *das*.

phone booth *n* Telefonzelle *die*.

phone box *n (Br)* Telefonzelle *die*.

phone call *n* Telefonanruf *der*.

phonecard ['fəʊnkɑːd] *n* Telefon-karte *die*.

phone number *n* Telefonnum-mer *die*.

photo ['fəʊtəʊ] *n* Foto *das*; **to take a ~ of** ein Foto machen von.

photo album *n* Fotoalbum *das*.

photocopier [,fəʊtəʊ'kɒpɪəʳ] *n* Fotokopiergerät *das*.

photocopy ['fəʊtəʊ,kɒpɪ] ◊ *n* Fotokopie *die*. ◊ *vt* fotokopieren.

photograph ['fəʊtəgrɑːf] ◊ *n* Foto *das*. ◊ *vt* fotografieren.

photographer [fə'tɒgrəfəʳ] *n* Fotograf *der* (-in *die*).

photography [fə'tɒgrəfɪ] *n* Foto-grafie *die*.

phrase [freɪz] *n (expression)* Aus-druck *der*.

phrasebook ['freɪzbʊk] *n* Sprach-führer *der*.

physical ['fɪzɪkl] ◊ *adj* körperlich. ◊ *n* Vorsorgeuntersuchung *die*.

physical education *n* Sportun-terricht *der*.

physically handicapped ['fɪzɪklɪ-] *adj* körperbehindert.

physics ['fɪzɪks] *n* Physik *die*.

physiotherapy [,fɪzɪəʊ'θerəpɪ] *n* Physiotherapie *die*.

pianist ['pɪənɪst] *n* Pianist *der* (-in *die*).

piano [pɪ'ænəʊ] *(pl* -s) *n* Klavier *das*.

pick [pɪk] ◊ *vt (select)* auslsuchen; *(fruit, flowers)* pflücken. ◊ *n (pick-*

axe) Spitzhacke *die*; **to ~ a fight** einen Streit anlfangen; **to ~ one's nose** in der Nase bohren; **to take one's ~** auslsuchen.

♦ **pick on** *vt fus* herumlhacken auf (+*D*).

♦ **pick out** *vt sep (select)* auslsuchen; *(see)* entdecken.

♦ **pick up** *vt sep (lift up)* hochlnehmen; *(after dropping)* auflheben; *(collect)* ablholen; *(acquire)* erwer-ben; *(skill, language)* lernen; *(hitch-hiker)* mitlnehmen; *(inf: woman, man)* ablschleppen. ◊ *vi (improve)* sich bessern.

pickaxe ['pɪkæks] *n* Spitzhacke *die*.

pickle ['pɪkl] *n (Br: food)* Mixed Pickles *pl*; *(Am: pickled cucumber)* Essiggurke *die*.

pickled onion ['pɪkld-] *n* einge-legte Zwiebel.

pickpocket ['pɪk,pɒkɪt] *n* Taschen-dieb *der* (-in *die*).

pick-up (truck) *n* Lieferwagen *der*.

picnic ['pɪknɪk] *n* Picknick *das*.

picnic area *n* Picknickplatz *der*.

picture ['pɪktʃəʳ] *n* Bild *das*; *(film)* Film *der*.

♦ **pictures** *npl*: **the ~s** *(Br)* das Kino.

picture frame *n* Bilderrahmen *der*.

picturesque [,pɪktʃə'resk] *adj* malerisch.

pie [paɪ] *n (savoury)* Pastete *die*; *(sweet)* Kuchen *der*.

piece [piːs] *n* Stück *das*; *(compo-nent)* Teil *das*; *(in chess)* Figur *die*; **a 20p ~** ein 20-Pence-Stück; **a ~ of advice** ein Rat; **a ~ of furniture** ein Möbelstück; **to fall to ~s** zerbre-chen; **in one ~** *(intact)* unbeschä-digt; *(unharmed)* heil.

pier [pɪəʳ] *n* Pier *der or die*.

pierce [pɪəs] *vt* durch|bohren; **to have one's ears ~d** sich (D) die Ohrläppchen durchstechen lassen.

pig [pɪg] *n* Schwein *das*; *(inf: greedy person)* Vielfraß *der*.

pigeon ['pɪdʒɪn] *n* Taube *die*.

pigeonhole ['pɪdʒɪnhəʊl] *n* Fach *das*.

pigskin ['pɪgskɪn] *adj* Schweinsleder-.

pigtail ['pɪgteɪl] *n* Zopf *der*.

pike [paɪk] *n (fish)* Hecht *der*.

pilau rice ['pɪlaʊ-] *n* Pilaureis *der*, mit Gewürzen gekochter Reis, der dadurch eine bestimmte Farbe annimmt.

pilchard ['pɪltʃəd] *n* Sardine *die*.

pile [paɪl] ◇ *n (heap)* Haufen *der*; *(neat stack)* Stapel *der*. ◇ *vt* stapeln; **~s of money** *(inf: a lot)* haufenweise Geld.

♦ **pile up** *vt sep* an|häufen; *(neatly)* auf|stapeln. ◇ *vi (accumulate)* sich an|sammeln.

piles [paɪlz] *npl* (MED) Hämorrhoiden *pl*.

pileup ['paɪlʌp] *n* Massenkarambolage *die*.

pill [pɪl] *n* Tablette *die*; **the ~** *(contraceptive)* die Pille.

pillar ['pɪləʳ] *n* Säule *die*.

pillar box *n (Br)* Briefkasten *der*.

pillion ['pɪljən] *n*: **to ride ~** auf dem Soziussitz mit|fahren.

pillow ['pɪləʊ] *n* Kissen *das*.

pillowcase ['pɪləʊkeɪs] *n* Kopfkissenbezug *der*.

pilot ['paɪlət] *n* Pilot *der* (-in *die*); *(of ship)* Lotse *der*.

pilot light *n* Zündflamme *die*.

pimple ['pɪmpl] *n* Pickel *der*.

pin [pɪn] ◇ *n (for sewing)* Stecknadel *die*; *(drawing pin)* Reißnagel *der*; *(safety pin)* Sicherheitsnadel *die*; *(Am: brooch)* Brosche *die*; *(Am:*

badge) Anstecknadel *die*. ◇ *vt (fasten)* stecken; **a two-~ plug** ein zweipoliger Stecker; **I've got ~s and needles in my leg** mein Bein ist eingeschlafen.

pinafore ['pɪnəfɔːʳ] *n (apron)* Schürze *die*; *(Br: dress)* Trägerkleid *das*.

pinball ['pɪnbɔːl] *n* Flippern *das*.

pincers ['pɪnsəz] *npl (tool)* Beißzange *die*.

pinch [pɪntʃ] ◇ *vt (squeeze)* kneifen; *(Br: inf: steal)* klauen. ◇ *n (of salt)* Prise *die*.

pine [paɪn] ◇ *n* Kiefer *die*. ◇ *adj* Kiefern-.

pineapple ['paɪnæpl] *n* Ananas *die*.

pink [pɪŋk] ◇ *adj* rosa. ◇ *n* Rosa *das*.

pinkie ['pɪŋkɪ] *n (Am)* kleiner Finger.

PIN number ['pɪn-] *n* persönliche Kodenummer.

pint [paɪnt] *n (in UK)* = 0,57 Liter, Pint *das*; *(in US)* = 0,47 Liter, Pint *das*; **a ~ (of beer)** *(Br)* ≃ ein (großes) Bier.

pip [pɪp] *n* Kern *der*.

pipe [paɪp] *n (for smoking)* Pfeife *die*; *(for gas, water)* Rohr *das*.

pipe cleaner *n* Pfeifenreiniger *der*.

pipeline ['paɪplaɪn] *n* Pipeline *die*.

pipe tobacco *n* Pfeifentabak *der*.

pirate ['paɪrət] *n* Pirat *der*.

Pisces ['paɪsiːz] *n* Fische *pl*.

piss [pɪs] ◇ *vi (vulg)* pissen. ◇ *n*: **to have a ~** *(vulg)* pissen gehen; **it's ~ing down** *(vulg)* es schifft.

pissed [pɪst] *adj (Br: vulg: drunk)* besoffen; *(Am: vulg: angry)* stocksauer.

pissed off *adj (vulg)* stocksauer.

pistachio [pɪˈstɑːʃɪəʊ] ◇ *n* Pistazie *die*. ◇ *adj (flavour)* Pistazien-.

pistol ['pɪstl] *n* Pistole *die*.

piston ['pɪstən] *n* Kolben *der*.

pit [pɪt] *n (hole, coalmine)* Grube *die*; *(for orchestra)* Orchestergraben *der*; *(Am: in fruit)* Stein *der*.

pitch [pɪtʃ] ◇ *n (Br: SPORT)* Spielfeld *das*. ◇ *vt (throw)* werfen; **to ~ a tent** ein Zelt auflschlagen.

pitcher ['pɪtʃər] *n* Krug *der*.

pitfall ['pɪtfɔːl] *n* Falle *die*.

pith [pɪθ] *n (of orange)* weiße Haut.

pitta (bread) ['pɪtə-] *n* Pittabrot *das*.

pitted ['pɪtɪd] *adj (olives)* entsteint.

pity ['pɪtɪ] *n (compassion)* Mitleid *das*; **to have ~ on sb** Mitleid mit jm haben; **it's a ~ (that)** ... schade, daß ...; **what a ~!** wie schade!

pivot ['pɪvət] *n* Zapfen *der*.

pizza ['piːtsə] *n* Pizza *die*.

pizzeria [ˌpiːtsə'riːə] *n* Pizzeria *die*.

Pl. *(abbr of Place)* Platz *(als Straßenname)*.

placard ['plækɑːd] *n* Plakat *das*.

place [pleɪs] ◇ *n (location)* Ort *der*; *(spot)* Stelle *die*; *(house, flat)* Haus *das*; *(seat, position, in race, list)* Platz *der*. ◇ *vt (put)* setzen; *(put flat)* legen; *(put upright)* stellen; *(an order)* auflgeben; **do you want to come round to my ~?** möchtest du zu mir kommen?; **to lay six ~s** *(at table)* für sechs decken; **in the first ~** *(firstly)* erstens; **to take ~** stattlfinden; **to take sb's ~** *(replace)* js Platz einlnehmen; **all over the ~** überall; **in ~ of** statt (+G); **to ~ a bet on** Geld setzen auf (+A).

place mat *n* Platzdeckchen *das*.

placement ['pleɪsmənt] *n (work experience)* Praktikum *das*.

place of birth *n* Geburtsort *der*.

plague [pleɪɡ] *n* Pest *die*.

plaice [pleɪs] *n* Scholle *die*.

plain [pleɪn] ◇ *adj (not decorated)* schlicht; *(simple)* einfach; *(yoghurt)* Natur-; *(clear)* klar; *(paper)* unliniert; *(pej: not attractive)* nicht sehr attraktiv. ◇ *n* Ebene *die*.

plain chocolate *n* Zartbitterschokolade *die*.

plainly ['pleɪnlɪ] *adv* deutlich.

plait [plæt] ◇ *n* Zopf *der*. ◇ *vt* flechten.

plan [plæn] ◇ *n* Plan *der*. ◇ *vt* planen; **have you any ~s for tonight?** hast du heute abend etwas vor?; **according to ~** planmäßig; **to ~ to do sthg, to ~ on doing sthg** vorlhaben, etw zu tun.

plane [pleɪn] *n (aeroplane)* Flugzeug *das*; *(tool)* Hobel *der*.

planet ['plænɪt] *n* Planet *der*.

plank [plæŋk] *n* Brett *das*.

plant [plɑːnt] ◇ *n* Pflanze *die*; *(factory)* Werk *das*. ◇ *vt* pflanzen; *(land)* bepflanzen; **'heavy ~ crossing'** 'Baustellenverkehr'.

plantation [plæn'teɪʃn] *n* Plantage *die*.

plaque [plɑːk] *n (plate)* Gedenktafel *die*; *(on teeth)* Zahnstein *der*.

plaster ['plɑːstər] *n (Br: for cut)* Pflaster *das*; *(for walls)* Verputz *der*; **in ~** *(arm, leg)* in Gips.

plaster cast *n* Gipsverband *der*.

plastic ['plæstɪk] ◇ *n* Plastik *das*. ◇ *adj* Plastik-, Kunststoff-.

plastic bag *n* Plastiktüte *die*.

Plasticine® ['plæstɪsiːn] *n (Br)* = Plastilin *das*.

plate [pleɪt] *n* Teller *der*; *(of metal, glass)* Platte *die*.

plateau ['plætəʊ] *n* Hochebene *die*.

plate-glass *adj* Flachglas-.

platform ['plætfɔːm] *n (at railway station)* Bahnsteig *der*; *(raised structure)* Podium *das*; **~ 12** Gleis 12.

platinum ['plætɪnəm] *n* Platin *das*.

platter ['plætə^r] *n (of food)* Platte *die*.

play [pleɪ] ◊ *vt* spielen; *(opponent)* spielen gegen. ◊ *vi* spielen. ◊ *n (in theatre)* Theaterstück *das*; *(on TV)* Fernsehspiel *das*; *(button on CD, tape recorder)* Playtaste *die*; **to ~ the piano** Klavier spielen.
♦ **play back** *vt sep* ablspielen.
♦ **play up** *vi (machine, car)* Schwierigkeiten machen.

player ['pleɪə^r] *n* Spieler *der* (-in *die*).

playful ['pleɪfʊl] *adj* verspielt.

playground ['pleɪgraʊnd] *n (in school)* Schulhof *der*; *(in park etc)* Spielplatz *der*.

playgroup ['pleɪgruːp] *n* Krabbelgruppe *die*.

playing card ['pleɪɪŋ-] *n* Spielkarte *die*.

playing field ['pleɪɪŋ-] *n* Sportplatz *der*.

playroom ['pleɪrʊm] *n* Spielzimmer *das*.

playschool ['pleɪskuːl] = **playgroup**.

playtime ['pleɪtaɪm] *n* Pause *die*.

playwright ['pleɪraɪt] *n* Bühnenautor *der* (-in *die*).

plc *(Br: abbr of public limited company)* = GmbH.

pleasant ['pleznt] *adj* angenehm.

please [pliːz] ◊ *adv* bitte. ◊ *vt (give enjoyment to)* gefallen (+D); **yes ~!** ja, bitte!; **whatever you ~** (ganz) wie Sie wollen.

pleased [pliːzd] *adj (happy)* erfreut; *(satisfied)* zufrieden; **to be ~ with** sich freuen über (+A); **~ to meet you!** angenehm!

pleasure ['pleʒə^r] *n* Freude *die*; **with ~** gerne; **it's a ~!** gern geschehen!

pleat [pliːt] *n* Falte *die*.

pleated ['pliːtɪd] *adj* Falten-.

plentiful ['plentɪfʊl] *adj* reichlich.

plenty ['plentɪ] *pron*: **there are ~** es gibt viele; **~ of** viele.

pliers ['plaɪəz] *npl* Zange *die*.

plimsoll ['plɪmsəl] *n (Br)* Turnschuh *der*.

plonk [plɒŋk] *n (Br: inf: wine)* billiger Wein.

plot [plɒt] *n (scheme)* Komplott *das*; *(of story, film, play)* Handlung *die*; *(of land)* Stück *das* Land.

plough [plaʊ] ◊ *n (Br)* Pflug *der*. ◊ *vt (Br)* pflügen.

ploughman's (lunch) ['plaʊmənz-] *n (Br)* beliebte Pubmahlzeit aus Brot, Käse, Salat und Mixed Pickles.

plow [plaʊ] *(Am)* = **plough**.

ploy [plɔɪ] *n* Taktik *die*.

pluck [plʌk] *vt (eyebrows)* zupfen; *(chicken)* rupfen.

plug [plʌg] *n (electrical)* Stecker *der*; *(socket)* Steckdose *die*; *(for bath, sink)* Stöpsel *der*.
♦ **plug in** *vt sep* anlschließen.

plughole ['plʌghəʊl] *n* Abfluß *der*.

plum [plʌm] *n* Pflaume *die*, Zwetschge *die*.

plumber ['plʌmə^r] *n* Installateur *der*.

plumbing ['plʌmɪŋ] *n (pipes)* Wasserleitungen *pl*.

plump [plʌmp] *adj* rundlich.

plunge [plʌndʒ] *vi* stürzen; *(dive)* tauchen.

plunge pool *n* Swimmingpool *der*.

plunger ['plʌndʒə^r] *n (for unblocking pipe)* Sauger *der*.

pluperfect (tense) [ˌpluː-'pɜːfɪkt-] *n*: **the ~** das Plusquamperfekt.

plural ['plʊərəl] *n* Plural *der*; **in the ~** im Plural.

plus [plʌs] ◊ *prep* plus; *(and)* und. ◊ *adj*: **30 ~** über 30.

plush [plʌʃ] *adj* feudal.

plywood ['plaɪwʊd] *n* Sperrholz *das*.

p.m. *(abbr of post meridiem)* nachmittags.

PMT *n (abbr of premenstrual tension)* PMS *das*.

pneumatic drill [njuːˈmætɪk-] *n* Preßluftbohrer *der*.

pneumonia [njuːˈməʊnjə] *n* Lungenentzündung *die*.

poached egg [pəʊtʃt-] *n* pochiertes Ei, verlorenes Ei.

poached salmon [pəʊtʃt-] *n* Lachs *der* blau.

poacher ['pəʊtʃər] *n* Wilderer *der*.

PO Box *n (abbr of Post Office Box)* Postfach *das*.

pocket ['pɒkɪt] ◇ *n* Tasche *die*; *(on car door)* Seitentasche *die*. ◇ *adj (camera)* Pocket-; *(calculator)* Taschen-.

pocketbook ['pɒkɪtbʊk] *n (notebook)* Notizbuch *das*; *(Am: handbag)* Handtasche *die*.

pocket money *n (Br)* Taschengeld *das*.

podiatrist [pəˈdaɪətrɪst] *n (Am)* Fußpfleger *der* (-in *die*).

poem ['pəʊɪm] *n* Gedicht *das*.

poet ['pəʊɪt] *n* Dichter *der* (-in *die*).

poetry ['pəʊɪtrɪ] *n* Dichtung *die*.

point [pɔɪnt] ◇ *n* Punkt *der*; *(tip)* Spitze *die*; *(most important thing)* Sinn *der*, Zweck *der*; *(Br: electric socket)* Steckdose *die*. ◇ *vi*: **to ~ to** *(with finger)* zeigen auf (+A); *(arrow, sign)* zeigen nach; **five ~ seven** fünf Komma sieben; **strong ~** Stärke *die*; **weak ~** Schwäche *die*; **what's the ~?** wozu?; **there's no ~** es hat keinen Sinn; **to be on the ~ of doing sthg** im Begriff sein, etw zu tun; **to come to the ~** zur Sache kommen.

♦ **points** *npl (Br: on railway)* Weichen *pl*.

♦ **point out** *vt sep* hin|weisen auf (+A).

pointed ['pɔɪntɪd] *adj (in shape)* spitz.

pointless ['pɔɪntlɪs] *adj* sinnlos.

point of view *n* Standpunkt *der*.

poison ['pɔɪzn] ◇ *n* Gift *das*. ◇ *vt* vergiften.

poisoning ['pɔɪznɪŋ] *n* Vergiftung *die*.

poisonous ['pɔɪznəs] *adj* giftig, Gift-.

poke [pəʊk] *vt (with finger, stick, elbow)* stoßen.

poker ['pəʊkər] *n (card game)* Poker *das*.

Poland ['pəʊlənd] *n* Polen *nt*.

polar bear ['pəʊlə-] *n* Eisbär *der*.

Polaroid® ['pəʊlərɔɪd] *n (photograph)* Polaroidbild *das*; *(camera)* Polaroidkamera® *die*.

pole [pəʊl] *n (of wood)* Stange *die*.

Pole [pəʊl] *n (person)* Pole *der* (Polin *die*).

police [pəˈliːs] *npl*: **the ~** die Polizei.

police car *n* Polizeiwagen *der*.

police force *n* Polizei *die*.

policeman [pəˈliːsmən] *(pl* **-men** [-mən]) *n* Polizist *der*.

police officer *n* Polizeibeamte *der* (-beamtin *die*).

police station *n* Polizeiwache *die*.

policewoman [pəˈliːsˌwʊmən] *(pl* **-women** [-ˌwɪmɪn]) *n* Polizistin *die*.

policy ['pɒləsɪ] *n (approach)* Handlungsweise *die*; *(for insurance)* Police *die*; *(in politics)* Politik *die*.

policy-holder *n* Versicherte *der*, *die*.

polio ['pəʊlɪəʊ] *n* Kinderlähmung *die*.

polish ['pɒlɪʃ] ◇ *n (for cleaning)* Politur *die*. ◇ *vt* polieren.

Polish ['pəʊlɪʃ] ◇ *adj* polnisch. ◇ *n*

(language) Polnisch *das.* ◊ *npl*: **the ~** die Polen *pl.*

polite [pə'laɪt] *adj* höflich.

political [pə'lɪtɪkl] *adj* politisch.

politician [ˌpɒlɪ'tɪʃn] *n* Politiker *der* (-in *die*).

politics ['pɒlətɪks] *n* Politik *die.*

poll [pəʊl] *n (survey)* Umfrage *die;* **the ~s** *(election)* die Wahlen *pl.*

pollen ['pɒlən] *n* Pollen *der.*

Poll Tax *n (Br)* ≃ Gemeindesteuer *die.*

pollute [pə'luːt] *vt* verschmutzen.

pollution [pə'luːʃn] *n* Verschmutzung *die; (substances)* Schmutz *der.*

polo neck ['pəʊləʊ-] *n (Br)* Rollkragen *der.*

polyester [ˌpɒlɪ'estər] *n* Polyester *der.*

polystyrene [ˌpɒlɪ'staɪriːn] *n* Styropor® *das.*

polytechnic [ˌpɒlɪ'teknɪk] *n* Hochschule in Großbritannien; seit 1993 haben die meisten Universitätsstatus.

polythene ['pɒlɪθiːn] *n* Polyäthylen *das.*

pomegranate ['pɒmɪˌɡrænɪt] *n* Granatapfel *der.*

pompous ['pɒmpəs] *adj* aufgeblasen.

pond [pɒnd] *n* Teich *der.*

pontoon [pɒn'tuːn] *n (Br: card game)* Siebzehnundvier *das.*

pony ['pəʊnɪ] *n* Pony *das.*

ponytail ['pəʊnɪteɪl] *n* Pferdeschwanz *der.*

pony-trekking [-ˌtrekɪŋ] *n (Br)* Ponyreiten *das.*

poodle ['puːdl] *n* Pudel *der.*

pool [puːl] *n (for swimming)* Schwimmbecken *das; (of water, blood, milk)* Lache *die; (small pond)* Teich *der; (game)* Poolbillard *das.*

◆ **pools** *npl (Br)*: **the ~s** ≃ das Toto.

poor [pɔːʳ] ◊ *adj* arm; *(bad)* schlecht. ◊ *npl*: **the ~** die Armen *pl.*

poorly ['pɔːlɪ] ◊ *adv* schlecht. ◊ *adj (Br: ill)*: **he's ~** es geht ihm schlecht.

pop [pɒp] ◊ *n (music)* Pop *der.* ◊ *vt (inf: put)* stecken. ◊ *vi (balloon)* knallen; **my ears popped** ich hab' Druck auf den Ohren.

◆ **pop in** *vi (Br: visit)* vorbeischauen.

popcorn ['pɒpkɔːn] *n* Popcorn *das.*

Pope [pəʊp] *n*: **the ~** der Papst.

pop group *n* Popgruppe *die.*

poplar (tree) ['pɒplər-] *n* Pappel *die.*

pop music *n* Popmusik *die.*

popper ['pɒpər] *n (Br)* Druckknopf *der.*

poppy ['pɒpɪ] *n* Klatschmohn *der.*

Popsicle® ['pɒpsɪkl] *n (Am)* Eis *das* am Stiel.

pop socks *npl* Kniestrümpfe *pl.*

pop star *n* Popstar *der.*

popular ['pɒpjʊlər] *adj* beliebt; *(opinion, ideas)* weitverbreitet.

popularity [ˌpɒpjʊ'lærətɪ] *n* Beliebtheit *die.*

populated ['pɒpjʊleɪtɪd] *adj* bevölkert.

population [ˌpɒpjʊ'leɪʃn] *n* Bevölkerung *die.*

porcelain ['pɔːsəlɪn] *n* Porzellan *das.*

porch [pɔːtʃ] *n (entrance)* Windfang *der; (Am: outside house)* Veranda *die.*

pork [pɔːk] *n* Schweinefleisch *das.*

pork chop *n* Schweinekotelett *das.*

pork pie *n* Schweinepastete *die.*

pornographic [ˌpɔːnə'ɡræfɪk] *adj* pornographisch.

porridge ['pɒrɪdʒ] *n* Haferbrei *der.*

port [pɔːt] *n (town)* Hafenstadt *die; (harbour area)* Hafen *der; (drink)* Portwein *der*.

portable [ˈpɔːtəbl] *adj* tragbar.

porter [ˈpɔːtəʳ] *n (at hotel, museum)* Portier *der; (at station, airport)* Gepäckträger *der*.

porthole [ˈpɔːthəʊl] *n* Bullauge *das*.

portion [ˈpɔːʃn] *n (part)* Teil *das; (of food)* Portion *die*.

portrait [ˈpɔːtreɪt] *n* Porträt *das*.

Portugal [ˈpɔːtʃʊgl] *n* Portugal *nt*.

Portuguese [ˌpɔːtʃʊˈgiːz] ◊ *adj* portugiesisch. ◊ *n (language)* Portugiesisch *das*. ◊ *npl*: **the ~** die Portugiesen *pl*.

pose [pəʊz] ◊ *vt (problem, threat)* dar|stellen. ◊ *vi (for photo)* sitzen.

posh [pɒʃ] *adj (inf)* piekfein.

position [pəˈzɪʃn] *n (place, situation)* Lage *die; (of plane, ship)* Position *die; (of body)* Haltung *die; (setting, rank)* Stellung *die; (in race, contest)* Platz *der; (fml: job)* Stelle *die;* '**~ closed**' *(in bank, post office etc)* 'Schalter geschlossen'.

positive [ˈpɒzətɪv] *adj* positiv; *(certain, sure)* sicher.

possess [pəˈzes] *vt* besitzen.

possession [pəˈzeʃn] *n* Besitz *der*.

possessive [pəˈzesɪv] *adj (pej: person)* besitzergreifend; (GRAMM) Possessiv-.

possibility [ˌpɒsəˈbɪlətɪ] *n* Möglichkeit *die*.

possible [ˈpɒsəbl] *adj* möglich; **it's ~ that we may be late** es kann sein, daß wir zu spät kommen; **would it be ~ for me to ...?** könnte ich vielleicht ...?; **as much as ~** so viel wie möglich; **if ~** wenn möglich.

possibly [ˈpɒsəblɪ] *adv (perhaps)* möglicherweise.

post [pəʊst] ◊ *n (system, letters,* delivery) Post *die; (pole)* Pfahl *der; (fml: job)* Stelle *die*. ◊ *vt (letter, parcel)* ab|schicken; **by ~** per Post.

postage [ˈpəʊstɪdʒ] *n* Porto *das;* **~ and packing** Porto und Verpackung; **~ paid** Porto zahlt Empfänger.

postage stamp *n (fml)* Briefmarke *die*.

postal order [ˈpəʊstl-] *n* Postanweisung *die*.

postbox [ˈpəʊstbɒks] *n (Br)* Briefkasten *der*.

postcard [ˈpəʊstkɑːd] *n* Postkarte *die*.

postcode [ˈpəʊstkəʊd] *n (Br)* Postleitzahl *die*.

poster [ˈpəʊstəʳ] *n (for advertisement)* Plakat *das; (decoration)* Poster *das*.

poste restante [ˌpəʊstresˈtɑːnt] *n (Br)* Schalter *der* für postlagernde Sendungen.

post-free *adv* portofrei.

postgraduate [ˌpəʊstˈgrædʒʊət] *n* Student, der auf einen höheren Studienabschluß hinarbeitet.

postman [ˈpəʊstmən] *(pl* **-men** [-mən]) *n* Briefträger *der*.

postmark [ˈpəʊstmɑːk] *n* Poststempel *der*.

post office *n (building)* Post *die;* **the Post Office** die Post.

postpone [ˌpəʊstˈpəʊn] *vt* verschieben.

posture [ˈpɒstʃəʳ] *n* Haltung *die*.

postwoman [ˈpəʊstˌwʊmən] *(pl* **-women** [-ˌwɪmɪn]) *n* Briefträgerin *die*.

pot [pɒt] *n (for cooking)* Topf *der; (for jam)* Glas *das; (for paint)* Dose *die; (for coffee, tea)* Kanne *die; (inf: cannabis)* Pot *das;* **a ~ of tea** ein Kännchen Tee.

potato [pəˈteɪtəʊ] *(pl* **-es**) *n* Kartoffel *die*.

potato salad n Kartoffelsalat der.

potential [pə'tenʃl] ◊ adj potentiell. ◊ n Potential das.

pothole ['pɒthəʊl] n (in road) Schlagloch das.

pot plant n Topfpflanze die.

pot scrubber [-'skrʌbəʳ] n Topfreiniger der.

potted ['pɒtɪd] adj (meat, fish) Dosen-; (plant) Topf-.

pottery ['pɒtərɪ] n (clay objects) Töpferwaren pl; (craft) Töpferei die.

potty ['pɒtɪ] n Töpfchen das.

pouch [paʊtʃ] n (for money) Beutel der.

poultry ['pəʊltrɪ] n OR npl Geflügel das.

pound [paʊnd] ◊ n (unit of money) Pfund das; (unit of weight) = 0,45 Kg, Pfund. ◊ vi (heart) pochen; (head) dröhnen.

pour [pɔːʳ] ◊ vt gießen; (sugar, sand) schütten; (drink) einlgießen. ◊ vi (flow) fließen; **it's ~ing (with rain)** es gießt.

♦ **pour out** vt sep (drink) einlgießen.

poverty ['pɒvətɪ] n Armut die.

powder ['paʊdəʳ] n Pulver das.

power ['paʊəʳ] ◊ n Macht die; (strength, force) Kraft die; (energy) Energie die; (electricity) Strom der. ◊ vt anltreiben; **to be in ~** an der Macht sein.

power cut n Stromsperre die.

power failure n Stromausfall der.

powerful ['paʊəfʊl] adj stark; (leader) mächtig; (voice) kräftig.

power point n (Br) Steckdose die.

power station n Kraftwerk das.

power steering n Servolenkung die.

practical ['præktɪkl] adj praktisch.

practically ['præktɪklɪ] adv praktisch.

practice ['præktɪs] ◊ n (training) Übung die; (training session) Training das; (of doctor, lawyer) Praxis die; (regular activity) Gewohnheit die; (custom) Brauch der. ◊ vt (Am) = **practise; out of ~** außer Übung.

practise ['præktɪs] ◊ n (Am) = **practice.** ◊ vt & vi üben; **to ~ as a doctor** als Arzt tätig sein.

praise [preɪz] ◊ n Lob das. ◊ vt loben.

pram [præm] n (Br) Kinderwagen der.

prank [præŋk] n Streich der.

prawn [prɔːn] n Garnele die.

prawn cocktail n Krabbencocktail der.

prawn cracker n chinesischer Chip mit Krabbengeschmack.

pray [preɪ] vi beten; **to ~ for sthg** um etw beten.

prayer [preəʳ] n Gebet das.

precarious [prɪ'keərɪəs] adj unsicher.

precaution [prɪ'kɔːʃn] n Vorsichtsmaßnahme die.

precede [prɪ'siːd] vt (fml) voranlgehen (+D).

preceding [prɪ'siːdɪŋ] adj vorhergehend.

precinct ['priːsɪŋkt] n (Br: for shopping) Einkaufsviertel das; (Am: area of town) Bezirk der.

precious ['preʃəs] adj kostbar; (metal, jewel) Edel-.

precious stone n Edelstein der.

precipice ['presɪpɪs] n Steilabhang der.

precise [prɪ'saɪs] adj genau.

precisely [prɪ'saɪslɪ] adv genau.

predecessor ['priːdɪsesəʳ] n Vorgänger der (-in die).

predicament [prɪ'dɪkəmənt] n Dilemma das.

predict [prɪ'dɪkt] *vt* vorherlsagen.

predictable [prɪ'dɪktəbl] *adj (foreseeable)* vorhersehbar; *(pej: unoriginal)* berechenbar.

prediction [prɪ'dɪkʃn] *n* Voraussage *die.*

preface ['prefɪs] *n* Vorwort *das.*

prefect ['priːfekt] *n (Br: at school)* ältere Schuler in britischen Schulen, der den Lehrern bei der Aufsicht hilft.

prefer [prɪ'fɜːr] *vt* vorlziehen; **to ~ to do sthg** etw lieber tun.

preferable ['prefrəbl] *adj*: **to be ~ (to)** vorzuziehen sein (+D).

preferably ['prefrəblɪ] *adv* vorzugsweise.

preference ['prefərəns] *n* Vorzug *der*; **to have a ~ for sthg** etw bevorzugen.

prefix ['priːfɪks] *n* Vorsilbe *die.*

pregnancy ['pregnənsɪ] *n* Schwangerschaft *die.*

pregnant ['pregnənt] *adj* schwanger.

prejudice ['predʒʊdɪs] *n* Voreingenommenheit *die*; **to have a ~ against sb/sthg** ein Vorurteil gegen jn/etw haben.

prejudiced ['predʒʊdɪst] *adj* voreingenommen.

preliminary [prɪ'lɪmɪnərɪ] *adj* Vor-.

premature ['premə,tjʊər] *adj* vorzeitig; **a ~ baby** eine Frühgeburt.

premier ['premjər] ◇ *adj* bedeutendste(-r)(-s). ◇ *n* Premier *der.*

premiere ['premɪeər] *n* Premiere *die.*

premises ['premɪsɪz] *npl (grounds)* Gelände *das*; *(shop, restaurant)* Räumlichkeiten *pl.*

premium ['priːmjəm] *n (for insurance)* Prämie *die.*

premium-quality *adj (meat)* Qualitäts-.

preoccupied [priːˈɒkjʊpaɪd] *adj* beschäftigt.

prepacked [,priː'pækt] *adj* abgepackt.

prepaid ['priːpeɪd] *adj (envelope)* frankiert.

preparation [,prepə'reɪʃn] *n* Vorbereitung *die.*

preparatory school [prɪ'pærətrɪ-] *n (in UK)* private Grundschule; *(in US)* private Oberschule.

prepare [prɪ'peər] ◇ *vt* vorbereiten; *(food)* kochen. ◇ *vi* sich vorbereiten.

prepared [prɪ'peəd] *adj* vorbereitet; **to be ~ to do sthg** bereit sein, etw zu tun.

preposition [,prepə'zɪʃn] *n* Präposition *die.*

prep school [prep-] = **preparatory school.**

prescribe [prɪ'skraɪb] *vt (medicine, treatment)* verschreiben.

prescription [prɪ'skrɪpʃn] *n (paper)* Rezept *das*; *(medicine)* Medikament *das.*

presence ['prezns] *n (being present)* Anwesenheit *die*; **in his ~** in seiner Gegenwart.

present [*adj & n* 'preznt, *vb* 'zent] ◇ *adj (in attendance)* anwesend; *(current)* gegenwärtig. ◇ *vt (hand over)* überreichen; *(represent)* darlstellen; *(TV, radio programme)* moderieren; *(play)* aufführen. ◇ *n (gift)* Geschenk *das*; *(current time)*: **the ~** die Gegenwart; **the ~ (tense)** (GRAMM) das Präsens; **at ~** zur Zeit; **to ~ sb with sthg** jm etw überreichen; **to ~ sb to sb** jn einer Person vorlstellen.

presentable [prɪ'zentəbl] *adj* präsentabel.

presentation [,prezn'teɪʃn] *n (way of presenting)* Präsentation *die*; *(ceremony)* Verleihung *die.*

presenter [prɪ'zentər] *n (of TV,*

radio programme) Moderator *der* (-in *die*).

presently ['prezəntlı] *adv (soon)* bald; *(now)* zur Zeit.

preservation [ˌprezə'veɪʃn] *n* Erhaltung *die.*

preservative [prɪ'zɜːvətɪv] *n* Konservierungsstoff *der.*

preserve [prɪ'zɜːv] ◇ *n (jam)* Konfitüre *die.* ◇ *vt* erhalten; *(food)* konservieren.

president ['prezɪdənt] *n* Präsident *der* (-in *die*); *(of company)* Vorsitzende *der, die.*

press [pres] ◇ *vt* drücken; *(button)* drücken auf (+A); *(iron)* plätten. ◇ *n*: **the ~** *(media)* die Presse; **to ~ sb to do sthg** jn drängen, etw zu tun.

press conference *n* Pressekonferenz *die.*

press-stud *n* Druckknopf *der.*

press-up *n* Liegestütz *der.*

pressure ['preʃəʳ] *n* Druck *der.*

pressure cooker *n* Schnellkochtopf *der.*

prestigious [pre'stɪdʒəs] *adj* renommiert.

presumably [prɪ'zjuːməblɪ] *adv* vermutlich.

presume [prɪ'zjuːm] *vt* anlnehmen.

pretend [prɪ'tend] *vt*: **to ~ to do sthg** vorlgeben, etw zu tun.

pretentious [prɪ'tenʃəs] *adj* hochgestochen.

pretty ['prɪtɪ] ◇ *adj* hübsch. ◇ *adv (inf: quite)* ziemlich.

prevent [prɪ'vent] *vt* verhindern; **to ~ sb from doing sthg** jn daran hindern, etw zu tun.

prevention [prɪ'venʃn] *n* Vorbeugung *die.*

preview ['priːvjuː] *n* Vorschau *die.*

previous ['priːvjəs] *adj (earlier)*

früher; *(preceding)* vorig.

previously ['priːvjəslı] *adv* vorher.

price [praɪs] ◇ *n* Preis *der.* ◇ *vt* auslzeichnen.

priceless ['praɪslɪs] *adj* unbezahlbar.

price list *n* Preisliste *die.*

pricey ['praɪsɪ] *adj (inf)* teuer.

prick [prɪk] *vt* stechen.

prickly ['prɪklɪ] *adj* stachelig.

prickly heat *n* Hitzepickel *pl.*

pride [praɪd] ◇ *n* Stolz *der.* ◇ *vt*: **to ~ o.s. on sthg** stolz sein auf etw (A).

priest [priːst] *n* Priester *der.*

primarily ['praɪmərɪlɪ] *adv* hauptsächlich.

primary school ['praɪmərɪ-] *n* Grundschule *die.*

prime [praɪm] *adj (chief)* Haupt-; *(quality, beef, cut)* erstklassig.

prime minister *n* Premierminister *der* (-in *die*).

primitive ['prɪmɪtɪv] *adj* primitiv.

primrose ['prɪmrəʊz] *n* Primel *die.*

prince [prɪns] *n* Prinz *der.*

Prince of Wales *n* Prinz *der* von Wales.

princess [prɪn'ses] *n* Prinzessin *die.*

principal ['prɪnsəpl] ◇ *adj* Haupt-. ◇ *n (of school, university)* Rektor *der* (-in *die*).

principle ['prɪnsəpl] *n* Prinzip *das;* **in ~** im Prinzip.

print [prɪnt] ◇ *n* Druck *der; (photo)* Abzug *der; (mark)* Abdruck *der.* ◇ *vt* drucken; *(write)* in Druckschrift schreiben; *(photo)* ablziehen; **out of ~** vergriffen.

♦ **print out** *vt sep* ausldrucken.

printed matter ['prɪntɪd-] *n* Drucksache *die.*

printer ['prɪntəʳ] *n* Drucker *der.*

printout ['prɪntaʊt] *n* Ausdruck *der.*

prior ['praɪəʳ] *adj (previous)* frühere(-r)(-s); **~ to sthg** *(fml)* vor etw *(D)*.

priority [praɪ'ɒrətɪ] *n* Priorität *die*; **to have ~ over** Vorrang haben vor (+*D*).

prison ['prɪzn] *n* Gefängnis *das*.

prisoner ['prɪznəʳ] *n* Häftling *der*.

prisoner of war *n* Kriegsgefangene *der, die*.

prison officer *n* Gefängniswärter *der* (-in *die*).

privacy [*Br* 'prɪvəsɪ, *Am* 'praɪvəsɪ] *n* Privatleben *das*.

private ['praɪvɪt] ◇ *adj* Privat-; *(confidential)* vertraulich; *(quiet)* ruhig. ◇ *n* (MIL) Gefreite *der*; **in ~** privat.

private health care *n* private Krankenpflege *die*.

private property *n* Privatgrundstück *das*.

private school *n* Privatschule *die*.

privilege ['prɪvɪlɪdʒ] *n* Privileg *das*; **it's a ~!** es ist mir eine Ehre!

prize [praɪz] *n* Preis *der*.

prize-giving [-,gɪvɪŋ] *n* Preisverleihung *die*.

pro [prəʊ] *(pl* **-s)** *n (inf: professional)* Profi *der*.

♦ **pros** *npl*: **~s and cons** Pro und Kontra *das*.

probability [,prɒbə'bɪlətɪ] *n* Wahrscheinlichkeit *die*.

probable ['prɒbəbl] *adj* wahrscheinlich.

probably ['prɒbəblɪ] *adv* wahrscheinlich.

probation officer [prə'beɪʃn-] *n* Bewährungshelfer *der* (-in *die*).

problem ['prɒbləm] *n* Problem *das*; **no ~!** *(inf)* kein Problem!

procedure [prə'siːdʒəʳ] *n* Verfahren *das*.

proceed [prə'siːd] *vi (fml) (continue)* fortlfahren; *(act)* vorlgehen; *(walk)* gehen; *(drive)* fahren; **'~ with caution'** 'Vorsichtig fahren'.

proceeds ['prəʊsiːdz] *npl* Erlös *der*.

process ['prəʊses] *n* Prozeß *der*; **to be in the ~ of doing sthg** dabei sein, etw zu tun.

processed cheese ['prəʊsest-] *n* Schmelzkäse *der*.

procession [prə'seʃn] *n* Prozession *die*.

prod [prɒd] *vt (poke)* stupsen.

produce [*vb* prə'djuːs, *n* 'prɒdjuːs] ◇ *vt (make, manufacture)* herlstellen; *(work of art)* schaffen; *(cause)* hervorlrufen; *(create naturally)* erzeugen; *(passport, identification)* vorlzeigen; *(proof)* liefern; *(play)* inszenieren; *(film)* produzieren. ◇ *n* Erzeugnisse *pl*.

producer [prə'djuːsəʳ] *n (manufacturer)* Produzent *der* (-in *die*); *(of film)* Produzent *der* (-in *die*); *(of play)* Regisseur *der* (-in *die*).

product ['prɒdʌkt] *n* Produkt *das*.

production [prə'dʌkʃn] *n (manufacture)* Produktion *die*; *(of film, play)* Produktion *die*; *(play)* Aufführung *die*.

productivity [,prɒdʌk'tɪvətɪ] *n* Produktivität *die*.

profession [prə'feʃn] *n* Beruf *der*.

professional [prə'feʃənl] ◇ *adj (relating to work)* Berufs-; *(expert)* fachmännisch. ◇ *n (not amateur)* Fachmann *der*; (SPORT) Profi *der*.

professor [prə'fesəʳ] *n (in UK)* Professor *der* (-in *die*); *(in US)* Dozent *der* (-in *die*).

profile ['prəʊfaɪl] *n* Profil *das*; *(description)* Kurzdarstellung *die*.

profit ['prɒfɪt] ◇ *n* Profit *der*, Gewinn *der*. ◇ *vi*: **to ~ (from)** profitieren (von).

profitable ['prɒfɪtəbl] *adj*

gewinnbringend.

profiteroles [prəˈfɪtərəʊlz] *npl* Profiterolen *pl*.

profound [prəˈfaʊnd] *adj* tief.

program [ˈprəʊgræm] ◊ *n* (COMPUT) Programm *das*; *(Am)* = **programme**. ◊ *vt* (COMPUT) programmieren.

programme [ˈprəʊgræm] *n* (Br) Programm *das*; *(on TV, radio)* Sendung *die*.

progress [*n* ˈprəʊgres, *vb* prəˈgres] ◊ *n* (improvement) Fortschritt *der*; *(forward movement)* Vorankommen *das*. ◊ *vi* voranǀkommen; *(day, meeting)* vergehen; **to make ~** *(improve)* Fortschritte machen; *(in journey)* voranǀkommen; **in ~** im Gange.

progressive [prəˈgresɪv] *adj* (forward-looking) fortschrittlich.

prohibit [prəˈhɪbɪt] *vt* verbieten; **'smoking strictly ~ed'** 'Rauchen streng verboten'.

project [ˈprɒdʒekt] *n* Projekt *das*; *(at school)* Arbeit *die*.

projector [prəˈdʒektər] *n* Projektor *der*.

prolong [prəˈlɒŋ] *vt* verlängern.

prom [prɒm] *n* (Am: dance) Studentenball.

promenade [ˌprɒməˈnɑːd] *n* (Br: by the sea) Strandpromenade *die*.

prominent [ˈprɒmɪnənt] *adj* (person) prominent; *(noticeable)* auffallend.

promise [ˈprɒmɪs] ◊ *n* Versprechen *das*. ◊ *vt & vi* versprechen; **to show ~** *(work, person)* vielversprechend sein; **I ~ (that)** I'll come ich verspreche, daß ich komme; **to ~ sb sthg** jm etw versprechen; **to ~ to do sthg** versprechen, etw zu tun.

promising [ˈprɒmɪsɪŋ] *adj* vielversprechend.

promote [prəˈməʊt] *vt* befördern.

promotion [prəˈməʊʃn] *n* Beförderung *die*; *(of product)* Sonderangebot *das*.

prompt [prɒmpt] ◊ *adj* (quick) prompt. ◊ *adv*: **at six o'clock ~** um Punkt sechs Uhr.

prone [prəʊn] *adj*: **to be ~ to sthg** zu etw neigen; **to be ~ to do sthg** dazu neigen, etw zu tun.

prong [prɒŋ] *n* Zinke *die*.

pronoun [ˈprəʊnaʊn] *n* Pronomen *das*.

pronounce [prəˈnaʊns] *vt* (word) ausǀsprechen.

pronunciation [prəˌnʌnsɪˈeɪʃn] *n* Aussprache *die*.

proof [pruːf] *n* (evidence) Beweis *der*; **12% ~** 12% vol.

prop [prɒp]: **prop up** *vt sep* stützen.

propeller [prəˈpelər] *n* Propeller *der*.

proper [ˈprɒpər] *adj* richtig; *(behaviour)* anständig.

properly [ˈprɒpəlɪ] *adv* richtig.

property [ˈprɒpətɪ] *n* (possessions) Eigentum *das*; *(land)* Besitz *der*; *(fml: building)* Immobilien *pl*; *(quality)* Eigenschaft *die*.

proportion [prəˈpɔːʃn] *n* (part, amount) Teil *der*; *(ratio)* Verhältnis *das*; *(in art)* Proportion *die*.

proposal [prəˈpəʊzl] *n* Vorschlag *der*.

propose [prəˈpəʊz] ◊ *vt* vorǀschlagen. ◊ *vi*: **to ~ (to sb)** (jm) einen Heiratsantrag machen.

proposition [ˌprɒpəˈzɪʃn] *n* Vorschlag *der*.

proprietor [prəˈpraɪətər] *n* (fml) Eigentümer *der* (-in *die*).

prose [prəʊz] *n* (not poetry) Prosa *die*; (SCH) Übersetzung *die* (in die Fremdsprache).

prosecution [ˌprɒsɪˈkjuːʃn] *n* (JUR:

charge) Anklage *die*.

prospect ['prɒspekt] *n* Aussicht *die*.

prospectus [prə'spektəs] *(pl -es)* *n* Broschüre *die*.

prosperous ['prɒspərəs] *adj* wohlhabend.

prostitute ['prɒstɪtjuːt] *n* Prostituierte *die*.

protect [prə'tekt] *vt* schützen; **to ~ sb/sthg from** jn/etw schützen vor (+D); **to ~ sb/sthg against** jn/etw schützen vor (+D).

protection [prə'tekʃn] *n* Schutz *der*.

protection factor *n* *(of suntan lotion)* Schutzfaktor *der*.

protective [prə'tektɪv] *adj* *(person)* beschützend; *(clothes)* Schutz-.

protein ['prəutiːn] *n* Protein *das*.

protest [*n* 'prəutest, *vb* prə'test] ◇ *n (complaint)* Protest *der*; *(demonstration)* Protestmarsch *der*. ◇ *vt (Am: protest against)* protestieren gegen. ◇ *vi*: **to ~ (against)** protestieren (gegen).

Protestant ['prɒtɪstənt] *n* Protestant *der* (-in *die*).

protester [prə'testər] *n* Demonstrant *der* (-in *die*).

protractor [prə'træktər] *n* Winkelmaß *das*.

protrude [prə'truːd] *vi* vorstehen.

proud [praud] *adj* stolz; **to be ~ of** stolz sein auf (+A).

prove [pruːv] *(pp -d* OR **proven** [pruːvn]) *vt* beweisen; *(turn out to be)* sich erweisen als.

proverb ['prɒvɜːb] *n* Sprichwort *das*.

provide [prə'vaɪd] *vt (supply)* liefern; **to ~ sb with sthg** jn mit etw versorgen.

♦ **provide for** *vt fus*: **to ~ for sb** für js Lebensunterhalt sorgen.

provided (that) [prə'vaɪdɪd-] *conj* vorausgesetzt (, daß).

providing (that) [prə'vaɪdɪŋ-] = **provided (that)**.

province ['prɒvɪns] *n* Provinz *die*.

provisional [prə'vɪʒənl] *adj* provisorisch.

provisions [prə'vɪʒnz] *npl* Proviant *der*.

provocative [prə'vɒkətɪv] *adj* provozierend.

provoke [prə'vəuk] *vt (cause)* hervorrufen; *(annoy)* provozieren.

prowl [praul] *vi* herumstreichen.

prune [pruːn] ◇ *n* Dörrpflaume *die*. ◇ *vt (tree, bush)* beschneiden.

PS *(abbr of postscript)* PS.

psychiatrist [saɪ'kaɪətrɪst] *n* Psychiater *der* (-in *die*).

psychic ['saɪkɪk] *adj*: **to be ~** übernatürliche Kräfte haben.

psychological [ˌsaɪkə'lɒdʒɪkl] *adj* psychologisch.

psychologist [saɪ'kɒlədʒɪst] *n* Psychologe *der* (Psychologin *die*).

psychology [saɪ'kɒlədʒɪ] *n* Psychologie *die*.

psychotherapist [ˌsaɪkəu'θerəpɪst] *n* Psychotherapeut *der* (-in *die*).

pt *abbr* = **pint**.

PTO *(abbr of please turn over)* b.w.

pub [pʌb] *n* Pub *der*, Kneipe *die*.

puberty ['pjuːbətɪ] *n* Pubertät *die*.

public ['pʌblɪk] ◇ *adj* öffentlich. ◇ *n*: **the ~** die Öffentlichkeit; **in ~** öffentlich.

publican ['pʌblɪkən] *n (Br)* Gastwirt *der* (-in *die*).

publication [ˌpʌblɪ'keɪʃn] *n* Veröffentlichung *die*.

public bar *n (Br)* Raum in einem Pub, der weniger bequem ausgestattet ist als die 'lounge bar' oder 'saloon bar'.

public convenience *n (Br)*

öffentliche Toilette *die*.

public footpath *n* (*Br*) öffentlicher Fußweg.

public holiday *n* gesetzlicher Feiertag.

public house *n* (*Br : fml*) Pub *der*, Wirtshaus *das*.

publicity [pʌbˈlɪsɪtɪ] *n* Publicity *die*.

public school *n* (*in UK*) Privatschule *die*; (*in US*) staatliche Schule.

public telephone *n* öffentlicher Fernsprecher.

public transport *n* öffentliche Verkehrsmittel *pl*.

publish [ˈpʌblɪʃ] *vt* veröffentlichen.

publisher [ˈpʌblɪʃəʳ] *n* (*person*) Verleger *der*; (*company*) Verlag *der*.

publishing [ˈpʌblɪʃɪŋ] *n* (*industry*) Verlagswesen *das*.

pub lunch *n* meist einfaches Mittagessen in einem Pub.

pudding [ˈpʊdɪŋ] *n* (*sweet dish*) Pudding *der*; (*Br: course*) Nachtisch *der*.

puddle [ˈpʌdl] *n* Pfütze *die*.

puff [pʌf] ◇ *vi* (*breathe heavily*) keuchen. ◇ *n* (*of air*) Stoß *der*; (*of smoke*) Wolke *die*; **to ~ at** (*cigarette, pipe*) ziehen an (+*D*).

puff pastry *n* Blätterteig *der*.

pull [pʊl] ◇ *vt* ziehen an (+*D*); (*tow*) ziehen. ◇ *vi* ziehen. ◇ *n*: **to give sthg a ~** an etw (*D*) ziehen; **to ~ a face** eine Grimasse schneiden; **to ~ a muscle** sich (*D*) einen Muskel zerren; **to ~ the trigger** abldrücken; 'pull' (*on door*) 'Ziehen'.

◆ **pull apart** *vt sep* (*book*) auseinanderlreißen; (*machine*) auseinanderlnehmen.

◆ **pull down** *vt sep* (*lower*) herunterlziehen; (*demolish*) ablreißen.

◆ **pull in** *vi* (*train*) einlfahren;

(*car*) anlhalten.

◆ **pull out** *vt sep* herauslziehen. ◇ *vi* (*train*) ablfahren; (*car*) auslscheren; (*withdraw*) sich zurücklziehen.

◆ **pull over** *vi* (*car*) an den Straßenrand fahren.

◆ **pull up** *vt sep* (*socks, trousers, sleeve*) hochlziehen. ◇ *vi* (*stop*) anlhalten.

pulley [ˈpʊlɪ] (*pl* **pulleys**) *n* Flaschenzug *der*.

pull-out *n* (*Am: beside road*) Parkbucht *die*.

pullover [ˈpʊlˌəʊvəʳ] *n* Pullover *der*.

pulpit [ˈpʊlpɪt] *n* Kanzel *die*.

pulse [pʌls] *n* (*MED*) Puls *der*.

pump [pʌmp] *n* Pumpe *die*.

◆ **pumps** *npl* (*sports shoes*) Freizeitschuhe *pl*.

◆ **pump up** *vt sep* auflpumpen.

pumpkin [ˈpʌmpkɪn] *n* Kürbis *der*.

pun [pʌn] *n* Wortspiel *das*.

punch [pʌntʃ] ◇ *n* (*blow*) Faustschlag *der*; (*drink*) Punsch *der*. ◇ *vt* (*hit*) boxen; (*ticket*) lochen.

Punch and Judy show [-ˈdʒuːdɪ-] *n* Kasperltheater *das*.

punctual [ˈpʌŋktjʊəl] *adj* pünktlich.

punctuation [ˌpʌŋktjʊˈeɪʃn] *n* Interpunktion *die*.

puncture [ˈpʌŋktʃəʳ] ◇ *n* (*of car tyre*) Reifenpanne *die*; (*of bicycle tyre*) Platten *der*. ◇ *vt* stechen in (+*A*).

punish [ˈpʌnɪʃ] *vt*: **to ~ sb (for sthg)** jn (für etw) bestrafen.

punishment [ˈpʌnɪʃmənt] *n* Strafe *die*.

punk [pʌŋk] *n* (*person*) Punker *der* (-in *die*); (*music*) Punk *der*.

punnet [ˈpʌnɪt] *n* (*Br*) Körbchen *das*.

pupil ['pju:pl] n (student) Schüler der (-in die); (of eye) Pupille die.

puppet ['pʌpɪt] n Puppe die.

puppy ['pʌpɪ] n junger Hund.

purchase ['pɜːtʃəs] ◊ vt (fml) kaufen. ◊ n (fml) Kauf der.

pure [pjʊəʳ] adj rein.

puree ['pjʊəreɪ] n Püree das.

purely ['pjʊəlɪ] adv rein.

purity ['pjʊərətɪ] n Reinheit die.

purple ['pɜːpl] adj violett.

purpose ['pɜːpəs] n Zweck der; on ~ absichtlich.

purr [pɜːʳ] vi (cat) schnurren.

purse [pɜːs] n (Br: for money) Portemonnaie das; (Am: handbag) Handtasche die.

pursue [pə'sjuː] vt (follow) verfolgen; (study, inquiry, matter) nachlgehen (+D).

pus [pʌs] n Eiter der.

push [pʊʃ] ◊ vt schieben; (button) drücken auf (+A); (product) puschen. ◊ vi schubsen. ◊ n: to give sb/sthg a ~ jm/einer Sache einen Schubs geben; to ~ sb into doing sthg jn drängen, etw zu tun; 'push' (on door) 'Drücken'.

♦ **push in** vi (in queue) sich vorldrängen.

♦ **push off** vi (inf: go away) ablhauen.

push-button telephone n Drucktastentelefon das.

pushchair ['pʊʃtʃeəʳ] n (Br) Sportwagen der (für Kinder).

pushed [pʊʃt] adj (inf): to be ~ (for time) in Eile sein.

push-ups npl Liegestütze pl.

put [pʊt] (pt & pp inv) vt (place) tun; (place upright) stellen; (lay flat) legen; (express) sagen; (write) schreiben; (a question) stellen; (estimate): to ~ sthg at etw schätzen auf (+A); to ~ a child to bed ein Kind ins Bett bringen; to ~ money into sthg Geld in etw (A) investieren; to ~ sb under pressure jn unter Druck setzen; to ~ the blame on sb jm die Schuld geben.

♦ **put aside** vt sep (money) zur Seite legen.

♦ **put away** vt sep (tidy up) weglräumen.

♦ **put back** vt sep (replace) zurückllegen; (postpone) verschieben; (clock, watch) zurücklstellen.

♦ **put down** vt sep (place) setzen; (place upright) (hinl)stellen; (lay flat) (hinl)legen; (passenger) ablsetzen; (Br: animal) einlschläfern; (deposit) anlzahlen.

♦ **put forward** vt sep (clock, watch) vorlstellen; (suggest) vorlschlagen.

♦ **put in** vt sep (insert) hineinlstecken; (install) einlbauen.

♦ **put off** vt sep (postpone) verschieben; (distract) abllenken; (repel) ablstoßen; (passenger) ablsetzen.

♦ **put on** vt sep (clothes) anlziehen; (glasses) auflsetzen; (make-up) aufllegen; (television, light, radio) anlschalten; (CD, record) auflegen; (tape) einllegen; (play, show) auflführen; to ~ on weight zulnehmen; to ~ the kettle on Wasser auflsetzen.

♦ **put out** vt sep (cigarette, fire, light) auslmachen; (publish) veröffentlichen; (hand, arm, leg) auslstrecken; to ~ sb out jm Umstände machen; to ~ one's back out sich (D) den Rücken verrenken.

♦ **put together** vt sep (assemble) zusammenlsetzen; (combine) zusammenlstellen.

♦ **put up** vt sep (tent, statue, building) errichten; (umbrella) auflspannen; (a notice) anlschlagen; (sign) anlbringen; (price, rate) hochltreiben; (visitor) unterlbringen. ◊ vi (Br: in hotel) unterlkommen.

♦ **put up with** vt fus dulden.

putter ['pʌtəʳ] n (club) Putter der.

putting green [ˈpʌtɪŋ-] *n* Platz *der* zum Putten.

putty [ˈpʌtɪ] *n* Kitt *der*.

puzzle [ˈpʌzl] ◇ *n* Rätsel *das*; *(jig-saw)* Puzzle *das*. ◇ *vt* verblüffen.

puzzling [ˈpʌzlɪŋ] *adj* verblüffend.

pyjamas [pəˈdʒɑːməz] *npl (Br)* Schlafanzug *der*.

pylon [ˈpaɪlən] *n* Mast *der*.

pyramid [ˈpɪrəmɪd] *n* Pyramide *die*.

Pyrenees [ˌpɪrəˈniːz] *npl*: **the ~** die Pyrenäen *pl*.

Pyrex® [ˈpaɪreks] *n* = JenaerGlas® *das*.

quail [kweɪl] *n* Wachtel *die*.

quail's eggs *npl* Wachteleier *pl*.

quaint [kweɪnt] *adj (village, cottage)* malerisch.

qualification [ˌkwɒlɪfɪˈkeɪʃn] *n (diploma)* Zeugnis *das*; *(ability)* Qualifikation *die*.

qualified [ˈkwɒlɪfaɪd] *adj* qualifiziert.

qualify [ˈkwɒlɪfaɪ] *vi* sich qualifizieren.

quality [ˈkwɒlətɪ] ◇ *n* Qualität *die*; *(feature)* Eigenschaft *die*. ◇ *adj (product)* Qualitäts-; *(newspaper)* seriös.

quarantine [ˈkwɒrəntiːn] *n* Quarantäne *die*.

quarrel [ˈkwɒrəl] ◇ *n* Streit *der*. ◇ *vi* sich streiten.

quarry [ˈkwɒrɪ] *n (for stone, sand)* Steinbruch *der*.

quart [kwɔːt] *n* = 0,14 Liter, Quart *das*.

quarter [ˈkwɔːtər] *n* Viertel *das*; *(Am: coin)* Vierteldollar *der*; *(4 ounces)* = 0,1134 kg, Viertelpfund *das*; *(three months)* Quartal *das*; **(a) ~ of an hour** eine Viertelstunde; **(a) ~ to five** *(Br)* Viertel vor fünf; **(a) ~ of five** *(Am)* Viertel vor fünf; **(a) ~ past five** *(Br)* Viertel nach fünf; **(a) ~ after five** *(Am)* Viertel nach fünf.

quarterpounder [ˌkwɔːtəˈpaundər] *n* Viertelpfünder *der (großer Hamburger)*.

quartet [kwɔːˈtet] *n* Quartett *das*.

quartz [kwɔːts] *adj (watch)* Quarz-.

quay [kiː] *n* Kai *der*.

queasy [ˈkwiːzɪ] *adj (inf)* unwohl.

queen [kwiːn] *n* Königin *die*; *(in chess, cards)* Dame *die*.

queer [kwɪər] *adj (strange)* seltsam; *(inf: ill)* unwohl; *(inf: homosexual)* schwul.

quench [kwentʃ] *vt*: **to ~ one's thirst** seinen Durst löschen.

query [ˈkwɪərɪ] *n* Frage *die*.

question [ˈkwestʃn] ◇ *n* Frage *die*. ◇ *vt (person)* ausǀfragen; *(subj: police)* verhören; **it's out of the ~** das kommt nicht in Frage.

question mark *n* Fragezeichen *das*.

questionnaire [ˌkwestʃəˈneər] *n* Fragebogen *der*.

queue [kjuː] ◇ *n (Br)* Schlange *die*. ◇ *vi (Br)* Schlange stehen.

♦ **queue up** *vi (Br)* Schlange stehen.

quiche [kiːʃ] *n* Quiche *die*.

quick [kwɪk] *adj & adv* schnell.

quickly [ˈkwɪklɪ] *adv* schnell.

quid [kwɪd] *(pl inv)* *n (Br: inf: pound)* Pfund *das*.

quiet [ˈkwaɪət] ◇ *adj* ruhig; *(voice, car)* leise. ◇ *n* Ruhe *die*; **keep ~!** Ruhe!; **to keep ~** still sein; **to keep ~ about sthg** etw verschweigen.

quieten [ˈkwaɪətn]: **quieten**

down *vi* sich beruhigen.

quietly ['kwaɪətlɪ] *adv* ruhig; *(speak)* leise.

quilt [kwɪlt] *n (duvet)* Steppdecke *die; (eiderdown)* Patchworkdecke *die*.

quince [kwɪns] *n* Quitte *die*.

quirk [kwɜːk] *n* Schrulle *die*.

quit [kwɪt] *(pt & pp inv) vi (resign)* kündigen; *(give up)* aufhören. ◊ *vt (Am: school, job)* aufgeben; **to ~ doing sthg** aufhören, etw zu tun.

quite [kwaɪt] *adv (fairly)* ziemlich; *(completely)* ganz; **not ~** nicht ganz; **~ a lot (of)** ziemlich viel.

quiz [kwɪz] *(pl* **-zes**) *n* Quiz *das*.

quota ['kwəʊtə] *n* Quote *die*.

quotation [kwəʊ'teɪʃn] *n (phrase)* Zitat *das; (estimate)* Kostenvoranschlag *der*.

quotation marks *npl* Anführungszeichen *pl*.

quote [kwəʊt] ◊ *vt (phrase, writer)* zitieren; *(price)* nennen. ◊ *n (phrase)* Zitat *das; (estimate)* Kostenvoranschlag *der*.

R

rabbit ['ræbɪt] *n* Kaninchen *das*.

rabies ['reɪbiːz] *n* Tollwut *die*.

RAC *n* = ADAC *der*.

race [reɪs] ◊ *n (competition)* Rennen *das; (ethnic group)* Rasse *die*. ◊ *vi (compete)* um die Wette laufen/fahren etc; *(go fast)* rennen; *(engine)* durchldrehen. ◊ *vt* um die Wette laufen/fahren etc mit.

racecourse ['reɪskɔːs] *n* Rennbahn *die*.

racehorse ['reɪshɔːs] *n* Rennpferd *das*.

racetrack ['reɪstræk] *n (for horses)* Pferderennbahn *die*.

racial ['reɪʃl] *adj* Rassen-.

racing ['reɪsɪŋ] *n*: **(horse) ~** Pferderennen *das*.

racing car *n* Rennwagen *der*.

racism ['reɪsɪzm] *n* Rassismus *der*.

racist ['reɪsɪst] *n* Rassist *der* (-in *die*).

rack [ræk] *n (for coats, hats)* Ständer *der; (for plates, bottles)* Gestell *das;* **(luggage) ~** Gepäckablage *die;* **~ of lamb** Lammrücken *der*.

racket ['rækɪt] *n* Schläger *der; (noise)* Lärm *der*.

racquet ['rækɪt] *n* Schläger *der*.

radar ['reɪdɑː^r] *n* Radar *der*.

radiation [ˌreɪdɪ'eɪʃn] *n* Strahlung *die*.

radiator ['reɪdɪeɪtə^r] *n (in building)* Heizkörper *der; (of vehicle)* Kühler *der*.

radical ['rædɪkl] *adj* radikal.

radii ['reɪdɪaɪ] *pl* → **radius**.

radio ['reɪdɪəʊ] *(pl* **-s**) ◊ *n (device)* Radio *das; (system)* Rundfunk *der*. ◊ *vt (person)* anlfunken; **on the ~** im Radio.

radioactive [ˌreɪdɪəʊ'æktɪv] *adj* radioaktiv.

radio alarm *n* Radiowecker *der*.

radish ['rædɪʃ] *n* Radieschen *das*.

radius ['reɪdɪəs] *(pl* **radii**) *n* Radius *der*.

raffle ['ræfl] *n* Tombola *die*.

raft [rɑːft] *n (of wood)* Floß *das; (inflatable)* Schlauchboot *das*.

rafter ['rɑːftə^r] *n* Sparren *der*.

rag [ræg] *n (old cloth)* Lumpen *der*.

rage [reɪdʒ] *n* Wut *die*.

raid [reɪd] ◊ *n (attack)* Angriff *der; (by police)* Razzia *die; (robbery)* Überfall *der*. ◊ *vt (subj: police)* eine Razzia machen in (+D); *(subj:*

thieves) überfallen.

rail [reɪl] ◇ *n (bar)* Stange *die; (on stairs)* Geländer *das; (for train, tram)* Schiene *die.* ◇ *adj (travel, transport, network)* Bahn-; **by ~** mit der Bahn.

railcard ['reɪlkɑːd] *n (Br)* Berechtigungsausweis für verbilligte Bahnfahrten.

railings ['reɪlɪŋz] *npl* Gitter *das.*

railroad ['reɪlrəʊd] *(Am)* = **railway**.

railway ['reɪlweɪ] *n (system)* Eisenbahn *die; (track)* Eisenbahnstrecke *die; (rails)* Gleis *das.*

railway line *n (route)* Bahn *die; (track)* Eisenbahnstrecke *die; (rails)* Gleis *das.*

railway station *n* Bahnhof *der.*

rain [reɪn] ◇ *n* Regen *der.* ◇ *v impers* regnen; **it's ~ing** es regnet.

rainbow ['reɪnbəʊ] *n* Regenbogen *der.*

raincoat ['reɪnkəʊt] *n* Regenmantel *der.*

raindrop ['reɪndrɒp] *n* Regentropfen *der.*

rainfall ['reɪnfɔːl] *n* Niederschlag *der.*

rainy ['reɪnɪ] *adj* regnerisch.

raise [reɪz] ◇ *vt (lift)* heben; *(increase)* erhöhen; *(money)* beschaffen; *(child)* großziehen; *(cattle, sheep etc)* aufⅠziehen; *(question, subject)* aufwerfen. ◇ *n (Am: pay increase)* Gehaltserhöhung *die.*

raisin ['reɪzn] *n* Rosine *die.*

rake [reɪk] *n* Harke *die.*

rally ['rælɪ] *n (public meeting)* Kundgebung *die; (motor race)* Rallye *die; (in tennis, badminton, squash)* Ballwechsel *der.*

ram [ræm] ◇ *n (sheep)* Widder *der.* ◇ *vt (bang into)* rammen.

Ramadan [ˌræməˈdæn] *n* Ramadan *der.*

ramble ['ræmbl] *n* Wanderung *die.*

ramp [ræmp] *n* Rampe *die;* **'ramp'** *(Am: to freeway)* Auffahrt *die; (Br: bump)* Schild an Baustellen, das auf Straßenschäden hinweist.

ramparts ['ræmpɑːts] *npl* Wall *der.*

ran [ræn] *pt →* **run**.

ranch [rɑːntʃ] *n* Ranch *die.*

ranch dressing *n (Am)* cremige, würzige Soße.

rancid ['rænsɪd] *adj* ranzig.

random ['rændəm] ◇ *adj* willkürlich. ◇ *n:* **at ~** wahllos.

rang [ræŋ] *pt →* **ring**.

range [reɪndʒ] ◇ *n (of radio, aircraft)* Reichweite *die; (of prices, temperatures, ages)* Reihe *die; (selection of products)* Auswahl *die; (of hills, mountains)* Kette *die; (for shooting)* Schießstand *der; (cooker)* Kochherd *der.* ◇ *vi (vary):* **to ~ from X to Y** zwischen X und Y liegen.

ranger ['reɪndʒər] *n (of park, forest)* Förster *der* (-in *die*).

rank [ræŋk] ◇ *n* Rang *der.* ◇ *adj (smell, taste)* übel.

ransom ['rænsəm] *n* Lösegeld *das.*

rap [ræp] *n (music)* Rap *der.*

rape [reɪp] ◇ *n* Vergewaltigung *die.* ◇ *vt* vergewaltigen.

rapid ['ræpɪd] *adj* schnell.

♦ **rapids** *npl* Stromschnellen *pl.*

rapidly ['ræpɪdlɪ] *adv* schnell.

rapist ['reɪpɪst] *n* Vergewaltiger *der.*

rare [reər] *adj* selten; *(meat)* englisch gebraten.

rarely ['reəlɪ] *adv* selten.

rash [ræʃ] ◇ *n* Ausschlag *der.* ◇ *adj* unbedacht.

rasher ['ræʃər] *n* Streifen *der.*

raspberry ['rɑːzbərɪ] *n* Himbeere *die.*

rat [ræt] *n* Ratte *die.*

ratatouille [rætə'tuːɪ] *n* Ratatouille *die*.

rate [reɪt] ◇ *n* (*level*) Rate *die*; (*charge*) Satz *der*; (*speed*) Tempo *das*. ◇ *vt* (*consider*) einlschätzen; (*deserve*) verdienen; ~ **of exchange** Wechselkurs *der*; **at any** ~ auf jeden Fall; **at this** ~ auf diese Weise.

rather ['rɑːðər] *adv* (*quite*) ziemlich; (*expressing preference*) lieber; **I'd** ~ **not** lieber nicht; **would you** ~ ...? möchtest du lieber ...?; ~ **than** statt.

ratio ['reɪʃɪəʊ] (*pl* -s) *n* Verhältnis *das*.

ration ['ræʃn] *n* Ration *die*.

♦ **rations** *npl* (*food*) Ration *die*.

rational ['ræʃnl] *adj* rational.

rattle ['rætl] ◇ *n* (*of baby*) Rassel *die*. ◇ *vi* klappern.

rave [reɪv] *n* (*party*) Rave *der*.

raven ['reɪvn] *n* Rabe *der*.

ravioli [,rævɪ'əʊlɪ] *n* Ravioli *pl*.

raw [rɔː] *adj* roh.

raw material *n* Rohstoff *der*.

ray [reɪ] *n* Strahl *der*.

razor ['reɪzər] *n* Rasierapparat *der*.

razor blade *n* Rasierklinge *die*.

Rd (*abbr of Road*) Str.

re [riː] *prep* betreffs (+*G*).

RE *n* (*abbr of religious education*) Religionsunterricht *der*.

reach [riːtʃ] ◇ *vt* erreichen; (*town, country*) ankommen in (+*D*); (*manage to touch*) kommen an (+*A*); (*extend up to*) reichen bis; (*agreement, decision*) kommen zu. ◇ *n*: **out of** ~ außer Reichweite; **within** ~ **of the beach** im Strandbereich.

♦ **reach out** *vi*: **to** ~ **out (for)** die Hand auslstrecken (nach).

react [rɪ'ækt] *vi* reagieren.

reaction [rɪ'ækʃn] *n* Reaktion *die*.

read [riːd] (*pt & pp inv* [red]) ◇ *vt* lesen; (*say aloud*) vorllesen; (*subj:*

sign, note) besagen; (*subj: meter, gauge*) anlzeigen. ◇ *vi* lesen; **to** ~ **about sthg** von etw lesen.

♦ **read out** *vt sep* laut vorllesen.

reader ['riːdər] *n* Leser *der* (-in *die*).

readily ['redɪlɪ] *adv* (*willingly*) gern; (*easily*) leicht.

reading ['riːdɪŋ] *n* Lesen *das*; (*of meter, gauge*) Stand *der*.

reading matter *n* Lesestoff *der*.

ready ['redɪ] *adj* (*prepared*) fertig; **to be** ~ **for sthg** (*prepared*) für etw fertig sein; **to be** ~ **to do sthg** (*willing*) bereit sein, etw zu tun; (*likely*) im Begriff sein, etw zu tun; **to get** ~ sich fertiglmachen; **to get sthg** ~ etw fertiglmachen.

ready cash *n* Bargeld *das*.

ready-cooked [-kʊkt] *adj* vorgekocht.

ready-to-wear *adj* von der Stange.

real ['rɪəl] ◇ *adj* (*actual*) wirklich; (*genuine, for emphasis*) echt. ◇ *adv* (*Am*) echt, wirklich.

real ale *n* dunkles, nach traditionellem Rezept gebrautes britisches Bier.

real estate *n* Immobilien *pl*.

realistic [,rɪə'lɪstɪk] *adj* realistisch.

reality [rɪ'ælətɪ] *n* Realität *die*; **in** ~ in Wirklichkeit.

realize ['rɪəlaɪz] *vt* (*become aware of*) erkennen; (*know*) wissen; (*ambition, goal*) verwirklichen.

really ['rɪəlɪ] *adv* wirklich; **not** ~ eigentlich nicht; ~? (*expressing surprise*) wirklich?

realtor ['rɪəltər] *n* (*Am*) Immobilienhändler *der* (-in *die*).

rear [rɪər] ◇ *adj* hintere(-r)(-s); (*window*) Heck-, Hinter-. ◇ *n* (*back*) Rückseite *die*.

rearrange [,riːə'reɪndʒ] *vt* (*room, furniture*) umlstellen; (*meeting*) verlegen.

rearview mirror ['rɪəvju:-] *n* Rückspiegel *der*.

rear-wheel drive *n* Auto *das* mit Hinterradantrieb.

reason ['ri:zn] *n* Grund *der*; **for some ~** aus irgendeinem Grund.

reasonable ['ri:znəbl] *adj (fair)* angemessen; *(not too expensive)* preiswert; *(sensible)* vernünftig; *(quite big)* annehmbar.

reasonably ['ri:znəblɪ] *adv (quite)* ziemlich.

reasoning ['ri:znɪŋ] *n* Denken *das*.

reassure [ˌri:ə'ʃɔ:ʳ] *vt* versichern (+D).

reassuring [ˌri:ə'ʃɔ:rɪŋ] *adj* beruhigend.

rebate ['ri:beɪt] *n* Rückzahlung *die*.

rebel [rɪ'bel] ◇ *n* Rebell *der* (-in *die*). ◇ *vi* rebellieren.

rebound [rɪ'baʊnd] *vi* ablprallen.

rebuild [ˌri:'bɪld] *(pt & pp* rebuilt [ˌri:'bɪlt]) *vt* wieder auflbauen.

rebuke [rɪ'bju:k] *vt* tadeln.

recall [rɪ'kɔ:l] *vt (remember)* sich erinnern an (+A).

receipt [rɪ'si:t] *n (for goods, money)* Quittung *die*; **on ~ of** bei Erhalt von.

receive [rɪ'si:v] *vt* erhalten; *(guest)* empfangen.

receiver [rɪ'si:vəʳ] *n (of phone)* Hörer *der*.

recent ['ri:snt] *adj* kürzlich, erfolgte(-r)(-s).

recently ['ri:sntlɪ] *adv* kürzlich.

receptacle [rɪ'septəkl] *n (fml)* Behälter *der*.

reception [rɪ'sepʃn] *n* Empfang *der*; *(in hotel)* Rezeption *die*; *(in hospital)* Aufnahme *die*.

reception desk *n (in hotel)* Rezeption *die*.

receptionist [rɪ'sepʃənɪst] *n (in hotel)* Empfangsdame *die*; *(man)* Empfangschef *der*; *(at doctor's)* Sprechstundenhilfe *die*.

recess ['ri:ses] *n (in wall)* Nische *die*; *(Am: SCH)* Pause *die*.

recession [rɪ'seʃn] *n* Rezession *die*.

recipe ['resɪpɪ] *n* Rezept *das*.

recite [rɪ'saɪt] *vt (poem)* auflsagen; *(list)* auflzählen.

reckless ['reklɪs] *adj* leichtsinnig.

reckon ['rekn] *vt (inf: think)* denken.
◆ **reckon on** *vt fus* rechnen mit.
◆ **reckon with** *vt fus (expect)* rechnen mit.

reclaim [rɪ'kleɪm] *vt (baggage)* ablholen.

reclining seat [rɪ'klaɪnɪŋ-] *n* Liegesitz *der*.

recognition [ˌrekəg'nɪʃn] *n (recognizing)* Erkennen *das*; *(acceptance)* Anerkennung *die*.

recognize ['rekəgnaɪz] *vt* erkennen; *(accept)* anlerkennen.

recollect [ˌrekə'lekt] *vt* sich erinnern an (+A).

recommend [ˌrekə'mend] *vt* empfehlen; **to ~ sb to do sthg** jm empfehlen, etw zu tun.

recommendation [ˌrekəmen-'deɪʃn] *n* Empfehlung *die*.

reconsider [ˌri:kən'sɪdəʳ] *vt* sich (D) nochmals überlegen.

reconstruct [ˌri:kən'strʌkt] *vt* wieder auflbauen.

record [*n* 'rekɔ:d, *vb* rɪ'kɔ:d] ◇ *n* (MUS) Schallplatte *die*; *(best performance, highest level)* Rekord *der*; *(account)* Aufzeichnung *die*. ◇ *vt (keep account of)* auflzeichnen; *(on tape)* auflnehmen.

recorded delivery [rɪ'kɔ:dɪd-] *n (Br)* Einschreiben *das*.

recorder [rɪ'kɔ:dəʳ] *n (tape recorder)* Kassettenrecorder *der*; *(instru-*

ment) Blockflöte *die*.

recording [rɪˈkɔːdɪŋ] *n (tape, record)* Aufnahme *die*.

record player *n* Plattenspieler *der*.

record shop *n* Schallplattengeschäft *das*.

recover [rɪˈkʌvəʳ] ◇ *vt (get back)* sicherlstellen. ◇ *vi (from illness, shock)* sich erholen.

recovery [rɪˈkʌvərɪ] *n (from illness)* Erholung *die*.

recovery vehicle *n (Br)* Abschleppwagen *der*.

recreation [ˌrekrɪˈeɪʃn] *n* Erholung *die*.

recreation ground *n* Spielplatz *der*.

recruit [rɪˈkruːt] ◇ *n (to army)* Rekrut *der*. ◇ *vt (staff)* anlwerben.

rectangle [ˈrektæŋgl] *n* Rechteck *das*.

rectangular [rekˈtæŋgjʊləʳ] *adj* rechteckig.

recycle [ˌriːˈsaɪkl] *vt* recyceln.

red [red] ◇ *adj* rot. ◇ *n* Rot *das*; **in the ~** in den roten Zahlen.

red cabbage *n* Rotkohl *der*, Blaukraut *das (Österr)*.

Red Cross *n* Rotes Kreuz.

redcurrant [ˈredkʌrənt] *n* rote Johannisbeere.

redecorate [ˌriːˈdekəreɪt] *vt* neu tapezieren/streichen.

redhead [ˈredhed] *n* Rothaarige *der, die*.

red-hot *adj (metal)* rotglühend.

redial [riːˈdaɪəl] *vi* wieder wählen.

redirect [ˌriːdɪˈrekt] *vt (letter)* nachlsenden; *(traffic, plane)* umlleiten.

red pepper *n* rote Paprikaschote.

reduce [rɪˈdjuːs] ◇ *vt* reduzieren. ◇ *vi (Am: slim)* ablnehmen.

reduced price [rɪˈdjuːst-] *n* reduzierter Preis.

reduction [rɪˈdʌkʃn] *n (in size)* Verkleinerung *die*; *(in price)* Reduzierung *die*.

redundancy [rɪˈdʌndənsɪ] *n (Br)* Entlassung *die*.

redundant [rɪˈdʌndənt] *adj (Br)*: **to be made ~** entlassen werden.

red wine *n* Rotwein *der*.

reed [riːd] *n (plant)* Schilf *das*.

reef [riːf] *n* Riff *das*.

reek [riːk] *vi* stinken.

reel [riːl] *n (of thread)* Spule *die*; *(on fishing rod)* Rolle *die*.

refectory [rɪˈfektərɪ] *n* Speisesaal *der*.

refer [rɪˈfɜːʳ]: **refer to** *vt fus (speak about)* sich beziehen auf (+A); *(relate to)* betreffen; *(dictionary, book)* nachschlagen in (+D).

referee [ˌrefəˈriː] *n (SPORT)* Schiedsrichter *der (-in die)*.

reference [ˈrefrəns] ◇ *n (mention)* Erwähnung *die*; *(letter for job)* Referenz *die*. ◇ *adj (book, library)* Nachschlage-; **with ~ to** bezüglich (+G).

referendum [ˌrefəˈrendəm] *n* Volksabstimmung *die*.

refill [*n* ˈriːfɪl, *vb* ˌriːˈfɪl] ◇ *vt* nachlfüllen. ◇ *n (for ballpoint pen)* Mine *die*; *(for fountain pen)* Patrone *die*; *(inf: drink)*: **would you like a ~?** darf ich dir nachschenken?

refinery [rɪˈfaɪnərɪ] *n* Raffinerie *die*.

reflect [rɪˈflekt] ◇ *vt (light, heat, image)* reflektieren. ◇ *vi (think)* nachldenken.

reflection [rɪˈflekʃn] *n (image)* Spiegelbild *das*.

reflector [rɪˈflektəʳ] *n (on bicycle, car)* Rückstrahler *der*.

reflex [ˈriːfleks] *n* Reflex *der*.

reflexive [rɪˈfleksɪv] *adj* reflexiv.

reform [rɪˈfɔːm] ◇ *n* Reform *die*. ◇ *vt* reformieren.

refresh [rɪˈfreʃ] *vt* erfrischen.

refreshing [rɪˈfreʃɪŋ] *adj* erfrischend.

refreshments [rɪˈfreʃmənts] *npl* Erfrischungen *pl*.

refrigerator [rɪˈfrɪdʒəreɪtəʳ] *n* Kühlschrank *der*.

refugee [ˌrefjʊˈdʒiː] *n* Flüchtling *der*.

refund [*n* ˈriːfʌnd, *vb* rɪˈfʌnd] ◇ *n* Rückerstattung *die*. ◇ *vt* zurücklerstatten.

refundable [rɪˈfʌndəbl] *adj* rückerstattbar.

refusal [rɪˈfjuːzl] *n* Weigerung *die*.

refuse[1] [rɪˈfjuːz] ◇ *vt (not accept)* abllehnen; *(not allow)* verweigern. ◇ *vi* abllehnen; **to ~ to do sthg** sich weigern, etw zu tun.

refuse[2] [ˈrefjuːs] *n (fml)* Abfall *der*.

refuse collection [ˈrefjuːs-] *n (fml)* Müllabfuhr *die*.

regard [rɪˈgɑːd] ◇ *vt (consider)* anlsehen. ◇ *n*: **with ~ to** in bezug auf (+A); **as ~s** in bezug auf (+A).

♦ **regards** *npl (in greetings)* Grüße *pl*; **give them my ~s** grüße sie von mir.

regarding [rɪˈgɑːdɪŋ] *prep* bezüglich (+G).

regardless [rɪˈgɑːdlɪs] *adv* trotzdem; **~ of** ohne Rücksicht auf (+A).

reggae [ˈregeɪ] *n* Reggae *der*.

regiment [ˈredʒɪmənt] *n* Regiment *das*.

region [ˈriːdʒən] *n* Gebiet *das*; **in the ~ of** im Bereich von.

regional [ˈriːdʒənl] *adj* regional.

register [ˈredʒɪstəʳ] ◇ *n* Register *das*. ◇ *vt* registrieren; *(subj: machine, gauge)* anlzeigen. ◇ *vi* sich registrieren lassen; *(at hotel)* sich einltragen.

registered [ˈredʒɪstəd] *adj (letter, parcel)* eingeschrieben.

registration [ˌredʒɪˈstreɪʃn] *n (for course)* Einschreibung *die*; *(at conference)* Anmeldung *die*.

registration (number) *n* polizeiliches Kennzeichen.

registry office [ˈredʒɪstrɪ-] *n* Standesamt *das*.

regret [rɪˈgret] ◇ *n* Bedauern *das*. ◇ *vt* bedauern; **to ~ doing sthg** etw leider tun müssen; **we ~ any inconvenience caused** wir bedauern etwa entstandene Unannehmlichkeiten.

regrettable [rɪˈgretəbl] *adj* bedauerlich.

regular [ˈregjʊləʳ] ◇ *adj* regelmäßig; *(intervals)* gleichmäßig; *(time)* üblich; *(Coke, fries)* normal. ◇ *n (customer)* Stammkunde *der* (-kundin *die*).

regularly [ˈregjʊləlɪ] *adv* regelmäßig; *(spaced, distributed)* gleichmäßig.

regulate [ˈregjʊleɪt] *vt* regulieren.

regulation [ˌregjʊˈleɪʃn] *n (rule)* Regelung *die*.

rehearsal [rɪˈhɜːsl] *n* Probe *die*.

rehearse [rɪˈhɜːs] *vt* proben.

reign [reɪn] ◇ *n* Herrschaft *die*. ◇ *vi (monarch)* regieren.

reimburse [ˌriːɪmˈbɜːs] *vt (fml)* zurücklerstatten.

reindeer [ˈreɪnˌdɪəʳ] *(pl inv)* *n* Rentier *das*.

reinforce [ˌriːɪnˈfɔːs] *vt* verstärken; *(argument, opinion)* bestärken.

reinforcements [ˌriːɪnˈfɔːsmənts] *npl* Verstärkung *die*.

reins [reɪnz] *npl (for horse)* Zügel *der*; *(for child)* Leine *die*.

reject [rɪˈdʒekt] *vt* abllehnen; *(subj: machine)* nicht anlnehmen.

rejection [rɪˈdʒekʃn] *n* Ablehnung *die*.

rejoin [ˌriːˈdʒɔɪn] *vt (motorway)* wieder kommen auf (+A).

relapse [rɪˈlæps] *n* Rückfall *der*.

relate [rɪˈleɪt] ◇ *vt (connect)* in

Zusammenhang bringen. ◊ vi: **to ~ to** (be connected with) in Zusammenhang stehen mit; (concern) sich beziehen auf (+A).

related [rɪ'leɪtɪd] adj verwandt.

relation [rɪ'leɪʃn] n (member of family) Verwandte der, die; (connection) Beziehung die; **in ~ to** in bezug auf (+A).

♦ **relations** npl (between countries, people) Beziehungen pl.

relationship [rɪ'leɪʃnʃɪp] n Beziehung die.

relative ['relətɪv] ◊ adj relativ; (GRAMM) Relativ-. ◊ n Verwandte der, die.

relatively ['relətɪvlɪ] adv relativ.

relax [rɪ'læks] vi sich entspannen.

relaxation [,ri:læk'seɪʃn] n Entspannung die.

relaxed [rɪ'lækst] adj entspannt.

relaxing [rɪ'læksɪŋ] adj entspannend.

relay ['ri:leɪ] n (race) Staffel die.

release [rɪ'li:s] ◊ vt (set free) freillassen; (let go of) losllassen; (record, film) heraus|bringen; (brake, catch) lösen. ◊ n: **a new ~** (film) ein neuer Film; (record) eine neue Platte.

relegate ['relɪgeɪt] vt: **to be ~d** (SPORT) ab|steigen.

relevant ['reləvənt] adj relevant; (appropriate) entsprechend.

reliable [rɪ'laɪəbl] adj (person, machine) zuverlässig.

relic ['relɪk] n (vestige) Relikt das.

relief [rɪ'li:f] n (gladness) Erleichterung die; (aid) Hilfe die.

relief road n Entlastungsstraße die.

relieve [rɪ'li:v] vt (pain, headache) lindern.

relieved [rɪ'li:vd] adj erleichtert.

religion [rɪ'lɪdʒn] n Religion die.

religious [rɪ'lɪdʒəs] adj (of religion) Religions-; (devout) gläubig.

relish ['relɪʃ] n (sauce) dickflüssige Soße.

reluctant [rɪ'lʌktənt] adj widerwillig.

rely on [rɪ'laɪ]: **rely on** vt fus (trust) sich verlassen auf (+A); (depend on) abhängig sein von.

remain [rɪ'meɪn] vi bleiben; (be left over) übrig|bleiben.

♦ **remains** npl Überreste pl.

remainder [rɪ'meɪndər] n Rest der.

remaining [rɪ'meɪnɪŋ] adj restlich.

remark [rɪ'mɑ:k] ◊ n Bemerkung die. ◊ vt bemerken.

remarkable [rɪ'mɑ:kəbl] adj bemerkenswert.

remedy ['remədɪ] n (medicine) Heilmittel das; (solution) Lösung die.

remember [rɪ'membər] ◊ vt sich erinnern an (+A); (not forget) denken an (+A). ◊ vi sich erinnern; **to ~ doing sthg** sich daran erinnern, etw getan zu haben; **to ~ to do sthg** daran denken, etw zu tun.

remind [rɪ'maɪnd] vt: **to ~ sb of sthg** jn an etw (A) erinnern; **to ~ sb to do sthg** jn daran erinnern, etw zu tun.

reminder [rɪ'maɪndər] n (for bill, library book) Mahnung die.

remittance [rɪ'mɪtns] n (money) Überweisung die.

remnant ['remnənt] n Rest der.

remote [rɪ'məʊt] adj entfernt.

remote control n (device) Fernbedienung die.

removal [rɪ'mu:vl] n Entfernung die; (of furniture) Umzug der.

removal van n Möbelwagen der.

remove [rɪ'mu:v] vt entfernen; (clothes) aus|ziehen.

renew [rɪ'nju:] vt (licence, membership) verlängern.

renovate ['renəveɪt] *vt* renovieren.

renowned [rɪ'naʊnd] *adj* berühmt.

rent [rent] ◊ *n* Miete *die*. ◊ *vt* mieten.

rental ['rentl] *n (money)* Leihgebühr *die*.

repaid [riːˈpeɪd] *pt & pp →* **repay**.

repair [rɪˈpeəʳ] ◊ *vt* reparieren. ◊ *n*: **in good ~** in gutem Zustand. ♦ **repairs** *npl* Reparatur *die*.

repair kit *n (for bicycle)* Flickzeug *das*.

repay [riːˈpeɪ] *(pt & pp* **repaid)** *vt (money)* zurück lzahlen; *(favour, kindness)* sich revanchieren für.

repayment [riːˈpeɪmənt] *n* Rückzahlung *die*.

repeat [rɪˈpiːt] ◊ *vt* wiederholen. ◊ *n (on TV, radio)* Wiederholung *die*.

repetition [ˌrepɪˈtɪʃn] *n* Wiederholung *die*.

repetitive [rɪˈpetɪtɪv] *adj* eintönig.

replace [rɪˈpleɪs] *vt* ersetzen; *(put back)* zurück lsetzen.

replacement [rɪˈpleɪsmənt] *n* Ersatz *der*.

replay ['riːpleɪ] *n (rematch)* Wiederholungsspiel *das*; *(on TV)* Wiederholung *die*.

reply [rɪˈplaɪ] ◊ *n* Antwort *die*. ◊ *vt & vi* antworten (+D).

report [rɪˈpɔːt] ◊ *n* Bericht *der*; *(Br: SCH)* Zeugnis *das*. ◊ *vt (announce)* berichten; *(theft, disappearance, person)* melden. ◊ *vi*: **to ~ (on)** berichten (über (+A)); **to ~ to sb** *(go to)* sich bei jm melden.

report card *n* Zeugnis *das*.

reporter [rɪˈpɔːtəʳ] *n* Reporter *der* (-in *die*).

represent [ˌreprɪˈzent] *vt (act on behalf of)* vertreten; *(symbolize)* darstellen.

representative [ˌreprɪˈzentətɪv] *n* Vertreter *der* (-in *die*).

repress [rɪˈpres] *vt* unterdrücken.

reprieve [rɪˈpriːv] *n (delay)* Aufschub *der*.

reprimand ['reprɪmɑːnd] *vt* tadeln.

reproach [rɪˈprəʊtʃ] *vt* Vorwürfe machen (+D).

reproduction [ˌriːprəˈdʌkʃn] *n (of painting, furniture)* Reproduktion *die*.

reptile ['reptaɪl] *n* Reptil *das*.

republic [rɪˈpʌblɪk] *n* Republik *die*.

Republican [rɪˈpʌblɪkən] ◊ *n (in US)* Republikaner *der* (-in *die*). ◊ *adj (in US)* republikanisch.

repulsive [rɪˈpʌlsɪv] *adj* abstoßend.

reputable ['repjʊtəbl] *adj* angesehen.

reputation [ˌrepjʊˈteɪʃn] *n* Ruf *der*.

reputedly [rɪˈpjuːtɪdlɪ] *adv* angeblich.

request [rɪˈkwest] ◊ *n* Bitte *die*. ◊ *vt* bitten um; **to ~ sb to do sthg** jn bitten, etw zu tun; **available on ~** auf Anfrage erhältlich.

request stop *n (Br)* Bedarfshaltestelle *die*.

require [rɪˈkwaɪəʳ] *vt (need)* brauchen; **to be ~d to do sthg** etw tun müssen.

requirement [rɪˈkwaɪəmənt] *n (condition)* Erfordernis *das*; *(need)* Bedarf *der*.

resat [ˌriːˈsæt] *pt & pp →* **resit**.

rescue ['reskjuː] *vt* retten.

research [rɪˈsɜːtʃ] *n* Forschung *die*.

resemblance [rɪˈzembləns] *n* Ähnlichkeit *die*.

resemble [rɪˈzembl] *vt* ähneln (+D).

resent [rɪ'zent] *vt* übelｌnehmen.

reservation [ˌrezə'veɪʃn] *n (booking)* Reservierung *die; (doubt)* Zweifel *der;* **to make a ~** reservieren.

reserve [rɪ'zɜːv] ◇ *n* (SPORT) Reservespieler *der* (-in *die*); *(for wildlife)* Reservat *das.* ◇ *vt* reservieren.

reserved [rɪ'zɜːvd] *adj (booked)* reserviert; *(shy)* verschlossen.

reservoir ['rezəvwaːʳ] *n* Reservoir *das.*

reset [ˌriː'set] *(pt & pp inv) vt (watch, meter, device)* neu stellen.

reside [rɪ'zaɪd] *vi (fml: live)* wohnhaft sein.

residence ['rezɪdəns] *n (fml: house)* Wohnsitz *der;* **place of ~** Wohnsitz *der.*

residence permit *n* Aufenthaltserlaubnis *die.*

resident ['rezɪdənt] *n (of country)* Bewohner *der* (-in *die*); *(of hotel)* Gast *der; (of area)* Anwohner *der* (-in *die*); *(of house)* Hausbewohner *der* (-in *die*); **'~s only'** *(for parking)* 'Parken nur für Anlieger'.

residential [ˌrezɪ'denʃl] *adj (area)* Wohn-.

residue ['rezɪdjuː] *n* Rest *der.*

resign [rɪ'zaɪn] ◇ *vi (from job)* kündigen. ◇ *vt:* **to ~ o.s. to sthg** sich mit etw abｌfinden.

resignation [ˌrezɪg'neɪʃn] *n (from job)* Kündigung *die.*

resilient [rɪ'zɪlɪənt] *adj* unverwüstlich.

resist [rɪ'zɪst] *vt (temptation)* widerstehen (+D); *(fight against)* sich widersetzen (+D); **I can't ~ cream cakes** ich kann Sahnetorte nicht widerstehen; **to ~ doing sthg** etw nicht tun.

resistance [rɪ'zɪstəns] *n* Widerstand *der.*

resit [ˌriː'sɪt] *(pt & pp resat) vt* wiederholen.

resolution [ˌrezə'luːʃn] *n (promise)* Vorsatz *der.*

resolve [rɪ'zɒlv] *vt (solve)* lösen.

resort [rɪ'zɔːt] *n (for holidays)* Urlaubsort *der;* **as a last ~** als letzter Ausweg.

◆ **resort to** *vt fus* zurückｌgreifen auf (+A); **to ~ to doing sthg** darauf zurückｌgreifen, etw zu tun.

resourceful [rɪ'sɔːfʊl] *adj* erfinderisch.

resources [rɪ'sɔːsɪz] *npl* Ressourcen *pl.*

respect [rɪ'spekt] ◇ *n* Respekt *der; (aspect)* Aspekt *der.* ◇ *vt* respektieren; **in some ~s** in mancher Hinsicht; **with ~ to** in bezug auf (+A).

respectable [rɪ'spektəbl] *adj (person, job etc)* anständig; *(acceptable)* ansehnlich.

respective [rɪ'spektɪv] *adj* jeweilig.

respond [rɪ'spɒnd] *vi (reply)* antworten; *(react)* reagieren.

response [rɪ'spɒns] *n (reply)* Antwort *die; (reaction)* Reaktion *die.*

responsibility [rɪˌspɒnsə'bɪlətɪ] *n* Verantwortung *die.*

responsible [rɪ'spɒnsəbl] *adj (in charge)* verantwortlich; *(sensible)* verantwortungsbewußt; **to be ~ (for)** *(in charge, to blame)* verantwortlich sein (für).

rest [rest] ◇ *n (break)* Ruhepause *die; (support)* Stütze *die.* ◇ *vi (relax)* sich ausｌruhen; **the ~** *(remainder)* der Rest; **to have a ~** sich ausｌruhen; **to ~ against** lehnen an (+A).

restaurant ['restərɒnt] *n* Restaurant *das.*

restaurant car *n (Br)* Speisewagen *der.*

restful ['restfʊl] *adj* erholsam.

restless ['restlɪs] *adj (bored, impa-*

tient) ruhelos; *(fidgety)* unruhig.

restore [rɪ'stɔːʳ] *vt (reintroduce)* wieder|her|stellen; *(renovate)* renovieren.

restrain [rɪ'streɪn] *vt* zurück|halten.

restrict [rɪ'strɪkt] *vt* beschränken.

restricted [rɪ'strɪktɪd] *adj* beschränkt.

restriction [rɪ'strɪkʃn] *n* Beschränkung *die.*

rest room *n (Am)* Toilette *die.*

result [rɪ'zʌlt] ◇ *n (outcome)* Ergebnis *das; (consequence)* Folge *die.* ◇ *vi:* **to ~ in** zur Folge haben; **as a ~** infolgedessen.

♦ **results** *npl (of test, exam)* Ergebnisse *pl.*

resume [rɪ'zjuːm] *vi* wieder beginnen.

résumé ['rezjuːmeɪ] *n (summary)* Zusammenfassung *die; (Am: curriculum vitae)* Lebenslauf *der.*

retail ['riːteɪl] ◇ *n* Einzelhandel *der.* ◇ *vt (sell)* im Einzelhandel verkaufen. ◇ *vi:* **to ~ at** (im Einzelhandel) kosten.

retailer ['riːteɪləʳ] *n* Einzelhändler *der* (-in *die*).

retail price *n* Einzelhandelspreis *der.*

retain [rɪ'teɪn] *vt (fml: keep)* bewahren.

retaliate [rɪ'tælɪeɪt] *vi* sich rächen.

retire [rɪ'taɪəʳ] *vi (stop working)* in den Ruhestand treten.

retired [rɪ'taɪəd] *adj* pensioniert.

retirement [rɪ'taɪəmənt] *n (leaving job)* Pensionierung *die; (period after retiring)* Ruhestand *der.*

retreat [rɪ'triːt] ◇ *vi* sich zurück|ziehen. ◇ *n (place)* Zufluchtsort *der.*

retrieve [rɪ'triːv] *vt (get back)* zurück|holen.

return [rɪ'tɜːn] ◇ *n (arrival back)*

Rückkehr *die; (Br: ticket)* Rückfahrkarte *die; (Br: for plane)* Rückflugschein *der.* ◇ *vt (put back)* zurück|stellen; *(give back)* zurück|geben; *(ball, serve)* zurück|schlagen. ◇ *vi (come back)* zurück|kommen; *(go back)* zurück|gehen; *(drive back)* zurück|fahren; *(happen again)* wiederlauf|treten. ◇ *adj (journey)* Rück-; **to ~ sthg (to sb)** *(give back)* (jm) etw zurück|geben; **by ~ of post** *(Br)* postwendend; **many happy ~s!** herzlichen Glückwunsch zum Geburtstag!; **in ~ (for)** als Gegenleistung (für).

return flight *n* Rückflug *der.*

return ticket *n (Br: for train, bus)* Rückfahrkarte *die; (for plane)* Rückflugschein *der.*

reunification [ˌriːjuːnɪfɪ'keɪʃn] *n* Wiedervereinigung *die.*

reunite [ˌriːjuː'naɪt] *vt* wieder|vereinigen.

reveal [rɪ'viːl] *vt* enthüllen.

revelation [ˌrevə'leɪʃn] *n* Enthüllung *die.*

revenge [rɪ'vendʒ] *n* Rache *die.*

reverse [rɪ'vɜːs] ◇ *adj* umgekehrt. ◇ *n* (AUT) Rückwärtsgang *der; (of coin, document)* Rückseite *die.* ◇ *vt (car)* rückwärts fahren; *(decision)* rückgängig machen. ◇ *vi (car, driver)* rückwärts fahren; **the ~** *(opposite)* das Gegenteil; **in ~ order** in umgekehrter Reihenfolge; **to ~ the charges** *(Br)* ein R-Gespräch führen.

reverse-charge call *n (Br)* R-Gespräch *das.*

review [rɪ'vjuː] ◇ *n (of book, record, film)* Kritik *die; (examination)* Prüfung *die.* ◇ *vt (Am: for exam)* wiederholen.

revise [rɪ'vaɪz] ◇ *vt (reconsider)* revidieren. ◇ *vi (Br: for exam)* wiederholen.

revision [rɪ'vɪʒn] *n (Br: for exam)*

Wiederholung *die*.

revive [rɪ'vaɪv] *vt (person)* wiederlbeleben; *(economy, custom)* wiederlauflleben lassen.

revolt [rɪ'vəʊlt] *n* Revolte *die*.

revolting [rɪ'vəʊltɪŋ] *adj* scheußlich.

revolution [ˌrevə'luːʃn] *n* Revolution *die*.

revolutionary [revə'luːʃnərɪ] *adj* revolutionär.

revolver [rɪ'vɒlvər] *n* Revolver *der*.

revolving door [rɪ'vɒlvɪŋ-] *n* Drehtür *die*.

revue [rɪ'vjuː] *n* Revue *die*.

reward [rɪ'wɔːd] ◇ *n* Belohnung *die*. ◇ *vt* belohnen.

rewind [ˌriː'waɪnd] *(pt & pp rewound* [ˌriː'waknd]) *vt* zurücklspulen.

rheumatism ['ruːmətɪzm] *n* Rheuma *das*.

Rhine [raɪn] *n*: **the ~** der Rhein.

rhinoceros [raɪ'nɒsərəs] *(pl inv* OR **-es**) *n* Nashorn *das*.

rhubarb ['ruːbɑːb] *n* Rhabarber *der*.

rhyme [raɪm] ◇ *n* Reim *der*. ◇ *vi* sich reimen.

rhythm ['rɪðm] *n* Rhythmus *der*.

rib [rɪb] *n* Rippe *die*.

ribbon ['rɪbən] *n* Band *das*; *(for typewriter)* Farbband *das*.

rice [raɪs] *n* Reis *der*.

rice pudding *n* Milchreis *der*.

rich [rɪtʃ] ◇ *adj* reich; *(food)* schwer. ◇ *npl*: **the ~** die Reichen *pl*; **to be ~ in sthg** reich an etw *(D)* sein.

ricotta cheese [rɪ'kɒtə-] *n* Ricottakäse *der*.

rid [rɪd] *vt*: **to get ~ of** loslwerden.

ridden ['rɪdn] *pp* → **ride**.

riddle ['rɪdl] *n* Rätsel *das*.

ride [raɪd] *(pt rode, pp ridden)* ◇ *n*

(on horse) Ritt *der*; *(on bike, in vehicle)* Fahrt *die*. ◇ *vt (horse)* reiten; *(bike)* fahren mit. ◇ *vi (on horse)* reiten; *(on bike)* radlfahren; *(in vehicle)* fahren; **to go for a ~** *(in car)* eine Spritztour machen.

rider ['raɪdər] *n (on horse)* Reiter *der (-in die)*; *(on bike)* Fahrer *der (-in die)*.

ridge [rɪdʒ] *n (of mountain)* Kamm *der*; *(raised surface)* Erhebung *die*.

ridiculous [rɪ'dɪkjʊləs] *adj* lächerlich.

riding ['raɪdɪŋ] *n* Reiten *das*.

riding school *n* Reitschule *die*.

rifle ['raɪfl] *n* Gewehr *das*.

rig [rɪg] ◇ *n (offshore)* Bohrinsel *die*. ◇ *vt (fix)* manipulieren.

right [raɪt] ◇ *adj* **1.** *(correct)* richtig; **to be ~** *(person)* recht haben; **you were ~ to tell me** es war richtig von dir, mir das zu erzählen; **have you got the ~ time?** haben Sie/hast du die richtige Uhrzeit?; **that's ~!** das stimmt! das ist richtig! **2.** *(fair)* richtig, gerecht; **that's not ~!** das ist nicht richtig! **3.** *(on the right)* rechte(-r)(-s); **the ~ side of the road** die rechte Straßenseite.

◇ *n* **1.** *(side)*: **the ~** die rechte Seite. **2.** *(entitlement)* Recht *das*; **to have the ~ to do sthg** das Recht haben, etw zu tun.

◇ *adv* **1.** *(towards the right)* rechts; **turn ~ at the post office** biegen Sie am Postamt nach rechts ab. **2.** *(correctly)* richtig; **am I pronouncing it ~?** spreche ich es richtig aus? **3.** *(for emphasis)* genau; **~ here** genau hier; **I'll be ~ back** ich bin gleich zurück; **~ away** sofort.

right angle *n* rechter Winkel.

right-hand *adj* rechte(-r)(-s).

right-hand drive *n* Auto *das* mit Rechtssteuerung.

right-handed [-'hændɪd] *adj (person)* rechtshändig; *(implement)* für Rechtshänder.

rightly ['raɪtlɪ] *adv (correctly)* richtig; *(justly)* zu Recht.

right of way *n* (AUT) Vorfahrt *die*; *(path)* öffentlicher Weg.

right-wing *adj* rechte(-r)(-s).

rigid ['rɪdʒɪd] *adj* starr.

rim [rɪm] *n* Rand *der*.

rind [raɪnd] *n (of fruit)* Schale *die*; *(of bacon)* Schwarte *die*; *(of cheese)* Rinde *die*.

ring [rɪŋ] *(pt* rang, *pp* rung*) ◇ *n* Ring *der*; *(of people)* Kreis *der*; *(sound)* Klingeln *das*; *(on cooker)* Kochplatte *die*; *(in circus)* Manege *die*. ◇ *vt (Br: make phone call to)* anlrufen; *(bell)* läuten. ◇ *vi (bell, telephone)* klingeln; *(Br: make phone call)* telefonieren; **to give sb a ~** *(phone call)* jn anlrufen; **to ~ the bell** *(of house, office)* klingeln, läuten.

♦ **ring back** *vt sep & vi (Br)* zurücklrufen.

♦ **ring off** *vi (Br)* aufllegen.

♦ **ring up** *vt sep & vi (Br)* anlrufen.

ringing tone ['rɪŋɪŋ-] *n* Freizeichen *das*.

ring road *n* Ringstraße *die*.

rink [rɪŋk] *n* Eisbahn *die*.

rinse [rɪns] *vt (clothes, hair)* auslspülen; *(hands)* ablspülen.

♦ **rinse out** *vt sep (clothes, mouth)* auslspülen.

riot ['raɪət] *n* Aufruhr *der*; **~s** Unruhen *pl*.

rip [rɪp] ◇ *n* Riß *der*. ◇ *vt & vi* zerreißen.

♦ **rip up** *vt sep* zerreißen.

ripe [raɪp] *adj* reif.

ripen ['raɪpn] *vi* reifen.

rip-off *n (inf)* Betrug *der*.

rise [raɪz] *(pt* rose, *pp* risen ['rɪzn]*) ◇ *vi* steigen; *(sun, moon)* aufgehen;

(stand up) auflstehen. ◇ *n (increase)* Anstieg *der*; *(Br: pay increase)* Gehaltserhöhung *die*; *(slope)* Anhöhe *die*.

risk [rɪsk] ◇ *n* Risiko *das*. ◇ *vt* riskieren; **to take a ~** ein Risiko einlgehen; **at your own ~** auf eigenes Risiko; **to ~ doing sthg** riskieren, etw zu tun; **to ~ it** es riskieren.

risky ['rɪskɪ] *adj* riskant.

risotto [rɪ'zɒtəʊ] *(pl* -s) *n* Risotto *das*.

ritual ['rɪtʃʊəl] *n* Ritual *das*.

rival ['raɪvl] ◇ *adj* gegnerisch. ◇ *n* Rivale *der* (Rivalin *die*).

river ['rɪvər] *n* Fluß *der*.

river bank *n* Flußufer *das*.

riverside ['rɪvəsaɪd] *n* Flußufer *das*.

Riviera [,rɪvɪ'eərə] *n*: **the (French) ~** die (französische) Riviera.

roach [rəʊtʃ] *n (Am: cockroach)* Kakerlake *die*.

road [rəʊd] *n* Straße *die*; **by ~** mit dem Auto.

road book *n* Straßenatlas *der*.

road map *n* Straßenkarte *die*.

road rage *n* Wutanfall eines Autofahrers, der zu Gewalttaten gegenüber anderen Fahrern ausarten kann.

road safety *n* Straßensicherheit *die*.

roadside ['rəʊdsaɪd] *n*: **the ~** der Straßenrand.

road sign *n* Straßenschild *das*.

road tax *n* Kraftfahrzeugsteuer *die*.

roadway ['rəʊdweɪ] *n* Fahrbahn *die*.

road works *npl* Straßenarbeiten *pl*.

roam [rəʊm] *vi* herumlstreifen.

roar [rɔːr] ◇ *n (of crowd)* Gebrüll *das*; *(of aeroplane)* Dröhnen *das*. ◇ *vi (lion, crowd)* brüllen; *(traffic)* donnern.

roast [rəʊst] ◇ n Braten der. ◇ vt (meat) braten. ◇ adj: ~ **beef** Rinderbraten der; ~ **chicken** Brathähnchen das, Broiler der (Österr) (Ostdt); ~ **lamb** Lammbraten der; ~ **pork** Schweinebraten der; ~ **potatoes** Bratkartoffeln pl.

rob [rɒb] vt (house, bank) auslrauben; (person) berauben; **to ~ sb of sthg** jm etw stehlen.

robber ['rɒbəʳ] n Räuber der (-in die).

robbery ['rɒbərɪ] n Raub der.

robe [rəʊb] n (Am: bathrobe) Bademantel der.

robin ['rɒbɪn] n Rotkehlchen das.

robot ['rəʊbɒt] n Roboter der.

rock [rɒk] ◇ n (boulder) Felsen der; (Am: stone) Stein der; (substance) Stein der; (music) Rock der; (Br: sweet) Zuckerstange die. ◇ vt schaukeln; **on the ~s** (drink) on the rocks.

rock climbing n Klettern das; **to go ~** klettern gehen.

rocket ['rɒkɪt] n Rakete die.

rocking chair ['rɒkɪŋ-] n Schaukelstuhl der.

rock 'n' roll [,rɒkən'rəʊl] n Rock'n'Roll der.

rocky ['rɒkɪ] adj felsig.

rod [rɒd] n (pole) Stange die; (for fishing) Angelrute die.

rode [rəʊd] pt → **ride**.

roe [rəʊ] n Fischrogen der.

role [rəʊl] n Rolle die.

roll [rəʊl] ◇ n (of bread) Brötchen das, Semmel die (Süddt) (Österr); (of film, paper) Rolle die. ◇ vi rollen; (ship) schlingern. ◇ vt rollen; **to ~ the dice** würfeln.

◆ **roll over** vi (person, animal) sich drehen; (car) sich überschlagen.

◆ **roll up** vt sep (map, carpet) auflrollen; (sleeves, trousers) hochlkrempeln.

roller coaster ['rəʊlə,kəʊstəʳ] n Achterbahn die.

roller skate ['rəʊlə-] n Rollschuh der.

roller-skating ['rəʊlə-] n Rollschuhlaufen das.

rolling pin ['rəʊlɪŋ-] n Nudelholz das.

Roman ['rəʊmən] ◇ adj römisch. ◇ n Römer der (-in die).

Roman Catholic n Katholik der (-in die).

romance [rəʊ'mæns] n (love) Romantik die; (love affair) Romanze die; (novel) Liebesroman der.

Romania [ru:'meɪnjə] n Rumänien nt.

romantic [rəʊ'mæntɪk] adj romantisch.

romper suit ['rɒmpə-] n Strampelanzug der.

roof [ru:f] n Dach das.

roof rack n Dachgepäckträger der.

room [ru:m, rʊm] n Zimmer das; (space) Platz der.

room number n Zimmernummer die.

room service n Zimmerservice der.

room temperature n Zimmertemperatur die.

roomy ['ru:mɪ] adj geräumig.

root [ru:t] n Wurzel die.

rope [rəʊp] ◇ n Seil das. ◇ vt festlbinden.

rose [rəʊz] ◇ pt → **rise**. ◇ n Rose die.

rosé ['rəʊzeɪ] n Roséwein der.

rosemary ['rəʊzmərɪ] n Rosmarin der.

rot [rɒt] vi verfaulen.

rota ['rəʊtə] n Dienstplan der.

rotate [rəʊ'teɪt] vi rotieren.

rotten ['rɒtn] adj (food, wood) verfault; (inf: not good) mies; **I feel ~**

(ill) ich fühle mich lausig.

rouge [ruːʒ] *n* Rouge *das*.

rough [rʌf] ◇ *adj (road, ground)* uneben; *(surface, skin, cloth, conditions)* rauh; *(sea, crossing)* stürmisch; *(person, estimate)* grob; *(area, town)* unsicher; *(wine)* sauer. ◇ *n (on golf course)* Rough *das*; **at a ~ guess** grob geschätzt; **to have a ~ time** es schwer haben.

roughly [ˈrʌflɪ] *adv (approximately)* ungefähr; *(push, handle)* grob.

roulade [ruːˈlɑːd] *n (savoury)* Roulade *die*; *(sweet)* Rolle *die*.

roulette [ruːˈlet] *n* Roulette *das*.

round [raʊnd] ◇ *adj* rund.
◇ *n* 1. *(gen)* Runde *die*.
2. *(of sandwiches)* belegtes Brot mit zwei Scheiben Brot.
3. *(of toast)* Scheibe *die*.
◇ *adv* 1. *(in a circle)*: **to go ~** sich drehen; **to spin ~** sich im Kreis drehen.
2. *(surrounding)* herum; **it had a fence all (the way) ~** es hatte einen Zaun rundherum.
3. *(near)*: **~ about** in der Nähe.
4. *(to someone's house)*: **why don't you come ~?** warum kommst du nicht vorbei?; **to ask some friends ~** ein paar Freunde zu sich einlladen.
5. *(continuously)*: **all year ~** das ganze Jahr über.
◇ *prep* 1. *(surrounding, circling)* um … herum; **to go ~ the corner** um die Ecke gehen; **we walked ~ the lake** wir gingen um den See herum.
2. *(visiting)*: **to go ~ a museum** ein Museum besuchen; **to go ~ a town** sich eine Stadt ansehen; **to show sb ~ sthg** jn in etw (D) herumlführen.
3. *(approximately)* rund; **~ (about) 100** rund 100; **~ ten o'clock** gegen zehn Uhr.

4. *(near)*: **~ here** hier in der Nähe.
5. *(in phrases)*: **it's just ~ the corner** *(nearby)* es ist gerade um die Ecke; **~ the clock** rund um die Uhr.

♦ **round off** *vt sep (meal, day, visit)* ablrunden.

roundabout [ˈraʊndəbaʊt] *n (Br: in road)* Kreisverkehr *der*; *(at fairground, in playground)* Karussell *das*.

rounders [ˈraʊndəz] *n* dem Baseball ähnliches britisches Ballspiel.

round trip *n* Hin- und Rückfahrt *die*.

route [ruːt] ◇ *n* Route *die*; *(of bus)* Linie *die*. ◇ *vt (flight, plane)* die Route festllegen für.

routine [ruːˈtiːn] ◇ *n* Routine *die*; *(pej: drudgery)* Trott *der*. ◇ *adj* Routine-.

row[1] [rəʊ] ◇ *n (line)* Reihe *die*. ◇ *vt & vi* rudern; **in a ~** *(in succession)* nacheinander.

row[2] [raʊ] *n (argument)* Streit *der*; *(inf: noise)* Krach *der*; **to have a ~** sich streiten.

rowboat [ˈrəʊbəʊt] *(Am)* = **rowing boat**.

rowdy [ˈraʊdɪ] *adj* rowdyhaft.

rowing [ˈrəʊɪŋ] *n* Rudern *das*.

rowing boat *n (Br)* Ruderboot *das*.

royal [ˈrɔɪəl] *adj* königlich.

royal family *n* königliche Familie.

royalty [ˈrɔɪəltɪ] *n* Mitglieder *pl* der königlichen Familie.

RRP *(abbr of recommended retail price)* unverbindliche Preisempfehlung.

rub [rʌb] ◇ *vt* reiben; *(polish)* polieren. ◇ *vi (with hand, cloth)* reiben; *(shoes)* scheuern.

♦ **rub in** *vt sep (lotion, oil)* einlreiben.

♦ **rub out** *vt sep (erase)* auslradieren.

rubber ['rʌbər] ◇ *adj* Gummi-. ◇ *n* Gummi *das*; (*Br: eraser*) Radiergummi *der*; (*Am: inf: condom*) Gummi *der*.

rubber band *n* Gummiband *das*.

rubber gloves *npl* Gummihandschuhe *pl*.

rubber ring *n* Gummiring *der*.

rubbish ['rʌbɪʃ] *n* (*refuse*) Müll *der*; (*inf: worthless thing*) Schund *der*; (*inf: nonsense*) Quatsch *der*.

rubbish bin *n* (*Br*) Mülleimer *der*.

rubbish dump *n* (*Br*) Müllhalde *die*.

rubble ['rʌbl] *n* Schutt *der*.

ruby ['ru:bɪ] *n* Rubin *der*.

rucksack ['rʌksæk] *n* Rucksack *der*.

rudder ['rʌdər] *n* Ruder *das*.

rude [ru:d] *adj* unhöflich; (*joke, picture*) unanständig.

rug [rʌg] *n* Läufer *der*; (*large*) Teppich *der*; (*Br: blanket*) Wolldecke *die*.

rugby ['rʌgbɪ] *n* Rugby *das*.

ruin ['ru:ɪn] *vt* ruinieren.

♦ **ruins** *npl* Ruinen *pl*.

ruined ['ru:ɪnd] *adj* (*building*) zerstört; (*clothes, meal, holiday*) ruiniert.

rule [ru:l] ◇ *n* Regel *die*. ◇ *vt* (*country*) regieren; **against the ~s** gegen die Regeln; **as a ~** in der Regel.

♦ **rule out** *vt sep* ausschließen.

ruler ['ru:lər] *n* (*of country*) Herrscher *der* (-in *die*); (*for measuring*) Lineal *das*.

rum [rʌm] *n* Rum *der*.

rumor ['ru:mər] (*Am*) = **rumour**.

rumour ['ru:mər] *n* (*Br*) Gerücht *das*.

rump steak [,rʌmp-] *n* Rumpsteak *das*.

run [rʌn] (*pt* **ran**, *pp* **run**) ◇ *vi* 1. (*on foot*) rennen, laufen; **we had to ~ for the bus** wir mußten rennen, um den Bus zu erwischen.

2. (*train, bus*) fahren; **the bus ~s every hour** der Bus fährt jede Stunde; **the train is running an hour late** der Zug hat eine Stunde Verspätung.

3. (*operate*) laufen; **to ~ on unleaded petrol** mit bleifreiem Benzin fahren.

4. (*tears, liquid*) laufen.

5. (*road, track*) führen, verlaufen; (*river*) fließen; **the path ~s along the coast** der Weg verläuft entlang der Küste.

6. (*play, event*) laufen; **'now running at the Palladium'** 'jetzt im Palladium'.

7. (*tap*) laufen.

8. (*nose*) laufen; (*eyes*) tränen; **my nose is running** mir läuft die Nase.

9. (*colour*) auslaufen; (*clothes*) abfärben.

10. (*remain valid*) gültig sein, laufen; **the offer ~s until July** das Angebot gilt bis Juli.

◇ *vt* 1. (*on foot*) rennen, laufen.

2. (*compete in*): **to ~ a race** ein Rennen laufen.

3. (*business, hotel*) führen; (*course*) leiten.

4. (*bus, train*): **we're running a special bus to the airport** wir betreiben einen Sonderbus zum Flughafen.

5. (*take in car*) fahren; **I'll ~ you home** ich fahre dich nach Hause.

6. (*bath*): **to ~ a bath** ein Bad einlassen.

◇ *n* 1. (*on foot*) Lauf *der*; **to go for a ~** laufen gehen.

2. (*in car*) Fahrt *die*; **to go for a ~** eine Fahrt machen.

3. (*of play, show*) Laufzeit *die*.

4. (*for skiing*) Piste *die*.

5. (*Am: in tights*) Laufmasche *die*.

6. *(in phrases)*: **in the long ~** auf lange Sicht (gesehen).

♦ **run away** *vi* weglrennen, wegllaufen.

♦ **run down** *vt sep (run over)* überlfahren; *(criticize)* herunterlmachen.

◊ *vi (battery)* leer werden.

♦ **run into** *vt fus (meet)* zufällig treffen; *(subj: car)* laufen gegen, fahren gegen; *(problem, difficulty)* stoßen auf *(A)*.

♦ **run out** *vi (supply)* auslgehen.

♦ **run out of** *vt fus*: **we've ~ out of petrol/money** wir haben kein Benzin/Geld mehr.

♦ **run over** *vt sep (hit)* überlfahren.

runaway ['rʌnəweɪ] *n* Ausreißer *der* (-in *die*).

rung [rʌŋ] ◊ *pp* → **ring.** ◊ *n (of ladder)* Sprosse *die*.

runner ['rʌnəʳ] *n (person)* Läufer *der* (-in *die*); *(for door, drawer)* Laufschiene *die*; *(of sledge)* Kufe *die*.

runner bean *n* Stangenbohne *die*.

runner-up *(pl* **runners-up)** *n* Zweite *der, die*.

running ['rʌnɪŋ] ◊ *n* (SPORT) Laufen *das*; *(management)* Leitung *die*. ◊ *adj*: **three days ~** drei Tage hintereinander; **to go ~** Joggen gehen.

running water *n* fließendes Wasser.

runny ['rʌnɪ] *adj (sauce, egg, omelette)* dünnflüssig; *(eye)* tränend; *(nose)* laufend.

runway ['rʌnweɪ] *n* Landebahn *die*.

rural ['rʊərəl] *adj* ländlich.

rush [rʌʃ] ◊ *n* Eile *die*; *(of crowd)* Andrang *der*. ◊ *vi (move quickly)* rasen; *(hurry)* sich beeilen. ◊ *vt (food)* hastig essen; *(work)* hastig erledigen; *(transport quickly)* schnell transportieren; **to be in a ~** in Eile sein; **there's no ~!** keine Eile!;

don't ~ me! hetz mich nicht!

rush hour *n* Hauptverkehrszeit *die*, Stoßzeit *die*.

Russia ['rʌʃə] *n* Rußland *nt*.

Russian ['rʌʃn] ◊ *adj* russisch. ◊ *n (person)* Russe *der* (Russin *die*); *(language)* Russisch *das*.

rust [rʌst] ◊ *n* Rost *der*. ◊ *vi* rosten.

rustic ['rʌstɪk] *adj* rustikal.

rustle ['rʌsl] *vi* rascheln.

rustproof ['rʌstpruːf] *adj* rostfrei.

rusty ['rʌstɪ] *adj* rostig; *(fig: language, person)* eingerostet.

RV *n (Am: abbr of recreational vehicle)* Wohnmobil *das*.

rye [raɪ] *n* Roggen *der*.

rye bread *n* Roggenbrot *das*.

S

S *(abbr of south, small)* S.

saccharin ['sækərɪn] *n* Saccharin *das*.

sachet ['sæʃeɪ] *n (of shampoo, cream)* die, *(of sugar, coffee)* die.

sack [sæk] ◊ *n (bag)* Sack *der*. ◊ *vt* entlassen; **to get the ~** entlassen werden.

sacrifice ['sækrɪfaɪs] *n (fig)* Opfer *das*.

sad [sæd] *adj* traurig; *(unfortunate)* bedauerlich.

saddle ['sædl] *n* Sattel *der*.

saddlebag ['sædlbæg] *n* Satteltasche *die*.

sadly ['sædlɪ] *adv (unfortunately)* leider; *(unhappily)* traurig.

sadness ['sædnɪs] *n* Traurigkeit *die*.

s.a.e. *n (Br: abbr of stamped addressed envelope) adressierter Freiumschlag.*

safari park [sə'fɑːrɪ-] *n* Safaripark *der.*

safe [seɪf] ◊ *adj* sicher; *(out of harm)* in Sicherheit. ◊ *n* Safe *der*; **a ~ place** ein sicherer Platz; **(have a) ~ journey!** gute Fahrt!; **~ and sound** gesund und wohlbehalten.

safe-deposit box *n* Tresorfach *das.*

safely ['seɪflɪ] *adv* sicher; *(arrive)* gut.

safety ['seɪftɪ] *n* Sicherheit *die.*

safety belt *n* Sicherheitsgurt *der.*

safety pin *n* Sicherheitsnadel *die.*

sag [sæg] *vi (hang down)* durchlhängen; *(sink)* sich senken.

sage [seɪdʒ] *n (herb)* Salbei *der.*

Sagittarius [,sædʒɪ'teərɪəs] *n* Schütze *der.*

said [sed] *pt & pp →* **say.**

sail [seɪl] ◊ *n* Segel *das.* ◊ *vi* segeln; *(ship)* fahren; *(depart)* auslaufen. ◊ *vt:* **to ~ a boat** segeln; **to set ~** auslaufen.

sailboat ['seɪlbəʊt] *(Am)* = **sailing boat.**

sailing ['seɪlɪŋ] *n* Segeln *das*; *(departure)* Abfahrt *die*; **to go ~** segeln gehen.

sailing boat *n* Segelboot *das.*

sailor ['seɪlər] *n (on ferry, cargo ship etc)* Seemann *der*; *(in navy)* Matrose *der.*

saint [seɪnt] *n* Heilige *der, die.*

sake [seɪk] *n*: **for my/their ~** um meinetwillen/ihretwillen; **for God's ~!** um Gottes willen!

salad ['sæləd] *n* Salat *der.*

salad bar *n* Salatbar *die.*

salad bowl *n* Salatschüssel *die.*

salad cream *n (Br)* Salatmayonnaise *die.*

salad dressing *n* Salatsoße *die.*

salami [sə'lɑːmɪ] *n* Salami *die.*

salary ['sælərɪ] *n* Gehalt *das.*

sale [seɪl] *n* Verkauf *der*; *(at reduced prices)* Ausverkauf *der*; **'for ~'** 'zu verkaufen'; **on ~** im Handel; **on ~ at** erhältlich bei.

♦ **sales** *npl* (COMM) Absatz *der*; **the ~s** *(at reduced prices)* der Ausverkauf.

sales assistant ['seɪlz-] *n* Verkäufer *der* (-in *die*).

salesclerk ['seɪlzklɜːrk] *(Am)* = **sales assistant.**

salesman ['seɪlzmən] *(pl -men* [-mən]) *n (in shop)* Verkäufer *der*; *(rep)* Vertreter *der.*

sales rep(resentative) *n* Vertreter *der* (-in *die*).

saleswoman ['seɪlz,wʊmən] *(pl -women* [-,wɪmɪn]) *n* Verkäuferin *die.*

saliva [sə'laɪvə] *n* Speichel *der.*

salmon ['sæmən] *(pl inv) n* Lachs *der.*

salon ['sælɒn] *n (hairdresser's)* Salon *der.*

saloon [sə'luːn] *n (Br: car)* Limousine *die*; *(Am: bar)* Saloon *der*; **~ (bar)** *(Br)* Nebenraum eines Pubs mit mehr Komfort.

salopettes [,sælə'pets] *npl* Skihose *die.*

salt [sɔːlt, sɒlt] *n* Salz *das.*

saltcellar ['sɔːlt,selər] *n (Br)* Salzstreuer *der.*

salted peanuts ['sɔːltɪd-] *npl* gesalzene Erdnüsse *pl.*

salt shaker [-,ʃeɪkər] *(Am)* = **saltcellar.**

salty ['sɔːltɪ] *adj* salzig.

salute [sə'luːt] ◊ *n* Salut *der.* ◊ *vi* salutieren.

same [seɪm] ◊ *adj*: **the ~** *(unchanged)* der/die/das gleiche, die gleichen *(pl)*; *(identical)* derselbe/dieselbe/dasselbe, dieselben *(pl)*.

◇ *pron*: **the** ~ derselbe/dieselbe/dasselbe, dieselben *(pl)*; **they look the** ~ sie sehen gleich aus; **I'll have the** ~ **as her** ich möchte das gleiche wie sie; **you've got the** ~ **book as me** du hast das gleiche Buch wie ich; **it's all the** ~ **to me** es ist mir gleich; **all the** ~ trotzdem; **the** ~ **to you** gleichfalls.

samosa [sə'məʊsə] *n* gefüllte und fritierte dreieckige indische Teigtasche.

sample ['sɑːmpl] ◇ *n* (of work, product) Muster das; (of blood, urine) Probe die. ◇ *vt* (food, drink) probieren.

sanctions ['sæŋkʃnz] *npl* Sanktionen *pl.*

sanctuary ['sæŋktʃʊərɪ] *n* (for birds, animals) Tierschutzgebiet das.

sand [sænd] ◇ *n* Sand der. ◇ *vt* (wood) abschmirgeln.

♦ **sands** *npl* (beach) Strand der.

sandal ['sændl] *n* Sandale die.

sandcastle ['sænd,kɑːsl] *n* Sandburg die.

sandpaper ['sænd,peɪpər] *n* Sandpapier das.

sandwich ['sænwɪdʒ] *n* Sandwich das.

sandwich bar *n* = Imbißbar die.

sandy ['sændɪ] *adj* (beach) sandig; (hair) dunkelblond.

sang [sæŋ] *pt* → **sing**.

sanitary ['sænɪtrɪ] *adj* (conditions, measures) sanitär; (hygienic) Hygiene-.

sanitary napkin (Am) = **sanitary towel**.

sanitary towel *n* (Br) Monatsbinde die.

sank [sæŋk] *pt* → **sink**.

sapphire ['sæfaɪər] *n* Saphir der.

sarcastic [sɑː'kæstɪk] *adj* sarkastisch.

sardine [sɑː'diːn] *n* Sardine die.

SASE *n* (Am: abbr of self-addressed stamped envelope) adressierter Freiumschlag.

sat [sæt] *pt & pp* → **sit**.

Sat. (abbr of Saturday) Sa.

satchel ['sætʃəl] *n* Ranzen der.

satellite ['sætəlaɪt] *n* (in space) Satellit der; (at airport) Satelliten-terminal der.

satellite dish *n* Parabolantenne die.

satellite TV *n* Satellitenfernsehen das.

satin ['sætɪn] *n* Satin der.

satisfaction [,sætɪs'fækʃn] *n* (pleasure) Befriedigung die.

satisfactory [,sætɪs'fæktərɪ] *adj* befriedigend.

satisfied ['sætɪsfaɪd] *adj* zufrieden.

satisfy ['sætɪsfaɪ] *vt* (please) zufriedenstellen; (need, requirement, conditions) erfüllen.

satsuma [,sæt'suːmə] *n* (Br) Satsuma die.

saturate ['sætʃəreɪt] *vt* (with liquid) tränken.

Saturday ['sætədɪ] *n* Samstag der, Sonnabend der; it's ~ es ist Samstag; ~ **morning** Samstagmorgen; **on** ~ am Samstag; **on** ~**s** samstags; **last** ~ letzten Samstag; **this** ~ diesen Samstag; **next** ~ nächsten Samstag; ~ **week, a week on** ~ Samstag in einer Woche.

sauce [sɔːs] *n* Soße die.

saucepan ['sɔːspən] *n* Kochtopf der.

saucer ['sɔːsər] *n* Untertasse die.

Saudi Arabia [,saʊdɪə'reɪbjə] *n* Saudi-Arabien nt.

sauna ['sɔːnə] *n* Sauna die.

sausage ['sɒsɪdʒ] *n* Wurst die.

sausage roll *n* Blätterteig mit Wurstfüllung.

sauté [*Br* 'səʊteɪ, *Am* səʊ'teɪ] *adj*
sautiert.

savage ['sævɪdʒ] *adj* brutal.

save [seɪv] ◇ *vt (rescue)* retten;
(money, time, space) sparen; *(reserve)* aufheben; (SPORT) ablwehren; (COMPUT) speichern. ◇ *n*
(SPORT) Parade *die*; **to ~ a seat for
sb** jm einen Platz freilhalten.

◆ **save up** *vi*: **to ~ up (for sthg)**
(auf etw (*A*))sparen.

saver ['seɪvəʳ] *n (Br: ticket)* verbilligte Fahrkarte.

savings ['seɪvɪŋz] *npl* Ersparnisse
pl.

savings and loan association
n (Am) Bausparkasse *die*.

savings bank *n* Sparkasse *die*.

savory ['seɪvərɪ] *(Am)* = **savoury**.

savoury ['seɪvərɪ] *adj (Br: not
sweet)* pikant.

saw [sɔː] *(Br pt* -ed*, pp* sawn*, Am
& pt & pp* -ed*)* ◇ *pt → see*. ◇ *n
(tool)* Säge *die*. ◇ *vt* sägen.

sawdust ['sɔːdʌst] *n* Sägemehl
das.

sawn [sɔːn] *pp → saw*.

Saxony ['sæksənɪ] *n* Sachsen *nt*.

saxophone ['sæksəfəʊn] *n* Saxophon *das*.

say [seɪ] *(pt & pp* said*)* ◇ *vt* sagen;
(subj: clock, meter) anlzeigen; *(subj:
sign)* besagen. ◇ *n*: **to have a ~ in
sthg** etw zu sagen haben bei etw;
could you ~ that again? könntest du
das nochmal sagen?; **~ we met at
nine?** könnten wir uns um neun
treffen?; **that is to ~** das heißt; **what
did you ~?** was hast du gesagt?; **the
letter ~s ...** in dem Brief steht ...

saying ['seɪɪŋ] *n* Redensart *die*.

scab [skæb] *n* Schorf *der*.

scaffolding ['skæfəldɪŋ] *n* Gerüst
das.

scald [skɔːld] *vt* verbrühen.

scale [skeɪl] *n (for measurement)*
Skala *die*; *(of map, drawing, model)*
Maßstab *der*; *(extent)* Umfang *der*;
(MUS) Tonleiter *die*; *(of fish, snake)*
Schuppe *die*; *(in kettle)* Kalk *der*.

◆ **scales** *npl (for weighing)* Waage
die.

scallion ['skæljən] *n (Am)* Schalotte *die*.

scallop ['skɒləp] *n* Jakobsmuschel
die.

scalp [skælp] *n* Kopfhaut *die*.

scampi ['skæmpɪ] *n* Scampi *pl*.

scan [skæn] ◇ *vt (consult quickly)*
überfliegen. ◇ *n* (MED) Szintigramm *das*.

scandal ['skændl] *n (disgrace)*
Skandal *der*; *(gossip)* Klatsch *der*.

Scandinavia [ˌskændɪ'neɪvjə] *n*
Skandinavien *nt*.

scar [skɑːʳ] *n* Narbe *die*.

scarce ['skeəs] *adj* knapp.

scarcely ['skeəslɪ] *adv (hardly)*
kaum.

scare [skeəʳ] *vt* erschrecken.

scarecrow ['skeəkrəʊ] *n* Vogelscheuche *die*.

scared ['skeəd] *adj*: **to be ~ (of)**
Angst haben (vor (+*D*)).

scarf [skɑːf] *(pl* scarves*)* *n (woollen)* Schal *der*; *(for women)* Tuch
das.

scarlet ['skɑːlət] *adj* scharlachrot.

scarves [skɑːvz] *pl → scarf*.

scary ['skeərɪ] *adj (inf)* unheimlich.

scatter ['skætəʳ] ◇ *vt* verstreuen.
◇ *vi* sich zerstreuen.

scene [siːn] *n (in play, film, book)*
Szene *die*; *(of crime, accident)*
Schauplatz *der*; *(view)* Anblick *der*;
the music ~ die Musikszene; **to
make a ~** eine Szene machen.

scenery ['siːnərɪ] *n (countryside)*
Landschaft *die*; *(in theatre)* Bühnenbild *das*.

scenic ['siːnɪk] *adj* malerisch.

scent [sent] *n (smell)* Duft *der; (of animal)* Fährte *die; (perfume)* Parfüm *das*.

sceptical ['skeptɪkl] *adj (Br)* skeptisch.

schedule [*Br* 'ʃedjuːl, *Am* 'skedʒʊl] ◇ *n (of things to do)* Programm *das; (of work)* Arbeitsplan *der; (timetable)* Fahrplan *der; (list)* Tabelle *die*. ◇ *vt (plan)* planen; **according to ~** planmäßig; **behind ~** im Verzug; **on ~** planmäßig; **to arrive on ~** pünktlich ankommen.

scheduled flight [*Br* 'ʃedjuːld-, *Am* 'skedʒʊld-] *n* Linienflug *der*.

scheme [skiːm] *n (plan)* Programm *das; (pej: dishonest plan)* Komplott *das*.

scholarship ['skɒləʃɪp] *n (award)* Stipendium *das*.

school [skuːl] ◇ *n* Schule *die; (university department)* Fakultät *die; (Am: university)* Hochschule *die*. ◇ *adj (age, holiday, report)* Schul-; **at ~** in der Schule; **to go to ~** in die Schule gehen.

schoolbag ['skuːlbæg] *n* Schultasche *die*.

schoolbook ['skuːlbʊk] *n* Schulbuch *das*.

schoolboy ['skuːlbɔɪ] *n* Schuljunge *der*.

school bus *n* Schulbus *der*.

schoolchild ['skuːltʃaɪld] *(pl -children* [-tʃɪldrən]) *n* Schulkind *das*.

schoolgirl ['skuːlgɜːl] *n* Schulmädchen *das*.

schoolmaster ['skuːlˌmɑːstəʳ] *n (Br)* Schullehrer *der*.

schoolmistress ['skuːlˌmɪstrɪs] *n (Br)* Schullehrerin *die*.

schoolteacher ['skuːlˌtiːtʃəʳ] *n* Lehrer *der* (-in *die*).

school uniform *n* Schuluniform *die*.

science ['saɪəns] *n* Wissenschaft *die; (SCH)* Physik, Chemie und Biologie *die*.

science fiction *n* Science-fiction *die*.

scientific [ˌsaɪən'tɪfɪk] *adj* wissenschaftlich.

scientist ['saɪəntɪst] *n* Wissenschaftler *der* (-in *die*).

scissors ['sɪzəz] *npl*: **(pair of) ~** Schere *die*.

scold [skəʊld] *vt* ausschimpfen.

scone [skɒn] *n britisches Teegebäck*.

scoop [skuːp] *n (for ice cream)* Portionierer *der; (of ice cream)* Kugel *die; (in media)* Exklusivmeldung *die*.

scooter ['skuːtəʳ] *n (motor vehicle)* Roller *der*.

scope [skəʊp] *n (possibility)* Spielraum *der; (range)* Rahmen *der*.

scorch [skɔːtʃ] *vt (clothes)* versengen.

score [skɔːʳ] ◇ *n (total, final result)* Ergebnis *das; (current position)* Stand *der*. ◇ *vt (goal)* schießen; *(point, try, in test)* erzielen. ◇ *vi (get goal)* ein Tor schießen; *(get point)* einen Punkt erzielen.

scorn [skɔːn] *n* Verachtung *die*.

Scorpio ['skɔːpɪəʊ] *n* Skorpion *der*.

scorpion ['skɔːpjən] *n* Skorpion *der*.

Scot [skɒt] *n* Schotte *der* (Schottin *die*).

scotch [skɒtʃ] *n* Scotch *der*.

Scotch broth *n* Eintopf *aus Fleischbrühe, Gemüse und Graupen*.

Scotch tape® *n (Am)* Tesafilm® *der*.

Scotland ['skɒtlənd] *n* Schottland *nt*.

Scotsman ['skɒtsmən] *(pl* **-men** [-mən]) *n* Schotte *der*.

Scotswoman ['skɒtswʊmən] (*pl* -women [-ˌwɪmɪn]) *n* Schottin *die*.

Scottish ['skɒtɪʃ] *adj* schottisch.

scout [skaʊt] *n* (*boy scout*) Pfadfinder *der*.

scowl [skaʊl] *vi* ein böses Gesicht machen.

scrambled eggs [ˌskræmbld-] *npl* Rührei *das*.

scrap [skræp] *n* (*of paper, cloth*) Fetzen *der*; (*old metal*) Schrott *der*.

scrapbook ['skræpbʊk] *n* Sammelbuch *das*.

scrape [skreɪp] *vt* (*rub*) reiben; (*scratch*) kratzen.

scrap paper *n* (*Br*) Schmierzettel *der*.

scratch [skrætʃ] ◇ *n* Kratzer *der*. ◇ *vt* kratzen; (*mark*) zerkratzen; **to be up to ~** gut genug sein; **to start from ~** von vorne anIfangen.

scratch card *n* Rubbellos *das*.

scratch paper (*Am*) = **scrap paper**.

scream [skriːm] ◇ *n* Schrei *der*. ◇ *vi* schreien.

screen [skriːn] ◇ *n* (*of TV, computer*) Bildschirm *der*; (*for cinema film*) Leinwand *die*; (*hall in cinema*) Kinosaal *der*; (*panel*) Trennwand *die*. ◇ *vt* (*film, programme*) vorIführen.

screening ['skriːnɪŋ] *n* (*of film*) Vorführung *die*.

screen wash *n* Scheibenwaschmittel *das*.

screw [skruː] ◇ *n* Schraube *die*. ◇ *vt* (*fasten*) anIschrauben; (*twist*) schrauben.

screwdriver ['skruːˌdraɪvəʳ] *n* Schraubenzieher *der*.

scribble ['skrɪbl] *vi* kritzeln.

script [skrɪpt] *n* (*of play, film*) Drehbuch *das*.

scrub [skrʌb] *vt* schrubben.

scruffy ['skrʌfɪ] *adj* vergammelt.

scrumpy ['skrʌmpɪ] *n* stark alkoholischer Apfelwein aus dem Südwesten Englands.

scuba diving ['skuːbə-] *n* Sporttauchen *das*.

sculptor ['skʌlptəʳ] *n* Bildhauer *der* (-in *die*).

sculpture ['skʌlptʃəʳ] *n* (*statue*) Skulptur *die*.

sea [siː] *n* Meer *das*, See *die*; **by ~** auf dem Seeweg; **by the ~** am Meer.

seafood ['siːfuːd] *n* Meeresfrüchte *pl*.

seafront ['siːfrʌnt] *n* Uferpromenade *die* (*am Meer gelegene Straße eines Küstenortes*).

seagull ['siːgʌl] *n* Seemöwe *die*.

seal [siːl] ◇ *n* (*animal*) Seehund *der*; (*on bottle, container*) Verschluß *der*; (*official mark*) Siegel *das*. ◇ *vt* versiegeln.

seam [siːm] *n* (*in clothes*) Saum *der*.

search [sɜːtʃ] ◇ *n* Suche *die*. ◇ *vt* durchsuchen. ◇ *vi*: **to ~ for** suchen nach.

seashell ['siːʃel] *n* Muschel *die*.

seashore ['siːʃɔːʳ] *n* Meeresküste *die*.

seasick ['siːsɪk] *adj* seekrank.

seaside ['siːsaɪd] *n*: **the ~** die Küste.

seaside resort *n* Urlaubsort *der* an der Küste.

season ['siːzn] ◇ *n* (*of year*) Jahreszeit *die*; (*period*) Saison, Zeit *die*. ◇ *vt* (*food*) würzen; **in ~** (*holiday*) in der Hochsaison; **out of ~** (*holiday*) in der Nebensaison; **strawberries are in/out of ~** es ist die Zeit/nicht die Zeit für Erdbeeren.

seasoning ['siːznɪŋ] *n* Gewürz *das*.

season ticket *n* (*for train*) Dauerkarte *die*; (*for theatre*) Abonnement *das*.

seat [si:t] ◇ n (place) Platz der; (chair) (Sitz)platz der; (in parliament) Sitz der. ◇ vt (subj: building, vehicle) Sitzplatz haben für; **'please wait to be ~ed'** 'bitte warten Sie hier, bis Sie zu Ihrem Platz geleitet werden'.

seat belt n Sicherheitsgurt der.

seaweed ['si:wi:d] n Seetang der.

secluded [sɪ'klu:dɪd] adj abgeschieden.

second ['sekənd] ◇ n Sekunde die. ◇ num zweite(-r)(-s); ~ **gear** zweiter Gang, → **sixth**.

◆ **seconds** npl (goods) Waren pl zweiter Wahl; (inf: of food) zweite Portion.

secondary school ['sekəndrɪ-] n höhere Schule.

second-class adj (ticket) zweiter Klasse; (inferior) zweitklassig; ~ **stamp** billigere Briefmarke für Post, die weniger schnell befördert wird.

second-hand adj gebraucht.

Second World War n: **the ~** der zweite Weltkrieg.

secret ['si:krɪt] ◇ adj geheim. ◇ n Geheimnis das.

secretary [Br 'sekrətrɪ, Am 'sekrə-ˌterɪ] n Sekretär der (-in die).

Secretary of State n (Am: foreign minister) Außenminister der (-in die); (Br: government minister) Minister der (-in die).

section ['sekʃn] n (part) Teil der.

sector ['sektər] n Sektor der.

secure [sɪ'kjuər] ◇ adj sicher; (firmly fixed) fest. ◇ vt (fix) sichern; (fml: obtain) sich (D) sichern.

security [sɪ'kjuərətɪ] n Sicherheit die.

security guard n Sicherheitsbeamter der (-beamtin die).

sedative ['sedətɪv] n Beruhigungsmittel das.

seduce [sɪ'dju:s] vt verführen.

see [si:] (pt **saw**, pp **seen**) ◇ vt sehen; (visit) besuchen; (doctor, solicitor) gehen zu; (understand) einlsehen; (accompany) begleiten. ◇ vi sehen; **I ~** (understand) ich verstehe; **to ~ if one can do sthg** sehen, ob man etw tun kann; **to ~ to sthg** (deal with) sich um etw kümmern; (repair) etw reparieren; ~ **you!** tschüs!; ~ **you later!** bis bald!; ~ **you soon!** bis bald!; ~ **p 14** siehe S. 14.

◆ **see off** vt sep (say goodbye to) verabschieden.

seed [si:d] n Samen der.

seedy ['si:dɪ] adj heruntergekommen.

seeing (as) ['si:ɪŋ-] conj in Anbetracht dessen, daß.

seek [si:k] (pt & pp **sought**) vt (fml: look for) suchen; (request) erbitten.

seem [si:m] ◇ vi scheinen. ◇ v impers: **it ~ (that)** ... anscheinend.

seen [si:n] pp → **see**.

seesaw ['si:sɔ:] n Wippe die.

segment ['segmənt] n (of fruit) Scheibe die, Schnitz der (Süddt).

seize [si:z] vt (grab) ergreifen; (drugs, arms) beschlagnahmen.

◆ **seize up** vi (machine) sich festlfressen; (leg, back) sich versteifen.

seldom ['seldəm] adv selten.

select [sɪ'lekt] ◇ vt auslwählen. ◇ adj (exclusive) ausgesucht.

selection [sɪ'lekʃn] n (selecting) Wahl die; (range) Auswahl die.

self-assured [ˌself ə'ʃuəd] adj selbstsicher.

self-catering [ˌself'keɪtərɪŋ] adj mit Selbstversorgung.

self-confident [ˌself-] adj selbstbewußt.

self-conscious [ˌself-] adj gehemmt.

self-contained [,selfkən'teɪnd] *adj (flat)* abgeschlossen.

self-defence [,self-] *n* Selbstverteidigung *die*.

self-employed [,self-] *adj* selbständig.

selfish ['selfɪʃ] *adj* egoistisch.

self-raising flour [,self'reɪzɪŋ-] *n (Br)* Mehl *das* mit Backpulverzusatz.

self-rising flour [,self'raɪzɪŋ-] *(Am)* = **self-raising flour**.

self-service [,self-] *adj* mit Selbstbedienung.

sell [sel] *(pt & pp sold) vt & vi* verkaufen; **to ~ for £20** 20 Pfund kosten; **to ~ sb sthg** jm etw verkaufen.

sell-by date *n* Mindesthaltbarkeitsdatum *das*.

seller ['selər] *n* Verkäufer *der* (-in *die*).

Sellotape® ['seləteɪp] *n (Br)* = Tesafilm® *der*.

semester [sɪ'mestər] *n* Semester *das*.

semicircle ['semɪ,sɜːkl] *n* Halbkreis *der*.

semicolon [,semɪ'kəʊlən] *n* Strichpunkt *der*.

semidetached [,semɪdɪ'tætʃt] *adj*: **a ~ house** eine Doppelhaushälfte.

semifinal [,semɪ'faɪnl] *n* Halbfinale *das*.

seminar ['semɪnɑːr] *n* Seminar *das*.

semolina [,semə'liːnə] *n* Grieß *der*.

send [send] *(pt & pp sent) vt* schicken; *(TV or radio signal)* senden; **to ~ sthg to sb** jm etw schicken.

◆ **send back** *vt sep* zurücklschicken.

◆ **send off** *vt sep (letter, parcel)* ablschicken; *(SPORT)* vom Platz

stellen. ◇ *vi*: **to ~ off for sthg** sich *(D)* etw schicken lassen.

sender ['sendər] *n* Absender *der*.

senile ['siːnaɪl] *adj* senil.

senior ['siːnjər] ◇ *adj (high-ranking)* leitend; *(higher-ranking)* höher. ◇ *n (Br: SCH)* Schüler der höheren Klassen; *(Am: SCH)* amerikanischer Student im letzten Studienjahr.

senior citizen *n* Senior *der* (-in *die*).

sensation [sen'seɪʃn] *n* Gefühl *das*; *(cause of excitement)* Sensation *die*.

sensational [sen'seɪʃənl] *adj (very good)* sensationell.

sense [sens] ◇ *n* Sinn *der*; *(common sense)* Verstand *der*; *(of word, expression)* Bedeutung *die*. ◇ *vt* spüren; **to make ~** Sinn ergeben; **~ of direction** Orientierungssinn *der*; **~ of humour** Sinn für Humor.

sensible ['sensəbl] *adj (person)* vernünftig; *(clothes, shoes)* praktisch.

sensitive ['sensɪtɪv] *adj* empfindlich; *(emotionally)* sensibel; *(subject, issue)* heikel.

sent [sent] *pt & pp* → **send**.

sentence ['sentəns] ◇ *n (GRAMM)* Satz *der*; *(for crime)* Strafe *die*. ◇ *vt* verurteilen.

sentimental [,sentɪ'mentl] *adj* sentimental.

Sep. *(abbr of September)* Sept.

separate [*adj* 'seprət, *vb* 'sepəreɪt] ◇ *adj* getrennt; *(different)* verschieden. ◇ *vt* trennen. ◇ *vi* sich trennen.

◆ **separates** *npl (Br)* Separates *pl*.

separately ['seprətlɪ] *adv (individually)* einzeln; *(alone)* getrennt.

separation [,sepə'reɪʃn] *n* Trennung *die*.

September [sep'tembər] *n* Sep-

tember *der*; **at the beginning of ~**
Anfang September; **at the end of ~**
Ende September; **during ~** im September; **every ~** jeden September;
in ~ im September; **last ~** letzten
September; **next ~** nächsten September; **this ~** diesen September;
2 ~ 1994 *(in letters etc)* 2. September 1994.

septic ['septik] *adj* vereitert.

septic tank *n* Klärgrube *die*.

sequel ['si:kwəl] *n* Fortsetzung
die.

sequence ['si:kwəns] *n (series)*
Reihe *die*; *(order)* Reihenfolge *die*.

sequin ['si:kwin] *n* Paillette *die*.

sergeant ['sɑ:dʒənt] *n (in police
force)* Wachtmeister *der*; *(in army)*
Feldwebel *der*.

serial ['siəriəl] *n* Serie *die*.

series ['siəri:z] *(pl inv)* *n (sequence)*
Reihe *die*; *(on TV, radio)* Serie *die*.

serious ['siəriəs] *adj* ernst; *(injury,
problem)* schwer; **are you ~?** ist das
dein Ernst?; **to be ~ about sthg**
etw ernst nehmen.

seriously ['siəriəsli] *adv* ernsthaft.

sermon ['sɜ:mən] *n* Predigt *die*.

servant ['sɜ:vənt] *n* Diener *der*
(-in *die*).

serve [sɜ:v] *vt (food)* servieren;
(drink) auslschenken; *(customer)*
bedienen. ◇ *vi* (SPORT) auflschlagen; *(work)* dienen. ◇ *n* (SPORT)
Aufschlag *der*; **to ~ as** *(be used for)*
dienen als; **the town is ~d by two
airports** die Stadt hat zwei Flughäfen; **'~s two'** *(on packaging, menu)*
'für zwei Personen'; **it ~s you right**
geschieht dir recht!

service ['sɜ:vis] ◇ *n (in shop,
restaurant etc)* Bedienung *die*; *(job,
organization)* Dienst *der*; *(at church)*
Gottesdienst *der*; (SPORT) Aufschlag *der*; *(of car)* Wartung *die*.
◇ *vt (car)* warten; **'out of ~'** 'außer

Betrieb'; **'~ included'** 'Bedienung
inbegriffen'; **'~ not included'**
'Bedienung nicht inbegriffen'; **to
be of ~ to sb** *(fml)* jm behilflich
sein.

♦ **services** *npl (on motorway)* Raststätte *die*; *(of person)* Dienste *pl*.

service area *n* Tankstelle *die*
und Raststätte.

service charge *n* Bedienungszuschlag *der*.

service department *n* Kundendienst *der*.

service station *n* Tankstelle *die*.

serviette [,sɜ:vi'et] *n* Serviette *die*.

serving ['sɜ:viŋ] *n (helping)* Portion *die*.

serving spoon *n* Servierlöffel
der.

sesame seeds ['sesəmi-] *npl*
Sesam *der*.

session ['seʃn] *n (of activity)*
Runde *die*; *(formal meeting)* Sitzung
die.

set [set] *(pt & pp inv)* ◇ *adj*
1. *(fixed)* fest; *(date)* festgesetzt; **a ~
lunch** ein Mittagsmenü.
2. *(text, book)* Pflicht-.
◇ *n* **1.** *(collection)* Satz *der*; **a chess ~**
ein Schachspiel.
2. (TV): **a (TV) ~** ein Fernsehgerät.
3. *(in tennis)* Satz *der*.
4. (SCH) *Gruppe von Schülern mit
gleichem Niveau innerhalb eines
Faches.*
5. *(of play)* Bühnenbild *das*.
6. *(at hairdresser's)*: **a shampoo and
~** Waschen und Legen.
◇ *vt* **1.** *(put)* setzen; *(put upright)*
stellen; *(put flat)* legen.
2. *(cause to be)*: **to ~ a machine
going** eine Maschine in Gang bringen; **to ~ fire to sthg** etw in Brand
setzen.
3. *(controls)* einlstellen; *(clock)* stellen; **~ the alarm for 7 a.m.** stell

den Wecker für 7 Uhr früh.
4. *(price, time)* festllegen.
5. *(the table)* decken.
6. *(a record)* auflstellen.
7. *(broken bone)* richten.
8. *(homework, essay)* auflgeben; *(exam)* zusammenlstellen.
9. *(play, film, story)*: **to be ~** spielen. ◇ *vi* **1.** *(sun)* unterlgehen.
2. *(glue, jelly)* fest werden.

♦ **set down** *vt sep* (*Br: passengers*) ablsetzen.

♦ **set off** *vt sep* (*alarm*) ausllösen. ◇ *vi* *(on journey)* auflbrechen.

♦ **set out** *vt sep* (*arrange*) herlrichten.
◇ *vi* *(on journey)* auflbrechen.

♦ **set up** *vt sep* (*barrier*) auflstellen; *(equipment)* auflbauen; *(meeting, interview)* organisieren.

set meal *n* Menü *das*.

set menu *n* Menü *das*.

settee [se'ti:] *n* Sofa *das*.

setting ['setɪŋ] *n* (*on machine*) Einstellung *die*; *(surroundings)* Lage *die*.

settle ['setl] ◇ *vt* (*argument*) beillegen; *(bill)* bezahlen; *(stomach, nerves)* beruhigen; *(arrange, decide on)* entscheiden. ◇ *vi* *(start to live)* sich niederllassen; *(come to rest)* sich hinlsetzen; *(sediment, dust)* sich setzen.

♦ **settle down** *vi* (*calm down*) sich beruhigen; *(sit comfortably)* sich gemütlich hinlsetzen.

♦ **settle up** *vi* (*pay bill*) bezahlen.

settlement ['setlmənt] *n* (*agreement*) Einigung *die*; *(place)* Siedlung *die*.

seven ['sevn] *num* sieben, → **six**.

seventeen [,sevn'ti:n] *num* siebzehn, → **six**.

seventeenth [,sevn'ti:nθ] *num* siebzehnte(-r)(-s), → **sixth**.

seventh ['sevnθ] *num* siebte(-r)

(-s), → **sixth**.

seventieth ['sevntjəθ] *num* siebzigste(-r)(-s), → **sixth**.

seventy ['sevntɪ] *num* siebzig, → **six**.

several ['sevrəl] *adj & pron* mehrere, einige.

severe [sɪ'vɪəʳ] *adj* (*conditions, illness*) schwer; *(criticism, person, punishment)* hart; *(pain)* heftig.

sew [səʊ] (*pp* **sewn**) *vt & vi* nähen.

sewage ['su:ɪdʒ] *n* Abwasser *das*.

sewing ['səʊɪŋ] *n* (*activity*) Nähen *das*; *(things sewn)* Nähzeug *das*.

sewing machine *n* Nähmaschine *die*.

sewn [səʊn] *pp* → **sew**.

sex [seks] *n* (*gender*) Geschlecht *das*; *(sexual intercourse)* Sex *der*; **to have ~ (with)** Sex haben (mit).

sexist ['seksɪst] *n* Sexist *der*.

sexual ['sekʃʊəl] *adj* sexuell.

sexy ['seksɪ] *adj* sexy.

shabby ['ʃæbɪ] *adj* (*clothes, room*) schäbig; *(person)* heruntergekommen.

shade [ʃeɪd] ◇ *n* (*shadow*) Schatten *der*; *(lampshade)* Schirm *der*; *(of colour)* Ton *der*. ◇ *vt* (*protect*) schützen.

♦ **shades** *npl* (*inf: sunglasses*) Sonnenbrille *die*.

shadow ['ʃædəʊ] *n* Schatten *der*.

shady ['ʃeɪdɪ] *adj* schattig; *(inf: person, deal)* zwielichtig.

shaft [ʃɑ:ft] *n* (*of machine*) Welle *die*; *(of lift)* Schacht *der*.

shake [ʃeɪk] (*pt* **shook**, *pp* **shaken** ['ʃeɪkn]) ◇ *vt* schütteln; *(shock)* erschüttern. ◇ *vi* (*person*) zittern; *(building, earth)* beben; **to ~ hands with sb** jm die Hand geben; **to ~ one's head** den Kopf schütteln.

shall [*weak form* ʃəl, *strong form* ʃæl] *aux vb* **1.** (*expressing future*) werden; **I ~ be late tomorrow**

morgen werde ich später kommen; **I ~ be ready soon** ich bin bald fertig.

2. *(in questions)* sollen; **~ I buy some wine?** soll ich Wein kaufen?; **where ~ we go?** wo sollen wir hingehen?

3. *(fml: expressing order)*: **payment ~ be made within a week** die Zahlung muß innerhalb einer Woche erfolgen.

shallot [ʃəˈlɒt] *n* Schalotte *die.*

shallow [ˈʃæləʊ] *adj (pond, water)* seicht.

shallow end *n (of swimming pool)* flaches Ende.

shambles [ˈʃæmblz] *n* wildes Durcheinander.

shame [ʃeɪm] *n (remorse)* Scham *die; (disgrace)* Schande *die;* **it's a ~ that** schade, daß; **what a ~!** wie schade!

shampoo [ʃæmˈpuː] *(pl* **-s)** *n (liquid)* Shampoo *das; (wash)* Shampoonieren *das.*

shandy [ˈʃændɪ] *n* Radler *der.*

shape [ʃeɪp] *n* Form *die; (person)* Gestalt *die;* **to be in good/bad ~** in guter/schlechter Form sein.

share [ʃeəʳ] ◇ *n (part)* Anteil *der; (in company)* Aktie *die.* ◇ *vt (room, work, cost, responsibility)* teilen; *(divide)* aufteilen.

♦ **share out** *vt sep* aufteilen.

shark [ʃɑːk] *n* Hai *der.*

sharp [ʃɑːp] ◇ *adj* scharf; *(pencil, needle, teeth)* spitz; *(rise, change, bend)* steil; *(quick, intelligent)* aufgeweckt; *(painful)* stechend; *(food, taste)* säuerlich. ◇ *adv (exactly)*: **at one o'clock ~** Punkt eins.

sharpen [ˈʃɑːpn] *vt (knife)* schärfen; *(pencil)* spitzen.

shatter [ˈʃætəʳ] ◇ *vt (break)* zerschmettern. ◇ *vi* zerbrechen.

shattered [ˈʃætəd] *adj (Br: inf: tired)* erschlagen.

shave [ʃeɪv] ◇ *vt* rasieren. ◇ *vi* sich rasieren. ◇ *n:* **to have a ~** sich rasieren; **to ~ one's legs** sich *(D)* die Beine rasieren.

shaver [ˈʃeɪvəʳ] *n* Rasierapparat *der.*

shaver point *n* Steckdose *für einen Rasierapparat.*

shaving brush [ˈʃeɪvɪŋ-] *n* Rasierpinsel *der.*

shaving cream [ˈʃeɪvɪŋ-] *n* Rasiercreme *die.*

shaving foam [ˈʃeɪvɪŋ-] *n* Rasierschaum *der.*

shawl [ʃɔːl] *n* Schultertuch *das.*

she [ʃiː] *pron* sie; **~'s tall** sie ist groß.

sheaf [ʃiːf] *(pl* **sheaves)** *n (of paper, notes)* Bündel *das.*

shears [ʃɪəz] *npl* Gartenschere *die.*

sheaves [ʃiːvz] *pl* → **sheaf.**

shed [ʃed] *(pt & pp inv)* ◇ *n* Schuppen *der.* ◇ *vt (tears, blood)* vergießen.

she'd [weak form ʃɪd, strong form ʃiːd] = **she had, she would.**

sheep [ʃiːp] *(pl inv)* *n* Schaf *das.*

sheepdog [ˈʃiːpdɒg] *n* Schäferhund *der.*

sheepskin [ˈʃiːpskɪn] *adj* Schaffell *das.*

sheer [ʃɪəʳ] *adj (pure, utter)* rein; *(cliff)* steil; *(stockings)* hauchdünn.

sheet [ʃiːt] *n (for bed)* Laken *das; (of paper)* Blatt *das; (of glass, metal, wood)* Platte *die.*

shelf [ʃelf] *(pl* **shelves)** *n* Regal *das.*

shell [ʃel] *n (of egg, nut)* Schale *die; (on beach)* Muschel *die; (of tortoise)* Panzer *der; (of snail)* Haus *das; (bomb)* Granate *die.*

she'll [ʃiːl] = **she will, she shall.**

shellfish [ˈʃelfɪʃ] *n (food)* Meeresfrüchte *pl.*

shell suit *n (Br)* Freizeitanzug *der (aus Polyamid Außenmaterial und Baumwollfutter).*

shelter ['ʃeltər] ◇ *n* Schutz *der; (structure)* Schutzdach *das.* ◇ *vt (protect)* schützen. ◇ *vi* sich unterlstellen; **to take ~** sich unterlstellen.

sheltered ['ʃeltəd] *adj (place)* geschützt.

shelves [ʃelvz] *pl → **shelf**.

shepherd ['ʃepəd] *n* Schafhirte *der (-hirtin die).*

shepherd's pie ['ʃepədz-] *n* Auflauf aus Hackfleisch, bedeckt mit einer Schicht Kartoffelbrei.*

sheriff ['ʃerif] *n (in US)* Sheriff *der.*

sherry ['ʃerı] *n* Sherry *der.*

she's [ʃiːz] = **she is, she has**.

shield [ʃiːld] ◇ *n* Schild *der.* ◇ *vt* schützen.

shift [ʃift] ◇ *n (change)* Veränderung *die; (period of work)* Schicht *die.* ◇ *vt (move)* rücken; *(rearrange)* umlstellen. ◇ *vi (move)* sich verschieben; *(change)* sich verändern.

shin [ʃin] *n* Schienbein *das.*

shine [ʃaın] *(pt & pp shone)* ◇ *vi* scheinen; *(surface, glass)* glänzen. ◇ *vt (shoes)* polieren; *(torch)* leuchten.

shiny ['ʃaını] *adj* glänzend.

ship [ʃip] *n* Schiff *das;* **by ~** mit dem Schiff.

shipwreck ['ʃiprek] *n (accident)* Schiffbruch *der; (wrecked ship)* Wrack *das.*

shirt [ʃɜːt] *n* Hemd *das.*

shit [ʃit] *n (vulg)* Scheiße *die.*

shiver ['ʃivər] *vi* zittern.

shock [ʃɒk] ◇ *n (surprise)* Schock *der; (force)* Wucht *die.* ◇ *vt (surprise)* einen Schock versetzen (+D); *(horrify)* schockieren; **to be in ~** (MED) unter Schock stehen.

shock absorber [-əb,zɔːbər] *n*

Stoßdämpfer *der.*

shocking ['ʃɒkıŋ] *adj (very bad)* entsetzlich.

shoe [ʃuː] *n* Schuh *der.*

shoelace ['ʃuːleıs] *n* Schnürsenkel *der.*

shoe polish *n* Schuhcreme *die.*

shoe repairer's [-rı,peərəz] *n* Schuhmacher *der.*

shoe shop *n* Schuhgeschäft *das.*

shone [ʃɒn] *pt & pp → **shine**.

shook [ʃʊk] *pt → **shake**.

shoot [ʃuːt] *(pt & pp shot)* ◇ *vt (kill)* erschießen; *(injure)* anlschießen; *(gun, arrow)* schießen; *(film)* drehen. ◇ *vi* schießen. ◇ *n (of plant)* Trieb *der.*

shop [ʃɒp] ◇ *n* Geschäft *das,* Laden *der.* ◇ *vi* einlkaufen.

shop assistant *n (Br)* Verkäufer *der (-in die).*

shop floor *n* Produktion *die.*

shopkeeper ['ʃɒp,kiːpər] *n* Geschäftsinhaber *der (-in die).*

shoplifter ['ʃɒp,lıftər] *n* Ladendieb *der (-in die).*

shopper ['ʃɒpər] *n* Käufer *der (-in die).*

shopping ['ʃɒpıŋ] *n (things bought)* Einkäufe *pl; (activity)* Einkaufen *das;* **to do the ~** den Einkauf erledigen; **to go ~** einkaufen gehen.

shopping bag *n* Einkaufstüte *die.*

shopping basket *n* Einkaufskorb *der.*

shopping centre *n* Einkaufszentrum *das.*

shopping list *n* Einkaufsliste *die.*

shopping mall *n* Einkaufszentrum *das.*

shop steward *n* gewerkschaftlicher Vertrauensmann.

shop window *n* Schaufenster *das.*

shore [ʃɔːr] *n (of sea, river, lake)*

Ufer *das*; **on ~** *(on land)* an Land.

short [ʃɔːt] ◇ *adj* kurz; *(not tall)* klein. ◇ *adv (cut)* kurz. ◇ *n (Br: drink)* Kurze *der*; *(film)* Kurzfilm *der*; **to be ~ of sthg** *(time, money)* zuwenig von etw haben; **to be ~ of breath** außer Atem sein; **in ~** kurz (gesagt).

◆ **shorts** *npl (short trousers)* Shorts *pl*; *(Am: underpants)* Unterhose *die*.

shortage [ˈʃɔːtɪdʒ] *n* Mangel *der*.

shortbread [ˈʃɔːtbred] *n* Buttergebäck *das*.

short-circuit *vi* einen Kurzschluß haben.

shortcrust pastry [ˈʃɔːtkrʌst-] *n* Mürbeteig *der*.

short cut *n* Abkürzung *die*.

shorten [ˈʃɔːtn] *vt (in time)* verkürzen; *(in length)* kürzen.

shorthand [ˈʃɔːthænd] *n* Stenografie *die*.

shortly [ˈʃɔːtlɪ] *adv (soon)* in Kürze; **~ before** kurz bevor.

shortsighted [ˌʃɔːtˈsaɪtɪd] *adj* kurzsichtig.

short-sleeved [-ˌsliːvd] *adj* kurzärmelig.

short-stay car park *n* Parkplatz *der* für Kurzparker.

short story *n* Kurzgeschichte *die*.

short wave *n* Kurzwelle *die*.

shot [ʃɒt] ◇ *pt & pp →* **shoot**. ◇ *n (of gun, in football)* Schuß *der*; *(in tennis, golf)* Schlag *der*; *(photo)* Aufnahme *die*; *(in film)* Einstellung *die*; *(inf: attempt)* Versuch *der*; *(of alcohol)* Schuß *der*.

shotgun [ˈʃɒtgʌn] *n* Schrotflinte *die*.

should [ʃʊd] *aux vb* **1.** *(expressing desirability)*: **we ~ leave now** wir sollten jetzt gehen.

2. *(asking for advice)*: **~ I go too?** soll ich auch gehen?

3. *(expressing probability)*: **she ~ be home soon** sie müßte bald zu Hause sein.

4. *(ought to)*: **they ~ have won the match** sie hätten das Spiel gewinnen sollen.

5. *(fml: in conditionals)*: **~ you need anything, call reception** sollten Sie irgendetwas brauchen, rufen Sie die Rezeption an.

6. *(fml: expressing wish)*: **I ~ like to come with you** ich würde gerne mit dir mitkommen.

shoulder [ˈʃəʊldəʳ] *n* Schulter *die*; *(of meat)* Schulterstück *das*; *(Am: of road)* Seitenstreifen *der*.

shoulder pad *n* Schulterpolster *das*.

shouldn't [ˈʃʊdnt] = **should not**.

should've [ˈʃʊdəv] = **should have**.

shout [ʃaʊt] ◇ *n* Schrei *der*. ◇ *vt & vi* schreien.

◆ **shout out** *vt sep* herausschreien.

shove [ʃʌv] *vt* stoßen; *(put carelessly)* stopfen.

shovel [ˈʃʌvl] *n* Schaufel *die*.

show [ʃəʊ] *(pp* **-ed** OR **shown)** ◇ *n (at theatre, on TV, radio)* Show *die*; *(exhibition)* Schau *die*. ◇ *vt* zeigen; *(accompany)* begleiten. ◇ *vi (be visible)* sichtbar sein; *(film)* laufen; **to ~ sthg to sb** jm etw zeigen; **to ~ sb how to do sthg** jm zeigen, wie man etw tut.

◆ **show off** *vi* angeben.

◆ **show up** *vi (come along)* kommen; *(be visible)* zu sehen sein.

shower [ˈʃaʊəʳ] ◇ *n (for washing)* Dusche *die*; *(of rain)* Guß *der*. ◇ *vi (wash)* duschen; **to have a ~** duschen.

shower gel *n* Duschgel *das*.

shower unit *n* Dusche *die*.

showing [ˈʃəʊɪŋ] *n (of film)* Vorführung *die*.

shown [ʃəʊn] *pp* → **show**.

showroom ['ʃəʊrʊm] *n* Ausstellungsraum *der*.

shrank [ʃræŋk] *pt* → **shrink**.

shrimp [ʃrɪmp] *n* Krabbe *die*.

shrine [ʃraɪn] *n* Schrein *der*.

shrink [ʃrɪŋk] (*pt* shrank, *pp* shrunk) ◇ *n* (*inf: psychoanalyst*) Psychiater *der*. ◇ *vi* (*become smaller*) schrumpfen; (*clothes*) einllaufen; (*diminish*) ablnehmen.

shrub [ʃrʌb] *n* Strauch *der*.

shrug [ʃrʌg] ◇ *n* Achselzucken *das*. ◇ *vi* die Achseln zucken.

shrunk [ʃrʌŋk] *pp* → **shrink**.

shuffle ['ʃʌfl] ◇ *vt* (*cards*) mischen. ◇ *vi* schlurfen.

shut [ʃʌt] (*pt & pp inv*) ◇ *adj* zu, geschlossen. ◇ *vt* schließen, zulmachen. ◇ *vi* (*door, mouth, eyes*) schließen; (*shop, restaurant*) schließen, zulmachen.

◆ **shut down** *vt sep* schließen.

◆ **shut up** *vi* (*inf: stop talking*) den Mund halten.

shutter ['ʃʌtər] *n* (*on window*) Fensterladen *der*; (*on camera*) Verschluß *der*.

shuttle ['ʃʌtl] *n* (*plane*) Pendelmaschine *die*; (*bus*) Pendelbus *der*.

shuttlecock ['ʃʌtlkɒk] *n* Federball *der*.

shy [ʃaɪ] *adj* schüchtern.

sick [sɪk] *adj* (*ill*) krank; **to be ~** (*vomit*) sich übergeben; **I feel ~** mir ist schlecht; **to be ~ of** (*fed up with*) die Nase voll haben von.

sick bag *n* Tüte, *die Passagiere in Flugzeugen benutzen können, wenn ihnen schlecht wird*.

sickness ['sɪknɪs] *n* Krankheit *die*.

sick pay *n* Krankengeld *das*.

side [saɪd] ◇ *n* Seite *die*; (*Br: TV channel*) Kanal *der*. ◇ *adj* (*door, pocket*) Seiten-; **at the ~ of** neben

(+*D*); **on the other ~** auf der anderen Seite; **on this ~** auf dieser Seite; **~ by ~** Seite an Seite.

sideboard ['saɪdbɔːd] *n* Anrichte *die*.

sidecar ['saɪdkɑːr] *n* Beiwagen *der*.

side dish *n* Beilage *die*.

side effect *n* Nebenwirkung *die*.

sidelight ['saɪdlaɪt] *n* (*Br: of car*) Begrenzungsleuchte *die*.

side order *n* Beilage *die*.

side salad *n* Salatbeilage *die*.

side street *n* Seitenstraße *die*.

sidewalk ['saɪdwɔːk] *n* (*Am*) Bürgersteig *der*.

sideways ['saɪdweɪz] *adv* seitwärts.

sieve [sɪv] *n* Sieb *das*.

sigh [saɪ] ◇ *n* Seufzer *der*. ◇ *vi* seufzen.

sight [saɪt] *n* (*eyesight*) Sehvermögen *das*; (*thing seen*) Anblick *der*; **at first ~** auf den ersten Blick; **to catch ~ of** erblicken; **in ~** in Sicht; **to lose ~ of** aus den Augen verlieren; **out of ~** außer Sicht.

◆ **sights** *npl* (*of city, country*) Sehenswürdigkeiten *pl*.

sightseeing ['saɪtˌsiːɪŋ] *n*: **to go ~** Sehenswürdigkeiten besichtigen.

sign [saɪn] ◇ *n* Zeichen *das*; (*next to road, in shop, station*) Schild *das*. ◇ *vt & vi* unterschreiben; **there's no ~ of her** von ihr ist nichts zu sehen.

◆ **sign in** *vi* (*at hotel, club*) sich einltragen.

signal ['sɪgnl] ◇ *n* Signal *das*; (*Am: traffic lights*) Ampel *die*. ◇ *vi* (*in car, on bike*) die Fahrtrichtung anlzeigen.

signature ['sɪgnətʃər] *n* Unterschrift *die*.

significant [sɪgˈnɪfɪkənt] *adj* (*large*) beträchtlich; (*important*) bedeutend.

signpost ['saɪnpəʊst] *n* Wegweiser *der*.

Sikh [siːk] *n* Sikh *der, die*.

silence ['saɪləns] *n* Stille *die*.

silencer ['saɪlənsəʳ] *n* (*Br*: AUT) Auspufftopf *der*.

silent ['saɪlənt] *adj* still.

silk [sɪlk] *n* Seide *die*.

sill [sɪl] *n* Sims *der*.

silly ['sɪlɪ] *adj* albern.

silver ['sɪlvəʳ] ◇ *n* Silber *das*; (*coins*) Silbergeld *das*. ◇ *adj* (*made of silver*) Silber-.

silver foil *n* Alu-folie *die*.

silver-plated [-'pleɪtɪd] *adj* versilbert.

similar ['sɪmɪləʳ] *adj* ähnlich; **to be ~ to** ähnlich sein (+*D*).

similarity [ˌsɪmɪˈlærətɪ] *n* Ähnlichkeit *die*.

simmer ['sɪməʳ] *vi* leicht kochen.

simple ['sɪmpl] *adj* einfach.

simplify ['sɪmplɪfaɪ] *vt* vereinfachen.

simply ['sɪmplɪ] *adv* einfach.

simulate ['sɪmjʊleɪt] *vt* simulieren.

simultaneous [*Br* ˌsɪmlˈteɪnjəs, *Am* ˌsaɪmlˈteɪnjəs] *adj* gleichzeitig.

simultaneously [*Br* ˌsɪmlˈteɪnjəslɪ, *Am* ˌsaɪmlˈteɪnjəslɪ] *adv* gleichzeitig.

sin [sɪn] ◇ *n* Sünde *die*. ◇ *vi* sündigen.

since [sɪns] ◇ *adv* seitdem. ◇ *prep* seit. ◇ *conj* (*in time*) seit; (*as*) da; **I've been here ~ six o'clock** ich bin hier seit sechs Uhr; **ever ~** seitdem, seit.

sincere [sɪnˈsɪəʳ] *adj* aufrichtig.

sincerely [sɪnˈsɪəlɪ] *adv* aufrichtig; **Yours ~** mit freundlichen Grüßen.

sing [sɪŋ] (*pt* **sang**, *pp* **sung**) *vt & vi* singen.

singer ['sɪŋəʳ] *n* Sänger *der* (-in *die*).

single ['sɪŋgl] ◇ *adj* (*just one*) einzig; (*not married*) ledig. ◇ *n* (*Br*: *ticket*) einfache Fahrkarte; (*record*) Single *die*; **every ~** jede(-r)(-s) einzelne.

◆ **singles** *n* (SPORT) Einzel *das*. ◇ *adj* Singles-.

single bed *n* Einzelbett *das*.

single cream *n* (*Br*) Sahne mit niedrigem Fettgehalt.

single parent *n* Alleinerziehende *der, die*.

single room *n* Einzelzimmer *das*.

single track road *n* einspurige Straße.

singular ['sɪŋgjʊləʳ] *n* Singular *der*; **in the ~** im Singular.

sinister ['sɪnɪstəʳ] *adj* finster.

sink [sɪŋk] (*pt* **sank**, *pp* **sunk**) ◇ *n* (*in kitchen*) Spülbecken *das*; (*washbasin*) Waschbecken *das*. ◇ *vi* sinken.

sink unit *n* Spüle *die*.

sinuses ['saɪnəsɪz] *npl* Nebenhöhlen *pl*.

sip [sɪp] ◇ *n* Schlückchen *das*. ◇ *vt* in kleinen Schlucken trinken.

siphon ['saɪfn] ◇ *n* (*tube*) Saugheber *der*. ◇ *vt* (*liquid*) ablsaugen.

sir [sɜːʳ] *n* mein Herr; **Dear Sir/Sirs** Sehr geehrte Herren; **Sir Richard Blair** Sir Richard Blair.

siren ['saɪərən] *n* Sirene *die*.

sirloin steak [ˌsɜːlɔɪn-] *n* Lendensteak *das*.

sister ['sɪstəʳ] *n* Schwester *die*.

sister-in-law *n* Schwägerin *die*.

sit [sɪt] (*pt & pp* **sat**) ◇ *vi* (*be seated*) sitzen; (*sit down*) sich setzen; (*be situated*) liegen. ◇ *vt* (*place*) setzen; (*Br*: *exam*) machen; **to be sitting** sitzen.

◆ **sit down** *vi* sich hinlsetzen; **to be sitting down** sitzen.

◆ **sit up** *vi* (*after lying down*) sich

auflsetzen; *(stay up late)* auflbleiben.

site [saɪt] *n* Stelle *die*; *(building site)* Baustelle *die*.

sitting room ['sɪtɪŋ-] *n* Wohnzimmer *das*.

situated ['sɪtjʊeɪtɪd] *adj*: **to be ~** liegen.

situation [ˌsɪtjʊ'eɪʃn] *n* Lage *die*; **'~s vacant'** 'Stellenangebote'.

six [sɪks] ◇ *num adj* sechs. ◇ *num n* Sechs *die*; **to be ~ (years old)** sechs (Jahre alt) sein; **it's ~ (o'clock)** es ist sechs Uhr; **a hundred and ~** hundertsechs; **~ Hill St** Hill St sechs; **it's minus ~ (degrees)** es ist minus sechs (Grad).

sixteen [sɪks'tiːn] *num* sechzehn, → **six**.

sixteenth [sɪks'tiːnθ] *num* sechzehnte-(e)(-s), → **sixth**.

sixth [sɪksθ] ◇ *num adj & adv* sechste-(r)(-s). ◇ *num pron* Sechste *der, die*. ◇ *num n (fraction)* Sechstel *das*; **the ~ (of September)** der sechste (September).

sixth form *n (Br)* die letzten beiden Klassen vor den 'A-level'-Prüfungen.

sixth-form college *n (Br)* College für Schüler die ihre 'A-level'-Prüfungen machen.

sixtieth ['sɪkstɪəθ] *num* sechzigste-(r)(-s), → **sixth**.

sixty ['sɪkstɪ] *num* sechzig, → **six**.

size [saɪz] *n* Größe *die*; **what ~ do you take?** welche Größe haben Sie?; **what ~ is this?** welche Größe ist das?

sizeable ['saɪzəbl] *adj* beträchtlich.

skate [skeɪt] ◇ *n (ice skate)* Schlittschuh *der*; *(roller skate)* Rollschuh *der*; *(fish)* Rochen *der*. ◇ *vi (ice-skate)* Schlittschuh laufen; *(roller-skate)* Rollschuh laufen.

skateboard ['skeɪtbɔːd] *n* Skateboard *das*.

skater ['skeɪtəʳ] *n (ice-skater)* Schlittschuhläufer *der* (-in *die*); *(roller-skater)* Rollschuhläufer *der* (-in *die*).

skating ['skeɪtɪŋ] *n*: **to go ~** *(ice-skating)* Schlittschuhlaufen gehen; *(roller-skating)* Rollschuhlaufen gehen.

skeleton ['skelɪtn] *n* Skelett *das*.

skeptical ['skeptɪkl] *(Am)* = **sceptical**.

sketch [sketʃ] ◇ *n (drawing)* Skizze *die*; *(humorous)* Sketch *der*. ◇ *vt* skizzieren.

skewer ['skjʊəʳ] *n* Spieß *der*.

ski [skiː] *(pt & pp* **skied**, *cont* **skiing)** ◇ *n* Ski *der*. ◇ *vi* Ski laufen.

ski boots *npl* Skistiefel *pl*.

skid [skɪd] ◇ *n* Schleudern *das*. ◇ *vi* schleudern.

skier ['skiːəʳ] *n* Skiläufer *der* (-in *die*).

skiing ['skiːɪŋ] *n* Skilaufen *das*; **to go ~** Skilaufen gehen; **a ~ holiday** ein Skiurlaub.

skilful ['skɪlful] *adj (Br)* geschickt.

ski lift *n* Skilift *der*.

skill [skɪl] *n (ability)* Geschick *das*; *(technique)* Fertigkeit *die*.

skilled [skɪld] *adj (worker, job)* qualifiziert, Fach-; *(driver, chef)* erfahren.

skillful ['skɪlful] *(Am)* = **skilful**.

skimmed milk ['skɪmd-] *n* entrahmte Milch.

skin [skɪn] *n* Haut *die*; *(on fruit, vegetable)* Schale *die*; *(from animal)* Fell *das*.

skin freshener [-ˌfreʃnəʳ] *n* Gesichtswasser *das*.

skinny ['skɪnɪ] *adj* mager.

skip [skɪp] ◇ *vi (with rope)* seilspringen; *(jump)* hüpfen. ◇ *vt (omit)* auslassen. ◇ *n (container)*

Container *der.*

ski pants *npl* Skihose *die.*

ski pass *n* Skipaß *der.*

ski pole *n* Skistock *der.*

skipping rope ['skɪpɪŋ-] *n* Sprungseil *das.*

skirt [skɜ:t] *n* Rock *der.*

ski slope *n* Skipiste *die.*

ski tow *n* Schlepplift *der.*

skittles ['skɪtlz] *n (game)* Kegeln *das.*

skull [skʌl] *n* Schädel *der.*

sky [skaɪ] *n* Himmel *der.*

skylight ['skaɪlaɪt] *n* Dachfenster *das.*

skyscraper ['skaɪ,skreɪpər] *n* Wolkenkratzer *der.*

slab [slæb] *n* Platte *die.*

slack [slæk] *adj (rope)* locker; *(careless)* nachlässig; *(not busy)* ruhig.

slacks [slæks] *npl* Hose *die.*

slam [slæm] *vt* zulschlagen.

slander ['slɑːndər] *n* Verleumdung *die.*

slang [slæŋ] *n* Slang *der.*

slant [slɑːnt] ◇ *n (slope)* Schräge *die.* ◇ *vi* sich neigen.

slap [slæp] ◇ *n (smack)* Schlag *der.* ◇ *vt* schlagen.

slash [slæʃ] ◇ *vt (cut)* auflschlitzen; *(fig: prices)* reduzieren. ◇ *n (written symbol)* Schrägstrich *der.*

slate [sleɪt] *n (rock)* Schiefer *der;* *(on roof)* Schieferplatte *die.*

slaughter ['slɔːtər] *vt (animal)* schlachten; *(fig: defeat)* fertiglmachen.

slave [sleɪv] *n* Sklave *der* (Sklavin *die*).

sled [sled] = **sledge.**

sledge [sledʒ] *n* Schlitten *der.*

sleep [sliːp] *(pt & pp* slept) ◇ *n* Schlaf *der;* *(nap)* Schläfchen *das.* ◇ *vi* schlafen. ◇ *vt*: **the house ~s six** in dem Haus können sechs

Leute übernachten; **did you ~ well?** hast du gut geschlafen?; **I couldn't get to ~** ich konnte nicht einschlafen; **to go to ~** einschlafen; **to ~ with sb** mit jm schlafen.

sleeper ['sliːpər] *n (train)* Schlafwagenzug *der;* *(sleeping car)* Schlafwagen *der;* *(Br: on railway track)* Schwelle *die;* *(Br: earring)* Ohrstecker *der.*

sleeping bag ['sliːpɪŋ-] *n* Schlafsack *der.*

sleeping car ['sliːpɪŋ-] *n* Schlafwagen *der.*

sleeping pill ['sliːpɪŋ-] *n* Schlaftablette *die.*

sleeping policeman ['sliːpɪŋ-] *n (Br)* Geschwindigkeitsschwelle *die.*

sleepy ['sliːpɪ] *adj* schläfrig.

sleet [sliːt] ◇ *n* Schneeregen *der.* ◇ *v impers*: **it's ~ing** es rieselt Schneeregen.

sleeve [sliːv] *n* Ärmel *der;* *(of record)* Hülle *die.*

sleeveless ['sliːvlɪs] *adj* ärmellos.

slept [slept] *pt & pp* → **sleep.**

slice [slaɪs] ◇ *n (of bread, meat)* Scheibe *die;* *(of cake, pizza)* Stück *das.* ◇ *vt (bread, meat)* in Scheiben schneiden; *(cake, vegetables)* in Stücke schneiden.

sliced bread [,slaɪst-] *n* Schnittbrot *das.*

slide [slaɪd] *(pt & pp* slid [slɪd]) ◇ *n (in playground)* Rutsche *die;* *(of photograph)* Dia *das;* *(Br: hair slide)* Haarspange *die.* ◇ *vi (slip)* rutschen.

sliding door [,slaɪdɪŋ-] *n* Schiebetür *die.*

slight [slaɪt] *adj (minor)* leicht; **the ~est** der/die/das geringste; **not in the ~est** nicht im geringsten.

slightly ['slaɪtlɪ] *adv* leicht.

slim [slɪm] ◇ *adj (person, waist)*

schlank; *(book)* schmal. ◇ *vi* ablnehmen.

slimming ['slɪmɪŋ] *n* Abnehmen *das*.

sling [slɪŋ] *(pt & pp* **slung**) ◇ *n (for arm)* Schlinge *die*. ◇ *vt (inf: throw)* schmeißen.

slip [slɪp] ◇ *vi* rutschen. ◇ *n (mistake)* Ausrutscher *der*; *(of paper)* Zettel *der*; *(petticoat)* Unterrock *der*.

♦ **slip up** *vi (make a mistake)* einen Schnitzer machen.

slipper ['slɪpər] *n* Hausschuh *der*.

slippery ['slɪpərɪ] *adj (surface)* glatt; *(object)* schlüpfrig.

slip road *n (Br) (onto motorway)* Auffahrt *die*; *(leaving motorway)* Ausfahrt *die*.

slit [slɪt] *n* Schlitz *der*.

slob [slɒb] *n (inf)* Schwein *das*.

slogan ['sləʊgən] *n* Slogan *der*.

slope [sləʊp] ◇ *n (incline)* Neigung *die*; *(hill)* Hang *der*; *(for skiing)* Piste *die*. ◇ *vi* sich neigen.

sloping ['sləʊpɪŋ] *adj (upwards)* ansteigend; *(downwards)* abfallend.

slot [slɒt] *n (for coin)* Schlitz *der*; *(groove)* Nut *die*.

slot machine *n (vending machine)* Automat *der*; *(for gambling)* Spielautomat *der*.

Slovakia [slə'vækɪə] *n* Slowakei *die*.

slow [sləʊ] ◇ *adj* langsam; *(business)* flau. ◇ *adv* langsam; **to be ~** *(clock, watch)* nachgehen; **'slow'** *(sign on road)* 'langsam fahren'; **a ~ train** ein Nahverkehrszug.

♦ **slow down** *vt sep* verlangsamen. ◇ *vi* langsamer werden.

slowly ['sləʊlɪ] *adv* langsam.

slug [slʌg] *n (animal)* Nacktschnecke *die*.

slum [slʌm] *n (building)* Elends-

quartier *das*.

♦ **slums** *npl (district)* Elendsviertel *das*.

slung [slʌŋ] *pt & pp* → **sling**.

slush [slʌʃ] *n (snow)* Schneematsch *der*.

sly [slaɪ] *adj (cunning)* schlau; *(deceitful)* verschlagen.

smack [smæk] ◇ *n (slap)* Schlag *der*; *(on bottom)* Klaps *der*. ◇ *vt (slap)* schlagen.

small [smɔːl] *adj* klein.

small change *n* Kleingeld *das*.

smallpox ['smɔːlpɒks] *n* Pocken *pl*.

smart [smɑːt] *adj (elegant)* elegant; *(clever)* clever; *(posh)* fein.

smart card *n* Chipkarte *die*.

smash [smæʃ] ◇ *n (SPORT)* Schmetterball *der*; *(inf: car crash)* Zusammenstoß *der*. ◇ *vt (plate)* zerschlagen; *(window)* einlschlagen. ◇ *vi (plate, vase etc)* zerbrechen.

smashing ['smæʃɪŋ] *adj (Br: inf)* toll.

smear test ['smɪə-] *n* Abstrich *der*.

smell [smel] *(pt & pp* **-ed** OR **smelt**) ◇ *n* Geruch *der*; *(bad odour)* Gestank *der*. ◇ *vt (sniff at)* riechen an (+D); *(detect)* riechen. ◇ *vi (have odour)* riechen; *(have bad odour)* stinken; **to ~ of sthg** nach etw riechen.

smelly ['smelɪ] *adj* stinkend.

smelt [smelt] *pt & pp* → **smell**.

smile [smaɪl] ◇ *n* Lächeln *das*. ◇ *vi* lächeln.

smoke [sməʊk] ◇ *n* Rauch *der*. ◇ *vt & vi* rauchen; **to have a ~** eine rauchen.

smoked [sməʊkt] *adj* geräuchert.

smoked salmon *n* Räucherlachs *der*.

smoker ['sməʊkər] *n* Raucher *der* (-in *die*).

smoking ['sməʊkɪŋ] *n* Rauchen *das*; 'no ~' 'Rauchen verboten'.

smoking area *n* Raucherzone *die*.

smoking compartment *n* Raucherabteil *das*.

smoky ['sməʊkɪ] *adj (room)* verräuchert.

smooth [smu:ð] *adj (surface, road, mixture)* glatt; *(skin, wine, beer)* weich; *(flight, journey)* ruhig; *(takeoff, landing)* weich.

♦ **smooth down** *vt sep* glattlstreichen.

smother ['smʌðəʳ] *vt (cover)* bedecken.

smudge [smʌdʒ] *n* Fleck *der*.

smuggle ['smʌgl] *vt* schmuggeln.

snack [snæk] *n* Imbiß *der*.

snack bar *n* Schnellimbiß *der*.

snail [sneɪl] *n* Schnecke *die*.

snake [sneɪk] *n* Schlange *die*.

snap [snæp] ◊ *vt (break)* zerbrechen. ◊ *vi (break)* brechen. ◊ *n (inf: photo)* Schnappschuß *der*; *(Br: card game)* Schnippschnapp *das*.

snare [sneəʳ] *n (trap)* Schlinge *die*.

snatch [snætʃ] *vt (grab)* schnappen; *(steal)* klauen.

sneakers ['sni:kəz] *npl (Am)* Turnschuhe *pl*.

sneeze [sni:z] ◊ *n* Niesen *das*. ◊ *vi* niesen.

sniff [snɪf] ◊ *vi (from cold, crying)* schniefen. ◊ *vt (smell)* schnuppern an (+*D*).

snip [snɪp] *vt* schnippeln.

snob [snɒb] *n* Snob *der*.

snog [snɒg] *vi (Br: inf)* knutschen.

snooker ['snu:kəʳ] *n* Snooker *das*.

snooze [snu:z] *n* Nickerchen *das*.

snore [snɔ:ʳ] *vi* schnarchen.

snorkel ['snɔ:kl] *n* Schnorchel *der*.

snout [snaʊt] *n* Schnauze *die*.

snow [snəʊ] ◊ *n* Schnee *der*. ◊ *v impers*: **it's ~ing** es schneit.

snowball ['snəʊbɔ:l] *n* Schneeball *der*.

snowdrift ['snəʊdrɪft] *n* Schneewehe *die*.

snowflake ['snəʊfleɪk] *n* Schneeflocke *die*.

snowman ['snəʊmæn] (*pl* -men [-men]) *n* Schneemann *der*.

snowplough ['snəʊplaʊ] *n* Schneepflug *der*.

snowstorm ['snəʊstɔ:m] *n* Schneesturm *der*.

snug [snʌg] *adj (place)* gemütlich; *(person)* behaglich.

so [səʊ] ◊ *adv* **1.** *(emphasizing degree)* so; **it's ~ difficult (that ...)** es ist so schwierig (, daß ...).

2. *(referring back)* also; ~ **you knew already** du hast es also schon gewußt; **I don't think ~** ich glaube nicht; **I'm afraid ~** leider ja; **if ~** falls ja.

3. *(also)*: ~ **do I** ich auch.

4. *(in this way)* so.

5. *(expressing agreement)*: ~ **there is** ja, das stimmt.

6. *(in phrases)*: **or ~** oder so, etwa; ~ **as** um; ~ **that** so daß.

◊ *conj* **1.** *(therefore)* deshalb; **I'm away next week ~ I won't be there** ich bin nächste Woche weg, also werde ich nicht kommen.

2. *(summarizing)* also; ~ **what have you been up to?** na, was treibst du so?

3. *(in phrases)*: ~ **what?** *(inf)* na und?; ~ **there!** *(inf)* das war's!

soak [səʊk] ◊ *vt (leave in water)* einlweichen; *(make very wet)* naß machen. ◊ *vi*: **to ~ through sthg** etw durchnässen.

♦ **soak up** *vt sep* auflsaugen.

soaked [səʊkt] *adj (very wet)* patschnaß.

soaking ['səʊkɪŋ] *adj (very wet)* patschnaß.

soap [səʊp] *n* Seife *die*.

soap opera *n* Seifenoper *die*.

soap powder *n* Seifenpulver *das*.

sob [sɒb] ◊ *n* Schluchzer *der*. ◊ *vi* schluchzen.

sober ['səʊbə^r] *adj (not drunk)* nüchtern.

soccer ['sɒkə^r] *n* Fußball *der*.

sociable ['səʊʃəbl] *adj* gesellig.

social ['səʊʃl] *adj (problem, conditions)* gesellschaftlich; *(acquaintance, function)* privat.

social club *n* Klub *der*.

socialist ['səʊʃəlɪst] ◊ *adj* sozialistisch. ◊ *n* Sozialist *der* (-in *die*).

social life *n* gesellschaftliches Leben.

social security *n (money)* Sozialhilfe *die*.

social worker *n* Sozialarbeiter *der* (-in *die*).

society [sə'saɪətɪ] *n* Gesellschaft *die*; *(organization, club)* Verein *der*.

sociology [ˌsəʊsɪ'ɒlədʒɪ] *n* Soziologie *die*.

sock [sɒk] *n* Socke *die*.

socket ['sɒkɪt] *n (for plug)* Steckdose *die*; *(for light bulb)* Fassung *die*.

sod [sɒd] *n (Br: vulg)* Sau *die*.

soda ['səʊdə] *n (soda water)* Soda *das*; *(Am: fizzy drink)* Brause *die*.

soda water *n* Sodawasser *das*.

sofa ['səʊfə] *n* Sofa *das*.

sofa bed *n* Schlafcouch *die*.

soft [sɒft] *adj* weich; *(touch, breeze)* sanft; *(not loud)* leise.

soft cheese *n* Weichkäse *der*.

soft drink *n* alkoholfreies Getränk.

software ['sɒftweə^r] *n* Software *die*.

soil [sɔɪl] *n (earth)* Erde *die*.

solarium [sə'leərɪəm] *n* Solarium *das*.

solar panel ['səʊlə-] *n* Sonnenkollektor *der*.

sold [səʊld] *pt & pp* → **sell**.

soldier ['səʊldʒə^r] *n* Soldat *der*.

sold out *adj* ausverkauft.

sole [səʊl] ◊ *adj (only)* einzig; *(exclusive)* alleinig. ◊ *n (of shoe, foot)* Sohle *die*; *(fish: pl inv)* Seezunge *die*.

solemn ['sɒləm] *adj (person)* ernst; *(occasion)* feierlich.

solicitor [sə'lɪsɪtə^r] *n (Br)* Rechtsanwalt *der* (-anwältin *die*).

solid ['sɒlɪd] *adj (not liquid or gas)* fest; *(strong)*. stabil; *(gold, silver, rock, oak)* massiv.

solo ['səʊləʊ] *(pl* -s) *n (MUS)* Solo *das*; '~ **m/cs'** *(traffic sign)* 'Parken nur für Motorräder'.

soluble ['sɒljʊbl] *adj* löslich.

solution [sə'luːʃn] *n* Lösung *die*.

solve [sɒlv] *vt* lösen.

some [sʌm] ◊ *adj* **1.** *(certain amount of)* etwas; ~ **meat** ein bißchen Fleisch; ~ **money** etwas Geld; **I had** ~ **difficulty getting here** es war ziemlich schwierig für mich, hierher zu kommen; **do you want** ~ **more tea?** möchten Sie noch Tee? **2.** *(certain number of)* einige; ~ **people** einige Leute; **I've known him for** ~ **years** ich kenne ihn schon seit einigen Jahren; **can I have** ~ **sweets?** Kann ich Bonbons haben? **3.** *(not all)* manche; ~ **jobs are better paid than others** manche Jobs sind besser bezahlt als andere. **4.** *(in imprecise statements)* irgendein(-e); **she married** ~ **Italian (or other)** sie hat irgend so einen Italiener geheiratet.

◊ *pron* **1.** *(certain amount)* etwas; **can I have** ~? kann ich etwas davon haben?

2. *(certain number)* einige; **can I**

have ~? kann ich welche haben?; **~ (of them) left early** einige (von ihnen) gingen vorher.

◊ *adv (approximately)* ungefähr; **there were ~ 7,000 people there** es waren um die 7.000 Leute da.

somebody ['sʌmbədɪ] = **someone**.

somehow ['sʌmhaʊ] *adv* irgendwie.

someone ['sʌmwʌn] *pron* jemand; **~ or other** irgend jemand.

someplace ['sʌmpleɪs] *(Am)* = **somewhere**.

somersault ['sʌməsɔːlt] *n* Purzelbaum *der.*

something ['sʌmθɪŋ] *pron* etwas; **it's really ~** es ist ganz toll; **or ~** *(inf)* oder so etwas; **~ like** ungefähr; **~ or other** irgend etwas.

sometime ['sʌmtaɪm] *adv* irgendwann.

sometimes ['sʌmtaɪmz] *adv* manchmal.

somewhere ['sʌmweəʳ] *adv* irgendwo; *(go, travel)* irgendwohin; *(approximately)* ungefähr.

son [sʌn] *n* Sohn *der.*

song [sɒŋ] *n* Lied *das.*

son-in-law *n* Schwiegersohn *der.*

soon [suːn] *adv* bald; *(quickly)* schnell; **too ~** zu früh; **as ~ as** sobald; **as ~ as possible** so bald wie möglich; **~ after** kurz danach; **~er or later** früher oder später.

soot [sʊt] *n* Ruß *der.*

soothe [suːð] *vt (pain, sunburn)* lindern; *(person, anger)* beruhigen.

sophisticated [sə'fɪstɪkeɪtɪd] *adj (chic)* gepflegt; *(complex)* hochentwickelt.

sorbet ['sɔːbeɪ] *n* Sorbet *das.*

sore [sɔːʳ] ◊ *adj (painful)* schmerzhaft; *(inflamed)* wund; *(Am: inf: angry)* sauer. ◊ *n* wunde Stelle; **to**

have a ~ throat Halsschmerzen haben.

sorry ['sɒrɪ] *adj (sad, upset)* traurig; *(in apologies)*: **I'm ~!** Entschuldigung; **I'm ~ I'm late** es tut mir leid, daß ich zu spät komme; **~?** *(pardon)* wie bitte?; **to feel ~ for sb** jn bemitleiden; **I'm ~ about yesterday** es tut mir leid wegen gestern.

sort [sɔːt] ◊ *n (type)* Sorte *die.* ◊ *vt* sortieren; **what ~ of car?** was für ein Auto?; **a ~ of** eine Art von; **~ of** irgendwie.

♦ **sort out** *vt sep (classify)* sortieren; *(resolve)* klären.

so-so *adj & adv (inf)* so lala.

soufflé ['suːfleɪ] *n* Soufflé *das.*

sought [sɔːt] *pt & pp →* **seek**.

soul [səʊl] *n (spirit)* Seele *die; (soul music)* Soul *der.*

sound [saʊnd] ◊ *n* Geräusch *das; (volume)* Ton *der.* ◊ *vt (horn, bell)* ertönen lassen. ◊ *vi* klingen. ◊ *adj (structure)* solide; *(reliable)* vernünftig; **to ~ like** *(make a noise like)* sich anlhören wie; *(seem to be)* sich anlhören.

soundproof ['saʊndpruːf] *adj* schalldicht.

soup [suːp] *n* Suppe *die.*

soup spoon *n* Suppenlöffel *der.*

sour ['saʊəʳ] *adj* sauer; **to go ~** sauer werden.

source [sɔːs] *n* Quelle *die; (cause)* Ursache *die.*

sour cream *n* saure Sahne.

south [saʊθ] ◊ *n* Süden *der.* ◊ *adj* Süd-. ◊ *adv (fly, walk)* nach Süden; *(be situated)* im Süden; **in the ~ of England** in Südengland.

South Africa *n* Südafrika *nt.*

South America *n* Südamerika *nt.*

southbound ['saʊθbaʊnd] *adj* in Richtung Süden.

southeast [,sauθ'i:st] *n* Südosten
der.

southern ['sʌðən] *adj* südlich,
Süd-.

South Pole *n* Südpol der.

southwards ['sauθwədz] *adv* süd-
wärts.

southwest [,sauθ'west] *n* Südwesten der.

souvenir [,su:və'nɪər] *n* Souvenir
das, Andenken das.

Soviet Union [,səʊvɪət-] *n*: the ~
die Sowjetunion.

sow[1] [səʊ] (*pp* **sown**) *vt* (seeds)
säen.

sow [sau] *n* (pig) Sau die.

soya ['sɔɪə] *n* Soja die.

soya bean *n* Sojabohne die.

soy sauce [,sɔɪ-] *n* Sojasoße die.

spa [spɑ:] *n* Bad das.

space [speɪs] ◇ *n* Platz der; (in
astronomy etc) Weltraum der; (period) Zeitraum der. ◇ *vt* in Abstän-
den verteilen.

spaceship ['speɪsʃɪp] *n* Raumschiff das.

space shuttle *n* Raumtranspor-
ter der.

spacious ['speɪʃəs] *adj* geräumig.

spade [speɪd] *n* (tool) Spaten der.

♦ **spades** *npl* (in cards) Pik das.

spaghetti [spə'getɪ] *n* Spaghetti
pl.

Spain [speɪn] *n* Spanien nt.

span [spæn] ◇ *pt* → **spin**. ◇ *n* (of
time) Spanne die.

Spaniard ['spænjəd] *n* Spanier der
(-in die).

spaniel ['spænjəl] *n* Spaniel der.

Spanish ['spænɪʃ] ◇ *adj* spanisch.
◇ *n* (language) Spanisch das.

spank [spæŋk] *vt* verhauen.

spanner ['spænər] *n* Schraubenschlüssel der.

spare [speər] ◇ *adj* (kept in reserve)
zusätzlich, Extra-; (not in use)

übrig. ◇ *n* (spare part) Ersatzteil
das; (spare wheel) Ersatzreifen der.
◇ *vt*: to ~ sb sthg (time, money) jm
etw geben; with ten minutes to ~
mit noch zehn Minuten übrig.

spare part *n* Ersatzteil das.

spare ribs *npl* Spare Ribs pl.

spare room *n* Gästezimmer das.

spare time *n* Freizeit die.

spare wheel *n* Ersatzreifen der.

spark [spɑ:k] *n* Funken der.

sparkling ['spɑ:klɪŋ] *adj* (mineral
water, soft drink) sprudelnd.

sparkling wine *n* Schaumwein
der.

spark plug *n* Zündkerze die.

sparrow ['spærəʊ] *n* Spatz der.

spat [spæt] *pt & pp* → **spit**.

speak [spi:k] (*pt* **spoke**, *pp* **spoken**) *vt & vi* sprechen; who's ~ing?
(on phone) mit wem spreche ich?;
can I ~ to Sarah? - ~ing! (on phone)
kann ich Sarah bitte sprechen? –
Am Apparat!; to ~ to sb about sthg
mit jm über etw (A) sprechen.

♦ **speak up** *vi* (more loudly) lauter
sprechen.

speaker ['spi:kər] *n* (person) Redner der (-in die); (loudspeaker, of stereo) Lautsprecher der; to be an
English ~ Englisch sprechen.

spear [spɪər] *n* Speer der.

special ['speʃl] ◇ *adj* (not ordinary)
besondere(-r)(-s); (particular) speziell. ◇ *n* (dish) Spezialität die;
'today's ~' 'Tagesgericht'.

special delivery *n* (Br) Eilzustellung die.

special effects *npl* Special effects
pl.

specialist ['speʃəlɪst] *n* (doctor)
Facharzt der (-ärztin die).

speciality [,speʃɪ'ælətɪ] *n* Spezialität die.

specialize ['speʃəlaɪz] *vi*: to ~ (in)
sich spezialisieren (auf (+A)).

specially ['speʃəlɪ] *adv* speziell.

special offer *n* Sonderangebot *das*.

special school *n* (*Br*) Sonderschule *die*.

specialty ['speʃltɪ] (*Am*) = **speciality**.

species ['spi:ʃi:z] *n* Art *die*.

specific [spə'sɪfɪk] *adj* (*particular*) bestimmt; (*exact*) genau.

specification [ˌspesɪfɪ'keɪʃn] *n* (*of machine, building etc*) genaue Angaben *pl*.

specimen ['spesɪmən] *n* (MED) Probe *die*; (*example*) Exemplar *das*.

specs [speks] *npl* (*inf*) Brille *die*.

spectacle ['spektəkl] *n* (*sight*) Anblick *der*.

spectacles ['spektəklz] *npl* Brille *die*.

spectacular [spek'tækjʊləʳ] *adj* spektakulär.

spectator [spek'teɪtəʳ] *n* Zuschauer *der* (-in *die*).

sped [sped] *pt & pp* → **speed**.

speech [spi:tʃ] *n* Sprache *die*; (*talk*) Rede *die*.

speech impediment [-ɪmˌpedɪmənt] *n* Sprachbehinderung *die*.

speed [spi:d] (*pt & pp* **-ed** OR **sped**) ◇ *n* Geschwindigkeit *die*; (*of film*) Lichtempfindlichkeit *die*; (*bicycle gear*) Gang *der*. ◇ *vi* (*move quickly*) rasen; (*drive too fast*) zu schnell fahren; **at ~** mit hoher Geschwindigkeit; '**reduce ~ now**' 'Geschwindigkeit senken'.

◆ **speed up** *vi* beschleunigen.

speedboat ['spi:dbəʊt] *n* Rennboot *das*.

speeding ['spi:dɪŋ] *n* Geschwindigkeitsüberschreitung *die*.

speed limit *n* Geschwindigkeitsbeschränkung *die*.

speedometer [spɪ'dɒmɪtəʳ] *n* Tachometer *der*.

spell [spel] (*Br pt & pp* **-ed** OR **spelt**, *Am pt & pp* **-ed**) ◇ *vt* buchstabieren; (*subj: letters*) schreiben. ◇ *n* (*period*) Weile *die*; (*of weather*) Periode *die*; (*magic*) Zauberformel *die*.

spelling ['spelɪŋ] *n* (*correct order*) Schreibweise *die*; (*ability*) Rechtschreibung *die*.

spelt [spelt] *pt & pp* (*Br*) → **spell**.

spend [spend] (*pt & pp* **spent** [spent]) *vt* (*money*) ausgeben; (*time*) verbringen.

sphere [sfɪəʳ] *n* (*round shape*) Kugel *die*.

spice [spaɪs] ◇ *n* Gewürz *das*. ◇ *vt* würzen.

spicy ['spaɪsɪ] *adj* pikant.

spider ['spaɪdəʳ] *n* Spinne *die*.

spider's web *n* Spinnennetz *das*.

spike [spaɪk] *n* Spitze *die*.

spill [spɪl] (*Br pt & pp* **-ed** OR **spilt** [spɪlt], *Am pt & pp* **-ed**) ◇ *vt* verschütten. ◇ *vi* (*liquid*) überlaufen; (*sugar, salt*) verschüttet werden.

spin [spɪn] (*pt* **span** OR **spun**, *pp* **spun**) ◇ *vt* (*wheel*) drehen; (*coin*) werfen; (*washing*) schleudern. ◇ *n* (*on ball*) Drall *der*; **to go for a ~** (*inf: in car*) eine Spritztour machen.

spinach ['spɪnɪdʒ] *n* Spinat *der*.

spine [spaɪn] *n* Wirbelsäule *die*; (*of book*) Buchrücken *der*.

spinster ['spɪnstəʳ] *n* ledige Frau.

spiral ['spaɪərəl] *n* Spirale *die*.

spiral staircase *n* Wendeltreppe *die*.

spire ['spaɪəʳ] *n* Turmspitze *die*.

spirit ['spɪrɪt] *n* (*soul*) Geist *der*; (*energy*) Schwung *der*; (*courage*) Mut *der*; (*mood*) Stimmung *die*.

◆ **spirits** *npl* (*Br: alcohol*) Spirituosen *pl*.

spit [spɪt] (*Br pt & pp* **spat**, *Am pt & pp* **inv**) ◇ *vi* (*person*) spucken;

(fire) zischen; *(food)* spritzen. ◇ *n* *(saliva)* Spucke *die*; *(for cooking)* Spieß *der*. ◇ *v impers*: **it's spitting** es tröpfelt.

spite [spaɪt]: **in spite of** *prep* trotz (+G).

spiteful ['spaɪtful] *adj* boshaft.

splash [splæʃ] ◇ *n* *(sound)* Platschen *das*. ◇ *vt* spritzen.

splendid ['splendɪd] *adj* *(beautiful)* herrlich; *(very good)* großartig.

splint [splɪnt] *n* Schiene *die*.

splinter ['splɪntəʳ] *n* Splitter *der*.

split [splɪt] *(pt & pp inv)* ◇ *n* *(tear)* Riß *der*; *(crack)* Spalt *der*. ◇ *vt* *(tear)* zerreißen; *(wood)* spalten; *(stone)* zerbrechen; *(bill, cost, profits, work)* teilen. ◇ *vi* *(tear)* reißen; *(wood)* splittern; *(stone)* brechen.

♦ **split up** *vi* *(group, couple)* sich trennen.

spoil [spɔɪl] *(pt & pp* **-ed** OR **spoilt)** *vt* *(ruin)* verderben; *(child)* verziehen.

spoke [spəʊk] ◇ *pt* → **speak**. ◇ *n* *(of wheel)* Speiche *die*.

spoken ['spəʊkn] *pp* → **speak**.

spokesman ['spəʊksmən] *(pl* **-men** [-mən]) *n* Sprecher *der*.

spokeswoman ['spəʊks,wʊmən] *(pl* **-women** [-,wɪmɪn]) *n* Sprecherin *die*.

sponge [spʌndʒ] *n* *(for cleaning, washing)* Schwamm *der*.

sponge bag *n* *(Br)* Kulturbeutel *der*.

sponge cake *n* Biskuitkuchen *der*.

sponsor ['spɒnsəʳ] *n* *(of event, TV programme)* Sponsor *der*.

sponsored walk [,spɒnsəd-] *n* Wanderung mit gesponserten Teilnehmern.

spontaneous [spɒn'teɪnjəs] *adj* spontan.

spoon [spu:n] *n* Löffel *der*.

spoonful ['spu:nful] *n* Löffel *der*.

sport [spɔ:t] *n* Sport *der*.

sports car [spɔ:ts-] *n* Sportwagen *der*.

sports centre [spɔ:ts-] *n* Sportzentrum *das*.

sports jacket [spɔ:ts-] *n* sportlicher Sakko.

sportsman ['spɔ:tsmən] *(pl* **-men** [-mən]) *n* Sportler *der*.

sports shop [spɔ:ts-] *n* Sportgeschäft *das*.

sportswoman ['spɔ:ts,wʊmən] *(pl* **-women** [-,wɪmɪn]) *n* Sportlerin *die*.

spot [spɒt] ◇ *n* *(stain)* Fleck *der*; *(dot)* Punkt *der*; *(of rain)* Tropfen *der*; *(on skin)* Pickel *der*; *(place)* Stelle *die*. ◇ *vt* entdecken; **on the ~** *(at once)* auf der Stelle; *(at the scene)* an Ort und Stelle.

spotless ['spɒtlɪs] *adj* makellos sauber.

spotlight ['spɒtlaɪt] *n* Scheinwerfer *der*.

spotty ['spɒtɪ] *adj* pickelig.

spouse [spaʊs] *n* *(fml)* Gatte *der* (Gattin *die*).

spout [spaʊt] *n* Schnabel *der*.

sprain [spreɪn] *vt* verstauchen; **to ~ one's wrist** sich (D) das Handgelenk verstauchen.

sprang [spræŋ] *pt* → **spring**.

spray [spreɪ] ◇ *n* *(of aerosol, perfume)* Spray *der*; *(droplets)* Sprühnebel *der*; *(from sea)* Gischt *die*. ◇ *vt* *(surface, wall)* sprühen; *(car, crops, paint, water)* spritzen.

spread [spred] *(pt & pp inv)* ◇ *vt* *(butter, jam, glue)* streichen; *(map, tablecloth, blanket)* ausIbreiten; *(legs, fingers, arms)* ausIstrecken; *(disease, news, rumour)* verbreiten. ◇ *vi* *(disease, news, rumour)* sich verbreiten; *(fire)* sich ausIbreiten. ◇ *n* *(food)* Aufstrich *der*.

♦ **spread out** *vi (disperse)* sich verteilen.

spring [sprɪŋ] *(pt* **sprang**, *pp* **sprung**) ◇ *n (season)* Frühling *der*; *(coil)* Feder *die*; *(in ground)* Quelle *die*. ◇ *vi (leap)* springen; **in (the) ~** im Frühling.

springboard ['sprɪŋbɔːd] *n* Sprungbrett *das*.

spring-cleaning [-'kliːnɪŋ] *n* Frühlingsputz *der*.

spring onion *n* Frühlingszwiebel *die*.

spring roll *n* Frühlingsrolle *die*.

sprinkle ['sprɪŋkl] *vt (liquid)* sprengen; *(salt, sugar)* streuen.

sprinkler ['sprɪŋklə^r] *n* Sprinkler *der*.

sprint [sprɪnt] ◇ *n* Sprint *der*. ◇ *vi* rennen; (SPORT) sprinten.

Sprinter® ['sprɪntə^r] *n (Br: train)* ≃ Nahverkehrszug *der*.

sprout [spraʊt] *n (vegetable)* Rosenkohl *der*.

spruce [spruːs] *n* Fichte *die*.

sprung [sprʌŋ] ◇ *pp* → **spring**. ◇ *adj (mattress)* gefedert.

spud [spʌd] *n (inf)* Kartoffel *die*.

spun [spʌn] *pt & pp* → **spin**.

spur [spɜː^r] *n (for horse rider)* Sporn *der*; **on the ~ of the moment** ganz spontan.

spurt [spɜːt] *vi* spritzen.

spy [spaɪ] *n* Spion *der* (-in *die*).

squall [skwɔːl] *n* Bö *die*.

squalor ['skwɒlə^r] *n* Schmutz *der*.

square [skweə^r] ◇ *adj (in shape)* quadratisch. ◇ *n (shape)* Quadrat *das*; *(in town)* Platz *der*; *(of chocolate)* Stück *das*; *(on chessboard)* Feld *das*; **2 ~ metres** 2 Quadratmeter; **it's 2 metres ~** es ist 2 Meter im Quadrat; **we're (all) ~ now** *(not owing money)* jetzt sind wir quitt.

squash [skwɒʃ] ◇ *n (game)* Squash *das*; *(Br: drink)* Fruchtsaft-getränk *das*; *(Am: vegetable)* Kürbis *der*. ◇ *vt* zerquetschen.

squat [skwɒt] ◇ *adj* gedrungen. ◇ *vi (crouch)* hocken.

squeak [skwiːk] *vi* quietschen.

squeeze [skwiːz] *vt (hand)* drücken; *(tube)* ausldrücken; *(orange)* auslpressen.

♦ **squeeze in** *vi* sich hineinlzwängen.

squid [skwɪd] *n* Tintenfisch *der*.

squint [skwɪnt] ◇ *n* Schielen *das*. ◇ *vi* blinzeln.

squirrel [*Br* 'skwɪrəl, *Am* 'skwɜːrəl] *n* Eichhörnchen *das*.

squirt [skwɜːt] *vi* spritzen.

St *(abbr of Street)* Str.; *(abbr of Saint)* St.

stab [stæb] *vt* stechen.

stable ['steɪbl] ◇ *adj* stabil. ◇ *n* Stall *der*.

stack [stæk] *n (pile)* Stapel *der*; **~s of money** *(inf)* haufenweise Geld.

stadium ['steɪdjəm] *n* Stadion *das*.

staff [stɑːf] *n (workers)* Personal *das*.

stage [steɪdʒ] *n (phase)* Phase *die*; *(in theatre)* Bühne *die*.

stagger ['stægə^r] ◇ *vt (arrange in stages)* staffeln. ◇ *vi* schwanken.

stagnant ['stægnənt] *adj (water)* stehend.

stain [steɪn] ◇ *n* Fleck *der*. ◇ *vt* beflecken.

stained glass [ˌsteɪnd-] *n* farbiges Glas.

stainless steel ['steɪnlɪs-] *n* Edelstahl *der*.

staircase ['steəkeɪs] *n* Treppe *die*.

stairs [steəz] *npl* Treppe *die*.

stairwell ['steəwel] *n* Treppenhaus *das*.

stake [steɪk] *n (share)* Anteil *der*; *(in gambling)* Einsatz *der*; *(post)* Pfahl *der*; **to be at ~** auf dem Spiel stehen.

stale [steɪl] *adj (food)* trocken.

stalk [stɔːk] *n* Stiel *der.*

stall [stɔːl] ◇ *n (in market, at exhibition)* Stand *der.* ◇ *vi (car, engine)* ab|sterben.

♦ **stalls** *npl (Br: in theatre)* Parkett *das.*

stamina [ˈstæmɪnə] *n* Ausdauer *die.*

stammer [ˈstæmə^r] *vi* stottern.

stamp [stæmp] ◇ *n (for letter)* Briefmarke *die; (in passport, on document)* Stempel *der.* ◇ *vt (passport, document)* stempeln. ◇ *vi:* **to ~ on sthg** auf etw (A) treten; **to ~ one's foot** mit dem Fuß stampfen.

stamp-collecting [-kəˌlektɪŋ] *n* Briefmarkensammeln *das.*

stamp machine *n* Briefmarkenautomat *der.*

stand [stænd] *(pt & pp* **stood)** ◇ *vi* stehen; *(get to one's feet)* auf|stehen. ◇ *vt (place)* stellen; *(put up with)* ertragen; *(withstand)* aus|halten. ◇ *n (stall)* Stand *der; (for umbrellas, coats, motorbike)* Ständer *der; (at sports stadium)* Tribüne *die;* **I can't ~ him** ich kann ihn nicht ausstehen; **to be ~ing** stehen; **to ~ sb a drink** jm ein Getränk spendieren; **'no ~ing'** *(Am: AUT)* 'Halten verboten'.

♦ **stand back** *vi* zurück|treten.

♦ **stand for** *vt fus (mean)* bedeuten; *(tolerate)* hin|nehmen.

♦ **stand in** *vi:* **to ~ in for sb** für jn ein|springen.

♦ **stand out** *vi (be conspicuous)* auf|fallen; *(be superior)* hervor|stechen.

♦ **stand up** *vi (be on feet)* stehen; *(get to one's feet)* auf|stehen. ◇ *vt sep (inf: boyfriend, girlfriend etc)* versetzen.

♦ **stand up for** *vt fus* ein|treten für.

standard [ˈstændəd] ◇ *adj (normal)* Standard-. ◇ *n (level)* Niveau *das; (point of comparison)* Maßstab *der;* **up to ~** der Norm entsprechend.

♦ **standards** *npl (principles)* Maßstäbe *pl.*

standard-class *adj (Br: on train)* zweiter Klasse.

standby [ˈstændbaɪ] *adj (ticket)* Standby-.

stank [stæŋk] *pt →* **stink**.

staple [ˈsteɪpl] *n (for paper)* Heftklammer *die.*

stapler [ˈsteɪplə^r] *n* Hefter *der.*

star [stɑː^r] ◇ *n* Stern *der; (famous person)* Star *der.* ◇ *vt (subj: film, play etc):* **the film ~s Cary Grant** in diesem Film spielt Cary Grant die Hauptrolle.

♦ **stars** *npl (horoscope)* Sterne *pl.*

starboard [ˈstɑːbəd] *adj* Steuerbord-.

starch [ˈstɑːtʃ] *n* Stärke *die.*

stare [steə^r] *vi* starren; **to ~ at** an|starren.

starfish [ˈstɑːfɪʃ] *(pl inv)* *n* Seestern *der.*

starling [ˈstɑːlɪŋ] *n* Star *der.*

Stars and Stripes *n:* **the ~** das Sternenbanner.

start [stɑːt] ◇ *n* Anfang *der,* Beginn *der;* (SPORT) Start *der.* ◇ *vt* an|fangen, beginnen; *(car, engine)* an|lassen; *(business, club)* gründen. ◇ *vi* an|fangen, beginnen; *(car, engine)* an|springen; *(begin journey)* auf|brechen; **prices ~ at** OR **from £5** Preise ab 5 Pfund; **to ~ doing sthg** OR **to do sthg** beginnen, etw zu tun; **to ~ with** *(in the first place)* erstens; *(when ordering meal)* als Vorspeise.

♦ **start out** *vi (on journey)* auf|brechen; **to ~ out as sthg** ursprünglich etw sein.

◆ **start up** *vt sep (car, engine)* anllassen; *(business)* gründen; *(shop)* eröffnen.

starter ['stɑːtəʳ] *n (Br: of meal)* Vorspeise *die; (of car)* Anlasser *der*; **for ~s** *(in meal)* als Vorspeise.

starter motor *n* Anlasser *der*.

starting point ['stɑːtɪŋ-] *n* Ausgangspunkt *der*.

startle ['stɑːtl] *vt* erschrecken.

starvation [stɑːˈveɪʃn] *n* Verhungern *das*.

starve [stɑːv] *vi (have no food)* hungern; **I'm starving!** ich habe einen Mordshunger.

state [steɪt] ◇ *n (condition)* Zustand *der; (country, region)* Staat *der*. ◇ *vt (declare)* erklären; *(specify)* anlgeben; **the State** der Staat; **the States** die Vereinigten Staaten.

statement ['steɪtmənt] *n (declaration)* Erklärung *die; (from bank)* Kontoauszug *der*.

state school *n* staatliche Schule.

statesman ['steɪtsmən] *(pl -men* [-mən]) *n* Staatsmann *der*.

static ['stætɪk] *n (on radio, TV)* atmosphärische Störungen *pl*.

station ['steɪʃn] *n* Bahnhof *der; (on radio)* Sender *der*.

stationary ['steɪʃnərɪ] *adj* stehend.

stationer's ['steɪʃnəz] *n (shop)* Schreibwarengeschäft *das*.

stationery ['steɪʃnərɪ] *n* Schreibwaren *pl*.

station wagon *n (Am)* Kombiwagen *der*.

statistics [stəˈtɪstɪks] *npl* Statistik *die*.

statue ['stætʃuː] *n* Statue *die*.

Statue of Liberty *n*: **the ~** die Freiheitsstatue.

status ['steɪtəs] *n* Status *der*.

stay [steɪ] ◇ *n (time spent)* Aufenthalt *der*. ◇ *vi (remain)* bleiben; *(as*

guest) übernachten; *(Scot: reside)* wohnen; **to ~ the night** übernachten.

◆ **stay away** *vi* weglbleiben.

◆ **stay in** *vi* zu Hause bleiben.

◆ **stay out** *vi (from home)* weglbleiben.

◆ **stay up** *vi* auflbleiben.

STD code *n* Vorwahl *die*.

steady ['stedɪ] ◇ *adj (firm, stable)* stabil; *(hand)* ruhig; *(gradual)* stetig; *(job)* fest. ◇ *vt* festlhalten.

steak [steɪk] *n* Steak *das; (of fish)* Fischscheibe *die*.

steak and kidney pie *n* mit Rindfleisch und Nieren gefüllte Pastete.

steakhouse ['steɪkhaʊs, *pl* -haʊzɪz] *n* Steakhaus *das*.

steal [stiːl] *(pt* stole, *pp* stolen) *vt* stehlen; **to ~ sthg from sb** jm etw stehlen.

steam [stiːm] ◇ *n* Dampf *der*. ◇ *vt (food)* dünsten.

steamboat ['stiːmbəʊt] *n* Dampfschiff *das*.

steam engine *n* Dampflokomotive *die*.

steam iron *n* Dampfbügeleisen *das*.

steel [stiːl] ◇ *n* Stahl *der*. ◇ *adj* Stahl-.

steep [stiːp] *adj* steil.

steeple ['stiːpl] *n* Kirchturm *der*.

steer ['stɪəʳ] *vt (car)* lenken; *(boat, plane)* steuern.

steering ['stɪərɪŋ] *n* Lenkung *die*.

steering wheel *n* Lenkrad *das*.

stem [stem] *n* Stiel *der*.

step [step] ◇ *n (of staircase, ladder)* Stufe *die; (pace)* Schritt *der; (measure)* Maßnahme *die; (stage)* Schritt *der*. ◇ *vi*: **to ~ on sthg** auf etw *(A)* treten; **'mind the ~'** 'Vorsicht, Stufe'.

◆ **steps** *npl (stairs)* Treppe *die*.

◆ **step aside** *vi (move aside)* zur

Seite treten.

♦ **step back** vi (move back) zurücktreten.

step aerobics n Step-Aerobic das.

stepbrother ['step,brʌðəʳ] n Stiefbruder der.

stepdaughter ['step,dɔːtəʳ] n Stieftochter die.

stepfather ['step,fɑːðəʳ] n Stiefvater der.

stepladder ['step,lædəʳ] n Trittleiter die.

stepmother ['step,mʌðəʳ] n Stiefmutter die.

stepsister ['step,sistəʳ] n Stiefschwester die.

stepson ['stepsʌn] n Stiefsohn der.

stereo ['steriəʊ] (pl -s) ◇ adj Stereo-. ◇ n (hi-fi) Stereoanlage die; (stereo sound) Stereo das.

sterile ['sterail] adj (germ-free) steril.

sterilize ['sterəlaiz] vt (container, milk, utensil) sterilisieren.

sterling ['stɜːlɪŋ] ◇ adj (pound) Sterling-. ◇ n Sterling der.

sterling silver n Sterlingsilber das.

stern [stɜːn] ◇ adj (strict) streng. ◇ n (of boat) Heck das.

stew [stjuː] n Eintopf der.

steward ['stjʊəd] n (on plane, ship) Steward der; (at public event) Ordner der (-in die).

stewardess ['stjʊədis] n Stewardess die.

stewed [stjuːd] adj: ~ fruit Kompott das.

stick [stik] (pt & pp stuck) ◇ n (of wood) Stock der; (for sport) Schläger der; (of chalk) Stück das; (of celery, cinammon) Stange die. ◇ vt (glue) kleben; (push, insert) stecken; (inf: put) tun. ◇ vi kleben; (jam) klemmen.

♦ **stick out** vi (protrude) vorstehen; (be noticeable) sich abheben.

♦ **stick to** vt fus (decision) bleiben bei; (promise) halten.

♦ **stick up** vt sep (poster, notice) anschlagen. ◇ vi hochstehen.

♦ **stick up for** vt fus eintreten für.

sticker ['stikəʳ] n Aufkleber der.

sticking plaster ['stikiŋ-] n Heftpflaster das.

stick shift n (Am: car) Handschaltgetriebe das.

sticky ['stiki] adj klebrig; (label, tape) Klebe-; (weather) schwül.

stiff [stif] ◇ adj steif. ◇ adv: to be bored ~ (inf) sich zu Tode langweilen.

stile [stail] n Zauntritt der.

stiletto heels [sti'letəʊ-] npl (shoes) Stöckelschuhe pl.

still [stil] ◇ adv noch; (even now) immer noch; (despite that) trotzdem. ◇ adj (motionless) bewegungslos; (quiet, calm) ruhig; (not fizzy) ohne Kohlensäure; we've ~ got 10 minutes wir haben noch 10 Minuten; ~ more noch mehr; to stand ~ stillstehen.

Stilton ['stiltn] n Stilton der (britische, starke Blauschimmelkäse).

stimulate ['stimjʊleit] vt anregen.

sting [stiŋ] (pt & pp stung) ◇ vt (subj: bee, wasp) stechen; (subj: nettle) brennen. ◇ vi (skin, eyes) brennen.

stingy ['stindʒi] adj (inf) geizig.

stink [stiŋk] (pt stank OR stunk, pp stunk) vi stinken.

stipulate ['stipjʊleit] vt festlegen.

stir [stɜːʳ] vt umrühren.

stir-fry ◇ n auf chinesische Art in einer Pfanne gebratenes Gemüse oder Fleisch. ◇ vt schnell braten.

stirrup ['stirəp] n Steigbügel der.

stitch [stitʃ] n (in sewing) Stich

der; *(in knitting)* Masche *die*; **to have a ~** *(stomach pain)* Seitenstechen haben.

♦ **stitches** *npl (for wound)* Stiche *pl*.

stock [stɒk] ◇ *n (of shop, business)* Warenbestand *der*; *(supply)* Vorrat *der*; *(FIN)* Aktienkapital *das*; *(in cooking)* Brühe *die*. ◇ *vt (have in stock)* auf Lager haben; **in ~** vorrätig; **out of ~** nicht vorrätig.

stock cube *n* Brühwürfel *der*.

Stock Exchange *n* Börse *die*.

stocking ['stɒkɪŋ] *n* Strumpf *der*.

stock market *n* Börse *die*.

stodgy ['stɒdʒɪ] *adj (food)* pappig.

stole [stəʊl] *pt* → **steal**.

stolen ['stəʊln] *pp* → **steal**.

stomach ['stʌmək] *n (organ)* Magen *der*; *(belly)* Bauch *der*.

stomachache ['stʌməkeɪk] *n* Bauchschmerzen *pl*.

stomach upset [-'ʌpset] *n* Magenverstimmung *die*.

stone [stəʊn] *n* Stein *der*; *(measurement: pl inv)* = 6,35kg; *(gem)* Edelstein *der*. ◇ *adj* Stein-.

stonewashed ['stəʊnwɒʃt] *adj* stonewashed.

stood [stʊd] *pt & pp* → **stand**.

stool [stuːl] *n (for sitting on)* Hocker *der*.

stop [stɒp] ◇ *n (for bus)* Haltestelle *die*; *(for train)* Station *die*; *(in journey)* Aufenthalt *der*. ◇ *vt* anlhalten; *(machine)* ablstellen; *(prevent)* verhindern. ◇ *vi* auflhören; *(vehicle)* halten; *(walker, machine, clock)* stehenlbleiben; *(on journey)* einen Halt machen; *(stay)* bleiben; **to ~ sb from doing sthg** jn daran hindern, etw zu tun; **to ~ sthg from happening** verhindern, daß etw geschieht; **to ~ doing sthg** aufhören, etw zu tun; **to put a ~ to sthg** etw ablstellen; **'stop'** *(road*

sign) 'Stop'; **'stopping at ...'** *(train, bus)* 'Haltestellen ...'

♦ **stop off** *vi* Zwischenstation machen.

stopover ['stɒp,əʊvəʳ] *n (on flight)* Zwischenlandung *die*; *(on journey)* Zwischenaufenthalt *der*.

stopper ['stɒpəʳ] *n* Stöpsel *der*.

stopwatch ['stɒpwɒtʃ] *n* Stoppuhr *die*.

storage ['stɔːrɪdʒ] *n* Lagerung *die*.

store [stɔːʳ] ◇ *n (shop)* Laden *der*; *(department store)* Kaufhaus *das*; *(supply)* Vorrat *der*. ◇ *vt* lagern.

storehouse [stɔːhaʊs, *pl* -haʊzɪz] *n* Lagerhaus *das*.

storeroom ['stɔːrʊm] *n* Lagerraum *der*.

storey ['stɔːrɪ] *(pl -s) n (Br)* Stockwerk *das*.

stork [stɔːk] *n* Storch *der*.

storm [stɔːm] *n* Sturm *der*.

stormy ['stɔːmɪ] *adj* stürmisch.

story ['stɔːrɪ] *n* Geschichte *die*; *(Am)* = **storey**.

stout [staʊt] ◇ *adj (fat)* beleibt. ◇ *n (drink)* Art britisches Dunkelbier.

stove [stəʊv] *n (for heating)* Ofen *der*; *(for cooking)* Herd *der*.

straight [streɪt] ◇ *adj* gerade; *(hair)* glatt; *(consecutive)* ununterbrochen; *(drink)* pur. ◇ *adv (in a straight line)* gerade; *(upright)* aufrecht; *(directly)* direkt; **~ ahead** geradeaus; **~ away** sofort.

straightforward [,streɪt'fɔːwəd] *adj (easy)* einfach.

strain [streɪn] ◇ *n* Belastung *die*; *(tension)* Spannung *die*; *(injury)* Zerrung *die*. ◇ *vt (muscle)* zerren; *(eyes)* überlanstrengen; *(food)* abllgießen; *(tea)* ablseihen.

strainer ['streɪnəʳ] *n* Sieb *das*.

strait [streɪt] *n* Meerenge *die*.

strange [streɪndʒ] *adj (odd)* seltsam; *(unfamiliar)* fremd.

stranger ['streɪndʒər] *n* Fremde *der, die*.

strangle ['stræŋgl] *vt* erwürgen.

strap [stræp] *n (of bag, camera, shoe)* Riemen *der; (of dress)* Träger *der; (of watch)* Armband *das*.

strapless ['stræplɪs] *adj* trägerlos.

strategy ['strætɪdʒɪ] *n* Strategie *die*.

Stratford-upon-Avon [,strætfəd-əppn'eɪvn] *n* Stratford-upon-Avon.

straw [strɔː] *n (substance)* Stroh *das; (for drinking)* Strohhalm *der*.

strawberry ['strɔːbərɪ] *n* Erdbeere *die*.

stray [streɪ] ◇ *adj (animal)* streunend. ◇ *vi* streunen.

streak [striːk] *n* Streifen *der;* **lucky/unlucky ~** Glücks-/Pechsträhne *die*.

stream [striːm] *n* Strom *der; (small river)* Bach *der*.

street [striːt] *n* Straße *die*.

streetcar ['striːtkɑːr] *n (Am)* Straßenbahn *die*.

street light *n* Straßenlampe *die*.

street plan *n* Stadtplan *der*.

strength [streŋθ] *n* Stärke *die; (of person, animal)* Kraft *die; (of structure)* Stabilität *die*.

strengthen ['streŋθn] *vt (structure)* verstärken; *(argument)* unterstützen.

stress [stres] ◇ *n (tension)* Stress *der; (on word, syllable)* Betonung *die*. ◇ *vt* betonen.

stretch [stretʃ] ◇ *n (of land)* Stück *das; (of water)* Teil *der; (of time)* Zeitraum *der*. ◇ *vt (rope, material)* spannen; *(body)* strecken; *(elastic, clothes)* dehnen. ◇ *vi (land, sea)* sich erstrecken; *(person, animal)* sich strecken; **to ~ one's legs** *(fig)* sich (D) die Beine vertreten.

♦ **stretch out** *vt sep (hand)* ausstrecken. ◇ *vi (lie down)* sich hinlegen.

stretcher ['stretʃər] *n* Tragbahre *die*.

strict [strɪkt] *adj* streng; *(exact)* genau.

strictly ['strɪktlɪ] *adv* streng; *(exclusively)* ausschließlich; **~ speaking** genau genommen.

stride [straɪd] *n* Schritt *der*.

strike [straɪk] *(pt & pp* struck) ◇ *n (of employees)* Streik *der*. ◇ *vt (fml: hit)* schlagen; *(fml: collide with)* treffen; *(a match)* anlzünden. ◇ *vi (refuse to work)* streiken; *(happen suddenly)* auslbrechen; **the clock struck eight** es schlug acht Uhr.

striking ['straɪkɪŋ] *adj* auffallend.

string [strɪŋ] *n* Schnur *die; (thinner)* Bindfaden *der; (of pearls, beads)* Kette *die; (of musical instrument, tennis racket)* Saite *die; (series)* Reihe *die;* **a piece of ~** eine Schnur.

strip [strɪp] ◇ *n* Streifen *der*. ◇ *vt (paint, wallpaper)* entfernen. ◇ *vi (undress)* sich auslziehen.

stripe [straɪp] *n* Streifen *der*.

striped [straɪpt] *adj* gestreift.

strip-search *vt* Kleider zum Zweck einer Leibesvisitation ausziehen.

strip show *n* Strip-Show *die*.

stroke [strəʊk] ◇ *n* (MED) Schlaganfall *der; (in tennis, golf)* Schlag *der; (swimming style)* Stil *der*. ◇ *vt* streicheln; **a ~ of luck** ein Glücksfall.

stroll [strəʊl] *n* Spaziergang *der*.

stroller ['strəʊlər] *n (Am: pushchair)* Sportwagen *der (für Kinder)*.

strong [strɒŋ] *adj* stark; *(structure, bridge, chair)* stabil; *(possibility, subject)* gut.

struck [strʌk] *pt & pp →* **strike**.

structure ['strʌktʃər] *n* Struktur *die; (building)* Bau *der*.

struggle ['strʌgl] ◇ *n (great effort)* Anstrengung *die*. ◇ *vi (fight)* kämpfen; **to ~ to do sthg** sich ablmühen, etw zu tun.

stub [stʌb] *n (of cigarette)* Kippe *die*; *(of cheque, ticket)* Abschnitt *der*.

stubble ['stʌbl] *n (on face)* Stoppeln *pl*.

stubborn ['stʌbən] *adj (person)* stur.

stuck [stʌk] ◇ *pt & pp* → **stick**. ◇ *adj (jammed)* verklemmt; **to be ~** nicht weiterlkönnen.

stud [stʌd] *n (on boots)* Stollen *der*; *(fastener)* Niete *die*; *(earring)* Ohrstecker *der*.

student ['stju:dnt] *n (at university, college)* Student *der* (-in *die*); *(at school)* Schüler *der* (-in *die*).

student card *n* Studentenausweis *der*.

students' union [,stju:dnts-] *n* Studentenvereinigung *die*.

studio ['stju:dɪəʊ] *(pl* -s*) n (for filming, broadcasting)* Studio *das*; *(of artist)* Atelier *das*.

studio apartment *(Am)* = **studio flat**.

studio flat *n (Br)* Einzimmerwohnung *die*.

study ['stʌdɪ] ◇ *n (learning)* Studium *das*; *(piece of research)* Studie *die*; *(room)* Arbeitszimmer *das*. ◇ *vt (learn about)* studieren; *(examine)* untersuchen. ◇ *vi* studieren.

stuff [stʌf] ◇ *n (inf: substance)* Stoff *der*; *(things, possessions)* Zeug *das*. ◇ *vt* stopfen.

stuffed [stʌft] *adj (food)* gefüllt; *(inf: full up)* voll; *(dead animal)* ausgestopft.

stuffing ['stʌfɪŋ] *n (food)* Füllung *die*; *(of pillow, cushion)* Füllmaterial *das*.

stuffy ['stʌfɪ] *adj (room, atmosphere)* stickig.

stumble ['stʌmbl] *vi* stolpern.

stump [stʌmp] *n* Stumpf *der*.

stun [stʌn] *vt (astound)* fassungslos machen.

stung [stʌŋ] *pt & pp* → **sting**.

stunk [stʌŋk] *pt & pp* → **stink**.

stunning ['stʌnɪŋ] *adj (very beautiful)* hinreißend; *(very surprising)* sensationell.

stupid ['stju:pɪd] *adj* dumm.

sturdy ['stɜ:dɪ] *adj* stabil.

stutter ['stʌtər] *vi* stottern.

sty [staɪ] *n* Schweinestall *der*.

style [staɪl] ◇ *n* Stil *der*. ◇ *vt (hair)* frisieren.

stylish ['staɪlɪʃ] *adj* elegant.

stylist ['staɪlɪst] *n (hairdresser)* Haarstilist *der* (-in *die*).

sub [sʌb] *n (SPORT: inf)* Ersatzspieler *der* (-in *die*); *(Br: subscription)* Abo *das*.

subdued [səb'dju:d] *adj (person)* still; *(lighting, colour)* gedämpft.

subject [*n* 'sʌbdʒekt, *vb* səb'dʒekt] ◇ *n (topic)* Thema *das*; *(at school, university)* Fach *das*; *(GRAMM)* Subjekt *das*; *(fml: of country)* Staatsbürger *der* (-in *die*). ◇ *vt*: **to ~ sb to sthg** jn etw *(D)* unterwerfen; **~ to availability** solange der Vorrat reicht; **~ to an additional charge** vorbehaltlich eines Aufschlages.

subjunctive [səb'dʒʌŋktɪv] *n* Konjunktiv *der*.

submarine [,sʌbmə'ri:n] *n* Unterseeboot *das*.

submit [səb'mɪt] ◇ *vt (present)* vorlegen. ◇ *vi (give in)* sich fügen.

subordinate [sə'bɔ:dɪnət] *adj (GRAMM)* untergeordnet.

subscribe [səb'skraɪb] *vi*: **to ~ to sthg** *(to magazine, newspaper)* etw abonnieren.

subscription [səb'skrɪpʃn] *n* Abonnement *das*.

subsequent ['sʌbsɪkwənt] *adj* später.

subside [səb'saɪd] *vi (ground)* sich

senken; *(noise, feeling)* ab|klingen.

substance ['sʌbstəns] *n* Stoff *der.*

substantial [səb'stænʃl] *adj (large)* erheblich.

substitute ['sʌbstɪtjuːt] *n (replacement)* Ersatz *der*; (SPORT) Ersatzspieler *der* (-in *die*).

subtitles ['sʌb,taɪtlz] *npl* Untertitel *pl.*

subtle ['sʌtl] *adj (difference, change)* fein; *(person)* feinfühlig; *(plan)* raffiniert.

subtract [səb'trækt] *vt* ab|ziehen.

subtraction [səb'trækʃn] *n* Subtraktion *die.*

suburb ['sʌbɜːb] *n* Vorort *der*; **the ~s** der Stadtrand.

subway ['sʌbweɪ] *n (Br: for pedestrians)* Unterführung *die*; *(Am: underground railway)* U-bahn *die.*

succeed [sək'siːd] ◇ *vi (person)* Erfolg haben; *(plan)* gelingen. ◇ *vt (fml: follow)* folgen (+D); **I ~ed in doing it** es ist mir gelungen.

success [sək'ses] *n* Erfolg *der.*

successful [sək'sesfʊl] *adj* erfolgreich.

succulent ['sʌkjʊlənt] *adj* saftig.

such [sʌtʃ] ◇ *adj* solche(-r)(-s). ◇ *adv*: ~ **a lot** so viel; **it's ~ a lovely day** es ist so ein schöner Tag; ~ **a thing should never have happened** so etwas hätte nie passieren dürfen; ~ **people** solche Leute; ~ **as** wie.

suck [sʌk] *vt (teat)* saugen; *(sweet, thumb)* lutschen.

sudden ['sʌdn] *adj* plötzlich; **all of a ~** plötzlich.

suddenly ['sʌdnlɪ] *adv* plötzlich.

sue [suː] *vt* verklagen.

suede [sweɪd] *n* Wildleder *das.*

suffer ['sʌfər] ◇ *vt* erleiden. ◇ *vi* leiden; **to ~ from** *(illness)* leiden an (+D).

suffering ['sʌfrɪŋ] *n (mental)* Leid

das; *(physical)* Leiden *das.*

sufficient [sə'fɪʃnt] *adj (fml)* genug.

sufficiently [sə'fɪʃntlɪ] *adv (fml)* genug.

suffix ['sʌfɪks] *n* Nachsilbe *die.*

suffocate ['sʌfəkeɪt] *vi* ersticken.

sugar ['ʃʊgər] *n* Zucker *der.*

suggest [sə'dʒest] *vt (propose)* vorschlagen; **to ~ doing sthg** vorschlagen, etw zu tun.

suggestion [sə'dʒestʃn] *n (proposal)* Vorschlag *der*; *(hint)* Andeutung *die.*

suicide ['sʊɪsaɪd] *n* Selbstmord *der*; **to commit ~** Selbstmord begehen.

suit [suːt] ◇ *n (man's clothes)* Anzug *der*; *(woman's clothes)* Kostüm *das*; *(in cards)* Farbe *die*; (JUR) Prozeß *der.* ◇ *vt (subj: clothes, colour, shoes)* stehen (+D); *(be convenient for)* passen (+D); *(be appropriate for)* passen zu; **to be ~ed to** geeignet sein für; **pink doesn't ~ me** Rosa steht mir nicht; **does 10 o'clock ~ you?** paßt dir/Ihnen 10 Uhr?

suitable ['suːtəbl] *adj* geeignet; **to be ~ for** geeignet sein für.

suitcase ['suːtkeɪs] *n* Koffer *der.*

suite [swiːt] *n (set of rooms)* Suite *die*; *(furniture)* Garnitur *die.*

sulk [sʌlk] *vi* schmollen.

sultana [səl'tɑːnə] *n (Br)* Sultanine *die.*

sultry ['sʌltrɪ] *adj (weather, climate)* schwül.

sum [sʌm] *n* Summe *die*; *(calculation)* Rechnung *die.*

◆ **sum up** *vt sep (summarize)* zusammen|fassen.

summarize ['sʌməraɪz] *vt* zusammen|fassen.

summary ['sʌmərɪ] *n* Zusammenfassung *die.*

summer ['sʌmər] *n* Sommer *der*;

in (the) ~ im Sommer; ~ **holidays** Sommerferien *pl.*

summertime ['sʌmətaɪm] *n* Sommer *der.*

summit ['sʌmɪt] *n* Gipfel *der.*

summon ['sʌmən] *vt (send for)* kommen lassen; (JUR) vorlladen.

sumptuous ['sʌmptʃʊəs] *adj* luxuriös.

sun [sʌn] ◊ *n* Sonne *die.* ◊ *vt:* **to ~ o.s.** sich sonnen; **to catch the ~** viel Sonne ablbekommen; **in the ~** in der Sonne; **out of the ~** im Schatten.

Sun. *(abbr of Sunday)* So.

sunbathe ['sʌnbeɪð] *vi* sonnenbaden.

sunbed ['sʌnbed] *n* Sonnenbank *die.*

sun block *n* Sun-Block *der.*

sunburn ['sʌnbɜːn] *n* Sonnenbrand *der.*

sunburnt ['sʌnbɜːnt] *adj:* **to be ~** einen Sonnenbrand haben.

sundae ['sʌndeɪ] *n* Eisbecher *der.*

Sunday ['sʌndɪ] *n* Sonntag *der,* → **Saturday.**

Sunday school *n* Sontagsschule *die.*

sundress ['sʌndres] *n* Strandkleid *das.*

sundries ['sʌndrɪz] *npl (on bill)* Verschiedenes.

sunflower ['sʌn,flaʊər] *n* Sonnenblume *die.*

sunflower oil *n* Sonnenblumenöl *das.*

sung [sʌŋ] *pt* → **sing.**

sunglasses ['sʌn,glɑːsɪz] *npl* Sonnenbrille *die.*

sunhat ['sʌnhæt] *n* Sonnenhut *der.*

sunk [sʌŋk] *pp* → **sink.**

sunlight ['sʌnlaɪt] *n* Sonnenlicht *das.*

sun lounger [-,laʊndʒər] *n* Liegestuhl *der.*

sunny ['sʌnɪ] *adj* sonnig.

sunrise ['sʌnraɪz] *n* Sonnenaufgang *der.*

sunroof ['sʌnruːf] *n* Schiebedach *das.*

sunset ['sʌnset] *n* Sonnenuntergang *der.*

sunshine ['sʌnʃaɪn] *n* Sonnenschein *der;* **in the ~** in der Sonne.

sunstroke ['sʌnstrəʊk] *n* Sonnenstich *der.*

suntan ['sʌntæn] *n* Bräune *die.*

suntan cream *n* Sonnencreme *die.*

suntan lotion *n* Sonnenmilch *die.*

super ['suːpər] ◊ *adj (wonderful)* prima. ◊ *n (petrol)* Super *das.*

superb [suːˈpɜːb] *adj* erstklassig.

superficial [,suːpəˈfɪʃl] *adj (pej: person)* oberflächlich; *(wound)* äußerlich.

superfluous [suːˈpɜːflʊəs] *adj* überflüssig.

Superglue® ['suːpəgluː] *n* Sekundenkleber *der.*

superior [suːˈpɪərɪər] ◊ *adj (in quality)* überlegen; *(in rank)* höher. ◊ *n* Vorgesetzte *der, die.*

supermarket ['suːpə,mɑːkɪt] *n* Supermarkt *der.*

supernatural [,suːpəˈnætʃrəl] *adj* übernatürlich.

Super Saver® *n (Br: rail ticket)* reduzierte Fahrkarte, für die bestimmte Bedingungen gelten.

superstitious [,suːpəˈstɪʃəs] *adj* abergläubisch.

superstore ['suːpəstɔːr] *n* Verbrauchermarkt *der.*

supervise ['suːpəvaɪz] *vt* beaufsichtigen.

supervisor ['suːpəvaɪzər] *n (of workers)* Vorarbeiter *der* (-in *die*).

supper ['sʌpər] *n* Abendessen *das.*

supple ['sʌpl] *adj (person)* gelenkig; *(material)* geschmeidig.

supplement [*n* 'sʌplɪmənt, *vb* 'sʌplɪment] ◇ *n (of magazine)* Beilage *die; (extra charge)* Zuschlag *der; (of diet)* Zusatz *der.* ◇ *vt* ergänzen.

supplementary [ˌsʌplɪ'mentərɪ] *adj* zusätzlich, Zusatz-.

supply [sə'plaɪ] ◇ *n (store)* Vorrat *der; (providing)* Versorgung *die.* ◇ *vt* liefern; **to ~ sb with sthg** jn mit etw versorgen.

♦ **supplies** *npl* Vorräte *pl.*

support [sə'pɔːt] ◇ *n (aid, encouragement)* Unterstützung *die; (object)* Stütze *die.* ◇ *vt* unterstützen; *(hold up)* tragen; **to ~ a football team** ein Fan von einem Fußballverein sein.

supporter [sə'pɔːtər] *n* (SPORT) Fan *der; (of cause, political party)* Anhänger *der* (-in *die*).

suppose [sə'pəʊz] ◇ *vt* anlnehmen. ◇ *conj* = **supposing; I ~ so** vermutlich; **to be ~d to do sthg** etw tun sollen.

supposing [sə'pəʊzɪŋ] *conj* angenommen.

supreme [sʊ'priːm] *adj* größte(-r) (-s).

surcharge ['sɜːtʃɑːdʒ] *n* Zuschlag *der.*

sure [ʃʊər] ◇ *adj* sicher. ◇ *adv (inf: yes)* klar; *(Am: inf: certainly)* wirklich; **to be ~ of o.s.** selbstsicher sein; **for ~** auf jeden Fall; **to make ~ that ...** sich vergewissern, daß ...

surely ['ʃʊəlɪ] *adv* sicherlich.

surf [sɜːf] ◇ *n* Brandung *die.* ◇ *vi* surfen.

surface ['sɜːfɪs] *n* Oberfläche *die.*

surface area *n* Oberfläche *die.*

surface mail *n* Post auf dem Land-/Seeweg.

surfboard ['sɜːfbɔːd] *n* Surfbrett *das.*

surfing ['sɜːfɪŋ] *n* Surfen *das;* **to go ~** Surfen gehen.

surgeon ['sɜːdʒən] *n* Chirurg *der* (-in *die*).

surgery ['sɜːdʒərɪ] *n (treatment)* Chirurgie *die; (Br: building)* Praxis *die; (Br: period)* Sprechstunde *die;* **to have ~** operiert werden.

surname ['sɜːneɪm] *n* Nachname *der.*

surplus ['sɜːpləs] *n* Überschuß *der.*

surprise [sə'praɪz] ◇ *n* Überraschung *die.* ◇ *vt* überraschen.

surprised [sə'praɪzd] *adj* überrascht.

surprising [sə'praɪzɪŋ] *adj* überraschend.

surrender [sə'rendər] ◇ *vi* kapitulieren. ◇ *vt (fml: hand over)* übergeben.

surround [sə'raʊnd] *vt* umgeben.

surrounding [sə'raʊndɪŋ] *adj* umliegend.

♦ **surroundings** *npl* Umgebung *die.*

survey ['sɜːveɪ] *n (investigation)* Untersuchung *die; (poll)* Umfrage *die; (of land)* Vermessung *die; (Br: of house)* Begutachtung *die.*

surveyor [sə'veɪər] *n (Br: of houses)* Gutachter *der* (-in *die*); *(of land)* Vermesser *der* (-in *die*).

survival [sə'vaɪvl] *n* Überleben *das.*

survive [sə'vaɪv] *vt & vi* überleben.

survivor [sə'vaɪvər] *n* Überlebende *der, die.*

suspect [*vb* sə'spekt, *n & adj* 'sʌspekt] ◇ *vt (believe)* vermuten; *(mistrust)* verdächtigen. ◇ *n* Verdächtige *der, die.* ◇ *adj* verdächtig; **to ~ sb of sthg** jn einer Sache verdächtigen.

suspend [sə'spend] *vt (delay)* vorläufig einlstellen; *(from team, school, work)* auslschließen; *(hang)* auflhängen.

suspender belt [sə'spendə-] n Strumpfbandgürtel der.

suspenders [sə'spendəz] npl (Br: for stockings) Strumpfbänder pl; (Am: for trousers) Hosenträger pl.

suspense [sə'spens] n Spannung die.

suspension [sə'spenʃn] n (of vehicle) Federung die; (from team) Sperrung die; (from school, work) Ausschluß der.

suspicion [sə'spiʃn] n (mistrust) Mißtrauen das; (idea) Ahnung die; (trace) Spur die.

suspicious [sə'spiʃəs] adj (behaviour, situation) verdächtig; **to be ~ of sb/sthg** jm/etw (D) mißtrauen.

swallow ['swɒləʊ] ◇ n (bird) Schwalbe die. ◇ vt & vi schlucken.

swam [swæm] pt → **swim**.

swamp [swɒmp] n Sumpf der.

swan [swɒn] n Schwan der.

swap [swɒp] vt tauschen; (ideas, stories) ausltauschen; **to ~ sthg for sthg** etw gegen etw einltauschen.

swarm [swɔːm] n (of bees) Schwarm der.

swear [sweəʳ] (pt swore, pp sworn) ◇ vi (use rude language) fluchen; (promise) schwören. ◇ vt: **to ~ to do sthg** schwören, etw zu tun.

swearword ['sweəwɜːd] n Kraftausdruck der.

sweat [swet] ◇ n Schweiß der. ◇ vi schwitzen.

sweater ['swetəʳ] n Pullover der.

sweatshirt ['swetʃɜːt] n Sweatshirt das.

swede [swiːd] n (Br) Kohlrübe die.

Swede [swiːd] n Schwede der (Schwedin die).

Sweden ['swiːdn] n Schweden nt.

Swedish ['swiːdɪʃ] ◇ adj schwedisch. ◇ n (language) Schwedisch das. ◇ npl: **the ~** die Schweden pl.

sweep [swiːp] (pt & pp swept) vt (with brush, broom) kehren, fegen.

sweet [swiːt] ◇ adj (food, drink, smell) süß; (person, nature) lieb. ◇ n (Br: candy) Bonbon der or das; (dessert) Nachtisch der.

sweet-and-sour adj süßsauer.

sweet corn n Zuckermais der.

sweetener ['swiːtnəʳ] n (for drink) Süßstoff der.

sweet potato n Batate die.

sweet shop n (Br) Süßwarengeschäft das.

swell [swel] (pp swollen) vi anlschwellen.

swelling ['swelɪŋ] n Schwellung die.

swept [swept] pt & pp → **sweep**.

swerve [swɜːv] vi auslscheren.

swig [swig] n (inf) Schluck der.

swim [swim] (pt swam, pp swum) ◇ vi schwimmen. ◇ n: **to have a ~** schwimmen; **to go for a ~** schwimmen gehen.

swimmer ['swiməʳ] n Schwimmer der (-in die).

swimming ['swimɪŋ] n Schwimmen das; **to go ~** schwimmen gehen.

swimming baths npl (Br) Schwimmbad das.

swimming cap n Bademütze die.

swimming costume n (Br) Badeanzug der.

swimming pool n Schwimmbecken das.

swimming trunks npl Badehose die.

swimsuit ['swimsuːt] n Badeanzug der.

swindle ['swindl] n Betrug der.

swing [swɪŋ] (pt & pp swung) ◇ n (for children) Schaukel die. ◇ vt & vi (from side to side) schwingen.

swipe [swaɪp] vt (credit card etc) ablziehen.

Swiss [swɪs] ◇ *adj* schweizerisch. ◇ *n (person)* Schweizer *der* (-in *die*). ◇ *npl*: **the ~** die Schweizer *pl*.

Swiss cheese *n* Schweizer Käse.

swiss roll *n* = Biskuitrolle *die*.

switch [swɪtʃ] ◇ *n (for light, power, television)* Schalter *der*. ◇ *vt (change)* ändern; *(exchange)* tauschen. ◇ *vi* wechseln.

◆ **switch off** *vt sep (light)* auslschalten; *(radio, engine)* ablschalten.

◆ **switch on** *vt sep (light, radio, engine)* einlschalten.

switchboard ['swɪtʃbɔːd] *n* Telefonzentrale *die*.

Switzerland ['swɪtsələnd] *n* die Schweiz.

swivel ['swɪvl] *vi* sich drehen.

swollen ['swəʊln] ◇ *pp* → **swell**. ◇ *adj (ankle, arm etc)* geschwollen.

swop [swɒp] = **swap**.

sword [sɔːd] *n* Schwert *das*.

swordfish ['sɔːdfɪʃ] *(pl inv)* *n* Schwertfisch *der*.

swore [swɔːr] *pt* → **swear**.

sworn [swɔːn] *pp* → **swear**.

swum [swʌm] *pp* → **swim**.

swung [swʌŋ] *pt & pp* → **swing**.

syllable ['sɪləbl] *n* Silbe *die*.

syllabus ['sɪləbəs] *n* Lehrplan *der*.

symbol ['sɪmbl] *n* Symbol *das*.

sympathetic [,sɪmpə'θetɪk] *adj (understanding)* verständnisvoll.

sympathize ['sɪmpəθaɪz] *vi*: **to ~ (with sb)** *(feel sorry)* Mitleid haben (mit jm); *(understand)* Verständnis haben (für jn).

sympathy ['sɪmpəθɪ] *n (understanding)* Verständnis *das*.

symphony ['sɪmfənɪ] *n* Sinfonie *die*.

symptom ['sɪmptəm] *n* Symptom *das*.

synagogue ['sɪnəgɒg] *n* Synagoge *die*.

synthesizer ['sɪnθəsaɪzər] *n* Synthesizer *der*.

synthetic [sɪn'θetɪk] *adj* synthetisch.

syringe [sɪ'rɪndʒ] *n* Spritze *die*.

syrup ['sɪrəp] *n* Sirup *der*.

system ['sɪstəm] *n* System *das*; *(hi-fi)* Anlage *die*.

T

ta [tɑː] *excl (Br: inf)* danke!

tab [tæb] *n (of cloth, paper etc)* Etikett *das*; *(bill)* Rechnung *die*; **put it on my ~** setzen Sie es auf meine Rechnung.

table ['teɪbl] *n* Tisch *der*; *(of figures etc)* Tabelle *die*.

tablecloth ['teɪblklɒθ] *n* Tischtuch *das*.

tablemat ['teɪblmæt] *n* Untersetzer *der*.

tablespoon ['teɪblspuːn] *n* Servierlöffel *der*.

tablet ['tæblɪt] *n (pill)* Tablette *die*; *(of soap)* Stück *das*; *(of chocolate)* Tafel *die*.

table tennis *n* Tischtennis *der*.

table wine *n* Tafelwein *der*.

tabloid ['tæblɔɪd] *n* Boulevardzeitung *die*.

tack [tæk] *n (nail)* kleiner Nagel.

tackle ['tækl] ◇ *n* (SPORT) Angriff *der*; *(for fishing)* Ausrüstung *die*. ◇ *vt* (SPORT) anlgreifen; *(deal with)* anlgehen.

tacky ['tækɪ] *adj (inf)* geschmacklos.

taco ['tækəʊ] *(pl -s)* *n* mit Hack-

fleisch oder Bohnen gefüllter, sehr dünner knuspriger Maisfladen, mexikanische Spezialität.

tact [tækt] *n* Takt *der.*

tactful ['tæktful] *adj* taktvoll.

tactics ['tæktıks] *npl* Taktik *die.*

tag [tæg] *n (label)* Schild *das.*

tagliatelle [ˌtægljə'telı] *n* Bandnudeln *pl.*

tail [teıl] *n* Schwanz *der.*

♦ **tails** *n (of coin)* Zahl *die.* ◇ *npl (formal dress)* Frack *der.*

tailgate ['teılgeıt] *n (of car)* Heckklappe *die.*

tailor ['teılə^r] *n* Schneider *der* (-in *die).*

Taiwan [ˌtaɪ'wɑːn] *n* Taiwan *nt.*

take [teık] *vt* **1.** *(gen)* nehmen; **to ~ the bus** den Bus nehmen.

2. *(carry)* mitlnehmen.

3. *(do, make):* **to ~ a bath/shower** ein Bad/eine Dusche nehmen; **to ~ an exam** eine Prüfung abllegen; **to ~ a photo** ein Photo machen.

4. *(drive)* bringen.

5. *(require)* brauchen; **how long will it ~?** wie lange wird es dauern?

6. *(steal):* **to ~ sthg from sb** jm etw weglnehmen.

7. *(size in clothes, shoes)* haben; **what size do you ~?** welche Größe hast du/haben Sie?

8. *(subtract):* **to ~ sthg from sthg** etw von etw ablziehen.

9. *(accept)* anlnehmen; **do you ~ traveller's cheques?** nehmen Sie Travellerschecks?; **to ~ sb's advice** js Rat folgen.

10. *(contain)* fassen.

11. *(react to)* auflnehmen.

12. *(control, power)* übernehmen; **to ~ charge of** die Leitung übernehmen.

13. *(tolerate)* auslhalten, ertragen.

14. *(attitude, interest)* haben.

15. *(assume):* **I ~ it that ...** ich gehe

davon aus, daß ...

16. *(temperature, pulse)* messen.

17. *(rent)* mieten.

♦ **take apart** *vt sep* auseinanderlnehmen.

♦ **take away** *vt sep (remove)* weglnehmen; *(subtract)* ablziehen.

♦ **take back** *vt sep (return)* zurücklbringen; *(faulty goods, statement)* zurücklnehmen.

♦ **take down** *vt sep (picture, curtains)* ablnehmen.

♦ **take in** *vt sep (include)* einlschließen; *(understand)* verstehen; *(deceive)* hereinllegen; *(clothes)* enger machen.

♦ **take off** *vt sep (remove)* ablnehmen; *(clothes)* auslziehen; *(as holiday)* sich (D) freilnehmen.

◇ *vi (plane)* ablheben.

♦ **take out** *vt sep (from container, pocket)* herauslnehmen; *(library book)* auslleihen; *(loan)* auflnehmen; *(insurance policy)* ablschließen; *(go out with)* auslführen.

♦ **take over** *vi:* **to ~ over from sb** jn ablösen.

♦ **take up** *vt sep (use up)* in Anspruch nehmen; *(trousers, skirt, dress)* kürzen; *(begin):* **to ~ up the clarinet** anlfangen, Klarinette zu spielen.

takeaway ['teıkəˌweı] *n (Br: shop)* Restaurant *das* mit Straßenverkauf; *(food)* Essen *das* zum Mitnehmen.

taken ['teıkn] *pp →* **take.**

takeoff ['teıkɒf] *n (of plane)* Start *der.*

takeout ['teıkaut] *(Am) =* **takeaway.**

takings ['teıkıŋz] *npl* Einnahmen *pl.*

talcum powder ['tælkəm-] *n* Körperpuder *der.*

tale [teıl] *n* Geschichte *die.*

talent ['tælənt] *n* Talent *das.*

talk [tɔːk] ◇ *n* *(conversation)* Gespräch *das;* *(speech)* Vortrag *der.* ◇ *vi* reden, sprechen; **to ~ to sb (about sthg)** mit jm (über etw (*A*)) sprechen; **to ~ with sb** mit jm reden.

♦ **talks** *npl* Gespräche *pl.*

talkative ['tɔːkətɪv] *adj* gesprächig.

tall [tɔːl] *adj* groß; *(building, tree)* hoch; **how ~ are you?** wie groß bist du?; **I'm five and a half feet ~** ich bin 1,65 Meter groß.

tame [teɪm] *adj* *(animal)* zahm.

tampon ['tæmpɒn] *n* Tampon *der.*

tan [tæn] ◇ *n* *(suntan)* Bräune *die.* ◇ *vi* braun werden. ◇ *adj* *(colour)* gelbbraun.

tangerine [ˌtændʒəˈriːn] *n* Tangerine *die.*

tank [tæŋk] *n* *(container)* Tank *der;* *(vehicle)* Panzer *der.*

tanker ['tæŋkər] *n* *(truck)* Tankwagen *der.*

tanned [tænd] *adj* braungebrannt.

tap [tæp] ◇ *n* *(for water)* Hahn *der.* ◇ *vt* *(hit)* klopfen.

tape [teɪp] ◇ *n* *(cassette, video)* Kassette *die;* *(in cassette)* Tonband *das;* *(adhesive material)* Klebeband *das;* *(strip of material)* Band *das.* ◇ *vt* *(record)* aufnehmen; *(stick)* kleben.

tape measure *n* Metermaß *das.*

tape recorder *n* Tonbandgerät *das.*

tapestry ['tæpɪstrɪ] *n* Wandteppich *der.*

tap water *n* Leitungswasser *das.*

tar [tɑːr] *n* Teer *der.*

target ['tɑːgɪt] *n* Ziel *das;* *(board)* Zielscheibe *die.*

tariff ['tærɪf] *n* *(price list)* Preisliste *die;* *(Br: menu)* Speisekarte *die;* *(at customs)* Zoll *der.*

tarmac ['tɑːmæk] *n* *(at airport)* Rollbahn *die.*

♦ **Tarmac®** *n* *(on road)* Makadam *der.*

tarpaulin [tɑːˈpɔːlɪn] *n* Plane *die.*

tart [tɑːt] *n* Törtchen *das.*

tartan ['tɑːtn] *n* *(design)* Schottenmuster *das;* *(cloth)* Schottenstoff *der.*

tartare sauce [ˌtɑːtə-] *n* Remouladensoße *die.*

task [tɑːsk] *n* Aufgabe *die.*

taste [teɪst] ◇ *n* Geschmack *der.* ◇ *vt* *(sample)* kosten; *(detect)* schmecken. ◇ *vi*: **to ~ of sthg** nach etw schmecken; **it ~s bad** es schmeckt schlecht; **it ~s good** es schmeckt gut; **to have a ~ of sthg** *(food, drink)* etw probieren; *(fig: experience)* etw kennenlernen.

tasteful ['teɪstfʊl] *adj* geschmackvoll.

tasteless ['teɪstlɪs] *adj* geschmacklos.

tasty ['teɪstɪ] *adj* lecker.

tattoo [təˈtuː] *(pl* -s) *n* *(on skin)* Tätowierung *die;* *(military display)* Zapfenstreich *der.*

taught [tɔːt] *pt & pp* → **teach**.

Taurus ['tɔːrəs] *n* Stier *der.*

taut [tɔːt] *adj* straff.

tax [tæks] ◇ *n* Steuer *die.* ◇ *vt* *(goods, person)* besteuern; *(income)* versteuern.

tax disc *n* *(Br)* Steuerplakette *die.*

tax-free *adj* steuerfrei.

taxi ['tæksɪ] ◇ *n* Taxi *das.* ◇ *vi* *(plane)* rollen.

taxi driver *n* Taxifahrer *der* (-in *die*).

taxi rank *n* *(Br)* Taxistand *der.*

taxi stand *(Am)* = **taxi rank**.

T-bone steak *n* T-bone-Steak *das.*

tea [tiː] *n* Tee *der;* *(evening meal)* Abendessen *das.*

tea bag *n* Teebeutel *der.*

teacake ['tiːkeɪk] *n flaches Rosinenbrötchen, das getoastet und mit Butter gegessen wird.*

teach [tiːtʃ] (*pt & pp* **taught**) *vt & vi* unterrichten; **to ~ sb sthg**, **to ~ sthg to sb** jm Unterricht in etw (*D*) geben; **to ~ sb (how) to do sthg** jm etw beilbringen.

teacher ['tiːtʃə^r] *n* Lehrer *der* (-in *die*).

teaching ['tiːtʃɪŋ] *n (profession)* Lehrberuf *der*; *(of subject)* Unterrichten *das*.

tea cloth = **tea towel**.

teacup ['tiːkʌp] *n* Teetasse *die*.

team [tiːm] *n* (SPORT) Mannschaft *die*; *(group)* Team *das*.

teapot ['tiːpɒt] *n* Teekanne *die*.

tear¹ [teə^r] (*pt* **tore**, *pp* **torn**) ◊ *vt (rip)* zerreißen. ◊ *vi* reißen; *(move quickly)* rasen. ◊ *n* Riß *der*.

♦ **tear up** *vt sep* zerreißen.

tear² [tɪə^r] *n* Träne *die*.

tearoom ['tiːrʊm] *n* Teestube *die*.

tease [tiːz] *vt* necken.

tea set *n* Teeservice *das*.

teaspoon ['tiːspuːn] *n* Teelöffel *der*.

teaspoonful ['tiːspuːnˌfʊl] *n* Teelöffel *der*.

teat [tiːt] *n (of animal)* Zitze *die*; *(Br: of bottle)* Sauger *der*.

teatime ['tiːtaɪm] *n* Abendessenszeit *die*.

tea towel *n* Geschirrtuch *das*.

technical ['teknɪkl] *adj* technisch; *(point, reason)* fachlich.

technical drawing *n* technische Zeichnung.

technicality [ˌteknɪ'kælətɪ] *n (detail)* technisches Detail.

technician [tek'nɪʃn] *n* Techniker *der* (-in *die*).

technique [tek'niːk] *n (method)* Methode *die*; *(skill)* Technik *die*.

technological [ˌteknə'lɒdʒɪkl] *adj* technisch.

technology [tek'nɒlədʒɪ] *n* Technik *die*.

teddy (bear) ['tedɪ-] *n* Teddy *der*.

tedious ['tiːdjəs] *adj* langweilig.

tee [tiː] *n* Tee *das*.

teenager ['tiːnˌeɪdʒə^r] *n* Teenager *der*.

teeth [tiːθ] *pl* → **tooth**.

teethe [tiːð] *vi*: **to be teething** zahnen.

teetotal [tiː'təʊtl] *adj* abstinent.

telegram ['telɪɡræm] *n* Telegramm *das*.

telegraph ['telɪɡrɑːf] ◊ *n* Telegraf *der*. ◊ *vt* telegrafieren.

telegraph pole *n* Telegrafenmast *der*.

telephone ['telɪfəʊn] ◊ *n* Telefon *das*. ◊ *vt & vi* anlrufen; **to be on the ~** *(talking)* telefonieren; *(connected)* ein Telefon haben.

telephone booth *n* Telefonzelle *die*.

telephone box *n* Telefonzelle *die*.

telephone call *n* Telefonanruf *der*.

telephone directory *n* Telefonbuch *das*.

telephone number *n* Telefonnummer *die*.

telephonist [tɪ'lefənɪst] *n (Br)* Telefonist *der* (-in *die*).

telephoto lens [ˌtelɪ'fəʊtəʊ-] *n* Teleobjektiv *das*.

telescope ['telɪskəʊp] *n* Teleskop *das*.

television ['telɪˌvɪʒn] *n* Fernsehen *das*; *(set)* Fernseher *der*; **on (the) ~** *(broadcast)* im Fernsehen; **to watch ~** fernlsehen.

telex ['teleks] *n* Telex *das*.

tell [tel] (*pt & pp* **told**) ◊ *vt (inform)* sagen (+*D*); *(story, joke, lie)* erzählen; *(truth)* sagen; *(distinguish)* erkennen. ◊ *vi (know)* wissen; **can**

you ~ me the time? kannst du mir
sagen, wie spät es ist?; to ~ sb sthg
jm etw sagen; to ~ sb about sthg
jm etw erzählen; to ~ sb how to
do sthg jm sagen, wie man etw
tut; to ~ sb to do sthg jm sagen,
etw zu tun.

♦ tell off *vt sep* schimpfen.

teller ['telər] *n* (*in bank*) Kassierer
der (-in *die*).

telly ['telɪ] *n* (*Br: inf*) Fernseher
der.

temp [temp] ◊ *n* Zeitarbeitskraft
die. ◊ *vi* Zeitarbeit machen.

temper ['tempər] *n*: to be in a ~
wütend sein; to lose one's ~
wütend werden.

temperature ['temprətʃər] *n*
Temperatur *die*; (MED) Fieber *das*;
to have a ~ Fieber haben.

temple ['templ] *n* (*building*) Tempel *der*; (*of forehead*) Schläfe *die*.

temporary ['tempərərɪ] *adj* vorübergehend.

tempt [tempt] *vt* verleiten; to be
~ed to do sthg versucht sein, etw
zu tun.

temptation [temp'teɪʃn] *n* Verlockung *die*.

tempting ['temptɪŋ] *adj* verlockend.

ten [ten] *num* zehn, → **six**.

tenant ['tenənt] *n* (*of house, flat*)
Mieter *der* (-in *die*); (*of land*) Pächter *der* (-in *die*).

tend [tend] *vi*: to ~ to do sthg
dazu neigen, etw zu tun.

tendency ['tendənsɪ] *n* (*trend*)
Trend *der*; (*inclination*) Neigung
die.

tender ['tendər] ◊ *adj* (*affectionate*)
zärtlich; (*sore*) empfindlich; (*meat*)
zart. ◊ *vt* (*fml: pay*) an|bieten.

tendon ['tendən] *n* Sehne *die*.

tenement ['tenəmənt] *n* Mietshaus *das*.

tennis ['tenɪs] *n* Tennis *das*.

tennis ball *n* Tennisball *der*.

tennis court *n* Tennisplatz *der*.

tennis racket *n* Tennisschläger
der.

tenpin bowling ['tenpɪn-] *n* (*Br*)
Bowling *das*.

tenpins ['tenpɪnz] (*Am*) = **tenpin
bowling**.

tense [tens] ◊ *adj* angespannt;
(*situation*) spannungsgeladen. ◊ *n*
(GRAMM) Zeit *die*.

tension ['tenʃn] *n* (*of person*)
Anspannung *die*; (*of situation*)
Spannung *die*.

tent [tent] *n* Zelt *das*.

tenth [tenθ] *num* zehnte(-r)(-s), →
sixth.

tent peg *n* Hering *der*.

tepid ['tepɪd] *adj* (*water*) lauwarm.

tequila [tɪ'kiːlə] *n* Tequila *der*.

term [tɜːm] *n* (*word, expression*)
Ausdruck *der*; (*at school*) Halbjahr
das; (*at university*) Semester *das*; in
the long ~ langfristig; in the short
~ kurzfristig; in ~s of im Hinblick
auf (+A); in business ~s geschäftlich.

♦ **terms** *npl* (*of contract*) Bedingungen *pl*; (*price*) Zahlungsbedingungen *pl*.

terminal ['tɜːmɪnl] ◊ *adj* (*illness*)
unheilbar. ◊ *n* (*for buses*) Busbahnhof *der*; (*at airport, of computer*)
Terminal *das*.

terminate ['tɜːmɪneɪt] *vi* (*train,
bus*) enden.

terminus ['tɜːmɪnəs] *n* Endstation
die.

terrace ['terəs] *n* (*patio*) Terrasse
die; the ~s (*at football ground*) die
Ränge.

terraced house ['terəst-] *n* (*Br*)
Reihenhaus *das*.

terrible ['terəbl] *adj* schrecklich.

terribly ['terəblɪ] *adv* furchtbar.

terrier ['teriər] *n* Terrier *der.*

terrific [tə'rıfık] *adj (inf: very good)* toll; *(very great)* irrsinnig.

terrified ['terıfaıd] *adj* verängstigt.

territory ['terətrı] *n (political area)* Staatsgebiet *das*; *(terrain)* Gebiet *das.*

terror ['terər] *n (fear)* panische Angst.

terrorism ['terərızm] *n* Terrorismus *der.*

terrorist ['terərıst] *n* Terrorist *der* (-in *die*).

terrorize ['terəraız] *vt* terrorisieren.

test [test] ◇ *n* Test *der*; *(at school)* Klassenarbeit *die.* ◇ *vt (check)* testen, überprüfen; *(give exam to)* prüfen; *(dish, drink)* probieren.

testicles ['testıklz] *npl* Hoden *pl.*

tetanus ['tetənəs] *n* Wundstarrkrampf *der.*

text [tekst] *n* Text *der.*

textbook ['tekstbʊk] *n* Lehrbuch *das.*

textile ['tekstaıl] *n* Stoff *der.*

texture ['tekstʃər] *n* Beschaffenheit *die*; *(of fabric)* Struktur *die.*

Thai [taı] *adj* thailändisch.

Thailand ['taılænd] *n* Thailand *nt.*

Thames [temz] *n*: **the ~** die Themse.

than [*weak form* ðən, *strong form* ðæn] *prep & conj* als; **you're better ~ me** du bist besser als ich; **I'd rather stay in ~ go out** ich bleibe lieber zu Hause (, als auszugehen); **more ~ ten** mehr als zehn.

thank [θæŋk] *vt*: **to ~ sb (for sthg)** jm (für etw) danken.

♦ **thanks** *npl* Dank *der.* ◇ *excl* danke!; **~s to** dank (+*D*) or G; **many ~s!** vielen Dank!

Thanksgiving ['θæŋks,gıvıŋ] *n* amerikanisches Erntedankfest.

thank you *excl* danke (schön)!; **~ very much!** vielen Dank!; **no ~!** nein danke!

that [ðæt, *weak form of pron senses* 3, 4, 5 *& conj* ðət] (*pl* those) ◇ *adj* 1. *(referring to thing, person mentioned)* der/die/das, die (*pl*), jene (-r)(-s), jene (*pl*); **~ film was good** der Film war gut; **those chocolates are delicious** die Pralinen da schmecken köstlich.

2. *(referring to thing, person further away)* jene(-r)(-s), jene (*pl*); **I prefer ~ book** ich bevorzuge das Buch da; **I'll have ~ one** ich nehme das da.

◇ *pron* 1. *(referring to thing, person mentioned)* das; **what's ~?** was ist das?; **~'s interesting** das ist interessant; **who's ~?** wer ist das?; **is ~ Lucy?** *(on telephone)* bist du das, Lucy?; *(pointing)* ist das Lucy?; **after ~** danach.

2. *(referring to thing, person further away)* jene(-r)(-s), jene (*pl*); **I want those there** ich möchte die da.

3. *(introducing relative clause: subject)* der/die/das, die (*pl*); **a shop ~ sells antiques** ein Geschäft, das Antiquitäten verkauft.

4. *(introducing relative clause: object)* den/die/das, die (*pl*); **the film ~ I saw** den Film, den ich gesehen habe.

5. *(introducing relative clause: after prep +D)* dem/der/dem, denen (*pl*); *(after prep +A)* den/die/das, die (*pl*); **the place ~ I'm looking for** der Ort, nach dem ich suche.

◇ *adv* so; **it wasn't ~ bad/good** es war nicht so schlecht/gut.

◇ *conj* daß; **tell him ~ I'm going to be late** sag ihm, daß ich später komme.

thatched [θætʃt] *adj* strohgedeckt.

that's [ðæts] = **that is**.

thaw [θɔ:] ◇ *vi (snow, ice)* tauen. ◇ *vt (frozen food)* auftauen.

the [*weak form* ðə, *before vowel* ðɪ, *strong form* ði:] *definite article* **1.** *(gen)* der/die/das, die *(pl)*; ~ **book** das Buch; ~ **man** der Mann; ~ **woman** die Frau; ~ **girls** die Mädchen; ~ **Wilsons** die Wilsons; **to play** ~ **piano** Klavier spielen. **2.** *(with an adjective to form a noun)*: ~ **British** die Briten; ~ **impossible** das Unmögliche. **3.** *(in dates)* der; ~ **twelfth (of May)** der Zwölfte (Mai); ~ **forties** die Vierziger. **4.** *(in titles)* der/die; **Elizabeth** ~ **Second** Elizabeth die Zweite.

theater [ˈθɪətər] *n (Am: for plays, drama)* = **theatre**; *(for films)* Kino *das*.

theatre [ˈθɪətər] *n (Br)* Theater *das*.

theft [θeft] *n* Diebstahl *der*.

their [ðeər] *adj* ihr.

theirs [ðeəz] *pron* ihre(-r)(-s); **a friend of** ~ ein Freund von ihnen.

them [*weak form* ðəm, *strong form* ðem] *pron (accusative)* sie; *(dative)* ihnen; **I know** ~ ich kenne sie; **it's** ~ sie sind es; **send it to** ~ schicke es ihnen; **tell** ~ sage ihnen; **he's worse than** ~ er ist schlimmer als sie.

theme [θi:m] *n* Thema *das*.

theme park *n* Freizeitpark *der (mit themabezogenen Attraktionen)*.

themselves [ðəmˈselvz] *pron (reflexive)* sich; *(after prep)* sich (selbst); **they did it** ~ sie machten es selbst.

then [ðen] *adv* dann; *(at time in past)* damals; **from** ~ **on** von da an; **until** ~ bis dahin.

theory [ˈθɪərɪ] *n* Theorie *die*; **in** ~ theoretisch.

therapist [ˈθerəpɪst] *n* Therapeut

der (-in die).

therapy [ˈθerəpɪ] *n* Therapie *die*.

there [ðeər] ◇ *adv (existing, present)* da; *(at, in that place)* dort; *(to that place)* dorthin. ◇ *pron*: ~ **is** da ist, es gibt; ~ **are** da sind, es gibt; **is Bob** ~, **please?** *(on phone)* ist Bob da?; **over** ~ da drüben; ~ **you are** *(when giving)* bitte schön.

thereabouts [ˌðeərəˈbaʊts] *adv*: **or** ~ so ungefähr.

therefore [ˈðeəfɔ:r] *adv* deshalb.

there's [ðeəz] = **there is**.

thermal underwear [ˌθɜ:ml-] *n* Thermounterwäsche *die*.

thermometer [θəˈmɒmɪtər] *n* Thermometer *das*.

Thermos (flask)® [ˈθɜ:məs-] *n* Thermosflasche® *die*.

thermostat [ˈθɜ:məstæt] *n* Thermostat *der*.

these [ði:z] *pl* → **this**.

they [ðeɪ] *pron* sie; *(people in general)* man.

thick [θɪk] *adj* dick; *(fog, hair)* dicht; *(inf: stupid)* dumm; **it's 1 metre** ~ es ist 1 Meter dick.

thicken [ˈθɪkn] ◇ *vt (sauce, soup)* eindicken. ◇ *vi (mist, fog)* dichter werden.

thickness [ˈθɪknɪs] *n* Dicke *die*.

thief [θi:f] *n (pl* **thieves** [θi:vz]*)* *n* Dieb *der (-in die)*.

thigh [θaɪ] *n* Oberschenkel *der*.

thimble [ˈθɪmbl] *n* Fingerhut *der*.

thin [θɪn] *adj* dünn.

thing [θɪŋ] *n (object)* Ding *das*; *(event, action, subject)* Sache *die*; **the** ~ **is** die Sache ist die, daß ...; **for one** ~ erstens.

♦ **things** *npl (clothes, possessions)* Sachen *pl*; **how are** ~**s?** *(inf)* wie geht's?

thingummyjig [ˈθɪŋəmɪdʒɪg] *n (inf)* Dingsbums *der/die/das*.

think [θɪŋk] *(pt & pp* **thought)**

◇ *vt* denken; *(believe)* meinen. ◇ *vi* *(reflect)* nach|denken; **to ~ about** *(have in mind)* nach|denken über (+*A*); *(consider)* denken an (+*A*); **to ~ of** denken an (+*A*); *(invent)* sich (*D*) aus|denken; *(remember)* sich erinnern an (+*A*); **what do you ~ of it?** was hältst du davon?; **to ~ of doing sthg** daran denken, etw zu tun; **I ~ so** ich glaube schon; **I don't ~ so** ich glaube nicht; **do you ~ you could ...?** meinst du, du könntest ...?; **to ~ highly of sb** jn hoch ein|schätzen.

♦ **think over** *vt sep* nach|denken über (+*A*).

♦ **think up** *vt sep* aus|denken.

third [θɜːd] *num* dritte(-r)(-s), → **sixth**.

third party insurance *n* Haftpflichtversicherung *die*.

Third World *n*: **the ~** die dritte Welt.

thirst [θɜːst] *n* Durst *der*.

thirsty ['θɜːstɪ] *adj* durstig.

thirteen [ˌθɜːˈtiːn] *num* dreizehn, → **six**.

thirteenth [ˌθɜːˈtiːnθ] *num* dreizehnte(-r)(-s), → **sixth**.

thirtieth ['θɜːtɪəθ] *num* dreißigste(-r)(-s), → **sixth**.

thirty ['θɜːtɪ] *num* dreißig, → **six**.

this [ðɪs] (*pl* **these**) ◇ *adj* diese (-r)(-s), diese (*pl*); **I prefer ~ book** ich bevorzuge dieses Buch; **these chocolates are delicious** diese Pralinen schmecken köstlich; **~ morning** heute morgen; **~ week** diese Woche; **I'll have ~ one** ich nehme dieses; **there was ~ man ...** da war dieser Mann ...

◇ *pron* **1.** *(referring to thing, person mentioned)* das; **~ is for you** das ist für dich; **what are these?** was ist das?; **~ is David Gregory** *(introducing someone)* das ist David Gregory; *(on telephone)* hier ist David Gregory.

2. *(referring to thing, person nearer)* diese(-r)(-s), diese (*pl*); **I want these here** ich möchte diese hier.

◇ *adv* so; **it was ~ big** es war so groß.

thistle ['θɪsl] *n* Distel *die*.

thorn [θɔːn] *n* Dorn *der*.

thorough ['θʌrə] *adj* gründlich.

thoroughly ['θʌrəlɪ] *adv* *(completely)* völlig.

those [ðəʊz] *pl* → **that**.

though [ðəʊ] ◇ *conj* obwohl. ◇ *adv* doch; **even ~** auch wenn.

thought [θɔːt] ◇ *pt & pp* → **think**. ◇ *n* *(idea)* Gedanke *der*; *(thinking)* Überlegung *die*.

♦ **thoughts** *npl* *(opinion)* Gedanken *pl*.

thoughtful ['θɔːtfʊl] *adj* *(serious)* nachdenklich; *(considerate)* rücksichtsvoll.

thoughtless ['θɔːtlɪs] *adj* gedankenlos.

thousand ['θaʊznd] *num* tausend; **a** OR **one ~** eintausend; **~s of** Tausende von, **six**.

thrash [θræʃ] *vt* *(inf: defeat)* vernichtend schlagen.

thread [θred] ◇ *n* *(of cotton etc)* Faden *der*. ◇ *vt* *(needle)* einfädeln.

threadbare ['θredbeəʳ] *adj* abgenutzt.

threat [θret] *n* Drohung *die*; *(possibility)* Gefahr *die*.

threaten ['θretn] *vt* bedrohen; **to ~ to do sthg** drohen, etw zu tun.

threatening ['θretnɪŋ] *adj* drohend.

three [θriː] *num* drei, → **six**.

three-D *adj* drei-D-.

three-piece suite *n* Polstergarnitur *die*.

three-quarters [-ˈkwɔːtəz] *n* drei Viertel *pl*; **~ of an hour** eine Dreiviertelstunde.

threshold ['θreʃhəʊld] *n* *(fml)*

Schwelle *die*.

threw [θruː] *pt* → **throw**.

thrifty ['θrɪftɪ] *adj* sparsam.

thrilled [θrɪld] *adj* begeistert.

thriller ['θrɪlər] *n* Thriller *der*.

thrive [θraɪv] *vi (plant, animal)* gedeihen; *(person)* aufIblühen; *(business, tourism)* florieren.

throat [θrəʊt] *n* Hals *der*.

throb [θrɒb] *vi (head, pain)* pochen; *(noise, engine)* dröhnen.

throne [θrəʊn] *n* Thron *der*.

throttle ['θrɒtl] *n (of motorbike)* Gasgriff *der*.

through [θruː] ◇ *prep* durch; *(during)* während (+G). ◇ *adv* durch. ◇ *adj*: to be ~ (with sthg) *(finished)* (mit etw) fertig sein; you're ~ *(on phone)* Sie sind durch; Monday ~ Thursday *(Am)* Montag bis Donnerstag; to let sb ~ jn durchIlassen; ~ traffic Durchgangsverkehr *der*; a ~ train ein durchgehender Zug; 'no ~ road' *(Br)* 'Keine Durchfahrt'.

throughout [θruː'aʊt] ◇ *adv (all the time)* die ganze Zeit; *(everywhere)* überall. ◇ *prep*: ~ the day/morning den ganzen Tag/Morgen über; ~ the year das ganze Jahr hindurch; ~ the country im ganzen Land.

throw [θrəʊ] *(pt* threw, *pp* thrown [θrəʊn]) *vt* werfen; *(a switch)* betätigen; to ~ the dice würfeln; to ~ sthg in the bin etw in den Mülleimer werfen.

♦ **throw away** *vt sep* wegIwerfen.

♦ **throw out** *vt sep (get rid of)* wegIwerfen; *(person)* hinausIwerfen.

♦ **throw up** *vi (inf: vomit)* sich übergeben.

thru [θruː] *(Am)* = **through**.

thrush [θrʌʃ] *n (bird)* Drossel *die*.

thud [θʌd] *n* dumpfes Geräusch.

thug [θʌg] *n* Schläger *der*.

thumb [θʌm] ◇ *n* Daumen *der*. ◇ *vt*: to ~ a lift trampen.

thumbtack ['θʌmtæk] *n (Am)* Reißzwecke *die*.

thump [θʌmp] ◇ *n (punch)* Schlag *der*; *(sound)* dumpfer Schlag. ◇ *vt* schlagen.

thunder ['θʌndər] *n* Donner *der*.

thunderstorm ['θʌndəstɔːm] *n* Gewitter *das*.

Thurs. *(abbr of Thursday)* Do.

Thursday ['θɜːzdɪ] *n* Donnerstag *der*, → **Saturday**.

thyme [taɪm] *n* Thymian *der*.

tick [tɪk] ◇ *n (written mark)* Haken *der*; *(insect)* Zecke *die*. ◇ *vt* abIhaken. ◇ *vi (clock, watch)* ticken.

♦ **tick off** *vt sep (mark off)* abIhaken.

ticket ['tɪkɪt] *n (for cinema, theatre, match)* Eintrittskarte *die*; *(for plane)* Flugschein *der*, Ticket *das*; *(for bus, tube)* Fahrschein *der*; *(for train)* Fahrkarte *die*; *(for car park)* Parkschein *der*; *(label)* Etikett *das*; *(for lottery)* Los *das*; *(for speeding, parking)* Strafzettel *der*.

ticket collector *n (at barrier)* Fahrkartenkontrolleur *der* (-in *die*)..

ticket inspector *n (on train)* Schaffner *der* (-in *die*).

ticket machine *n* Fahrscheinautomat *der*.

ticket office *n (in cinema, theatre)* Kasse *die*; *(in station)* Fahrkartenschalter *der*.

tickle ['tɪkl] *vt & vi* kitzeln.

ticklish ['tɪklɪʃ] *adj* kitzlig.

tick-tack-toe *n (Am)* Spiel bei dem Dreierreihen von Kreisen und Kreuzen zu erzielen sind.

tide [taɪd] *n (of sea)* Gezeiten *pl*.

tidy ['taɪdɪ] *adj* ordentlich.

♦ **tidy up** *vt sep* aufIräumen.

tie [taɪ] *(pt & pp* tied, *cont* tying)

◇ *n (around neck)* Krawatte *die;* *(draw)* Unentschieden *das;* *(Am: on railway track)* Schwelle *die.* ◇ *vt* binden; *(knot)* machen. ◇ *vi (game)* unentschieden spielen; *(competition)* gleich stehen.

◆ **tie up** *vt sep (fasten)* fest|binden; *(parcel)* verschnüren; *(laces)* binden; *(delay)* auf|halten.

tiepin ['taɪpɪn] *n* Krawattennadel *die.*

tier [tɪəʳ] *n (of seats)* Rang *der.*

tiger ['taɪgəʳ] *n* Tiger *der.*

tight [taɪt] ◇ *adj (drawer, tap)* fest; *(nut, knot)* fest angezogen; *(clothes, shoes, bend)* eng; *(rope, material)* straff; *(schedule)* knapp; *(chest)* beengt; *(inf: drunk)* blau. ◇ *adv (hold)* fest.

tighten ['taɪtn] *vt (nut, knot)* fest an|ziehen; *(rope)* straffen.

tightrope ['taɪtrəʊp] *n* Hochseil *das.*

tights [taɪts] *npl* Strumpfhose *die;* **a pair of ~** eine Strumpfhose.

tile ['taɪl] *n (for roof)* Ziegel *der;* *(for floor)* Fliese *die;* *(for wall)* Kachel *die.*

till [tɪl] ◇ *n (for money)* Kasse *die.* ◇ *prep & conj* bis.

tiller ['tɪləʳ] *n* Ruderpinne *die.*

tilt [tɪlt] *vt & vi* kippen.

timber ['tɪmbəʳ] *n (wood)* Holz *das;* *(of roof)* Balken *der.*

time [taɪm] ◇ *n* Zeit *die;* *(occasion)* Mal *das.* ◇ *vt (measure)* stoppen; *(arrange)* zeitlich ab|stimmen; **to be well ~d** gut abgepaßt sein; **I haven't got the ~** mir fehlt die Zeit; **it's ~ to go** es ist Zeit zu gehen; **what's the ~?** wie spät ist es?, wieviel Uhr ist es?; **two at a ~** zwei auf einmal; **two ~s two** zwei mal zwei; **five ~s as much** fünf mal so viel; **in a month's ~** in einem Monat; **to have a good ~** sich amüsieren; **all the ~** die ganze Zeit; **every ~** jedesmal; **from ~ to ~** von Zeit zu Zeit; **for the ~ being** vorläufig; **in ~** *(arrive)* rechtzeitig; **in good ~** früh; **last ~** letztes Mal; **most of the ~** meistens; **on ~** pünktlich; **some of the ~** manchmal; **this ~** diesmal.

time difference *n* Zeitunterschied *der.*

time limit *n* Frist *die.*

timer ['taɪməʳ] *n (machine)* Schaltuhr *die.*

time share *n* Ferienwohnung, an der man einen Besitzanteil hat.

timetable ['taɪmˌteɪbl] *n (of trains, buses, boats etc)* Fahrplan *der;* (SCH) Stundenplan *der;* *(of events)* Programm *das.*

time zone *n* Zeitzone *die.*

timid ['tɪmɪd] *adj* scheu.

tin [tɪn] ◇ *n (metal)* Blech *das;* *(container)* Dose *die.* ◇ *adj* Blech-.

tinfoil ['tɪnfɔɪl] *n* Alufolie *die.*

tinned food [tɪnd-] *n (Br)* Konserven *pl.*

tin opener [-ˌəʊpnəʳ] *n (Br)* Dosenöffner *der.*

tinsel ['tɪnsl] *n* Lametta *das.*

tint [tɪnt] *n (colour)* Ton *der.*

tinted glass [ˌtɪntɪd-] *n* getöntes Glas.

tiny ['taɪnɪ] *adj* winzig.

tip [tɪp] ◇ *n (point, end)* Spitze *die;* *(of cigarette)* Filter *der;* *(to waiter, taxi driver etc)* Trinkgeld *das;* *(piece of advice)* Tip *der;* *(rubbish dump)* Müllhalde *die.* ◇ *vt (waiter, taxi driver etc)* Trinkgeld geben (+D); *(tilt)* kippen; *(pour)* schütten.

◆ **tip over** *vt sep & vi* um|kippen.

tire ['taɪəʳ] ◇ *vi* ermüden. ◇ *n (Am)* = **tyre.**

tired ['taɪəd] *adj* müde; **to be ~ of sthg** *(fed up with)* etw satt haben.

tired out *adj* müde.

tiring ['taɪərɪŋ] *adj* ermüdend.

tissue ['tɪʃuː] n *(handkerchief)* Taschentuch das.

tissue paper n Seidenpapier das.

tit [tɪt] n *(vulg: breast)* Titte die.

title ['taɪtl] n Titel der.

T-junction n Einmündung die *(in eine Vorfahrtsstraße)*.

to [unstressed before consonant tə, unstressed before vowel tʊ, stressed tuː] ◊ prep **1.** *(indicating direction)* nach; **to go ~ France** nach Frankreich fahren; **to go ~ school** in die Schule gehen; **to go ~ work** zur Arbeit gehen.

2. *(indicating position)*: **~ one side** auf der einen Seite; **~ the left/right** *(move)* nach links/rechts.

3. *(expressing indirect object)*: **to give sthg ~ sb** jm etw geben; **to listen ~ the radio** Radio hören; **we added milk ~ the mixture** wir fügten Milch zu der Mischung hinzu.

4. *(indicating reaction, effect)* zu; **~ my surprise** zu meiner Überraschung.

5. *(until)* bis; **to count ~ ten** bis zehn zählen; **we work from 9 ~ 5** wir arbeiten von 9 bis 5.

6. *(indicating change of state)*: **to turn ~ sthg** zu etw werden; **it could lead ~ trouble** das könnte Ärger geben.

7. *(Br: in expressions of time)* vor; **it's ten ~ three** es ist zehn vor drei.

8. *(in ratios, rates)*: **10 kilometres ~ the litre** 10 Kilometer pro Liter.

9. *(of, for)*: **the key ~ the car** der Schlüssel für das Auto; **a letter ~ my daughter** ein Brief an meine Tochter.

10. *(indicating attitude)* zu; **to be rude ~ sb** frech zu jm sein.

◊ with infinitive **1.** *(forming simple infinitive)*: **~ laugh** lachen; **~ walk** gehen.

2. *(following another verb)*: **to begin**

~ **do sthg** anfangen, etw zu tun; **to want ~ do sthg** etw tun wollen.

3. *(following an adjective)* zu; **difficult ~ do** schwer zu tun; **ready ~ go** bereit zu gehen.

4. *(indicating purpose)* um zu; **we came here ~ look at the castle** wir sind hierher gekommen, um das Schloß anzuschauen.

toad [təʊd] n Kröte die.

toadstool ['təʊdstuːl] n Giftpilz der.

toast [təʊst] ◊ n Toast der. ◊ vt *(bread)* toasten; **a piece** OR **slice of ~** eine Scheibe Toast.

toasted sandwich ['təʊstɪd-] n getoastetes Sandwich.

toaster ['təʊstər] n Toaster der.

toastie ['təʊstɪ] = **toasted sandwich**.

tobacco [tə'bækəʊ] n Tabak der.

tobacconist's [tə'bækənɪsts] n Tabakladen der.

toboggan [tə'bɒgən] n Schlitten der.

today [tə'deɪ] n & adv heute.

toddler ['tɒdlər] n Kleinkind das.

toe [təʊ] n Zeh der.

toe clip n Rennhaken der.

toenail ['təʊneɪl] n Zehennagel der.

toffee ['tɒfɪ] n *(sweet)* Karamelbonbon der; *(substance)* Karamel der.

together [tə'geðər] adv zusammen; *(at the same time)* gleichzeitig; **~ with** zusammen mit.

toilet ['tɔɪlɪt] n Toilette die; **to go to the ~** auf die Toilette gehen; **where's the ~?** wo ist die Toilette?

toilet bag n Kulturbeutel der.

toilet paper n Toilettenpapier das.

toiletries ['tɔɪlɪtrɪz] npl Toilettenartikel pl.

toilet roll n Rolle die Toilettenpapier.

toilet water n Eau de Toilette das.

token ['təʊkn] n (metal disc) Marke die.

told [təʊld] pt & pp → **tell**.

tolerable ['tɒlərəbl] adj leidlich.

tolerant ['tɒlərənt] adj tolerant.

tolerate ['tɒləreɪt] vt (put up with) ertragen; (permit) dulden.

toll [təʊl] n (for road, bridge) Gebühr die, Maut die (Österr).

tollbooth ['təʊlbu:θ] n Kabine, an der Straßengebühr gezahlt wird.

toll-free adj (Am) gebührenfrei.

tomato [Br tə'mɑ:təʊ, Am tə'meɪtəʊ] (pl -es) n Tomate die.

tomato juice n Tomatensaft der.

tomato ketchup n Tomatenketchup der.

tomato puree n Tomatenmark das.

tomato sauce n Tomatensoße die.

tomb [tu:m] n Grab das.

tomorrow [tə'mɒrəʊ] n & adv morgen; **the day after ~** übermorgen; **~ afternoon** morgen nachmittag; **~ morning** morgen früh; **~ night** morgen abend.

ton [tʌn] n (in UK) = 1.016 kg, Tonne die; (in US) = 907 kg, Tonne; (metric tonne) Tonne; **~s of** (inf) haufenweise.

tone [təʊn] n Ton der.

tongs [tɒŋz] npl (for hair) Lockenstab der; (for sugar) Zuckerzange die.

tongue [tʌŋ] n Zunge die.

tonic ['tɒnɪk] n (tonic water) Tonic das; (medicine) Tonikum das.

tonic water n Tonic das.

tonight [tə'naɪt] n & adv heute abend; (later) heute nacht.

tonne [tʌn] n Tonne die.

tonsillitis [,tɒnsɪ'laɪtɪs] n Mandelentzündung die.

too [tu:] adv zu; (also) auch; **it's not ~ good** es ist nicht besonders gut; **it's ~ late to go out** es ist zu spät zum Ausgehen; **~ many** zu viele; **~ much** zuviel.

took [tʊk] pt → **take**.

tool [tu:l] n Werkzeug das.

tool kit n Werkzeug das.

tooth [tu:θ] (pl teeth) n Zahn der.

toothache ['tu:θeɪk] n Zahnschmerzen pl.

toothbrush ['tu:θbrʌʃ] n Zahnbürste die.

toothpaste ['tu:θpeɪst] n Zahnpasta die.

toothpick ['tu:θpɪk] n Zahnstocher der.

top [tɒp] ◇ adj (highest) oberste (-r)(-s); (best, most important) beste (-r)(-s). ◇ n (of hill, tree) Spitze die; (of table) Platte die; (of class, league) Erste der, die; (of bottle, jar) Deckel der; (of pen, tube) Kappe die; (garment) Oberteil das; (of street, road) Ende das; **at the ~ (of)** oben (auf (+A)); **on ~ of** (on highest part of) oben auf (+A); **on ~ of that** obendrein; **at ~ speed** mit Höchstgeschwindigkeit; **~ gear** höchster Gang.

◆ **top up** vt sep (glass) nach|füllen. ◇ vi (with petrol) volltanken.

top floor n oberstes Stockwerk.

topic ['tɒpɪk] n Thema das.

topical ['tɒpɪkl] adj aktuell.

topless ['tɒplɪs] adj oben ohne.

topped [tɒpt] adj: **~ with** (food) mit.

topping ['tɒpɪŋ] n Soße oder Garnierung zu einem Gericht.

torch [tɔ:tʃ] n (Br: electric light) Taschenlampe die.

tore [tɔ:r] pt → **tear¹**.

torment [tɔ:'ment] vt (annoy) plagen.

torn [tɔ:n] ◇ pp → **tear¹**. ◇ adj

(ripped) zerrissen.

tornado [tɔː'neɪdəʊ] (*pl* **-es** OR **-s**) *n* Wirbelsturm *der*.

torrential rain [tə‚renʃl-] *n* strömender Regen.

tortoise ['tɔːtəs] *n* Schildkröte *die*.

tortoiseshell ['tɔːtəʃel] *n* Schildpatt *das*.

torture ['tɔːtʃəʳ] ◇ *n (punishment)* Folter *die*. ◇ *vt (punish)* foltern.

Tory ['tɔːrɪ] *n* Tory *der*.

toss [tɒs] *vt (throw)* werfen; *(salad)* mischen; *(pancake)* wenden; **to ~ a coin** mit einer Münze losen.

total ['təʊtl] ◇ *adj (number, amount)* gesamt; *(complete)* völlig. ◇ *n* Gesamtzahl *die*; *(sum)* Gesamtsumme *die*; **in ~** insgesamt.

touch [tʌtʃ] ◇ *n* Berührung *die*; *(sense of touch)* Tastsinn *der*; *(small amount)* Spur *die*; *(detail)* Detail *das*. ◇ *vt* berühren. ◇ *vi* sich berühren; **to get in ~ (with sb)** sich (mit jm) in Verbindung setzen; **to keep in ~ (with sb)** (mit jm) in Kontakt bleiben.

♦ **touch down** *vi (plane)* auflsetzen.

touching ['tʌtʃɪŋ] *adj (moving)* rührend.

tough [tʌf] *adj (resilient)* widerstandsfähig; *(meat)* zäh; *(difficult)* schwierig; *(harsh, strict)* hart.

tour [tʊəʳ] ◇ *n (journey)* Tour *die*; *(of city, castle etc)* Besichtigung *die*; *(of pop group, theatre company)* Tournee *die*. ◇ *vt* reisen durch; **on ~** auf Tournee.

tourism ['tʊərɪzm] *n* Tourismus *der*.

tourist ['tʊərɪst] *n* Tourist *der* (**-in** *die*).

tourist class *n* Touristclass *die*.

tourist information office *n* Fremdenverkehrsbüro *das*.

tournament ['tɔːnəmənt] *n* Turnier *das*.

tour operator *n* Reiseveranstalter *der*.

tout [taʊt] *n* Schwarzhändler *der*.

tow [təʊ] *vt* ablschleppen.

toward [tə'wɔːd] *(Am)* = **towards**.

towards [tə'wɔːdz] *prep (Br: in the direction of)* zu; *(facing)* nach; *(with regard to)* gegenüber (+D); *(with time)* gegen; *(to help pay for)* für; **to run ~ sb** auf jn zullaufen; **to sit ~ the front/back** vorne/hinten sitzen.

towaway zone ['təʊəweɪ-] *n (Am)* Abschleppzone *die*.

towel ['taʊəl] *n* Handtuch *das*.

toweling ['taʊəlɪŋ] *(Am)* = **towelling**.

towelling ['taʊəlɪŋ] *n (Br)* Frottee *das*.

towel rail *n* Handtuchhalter *der*.

tower ['taʊəʳ] *n* Turm *der*.

tower block *n (Br)* Hochhaus *das*.

Tower Bridge *n* Zwillingszugbrücke über die Themse, in der Nähe des Londoner Tower.

Tower of London *n*: **the ~** der Londoner Tower.

town [taʊn] *n* Stadt *die*.

town centre *n* Stadtzentrum *das*.

town hall *n* Rathaus *das*.

towpath ['təʊpɑːθ, *pl* -pɑːðz] *n* Treidelpfad *der*.

towrope ['təʊrəʊp] *n* Abschleppseil *das*.

tow truck *n (Am)* Abschleppwagen *der*.

toxic ['tɒksɪk] *adj* giftig.

toy [tɔɪ] *n* Spielzeug *das*.

toy shop *n* Spielwarengeschäft *das*.

trace [treɪs] ◇ *n* Spur *die*. ◇ *vt*

(find) finden.

tracing paper ['treɪsɪŋ-] *n* Pauspapier *das*.

track [træk] *n (path)* Weg *der; (of railway)* Gleis *das;* (SPORT) Bahn *die; (song)* Stück *das*.

♦ **track down** *vt sep* ausfindig machen.

tracksuit ['træksuːt] *n* Trainingsanzug *der*.

tractor ['træktər] *n* Traktor *der*.

trade [treɪd] ◊ *n* (COMM) Handel *der; (job)* Handwerk *das*. ◊ *vt (exchange)* tauschen. ◊ *vi* (COMM) handeln.

trade-in *n (action)* Inzahlungnahme *die*.

trademark ['treɪdmɑːk] *n* Warenzeichen *das*.

trader ['treɪdər] *n* Händler *der* (-in *die*).

tradesman ['treɪdzmən] *(pl* -men [-mən]) *n (deliveryman)* Lieferant *der; (shopkeeper)* Einzelhändler *der*.

trade union *n* Gewerkschaft *die*.

tradition [trə'dɪʃn] *n* Tradition *die*.

traditional [trə'dɪʃənl] *adj* traditionell.

traffic ['træfɪk] *(pt & pp* -ked) ◊ *n (cars etc)* Verkehr *der*. ◊ *vi:* **to ~ in** handeln mit.

traffic circle *n (Am)* Kreisverkehr *der*.

traffic island *n* Verkehrsinsel *die*.

traffic jam *n* Stau *der*.

traffic lights *npl* Ampel *die*.

traffic warden *n (Br)* = Hilfspolizist *der* (Politesse *die*).

tragedy ['trædʒədɪ] *n* Tragödie *die*.

tragic ['trædʒɪk] *adj* tragisch.

trail [treɪl] ◊ *n (path)* Weg *der; (marks)* Spur *die*. ◊ *vi (be losing)* zurückliegen.

trailer ['treɪlər] *n (for boat, luggage)* Anhänger *der; (Am: caravan)* Wohnwagen *der; (for film, programme)* Vorschau *die*.

train [treɪn] ◊ *n (on railway)* Zug *der*. ◊ *vt (teach)* ausIbilden. ◊ *vi* (SPORT) trainieren; **by ~** mit dem Zug.

train driver *n* Zugführer *der* (-in *die*).

trainee [treɪ'niː] *n* Auszubildende *der, die; (in management)* Trainee *der, die*.

trainer ['treɪnər] *n (of athlete etc)* Trainer *der* (-in *die*).

♦ **trainers** *npl (Br: shoes)* Trainingsschuhe *pl*.

training ['treɪnɪŋ] *n (instruction)* Ausbildung *die; (exercises)* Training *das*.

training shoes *npl (Br)* Trainingsschuhe *pl*.

tram [træm] *n (Br)* Straßenbahn *die*.

tramp [træmp] *n* Tramp *der*.

trampoline ['træmpəliːn] *n* Trampolin *das*.

trance [trɑːns] *n* Trance *die*.

tranquilizer ['træŋkwɪlaɪzər] *(Am)* = **tranquillizer**.

tranquillizer ['træŋkwɪlaɪzər] *n (Br)* Beruhigungsmittel *das*.

transaction [træn'zækʃn] *n* Geschäft *das*.

transatlantic [ˌtrænzət'læntɪk] *adj* transatlantisch.

transfer *[n* 'trænsfɜːr, *vb* træns'fɜːr] ◊ *n (of money)* Überweisung *die; (of power)* Übertragung *die;* (SPORT) Transfer *der; (picture)* Abziehbild *das; (Am: ticket)* Fahrkarte mit Umsteigeerlaubnis. ◊ *vt* übertragen; *(money)* überweisen. ◊ *vi (change bus, plane etc)* umIsteigen; **'~s'** *(in airport)* 'Transitpassagiere'.

transfer desk *n (in airport)* Transitschalter *der*.

transform [træns'fɔːm] *vt* verändern.

transfusion [træns'fjuːʒn] *n* Transfusion *die*.

transistor radio [træn'zɪstə-] *n* Transistorradio *das*.

transit ['trænzɪt]: **in transit** *adv* im Transit.

transitive ['trænzɪtɪv] *adj* transitiv.

transit lounge *n* Transit Lounge *die*.

translate [træns'leɪt] *vt* übersetzen.

translation [træns'leɪʃn] *n* Übersetzung *die*.

translator [træns'leɪtə'] *n* Übersetzer *der* (-in *die*).

transmission [trænz'mɪʃn] *n* Übertragung *die*.

transmit [trænz'mɪt] *vt* übertragen.

transparent [træns'pærənt] *adj* (*see-through*) durchsichtig.

transplant ['trænsplɑːnt] *n* Transplantation *die*.

transport [*n* 'trænspɔːt, *vb* træn'spɔːt] ◇ *n* (*cars, trains, planes etc*) Verkehrsmittel *pl*; (*moving*) Transport *der*, Beförderung *die*. ◇ *vt* transportieren, befördern.

transportation [ˌtrænspɔː'teɪʃn] *n* (*Am*) (*cars, trains, planes etc*) Verkehrsmittel *pl*; (*moving*) Transport *der*, Beförderung *die*.

trap [træp] ◇ *n* Falle *die*. ◇ *vt*: **to be trapped** (*stuck*) fest|sitzen.

trapdoor [ˌtræp'dɔː'] *n* Falltür *die*.

trash [træʃ] *n* (*Am: waste material*) Müll *der*.

trashcan ['træʃkæn] *n* (*Am*) Mülleimer *der*.

trauma ['trɔːmə] *n* Trauma *das*.

traumatic [trɔː'mætɪk] *adj* traumatisch.

travel ['trævl] ◇ *n* Reisen *das*. ◇ *vt*

(*distance*) fahren. ◇ *vi* reisen; (*in vehicle*) fahren.

travel agency *n* Reisebüro *das*.

travel agent *n* Reisebürokaufmann *der* (-kauffrau *die*); **~'s** (*shop*) Reisebüro *das*.

Travelcard ['trævlkɑːd] *n* (*Br*) Zeitkarte *die*.

travel centre *n* (*in railway, bus station*) Reiseinformation *die*.

traveler ['trævlər] (*Am*) = **traveller**.

travel insurance *n* Reiseversicherung *die*.

traveller ['trævlə'] *n* (*Br*) Reisende *der, die*.

traveller's cheque *n* Reisescheck *der*.

travelsick ['trævəlsɪk] *adj* reisekrank.

trawler ['trɔːlə'] *n* Trawler *der*.

tray [treɪ] *n* Tablett *das*.

treacherous ['tretʃərəs] *adj* (*person*) verräterisch; (*roads, conditions*) gefährlich.

treacle ['triːkl] *n* (*Br*) Sirup *der*.

tread [tred] (*pt* **trod**, *pp* **trodden**) ◇ *n* (*of tyre*) Profil *das*. ◇ *vi*: **to ~ on** sthg auf etw (A) treten.

treasure ['treʒə'] *n* Schatz *der*.

treat [triːt] ◇ *vt* behandeln. ◇ *n* (*special thing*) Freude *die*; **to ~ sb to** sthg jm etw spendieren.

treatment ['triːtmənt] *n* Behandlung *die*.

treble ['trebl] *adj* dreifach; **~ the amount** dreimal soviel.

tree [triː] *n* Baum *der*.

trek [trek] *n* Wanderung *die*.

tremble ['trembl] *vi* zittern.

tremendous [trɪ'mendəs] *adj* enorm; (*inf: very good*) toll.

trench [trentʃ] *n* Graben *der*.

trend [trend] *n* (*tendency*) Tendenz *die*; (*fashion*) Trend *der*.

trendy ['trendɪ] *adj* (*inf*) trendy.

trespasser ['trespəsər] *n* Unbefugte *der, die;* '~s will be prosecuted' 'Betreten verboten'.

trial ['traɪəl] *n* (JUR) Prozeß *der; (test)* Test *der;* **a ~ period** eine Probezeit.

triangle ['traɪæŋgl] *n* Dreieck *das.*

triangular [traɪ'æŋgjʊlər] *adj* dreieckig.

tribe [traɪb] *n* Stamm *der.*

tributary ['trɪbjʊtrɪ] *n* Nebenfluß *der.*

trick [trɪk] ◊ *n* Trick *der.* ◊ *vt* überlisten; **to play a ~ on sb** jm einen Streich spielen.

trickle ['trɪkl] *vi (liquid)* tropfen.

tricky ['trɪkɪ] *adj* kniffelig.

tricycle ['traɪsɪkl] *n* Dreirad *das.*

trifle ['traɪfl] *n (dessert) Nachtisch aus mit Sherry getränktem Biskuit, Früchten, Vanillecreme und Sahne in Schichten.*

trigger ['trɪgər] *n* Abzug *der.*

trim [trɪm] ◊ *n (haircut)* Nachschneiden *das.* ◊ *vt (hair, beard, hedge)* nachschneiden.

trinket ['trɪŋkɪt] *n* Schnickschnack *der.*

trio ['triːəʊ] *(pl -s) n* Trio *das.*

trip [trɪp] ◊ *n (voyage)* Reise *die; (short)* Ausflug *der.* ◊ *vi* stolpern.

♦ **trip up** *vi* stolpern.

triple ['trɪpl] *adj* dreifach.

tripod ['traɪpɒd] *n* Stativ *das.*

triumph ['traɪəmf] *n* Triumph *der.*

trivial ['trɪvɪəl] *adj (pej)* trivial.

trod [trɒd] *pt* → **tread**.

trodden ['trɒdn] *pp* → **tread**.

trolley ['trɒlɪ] *(pl -s) n (Br: at airport etc)* Gepäckwagen *der; (Br: in supermarket)* Einkaufswagen *der; (Br: for food, drinks)* Wagen *der; (Am: tram)* Straßenbahn *die.*

trombone [trɒm'bəʊn] *n* Posaune *die.*

troops [truːps] *npl* Truppen *pl.*

trophy ['trəʊfɪ] *n* Trophäe *die.*

tropical ['trɒpɪkl] *adj* tropisch; ~ **fruit** Südfrucht *die.*

trot [trɒt] *vi (horse)* traben. ◊ *n:* **on the ~** *(inf)* hintereinander.

trouble ['trʌbl] ◊ *n (problems)* Ärger *der; (difficulty)* Schwierigkeiten *pl; (inconvenience)* Mühe *die; (pain, illness)* Beschwerden *pl.* ◊ *vt (worry)* beunruhigen; *(bother)* stören; **to be in ~** *(having problems)* in Schwierigkeiten sein; *(with police, parents)* Ärger haben; **to get into ~** Ärger bekommen; **to take the ~ to do sthg** sich die Mühe machen, etw zu tun; **it's no ~** das macht keine Umstände.

trough [trɒf] *n (for animals)* Trog *der.*

trouser press ['traʊzə-] *n* Hosenspanner *der.*

trousers ['traʊzəz] *npl* Hose *die;* **a pair of ~** eine Hose.

trout [traʊt] *(pl inv) n* Forelle *die.*

trowel ['traʊəl] *n (for gardening)* Schaufel *die.*

truant ['truːənt] *n:* **to play ~** die Schule schwänzen.

truce [truːs] *n* Waffenstillstand *der.*

truck [trʌk] *n* Lastwagen *der,* LKW *der.*

true [truː] *adj (not false, actual)* wahr; *(genuine, sincere)* echt.

truly ['truːlɪ] *adv:* **yours ~** mit freundlichen Grüßen.

trumpet ['trʌmpɪt] *n* Trompete *die.*

trumps [trʌmps] *npl* Trumpf *der.*

truncheon ['trʌntʃən] *n* Schlagstock *der.*

trunk [trʌŋk] *n (of tree)* Stamm *der; (Am: of car)* Kofferraum *der; (case, box)* Truhe *die; (of elephant)* Rüssel *der.*

trunk call *n (Br)* Ferngespräch *das.*

trunk road n (Br) Landstraße die.

trunks [trʌŋks] npl (for swimming) Badehose die.

trust [trʌst] ◇ n (confidence) Vertrauen das. ◇ vt vertrauen (+D); (fml: hope) hoffen.

trustworthy ['trʌst,wɜːðɪ] adj vertrauenswürdig.

truth [truːθ] n Wahrheit die.

truthful ['truːθfʊl] adj (statement, account) wahr; (person) ehrlich.

try [traɪ] ◇ n (attempt) Versuch der. ◇ vi versuchen; (make effort) sich bemühen. ◇ vt versuchen; (food) probieren; (JUR): **to ~ sb** jn vor Gericht bringen; **to ~ to do sthg** versuchen, etw zu tun.

♦ **try on** vt sep (clothes) an|probieren.

♦ **try out** vt sep aus|probieren.

T-shirt n T-Shirt das.

tub [tʌb] n (of margarine etc) Becher der; (inf: bath) Wanne die.

tube [tjuːb] n (container) Tube die; (Br: inf: underground) U-Bahn die; (pipe) Rohr das; **by ~** mit der U-Bahn.

tube station n (Br: inf) U-Bahn-haltestelle die.

tuck [tʌk]: **tuck in** ◇ vt sep (shirt) hinein|stecken; (child, person) zu|decken. ◇ vi (inf) rein|hauen.

tuck shop n (Br) ≃ Süßwarenladen der (in einer Schule).

Tudor ['tjuːdər] adj (architecture) Tudor- (16. Jahrhundert).

Tues. (abbr of Tuesday) Di.

Tuesday ['tjuːzdɪ] n Dienstag der, → Saturday.

tuft [tʌft] n (of hair, grass) Büschel das.

tug [tʌg] ◇ vt ziehen. ◇ n (boat) Schlepper der.

tuition [tjuːˈɪʃn] n Unterricht der.

tulip ['tjuːlɪp] n Tulpe die.

tumble-dryer ['tʌmbldraɪər] n Wäschetrockner der.

tumbler ['tʌmblər] n (glass) Glas das.

tummy ['tʌmɪ] n (inf) Bauch der.

tummy upset n (inf) Bauch-schmerzen pl.

tumor ['tuːmər] (Am) = tumour.

tumour ['tjuːmər] n (Br) Tumor der.

tuna (fish) [Br 'tjuːnə-, Am 'tuːnə-] n Thunfisch der.

tuna melt n (Am) mit Thunfisch und Käse überbackener Toast.

tune [tjuːn] ◇ n Melodie die. ◇ vt (radio, TV, engine) ein|stellen; (instrument) stimmen; **in ~** (instrument) richtig gestimmt; **out of ~** (instrument) verstimmt; **to sing in/out of ~** richtig/falsch singen.

tunic ['tjuːnɪk] n (SCH) Trägerkleid das.

Tunisia [tjuːˈnɪzɪə] n Tunesien nt.

tunnel ['tʌnl] n Tunnel der.

turban ['tɜːbən] n Turban der.

turbo ['tɜːbəʊ] (pl -s) n Turbo der.

turbulence ['tɜːbjʊləns] n (when flying) Turbulenz die.

turf [tɜːf] n (grass) Rasen der.

Turk [tɜːk] n Türke der (Türkin die).

turkey ['tɜːkɪ] (pl -s) n Truthahn der, Pute die.

Turkey ['tɜːkɪ] n Türkei die.

Turkish ['tɜːkɪʃ] ◇ adj türkisch. ◇ n (language) Türkisch das. ◇ npl: **the ~** die Türken pl.

Turkish delight n Rachatlukum das.

turn [tɜːn] ◇ n (in road) Abzweigung die; (of knob, key, switch) Drehung die. ◇ vi (person) sich wenden; (turn round) sich um|drehen; (car) ab|biegen; (rotate) sich drehen; (milk) sauer werden. ◇ vt (head, car) wenden; (table, chair, knob, key) drehen; (page) um|blättern; (a switch) stellen; (become) werden; **to ~ sthg**

black etw schwarz machen; **to ~ into sthg** *(become)* sich in etw (A) verwandeln; **to ~ sthg into sthg** etw in etw (A) verwandeln; **to ~ left/ right** links/rechts ablbiegen; **to ~ the corner** um die Ecke biegen; **it's your ~** du bist an der Reihe; **at the ~ of the century** um die Jahrhundertwende; **to take it in ~s to do sthg** sich abllwechseln, etw zu tun; **to ~ sthg inside out** etw umlkehren.

◆ **turn back** *vt sep (person, car)* zurücklweisen. ◇ *vi* umlkehren.

◆ **turn down** *vt sep (heating)* herunterlstellen; *(radio)* leiser stellen; *(offer, request)* abllehnen.

◆ **turn off** *vt sep (engine, water, gas)* ablstellen; *(light, TV)* auslschalten; *(tap)* zuldrehen. ◇ *vi (leave road)* abllfahren.

◆ **turn on** *vt sep (light, TV)* einlschalten; *(engine, water, gas, tap)* anlstellen.

◆ **turn out** *vt sep (light)* auslmachen. ◇ *vi (come, attend)* erscheinen. ◇ *vt fus:* **to ~ out well/badly** gut/schlecht auslgehen; **to ~ out to be sthg** sich als etw herauslstellen.

◆ **turn over** *vt sep (page)* umlblättern; *(card, omelette)* umldrehen. ◇ *vi (in bed)* sich umldrehen; *(Br: change channels)* umlstellen.

◆ **turn round** *vt sep (car, table etc)* umldrehen. ◇ *vi (person)* sich umldrehen.

◆ **turn up** *vt sep (heating)* aufldrehen; *(radio, volume)* lauter stellen. ◇ *vi (come, attend)* erscheinen.

turning ['tɜːnɪŋ] *n (off road)* Abzweigung *die.*

turnip ['tɜːnɪp] *n* weiße Rübe.

turn-up *n (Br: on trousers)* Aufschlag *der.*

turps [tɜːps] *n (Br: inf)* Terpentin *das.*

turquoise ['tɜːkwɔɪz] *adj* türkis.

turtle ['tɜːtl] *n* Schildkröte *die.*

turtleneck ['tɜːtlnek] *n* Rollkragenpullover *der.*

tutor ['tjuːtər] *n (private teacher)* Privatlehrer *der.*

tuxedo [tʌk'siːdəʊ] *(pl -s) n (Am)* Smoking *der.*

TV *n* Fernsehen *das; (television set)* Fernseher *der;* **on ~** im Fernsehen.

tweed [twiːd] *n* Tweed *der.*

tweezers ['twiːzəz] *npl* Pinzette *die.*

twelfth [twelfθ] *num* zwölfte(-r) (-s), → **sixth.**

twelve [twelv] *num* zwölf, → **six.**

twentieth ['twentɪəθ] *num* zwanzigste(-r)(-s); **the ~ century** das zwanzigste Jahrhundert, **sixth.**

twenty ['twentɪ] *num* zwanzig, → **six.**

twice [twaɪs] *adv* zweimal; **it's ~ as good** das ist doppelt so gut.

twig [twɪg] *n* Zweig *der.*

twilight ['twaɪlaɪt] *n* Dämmerung *die.*

twin [twɪn] *n* Zwilling *der.*

twin beds *npl* zwei Einzelbetten *pl.*

twine [twaɪn] *n* Bindfaden *der.*

twin room *n* Zweibettzimmer *das.*

twist [twɪst] *vt* drehen; **to ~ one's ankle** sich (D) den Fuß verrenken.

twisting ['twɪstɪŋ] *adj (road, river)* sich windend.

two [tuː] *num* zwei, → **six.**

two-piece *adj (swimsuit, suit)* zweiteilig.

type [taɪp] ◇ *n (kind)* Art *die.* ◇ *vt & vi* tippen.

typewriter ['taɪpˌraɪtər] *n* Schreibmaschine *die.*

typhoid ['taɪfɔɪd] *n* Typhus *der.*

typical ['tɪpɪkl] *adj* typisch.

typist ['taɪpɪst] *n* Schreibkraft *die.*

tyre ['taɪər] *n (Br)* Reifen *der.*

Tyrol [tɪ'rəʊl] *n:* **the ~** Tirol *nt.*

U

U adj (Br: film) jugendfrei.

UFO n (abbr of unidentified flying object) Ufo das.

ugly ['ʌglɪ] adj (unattractive) häßlich.

UHT adj (abbr of ultra heat treated): ~ **milk** H-Milch die.

UK n: **the** ~ das Vereinigte Königreich.

ulcer ['ʌlsər] n Geschwür das.

ultimate ['ʌltɪmət] adj (final) endgültig; (best, greatest) größte(-r)(-s).

ultraviolet [,ʌltrə'vaɪələt] adj ultraviolett.

umbrella [ʌm'brelə] n Regenschirm der.

umpire ['ʌmpaɪər] n Schiedsrichter der.

UN n (abbr of United Nations): **the** ~ die UNO.

unable [ʌn'eɪbl] adj: **to be** ~ **to do sthg** etw nicht tun können.

unacceptable [,ʌnək'septəbl] adj unannehmbar.

unaccustomed [,ʌnə'kʌstəmd] adj: **to be** ~ **to sthg** an etw (A) nicht gewöhnt sein.

unanimous [ju:'nænɪməs] adj einstimmig.

unattended [,ʌnə'tendɪd] adj (baggage) unbeaufsichtigt.

unattractive [,ʌnə'træktɪv] adj unattraktiv.

unauthorized [ʌn'ɔ:θəraɪzd] adj unbefugt.

unavailable [,ʌnə'veɪləbl] adj nicht erhältlich.

unavoidable [,ʌnə'vɔɪdəbl] adj unvermeidlich.

unaware [,ʌnə'weər] adj: **to be** ~ **of sthg** sich (D) einer Sache (G) nicht bewußt sein.

unbearable [ʌn'beərəbl] adj unerträglich.

unbelievable [,ʌnbɪ'li:vəbl] adj unglaublich.

unbutton [,ʌn'bʌtn] vt aufknöpfen.

uncertain [ʌn'sɜ:tn] adj unsicher.

uncertainty [,ʌn'sɜ:tntɪ] n Unsicherheit die.

uncle ['ʌŋkl] n Onkel der.

unclean [,ʌn'kli:n] adj unsauber.

unclear [,ʌn'klɪər] adj unklar.

uncomfortable [,ʌn'kʌmftəbl] adj (chair, bed) unbequem; **to feel** ~ (person) sich nicht wohl fühlen.

uncommon [ʌn'kɒmən] adj (rare) ungewöhnlich.

unconscious [ʌn'kɒnʃəs] adj (after accident) bewußtlos; (unaware) unbewußt; **to be** ~ **of sthg** sich (D) einer Sache (G) nicht bewußt sein.

unconvincing [,ʌnkən'vɪnsɪŋ] adj nicht überzeugend.

uncooperative [,ʌnkəʊ'ɒpərətɪv] adj nicht entgegenkommend.

uncork [,ʌn'kɔ:k] vt entkorken.

uncouth [ʌn'ku:θ] adj ungehobelt.

uncover [ʌn'kʌvər] vt (discover) entdecken; (car, swimming pool etc) abdecken.

under ['ʌndər] prep unter (+A,D); (according to) nach; **children** ~ **ten** Kinder unter zehn; ~ **the circumstances** unter diesen Umständen; **to be** ~ **pressure** unter Druck sein.

underage [ʌndər'eɪdʒ] adj minderjährig.

undercarriage ['ʌndə,kærɪdʒ] n Fahrwerk das.

underdone [,ʌndə'dʌn] adj (food) nicht gar; (rare) nicht durchgebraten.

underestimate [ˌʌndərˈestɪmeɪt] vt unterschätzen.

underexposed [ˌʌndərɪkˈspəʊzd] adj (photograph) unterbelichtet.

undergo [ˌʌndəˈgəʊ] (pt -went, pp -gone) vt sich unterziehen (+D).

undergraduate [ˌʌndəˈgrædjʊət] n Student der (-in die).

underground [ˈʌndəgraʊnd] ◇ adj unterirdisch; (secret) Untergrund-. ◇ n (Br: railway) U-Bahn die.

undergrowth [ˈʌndəgrəʊθ] n Gestrüpp das.

underline [ˌʌndəˈlaɪn] vt unterstreichen.

underneath [ˌʌndəˈniːθ] ◇ prep unter (+A,D). ◇ adv darunter. ◇ n Unterseite die.

underpants [ˈʌndəpænts] npl Unterhose die.

underpass [ˈʌndəpɑːs] n Unterführung die.

undershirt [ˈʌndəʃɜːt] n (Am) Unterhemd das.

underskirt [ˈʌndəskɜːt] n Unterrock der.

understand [ˌʌndəˈstænd] (pt & pp -stood) vt & vi verstehen; I don't ~ ich verstehe das nicht; to make o.s. understood sich verständlich machen; I ~ that ... (believe) ich habe gehört, daß ...

understanding [ˌʌndəˈstændɪŋ] ◇ adj verständnisvoll. ◇ n (agreement) Vereinbarung die; (knowledge) Kenntnis die; (interpretation) Annahme die; (sympathy) Verständnis das.

understatement [ˌʌndəˈsteɪtmənt] n: that's an ~ das ist untertrieben.

understood [ˌʌndəˈstʊd] pt & pp → understand.

undertake [ˌʌndəˈteɪk] (pt -took, pp -taken) vt (job, task) übernehmen; to ~ to do sthg sich verpflichten, etw zu tun.

undertaker [ˈʌndəˌteɪkər] n (firm) Bestattungsinstitut das; (person) Leichenbestatter der.

undertaking [ˌʌndəˈteɪkɪŋ] n (promise) Versprechen das; (task) Unternehmen das.

undertook [ˌʌndəˈtʊk] pt → undertake.

underwater [ˌʌndəˈwɔːtər] ◇ adj Unterwasser-. ◇ adv unter Wasser.

underwear [ˈʌndəweər] n Unterwäsche die.

underwent [ˌʌndəˈwent] pt → undergo.

undesirable [ˌʌndɪˈzaɪərəbl] adj unerwünscht.

undo [ʌnˈduː] (pt -did, pp -done) vt aufmachen; (tie) lösen.

undone [ʌnˈdʌn] adj (coat, shirt, shoelaces) offen.

undress [ʌnˈdres] ◇ vi sich auslziehen. ◇ vt auslziehen.

undressed [ʌnˈdrest] adj ausgezogen; to get ~ sich auslziehen.

uneasy [ʌnˈiːzɪ] adj unbehaglich.

uneducated [ʌnˈedjʊkeɪtɪd] adj ungebildet.

unemployed [ˌʌnɪmˈplɔɪd] ◇ adj arbeitslos. ◇ npl: the ~ die Arbeitslosen pl.

unemployment [ˌʌnɪmˈplɔɪmənt] n Arbeitslosigkeit die.

unemployment benefit n Arbeitslosenunterstützung die.

unequal [ʌnˈiːkwəl] adj ungleich.

uneven [ʌnˈiːvn] adj (surface) uneben; (speed, beat) ungleichmäßig; (share, competition, race) ungleich.

uneventful [ˌʌnɪˈventfʊl] adj ereignislos.

unexpected [ˌʌnɪkˈspektɪd] adj unerwartet.

unexpectedly [ˌʌnɪkˈspektɪdlɪ] adv unerwartet.

unfair [ʌnˈfeər] adj ungerecht.

unfairly [ˌʌnˈfeəlɪ] *adv* ungerecht.

unfaithful [ˌʌnˈfeɪθfʊl] *adj* untreu.

unfamiliar [ˌʌnfəˈmɪljəʳ] *adj* ungewohnt; **to be ~ with sth** sich mit etw nicht auskennen.

unfashionable [ˌʌnˈfæʃnəbl] *adj* unmodern.

unfasten [ˌʌnˈfɑːsn] *vt* aufmachen.

unfavourable [ˌʌnˈfeɪvrəbl] *adj* ungünstig.

unfinished [ˌʌnˈfɪnɪʃt] *adj* unvollendet; *(work)* unerledigt.

unfit [ˌʌnˈfɪt] *adj (not healthy)* nicht fit; **to be ~ for sth** für etw ungeeignet sein; **to be ~ for work** arbeitsunfähig sein.

unfold [ʌnˈfəʊld] *vt (map, sheet)* auseinanderfalten.

unforgettable [ˌʌnfəˈgetəbl] *adj* unvergeßlich.

unforgivable [ˌʌnfəˈgɪvəbl] *adj* unverzeihlich.

unfortunate [ʌnˈfɔːtʃnət] *adj* bedauerlich.

unfortunately [ʌnˈfɔːtʃnətlɪ] *adv* leider.

unfriendly [ˌʌnˈfrendlɪ] *adj* unfreundlich.

unfurnished [ˌʌnˈfɜːnɪʃt] *adj* unmöbliert.

ungrateful [ʌnˈgreɪtfʊl] *adj* undankbar.

unhappy [ʌnˈhæpɪ] *adj (sad)* unglücklich; *(not pleased)* unzufrieden; **to be ~ about sth** mit etw unzufrieden sein.

unharmed [ˌʌnˈhɑːmd] *adj* unverletzt.

unhealthy [ʌnˈhelθɪ] *adj* ungesund.

unhelpful [ˌʌnˈhelpfʊl] *adj*: **to be ~** *(person)* nicht hilfsbereit sein; *(information)* nicht hilfreich sein.

unhurt [ˌʌnˈhɜːt] *adj* unverletzt.

unhygienic [ˌʌnhaɪˈdʒiːnɪk] *adj* unhygienisch.

unification [ˌjuːnɪfɪˈkeɪʃn] *n* Vereinigung *die*.

uniform [ˈjuːnɪfɔːm] *n* Uniform *die*.

unimportant [ˌʌnɪmˈpɔːtənt] *adj* unwichtig.

unintelligent [ˌʌnɪnˈtelɪdʒənt] *adj* nicht intelligent.

unintentional [ˌʌnɪnˈtenʃənl] *adj* unbeabsichtigt.

uninterested [ʌnˈɪntrəstɪd] *adj* uninteressiert.

uninteresting [ʌnˈɪntrestɪŋ] *adj* uninteressant.

union [ˈjuːnjən] *n (of workers)* Gewerkschaft *die*.

Union Jack *n*: **the ~** der Union Jack *(die britische Fahne)*.

unique [juːˈniːk] *adj* einmalig; **to be ~ to** beschränkt sein auf (+A).

unisex [ˈjuːnɪseks] *adj* Unisex-.

unit [ˈjuːnɪt] *n* Einheit *die*; *(department)* Abteilung *die*; *(piece of furniture)* Element *das*; *(machine)* Anlage *die*.

unite [juːˈnaɪt] ◇ *vt* vereinigen. ◇ *vi* sich zusammenschließen.

United Kingdom [juːˈnaɪtɪd-] *n*: **the ~** das Vereinigte Königreich.

United Nations [juːˈnaɪtɪd-] *npl*: **the ~** die Vereinten Nationen *pl*.

United States (of America) [juːˈnaɪtɪd-] *npl*: **the ~** die Vereinigten Staaten *pl (von Amerika)*.

unity [ˈjuːnətɪ] *n* Einigkeit *die*.

universal [ˌjuːnɪˈvɜːsl] *adj* allgemein.

universe [ˈjuːnɪvɜːs] *n* Universum *das*.

university [ˌjuːnɪˈvɜːsətɪ] *n* Universität *die*.

unjust [ˌʌnˈdʒʌst] *adj* ungerecht.

unkind [ʌnˈkaɪnd] *adj (person)* unfreundlich; *(remark)* häßlich.

unknown [ˌʌnˈnəʊn] *adj* unbekannt.

unleaded (petrol) [ˌʌnˈledɪd-] *n* Bleifrei *das*.

unless [ən'les] *conj* es sei denn.

unlike [ˌʌn'laɪk] *prep (different to)* nicht ähnlich (+D); *(in contrast to)* im Gegensatz zu; **it's ~ him** es ist nicht typisch für ihn.

unlikely [ʌn'laɪklɪ] *adj (not probable)* unwahrscheinlich; **to be ~ to do sthg** etw wahrscheinlich nicht tun.

unlimited [ʌn'lɪmɪtɪd] *adj* unbegrenzt; **~ mileage** unbegrenzte Meilenzahl.

unlisted [ʌn'lɪstɪd] *adj (Am: phone number)*: **to be ~** nicht im Telefonbuch stehen.

unload [ˌʌn'ləʊd] *vt* entladen.

unlock [ˌʌn'lɒk] *vt* aufschließen.

unlucky [ʌn'lʌkɪ] *adj* unglücklich.

unmarried [ˌʌn'mærɪd] *adj* unverheiratet.

unnatural [ʌn'nætʃrəl] *adj* unnatürlich.

unnecessary [ʌn'nesəsərɪ] *adj* unnötig.

unobtainable [ˌʌnəb'teɪnəbl] *adj (product)* nicht erhältlich; *(phone number)* nicht erreichbar.

unoccupied [ˌʌn'ɒkjʊpaɪd] *adj (place, seat)* frei.

unofficial [ˌʌnə'fɪʃl] *adj* inoffiziell.

unpack [ˌʌn'pæk] *vt & vi* auslpacken.

unpleasant [ʌn'pleznt] *adj* unangenehm.

unplug [ʌn'plʌg] *vt* den Stecker herauslziehen von.

unpopular [ˌʌn'pɒpjʊlər] *adj* unbeliebt.

unpredictable [ˌʌnprɪ'dɪktəbl] *adj* unberechenbar.

unprepared [ˌʌnprɪ'peəd] *adj* unvorbereitet.

unprotected [ˌʌnprə'tektɪd] *adj* ungeschützt.

unqualified [ˌʌn'kwɒlɪfaɪd] *adj (person)* unqualifiziert.

unreal [ˌʌn'rɪəl] *adj* unwirklich.

unreasonable [ʌn'riːznəbl] *adj* unangemessen.

unrecognizable [ˌʌnrekəg'naɪzəbl] *adj* unkenntlich.

unreliable [ˌʌnrɪ'laɪəbl] *adj* unzuverlässig.

unrest [ˌʌn'rest] *n* Unruhen *pl*.

unroll [ˌʌn'rəʊl] *vt* auflrollen.

unsafe [ˌʌn'seɪf] *adj* unsicher.

unsatisfactory [ˌʌnsætɪs'fæktərɪ] *adj* unbefriedigend.

unscrew [ˌʌn'skruː] *vt (lid, top)* ablschrauben.

unsightly [ʌn'saɪtlɪ] *adj* unansehnlich.

unskilled [ˌʌn'skɪld] *adj (worker)* ungelernt.

unsociable [ʌn'səʊʃəbl] *adj* ungesellig.

unsound [ˌʌn'saʊnd] *adj (building, structure)* nicht sicher; *(argument, method)* nicht stichhaltig.

unspoiled [ˌʌn'spɔɪlt] *adj (place, beach)* unberührt.

unsteady [ˌʌn'stedɪ] *adj (pile, person)* wackelig; *(structure)* unsicher; *(hand)* zitterig.

unstuck [ˌʌn'stʌk] *adj*: **to come ~** *(label, poster etc)* sich lösen.

unsuccessful [ˌʌnsək'sesfʊl] *adj* erfolglos.

unsuitable [ˌʌn'suːtəbl] *adj* unpassend.

unsure [ˌʌn'ʃɔːr] *adj*: **to be ~ of sthg** sich (D) einer Sache (G) nicht sicher sein; **to be ~ about sb** sich (D) über jn nicht im klaren sein.

unsweetened [ˌʌn'swiːtnd] *adj* ungesüßt.

untidy [ʌn'taɪdɪ] *adj* unordentlich.

untie [ˌʌn'taɪ] *(cont untying* [ˌʌn'taɪɪŋ]*) vt (person)* loslbinden; *(knot)* auflbinden.

until [ən'tɪl] *prep & conj* bis; **~ the evening/end** bis zum Abend/

Ende; **not ~ erst.**

untrue [ˌʌnˈtruː] *adj (false)* unwahr; **to be ~** nicht wahr sein.

untrustworthy [ˌʌnˈtrʌstˌwɜːðɪ] *adj* nicht vertrauenswürdig.

unusual [ʌnˈjuːʒl] *adj* ungewöhnlich.

unusually [ʌnˈjuːʒəlɪ] *adv* ungewöhnlich.

unwell [ˌʌnˈwel] *adj* unwohl; **to feel ~** sich nicht wohl fühlen.

unwilling [ˌʌnˈwɪlɪŋ] *adj*: **to be ~ to do sthg** etw nicht tun wollen.

unwind [ˌʌnˈwaɪnd] (*pt & pp* **unwound** [ˌʌnˈwaʊnd]) ◇ *vt* ab|wickeln. ◇ *vi (relax)* sich entspannen.

unwrap [ˌʌnˈræp] *vt* aus|packen.

unzip [ˌʌnˈzɪp] *vt*: **to ~ sthg** den Reißverschluß von etw auf|machen.

up [ʌp] ◇ *adv* **1.** *(towards higher position, level)* hoch; **we walked ~ to the top** wir sind zum Gipfel hoch gelaufen; **to pick sthg ~** etw auf|heben; **prices are going ~** die Preise steigen. **2.** *(in higher position)* oben; **she's ~ in her bedroom** sie ist oben in ihrem Zimmer; **~ there** da oben. **3.** *(into upright position)*: **to stand ~** auf|stehen; **to sit ~** *(from lying position)* sich auf|setzen; *(sit straight)* sich gerade hin|setzen. **4.** *(northwards)*: **I'm coming ~ to Edinburgh** ich komme hoch nach Edinburgh. **5.** *(in phrases)*: **to walk/jump ~ and down** auf und ab gehen/springen; **~ to six weeks/ten people** bis zu sechs Wochen/zehn Personen; **are you ~ to travelling?** bist du reisefähig?; **what are you ~ to?** was treibst du so?; **it's ~ to you** das liegt ganz bei dir; **~ until ten o'clock** bis um zehn Uhr.

◇ *prep* **1.** *(towards higher position)*: **to walk ~ a hill** einen Hügel hinauf|gehen; **I went ~ the stairs** ich ging die Treppe hinauf. **2.** *(in higher position)*: **~ a hill** oben auf einem Hügel. **3.** *(at end of)*: **they live ~ the road from us** sie wohnen weiter oben in der gleichen Straße wie wir.

◇ *adj* **1.** *(out of bed)* auf; **I was ~ at six today** ich war heute um sechs auf. **2.** *(at an end)* um, zu Ende; **time's ~** die Zeit ist um. **3.** *(rising)*: **the ~ escalator** die Rolltreppe nach oben.

◇ *n*: **~s and downs** Höhen und Tiefen.

update [ˌʌpˈdeɪt] *vt* auf den neusten Stand bringen.

uphill [ˌʌpˈhɪl] *adv* bergauf.

upholstery [ʌpˈhəʊlstərɪ] *n* Polsterung *die.*

upkeep [ˈʌpkiːp] *n* Instandhaltung *die.*

up-market *adj* anspruchsvoll.

upon [əˈpɒn] *prep (fml: on)* auf (+*A,D*); **~ hearing the news, we ...** als wir die Nachricht hörten ...

upper [ˈʌpər] ◇ *adj* obere(-r)(-s). ◇ *n (of shoe)* Obermaterial *das.*

upper class *n* Oberschicht *die.*

uppermost [ˈʌpəməʊst] *adj (highest)* oberste(-r)(-s).

upper sixth *n (Br: SCH)* = dreizehnte Klasse.

upright [ˈʌpraɪt] *adj & adv* aufrecht.

upset [ʌpˈset] (*pt & pp inv*) ◇ *adj (distressed)* bestürzt. ◇ *vt (distress)* erschüttern; *(plans)* durcheinander|bringen; *(knock over)* um|stoßen; **to have an ~ stomach** sich (*D*) den Magen verdorben haben; **to be ~ about sthg** über etw (*A*) bestürzt sein; **to get ~ about sthg** sich über etw (*A*) aufregen.

upside down [ˌʌpsaɪd-] ◊ *adj* auf dem Kopf stehend. ◊ *adv* verkehrt herum.

upstairs [ˌʌpˈsteəz] ◊ *adj* im Obergeschoß. ◊ *adv* (*on a higher floor*) oben; **to go** ~ nach oben gehen.

up-to-date *adj* (*modern*) modern; (*well-informed*) aktuell.

upwards [ˈʌpwədz] *adv* nach oben; ~ **of 100 people** mehr als 100 Leute.

urban [ˈɜːbən] *adj* städtisch, Stadt-.

urban clearway [-ˈklɪəweɪ] *n* (*Br*) ≈ Stadtautobahn *die*.

Urdu [ˈʊədu:] *n* Urdu *das*.

urge [ɜːdʒ] *vt*: **to** ~ **sb to do sthg** jn drängen, etw zu tun.

urgent [ˈɜːdʒənt] *adj* dringend.

urgently [ˈɜːdʒəntlɪ] *adv* dringend.

urinal [ˌjʊəˈraɪnl] *n* (*fml: place*) Pissoir *das*; (*bowl*) Urinal *das*.

urinate [ˈjʊərɪneɪt] *vi* (*fml*) urinieren.

urine [ˈjʊərɪn] *n* Urin *der*.

us [ʌs] *pron* uns; **they know** ~ sie kennen uns; **it's** ~ wir sind's; **send it to** ~ schicke es uns; **tell** ~ sage uns; **they're worse than** ~ sie sind schlimmer als wir.

US *n* (*abbr of United States*): **the** ~ die USA *pl*.

USA *n* (*abbr of United States of America*): **the** ~ die USA *pl*.

usable [ˈju:zəbl] *adj* brauchbar.

use [*n* ju:s, *vb* ju:z] ◊ *n* (*using*) Benutzung *die*; (*purpose*) Verwendung *die*. ◊ *vt* benutzen, verwenden; (*exploit*) auslnutzen; (*run on*) brauchen; **to be of** ~ nützlich sein; **to have the** ~ **of sthg** etw benutzen können; **to make** ~ **of sthg** Gebrauch machen von etw; (*opportunity*) etw auslnutzen; '**out of** ~' 'außer Betrieb'; **to be in** ~ in Gebrauch sein; **it's no** ~ es hat keinen Zweck; **what's the** ~? wozu?;

to ~ **sthg as sthg** etw als etw gebrauchen; '~ **before ...**' (*food, drink*) 'mindestens haltbar bis ...'

◆ **use up** *vt sep* verbrauchen.

used [*adj* ju:zd, *aux vb* ju:st] ◊ *adj* (*towel, glass etc*) benutzt; (*car*) Gebraucht-. ◊ *aux vb*: **I** ~ **to live near here** ich habe früher hier in der Nähe gewohnt; **I** ~ **to go there every day** ich bin früher jeden Tag dorthin gegangen; **to be** ~ **to sthg** an etw (A) gewöhnt sein; **to get** ~ **to sthg** sich an etw (A) gewöhnen.

useful [ˈju:sfʊl] *adj* nützlich.

useless [ˈju:slɪs] *adj* (*not useful*) nutzlos; (*pointless*) zwecklos; (*inf: very bad*): **to be** ~ zu nichts zu gebrauchen sein.

user [ˈju:zər] *n* Benutzer *der* (-in *die*).

usher [ˈʌʃər] *n* (*at cinema, theatre*) Platzanweiser *der*.

usherette [ˌʌʃəˈret] *n* Platzanweiserin *die*.

USSR *n*: **the (former)** ~ die (ehemalige) UdSSR.

usual [ˈju:ʒəl] *adj* üblich; **as** ~ wie gewöhnlich.

usually [ˈju:ʒəlɪ] *adv* normalerweise.

utensil [ju:ˈtensl] *n* Gerät *das*.

utilize [ˈju:təlaɪz] *vt* (*fml*) nutzen.

utmost [ˈʌtməʊst] ◊ *adj* äußerste(-r)(-s). ◊ *n*: **to do one's** ~ sein möglichstes tun.

utter [ˈʌtər] ◊ *adj* völlig. ◊ *vt* von sich geben.

utterly [ˈʌtəlɪ] *adv* völlig.

U-turn *n* (*in vehicle*) Wenden *das*.

vacancy ['veɪkənsɪ] *n (job)* freie Stelle; **'vacancies'** 'Zimmer frei'; **'no vacancies'** 'belegt'.

vacant ['veɪkənt] *adj (room, seat)* frei; **'vacant'** *(toilet)* 'frei'.

vacate [və'keɪt] *vt (fml: room, house)* räumen.

vacation [və'keɪʃn] ◇ *n (Am: holiday)* Urlaub *der.* ◇ *vi (Am)* Urlaub machen; **to go on ~** in Urlaub gehen.

vacationer [və'keɪʃənər] *n (Am)* Urlauber *der* (-in *die*).

vaccination [,væksɪ'neɪʃn] *n* Impfung *die.*

vaccine [*Br* 'væksi:n, *Am* væk'si:n] *n* Impfstoff *der.*

vacuum ['vækjʊəm] *vt* staubsaugen.

vacuum cleaner *n* Staubsauger *der.*

vague [veɪg] *adj* vage; *(shape, outline)* verschwommen; *(person)* geistesabwesend.

vain [veɪn] *adj (pej: conceited)* eitel; **in ~** vergeblich.

Valentine card ['væləntaɪn-] *n* Karte *die* zum Valentinstag.

Valentine's Day ['væləntaɪnz-] *n* Valentinstag *der.*

valet ['væleɪ, 'vælɪt] *n (in hotel)* für den Reinigungsservice der Gäste zuständiger Hotelangestellter.

valet service *n (in hotel, for car)* Reinigungsservice *der.*

valid ['vælɪd] *adj (ticket, passport)* gültig.

validate ['vælɪdeɪt] *vt (ticket)* bestätigen.

Valium® ['vælɪəm] *n* Valium *das.*

valley ['vælɪ] *n* Tal *das.*

valuable ['væljʊəbl] *adj* wertvoll.

◆ **valuables** *npl* Wertsachen *pl.*

value ['vælju:] *n (financial)* Wert *der; (usefulness)* Nutzen *der;* **a ~ pack** = ein Sonderangebot; **to be good ~ (for money)** (das Geld) wert sein.

◆ **values** *npl (principles)* Werte *pl.*

valve [vælv] *n* Ventil *das.*

van [væn] *n* Lieferwagen *der.*

vandal ['vændl] *n* Rowdy *der.*

vandalize ['vændəlaɪz] *vt* mutwillig zerstören.

vanilla [və'nɪlə] *n* Vanille *die.*

vanish ['vænɪʃ] *vi* verschwinden.

vapor ['veɪpər] *(Am)* = **vapour**.

vapour ['veɪpəʳ] *n (Br)* Dampf *der.*

variable ['veərɪəbl] *adj* unbeständig.

varicose veins ['værɪkəʊs-] *npl* Krampfadern *pl.*

varied ['veərɪd] *adj* unterschiedlich.

variety [və'raɪətɪ] *n (collection)* Vielfalt *die; (of products)* Auswahl *die; (type)* Sorte *die.*

various ['veərɪəs] *adj* verschiedene(-r)(-s).

varnish ['vɑːnɪʃ] ◇ *n (for wood)* Lack *der.* ◇ *vt (wood)* lackieren.

vary ['veərɪ] *vi & vt* ändern; **to ~ from sthg to sthg** zwischen etw (*D*) und etw (*D*) schwanken; **'prices ~'** = 'unterschiedliche Preise'.

vase [*Br* vɑːz, *Am* veɪz] *n* Vase *die.*

Vaseline® ['væsəli:n] *n* Vaseline *die.*

vast [vɑːst] *adj* riesig.

vat [væt] *n* Bottich *der.*

VAT [væt, vi:eɪ'ti:] *n (abbr of value added tax)* MwSt.

vault [vɔːlt] *n (in bank)* Tresorraum *der; (in church)* Gewölbe *das.*

VCR n (abbr of video cassette recorder) Videorekorder der.

VDU n (abbr of visual display unit) Bildschirmgerät das.

veal [vi:l] n Kalbfleisch das.

veg [vedʒ] abbr = **vegetable**.

vegan ['vi:gən] ◇ adj strreng vegetarisch. ◇ n Veganer der (-in die).

vegetable ['vedʒtəbl] n Gemüse das.

vegetable oil n Pflanzenöl das.

vegetarian [ˌvedʒɪ'teərɪən] ◇ adj vegetarisch. ◇ n Vegetarier der (-in die).

vegetation [ˌvedʒɪ'teɪʃn] n Vegetation die.

vehicle ['vi:əkl] n Fahrzeug das.

veil [veɪl] n Schleier der.

vein [veɪn] n Vene die.

Velcro® ['velkrəʊ] n Klettverschluß® der.

velvet ['velvɪt] n Samt der.

vending machine ['vendɪŋ-] n Automat der.

venetian blind [vɪˌni:ʃn-] n Jalousie die.

venison ['venɪzn] n Wild das.

vent [vent] n (for air, smoke etc) Abzug der.

ventilation [ˌventɪ'leɪʃn] n Belüftung die.

ventilator ['ventɪleɪtər] n (fan) Ventilator der.

venture ['ventʃər] ◇ n Unternehmung die. ◇ vi (go) sich wagen.

venue ['venju:] n Veranstaltungsort der.

veranda [və'rændə] n Veranda die.

verb [vɜ:b] n Verb das.

verdict ['vɜ:dɪkt] n (of law) Urteil das.

verge [vɜ:dʒ] n (of lawn, path) Rand der; (of road) Bankette die; 'soft ~s' 'Bankette nicht befahrbar!'

verify ['verɪfaɪ] vt überprüfen.

vermin ['vɜ:mɪn] n Ungeziefer das.

vermouth ['vɜ:məθ] n Wermut der.

versa → **vice versa**.

versatile ['vɜ:sətaɪl] adj (person) flexibel; (machine, food) vielseitig.

verse [vɜ:s] n (of song, poem) Vers der; (poetry) Lyrik die.

version ['vɜ:ʃn] n Version die; (of book, film, play) Fassung die.

versus ['vɜ:səs] prep gegen.

vertical ['vɜ:tɪkl] adj senkrecht.

vertigo ['vɜ:tɪgəʊ] n Schwindel der.

very ['verɪ] ◇ adv sehr. ◇ adj genau; ~ **much** sehr; **not** ~ nicht sehr; **my** ~ **own room** mein eigenes Zimmer; **the** ~ **person** genau derjenige/diejenige.

vessel ['vesl] n (fml: ship) Schiff das.

vest [vest] n (br: underwear) Unterhemd das; (Am: waistcoat) Weste die.

vet [vet] n (Br) Tierarzt der (-ärztin die).

veteran ['vetrən] n (of war) Veteran der.

veterinarian [ˌvetərɪ'neərɪən] (Am) = **vet**.

veterinary surgeon ['vetərɪnrɪ-] (Br: fml) = **vet**.

VHF n (abbr of very high frequency) UKW.

VHS n (abbr of video home system) VHS.

via ['vaɪə] prep (place) über (+A); (by means of) durch.

viaduct ['vaɪədʌkt] n Viadukt der.

vibrate [vaɪ'breɪt] vi vibrieren.

vibration [vaɪ'breɪʃn] n Vibration die.

vicar ['vɪkər] n Pfarrer der.

vicarage ['vɪkərɪdʒ] n Pfarrhaus das.

vice [vaɪs] n (fault) Laster das.

vice-president n Vizepräsident der (-in die).

vice versa [ˌvaɪsɪ'vɜ:sə] adv umgekehrt.

vicinity [vɪˈsɪnətɪ] *n*: **in the ~** in der Nähe.

vicious [ˈvɪʃəs] *adj (attack, animal)* bösartig; *(comment)* boshaft.

victim [ˈvɪktɪm] *n* Opfer *das*.

Victorian [vɪkˈtɔːrɪən] *adj* viktorianisch *(zweite Hälfte des 19. Jahrhunderts)*.

victory [ˈvɪktərɪ] *n* Sieg *der*.

video [ˈvɪdɪəʊ] *(pl* -s) ◇ *n (recording, tape)* Video *das*; *(video recorder)* Videorecorder *der*. ◇ *vt (using video recorder)* aufnehmen; *(using camera)* (mit einer Videokamera) filmen; **on ~** auf Video.

video camera *n* Videokamera *die*.

video game *n* Videospiel *das*.

video recorder *n* Videorecorder *der*.

video shop *n* Videoverleih *der*.

videotape [ˈvɪdɪəʊteɪp] *n* Videokassette *die*.

Vienna [vɪˈenə] *n* Wien *nt*.

Vietnam [*Br* ˌvjetˈnæm, *Am* ˌvjetˈnɑːm] *n* Vietnam *nt*.

view [vjuː] ◇ *n (scene)* Aussicht *die*; *(line of sight)* Sicht *die*; *(opinion)* Ansicht *die*; *(attitude)* Betrachtung *die*. ◇ *vt (look at)* betrachten; **in my ~** meiner Ansicht nach; **in ~ of** *(considering)* angesichts (+G); **to come into ~** in Sicht kommen.

viewer [ˈvjuːər] *n (of TV)* Zuschauer *der* (-in *die*).

viewfinder [ˈvjuːˌfaɪndər] *n* Sucher *der*.

viewpoint [ˈvjuːpɔɪnt] *n (opinion)* Standpunkt *der*; *(place)* Aussichtspunkt *der*.

vigilant [ˈvɪdʒɪlənt] *adj (fml)* wachsam.

villa [ˈvɪlə] *n* Villa *die*.

village [ˈvɪlɪdʒ] *n* Dorf *das*.

villager [ˈvɪlɪdʒər] *n* Dorfbewohner *der* (-in *die*).

villain [ˈvɪlən] *n (of book, film)* Böse-

wicht *der*; *(criminal)* Verbrecher *der*.

vinaigrette [ˌvɪnɪˈgret] *n* Vinaigrette *die*.

vine [vaɪn] *n (grapevine)* Rebe *die*; *(climbing plant)* Kletterpflanze *die*.

vinegar [ˈvɪnɪgər] *n* Essig *der*.

vineyard [ˈvɪnjəd] *n* Weinberg *der*.

vintage [ˈvɪntɪdʒ] ◇ *adj (wine)* erlesen. ◇ *n (year)* Jahrgang *der*.

vinyl [ˈvaɪnɪl] *n* PVC *das*.

viola [vɪˈəʊlə] *n* Bratsche *die*.

violence [ˈvaɪələns] *n (violent behaviour)* Gewalt *die*.

violent [ˈvaɪələnt] *adj (person, behaviour)* gewalttätig; *(storm, row)* heftig.

violet [ˈvaɪələt] ◇ *adj* violett. ◇ *n (flower)* Veilchen *das*.

violin [ˌvaɪəˈlɪn] *n* Geige *die*.

VIP *n (abbr of very important person)* Prominente *der, die*.

virgin [ˈvɜːdʒɪn] *n* Jungfrau *die*.

Virgo [ˈvɜːgəʊ] *(pl* -s) *n* Jungfrau *die*.

virtually [ˈvɜːtʃʊəlɪ] *adv* praktisch.

virtual reality [ˈvɜːtʃʊəl-] *n* virtuelle Realität.

virus [ˈvaɪrəs] *n* Virus *der*.

visa [ˈviːzə] *n* Visum *das*.

viscose [ˈvɪskəʊs] *n* Viskose *die*.

visibility [ˌvɪzɪˈbɪlətɪ] *n* Sicht *die*.

visible [ˈvɪzəbl] *adj (that can be seen)* sichtbar; *(noticeable)* offensichtlich.

visit [ˈvɪzɪt] ◇ *vt* besuchen. ◇ *n* Besuch *der*.

visiting hours [ˈvɪzɪtɪŋ-] *npl* Besuchszeit *die*.

visitor [ˈvɪzɪtər] *n* Besucher *der* (-in *die*).

visitor centre *n (at tourist attraction)* Touristeninformation *die*.

visitors' book *n* Gästebuch *das*.

visitor's passport *n (Br)* Reisepaß *der*.

visor ['vaɪzər] n (of hat) Schirm der; (of helmet) Visier das.

vital ['vaɪtl] adj (essential) wesentlich.

vitamin [Br 'vɪtəmɪn, Am 'vaɪtəmɪn] n Vitamin das.

vivid ['vɪvɪd] adj (colour) leuchtend; (description, memory) lebhaft.

V-neck n (design) V-Ausschnitt der.

vocabulary [və'kæbjʊlərɪ] n Wortschatz der.

vodka ['vɒdkə] n Wodka der.

voice [vɔɪs] n Stimme die.

voice mail n Voice mail die; to send/receive ~ eine Voice mail hinterllassen/erhalten.

volcano [vɒl'keɪnəʊ] (pl -es OR -s) n Vulkan der.

volleyball ['vɒlɪbɔːl] n Volleyball der.

volt [vəʊlt] n Volt das.

voltage ['vəʊltɪdʒ] n Spannung die.

volume ['vɒljuːm] n (sound level) Lautstärke die; (space occupied) Rauminhalt der; (amount) Menge die; (book) Band der.

voluntary ['vɒləntrɪ] adj freiwillig; (work) ehrenamtlich.

volunteer [ˌvɒlən'tɪər] ◇ n Freiwillige der, die. ◇ vt: to ~ to do sthg sich anlbieten, etw zu tun.

vomit ['vɒmɪt] ◇ n Erbrochene das. ◇ vi sich übergeben.

vote [vəʊt] ◇ n (choice) Stimme die; (process) Abstimmung die; (number of votes) Stimmen pl. ◇ vi: to ~ (for) wählen.

voter ['vəʊtər] n Wähler der (-in die).

voucher ['vaʊtʃər] n Gutschein der.

vowel ['vaʊəl] n Vokal der.

voyage ['vɔɪɪdʒ] n Reise die.

vulgar ['vʌlgər] adj (rude) vulgär; (in bad taste) ordinär.

vulture ['vʌltʃər] n Geier der.

W (abbr of west) W.

wad [wɒd] n (of paper, banknotes) Bündel das; (of cotton) Bausch der.

waddle ['wɒdl] vi watscheln.

wade [weɪd] vi waten.

wading pool ['weɪdɪŋ-] n (Am) Planschbecken das.

wafer ['weɪfər] n (biscuit) Waffel die.

waffle ['wɒfl] ◇ n (pancake) Waffel die. ◇ vi (inf) schwafeln.

wag [wæg] vt wedeln mit.

wage [weɪdʒ] n Lohn der.

♦ **wages** npl Lohn der.

wagon ['wægən] n (vehicle) Wagen der; (Br: of train) Waggon der.

waist [weɪst] n Taille die.

waistcoat ['weɪskəʊt] n Weste die.

wait [weɪt] ◇ n Wartezeit die. ◇ vi warten; I can't ~! ich kann es nicht erwarten!

♦ **wait for** vt fus warten auf (+A); to ~ for sb to do sthg darauf warten, daß jd etw tut.

waiter ['weɪtər] n Kellner der; ~! Herr Ober!

waiting room ['weɪtɪŋ-] n Warteraum der; (at doctor's) Wartezimmer das.

waitress ['weɪtrɪs] n Bedienung die.

wake [weɪk] (pt woke, pp woken) ◇ vt wecken. ◇ vi auflwachen.

♦ **wake up** vt sep auflwecken. ◇ vi (wake) auflwachen.

Waldorf salad ['wɔːldɔːf-] n

Waldorfsalat *der*.

Wales [weɪlz] *n* Wales *nt*.

walk [wɔːk] ◇ *n* Spaziergang *der*; *(hike)* Wanderung *die*; *(path)* Fußweg *der*. ◇ *vi* zu Fuß gehen; *(as hobby)* wandern. ◇ *vt* *(distance)* gehen; *(dog)* Gassi gehen mit; **to go for a ~** spazierenǀgehen; **it's a short ~** es ist ein kurzes Stück zu Fuß; **to take the dog for a ~** mit dem Hund Gassi gehen; **'walk'** *(Am)* 'gehen'; **'don't ~'** *(Am)* 'warten'.

♦ **walk away** *vi* weglgehen.

♦ **walk in** *vi* reinǀkommen/reinǀgehen.

♦ **walk out** *vi* gehen.

walker ['wɔːkər] *n* Spaziergänger *der* (-in *die*); *(hiker)* Wanderer *der* (Wanderin *die*).

walking boots ['wɔːkɪŋ-] *npl* Wanderschuhe *pl*.

walking stick ['wɔːkɪŋ-] *n* Spazierstock *der*.

Walkman® ['wɔːkmən] *n* Walkman *der*.

wall [wɔːl] *n* *(inside)* Wand *die*; *(outside)* Mauer *die*.

wallet ['wɒlɪt] *n* Brieftasche *die*.

wallpaper ['wɔːl,peɪpər] *n* Tapete *die*.

wally ['wɒlɪ] *n* *(Br: inf)* Trottel *der*.

walnut ['wɔːlnʌt] *n* *(nut)* Walnuß *die*.

waltz [wɔːls] *n* Walzer *der*.

wander ['wɒndər] *vi* herumǀwandern.

want [wɒnt] *vt* wollen; *(need)* brauchen; **to ~ to do sthg** etw tun wollen; **to ~ sb to do sthg** wollen, daß jd etw tut.

war [wɔːr] *n* Krieg *der*.

ward [wɔːd] *n* *(in hospital)* Station *die*.

warden ['wɔːdn] *n* *(of park)* Aufseher *der* (-in *die*); *(of youth hostel)*

Herbergsvater *der* (-mutter *die*).

wardrobe ['wɔːdrəʊb] *n* Kleiderschrank *der*.

warehouse ['weəhaʊs, *pl* -haʊzɪz] *n* Lagerhalle *die*.

warm [wɔːm] ◇ *adj* warm. ◇ *vt* wärmen.

♦ **warm up** *vt sep* auflwärmen. ◇ *vi* *(get warmer)* wärmer werden; *(do exercises)* sich auflwärmen; *(machine, engine)* warmllaufen.

war memorial *n* Kriegerdenkmal *das*.

warmth [wɔːmθ] *n* *(heat)* Wärme *die*.

warn [wɔːn] *vt* warnen; **to ~ sb about sthg** jn vor etw warnen; **to ~ sb not to do sthg** jn davor warnen, etw zu tun.

warning ['wɔːnɪŋ] *n* *(of danger)* Warnung *die*; *(advance notice)* Vorwarnung *die*.

warranty ['wɒrəntɪ] *n* *(fml)* Garantie *die*.

warship ['wɔːʃɪp] *n* Kriegsschiff *das*.

wart [wɔːt] *n* Warze *die*.

was [wɒz] *pt* → **be**.

wash [wɒʃ] ◇ *vt* waschen; *(dishes)* ablwaschen. ◇ *vi* sich waschen. ◇ *n*: **to give sthg a ~** etw waschen; **to have a ~** sich waschen; **to ~ one's hands** sich (*D*) die Hände waschen.

♦ **wash up** *vi* *(Br: do washing-up)* ablwaschen; *(Am: clean oneself)* sich waschen.

washable ['wɒʃəbl] *adj* waschbar.

washbasin ['wɒʃ,beɪsn] *n* Waschbecken *das*.

washbowl ['wɒʃbəʊl] *n* *(Am)* Waschbecken *das*.

washer ['wɒʃər] *n* *(ring)* Dichtungsring *der*.

washing ['wɒʃɪŋ] *n* *(activity)* Waschen *das*; *(clothes)* Wäsche *die*.

washing line *n* Wäscheleine *die*.

washing machine *n* Waschmaschine *die*.

washing powder *n* Waschpulver *das*.

washing-up *n* (*Br*): **to do the ~** ab|waschen.

washing-up bowl *n* (*Br*) Abwaschschüssel *die*.

washing-up liquid *n* (*Br*) Geschirrspülmittel *das*.

washroom ['wɒʃrʊm] *n* (*Am*) Toilette *die*.

wasn't [wɒznt] = **was not**.

wasp [wɒsp] *n* Wespe *die*.

waste [weɪst] ◇ *n* (*rubbish*) Abfall *der*. ◇ *vt* verschwenden; **a ~ of money** eine Geldverschwendung; **a ~ of time** eine Zeitverschwendung.

wastebin ['weɪstbɪn] *n* Abfalleimer *der*.

waste ground *n* Ödland *das*.

wastepaper basket [,weɪst'peɪpə-] *n* Papierkorb *der*.

watch [wɒtʃ] ◇ *n* (*wristwatch*) (Armband)uhr *die*. ◇ *vt* beobachten; (*film*) sich (*D*) an|sehen; (*be careful with*) achten auf (+*A*); **to ~ television** fern|sehen.

♦ **watch out** *vi* (*be careful*) auf|passen; **to ~ out for** (*look for*) Ausschau halten nach.

watchstrap ['wɒtʃstræp] *n* Uhrband *das*.

water ['wɔːtər] ◇ *n* Wasser *das*. ◇ *vt* (*plants, garden*) gießen. ◇ *vi* (*eyes*) tränen; **my mouth was ~ing** mir lief das Wasser im Mund zusammen.

water bottle *n* Wasserflasche *die*.

watercolour ['wɔːtə,kʌlər] *n* (*picture*) Aquarell *das*.

watercress ['wɔːtəkres] *n* Brunnenkresse *die*.

waterfall ['wɔːtəfɔːl] *n* Wasserfall *der*.

watering can ['wɔːtərɪŋ-] *n* Gießkanne *die*.

watermelon ['wɔːtə,melən] *n* Wassermelone *die*.

waterproof ['wɔːtəpruːf] *adj* wasserdicht.

water purification tablets [-pjʊərɪfɪ'keɪʃn̩] *npl* wasseraufbereitende Tabletten *pl*.

water skiing *n* Wasserskilaufen *das*.

watersports ['wɔːtəspɔːts] *npl* Wassersport *der*.

water tank *n* Wassertank *der*.

watertight ['wɔːtətaɪt] *adj* wasserdicht.

watt [wɒt] *n* Watt *das*; **a 60-~ bulb** eine 60-Watt Glühbirne.

wave [weɪv] ◇ *n* Welle *die*. ◇ *vt* (*hand*) winken mit; (*flag*) schwenken. ◇ *vi* (*move hand*) winken.

wavelength ['weɪvleŋθ] *n* Wellenlänge *die*.

wavy ['weɪvɪ] *adj* (*hair*) gewellt.

wax [wæks] *n* Wachs *das*; (*in ears*) Schmalz *das*.

way [weɪ] *n* (*manner*) Art *die*; (*method*) Art und Weise *die*; (*route, distance*) Weg *der*; (*direction*) Richtung *die*; **which ~ is the station?** wie kommt man zum Bahnhof?; **the town is out of our ~** die Stadt liegt nicht auf unserem Weg; **to be in the ~** im Weg sein; **to be on the ~** auf dem Weg sein; **to get out of the ~** aus dem Weg gehen; **to get under ~** in Gang kommen; **a long ~** ein weiter Weg; **a long ~ away** weit entfernt; **to lose one's ~** sich verlaufen; (*in car*) sich verfahren; **on the ~ back** auf dem Rückweg; **on the ~ there** auf dem Hinweg; **that ~** (*like that*) so; (*in that direction*) dort entlang; **this ~** (*like this*) so; (*in this direction*) hier entlang; **'give ~'** 'Vorfahrt beachten'; **'~ in'** 'Eingang'; **'~ out'** 'Ausgang'; **no ~!**

(inf) auf keinen Fall!

WC *n (abbr of water closet)* WC das.

we [wi:] *pron* wir.

weak [wi:k] *adj* schwach; *(drink, soup)* dünn.

weaken ['wi:kn] *vt* schwächen.

weakness ['wi:knɪs] *n* Schwäche die.

wealth [welθ] *n* Reichtum der.

wealthy ['welθɪ] *adj* reich.

weapon ['wepən] *n* Waffe die.

wear [weə^r] *(pt* wore, *pp* worn) ◇ *vt* tragen. ◇ *n (clothes)* Kleidung die; ~ and tear Verschleiß der.

♦ **wear off** *vi* nachllassen.

♦ **wear out** *vi* sich ablnutzen.

weary ['wɪərɪ] *adj* müde.

weasel ['wi:zl] *n* Wiesel das.

weather ['weðə^r] *n* Wetter das; what's the ~ like? wie ist das Wetter?; to be under the ~ *(inf)* nicht auf dem Posten sein.

weather forecast *n* Wettervorhersage die.

weather forecaster [-fɔːkɑːstə^r] *n* Meteorologe der (Meteorologin die).

weather report *n* Wetterbericht der.

weather vane [-veɪn] *n* Wetterfahne die.

weave [wi:v] *(pt* wove, *pp* woven) *vt (material)* weben; *(basket)* flechten.

web [web] *n (of spider)* Netz das.

Web site *n* Web-Seite die.

Wed. *(abbr of Wednesday)* Mi.

wedding ['wedɪŋ] *n* Hochzeit die.

wedding anniversary *n* Hochzeitstag der.

wedding dress *n* Hochzeitskleid das.

wedding ring *n* Ehering der.

wedge [wedʒ] *n (of cake)* Stück das; *(of wood etc)* Keil der.

Wednesday ['wenzdɪ] *n* Mittwoch der, → **Saturday**.

wee [wi:] ◇ *adj (Scot)* klein. ◇ *n (inf)* Pipi das.

weed [wi:d] *n* Unkraut das.

week [wi:k] *n* Woche die; a ~ today heute in einer Woche; in a ~'s time in einer Woche.

weekday ['wi:kdeɪ] *n* Wochentag der.

weekend [,wi:k'end] *n* Wochenende das.

weekly ['wi:klɪ] ◇ *adj & adv* wöchentlich. ◇ *n* Wochenzeitschrift die.

weep [wi:p] *(pt & pp* wept) *vi* weinen.

weigh [weɪ] *vt* wiegen; how much does it ~? wieviel wiegt es?

weight [weɪt] *n* Gewicht das; to lose ~ ablnehmen; to put on ~ zulnehmen.

♦ **weights** *npl (for weight training)* Hanteln pl.

weightlifting ['weɪt,lɪftɪŋ] *n* Gewichtheben das.

weight training *n* Hanteltraining das.

weir [wɪə^r] *n* Wehr das.

weird [wɪəd] *adj* sonderbar.

welcome ['welkəm] ◇ *adj* willkommen. ◇ *n* Willkommen das. ◇ *vt* begrüßen. ◇ *excl* willkommen!; to make sb feel ~ jn herzlich auflnehmen; you're ~! bitte, gern geschehen!; to be ~ to do sthg etw gerne tun können; you're ~ to stay Sie sind bei uns herzlich willkommen.

weld [weld] *vt* schweißen.

welfare ['welfeə^r] *n* Wohl das; *(Am: money)* Sozialhilfe die.

well [wel] *(compar* better, *superl* best) ◇ *adj (healthy)* gesund. ◇ *adv* gut. ◇ *n (for water)* Brunnen der; to get ~ gesund werden; get ~ soon!

gute Besserung!; **to go ~** gutlgehen; **~ done!** gut gemacht!; **it may ~ happen** es kann durchaus passieren; **it's ~ worth it** es lohnt sich unbedingt; **as ~** (in addition) auch; **as ~ as** (in addition to) sowohl … als auch.

we'll [wiːl] = **we shall, we will**.

well-behaved [-bɪ'heɪvd] adj artig.

well-built adj: **to be ~** gut gebaut sein.

well-done adj (meat) gut durchgebraten.

well-dressed [-'drest] adj gutgekleidet.

wellington (boot) ['welɪŋtən-] n Gummistiefel der.

well-known adj bekannt.

well-off adj (rich) wohlhabend.

well-paid adj gutbezahlt.

welly ['welɪ] n (Br: inf) Gummistiefel der.

Welsh [welʃ] ◇ adj walisisch. ◇ n (language) Walisisch das. ◇ npl: **the ~** die Waliser pl.

Welshman ['welʃmən] (pl -men [-mən]) n Waliser der.

Welsh rarebit [-'reəbɪt] n Toast mit geschmolzenem Käse.

Welshwoman ['welʃ,wumən] (pl -women [-,wɪmɪn]) n Waliserin die.

went [went] pt → **go**.

wept [wept] pt & pp → **weep**.

were [wɜːʳ] pt → **be**.

we're [wɪəʳ] = **we are**.

weren't [wɜːnt] = **were not**.

west [west] ◇ n Westen der. ◇ adj West-, westlich. ◇ adv (fly, walk, be situated) nach Westen; **in the ~ of England** im Westen Englands.

westbound ['westbaund] adj in Richtung Westen.

West Country n: **the ~** der Südwesten Englands, mit den Grafschaften Cornwall, Devon und Somerset.

West End n: **the ~** (of London) Londoner Viertel mit Theatern und großen Kaufhäusern.

western ['westən] ◇ adj westlich. ◇ n (film) Western der.

West Germany n Westdeutschland nt.

West Indies [-'ɪndiːz] npl Westindische Inseln pl.

Westminster ['westmɪnstəʳ] n Westminster nt (Sitz des britischen Parlaments).

Westminster Abbey n die Abtei von Westminster.

westwards ['westwədz] adv westwärts.

wet [wet] (pt & pp inv OR -ted) ◇ adj naß; (rainy) regnerisch. ◇ vt naß machen; **to get ~** naß werden; **'~ paint'** 'frisch gestrichen'.

wet suit n Tauchanzug der; (for surfing) Surfanzug der.

we've [wiːv] = **we have**.

whale [weɪl] n Wal der.

wharf [wɔːf] (pl -s OR **wharves** [wɔːvz]) n Kai der.

what [wɒt] ◇ adj 1. (in questions) welche(-r)(-s); **~ colour is it?** welche Farbe hat es?; **he asked me ~ colour it was** er fragte mich, welche Farbe es hatte.

2. (in exclamations) was für; **~ a surprise!** was für eine Überraschung!; **~ a beautiful day!** was für ein schöner Tag!

◇ pron 1. (in questions) was; **~ is going on?** was ist los?; **~ are they doing?** was tun sie da?; **~'s your name?** wie heißt du?; **she asked me ~ happened** sie fragte mich, was passiert war; **~ is it for?** wofür ist das?

2. (introducing relative clause) was; **I didn't see ~ happened** ich habe nicht gesehen, was passiert ist; **you can't have ~ you want** du kannst nicht das haben, was du willst.

3. *(in phrases):* ~ **for?** wozu?; ~ **about going out for a meal?** wie wäre es mit Essen gehen?
◇ *excl* was!

whatever [wɒt'evəʳ] *pron:* **take ~ you want** nimm, was du willst; ~ **I do, I'll lose** was ich auch tue, ich verliere; ~ **that may be** was auch immer das sein mag.

wheat [wiːt] *n* Weizen *der.*

wheel [wiːl] *n* Rad *das;* *(steering wheel)* Lenkrad *das.*

wheelbarrow ['wiːlˌbærəʊ] *n* Schubkarre *die.*

wheelchair ['wiːlˌtʃeəʳ] *n* Rollstuhl *der.*

wheelclamp [ˌwiːl'klæmp] *n* Parkkralle *die.*

wheezy ['wiːzɪ] *adj* keuchend.

when [wen] ◇ *adv (in questions)* wann. ◇ *conj (specifying time)* wenn; *(in the past)* als; *(although, seeing as)* wo … doch.

whenever [wen'evəʳ] *conj* (immer)-wenn; ~ **you like** wann immer du willst.

where [weəʳ] *adv & conj* wo; ~ **do you come from?** woher kommst du?; ~ **are you going?** wohin gehst du?

whereabouts ['weərəbaʊts] ◇ *adv* wo. ◇ *npl* Aufenthaltsort *der.*

whereas [weər'æz] *conj* während.

wherever [weər'evəʳ] *conj* wo immer; *(from any place)* woher auch immer; *(to any place)* wohin auch immer; *(everywhere)* überall wo; ~ **that may be** wo immer das sein mag.

whether ['weðəʳ] *conj* ob.

which [wɪtʃ] ◇ *adj (in questions)* welche(-r)(-s); ~ **room do you want?** welches Zimmer willst du?; ~ **one?** welches?; **she asked me ~ room I wanted** sie fragte mich, welches Zimmer ich wollte.

◇ *pron* **1.** *(in questions: subject)* welche(-r)(-s); ~ **is the cheapest?** welches ist das billigste?; **he asked me ~ was the best** er fragte mich, welcher der Beste war.

2. *(in questions: object)* welche(-n) (-s); ~ **do you prefer?** welches gefällt dir besser?; **he asked me ~ I preferred** er fragte mich, welchen ich bevorzugte.

3. *(in questions: after prep +A)* welche(-n)(-s); ~ **should I put the vase on?** auf welchen soll ich die Vase stellen?

4. *(in questions: after prep +D)* welcher/welchem/welchem; **he asked me ~ I was talking about** er fragte mich, von welchem ich gesprochen hatte.

5. *(introducing relative clause: subject)* der/die/das, die *(pl);* **the house ~ is on the corner** das Haus, das an der Ecke steht.

6. *(introducing relative clause: object, after prep +A)* den/die/das, die *(pl);* **the television ~ I bought** der Fernseher, den ich gekauft habe.

7. *(introducing relative clause: after prep +D)* dem/der/dem, denen *(pl);* **the settee on ~ I'm sitting** das Sofa, auf dem ich sitze.

8. *(referring back)* was; **he's late, ~ annoys me** er ist spät dran, was mich ärgert; **he's always late, ~ I don't like** er verspätet sich immer, was ich nicht leiden kann.

whichever [wɪtʃ'evəʳ] ◇ *adj (any)* welche(-r)(-s); *(no matter which)* egal welche. ◇ *pron* welche(-r)(-s).

while [waɪl] ◇ *conj* während; *(although)* obgleich. ◇ *n:* **a ~** eine Weile; **for a ~** eine Weile; **in a ~** bald; **a short ~ ago** vor kurzem.

whim [wɪm] *n* Laune *die.*

whine [waɪn] *vi (make noise)* winseln; *(complain)* jammern.

whip [wɪp] ◇ *n* Peitsche *die.*

◇ *vt* peitschen.

whipped cream [wɪpt-] *n* Schlagsahne *die*, Schlagobers *das* (Österr).

whirlpool ['wɜːlpuːl] *n* (*Jacuzzi*) Whirlpool *der*.

whisk [wɪsk] ◇ *n* (*utensil*) Quirl *der*. ◇ *vt* (*eggs, cream*) schlagen.

whiskers ['wɪskəz] *npl* (*of person*) Backenbart *der*; (*of animal*) Schnurrhaar *das*.

whiskey ['wɪskɪ] (*pl* -s) *n* Whiskey *der*.

whisky ['wɪskɪ] *n* Whisky *der*.

whisper ['wɪspəʳ] *vt & vi* flüstern.

whistle ['wɪsl] ◇ *n* (*instrument*) Pfeife *die*; (*sound*) Pfiff *der*. ◇ *vi* pfeifen.

white [waɪt] ◇ *adj* weiß; (*coffee, tea*) mit Milch. ◇ *n* (*colour*) Weiß *das*; (*of egg*) Eiweiß *das*; (*person*) Weiße *der, die*.

white bread *n* Weißbrot *das*.

White House *n*: the ~ das Weiße Haus (*Amtssitz des US-Präsidenten*).

white sauce *n* Béchamelsoße *die*.

white spirit *n* Terpentinersatz *der*.

whitewash ['waɪtwɒʃ] *vt* tünchen.

white wine *n* Weißwein *der*.

whiting ['waɪtɪŋ] (*pl inv*) *n* Wittling *der*.

Whitsun ['wɪtsn] *n* Pfingsten *das*.

who [huː] *pron* (*in questions*) wer; (*accusative*) wen; (*dative*) wem; (*in relative clauses*) der/die/das, die (*pl*).

whoever [huːˈevəʳ] *pron* (*whichever person*) wer immer; ~ **it is** wer es auch ist.

whole [həʊl] ◇ *adj* ganz. ◇ *n*: the ~ **of the money** das ganze Geld; **on the ~** im großen und ganzen.

wholefoods ['həʊlfuːdz] *npl* Vollwertkost *die*.

wholemeal bread ['həʊlmiːl-] *n*

(Br) Vollkornbrot *das*.

wholesale ['həʊlseɪl] *adv* (COMM) en gros.

wholewheat bread ['həʊlˌwiːt-] (*Am*) = **wholemeal bread**.

whom [huːm] *pron* (*fml: in questions*) wen; (*dative*) wem; (*in relative clauses*) den/die/das, die (*pl*); (*dative*) dem/der/dem, denen (*pl*); **to ~** (*in questions*) wem; (*in relative clauses*) dem/der/dem, denen (*pl*).

whooping cough ['huːpɪŋ-] *n* Keuchhusten *der*.

whose [huːz] ◇ *adj* (*in questions*) wessen; (*in relative clauses*) dessen/deren/dessen, deren (*pl*). ◇ *pron* (*in questions*) wessen; ~ **jumper is this?** wessen Pullover ist das?; **the woman ~ daughter I know** die Frau, deren Tochter ich kenne; ~ **is this?** wem gehört das?

why [waɪ] *adv & conj* warum; ~ **not?** warum nicht?

wick [wɪk] *n* (*of candle, lighter*) Docht *der*.

wicked ['wɪkɪd] *adj* (*evil*) böse, schlecht; (*mischievous*) schelmisch.

wicker ['wɪkəʳ] *adj* Korb-.

wide [waɪd] ◇ *adj* breit; (*opening*) weit; (*range, difference, gap*) groß. ◇ *adv*: **to open sthg** ~ etw weit öffnen; **how ~ is the road?** wie breit ist die Straße?; **it's 12 metres** ~ er/sie/es ist 12 Meter breit; ~ **open** weit offen.

widely ['waɪdlɪ] *adv* weit.

widen ['waɪdn] ◇ *vt* verbreitern. ◇ *vi* (*gap, difference*) größer werden.

widespread ['waɪdspred] *adj* weitverbreitet.

widow ['wɪdəʊ] *n* Witwe *die*.

widower ['wɪdəʊəʳ] *n* Witwer *der*.

width [wɪdθ] *n* Breite *die*.

wife [waɪf] (*pl* wives) *n* Ehefrau *die*.

wig [wɪg] *n* Perücke *die*.

wild [waɪld] *adj* wild; *(crazy)* verrückt; **to be ~ about** *(inf)* verrückt sein auf (+A).

wild flower *n* wilde Blume.

wildlife ['waɪldlaɪf] *n* Tierwelt *die*.

will¹ [wɪl] *aux vb* **1.** *(expressing future tense)* werden; **I ~ see you next week** wir sehen uns nächste Woche; **~ you be here next Friday?** wirst du nächsten Freitag hier sein?; **yes I ~** ja, werde ich; **no I won't** nein, werde ich nicht.
2. *(expressing willingness)* wollen, werden; **I won't do it** ich werde das nicht tun; **no one ~ do it** niemand will das machen.
3. *(expressing polite question)*: **~ you have some more tea?** möchten Sie noch mehr Tee?
4. *(in commands, requests)*: **~ you please be quiet!** sei bitte ruhig!; **close that window, ~ you?** mach doch das Fenster zu, bitte.

will² [wɪl] *n (document)* Testament *das*; **against his ~** gegen seinen Willen.

willing ['wɪlɪŋ] *adj*: **to be ~ (to do sthg)** bereit sein (, etw zu tun).

willingly ['wɪlɪŋlɪ] *adv* bereitwillig, gern.

willow ['wɪləʊ] *n* Weide *die*.

win [wɪn] *(pt & pp* **won)** ◇ *n* Sieg *der*. ◇ *vt* gewinnen. ◇ *vi* gewinnen; *(in battle)* siegen; *(be ahead)* in Führung liegen.

wind¹ [wɪnd] *n* Wind *der*; *(in stomach)* Blähungen *pl*.

wind² [waɪnd] *(pt & pp* **wound)** ◇ *vi (road, river)* sich winden. ◇ *vt*: **to ~ sthg round sthg** etw um etw wickeln.

♦ **wind up** *vt sep (Br: inf: annoy)* ärgern; *(car window)* hochkurbeln; *(clock, watch)* aufziehen.

windbreak ['wɪndbreɪk] *n* Windschutz *der*.

windmill ['wɪndmɪl] *n* Windmühle *die*.

window ['wɪndəʊ] *n* Fenster *das*.

window box *n* Blumenkasten *der*.

window cleaner *n* Fensterputzer *der* (-in *die*).

windowpane ['wɪndəʊˌpeɪn] *n* Fensterscheibe *die*.

window seat *n* Fensterplatz *der*.

window-shopping *n* Schaufensterbummel *der*.

windowsill ['wɪndəʊsɪl] *n* Fenstersims *das*.

windscreen ['wɪndskriːn] *n (Br)* Windschutzscheibe *die*.

windscreen wipers *npl (Br)* Scheibenwischer *pl*.

windshield ['wɪndʃiːld] *(Am)* = **windscreen**.

Windsor Castle ['wɪnzə-] *n* Schloß Windsor.

windsurfing ['wɪndˌsɜːfɪŋ] *n* Windsurfen *das*; **to go ~** windsurfen gehen.

windy ['wɪndɪ] *adj* windig.

wine [waɪn] *n* Wein *der*.

wine bar *n (Br)* Weinstube *die*.

wineglass ['waɪnglɑːs] *n* Weinglas *das*.

wine list *n* Weinkarte *die*.

wine tasting [-ˌteɪstɪŋ] *n* Weinprobe *die*.

wine waiter *n* Weinkellner *der*.

wing [wɪŋ] *n* Flügel *der*; *(of plane)* Tragfläche *die*; *(Br: of car)* Kotflügel *der*.

♦ **wings** *npl*: **the ~s** *(in theatre)* die Kulissen.

wink [wɪŋk] *vi* zwinkern.

winner ['wɪnər] *n* Gewinner *der* (-in *die*); *(SPORT)* Sieger *der* (-in *die*).

winning ['wɪnɪŋ] *adj (person, team)* siegreich; *(ticket, number)* Gewinn-.

winter ['wɪntər] *n* Winter *der*; **in**

(the) ~ im Winter.

wintertime ['wɪntətaɪm] *n* Winterzeit *die.*

wipe [waɪp] *vt* abwischen; *(floor)* aufwischen; **to** ~ **one's feet** sich *(D)* die Füße abtreten; **to** ~ **one's hands** sich *(D)* die Hände abwischen.

♦ **wipe up** *vt sep (liquid, dirt)* aufwischen. ◇ *vi (dry the dishes)* abtrocknen.

wiper ['waɪpər] *n* (AUT) Scheibenwischer *der.*

wire ['waɪər] ◇ *n* Draht *der; (electrical wire)* Kabel *das.* ◇ *vt (plug)* anschließen.

wireless ['waɪəlɪs] *n* Radio *das.*

wiring ['waɪərɪŋ] *n* Leitungen *pl.*

wisdom tooth ['wɪzdəm-] *n* Weisheitszahn *der.*

wise [waɪz] *adj* weise.

wish [wɪʃ] ◇ *n* Wunsch *der.* ◇ *vt* wünschen; **best** ~**es** alles Gute; **to** ~ **for sthg** sich *(D)* etw wünschen; **to** ~ **to do sthg** *(fml)* etw zu tun wünschen; **to** ~ **sb luck/happy birthday** jm Glück/alles Gute zum Geburtstag wünschen; **if you** ~ *(fml)* wenn Sie es wünschen.

witch [wɪtʃ] *n* Hexe *die.*

with [wɪð] *prep* **1.** *(gen)* mit; **come** ~ **me** komm mit mir; **a man** ~ **a beard** ein Mann mit Bart; **a room** ~ **a bathroom** ein Zimmer mit Bad; **he hit me** ~ **a stick** er hat mich mit einem Stock geschlagen; **be careful** ~ **that!** sei vorsichtig damit!; **to argue** ~ **sb** mit jm streiten; **topped** ~ **cream** mit Sahne. **2.** *(at house of)* bei; **we stayed** ~ **friends** wir haben bei Freunden übernachtet. **3.** *(indicating emotion)* vor (+ D); **to tremble** ~ **fear** vor Angst zittern.

withdraw [wɪð'drɔː] *(pt* -drew, *pp* -drawn) ◇ *vt (take out)* herausnehmen; *(money)* abheben. ◇ *vi (from race, contest)* zurückziehen.

withdrawal [wɪð'drɔːəl] *n (from bank account)* Abhebung *die.*

withdrawn [wɪð'drɔːn] *pp* → **withdraw.**

withdrew [wɪð'druː] *pt* → **withdraw.**

wither ['wɪðər] *vi* verwelken.

within [wɪ'ðɪn] ◇ *prep* innerhalb (+G). ◇ *adv* innen; ~ **walking distance** zu Fuß erreichbar; ~ **the next week** innerhalb der nächsten Woche; ~ **10 miles** im Umkreis von 10 Meilen.

without [wɪð'aʊt] *prep* ohne; ~ **doing sthg** ohne etw zu tun.

withstand [wɪð'stænd] *(pt & pp* -stood) *vt* standhalten (+D).

witness ['wɪtnɪs] ◇ *n* Zeuge *der* (Zeugin *die).* ◇ *vt (see)* Zeuge sein (+G).

witty ['wɪtɪ] *adj* geistreich.

wives [waɪvz] *pl* → **wife.**

wobbly ['wɒblɪ] *adj* wackelig.

wok [wɒk] *n* Wok *der.*

woke [wəʊk] *pt* → **wake.**

woken ['wəʊkn] *pp* → **wake.**

wolf [wʊlf] *(pl* **wolves** [wʊlvz]) *n* Wolf *der.*

woman ['wʊmən] *(pl* **women**) *n* Frau *die.*

womb [wuːm] *n* Gebärmutter *die.*

women ['wɪmɪn] *pl* → **woman.**

won [wʌn] *pt & pp* → **win.**

wonder ['wʌndər] ◇ *vi (ask oneself)* sich fragen. ◇ *n (amazement)* Staunen *das,* Verwunderung *die;* **I** ~ **if I could ask you a favour?** könnte ich Sie/dich vielleicht um einen Gefallen bitten?

wonderful ['wʌndəfʊl] *adj* wunderbar.

won't [wəʊnt] = **will not.**

wood [wʊd] *n* Holz *das; (small forest)* Wald *der.*

wooden ['wʊdn] *adj* Holz-, hölzern.

woodland ['wʊdlənd] *n* Waldung *die.*

woodpecker ['wʊd,pekəʳ] *n* Specht *der.*

woodwork ['wʊdwɜːk] *n* (SCH) Werkunterricht *der.*

wool [wʊl] *n* Wolle *die.*

woolen ['wʊlən] *(Am)* = **woollen**.

woollen ['wʊlən] *adj (Br)* Woll-.

woolly ['wʊlɪ] *adj* wollen.

wooly ['wʊlɪ] *(Am)* = **woolly**.

Worcester sauce ['wʊstə-] *n* Worcestersoße *die.*

word [wɜːd] *n* Wort *das;* **in other ~s** mit anderen Worten; **to have a ~ with sb** mit jm sprechen.

wording ['wɜːdɪŋ] *n* Wortlaut *der.*

word processing [-'prəʊsesɪŋ] *n* Textverarbeitung *die.*

word processor [-'prəʊsesəʳ] *n* Textverarbeitungssystem *das.*

wore [wɔːʳ] *pt* → **wear**.

work [wɜːk] ◇ *n* Arbeit *die; (painting, novel etc)* Werk *das.* ◇ *vi* arbeiten; *(operate)* funktionieren; *(have desired effect)* klappen; *(take effect)* wirken. ◇ *vt (machine, controls)* bedienen; **out of ~** arbeitslos; **to be at ~** *(at workplace)* in der Arbeit sein; *(working)* arbeiten; **to be off ~** nicht arbeiten; **the ~s** *(inf: everything)* alles; **how does it ~?** wie funktioniert das?, wie geht das?; **it's not ~ing** es funktioniert nicht, es geht nicht.

◆ **work out** *vt sep (price, total)* ausrechnen; *(solution)* herausfinden; *(method, plan)* ausarbeiten. ◇ *vi (result)* laufen; *(be successful)* klappen; *(do exercise)* trainieren; **it ~s out at £20 each** *(bill, total)* es kommt für jeden auf 20 Pfund.

worker ['wɜːkəʳ] *n* Arbeiter *der* (-in *die*).

working class ['wɜːkɪŋ-] *n:* **the ~** die Arbeiterklasse.

working hours ['wɜːkɪŋ-] *npl* Arbeitszeit *die.*

workman ['wɜːkmən] *(pl* **-men** [-mən]*) n* Handwerker *der.*

work of art *n* Kunstwerk *das.*

workout ['wɜːkaʊt] *n* Fitneßtraining *das.*

work permit *n* Arbeitserlaubnis *die.*

workplace ['wɜːkpleɪs] *n* Arbeitsplatz *der.*

workshop ['wɜːkʃɒp] *n (for repairs)* Werkstatt *die.*

work surface *n* Arbeitsfläche *die.*

world [wɜːld] ◇ *n* Welt *die.* ◇ *adj* Welt-.

worldwide [,wɜːld'waɪd] *adv* weltweit.

World Wide Web *n:* **the ~** das World Wide Web.

worm [wɜːm] *n* Wurm *der.*

worn [wɔːn] ◇ *pp* → **wear**. ◇ *adj (clothes)* abgetragen; *(carpet)* abgenutzt.

worn-out *adj (clothes, shoes etc)* abgetragen; *(tired)* erschöpft.

worried ['wʌrɪd] *adj* besorgt.

worry ['wʌrɪ] ◇ *n* Sorge *die.* ◇ *vt* beunruhigen. ◇ *vi:* **to ~ (about)** sich *(D)* Sorgen machen (über (+A)).

worrying ['wʌrɪɪŋ] *adj* beunruhigend.

worse [wɜːs] *adj & adv* schlechter, schlimmer; **to get ~** schlechter werden; **he's getting ~** *(more ill)* es geht ihm schlechter; **to be ~ off** *(in worse position)* schlechter dran sein; *(poorer)* schlechter dalstehen.

worsen ['wɜːsn] *vi* sich verschlechtern.

worship ['wɜːʃɪp] ◇ *n (church service)* Gottesdienst *der.* ◇ *vt (god)* preisen; *(fig: person)* anlbeten.

worst [wɜːst] ◇ *adj* schlechteste(-r)(-s), schlimmste(-r)(-s). ◇ *adv* am schlechtesten, am schlimmsten.

◇ *n*: **the ~** der/die/das Schlechteste, der/die/das Schlimmste.

worth [wɜ:θ] *prep*: **how much is it ~?** wieviel ist das wert?; **it's ~ £50** es ist 50 Pfund wert; **it's ~ seeing** es ist sehenswert; **it's not ~ it** es lohnt sich nicht; **£50 ~ of traveller's cheques** Reiseschecks im Wert von 50 Pfund.

worthless ['wɜ:θlɪs] *adj* wertlos.

worthwhile [ˌwɜ:θ'waɪl] *adj* lohnenswert.

worthy ['wɜ:ðɪ] *adj (winner, cause)* würdig; **to be ~ of sthg** etw verdienen.

would [wʊd] *aux vb* **1.** *(in reported speech)*: **she said she ~ come** sie sagte, sie würde kommen.

2. *(indicating condition)*: **what ~ you do?** was würdest du tun?; **what ~ you have done?** was hättest du getan?; **I ~ be most grateful** ich wäre äußerst dankbar.

3. *(indicating willingness)*: **she ~n't go** sie wollte einfach nicht gehen; **he ~ do anything for her** er würde alles für sie tun.

4. *(in polite questions)*: **~ you like a drink?** möchtest du etwas trinken?; **~ you mind closing the window?** könntest du das Fenster zu machen?

5. *(indicating inevitability)*: **he ~ say that** er mußte das sagen.

6. *(giving advice)*: **I ~ report it if I were you** ich würde es melden, wenn ich du wäre.

7. *(expressing opinions)*: **I ~ prefer coffee** ich hätte lieber Kaffee; **I ~ prefer to go by bus** ich würde lieber mit dem Bus fahren; **I ~ have thought (that) ...** ich hätte gedacht, (daß) ...

wound[1] [wu:nd] ◇ *n* Wunde *die*. ◇ *vt* verwunden.

wound[2] [waʊnd] *pt & pp* → **wind**[2].

wove [wəʊv] *pt* → **weave**.

woven ['wəʊvn] *pp* → **weave**.

wrap [ræp] *vt (package)* ein|wickeln; **to ~ sthg round sthg** etw um etw wickeln.

◆ **wrap up** *vt sep (package)* ein|wickeln. ◇ *vi (dress warmly)* sich warm ein|packen.

wrapper ['ræpər] *n* Hülle *die*; *(for sweets)* Bonbonpapier *das*.

wrapping ['ræpɪŋ] *n (material)* Verpackung *die*.

wrapping paper *n* Geschenkpapier *das*.

wreath [ri:θ] *n* Kranz *der*.

wreck [rek] ◇ *n* Wrack *das*. ◇ *vt (destroy)* kaputt|machen; *(spoil)* ruinieren; **to be ~ed** *(ship)* schiffbrüchig sein.

wreckage ['rekɪdʒ] *n* Trümmer *pl*.

wrench [rentʃ] *n (Br: monkey wrench)* Engländer *der*; *(Am: spanner)* Schraubenschlüssel *der*.

wrestler ['reslər] *n* Ringer *der* (-in *die*).

wrestling ['reslɪŋ] *n* Ringen *das*.

wretched ['retʃɪd] *adj (miserable)* unglücklich; *(very bad)* erbärmlich.

wring [rɪŋ] *(pt & pp* **wrung)** *vt (clothes, cloth)* aus|wringen.

wrinkle ['rɪŋkl] *n* Falte *die*.

wrist [rɪst] *n* Handgelenk *das*.

wristwatch ['rɪstwɒtʃ] *n* Armbanduhr *die*.

write [raɪt] *(pt* **wrote,** *pp* **written)** ◇ *vt* schreiben; *(Am: send letter to)* schreiben (+D). ◇ *vi* schreiben; **to ~ to sb** *(Br)* jm schreiben.

◆ **write back** *vi* zurück|schreiben.

◆ **write down** *vt sep* auf|schreiben.

◆ **write off** *vt sep (Br: inf: car)* zu Schrott fahren. ◇ *vi*: **to ~ off for sthg** etw bestellen.

◆ **write out** *vt sep (list)* auf|stellen; *(essay)* ins reine schreiben; *(cheque, receipt)* aus|stellen.

write-off *n (vehicle)* Totalschaden *der*.

writer ['raɪtər] *n (author)* Schriftsteller *der* (-in *die*).

writing ['raɪtɪŋ] *n (handwriting)* Schrift *die*; *(activity, words)* Schreiben *das*.

writing desk *n* Schreibtisch *der*.

writing pad *n* Schreibblock *der*.

writing paper *n* Schreibpapier *das*.

written ['rɪtn] ◇ *pp* → **write**. ◇ *adj (exam, notice)* schriftlich.

wrong [rɒŋ] ◇ *adj* falsch; *(bad, immoral)* unrecht. ◇ *adv* falsch; what's ~? was ist los?; something's ~ with the car mit dem Auto stimmt etwas nicht; to be in the ~ im Unrecht sein; to get sthg ~ etw falsch machen; to go ~ *(machine)* kaputtlgehen; '~ way' *(Am)* Schild, das anzeigt, daß man nicht in eine Straße einbiegen darf.

wrongly ['rɒŋlɪ] *adv* fälschlicherweise.

wrong number *n*: you've got the ~ Sie sind falsch verbunden.

wrote [rəʊt] *pt* → **write**.

wrought iron [rɔːt-] *n* Schmiedeeisen *das*.

wrung [rʌŋ] *pt & pp* → **wring**.

xing *(Am: abbr of crossing)*: 'ped ~' Schild für einen Fußgängerüberweg.

XL *(abbr of extra-large)* XL.

Xmas ['eksməs] *n (inf)* Weihnachten *das*.

X-ray ◇ *n (picture)* Röntgenbild *das*. ◇ *vt* röntgen; to have an ~ sich röntgen lassen.

yacht [jɒt] *n (for pleasure)* Jacht *die*; *(for racing)* Segelboot *das*.

yard [jɑːd] *n (unit of measurement)* = 91,44 cm, Yard *das*; *(enclosed area)* Hof *der*; *(Am: behind house)* Hinterhof *der*.

yard sale *n (Am)* Verkauf von gebrauchten Gegenständen vor einem Haus.

yarn [jɑːn] *n (thread)* Garn *das*.

yawn [jɔːn] *vi (person)* gähnen.

yd *abbr* = **yard**.

yeah [jeə] *adv (inf)* ja.

year [jɪəʳ] *n* Jahr *das*; *(at school, of wine)* Jahrgang *der*; **next ~** nächstes Jahr; **this ~** dieses Jahr; **I'm 15 ~s old** ich bin 15 Jahre alt; **I haven't seen her for ~s** *(inf)* ich hab' sie seit Jahren nicht mehr gesehen; **which ~ are you in?** *(at school)* in welche Klasse gehst du?

yearly ['jɪəlɪ] *adj* jährlich; *(every year)* Jahres-.

yeast [jiːst] *n* Hefe *die*.

yell [jel] *vi* schreien.

yellow ['jeləʊ] ◇ *adj* gelb. ◇ *n* Gelb *das*.

yellow lines *npl* gelbe Linie am Straßenrand, die Parkverbot anzeigt.

Yellow Pages® *n*: **the ~** die gelben Seiten *pl*.

yes [jes] *adv* ja; *(contradicting)* doch.

yesterday ['jestədɪ] ◇ *n* Gestern *das*. ◇ *adv* gestern; **the day before ~** vorgestern; **~ afternoon** gestern nachmittag; **~ morning**

gestern morgen.

yet [jet] ◊ *adv* noch; *(in questions)* schon. ◊ *conj* doch; **not ~** noch nicht; **I've ~ to do it** ich muß es noch tun; **~ again** schon wieder; **~ another delay** noch eine Verspätung; **are you ready ~?** bist du schon fertig?

yew [ju:] *n* Eibe *die*.

yield [ji:ld] ◊ *vt (profit, interest)* ab|werfen. ◊ *vi (break, give way)* nach|geben; **'yield'** *(Am: AUT)* 'Vorfahrt beachten'.

YMCA *n* CVJM.

yob [jɒb] *n (Br: inf)* Rowdy *der.*

yoga ['jəʊgə] *n* Yoga *der.*

yoghurt ['jɒgət] *n* Joghurt *der.*

yolk [jəʊk] *n* Dotter *der*, Eigelb *das.*

York Minster [jɔ:k'mɪnstər] *n* die Kathedrale von York.

Yorkshire pudding ['jɔ:kʃə-] *n* souffléartige kleine Pfannkuchen, die zu Roastbeef gegessen werden.

you [ju:] *pron* 1. *(subject: singular)* du; *(plural)* ihr; *(polite form)* Sie; **~ Germans** ihr Deutschen.

2. *(direct object, after prep +A: singular)* dich; *(plural)* euch; *(polite form)* Sie; **I hate ~!** ich hasse dich/Sie/euch!; **I did it for ~** ich habe es für dich/Sie/euch getan.

3. *(indirect object, after prep +D: singular)* dir; *(plural)* euch; *(polite form)* Ihnen; **I told ~** ich habe es dir/Ihnen/euch gesagt; **after ~!** nach Ihnen!

4. *(indefinite use: subject)* man; *(object)* einen; **~ never know** man kann nie wissen.

young [jʌŋ] ◊ *adj* jung. ◊ *npl:* **the ~** die Jugend.

younger ['jʌŋgər] *adj* jüngere(-r) (-s).

youngest ['jʌŋgəst] *adj* jüngste (-r)(-s).

youngster ['jʌŋstər] *n* Jugend-

liche *der, die;* *(child)* Kleine *der, die.*

your [jɔ:r] *adj* 1. *(singular subject)* dein/deine, deine *(pl)*; *(plural subject)* euer/eure, eure *(pl)*; *(polite form)* Ihr/Ihre, Ihre *(pl)*; **~ dog** dein/euer/Ihr Hund; **~ house** dein/euer/Ihr Haus; **~ children** deine/eure/Ihre Kinder.

2. *(indefinite subject):* **it's good for ~ teeth** es ist gut für die Zähne.

yours [jɔ:z] *pron (singular subject)* dein/deine/deines, deine *(pl)*; *(plural subject)* euer/eure/eures, eure *(pl)*; *(polite form)* Ihr/Ihre/Ihres, Ihre *(pl)*; **a friend of ~** ein Freund von dir.

yourself [jɔ:'self] *(pl* **-selves)** *pron (reflexive, after prep +A: singular)* dich; *(reflexive, after prep +D: singular)* dir; *(plural)* euch; *(polite form)* sich; **did you do it ~?** hast du/haben Sie das selbst gemacht?; **did you do it yourselves?** habt ihr das selbst gemacht?

youth [ju:θ] *n* Jugend *die;* *(young man)* Jugendliche *der.*

youth club *n* Jugendklub *der.*

youth hostel *n* Jugendherberge *die.*

Yugoslavia [ju:gə'slɑ:vɪə] *n* Jugoslawien *nt.*

yuppie ['jʌpɪ] *n* Yuppie *der.*

YWCA *n* CVJF.

Z

zebra [*Br* 'zebrə, *Am* 'zi:brə] *n* Zebra *das*.

zebra crossing *n* (*Br*) Zebrastreifen *der*.

zero ['zɪərəʊ] (*pl* **-es**) *n* Null *die*; **five degrees below ~** fünf Grad unter Null.

zest [zest] *n* (*of lemon, orange*) Schale *die*.

zigzag ['zɪgzæg] *vi* im Zickzack laufen.

zinc [zɪŋk] *n* Zink *das*.

zip [zɪp] ◇ *n* (*Br*) Reißverschluß *der*. ◇ *vt* den Reißverschluß zulziehen an (+*D*).

♦ **zip up** *vt sep* den Reißverschluß zulziehen an (+*D*).

zip code *n* (*Am*) Postleitzahl *die*.

zipper ['zɪpər] *n* (*Am*) Reißverschluß *der*.

zit [zɪt] *n* (*inf*) Pickel *der*.

zodiac ['zəʊdɪæk] *n* Tierkreis *der*.

zone [zəʊn] *n* Zone *die*.

zoo [zu:] (*pl* **-s**) *n* Zoo *der*.

zoom (lens) [zu:m-] *n* Zoom *das*.

zucchini [zu:'ki:nɪ] (*pl inv*) *n* (*Am*) Zucchini *die*.

Achevé d'imprimer par l'Imprimerie
Maury-Eurolivres à Manchecourt
Dépôt légal : juin 1998 – N° d'imprimeur : 98/06/65041
420703-01 – Juin 1998
Imprimé en France – (Printed in France)